南昌年鉴

(2014)

南昌年鉴编辑委员会 编

方志出版社

图书在版编目(CIP)数据

南昌年鉴.2014/《南昌年鉴》编辑委员会编.—北京:方志出版社,2014.11
ISBN 978-7-5144-1455-4

Ⅰ.①南… Ⅱ.①南… Ⅲ.①南昌市-2014-年鉴 Ⅳ.①Z525.61

中国版本图书馆 CIP 数据核字(2014)第 278394 号

南昌年鉴(2014)

编　　者:《南昌年鉴》编辑委员会
责任编辑:刘方圆

出 版 人:翼祥德
出 版 者:方 志 出 版 社
地址　北京市朝阳区潘家园东里9号(国家方志馆4层)
邮编　100021
网址　http://www.fzph.org
发　　行:方志出版社发行中心
电话(010)67110500
经　　销:各地新华书店
印　　刷:江西龙莹印务有限公司

开　　本:889×1194　1/16
印　　张:34.25
字　　数:1462 千字
版　　次:2014 年 11 月第 1 版　2014 年 11 月第 1 次印刷
印　　数:0001—1000 册

ISBN 978-7-5144-1455-4/K·1191　定价:260.00 元

南 昌 数 字

总面积：7402.36 平方千米（行政区划）

年末常住人口：518.42 万人

年末户籍人口：510.08 万人

地区生产总值：3336.03 亿元

第一产业：157.24 亿元

第二产业：1850.49 亿元

第三产业：1328.30 亿元

第一、二、三产业构成：4.7:55.5:39.8

财政总收入：558.02 亿元

人均地区生产总值：64678 元

地方公共财政预算收入：291.91 亿元

地方公共财政预算支出：417.77 亿元

全社会固定资产投资：2919.33 亿元

社会消费品零售总额：1270.01 亿元

海关出口总值：73.11 亿美元

海关进口总值：24.11 亿美元

实际利用外资：29.64 亿美元（市口径）

房屋施工面积：3992.51 万平方米

房屋竣工面积：373.75 万平方米

商品房销售面积：841.49 万平方米

货物周转量：388.72 亿吨千米

旅客周转量：153.7 亿人千米

接待国内游客：3282.16 万人次

国内旅游收入：271.99 亿元

普通高等学校：43 所

普通中等专业学校：46 所

职业高中：12 所

医院、卫生院床位数：30607 张

医生数（执业医师）：11369 人

全社用电量：149.41 亿千瓦小时

城市供水总量：4.52 亿立方米

人均公共绿地面积：12.04 平方米

城区绿化覆盖率：43.05%

城市道路总长度：1647.23 千米

城市道路总面积：3458.28 万平方米

金融机构人民币存款余额：6624.57 亿元

金融机构人民币贷款余额：5464.22 亿元

城乡居民储蓄存款余额：2051.16 亿元

城市居民人均可支配收入：26151 元

城市居民人均消费性支出：17944 元

农村居民人均纯收入：10806 元

农村居民人均生活消费支出：5682 元

城市居民人均居住面积：29.18 平方米

（资料来源于市统计局）

南 昌 荣 誉

荣誉称号
获得荣誉单位或项目
荣誉颁授部门

全国科技进步考核先进市
南昌市
科技部

全国法治城市创建工作先进单位
南昌市
全国普法办

首批全国劳动监察“两网化”管理示范城市
南昌市
人社部

南昌国家级文化和科技融合示范基地
南昌市
中宣部、科技部、文化部、新闻出版广电总局

第九届中国（北京）国际园林博览会“组织奖”
南昌市
住建部

2013 中国智慧城市推进杰出成就奖
南昌市
亚太地区城市信息化合作办公室

全国科技管理系统先进集体
南昌市科技局
人社部、科技部

全国知识产权和公安机关知识产权保护执法先进集体
南昌市知识产权局
国家知识产权局、公安部

全国职业教育先进单位
南昌市人社局
教育部、国家发展改革委、财政部、人社部、农业部、国务院扶贫办

2011-2013 年度全国人社系统优质服务窗口
南昌市人社局行政审批服务窗口
人社部

全国审计通联工作先进单位
南昌市审计局
国家审计署

全国群众体育先进单位
南昌市体育局
国家体育总局

全国清明节工作优秀单位、全国居民家庭经济状况核对试点工作优秀单位
南昌市民政局
民政部

全国人民调解宣传工作先进集体
南昌市司法局
中华全国人民调解员协会

全国侨联系统先进集体
南昌市侨联
中国侨联

全国模范人民调解委员会
南昌市医疗纠纷调解委员会
司法部

中国服务业 500 强
市政公用集团
中国企业联合会

中国十佳“两型”中小城市、中国中小城市发展百强县市、中国最具区域带动力中小城市百强县市、中国最具投资潜力中小城市百强县市
南昌县
东北亚开发研究院、中国社科院社会科学文献出版社、中小城市经济发展委员会

全国税务系统先进集体
南昌县地税局
国家税务总局

全国慢性病综合防治示范县
新建县
卫计委

全国一村一品示范村
新建县望城镇小桥村
农业部

全国法治县（市区）创建工作先进单位
进贤县
全国普法办

全国休闲旅游与秀美乡村示范县、国土资源节约集约模范县、全国科技进步县（市）
安义县
农业部、国家旅游局、国土资源部、科技部

国家慢性病综合防控示范区
西湖区
卫计委

全国工会职工法律援助维权服务示范单位
西湖区总工会
中华全国总工会

全国先进示范社区卫生服务中心
青云谱区京山街道
卫计委

全国企业“一套表”联网直报先进集体
青云谱区统计局
国家统计局

全国全民健身活动先进单位
青山湖区
国家体育总局

（市史志办年鉴处）

2013 年 6 月 18 日，南昌万达文化旅游城奠基仪式在九龙湖新城举行

2013 年 10 月 17 日，C919 大型客机前机身开铆仪式在南昌航空工业城举行

2013 年 12 月 12 日，有着千里赣江“第一隧”之称的南昌地铁 1 号线秋水广场站至中山西路站盾构区间上行线顺利实现贯通

2013 年 12 月 29 日，新洪城大市场开工仪式在南昌县东新乡举行

2013 年 4 月 18 日，桑海思恩腾科技公司上市辅导签约仪式举行

2013 年 6 月 20 日，全球第 700 万辆全顺车在江铃小蓝基地下线

2013年10月14日，梅里亚南昌改扩建项目落成典礼举行

2013年12月9日，浦发银行南昌分行入驻全省金融商务区

高氏集团油茶生产基地

2013 年 8 月 1 日，外资银行考察团“赣鄱行”活动恳谈会在前湖迎宾馆举行

2013 年 10 月 26 日，首届江西省地方特色商品博览会开幕式暨江西省电子商务示范基地揭牌仪式在南昌华南城举行

2013 年 11 月 22 日，第六届中国绿色食品博览会开幕式举行

2013 年 11 月 23 日，2013 年中国 · 南昌 “军山湖杯” 第十二届鄱阳湖螃蟹节启动仪式举行

2013 年 2 月 23 日，长江中游城市群四省会城市首届会商会在武汉举行

2013 年 6 月 9 日，南昌、九江、宜春、抚州四市区域合作决策咨询暨首届协商会在前湖迎宾馆举行

2013 年 11 月 8 日，市政府与万科企业股份有限公司的棚户区改造战略合作签约仪式举行

2013 年 12 月 5 日，绿地控股集团与省金融办、市政府就金融合作项目、南昌市棚户区改造项目、临空经济区开发项目战略合作签约仪式举行

2013年2月，朝阳大桥进入桩基施工阶段

2013年3月7日，九龙湖核心起步区22条市政主次干道路网正在建设中

2013年12月27日，“一江两岸”景观亮化工程正式亮灯

2013 年，青云谱区棚户区改造项目现场

2013 年 11 月 5 日，青山湖区拆除临建建筑

2013 年 4 月 16 日，南昌百名人大代表政协委员受聘当上“啄木鸟”

2013 年，“唱响文明凯歌，共创美好家园”文艺演出

2013 年 3 月 4 日，南昌市“雷锋精神传承 青春志愿接力”青年志愿服务月活动正式启动

2013 年 4 月 30 日，章金媛爱心奉献团启程赴雅安灾区开展救护服务

2013 年 10 月 18 日，社会救助政策宣传进社区

2013 年 9 月 1 日，中国禁毒志愿者汽车万里行活动启动仪式在八一广场举行

2013 年 9 月 7 日，由市人社局主办的 2013 年全市高校毕业生就业服务月首场校园招聘会在南昌航空航天大学举行

2013年7月8日，青云谱区第四届“七月小荷”校园文化特色展示周活动在八大山人文化广场举行

2013年8月，梅汝璈故居对外开放

2013年10月26日，中国（南昌）第四届国际楹联文化艺术节暨中国（西湖李家）首届农村楹联文化艺术节在“中国幸福村”——进贤县前坊镇西湖李家举行

2013 年 1 月，全国旅游景区质量等级评定委员会批准江西凤凰沟景区为国家 AAAA 景区

2013 年 8 月，大象湖景区提升改造样板工程竣工

2013 年 12 月 31 日，以“南昌健步如风”为主题的全市第三届迎新万人健步行活动举行

2013 年 6 月 1 日，南昌市开始限行黄标车

2013 年 7 月 26 日，位于小蓝经开区的工业污水处理厂二期建成并投入使用

2013 年 8 月 15 日，南昌市空气质量实时发布平台

南昌市人民代表大会常务委员会

2013 年 1 月 6 日，南昌市第十四届人民代表大会第三次会议召开

2013 年，南昌市人民代表大会常务委员会在中共南昌市委的正确领导下，全面贯彻落实中共十八大精神，以邓小平理论、“三个代表”重要思想、科学发展观为指导，坚持党的领导、人民当家做主、依法治国有机统一，认真履行宪法和法律赋予的职责，审议通过 4 件地方性法规，听取和审议“一府两院”15 个专项工作报告，检查 2 部地方性法规实施情况，组织 18 次专项视察，开展 23 个专题调研，督办 253 件代表建议，任免国家机关工作人员 59 人次，为南昌打造核心增长极实现“一年有势头”发挥积极作用。

2013 年 6 月 14 日，南昌市人大常委会召开“关注民生，促进和谐，助力打造核心增长极代表行”活动部署会

2013 年 7 月 1 日，南昌市人大常委会主任蔡社宝一行视察畅通省城行活动情况

2013 年 7 月 15 日，南昌市人大常委会主任蔡社宝视察红谷滩云溪公租房建设情况

中国人民政治协商会议南昌市委员会

2013年1月2日，中国人民政治协商会议南昌市第十三届委员会第三次会议召开

2013年，中国人民政治协商会议南昌市委员会在中共南昌市委的领导下，团结和带领广大政协委员，坚持以邓小平理论、“三个代表”重要思想和科学发展观为指导，深入贯彻中共十八大和十八届三中全会精神，紧紧围绕打造核心增长极目标，主动服务发展大局，认真履行政治协商、民主监督、参政议政职能，为南昌加速发展做出积极贡献。

2013年9月12日，中国人民政协理论研究会秘书长原冬平到南昌为市政协委员授课

2013年8月15日，“群众在心中——委员进社区（乡村）”活动工作会召开

2013年6月18日，南昌之友联谊会第一次会长（扩大）会议召开

中共南昌市纪律检查委员会（监察局）

2013 年 2 月 6 日，中共南昌市第十届纪律检查委员会第三次全体会议召开

2013 年，南昌市各级纪检监察机关认真贯彻十八届中央纪委二次全会、省纪委十三届三次全会、市纪委十届三次全会精神，按照中央纪委、省纪委转职能、转方式、转作风的要求，聚焦中心任务，强化党的纪律特别是政治纪律约束，强化执纪监督，强化查办腐败案件，认真履行纪检监察工作职责，全市党风廉政建设和反腐败各项工作取得新进展新成效。

2013 年 3 月 22 日，全市反腐倡廉建设专家座谈会召开

2013 年 10 月 18 日，市纪委集体约谈会召开

2013 年 11 月 28 日，全市新任领导干部廉政谈话会议召开

2013 年 12 月 12 日，全市反腐倡廉建设情况通报会召开

中共南昌市委办公厅

2013 年 12 月 4 日，省委常委、市委书记王文涛在南昌县塔城乡南洲村进行“民情家访”

2013 年 10 月 23 日，全市党委办公系统工作会在红谷滩会展中心召开

2013 年，中共南昌市委办公厅认真贯彻落实中共十八大和十八届三中全会精神，坚持“态度决定一切，细节决定成败”及“提升标杆、严格程序、规范运行、精细服务”的工作理念，按照“专业规范、实在实干”的总体要求，以服务全面打造核心增长极为工作主题，深入开展“提升年”活动，主动服务、精细服务、高效服务，圆满完成了各项工作任务，为南昌打造核心增长极“一年有势头”的阶段性目标实现做出了积级贡献。

2013 年 9 月 25 日，市委办公厅组织干部职工学习健康知识

2013 年 9 月 23 日，市委办公厅全体干部职工到象山森林公园进行野外拓展锻炼

南昌市人民政府办公厅

2013 年 10 月 26 日，市政府办公厅干部职工进行素质拓展训练

2013 年，在省委、省政府和市委的正确领导下，全市上下紧紧围绕“打造核心增长极”总目标和“做强南昌”总要求，强力推进大投入、大建设、大发展，实现经济持续健康较快发展和社会和谐稳定。全年经济运行稳中向好，主要经济指标顶住下行压力，呈现位次前移、占比提升的好势头。百大重大重点项目快速推进，累计完成投资 478.51 亿元。临空经济区建设全面启动，开辟南昌未来发展的“第二战场”。新城建设日新月异，旧城改造取得突破，拆违拆临快速推进；城乡一体化发展步伐加快，镇村联动建设成效显著，农村面貌焕然一新，得到上级充分肯定和全市人民高度评价。百姓生活持续改善，城乡居民收入双双实现两位数增长；大力实施 91 件民生实事，民生投入 137.5 亿元，发展成果进一步惠及城乡居民。全市共获各类全国性荣誉和奖励 37 项。

2013 年 5 月 4 日，市政府办公厅开展“追忆伟人足迹·放飞中国梦”主题参观活动

2013 年 11 月 2 日，市政府办公厅、市妇联联合开展“共享一片蓝天 共筑一个梦想”关爱贫困留守儿童志愿服务活动

中共南昌市委组织部

2013年9月18日，全市组织工作会议召开

2013年8月2日，市委组织部召开学习贯彻市委十届七次全会精神专题学习会

2013年，中共南昌市委组织部以加强党的执政能力建设、先进性和纯洁性建设为主线，以服务南昌打造核心增长极为主题，以提升组织工作科学化水平为目标，以培养选拔更多优秀干部为重点，紧紧围绕打造核心增长极选干部、配班子、建队伍、聚人才，促进更多好干部脱颖而出，促进各级党组织更加坚强有力，促进党的建设和组织工作更好地体现时代性、把握规律性、富于创造性。

2013年5月21日，市委常委、组织部部长陈德寿在南昌高新技术产业开发区调研人才工作

2013年11月22日，南昌市竞争性选拔优秀年轻正科级干部担任乡镇长、街办主任无领导小组面试现场

南昌市档案局（馆）

2013 年 6 月 9 日，省档案局局长汪晓勇和市领导江晓斌、张根水参观南昌“6·9”国际档案日宣传展览

2013 年 8 月 28 日，梅汝璈故居揭牌仪式举行

2013 年，南昌市档案局紧紧围绕市委、市政府“打造全省核心增长极”这个主题，根据全省档案工作要点，以“创建一支队伍，发挥两种职能，实施‘三大’工程，完善四个机制”为工作目标，进一步强化全市档案行政管理，提高依法行政能力水平，充分发挥档案职能，为促进全市经济社会发展发挥积极作用。先后荣获 2013 年度全省设区市档案局（馆）工作考评优秀单位、2013 年全省档案工作规范化管理先进单位等荣誉称号。

2013 年 7 月 12 日，市档案局领导干部在青山湖区进行业务调研指导

2013 年 3 月，市档案局（馆）正式成立南昌市政府公开信息查阅中心

2013 年 9 月，市档案局异地备份基地揭牌，石家庄市档案局与南昌市档案局进行首批档案数据交接

南昌市精神文明建设指导委员会办公室

2013 年，南昌市精神文明建设指导委员会办公室（简称市文明办）围绕中央、省、市委重大决策部署，扎实地推进全国文明城市创建等群众性精神文明创建工作，深入开展思想道德建设，志愿服务工作高潮迭起，公民文明素质和城市文明程度得到提高。在全国城市文明程度指数测评中，南昌市在省会、副省级提名资格城市中排名第一；未成年人思想道德建设工作在全国 127 个城市（区）中排名第十三。

2013 年 2 月 24 日，市文明办在市第十九中学红谷滩校区演艺楼举行“我们的节日—元宵”中华经典诵读活动

2013 年 4 月，市文明办组织“爱国歌曲大家唱”歌咏活动

2013 年 5 月 24 日，市文明办在湾里区举办江西省保护山川河流鄱阳湖志愿服务活动

2013 年 7 月 31 日，市文明办开展道德讲堂活动

2013 年 6 月，市文明办举办道德模范和身边好人巡演、巡讲、巡展基层行活动

南昌市荣获 2013 年中国智慧城市推进杰出成就奖

2013 年 1 月 29 日，在北京召开的国家智慧城市试点创建工作会议上，南昌市红谷滩新区荣获国家智慧城市第一批试点城市

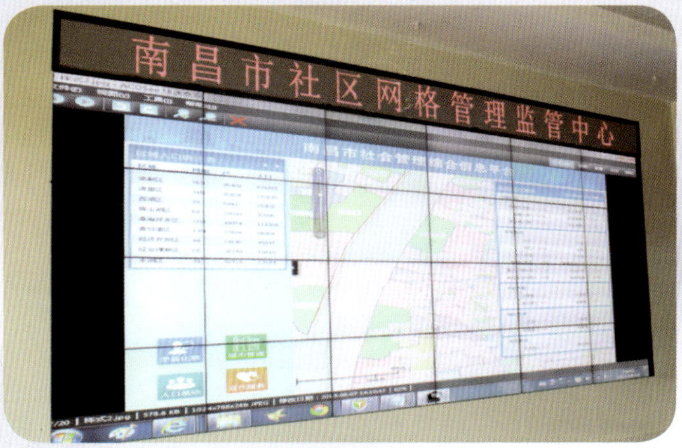

2013 年，南昌市创新社会管理综合平台

2013 年，南昌市工业和信息化委员会进一步强化信息化工作推进机制，加速打造信息平台，积极争取国家试点政策支持，全力保障信息安全，建立和完善覆盖全面、数据共享、功能齐备的社会管理综合信息支撑体系，以“数字南昌”项目建设和“个十百千万”工程建设活动为抓手，推动工业化和信息化实现深度融合。在 2013 年中国政府网站绩效评估中，“中国南昌”网站位列省会及计划单列市政府门户网站第七；在 2013 年中国政府网站国际化程度测评中，“中国南昌”网站位列省会及计划单列市政府网站英文版建设总体情况第三；南昌市还获得亚太地区城市信息化合作办公室颁发的“2013 年中国智慧城市推进杰出成就奖”。

智慧九龙湖

荣誉证书

中国南昌：

贵单位在2013年中国政府网站（省会及计划单列市）绩效评估活动中，荣获第七名。

特颁此证！

南昌市荣获全国法治城市创建活动先进单位称号

2013年1月28日，市司法局局长涂慧玲陪同省司法厅厅长马承祖到市法律援助中心调研指导

2013年，南昌市司法局围绕打造核心增长极目标，坚持务实奋进，开拓创新，认真履行法律保障、法律服务和法制宣传职能，为全市经济社会发展做出积极贡献。南昌市被评为全国法治城市创建活动先进单位，市司法局被评为全国司法考试先进单位，市医疗纠纷调解委员会被评为全国模范人民调解委员会，市法援中心被司法部评为便民服务示范窗口。

2013年4月26日，市司法局领导干部调研市帮教中心建设情况

南昌市归国华侨联合会荣获全国侨联系统先进集体称号

2013 年 5 月，市侨联参加 2013 年长三角地区侨联协作会议

2013 年 5 月 29 日，市侨联献爱心活动发放助学金

2013 年，南昌市归国华侨联合会在市委、市政府的领导下，深入学习贯彻中共十八大和十八届三中全会精神，认真履行职能，凝心聚力，服务发展，锐意进取，开拓创新，团结动员广大归侨侨眷和海外侨胞紧紧围绕把南昌打造成带动全省发展的核心增长极这一宏伟目标，有序推进各项工作，取得了积极的成效。先后被评为“全国侨联系统先进集体”“南昌市文明单位”“南昌市综治先进单位”“南昌市开放型经济先进单位”。

南昌市人力资源和社会保障局荣获全国职业教育先进单位等称号

2013年6月3日，南昌市首届“洪城杯”职业技能大赛开幕

2013年6月28日，南昌市被征地农民参加养老保险工作启动实施暨政策培训大会现场

2013年4月10日，江西省2013年度考试录用公务员笔试南昌考区考务会召开

2013年2月19日，南昌市“春风行动”暨新春大型系列招聘会在市人力资源市场和新落成投入使用的南昌市农民工综合服务中心同时启动

2013年，南昌市人事制度建设和队伍管理不断加强，选人用人公平公正度不断提升，全年完成各类人事考试20余项，全部人事考试考生总数达9.25万人。全市岗位设置工作平稳推进，积极探索创新中小学教师职称评价“考评结合”工作，进一步畅通非国有企业职称申报渠道，人事制度改革迈出新步伐。南昌市人力资源和社会保障局以高校毕业生、零就业家庭、经济困难家庭、农民工、残疾、两劳人员等就业困难群体为就业帮扶重点，认真落实就业帮扶政策，积极开展各类就业援助专项服务活动，大力开发公共就业岗位，创新举措，不断完善就业援助服务机制，大力促进各类困难群体创业就业，取得实效。南昌市人力资源和社会保障局被评为全国职业教育先进单位。南昌市人力资源和社会保障局行政审批服务窗口荣获“2011—2013年度全国人社系统优质服务窗口”。

南昌市民政局荣获全国居民家庭经济状况核对试点工作优秀单位等称号

2013年5月12日，以“识别灾害风险，掌握减灾技能”为主题的大型防灾减灾宣传咨询活动在八一广场举行

2013年10月16日，全市首批“敬老文明号”授牌仪式举行

2013年，南昌市民政局以提高“三个群体”生活水平、加强民政公共服务设施建设、发挥民政在加强和创新社会管理中的作用为着力点，积极推动全市民政事业创新发展，提前、全面、超额完成各项任务，民政重点工作有序推进，特色工作亮点纷呈。先后荣获全国居民家庭经济状况核对试点工作优秀单位、全国清明节工作优秀单位、全省第十三届文明单位、全省民政工作先进单位、全省民政工作创新奖、全省养老服务体系建设先进单位、全省第二届“福彩杯”民政行业职业技能大赛团体第一名、全市社会管理综合治理目标管理先进单位、全市公共机构节能先进单位、全市信访工作先进单位、全市人口和计划生育工作先进单位、全市消防工作先进单位、全市政务公开和政府信息公开工作先进单位等荣誉称号，为促进南昌市经济社会又好又快发展发挥了积极作用。

2013年9月15日，南京军区“使命行动—2013”演习部队途经南昌，南昌市积极做好各项支前保障工作

2013年6月19日，由东湖区政府、南昌市民政局联合中国移动通信集团江西有限公司南昌分公司在南昌信息化养老服务中心举办“关爱老人免费赠送手机”活动

南昌市审计局审计项目荣获全国地方表彰审计项目等称号

2013 年 2 月，南昌市审计局局长万仁如带领审计干部到市轨道交通一号线调研

213 年 6 月 2 日，市审计局参加由江西省人大内务司法委组织，省审计厅、省普法办主办的全省审计法律知识电视大赛

2013 年 6 月 3 日 ，省人大常委会副主任魏小琴对南昌市审计局代表队颁发一等奖奖牌

2013 年，南昌市审计工作坚持“依法审计、服务大局、围绕中心、突出重点、求真务实”的工作方针，认真贯彻落实中央、省、市经济工作会议精神以及全国、全省审计工作会议精神，充分发挥审计保障经济社会健康运行的“免疫系统”功能，全力为打造南昌核心增长极保驾护航。切实做好省审计厅交办的“一大四小”工程建设资金审计等项目。至年底，全市审计机关共完成审计项目单位 322 个，查出违规金额 4.50 亿元，管理不规范金额 514.72 亿元，核减投资额 2.61 亿元，应上缴财政 4.65 亿元，已上缴财政 3.86 亿元。提交审计专题、综合性报告和信息 575 篇，被批示、采用 343 篇次。南昌市审计局被省委、省政府评为江西省第十三届文明单位，被审计署、省审计厅评为审计通联先进单位，获江西省审计法律知识网络比赛和电视竞赛第一名；科技专项经费审计项目被审计署评为全国表彰审计项目，被审计厅评为全省优秀审计项目。

2013 年 7 月，南昌市审计局领导干部到进贤县、安义县乡村项目点指导 2009—2011 年大中型水库移民后期扶持资金审计

南昌市地税部门荣获第十三届全国职工职业道德建设先进单位称号

2013 年 9 月 11 日，南昌市地税局廉政教育基地揭牌

2013 年 4 月 3 日，市地税干部在“魅力华南城、地税助你行”税法宣传活动中向纳税人宣传税法

2013 年 4 月 23 日，南昌地税纳税人学校走进南昌市房产交易中心，开设市民讲堂，专题讲解房屋交易税收政策知识

2013 年，南昌市地方税务局提出“服务升位、管理升格、形象升华，全力推动南昌地税事业发展升级”的发展新思路，全面构建服务发展、依法行政、税源管理、征管改革、纳税服务“五位一体”的地税工作新格局，积极探索思想建设、班子建设、廉政建设、文化建设、素质建设“五举并重”的队伍建设新途径，各项工作取得明显成效。市地税局荣获“2013 年全省地税系统先进单位”、省第十三届文明单位和市第十四届文明单位；全市地税部门荣获“第十三届全国职工职业道德建设先进单位”等国家、省、市级荣誉 80 余项。省委常委、市委书记王文涛，省地税局党组书记、局长王平等领导分别做出批示，对南昌地税工作予以充分肯定。

2013 年 4 月 7 日，纳税人给市地税局办税大厅的地税干部送上锦旗

2013 年 11 月 18 日，22 名在昌注册税务师与地税部门签订志愿服务协议担任地税“12366”纳税服务热线咨询专家

荣誉证书

江西省南昌高新技术产业开发区地方税务局：

荣获第十三届全国职工职业道德建设先进单位

南昌市科技局荣获全国科技管理系统先进集体称号

2013 年 5 月 21 日，市委副书记、市长陈俊卿率队走访省科技厅

2013 年，南昌市科技局紧紧围绕建设创新型城市工作目标，为南昌打造核心增长极提供了有力的科技支撑。新增高新技术企业 67 家，比上年增长 49.6%，总数占全省的 1/3；全市专利申请量 6190 件，专利授权量 3380 件，分别增长 37.1% 和 12.6%。在 2013 年全国县市科技进步考核中，南昌市连续第六次被科技部评为“科技进步先进市”。市科技局被人社部和科技部授予“全国科技管理系统先进集体”荣誉称号。

2013 年 4 月 24 日，南昌市参加长江中游城市群省会城市首届科技合作联席会

2013 年 5 月 19 日，南昌市科技活动周开幕式举行

南昌市体育局荣获 2009—2012 年度全国群众体育先进单位称号

2013 年 10 月 10 日，南昌市第二届老年人健身体育运动会召开

2013 年 12 月，南昌市首届外来务工人员趣味运动会举行

2013 年 4 月 23 日，第十二届全国运动会男子篮球预赛在南昌举行

2013 年，南昌市体育局以承办国际国内重大品牌赛事为重点，在积极投身于把南昌打造成为带动全省发展的核心增长极伟大实践中，努力做大做强南昌体育，实现群众体育、竞技体育、体育产业的齐头并进，有力地推动南昌体育的发展和城市形象的提升。全市运动员参加比赛人数 0.6 万人次，共获得金牌 221 枚、银牌 181 枚、铜牌 149 枚。全年举办单项比赛 26 次，举办全民健身活动 803 次，其中千人以上的活动 48 次，参加活动的人数总计 100 余万人。全年完成全民健身路径工程 130 个，总投资 130 万元。全年发行体育彩票 3.63 亿元，比上年增加 0.65 亿元。市体育局荣获“2009-2012 年度全国群众体育先进单位”、全国原创广场健身操（舞）交流展示活动特等奖和最佳编排奖等荣誉。

2013 年 11 月，第六届中韩青少年体育交流大会在南昌举行

中国民主促进会南昌市委员会荣获民进全国宣传思想工作先进集体称号

2013年3月18日，民进南昌市委会领导干部调研西湖区房屋征迁和土地收储群众工作

2013年，民进南昌市委会坚持以中国特色社会主义理论为指导，学习贯彻中共十八大、十八届三中全会和总书记习近平系列重要讲话精神，认真履行参政议政职能，为服务南昌改革发展而不懈努力，全面完成民进市六届五次全委会提出的各项任务，被民进中央授予“民进全国宣传思想工作先进集体”荣誉称号，获得民进全省“参政议政”“组织建设”“社会服务”工作先进单位及市政协信息宣传工作先进单位。

2013年8月21日，民进南昌市委会领导干部参观市民进集体提案成果青云谱区梅汝璈故居

南昌市政公用集团被中国企业联合会授予“中国服务业500强”

2013年6月14日，南昌市管道燃气特许经营权签订仪式举行

2013年9月21日，南昌市城区户内燃气安全隐患专项整治行动启动

2013年9月30日，成功开通江西省首条跨行政区域的城际公交线路——南昌至永修公交线路

南昌市政公用投资控股（集团）有限责任公司是2002年7月经江西省人民政府批准组建的国有独资公司，注册资本18.66亿元，为中国服务业500强企业、江西省首批服务业龙头企业。旗下拥有全资、控股及托管企业30余家（其中1家上市公司即“洪城水业”），员工近2万人。

2013年1月1日，南昌市青山南路的首条路中式准BRT（快速公交）公交专用道正式运行

2013年9月15日，在老福山安装南昌市首块公交电子站牌

南昌高新区：产城

2013 年 3 月 29 日，ACT 国际控股大中华运营总部项目落户南昌高新区签约仪式举行

2013 年 10 月 14 日，世界 500 强梅里亚南昌改扩建项目落成典礼举行

2013 年 11 月 29 日，第四届环鄱阳湖国际自行车大赛南昌站比赛在高新区艾溪湖畔举行

南昌高新区按照省委书记强卫在视察南昌高新区时提出的“南昌高新区要跳出江西看发展、谋发展，争做南昌打造核心增长极这个‘龙头’上的‘龙珠’”要求，精准产业定位，突出高端、前端、深端特色。2013 年，南昌高新区营业总收入突破 1300 亿元，成为全省首个千亿产业园区。2013 年战略性新兴产业产值超过 500 亿元，占园区主营业务收入比重达 56.4%。航空制造、光电、软件服务外包、生物医药等一批环境友好型的低碳经济及战略性新兴产业集群，已初具规模。航空产业：总投资 300 亿元、占地 25 平方千米的南昌航空工业城项目被国家发改委批准为国家航空高技术产业基地；航空城各项建设进展顺利，共开工建设厂房面积达 20 万平方米。软件及服务外包产业：南昌是全国 21 个“中国服务外包示范城市”之一；高新区是中国首批服务外包示范区，集聚了软件及服务外包企业 400 多家，约占南昌市的 90%、江西省的 85%。光电产业：高新区是全国首批国家半导体照明产业化基地之一，拥有晶能光电、联创光电等 LED 及相关配套企业 30 多家，初步形成了从衬底材料、外延片、芯片制造到封装及应用的完整

南昌城市建设投资发展有限公司

象湖隧道项目效果图

沿江中南大道快速路项目效果图

南昌城市建设投资集团（简称南昌城投集团）系 2010 年 5 月经南昌市国资委批准，南昌市工商局登记注册成立的。其母公司为南昌城市建设投资发展有限公司（简称南昌城投公司），是 2002 年 7 月经江西省人民政府批准由南昌市政府出资设立的国有独资企业。

公司主要职能：⑴负责市政府指令性城市基础设施项目的开发建设；⑵负责为市政府城市建设项目融资；⑶负责盘活、管理和经营市政府授权的房地产，确保国有资产保值增值。经十一年运作，截至 2013 年 12 月底，集团总资产 363.57 亿元，净资产为 186.53 亿元，比初创时净资产总额 2.1 亿元增加 88 倍。

公司先后竣工完成了红谷大厦、城市经济适用房、凤凰花园、西外环高速公路等市重大重点项目。目前在建重大重点项目有：南外环高速公路项目、利宇街棚户区改造项目、九洲大街下穿象湖隧道项目、九洲高架项目、沿江中南大道快速路项目、建设西路西延项目、金沙路与施尧路对接项目、环鄱阳湖水利建设一期项目、港口大道项目、大象湖景区建设项目等。

九洲高架（南桃花河）效果图

南外环项目效果图

十年红谷滩
联泰与城市同行
香域滨江
一线全江景大宅
联泰·金中环
红谷滩南昌大桥桥头
学区公寓
香域中央
红谷滩CBD中心
阔景大宅

红谷滩实景拍摄

联泰集团简介：

广东省联泰集团有限公司成立于1993年12月。经过十几年的经营和发展，现已成为涵盖城市基础设施建设、高速公路投资（营运）、水务、房地产开发等多元化产业发展的广东省大型投资控股型企业集团。

江西联泰房地产有限公司是广东省联泰集团有限公司和广东联泰地产有限公司属下企业，自2002年创始之初，秉承“与城市同行”的经营理念，便与南昌市政府建立战略合作关系，兴建城市路网，打造景观及配套系统，其中包括学府大道、丰和南大道、前湖大道、赣江南大道、秋水广场、南昌市国际会议展览中心等工程。

之后在红谷滩累计开发了六大高端楼盘，包括香域滨江、香域中央、香域尚城、金中环、香域滨江I桥郡、棕榈庄园，总建筑面积约270万平方米。

江西联泰地产秉承集团一贯的勤勉务实的处世风格，力求在社会日新月异的今日，为南昌、为江西，做力所能及之事。

南昌轨道交通集团有限公司

2013年5月10日，南昌轨道交通2号线一期工程世行贷款2.5亿美元谈判签约会在南昌举行

2013年12月12日，第一条穿越赣江的隧道——地铁1号线秋水广场站至中山西路站盾构区间上行线顺利贯通

近年来，在市委、市政府的坚强领导下，南昌轨道交通集团科学部署、求真务实，有序推动各项工作顺利进行。截至2014年上半年，工程建设累计完成投资约180亿元。1号线24个站点基本完成，盾构掘进43.7公里，完成总量的91%；完成铺轨15公里，机电工作已全面展开。2号线红谷滩新区站点已全面开工。在轨道交通双线并进的同时，积极推动了第二轮建设规划。融资工作在模式创新上取得“新突破”，在世行贷款、银团贷款等融资模式的基础上，集团积极拓宽融资渠道，创新融资模式，与海通证券合作发行可续期公司债券，与国开证券合作发行企业债券，为工程建设提供了充分的资金保障。2014年7月1日，地铁首台列车的顺利抵达，标志着运营筹备取得了阶段性成果。

2014年3月18日，南昌地铁1号线一期工程的铺轨施工率先在高新大道站铺轨基地启动

2014年5月27日，历时半年的南昌地铁1号线子固路站至八一馆站明挖区间土方开挖完成

2014年7月1日，南昌地铁首列车在瑶湖定修段完成车辆吊装和编组工作后进入为期一个半月的静态调试

编 辑 说 明

一、《南昌年鉴》由中共南昌市委员会、南昌市人民政府主办，是一部内容充实，资料具有权威性、系统性、连续性的综合性地方年鉴。《南昌年鉴》以马克思列宁主义、毛泽东思想、邓小平理论、“三个代表”重要思想和科学发展观为指导，运用辩证唯物主义与历史唯物主义原理全面、真实地记录南昌市经济建设和社会发展的基本情况，为南昌市打造“带动全省发展的核心增长极”目标提供决策依据，为实现南昌市经济社会快速、协调、持续发展提供借鉴，为国内外读者了解南昌市提供资料和信息。

二、本年鉴采用分类编辑法，以“部类”为单元。“部类”划分在2012年卷的基础上略有调整。现设44个部类：(1)特载；(2)特辑；(3)大事记；(4)南昌概貌；(5)中国共产党南昌市委员会；(6)南昌市人民代表大会；(7)南昌市人民政府；(8)中国人民政治协商会议南昌市委员会；(9)群众团体；(10)民主党派·工商联；(11)司法；(12)国防；(13)重大重点项目建设；(14)民生工程；(15)农、林、牧、渔业；(16)制造业；(17)开发区·新区建设；(18)开放型经济·进出口货物管理；(19)非公有制经济；(20)批发和零售业；(21)住宿和餐饮业；(22)旅游业；(23)房地产业；(24)财政·税务；(25)经济管理与监督；(26)金融业；(27)信息传输、软件和信息技术服务业；(28)科学研究和技术服务业；(29)社会科学；(30)交通运输、仓储和邮政业；(31)电力、燃气及水生产和供应业；(32)城乡建设和管理；(33)水利、环境管理业；(34)社会管理和服务；(35)教育；(36)卫生；(37)文化；(38)体育；(39)报业·广播电影电视；(40)县(区)概况；(41)社情民意；(42)人物；(43)重要文献；(44)经济社会统计资料。

三、“部类”由“分目”和有关“条目”组成。“条目”是本年鉴收录资料信息的主要形式，特约各县区、市直各部门及驻南昌市中央、省属单位熟悉情况的同志撰写，并经撰稿单位负责人审核，由本编辑部精选精编。为方便读者检索，本年鉴设有目录和索引两种检索方式，目录在卷首，索引在卷尾。

四、本年鉴中的综合性资料、数据，截至2013年12月31日。“统计资料”由南昌市统计局供稿。凡涉及南昌市国民经济和社会发展的主要数据，概以南昌市统计局公布的数据为准。

五、本年鉴的编辑出版，是在中共南昌市委员会、南昌市人民政府的领导下进行的，得到各县区、市直各部门及驻南昌市中央、省属单位领导的支持，所有撰稿人员为年鉴撰稿付出了辛勤劳动，在此表示衷心感谢。由于编辑水平有限，书中难免有疏漏错误之处，恳请广大读者批评指正。

《南昌年鉴（2014）》编辑委员会

《南昌年鉴（2014）》编辑人员

主　　　编：江晓斌　张根水

副　主　编：陈　武　谢晓亮　姜爱兰　熊月宝　谭小荣

辜　锋　张润生　张永华　徐明生　熊庆滨

执行副主编：邓水龙

编　　　辑：揭淑琴　喻学辉　龚秀昱

彩 页 编 辑：喻学辉

摄　　　影：涂俊彦

编　　　务：汪小平　吴琪琪　邹　霞　孙国强　黄　飞

曹　欣　涂俊彦　邓　颖　王　辉　邓国华

汤华宁　匡　吟　廖子君

各撰稿单位审稿人名单

（按姓氏笔画为序）

丁晓虎	万兆兰	万先逵	万里晴	万海平	万继海
刁　伟	马小娟	尹　波	王　贺	王　中	王慧玲
邓　宏	付苏臣	冯尉铭	卢学文	史晓婍	左　清
石家洪	龙世峰	龙国英	农小兵	刘　声	刘　锋
刘水根	刘建昌	刘瑞明	吁小平	孙　伟	安　立
巩佳妮	朱育明	朱艳萍	朱景新	池建林	许卫群
邬少青	何　琦	何红利	余　铭	余俊杰	余森清
吴　瑾	吴卫平	吴官华	吴　迤	吴荣富	吴涤明
宋群芳	张　磊	张　霖	张　雄	张建昀	张金洁
张　萍	张　鑫	李　春	李　健	李　葵	李小保
李广振	李水平	李志强	李来平	李虹虹	李竞红
杨　之	杨　涛	杨　航	杨文悦	杨　龙	杨　航
汪众华	沈　杰	肖桂柱	邱天高	邹冬梅	邹时光
邹忠华	邹重光	闵思成	陈　铭	陈　瑜	陈和茂
陈国广	陈国英	陈茂刚	陈晶晶	陈雅铭	陈　瑜
陈摧飚	周茂林	宗云彪	宛继斌	尚鸿杰	易勤华
俞东兴	姜鸿波	柳　华	洪　漫	胡　星	胡世昇
胡高仔	胡常发	赵刚平	钮润荪	饶小敏	唐　璎
夏国生	席建平	徐　洪	徐　强	徐文彬	徐永立
徐永强	涂宗勤	秦鼎坤	莫继明	郭旭红	陶志海
陶森民	高　健	高　琰	曹小明	曹建初	梁超伟
梅　丽	梅青灿	盛　炜	章　卫	章　勇	黄小燕
黄文生	黄华山	黄国平	黄素萍	黄清玉	黄维象
龚建峰	龚嗣和	傅越华	喻子近	喻凤林	喻国平
彭　华	彭　昊	彭　冲	温华贵	舒　红	舒　鹏
董　飞	谢　华	谢晓亮	韩小平	赖晓敏	赖慰冰
雷志伟	鲍忠德	廖才军	廖云生	廖晓峰	熊卫平
熊中高	熊正强	熊　伟	熊国云	熊家芳	熊清平
熊清平	熊璞真	谭　敏	潘　凌	黎　刚	黎　敏
蹇瑞彬	魏运花				

目　　录

CONTENTS

特　载

Special Load

在市委十届八次全体(扩大)会议上的讲话
(2013 年 12 月 18 日) …… (1)
政府工作报告
(2014 年 1 月 9 日) …… (7)

特　辑

Features

建设鄱阳湖生态经济先导区 …… (13)
轨道交通建设 …… (14)
九龙湖新城开发 …… (15)
棚户区(旧城)改造 …… (17)

大事记

A Chronicle of Major Events

2013 年大事记 …… (19)

南昌概貌

General Situation of Nanchang

概　述 …… (32)
　概况
地　理 …… (32)
　概况
　地理位置
　地貌特征
　江河湖泊
自然资源 …… (32)
　概况
　土地资源
　水资源
　森林资源
　矿藏资源
历史文化 …… (32)
　概况
　历史沿革
　文化传承
南昌民俗 …… (33)
　概况
　节日习俗
　南昌菜
　人生礼仪
　婚嫁习俗
风景名胜 …… (34)
　概况
　滕王阁
　绳金塔
　八大山人纪念馆
　象湖风景区
　安义古村群
　佑民寺
　西山万寿宫
　汪山土库
　梅岭风景区
　青山湖风景区
　秋水广场
　天香园
　象山森林公园
　南昌八一起义纪念馆
　八一广场
　小平小道
　方志敏烈士陵园
行政区划 …… (35)
　概况
　南昌县
　新建县
　进贤县
　安义县
　东湖区
　西湖区
　青云谱区
　湾里区
　青山湖区
　红谷滩新区

南昌高新技术产业开发区
南昌经济技术开发区
江西桑海经济技术开发区
人口发展 …………………………………………………… (35)
概况
2013 年南昌市人口及其变动情况一览表
民族·宗教 ………………………………………………… (36)
概况
气　候 ……………………………………………………… (36)
概况
主要气象灾害
2013 年南昌市主要气象要素一览表
城市环境 …………………………………………………… (37)
概况
年度减排任务完成
大气环境质量
水环境质量
声环境质量
酸雨污染
经济运行概述 ……………………………………………… (38)
概况
经济运行的主要特点
城乡居民生活水平 ………………………………………… (39)
概况
城镇居民收入特点
城市居民消费特点
农民收入特点
农民生产和消费支出的特点
发展民主政治 ……………………………………………… (40)
概况
政务公开
概况
公开政府信息工作
接受人大、政协民主监督
办好民生实事
厂务公开民主管理
概况
健全领导机构
落实民主制度
开展民主管理调研
开展“公开解难题、民主促发展”活动
评选厂务公开先进
推进职代会规范化建设
村(居)民自治
概况
社区自治管理模式不断创新
社区居委会干部及农村离任“两老”生活补贴发放到位
党和国家及省部级领导人到南昌市考察 ………………… (41)
王光坤到南昌市调研农业综合开发工作
万鄂湘到南昌市调研
华建敏到南昌市考察红十字会工作
何厚铧到南昌市考察
秦宜智到南昌市考察调研
组织机构及驻南昌企事业单位负责人 …………………… (42)
(正县级及以上)

中国共产党南昌市委员会
Nanchang Municipal Committee of the Communist Party of China

概　述 ……………………………………………………… (47)
概况
市委常委会工作 …………………………………………… (47)
概况
市委会议 …………………………………………………… (47)
概况
中共南昌市委十届 7—8 次(全体)扩大会议召开
中共南昌十届市委第 34—58 次常委会议召开
2013 年中共南昌十届市委第 34—58 次常委会一览表
市委重要决策 ……………………………………………… (51)
概况
推进城乡一体化
加强干部队伍建设
建设廉洁南昌
加强和改进党委督查工作
加强和改进党委信息工作
全面深化改革
市委中心组理论学习 ……………………………………… (52)
概况
举办专题学习研讨班
举行《关于当前意识形态领域情况的通报》学习会
召开“学党章、学准则”主题报告会
召开省委十三届七次全会精神宣讲报告会
召开学习贯彻习近平总书记系列重要讲话精神专题学习会
收看中央宣讲团中共十八届三中全会精神报告会
举行中共十八届三中全会精神宣讲报告会
市委主要领导调研活动 …………………………………… (53)
概况
王文涛调研活动
2013 年中国共产党南昌市委员会颁发文件选目一览表
纪律检查与行政监察工作 ………………………………… (55)
概况
重要会议
概况
市纪委十届三次全体(扩大)会议召开
全市清理整顿市场中介组织服务和收费行为中突出问题工作会议召开
南昌市反腐倡廉建设专家座谈会召开
全市党风廉政建设社会评价工作动员部署电视电话会议召开
全市党政领导干部违反规定接受和赠送现金、有价证券、支付凭证(简称“红包”)

问题专项治理活动部署电视电话会议召开
市纪委监察局集体约谈会召开
全市城市交通“路风”专项整治工作动员会召开
全市反腐倡廉建设情况通报会召开
全市开展公款送礼、公款吃喝、奢侈浪费，公车私用、酒后驾车，参与赌博、出入私人会所专项整治工作动员部署会召开
主要工作
概况
落实党风廉政建设责任制
加强作风建设
查办案件
开展专项治理工作
源头治腐
加强自身建设
党委督查信息工作 …………………………………………（57）
概况
全市党委办公系统工作会议召开
开展督查工作
采集编发信息
保密工作 …………………………………………………（58）
概况
领导重视支持保密工作
国家保密局科技测评中心人员到南昌市调研
开展保密宣传及教育培训
“调查研究年”活动成果丰硕
全市保密普查工作圆满完成
开展保密专项督查
决定建立互联网终端安全保密检查系统
组织工作 …………………………………………………（59）
概况
加强思想政治建设
首次实施“1＋2”考核评价体系
全面推行“四看一听一差额”选人用人机制
年轻干部培养选拔高位推进
乡镇（街道）新录用公务员管理逐步规范
各类人才队伍建设统筹推进
党政正职从严管理
干部教育培训取得实效
基层党建工作亮点纷呈
党员管理规范创新
乡镇党代会年会制试点有序开展
宣传调研成果显著
自身建设扎实推进
宣传工作 …………………………………………………（60）
概况
组织开展好“中国梦”主题宣传教育活动
主题深度报道社会反响良好
“啄木鸟行动”全面升级
举办全市新闻战线马克思主义新闻观培训班
南昌市荣获“国家级文化和科技融合示范基地”称号
政务微博影响力全面提升
举办中国（南昌）军事题材电影创作会
文艺精品创作亮点频现
推动创建全国文明城市宣传
开展道德模范宣传教育活动
策划开展“我们的节日”活动
加大对外宣传力度
统一战线工作 ……………………………………………（61）
概况
推进多党合作事业
夯实共同思想基础
开展“同心双共建”活动
开展“同心·促发展”活动
服务非公有制经济发展
促进民族宗教关系和谐
加强党外代表人士队伍建设
加强党外知识分子工作
开展协商民主制度课题调研
全市统战工作会议召开
政法与综治工作 …………………………………………（63）
概况
维护重点敏感时期社会稳定
保障重大民生工程建设
创新社会管理
预防化解社会矛盾
治安重点整治和治安防控体系建设
开展防范打击侵财型犯罪专项行动
推进法治建设
强化队伍建设
农村工作 …………………………………………………（64）
概况
粮食生产和农民收入创历史新高
农业产业化发展迈上新台阶
休闲农业规模与效益并增
新型农业经营主体快速发展
和谐秀美乡村建设走在全省前列
“森林城乡、花园南昌”建设再创佳绩
“鄱湖明珠·中国水都”建设步伐加快
农村改革稳步推进
“六防”工作卓有成效
创新计生管理服务体系
对台工作 …………………………………………………（65）
概况
台湾海峡交流基金会参访团考察南昌市
王文涛会见“江西旅台乡亲故乡行”参访团
江西南昌海峡两岸民办大学人力资源管理策略研究论坛举行
旺旺集团举行捐赠仪式
台湾少数民族参访团到南昌市考察
郭安会见台湾政界人士王进士
对台招商引资亮点频现
对台交流不断深化

宣传调研取得成效

政策研究工作 ……………………………………………… (65)

概况

决策研究结硕果

起草重要文件

采编信息

开展重大政策课题调研活动

重大政策调研课题工作暨“走基层,报实情”推进会议举行

编辑《决策参考》

老干部工作 ……………………………………………… (66)

概况

全市老干部工作会召开

全市老干部工作领导小组会议召开

全市老干部形势报告会召开

开展为老干部“办实事、办好事”活动

开展老干部“学习贯彻十八大、展示魅力夕阳红”精神系列活动

涉老团体蓬勃发展

开展离退休干部“看势头、增信心”打造核心增长极活动

加强老干部学习活动阵地建设

走访慰问离退休干部

开展老年教育工作

市直机关党的工作 ……………………………………… (68)

概况

抓好中共十八大精神学习贯彻

扎实开展“重实干、转作风、树形象”主题实践活动

推进“三型”党组织建设

规范机关党的基层基础工作

强化机关党务干部教育培训和管理考核

服务全国文明城市创建工作

举办市第七届机关运动会

接待工作 ……………………………………………… (69)

概况

提升服务质量

拓展职能范围

创新服务有新成果

打造接待队伍新风貌

机关事务管理工作 ……………………………………… (69)

概况

做好机关事务日常工作

党政机关办公用房清理工作

推动公共机构节能工作

做好行政中心安全保卫

物业服务管理

公务用车管理

行政中心基本设施建设

机关精神文明建设

史志工作 ……………………………………………… (70)

概况

全面启动《中国共产党南昌历史》(第二卷)编纂工作

编纂《当代南昌日史(1966—1975)》

全面启动《当代南昌日史(1976—1985)》编纂工作

编辑《南昌年鉴(2013)》

编辑《南昌大事图记(2013)》

编辑出版《南昌大事记(2012)》

编辑全市月度大事记

开展党史研究

撰写《江西省志·市县概况》有关南昌部分文稿

撰写入编省年鉴稿件

开展党史宣传

开展读志用志工作

继续征集离退休老同志个人留存党史资料

征集地方志资料

采拍提供全市重要会议、重大活动照片

督导县(区)党史工作

指导部门专业志编纂

督导县(区)编辑综合年鉴

党校工作 ……………………………………………… (71)

概况

深化教学改革

提升课题研究水平

办好学报

加强人才队伍建设

增强后勤保障能力

强化对县(区)党校业务指导

精神文明建设工作 ……………………………………… (72)

概况

开展道德模范学习宣传活动

推进道德讲堂建设

开展“我们的节日”主题文化活动

开展“做一个有道德的人”主题系列活动

开展全国文明城市创建活动

组织开展“讲文明树新风”系列主题活动

开展读书教育活动

净化社会文化环境

乡村学校少年宫项目建设

建立学雷锋志愿服务队

开展“关爱他人、关爱社会、关爱自然”志愿服务活动

加强精神文明宣传教育工作

编制工作 ……………………………………………… (73)

概况

筹备食品药品监管体制改革

分类推进事业单位改革

开展超编专项整治

加强机构编制管理

机构设置与调整

推进事业单位登记管理

开展事业单位法人治理结构试点

加强部门自身建设

档案工作 ……………………………………………… (74)

概况
创建新农村建设档案工作示范县
管理重点建设项目档案
管理企业及行业系统档案
传统村落档案管理
创立档案教育示范基地
开展档案执法调研和检查
推进综合档案馆基础建设
接收各类档案入馆
开发利用档案信息资源
开展档案宣传教育
查阅利用档案
南昌市政府公开信息查阅中心成立
档案信息化建设
档案安全体系建设

南昌市人民代表大会
Nanchang Municipal People's Congress

概　述 …………………………………………………… (76)
概况
人民代表大会及常务委员会议 ………………………… (76)
概况
市第十四届人民代表大会第三次会议召开
市第十四届人大常委会第12—19次会议召开
重要会议和活动 ………………………………………… (77)
概况
全市立法工作会议暨市人大常委会立法咨询专家聘任仪式举行
开展"关注民生、促进和谐,助力打造核心增长极代表行"主题活动
开展"鄱湖明珠·中国水都"巡之二"节水型社会建设"主题活动
开展"为打造核心增长极营造良好法治环境"专题活动
开展"道路交通安全南昌行"之二"安全意识与守法出行"主题活动
调研视察全市重大重点项目建设情况
全省设区市人大常委会秘书长、办公厅(室)主任座谈会召开
《南昌市促进发展新型墙体材料条例》新闻发布会召开
调研视察全市民生工程项目建设情况
开展外事活动
地方立法工作 …………………………………………… (79)
概况
审议法规
立法调研
立法评估
监督工作 ………………………………………………… (79)
概况
听取和审议专项工作报告
开展执法检查及视察
受理接待群众来信来访
开展工作调研
进行专题询问
决定重大事项
代表工作 ………………………………………………… (80)
概况
代表活动开展
代表建议办理
代表议案办理
人事任免 ………………………………………………… (80)
概况
人事任免名单

南昌市人民政府
Nanchang Municipal People's Government

概　述 …………………………………………………… (81)
概况
市政府会议 ……………………………………………… (81)
概况
第1次市政府全体会议
第2次市政府全体会议
　2013年市政府常务会议一览表
市政府主要领导调研活动 ……………………………… (84)
概况
陈俊卿调研活动
郭安调研活动
应急管理工作 …………………………………………… (85)
概况
发挥应急值守职能
处置突发公共事件
开展应急综合演练
健全应急预案体系
建设应急信息平台
加强应急救援队伍建设
推进基层示范项目建设
推进应急避难场所建设
开展调查研究工作
驻外办事机构 …………………………………………… (86)
概况
开展招商引资工作
进行宣传推介
提升信息调研水平
完成接待服务工作
开展信访维稳工作
　2013年南昌市人民政府颁发文件选目一览表
参事工作 ………………………………………………… (89)
概况
参政咨询
民族宗教工作 …………………………………………… (89)
概况

开展民族团结进步创建活动
流动少数民族联络服务站逐步推开
全省城市民族工作交流会召开
服务保障清真饮食
开展清真拉面馆调研管理工作
化解涉及少数民族矛盾纠纷
下发《南昌市学校民族工作细则》
民族成分更改实施“四制”
建设进贤县畲族特色村寨
开展民族宗教界理论学习活动
组织宗教团体年度考核
市佛教协会换届
市道教协会换届
管理宗教事务
制止非法活动
民间信仰状况调查摸底
开展佛教寺庙与道教宫观专项治理
开展双“和谐”创建活动
组织宗教界“慈善周”活动
举办幽兰镇首届佛教文化旅游节
采集宗教基础信息
法制工作 …………………………………………………… (90)
概况
地方性法规项目审查
政府规章项目审查
行政执法案卷评查
全面推进行政调解
依法行政专题研讨班举行
推行说理式执法文书
落实重大行政执法决定备案制度
开展规章执法检查
履行行政复议应诉职责
开展调查研究
人事工作 …………………………………………………… (91)
概况
严格公务员考录工作
加强公务员队伍建设
创新事业单位公开招聘
事业单位选聘人才取得实效
事业单位岗位设置稳妥推进
开展事业单位人才统计工作
军转安置工作平稳有序
加强专业技术管理
开展职称资格考试
规范非国有企业职称评审
人事考试稳步实施
事业单位绩效工资稳步实施
审批年度正常晋升工资
核定国企职教幼教退休教师退休金标准
提高艰苦边远地区农村中小学教师特殊津贴
清理整治“吃空饷”
完成“三支一扶”大学生招募计划
国有资产监督管理工作 ………………………………………… (93)
概况
国资监管大格局稳步推进
监管重点企业实力进一步壮大
完善制度建设
业绩考核合理化
规范产权管理
强化监事会工作
推动国有资产优化整合
强化开放招商工作
做好重大重点项目跟踪服务
加强综治信访维稳工作
开展党建活动
加强干部队伍建设
建立干部实绩考核评价体系
开展党风廉政建设
信访工作 …………………………………………………… (95)
概况
领导干部接访下访
信访积案化解
开展重要时期信访工作
畅通信访渠道
创新信访工作方法
加大信访宣传力度
外事工作 …………………………………………………… (95)
概况
规范因公出国(境)工作管理
王文涛出访福特总部
开展对外交流工作
推进友城合作交流
为外向型企业提供服务
侨务·港澳事务工作 ………………………………………… (96)
概况
开展侨法宣传活动
为归侨侨眷服务
服务侨资企业
开展招商引资工作
参与社会公益事业
地名管理 …………………………………………………… (97)
概况
地名管理办法
命名规范
地名规划
地名命名
申报千年古城、镇、村
地名保护与利用
村级设标
编制南昌市各区街道标准地名图
地名管理培训
2013 年南昌市新增地名一览表
2013 年南昌市变更起止点道路一览表
2013 年南昌市地名更名一览表

会展管理 …………………………………………………… (101)
概况
申办引进展会
开展对外交流合作
落实会展专项资金
举办第六届中国绿色食品博览会
组团参加江西省地方特色产品(广东)展销会

中国人民政治协商会议南昌市委员会
Nanchang Municipal Committee of the Chinese People's Political Consultative Conference

概　述 …………………………………………………… (103)
概况
重要会议 …………………………………………………… (103)
概况
政协南昌市委员会十三届三次全体委员会议召开
政协南昌市委员会十三届第8—12次常委会议召开
政协南昌市委员会十三届第8—12次主席会议召开
市、县(区)政协主席联席会议召开
2013年政协南昌市委员会十三届第8—12次常委会议一览表
2013年政协南昌市委员会十三届第8—12次主席会议一览表
重要活动 …………………………………………………… (104)
概况
南昌之友联谊会服务招商引资
献策牵线助力加速发展
提案工作 …………………………………………………… (105)
概况
高位推动提案办理
优化提案质量
跟踪督办重点提案
民主评议助推提案办理
调研视察 …………………………………………………… (105)
概况
开展非公经济发展调研
开展加强和创新社会管理调研
开展南昌旅游资源开发和利用调研
开展"银发产业"在昌发展情况调研
开展倡导移风易俗调研
开展界别"大调研"
视察地铁和西客站
民主协商 …………………………………………………… (106)
概况
围绕中心开展专题协商
开展立法协商
分类推进提案办理协商
民主监督 …………………………………………………… (107)
概况
完善民主监督机制
组成民主监督职能部门
民主监督重大重点项目建设
参与"啄木鸟行动"民主监督
团结联谊 …………………………………………………… (107)
概况
开展委员进社区(乡村)活动
编报社情民意信息
自身建设 …………………………………………………… (108)
概况
加强学习型机关建设
南昌市人民政协理论研究会成立
加强文史和宣传工作
加强自身建设

群众团体
Mass Organizations

概　述 …………………………………………………… (109)
概况
职工工作 …………………………………………………… (109)
概况
开展"十百千万"行动
开展雾霾天气送关爱活动
发挥工人阶级主力军作用
服务职工
开展维权维稳工作
加强基层工会组织建设
建设职工文化和疗养项目
开展"中国梦·劳动美"主题系列活动
市政府与市总工会第六次联席座谈会召开
开展职工劳动权益保障调研
青少年工作 …………………………………………………… (110)
概况
开展"我的中国梦"主题教育实践活动
少先队南昌市第二次代表大会召开
南昌市"五四"表彰大会召开
举办南昌市青英创业挑战赛
承接创建全国文明城市志愿服务对标部和社区网格化工作
开展"百名青年看势头"活动
开展青年交流交友活动
运用新媒体开展青年工作
开展志愿服务系列活动
塑造"青"字品牌
推进基层组织有效覆盖
加强团干部作风建设
妇女工作 …………………………………………………… (111)
概况
开展巾帼志愿服务活动
举办纪念妇女节庆祝活动
搭建创业就业新平台
完善妇女儿童维权网络
扶贫助困活动深入人心

“两规划”监测指标体系正式出台
国务院妇儿工委调研组到南昌市调研
市妇女儿童活动中心改建工程开工
打造妇女儿童之家
留守儿童工作备受关注
出台家庭教育工作五年规划
文学艺术工作 …… (113)
概况
南昌市文学艺术界联合会八届三次全委会召开
南昌市诗歌学会第二次代表大会召开
《南昌文艺》创刊
南昌市文艺评论家协会第二次代表大会召开
南昌市检察官文学艺术联合会成立大会召开
开展南昌十大“最美基层文化工作者”评选活动
《纪念南昌市文联成立60周年美术、书法、摄影作品集》出版
《系马桩——2000—2012南昌文学作品选》出版
举办南昌市第三届滕王阁文学奖(政府奖)评选
归国华侨工作 …… (114)
概况
全市侨联“深入学习贯彻党的十八大精神”系列专题学习会召开
2013年长三角地区侨联协作会议召开
举行“知侨情、暖侨心、解侨困”主题年活动
“弘扬生态文明,共圆中国梦”主题环保活动
荣获“全国侨联系统先进集体”荣誉称号
社会科学工作 …… (115)
概况
市社科联五届二次理事(扩大)会召开
开展重大经济社会发展课题研究
开展社科专项规划课题研究
开展南昌市级规划课题研究
开展社科学术研讨活动
举办南昌社科大讲堂
加强学会组织建设
创建社科普及宣传基地
开展“中国梦”社科普及宣传展板巡展活动
开展社科知识竞赛竞答活动
开展优秀社科图书赠送活动
残疾人工作 …… (116)
概况
开展残疾人康复救助服务
资助残疾学生
扶助残疾人就业
帮助残疾人信访维权
出台残疾人特惠政策
加强残疾人保障体系建设
推进无障碍环境建设
落实《江西省残疾人保障条例》
举办南昌市第一届残疾人文艺汇演
举办南昌市首届市民手语大赛
建设南昌市残疾人康复就业体训中心
科普工作 …… (117)
概况
推进院士工作站建设
组建新型企业科协组织
“四技服务”促进科技成果转化
开展科普宣传活动
开展预防H7N9禽流感科普宣传活动
举办“航天科技连你我”科普报告会
开展“十二五”中期《全民科学素质行动计划纲要》自查评估
组织参加第二十八届青少年科技创新大赛
举办农村党员群众实用技术培训
百场科普报告进社区
科普示范创建成效显著
开展“打造南昌核心增长极科技支撑研究”课题调研
学术交流活动形式多样
红十字会工作 …… (118)
概况
参与四川芦山地震救援工作
红十字基层组织进一步夯实
持续开展救助弱势群体活动
积极开展救护知识公益普及活动
开展“三献”工作
深化志愿服务活动
扩大人道公益影响

民主党派·工商联
Democratic Parties and Federation of Industry and Commerce

概　述 …… (119)
概况
南昌市各民主党派基本情况统计表
中国国民党革命委员会南昌市委员会 …… (120)
概况
中国民主同盟南昌市委员会 …… (121)
概况
中国民主建国会南昌市委员会 …… (122)
概况
中国民主促进会南昌市委员会 …… (122)
概况
中国农工民主党南昌市委员会 …… (123)
概况
九三学社南昌市委员会 …… (124)
概况
南昌市工商业联合会 …… (125)
概况

司　法
Judicature

概　述 …… (126)

概况
公　安 …………………………………………………… (126)
概况
维护社会政治大局稳定
创新社会治安防控体系
打击刑事犯罪
打击毒品犯罪
打击经济犯罪
打击网络犯罪
打击妨碍社会管理秩序犯罪
防范打击“两抢一盗”侵财型犯罪
整治“黄赌毒”
服务打造核心增长极
推进执法规范化建设
加强公安队伍自身建设
启动居民身份证登记指纹信息工作
侦破特大销售假冒注册商品案
建成全省首家县级公安机关 DNA 实验室
“学雷锋”活动受到公安部表彰
捣毁特大私宰生猪窝点
破获特大虚开增值税专用发票案
破获全省首例利用支付宝漏洞实施网路盗窃案
为“千人计划”人才家庭颁发绿卡
检　察 …………………………………………………… (128)
概况
服务南昌发展大局
维护市场经济秩序
打击刑事犯罪
化解社会矛盾
创新社会管理
查办和预防职务犯罪
强化诉讼监督
加强群众工作
加强队伍建设和基层建设
自觉接受外部监督
强化内部监督
审　判 …………………………………………………… (130)
概况
提供司法保障
维护市场环境
保护生态环境
打击刑事犯罪
化解民事纠纷
审理行政案件
执行生效裁判
提高审判质效
提供司法服务
化解涉诉信访
参与综合治理
加强司法队伍建设
自觉接受监督
司法行政 ……………………………………………… (131)
概况
建设法治南昌
开展全民普法教育
重点对象学法
调解矛盾纠纷
开展社区矫正工作
安置帮教服刑和刑释人员
创新法律援助方式
开展公证工作
办理律师事务工作
服务国家司法考试
开展司法鉴定工作
推进行政审批制度改革
开展劳教和强戒工作
仲　裁 …………………………………………………… (133)
概况
办理仲裁案件
发展仲裁工作
仲裁机构建设

国　防
National Defense

概　述 …………………………………………………… (134)
概况
民兵和预备役部队 ……………………………………… (134)
概况
思想政治建设坚强有力
持续拓展军事斗争准备
落实安全管理工作
部队风气建设成效明显
后勤保障能力稳步提升
开展国防动员潜力调查
机关网络办公系统建设
应急机动指挥车建设
抗洪抢险分队骨干跨区联训
开展“练将练官”活动
保障使命 2013A 演习部队过境
组织民兵情报信息员集训
民兵组织整顿
考、比、拉验收民兵整组活动
开展征兵工作
推进民兵武器装备调整改革
开展军校(国防)生面试复检
开展新春植树活动
军营文化建设
开展“红色之旅铸军魂”活动
财经管控
武装警察部队 ……………………………………… (136)
概况
思想建设卓有成效
圆满完成遂行任务

后勤保障效能提升
加强组织建设
安义县筲岭水库垮塌抢险救援
支队党委二届七次全体(扩大)会议召开
完成西山万寿宫庙会安全保卫任务
消防部队 ………………………………………………… (136)
概况
成功扑救"1·8"西湖区船山路濠上街居民楼火灾
中国女子篮球协会给力新星队走进消防部队
八一消防中队荣获"江西十大法治人物"称号
南昌市火灾事故调查专业委员会正式成立
陈飞督导南昌市"除火患、保平安"今冬明春消防专项行动
成立首支"红先锋"青年志愿者专业服务队
全市消防工作会议召开
南昌市消防协会消防产品行业专业委员会正式成立
胡庆松荣获全国"特别关注消防员"称号
举办人员密集场所消防疏散实战演练
开展南昌市道德模范"身边好人"巡演、巡讲、巡展基层行活动
成功处置"6·29"进贤县抗涝抢险
于建华督导南昌市消防安全大排查大整治活动
开展消防少年军校开营活动
全省公安消防部队信息化建设推进会召开
牟玉昌调研南昌市干部管理工作
全省首家企业"消防警务室"落户南昌经济技术开发区
参加全国搜救犬比武竞赛
首创中小学消防疏散救生操
周萌视察指导安保工作
成功处置"11·21"燃气爆炸事故
全省应急救援工作推进会召开
举行特勤、战勤保障、水上消防站工程建设项目开工奠基仪式
各级履行消防责任
完善综合性应急救援力量建设
优化消防监管模式
创新消防工作
加强队伍建设
创先争优结硕果
2013年南昌市分地区分区域火灾综合情况一览表
人民防空 ………………………………………………… (140)
概况
开发地下空间
开展民防审计整改
维护管理民防工程
组织指挥训练
开展民防宣传教育活动
推进民防机关建设

重大重点项目建设
Major Construction of Key Projects

概　述 ………………………………………………… (141)
概况
工业和服务业项目 ………………………………………… (141)
概况
大飞机项目续建工程(一期)项目
南昌中小微企业工业园起步区建设项目
中节能低碳环保科技园项目
年产335万个高亮度LED绿色照明光源模块(一期)项目
工业控股工业产业基地(精密机械、智能电子、新型建材等产业)项目
文港文化用品产业园项目
特种电缆、高压电缆等电线电缆产品及铜杆、铜丝、铜带等铜制品项目
铝产品深加工生产基地项目(一期)
联创光电LED产业园项目
聚酰亚胺(PI)纳米纤维电池隔膜产品研发及生产项目
工业设备防磨抗蚀产品制造工业园项目
年产3万吨精密合金铜带建设项目
江西向塘铁路公路枢纽型物流基地项目
艾溪湖紫峰商业广场项目
城市建设和管理项目 ……………………………………… (142)
概况
轨道交通工程项目
朝阳大桥项目
沿江中南大道快速路项目
九州大街下穿象湖隧道工程项目
昌南大道东西延伸工程项目
西客站广场及配套路网工程项目
大象湖景区建设工程项目
赣东大堤风光带景观工程项目
城市桥梁维修加固工程项目
城市供水设施建设项目
社会事业和民生实事项目 ………………………………… (144)
概况
综合性医院建设项目
"小平小道"爱国主义基地建设项目
南昌市残疾人康复就业体训中心项目
保障房工程项目
南昌市市民中心大楼建设工程项目
南昌市老年福利院建设项目
城南经济适用房小区配套学校建设项目

民生工程
Livelihood Projects

概　述 ………………………………………………… (145)

概况
医疗保障 …… (145)
概况
新农合保障水平提高
大病报销限额提高
支付方式改革
推进基本诊疗路径管理
开展单病种定额付费试点
取消药品加成
实行免费救治
实施血防工程
开展乡村医生补助工作
推进医院建设
进行乡(镇)卫生院公有周转房建设试点
教育资助 …… (146)
概况
义务教育阶段免除学杂费及免费提供教科书
补助家庭经济困难寄宿生生活费
开展中等职业教育资助
资助学前教育家庭经济困难儿童
资助普通高中家庭经济困难学生
资助考取大学的贫困生
拓宽资助层面和渠道
加强民生资助资金管理
就业扶助 …… (147)
概况
“就业援助月”活动取得实效
落实就业援助帮扶政策
开展“转、进、强”活动
开展“高校毕业生就业服务月”活动
开展“高校毕业生就业服务月专场援助日”活动
创新小额担保贷款举措
开展创业培训
完善农民工综合服务体系
帮助农民工子女入学
国务院农民工工作督察组调研农民工工作
开展特色职业培训
保障性住房建设 …… (148)
概况
保障性住房建设推进速度居全省前列
提高保障性住房建设质量
完善住房保障政策体系
社会救助 …… (148)
概况
城市居民家庭经济状况核查工作重点推进
加强和改进最低生活保障工作
研发三方网上同步结算平台
完善城乡医疗救助制度
开展新一轮省市两级敬老院等级评定工作
规范农村五保供养档案管理工作
完善临时救助制度

农、林、牧、渔业
Agriculture、Forestry、Animal Husbandry and Fishery

概　述 …… (150)
概况
农　业 …… (150)
概况
落实强农惠农富农政策
创新粮食经营体制机制
扩大运用早稻集中育秧
创新推广再生稻生产技术
推进高标准农田建设
粮油高产创建项目示范成效显著
测土配方施肥整建制推广
耕地地力质量建设增加投入
开展农业科技指导服务
现代农业蔬菜项目成效显著
建设“菜篮子”园艺产品项目扎实推进
世界芦笋大会在南昌市举办
葡萄新品种引进初见成效
开展现代农业水稻新品种展示工作
指导农业防灾减灾
2013年南昌市种植业主要指标一览表
林　业 …… (152)
概况
“森林城乡、花园南昌”建设成效显著
创建国家森林城市工作有序推进
推进国家林业重点工程建设
推进“森林十创”工程
实施通道绿化和提升工程
古树名木保护措施得力
帮扶苗木产业做大做强
创新机制抓好管护
推进林权制度配套改革
深化林业行政审批制度改革
改造林场垦区危旧房
森林防火工作态势平稳
推进有害生物防治工作
加大林政执法力度
人感染H7N9禽流感监测防控得力
林地征占用管理健全
生态公益林管理落实到位
野生动植物保护专项行动成效显著
保护越冬候鸟
规范野生动植物行政许可
林业产值继续增长
企业发展空间不断拓展
农业经济平稳发展
基础设施不断改善
开展防汛抗旱工作
畜牧业 …… (154)

概况
饲料生产发展态势良好
开展畜禽养殖登记备案
畜禽养殖标准化示范场建设初具规模
畜禽养殖场清洁生产取得成效
动物防疫工作全面提升
加强动物卫生监督管理
开展畜产品质量安全监管工作
畜产品加工发展态势良好
2013年南昌市畜牧业主要经济指标
渔　业 …………………………………………………………… (156)
概况
渔业项目带动产业发展
开展水产健康养殖示范场创建活动
开展科普培训与技术推广工作
推进渔业节能减排工作
建立水产品质量安全承诺制度
开展春季禁渔工作
推行增殖放流工作
开展赣江非法捕捞、非法网具整治行动
开展渔业安全生产检查及渔业船舶检验
2013年南昌市水产业主要经济指标一览表
农、林、牧、渔服务业 ………………………………………… (157)
概况
开展农产品质量安全监测
开展农产品质量安全专项整治
扶持“三品一标”农产品品牌发展
推动农产品质量安全监管能力建设
水稻种子供需平衡
强化种子市场管理
组织农机投入农业生产
全面落实农机购置补贴政策
示范推广农业机械化新技术
加强农机安全及市场质量监管
争取国家农业综合开发项目财政资金
省农业综合开发办和南昌市人民政府签订合作备忘录
争取现代农业综合开发示范园项目
建设高标准农田项目
打造都市现代农业生产和休闲基地
扶持农业产业化龙头企业和农民合作社壮大发展

制造业
Manufacturing Industry

概　述 …………………………………………………………… (160)
概况
建设先进制造业重要基地 ……………………………………… (160)
概况
工业主要指标
突出产业发展
出台扶持政策
调度工业运行
强化工业考核
推进重大项目
支持技术创新
帮扶重点企业
争取上级支持
资源综合利用
市属国有工业资产经营管理 …………………………………… (162)
概况
工业经济和商贸三产稳健运行
产业投融资平台体系建设取得突破
重大产业项目推进速度加快
强化组织架构和人才梯队建设
党组织和廉政建设坚强有力
安居工程取得实质性进展
着力解决民生突出问题
信访安全稳定和法治建设深入扎实
汽车制造业 ……………………………………………………… (163)
概况
小蓝汽车产业实现主营业务收入突破100亿元
南昌小蓝投资公司汽车零部件产业园项目
经开区实现汽车产业主营业务收入达60亿元
恒天动力有限公司K系列发动机项目
格特拉克(江西)传动系统有限公司发展情况
格特拉克双离合器自动变速器(DCT)项目
江西凯马百路佳客车有限公司发展情况
加大汽车产业链招商力度
强化产业发展举措
江铃汽车集团公司发展情况
江西五十铃汽车有限公司十万辆整车项目
江铃汽车集团公司年产22万台发动机建设项目
江铃汽车股份有限公司与福特汽车公司强化战略合作
江铃汽车股份有限公司与博世汽车柴油系统公司加强战略合作
江铃重型汽车有限公司成立
江西五十铃汽车(发动机)有限公司、江铃集团轻型汽车有限公司成立
新世代全顺MCA车型下线
江铃轻卡完成国四排放标准升级
江铃汽车股份有限公司公布年报
政企密切友好合作
江铃汽车股份有限公司与台湾汽车业合作
江铃股份产品开发技术中心通过“国家级企业技术中心”复评
江铃集团荣誉
2013年视察江铃集团领导一览表
航空航天和其他运输设备制造业 ……………………………… (166)
概况
C919大型客机项目扎实推进
南昌航空工业城建设全面提速

猎鹰(L15)高级教练机亮相国内外各大展
非航民品实现新突破
信息化建设持续推进
召开职工住房建设工作协调会
开展全员综合素质培训
实行企业补充医疗保险
召开"第十届中国网络媒体江西行"记者见面会
上演南昌巡演话剧《追梦》
中航工业洪都多次荣获省市表彰
打造服务改革发展的文化软实力
2013 年视察中航工业洪都领导人和外国友人情况一览表
电子信息产业 …………………………………………… (168)
概况
两大省级产业集群
LED 产业不断扩大
触摸屏产业稳步发展
出台支持 LED 产业政策
晶能光电项目被评为信息产业重大技术发明
晶能光电公司首席技术官赵汉民入选中央第九批"千人计划"
强卫视察晶能光电公司
晶能光电硅衬底大功率 LED 通过 LM80 测试
硅衬底"中国芯"照亮南昌一江两岸
联创光电 LED 路灯通过 CQC 认证
联创光电助力载人航天
欧菲光迅猛发展
MO 源项目完善产业链条
重大项目加快建设
医药制造业 …………………………………………… (170)
概况
名优企业众多
技术创新成果突出
年产 1300 万件监护仪等医疗器械用品项目(一期)加快推进
年产 700 套数字一体化手术室等产业项目加快推进
汇仁药业 20 亿片肾宝片等产品建设项目加快推进
江中药业股份有限公司植物有效成分提取等项目加快推进
江西洪达与深圳蓝韵合作项目签约
梅里亚南昌鸡用弱毒疫苗项目投产
江中集团通过《企业知识产权管理规范》验收
三鑫公司专注新产品、新技术研究开发
弘益药业达立通颗粒项目被列入国家火炬计划产业化示范项目
汇仁药业新厂区建设工程动工
强卫视察江中药谷
新材料产业 …………………………………………… (171)
概况
推进新材料产业发展
产业创新能力明显提升
南昌高新区新材料产业快速发展
江铜集团市场竞争力增强
打造安义铝型材生产基地
银企对接助力安义铝型材基地发展
雄鹰铝业加快二期工程建设
方大特钢公司概况
方大特钢公司稳步发展
方大特钢差异化战略深入推进
方大特钢对标挖潜活动取得新成效
方大特钢科技攻关和小改小革力度不断加大
方大特钢成为第一批符合《钢铁行业规范条件》的钢铁企业
方大特钢烧结脱硫项目投入试运行
纺织服装、服饰业 …………………………………………… (173)
概况
纺织服装产业规模较大
纺织服装产业集聚明显
纺织服装产业装备先进
纺织服装产业技术成熟
企业品牌建设和技术创新意识增强
中国(江西)针织服装创意产业园设立
中国(江西)针织服装创意产业园研讨会召开
中国(江西)针织服装创意产业园发展规划合作协议签订
香港艺之蝶昌东服装产业园项目签约
宁波长隆国泰南昌服装产业基地项目竣工
江西首届纺织服装创意产业链总裁班开班
江西服装学院与石狮签订市校合作协议
江西服装学院入驻石狮星期 YI 博览园
青山湖区纺织服装行业商会在昌东工业园区正式成立
食品制造业 …………………………………………… (174)
概况
名牌产品、驰名商标众多
科技创新成果突出
千亩生态酿酒园落户李渡
润田饮料生产基地项目建设
江西高氏油茶产业生态科技园基地项目建设
婴幼儿营养米粉及功能奶粉改扩建工程建设
AK 糖生产项目建设
希腊天然制品有限公司落户高新区
统一饮料新生产基地项目落户经开区
双胞胎集团以技术创新抓住饲料企业发展机遇
江西中烟南昌卷烟厂概况
江西中烟南昌卷烟厂设备运行效率提升
江西中烟南昌卷烟厂质量管理体系强化
江西中烟南昌卷烟厂成本控制成效显著
江西中烟南昌卷烟厂体系运行适宜性和有效性提升
江西中烟南昌卷烟厂定额管理更加健全

江西中烟南昌卷烟厂管理创新成果实现
“三个转变”

开发区·新区建设
Development Zone and the New City Construction

概　述 …………………………………………………… (177)
概况
南昌高新技术产业开发区 …………………………… (177)
概况
经济运行指标完成概况
社会发展指标完成概况
社会稳定指标完成概况
民生工程指标完成概况
政治建设指标完成概况
招商引资概况
科技创新概况
中航集团神舟软件落户南昌高新区
农业和社会事业发展取得新成绩
ACT 国际控股大中华总部落户南昌
深圳市江西商会和南昌之友(深圳)
联谊会赴南昌考察
南昌国家高新技术产业集群标准化
示范基地通过验收
江西省金融产业中心正式授牌
艾溪湖绿道正式开通
江西“中国500强”南昌高新区企业占半数
南昌三中进驻南昌高新区
华润集团综合体项目签约
悦达·奥特莱斯小镇奠基瑶湖新城
引进社会资本建保障房
中节能晶和照明公司研制出 LED 百变
路灯新品
麻丘镇拆迁安置房二期开工
确定建设南昌实验中学高新校区
南昌高新区获批“国家级文化和科技融合
示范基地”
创新中药及植物药国际高峰论坛举行
2013 年视察南昌高新区领导一览表
南昌经济技术开发区 ……………………………… (180)
概况
经济运行指标完成概况
社会发展指标完成概况
民生工程指标完成概况
社会稳定指标完成概况
政治建设指标完成概况
主要指标实现十大突破
六大主导产业增势平稳
南昌二中昌北校区揭牌
荣获“江西省光电产业基地”称号
建立首家博士后工作站
2013 年国家部委、省市领导到南昌经开区考察
情况一览表
小蓝经济开发区 ………………………………………… (183)
概况
招商引资量质并重
项目推进突出重点
高起点修编规划
高标准推进路网建设
不断完善配套设施
搭建公共服务平台
争创产业升级平台
创新企业融资平台
培育企业发展平台
项目征收工作扎实推进
做好信访稳定工作
着力解决民生问题
开展“学廉政、献爱心”活动
小蓝经济技术开发区科学技术协会成立
开展“迎中秋、庆国庆,小蓝好声音”海选活动
小蓝经济开发区产业推介会召开
红谷滩新区 ………………………………………………… (184)
概况
经济运行指标完成概况
社会发展指标完成概况
社会稳定指标完成概况
民生工程指标完成概况
政治建设指标完成概况
全省金融商务区成果丰硕
成功入选首批国家智慧城市
区行政服务中心正式运行
“智能绿色出行”活动启动
江西新华文化城开业
向莆铁路南昌西客站开通
2013 中国南昌国际马戏艺术节开幕
“首届江西省地方特色商品博览会”
开幕仪式举行
中日结好 25 周年庆典活动举行
长三角城市群教育科研南昌论坛召开
万达嘉华酒店项目开业
华融证券南昌绿茵路营业部项目开业
南昌瓷板画艺术博物馆开馆
江西桑海经济技术开发区 …………………………… (186)
概况
经济运行指标完成概况
社会稳定指标完成概况
民生工程指标完成情况
政治建设指标完成概况
两大“百亿产业”方阵成效显著
打造桑海“服务特区”
桑海中学与金太阳教育集团“助学合作”
打击违章违法建筑之风
南昌中小微企业工业园 ……………………………… (187)
概况

产业规划
经开区与新建县签订合作开发协议
全力打造小微企业创业孵化基地
南昌申报设立综合保税区
南昌昌东工业区 …………………………………………（188）
概况
经济总量快速提升
招商引资成效显著
项目建设强势推进
打造中国（江西）针织服装创意产业园
园区环境日趋美化
提升企业服务质量
强化税收征管力度
推动校建工作
推进民生工程
“三问一送”活动成绩凸显
廉能建设扎实推进
江西新建长堎工业园 ……………………………………（189）
概况
招商引资成效显著
规划园区建设
加强基础设施配套建设
加快推进项目建设
完善服务企业功能
加大民生工程投资力度
江西五十铃整车和发动机公司成立
投融资代建战略合作框架协议签约
“泉州汽配园”项目签约仪式举行
江西省进贤县经济开发区 ………………………………（190）
概况
高新工业园区
温圳新型工业园区
医疗器械产业园
江西安义工业园区 ………………………………………（190）
概况
经济指标不断增长
招商引资坚持招大招强
落实企业落户“三关”
推进项目建设
建材产业发展体现“三快”
夯实基础设施和功能性设施建设
开展产业宣传

开放型经济·进出口货物管理
The open economy and management of import and export goods

概　述 ……………………………………………………（192）
概况
开放型经济 ………………………………………………（192）
概况
对外贸易整体运转趋势
进出口规模平稳增长
出口以一般贸易为主
民营、外商投资企业进出口稳定增长
主要出口商品稳定增长
新兴市场出口份额明显增加
参加进出口商品交易会
2013 年中部省会城市进出口情况一览表
2013 年南昌市主要进出口商品一览表
2013 年新批准合同外资和港澳台资 1000 万美元以上投资项目一览表
2013 年南昌市与主要贸易伙伴贸易情况表
2013 年南昌市出口创汇先进单位
进出口货物管理 …………………………………………（195）
概况
加强征税监管
推行分类分段“差别化”稽查模式
开展“绿篱”专项行动
南昌出口加工区发展取得新突破
推进业务改革
支持地方经济发展

非公有制经济
Non – Public Sectors of the Economy

概　述 ……………………………………………………（197）
概况
个私民营、中小企业管理服务 ……………………………（197）
概况
非公经济发展协调有序
全民创业工作有效推进
园区经济健康稳步发展
园区产业扎实有效推进
融资担保服务举措创新
全力促进银企合作对接
实施中小企业成长工程
完善中小微企业公共服务体系
构建中小企业综合服务平台
开展扶助中小微企业专项行动
拓展中小企业服务项目
外资企业及港澳台资企业 ………………………………（199）
概况
二产项目现汇进资实现新突破
服务外资企业新举措
外商投资企业联合年检

批发和零售业
Wholesaling and Retailing

概　述 ……………………………………………………（200）
概况
商贸业管理服务 …………………………………………（200）
概况

《南昌市2013—2020年商业网点规划》出炉
《“南昌老字号”认定管理办法》(试行)出台
《“南昌市特色商业街”认定管理办法》(试行)出台
所属国有企业经营资产公开拍租稳步推进
中小商贸流通企业服务平台启动
新建三大功能齐备集贸市场
“三绿工程”示范项目完成
维护商务流通领域市场秩序
电子商务产业园开园
南昌市两家企业被评为江西省老字号
南昌三条特色商业街被评为江西省特色商业街
华南城被认定为首个江西省电子商务示范基地
日用百货经营 …………………………………………… (202)
概况
元旦节假日用品市场销售旺盛
春节黄金周百货商场销售乏力
“五一”节商业零售企业销售总额略有增长
“十一”黄金周百货商场繁荣
“圣诞节”百货商场销售平稳增长
黄金价格春节后出现下跌
南昌新增两家天虹商场
恒茂梦时代广场开业
世茂广场开业
南昌华盛奥特莱斯项目招商推介会举办
华南城试营业
副食品经营 …………………………………………… (204)
概况
南昌生活必需品市场供需平稳
2013年12月南昌市墩子塘农贸市场20个监测品种周平均价格表
2013年12月南昌市超市类生活必需品市场17个监测品种周平均价格表
高端白酒市场销售低迷
水产市场高档海鲜销量锐减
水产品批发价格5月总体小幅上涨
军山湖大闸蟹10月产销两旺
禽类产品因H7N9禽流感销售锐减
中秋国庆双节奶制品价格上调
泰纳水果连锁超市登陆南昌
水果超市快速发展
良品铺子休闲食品门店迅速增加
“军山湖杯”第十二届鄱阳湖螃蟹节在南昌举办
肉食品加工批发零售 …………………………………… (206)
概况
完成活猪储备任务
春节后生猪市场价格持续小幅下跌
6家生猪屠宰场安装实施监控
举办生猪屠宰企业开放日活动
加强对屠宰企业的监管
2013年南昌市佛塔生猪交易批发市场交易情况表
2013年南昌市超市猪肉零售均价格情况表
石油制品与批发零售 …………………………………… (207)
概况
完成油品升级
推动加气站建设
强强联合促发展
现场搭台服务春耕
打造双语示范站
新媒体传播正能量
提升物流管理水平
开展危险品运输应急救援预案演练
强化油品管理
帮扶困难员工
医药药品批发零售 …………………………………… (208)
概况
拓展批发营销
扩大零售连锁
烟草制品专卖 …………………………………………… (208)
概况
卷烟销售
专卖市场监管
卷烟品牌培育
党风廉政建设
工作作风
推行科技创新
开展社会公益活动
供销合作社 …………………………………………… (209)
概况
“新网工程”建设不断加速
基层社标准化建设稳步推进
农村合作经济组织加快发展
争取政府政策资金扶持
重点项目建设强力推进
农资供应
开展“三下乡”活动
社属企业改革不断深化
粮油贸易 …………………………………………… (210)
概况
开展服务粮农“三下乡”活动
启动稻谷最低保护价收购
扩大市级粮油储备规模
加强粮食应急供应管理
启动“危仓老库”维修改造
开展粮食流通专项监督检查
在省级储备粮普查中获得三项满分
确保节日粮油市场正常供应
举行“爱粮节粮传承美德”宣传活动
建立“全国中小学爱粮节粮教育社会实践基地”
推进“放心粮油工程”项目建设
启动桑海现代仓储设施项目建设
加强产销对接
在江西省第四届粮食行业职业技能竞赛中再创佳绩

2013 年南昌市粮食购销情况一览表

住宿和餐饮业
Hotels and Catering Service

概　述 …………………………………………………… (212)
概况
住宿业 …………………………………………………… (212)
概况
高端酒店入住率急剧下降
城市便捷酒店进驻南昌
短租公寓兴起
餐饮业 …………………………………………………… (212)
概况
南昌市餐饮(烹饪)行业协会新春联席会
春节期间餐饮市场节俭成风
第三届中国辣文化美食节在南昌市举办
餐饮业奢侈菜肴淡出
中高档餐饮十月黄金月收入历年来首降
大众餐饮发展强劲
“自助盒饭”快餐流行
南昌餐厅“自助”受宠
打造“文明餐桌”行动
品牌蛋糕店发展迅速
樟树林餐饮美食街被认定为江西省美食特色街

旅游业
Tourism

概　述 …………………………………………………… (215)
概况
旅游管理 ………………………………………………… (215)
概况
全市旅游工作会议召开
加大政策扶持力度
贯彻《关于推进旅游强省建设的意见》
推动旅游项目建设
打造乡村、特色旅游景区(点)
创建旅游品牌
发行“南昌都市圈国民旅游休闲年票”
宣传贯彻《中华人民共和国旅游法》
开展简政放权工作
严格旅游市场监管
加强旅游队伍建设
旅游推介 ………………………………………………… (216)
概况
利用各类媒介宣传推介
组织参加大型旅游展会
鼓励旅游商品研发
推进旅游区域合作
打造旅游节庆品牌
旅游经营 ………………………………………………… (217)
概况
举办第六届沙雕文化艺术节
启动“唐风‘诵’韵古阁情”系列主题活动
举办第三届“闹元宵,猜灯谜”有奖竞猜活动
开展“秀美南昌 · 聚焦滕王阁”大学生
随手拍活动
举办南昌少儿国际象棋推广活动嘉年华活动
举办“神秘夏令营、欢乐沙漠游”活动
扩大旅游市场营销
拓展业务板块
旅游资源开发 …………………………………………… (218)
概况
滕王阁景区扩建项目二期工程建设推进
打造一江两岸景观灯工程
争取陈云纪念园项目
滕王阁陶瓷艺术馆开馆
滕王阁景区标准化成果显著

房地产业
Real Estate

概　述 …………………………………………………… (219)
概况
商品房开发建设 ………………………………………… (219)
概况
加强政策调控
加强监测监管
加强治理整顿
房屋中介服务 …………………………………………… (219)
概况
治理整顿房地产中介市场
监督检查地产评估价机构
强化租赁市场管理
物业管理 ………………………………………………… (220)
概况
开展物业管理规范年活动
建立每月物业管理形势分析会议制度
加强物业管理调查研究
健全完善物业管理法规
强化安全生产管理
房屋征收补偿安置 ……………………………………… (220)
概况
规范房屋征收行为
创新房屋征迁工作机制
强化督查核查
住房公积金 ……………………………………………… (221)
概况
维护住房公积金缴存职工合法权益
增强住房公积金住房保障作用
提高住房公积金管理水平
创新住房公积金服务举措

财政·税务
Financial and Tax

概　述 …………………………………………………… (222)
概况
财　政 …………………………………………………… (222)
概况
财政收入平稳增长
全力助推产业发展
积极推进城市建设
完善财政支农政策
加大社会保障力度
教育事业快速发展
大力支持人才政策
完善投融资体制改革
推进“营改增”试点工作
规范电子化政府采购管理
完善国有资本经营预算
推行预算绩效管理
做好预决算信息公开
全面补发住房补贴
清理财政存量资金
加强财政资金监管
推进涉税信息平台建设
调整公积金缴存方法
落实第八轮行政审批制度改革
做好会计无纸化考点建设
履行财政监督职能
国家税务 ………………………………………………… (224)
概况
推进税制改革
落实税收政策
开展税收调研活动
加快税收法制建设步伐
强化税收执法监督措施
规范税种和行业管理
初步构建税收风险管理机制
逐步夯实税收征管薄弱环节
推进纳税评估工作
加大税务稽查力度
畅通纳税服务渠道
优化纳税服务功能
强化纳税服务绩效考核
维护纳税人合法权益
提升干部素质能力
激发干部队伍活力
增强干部队伍凝聚力
强化党风廉政监督
提升勤政服务水平
坚持厉行勤俭节约
地方税务 ………………………………………………… (226)
概况
服务大局能力增强
行政执法不断规范
税收征管质量显著提升
纳税服务水平持续提高
队伍形象得到新提升
做好“营改增”工作
启动新一轮征管改革

经济管理与监督
Economic Management and Supervision

概　述 …………………………………………………… (227)
概况
经济体制改革 …………………………………………… (227)
概况
行政体制改革不断深化
金融体制改革取得实效
社会事业全面进步
社会保障体制更加完善
医疗体制改革取得成效
城乡经济协调发展
科技体制改革进一步深化
推进综合配套改革试点工作
宏观经济管理 …………………………………………… (228)
概况
谋划发展思路
加强经济预警分析
强化项目管理和建设
争取上级支持
深化改革
推进区域合作
加强低碳节能宣传
提高工作效能和服务水平
工商行政管理 …………………………………………… (229)
概况
激发市场主体创业活力
农村经济向多元化发展
构建食品安全网
市场监管执法有力
商标品牌建设取得成效
消费维权惠泽民生
加大反不正当竞争执法力度
打击传销高位推进
推进综治维稳工作
绩效管理软件获著作权证书
行政审批 ………………………………………………… (231)
概况
开展第八轮行政审批制度改革
推进简政放权
扩大并联审批实施范围
完善绿色通道制

推行否定报备制
推行分期报建制
推行审批暂停报告制
完善网上审批和电子监察系统
开通中心政务微博
服务基层基础建设
开展综合调研
强化对县(区)业务指导
优化投资环境
质量技术监督 …………………………………………… (232)
概况
推进质量兴市
标准化基础进一步夯实
食品安全监管更加有力
特种设备实现安全运行
质量监督和执法打假工作扎实有效
服务生态文明建设
强化技术支撑
安全生产监督管理 ………………………………………… (232)
概况
开展安全生产大检查
重点行业专项整治
安全生产隐患治理
规范安全生产经营秩序
开展安全生产月活动
开展安全生产培训
推广“数字安监”系统
完善应急预案体系
开展“两项创建”工作
建设“三个基地”
食品药品监督管理 ………………………………………… (234)
概况
“护校行动”取得积极成效
开展食品药品安全整治
保障餐饮服务食品安全
整治小餐饮店
打假治劣
食品药品示范区创建
食品药品检测能力显著提升
加强药品不良反应和医疗器械不良事件监管
强化虚假违法广告监控
加强基本药物监管
食品药品信息化建设
集中销毁假劣保健食品
开展食品药品安全科普宣传
助推产业发展
价格管理 ……………………………………………………… (235)
概况
2013 年南昌市居民消费价格指数表
推行阶梯水价改革
价格调节基金使用
开展价格专项检查
全力打造“12358”价格举报网络平台
大力推进平价商店建设
民生价费管理进一步规范
开展价格成本调查工作
公开价格信息
开展价格鉴证和车损评估工作
统计管理 ……………………………………………………… (236)
概况
强化统计参谋作用
深化统计调查
加强统计基层基础建设
加强统计新闻宣传
强化统计行风建设
国土资源管理 ……………………………………………… (237)
概况
服务打造核心增长极
开展用地规划中期评估和修改调整工作
争取用地指标
耕地保护
永久基本农田划定
开展农村土地整治和高标准基本农田建设
查处土地违法行为
加强农村用地管理工作
完善建设用地管理机制
推进基础管理信息化
土地供应
消化处置批而未供土地
加强信访维稳工作
行政审批制度改革
土地市场交易
审计管理 ……………………………………………………… (238)
概况
预算执行审计
政府性债务审计
经济责任审计
民生资金专项审计
重大重点投资项目审计
“三公经费”审计
重点 BT 项目跟踪审计
开发区资金安全审计
对江西长运股份有限公司的审计
公共资源交易管理 ………………………………………… (239)
概况
公共资源交易总额突破千亿元大关
单个项目交易额刷新历史记录
网上交易规模实现新突破
平台服务功能设施不断完善
整合多门类专家库
实现二次“管办分离”

金融业
Finance

概　述 …………………………………………………… (240)
概况
区域金融中心建设 …………………………………… (240)
概况
推进金融产业发展升级
推动投融资体制改革
启动金融 IC 卡推广运用工作
加强金融监管工作
参加第九届北京国际金融博览会
全力推进企业上市
加快推进“新三板”挂牌工作
推进中小企业区域集优债发行
银行业 …………………………………………………… (241)
概况
关注小微企业和民生发展
大力支持“三农”发展
银行业改革不断深化
货币信贷管理 ………………………………………… (241)
概况
严格落实信贷调控任务
积极策应区域发展战略
灵活运用货币政策工具
外汇管理 ……………………………………………… (242)
概况
促进贸易投资便利化
防范异常外汇资金流入
强化重点专项检查
银行监管 ……………………………………………… (242)
概况
增加信贷投放总量
出台支持本地经济发展一揽子措施
推进昌九两城银行业发展同城化
严控新型风险和外部风险传染
开展“金融知识进万家”活动
工商银行江西省分行营业部
农行省分行营业部
中国银行江西省分行营业部
建设银行江西省分行营业部
农发行江西省分行营业部
中国进出口银行江西省分行
招商银行南昌分行
中国民生银行南昌分行
中国光大银行南昌分行
南昌银行
江西省农村信用社联合社南昌管理部
九江银行南昌分行
上饶银行南昌分行
南昌农商银行
华夏银行股份有限公司南昌分行
证券业 …………………………………………………… (250)
概况
上市公司再融资
企业改制上市
申报“新三板”试点工作稳步推进
证券业监管 …………………………………………… (250)
概况
推动上市公司加快发展
加强现金分红监管
抓好拟上市公司相关工作
推进“新三板”扩容准备工作
促进省内企业丰富融资方式
推进区域性股权市场建设
规范证券经营机构发展
推动期货市场发展
保护投资者合法权益
保险业 …………………………………………………… (251)
概况
保险业监管 …………………………………………… (251)
概况
服务能力有所增强
发展“三农”保险
支持出口信用保险
健全社会保障体系
推动保险资金运用
发挥社会管理功能
整顿规范市场秩序
保护消费者利益
防范市场风险
坚持行业改革创新
服务平安江西建设
营造良好发展环境
人保财险南昌市分公司
国寿南昌分公司
太保寿险南昌中心支公司
平安产险江西分公司
平安人寿江西分公司
2013 年平安人寿江西分公司个险、银保销售排名前三的险种表
中江国际信托股份有限公司

信息传输、软件和信息技术服务业
Information Transmission、Software Industry and Information Technology Services

概　述 …………………………………………………… (256)
概况
电　信 …………………………………………………… (256)
概况
“智慧南昌·天翼看交通”应用软件正式启用
电信天网助力南昌警方成功解救被拐儿童

签约“数字华南城”战略合作协议
实现校园宽带系统自动派单
首次在杭福贵成一级干线光缆实施多点割接
开展“天翼助学”爱心募捐活动
开展“天翼助学、千人信息化体验”活动
工会小组建在营业部
南昌电信 LTE 一阶段网络建设顺利完工
南昌移动 ………………………………………………… (257)
概况
在全省率先实现 4G 乡镇全覆盖
“智能交通掌上公共平台”规模发展
智慧城市建设全面推进
研发推出 4G 单兵执法和即摄即传业务
助力政府实现社区网格化管理
南昌联通 ………………………………………………… (258)
概况
推出公交车载沃 3G/Wi-Fi 网络服务
保障春运现场直播
参加 3·15 国际消费者权益日服务活动
省领导视察联通项目
启动“1% 工程”首家联通爱心店
举办“百事最强音”——中国好声音校园江西赛
推进省会城市集客一体化运营
首家“苹果卓越”店开业
召开合作联席会
信息化建设 ………………………………………………… (259)
概况
推动两化深度融合
推进三网融合
推广电子商务
推进电子政务建设
加强网站管理工作
强化信息安全管控
保障会议通信
推进项目信息公开和诚信体系建设
“数字南昌”(六期)综合指挥调度平台建设
争取国家试点
专项资金项目扶持
物联网产业发展全省领先
软件·信息服务外包 ………………………………………… (261)
概况
出台扶持政策
强化招商引资
产业集聚发展
金字招牌不断落户
加强人才培养
推进软件信息服务产业载体建设
思创公司荣获“鲁班奖”
2010 年“核高基”国家科技重大专项顺利通过验收
思创公司喜获“中国航海学会科学技术奖”一等奖
贝谷公司入选 2013—2014 年度国家规划布局内重点软件企业
贝谷公司国家物联网发展专项通过验收
贝谷公司获评 2013 年国家火炬计划重点高新技术企业
贝谷公司核辐射探测技术国家地方联合工程研究中心获批国家地方联合工程研究中心
贝谷公司荣获第十七届中国国际软博会金奖、创新奖
博微公司荣获“中国软件和信息服务业最具潜力奖”等荣誉
鄱湖云计算中心加快建设

科学研究和技术服务业
Scientific Research and Technical Services

概　述 ………………………………………………… (263)
概况
科技管理 ………………………………………………… (263)
概况
召开全市科技工作会议
完善科技创新政策环境
加强科技项目管理
省人大调研组调研南昌市科技经费投入使用管理情况
获国家级科技计划项目情况
获省级科技计划项目情况
实施市级科技重大项目
下达其他市级科技计划项目
申报和实施创新基金项目
创新基金项目监理与验收
技术市场管理
科技统计工作
高新技术产业发展 ……………………………………… (264)
概况
高新技术企业大幅增长
节能与新能源汽车示范推广
半导体照明路灯示范应用
组建省级科技协同创新体
科技入园
科普活动 ………………………………………………… (264)
概况
举办科技活动周
创建科技示范社区
青少年科技教育基地
开展农村科技特派员创业服务行动
送科技下乡
科技合作与交流 ………………………………………… (265)
概况
市校合作
筹建南昌地区(国家)大学科技园

加强城市间的科技合作
组织开展对外科技交流
科技成果与奖励 …………………………………………… (266)
概况
获国家科学技术进步奖
获江西省科学技术进步奖
评审2012年度南昌市科学技术进步奖
2012年度南昌市科学技术进步奖一览表
科技人才与平台建设 ………………………………………… (269)
概况
创新人才和创新团队建设
选聘洪城特聘专家
实施洪城计划
科研示范基地建设
评审科技创新团队
组建市级工程技术中心与重点实验室
加强县(区)科技创新平台建设
认定鄱阳湖现代科技示范基地
推动科学仪器设备资源共享
知识产权 ……………………………………………………… (269)
概况
创建国家知识产权示范城市
知识产权申请与授权
实施专利申请量快速提升工程
开展知识产权富民强县示范县建设
开展专利宣传与培训
审核知识产权质押融资项目
无线电管理 …………………………………………………… (270)
概况
开展无线电台站规范化管理专项活动
维护无线电波秩序
保障各类考试无线电安全
开展无线电管理宣传
防震减灾工作 ………………………………………………… (271)
概况
南昌防震减灾学会成立暨第一次会员大会召开
南昌市防震减灾工作领导小组会议召开
开展防震减灾宣传教育活动
举办群测群防业务培训班
全市防震减灾工作座谈会召开
出台《关于进一步做好防震减灾工作的意见》
气象服务 ……………………………………………………… (272)
概况
准确预报重大天气过程
推进气象服务向乡村户延伸
建立气象信息媒体发布机制
市气象现代化领导小组暨气象灾害防御工作会议召开
签署加快推进南昌气象现代化建设合作协议
签订深化气象为农服务合作协议
决策气象服务受市领导重视
出台加强人工影响天气工作实施意见
开展县级机构综合改革
成立南昌市首家“红领巾”校园气象站

社会科学
Social Sciences

概　述 ……………………………………………………… (273)
概况
南昌市财政学会概况
南昌市统计学会概况
南昌市档案学会概况
南昌市翻译工作者协会概况
南昌市工商行政管理学会概况
南昌市民办教育协会概况
南昌市律师协会概况
南昌拥军协会概况
南昌市儿童工作者协会概况
南昌市心理学会概况
南昌豫章书院研究会概况
南昌市会计学会概况
南昌市审计学会概况
南昌市广播电视学会概况
南昌市统战理论研究会概况
南昌八一精神研究会概况
南昌市红色文化促进会概况
南昌市教育学会概况
南昌市职业技术教育学会概况
南昌市图书馆学会概况
南昌市诗词学会概况
南昌市法官协会概况
南昌市人杰地灵文化促进会概况
南昌县社科联概况
新建县社科联概况
进贤县社科联概况
安义县社科联概况
南昌师专社科联概况
南昌教育学院社科联概况

交通运输、仓储和邮政业
Transportation、Storage and Postal Service

概　述 ……………………………………………………… (278)
概况
行政管理服务 ………………………………………………… (278)
概况
南昌入选42个全国性综合交通枢纽
乐温高速瑶北互通立交工程进展顺利
查处非法异地营运出租车
整治洪城客运站周边秩序
南昌市乡村渡口仅存23个
水路交通综合检查站下移至南新
市客管处严打非法营运

举行出租汽车合乘运营听证会
公路管理 ……………………………………………………（279）
概况
一级公路建设
提升路网等级
公路养护
文明执法
完成取消普通公路收费工作
开展砂石运输联合整治工作
公路工程项目建设
安全生产工作
“抓管理、促落实”活动
道路运输 ……………………………………………………（280）
概况
江西长运集团公司整体划归市国资委管理
2013 年道路春运
南昌至新余班线首次启用天然气客车
南昌综合客运枢纽站工程建设
昌南客运站接送学生回家过年
江西长运定向增发圆满完成
南昌长运推六种售票方式
江西长运入选江西领军企业 50 强
水路运输 ……………………………………………………（281）
概况
南昌港客运站候船厅被拆除
龙头岗综合码头一期工程进展顺利
拆解老旧船舶
核查水路运输及水路运输服务企业经营资质
核查全市港口企业资质
铁路运输 ……………………………………………………（282）
概况
机车车辆配属
开展科研与培训
综合能耗
降低污染物排放量
改善生产生活条件
向莆铁路开通运营
九景衢铁路和武九客专开工
江西铁路民间投资第一人——叶日铭
南昌车站
南昌车务段
航空运输 ……………………………………………………（284）
概况
昌北机场旅客吞吐量达 681 万人次
航线网络进一步优化
安全服务品质持续提升
《江西省民用运输机场管理办法》获通过
南昌首个城市候机楼共建合作协议签订
物资流通 ……………………………………………………（284）
概况
推进重点项目建设
做大旧机动车交易市场规模
提高国有资产管理水平
加强安全生产工作管理检查
加大维护稳定工作力度
南昌物流中心建设 ……………………………………………（285）
概况
举行物流团购平台创新模式发布会
南昌市首批江西省重点商贸物流园区及企业“出炉”
南昌市入选全国二级物流园区布局城市
南昌保税物流中心进出口总额突破 3 亿美元
南昌高校与江西快行线食品物流有限公司签约
拟建“现代快递物流产业园”
邮　政 ……………………………………………………（285）
概况
提升硬件水平
重划分局服务范围
为校园包裹提供优质服务
开展“我的中国梦”一页邮集创意比赛
举办特色教育集邮巡展
保障全国“两会”期间邮政服务畅通
开通普通包裹短信通知领取服务
“畅游赣鄱”江西旅游明信片在南昌首发
投递和回收中国经济生活大调查信卡
南昌市邮政行业培训中心正式成立
推进“村邮户箱”工程
快递市场快速发展
开展“访企业、听意见、解难题、促发展”主题活动
保障快递服务机动车辆便捷通行
推动快递营业场所标准化建设工作
建立邮政暨快递网点电子化监管系统
执法工作取得突破性进展
城市公共交通 ………………………………………………（287）
概况
南昌成功入围国家第二批公交都市创建城市
实施公交车免费换乘
取消公交车月票
南昌至永修公交线路开通
实现公交车 Wi－Fi 网络覆盖
全国城市一卡通互联互通接入仪式在南昌市举行
路中式专用道开通
车辆更新
安装电子站牌
线网优化调整
推进内部管理升级
加快场站建设
城市交通管理 ………………………………………………（289）
概况
推动“畅通省城”活动
保障地铁建设道路畅通
开展交通秩序整治

开展交通安全宣传
预防道路交通事故
搭建交通管理服务平台
加强交警队伍正规化建设
2013 年南昌市各辖区交通事故四项指数累计同期比较一览表

电力、燃气及水生产和供应业
Electric Power、Fuel Gas and Urban Water Production and Supply

概　述 …… (291)
概况
城市电力供应 …… (291)
概况
加强电网投资和建设
提供优质供电服务
开展便民惠民特色服务
供电官方微博开通运行
2013 年南昌地区社会用电构成
城市燃气生产和供应 …… (292)
概况
获得南昌市 30 年管道燃气特许经营权
市场开发硕果累累
安全管理成效显著
工程建设稳步推进
客户服务深入人心
城市自来水生产和供应 …… (293)
概况
提供供水服务
推进工程建设
形成产业集群化
规范管理和创新
加快资本运作步伐
聚合发展正能量
城市污水处理及再生利用 …… (294)
概况
污水处理运行管理

城乡建设和管理
Urban and Rural Construction and Management

概　述 …… (295)
概况
城市规划 …… (295)
概况
启动总体规划局部调整工作
科学编制规划
助力九龙湖片区规划建设
积极服务旧城改造提升
主抓交通规划完善城市功能
强化历史文化名镇名村保护
推进数字南昌建设
强化人才梯度队伍建设
简政放权优化发展环境
城乡建设 …… (296)
概况
实施可再生能源建筑应用示范项目
建立健全建筑节能监督检查机制
发展绿色建筑
轨道交通 1 号线重大风险控制
推广省新型农房设计图集应用
国家级、省级历史文化名镇名村申报评选
助推招商引资工作
实行建设稽查执法
扶持培育建筑企业集群
协调处理清欠农民工工资
创新建筑行业农民工工资管理模式
强化城市雕塑管理
质量安全监管
完成迎接住建部检查工作任务
开展扬尘治理
城市管理行政执法 …… (298)
概况
启动“蓝天行动”计划
查处违法建设
处置管理建筑垃圾
整治户外广告招牌
治理占道摊点
依法行政常抓不懈
城市公共设施 …… (299)
概况
完善城市设施功能
规范景区广场管理
城建档案管理有新成效
城市燃气行业安全有序发展
城市绿化管理 …… (300)
概况
城区绿化美好工程建设
大象湖景区建设工程
南昌梅岭植物园建设
人民公园扩建改造提升工程
开展“拆违拆临，建绿透绿”专项工作
人民日报江西分社园林绿化工程
实行园林绿化长效管理
履行行政审批职能
开展动物保护繁殖工作
市园林科学技术研究所成立
参加第九届中国(北京)国际园林博览会
主办第二十五届菊花展览
环境卫生管理 …… (301)
概况
推进环卫作业重心下移
启动垃圾处理费征收工作

推动清扫保洁市场化运作
督促落实环卫作业经费标准
规范环卫作业质量标准
无害化处置生活垃圾
开展“三乱”整治
推进“城市管理年”活动
加强垃圾广告治理
建筑街景(店招)改造及管理创新
实行建筑垃圾运输企业备案
城市建设投资 …………………………………………（302）
概况
“13 南昌城投债”发行
生米大桥西延快速路工程正式开通
自营项目有效拓展
全市市政工程质量安全管理现场观摩会举行

水利、环境管理业
Water Resources、Environment Management

概　述 …………………………………………………（303）
概况
水利管理 ………………………………………………（303）
概况
防汛抗旱扎实开展
王文涛视察调研防汛工作
节水型社会建设通过中期评估并被评为优秀
列入水利部首批水利综合执法试点城市
水利基层服务体系建设成效显著
水土保持科技园通过中期评估
完成 107 座水库除险加固
再次解决 11. 83 万人饮水安全
城区水利建设顺利推进
厅、市合作成效显著
生态保护 ………………………………………………（304）
概况
农村生态保护稳步开展
生态乡镇创建成绩显著
“全国科普日”活动启动仪式举行
“保护山川河流鄱阳湖”学雷锋环保志愿服务
　活动启动
环境治理 ………………………………………………（305）
概况
“蓝天行动”稳步推进
多项措施应对雾霾天气
机动车排气分类管理全面展开
水环境综合治理取得重大突破
环境安全得到有效保障
服务打造核心增长极能力进一步提升
效能建设成效显著
能力建设跨越式发展
环保工作影响力大幅提升

社会管理和服务
Social Management and Services

概　述 …………………………………………………（307）
概况
人口和计划生育 ………………………………………（307）
概况
利益导向融入民生工程
创建全国首个计生家庭情感呵护中心
推行“三合一”人口计生信息网格化管理
探索“2 + 1”流动人口计生服务管理新模式
开展人口计生“三下乡”宣传服务活动
“共建和谐秀美乡村 · 美丽家园行动”暨
　“金牌大姐”快车启动仪式举行
开展计生药具服务进婚姻登记处活动
开展流动人口药具服务活动年项目
国家流动人口动态监测调查工作督导组
　到南昌市视察工作
开展人口和计划生育利益导向政策集中
　宣传活动
开展鱼水情深庆“八一”送健康活动
开展“两非”行为专项整治月活动
开展药具“宣传服务月”活动
开展纪念“9. 25”公开信发表 33 周年宣传
　服务活动
全市药具工作会召开
市人口计生工作现场会召开
市人口计生信息化建设现场会召开
开展乡级计划生育药具工作排位评估
举办全市村(居)计生专干师资培训班
开展药具服务进流动人口聚集地活动
《南昌市流动人口计划生育管理办法
　修正案(草案)》修改调研座谈会召开
开展“世界艾滋病日”宣传服务活动
劳动与社会保障 ………………………………………（310）
概况
开展“南昌市高校毕业生春季网络招聘月”活动
开展“春风行动”就业服务专项活动
举办“民营企业招聘周”活动
提供创业服务
推进创业孵化基地建设
加强就业培训
规范职业技能鉴定
深化校企合作
推进“一网五点”建设
推进中心城市家庭服务体系建设
《职在必得》电视求职节目内容不断丰富
推进社区网格员队伍建设
加强劳动保障监察执法
推进劳动保障监察“两网化”管理
开展禁止使用童工专项执法检查

开展遵守劳动用工和社会保险法律法规情况检查
开展劳动保障年度审查
处理劳动人事争议案件
加强基层调解法律法规宣传和组织建设
调查企业薪酬
调查国有企业内外收入和经营者薪酬分配情况
提高养老保险待遇
实行五险统一征缴管理
推广网上经办社保业务
全面实现养老金直发
出台被征地农民养老保险实施办法
推进新老农保制度衔接
医疗工伤生育保险民生任务全面完成
医保异地就医结算范围进一步扩大
取消基本医疗特殊病年度审核
全面启动事业单位等组织参加工伤保险
推进工伤预防试点工作
失业保险征缴调整发放
推进失业动态监测
失业保险市级统筹平稳推进
行政审批服务窗口荣获国家表彰
人力资源 …………………………………………………… (314)
概况
出台高层次人才创新创业激励办法
出台高层次人才疗养活动办法
重点高层次人才引进工作取得实效
开展“211”企业经营管理人才培训
发布《2013年企业人才需求目录》
举办“南昌人才活动周”活动
举办首届昌九一体化人才招聘会
购买公共服务赴外招聘高层次人才
赴外招才引智
开展“职业经理人”培训
招聘“洪城特聘专家”
出台农村特殊专长人才创业培养实施办法
引进国外智力
实施“洪城计划”
举办中外专家、企业家迎春座谈会
3名外国专家获“庐山友谊奖”
成立“引进海外人才工作站”
开展首届“洪城杯”职业技能大赛
创新五项高技能人才培养制度
成立5家市级高技能人才培养示范基地
成立5家市级技能大师工作室
建设高技能人才队伍数据库
抓好各项人才项目落实
成立“江西南昌留学人员创业园”
新增6家博士后科研工作站
创新博士后工作站管理
清理整顿人力资源市场
开展人力资源服务机构年度检查
开展诚信等级评定活动
民政事业 …………………………………………………… (317)
概况
救灾救济
概况
推广政策性农房保险工作
开展防灾减灾日活动
提升基层综合减灾能力
双拥优抚
概况
市领导走访慰问南昌舰
解决外地军人乘车问题
为演习部队提供保障
安置军休
概况
开展退役士兵教育培训
推进退役士兵安置改革
完成年度军休干部接收安置任务
社会事务管理
概况
清明宣传成效显著
实行全民遗体免费火化
参加民政行业职能技能大赛
开展“流浪孩子回校园”专项行动
城乡社区建设
概况
开展全国和谐社区建设示范单位创建活动
落实社区办公和服务用房
推进“城中村”社区规范化建设
合理划分社区网格
社会组织管理
概况
实行社会组织直接登记
严格社会组织年检
开展社会组织公益创投工作
争创全国社会组织建设创新示范区
开展社会组织党组织“规范化建设年”活动
行政区划和边界管理
概况
开展行政区划调研
完成乡镇勘界的收尾工作
开展平安边界创建活动
老龄工作
概况
加强基层老年人协会规范化建设
开展“敬老月”各项活动
开展老龄宣传调研工作
社会福利
概况
推进社会福利基础设施建设
打造“虚拟养老院”服务平台

推进养老事业发展
提升孤儿保障水平
创新实行弃婴救治“关口前移”制度
实施“明天计划”和“重生行动”
提高城镇“三无”困难群众供养标准
加强福利企业管理
加强社会福利人才队伍建设
慈善工作
概况
开展第三个“南昌慈善日”活动
“南昌慈善奖”评选表彰
提升慈善募集能力
支援雅安地震灾区
加大慈善救助力度
健全基层组织网络
安放多功能慈善“募捐箱”

教　育
Education

概　述 …………………………………………………… (322)
概况
教育管理 …………………………………………………… (322)
概况
统筹推进教育网点大优化
城乡一体化进程不断加快
全面加强教师队伍建设
教学质量不断攀升
教育交流与合作日益加强
教育信息化建设成效显著
启动全市中小学生电子学籍管理工作
强化教育督导工作
营造和谐教育发展环境
加强校车安全管理
完成地铁征迁、旧城改造、拆违拆临工作
开展全国文明城创建工作
学前教育 …………………………………………………… (323)
概况
推进学前教育三年建设行动计划
加强幼儿园评估工作
指导3—6岁儿童学习与发展
培养幼儿教师专业基本功
基础教育 …………………………………………………… (324)
概况
开展义务教育学区化管理改革试点
关爱留守儿童和特殊教育儿童
启动农村义务教育标准化建设工程
合作办学促进优质资源共建共享
加快普及高中阶段教育
加强中小学生心理健康教育
职业技术教育 …………………………………………… (325)
概况
继续实施“春蕾助学行动”
推进国家改革发展示范校建设
组建职业教育集团
加强市县职业教育合作办学
各类竞赛继续保持领先优势
开展职业教育下县区宣传
探索职业教育国际化办学
民办教育 …………………………………………………… (326)
概况
促进民办学校内涵发展
规范民办学校管理
下放部分民办学校管理权限
素质教育 …………………………………………………… (326)
概况
加强未成年人思想道德建设
深化基础教育课程改革
开展“减负万里行”主题活动
丰富中小学生体育艺术活动

卫　生
Health

概　述 …………………………………………………… (327)
概况
基层卫生 …………………………………………………… (327)
概况
实施国家基本药物制度
家庭医生签约服务
基层卫生服务能力建设项目
公共卫生服务 …………………………………………… (328)
概况
开展重大公共卫生服务
实施公共场所卫生监督量化分级管理
启动公共卫生应急响应
开展无偿献血活动
国家卫计委督查餐饮具集中消毒
疾病控制 …………………………………………………… (328)
概况
提高慢性病防治水平
艾滋病综合防控
卫生行政执法 …………………………………………… (329)
概况
推进执法装备招标采购工作
卫生监督协管网络建设
开展卫生监督执法检查
受理行政审批事项
规范卫生许可权限
调整行政审批事项
提高行政服务效率
缩短时间精简材料
医政管理 …………………………………………………… (329)
概况

探索城市公立医院改革
开展优质护理服务
医师多地点执业试点
改善和优化医疗服务
加强医疗质量管理与控制
妇幼卫生 …………………………………………… (330)
概况
人类辅助生殖技术获得试运行许可
开展妇幼卫生信息质控工作
创新举措提升妇幼保健服务水平
中医药事业 ………………………………………… (330)
概况
加强中医药服务能力
中医医疗服务体系提升
卫生科技教育 ……………………………………… (331)
概况
推进学科建设
科研成效明显
卫生行业管理 ……………………………………… (331)
概况
推进廉政文化建设
红包专项治理
“阳光医药”网上监察
加强人才队伍建设

文 化
Culture

概 述 …………………………………………… (332)
概况
文艺创作 …………………………………………… (332)
概况
采茶戏《红轿》首场演出
清音《傲雪的红梅》获中部六省曲艺大赛一等奖
南昌摘三项十艺节“群星奖”
南昌采茶戏获汤显祖戏剧奖多个奖项
南昌·琴岛之夜首演成功
瓷板画荣获中国工艺美术“百花奖”金奖
长篇小说《江风烈》
散文集《山河扣问》
散文随笔集《南昌人》
故事集《有话这样说》《永远的童话》
电影《凤凰情》举行首映式
诗歌选集《醒着的海水》
2013 年南昌市文艺作品获国家级奖情况一览表
2013 年南昌市文艺作品获全国性赛事奖情况一览表
2013 年南昌市文艺作品获省级奖情况一览表
文艺活动 …………………………………………… (335)
概况
举办“新春送祝福、春联送万家”活动
举行首届南昌文人书画展暨《自在客》首发仪式
谷雨诗会举行
首部城市微电影剧本征集暨城市旅游微电影创作大赛启动
举行 2013 中国江西南昌首届舞蹈艺术节、2013 江西南昌第十二届青少年国际标准舞全省公开赛
举办书法艺术沙龙
承办第六届“赣豫皖湘鄂晋”中部六省曲艺大赛
主办南昌慈善“爱心杯”楹联征集活动
主办“三十而立——龙友书法作品展”
承办首届“三江笔会”
举办南昌市首届书法篆刻作品展
文化活动 …………………………………………… (336)
概况
第八届民间艺术团队优秀节目汇演举行
“快乐·梦”少儿艺术节优秀节目展演举行
东湖区开展“和谐社区一家亲”系列活动
东湖区开展“弘扬雷锋精神,构建书香校园”活动
社会文化 …………………………………………… (337)
概况
公共文化基础设施取得新进展
基层公共文化基础设施不断完善
提供文化服务
城区公共图书馆实现通借通还
“社区文化在线”项目成为首批国家公共文化服务体系示范项目
南昌新四军军部旧址陈列馆全景漫游开通
“文化餐车”服务异彩纷呈
文化产业 …………………………………………… (337)
概况
文化产业项目不断发展壮大
组团参加第九届深圳文博会
参加第六届海峡两岸(厦门)文化产业博览交易会
南昌瓷板画艺术品有限公司正式揭牌成立
文化新闻出版市场 ………………………………… (338)
概况
文化市场监管体制不断理顺
取缔“长运商贸城”非法出版物集散地
举办首届文化市场综合执法岗位练兵和技能竞赛
执法技能大赛斩获颇丰
开展少儿出版物市场集中整治行动
查处“4·15 曹某某侵犯他人著作权案”
查办“5·21 张某某网络侵权盗版案”
简政放权工作不断深入
南昌文化产权交易中心挂牌
文化遗产保护 ……………………………………… (338)
概况
“流动展览进校园活动”顺利开展

举办《新四军廉洁思想教育展》
开展“重温雷锋故事”进校园活动
举办庆祝“5・18 国际博物馆日”主会场活动
洪州窑青瓷展被评为全国博物馆十大陈列展览精品
梅汝璈故居正式对外开放
南昌瓷板画艺术博物馆正式对外开放

体　育
Sports

概　述 ………………………………………… (340)
概况
群众体育 ………………………………………… (340)
概况
全民健身广场舞普及推广
全民健身工程加快推进
举办首届外来务工人员趣味运动会
举行第三届迎新万人健步行活动
举行第四届鄱阳湖国际自行车大赛南昌站赛
第二届老年人健身体育运动会举行
第十四届体育舞蹈锦标赛举办
举行 2013 绿滋肴 WCBA 全明星赛
举办“昌南杯”洲际男子篮球 4 国挑战赛
举办中国职业男子篮球俱乐部(CBA)季前赛
举办首届“光猪跑”活动
举办各类风筝活动
举行首届乒乓球大赛及锦标赛
中国大城市业余网球团体赛举行
南昌市首届业余网球团体赛举行
举行健身气功活动
举办全省设区市老年体协主席门球赛
举办第五届全民健身运动垂钓精英赛
举办业余羽毛球混合团体赛
南昌市棋类项目升级升段赛
举办秋季“和谐杯”信鸽比赛
继续开展国民体质监测工作
培训审批社会体育指导员
竞技体育 ………………………………………… (342)
概况
吴优获全运会江西代表团首枚金牌
承办全运会乒乓球预赛
举办全国射击锦标赛
全国青少年射击训练营开营
第六届中韩青少年体育交流大会成功互访
组队参加华东九城市羽毛球比赛
组队参加全省少儿系列比赛
组队参加省第七届县(市、区)田径运动会
举办多项青少年体育竞赛及活动
运动员文化教育与保障工作得到加强
体育产业 ………………………………………… (343)
概况
品牌赛事精彩纷呈
体育彩票销售名列全省前茅

报业・广播电影电视
Newspapers, Radio、Film and Television

概　述 ………………………………………… (344)
概况
报　业 ………………………………………… (344)
概况
为打造核心增长极提供舆论支撑
成立 55 周年之际报纸全新改版
南昌新闻网更名为天圆网
报网融合促进新媒体发展
“啄木鸟行动”打造精品栏目
全国首创“有奖售报”模式
经营性收入达到 1.59 亿元
媒体品牌价值大幅提升
广播电影电视 ………………………………………… (345)
概况
加强行业监管
推进产业发展
开展电影放映和宣传活动
系列报道《2012 南昌传奇》
特别报道《迈向增长极》
专题片《南昌棚户区纪实》
开展创建全国文明卫生城市宣传报道
开展“啄木鸟”行动
报道雅安地震情况
报道中国梦・我的梦
外宣工作领跑全省第一
重大题材创作成绩斐然
继续优化栏目
大型活动影响力强
扩展有线网络
新媒体产业率先起步

县(区)概况
County (district) Profile

概　述 ………………………………………… (348)
概况
南昌县 ………………………………………… (348)
概况
经济运行指标完成概况
社会发展指标完成概况
社会稳定指标完成概况
民生工程指标完成概况
政治建设指标完成概况
财政收入突破 70 亿元
荣获“中国建筑之乡”称号
西总干渠银三角段截污工程投入使用

全省首家县级城投公司成功发行企业债券
首届塔城葡萄文化节开幕
开展互学互评系列活动
清理“吃空饷”显成效
打造千亿建筑科技产业园
举办首届运动会
入选国家农业改革与建设试点示范区
乡镇、县直部门“三公”经费实现“零增长”
建立干部电子廉政档案
全力防控 H7N9 禽流感
维护消费者权益
黄马凤凰沟景区被评为国家 AAAA 级旅游景区
试行被征地农民养老保险办法
新建县 …………………………………………………… (351)
概况
经济运行指标完成概况
社会发展指标完成概况
社会稳定指标完成概况
民生工程指标完成概况
政治建设指标完成概况
新增千亿斤粮食产能项目获省发改委批复
新建县被列为国家现代农业园区建设试点县
核发全省首个家庭农场营业执照
陈凡经获“最美乡村医生”荣誉称号
新建县被授予“江西厨师之乡”
启动公立医院改革试点
北京大学青少年素质教育与才能培养实验基地落户新建二中
走马灯制作技艺入选省非物质文化遗产名录
新建公交枢纽站项目正式开工
小微企业“助保贷”工作正式启动
千名干部下基层探索党建举措
实施乌沙河旧城改造项目
进贤县 …………………………………………………… (353)
概况
经济运行指标完成概况
社会发展指标完成概况
社会稳定指标完成概况
民生工程指标完成概况
政治建设指标完成情况
李渡酒荣获国家地球标志保护产品
设立优秀女孩成才奖
钢结构产业定为省钢结构产业基地
南昌国际楹联节在西湖李家召开
军山湖大闸蟹蝉联“中国十大名蟹”
整治开发利用血防区草洲
四家企业获部级无公害畜产品认证
培养高素质大学生村官队伍
“民生 110”听民忧解民难
泉岭生活垃圾焚烧发电厂开工兴建
军山湖将建江豚栖息保护区
安义县 …………………………………………………… (355)
概况
经济运行指标完成情况
社会发展指标完成情况
社会稳定指标完成情况
民生工程指标完成情况
政治建设指标完成情况
省委书记强卫来到安义调研
市委书记王文涛来县慰问群众
举办第二届金花旅游文化节
气凝胶纳米保温材料项目落户安义
国家水利部水保司验收组对安义县水土保持科技园进行中期评估
全县被征地农民参加养老保险工作启动实施大会召开
首届江西(安义)铝型材及门窗展览会开幕
考核验收省级生态县创建工作
“四特东方韵”杯越唱越红歌星大赛决赛落下帷幕
企业家战略决策新思维讲座暨服务企业座谈会召开
安义建材产品暨(上海)招商推介会在沪举行
东湖区 …………………………………………………… (357)
概况
经济运行指标完成概况
社会发展指标完成概况
社会稳定指标完成概况
民生工程指标完成概况
政治建设指标完成概况
南昌东湖电子商务协会成立
全市首个“人大代表工作室”在上营坊社区成立
全市首个街道非公经济组织联合党委在东湖区成立
全省首个非物质文化遗产展示馆开馆
“南昌·琴岛之夜”正式营业
第八届漆画展开幕
中科健康(体检)广场落户东湖
东湖区开发老年人专用移动手机
西湖区 …………………………………………………… (360)
概况
经济运行指标完成概况
社会发展指标完成概况
社会稳定指标完成概况
民生工程指标完成概况
政治建设指标完成概况
推进城区建设
开展环境保护和整治
加强创建工作
万寿宫街区棚户区改造房屋征迁工程成绩显著
项目建设拉动经济发展引擎作用突出
西湖区荣获“国家慢性病综合防控示范区”
“社区文化在线”示范项目接受国家文化部

评审验收
西湖区荣获“拆违拆临、建绿透绿”拆除面积全市第一
社区环境综合整治工程完成
完善医疗救助即时网络结算平台
完成“班班通”项目建设
恒茂华城、皇冠国际社区被命名为江西省优秀科普示范社区
预防青少年违法犯罪工作取得新成效
青云谱区 …………………………………………………… (362)
概况
经济运行指标完成概况
社会发展指标完成概况
社会稳定指标完成概况
民生工程指标完成概况
政治建设指标完成概况
财政收入首次突破30亿元
旧改征迁出成绩
纳入全国老工业基地调整改造规划
“民情家访”作为典型经验在全国推广
道路清扫保洁全面推向市场化
非公企业党组织建设大力推进
王府井百货正式进驻南昌
荣获“全省义务教育均衡发展示范县(区)”称号
“网格化”管理工作取得成效
荣获“全省文明城区”称号
城南舞龙队勇夺全国舞龙展演金奖
湾里区 …………………………………………………… (365)
概况
经济运行指标完成概况
社会发展指标完成概况
社会稳定指标完成概况
民生工程指标完成概况
政治建设指标完成概况
旅游产业发展壮大
旧城改造稳步推进
国家级生态区创建有序
青山湖区 …………………………………………………… (367)
概况
经济运行指标完成概况
社会发展指标完成概况
社会稳定指标完成概况
民生工程指标完成概况
政治建设指标完成概况
打响经济发展“四大攻坚战”
外贸出口突破10亿美元
新兴产业优势凸显
拆违拆临掀热潮
开展“平安十项”创建活动
群众文化活动蓬勃发展

社情民意
Social Conditions and Public Opinion

百姓言论 …………………………………………………… (370)
概况
网民建言选登
外地人看南昌 ……………………………………………… (373)

人　物
Figures

模范人物 …………………………………………………… (374)
第44届南丁格尔奖获得者
南昌市2013年全国五一劳动奖章获得者
南昌市2013年江西省五一劳动奖状获得者
2013年南昌市五一劳动奖章获得者
2013年南昌市入选“中国好人榜”名单

重要文献
Important Documents

南昌市人民代表大会常务委员会工作报告 ……………… (377)
中国人民政治协商会议南昌市第十三届委员会常务委员会工作报告 ………………………………… (380)
南昌市中级人民法院工作报告 ………………………… (383)
南昌市人民检察院工作报告 …………………………… (386)
关于南昌市2013年国民经济和社会发展计划执行情况及2014年国民经济和社会发展计划草案的报告 ………………………………… (388)
关于南昌市2013年市级总预算执行情况和2014年市级总预算草案的报告 ………………… (391)
南昌市2013年国民经济和社会发展统计公报 ……… (394)
2013年居民消费价格情况
2013年主要农产品产量及其增长速度
2013年主要工业产品产量及其增长速度
2013年各类全日制学校基本情况

经济社会统计资料
Economic and Social Statistics

经济社会统计资料 ……………………………………… (399)
行政区划
地区生产总值
主要年份国民经济主要指标
南昌在全省的位置
南昌的人均水平
全市常住人口基本情况
城镇住户基本情况
城镇住户人均消费支出
人均食品消费量

农村住户基本情况
城市居民消费价格指数
商品零售价格指数
对外签订利用外资协议(合同)
农村住户生活消费支出
家庭主要消费品每百户拥有量
工业生产者出厂价格指数
工业生产者购进价格指数
固定资产投资
实际利用外资
城市建设
财政收入和支出
金融机构存贷款余额
农村基本情况
农林牧渔业总产值
农林牧渔业增加值
主要农产品产量
规模以上工业增加值
农作物播种面积
社会消费品零售总额
林、牧、渔业生产情况
主要工业产品产量
交通运输
邮电事业
个体贸易、住餐业机构、人员
卫生机构基本情况
各级各类学校数
学校教师数和在校学生数
学校招生数和毕业生数
广播、电视、出版基本情况
体育事业基本情况
社会保险、保障基本情况

主题索引
Subject Index

…………………………………………………………… (418)

图片专辑
Image Album

封面　南昌西站正式投入使用
封底　艾溪湖湿地花卉公园
第一辑
南昌数字 …………………………………… (1)
南昌荣誉 …………………………………… (2)
重大项目建设 ……………………………… (3)
产业经济发展 ……………………………… (5)
经济贸易交流 ……………………………… (7)
区域会商合作 ……………………………… (9)
城市建设改造 ……………………………… (11)
文明志愿服务 ……………………………… (13)
社会文化活动 ……………………………… (15)
生态环境保护 ……………………………… (17)
第二辑
南昌市人民代表大会常务委员会 ………… (19)
中国人民政治协商会议南昌市委员会 …… (20)
中共南昌市纪律检查委员会(监察局) …… (21)
中共南昌市委办公厅 ……………………… (22)
南昌市人民政府办公厅 …………………… (23)
中共南昌市委组织部 ……………………… (24)
中共南昌市委宣传部 ……………………… (25)
中共南昌市委统战部 ……………………… (26)
中共南昌市委政法委员会 ………………… (27)
南昌市史志办公室 ………………………… (28)
南昌市档案局 ……………………………… (29)
南昌市精神文明建设指导委员会办公室 … (30)
南昌市荣获 2013 中国智慧城市推进杰出成就奖称号 ……………………………… (31)
南昌市荣获全国法治城市创建活动先进单位称号 ……………………………… (32)
南昌市归国华侨联合会荣获全国侨联系统先进集体称号 ……………………………… (33)
南昌市人力资源和社会保障局荣获全国职业教育先进单位等称号 ……………………… (34)
南昌市民政局荣获全国居民家庭经济状况核对试点工作优秀单位等称号 ……………… (35)
南昌市审计局审计项目荣获全国地方表彰审计项目等称号 …………………………… (36)
南昌市地税系统荣获第十三届全国职工职业道德建设先进单位称号 …………………… (37)
南昌市科技局荣获全国科技管理系统先进集体称号 ……………………………… (38)
南昌市体育局荣获 2009－2012 年度全国群众体育先进单位称号 ……………………… (39)
中国民主促进会南昌市委员会荣获民进全国宣传思想工作先进集体称号 ……………… (40)
南昌市政公用集团被中国企业联合会授予“中国服务业 500 强” ……………………… (41)
南昌高新区:产城融合加速绿色崛起 …… (42)
全力打造红谷滩新区成为代表南昌未来水平和实力的标志性区域 ……………………… (44)
南昌工业控股集团有限公司 ……………… (46)
南昌城市建设投资发展有限公司 ………… (47)
十年红谷滩联泰与城市同行 ……………… (48)
南昌轨道交通集团有限公司 ……………… (50)

特　　载

本栏编辑　龚秀昱

在市委十届八次全体(扩大)会议上的讲话

中共江西省委常委、南昌市委书记　王文涛

(2013 年 12 月 18 日)

中共江西省委常委、南昌市委书记　王文涛

同志们:

下面,我受市委常委会委托,向全会作工作报告。

一、保持稳中有进,打造核心增长极实现"一年有势头"

2013 年是打造核心增长极的关键之年。一年来,全市上下围绕"高举旗帜、解放思想、聚焦发展、改革开放、民主法制、党的建设"二十四字要求,始终坚持区域聚焦、产业聚焦、政策聚焦和资源聚焦,强力推进大投入、大建设、大发展,打造核心增长极实现了"一年有势头"的阶段性目标。

(一)经济发展稳步提升。主要经济指标增幅均高于全国、全省平均水平,呈现位次前移、占比提升的好势头。预计全年 GDP 增速 10.5%,前三季度全省排名第 2,占比提高 0.3 个百分点,地方公共财政预算收入增速领跑中部。重大项目快速推进,航空城、江铃五十铃整车和 20 万台发动机、欧菲光二期、万达文化旅游城等重大项目快速推进,预计今年全市百大重大重点项目累计完成投资 463.45 亿元,占年度投资的 92.34%。三次产业协同并进,1—11 月,全市规模以上工业增加值突破 1000 亿元,增长 12.8%,从去年的中部第五上升到第三;现代服务业加快发展,全省金融商务区引进各类金融机构达 89 家,初步形成集聚效应;农业现代化步伐加快,粮食生产实现"十连丰",农民人均收入实现"十连增"。发展平台不断夯实,高新区步入千亿园区,小微企业工业园全面启动,县域经济迈上新台阶。

(二)改革开放迸发活力。切实用好省委、省政府赋予南昌先行先试的改革权、试验权,进一步深化改革、扩大开放。深入开展调查研究,市委常委及人大、政协主要领导围绕打造核心增长极,深入开展了 15 项课题调研,大多数已经或正在转化为政策成果,为我市全面深化改革打下了坚实基础。积极探索重点改革,启动了第八轮行政审批制度改革,削减行政审批事项 126 项,清理涉及行政审批的中介服务事项 270 项;深化投融资体制改革,做强市级投融资平台,优化民间投资环境,推动企业债券融资;进一步规范了经营性土地使用权出让措施;开展了农村土地流转交易市场建设试点,等等。更深层次扩大开放,对外加大招商引资力度,对内扶持民营经济发展,出台鼓励支持民营经济发展和促进总部经济发展等政策措施,开放型经济成效明显,预计全年引进投资 10 亿元以上项目 24 个,实际利用外资 29.06 亿美元,增长 10%;实际引进省外 5000 万元以上项目投资 485 亿元,增长 15%。同时,进一步深化区域合作,主动融入长江中游城市群,努力推进"昌九一体化"和"昌抚一体化"进程。

(三)城乡面貌持续改善。按照"繁荣发展新城、改造提升老城"的思路,全面推进城乡建设管理。城乡建设全面发力,九龙湖新城起步区控制性详规全面完成、22 条主干路网全部开工,万达文化旅游城、绿地国际博览城、联泰智慧城"三大引爆"项目全力推进;以棚户区改造为重点的旧城改造全面启动,截至 11 月底,全市共完成房屋拆迁 523 万平方米,其中列入考核的 306 万平方米;"拆违拆临、建绿透绿"专项行动进展顺利,截至 12 月 16 日,拆除临建违建 16.03 万平方米;轨道交通 1 号线一期工程 80% 以上站点完成主体结构封顶,2 号线房屋征收仅用 41 天全部完成,现已全线开工建设;朝阳大桥、象湖隧道、九州高架等"十纵十横"快速路网建设进展顺利;大力推进了一批重点示范镇、"五位一体"综合示范村、秀美乡村和特色小镇建设,镇村联动效应显现;按照面上抓重点、点上出亮点、集中攻难点,加速推进了以"房屋美化、管线优化、村庄绿化、卫生净化、产业强化"为主要内容的通道"五化"综合整治。管理水平不断提升,进一步理顺城市管理体制机制,推动市场化购买服务,实现市容环卫作业和房管执法业务全部下移;扎实开展文明城市创建,“啄木鸟在行动”和“小蜜蜂志愿者”活动深入开展,“行人乱扔、店面乱倒、车上乱抛垃圾”行为专项整治工作深入推进。生态环境切实优化,稳步推进“鄱湖明珠·中国水都”建设,成功列入国家首批水生态文明城市建设试点;扎实推进国家森林城市创建活动,“森林城乡·花园南昌”建设成效明显。

(四)民生和谐有效巩固。着力保障和改善民生,大力发展社会事业,社会保持安定和谐局面。全力办好民生实事,全年累计投入137.5亿元,增长25%,集中办好了涉及群众切身利益的民生实事。社保体系进一步完善,覆盖范围不断扩大,支付水平持续提升,投入5.7亿元,将失地农民纳入基本养老保险体系;1.8万套保障性住房全面开工,目前已基本建成近50%。社会事业协调发展,全面推进文化、教育、卫生、体育等社会事业发展,推进“文化大市、文化强市”建设,文化产业和文化事业共同繁荣;优化城乡教育网点布局,城乡公办幼儿园、中小学等基础设施建设投入持续加大;公共医疗卫生服务体系健全完善,医保异地就医即时结算范围逐步扩大。和谐局面不断巩固,深入推进平安南昌建设,着力构建“网格化管理、信息化支撑、全程化服务、法治化保障”的社会管理体系,“一本四化”社区网格化服务管理工作实现“全覆盖”;深入推进法治南昌建设,大力推动依法执政、依法行政、司法公正,努力化解矛盾维护稳定,确保了社会安定和谐。

(五)党的建设全面加强。以深入学习贯彻中共十八大、十八届三中全会以及习近平总书记一系列重要讲话精神为契机,全面加强党的建设。严格落实中央“八项规定”,全市党员干部做好明白人、带头人、清白人、健康人“四种人”,大力弘扬和践行“六种作风”,营造风清气正的政治生态。深化干部人事制度改革,“四看一听一差额”用人机制深化落实,“实在实干实绩”用人导向深入人心,“四个一线”锻炼干部广受好评,加强年轻干部培养选拔工作,推动全市干部队伍结构合理、梯次接续。深入开展反腐倡廉建设,建立健全惩治和预防腐败体系,落实党政“一把手”六个不直接分管制度,扎实开展民生资金管理使用专项治理、收送“红包”问题专项治理、市场中介机构清理整顿、公务用车交通违法行为专项治理等活动。同时,积极支持人大及其常委会依法履行职能,支持人民政协建言献策,民主政治建设扎实推进,民主党派、工商联、民族、宗教等统战工作取得新进展,工会、共青团、妇联等人民团体和社会组织积极作用充分发挥,党管武装工作进一步加强、军政民关系更加密切。

以上报告的是市委常委会一年来的主要工作。这些工作的开展和各项成绩的取得,得益于省委、省政府的正确领导,得益于省直各部门和兄弟设区市的帮助支持,得益于全市上下的不懈努力。特别是在这一过程中,广大干部群众所创造的一些经验做法,被实践证明是正确可行、科学有效的。我们必须把这些经验做法进一步总结好、完善好、运用好,使之固化下来,成为我们做好今后工作的常态措施、长效制度。

——坚持用“四看”来解放思想,是我们打造核心增长极的全局视野,必须坚定不移。视野决定思路,思路决定出路。实践证明,只有“立足省内看南昌、比照中部看南昌、放眼全国看南昌、走向世界看南昌”,我们才能有更宽阔的视野和更宽广的胸怀,以“树标杆”来寻求卓越,用“走出去”来寻觅良方,真正把南昌打造成为带动全省发展的核心增长极。

——坚持用好先行先试的改革权、试验权,是我们打造核心增长极的最大优势,必须坚定不移。实践证明,省委、省政府赋予南昌先行先试的改革权、试验权,是对我们打造核心增长极的最大支持。用好、用活、用足先行先试的改革权、试验权,建立和完善打造核心增长极的制度体系,则是实现治市体系和治市能力现代化的最大成果。

——坚持强力推进大投入、大建设、大发展,是我们打造核心增长极的正确路径,必须坚定不移。实践证明,只有大投入,才有大建设,最终才能实现大发展,其中大投入是基础,大建设是关键,大发展是目的,我们必须沿着这条路径坚定不移地走下去,以大投入推动大建设,以大建设促进大发展。

——坚持区域聚焦、产业聚焦、政策聚焦、资源聚焦,是我们打造核心增长极的根本方法,必须坚定不移。实践证明,后发地区要迎头赶上,就必须集中力量、重点突破。南昌当前所处的特定发展阶段,决定了我们必须坚持聚焦,以聚焦促进集聚,以集聚催生裂变,以裂变推动跨越。

——坚持“二三并举、双轮驱动”,是我们打造核心增长极做强产业支撑的重大举措,必须坚定不移。实践证明,打造核心增长极必须有强大的产业支撑。只有坚持二产带动三产、三产支撑二产,传统产业和新兴产业两手抓,才能推动产业优化升级,为打造核心增长极提供坚实的产业支撑。

——坚持“新老联动、两岸共辉”,是我们打造核心增长极建设全国重要宜居都市的目标取向,必须坚定不移。实践证明,只有以新城的发展带动老城的改造,以老城的改造支撑新城的发展,才能推动老城的人口导出和新城的人口导入,进而优化城市功能布局和环境,成为全国重要宜居都市。

——坚持“百姓点菜、政府买单”和“量力而为、尽力而行”,是我们打造核心增长极惠及群众的基本原则,必须坚定不移。实践证明,打造核心增长极最终是为了惠及群众。只有让大家共享改革发展的成果,我们打造核心增长极才能凝聚起最强大的正能量,形成全市动员、全民参与的生动局面。

——坚持“实在实干实绩”的用人导向和践行“六种作风”,是我们打造核心增长极的坚强保障,必须坚定不移。实践证明,打造核心增长极关键在人、关键在作风。只有坚持“实在实干实绩”的用人导向和践行“六种作风”,才能最大限度地调动干部的积极性、创造性,形成风清气正的政治生态。

在肯定成绩的同时,我们也要清醒认识到工作中存在的不足。主要表现在:支柱产业不强、重大项目不多;城市建设欠帐较多、管理水平有待提高;先行先试仍需加大探索、决策落实力度有待加强等。对于这些不足,我们必须高度重视,按照全面深化改革的要求,切实在今后工作中不断加以解决。

二、把握主题主线,凝心聚力全面打造核心增长极

2014年是深入学习贯彻十八届三中全会精神、全面深化改革的第一年,是我市群众路线教育实践活动的开展年,是全面打造核心增长极、实现“两年有看头”的攻坚年。做好明年工作,必须科学分析形势,准确把握主题主线。当前,南昌发展面临的形势概括起来就是“三个并存”:一是经济复苏与下行压力并存。从外部来看,由于国际金融危机影响的长期性,明年世界经济将延续缓慢复苏态势,但也存在不稳定不确定因素,尤其是新的增长动力源尚不明朗;我国经济总体形势是稳中有进、稳中向好,同时稳中有忧、稳中也有险,经济运行存在下行压力,特别是面对增长速度换挡期、结构调整阵痛期、前期刺激政策消化期三期叠加的状况,我国经济已经到了必须在发展中加快提质增效升级的重要时期。从内部来看,我们打造核心增长极已经实现了“一年有势头”,但是支撑这种势头的基础还不牢固,只要稍有松懈,来之不易的好势头就可能会得而复失。二是改革动力与利益藩篱并存。明年全面深化改革的各项具体措施将会陆续出台,随着改革红利的进一步释放,必将进一步激发经济社会发展的巨大活力。当前,改革已经进入“攻坚期”和“深水区”,必然会触动固有的利益格局,尽管难度

大、成本高，但关键还是看我们推进改革的力度有多大，我们必须要有"啃硬骨头"的勇气和"壮士断腕"的决心，冲破思想观念的障碍，突破利益固化的藩篱，大力推动全面深化改革。三是区域合作与区域竞争并存。当前，南昌面临着多个层面的区域合作机遇，省外有长江中游城市群，省内有鄱阳湖经济生态区、"昌九一体化"和"昌抚一体化"，通过这些区域合作、抱团发展，我们可以实现优势互补、信息互通、资源互享、发展互赢。但在深化区域合作的同时，我们也面临着区域竞争的压力，特别是在中部省会城市中，南昌的基础比较薄弱，前有标兵后有追兵，稍有不慎就会掉队。综合分析国内外大势，我们面临的是机遇和挑战并存，但总体上还是机遇大于挑战，南昌的发展仍将处于重要战略机遇期。我们一定要牢牢抓住这个重要战略机遇期，以更加坚定的信心、更加清醒的头脑、更加坚韧的干劲，奋力推进打造核心增长极迈上新台阶。

2014年全市经济社会发展总体思路是：深入贯彻落实党的十八届三中全会和中央经济工作会议精神，以全面深化改革为动力，以践行群众路线为保障，充分用好先行先试的改革权、试验权，进一步解放思想、锐意创新、务实奋进，努力实现打造核心增长极"两年有看头"的目标，为全省迈出"发展升级、小康提速、绿色崛起、实干兴赣"新步伐作出更大贡献。

按照这一总体思路，我们做好明年的工作，关键是要紧扣打造核心增长极这一条主线，坚持以项目为导向抓发展，坚持以问题为导向抓改革，正确把握和处理好"十大关系"。

一是核心增长极与昌九一体化的关系。两者统一于全省区域发展的战略布局，核心增长极是昌九一体化的重要支撑，昌九一体化是发挥核心增长极辐射带动作用的重大平台，只有南昌做强做大了，才能更好地推进昌九一体化。

二是顶层设计与"摸着石头过河"的关系。顶层设计为"摸着石头过河"指明了方向，"摸着石头过河"是在顶层设计下的具体实践和积极探索，两者在全面深化改革中都不可或缺。

三是新型城镇化与城乡一体化的关系。新型城镇化是城乡一体化的重要基础，强调产镇融合，而城乡一体化是在新型城镇化的基础上，着力实现城乡规划、产业布局、公共服务、社会保障、基础设施等各个方面的一体化。

四是开发区、新区与县区的关系。各个板块都是打造核心增长极的利益共同体，既要适度竞争，更要错位发展。三大国家级开发区、临空经济区是南昌开放型经济和工业发展的主战场；红谷滩新区是南昌唯一的CBD；四县是南昌非公经济发展的主阵地；主城区主攻楼宇经济等都市产业。

五是新城与老城的关系。两者始终互为支撑、相互促进。以新城发展带动老城改造，以老城改造支撑新城发展，最终实现"新老联动、两岸共辉"。

六是城市管理与社会治理的关系。城市管理是社会治理体系当中的重要一环，核心都是以人为本，必须以改革创新的精神，不断完善城市管理的体制机制，推动创新和加强社会管理。

七是二产与三产的关系。第二产业是第三产业发展的基础支撑，第三产业为第二产业的发展提供服务保障，如同"鸟之双翼、车之双轮"，缺一不可，必须共同发展、协同推进。

八是四大"三年强攻计划"与打造核心增长极的关系。启动工业、服务业、旧城改造、新城建设四大"三年强攻计划"，是全面打造核心增长极的重要抓手，必须攻坚破难、全力推进。

九是公共服务与民生实事的关系。公共服务是民生实事的重要内容，强调公共资源的社会共享，需要集中力量办大事；民生实事则包括各种诉求，具有多元化、碎片化的特点，分散力量也能办大事。

十是群众路线教育实践活动与"民情家访"的关系。"民情家访"是南昌开展党的群众路线教育实践活动的重要载体，必须进一步建立健全民情传导、协调解决、绩效考核、行政问责四大机制，使"民情家访"成为南昌开展党的群众路线教育实践活动最富有特色的平台。

三、坚持项目导向，实现打造核心增长极的新突破

要实现打造核心增长极"两年有看头"的阶段性目标，关键是要有实实在在的项目作支撑。我们必须坚持以项目为导向，把工作落实到具体项目上，以工作的项目化促进工作的具体化，通过项目的新突破实现打造核心增长极的新突破。

（一）突出产业升级，推动三次产业协同发展。坚持按照"二三并举、双轮驱动"的产业发展思路，进一步强化工业主导地位，增强服务业支撑能力，巩固农业基础地位，着力构建三次产业协调并进、良性互动、共同发展的现代产业体系。一是工业要提量。针对"总量不大、整体不强"的工业发展短板，按照"加大工业投入、强化龙头带动、做实平台载体、形成产业集群"的要求，抓紧制定和启动实施"86436"工业三年强攻计划，推动工业经济转型升级、做大做强。力争到2016年，全市规上企业实现8000亿元销售收入，完成6000亿元工业投资，形成4个千亿产业，打造3个千亿园区，培育60户龙头企业。二是服务业要提速。针对"占比偏低、层次不高"的服务业发展现状，坚持生产性服务业与生活性服务业、传统服务业与现代服务业并举，抓紧制定和启动实施"5568"服务业三年强攻计划，力争到2016年，建成5个区域性服务业中心，打造五大服务业产业，累计完成投资6000亿元，服务业总收入突破8000亿元，推动服务业发展扩大规模、优化结构、提高比重。三是农业要提效。针对"效益不高、品牌不多"的农业发展实际，在确保粮食安全的同时，注重特色发展、规模发展、永续发展，重点实施龙头带动战略，深入推进农业产业化经营，做大做强一批有规模、有品牌、有前景的龙头企业。力争到2016年，全市龙头企业总销售收入突破1500亿元，销售收入超亿元龙头企业110家以上，其中超百亿龙头企业4家以上。

（二）突出开放招商，用项目支撑大投入、大建设、大发展。始终抓牢开放招商这条经济工作的生命线，进一步紧盯重点产业，创新招商方式，完善考核机制，在引进和服务重优特大项目上寻求突破。紧盯重点产业，要坚持以产业抓招商，以招商兴产业，进一步制定和完善全市主导产业和各县区、开发区特色主导产业规划，围绕各自产业定位，对全球、全国范围内的产业龙头企业、骨干企业及配套企业针对性地开展敲门式招商，争取一两年内再引进2—3个辐射带动能力强的大体量产业项目或综合性项目。创新招商方式，要组建一支专业化招商团队，以三大国家级开发区为主战场，引入市场化和激励机制，将项目和招商一线人员的利益挂钩，吸引一批高素质专业招商人才；要制定一套科学有效的招商政策，深刻把握"市场在资源配置中起决定性作用"带来的招商政策变化，逐步减少竞相杀价性的"优惠政策"，更加注重服务企业长远发展，尤其是要积极探索设立混合所有制形式的产业扶持基金，集中力量扶持企业做大做强；要继续加强区域协作，不断深化与长江中游城市群、大南昌都市圈、昌九一体化等区域内城市的交流互动，建立多层次、宽领域、多渠道的大协作平台，共享区域资源，共拓区域市场，共谋发展利益。完善考核机制，要建立"以项目考核为核心，以指标完成情况为辅"的考核机制，既看项目总量，也要看大项目数量；既看落户项目数量，也要看投资进度落实情况，切实防止项目数字"两张皮"的情况。要进一步深化全市产业项目快速协调服务机制，充分发挥"开放办—产业五人小组—市委常委会"快速决策协调通道作用，不断完善全市重大

重点项目的督促推进机制,特别是要继续在每年10月份开展“三看”活动,将其固化下来形成制度,长期坚持并不断完善。这里再次强调,主要领导要挂帅招商,县(区)、开发区、新区党政主要领导除了抓民生保障和社会稳定之外,要把主要精力重点放在征地拆迁和招商引资这两大任务上。

(三)突出建管并重,提升城市功能和品质。坚持繁荣发展新城、改造提升老城,以新城建设带动老城改造,以老城改造支撑新城建设,努力实现“新老联动、两岸共辉”的城市发展新格局。一是要始终聚焦新城建设。要围绕“两年内逐步投入使用、三年内基本形成规模”的目标,启动实施新城开发建设三年强攻计划,力争到2016年,九龙湖30平方千米核心起步区的道路等基础设施基本建成,100平方千米的规划区基础设施全面推进。重点要加强新城基础设施和公共服务设施建设:一方面要加大市场化供地量,加快规划建设集老城区人口导入房、安置房、商品房等为一体的“大社区”建设,促进老城人口向新城梯次转移;另一方面要合理并适度超前配置新城教育、卫生等公共服务资源,争取各级优质资源聚焦新城,在停批老城区省级公共设施项目规划的同时,积极争取新城公共设施省市“分建共享”。二是要强力推进旧城改造。要围绕“改善环境、提升功能、疏散人口、畅通交通”的目标,启动旧城改造三年强攻计划,力争到2016年,完成全市2200多万平方米的旧改任务。明年重点推进28个地块的连线成片整体改造,全市力争完成800万平方米左右的旧城改造征迁任务,其中中心城区不低于400万平方米。全面巩固第一轮“拆违拆临、建绿透绿”成果,启动第二轮“拆违拆临、建绿透绿”工作,力争用2到3年时间,拆除主城区违建临建以及严重影响市容市貌的危旧建(构)筑物。同时,要围绕构建城市立体交通网络,加快“十横十纵”快速路网建设进度,继续推进轨道交通建设,不断完善城市交通路网,特别是轨道交通要确保实现“1号线全线贯通、2号线全面开工、3号线前期启动”的目标。三是要切实加强城市管理。以全国文明城市创建为抓手,推动城市管理上水平、城市文明大提升。要认真对照有关测评要求,扎实做好全国文明城市创建最后一年测评的迎检工作;要改变过去重建设轻管理、重运动轻长效的倾向,加快完善城市管理网络,建立完善法治化城市管理体制,启动推进“智慧南昌”建设,全面落实城市管理主体,提高城市科学化、精细化、长效化管理水平。

(四)突出城乡统筹,推动城乡一体化发展。以产业化为核心,以新型城镇化为依托,推动产业化和新型城镇化“良性互动”,统筹推进城乡一体化。一是要继续搞活县域经济。要把县区作为发展特色经济、非公经济的主阵地,采取放开、搞活、多予、少取的方式,赋予县域经济更多自主权,调动县域经济发展的积极性和创造性,加快县域经济做特、做大、做强。二是要完善城镇体系。既要优化宏观的城镇体系布局,也要做好微观的特色城镇建设。坚持“因地适宜、产镇融合、传承文化”的原则,进一步明确中心城镇、特色镇的产业定位,做到宜工则工、宜农则农、宜商则商、宜游则游,通过产业化来推动城镇化,通过规模化来推动现代化,逐步建立由城区、城关镇、中心镇、特色镇、中心村构成的城镇化体系。三是要建设秀美乡村。要体现尊重自然、顺应自然、天人合一的理念,依托南昌特有的自然禀赋,大力推进“镇村联动”建设,按照“生态型、产业型、社区型”的目标,科学安排乡村功能布局,引导人口集中居住,并把“中国水都”建设延伸到乡村建设当中,打造一批“中国水都·美丽乡村”。以秀美乡村围绕城市,让城市融入大自然,让居民望得见山、看得见水、记得住乡愁。

(五)突出民生优先,将改革发展成果惠及全体市民。以实施十大民生实事项目和十大社会事业项目为抓手,始终把大力改善民生、繁荣社会事业、创新社会管理放在重要位置,为打造核心增长极创造良好社会环境。一是要大力改善民生。继续坚持“尽力而为、量力而行”和“百姓点菜、政府买单”的原则,加大力度保障群众就业、社保、医疗、住房等各方面切身利益。明年重点以旧城改造为契机,加大集贸市场改造力度,在全市打造标准化集贸市场示范点,力争用2—3年时间完成全市110个农贸市场改造;着力完善以街道为主的城区便民中心、社区卫生服务中心、社区文化中心“三中心”,为群众提供便利的、标准化、均等化基本公共服务。二是要繁荣社会事业。加快城乡中小学、幼儿园标准化建设,千方百计扩大优质教育资源,缓解“择校热”“入园难”矛盾;加大科技投入,着力培育高新技术企业,高新技术企业数量突破200家;提高卫生服务水平,强化新农合参合管理,开展新农合大病保险工作,提高大病保险补偿标准;丰富群众文化生活,大力推进一批文化场馆维修升级改造和新馆建设;充分整合我市旅游资源,加紧实施滕王阁景区改造提升工程,争取建成我市第一个国家AAAAA级景区。三是要创新社会管理。继续深化“一本四化”社会管理服务体系,与打造“智慧南昌”结合起来,推动各类信息平台的融合,为百姓提供方便服务;深入推进“法治南昌”建设,加大征地拆迁、涉法涉诉等重点问题的解决力度,严格依法治市;大力加强“平安南昌”建设,积极构建立体治安防控体系,切实提升见警率和管事率,不断增强公众安全感。

四、坚持问题导向,开启全面深化改革的新征程

全面深化改革,是打造核心增长极的必然要求,也是打造核心增长极的最大动力。我们必须坚持以问题为导向,牢固树立进取意识、机遇意识、责任意识,以更大决心冲破思想观念的束缚、突破利益固化的藩篱,以更大勇气和智慧打好全面深化改革攻坚战,不断增强打造核心增长极的内生动力。

深入贯彻中共十八届三中全会精神、推动全面深化改革,是我们当前最大的政治任务。我们要坚决贯彻中央部署,坚定不移推进全面深化改革。要高举旗帜。高举中国特色社会主义旗帜,坚持社会主义市场经济改革方向,以促进社会公平正义、增进人民福祉为出发点和落脚点,进一步解放思想、解放和发展社会生产力、解放和增强社会活力。要坚决贯彻。牢牢按照中央《决定》关于推进经济、政治、文化、社会、生态体制“五位一体”以及党的建设制度改革的部署,紧扣“六个紧紧围绕”来全面深化改革。要把握方法。在深刻理解习近平总书记强调的“该中央统一部署的不要抢跑,该尽早推进的不要拖宕,该试点的不要仓促推开,该深入研究后再推进的不要急于求成,该得到法律授权的不要超前推进”重要讲话精神基础上,按照“已经研究部署的要着力深化,时机基本成熟的要积极探索,攻克顽瘴痼疾的要深入研究”的要求,抓住事关南昌打造核心增长极的重点领域和关键环节,积极稳妥、协调有序地推进各项改革。要务求实效。力争到2020年,重要领域和关键环节改革取得决定性突破,着力构建充满活力、富有效率、更加开放、与打造核心增长极相匹配的体制机制,南昌治市体系和治市能力趋向现代化,努力走在全省全面深化改革的前列。

具体到南昌的改革实践,重点要做好以下工作:

(一)已经研究部署的要着力深化。今年以来,市委常委和市人大、政协主要领导围绕打造核心增长极的15个重大课题,牵头进行了深入调研,并形成了高质量的调研报告。这次调研是一次以问题为导向全面深化改革的有益尝试,通过把调研成果转化成政策成果,有力推动了民营经济、投融资体制、简政放权、法治建设、文化体制、干部人事制度、廉洁南昌建设等方面的改革创新。对于这些已经研究部署特别是已经出台政策的改革事项,下一步要着力在“深化”上下功夫,进一步细分

2013年12月18日,中共南昌市委十届八次全体(扩大)会议开幕

任务,列出进度表,确定责任人,加强跟踪督查,促使改革能一步一步扎实推进、一项一项落到实处。一要继续深化促进民营经济发展的体制改革。要把加快民营经济发展作为推进新一轮思想大解放的突破口,在严格落实加快民营经济发展的"40条"政策措施基础上,按照权利平等、机会平等、规划平等的原则,进一步减少乃至消除歧视壁垒和投资限制,不断完善有利于民营经济发展的政策环境和服务体系,大力营造鼓励加快民营经济发展的浓厚氛围,为打造核心增长极提供新的支撑点。二是要继续深化投融资体制改革。要在做大做强市级投融资平台的同时,按照中央《决定》关于发展混合所有制经济的要求,充分用好先行先试权,大力整合现有各种市级政府性产业和项目扶持资金,积极引进社会资本和外来资本,共同组建混合所有制形式的产业发展基金和城建基金,最大限度发挥政府扶持资金的撬动作用和效应。三是要继续深化简政放权。要根据中央新一轮地方政府机构改革的部署,按照"以简放为原则,以不简、不放为特例"的要求,继续推进以转变政府职能为中心的简政放权,明年重点要进一步理顺县区特别是开发区与市直有关职能部门的权、责、利关系,加大对3个国家级开发区简政放权的力度,赋予开发区市级管理权限,并且明确市级权限的下放不低于90%。与此同时,其他各项已经研究部署了的改革也要按照既定部署进一步深化下去。

(二)时机基本成熟的要积极探索。经过打造核心增长极一年多的实践以及今年调研所形成的共识,对照中央《决定》的有关要求,我们在建立城乡统一的建设用地市场、国企改革和发展混合所有制经济、户籍制度改革、社会保障机制、社会治理体制、目标考核体系和重大重点项目协调机制等方面基本统一了思想,改革时机和条件也已基本成熟,现在的关键是要找准改革的切入点,积极稳妥求得突破。一是探索建立城乡统一的建设用地市场。重点要按照"先试点、后铺开"的原则,对产权明晰的农村集体经营性建设用地,依托国有经营性建设用地使用权交易体制和交易市场,构建农村集体建设用地使用权流转机制和交易平台,实行与国有建设用地同等入市、同权同价。力争用2年左右的时间,在全市逐步建立市、县、乡三级农村土地流转交易市场。二是探索推进国企改革和混合所有制经济发展。重点要大力推进竞争类国有企业的混合所有制改革,最大限度地吸引民营资本、社会资本和境外资本参与竞争类国有企业的改制重组,组建一大批适应市场的混合所有制企业。力争五年时间完成。三是探索推进户籍制度改革。重点要按照"统筹规划、公平正义、综合配套、分步推进"的原则,有序引导农村人口向城市转移。同时启动配套完善保障制度试点工作,主动选择几个有代表性的重点乡镇,全面放开小城镇户口,农民户口转成小城镇户口后,依法保护其农村户口累积权益,吸引农村户口转成小城镇户口。四是探索建立以项目为导向的考核评价体系和重大重点项目协调推进机制。重点要紧紧围绕实现打造核心增长极各项目标,突出项目导向,以引进项目、争取项目(要素)、推进项目、服务项目为主线设置考核指标,既体现科学化,又注重差异化,最大限度发挥考核的"导向仪"和"指挥棒"作用,充分调动起方方面面的积极性。同时,要加大力度探索健全覆盖城乡居民的社会保障机制,加大力度探索推进社会治理体制创新。

(三)攻克顽瘴痼疾的要深入研究。在2014年全市工作务虚会上,我们根据各方面的反馈意见,初步梳理出了开发区管理体制与机制创新、城市管理体制与机制创新、城区经济布局调整与都市产业发展、发展混合所有制经济做强做活融资平台、完善"民情家访"运行机制探索协商民主实践方式等10余个需要重点调研的问题,这些都是备受关注的热点,也是我们打造核心增长极亟须破题的难点。市委决定,对这些改革难点,要继续采取领导带头调研的有效办法,并把它作为我市开展群众路线教育实践活动的一项重要内容,由市委常委、市人大、市政协主要领导牵头,深入基层,深入一线,加大相关问题的调研力度,积极寻找解决问题的办法和途径,尽快在推进相关领域的改革上破题。

五、加强党的建设,为全面打造核心增长极提供坚强保障

南昌发展实践证明,全面深化改革、全面打造核心增长极,必须始终发挥党的领导核心作用,必须锤炼一支为民务实清廉的干部队伍。明年初,我市将按照中央和省委的统一部署,全面启动第二批党的群众路线教育实践活动,这是明年加强党的建设的重要工作。全市上下要紧紧围绕"照镜子、正衣冠、洗洗澡、治治病"的总要求,以"为民务实清廉"为主要内容,以贯彻落实"八项规定"为切入点,聚焦作风建设,集中解决"四风"问题,切实把教育实践活动抓紧抓好,务求一流成效,确保走在全省前列,为全面打造核心增长极提供坚强保障。

(一)要强化为民宗旨,筑牢广泛扎实的群众基础。为人民服务是我们党的根本宗旨,是我们党的立命之本,力量之源,成功之基。通过群众路线教育实践活动,进一步惠及群众、依靠群众、发动群众,从而更大地凝聚起全市人民的智慧和力量,不断把打造核心增长极这一全民共识、全民理想推向前进。一要树立群众观念。我们党员领导干部要始终坚持"一切为了群众,一切依靠群众,从群众中来,到群众中去"这条党的根本工作路线;始终把群众的利益放在第一位,坚持"情为民所系、权为民所用、利为民所谋";始终保持与群众的密切联系,了解群众的所思所盼,与群众拧在一起、打成一片、抱作一团,为群众提供"零距离"服务。二要完善工作机制。要认真对照教育实践活动要求,进一步完善领导干部挂点联系、定期接访制度,推进干部服务群众工作常态化;进一步健全党员干部经常性直接联系和服务群众制度,推进在职党员"四联五送"和服务社区全覆盖、常态化;进一步完善群众利益保障及多渠道利益表达机制,使人民群众享有充分的知情权、发言权和监督权。三要创新为民载体。进一步深化"民情家访"活动,完善民情传导、协调解决、绩效考核、行政问责四大工作机制,切实把活动成效体现在解决老百姓急难愁盼的问题上;同时,积极探索协

商民主与“民情家访”有机结合的方式和途径,将协商民主作为“民情家访”一项新的重要内容,不断丰富协商民主内涵,规范和完善协商程序。

(二)要弘扬务实作风,锤炼坚强有力的干部队伍。继续严格落实中央“八项规定”,进一步倡导和践行“六种作风”,不断加强干部队伍建设,为打造核心增长极打造一支政治过硬、能力突出、作风务实的干部队伍。一要始终坚持正确用人导向。要不断强化“实在、实干、实绩”的选人用人导向,使之不仅成为一种风气,更成为一项制度长期坚持;要继续深化和完善“四看一听一差额”工作机制,探索构建“有效管用、简便易行”的选人用人机制,着力提高选人用人的科学性、操作性和实效性。二要大力优化干部队伍结构。要加大力度培养选拔年轻干部,科学配置使用好各年龄段干部,不断优化南昌干部队伍结构,着力建设一支“结构合理、梯次接续”的干部队伍。要着力解决干部出口不畅问题,强化考核结果运用,加大对不积极作为、不主动担当、不适应岗位“三不”干部调整力度,以此为突破,积极探索领导干部能上能下的机制。三要注重在实践中培养干部。要结合党的群众路线教育实践活动,坚持和完善选派干部到重大重点项目、招商引资、房屋征迁、信访稳定“四个一线”挂职锻炼和市、县(区)直机关与乡镇(街道)干部之间的交流任职等干部培养锻炼的好经验、好做法,推动更多的干部沉下身子,深入到任务重、压力大、挑战多的基层一线中去,多承担急难险重的任务,在发展实践中磨炼意志、锤炼作风、提高能力。

(三)要提升清廉形象,营造风清气正的政治生态。要始终绷紧党风廉政建设这根弦,把加强反腐倡廉工作贯穿于打造核心增长极始终。前不久,中央继去年出台“八项规定”之后又出台了系列制度。我们要认真总结贯彻落实“八项规定”的经验做法,结合南昌实际,尽快制定贯彻落实办法,并以此为推动,全面加强党风廉政建设和反腐败工作,进一步营造风清气正的政治生态。一要注重源头治理。要在加强党风廉政教育的同时,严格落实领导干部“约谈制”,对党员干部苗头性的问题抓早抓小,通过“咬咬耳朵”“扯扯袖子”,甚至当头棒喝、敲响警钟,把廉洁自律问题解决在萌芽状态;要紧紧围绕“管好权、管好钱、管好人”,不断健全系统完善的惩治和预防腐败体系,构建起不敢腐的惩戒机制、不能腐的防范机制、不易腐的保障机制。二要加强监督检查。要进一步改进和完善主要领导干部行使权力的制约和监督体系,认真落实党政“一把手”“六个不直接分管”规定,推进权力运行透明和政务信息公开,加大对“三重一大”等事项的科学决策、民主决策情况的监督检查,建立健全党内监督、人大法律监督、政协民主监督以及舆论监督、网络监督、群众监督等全方位监督体系,让权力在阳光下运行。同时,继续加强对落实中央“八项规定”、规范公务接待、“红包专项治理”等中央和省委有关规定的督促检查力度。三要加大惩治力度。始终保持高压态势,坚持“老虎”和“苍蝇”一起打,既严肃查处发生在领导机关和领导干部中的大案要案,又注重解决发生在群众身边的腐败问题,努力建设“廉洁南昌”。同时严肃追究造谣诬告者责任,整治社会歪风邪气,在全市营造良好的发展环境。

同志们,全面深化改革、全面打造核心增长极,重任在肩,时不我待。全市上下要紧密团结在以习近平同志为总书记的党中央周围,在省委、省政府的坚强领导下,进一步解放思想、务实奋进,敢于担当、开拓创新,切实完成好全面深化改革、全面打造核心增长极的各项任务,为江西迈出“发展升级、小康提速、绿色崛起、实干兴赣”新步伐做出应有贡献!

注:1. 2013 年全市共荣获全国性荣誉和奖励 37 项:南昌市被评为全国科技进步考核先进市、全国法治城市创建先进单位、首批全国劳动监察“两网化”管理示范城市,被中宣部、科技部、文化部、新闻出版广电总局等四部委联合授予“南昌国家级文化和科技融合示范基地”称号,被建设部授予第九届中国(北京)国际园林博览会“组织奖”,获亚太地区城市信息化合作办公室颁发的“2013 中国智慧城市推进杰出成就奖”。梅岭狮子峰、南昌县凤凰沟景区分别获评国家 AAAA 级旅游景区。“中国南昌”网站在 2013 中国政府网站绩效评估中名列省会及计划单列市政府门户网站第七;在 2013 中国政府网站国际化程度测评中名列 2013 省会及计划单列市政府网站英文版建设总体情况排名第三。南昌教育信息网被评为第二届全国教育门户网站评选地市级“五十佳”网站,南昌网上家长学校被评为“全国家庭教育网络文化活动优秀组织奖”。南昌市环保局被评为全国“十一五”期间节能减排先进集体。南昌市科技局被国家人社部和国家科技部授予“全国科技管理系统先进集体”。南昌市知识产权局被国家知识产权局和公安部联合授予“全国知识产权和公安机关知识产权保护执法先进集体”。南昌市人社局行政审批服务窗口荣获“2011—2013 年度全国人社系统优质服务窗口”。南昌市人社局被评为全国职业教育先进单位。南昌市审计局被国家审计署评为“全国审计通联工作先进单位”。南昌市体育局获全国群众体育先进单位。南昌市民政局被评为全国清明节工作优秀单位,被评为全国居民家庭经济状况核对试点工作优秀单位。南昌市司法局被评为全国人民调解宣传工作先进集体。南昌市医疗纠纷调解委员会被评为全国模范人民调解委员会。市政公用集团被中国企业联合会授予“中国服务业 500 强”。高新区地税局获“全国职业道德工作先进单位”;南昌县地税局获“全国税务系统先进集体”。南昌县荣获中国十佳“两型”中小城市、中国中小城市发展百强县市、中国最具区域带动力中小城市百强县市、中国最具投资潜力中小城市百强县市。新建县被评为全国慢性病综合防治示范县,望城镇小桥村荣获全国一村一品示范村。安义县被国家农业部、国家旅游局授予“全国休闲旅游与秀美乡村示范县”,被国土资源部授予“国土资源节约集约模范县”,被国家科技部授予“全国科技进步县(市)”。青云谱区京山街道荣获“全国先进示范社区卫生服务中心”称号。青山湖区成功创建为全国社会主义新农村建设档案工作示范区。

2.“十横十纵”快速路网:根据《南昌市干线路网规划》,明确在城区范围规划建设“十横十纵”干线路网体系,总里程 571 千米。其中“五横三纵”快速路,里程 254 千米;“五横七纵”干线性主干道,里程 317 千米。目前,已开工建设昌南大道东延、生米大桥西延、沿江中南大道工程、九洲高架快速路工程、昌九大道、朝阳大桥等项目。

3.“五位一体”综合示范村:2012 年以来,南昌市以组织实施好农业农村工作“十大工程”为目标,以整合涉农项目资金为抓手,开展以村庄规建为先导,以特色产业为支撑,以生态优化为基础,以休闲农业为亮点,以乡风文明为根本的“五位一体”综合示范村建设,通过示范带动,打造富裕、和谐、秀美的现代新型都市农村。第一批有湾里区招贤镇禹港村等 9 个“五位一体”综合示范村,第二批有南昌县蒋巷镇山尾北樊村等 22 个“五位一体”综合示范村。

4.“四联五送”:“四联”,即联系信访户,加强情绪疏导;联系困难户,加强帮扶济贫;联系示范户,加强服务引导;联系村、社区干部,加强信息沟通。“五送”,即送政策、送温暖、送法律、送科技、送文化。

政　府　工　作　报　告

——在南昌市第十四届人民代表大会第四次会议上

南昌市人民政府代市长　郭　安

（2014 年 1 月 9 日）

南昌市人民政府代市长　郭　安

各位代表：

现在，我代表南昌市人民政府，向大会作工作报告，请予审议，并请各位市政协委员和列席会议的同志提出意见。

一、2013 年工作回顾

2013 年，在省委、省政府和市委的正确领导下，全市上下坚决贯彻“发展升级、小康提速、绿色崛起、实干兴赣”十六字方针，紧紧围绕市委提出的“二十四字”要求，始终坚持“四个聚焦”，强力推进大投入、大建设、大发展，全面完成了经市人大常委会调整后的各项目标任务，实现了打造核心增长极“一年有势头”的阶段性目标。预计全年实现地区生产总值 3300 亿元，增长 10.5%；规模以上工业增加值 1155 亿元，增长 12.5%；500 万元以上固定资产投资 2895 亿元，增长 21%；社会消费品零售总额 1267 亿元，增长 13.5%；海关出口总额 70 亿美元，增长 8%；实际利用外资 29.06 亿美元，增长 10%。全年完成财政总收入 558 亿元，按省口径计算增长 16.8%；地方公共财政预算收入 291.9 亿元，增长 21.6%。

一年来，全市经济社会发展呈现三大特点：

一是质量效益稳步提升。主要经济指标顶住下行压力，呈现位次前移、占比提升的好势头；税收收入占财政总收入比重是全省唯一保持在 90% 以上的设区市。

二是重点工作亮点纷呈。百大重大重点项目快速推进，累计完成投资 478.51 亿元。产业经济迈上新台阶，规模以上工业增加值首次突破千亿大关。临空经济区建设全面启动，开辟了南昌未来发展的“第二战场”。新城建设日新月异，旧城改造取得突破，拆违拆临快速推进；城乡一体化发展步伐加快，镇村联动建设成效显著，农村面貌焕然一新，得到了上级充分肯定和全市人民高度评价。去年全市共获各类全国性荣誉和奖励 37 项。

三是百姓生活持续改善。城乡居民收入双双实现两位数增长，预计 2013 年城镇居民人均可支配收入 26293 元，增长 11.4%；农民人均纯收入突破万元大关，预计达到 10898 元，增长 12%，有望实现历史性的“十连增”。大力实施了 91 件民生实事，民生投入达到了 137.5 亿元，发展的成果进一步惠及城乡居民。

一年来，我们主要做了以下工作：

（一）着力推进产业升级，竞争实力不断增强。

一是工业经济稳步发展。出台了《关于支持工业和中小微型企业发展的若干政策》等政策措施，江铃 30 万辆整车项目全面投产，欧菲光光学、光电、光显等项目相继投产或增资扩股，南昌航空城、江西五十铃整车和 20 万台发动机等项目进展顺利，洪都老工业区被列入首批全国老工业基地调整改造规划，预计全年我市完成工业投资 1230 亿元。二是第三产业转型发展。中国进出口银行江西省分行顺利开业，累计 90 家各类金融机构入驻全省金融商务区；企业直接融资 187.5 亿元，增长 39.7%。恒茂梦时代广场、南昌华南城一期、世茂广场等一批大型综合体相继开业，天虹华中区总部、新洪城大市场开工建设。滕王阁、小平小道扩建工程、北纬 30°主题乐园等项目建设快速推进；AAAA 级景区已达 6 家，AAA 级景区 9 家，乡村旅游和特色旅游景点 79 家；南昌都市圈国民旅游休闲年票开始发行，预计全市旅游接待总人数 3171.4 万人次，旅游综合收入 253 亿元，分别增长 25% 和 25.2%。全市新增服务外包企业 157 家，接包合同执行金额 10.06 亿美元，增长 32.7%。中国绿博会规模再创历史新高。三是现代农业高效发展。预计粮食总产 243.71 万吨，实现“十连丰”。市级以上农业产业化龙头企业 427 家，位居全省前列。百个重点都市现代农业项目、七大百亿特色产业集群、大型农业综合开发项目全面推进，建设高标准农田 65.47 万亩。实施病险水库除险加固 107 座，完成中小河流重点河段治理 1 处。四是产业平台集聚发展。高新区主营业务收入突破千亿，经开区继续保持全省第二，小蓝经开区迅速崛起。临空经济区规划加紧编制，路网建设快速推进，标准厂房加快建设。南昌出口加工区完成加工贸易进出口 10.4 亿美元，增长 61.4%。五是非公经济蓬勃发展。出台了《关于加快民营经济发展的政策措施》，预计全年非公经济完成增加值 1900 亿元，增长 11%。

（二）着力推进城乡一体，整体形象显著提升。

一是城乡规划一图覆盖。推进专项规划城乡对接，编制完成《南昌市旧城改造整体规划》《旧城改造单元控制性详细规划》和九龙湖新城起步区控制性详规等。二是城乡建设齐头并进。重点推进了万寿宫街区、十字街等 10 个旧城改造项目，总占地面积 481 公顷，房屋建筑面积 154.35 万平方米，全年共完成房屋拆迁675万平方米;“拆违拆临、建绿透绿”专项行动累计拆除违建临建点位479处,总面积17.9万平方米;新增绿地面积2.31万平方米,还建道路1.34万平方米。这次旧城改造、拆违拆临,规模之大、力度之强、速度之快、受益之多、影响之深,前所未有,得到了全市人民和社会各界的充分理解、大力支持,呈现出“政府为人民、搬迁起高潮、百姓别棚户、旧城换新颜”的喜人局面!九龙湖新城22条主干路网建设全面推进,万达文化旅游城和绿地国际博览城全面开工,南昌西站投入运营,学校、医院等配套设施加快建设。红谷滩新区被列入首批国家智慧城市(区、县、镇)试点。全面完成了第一批25条主要通道沿线“五化”综合整治、642个新农村村点整治和9个“五位一体”综合示范村建设任务;完成4.5万公顷农村土地整治示范建设任务;全面启动了30个农村新社区建设;扎实推进了11个特色小镇打造;秀美乡村建设进展顺利,农村面貌发生显著变化。三是城乡管理同步推进。清扫机械化率明显提高,环卫服务市场化试点进一步扩大,实现市容环卫作业和房管执法业务全部下移,治脏、治乱效果明显;“畅通省城”活动、媒体“啄木鸟”行动深入开展;赣江两岸景观亮化提升工程全面完成。认真执行农村村民建房有关规定,农村违规建房得到有效遏制。大力推进了以村点环境整治和集镇卫生保洁为主要内容的农村清洁工程建设。四是城乡交通更加完善。生米大桥西延段、红湾大道一期通车运行;地铁1号线一期工程90%以上站点完成主体结构封顶,有着千里赣江“第一隧”之称的南昌轨道交通1号线过江盾构区间顺利贯通,2号线已经开工建设;朝阳大桥、象湖隧道、九洲高架等“十横十纵”快速路网建设加快推进。316国道路面重建主体完工。大力推动县乡公路改造工程,建设农村公路485.2千米,新建改建桥梁16座,建成农村公路综合服务站3座。五是城乡生态保持良好。“森林城乡、花园南昌”建设深入推进,艾溪湖绿道竣工,国家森林城市加紧创建,完成造林面积1.12万公顷。“鄱湖明珠·中国水都”品牌日益唱响,河道采砂治理经验全国推广,象湖、抚河清淤截污工程基本完工,幸福渠综合整治起步区建设启动,九龙湖、赣东大堤风光带、溪霞水库、幸福水库等综合整治工程进展良好,我市成功列入国家首批水生态文明建设试点城市。“蓝天、清流、净土”三大行动卓有成效,全市集中式饮用水源地水质达标率100%,空气质量优良天数222天,优良率60.82%。

(三)着力推进改革开放,发展动力持续增强。

一是各项改革不断深化。积极转化15项课题调研成果,启动了第八轮行政审批制度改革,削减市级行政许可事项126项,削减率达36.7%,成为全国行政审批事项最少的省会城市之一;深化了投融资体制改革,做强市级投融资平台,推动企业债券融资;进一步规范了经营性国有建设用地使用权出让措施;在全省率先完成农村集体土地所有权确权登记发证工作,开展了农村土地承包经营权流转交易市场建设试点;出台了规范中介机构管理、加快发展总部经济、城乡发展一体化十项综合配套改革、强化科技协同创新等改革措施。二是开放型经济成效明显。成功引进了中国北车、艾炜特、王府井百货等一批重大项目,益海嘉里等项目继续加大投入、增资扩股,江联国际与埃塞俄比亚签署了全省单个合同额最大的海外工程项目。预计全年引进超千万美元以上项目39个,投资14.27亿美元;实际引进省外5000万元以上项目167个,投资485亿元,其中超亿元项目83个,超10亿元项目19个。三是区域合作纵深拓展。与武汉、长沙、合肥形成了“武汉共识”,主动融入长江中游城市群;与九江、宜春、抚州形成了“前湖共识”。昌九“规划一体化、基础设施一体化、公共服务一体化、产业互补对接”全面展开,昌九高速四改八、昌九大道建设全面推进,开通了南昌到永修省内首条城际公交线路。

(四)着力推进社会建设,民生福祉得到改善。

一是民生实事成效显著。全市新增城镇就业人数8.85万人,发放小额贷款8.03亿元。补助各类贫困家庭学生3.79万人。城乡低保标准提高,发放低保资金4.68亿元。在全省率先启动城市规划区内失地农民参加城镇养老保险工作,将27.27万被征地农民纳入基本养老保险体系;“虚拟养老院”加快建设。城乡医保覆盖面扩大,异地就医结算范围延伸到省内5个设区市。在全省率先实施贫困家庭重性精神病患者免费救治工作,全年免费救治贫困尿毒症患者1072人、先天性心脏病患儿270例、儿童白血病患者26例,实施免费白内障复明手术3023例。1.8万套保障性住房全面开工,基本建成9123套,发放租赁补贴3128万元。更加注重造血型扶贫,共实施扶贫项目230个。顺利解决11.8万农村人口饮水安全问题;为近5万用户置换了天然气;建设改造集贸市场12家,建成100家农副产品平价商店和39家社区菜店,新增27家“放心粮油”供应网点。二是社会事业全面进步。学前教育三年建设行动计划深入实施,学校标准化建设扎实推进,“名校放大工程”有序展开,全年中小学校校舍维修改造45万平方米。新增高新技术企业67家,新增专利授权量378件,入选国家新能源汽车推广示范市,被授予国家级文化和科技融合示范基地称号,晶安高科院士工作站实现了我市院士工作站零的突破。市洪都中医院红谷滩新院、市第三医院朝阳院区等重大项目建设顺利推进;县级公立医院改革试点有序开展;公共场所卫生监督量化分级管理制度稳步实施。率先在全国创建计生情感呵护模式,人口计生工作取得明显成效。深入推进文化大市、文化强市建设,市瓷板画艺术博物馆、八大山人纪念馆展览提升改造(二期)等重大公共文化项目已经完工;社区文化在线项目列入国家公共文化服务体系示范项目;24个公共电子阅览室建成使用;免费为农民送戏865场。成功举办10余项体育重大赛事和品牌赛事。三是社会保持和谐稳定。深入推进平安南昌建设,着力构建“网格化管理、信息化支撑、全程化服务、法治化保障”的社会管理体系;安全生产、防汛消防、应急管理形势良好;防范打击“两抢一盗”等侵财型犯罪成效显著;信访和人民调解工作扎实有效,一批涉及群众切身利益的矛盾和问题得到妥善解决。

(五)着力推进自身建设,机关作风有所好转。

坚持依法行政,深入推进“六五”普法,3件法规提请市人大审议,出台了《南昌市地名管理办法》等3件政府规章。自觉接受人大及其常委会的法律监督、工作监督和政协的民主监督,全年共办理人大代表建议268件,政协提案261件,办复率100%。全年主动公开政府信息10万余条,政府行政更加透明。严格落实“八项规定”,集中解决“四风”问题,干群关系更加密切。

与此同时,国防建设、人民防空、拥军优属、国家安全、民族宗教、对台事务、外事侨务等工作继续加强;审计统计、工商税务、食品药品、质监安监、参事文史、社科研究、档案史志、地名水文、科普气象、老龄慈善、工会、青少年、妇女儿童、残疾人、防灾减灾、爱国卫生、红十字会、机关事务、消费者权益保护等工作取得喜人成绩。

各位代表,2013年各项成绩的取得,离不开省委、省政府和市委的正确领导,离不开市人大、市政协的监督指导,离不开各民主党派、工商联、无党派人士、各人民团体和驻昌单位、人民解放军、武警官兵以及离退休老同志的大力支持,离不开全市广大干部群众的团结一心、奋力拼搏。在此,我谨代表市人民政府,向全市人民,向所有关心、支持南昌发展的同志们、朋友们,表示衷心的感谢并致以崇高的敬意!

看到成绩的同时,我们也清醒地认识到存在的不足,主要表现在:支柱产业不强、重大项目不多;城市建设欠账较多、管理水平有待提高;先行先试仍需加大探索、落实力度有待加强等。对于这些不足,我们将按照全面深化改革的要求,采取有效措施,切实加以解决。

二、2014 年工作安排

2014 年是深入学习贯彻十八届三中全会精神、全面深化改革的第一年,是我市群众路线教育实践活动的开展年,是全面打造核心增长极实现“两年有看头”的攻坚年。综合分析国内外发展大势,经济复苏与下行压力并存、改革动力与利益藩篱并存、区域合作与区域竞争并存,我们正处于加快发展的黄金期、政策叠加的机遇期、奋力崛起的爬坡期。我们面临的最大矛盾是发展不足、最大机遇是政策叠加、最大红利是改革开放、最大责任是富民强市。

今年政府工作的总体要求是:深入贯彻落实中共十八届三中全会、中央经济工作会议和省委十三届八次全会精神,以全面深化改革为动力,以践行群众路线为保障,正确把握和处理好“十大关系”,充分用好先行先试的改革权、试验权,进一步解放思想、锐意创新、务实奋进,强力实施工业、服务业、新城建设、旧城改造四个三年强攻计划,全面加强生态文明和公共服务体系建设,着力保障和改善民生,努力实现打造核心增长极“两年有看头”的目标。

今年经济社会发展的主要预期目标是:地区生产总值增长 10.5%左右;财政总收入增长 13.5%;地方公共财政预算收入增长 13.5%;全社会固定资产投资增长 21%;规模以上工业增加值增长 12.5%;社会消费品零售总额增长 13.7%;实际利用外资增长 8%;实际利用内资增长 8%;海关出口总额增长 5%;城镇居民人均可支配收入增长 10.5%;农民人均纯收入增长 10.5%;万元生产总值能耗下降 2.5%;人口自然增长率控制在7.39‰以内;居民消费价格总水平涨幅控制在3.5%左右。

做好今年的工作,关键是把握好“三个原则”。一是坚持加快发展不动摇。坚持以项目为导向,紧紧扭住发展这个第一要务,按照“稳中求进、改革创新”的核心要求,强力实施三年强攻,更加注重转方式、调结构,着力提高经济增长的质量和效益,不断增强南昌经济综合实力和整体竞争力。二是坚持改革开放不动摇。坚持以问题为导向,把改革创新贯穿于经济社会发展的各个领域各个环节,以改革促发展、以改革促转型、以改革促民生改善,着力在全方位、宽领域、多层次开放合作中实现新跨越。三是坚持民生优先不动摇。始终秉承以人为本、民生为重的理念,把群众利益摆到最高位置,切实加大民生投入,多补社会事业发展的“短板”,不断增进民生福祉。

各位代表,任何地方的发展,都是一场接力赛。我们将始终坚持科学发展的理念,坚决不要有水分的增长,坚决不要有污染的增长,坚决不要过剩产能的增长,坚决不要不可持续的增长,立说立行、真抓实干、久久为功,为南昌的持续健康发展、为南昌的民生福祉改善,竭尽全力,不懈奋斗!

今年,我们将突出抓好 7 个方面的工作:

(一)突出改革攻坚争红利。按照“已经研究部署的要着力深化,时机基本成熟的要积极探索,攻克顽瘴痼疾的要深入研究”的要求,抓住事关南昌发展的重点领域和关键环节,积极稳妥、协调有序地推进各项改革。一是继续深化促进民营经济发展的体制改革。在严格落实加快民营经济发展的“40 条”政策措施的基础上,按照权利平等、机会平等、规则平等的原则,进一步减少乃至消除歧视壁垒和投资限制,鼓励支持非公有制经济发展。二是继续深化投融资体制改革。在做大做强市级投融资平台的同时,充分用好先行先试权,积极推广“1 + 6 + X”模式,大力整合现有各种市级政府性产业和项目扶持资金,积极引进社会资本和外来资本,共同组建混合所有制形式的产业发展基金和城建基金,最大限度发挥政府扶持资金的撬动作用和效应。三是继续深化行政体制改革。按照“以简放为原则,以不简、不放为特例”的要求,继续实施简政放权,推进第九轮行政审批制度改革。基本完成新一轮市、县(区)政府机构改革,完成工商、质监垂直管理改为地方政府分级管理体制改革。进一步理顺县区特别是开发区与市直有关职能部门的权、责、利关系,加大对 3 个国家级开发区简政放权的力度,赋予开发区市级管理权限,并且明确市级权限的下放不低于 90%。加快事业单位分类改革。积极稳妥推进公务用车、公务接待改革。适时推进行政区划调整。四是探索建立城乡统一的建设用地市场。加快推进农村集体土地使用权登记、发证工作。按照“先试点、后铺开”的原则,全力推进南昌县、安义县农村土地承包经营权流转交易市场建设试点、安义县农村集体经营性建设用地流转试点,改革完善农村宅基地制度。力争用 2 年左右的时间,在全市逐步建立市、县、乡三级农村土地流转交易市场。推进征地制度改革,探索建立公平合理的土地增值收益分配机制。五是探索推进国企改革和混合所有制经济发展。重点推进竞争类国有企业的混合所有制改革,最大限度地吸引民营资本、社会资本和境外资本参与竞争类国有企业的改制重组,组建一大批适应市场的混合所有制企业。六是探索推进户籍制度改革。按照“统筹规划、公平正义、综合配套、分步推进”的原则,分步实施户口“一元化”登记工作,促进有稳定住所和就业的农村转移人口有序市民化。七是探索推进社会体制改革。深化教育领域综合改革,推进城乡义务教育资源均衡配置。深化科技体制改革,加大科技金融创新力度,积极争取创建国家科技金融试点城市和知识产权示范城市。深化医药卫生体制改革,全面推进县级公立医院改革,鼓励社会办医,尽快推进市级机关事业单位公费医疗改革。深化文化体制改革,完善文化管理体制,构建现代公共文化服务体系。深化人才体制改革,探索健全公务员职务与职级并行、职级与待遇挂钩制度,建立高效快捷的急需高层次人才引进机制和市直管人才制度。建立健全老年人优待政策,不断提升老年人生活质量。加大力度探索健全覆盖城乡居民的社会保障机制,加大力度探索推进社会治理体制创新。八是探索建立以项目为导向的考核评价体系和重大重点项目协调推进机制。突出项目导向,以引进项目、争取项目(要素)、推进项目、服务项目为主线设置考核指标,既体现科学化,又注重差异化,充分调动起方方面面的积极性。九是深入研究亟须破题的难点改革。重点是深入研究生态文明、城市管理体制机制、市与县区的财力格局、城乡发展一体化等备受关注的改革难点,尽快破题。

(二)突出开放攻坚激活力。深入实施大开放主战略,牢牢把握招商引资这一经济工作的“生命线”,着力提升开放型经济水平。一是大力提升对外开放水平。突出项目核心,大力开展招商引资项目攻坚突破年活动。突出资本招商、专业招商、活动招商、产业招商、以商招商,组建 13 支专业招商团队,积极参加或组织开展有特色、有成效的招商活动,围绕主导产业和特色优势产业,用活用好市重点产业引导扶持资金,立足全球企业开展敲门式招商,争取年内再引进 2—3 个辐射带动能力强的大体量产业项目或综合性项目。建立完善“以项目考核为核心,以指标完成情况为辅”的招商考核机制。大力促进对外贸易,不断优化出口产品结构。加快企业“走出去”步伐。二是大力提升区域合作水平。以临空经济区为主要平台，全力促进昌九一体化。创新临空经济区管理体制机制，大力推进基础设施建设，积极推进综合保税区申报工作。积极落实“前湖共识”，大力推进昌抚一体化、昌丰樟高一体化。继续加强与各协作区组织的密切联系，加强长江中游城市群和大南昌都市圈城市间的交流互动，立足全国，放眼全球，深化各层次区域合作。

（三）突出产业攻坚强实力。坚持“二三并举、双轮驱动”的思路，努力推动“工业提量、服务业提速、农业提效”，加快构建高端化高质化高新化现代产业体系。一是继续强化工业主导。坚持聚焦工业、真抓工业、大抓工业，按照“加大工业投入、强化龙头带动、做实平台载体、形成产业集群”的要求，以三大国家级开发区和临空经济区为主战场，大力实施“86436”工业三年强攻计划。重点推进南昌航空城、江铃福特SUV和轻型客车、江西五十铃、中国北车、欧菲光、济民可信等重大工业项目建设；继续支持洪都老工业基地整体搬迁改造，在主城区大力发展都市工业、楼宇工业；不断提升园区发展水平，促进各中心城区在园区发展“飞地经济”；突出资源聚焦，将县（区）50%、开发区70%的新增建设用地指标用于重大产业项目，优先保障工业用地；完善工业考核体系，突出考核“新、特、大”工业项目的突破性成效，力争今年新增1个千亿产业（食品）、新增1个千亿园区（经开区）、新增1户百亿企业（欧菲光）、工业占全省比重提高1个百分点。二是着力提高服务业比重。坚持生产性服务业与生活性服务业、传统服务业与现代服务业并举，大力实施“5568”服务业三年强攻计划。着力推进绿地中央广场、新洪城大市场、王府井百货等项目建设；加快打造特色商业街，发展“老字号”，建设夜市街区；积极申报国家电子商务示范城市，发展软件和服务外包。围绕扩大消费，深入实施“万村千乡”市场工程，推进“农超对接”工作，搞好各类促销活动。加快全省金融商务区建设，力争年底区内金融机构突破130家；引导具备条件的民营资本设立各类金融机构；做强做大融资平台，鼓励各类企业利用多层次资本市场筹资融资。鼓励和引导社会资本投资文化产业，加快文港文化产业基地等平台建设；扶持南昌文化产权交易中心建设发展。抓好滕王阁景区改扩建、小平小道、陈云纪念园、南矶湿地生态旅游区等重大项目建设；加大景区品牌创建力度，用两年时间打造100个上规模、高品质的乡村旅游和特色旅游景区（点）。引进和办好大型会展，做大做强会展产业。三是切实巩固农业基础地位。坚持“出精品、创特色、出品牌”，大力建设全省“菜篮子”产品主要供给区、农业先进要素聚集区、现代农业示范区、农业多功能开发样板区、农村综合改革试验区。抓好农业生产，更加注重农产品质量；推进百个重点都市现代农业项目和七大百亿特色产业集群建设；筹办好省第四届花博会，抓好江南花卉苗木大市场、赣鄱博览园主会场等项目建设；农业产业化龙头企业力争总销售收入突破1200亿元，超100亿元的龙头企业达到3家。充分发挥农业产业化担保公司作用，加快组建赣鄱农业投资发展有限公司。建设高标准农田1.7万公顷，实施中小河流重点河段治理2处、病险水闸和水库除险加固53座。发展规范性农民合作社200家、家庭农场100家。四是加快壮大县域经济。把县（区）作为发展特色经济、非公经济的主阵地，采取放开、搞活、多予、少取的方式，赋予县域经济更多自主权，培育壮大特色产业，推动各县区扬优成势、错位发展。

（四）突出城市攻坚提品位。坚持“以人为本、以民生为重、以水为特色”的理念，大力实施新城建设和旧城改造三年强攻计划，以新城建设带动老城改造，以老城改造支撑新城建设，加快建设全国重要宜居都市。一是始终坚持聚焦新城。加快推进九龙湖万达文化旅游城、绿地国际博览城、联泰智慧城三大“引爆”项目和基础设施建设；合理超前配置教育、卫生等公共服务资源，争取各级优质资源聚焦新城；全面推动红谷滩智慧城市建设。二是强力推进旧城改造。继续做好征迁收储工作，突出抓好土地“五到位”落实，力争完成800万平方米的旧改征迁任务。积极争取各方支持，启动实施第二轮“拆违拆临、建绿透绿”工作。三是始终坚持建管并举。继续推进轨道交通建设，确保实现“1号线全线贯通、2号线全面开工、3号线前期启动”的目标，继续推进朝阳大桥、象湖隧道、高速公路和国省道建设，开工建设沿江南大道南延、南外环快速路、前湖快速路、红谷隧道等项目。以全国文明城市创建为抓手，狠抓城市管理“十大工程”，重点破解环境卫生差和街面秩序乱两个难点。大力开展爱国卫生运动，不断巩固和发展国家卫生城市成果。坚持“建管分离、管养分离、重心下移”，不断创新城市管理体制机制，提高城市管理市场化运作水平。继续实施“畅通省城”活动，积极创建“公交都市”示范城市。四是加快城乡一体化发展。认真贯彻中央城镇化工作会议精神，强力推进城乡一体、镇村联动建设，加快以四县城关镇为重点的城镇建设。全力打造8个全省“百强中心镇”和21个市特色小镇。继续推进第二批主要通道沿线“五化”综合整治、22个“五位一体”综合示范村建设、650个左右新农村建设村点整治和30个农村新社区建设。深入推进“六好村庄、六好农户”的创建活动。继续加强农村村民建房规划建设管理。

（五）突出生态攻坚优环境。把生态文明建设放到突出位置，不断加大工作力度、投资力度、政策力度，强治理、强保护、强建设，提前一年完成“十二五”期间节能减排任务，着力建设南昌绿色家园，促进南昌永续发展。一是严守生态保护红线。严格用途管制、耕地保护和节约集约用地制度，优化土地利用结构，提高土地利用效率，推进主体功能区建设。二是铁腕推进污染治理。以“蓝天、清流、净土”三大行动为主抓手，坚决打好污染治理攻坚战，突出抓好机动车尾气污染防治、建筑工地扬尘控制、重点区域土壤污染治理等工作，全面完成象湖、抚河截污工程，启动梅湖、玉带河截污工程，切实加强重点工业企业和农村污染防治，力争城市饮用水源水质达标率100%，空气悬浮颗粒物下降2%。三是加大环境保护力度。加强集中式饮用水水源地保护，加大生活污水及工业园区污水处理厂建设力度，推进污泥干化处置工程。积极发展循环经济和节能环保产业，重点发展生活垃圾和建筑垃圾资源化循环利用产业，努力建设低碳城市。四是打造生态文明品牌。做好全国水生态文明城市建设试点工作，大力实施扬子洲路堤结合、赣江两岸景观提升、河湖连通等工程，积极打造水景观、保护水生态、提升水文化，唱响“鄱湖明珠·中国水都”品牌。深入推进“森林城乡、花园南昌”建设，抓好国家生态园林城市、国家森林城市和休闲农业、秀美乡村“一县双十”等创建活动。

各位代表，南昌是我们共同的家园，为全市人民营造一个宜居的环境是政府不可推卸的责任。我们将坚决保护南昌的山、南昌的水、南昌的土壤和空气，决不走先污染后治理的老路，决不干“前人砍树、后人遭殃”的蠢事，决不做“一时的好人，历史的罪人”！

（六）突出小康攻坚惠民生。按照“保基本、兜底线、促公平、可持续”的要求，坚持“量力而行、尽力而为”“百姓点菜、政府买单”，着力补足民生“短板”，不断完善公共服务体系。一是深入实施民生工程。切实办好涉及八个方面的一批民生实事。积极促进就业创业，全年新增城镇就业8.85万人，新增转移农村劳动力4.57万人，“零就业家庭”就业安置率达到100%。加大社会保障力度，扩大五大社会保险覆盖面，深入推进“五险合一”征缴管理,加快实现县区五险统征管理新模式,重点抓好城乡养老和医疗保险工作,特别是做好被征地农民参加养老保险工作,积极做好大病救助。提升社会救助水平,提高城乡低保、农村五保供养发放标准,拓展法律援助范围。继续落实义务教育“两免一补”政策,做好贫困家庭学生入学资助等济困助学工作。继续开展送戏下乡、放映电影活动,新增“农民健身工程”100套和“全民健身路径工程”300套。启动220万平方米的大型综合安置小区建设,加快建设保障性住房3000套,发放廉租住房补贴1.75万户,积极做好保障性住房分配管理工作。整体推进100个重点扶贫村的扶贫开发,加大产业化扶贫力度。加快应急水源建设和“二次供水”改造,加快备用水源地论证和选点工作;加快城区老旧燃气管网改造,继续推进全市天然气户户通工程;用2—3年时间基本完成城区集贸市场建设和升级改造任务。二是推动社会事业发展。提高城乡公办幼儿园建设管理水平;扩大学区化管理试点范围,促进义务教育均衡发展;探索普通高中办学多样化、特色化发展新模式。深入推进创新型试点城市建设,大力推进科技协同创新,加强产业共性技术研发平台建设。优化医院服务流程,建设区域卫生信息平台,提高医疗卫生服务水平。加强文化基础设施建设,实施“百团千人”阳光文化工程,打造“城市社区15分钟文化圈”和“农村文化大院30分钟文化圈”。大力推进市档案馆、市青少年宫建设。新建一批体育健身设施,广泛开展全民健身活动。强化食品药品监管,提升监管水平和效率。尽快落实“单独二孩”生育政策,提升人口计生服务水平。

(七)突出治理攻坚促和谐。坚持依法治市,最大限度增加和谐因素,增强社会发展活力,提高社会治理水平,建设“法治南昌”“平安南昌”。一是改进社会治理方式。坚持源头治理,以网格化管理、社会化服务为方向,健全基层综合服务管理平台,着力完善以街道为主的城区便民中心、社区卫生服务中心、社区文化中心,及时反映协调群众各层次利益诉求。二是有效化解社会矛盾。积极做好社区矫正、安置帮教工作。推进依法信访,完善信访工作制度和人民调解、行政调解、司法调解联动的工作体系,引导征地拆迁、涉法涉诉信访问题在法治轨道内妥善解决,鼓励人民群众通过行政复议、仲裁、诉讼等方式解决矛盾纠纷。三是加大依法打击力度。大力开展以打击盗窃为主的侵财型犯罪以及毒品犯罪专项行动,不断提高群众安全感。四是健全公共安全体系。深入开展安全生产、消防、交通、食品药品等领域的隐患大排查、大整治,不断完善应急预案,加强应急处置,坚决遏制各类重特大安全事故和群体性事件发生。

各位代表,民生大于天、稳定重如山,人民群众对美好生活的期待,就是政府努力的方向。我们将想尽一切办法、采取有力措施、作出最大努力,让广大市民更公平享受改革发展的成果,努力让广大市民工作更体面、收入有增长、生活有保障,未来充满阳光和希望!

各位代表,新的一年我们将以党的群众路线教育实践活动为契机,进一步加强自身建设。一是建设法治政府。坚持依法行政,加快出台法治政府建设指标体系,扎实开展普法教育,完善法律顾问制度,增强各级领导干部法治意识,带头学法、遵法、守法、用法。自觉接受市人大及其常委会的法律监督、工作监督和市政协的民主监督。及时办理人大代表建议和政协提案,不断提高满意率。二是建设服务政府。正确处理政府与市场的关系,加快转变政府职能,从“越位点”退出,把“缺位点”补上,全面履行公共服务、市场监管、社会管理、环境保护等职责。加强电子政务建设,构建政府部门信息资源共享平台,进一步精简文电会务。全力做好第三次全国经济普查工作,为科学决策提供支撑。深入践行“六种作风”,持续开展纠风行动,不断提高行政效能。三是建设廉洁政府。严格遵守中央八项规定,认真落实党风廉政建设责任制,建立健全权力运行制约和监督体系;认真落实《党政机关厉行节约反对浪费条例》,严格执行领导干部住房、车辆配备有关工作和生活待遇的规定,严格执行党政机关国内公务接待管理规定;加大腐败案件查处力度,始终保持惩治腐败的高压态势,促进干部清正、政府清廉、政治清明。总之,我们一定会勤勉尽责、廉洁自律,决不允许做慵懒官、吃喝官、“牛皮”官、无为官、腐败官,请人民监督,让人民放心!

各位代表,全面深化改革,打造核心增长极,责任重大、使命光荣。让我们紧密团结在以习近平同志为总书记的党中央周围,在省委、省政府和市委的坚强领导下,进一步解放思想、务实奋进,敢于担当、开拓创新,努力实现打造核心增长极“两年有看头”的目标,为江西迈出“发展升级、小康提速、绿色崛起、实干兴赣”新步伐做出新的更大贡献!

注:1.“二十四字”要求:高举旗帜、解放思想、聚焦发展、改革开放、民主法治、党的建设。

2. 四个聚焦:区域聚焦、产业聚焦、政策聚焦、资源聚焦。

3. 临空经济区:空间布局为空港枢纽区、临空发展区和临空辐射区,其中,空港枢纽区和临空发展区的规划面积223平方千米。空港枢纽区包括昌北机场周边约23平方千米范围(机场区占地13.3平方千米,机场周边直接关联产业与服务区9.9平方千米)。临空发展区总面积约为200平方千米,主要包括桑海经济技术开发区约58平方千米,国家小微工业园120平方千米,金桥乡部分约22平方千米。临空辐射区主要向南昌市新建县、经济技术开发区和九江市永修县等周边区域辐射拓展。其发展定位为中部地区重要航空枢纽和对外开放门户、长江中游高端产业集聚区和绿色智慧空港、鄱阳湖生态经济先导区和改革创新示范区、昌九一体化发展的战略支点和强力引擎。

4. 百个重点都市现代农业项目:全市百个重点都市现代农业项目基地主要包括47个都市现代农业示范区基地,8个万亩以上优质粮油生产基地,10个千亩以上优质蔬菜生产基地,9个千亩以上优质果茶生产基地,10个千亩以上优质水产养殖基地,10个万头(羽)以上优质畜禽养殖基地,10个大型农产品流通企业,6个省级以上休闲农业示范点等。

5. 七大百亿特色产业集群:近年来,南昌市通过资源整合、政府引导、市场运作,延长产业链,提高产品附加值和市场竞争力,基本形成了以江粮集团、中粮米业等龙头企业为核心的粮食加工产业集群;以煌上煌集团、国鸿集团、南昌双汇、阳光乳业等龙头企业为核心的畜禽加工产业集群;以鄱阳湖农牧渔、海浩鄱阳湖水产、军山湖生态等龙头企业为核心的水产养殖与加工产业集群;以正邦集团、双胞胎集团等龙头企业为核心的饲料加工产业集群;以田昌农业、南方黑芝麻、林恩实业、卓茵园林等龙头企业为核心的特色经济作物与花卉苗木产业集群;以汇仁药业、江中制药、聚仁堂等龙头企业为核心的中药材加工产业集群;以南昌农产品市场、赣昌水产品大市场、弘洲农产品物流港等龙头企业为核心的农产品物流产业集群。这七大百亿特色产业集群的形成,将引领南昌农业产业化向规模化、区域化、效益化方向发展,到2020年农业产业化经营总量达到2000亿元。

6. 拆违拆临、建绿透绿:南昌市参照旧城改造模式在全市范围内打响“拆违拆临、建绿透绿”战役,重点拆除城市道路两侧市、区、街办(乡镇)、社区(村)及所属部门、单位未依法取得合法手续的建筑物、构筑物和其他设施,以及未按照规定期限拆除的临时建筑物、构筑物和其他设施;占压城市道路红线、园林绿线、水域蓝线、历史文化紫线、市政基础设施黄线等“五线”,严重影响市容观瞻且不宜美化亮化的其他建筑;商品房建设项目竣工后未按要求期限拆除的临时售楼房等建筑物。

7.“畅通省城”活动:从2013年3月开始,江西省人大常委会联合南昌市人大常委会开展“畅通省城”系列监督活动,全面深入了解南昌市城区道路交通情况,查找交通拥堵原因,共同研究治理交通拥堵的对策和办法,督促省政府有关部门和南昌市政府及有关部门,完善政策措施和监管机制,加大整治力度,大力开展交通安全教育,不断提高公民的交通安全意识和法治观念,营造文明交通氛围,为打造核心增长极提供良好的交通环境。

8. 通道“五化”综合整治:围绕推进和谐秀美乡村建设,从2012年8月起,南昌市利用两年左右的时间,对各县(区)、开发区(新区)高速公路、国省道路及景区沿线环境进行以“房屋美化、管线优化、村庄绿化、卫生净化、产业强化”为主要内容的“五化”综合整治,进一步改善城乡主要通道沿线环境面貌,提升城乡建设水平和整体形象。

9.“蓝天、清流、净土”三大行动:南昌市大力开展“蓝天、清流、净土”三大行动,积极推进污染综合防治、生态示范创建、基础能力建设,严格控制污染物的排放,坚决执行黄标车限行管理,切实加强对大气、水、土壤以及城市噪音的污染防治,努力建设全国重要的宜居都市和全省空气质量综合整治先行区。

10. 鄱湖明珠·中国水都:建设“鄱湖明珠·中国水都”是南昌市委、市政府作出的重大部署和全市人民的共同愿望。目前,“中国水都”建设确立了以水安全、水环境、水景观、水文化、水经济“五位一体”的规划布局,一批重大项目正在加快建设,力争用5—8年的时间,使南昌建立起防洪抗旱减灾、民生水务保障、水资源保护、水生态建设和水务发展保障五大体系,到2020年在全省率先实现水利现代化。

11. 虚拟养老院:是指政府建立一个信息服务平台,当老年人有服务需要时,拨打电话给信息服务平台,信息服务平台就会按照老年人的要求,派服务企业员工上门为老年人提供服务,同时对服务质量进行监督。和传统养老方式相比,“虚拟养老院”是一座“没有围墙的养老院”,投资少,服务范围大,老人不必住在养老院中被动接受服务,在家就可以挑选、享受专业化的养老服务。

12. 名校放大工程:通过优质学校结对帮扶弱势学校,共享优质教育资源,让南昌每个孩子都能就近上学,享受到名校、名师优质教育资源,让南昌城乡教育跃上新台阶。一年来,南昌一中与十八中,南昌三中与青山湖区京东学校、高新区孺子学校,南昌二十八中与东湖区城北学校,南昌二中与经开区实验学校,铁路一中与西湖区建新学校、青山湖区湖坊学校等合作办学,实现学区内学校之间干部、教师相互交流和教育教学工作同步,有力促进了教育资源的均衡配置,初步缓解了城区择校热。

13. 社区“网格化”管理:指将城市社区按照一定的标准划分为单元网格,通过网格化管理信息平台,实现市区联动资源共享的一种城市基层社会管理新模式。

14. 十大关系:即核心增长极与昌九一体化的关系,顶层设计与“摸着石头过河”的关系,新型城镇化与城乡一体化的关系,开发区、新区与县区的关系,新城与老城的关系,城市管理与社会治理的关系,二产与三产的关系,四大“三年强攻计划”与全面打造核心增长极的关系,公共服务与民生实事的关系,群众路线教育实践活动与“民情家访”的关系。

15. 工业三年强攻计划:即“86436”计划,从2014年开始,通过3年的努力,力争到2016年工业主营业务收入达到8000亿元,3年累计完成工业投资6000亿元,打造汽车、食品、电子信息、新材料4大千亿产业,着力建设高新、经开、小蓝三大千亿园区,引爆临空经济区区域经济增长极,培育60户龙头企业(其中确保10户过百亿企业、培育10户有望过百亿企业,确保20户过50亿企业、培育20户有望过50亿企业)。

16. 服务业三年强攻计划:即“5568”计划,从2014年开始,通过三年的努力,力争到2016年建成5个区域性服务业中心,即区域性金融中心、物流中心、创意中心、消费中心和营运中心;打造商贸、物流、金融、文化和总部经济5大服务业产业;三年累计完成投资6000亿元;服务业总收入突破8000亿元。

17. 旧城改造三年强攻计划:力争用3年时间,到2016年,基本完成全市2000余万平方米的棚户区、城中村旧改任务。

18. 新城建设三年强攻计划:紧扣“两年内逐步投入使用,三年内基本形成规模”的目标,加快推进九龙湖核心起步区基础设施建设,全力推进万达文化旅游城、绿地国际博览城、联泰智慧城三大“引爆”项目建设。

19.“1+6+X”模式:南昌市旧城改造资金采取“1+6+X”的运作模式进行筹集,其中“1”为南昌市土地储备中心负责筹措资金参与政府主导的旧城改造,“6”为6个市属国有平台负责筹措资金参与旧城改造,“X”为企业社会力量筹措资金参与旧城改造。

20. 二三并举、双轮驱动:指坚持第二产业与第三产业“二三并举”,推动战略性新兴产业和传统优势产业、现代服务业和传统商贸业“双轮驱动”。

21. 百强中心镇和特色小镇:江西省确定了首批全省百强中心镇,研究出台扶持中心镇发展的政策措施,科学制定推进百强中心镇建设规划和实施方案,多渠道筹措资金,加快建设与发展步伐,将百强中心镇建设成为和谐秀美乡村建设的新亮点、镇村联动的新示范、城乡一体化发展的新平台。南昌县向塘镇、蒋巷镇,进贤县李渡镇、文港镇,安义县石鼻镇,高新区麻丘镇,湾里区梅岭镇,新建县西山镇被列入。南昌市打算从2013年起,用3年左右的时间,在已实施打造的21个特色小镇中,遴选南昌县向塘镇、蒋巷镇,新建县溪霞镇、樵舍镇,进贤县文港镇、三里乡,安义县石鼻镇,湾里区罗亭镇、梅岭镇,高新区麻丘镇等乡镇先行开展村庄拆并、土地流转、土地开发、园区建设、农房置换、社保并轨、乡镇扩权等方面的试点工作。

22. 六好村庄、六好农户:按照国家文明城市创建要求,为推进南昌市文明户、文明村创评工作,创新活动载体,推出“六好农户”(遵规守法好、创业致富好、尊老爱幼好、邻里关系好、卫生绿化好、计划生育好)和“六好村庄”(规划建设好、产业发展好、村民收入好、社会治安好、生态环境好、民风素养好)创建活动。通过开展创建“六好农户”“六好村庄”活动,进一步推动南昌市和谐秀美乡村建设,为全面建成小康社会营造积极向上的社会环境。

23. 八个方面的民生实事:就业和创业、社会保险、社会救助、医疗保障、社会事业、住房保障、扶贫开发、群众生产生活8个方面。

24. 五大社会保险:养老保险、医疗保险、工伤保险、生育保险、失业保险。

25. 六种作风:真抓实干、深入一线、锐意创新、负责担当、艰苦奋斗、淡泊名利。

特　　辑

本栏编辑　龚秀昱

建设鄱阳湖生态经济先导区

为加快鄱阳湖生态经济先导区建设步伐,深入推进全面打造核心增长极,开创南昌科学发展、进位赶超、绿色崛起宏伟事业,促进富裕和谐秀美江西和美丽中国建设,鄱阳湖生态经济先导区于2012年正式设立,成为促进南昌市工业化、信息化、城镇化、农业现代化同步发展的重要平台。

一、先导区的机构成立

随着鄱阳湖生态经济区建设上升为国家战略,南昌作为鄱阳湖生态经济区的核心城市和中部地区崛起、长江中游城市群的重要战略支点,对加快建设富裕和谐秀美江西进程至关重要。进一步提升鄱阳湖生态经济区建设中的引领和辐射地位,需要一个抓手和平台,需要一个支撑点和引爆点。从全国近年的区域发展来看,各地无不是通过设立大面积的先导区或新区来承载国家战略,形成强大的集聚辐射效应。

2012年6月6日,中共江西省委、江西省人民政府在南昌市召开全力支持南昌发展、打造核心增长极动员大会。省长鹿心社就支持南昌发展、打造核心增长极作具体部署。省委常委、市委书记王文涛在"全力支持南昌发展打造核心增长极动员大会"的汇报指出,要设立并建设鄱阳湖生态经济先导区,为南昌打造核心增长极提供空间支撑,并提出"我们的先导区不姓'特',但可办成江西'不是特区的特区',我们的先导区姓'先',就是要先行先试、领先领跑"。省领导在动员大会上支持南昌设立鄱阳湖生态经济先导区。之后,省政府出台《江西省人民政府关于全力支持南昌发展打造核心增长极的若干意见》,明确指出要在南昌市九龙湖新城沿赣江下行到鄱阳湖区域,设立鄱阳湖生态经济先导区,赋予区域内更大的改革发展权和先行先试权。市委、市政府制定《关于深入贯彻落实省委省政府战略部署全力打造核心增长极的实施意见》,并明确提出"建设一流的鄱阳湖生态经济先导区,使先导区成为政策最优、经济管理权限最大、发展资源最多、体制机制最活的地区"。建设鄱阳湖生态经济先导区,是谋求在国家层面上争取支持的重要平台;是整合资源要素、强化集聚效应的客观要求;是打造核心增长极,提升南昌城市竞争力的战略选择。

根据2012年9月18日《中共南昌市委办公厅、南昌市人民政府办公厅关于印发〈鄱阳湖生态经济先导区管理机构组建方案〉的通知》,先导区在机构设置上按照有利于"五统一分"的要求,实行统一协调、高效服务的管理体制。在先导区形成规划设计先进、产业布局科学、政策集中统一、统筹协调有力的行政管理架构。成立鄱阳湖生态经济先导区建设推进领导小组,作为先导区建设的议事、决策机构,由市委、市政府有关领导、市直有关部门和先导区内所涉开发区、新区、县(区)主要负责人组成。省委常委、市委书记王文涛任组长,市委副书记、市长陈俊卿任第一副组长,市委副书记、政法委书记郭安任第二副组长,市委常委、常务副市长张鸿星任常务副组长。成立鄱阳湖生态经济先导区建设推进领导小组办公室(以下简称"先导区推进办"),负责领导小组的日常工作,为市政府常设机构。先导区推进办主任由张鸿星兼任,常务副主任由市政府副秘书长吴长金兼任。先导区推进办设副主任2名,分别由产业协调部部长徐海波和综合协调部部长张小飞兼任。先导区推进办下设"三部",即综合协调部、产业协调部、规划建设和资源环境协调部。

二、先导区推进办职能及工作情况

2013年3月4日,市政府办公厅印发《关于印发鄱阳湖生态经济先导区建设推进领导小组办公室主要职责、内设机构和人员编制规定的通知》,确定先导区推进办主要职责是具体负责综合协调(包括对上协调,平行协调,对下协调),指导先导区建设工作,并协调处理推进先导区建设过程中的相关问题;研究提出先导区建设的政策措施,组织开展先导区内有关政策的先行先试;拟定先导区经济社会发展规划、重大产业布局规划、生态环境保护规划等,并负责做好组织实施;组织推进先导区内重大基础设施和重大产业项目建设;筹集、安排和管理先导区建设专项资金;统筹对先导区建设监督、检查、考核和管理;负责统筹重大招商政策和对外经济合作;负责领导小组的日常事务、对外交流和协调、新闻宣传及相关工作。确定先导区推进办内设3个职能部门7个职能处室。确定人员编制30名,其中主任1名、常务副主任1名、副主任2名(兼任部长)、部长3名、副部长3名。

先导区推进办自成立以来,始终牢记"探索改革路径、创新发展模式、发挥示范作用、形成带动效应"的历史使命,坚决贯彻省委常委、市委书记王文涛"先行先试,领先领跑"的指示要求,努力加快推进先导区建设,为打造南昌核心增长极提供强大动力。2013年,先导区推进办主要做了以下工作:

1. 编制先导区发展规划。邀请上海财经大学城市与区域科学学院、上海市人民政府发展研究中心发展战略研究所编制先导区发展规划。

2. 编制先导区三年行动计划。按照2015年主要经济目标要求,邀请南昌大学经济与管理学院编制"先导区建设三年行动计划"。

3. 编制先导区建设实施方案。通过学习借鉴长沙、温州等地先进经验,组织人员编制《鄱阳湖生态经济先导区建设实施方案》。

4. 强化学习调研。先后组织人员赴天津市滨海新区、广州市、浙江省和福建省等地进行学习调研,获取他们在功能分区、产业布局、行政体制改革、规划编制等方面的先进经验。多次到县(区)、开发区调研,并组织先导区范围内的有关县(区)、开发区召开鄱阳湖生态经济先导区工作务虚会,听取基层对先导区建设的意见和建议。同时,多次邀请省鄱湖办领导到先导区指导。

(周仁义　姜启星)

轨道交通建设

南昌轨道交通 ,全亚洲最为先进的轨道捷运系统之一,是中国第二批轨道交通(地铁、轻轨道)申报城市建设项目。该项目由南昌轨道交通集团有限公司承担“工程建设、运营管理、开发置业”三大任务。2012 年初,南昌轨道交通集团有限公司与市推进轨道交通建设指挥部办公室合署办公,两块牌子,一套人马,既行使企业职能,又履行政府职责。

2013 年,南昌轨道交通集团有限公司按照年初确定的紧扣“一条主线”,突出“两个重点”,实现“三大提速”,落实“四个加强”的工作思路,真抓实干、开拓创新,克服重重困难和不利影响,取得一定成绩,得到国家有关部委领导以及省市主要领导的高度赞赏与充分肯定。《人民日报内参》、新华社《国内动态清样》专题报道南昌轨道交通房屋征收工作的经验做法,省委办公厅转发并要求全省各地学习参考。全年南昌轨道交通主要工作体现在以下 4 个方面:

一、以真抓实干为手段,工程质量安全得到进一步提升。以“质量安全年”为契机,进一步完善安全管理体系,完善相关管理制度。切实加强安全监督检查,重点加强老城区和重要地段的风险管控,做到日巡查、周评比、月考核、季表彰;加强应急救援演练,全面提升应急管理能力,实现安全生产事故、人员伤亡事故、环境损害事故三个“零发生”。

二、以务求实效为标尺,前期工作、资源储备取得新进展。一是前期工作快速推进。拆迁工作在基本完成 1 号线征迁扫尾工作的同时,和谐有序地推进 2 号线房屋征收。至年底,1515 户征收任务基本完成,投入征迁资金 18.7 亿元,其中 1344 户城镇住宅仅用 40 天时间就全部完成,再次创造南昌征迁史上的速度之最。融资工作按照“未来收益前期化、融资成本最小化”的工作思路,顺利完成 2 号线 103 亿元银团贷款合同的签订,并获得国家发改委批复 1 亿欧元的德促贷款。至年底,1 号线、2 号线一期工程 370 亿元建设资金全部落实,全年到位资金近 57 亿元,累计到位 166 亿元。其中,仅用 9 个月时间争取到世界银行 2.5 亿美元低息贷款,创造江西省单笔利用世行贷款额度之最。运营筹备“以管代教”模式全面启动,运营组织架构、岗位定编、薪酬体系等工作基本明确,并与北车长客股份签订协议,合作建立“南昌轨道交通车辆组装生产基地”。规划设计工作完成了《南昌市轨道交通工程技术标准》《南昌轨道交通 AFC 线网技术标准》的编制工作,为工程实施标准提供技术条件。同时,有序推进第二轮建设规划,完成线网文化主题规划、1 号线车站装修概念设计、九龙湖延长线工可编制和勘察等工作。招标工作按照“程序到位,过程透明,价格合理,各方满意”的要求,完成各类招标项目 74 项,合同金额约 63 亿元。其中,1 号线、2 号线完成招标 68 项,合同总额 62 亿余元,合同较概算节约近 20 亿元。资源储备按照“资源变资产、资产变资本、资本变资金”的工作思路,协议收储土地 499.07 公顷,办理国有土地使用证 18.67 公顷,完成 233.33 公顷农用地转用报批,购买 173.33 公顷异地占补指标,返还土地出让金 9.1 亿元。至年底,累计收储土地 1520 公顷,办理国有土地使用证 72.53 公顷,农用地转用报批 324.27 公顷。

三、以脚踏实地为准则,资产增长、工程建设、物业开发进一步提升。一是资产增长大幅提升。一年来,南昌轨道交通集团有限公司总资产从 124 亿元增加到 331 亿元,增幅近 2 倍。净资产从 38 亿元增至 212 亿元,增幅近 6 倍。二是工程建设逐步提速。1 号线 24 个站点中 22 个完成主体结构施工;19 台盾构全部下井作业,累计掘进 32 千米,完成总量的 67%,包含“千里赣江第一隧”的 24 个盾构区间顺利贯通;2 号线完成西客站、卧龙山站两个站点主体结构施工,其余站点开展房屋拆除、绿化迁移、管线迁改、交通疏解等前期工作。三是物业开发稳步推进。全力实践“地铁 + 社区”综合一体化经营模式,完成 1 号线、2 号线 280 万平方米地铁社区策划定位,启动推进 26 个上盖项目开发建设。至年底,完成建筑面积 9 万平方米,实现年度总投资 13.4 亿元。全面启动资产经营,通过深挖广告资源、推进房产招租、钢材贸易、物业服务,实现利润 370 余万元。

四、以精益求精为目标,内部管理水平进一步提升。按照现代企业管理的要求,进一步优化、简化内部管理流程,全面提升管理水平。一是强化内务管理。严格贯彻落实中央“八项规定”和省市有关要求,全力推行 OA 办公自动化系统,内部办文效率得到明显提升。进一步完善车辆、会议、食堂、资金管理等制度,行政后勤服务呈现新面貌。加强宣传工作,集团官网、微博、地铁报以及外部宣传工作得到进一步加强。二是大力实施党建带团建工建。以“锻造铁军先锋”活动为载体,通过举办地铁党建大讲堂、开办党务工作培训班、创办《铁军先锋》杂志、搭建“短信党建”手机平台等形式,实现党员教育经常化。通过开展征文摄影比赛、拔河比赛、劳动竞赛、智力运动会等形式,进一步丰富党员、团员、职工的文化生活。三是加强廉政建设。制定完善《干部职工谈心谈话制度》《工作作风效能建设行为问责暂行

2013 年 10 月 22 日,南昌轨道交通 2 号线在青山路口原江西协和医院大楼部分区域实现“第一爆”

办法》等监督管理制度,通过强化内审监督、银行账号管理、试点工程结算审计等方式加强资金监管;积极抓好"红包"专项治理,收到上缴的礼品、有价证券等共计7000余元,党风廉政建设取得一定成效。四是全力抓好人才队伍建设。继续大力实施"四个一批"人才战略,面向社会公开招聘新员工65名,引进特殊人才7名,继续采取"公推竞职"的选拔方式选拔中层干部。进一步加大人才培养力度,输送72人次赴北京、上海、广州等地铁公司跟岗培训,为日后地铁运营提供保障。

通过创新,南昌地铁走出了一条"自我投资、自我开发、自我建设、自我发展"的道路。从全国来看,南昌轨道交通的发展模式是最市场化和企业化的发展模式。地铁建设作为全省重要的交通工程、民生工程,为南昌市的可持续发展,特别是打造南昌地铁经济带做出应有贡献。

2013年南昌轨道交通发展情况一览表

表1

时间	项 目
1月17日	南昌轨道交通1号线第一个盾构区间贯通
4月27日	八一广场深基坑一应急求援演练
5月31日	省委常委、市委书记王文涛,市长陈俊卿一行到2号线沿线各区征收现场及指挥部,查看征收进展,看望和慰问征收一线干部、职工,研究部署下一阶段征收工作
9月13日	艾溪湖东站至太子殿站区间联络通道顺利贯通,成为南昌轨道交通1号线第一条贯通的联络通道,也是全国轨道交通工程使用冷冻法施工最长的联络通道。此次区间联络通道顺利贯通,为其余站点联络通道施工积累了详细的技术参数和宝贵的施工经验
10月22日	南昌轨道交通2号线在青山路口原江西协和医院大楼部分区域实现"第一爆"
10月25日	南昌轨道交通2号线5个站点相继开工,标志着2号线全线开工建设
12月12日	14时30分,南昌轨道交通1号线秋水广场站至中山西路站盾构区间上行线顺利贯通,创造了国内泥水盾构穿越复合地形实现沉降最小、在泥质粉沙岩层中掘进历程最长的纪录,结束了700千米长的赣江没有隧道的历史

(黄 聪)

九龙湖新城开发

作为鄱阳湖生态先导区的核心区域,九龙湖新城是鄱阳湖生态经济先导区城市建设的"引爆点"。2012年,江西省政府出台《关于全力支持南昌发展打造核心增长极的若干意见》文件,明确提出"争取用5年的时间,基本形成一个面积100平方千米、容纳50万人口新城框架"的九龙湖新城建设目标(简称"515"建设目标)。至此,九龙湖新城开发建设拉开序幕。

一、地理概貌

九龙湖片区位于南昌市西南部,为典型的丘陵地貌,呈西高东低态势,在南部有一个天然湖——九龙湖。九龙湖片区自然生态环境良好,其中林地面积达40%,水田约20%,旱地约15%,荒地沙滩约13%,水面约5%,其他约7%,是"山、水、湖"兼具的城市开发储备用地。

二、战略地位

一是国家层面战略的策应之举。2009年12月,《鄱阳湖生态经济区规划》获正式批复,成为江西省第一个上升为国家层面的重大战略。为策应这一国家级战略,2010年,南昌市委、市政府提出"双核三圈五组团"的全新空间布局,其中九龙湖片区被列为五大组团之一。

二是区域发展格局的"点睛之笔"。2011年10月,江西省第十三次党代会作出把南昌打造成为带动江西省发展核心增长极的重大战略决策;2012年2月,江西省十一届人大五次会议提出"龙头昂起、两翼齐飞、苏区振兴、绿色崛起"的全省区域发展战略,进一步明确南昌在江西省的战略核心地位。2012年6月,江西省委、省政府又同意南昌设立鄱阳湖生态经济先导区,作为鄱阳湖生态经济先导区的核心区域,九龙湖片区从而成为南昌打造核心增长极的中心区域,成为"龙头昂起"的"点睛之笔"。

三是江西省级行政中心依托之地。2012年3月,国家发改委批复同意江西省级党政机关搬迁置换项目。该项目选址处于九龙湖片区,为九龙湖片区建设带来难得的历史机遇,同时也赋予了九龙湖片区历史使命,要为江西省级行政中心提供强有力的基础支撑和外部环境。

四是南昌城市建设的"引爆之源"。南昌城区面积过小一直是制约南昌跨越式发展的重要"瓶颈"。九龙湖片区由于其独特的区位,是南昌城市空间发展"西进""南延"的重要依托,是江西省西南部城镇对接南昌的重要门户,也是南昌带动江西省西南城镇发展的战略区域。九龙湖新城的建设将代表江西省城市建设的最高水平,成为南昌城镇化质量提升的"引爆点",开创一个全新局面。

三、具体举措

为加快九龙湖新城建设步伐,带动南昌,带动鄱阳湖先导区、带动红谷滩新区建设,按照着力打造"生态型、低碳型、智慧型、文化型"九龙湖新城要求,南昌市、红谷滩新区联动,积极争取政策,大胆先行先试。南昌市政府先后出台《关于同意红谷滩新区九龙湖新城被征地农民基本养老保险工作实施细则的批复》《印发关于加快九龙湖新城规划建设的政策措施的通知》等文件,南昌市委常委、常务副市长张鸿星多次召集红谷滩新区、市发改委、市国土局、市规划局、市水务局、市环保局、市房管局等单位召开九龙湖新城开发建设专题协调会,以确保九龙湖新城建设顺利推进。

一是生米镇成建制划入红谷滩新区管辖。2012年2月12日,南昌市委、市政府决定将新建县生米镇划归红谷滩新区管辖,成立生米镇移交接工作领导小组。2012年6月,生米镇平稳顺利移交。至此,红谷滩新区由78平方千米扩容至175平方千米,生米镇的划入为红谷滩新区增加一倍多面积的发展空间，城市格局进一步舒展。

二是九龙湖新城规划建设重新定位。按照江西省委、省政府确定的“515”建设目标，配合江西省级行政中心转移，对九龙湖新城原规划进行重新修编，通过国际招标确定九龙湖新城概念性规划，在规划上主要体现4个原则：第一，利用“反规划”的理念，精心打造生态绿廊。保留原始生态景观，留足留好绿道、“叶脉”，体现生态性。第二，做好水文章。以九龙湖水系治理为重点，结合水利规划，精心打造“绿叶”上的“水珠”。第三，提升文化品位。以万达文化旅游城、绿地国际博览中心、联泰智慧城为“引爆点”，丰富九龙湖智慧城、文化旅游城、会议会展城功能。第四，基础设施先行，提前布点公共设施。对学校、医院、商业、公交站点、变电站、垃圾中转站、公厕等提前布点，适时建设。

三是划定九龙湖新城起步区范围并确定建设路径。按照“半年有苗头、一年有势头、两年有看头”的要求，在确定九龙湖新城概念性规划的同时，划定30平方千米的核心起步区范围，结合路网、基础设施和重大项目，确定起步区控规。同时，明确九龙湖新城起步区建设的基本路径，即争取用两年半时间高标准建成起步区道路、管网和绿化等基础设施，商业、学校、医院等配套同步到位，基本形成环境优美、配套完善、社会管理和公共服务完备的产城融合、宜居宜业的现代新城格局。在此基础上由北向南逐步推进，最终实现九龙湖新城“515”建设目标。2012年底，九龙湖新城起步区建设全面启动。

四、建设进展

一是征地拆迁卓有成效。截至2013年底，按照“阳光拆迁、和谐拆迁”的要求，用做群众工作的方法做好拆迁工作，采取“拆迁、控违、维稳、解难、帮扶发展”五位一体工作法，仅用3个月时间完成万达文化旅游城项目一期用地范围内16万余平方米的房屋拆迁任务，确保项目如期开工建设。

二是基础设施加快完善。按照九龙湖新城控规，红谷滩新区全面启动九龙大道和起步区路网建设，经过前期测算，整个九龙湖核心起步区市政道路总长150千米(包括约60千米主干路网和90千米支路网)，总投资约62亿元。考虑到整个路网工程建设时间紧、任务重、投资大、专业技术要求高，红谷滩新区充分利用江西省赋予的先行先试政策，对九龙湖起步区主干路网工程在南昌市率先推行BT融资建设模式和项目技术咨询

2013年8月8日，由绿地集团投资300亿元开发建设的绿地南昌国际博览城正式开工

管理模式，引进外来资金为建设所用。22条约60千米主干路网分成五大标段，经过BT遴选，在多轮谈判、综合比选的基础上，分别确定中国建筑股份有限公司、中铁南方投资发展有限公司、中铁十六局和中铁物资公司联合体、上海建工二建集团有限公司、广东联泰集团有限公司作为投资建设单位。2012年12月20日，五大标段7条道路同步开工建设，其他路网着手施工前期准备工作。截至2013年底，九龙湖新城核心起步区22条约70千米主干路网分五大标段全部启动建设，累计已完成土地报批4000余亩，完成征地59.5千米，林木采伐95公顷，房屋拆迁约237栋，路面清表63千米，迁坟3217座，路基土石方480万立方米，雨、污水管道及箱涵约18.5千米。

三是配套建设全面铺开。经南昌市委、市政府研究确定，原则上对公建配套、公共服务、公共产品包括教育、文化、卫生等资源都往新城区集中，老城区控制，不再新建或扩建。2012年以来，红谷滩新区的学校、医院、商业等功能配套项目加快推进。学校建设方面：2012年，南昌十九中、红谷一小、南师附小红谷滩分校等3所新校建成开学。2013年，加快推进师大附中滨江校区二期、红谷滩第一中学等7所学校建设。按照九龙湖学校规划布点，在九龙湖新城安排3所高中、11所九年制学校、1所小学、20所幼儿园，优质教育资源中，江西省、南昌市明确南昌外国语学校(高中)、南昌市第三中学、南师附小及附属幼儿园、江西省保育院、南昌市保育院进驻。2013年，红角洲片区启动红谷二小、前湖小学、联泰小学3所小学及1所中心幼儿园建设，计划引进豫章小学、南航小学。医院建设方面：积极推进省人民医院、省儿童医院、洪都中医院等7家省市属大型综合医院建设，其中洪都中医院一期已主体封顶。同时，在九龙湖新城规划4所综合性医院和4家社区卫生服务中心。商业发展方面：全力加快万达广场二期、绿地中央广场、香格里拉大酒店、喜来登酒店等在建重大项目建设。同时，加快土地出让，力促上海明园、正荣等一批拟落户九龙湖新城的商业综合体项目开工建设。还建房建设方面：按照“启动建设一批、确保完成一批、交付使用一批”的要求，2013年启动九龙湖、中堡、生米、红岭四期4个还建房小区建设，同时确保云溪、安丰、站西、富源4个还建房小区2013年底前全部实现主体封顶，部分小区交付使用，逐步实现由“人等房”到“房等人”的转变。

四是“引爆”项目快速推进。确立“以大项目带动引领，引爆九龙湖，尽快形成崛起之势，同时结合南昌本土特色，特别是结合九龙湖特点，打造特色产业，将好的资源给好的企业，做出好的作品，产生良好的效益，促进城市整体价值迅速提升”的指导思想，按照九龙湖新区高标准定位，先后引进万达文化旅游城、绿地国际博览城、联泰智慧城项目，通过三大百亿元重大项目迅速“引爆”九龙湖新城。

(一)万达文化旅游城项目。该项目占地290公顷，总投资近400亿元，是一个集酒店群(1个六星级、1个五星级、2个四星级、4个三星级酒店和酒吧街)、主题公园(约73.33公顷的室外主

题公园)、商业中心和住宅的特大型综合项目。按照“保证项目2013年6月正式动工建设,2016年5月30日竣工并投入运营”的目标要求,2013年6月18日,万达文化旅游城项目举行开工奠基仪式。之后,仅用90天时间完成总投资约1.5亿元的展示中心建设,文化城综合体、酒店及住宅项目相继动工,并按照2015年底项目全面竣工的目标要求加快推进。截至2013年底,万达文化旅游城主楼完成50%土方开挖,2个四星级酒店完成正负零以下结构施工,1个六星级酒店完成桩基工程,全年该项目总投资超过20亿元。

(二)绿地南昌国际博览城项目。该项目占地约166.67公顷,总建筑面积约400万平方米,是集会展会议、行政中心、风情小镇、文化旅游、商务、商业、居住七位一体的城市综合性地标建筑群。首期会展中心项目于2012年12月28日在九龙湖片区正式启动建设。截至2013年底,该项目完成土方量累计100万立方米,项目展示中心完成结构封顶,国际博览中心进入施工图阶段,约800人进场施工,现场挖掘机、打桩机、运输车、塔吊等施工设备上百台,总投资额近30亿元。

(三)联泰智慧城项目。该项目规划总用地面积约166.67公顷,分6期滚动开发,将建成集绿色便捷的智慧城市设计、能源和水资源的优化再生、立体化城市交通运输、健康安全的城市医疗网络、智能家居服务配套为一体的新型智慧城市。

(刘 芳)

棚户区(旧城)改造

2013年2月,南昌市启动新一轮大规模的城市棚户区改造,经过近一年的实践,南昌市棚户区改造成果显著,呈现推进速度快、社会和谐稳定、百姓强烈拥护的良好局面,有效改善棚户区困难群众住房条件,促进经济增长与社会和谐。

一、棚户区改造工作背景

2001年南昌市市级行政中心搬迁至红谷滩新区,从此拉开了南昌城市“一江两岸、南北双城、双核拥江、组团发展”的建设框架,南昌城市建设的重心主要移到了推进新城开发。经过长达十多年的时间,在新城开发取得了一定成绩的时候,南昌市提出了“繁荣建设新城,改造提升老城,以新城的开发带动老城的改造,以老城的改造支撑新城的开发,最终实现新老联动、两岸共辉”的城市发展思路,在继续坚定不移推进新城开发的同时,适时启动了旧城改造,以旧城改造释放的刚性需求,更好地带动新城的发展,实现“新老联动”。以2013年2月召开全市土地收储和房屋征收工作现场会议为标志,南昌市启动了新一轮大规模棚户区改造工作。

2013年7月5日,全市旧城改造工作现场会在湾里区召开

二、棚户区改造工作开展

南昌市委、市政府高度重视全市棚户区改造工作,通过多层次、全方位的发动部署,上下统一思想、提高认识,坚定信心,明确目标,为全面推动棚户区改造工作奠定强有力的基础。

(一)成立机构,高位推动棚户区改造工作。南昌市委、市政府调整市旧城改造工作领导小组成员,成立市推进旧城改造工作指挥部和市旧城改造维稳指挥部。市委、市政府主要领导分别担任组长和总指挥。3个领导机构分设办公室,其中旧城改造工作领导小组、市推进旧城改造工作指挥部办公室合署办公,下设综合协调、规划前期、房屋征迁、工程推进、资金保障、信访维稳等6个小组,组长分别由牵头单位主要领导担任。办公室人员从各市直单位抽调精干力量组成,集中办公。各区参照市里成立相应领导机构,统一负责本辖区棚户区改造工作的推进。

(二)编制规划,有序推进棚户区改造。按照《国务院关于加快棚户区改造工作的意见》有关精神和省委书记强卫7月13日在南昌市旧城区棚户区调研的指示精神,从7月开始,按照“摸清底数、科学规划”的要求,对城市规划区内简易结构房屋较多、建筑密度较大、使用年限久、房屋质量差、建筑安全隐患多、使用功能不完善、配套设施不健全的棚户区现状进行再次摸底,全面摸清棚户区改造基本情况,做到面积测算、户数统计“两清楚”。同时,按照2013—2017年全面完成改造任务的目标,编制《南昌市城市棚户区改造规划(2013—2017年)》,初步确定改造总体目标、年度任务以及具体项目。

(1)2013—2017年改造规划。2013—2017年南昌市规划改造288个地块项目,总占地面积约3133.33公顷(4.7万亩),房屋建筑面积约2058万平方米,涉及约9.6万户36.5万人,计划总投资约1778亿元。其中,4个中心城区161个地块项目总占地面积1866.67公顷(2.8万亩),房屋建筑面积1439万平方米,涉及7.2万户,计划投资1300亿元。

(2)2013—2015年改造计划。按照“突出重点、连线成片”的要求,优先改造连片规模大、住房条件差、安全隐患严重、群众要求迫切的项目,初步确定2013—2015年全市改造项目地块约194个,占地面积约2133.33公顷(3.2万亩),房屋建筑面积约1307万平方米,涉及约8万户24.6万人。其中,4个中心城区105个地块项目占地面积1546.67公顷(2.32万亩),房屋建筑面积约1100万平方米,涉及6.2万户。2013年,南昌市中心城区重点推进万寿宫、十字街等10个改造项目,总占地面积481公顷,房屋建筑面积154.35万平方米,涉及9284户;2014年,计划完成800万平方米棚改征迁任务,其中中心城区不少于400万平方米。

(三)创新工作机制,加大棚户区改造推进力度。一是建立高频推进协调机制。一方面,分层次协调调度。领导小组每季度召开专题会议听取棚改工作汇报,指挥部每月召开全体会议研究重大问题,指挥部以及办公室分别于每周三、周五召开日常调度会,各区每天召开协调会,及时协调解决相关问题。6月18日至年底,分别召开各城区旧城改造动员大会、市委专题研究会、湾里区旧城改造工作现场会暨第一次领导小组扩大会、指挥部全体会议、维稳指挥部全体会议、市委对4个中心城区集体约谈会、乌沙河周边棚户区改造现场会及20余次指挥部及办公室调度会。另一方面,凡是完成征迁任务70%的重点推进项目,市委、市政府主要领导均深入征迁现场看望慰问一线动迁工作人员,如九洲高架项目、象湖东岸17.33公顷(260亩)项目、火车站东广场项目、临江商务区改造项目。二是建立高效督导考核机制。为加大棚户区改造推进力度,南昌市将棚户区改造纳入市委、市政府对各城区政府、管委会和相关责任单位的综合考核评价体系。成立市纪委、市委组织部、市委督查室、市政府督查室牵头的督查考核工作组,加强监督检查,对资金用地不落实、政策措施不到位、建设进度缓慢的城区政府和相关部门主要负责人进行约谈,限期进行整改,有力推动项目改造。三是开辟绿色通道。一方面,对房屋征收前期手续建立联审联批制度,通过集中办公,调度例会等方式,加快项目计划、方案、立项等手续办理,时间由原来2个月缩短为半个月左右。另一方面,建立安置房前期手续并联审批制度,制定限时办结制度,加快安置房审批进程,同时出台《南昌市旧城改造项目安置房(综合住房小区)勘察、设计、施工、监理招投标有关工作的通知》《南昌市旧城改造安置房勘察、设计、监理项目招标实施方案的通知》《南昌市旧城改造安置房综合小区建设项目委托代建合同范本》《南昌市旧城改造安置房综合小区建设管理实施细则》等相关文件和制度,统一规范南昌市棚改安置房建设程序和代建模式。

(四)完善征迁政策,破解房屋征迁难题。一是制定全市指导意见,规范棚户区改造。根据国务院和江西省相关文件精神,结合近年来全市棚户区改造实施情况,经过反复讨论研究,南昌市政府下发《关于进一步加快城市旧城(棚户区)改造工作的意见》,对总体要求、基本原则、政策支持、运作方式、组织领导等问题进行明确。二是完善相关政策,明确操作办法。出台《南昌市中心城区旧城(棚户区)改造国有土地上房屋征收安置补偿办法》《南昌市中心城区旧城(棚户区)改造国有土地上房屋征收补偿方案(示范文本)》《南昌市中心城区城中村改造项目集体土地上房屋征收安置补偿方案(示范文本)》《关于对我市旧城改造(棚户区)房屋征迁工作几个具体问题的明确》《南昌市旧城改造房屋征迁情况抽检审核办法》等政策文件,进一步规范完善征收程序,同时对有关问题进行明确。

(五)创新运作模式,破解资金保障难题。原先南昌市棚改项目资金运作方式多为单个项目自求平衡,而中心城区改造项目现状多为容积率高、房屋密度大,单个运作难以平衡。为强化资金保障,对改造资金实行"市级统筹、封闭运行、分区分户、综合平衡"的原则,在南昌市土地储备中心设立市级专户,市级专户下按区设立分户,实行"专户管理、分区核算"。土地出让净收益进入市土地储备中心专户各区分户,统一用于棚户区改造,通过"局部平衡与整体平衡相结合,静态平衡与动态平衡相结合,近期平衡与远期平衡相结合,内部平衡与外部平衡相结合"的方式,彻底解决因单个地块资金不能平衡而影响项目实施问题。一是创新"1+6+X"的运作模式。"1"即由市土地储备中心筹措资金负责政府主导的棚户区改造项目。"6"即由南昌市政公用投资控股集团、南昌城市建设投资公司、南昌工业控股集团、南昌轨道交通集团、南昌旅游集团、南昌水利投资发展有限公司6家市属国有平台筹措资金负责的棚户区改造项目。"X"即社会资本参与的棚户区改造项目。考虑到南昌市棚改任务重,资金需求量大,为形成多元化参与棚改的格局,对已确定改造范围,确保改造地块控规前提下,对地块改造资金能够平衡的项目,通过相应的政策和程序积极引导社会资本参与棚户区改造。二是多渠道筹措改造资金。在增加市本级财政配套基础上,通过加大银行信贷支持、吸引民间资本参与、扩大债券融资等方式积极筹集改造资金。一方面,依托南昌市现有融资平台积极独立争取国家开发银行第一批贷款支持。2013年已争取到万寿宫、十字街等8个项目180亿元融资性贷款。另一方面,南昌市积极做好相关准备工作,利用江西省省级平台,"统贷统还"筹措资金。

三、棚户区改造工作成效

南昌市通过创新工作机制,合理制定政策,维护群众利益,科学有序推进,棚户区改造工作开局顺利,取得很好的成效。

(一)圆满完成2013年棚户区改造房屋征迁任务。2013年,南昌市中心城区重点推进十字街、万寿宫、青山南路贤士湖地块、青山湖西岸、郭家庄、何坊西路、火车站东广场、幸福渠流域、临江商务区、象湖东岸17.33公顷十大棚户区改造项目,总占地面积481公顷,涉及9284户,房屋建筑面积154.35万平方米。至年底,基本完成年度棚户区改造任务。

(二)较快推进棚户区改造安置房建设。按照"安置先行"的思路,全市已规划建设10个政府投资主导安置房建设项目,其中就地、就近项目有7个,集中安置房项目有3个,规划占地面积约116公顷,规划套数约3.5万套,建筑面积约317万平方米。至年底,集中安置小区中桃花园安置小区(1562户)和红谷滩新城安置小区(5176户)已全面开工,其他项目正在开展规划设计、施工招标等前期手续,计划2014年8月底前全面开工。

另外,南昌市重点推进红谷滩综合安置社区项目。该项目位于铁路西客站南广场以东、向莆铁路以南、腾龙大街以北,该区域交通条件便利、生活配套完备、生态环境优良。项目整体规划用地面积约206.4公顷,安置房规划建设面积170万平方米,可容纳居住约1.6万户。至年底,已开工建设面积约100万平方米,其余占地面积24.07公顷,建筑规划面积65万平方米的安置房新社区正在进行设计和施工招标等前期工作。

(三)赢得棚户区百姓热烈拥护。南昌市在棚户区改造中坚持把实现好、维护好群众利益作为基本出发点和落脚点,坚持让利于民,用惠民政策最大程度保障群众利益。在房屋征收过程中,始终坚持阳光操作、公平公正,让群众参与到房屋征收的各个环节。同时,各级征迁干部也积极改变工作方式方法,始终把群众当亲人,把群众冷暖放心上,做到对群众心怀真情,付出真情,最后赢得群众的真情,探索出一套行之有效的工作方法。

(四)有效提升城市功能和面貌。南昌市本次棚户区改造不是简单地拆除棚户区的破旧房屋,建新房屋,而是坚持以规划为龙头,通过改造,弥补老城区城市规划建设的"欠账",有序导出老城区人口,着重完善老城区城市功能布局。棚户区改造拆出来的土地首先考虑完善城市基础设施建设,增加绿地、道路、学校等公共设施。另外,考虑部分拆迁户就地安置房的建设,通过棚改使棚户区居民住房条件明显改善,老城区配套设施更加完善,达到"改善环境、提升功能、疏散人口、畅通交通"的目的。

(周兴府)

大　事　记

本栏编辑　龚秀昱

2013 年大事记

1　月

2 日

政协南昌市第十三届委员会第三次会议在红谷滩会展中心开幕。5 日上午闭幕。会议听取、审议《政协南昌市第十三届委员会常务委员会工作报告》《政协南昌市第十三届委员会常务委员会关于市政协十三届二次会议以来提案工作情况的报告》;通过《政协南昌市第十三届委员会第三次会议决议》《政协南昌市第十三届委员会第三次会议提案收集和初审情况的报告》;表彰 2012 年度市政协委员和优秀提案等。

3 日

南昌市第十四届人民代表大会第三次会议在前湖迎宾馆开幕。6 日上午闭幕。会议听取、审议《政府工作报告》《关于南昌市 2012 年国民经济和社会发展计划执行情况及 2013 年国民经济和社会发展计划的情况报告(书面)》《关于南昌市 2012 年市级预算执行情况和 2013 年市级预算的情况报告(书面)》《市人大常委会工作报告》《市中级人民法院工作报告》《市人民检察院工作报告》,并通过上述各项报告决议;选举产生南昌市出席江西省第十二届人民代表大会代表。

4 日

市气象台发布暴雪蓝色预警信号,受较强冷空气南下影响,南昌市部分地区出现大雪,积雪深 2—4 厘米。下午 14 时起,全市启动气象灾害Ⅲ级应急响应。

5 日

"2013 江西古玩艺术品收藏高峰论坛"举行。论坛结束后,举行南昌古玩城邮票首发及首日封首发仪式。南昌市古玩城位于站前西路,占地面积 2.7 公顷,一期有 300 余个商铺,内设展示厅、论坛厅、鉴宝厅及多功能拍卖厅,集古玩、艺术品、鉴赏、博览、拍卖、讲学为一体的集散地和交易平台。

6 日

中国茶龙票交易发布品鉴会在南昌文化产权交易中心大厅举行。当天现场认购 300 余套茶龙票。

8 日

由市妇联、清华大学紫荆女性学堂主办的全市首届卓越女性幸福大讲堂在江西泰耐克国际大酒店举行。

10 日

▲全市工业经济工作座谈会召开。会议总结全市 2012 年工业经济发展工作,部署 2013 年工作任务。

▲"博爱赣鄱·暖霞行动"——江西省 2013 年"红十字博爱送万家"活动物资发放仪式在新建县石埠镇上莘村举行。

▲"责任中国·人民网 2012 年度评选"揭晓仪式在人民日报社举行。"南昌发布"被评为"2012 年度十大政务微博"。

11 日

美国 LDS 慈善基金会、上海东方华文教育发展中心向市福利机构捐赠爱心物资仪式举行。

12 日

由国家体育总局篮球运动管理中心、中国篮球协会主办的 2013 年绿滋肴 WCBA 全明星赛(南昌·西湖)在省体育馆举行。

15 日

全市各界劳模迎新座谈会召开。省委常委、市委书记王文涛出席并讲话强调,广大劳模要始终保持主人翁的责任感、忘我的劳动热情、积极的进取意识、良好的职业道德、刻苦的学习作风,进一步弘扬"爱岗敬业、争创一流,刻苦钻研、精益求精,艰苦奋斗、锐意创新,淡泊名利、甘于奉献"的新时期劳模精神,在南昌经济社会各项事业中追求卓越、争当楷模、展示风采,引领全市劳动大军把智慧和力量凝聚到打造核心增长极的伟大事业中来。

17 日

2012 年度全市知名商标认定工作会在市政府第一会议室召开。76 件商标被认定为 2012 年度南昌市知名商标。至此,南昌市知名商标数达到 135 件。

18 日

南昌万达文化旅游城签约仪式在北京索菲特酒店举行。

23 日

▲全市就业创业暨新型农村和城镇居民社会养老保险工作表彰大会在红谷滩会展中心召开。

▲全市人力资源社会保障工作会议暨创建全国职业培训示范城市动员大会在红谷滩会展中心召开。

25 日

▲全市工商行政管理工作会议召开。会议传达全省工商行政管理工作会议精神,总结全市工商系统 2012 年工作,部署 2013 年工作任务。

▲中山桥拆除工作正式开始。

28 日

▲绿地南昌国际博览城首期会展中

心项目启动仪式举行。

▲市教育局举行“为了孩子、为了明天”市爱心基金会2013年度资助特困学生助学金发放仪式。

29日

全市支持农业产业化龙头企业发展暨做大“七大特色产业集群”现场会在江西国鸿集团有限公司召开。

30日

全市组织部长会议在红谷滩会展中心召开。会议总结2012年全市组织工作,部署2013年工作任务。

31日

全市检察长会议召开。会议总结2012年全市检察工作,部署2013年和今后一个时期工作任务。

2　月

1日

全市宣传思想文化工作会议在市委第一会议室召开。会议学习贯彻市委十届六次全会、全省宣传部长电视电话会议精神,总结2012年全市宣传思想文化工作,部署2013年工作任务。

2日

全市公安局长会议召开。会议总结2012年全市公安工作,部署春节、全国“两会”安保工作及2013年工作任务。

5日

全市法院院长工作会议在市法院七楼多功能厅召开。会议总结2012年全市法院工作,部署2013年工作任务。

6日

▲中国共产党南昌市第十届纪律检查委员会第三次全体会议在红谷滩会展中心召开。会议传达学习习近平总书记在十八届中央纪委二次全会上的重要讲话和中央政治局常委、中央纪律检查委员会书记王岐山所作的工作报告精神等;审议通过市委常委、市纪委书记卢作全所作的《深入贯彻党的十八大精神,不断开创全市风清气正的新局面》工作报告。

▲2013年全市春节团拜会在市广电中心演播大厅举行。省委常委、市委书记王文涛出席并致新年贺词,市委副书记、市长陈俊卿主持。

8日

省长鹿心社一行到徐坊客运站、西湖区凉伞树集贸市场等地,看望慰问坚守工作岗位的干部职工,并致以新春祝福。

16日

省市新春万人植树活动在位于南昌经济技术开发区的南昌杜鹃茶花博览园举行。

16—19日

全市领导干部学习贯彻中共十八大精神及习近平在十八届中央纪委二次全会上重要讲话精神专题学习研讨班在红谷滩会展中心举行。省委常委、市委书记王文涛出席并讲话强调,学习好、理解好、落实好、运用好中共十八大精神及习近平在中央纪委全会上的重要讲话精神,是全市上下当前和今后一个时期的首要政治任务,要学以致用,按照市委十届六次全会部署,突出把握“高举旗帜、解放思想、聚焦发展、改革开放、民主法治、群众路线”这24个字,全面打造核心增长极,实现“一年有势头”目标。

20日

2013年全市开放型经济工作会议在红谷滩会展中心召开。省委常委、市委书记王文涛出席并讲话强调,要按照“实在、率先、聚焦、坚韧”的八个字要求,抓牢招商引资“生命线”,推动全市开放型经济快速发展,为全面打造核心增长极作出新的更大贡献。

21日

▲2013年度全市土地收储和房屋征收工作现场会在青云谱区召开。省委常委、市委书记王文涛出席并讲话强调,全市上下要继续坚持“一个中心、三个原则”,加紧启动本地区、本部门的收储征收工作,确保全面完成全年任务。要围绕重大市政工程、“鄱湖明珠·中国水都”建设、城市功能完善、危棚简屋等四个方面的重点工作,连线成片推进。要建立和完善一套工作机制,市、县(区)两级都要成立指挥部,把收储征收和维护稳定两项工作攥在一起抓,并建立联席会议制度,以问题为导向,及时协调、解决好工作中遇到的困难和问题。要突出强化队伍、资金、房源、政策“四项要素”的支撑,特别是执行政策要坚持“一竿子到底”“一碗水端平”,公职人员要带头,接受百姓监督,做到阳光透明。

▲全市司法行政工作会议召开。会议总结2012年全市司法行政工作,部署2013年工作任务。

23日

▲长江中游城市群四省会城市首届会商会在武汉市召开。会上,四市共同签署《长江中游城市群暨长沙、合肥、南昌、武汉战略合作框架协议》,“武汉共识”正式达成。

▲“梅菲摄舞”2013年凤凰沟首届南昌梅花节开幕式在南昌县黄马乡举行。

24日

“我们的节日·元宵”——“中华经典诵读·豫章诵”竞赛决赛在市广电中心演播大厅举行。

25日

全市统战工作会议在市委第一会议室召开。会议传达全国、全省统战部长会议精神,总结2012年全市统战工作,部署2013年工作任务。

28日

省、市、县三级联动2013年春季送科技下乡活动启动仪式在南昌县塘南镇举行。

3　月

1日

全市简政放权进一步深化行政审批制度改革工作动员大会暨全市行政服务工作会在红谷滩会展中心召开。

2日

雷锋事迹图片展开展仪式在南昌八一起义纪念馆举行。

5日

▲全市各界妇女庆祝三八国际妇女节103周年暨“我的南昌我的家”家庭才艺大赛决赛在市广电中心举行。

▲全市环保工作会议在市环保局会议室召开。会议总结2012年全市环境保护工作,部署2013年工作任务。

7日

▲全省“共建和谐秀美乡村·美丽家园行动”暨“金牌大姐”快车启动仪式在湾里区梅岭镇居民广场举行。

▲南昌市被全国普法办评为全国法治城市创建工作先进单位。

15日

2013年江西(南昌)“3·15”国际消费者权益日宣传咨询服务活动暨江西省打击侵犯知识产权和制售假冒伪劣商品工作宣传活动在八一广场举行。

16日

南昌经济技术开发区与新建县签订合作开发南昌(国家)小微企业产业发展示范园协议。

19日

全市对台工作会议在市委第一会议室召开。会议传达中央和全省对台工作会议精神,总结2012年全市对台工作,部署下一步工作任务。

21日

全市创建全国文明城市巩固国家卫生城市工作会在市政府小礼堂召开。市委副书记、市长陈俊卿出席并讲话强调,各级各部门要加强领导，及时协调解决创建中出现的问题。要加强督查，强化责任追究。要加强宣传，通过全方位、各层面的宣传发动，让创建活动家喻户晓、入脑入心，形成全市上下“共努力、齐参与”的创建格局。

22 日

省市纪念 2013 年“世界水日”“中国水周”宣传活动启动仪式在红谷滩会展中心举行。

23 日

▲煌上煌集团爱心基金会启动仪式暨成立 20 周年庆典晚会在江西艺术中心大剧院举行。

▲“樱为爱情”2013 年江西黄马凤凰沟第六届南昌樱花节开幕式在凤凰沟风景区举行。

26 日

全国休闲农业与乡村旅游现场交流会暨第二届中国南昌“休闲农业·秀美乡村”活动月启动仪式在前湖迎宾馆举行。

26—27 日

省委书记强卫一行到高新区、小蓝经济开发区、南昌经济技术开发区等地调研，并就加快推进全省改革发展工作进行座谈。

29 日

▲ACT 国际控股有限公司落户高新区签约仪式举行。

▲第三届中国（南昌）辣文化美食节在青云谱区蓝天郡欧亚达广场举行。

▲西湖区十万群众祭奠缅怀革命先烈暨唱响《永远跟党走》主题活动启动仪式在新四军军部旧址市民文化广场举行。

31 日

2012 年中国旅游总评榜颁奖盛典在北京举行。南昌县黄马凤凰沟景区被评为“年度最受欢迎景区”。

4 月

1 日

▲2013 年南昌市“十佳美德少年”评选活动报名开始。活动旨在积极发挥未成年人思想道德典型的示范作用，引导广大青少年自觉践行社会主义核心价值观，进一步深化“做一个有道德的人”主题教育实践活动，提升南昌市争创全国文明城市的软实力。5 月 31 日，全市庆“六一”暨“十佳美德少年”评选总结会在南昌十九中召开。会议表彰傅书宁、黄嘉诚、吴经纬、周盈吟、旦增群增、涂桦、谢钦韬、王玥、夏娟、袁雪倩“十佳美德少年”，并进行文艺汇演。

▲江西博涵针织服装基地项目开工仪式在青山湖区昌东工业园举行。

7 日

新建县慢哈屯家庭农场在新建县工商局核准登记。该家庭农场是全省首家经工商部门注册登记而成立的，为新建县西山镇种植户邓小云个人独资企业，位于西山镇桑垅水库旁，经营面积 110 余公顷，主要从事绿色农作物、花、草、树木种植和家畜、家禽养殖。

8 日

▲南昌市在市政府第二会议室设立分会场，组织收听收看全省春季农业生产工作电视电话会议。会后，全市春季农业工作视频会议召开，部署春季农业生产工作。

▲市政府与上海建工集团股份有限公司战略合作框架协议签约仪式在红谷滩会展中心举行。

9—10 日

南昌之友（深圳）联谊会暨深圳市江西商会考察团到昌考察，并签订 6 个项目投资协议，拟投资 385 亿元。

10 日

“歌声嘹亮英雄城、爱国歌曲大家唱”群众歌咏活动启动仪式在南昌县会展中心举行。

11 日

由省委宣传部、省文化厅、市政府主办的第五届江西艺术节首项活动——第八届江西省舞蹈比赛在省话剧团经典剧场举行。此次舞蹈比赛设独舞、双人舞、三人舞和群舞 4 个项目组，分别进行预赛和决赛。决赛胜出的代表队将代表江西省参加第十届全国舞蹈比赛。

12 日

▲由扬州市人民政府、中国工艺美术协会、中国工艺美术（集团）公司联合主办的第 48 届全国工艺品交易会在扬州国际展览中心开幕。南昌瓷板画研究中心挑选包括传统人物肖像、山水花鸟、工笔仕女等多种风格在内的 10 件瓷板画精品参展。

▲南昌轨道交通房屋征收 1 号线总结表彰暨 2 号线动员大会在红谷滩会展中心召开。会议总结轨道交通 1 号线征收工作，部署 2 号线征收工作任务。

13 日

2013 年湾里区第二届“休闲农业·秀美乡村”活动月、梅岭第二届赏花节、2013 年第五届南昌（首届湾里）百里健行活动开幕式在秋水广场举行。

15 日

▲第五届南昌仲裁委员会成立仪式举行。

▲由中国科协青少年科技中心、省科协主办的“航天科技连你我——院士（专家）赣鄱行”科普报告巡讲活动启动仪式举行。仪式结束后，中国工程院院士、运载火箭技术专家龙乐豪等 6 位科学家分别走进南昌十九中、东湖区豫章小学等学校及部分社区，向广大市民和学生讲解航天科技知识。

16 日

▲全市经济形势分析会在市政府小礼堂召开。会议分析全市 2013 年第一季度经济运行形势，部署下一步全市经济发展主要工作。

▲全市百名人大代表政协委员担当“啄木鸟”活动启动仪式在红谷滩会展中心举行。

▲第五届全国网络媒体江西游活动在南昌县蒋巷镇湖光山舍农庄举行。中国新闻网、中青在线等全国 40 余家网络媒体出席活动。

18 日

▲市政府与省民政厅签订《共同推进民政事业改革发展，全力助推南昌打造带动全省发展核心增长极合作协议》。

▲全国城市一卡通互联互通接入仪式举行。南昌、抚顺、锦州、葫芦岛、淮安、永州、江油、昆山、江阴 9 个城市加入全国城市一卡互联互通。南昌市民持“洪城一卡通”可以在 17 个城市（2012 年上海、宁波、绍兴、湖州、台州、常熟、兰州、白银 8 个城市开通互联互通）刷卡乘公交或地铁，在部分城市还可享受乘坐轮渡、租赁自行车等服务。该项目由住房和城乡建设部负责指导、组织与推进。

▲南昌 828 宾馆 1 号楼毛泽东故居交接仪式举行。自此，故居正式交付南昌县进行日常管护。

▲江西省慈善书画院梅岭创作基地在湾里区太平心街挂牌，并举办首场“诗画太平”书画展。来自省内的 20 余名书画名家为该镇留守儿童现场作画。

20 日

▲由市文联、市作协联合主办的“我们的节日——2013 年南昌市谷雨诗会”在艾溪湖畔举行。诗会主题为“都市春天·中国梦”，旨在大力弘扬和发展民族文化，讴歌中共十八大为文化大发展大繁荣迎来新的春天，以提升南昌市“谷雨诗会”文化品牌形象。来自全市各界的诗歌爱好者共 80 余人参加诗会。本次诗会收到来自北京、广东、四川、陕西等 13 省市的 150 余名作者的诗作 300 首，最终由专家评选出一等奖 2 名、二等奖 4

名、三等奖6名、优秀奖21名。

▲法国欧尚·汇仁阳光项目落户签约仪式在小蓝经济技术开发区举行。

21日

市知识产权局、市知识产权维权援助中心联合省知识产权局、省专利事务所、市工商局、市消费者协会、市商标协会等单位在八一广场举行"4·26"世界知识产权日宣传咨询活动。活动现场共发放宣传资料400余份,宣传知识产权保护相关法律法规,介绍南昌市知识产权创造、运用、保护和管理的成果,为群众解答专利、商标申请、版权保护、识别假冒商品和知识产权侵权维权等方面问题。

23日

▲全市人感染H7N9禽流感联防联控工作会议召开。会议要求各县(区)、各有关部门高度重视人感染H7N9禽流感的防控工作,强化联防联控工作机制,组织实施各项应急措施,采取更加有效措施控制源头,及时回应社会关切,及时澄清不实传言,维护正常生产生活秩序。

▲江西五十铃整车和发动机公司成立暨项目开工仪式在新建县长堎工业园区举行。

24日

南昌市发现全省首例人感染H7N9禽流感疑似病例。25日,患者熊某被确诊为人感染H7N9禽流感病例,属全省首例确诊病例。

25日

▲省市联合举行2013年江西省侵权盗版及非法出版物集中销毁活动。

▲"巴士在线"文化创意及现代服务业示范基地项目签约仪式在西湖区人防指挥中心二楼会议室举行。该项目落户西湖区朝阳新城,总投资30亿元。

▲由中央电视台主办的公益活动2012年"寻找最美乡村医生"捐赠仪式在新建县南矶乡举行。

▲2013年全市消防工作会议在市政府小礼堂召开。会议通报2012年度全市消防工作目标任务落实情况及"除火患、保平安"冬春专项行动工作检查情况,部署2013年消防工作。

26日

▲全市2013年庆"五一"暨为南昌全面打造核心增长极建功立业推进大会在红谷滩会展中心召开。会议表彰20个"南昌市五一劳动奖状"单位、96名"南昌市五一劳动奖章"获得者、22个"南昌市工人先锋号"班组、15个"南昌市职工经济技术创新活动先进集体"、20名"南昌市职工经济技术创新活动组织工作先进个人"。

▲2013年全市旅游工作会议在市政府小礼堂召开。会议表彰2012年全市十大金牌导游员,授予龙城山庄等23家单位为"南昌市乡村旅游点"等。

▲洪大商会"情系雅安,责任洪大——抗震救灾洪大献爱心募捐活动"举行。

27日

第四批省级非物质文化遗产名录项目开始公示,116项非物质文化遗产被列入名单。其中南昌6项非物质文化遗产榜上有名,即在民间文学类中,西湖区的南昌浴仙池传说入选;在传统美术类中,西湖区的南昌宣纸刺绣入选;在传统技艺类中,新建县的新建走马灯制作技艺入选;在民俗类中,南昌县的向塘灯棍节、江西板龙灯、蒋巷黄河灯入选。

27—29日

2013年"昌南杯"洲际男子篮球四国(中国、美国、澳大利亚、立陶宛)挑战赛在南昌县体育馆举行。

28日

▲2013年港澳台商品交易会开幕式在华南城举行。

▲市防总组织召开全市防汛工作视频会议。会议贯彻落实全省防汛视频会商会精神和省委常委、市委书记王文涛在市委专题会关于做好当前防汛工作上及在市防总调研时的讲话精神。

▲全市首个街道非公联合党委——东湖区大院街道非公联合党委揭牌成立举行。该党委由江西省光华文化艺术有限公司、南昌拍卖行业协会、江西乘风投资有限公司等11个非公党支部组成,共有党员89名。

29日

由南昌日报社主办的江西首届幸福生活嘉年华暨《南昌晚报》创刊55周年读者节活动在八一广场开幕。活动现场分生活服务区、家居文化区、便民生活区、人居生活区及低碳环保区等五大展区,涵盖房产、汽车、家居、通信、家电、消费品等方面。本次活动为期3天。

5　月

2日

▲南昌、宜春两市经济社会发展交流座谈会召开。市委副书记、市长陈俊卿,宜春市委副书记、市长蒋斌出席并分别介绍两市经济社会发展情况。

▲由法国卢浮宫国际美术展组委会、省美术馆主办的2013年法国卢浮宫画展中国获奖作品作者巡回展南昌站在省美术馆开幕。

3日

2013年全市五四表彰大会暨首届"展翅·飞翔"青少年音乐会在江西艺术中心举行。

4日

"又见景德镇"——中青年艺术家陶瓷精品展开展仪式在南昌文化产权交易中心举行。17位景德镇中青年陶瓷艺术家在现场挥毫作画。9日,作品在拍卖会上进行无底价拍卖,拍卖所得款项全部捐往雅安地震灾区。

6日

全市巩固和深化河道采砂管理专项整治工作部署会议召开。会议部署打击河道非法采砂专项整治工作。

7日

▲市委、市政府发出《关于深入推进科技协同创新的实施意见》。实施意见从强化科技创新举措、强化企业创新主体地位、强化科技招才引智、强化公共平台建设、强化组织和政策保障5个方面就深入推进科技协同创新提出实施意见。

▲深圳泰格尔航空工业园项目落户安义县签约仪式在文峰园举行。

8日

全市信访工作会在红谷滩会展中心召开。会议表彰2012年度全市信访工作先进集体和先进个人等。

9日

南昌国家高新技术产业标准化示范基地验收会在高新区管委会召开。会议通过对高新区产业集群标准化示范基地的验收。

10日

▲轨道交通2号线一期工程世行贷款2.5亿美元谈判签约仪式举行。

▲"Show美江西·风景独好"全球海选旅游体验师活动正式启动。

10—19日

国家农业综合开发办主任王光坤一行到南昌县、安义县等地,就农业综合开发工作进行调研。

11日

小蓝汽车城产业配套项目——江西国际汽车广场正式开业。

13日

▲全市第一届残疾人艺术汇演暨江西省第七届残疾人艺术汇演南昌赛区比赛在新建县文化会堂举行。

▲2013年南昌幽兰首届佛教文化旅游节暨南昌市佛教慈善周启动仪式在南昌县幽兰镇文昌讲寺举行。

14 日

中国南昌第二届“休闲农业·秀美乡村”活动月总结大会暨百个重点都市现代农业项目推进会在新建县溪霞镇怪石岭生态公园召开。

15—17 日

由南昌日报社主办的“中国西部媒体南昌行”活动举行。16 家西部地区的主流媒体 40 余名记者交流报业发展经验，并对全市城建、文化、旅游进行参观考察。

16 日

由省文化厅、省文物局主办的全省庆祝“5·18”国际博物馆日主会场活动在八大山人纪念馆举行。活动安排八大山人作品展、“八大山人研究”专家论坛等内容。

17 日

▲第九届中国（深圳）国际文化产业博览交易会在深圳会展中心举行。南昌馆主题是“历史文化名城、中国水都南昌”，有 14 个单位参展，展出面积 50 平方米，展品包括南昌文化名胜介绍、金属工艺品、砚台雕刻、豫章绣、漆画、发绣、瓷板画等。

▲“智慧城市”南昌门户正式上线。该门户聚合全市政务、交通、生活、教育、医疗、旅游等近 100 项民生公共服务信息，通过手机、电脑等接入方式，以统一的门户平台发布。

18 日

第十届（2011—2012 年度）全国博物馆十大陈列展览精品评选结果揭晓，南昌县博物馆（洪州窑青瓷博物馆）的“洪州窑青瓷展”获 2012 年度全国博物馆十大陈列展览精品奖。

19 日

2013 年南昌科技活动周开幕式在南钢花园广场举行。该活动周围绕“科技创新美好生活”主题，从科技创新促进美好生活、普及科学技术知识、丰富群众科学文化生活等 5 个方面开展 19 项科普活动。

21 日

全市“蓝天行动”动员部署大会在红谷滩会展中心召开。《南昌市蓝天行动计划》重点是加大对工业废气污染防治、高污染燃料区污染防治、城市扬尘污染防控和整治、机动车排气污染防治、餐饮油烟污染整治、农村大气污染防治、绿化工程建设、环境空气质量检测与预警、区域大气污染联防联控等。到 2015 年，南昌上空的二氧化硫、氮氧化物排放量比 2010 年分别下降 11%、16%，可吸入颗粒物（PM10）、二氧化硫、细颗粒物（PM2.5）年均浓度比 2013 年分别下降 10%、7%、4%，全面完成污染物减排任务，实现主要大气污染物排放总量显著下降；煤烟污染、扬尘污染与机动车排气污染等得到有效控制，雾（灰）霾、酸雨等污染程度明显减少。

24 日

由省委台办、省教育厅主办的江西南昌海峡两岸民办大学人力资源管理策略研究论坛开幕式在南昌职业学院安义校区举行。

26 日

南昌市中小企业专家服务团暨南昌创业大学创业导师团正式组建成立。该团队将按产业经济、人才开发、社会中介、农业技术、工业技术、综合技术划分为六个服务队，每支服务队高级职称或行业领域专家人数不少于 10 人。专家服务团（创业导师团）的入选条件必须具有高级以上技术职称，且在本专业具有一定影响力并自愿为中小企业服务的相关专业技术人员或专业职务的人员。目前，首批专家服务团（创业导师团）已聘请专家 80 位，要求年均服务企业数量在 150 户以上。

28 日

▲市政府召开新闻发布会，宣布市中小企业综合服务平台正式开通运营。该服务平台属于社会公益性服务机构，不收取来访企业和入驻服务机构任何费用，现有服务功能 21 项，涵盖投融资担保服务、信息服务、技术服务、创业服务、培训服务等。

▲全市中小微企业融资战略合作签约仪式在市工信委大会议室举行。中国民生银行南昌分行等四家投融资机构及中国中小企业综合金融服务平台分别与市工信委签署战略合作框架协议。

▲省农业综合开发办与市政府《建设全省农业综合开发先行先试区，打造带动全省发展的核心增长极合作备忘录》签字仪式在市政府小礼堂举行。

29 日

▲江西晶安高科技股份有限公司院士工作站揭牌仪式在安义县举行。该院士工作站已有进站院士两位，分别是中国科学院过程工程研究所张懿院士、北京有色金属研究总院张国成院士。

▲团市委、市青年志愿者协会主办的南昌市共青团关爱农民工子女志愿服务系列活动举行。志愿者陪同 100 余名农民工子女到省科技馆参观，并来到青山湖区城东学校、东湖区阳明学校等地，为农民工子女送上“七彩课堂”和节日礼物。

30 日

江西省“知侨情、暖侨心、解侨困”主题年活动暨“全国社区侨务工作明星社区”授牌仪式在红谷滩新区丰和新城社区举行。省市领导蔡晓明、谢茹、刘礼祖、高鹰群、龙国英等出席并为“全国社区侨务工作明星社区”“侨法宣传角”“侨爱工程——送温暖医疗队”“关爱工程——归侨侨眷子女夏令营”“海外华裔青少年寻根之旅夏令营”“侨资企业西部行”等授牌授旗。

31 日

▲省委书记强卫一行到东湖区樟树林文化产业园等地，察看南昌瓷板画研究中心、江南艺术馆、星美国际影院等发展情况。

▲全市批而未用土地处置工作部署会召开。会议就进一步加快全市批而未用土地清理处置和消化利用工作进行部署。

▲2013 年江西省（南昌市）安全生产月活动启动仪式暨宣传咨询日活动在青云谱区江铃广场举行。

▲全国第三大 B2B 电商中国网库集团与高新区签约，联手打造“江西电商谷”——“江西实体企业电子商务产业基地”项目。中国网库将在 3 个月内挑选 20 家企业建成 20 个单品电子商务交易平台，并在 3 年内引进或推动 20 家第三方电子商务服务公司（金融、认证、交易、智能物流、信息技术等）入驻“江西电商谷”，打造 50 个单品网上交易平台，建立“江西大宗商品交易网”，实现网上交易额总共达到 100 亿元，成为江西地区大宗商品进行网上供销采购的核心交易平台。

6 月

1 日

由市文明办、市慈善义工协会主办的“爱护南昌水环境公益大行动”启动仪式举行。在此次行动中，各高校志愿者拿着环保袋分成 7 支队伍，分别到赣江、抚河、艾溪湖和象湖等地捡拾沿线的白色垃圾。

2 日

江西省“第六届中国环境与健康宣传周”活动启动仪式在西湖区象山广场举行。

3 日

全市首届“洪城杯”职业技能大赛开幕式在江西现代职业技术学院举行。全市共有 24 支代表队、453 名选手参赛，赛程为期 6 天，设教师组、职工组、学生组 3 个组别，分数控车工、数控铣工、工具钳工、汽车修理工、计算机程序设计员、动画绘制员6个竞赛项目。

5日

中国·南昌第五届杨梅旅游文化节在安义县开幕。本届杨梅旅游文化节持续近1个月,举办种梅能手——杨梅王擂台赛;品梅高手——百名游客品梅赛;画里安义——安义风情摄影大展;杨梅之夜——鼎湖家园啤酒篝火晚会;美丽南昌——南昌乡村旅游发展讲座;杨梅之约——游杨梅园、摘鲜杨梅、游明清古民国新村、新农村等活动。

6日

▲“我们的节日·端午节”“中华长歌行”特别节目微电影《豫章端午粽叶香》举行杀青仪式。该部电影由市委宣传部、市文明办组织摄制,通过一家祖孙三代过端午的故事,穿插包粽子、缝香囊、插艾草、挂菖蒲、划龙舟、唱采茶戏、全家团聚等情节,表现具有南昌本土特色的端午节日民俗活动。

▲市政府发出《关于深化第八轮行政审批制度改革全面简政放权的决定》。该决定保留市本级行政审批事项217项(其中行政许可151项、非行政许可66项目),削减126项,削减率36.73%;保留涉审批行政事业性收费41项,削减11项,削减率21.54%;清理涉及行政审批的中介服务事项270项,其中保留中介服务事项254项、取消16项;共下放(委托)审批事项240项,比第七轮审改增加116项,增加率93.55%。

▲2013年南昌(香港)重点产业推介会暨重大项目签约仪式在香港九龙香格里拉大酒店举行。会上签约项目13个,签约合同金额达17亿美元。

▲全市扶贫开发暨“一村一品”现场推进会在安义县召开。自2011年以来,全市扶贫资金投入达到1.3亿元,实施扶贫项目576个,贫困人口数量从30万人减少到26万人,具有特色的专业乡(镇)达到60%以上,专业村发展到605个。

8日

“国家级非物质文化遗产——南昌瓷板画保护中心”揭牌仪式在樟树林文化生活公园举行。南昌瓷板画2008年入选第二批“国家级非物质文化遗产”保护名录,实现全市“国字号”非物质文化遗产零的突破。

9日

由省政府决策咨询委员会主办,南昌市委、市政府承办的南昌、九江、宜春、抚州四市区域合作决策咨询暨首届协商会在前湖迎宾馆召开。会议签署《南昌、九江、宜春、抚州四市区域合作框架协议》,形成“前湖共识”。

13日

▲全市“畅通省城”工作动员大会在市政府小礼堂召开。会议贯彻落实省、市人大交办的“畅通省城”84条建议意见,部署“畅通省城”工作。

▲全市道德模范和身边好人巡演、巡讲、巡展活动在江西省建筑工业学校举行。自2008年全市道德模范评选表彰和“我评议、我推荐身边好人”活动开展以来,全市先后涌现一大批可亲、可敬、可学的道德模范和身边好人。邱娥国被评为首届全国道德模范,陈勇琦、袁政海、熊林根荣获全国道德模范提名奖,陈勇琦、万兰香等被评为全省道德模范,章金媛、杨金平、龚辉等30人被评为南昌市道德模范,高美莲、熊汉议、范圣高等20余人荣登“中国好人榜”。

14日

▲省领导鹿心社、王文涛一行到位于安义县的江西晶安高科技股份有限公司、江西雄鹰铝业股份有限公司、安义现代农业科技园等地调研。

▲中央电视台“寻找最美消防员”大型公益活动颁奖晚会在北京举行。市消防支队八一中队战士胡庆松获“特别关注消防员”称号。

17日

▲省委书记强卫一行到位于高新区的江西联创电子有限公司、江铜—耶兹铜箔有限公司等企业考察,并就有关工作进行座谈。

▲全市2013年普法依法治市工作暨“六五”普法中期检查督导工作动员部署会在红谷滩会展中心召开。

▲全市节能工作会议在市政府小礼堂召开。2012年全市单位工业增加值能耗同比下降8.35%,超额完成省里下达的4.2%的任务目标。

18日

▲全市打造带动全省发展的核心增长极推进大会在红谷滩会展中心召开。会议观看《迈向增长极——打造核心增长极一周年重大重点项目巡礼》电视专题片,学习贯彻省委常委会会议精神,宣读《中共南昌市委、南昌市政府关于表彰荣获2012年南昌市打造核心增长极税收突出贡献奖的企业(经济实体)的决定》《南昌市政府关于深化第八轮行政审批制度改革全面简政放权的决定》《南昌市被征地农民参加养老保险实施办法》等。

▲南昌万达文化旅游城开工仪式在九龙湖举行。该项目总投资近400亿元,是全省30年来投资最大的单个项目。

19日

全市服务中小企业发展融资洽谈会在红谷滩会展中心召开。2012年,全市中小企业已达72642家、个体工商户157070家;驻南昌金融机构对南昌新增贷款余额达到674.2亿元,占全市固定资产投资的25.7%。自南昌打造核心增长极以来,国家开发银行江西省分行、交通银行江西省分行、北京银行南昌分行、工商银行江西省分行等相继与南昌签订战略合作协议,融资规模达到1600亿元。

20日

江铃汽车股份有限公司30万辆小蓝基地投产暨全球第700万辆全顺汽车下线、20万台汽油发动机项目启动仪式在小蓝经济开发区举行。

21日

▲全市消防安全大排查大整治活动暨夏季防火工作动员部署会议召开。会议通报2013年上半年全市消防安全工作情况,部署开展消防安全大排查大整治活动及夏季防火工作任务。

▲市老年摄影协会成立大会在市老干部活动中心召开。会议通过《南昌市老年摄影协会章程》及老年摄影协会理事、顾问等建议名单,选举产生市老年摄影协会会长、副会长、名誉会长等人选。

24日

▲全市2013年上半年经济形势分析会召开。会议分析当前全市经济运行情况,部署下一步工作任务。

▲全市2013年征兵工作电视电话会议在南昌警备区召开。

25日

▲全省首条环湖绿道“艾溪湖绿道”开通仪式举行。艾溪湖绿道总投资1.1亿元,总长15千米,绿化面积达18万平方米,分人行道和自行车道。其中自行车道用红色沥青摊铺,统一宽度为3米;人行道用黑色沥青摊铺,宽度因地制宜,宽窄不一。

▲全国第二届国土资源节约集约模范县(市)表彰会召开。安义县获“第二届全国国土资源节约集约模范县”称号。

26日

▲南昌、抚州两市在前湖迎宾馆签订《关于加快推进昌抚一体化战略合作框架协议》。

▲省禁毒委员会、市禁毒委员会联合在八一广场举行“6·26”国际禁毒日大型宣传活动。

28日

▲全市城乡发展一体化配套改革试点工作推进调度会暨朱坊村中心村建设

启动仪式在新建县樵舍镇朱坊村举行。

▲全市被征地农民参加养老保险工作启动实施暨政策培训大会在市委党校礼堂召开。会议明确全市12月底前完成参加城镇职工养老保险的被征地农民纳入省级统筹的工作。

29日

南昌电网首个智能化变电站——红谷滩110千伏变电站1号主变合闸成功。该变电站位于红谷滩新区凤凰大道、世贸路、碟子湖大道、会展路合围区域中规划一路与规划A路交叉口的东南侧，占地面积约为0.29公顷，总投资近3亿元。变电站拥有两台主变压器，变电容量为10万千伏安，110千伏线路2回，路径全长10.5千米，10千伏线路24回，所有供电线路全部采用地下电缆。

7 月

1日

南昌日报社与交通银行股份有限公司江西省分行战略合作签约仪式在南昌日报社举行。

5日

▲全市旧城改造工作现场会在湾里区召开。

▲希腊天然制品公司落户高新区签约仪式举行。该公司计划投资3800万美元，在高新区建立包括橄榄油、红酒在内的制造生产厂及高档原装进口橄榄油分拨配送中心和区域销售中心。

12日

南昌银行、南昌轨道交通集团有限公司全面战略合作签约仪式在南昌银行总行10楼会议室举行。

13日

南昌新闻网正式更名为天圆网，并启用新标志。新标志是一个独特的蓝色球体，圆点围绕一颗星在扩散，中间一个圈围着圆，像一张信息网，覆盖全球，时刻掌握最新资讯，下边是一张船帆的缩影，象征着天圆网重新起航。

16日

▲“重走长征路，宣讲百座城，共筑中国梦”公益活动启动仪式在南昌举行。该活动由长征精神演讲家李宝清发起，93岁高龄老红军张元和将军向其授旗。“新长征团队”成员由年龄跨度从“40后”到“00后”共7人组成，于8月1日从八一广场出发，将历时3个多月横跨10余省，途经100座城市，全程在1万千米以上，全部采用骑自行车和步行的方式进行，每到一座城市与当地大学、社区、村委会等合作举办长征精神宣讲活动。

▲深化平安南昌建设工作会议在红谷滩会展中心召开。会议学习贯彻总书记习近平关于建设平安中国的重要批示和中央及省委深化平安建设工作会议精神，总结近年平安南昌建设工作，部署下一阶段深化平安建设任务。

▲百度江西营销体验中心落户新华安699创意产业园签约仪式举行。

▲财富中文网发布财富中国500强排行榜，江铜、正邦科技、方大特钢等高新区企业榜上有名。

17日

▲全市反邪教工作会议召开。会议传达全国、全省有关会议精神，总结2013上半年工作，部署下半年工作任务。

▲全市2013年早稻收购工作会召开。会议部署2013年早籼稻收购工作执行好最低收购价预案及落实早籼稻最低收购价政策工作。

▲市政府与江西出入境检验检疫局签署《关于发挥检验检疫优势，全力支持南昌发展，打造核心增长极的合作协议》。

▲统一集团新生产基地项目签约仪式举行。该集团决定在南昌经济技术开发区投资15亿元，建设8条生产线，投产后年产值22亿元（主要以饮料生产为主），年纳税1.3亿元。

18日

轨道交通2号线一期工程银团贷款签约仪式在南昌轨道公司举行。国家开发银行、中国银行、中国农业银行、中国建设银行、中国邮政储蓄银行五大银行的103亿元银团贷款“大单”正式签订。

19日

▲南昌二中初中部昌北校区挂牌仪式举行。新校区以原南昌经济技术开发区实验学校为办学地址。

▲南昌三中高新校区正式揭牌。新校区采取南昌三中与孺子学校初中部联合办学模式，共同打造城东区域教育名校，标志着高新区作为国家级高新区无重点中学成为历史。

▲2013年梅岭第二届纳凉节暨太平心街啤酒节开幕。其间，举办首届太平“心街”啤酒节、梅岭纳凉茶会、梅岭生态漂流赛、罗亭葡萄采摘赛、清凉泮溪——狮子峰之夜纳凉晚会、邂逅竹海——逸景营地青年happy派对、洗药湖七夕节、健康湾里——景区门票大优惠等系列活动。该节日至8月17日结束。

20日

全市2013年上半年经济运行分析会在市政府小礼堂召开。会议总结2013年上半年全市经济运行情况，部署下半年全市经济发展主要工作。

21日

市委中心组（扩大）举行“学党章、学准则”主题报告会。中国纪检监察报社社长李本刚应邀作专题报告。

23日

中国美丽村庄陶艺鉴赏会在鄱阳湖大酒店举行。

25日

由世界银行、省财政厅主办的世行贷款南昌轨道交通2号线一期工程建设项目、鄱阳湖生态经济区及流域城镇发展示范项目、景德镇浯溪口水利枢纽工程项目、上饶三清山机场建设项目的启动会暨研讨会在南昌市举行。该4个项目贷款总额为5.5亿美元，占世界银行2013财年（2012年7月至2013年6月）对中国贷款总额的35.7%。

26日

▲全市创建工作部署会在市工商局召开，部署全市文明城市创建工作。

▲全市2013年上半年老干部经济社会发展情况通报会召开。会议向老干部通报全市经济发展情况。

27日

路怀中国画陶瓷作品展在市文化产权交易中心开幕。

28日

总投资10亿元的气凝胶纳米保温材料重大项目落户安义县签约仪式在广东佛山市三水区金太阳酒店举行。

29日

由市委宣传部等单位主办的全市庆祝建军86周年文艺晚会在红谷滩会展中心举行。

29—30日

由全国、省、市人大代表组成的“工业和服务业”“城市建设和管理”“社会和民生事业”视察组分别到江西慧谷—用友南昌产业园、九龙湖万达文化旅游城、西客站广场及配套路网工程、朝阳大桥、轨道交通1号线秋水广场站等地，察看重大重点项目建设情况。

30日

市政府与中国出口信用保险公司南昌营管部签订《出口信用保险战略合作协议》。

31日

▲省长鹿心社一行到红谷滩交警大队龙腾路口执勤岗、南昌水业集团牛行水厂等地，就电力迎峰度夏情况进行调研，并看望慰问坚守工作岗位的一线干

部职工。

▲中共南昌市委十届七次全体(扩大)会议在红谷滩会展中心召开。会议传达省委十三届七次全体(扩大)会议精神,围绕贯彻落实省委全委会提出的“发展升级、小康提速、绿色崛起、实干兴赣”十六字方针,推动各项工作迈上新台阶,努力保持打造核心增长极势头,从推动经济发展升级、大力改善城乡面貌、深化改革全面发力、全面推进小康提速、加强干部队伍建设等五个方面作出部署;对照全年工作任务和打造核心增长极阶段性目标,总结全市上半年工作,部署下半年工作任务;审议并原则通过《中共南昌市委关于进一步改进作风、加强干部队伍建设的决定(讨论稿)》等。出席全会的市委委员55人、候补委员11人,符合党章有关规定。

8　月

1日

▲由中国银行业协会组织的16家外资银行考察团来到市城市规划展示馆、中国银行(新地中心)、绿地中心、格特拉克(江西)传动系统有限公司、小平小道等地,开展“赣鄱行”活动。下午,考察团“赣鄱行”活动恳谈会在前湖迎宾馆召开。南昌市共有各类金融机构240余家,至6月末,全市金融机构本外币存款余额为6508.50亿元,占全省比重为34.80%,比年初增加736.78亿元;全市金融机构本外币贷款余额为5281.31亿元,占全省比重43.11%,比年初增加430.93亿元。

▲新建县城红湾公路、长堎大道、长麦路南延、文教路西延、外环路建设五条主干道开工仪式举行。

2日

▲省市领导王文涛、郭安、刘建洋、江晓斌、高伟等就做好旧城改造(房屋征收、土地收储)工作与东湖区、西湖区、青云谱区、青山湖区党政主要领导和分管领导进行集体约谈。省委常委、市委书记王文涛强调,推进旧城改造,计划要确定、领导要挂帅、政策要统筹、单位要协调、资金要保障、规划要到位、项目要落地、安置要先行。下一步,要按照“全市聚焦、快中求稳、背水一战”的总要求,抓实落实实施。各区要按照连线成片的要求,制订好三年计划,并明确改造的次序和2013年完成的时间节点,挂图作战。要依法依规,实施过程中该做的工作要做,该走的程序要走。要优先规划建设安置房,推动旧区人口导出、新区人口导入,让老百姓在旧城改造中得到更多实惠。要坚持高位推动,机构、队伍、人员要尽快到位并固定下来。要科学合理设计政策,区里为主,市级统筹,让旧城改造更好地推动发展、改善民生。要按计划加速推进土地收储,确保全面完成既定目标任务。同时,要切实做好旧城改造房屋征收和土地收储过程中的社会稳定工作。

▲接中共江西省委赣委〔2013〕192号通知,省委决定:免去陈俊卿的中共南昌市委副书记、常委、委员职务。

6日

市委、市政府发出《关于建设廉洁南昌,服务和保障打造核心增长极的若干意见》。若干意见从“深刻认识建设廉洁南昌的重要意义”“准确把握建设廉洁南昌的总体要求”“充分明确建设廉洁南昌的主要任务”三方面就推进廉洁南昌建设提出意见。

8日

▲绿地南昌国际博览城开工仪式举行。该项目由上海绿地集团开发建设,投资达300亿元,位于九龙大道以东、赣江大道以西,规划占地面积约166.67公顷,总建筑面积约400万平方米,是集会展会议、风情小镇、文化、旅游、商务、商业、居住“七位一体”的城市产业地产综合体,建成后预计将拉动地方经济600亿元、带动地方税收140亿元、导入人口18万,新增就业岗位5万个。其中,该项目率先启动的国际会展中心建成后将成为江西唯一、中南部规模最大、功能最全、规格最高,集展览、会议、信息交流、商贸洽谈等功能于一体的国际综合会展中心。

▲赣昌农商银行开业庆典在南昌县文化会展中心举行。南昌县农村信用联社正式更名为赣昌农商银行。更名后,赣昌农商银行可以异地开办分行。

▲2013年全市首届全民健身排舞大奖赛总决赛暨“舞动赣鄱·健康江西”江西省全民健身广场舞展示活动在八一体育场举行。

9日

▲南昌县50个重大工业项目集中签约、开工、投产仪式在县文化会展中心举行。仪式上,共签约项目24个,总投资99.4亿元;开工项目11个,总投资36.9亿元;投产项目15个,总投资28亿元。其中投资超10亿元项目有7个,超亿元项目有34个;汽车及零部件项目12个,食品和生物医药项目14个,物流项目3个。

▲红谷滩新区免费公共自行车“智能绿色出行”活动启动仪式在红谷滩行政广场举行。该区投入800余万元,采用物联网等先进技术对红谷滩67个免费公共自行车服务站点进行智能化升级。市民通过智能服务系统租、还车将不再受时间限制,可全天候24小时享受服务。

12日

▲中国针织服装创意产业园研讨会在青山湖区召开。

▲副市长肖玉文率市参会代表团前往赣州市,参加第六届海峡两岸客家高峰论坛和第十一届赣台经贸文化合作交流大会。13日,在第十一届赣台经贸文化合作交流大会重点项目签约仪式上,南昌市共签约项目6个,投资总额5.15亿美元。

13日

▲省委十三届七次全会精神宣讲报告会在红谷滩会展中心召开。

▲省市领导王文涛、曾光辉、江晓斌等会见市委宣讲团成员。该宣讲团由市委选调5名领导干部组成,主要宣讲省委十三届七次全会、市委十届七次全会精神,从8月15日开始分赴各县区、开发区(新区)进行宣讲。

14日

全市2013年“全国科普日”活动启动仪式在西湖区象山文化广场举行。

14—15日

2013年全国网校工作交流研讨会在云南省玉溪市召开。南昌市网上家长学校获“全国家庭教育网络文化活动优秀组织奖”。

15日

▲市规划委员会2013年第一次会议在市城市规划展示馆召开。会议审议城市公共交通系统规划、中心城区地下空间专项规划等方案。

▲华润集团商业综合体项目落户高新区签约仪式举行。

▲市妇女儿童活动中心改建工程开工仪式举行。该工程改造装修总建筑面积约为1.4万平方米,总概算为3556.3万元,将于2年内完成。活动中心设置有儿童潜能开发区和实践大课堂、妇女儿童兴趣培养、演艺活动舞台、各类文体活动培训教室等多个功能区域。

▲由市委宣传部、市文联、市文化新闻出版局、市广播电影电视局等单位主办的“文化梦·百姓梦”全市十大“最美基层文化工作者”评选活动颁奖典礼在市广电中心演播大厅举行。邹双勇、王丽珍、胡友贵、杨武、万新明、陶永红、陶学湖、王永鸿、翁学军、吴绍文荣获“文化梦·百姓梦”全市十大“最美基层文

化工作者”称号。

16 日

▲接中共江西省委赣委〔2013〕225号通知，省委决定：免去李小豹中共南昌市委常委、委员职务。

▲“乐游南昌”南昌首部城市微电影剧本征集暨城市旅游微电影创作大赛颁奖典礼在南昌广播电视台国际会议中心举行。由南昌市作家吴邦国创作的《南昌OK，南昌女人OK》获得剧本征集一等奖，由江西师范大学选送的《缘来在这里》获得旅游微电影创作一等奖。

19 日

由天圆网联合新浪网推出的新闻资讯手机客户端——《新浪天圆快报》正式上线。

20 日

▲全市特色小镇暨“五位一体”综合示范村建设现场推进会在青云谱区政府五楼第八会议室召开。会议就做好当前和今后一个时期的特色小镇暨“五位一体”综合示范村建设工作进行部署。

▲华夏城视（CUTV）与南昌广播电视台合作签约暨CUTV南昌台上线启动仪式举行。

21 日

进贤县政府与中科院水生生物研究所、南昌大学、省水利水电科学研究所签订军山湖建立江豚迁地保护区协议。根据协议，进贤县将在军山湖划出2000公顷水面建立江豚栖息保护区。

23 日

▲市关工委、南昌慈善总会举行帮扶助学金发放仪式。10名大学新生每人获得5000元助学金，18名中小学生每人获得500元助学金。

▲2013年金圣助学受助仪式在高新区金圣工业园举行。来自全省50名优秀贫困学子每人获得6000元助学金，2名学生每人获得5000元奖学金。

24 日

第44届南丁格尔奖章颁奖大会在北京人民大会堂召开。省红十字志愿护理服务中心副秘书长、南昌大学第四附属医院医疗服务部主任邹德凤获南丁格尔奖章。

26 日

由省总工会、市总工会主办的2013年江西工会金秋助学资金发放启动仪式在红谷滩会展中心举行。

28 日

▲南昌县与江铃集团共建深度合作推进会暨汽车零部件产业园项目集中开工仪式在小蓝经济开发区举行。双方签订南昌县支持江铃集团产业合作协议并交付产业发展扶持资金2亿元，签署小蓝汽车零部件产业园合作框架协议，集中签约总投资14.65亿元的8个汽车零部件项目。

▲旺旺集团清凉饮料捐赠仪式举行。捐赠的饮料总价值270万元，将分发给奋战在高温一线的环卫工人、交警、城管队员等。

▲由省人保厅、省总工会、南昌铁路局主办的大型综合赛事——“振兴杯”铁道行业职业技能竞赛在南昌铁路局南昌客技站举行。本届职业技能竞赛共有59个单项项目、8个团体项目比赛，参赛人数达6万余名。对获得个人项目决赛前3名的选手，省人保厅授予“江西省技术能手”称号；对35岁以下的获奖选手，省人保厅、团省委授予“江西省青年岗位能手”称号；对获奖女选手，省妇联授予“巾帼建功标兵”称号。

▲位于青云谱区朱姑桥梅村的梅汝璈故居正式开放。

29 日

悦达·奥特莱斯小镇项目开工奠基仪式在高新区瑶湖新城举行。该项目占地19.33公顷，总建筑面积45万平方米，以奥特莱斯名品商业为中心，集商务办公、餐饮娱乐、购物休闲、酒店旅游、高品质居住等多功能于一体的复合型奥莱产业综合体。

30 日

2013年“金立智能手机杯”中国围棋甲级联赛暨“中国体育彩票·南昌东湖”杯东湖专场围棋赛在中国联通江西分公司总部大楼举行。

9　月

1 日

▲全国群众体育工作双先表彰大会在沈阳召开。会上，南昌县获“全国群众体育工作先进县”称号。

▲由国家禁毒办、中国禁毒基金会、国家禁毒教育示范基地、省禁毒办、市禁毒办联合主办的2013年中国禁毒志愿者汽车万里行发车仪式在八一广场举行。

3 日

▲省长鹿心社一行到西湖区居家养老服务指导中心、西湖区社会救助中心等地，察看党的群众路线教育实践活动开展情况，看望慰问基层干部群众。

▲由市妇联、凯德商用公司主办的“我的第一个书包”公益捐赠活动在南昌县塔城乡芳湖小学举行。

4 日

全国政协副主席、九三学社中央主席韩启德一行到八大山人梅湖景区等地参观考察。

5 日

省委书记强卫一行到位于进贤县的鹏翔医疗设备集团有限公司、文港镇毛笔博物馆、李渡烟花集团有限公司等地调研。

6 日

▲全国人大常委会副委员长、民革中央主席万鄂湘一行到江西恒大高新技术股份有限公司、青云谱区等地，就人身损害赔偿法律适用、中央财政转移支付等工作进行专题调研。

▲市政府与中国北车股份有限公司签署战略合作框架协议。根据协议，北车长春公司投资20亿元在南昌市建立“南昌轨道交通车辆组装生产基地”。

8 日

由省委宣传部、省文化厅、市政府主办的第五届江西艺术节在江西艺术中心开幕。省委书记强卫出席并观看首场大戏《有事找老杨》。

9 日

▲全市第二届“感动洪城”十大最美教师颁奖典礼在市广电中心演播大厅举行。

▲2013年南昌县重大重点项目集中签约仪式在县文化会展中心举行。

10 日

市委办公厅印发《关于欧阳海泉同志任职的通知》。接中共江西省委赣委〔2013〕246号通知，省委决定：欧阳海泉任中共南昌市委委员、常委、副书记（正厅级）。

12 日

▲南昌市人民政协理论研究会成立大会在市政协常委会议室召开。会议审议并通过《南昌市人民政协理论研究会章程（草案）》，选举产生研究会第一届理事会，宣读全国人民政协理论研究会贺词等。

▲南昌市“国家基于云计算的电子政务公共平台顶层设计实施试点城市”揭牌仪式举行。

14 日

由市科协、市教育局、市环保局、西湖区委、西湖区政府主办的全市2013年“全国科普日”活动启动仪式在象山文化广场举行。

15 日

由市妇联、市人保局、市商贸委主办的全市第二届“红杜鹃·洪城大嫂”妇女家政服务技能大赛决赛暨颁奖仪式在西湖区桃花镇大塆村社区广场举行。全市共有20余家家政服务公司近300名妇女报名参赛。

16日

▲2014年市级部门预算编制工作会议在红谷滩会展中心召开。会议分析当前财政经济形势,总结2013年市级部门预算编制工作,部署2014年工作任务。

▲全市森林防火、松材线虫病防控、国有林场改革、鄱阳湖越冬候鸟和湿地保护工作暨"千万树木进千村活动"电视电话会议召开。

17日

全市"中小学校园广播联盟"成立暨南昌广播电视台《学在南昌》节目开播仪式在南昌广播电视台举行。该联盟是全国首家以中小学校校园广播为平台,城市主流广播频率为播出载体的校园广播联盟。首批将有近30所中小学校共同参与联盟,各学校将在固定时间(13:30—14:00)转播南昌广播电视台调频FM91.7新闻频率为该联盟量身定制的广播节目《学在南昌》。该节目为日播型节目,每期时长30分钟。

18日

▲全市领导干部会议在红谷滩会展中心召开。会议传达学习"省委学习贯彻省委十三届七次全会精神专题研讨班"精神,部署全市贯彻落实工作。

▲全市组织工作会议在红谷滩会展中心召开。会议学习贯彻中共十八大及全国、全省组织工作会议精神特别是习近平总书记和省委书记强卫重要讲话精神,研究部署当前和今后一个时期全市党的建设和组织工作。

▲2013年全市"宗教慈善周"活动捐赠仪式在市委统战部会议室举行。通过全市宗教团体共募集慈善捐款35.26万元,其中13.35万元已通过市慈善总会捐往雅安地震灾区,其余资金将全部用于社会慈善公益事业。

20日

由市旅游局、凤凰沟风景区主办的"秋韵·秋赏凤凰沟"第六届南昌桂花节暨果蔬采摘节开幕式在凤凰沟举行。此次活动持续2个月,举行"四季风光"全国摄影大展、免费尝桂花产品、篝火盛会、享"童趣"农事体验等活动。

22日

以桑给巴尔政府报业公司副主编纳西玛·哈吉·查姆为团长的桑给巴尔国家媒体人员研修班一行到万达星城社区等地参观考察。

22—26日

省市领导王文涛、郭安、欧阳海泉、蔡社宝、卢晓健等市四套班子成员分别到四县五区(开发区、新区),开展2013年全市"三看"(看新不看旧、看大不看小、看特不看平)活动,察看工业和服务业项目落地开工、投产达产、效益贡献等情况。26日,全市"三看"活动总结大会在红谷滩会展中心召开。省委常委、市委书记王文涛出席并讲话强调,"三看"不是目的,只是手段;不是终点,只是起点。在抓项目、强产业、促发展的过程中,要进一步解放思想,牢固树立服务意识、市场理念和协作精神。要进一步提升能力,破解各种新老问题,做到"有专业素质、会整合资源、能开拓创新"。要进一步转变作风,强化"六种作风"特别是要始终坚持真抓实干、坚韧不拔、负责担当的作风,在比学赶超中进一步创造新的业绩,为南昌打造核心增长极作出新的贡献。

23日

中国联通授权毫米公司全网运营动漫业务暨泰豪与淘米合资签约新闻发布会召开。沃动漫平台由泰豪集团与中国联通江西分公司共同启动筹建,经过近1年的试运营,该平台点击量现已过千万,聚集102家内容提供商,包括迪士尼、华纳兄弟、央视动画等,聚集作品1146部1.31万集。

25日

▲永修县、庐山西海风景名胜区管委会加盟南昌都市圈旅游休闲年票签约仪式在永修县举行。此次加盟的景区有永修县的燕山龙源峡、吴城古镇、西海龙山、凤凰桃花山、桔园景区、桃花溪漂流景区,以及庐山西海风景名胜区管委会的云居山景区。"南昌都市圈国民旅游休闲年票"票价80元,主要涵盖南昌市区域内国家AAA级以上旅游景区和省AAAA级以上乡村旅游景点。

▲红谷滩新区首届读书节暨新华文化城开业仪式举行。首届红谷滩读书节安排图书博览会、文化大讲堂及签售活动,"百本数字图书大赠送","喜欢读书的99个理由"微博大赛等12项活动。江西新华文化城文化综合体项目是全省第一座大型一站式文化综合体,位于赣江之滨的学府大道和红谷南大道交汇处,总占地面积3.2公顷,投资约3亿元。

26日

▲第四届全国道德模范评选结果揭晓。市道德模范皮祖强获全国见义勇为道德模范称号,章金媛获全国助人为乐道德模范提名奖。

▲南昌市酒店用品行业商会成立大会召开。

▲中部内陆腹地连接海峡西岸的第一条快速铁路——向(塘)莆(田)铁路开通仪式在西客站举行。

27日

▲由市委宣传部、市文明办、市教育局、团市委、市妇联、市关工委主办的"向国旗敬礼、做一个有道德的人"网上签名寄语活动启动仪式在南师附小红谷滩分校举行。该活动组织未成年人登陆中国文明网、央视网或中国未成年网、中国校外教育网、未来网、中国家庭教育网、全国网上家长学校、江西文明网等链接网站,面向国旗敬礼并签名、寄语。

▲由教育部主办的"教育梦·中国行"大型公益活动——首届"全国中小学信息技术教学应用成果巡展"南昌站开幕式在南昌二中举行。南昌站巡展活动为期2天,采取现场展示与网上展示相结合的形式。现场巡回展示以展板、专家讲座和现场体验等形式进行。全省11个设区市的电教馆馆长、县(区)电教站站长、中小学校长、教师代表等2000余人参加。

28日

市民营企业家商会成立大会召开。

29日

▲市委党校2013年秋季县干班和第43期青干班开学典礼举行。2013年秋季学期主体班分三个班,共153人参加学习。

▲中国·南昌第十二届绳金塔庙会正式开幕。庙会持续10天,举办经贸、会展、文化三大类十五项活动,有"千年金塔鉴真情"集体相亲会及唐代"枯木龙吟"琴、宋代"鸣凤"琴、云锦大花楼木织机、赫哲族鱼皮服、苗族蜡染、皮影戏等非物质文化遗产民间艺术成果展。

30日

南昌至永修公交线路开通仪式举行。

10　月

5日

市公共交通总公司新建公交枢纽站项目开工仪式举行。该公交枢纽站位于长堎工业园一区长富大道,将于2014年底竣工,具有公交车辆停放、始发、调度、办公、换乘、维修、配套商业服务等功能,实现乡镇客运班线与县、市公交线路零换乘。

8日

▲全市"拆违拆临、建绿透绿"工作动员大会召开。

▲由市盐务局、市疾控中心、东湖区

疾控中心主办的2013年全国高血压日主题公益活动在八一广场举行。

10日

▲南昌、九江两市推进昌九一体化部门对接会在前湖迎宾馆召开。

▲全市第二届老年人健身运动会开幕式在南昌大学举行。

11日

由红谷滩新区管委会、市篮球协会主办的2013年"红谷滩·联发杯"全市第五届CBO篮球俱乐部锦标赛开幕式在红谷滩新区秋水广场灯光篮球场举行。此次赛事分省直机关组、市直机关组、高水平组、大专院校组、俱乐部组5个组别,是全市规模最大、参赛队伍最多、参赛运动员覆盖面最广的群众性体育赛事,共有47支由省内篮球爱好者组成的业余球队参赛。

13日

市卫生局在西湖区象山文化广场举行"服务百姓健康行动"大型义诊活动,标志着全市2013年"服务百姓健康行动"大型义诊活动周正式启动。

14日

世界500强企业赛诺菲集团全资子公司梅里亚集团年产鸡用弱毒疫苗160亿羽份项目建成投产仪式在高新区举行。

16日

全市首批市级"敬老文明号"授牌仪式在市民政局举行。章金媛爱心奉献团等20个单位和组织获"敬老文明号"称号。

17日

全国人大常委会原副委员长、中国红十字会会长华建敏一行到西湖区南站街办铁路三村社区卫生服务中心等地,就红十字会工作进行调研,并到八大山人纪念馆等地参观。

18日

首届南昌沃动漫音乐节在泰豪国际动漫产业园举行。

18—19日

全国政协副主席何厚铧率澳门特别行政区全国政协委员考察团到高正集团产业示范基地、南昌欧菲光科技有限公司等地,考察全市经济社会发展情况及推进昌九一体化、打造支撑江西经济崛起"双核"等工作。

19日

▲由市红色文化促进会、市青年文化学会主办的首届全国红色文化产业发展论坛在南昌举行。

▲由南昌智通人才网主办的万人招聘大会在省体育馆举行。近300家企业提供1.53万余个工作岗位,其中文职、营销、物流等人才成为企业热招对象。

20日

▲央视《寻宝》栏目走进南昌暨南昌古玩城开业仪式在南昌古玩城举行。

▲南昌慈善日暨"慈善一日捐"活动在南昌广播电视台演播大厅举行。市四套班子领导带头捐款,为10名"最具慈善爱心个人"、40个"最具慈善爱心单位"、25个"慈善捐助活动优秀组织单位"等颁奖,并公布南昌慈善"爱心杯"全国楹联征集活动评选结果等。本次"慈善一日捐"活动,社会各界认捐资金和物资2300万元,市直机关各部门捐助资金310.4万元,全部用于"助贫、助老、助孤、助学、助医、助残、送温暖"的"六助一送"活动。同时,南昌慈善义工协会还举行大型公益服务活动,组织万名慈善义工前往城乡社区福利院、敬老院、服务基地开展"表亲情、送爱心"活动。

▲全市35个自拆点同时启动自拆工作。当天全市共拆除违建、临建35处,拆除面积2.09万平方米,其中拆除面积较大的青山湖区约5000平方米。

21—23日

第87届中国(国际)劳动保护用品交易会在南昌国际展览中心举行。南昌国际展览中心主、B、C三馆搭建展位800余个,总展示面积超过2.2万平方米,共560余家展商参展。

22日

▲省委书记强卫一行到十字街棚户区改造项目、青山南路贤士湖棚户区改造项目、棚户区改造九龙湖新区集中安置点等地,察看棚户区改造工作。

▲市委中心组(扩大)专题学习会在红谷滩会展中心召开。会议学习贯彻总书记习近平系列重要讲话精神。首都师范大学马克思主义教育学院院长、博士生导师李松林应邀主讲。

23日

青云谱区岱山街道迎宾社区成立全市首家社区社会救助工作室。

24日

▲南昌市设立分会场,组织收听收看全国、全省冬春农田水利基础建设电视电话会。会后,全市冬春农田水利基础建设电视电话会召开。会议就全市冬春水利建设工作进行再动员、再部署、再落实。

▲全市党委办公系统工作会议在红谷滩会展中心召开。会议传达学习全国党委秘书长会议、全省党委秘书长办公室主任会议及市委常委会精神,部署下一步深入学习贯彻总书记习近平系列重要讲话精神等工作任务。

26日

▲首届江西省地方特色商品博览会开幕式在华南城举行。

▲全市反邪教警示宣传教育巡展开幕式暨全国百城健身气功交流展示系列活动南昌大会在八一广场举行。

▲中国(南昌)第四届国际楹联文化艺术节暨中国(西湖李家)首届农村楹联文化艺术节在进贤县西湖李家开幕。来自中国楹联学会和各省、市、自治区的100余名楹联艺术界专家学者参加。

▲第二十届中国国际广告节在南京举行。《南昌晚报》获"中国地标大报""2013年中国最具品牌价值报媒"称号。

27日

全市非公有制经济人士理想信念教育实践活动总结大会暨南昌市非公有制经济人士"创业梦·中国梦"歌咏比赛颁奖仪式举行。来自各县(区)工商联、基层(行业)商会和非公企业的25个参赛队共1500名参赛队员参加歌咏比赛。

29日

以"壮大城市经济,促进江西经济跨越式发展"为主题的"2013年第二届江西·智库论坛"在青云谱区举行。

30日

全市经济运行分析会在市政府小礼堂召开。会议总结全市前三季度经济运行情况,分析研判当前形势,研究部署下一步工作。

11 月

2日

2013年全国羽毛球业余俱乐部赛南昌站比赛在南昌国际体育中心综合训练馆开幕。此站比赛共有44支球队300余名运动员参加甲、乙两个组别的比赛。

5日

南昌绿地中心招商大会暨品牌签约仪式在前湖迎宾馆举行。

7日

南昌市设立分会场,组织收听收看全省维稳工作电视电话会议。会后,全市维稳工作电视电话会召开,部署中共十八届三中全会期间全市维稳工作。

8日

滕王阁陶瓷艺术馆开馆仪式暨大师艺术作品展开幕式在滕王阁举行。

14日

全市领导干部会议在红谷滩会展中心召开。会议传达学习中共十八届三中全会和全省领导干部会议精神,并就全市学习、宣传、贯彻工作进行动员部署。

14—17 日

2013 年第八届南昌国际车展在南昌国际展览中心举行。在本届车展上，近 60 个汽车品牌 600 余台车亮相，展会总面积 5.5 万平方米，观展市民达 20 万人次，共销售汽车 5000 余辆。

15 日

乌沙河旧城改造项目开工仪式举行。

18 日

▲“骑行生态区，守护母亲湖”环鄱阳湖保护候鸟自行车骑行队出征仪式举行。本次骑行活动有 20 余名大学生、10 余家新闻媒体和鄱阳湖国家级自然保护区工作人员参加，从南昌出发，途经永修、湖口、都昌、鄱阳、余干等鄱阳湖腹地，通过宣传调查、座谈交流、观鸟护鸟、环保体验等系列公益活动，倡导爱护母亲湖、爱鸟护鸟理念。

▲团中央书记处第一书记秦宜智一行到青山湖区青年学雷锋志愿服务站、陈勇琦警务室等地调研。

▲全市宣传思想工作会议在红谷滩会展中心召开。会议学习传达全省宣传思想工作会议精神，部署当前全市宣传思想工作。

20 日

市政公用城项目签约仪式在新建县迎宾馆举行。该项目位于新建县望城新区，总用地面积 1000 余亩，功能涵盖市政公用集团总部办公区，关联性服务业企业总部办公区，生态居住区，商业配套区，休闲运动公园区，医疗文化配套区，并相应完善各项城市基础设施建设，打造成“国家中部城市创新型城镇先锋示范区”。

22 日

第六届中国绿色食品博览会开幕式在南昌国际展览中心举行。25 日闭幕。本届博览会以“生态文明、绿色发展”为主题，展出面积 5 万平方米，展位数超过 2000 个，包括绿色食品展区、食品综合展区、江西名品展区、国际食品展区、茶文化展区、各省市名优特产品展区六大块，20 个省（区、市）代表团和 11 个城市代表团组团参展，参观人数突破 23 万人次，展会现场交易额 2.76 亿元，合同交易金额为 21.2 亿元。

23 日

▲2013 年中国·南昌“军山湖杯”第十二届鄱阳湖螃蟹节开幕式在南昌国际展览中心举行。

▲由市文联主办的“三江笔会”（赣江、汉江、湘江）在南昌市举行。笔会旨在推动南昌、武汉、长沙三市文学创作繁荣，促进作家学习交流。来自武汉市作家协会、长沙市作家协会、南昌市作家协会的 30 名作家出席。

23—29 日

2013 年第四届环鄱阳湖国际自行车大赛在九江、景德镇、鹰潭、抚州、新余、萍乡、南昌 7 个城市举行。本届环鄱赛突出“绿色、环保、低碳、健康”主题，口号为“骑遍神州大地，江西风景独好”，来自 20 余个国家和地区的 20 支职业自行车队 120 余名职业选手参加比赛。29 日，环鄱赛最后一站南昌站比赛在艾溪湖畔闭幕。

26 日

全市加强和创新群众工作、维护社会和谐稳定会议在红谷滩会议中心东厅召开。会议传达习近平总书记的重要指示及“浙江会议”精神、省委书记强卫对学习贯彻习近平总书记关于坚持和发展“枫桥经验”重要指示精神提出的三点意见，宣读省委常委、市委书记王文涛关于学习和发扬“枫桥经验”的重要批示等。

27 日

▲全市党委（党组）中心组理论学习暨学习型党组织建设工作会议召开。会议传达全省党委（党组）中心组理论学习暨学习型党组织建设工作会议精神，总结前一阶段工作，部署下一阶段任务。

▲南昌县被中国建筑业协会授予“中国建筑之乡”称号。

28 日

▲市委、市政府发出《关于建立农村土地承包经营权流转交易市场促进适度规模经营的意见（试行）》。

▲市政府与万科企业股份有限公司就大力推进棚户区改造、着力改善民生签署战略合作协议。

29 日

位于红谷滩新区春晖路口的世茂广场开业庆典仪式举行。

30 日

全市庆祝第二十二个“国际残疾人日”主题活动举行。活动为期 4 天，其间举行残疾人就业专场招聘会、轮椅挑战障碍比赛等。

12 月

1 日

省委书记强卫一行到青云谱区十字街等地，察看棚户区改造征收工作进展情况。

2—3 日

全市 2014 年工作务虚会在前湖迎宾馆召开。会议总结 2013 年全市工作，谋划 2014 年工作任务。

4 日

省市“12·4”全国法制宣传日宣传咨询暨孺子亭法治文化主题公园游园活动在西湖区孺子亭法治文化主题公园举行。

5 日

▲全市侨法宣传日暨全省社区侨务工作示范单位授牌仪式在象山文化广场举行。

▲绿地控股集团与省金融办、市政府在红谷滩新区绿地中心就金融合作项目、南昌市棚户区改造项目、临空经济区开发项目签署战略合作协议。

▲省体育局、团市委、省社会体育指导员协会在新建县溪霞中心小学举行 2013 年江西省“运动·同一片蓝天”青少年健康成长志愿服务活动。

6 日

▲省委宣讲团中共十八届三中全会精神宣讲报告会在红谷滩会展中心举行。

▲全市“学雷锋·在行动——全国道德模范与身边好人”现场交流活动举行。

7—8 日

中国（南昌）军事题材电影创作会召开。

8 日

G320 进贤至南昌（进贤段）一级公路改建工程开工仪式举行。

9—10 日

全市县处级领导干部学习贯彻中共十八届三中全会精神专题研讨班在市委党校举行。

10 日

▲中信银行南昌分行与市政府在前湖迎宾馆签署战略合作协议。

▲首届全市医疗器械产业高端经营管理人才培训暨高峰论坛在滨江宾馆举行。截至 2012 年底，南昌市共有医疗器械生产企业 182 家、经营企业 1800 余家。年产值超 3 亿元的企业 4 家，年产值过亿元的企业 10 家，规模以上企业 60 家、出口创汇企业 10 家，20 家企业跻身全国医疗器械企业百强行列。全市医疗器械工业总产值突破 70 亿元，较 2000 年增长 18.46 倍，占全省 80% 以上，已进入全国同行业中上游水平。其中，一次性输注器具产值达 35 亿元，制造规模全国最大，占全国市场的 1/3；产品种类占全省总数的 92%；经营企业销售收入超 300 亿元，利税 2.3 亿元，占全

省的60%以上。

11日

江联重工项目落户进贤签约仪式举行。

12日

全市开放型经济工作会议在市政府小礼堂召开。1—11月,全市新批外资企业168家,合同外资23.3亿美元,实际利用外资26.02亿美元,同比增长10.76%;全市签约招商引资重大项目107个,签约投资额1565.7亿元。

13日

▲华融证券南昌绿茵路营业部开业仪式举行。

▲万达嘉华酒店开业仪式举行。

14日

江西省第三届全国红色收藏展览交易会在南昌古玩城开幕。本届红色收藏展览交易会举行全国红藏精品展、红色收藏交流会、全国红色收藏名家座谈会等活动,展示的藏品包括各类革命文献、早期宣传画、雕塑、证章、连环画等珍贵红色藏品2000余件。

15日

南昌瓷板画艺术博物馆开馆仪式在红谷滩新区红角洲傩文化公园举行。

16日

▲全市整治丧葬陋俗工作会议在红谷滩会展中心召开。

▲由省委宣传部、省文化厅、市政府主办的“2013年江西艺术品市场法制宣传周暨江铃杯‘赢在明天’首届江西艺术双年展”活动在江西美术馆举行。

18日

中共南昌市委十届八次全体(扩大)会议在红谷滩会展中心召开。会议学习贯彻中共十八届三中全会、中央经济工作会议和中央城镇化工作会议、全省领导干部会议精神,审议并原则通过《中共南昌市委贯彻落实〈中共中央关于全面深化改革若干重大问题的决定〉的意见(讨论稿)》,总结2013年全市工作,部署2014年工作任务。

19日

▲全市离退休干部形势报告会在红谷滩会展中心召开。会议向老干部通报2013年全市经济社会运行情况及2014年工作安排。

▲全市首届外来务工人员趣味运动会开幕式在八一体育场举行。本届运动会共有15支农民工代表队,90名农民工运动员参加比赛,举行迎面接力、同舟共济、摸石过河、齐心协力4个项目比赛。

▲江西非物质文化遗产樟树林展示馆开馆仪式在东湖区樟树林文化生活公园举行。

▲高炎生“毛体”书法作品展在江南艺术馆举行。作品展展出高炎生创作的60幅“毛体”书法作品。

22日

由市文联主办的全市首届书法篆刻作品展开幕式在省工艺美术馆举行。

23日

▲由南昌搜狐焦点家居、天圆网主办的“圆梦助学”活动新闻发布会暨启动仪式在南昌日报报业大楼举行。

▲第十三届全国县域经济基本竞争力百强名单公布。南昌县由上届排名第75位升至第67位。

25日

全国首家职工眼病定点医院授牌暨“职工光明健康·携手共筑中国梦”援助行动启动仪式在南昌爱尔眼科医院举行。此次援助行动时间为2013年12月至2015年12月。

26日

▲2013年全国休闲农业与乡村旅游示范县、示范点名单公布。进贤县前坊镇西湖李家村被认定为全国休闲农业与乡村旅游示范点。

▲由省新四军历史研究会、南昌新四军军部旧址陈列馆主办的“毛泽东与新四军”专题展览在南昌新四军军部旧址陈列馆二楼展厅举行。

▲“一江两岸”景观亮化提升工程正式亮灯。

27日

▲全市知名商标认定工作会在市政府第八会议室召开。会上,“沃尔得”等81件商标被认定为2013年度全市知名商标,全市知名商标数达到179件。全市有效注册商标2.3万件,占全省的27.05%,其中农产品注册商标5100件、服务类注册商标2315件;共有行政认定的中国驰名商标13件,占全省的19.7%;省著名商标256件,占全省的19.53%;马德里国际商标注册29件。

▲全市农民工工资联合清欠大会在市政府小礼堂召开。会议总结2013年以来全市农民工工资清欠工作,部署下一阶段农民工工资清欠工作。

▲市委办公厅印发《关于田大忠同志任职的通知》。接中共江西省委赣委〔2013〕316号通知,省委决定:田大忠任中共南昌市委委员、常委(正厅级,挂职两年)。

27—29日

首届艺术品(南昌)博览会暨国际艺术品拍卖会在南昌古玩城举行。

28日

▲王府井百货入驻南昌项目签约仪式在滨江宾馆举行。

▲由南昌日报社、市教育局主办的“丰和杯”南昌市首届中小学汉字书写大赛决赛举行。共有500余名选手参加比赛。

29日

▲新洪城大市场项目开工仪式举行。该项目位于生米大桥东侧,昌南大道南侧,总投资120亿元,占地153.33公顷,总建筑面积达400万平方米,设有市场交易区、商品流转区、商务配套区、休闲文化区、生活服务区“五大功能分区”。

▲首届艺术品(南昌)博览会暨国际艺术品拍卖会在力高皇冠酒店举行。参加的拍品共663件,包括字画、瓷器、杂件、文玩等。

▲由市人保局、九江市人保局主办的首届昌九一体化大型人才招聘会分别在市农民工综合服务中心、九江市人力资源市场举行。两地人力资源市场分别组织100家企业1万个岗位进场招聘,分别提供10家企业400个岗位参加远程面试。

30日

▲全市领导干部会议在红谷滩会展中心召开。会议传达学习省委十三届八次全会精神,结合全市实际提出贯彻落实意见。

▲全市开展公款送礼、公款吃喝、奢侈浪费,公车私用、酒后驾车,参与赌博、出入私人会所专项整治工作动员部署会在红谷滩会展中心召开。

31日

▲省委书记强卫一行到阳明路二经路交警执勤岗等地,看望慰问一线执勤民警。

▲市消防支队特勤、战勤保障、水上消防站工程建设项目开工仪式举行。项目位于红谷滩新区九龙湖新城,总占地面积为11.33公顷,总建筑面积为2.12万平方米。

▲“南昌健步如风”第三届迎新万人健步行活动举行。来自各县(区)、市直机关工委、市老年人体育协会、市民学生代表等1万余人参加。此次健步行活动从南昌国际展览中心出发,沿赣江南大道,行至南昌国际体育中心主火炬塔,全程5000米。

(市史志办年鉴处)

南 昌 概 貌

本栏编辑　龚秀昱

概　述

【概况】　南昌市，是江西省省会城市，全省政治、经济、文化、科技和交通中心，鄱阳湖生态经济区核心城市，长江中游城市群重要城市，中国重要的综合交通枢纽和现代制造业基地。辖四县、五区、三个国家级开发区（南昌国家高新技术产业开发区、南昌国家经济技术开发区、南昌小蓝经济技术开发区）、一个省级开发区（江西桑海经济技术开发区）和红谷滩新区，总面积7402平方千米，常住人口518万人（至2013年12月）。2013年，全市地区生产总值3336.03亿元，财政总收入558.02亿元，全市经济社会发展再上新台阶。

地　理

【概况】　南昌市是全国唯一与长江三角洲、珠江三角洲和闽东南三角区相毗邻的省会城市，京九、浙赣、皖赣三条铁路线交汇于此，成为京九线上唯一的省会城市；105、320、316国道纵贯南昌市；昌北国际机场可达全国各大城市；水运经赣江入长江出东海。

【地理位置】　地处江西省中部偏北，北纬约28°10′—29°11′，东经约115°27′—116°35′之间，赣江、抚河下游，濒临鄱阳湖。

【地貌特征】　辖区内地势以平原为主，东南区域地势平坦，西北区域丘陵起伏，主要山脉是西山山脉。全市最高点是海拔841.4米的梅岭洗药湖。在全市土地面积构成中，平原占35.8%，水域占29.8%，岗地、低丘占34.4%。

【江河湖泊】　辖区内有赣江、抚河、锦河和潦河。其中，赣江穿城而过。湖泊有军山湖、金溪湖、青岚湖、瑶湖等数百个大小湖泊。其中，老城区内有四湖，即东湖、西湖、南湖、北湖；老城区外有4湖，即青山湖、艾溪湖、象湖、黄家湖（含礼步湖、蝶子湖），称之"城在湖中，湖在城中"。

（市史志办年鉴处）

自然资源

【概况】　南昌市可开发利用的丘陵、岗地较多，地表水、地下水资源丰富，植物种类1000余种，沙石是优势矿产品种。

【土地资源】　南昌市土地面积7402.36平方千米。其中，市区面积617.07平方千米。全市耕地面积27.93万公顷。

【水资源】　南昌市年均产水量为65.98亿立方米，地表水资源为58.7亿立方米，地表径流量为61.53亿立方米，还原水量为4.07亿立方米，地下水资源为14.65亿立方米。水力资源蕴藏量为7.18万千瓦，可供开发的资源3.42万千瓦，占蕴藏量的47.6%。

【森林资源】　南昌市林地面积13.9万公顷，森林覆盖率21.96%，活立木蓄积量522.1万立方米。当地树种主要有樟树、马尾松、毛竹、油茶等。引进树种主要有水杉、池杉、美国落地松等。野生树种主要勾樟、山苍子、乌药等。

【矿藏资源】　南昌市矿产以非金属建材矿为主，兼有燃料、矿泉水等各类矿产28种。其中，有工业开采价值的8处。已发现矿点、矿化点100余处。其中，建筑用沙、砖瓦黏土、饰面石材、石灰石和矿泉水等具有较好的开发前景。花岗岩、砂卵石储量巨大，开采历史悠久。

（市史志办年鉴处）

历史文化

【概况】　南昌始建于公元前202年，是历代郡、府、州治所在地。古代南昌以"襟三江而带五湖，控蛮荆而引瓯越"的地理环境，成为中国东南的交通枢纽和政治、经济、文化重镇，不仅造就了"舟车不息、商贾云集"的繁荣和富饶，而且引领无数文人名士流连忘返，吟咏不已。初唐王勃的《滕王阁序》描绘了南昌"落霞与孤鹜齐飞，秋水共长天一色"绝妙景致，使南昌"物华天宝、人杰地灵"的美誉流传古今。明末清初的八大山人书画作品向外界展现了南昌博大从容的人文风度。1986年，全市有国家级、省级、市级的文物保护单位共50余处，被国务院批准为中国历史文化名城。

【历史沿革】　早在5000多年前，原始先民在此生产、生活。至3000年前，南起青云谱、北至艾溪湖，这一弧形地带形成古代南昌居民的聚集区。汉高祖五年（前202），汉将灌婴定豫章郡，次年筑南昌城，城址在今南昌火车站东南约4000米的黄城寺，城周长10里84步、辟6门，称为"灌城"或"灌婴城"，为南昌建城之开始，并置南昌县为豫章郡之附廓，寓"南方昌盛""昌大南疆"之意。南昌是历代郡、府、州治所在地。汉设豫章郡；隋废豫章郡，设洪州总管府；唐废洪州总管府，设洪州都督府；南唐废洪州都督府，设南昌府；宋废南昌府，设洪州府，后改为隆兴府；元废隆兴府，设龙兴路；元末废龙兴路，设洪都府，后改为南昌府；明、清为南昌府。民国37年（1948年）12月，设南昌市。

南昌人民有反帝反封建的优良传统。历史上为反对封建统治阶级的剥削与压迫，曾进行无数次的反抗和斗争。鸦片战争后，南昌人民始终站在反帝反封建斗争的前列。1927年8月1日，周恩来、朱德、贺龙、叶挺、刘伯承等人在南昌领导和指挥了震撼世界的武装起义，南昌市成为中国人民解放军的诞生地，被誉为“英雄城”，是“军旗升起的地方”。

1949年5月22日，南昌市解放。在中国共产党和人民政府的领导下，南昌人民继承和发扬光荣的革命传统，艰苦创业，开拓进取，在“一穷二白”的废墟上建设社会主义的新型城市。中华人民共和国成立之后的第一架飞机、第一辆轮式拖拉机、第一辆摩托车和第一枚海防导弹都诞生在南昌市。

中共十一届三中全会以来，南昌市社会主义建设更是突飞猛进，先后荣获“全国文明城市”“全国卫生先进城市”“中国优秀旅游城市”“全国双拥模范城”称号。进入新世纪，南昌市迎来新的发展机遇。市委、市政府围绕“富民强市”的目标，全力做好建设“现代区域中心城市和现代文明花园英雄城市”两篇文章。2006年，南昌市荣获“国家卫生城”“中国人居环境奖——水环境治理优秀范例城市”称号等。

2013年，全市上下围绕“高举旗帜、解放思想、聚焦发展、改革开放、民主法制、党的建设”二十四字要求，始终坚持区域聚焦、产业聚焦、政策聚焦和资源聚焦，强力推进大投入、大建设、大发展，打造核心增长极实现了“一年有势头”的阶段性目标。主要经济指标增幅均高于全国、全省平均水平，呈现位次前移、占比提升的好势头。南昌市城市建成区面积扩大到230平方千米，被评为“全国科技进步考核先进市”“全国法治城市创建先进单位”“首批全国劳动监察‘两网化’管理示范城市”。

【文化传承】 早在5万—6万年前，原始先民创造了远古文明。春秋战国时期，孔丘弟子澹台灭明（字子羽）“南游至江”，中原文化开始传入。西汉时期程曾，在南昌讲学写作，著书立说，声望很高，“会稽顾奉等数百人常居门下”；徐稚（徐孺子）被推之为“江南卑薄之域而角立杰出”的人，人称“南州高士”。魏晋南北朝时期范宣、范宁兴办学堂，讲授、传播儒家经学文化；雷次宗著《豫章记》是最早的江西省地方志书之一，唐宋史家的著作，多有征引；许逊传播道教，建立道观，并率民治水，成了治水的神话人物。唐朝时期建造的滕王阁，因王勃《滕王阁序》蜚声四海，历代的人们，未见其阁，已先读其序，闻其名，慕名而来，留名而去，积得雄文百篇，名诗千首。五代南唐的山水画家董源，誉为文人画之祖。元代民间航海家汪大渊撰写的《岛夷志略》，涉及国家和地区220余个，清同治六年（1867年）后，西方将该书译成多种文字。明末清初“四大画僧”之一的八大山人（朱耷），以其“画风和精神开启和风靡了中国画三百年之画运”。清代末期胡思敬校辑《豫章丛书》1部，共收唐宋以来江西历代名人著作经、史、子、集103种、694卷、266册，丰富了中国的文化宝库。现代山水画家黄秋园，自学成才，业余作画，山水、花卉、人物、界画无所不工，去世后作品逐渐被人们认识，并得到艺术界的承认。五四运动后，赵醒侬、方志敏、袁玉冰开办南昌文化书社，销售《新青年》《共产主义ABC》等书刊，并创办《红灯》《新江西》等期刊，传播马克思主义。1935年，方志敏在狱中著有《可爱的中国》等文著，表达了对祖国、对人民的深厚情感，成为爱国主义的千古绝唱。

（市史志办年鉴处）

南昌民俗

【概况】 南昌民俗属于长江流域民俗文化圈，民俗事项丰富多样，主要民俗在节日习俗、衣食住行、人生礼仪、婚嫁习俗、生产习俗、商业习俗、民间俗信、游艺竞技等方面体现。随着历史发展和社会变革，南昌民俗中向往美好生活、寄托美好愿望的习俗得到传承，传播封建迷信、反映愚昧落后的习俗陆续摒去。

【节日习俗】 南昌百姓的节日习俗主要有：春节（拜年、换茶、上七大似年）、闹元宵、春龙节、花朝节、清明节、端午节、划龙舟、斗力和送扇、立夏节、六月六“晒龙袍”、七夕、中元节、中秋节、龙岗登高、冬至节。其中，春节是一年中最隆重的传统节日。百姓多自冬至后开始筹办年货，如腌制腊肉、腊鸡，做年糕、印花米果、辗糖块等。“过了二十四，天天都是年”（南昌话）。所以，南昌人过年的日子不同，同时时辰也不一。二十四、二十五、二十六、二十七都有过年的，有的早上过年，有的是中午、晚上过年。春节期间主要习俗，一是拜年。正月初一，幼辈依次向尊长拜年，尊长又率幼辈向左右邻居贺年。南昌有句俗话，“初一的崽，初二个郎，初三初四老姑丈”，初三、初四也有专为亡亲祭拜的。二是“上七大似年”。南昌人重视上七（初七），这天要好好地吃一顿，还要吃“糊羹”，象征步步高。南昌百姓过元宵叫闹元宵，闹了十五还要闹十六。南昌百姓吃元宵，象征全家团圆、幸福。吃好元宵之后，便开始闹灯。元宵节的龙灯，各式各样，有龙灯、板凳灯、关公灯、采莲灯等。板凳灯最长由1000余条板凳组成，有1000余人操作。如板凳灯起舞时整齐统一，十分壮观。其中，进贤县西湖李村“同吃一桌席、同舞一条板凳龙”的节庆活动更是场面壮观，传统文化得到很好的传承。2009年11月，进贤县西湖李村的“板灯文化节”在中华文化促进会等单位主办的第二届“节庆中华奖”颁奖盛典上获得“最佳文化传承奖”。南昌百姓把端午节、中秋节、春节“一年三节”，视为一年内最重要的节日。定好亲事未结婚的送礼，已婚女婿送丈母娘、外甥送舅舅等，一年三节绝对不能缺。南昌人过端午节要吃粽子，插艾枝，吃红蛋、茶蛋、包子，喝雄黄酒，赛龙舟。划龙船从四月开始筹备，“初一划、初二歇、初三初四划到节”。“六月六晒龙袍”，南昌的气候温暖湿润，每年六月六之前，都是梅雨季节。故此六月六日晒衣裳的习俗，实际上也应是对太阳的一种崇拜。

【南昌菜】 南昌菜是赣菜菜系的主要组成部分，为江西的三大地方菜之一。它用料广泛，主料突出，刀工精细，分色配菜。制法上以烧、焖、炖、蒸见长，注重维持原汁原味，在质地上讲究辣、烂、脆、嫩。主要特点是量大、油厚、酱油色偏浓、偏咸、香、辣。代表菜有三杯鸡、干烧猪脚、米粉肉、藜蒿炒腊肉、炒鱼丝、空心鱼丸汤等。特色菜有“四星望月”、匡庐石鸡腿、豫章酥鸡、虫草炖麻雀、五元龙凤汤，煌上煌烤卤等。地方风味小吃有牛肉炒粉、韭菜合子、白糖糕、大麻圆、馓子、糯米油糕、蛋黄麻花、二来子、春卷等。

【人生礼仪】 南昌百姓人生礼仪主要体现在求子、出生、过百岁、起名、摸周、成年、寿庆、丧葬等方面。出生礼仪：妇女怀孕叫“有喜”，婴儿降生叫“添喜”。婴儿生下的第三天，给孩子“洗三”。婴儿出生到一个月即“满月”，行满月礼；出生满一年整，是婴儿第一个生日，称“过周岁”，为孩子举行“摸周”。寿庆礼仪：按南昌传统习俗，祝寿活动年龄进入五十岁以后才举行，越到老年，祝寿活动的仪式也就越是隆重。南昌有句俗语，“三十无人晓，四十无人知，五十做一做，六十摆宴席，七十大庆贺，八十无信息，九十、百岁大摆席”。丧葬礼仪：南昌民间对死者进行吊唁，叫做“白喜事”。吊唁者都穿白衣，以志悲哀。丧葬礼仪一般有举丧、守灵、入殓、出殡、安葬、关山、接七等。

【婚嫁习俗】 南昌地区婚姻习俗除“父母之命,媒妁之言”外,还有许多礼节。一是“托媒”。一般由男家采取主动,并请媒人张罗。二是订婚。双方同意后,男家向女家下聘礼。三是送日子。双方缔结婚约后,男家确定吉日后(南昌民间称“腊八结婚不用拣日子”),要向女家通报,南昌地区将此日称为“送日子”。四是迎娶。婚期确定后,女家准备嫁妆,择日发送。举行婚礼这天,男家请花轿到女家迎亲。婚宴开始前新郎、新娘一拜天地、二拜高堂、三拜父母,夫妻对拜后喝交杯酒。五是闹洞房。南昌民间风俗认为,“闹房三日无大小”。除取乐、闹笑外,亲朋来宾用各种方法逗趣,以营造一种和谐的氛围。

(梅联华)

风景名胜

【概况】 南昌市具有深厚的历史文化底蕴,拥有文化遗址600余处,人文景观18处,自然景观26处。其中,国家级、省级、市级的文物保护单位共50余处。与城市融为一体的瑶湖水上娱乐区、八大山人纪念馆文化游览区、梅岭度假旅游区、滕王阁景区构成特有的旅游资源。南昌市又是一座红色城市。1927年8月1日,周恩来等共产党领导人在南昌组织举行武装起义,标志着中国共产党独立地领导革命战争、创建人民军队和武装夺取政权的开始,因此称为“英雄城”,被喻为“军旗升起的地方”。当年举行武装起义的革命旧址,如起义总指挥部旧址、军官教育团旧址、朱德旧居等,经市政府的维修保护,成为革命传统教育基地。

【滕王阁】 位于南昌市东湖区。唐永徽四年(653年),唐太宗之弟“滕王”李元婴任洪州都督时所创建,因初唐诗人王勃所作《滕王阁序》而名传千古。文学家韩愈曾赞美“江南多临观之美,而滕王阁独为第一,有瑰伟绝特之称”,故又素享“西江第一楼”之美誉。物换星移,人世沧桑,历代滕王阁迭废迭兴达28次之多。现阁于1989年10月8日第29次重建落成。主阁碧瓦重檐,画栋丹柱。登阁远眺,纵览山川秀色。阁内古朴典雅,琳琅满目。步入殿堂,尽享璀璨文化。

【绳金塔】 位于南昌市西湖区。始建于唐天祐年间。相传建塔时,据地得铁函一只,内有金绳四匝,古剑三把,舍利子三百粒,绳金塔因此而得名。该塔为江南典型的砖木结构楼阁式塔,塔高50.86米,塔身7层八面,青砖砌筑,平面为内正八边形。塔内设步梯直通顶层,“直视湖山千里道,下窥城郭万人家”。现该塔为南昌市仅存的高层古建筑。一年一度的绳金塔庙会,成为具有浓郁地方特色的旅游经贸盛会。

【八大山人纪念馆】 位于南昌市青云谱区,1959年建馆。八大山人,姓朱名耷,明皇后裔,世居南昌。明朝灭亡后,隐姓埋名,为僧为道。八大山人为清初画坛革新“四大画僧”之一,作品幽深玄远,宁静纯洁,超凡脱俗,浑然天成。其画风影响中国画坛三百年。馆内现存有八大山人的代表作《双鹰图》《荷花图》《松鹤图》《山水图》《七绝草书法轴》等。

【象湖风景区】 位于市区西南面,呈楔形状,全长3.7千米,总面积约52公顷。湖面波光碧影,堤上杨柳依依,构成江南水乡意境的景观。象湖不仅有美丽的景色,且包含有深厚的文化。坐落在象湖湖畔的南昌万寿宫,始建于晋代永嘉六年(312年),为纪念道教净明派祖师许逊“诛蛟治水”而建。

【安义古村群】 位于南昌市安义县城南面约10千米的西山梅岭之麓。由京台、罗田和水南三大古村落组成,面积近3平方千米。古村群至今保存着明清宅院古屋120余幢,古戏台、寺庙、祠堂、香火堂、祖宗堂10余处。

【佑民寺】 位于南昌市区民德路中段。始建于南朝梁代,初称为上蓝寺,1929年起称为佑民寺,1997年重建。寺内供奉的巨大铜佛高9.8米,重1.8万千克,是一座享誉东南亚的古刹。

【西山万寿宫】 位于南昌市区西南30千米的西山逍遥山下。又名玉隆万寿宫,为纪念道家著名人物“净明派”始祖许逊而建,距今有1600余年的历史。

【汪山土库】 位于南昌市新建县大塘乡,迄今有180余年历史,是座典型的江南民居与皇家建筑相结合的清代建筑。其建筑风格、规模和建筑艺术在江南实属罕见,享有“江南小朝廷”的美誉。

【梅岭风景区】 位于南昌市湾里区。面积约150平方千米,景区有江南最大的“飞来峰”,是著名的避暑胜地,中国古典音律和道教净明宗的发源地。梅岭主峰洗药湖海拔841.4米,共有大小山峰99座,天然和人工湖泊50余个,岩洞、奇石、泉瀑、幽谷、云海佛光、古树名木处处皆景,融雄、秀、奇、幽于一体。自古以来,“洪崖丹井”“西山积翠”“神龙飞瀑”“雄狮天吼”“铜源六群”是文人骚客争相题咏的著名景观。

【青山湖风景区】 位于南昌市区东部。青山湖湖面宽阔,波光摇曳,满湖青青。风景区建有湖滨、相思林、燕鸣岛3个公园,总面积400公顷,是集游乐、垂钓,水上运动为一体的综合旅游区。

【秋水广场】 位于南昌市赣江北岸,与滕王阁隔江相望。该广场以喷泉设计为题,并具有旅游、购物、休闲等功能。整个广场占地8万平方米。其中,喷水池面积1.2万平方米,主喷高度达128米,成为南昌市居民休闲娱乐的好去处。

【天香园】 位于南昌市区。园内野生鸟群众多,共32个品种10万余只。经联合国教科文组织专家考察后指出,这里鸟类密度之大、之美,堪称世界城市第一,被收入吉尼斯纪录。

【象山森林公园】 位于赣江中下游鄱阳湖之滨,与著名的旅游胜地庐山隔湖相望,和世界候鸟保护区鄱阳湖紧连一体,接壤南昌市昌北国际机场、昌九高速公路。公园总面积1666.67公顷,森林面积1200公顷。在茂密葱郁的森林里,每年都有几十万羽各种不同种类的鹭鸟在林间栖息、繁衍。

【南昌八一起义纪念馆】 位于南昌市中山路中段380号,原为“江西大旅社”。始建于1922年,1924年建成,采用中西合璧的建筑风格,外观呈银灰色,坐南朝北,楼高四层的回字形建筑。1927年7月,贺龙部队二十军进驻南昌后,其第一师将江西大旅社整个包租下来,把师部设在这里。7月下旬,参加起义的部队负责人在旅社喜庆厅召开会议,成立了以周恩来为书记的中共前敌委员会。8月1日,中国共产党发动南昌起义,后又多次在此举行会议,成为领导起义的指挥中心。1957年,江西大旅社改为南昌八一起义纪念馆,鎏金馆额由元帅陈毅手书。1961年,经国务院批准,南昌八一起义纪念馆被列为中国重点文物保护单位。1997年,南昌八一起义纪念馆被中宣部命名为全国百家爱国主义教育示范基地。中共中央原总书记江泽民亲笔为该馆题词“军旗升起的地方”。

【八一广场】 位于南昌市中心，是一座集纪念性、标志性、群众性、休闲性为一体的综合广场。为纪念“八一”南昌起义五十周年，1977年在此建“八一”起义纪念塔。2002年，对广场进行全面改造，突出“八一”历史文化主题，设有南部纪念区、中部中央文化区和北部休闲区。改造后的广场更加通透。“八一恒辉”的主题设计丰富了广场空间，提升了城市文化品位，拓宽了历史内涵的表述。

【小平小道】 位于南昌市新建县望城岗。一头连着新建县拖拉机配件修造厂，一头连着原南昌步兵学校，全长1500米。1969年10月至1973年2月，居住在原南昌步兵学校的邓小平顺着小道前去新建县拖拉机配件修造厂劳动。后被人称为“小平小道”。

【方志敏烈士陵园】 位于南昌市昌北梅岭山下。始建于1962年，1965年竣工，占地面积9.07公顷，设有烈士陵、台阶、碑石、纪念碑、灵堂。2001年6月，被中共中央宣传部批准为第二批全国爱国主义教育示范基地。

（市史志办年鉴处）

行政区划

【概况】 2013年，南昌市辖南昌、新建、进贤、安义4个县，东湖、西湖、青云谱、湾里、青山湖5个区，及南昌经济技术开发区、南昌高新技术产业开发区、红谷滩新区、桑海经济技术开发区。全市共设30个街道办事处，29个乡，51个镇，604个居民委员会，1158个村民委员会。

【南昌县】 辖9个镇（蒋巷镇、向塘镇、莲塘镇、冈上镇、武阳镇、广福镇、三江镇、幽兰镇、塘南镇），7个乡（八一乡、富山乡、东新乡、黄马乡、塔城乡、泾口乡、南新乡），1个国家级开发区（小蓝经济开发区）、1个省级开发区（向塘开发区），56个居民委员会，263个村民委员会。

【新建县】 辖11个镇（松湖镇、石岗镇、西山镇、望城镇、长堎镇、乐化镇、溪霞镇、樵舍镇、象山镇、石埠镇、联圩镇），7个乡（流湖乡、厚田乡、大塘乡、金桥乡、铁河乡、昌邑乡、南矶乡）和1省级开发区（长堎工业园区）；40个居民委员会，276个村民委员会。

【进贤县】 辖9个镇（民和镇、温圳镇、李渡镇、文港镇、张公镇、梅庄镇、架桥镇、罗溪镇、前坊镇），12个乡（白圩乡、下埠集乡、衙前乡、长山晏乡、泉岭乡、池溪乡、南台乡、钟陵乡、二塘乡、三里乡、七里乡、三阳集乡）；40个居民委员会，263个村民委员会。

【安义县】 辖7个镇（龙津镇、鼎湖镇、万埠镇、石鼻镇、东阳镇、长埠镇、黄洲镇），3个乡（乔乐乡、新民乡、长均乡），1个场（万埠场）；19个居民委员会，105个村民委员会。

【东湖区】 辖9个街道办事处（董家窑街道办事处、大院街道办事处、公园街道办事处、百花洲街道办事处、墩子塘街道办事处、豫章街道办事处、八一桥街道办事处、滕王阁街道办事处、彭家桥街道办事处）和1个管理处（贤士湖）；90个居民委员会，6个村民委员会。

【西湖区】 辖1个镇（桃花镇），10个街道办事处（绳金塔街道办事处、桃源街道办事处、朝阳洲街道办事处、广润门街道办事处、南浦街道办事处、西湖街道办事处、系马桩街道办事处、十字街街道办事处、丁公路街道办事处、南站街道办事处），1个管理处（朝农管理处）；116个居民委员会，13个村民委员会，20个家属委员会。

【青云谱区】 辖1个镇（青云谱镇），5个街道办事处（三家店街道办事处、洪都街道办事处、京山街道办事处、徐家坊街道办事处、岱山街道办事处），1个省级工业园区（昌南工业园）；69个居民委员会，12个村民委员会。

【湾里区】 辖4个镇（招贤镇、梅岭镇、罗亭镇、太平镇），2个街道办事处（站前街道办事处、幸福街道办事处）；13个居民委员会，35个村民委员会，4个分场，5个林场。

【青山湖区】 辖5个镇（湖坊镇、塘山镇、京东镇、罗家镇、扬子洲镇），3个街道办事处（上海路街道办事处、青山路街道办事处、南钢街道办事处），1个场（扬子洲农场），1个省级工业园区（昌东工业区）；87个居民委员会，75个村民委员会。

【红谷滩新区】 辖1个镇（生米镇），1个街道办事处（沙井街道办事处），3个管理处（红角洲管理处、凤凰洲管理处、九龙湖管理处）；48个居民委员会，33个村民委员会。

【南昌高新技术产业开发区】 辖2个镇（昌东镇、麻丘镇），1个管理处（艾溪湖管理处）；9个居民委员会，48个村民委员会。

【南昌经济技术开发区】 辖1个镇（蛟桥镇），2个管理处（白水湖管理处、冠山管理处）；16个居民委员会，26个村民委员会。

【江西桑海经济技术开发区】 辖1个管理处（新祺周管理处），1个居民委员会，3个村民委员会。

（市史志办年鉴处）

人口发展

【概况】 2013年底，全市总户数156.28万户，比上年增长2.4%。全市人口总数510.08万人，增长0.4%。其中，男性265.30万人，增长0.3%；女性244.78万人，增长0.5%。年平均人口508.97万人，增长0.5%。年底全市常住人口为518.42万人。

全市人口分布：市辖区总户数71.96万户，人口总数226.36万人。其中，农业人口52.74万人，非农业人口173.62万人。市辖县总户数84.32万人，人口总数283.72万人。其中，农业人口221.38万人，非农业人口62.33万人。

2013 年南昌市人口及其变动情况一览表

表 2

公安单位	年末总户数(户)	年末总人口(人)									本年度人口变动(人)									
		合计	合计中:		性别		年龄				出生			死亡			迁入		迁出	
			非农业人口	未落常住户口人员	男	女	18 岁以下	18-35 岁	35-60 岁	60 岁以上	合计	男	女	合计	男	女	省内迁入	省外迁入	迁往省内	迁往省外
南昌市公安局	1562781	5100753	2359562	11242	2652975	2447778	1157078	1345911	1837989	759775	73396	39175	35221	27517	14867	12650	46309	15199	38472	26612
东湖区公安分局	135088	458192	450364	38	229787	228405	74493	117634	177941	88124	3793	1924	1869	1676	953	723	2553	1987	3022	4127
西湖区公安分局	148199	445100	440785	221	222907	222193	77792	102335	181500	83473	3699	1803	1771	966	805	2684	1105	1522	1631	
青云谱区公安分局	60216	190048	168476	977	98385	91663	31185	42667	78005	38191	1652	893	759	620	358	262	1729	575	869	730
青山湖区公安分局	134214	421203	256691	3147	216232	204971	84288	106183	164696	66036	5078	2766	2312	1733	989	744	3471	1030	2184	2206
湾里区公安分局	34554	79892	29985	0	42502	37390	18110	22368	28498	10916	1250	646	604	533	271	262	738	430	823	1502
红谷滩新区公安分局	61655	189789	144115	3198	97669	92120	49005	61098	62285	17401	3867	2041	1826	1109	530	579	5478	1578	3289	3571
经济技术开发区公安分局	35757	122134	73350	697	65360	56774	21503	44905	38610	17116	1635	855	780	359	2066	153	1796	2807	4893	5048
高新经济技术开发区公安分局	68027	228595	52133	168	121095	107500	53975	73844	76269	24507	4452	2391	2061	670	417	253	3212	487	4064	1193
洪都公安分局	19325	63332	63286	25	32286	31046	9558	12357	25339	16078	386	206	180	181	92	89	470	547	474	568
江铃公安分局	3843	14441	14441	0	8034	6407	2350	4103	5420	2568	146	75	71	19	12	7	80	81	66	73
齐城岗公安分局	8536	24635	24635	0	13559	11076	3928	4725	11077	4905	123	76	47	75	47	28	58	23	80	99
桑海经济技术开发区公安分局	10169	26228	17978	0	13485	12743	4907	6033	11112	4176	326	175	151	88	60	28	122	46	287	80
南昌县公安局	292758	1017279	203657	0	534697	482582	242805	257906	368660	147908	16160	8758	7402	9111	4785	4326	9080	1816	7579	2098
新建县公安局	185473	686899	159910	805	360634	326265	198102	186211	220929	81657	11829	6265	5564	3758	2140	1618	3148	1083	5024	1229
安义县公安局	94053	293293	74367	0	156304	136989	77677	80824	100017	34775	6095	3303	2792	2287	1104	1183	1120	292	732	644
进贤县公安局	270914	839693	185389	1966	440039	399654	207400	222718	287631	121944	12905	6905	6000	3527	1937	1590	10570	1312	3564	1813

(市统计局)

民族·宗教

【概况】 2013 年,南昌市共有 52 个少数民族,常住少数民族人口约 2 万人。少数民族主要居住在东湖区、西湖区、青山湖区和青云谱区,其他县(区)也有少量分布,从事各行各业。进贤县池溪乡兰家畲族村是南昌市唯一的少数民族自然村,全村人口 76 人。全市流动少数民族约 1 万余人,以回族、维吾尔族、藏族居多,主要从事经营拉面馆、民族风味食品等。进贤一中、南昌十七中、南昌县莲塘一中分别设有西藏高中班、初中班和新疆克孜勒苏柯尔克孜自治州高中班。少数民族组织为南昌市少数民族联谊会。南昌市有佛教、道教、天主教、基督教、伊斯兰教五大宗教团体。至年底,全市登记宗教活动场所 579 处。其中,佛教活动场所 222 处(寺庙 141 处,简易点 81 处),僧尼 319 人;道教活动场所 130 处(宫观 37 处,简易点 93 处),道士 726 人;天主教 10 处(教堂 2 处,聚会点 8 处),神职人员 41 人;基督教堂点 215 处(教堂 47 处,聚会点 168 处),教牧人员 312 人;伊斯兰教清真寺 2 处,教职人员 2 人。

(涂绪盛)

气 候

【概况】 2013 年南昌市气候主要特点为:气温异常偏高,降水偏少;年降水量 1431.8 毫米,比常年(1613.5 毫米)少 11.3%;年平均气温 19.0℃,比常年(18.0℃)高 1.0℃。年初出现雨雪天气;汛期雷雨频繁,短时雨强大;盛夏以晴热高温天气为主;秋冬季降水明显偏少。总体上,2013 年对农业生产不利的气候条件是局部和阶段性的,总的气候条件对农业生产利大于弊。

【主要气象灾害】 2013 年,南昌市主要气象灾害有:1—2 月出现两次雨雪冰冻天气;春季强对流天气频发;遭遇两次大暴雨袭击;出现 4 次台风带来降水降温天气;伏秋期高温日数多,持续时间长;秋冬时节雨水偏少,灰霾天气频发;多次出现局部的、阶段性的不利农业生产的气候条件。

1. 1—2 月出现两次雨雪冰冻天气。1 月 3—6 日、2 月 8—9 日分别出现雨雪冰冻天气过程,均出现积雪和电缆结冰,其中 1 月 5 日、2 月 8 日均出现 3 厘米雪深,2 月 9 日出现直径 29 毫米电缆结冰。

2. 春季强对流天气频发。春季多次出现明显的强对流天气过程,其中 3 月 1 日南昌县出现风速达 22 米/秒极大风;3 月 22 日傍晚至 23 日南昌出现明显的强降水天气,其中 22 日 20 时南昌市梅岭 1 小时降水量达 57.2 毫米,南昌县向塘剑霞 24 小时降水量达 106.5 毫米;4 月 18—19 日进贤出现强对流天气,其中 18 日出现黄豆粒般大小的冰雹，持续2—3分钟；5月14—15日，南昌市区、新建县、南昌县普降大暴雨，以新建县铁河乡233.8毫米为最大。

3. 年内遭遇两次大暴雨袭击。分别于5月14—15日和6月26—29日遭遇两次大暴雨袭击，城区地势较低的隧道、桥洞、低洼路段积水较深，给城市交通、居民生活等带来严重影响。5月14日20时至15日20时全市共有72个乡（镇）雨量超过50毫米，其中市区和新建县、南昌县的32个乡（镇）雨量超过100毫米，以新建铁河乡233.8毫米为最大。6月26—29日南昌市出现全年持续时间最长、范围最广、强度最大的连续大暴雨天气，26日8时至29日20时，全市共有93个乡（镇）雨量超过100毫米，61个乡（镇）雨量超过200毫米，19个乡（镇）雨量超过300毫米，3个乡（镇）雨量超过400毫米，以进贤县钟陵乡464毫米为最大。

4. 年内有4次台风带来降水降温天气。7月14—15日受第7号台风"苏力"影响，出现暴雨天气过程，14日8时至15日20时全市共有65个乡（镇）雨量超过50毫米，18个乡（镇）雨量超过100毫米，以南昌县塔城乡181.3毫米为最大；8月22—23日受第12号台风"潭美"影响，出现大雨天气过程，22日8时至23日20时全市共有31个乡（镇）雨量超过25毫米，6个乡（镇）雨量超过50毫米，以南昌市梅岭镇71.8毫米为最大；9月22—23日受第19号台风"天兔"外围影响，出现一次小雨和降温天气；10月7—8日受第23号台风"菲特"外围影响，出现小雨和降温天气。

5. 伏秋期高温日数多，持续时间长。伏秋期南昌市高温日数41天，较常年多17.6天，其中8月4—14日出现持续时间达11天的高温酷暑天气。8月10日出现年度最高气温39.4℃，8月上旬平均气温32.9℃，中旬平均气温31.9℃，月平均气温31.6℃，均创历史新高。

6. 秋冬时节雨水偏少，灰霾天气频发。10—12月有效降水日数为15天，比历史同期少9.3天；累计降水量156.0毫米，比历史同期少20.2毫米；出现灰霾天气63天，比历年同期多32天，其中12月有28天出现灰霾。

7. 年内多次出现局部的、阶段性的不利农业生产的气候条件。1月4—5日受降雪和冰冻天气影响，安义县油菜、果树、红花草、蔬菜受灾严重。3月22日傍晚至23日安义县出现雷雨大风、短时强降水等天气，普降暴雨，造成民房倒塌，油菜、秧苗、玉米苗、果树受灾。4月18—19日进贤县出现强对流天气，其中18日出现黄豆粒般大小的冰雹，持续2—3分钟，对秧苗有一定影响。5月14—15日南昌市出现大暴雨天气过程，造成新建县部分农作物受淹。6月26—29日出现连续暴雨、强雷电天气，安义县出现3个灾情隐患点，转移人口7人，其中新民乡上山村出现滑坡，鼎湖老下村和乔乐林场出现地质松动，并造成农作物受灾；南昌县10个乡（镇）出现洪涝；进贤县降水以钟陵乡464毫米为最大，出现内涝，对水稻、养殖业都有影响；新建县樵舍镇、大塘坪乡、联圩镇、松湖镇内涝。7月16日至8月21日，南昌持续无有效降水日数达37天，受持续高温少雨天气影响，出现重度旱情，部分晚稻无法栽插，晚稻分蘖受到严重影响，部分出现绝收。

2013年南昌市主要气象要素一览表

表3

		1月	2月	3月	4月	5月	6月	7月	8月	9月	10月	11月	12月	全年
降水（毫米）	累计值	90.1	102.6	241.2	212.5	403.2	153.1	89.9	245.0	118.3	47.3	191.4	165.2	2059.8
	距平值	11.1	−2.2	64.3	−7.9	180.3	−146.0	−49.5	120.4	47.9	−8.4	115.0	121.1	446.3
气温（℃）	平均值	5.0	5.5	11.3	19.5	23.4	26.5	31.0	29.6	24.5	20.9	12.5	6.6	18.0
	距平值	−0.5	−2.2	−0.1	1.8	0.6	0.6	1.5	0.7	−0.6	1.0	−1.2	−1.3	0.0
降水日数（天）	累计值	16	20	21	20	21	23	10	10	10	7	18	19	195
	距平值	2.7	6.4	3.7	2.8	5.3	8.0	−0.5	−0.3	3.1	−0.6	9.5	10.8	51.0
相对湿度（%）	平均值	78	76	82	80	83	86	70	75	74	63	80	78	77
	距平值	2	−1	3	1	5	4	−6	−1	−1	−8	9	7	1
日照（小时）	累计值	33.7	42.0	89.1	122.0	138.6	97.7	292.7	243.7	185.2	159.2	119.1	99.0	1622.0
	距平值	−55.3	−41.1	−5.1	−3.2	−22.8	−61.8	44.1	10.5	−4.3	−9.2	−23.9	−38.8	−210.9
蒸发量（毫米）	累计值	29.6	29.6	37.4	55.2	73.5	61.8	165.9	136.5	107.9	104.0	52.4	34.5	888.3
	距平值	−6.3	−9.2	−11.3	−13.3	−16.9	−26.7	21.7	−2.1	−11.3	5.5	−12.0	−15.1	−96.8
气压（百帕）	平均值	1020.3	1017.2	1013.7	1006.4	1003.3	997.6	998.1	998.4	1007.6	1011.9	1014.4	1018.9	1009.0
	距平值	0.2	0.0	0.4	−2.0	−0.8	−2.3	−0.6	−1.4	1.5	−0.8	−2.7	−1.5	−0.8

（市气象局）

城市环境

【概况】 2013年，全市环境保护工作坚持在保护中发展、在发展中保护，以建设全省生态文明建设示范区、全省空气质量综合整治先行区为目标，大力开展"蓝天、清流、净土"三大行动，积极推进以主要污染物减排和环境综合整治为中心的各项工作，环境质量明显好转、民众满意度明显提升、能力建设明显增强。

【年度减排任务完成】 2013年，按计划完成减排重点工程建设、减排监测体系建设，全年化学需氧量、氨氮、二氧化硫和氮氧化物四项污染物排放总量分别比上年下降1.5%、2.5%、8%和8%，即动态削减化学需氧量、氨氮、二氧化硫和氮氧化物分别为4555吨、582吨、4088吨和5920吨（其中机动车1200吨）。

【大气环境质量】 2013年，全市空气质量优良天数222天,达标率为60.8%,综合指数在全国第一批实施空气质量新标准的74个城市中名列中上游,在中部6个省会城市中列第一。超标天数比例为39.2%,其中轻度污染占26.3%,中度污染占8.2%,重度污染占4.7%,首要污染物为细颗粒物(PM2.5)。

【水环境质量】 2013年,全市水厂共取水约32461.83万吨,水质达标率为100%,青云水厂、朝阳水厂、下正街水厂、长埈水厂、牛行水厂、双港水厂六个水厂水源地水质均保持与上年相同的良好水质。各水源地水质均达到国家地表水(GB3838—2002)Ⅲ类标准。全市主要河流水质断面达标率为100%,赣江、抚河南昌段共14个监测断面中,赣江南昌段Ⅱ—Ⅲ类水质断面比例为100%,水质状况优;抚河南昌段断面为Ⅲ类水质,水质状况良好。

【声环境质量】 2013年,全市功能区声环境质量与上年同期持平。其中,功能区噪声昼间达标为100%,夜间达标率为75%(四类区夜间超标)。区域环境噪声昼间等效声级为53.6分贝(A),属"二级(较好)"水平,达标率为88.5%;夜间等效声级为45.4分贝(A),属"三级(一般)"水平,等级达标率为84.3%。道路交通噪声昼间等效声级路段长度加权均值67.3分贝(A),属"一级(优)"水平,等级路段达标率78.5%;夜间等效声级路段长度加权均值61.1分贝(A),属"三级(一般)"水平,路段达标率10.5%。

【酸雨污染】 2013年,南昌市酸雨频率仍较高,城区和郊区酸雨频率分别为95.2%和92.3%,pH均值分别为5.16和5.30,均低于酸雨限值(5.6)。与上年相比,城、郊区降水酸度和酸雨频率均有所下降,其中城区pH值上升9.1%,酸雨频率下降3.8个百分点,郊区pH值上升12.5%,酸雨频率下降5.5个百分点。

(陈小刚)

经济运行概述

【概况】 2013年,南昌市认真贯彻落实中央各项决策部署,紧紧围绕市委、市政府的战略部署,始终把稳增长放在首位,坚持稳中有进、稳中有为、稳中提质,统筹做好调结构、促改革、优生态、惠民生等各项工作,全市经济继续保持平稳较快增长态势。经济运行总体呈现"总量扩张、质量提升、增速加快"的主要特点。至年底,全市完成地区生产总值3336.03亿元,比上年增长10.7%;农林牧渔业总产值266.12亿元,增长3.1%;规模以上工业增加值1159.48亿元,增长12.9%;500万元及以上固定资产投资2909.76亿元,增长21.6%;社会消费品零售总额1270.01亿元,增长13.7%;海关出口总值73.11亿美元,增长13.1%;实际利用外资29.64亿美元,增长12.3%;财政总收入558.02亿元,增长11.6%;地方公共财政预算收入291.91亿元,增长21.6%;城镇居民人均可支配收入26151元,增长10.8%;农民人均纯收入10806元,增长11.1%。

【经济运行的主要特点】 2013年,全市经济快速发展,实现地区生产总值(GDP)3336.03亿元,按可比价格计算比上年增长10.7%,增幅位居全省各设区市第二。全年各季度累计增速保持稳定,始终维持在10.7%至10.8%的区间内,增速在全省排位均保持前三名。其中南昌县地区生产总值达到500.06亿元,增长12%,是全市首个突破500亿元的县(区);高新技术开发区工业主营业务收入达到1014.43亿元,增长14.3%,是全省设区市中唯一超千亿元的开发区。经济总量实现三大突破。全市主要经济指标总量实现三大突破。全市人均GDP突破6万元,达到64678元;规模以上工业增加值总量突破千亿元,达到1159.48亿元,同比增长12.9%,高出全省增速0.5个百分点;农民人均纯收入首次突破万元,达到10806元,增长11.1%。主要指标省位度不断提升。其中全市GDP、规模以上工业增加值、500万元及以上固定资产投资、财政总收入、地方公共财政预算收入、海关出口总额、实际利用外资7项指标占全省比重同比分别提高0.1个、0.3个、0.4个、0.3个、0.5个、0.3个、0.1个百分点。

一、农业生产保持稳定,工业经济运行企稳

1. 农业生产稳定增长。全市实现农林牧渔业增加值157.24亿元,同比增长3.1%。粮食单产总产双双创新高。全市粮食播种面积37万公顷,单产6649.05千克/公顷、总产246.07万吨,粮食单产、总产超过2012年水平,双创历史新高,全市粮食生产迎来历史首个"十连丰"。

2. 工业产销良好。全市规模以上工业增加值总量首次突破千亿元大关,达到1159.48亿元,同比增长12.9%,高出全省增速0.5个百分点,总量占全省比重达到20.1%,比上年提高0.3个百分点。制造业快速发展。全市30个制造业行业中有27个保持同比增长,其中计算机、通信和其他电子设备制造业等6个行业增幅超过20%。汽车制造业、农副食品加工业和烟草制品业增加值均突破百亿元大关。主要产品产量稳步增长。在轻工业产品中,饲料、精制食用植物油、软饮料、纱、布、机制纸及纸板同比分别增长22.7%、101.6%、17.4%、19.0%、24.7%和12.9%;在重工业产品中,水泥、化肥、汽车、气体压缩机、交流电动机分别增长27.1%、34.7%、20.4%、21.5%和22.6%。

二、三大需求趋于协调,内生性增长动力明显增强

1. 投资较快增长。全市500万元及以上固定资产投资完成2909.76亿元,比上年增长21.6%。其中,工业投资1246.61亿元,增长24.5%,高于固定资产投资增速2.9个百分点;占固定资产投资比重42.8%,较上年同期提高1.0个百分点,拉动全市投资增长10.2个百分点,对投资贡献率为47.5%,是拉动南昌市投资增长的主要因素。

2. 消费持续增长。2013年,全市消费品市场继续保持平稳较快发展。按地市口径统计,全市实现社会消费品零售总额1270.01亿元,同比增长13.7%,分别高于全国和全省增速0.6、0.1个百分点。按行业分,零售业和餐饮业分别实现零售总额941.40亿元、124.37亿元,同比分别增长14.2%、14.6%;按城乡分,城镇实现零售额1200.32亿元,增长13.7%,乡村实现零售额69.68亿元,增长14.3%。从限额以上消费品零售总额来看,全市实现限额以上消费品零售总额774.29亿元,同比增长13.8%。其中,中西药品,粮油、食品、饮料、烟酒,家用电器和音像器材,汽车类等消费品增长较快,同比涨幅均超过全市平均水平,分别增长23.3%、22.6%、19.5%、18.1%。

3. 对外贸易稳步增长。全市实现海关进出口总额97.22亿美元,同比增长17.3%,其中出口总额73.11亿美元,增长13.1%,分别高于全国、全省增速5.2个、0.9个百分点。南昌市继续完善招商政策,加大招商引资力度。全市实际利用外资29.64亿美元,同比增长12.3%,增速较上半年提高0.7个百分点;实际利用内资819.76亿元,增长15.4%;累计现汇进资6.9亿美元,现汇

比例为23.3%。

三、经济结构不断调整，民生改善步伐加快

1. 投资结构不断优化。一是文化产业投资快速发展。近年来，全市文化产业发展迅速，投资持续快速增长。全市文化产业完成投资259.67亿元，比上年增长29.9%，高于固定资产平均增速8.3个百分点。二是投资进一步向高技术产业倾斜。全市高技术产业完成投资147.13亿元，比上年增长41.8%，高于固定资产平均增速20.2个百分点。高技术产业投资占固定资产投资的比重由上年同期的4.3%提高到5.1%。

2. 财政收支结构不断优化。南昌市实现财政总收入558.02亿元，省口径同比增长16.8%，较全省增速快1.6个百分点。其中，地方公共财政预算收入291.91亿元，增长21.6%。全市税收收入占财政总收入、地方公共财政预算收入比重分别为91.7%、84.1%，均位居全省第一位。全市地方公共财政预算支出417.8亿元，增长20.9%。财政支出中用于民生投入不断加大。全市用于社会保障和就业、医疗卫生、城乡社区事务、农林水事务等方面的民生支出181.2亿元，增长29.2%，高于全市支出8.3个百分点；占地方财政支出的比重为43.4%。

3. 城乡居民收入稳步增长。全市城镇居民人均可支配收入达26151元，同比增长10.8%；农民人均纯收入达10806元，增长11.1%，增速高于城镇居民人均可支配收入增速0.3个百分点。

四、运行质量逐步优化，运行环境持续改善

1. 运行质量逐步优化。一是微观主体信心增强。四季度，全市236家工业企业景气调查样本汇总显示：全市工业企业综合景气指数为142.8，比三季度上升0.7点，达到全年最高水平；企业家综合信心指数为138.2点。企业家对南昌市未来经济发展的信心不断增强，多数企业经营呈现向好趋势。二是工业生产者出厂(PPI)价格指数同比跌幅整体呈收窄态势。全市工业生产者出厂价格虽延续跌势，同比下跌0.54%，但跌幅比上半年、三季度分别收窄0.33、0.1个百分点，出厂价格指数从1—2月的98.65逐月回升到1—12月的99.46，呈现逐月回升的态势。三是企业效益继续好转。全市亏损企业77户，同比下降9.4%，亏损面为7.4%，比前三季度收窄1.9个百分点。全市规模以上工业企业累计实现主营业务收入4506.83亿元，同比增长15.8%，全市共有15个行业主营业务收入超过百亿，收入总量占全市比重达到84.8%。其中，农副食品加工业和汽车制造业收入突破500亿元，分别达到566.95亿元和554.85亿元。

2. 运行环境持续改善。一是金融市场运行平稳。12月末，全市金融机构(含外资)人民币各项存款余额为6624.57亿元，比年初增长15.7%，其中，城乡居民储蓄存款余额2051.16亿元，增长10.7%；全市金融机构(含外资)人民币各项贷款余额5464.22亿元，比年初增长14.4%。二是居民消费价格基本稳定。12月，全市居民消费价格同比指数为103.1，与上月持平；1—12月同比累计上涨2.3%，涨幅较上年同期回落0.6个百分点，涨幅分别低于全国、全省0.3个、0.2个百分点。分类别看，居民消费的八大类商品和服务同比呈“七升一降”的格局。其中，食品价格上升4.6%、衣着价格上升3.9%、娱乐教育文化用品及服务价格上升1.7%、居住价格上升1.0%、家庭设备用品及维修服务价格上升0.6%、烟酒价格上升0.3%、医疗保健和个人用品价格上升0.3%，交通和通信类价格下降0.2%。

(毛　佳)

城乡居民生活水平

【概况】 2013年，南昌市社会经济始终保持平稳较快增长态势，消费需求不断增长，市场持续繁荣，价格保持稳定，城市面貌焕然一新，人民生活水平不断提高，家庭收入水平提升。城镇居民人均可支配收入达26151元，比上年增长10.8%。人均消费性支出17944元，增长9.1%。农村居民年人均纯收入10806元，比上年增长11.1%；人均生活消费支出5682元，增长9.1%。城市居民家庭恩格尔系数为35.2%，农村居民家庭恩格尔系数为42.9%。

【城镇居民收入特点】 2013年，城镇居民工资性收入人均18051元，比上年增长11.9%，占家庭总收入比重为64.8%；经营净收入人均1957元，增长11.7%；转移性收入人均7143元，增长7.5%；财产性收入人均719元，增长15.9%。收入增长的主要原因：一是就业观念的转变，个体从业人数不断增加，国家全民创业效益进一步显现，促进了市民经营性收入的强势增长。二是国家继续对离退休人员增加工资，并全部落实到位。随着生活水平的逐步提高，人情往来的礼物加重，长辈赠与晚辈和晚辈孝敬长辈的馈赠礼品档次也不断提高。

【城市居民消费特点】 2013年，城市居民家庭消费水平不断提高，居民的消费水平继续保持增长的态势，恩格尔系数为35.2%。居民的消费主要向居住、家庭设备用品及服务、教育文化娱乐服务转移，消费支出分别比上年同期增长7.4%、6.3%、12%。城市居民消费的主要特点是：一是食品消费结构优化。人均食品支出增长10.1%。其中，糖烟酒饮料人均支出589元，增长9.1%；干鲜瓜果人均支出482元，增长8.1%；糕点、奶及奶制品人均支出453.34元，增长14.6%；同时，人均在外饮食支出752.7元，增长17.3%。二是衣着消费讲究品牌时尚。人均衣着支出1900.67元，增长7.9%。其中，人均购买服装支出1397元，与上年基本持平；人均购鞋支出387.4元，增长26%。三是家庭设备用品及服务上档次。人均家庭设备用品及服务支出1601元，增长6.3%。以家用电脑、空调、微波炉、摄像机、钢琴、移动电话和家用汽车为代表的中高档家用产品拥有量增长迅猛，成为新的消费热点。四是交通和通讯为沟通提供方便。人均交通和通讯支出2585元，增长5.7%。其中，人均通信支出1088元，增长19%。五是教育文化娱乐服务平稳增长。人均教育文化娱乐支出2014元，增长12%。其中，人均文化娱乐用品支出400元，增长24.2%；人均文化娱乐服务支出823元，增长3.3%。六是居住消费支出快速增长。用于居住消费1859元，增长7.4%。人均住房建筑面积达到29.18平方米。同时，居住式样结构大有改善，89.4%的家庭住房是成套住房，住房的配套设施得到明显改善，有厕所浴室住户的比例达98.1%；固定电话每百户59.3部，移动电话每百户206.9部；每百户接入有线电视网络的电视机102.6台；每百户接入互联网的计算机87台；每百户接入互联网的移动电话67部。在住房条件改善的同时，居住环境也日显优美，居住质量得到明显改善，人均物业管理费支出64.3元，增长4.6%。七是节假日旅游方兴未艾。人均用于团体旅游的花费358.5元，比上年增长29.7%。

【农民收入特点】 2013年，农村住户抽样调查资料显示，农民人均纯收入为

10806元,比上年增加1076元,增长11.1%,收入增长主要有以下特点:一是工资性收入是农民收入的主要来源。全市农民人均工资性收入为5339元,较上年增加488元,增长16.5%。增幅较上年提高3.5个百分点,占农民人均纯收入的比重由2012年的47.1%提高到49.4%,提高了2.3个百分点,是农民收入的主要来源。二是家庭经营性收入是农民收入的重要基础。全市农民人均来自农村家庭经营性收入为4845元,比上年增加228元,增长4.9%,占农民人均纯收入的44.8%。三是各项惠农政策效果进一步体现促农民增收。由于近年来农民务工持续向好,增加了农民务工收入。农民外出务工无论在本乡镇地域内、省外的从业时间和收入都好于往年。全市外出务工的农民工工资收入普遍超过了2000元/月,达2185元/月,比上年提高10.5%,全年从业时间在10个月以上的农民工人数占96.3%,提高了0.7个百分点。由于农产品价格上涨,全年农民人均增收405.2元,对农民增收的贡献率也达到37.6%。

【农民生产和消费支出的特点】 2013年,农村住户抽样调查结果显示,农民生产和消费支出有如下特点:生产投入支出继续增长。农民家庭经营费用支出人均4631元,比上年增加105元,比上年增长2.3%。第一产业生产费用支出人均4200元,增加130元,增长3.2%;其中,农业生产费用支出人均1312元,增加97元,增长8%。农民生活消费支出人均5682元,比上年增加473元,增长9.1%。从结构看,食品消费支出人均2437元,减少149元,下降5.8%;衣着支出人均435元,增长41.8%;居住支出人均717元,增长13.3%;交通和通讯支出人均538元,下降0.8%;家庭设备和用品及服务消费支出人均330元,增长32.9%;文化教育和娱乐消费支出人均447元,增长46.3%;医疗保健消费支出人均555元,增长20.9%。

(毛　佳)

发展民主政治

【概况】 2013年,南昌市积极推进社会主义民主政治建设,不断提高科学执政、民主执政、依法执政水平,从各个层次、各个领域扩大公民的有序政治参与,为创造和谐安定的社会环境提供坚实保障。

政务公开

【概况】 2013年,市政府深入贯彻《中华人民共和国政府信息公开条例》和《南昌市政府信息公开规定》,切实加强政府信息公开和民主监督工作,取得较好成效。

【公开政府信息工作】 2013年,南昌市政府信息公开工作在国务院和省政府的正确领导下,不断完善政府信息公开工作有关制度,充分发挥政府公报、政府网站、新闻发布会、报刊、广播、电视等政府信息公开主渠道作用,针对公众关切的问题,以行政审批、财政预算决算和“三公”经费、保障性住房、食品药品安全、环境保护、安全生产、价格和收费、征地拆迁8个方面重点领域政府信息公开为中心,及时、准确地主动公开政府信息。至年底,政府信息公开平台新增主动公开政府信息9万余条,政府信息公开条例实施以来累计公开政府信息36.61万余条。同时,积极回应公众关切,扎实做好依法申请公开政府信息工作,受理依法申请公开信息160余件,累计590余件,均按条例规定的15个工作日内,按申请人的要求方式进行公开或给予答复,回复率100%。未出现因政府信息公开不当,引发危害国家安全、公共安全、经济安全和影响社会稳定等问题。

【接受人大、政协民主监督】 2013年,认真履行政府职能,自觉接受人大及政协民主监督,不断改进工作。一是组织政府相关部门向人大常委会报告专项工作,认真研究办理市人大常委会各专项工作报告的审议意见,积极主动报送研究处理情况。二是积极配合人大、政协开展执法检查、专题调研等监督活动,主动报告工作,自觉接受监督,虚心听取意见建议,对人大、政协提出的执法检查报告、专题调研报告认真研究办理,积极吸收采纳,不断改进工作。三是协调建议提案办理工作。始终坚持把办理建议提案工作作为接受人大监督、政协民主监督,推进经济社会发展和民主法制建设的一项重要政治任务来抓。全年协调组织办理省市人大代表建议、政协提案共计536件,90%以上的建议提案反映的问题得到妥善解决或正在解决。

【办好民生实事】 2013年,在连续6年大力实施民生工程的基础上,进一步强化政府服务理念,听取老百姓心声,采取听证会、座谈会和公开向广大市民征集民生工程意见和建议等形式,建立政府和老百姓沟通交流平台,让社会各界、老百姓广泛参与民生实事安排。全年共筹集民生资金约137.5亿元,制定《2013年南昌市民生工程安排意见》和《民生工程任务分解表》。通过各级政府和各部门共同的努力,年初确定涉及群众切身利益的91件实事得到基本贯彻和落实。

(李　娜)

厂务公开民主管理

【概况】 2013年,全市厂务公开民主管理工作在市委、市政府的领导下,加强基层民主政治建设,重点推进非公有制企业厂务公开民主管理工作,切实维护广大职工的合法权益,为加强党风廉政建设、调动广大职工群众参政议政的积极性、努力构建和谐劳动关系提供制度保障。

【健全领导机构】 2013年,市委办公厅、市政府办公厅印发《关于调整南昌市打造核心增长极领导小组等30个非常设机构组成人员的通知》,对市厂务公开领导小组成员进行调整。市委副书记、政法委书记欧阳海泉任组长;市人大常委会副主任、市总工会主席李国根,副市长肖玉文任副组长;杜志刚、熊运浪、郑志军、罗水长、徐强、吴荣富、李传秀、陈其恺、王劲松、刘卫东、刘鹏等为成员。各县区(开发区、新区)及企事业单位因人员变动,对领导小组成员作出相应调整,为推进全市厂务公开民主管理工作提供组织保障。

【落实民主制度】 2013年,市厂务公开领导小组办公室制定《2013年南昌市厂务公开民主管理工作要点》,要求各县(区)、各单位厂务公开领导小组高度重视厂务公开民主管理制度的落实,将厂务公开工作纳入单位党政重要议事日程,把建立和实行厂务公开民主管理制度作为加强基层民主政治建设的一项重要措施来抓好落实。为认真贯彻中华全国总工会《关于加强公司制企业民主管理工作的意见》的精神,市厂务公开领导小组办公室转发《关于加强公司制企业民主管理工作的意见》,重点指导督促新建、改制、上市公司制企业建立完善职工董事和职工监事制度,推动公司制企业工会主席、副主席进入公司董事会和监事会,依法完善职工董事和职工监事经职代会选举产生的民主程序。

【开展民主管理调研】 2013年，按照省厂务公开领导小组办公室《关于开展“公开解难事、民主促发展”深化创新厂务公开民主管理理论研讨征文活动的通知》的精神，全市各类企事业单位认真组织研讨征文活动，提高厂务公开民主管理理论水平。市厂务公开领导小组办公室围绕贯彻落实中央六部委《企业民主管理规定》，结合市总工会“下基层、进企业、学劳模、访职工”调研活动，开展厂务公开民主管理规范化建设调研活动，走进企业、进入车间，听取职工群众心声，基本摸清全市厂务公开民主管理制度建设基本情况。江铃汽车集团公司、南昌印钞有限公司、江西科技师范大学、南昌水业集团、方大特钢科技股份有限公司等单位的6篇征文被选送到省厂务公开领导小组办公室参赛。

【开展“公开解难题、民主促发展”活动】 2013年，按照全国厂务公开协调小组、省厂务公开领导小组要求，组织全市各类企事业单位以车间（科室）班组为重点，开展“公开解难题、民主促发展”主题活动。重点做好非公有制企业贯彻落实《企业民主管理规定》《江西省厂务公开条例》等相关法律法规，依法依规开展厂务公开民主管理工作，促进厂务公开民主管理制度化、规范化建设。加强改制企业厂务公开民主管理工作，要求改制企业在改制过程中严格民主管理程序，将企业改制方案和职工安置方案按规定向全体职工公开，接受全体职工监督，保障职工群众知情权、参与权、表达权和监督权。

【评选厂务公开先进】 2013年6月4日，市厂务公开领导小组印发《关于评选表彰南昌市厂务公开民主管理工作先进单位、先进个人的通知》。根据通知要求，市厂务公开领导小组办公室于10月中下旬对全市申报“厂务公开民主管理工作先进单位、先进个人”的单位和个人进行抽查，并以此为基础，组织推荐部分单位和个人参加全国和全省厂务公开民主管理先进单位和个人评选。经过自下而上的申报、推荐、检查、评选，江西中烟工业有限责任公司南昌卷烟厂被评为全国厂务公开民主管理示范单位；方大特钢科技股份有限公司、南昌印钞有限公司、南昌水业集团有限责任公司、江西省送变电建设公司被评为全国厂务公开民主管理先进单位；江铃汽车集团公司、江西中烟工业有限责任公司南昌卷烟厂、南昌印钞有限公司、泰豪集团有限公司被评为江西省厂务公开民主管理示范单位；南昌市市政工程开发有限公司等31家单位被评为南昌市厂务公开民主管理工作先进单位；宋瑛等31人被评为南昌市厂务公开民主管理工作先进个人。

【推进职代会规范化建设】 2013年，市厂务公开领导小组办公室将《企业民主管理规定》《江西省职工代表大会条例》《江西省总工会关于职工代表大会规范化建设的意见》《江西省职工代表大会控制程序》等法规和文件整理成《职工代表大会制度文件汇编》，下发到各县区（开发区、新区）和市直属企事业单位，供基层企事业单位干部职工学习参考，提高企事业单位干部职工对职工代表大会制度重要性和必要性的认识。通过组织开展职代会规范化建设培训、参加全省职工民主管理培训等方式，让工会干部、职工代表全面了解厂务公开、职代会相关法律法规及文件精神，掌握厂务公开、职代会工作的基本程序和方法，在全市企事业单位特别是非公有制企事业单位中认真推广和普及职代会规范化建设。在职代会规范化建设活动中结合厂务公开民主管理工作先进单位、先进个人的评选，积极参与职代会规范化建设的申报、评选、检查等一系列工作，江西有色建设集团有限公司等874家单位被评定为“职代会规范化建设合格单位”，江铃汽车股份有限公司等96家单位被评定为“职工代表大会规范化建设先进单位”。

（张　伟）

村（居）民自治

【概况】 2013年，南昌市采取积极引导、分类指导、实地督导等方式，加快新建住宅区、城乡结合部、棚户改造区、城中村、流动人口聚居地的社区居委会组建工作。至年底，全市共新成立24个社区居委会，社区用房面积均在500平方米以上。居民入住率未达到一定规模的新建楼盘已全部纳入就近社区居委会管理，实现社区居民自治组织全覆盖和对社区居民的全员服务管理。继续深入推进中央、省属国有改革企业社区移交属地管理后续工作，做到社区用房、办公设备、工作经费、工作人员“四个到位”。同时，加大未列入改革的单位家委会改制工作，已完成省、市、区属9个家委会（职工生活区）的改制工作。

【社区自治管理模式不断创新】 2013年，南昌市在社区积极探索建立楼园管委会、楼栋庭院理事会和“六级网络”管理。楼院管委会和楼栋庭院理事会由居民代表、老党员、老干部、老知识分子等热心公益事业、组织协调能力较强的居民组成，建立宣传、调解、帮教、治保等各小组，形成一个有效的管理服务网络。建立健全社区居委会、居民小组、楼管委会、楼栋长、单元长和居民骨干户“六级网络”管理体系，激发广大居民参与和谐社区建设，构建“纵向到底、横向到边”的城市基层社会管理网络，居民群众对社区工作的满意度、认可度大大提高。5月，全省社区建设工作会议对南昌市社区建设给予充分肯定，青云谱区在会上作题为《健全“三社联动”机制加强基层社会管理》的典型经验发言。

【社区居委会干部及农村离任“两老”生活补贴发放到位】 2013年，根据省、市工作安排，市民政局和市财政局联合下发通知，共发放全市社区居委会干部补贴资金618.8万元、农村离任“两老”人员补助资金325.8万元。

（徐　良）

党和国家及省部级领导人到南昌市考察

【王光坤到南昌市调研农业综合开发工作】 2013年5月10—19日，国家农业综合开发办公室主任王光坤一行到南昌市调研农业综合开发工作。在南昌县，王光坤先后察看蒋巷国旺现代农业示范园和国鸿生态园的建设情况，详细了解国旺现代农业示范园农业综合开发项目的实施情况。王光坤对示范园以“高标准、规模化淡水健康养殖业，高标准、规模化水稻、蔬果种植业”为主业态的多元化农业产业格局表示满意，并希望南昌县继续坚持以提高农业综合生产能力为重点，切实抓好农业基础设施建设，推动农业产业化发展进程，积极扶持农业产业化龙头企业，带动农民增收，同时加大创新力度，不断开拓农业综合开发工作的新局面，全面提升农业综合开发工作的标准和水平。在安义县，王光坤一行先后到绿能科技园、南昌菜园进行实地调研，了解安义县农业综合开发工作开展情况，听取有关工作意见和建议，并与省、市、县有关领导及农业产业化龙头企业负责人及农民专业合作社代表、种粮大户进行座谈。调研中，王光坤对安义县农业综合开发工作给予高度肯定。

王光坤要求,农业综合开发工作要围绕现代农业来开展,在农业综合工作中要用规模化的理念来开发农业,要用标准化的理念来提升农业,要用产业化的理念来发展农业,要用低碳化的理念来改良农业,要用工业化的理念来推进农业,要用市场化的理念来经营农业。要通过综合开发提升农业综合生产能力。要大力发展龙头企业,由龙头企业带动,并通过调整生产关系,搞好土地流转让农民入股,实行股份制,推进农业现代化,确保农业、农村、农民可持续发展,让农民通过农业综合开发受益。

【万鄂湘到南昌市调研】 2013年9月6日,全国人大常委会副委员长、民革中央主席万鄂湘和民革中央副主席修福金一行到江西恒大高新技术股份有限公司、青云谱区等地,就人身损害赔偿法律适用、中央财政转移支付等工作进行专题调研。万鄂湘对恒大高新在中国建设"环境友好型,经济节约型"两型社会中,推动防磨抗蚀产业和促进循环经济发展中所作出的贡献表示赞赏,并勉励该公司再接再厉,借助资本市场进一步做大做强,实现公司更快更好发展。

【华建敏到南昌市考察红十字会工作】

2013年10月14—15日,全国人大常委会原副委员长、中国红十字会会长华建敏到南昌市调研红十字会工作。省人大常委会副主任朱秉发、副省长谢茹陪同。14日,华建敏一行到江西省遗体捐献者纪念园,并向捐献者纪念碑敬献花篮。随后到南昌大学医用组织库与工作人员座谈,听取工作汇报。15日,华建敏一行到省红十字会机关,考察省红十字会文化走廊。后到南昌铁路三村社区调研红十字志愿服务工作,考察南站街道铁路三村社区卫生服务中心,听取南昌大学第四附属医院邹德凤博爱服务团队创始人和第44届南丁格尔奖章获得者邹德凤的工作介绍,并看望社区受助居民。

【何厚铧到南昌市考察】 2013年10月18—19日,由全国政协副主席何厚铧任团长的澳门特别行政区全国政协委员考察团到南昌市就经济社会发展和推进昌九一体化、打造支撑江西经济崛起"双核"情况进行考察。18日,考察团一行到由澳门企业家在进贤县投资的高氏集团产业示范基地和集团总部茶叶加工基地,详细了解基地规模、油茶种植品种、日常管护以及油茶生产加工工艺等方面的情况。委员们对高氏集团在昌短短5年发展所取得成绩给予肯定,对省、市、县有关部门为企业提供的优越发展环境给予高度赞赏,希望高氏集团继续围绕打造全国及世界最大的茶油种植生产加工基地的目标,加大研发力度,积极拓宽国际国内市场空间,以业绩彰显澳门企业家风范,并为当地经济发展多作贡献。在高氏集团,何厚铧、黄跃金、刘礼祖等还为中国农村教育科技成果转化工作委员会授予高氏集团的"农业产业化示范基地"揭牌。19日,考察团到位于南昌经济技术开发区的南昌欧菲光科技有限公司实地考察,了解该公司在昌发展历程,以及生产、经营状况,并深入生产车间观看产品生产流程。当得知该公司到南昌投资实现当年签约、当年开工建厂、且当年投产见效时,委员们对南昌市亲商、安商、富商等优良投资环境大加赞赏,表示要将南昌市这种优良投资环境带回去,介绍给更多的澳门企业家,鼓励澳门企业家到南昌投资考察、观光旅游,进一步促进澳门与南昌合作。(截至2013年底,澳门客商在南昌投资企业有96家,总投资9.57亿美元。)

【秦宜智到南昌市考察调研】 2013年11月18日,共青团中央书记处第一书记秦宜智到南昌市考察调研。团中央办公厅主任康国明、城市青年工作部副部长鲁亚陪同。秦宜智首先调研青山湖区青年学雷锋志愿服务站。开站100多天来,该站累计提供志愿服务近1500小时,服务群众1000余人次。服务站广泛宣传文明理念,并为群众提供代缴水电费、代订火车票等服务,深受欢迎。秦宜智表示,代缴水电费、代订火车票看似小事,但与百姓日常生活息息相关,这样的志愿服务可以很好地向社会传递爱心和正能量。同时,秦宜智还详细了解了湖坊镇永人村广丰籍同乡互助会团支部活动开展情况,并对其以同乡互助为纽带、服务外来青年的做法表示肯定。在询问南昌市团组织工作以及志愿服务开展情况后,秦宜智勉励南昌市各级团组织切实履行组织青年、引导青年、服务青年、维护青少年合法权益的职能,努力搭建并不断创新工作平台,在服务中心工作、服务团员青年、服务经济社会发展中贡献青春力量。

(市史志办年鉴处)

组织机构及驻南昌企事业单位负责人
(正县级及以上)

中国共产党南昌市委员会

(截止时间为2013年12月,下同)

书　记:王文涛
副书记:陈俊卿(任至8月)　郭　安
　　　欧阳海泉(8月任职)
常　委:李小豹(任至8月)
　　　周　关　陈德寿　张鸿星
　　　刘建洋　夏一军　卢作全
　　　曾光辉　江晓斌　高鹰群(女)
　　　高　伟(挂职锻炼)
　　　田大忠(挂职锻炼,12月任职)

南昌市人民代表大会常务委员会

主　任:蔡社宝
副主任:万先勇　罗慧芬(女)
　　　赖永芳　李国根　崇江林
　　　邹书玲(女)
　　　申少平　李福如

南昌市人民政府

市　长:陈俊卿(任至8月)
　　　郭　安(8月任代市长)
副市长:张鸿星　刘建洋
　　　高　伟(挂职锻炼)
　　　姚燕平(女)
　　　王国强　刘家富　张根水
　　　朱志群　肖玉文

中国人民政治协商会议江西省南昌市委员会

主　席:卢晓健(女)
副主席:侯　捷　李广振　陈守国
　　　龙国英(女)　郭　曙
　　　辛利杰　熊晓武　陈　斌

中国人民解放军江西省南昌警备区

第一书记:王文涛
司令员:李克强
政治委员:夏一军
参谋长:刘静波

中国共产党南昌市纪律检查委员会(监察局)

书　记:卢作全
副书记:杜志刚(市监察局局长)
　　　李紫敬　朱　斌

市委工作机构

办公厅
主　任:赵海东
组织部
部　长:陈德寿
常务副部长:郑志军(正县级)
宣传部
部　长:曾光辉
常务副部长:魏运花(女,正县级)
统战部
部　长:高鹰群(女)
政法委
书　记:郭　安(兼,任至9月)
　　　欧阳海泉(兼,9月任职)
副书记:季智勇(副厅级)
农村工作部(市政府农村工作办公室)
部　长(主任):曹吉清(任至11月)
台湾工作办公室(市政府台湾事务办公室)
主　任:刘　闯(任至11月)
　　　管琳丽(11月任职)
政策研究室
主　任:张湘赣
保密机要局(归口办公厅管理)
局　长:袁耕宇(3月任职)
老干部局(归口组织部管理)
局　长:袁井红(女)
市直机关工作委员会(归口组织部管理)
书　记:莫继明
精神文明建设指导委员会办公室(归口宣传部管理)
主　任:李新建
机构编制委员会办公室
主　任:陶寒光
市委市政府接待办公室
主任、党委书记:于立山
机关事务管理局
局长、党组书记:吕汉清(任至11月)
史志办公室
主　任、党组书记:谢晓亮(3月任职)
市委党校
校　长:赵刚平(女)

市人大机关

办公厅
主　任:王应才
法制工作委员会
主　任:谢文斌
选举任免联络工作委员会
主　任:郑志军(兼)
法制委员会
主任委员:廖南萍(女)
内务司法委员会
主任委员:耿承军(女)
财政经济委员会
主任委员:谢晓亮(任至3月)
城建环保委员会
主任委员:张春辉
教科文卫委员会
主任委员:李承先(任至11月)
农业和农村委员会
主任委员:胡友胜

市政协机关

办公厅
主　任:饶小敏
提案委员会
主　任:袁海秋
经济科技委员会
主　任:余　刚
人口资源环境城建委员会
主　任:丁慧兴
教卫文体文史委员会
主　任:张恒立
社会和法制委员会
主　任:罗　坤
港澳台侨委员会
主　任:王永南

南昌市中级人民法院

院长、党组书记:刘邦琰

南昌市人民检察院

检察长、党组书记:徐胜平

南昌长堎地区人民检察院

检察长、党组书记:刘　敏

市人民团体、群众团体

总工会
主席、党组书记:李国根
常务副主席:宋亮生
中国共产主义青年团南昌市委员会
书记、党组书记:盛　炜
妇女联合会
主席、党组书记:黄　琰(12月任职)
文学艺术界联合会
主席、党组书记:赵　军
归国华侨联合会
主席、党组书记:姚向红(女)
社会科学界联合会
主席、党组书记:喻凤林
残疾人联合会
理事长、党组书记:魏小俊
科学技术协会
主席、党组书记:姚晓明
红十字会
专职副会长:曹小明(副县级)

市政府工作机构

办公厅
党组书记:杨文斌
主　任:谢为民
发展和改革委员会
主任、党组书记:邓建新
工业和信息化委员会
主　任:詹水发
教育局
局　长:魏国华

科学技术局
局　长:黄中平
公安局
局长、党委书记:王国强
常务副局长:吁小平(正县级)
民政局
局长、党委书记:应学全
司法局
局长、党组书记:涂慧玲(女)
财政局
局长、党组书记:陈以荻
人力资源和社会保障局
局长、党委书记:朱敏华
城乡建设委员会
主任、党委书记:郑　炜
城乡规划局
局长、党组书记:罗剑云
城市管理委员会(市城市管理行政执法局)
主　任:沈　杰
住房保障和房产管理局
局长、党委书记:王　强
园林绿化局
局长、党委书记:王向阳
交通运输局
局　　长:黄维象
党委书记:万卫国(任至4月)
　　　　黄维象(4月任职)
水务局
局长、党组书记:李克荣
农业局
局　长:胡荣棣
林业局
局长、党委书记:付新灿
对外经济贸易合作委员会
主任、党组书记:李　伟
文化新闻出版局
局长、党委书记:王国昌
卫生局
局　长:张　力
人口和计划生育委员会
主任、党组书记:陈国凤(女)
审计局
局长、党组书记:万仁如
物价局
局长、党组书记:刘达辉
统计局
局长、党组书记:万昱原

法制办公室
主任、党组书记:涂仕华
外事侨务办公室
主任、党组书记:陈吉炜(任至11月)
　　　　　　　黄小燕(女,11月任职)
民族宗教事务局
局长、党组书记:梁超伟
环境保护局
局长、党组书记:陶　志(任至11月)
　　　　　　　邹国星(11月任职)
安全生产监督管理局(市安全生产委员会办公室)
局长(主任)、党组书记:孙群力
商业贸易委员会
主任、党委书记:陆　萍(女)
粮食局
局长、党委书记:刘斯彬
广播电影电视局
局长、党委书记:涂宗勤(女)
南昌广播电视台
台　长:张金洁
体育局
党组书记:姜　波(任至5月)
局　长:史晓婍(女,11月任党组书记)
信访局
局　长、党组书记:熊运浪
公共资源交易市场管理委员会办公室(归口市政府管理)
主任、党组书记:刘小平
国有资产监督管理委员会
党委书记:杨小林
主　　任:程晓林
人民防空办公室(市民防局)
主任(局长)、党组书记:张鸿雁
供销合作社
主任、党委书记:李小保
鄱阳湖生态经济先导区建设推进领导小组办公室
主　任:张鸿星(兼)
常务副主任:吴长金
重点工程管理办公室
主　任:郑　炜(兼)
公共资源交易中心(副县级)
主　任:董建军(5月任职)
档案局
局长、党组书记:徐迎晨
金融工作办公室
主任、党组书记:李水平

旅游局
局长、党组书记:陈清华
农业综合开发办公室
主任、党组书记:陶海龙(任至3月)
　　　　　　　刘荣根(3月任职)
食品药品监督管理局
局长、党组书记:唐旭平
公路管理局
局　　长:王建华
党委书记:唐席平
防震减灾局
局长、党组书记:饶绍清(任至11月)
　　　　　　　易小毛(11月任职)
国家安全局
局长、党委书记:沈　麒
国家税务局
党组书记:汤志水(任至5月)
　　　　陈国英(5月任职)
局　　长:陈国英
地方税务局
局　长:黄正逊(任至7月)
　　　　朱　敏(7月任职)
党组书记:乐跃进
工商行政管理局
局长、党组书记:刘东庚(任至7月)
　　　　　　　徐云辉(7月任职)
质量技术监督局
局　　长:许卫华
党组书记:张正新(任至12月)
　　　　许卫华(12月任职)
国土资源局
局长、党组书记:徐茂辉(任至9月)
　　　　　　　陶　志(9月任职)
气象局
局长、党组书记:吴延年
国家统计局南昌调查队
队长、党组书记:龚奇明
南昌师范高等专科学校
党委书记:张录光(任至9月)
　　　　周智安(9月任职)
校　长:赵小敏
南昌教育学院
院　长:汪　强(任至3月)
　　　　吴　龙(3月任职)

金融机构

中国银行业监督管理委员会江西监管局
党委书记、局长:马忠富

中国证券业监督管理委员会江西监管局
党委书记、局长：胡伏云
江西保险业监督管理委员会江西监管局
局　长：蔡基谱
中国人民银行南昌中心支行
党委书记、行长：高小琼
中国农业发展银行江西省分行营业部
总经理：杨荣梯（任至3月）
　　　　朱　晔（3月任职）
中国工商银行股份有限公司江西省分行营业部
党委书记、总经理：江华柱
中国农业银行江西省分行营业部
总经理：陈建国（任至9月）
　　　　刘金球（9月任职）
中国银行股份有限公司江西省分行营业部
行　长：傅正辉
中国建设银行南昌洪都支行行长
行　长：夏安民
招商银行南昌分行
行　长：胡德明
中国民生银行南昌分行
党委书记：朱东勇
光大银行南昌分行
党委书记、行长：冯　翔
南昌银行股份有限公司
党委书记、董事长：陈晓明
九江银行南昌分行
行　长：王　琨
上饶银行南昌分行
行　长：徐　剑
江西省信用联社南昌管理部
总经理：段小华
华夏银行股份有限公司南昌分行
行　长：宋晋生
中国进出口银行南昌营业部
党委书记、行长：郑　丽（女）
南昌农商银行
董事长：应　勇
江西国际信托股份有限公司
党委书记、董事长：裘　强
中国人民财产保险股份有限公司南昌市分公司
党委书记、总经理：闵思成
中国人寿保险股份有限公司南昌分公司
总经理：李　玮
中国太平洋人寿保险股份有限公司江西分公司南昌营业部
总经理：万红蕾（女）
中国平安财产保险股份有限公司江西分公司
副总经理（主持工作）：程　航
中国平安人寿保险股份有限公司江西分公司
总经理：吴　纲

派出、驻外机构

南昌高新技术产业开发区
工委书记：邱向军
管委会主任：雷　霆（任至8月）
　　　　　　黄　俊（10月任职）
南昌经济技术开发区
工委书记：罗蜀强
管委会主任：黄　俊（任至10月）
　　　　　　熊一江（10月任职）
红谷滩新区
工委书记：龚亚立
管委会主任：宋　铀
行政服务中心管委会
党组书记：胡小洪
主　任：邓九藩
江西桑海经济技术开发区
工委书记：陈　强（9月任职）
管委会主任：陈　强
市政府驻北京联络处
主　任：吕　娄（女）
市政府驻上海联络处
主　任：高辉红
市政府驻深圳办事处
主　任：张东理
市政府驻厦门办事处
主　任：柯雪琴（女）
南昌小蓝经济技术开发区
工委书记：郭　毅（9月任职）
管委会主任：王　敏（10月任职）
南昌中小微企业工业园
管委会主任、党组书记：吴剑锋（4月任职）

市民主党派、工商联

中国国民党革命委员会南昌市委员会
主　委：陈守国
中国民主同盟南昌市委员会
主　委：罗慧芬（女）
中国民主建国会南昌市委员会
主　委：暂缺
中国民主促进会南昌市委员会
主　委：姚燕平（女，兼）
中国农工民主党南昌市委员会
主　委：龙国英（女）
九三学社南昌市委员会
主　委：李广振（兼）
南昌市工商业联合会
主　　席：陈　斌
党组书记：杨启棠

新闻单位

南昌日报社
社长、党委书记：马　健（任至2月）
总编辑：叶修堂（5月任社长、党委书记）

县　区

南昌县县委
书　记：郭　毅
南昌县人大
主　任：胡小明
南昌县政府
县　长：陈匡辉（任至11月）
南昌县政协
主　席：邓柄根
南昌县纪委
书　记：叶保平（副县级）
新建县县委
书　记：樊三宝
新建县人大
主　任：徐才保
新建县政府
县　长：黄耀华
新建县政协
主　席：曾志毅
新建县纪委
书　记：丁俊昌
进贤县县委
书　记：王　敏（女，任至9月）
　　　　万　凯（11月任职）
进贤县人大
主　任：万晓鸣
进贤县政府
县　长：万　凯（任至11月）

进贤县政协
主　席:钱和平
进贤县纪委
书　记:袁一旦(副县级)
安义县县委
书　记:朱　东
安义县人大
主　任:杜　勇
安义县政府
县　长:梅　梅
安义县政协
主　席:张　芸(女)
安义县纪委
书　记:吴　强(副县级)
东湖区区委
书　记:戴晓明
东湖区人大
主　任:闵建波
东湖区政府
区　长:贺瑞虎
东湖区政协
主　席:王　玮(女)
东湖区纪委
书　记:喻国泰(副县级)
西湖区区委
书　记:周　林(11 月任职)
周智安(任至 9 月)
西湖区人大
主　任:马　力
西湖区政府
区　长:梅茂发
西湖区政协
主　席:涂和平
西湖区纪委
书　记:陈建军(3 月任职)
唐于禄(副县级)(任至 3 月)
青云谱区区委
书　记:周　亮
青云谱区人大
主　任:李小逢
青云谱区政府
区　长:胡晓海
青云谱区政协
主　席:曾建华
青云谱区纪委
书　记:魏根金(副县级)
湾里区区委
书　记:王建平(11 月任职)
周　林(任至 11 月)
湾里区人大
主　任:李传强
湾里区政府
区　长:王建平(任至 11 月)
湾里区政协
主　席:喻　玫(女)
湾里区纪委
书　记:陈建军(副县级)(任至 3 月)
万利平(3 月任职)
青山湖区区委
书　记:陈匡辉(11 月任职)
李小豹(正厅级)(任至 8 月)
青山湖区人大
主　任:熊庆华
青山湖区政府
区　长:李松殿
青山湖区政协
主　席:王继军
青山湖区纪委
书　记:谭伯乐(副县级)

武警、消防

武警南昌市支队
支队长:胡伟刚(任至 6 月)
黄耀金(6 月任职)
政　委:朱伟群(任至 6 月)
李　珏(6 月任职)
公安消防支队
支队长:徐伟保(任至 10 月)
赖慰冰(10 月任职)
政　委:黎学军

市属国有企业

南昌工业控股集团有限公司
董事长、党委书记:葛彬林
总经理:陈和茂
南昌城市建设投资发展有限公司
董事长、党委书记:林　军
总经理:涂建平(5 月任职)
南昌市政公用投资控股有限责任公司
董事长、党委书记:熊一江(任至 11 月)
总经理:万义辉(3 月任职)
江西南昌旅游集团有限公司
董事长、党委书记:熊　伟
总经理:熊　伟(任至 3 月)
黎友才(3 月任职)
南昌市轨道交通集团有限公司
董事长、党委书记:毛顺茂
总经理:翟圣智
江铃汽车集团公司
董事长:王锡高
党委书记:蒋林生
总经理:邱天高

驻南昌市单位

南昌市邮政局
局　　长:黄陵生(任至 7 月)
陈凤鸣(7 月任职)
党委书记:甘克寒(任至 7 月)
黄陵生(7 月任职)
江西移动通信有限责任公司南昌营销中心
总经理、党委书记:雷振国(任至 3 月)
程　伟(3 月任职)
中国电信股份有限公司南昌分公司
总经理:张建军(任至 3 月)
谢焕亮(3 月任职)
党委书记:余嘉饶(任至 3 月)
张建军(3 月任职)
南昌供电公司
总 经 理:唐屹峰
党委书记:王志伟
中国石化江西南昌石油分公司
经理、党委书记:曹志宏(任至 8 月)
郝　健(9 月任职)
南昌市烟草专卖局(分公司)
局长(经理):李　文

中央、省属企事业单位

方大特钢科技股份有限公司
董事长:钟崇武
南昌卷烟厂
厂长、党委书记:张胜健
江西洪都航空工业集团有限责任公司
董事长、总经理:宋承志
党委书记:张　波
南昌海关驻高新区办事处
主　任:余银喜
江西南华医药有限公司
董事长、党委书记:王克勤
南昌市无线电管理局
局　长:李　峰

(市委组织部　市史志办年鉴处)

中国共产党南昌市委员会

本栏编辑　龚秀昱

概　述

【概况】　2013年，中共南昌市委在省委、省政府领导下，围绕“高举旗帜、解放思想、聚焦发展、改革开放、民主法制、党的建设”二十四字要求，始终坚持区域聚焦、产业聚焦、政策聚焦和资源聚焦，坚持“二三并举、双轮驱动”，用好先行先试的改革权、试验权，强力推进大投入、大建设、大发展，打造核心增长极，实现“一年有势头”的阶段性目标，全市经济社会继续平稳较快发展。

市委常委会工作

【概况】　2013年，中共南昌市委常务委员会带领全市人民全面贯彻落实中共十八大精神，高举中国特色社会主义伟大旗帜，进一步解放思想，改革开放，务实奋进，坚持不懈推进大投入、大建设、大发展，坚定不移实施聚焦战略，实现南昌打造核心增长极“一年有势头”的阶段性目标。

经济发展稳步提升。主要经济指标增幅均高于全国、全省平均水平，呈现位次前移、占比提升的好势头。全年GDP增速10.7%，全省排名第二，地方公共财政预算收入增速领跑中部。航空城、江铃五十铃整车和20万台发动机、欧菲光二期、万达文化旅游城等重大项目快速推进，全年全市百大重大重点项目累计完成投资463.45亿元。三次产业协同并进，全市规模以上工业增加值突破1000亿元，达1159.48亿元，比上年增长12.9%，从2012年的中部第五上升到第三；全省金融商务区引进各类金融机构达90家，初步形成集聚效应；粮食生产实现“十连丰”，农民人均收入实现“十连增”。高新区步入千亿园区，小微企业工业园全面启动。

改革开放迸发活力。启动第八轮行政审批制度改革，削减行政审批事项126项，清理涉及行政审批的中介服务事项270项；深化投融资体制改革，做强市级投融资平台；进一步规范经营性土地使用权出让措施；开展农村土地流转交易市场建设试点。出台鼓励支持民营经济发展和促进总部经济发展等政策措施，全年引进投资10亿元以上项目24个，实际利用外资29.64亿美元，比上年增长12.3%；同时，主动融入长江中游城市群，努力推进“昌九一体化”和“昌抚一体化”进程。

城乡面貌持续改善。九龙湖新城起步区控制性详规全面完成、22条主干路网全部开工，万达文化旅游城、绿地国际博览城、联泰智慧城三大“引爆”项目全力推进，南昌西客站正式投入运营；以棚户区改造为重点的旧城改造全面启动，全年全市共完成房屋拆迁675万平方米；“拆违拆临、建绿透绿”专项行动进展顺利，至年底，共拆除临建违建483处17.94万平方米；轨道交通1号线一期工程90%以上站点完成主体结构封顶，2号线房屋征收全部完成并全线开工；朝阳大桥、象湖隧道、九州高架等“十横十纵”快速路网建设进展顺利；大力推进一批重点示范镇、“五位一体”综合示范村、秀美乡村和特色小镇建设，加速推进通道“五化”综合整治。进一步理顺城市管理体制机制，推动市场化购买服务，实现市容环卫作业和房管执法业务全部下移；扎实开展文明城市创建，“行人乱扔、店面乱倒、车上乱抛垃圾”行为专项整治工作深入推进。“一江两岸”景观亮化提升工程产生良好社会效果；稳步推进“鄱湖明珠·中国水都”建设，成功入选国家首批水生态文明城市建设试点。

民生和谐有效巩固。2013年，全市城镇居民人均可支配收入和农民人均纯收入分别增长11.4%和增长12%。全力办好民生实事，全年累计投入137.5亿元，增长25%。在全省率先启动城市规划区内失地农民参加城镇养老保险工作，将27.27万被征地农民纳入基本养老保险体系；1.8万套保障性住房全面开工，至年底，基本建成近50%。社会事业协调发展，城乡公办幼儿园、中小学等基础设施建设投入持续加大，医保异地就医即时结算范围逐步扩大。深入推进平安南昌建设和法治南昌建设，确保社会安定和谐。

党的建设全面加强。深入学习贯彻中共十八大、十八届三中全会以及习近平总书记系列重要讲话精神。严格落实中央“八项规定”，全市党员干部争做明白人、带头人、清白人、健康人“四种人”，大力弘扬和践行思想作风、学习作风、工作作风、群众作风、领导作风、生活作风“六种作风”。深化干部人事制度改革，“四看一听一差额”用人机制深化落实，“实在实干实绩”用人导向深入人心，“四个一线”（全市重大重点项目一线、信访一线、招商引资、拆迁维稳一线）锻炼干部广受好评，年轻干部培养选拔工作得到加强。“民情家访”做法作为全国32篇（江西仅1篇）之一入选中央党的群众路线教育实践活动领导小组办公室编印的《各地联系服务群众经验做法选编》。深入开展反腐倡廉建设，落实党政“一把手”六个不直接分管制度，扎实开展民生资金管理使用专项治理、收送“红包”问题专项治理、市场中介机构清理整顿、公务用车交通违法行为专项治理等活动，营造良好的党风政风和社会风气。

市委会议

【概况】　2013年，中共南昌市委围绕打造核心增长极的目标，通过召开不同形式的会议，总结情况，明确任务，提出要求，正确回答深入贯彻中共十八大精神、推动经济发展升级、全面加强党的建设、改善民生福祉等干部群众关心的问题，带领和团结全市人民为打造核心增长极作出应有贡献。

【中共南昌市委十届7—8次(全体)扩大会议召开】 2013年,中共南昌十届市委共召开两次全体(扩大)会议,市委常委会主持会议。出席全会的市委委员、候补委员人数符合党章的有关规定。

7月31日,市委十届七次全体(扩大)会议在红谷滩会议中心召开。会议的主要任务是:深入贯彻中共十八大精神和习近平总书记一系列重要讲话精神,全面落实省委十三届七次全会精神和省委第48次常委会会议精神,对照全年工作任务和打造核心增长极阶段性目标,总结上半年工作,部署下半年任务,以顽强的韧劲、实干的精神、扎实的举措,奋力推动打造核心增长极各项工作迈上新台阶。全会强调,做好2013年下半年工作,要全面贯彻"发展升级、小康提速、绿色崛起、实干兴赣"的方针,按照"稳中有进、稳中有为、稳中提质"的要求,坚持正确的战略、方法、路径不动摇,"围绕一个中心、抓住两个关键、推动五个升级",全力推动经济发展升级、城乡发展共融、改革开放发力、全面小康提速。"围绕一个中心",就是围绕加快发展这个中心不动摇、不松懈、不分神,千方百计提高经济增长的速度、质量和效益,确保全面完成年初确定的目标任务。"抓住两个关键",就是要牢牢抓住扩大投资和征迁收储这两个关键,以重大重点项目为抓手,把扩大投资落到实处;以加快房屋征迁为抓手,把土地收储落到实处。"推动五个升级",就是推动产业转型升级、开放招商升级、城乡发展升级、竞争优势升级、民生福祉升级。

12月18日,市委十届八次全体(扩大)会议在红谷滩会议中心召开。全会审议并原则通过《中共南昌市委贯彻落实〈中共中央关于全面深化改革若干重大问题的决定〉的意见(讨论稿)》。全会指出,2013年,全市上下围绕"高举旗帜、解放思想、聚焦发展、改革开放、民主法制、党的建设"二十四字要求,始终坚持区域聚焦、产业聚焦、政策聚焦、资源聚焦,强力推进大投入、大建设、大发展,经济发展稳步提升,改革开放迸发活力,城乡面貌持续改善,民生和谐有效巩固,党的建设全面加强,打造核心增长极实现"一年有势头"的阶段性目标。2014年全市经济社会发展总体思路是:深入贯彻落实中共十八届三中全会和中央经济工作会议精神,以全面深化改革为动力,以扎实开展党的群众路线教育实践活动为保障,充分用好先行先试的改革权、试验权,进一步解放思想、锐意创新、务实奋进,努力实现打造核心增长极"两年有看头"的目标,为全省迈出"发展升级、小康提速、绿色崛起、实干兴赣"新步伐做出更大贡献。

【中共南昌十届市委第34—58次常委会议召开】 2013年,中共南昌十届市委第34—58次常委会议分别在市委第二会议室召开。会议就贯彻执行中央、省委的决定和指示及市委全委会的决议、加强和改进新形势下党的建设、深入推进经济社会建设等关系南昌方向性、战略性、全局性的重大政策、重大问题、重要事项进行研究决定。省委常委、市委书记王文涛主持。

2013年中共南昌十届市委第34—58次常委会一览表

表4

时间	次数	主要内容
1月16日	第34次	会议传达学习全省党委政府秘书长办公室主任会议精神,并审议《关于改进工作作风、密切联系群众若干规定(讨论稿)》; 听取《关于红谷滩新区重大重点项目推进情况汇报》《关于全省组织部长会议主要精神及我市贯彻意见的汇报》; 审议《关于呈请审定〈南昌市县(区)、开发区(新区)2013年主要经济发展目标〉的请示》《关于呈报〈南昌市2012年开放型经济工作考核奖励办法〉的请示》《关于对欧阳为民停职的请示》
1月21日	第35次	会议传达学习习近平总书记关于厉行勤俭节约、反对铺张浪费的重要批示精神等
1月30日	第36次	会议传达学习省领导有关讲话精神; 传达学习省十二届人大一次会议和省政协十一届一次会议精神; 审议市委办公厅代拟的《中共南昌市委常委会2013年工作要点(讨论稿)》; 听取市委宣传部《关于全省宣传部长电视电话会议精神及我市贯彻意见的汇报》; 审议市纪委报送的《关于召开市纪委十届三次全会的请示》
2月20日	第37次	会议审议《关于呈请审定〈中共南昌市委、南昌市人民政府关于深入推进科技协同创新的实施意见(送审稿)〉的请示》; 听取《关于全省统战部长会议精神及我部贯彻意见的汇报》《关于2012年度市管领导班子和领导干部考核工作总体情况汇报》; 研究市委组织部报送的干部任免议题
3月8日	第38次	会议传达学习中央、全省农村工作会议精神; 审议《关于呈请审定〈关于推进城乡发展一体化,加快打造核心增长极的实施意见(送审稿)〉的请示》《关于呈请审定〈关于支持工业和中小微型企业发展的若干政策〉的请示》《市委班子2012年度工作总结(讨论稿)》; 通报《关于支持赛维LDK太阳能高科技(南昌)有限公司发展的情况》; 听取《关于全国、全省政法工作会议精神及我市贯彻意见的汇报》《关于中央、全省对台工作会议精神和全市对台工作情况的汇报》; 研究干部任免议题

续表4

时间	次数	主要内容
3月19日	第39次	会议传达学习全国“两会”精神； 通报南昌市近段时间空气质量情况及《南昌市空气重污染日应急方案（暂行）》
3月27日	第40次	会议传达学习省委书记强卫在南昌视察调研经济发展与改革创新工作时的重要指示精神； 通报全省设区市党委秘书长会议有关精神
4月10日	第41次	会议传达学习中共中央政治局委员、中央书记处书记、中央组织部部长赵乐际在赣州调研时的讲话精神； 传达学习省委书记强卫、省长鹿心社在视察调研南昌城市建设重大工程时的重要指示精神； 审议《关于呈请审定〈南昌打造核心增长极三年行动计划（2013—2015）大纲〉的请示》《关于呈请审定〈2013年南昌市民生工程安排意见〉的请示》； 听取《中央书记处关于工会工作的几点意见》精神的汇报
4月24日	第42次	会议传达学习省十二届人大二次会议精神； 传达学习省长鹿心社在调研南昌春耕生产和防汛工作时的讲话精神； 研究《中共南昌市委议事决策规则（修订）》（讨论稿）以及干部任免议题； 审议《关于提请审定〈2012年度全市目标考核结果〉和〈关于2012年度全市目标考核奖励办法和奖金基数的建议〉的请示》《关于建议设立中共南昌中小微企业工业园管理委员会党组的请示》； 听取《关于省十五次团代会主要精神及贯彻初步打算的汇报》
5月8日	第43次	会议集中学习《中共中央办公厅印发〈关于当前意识形态领域情况的通报〉的通知》精神； 传达省委、省政府关于2012年市县考评结果以及省委、省政府关于进一步改进作风、加强因公出国（境）管理工作的有关文件精神； 审议《关于提请审定〈南昌市促进总部经济发展暂行办法（送审稿）〉的请示》《关于提请审定〈关于加强校企合作促进高质量就业的实施意见〉的请示》
5月15日	第44次	会议传达学习省委常委会听取南昌打造核心增长极工作情况汇报的会议精神，并研究贯彻意见； 传达学习省委书记强卫在全省防汛视频会议上的讲话精神； 研究干部任免议题
5月29日	第45次	会议传达学习省委常委会有关会议精神； 审议市政府党组报送的《关于呈请审定〈南昌市人民政府关于深化第八轮行政审批制度改革全面简政放权的决定〉的请示》《关于呈请审定〈南昌市被征地农民参加养老保险实施办法〉（送审稿）的请示》《关于提请审定〈南昌市关于进一步改进作风、加强因公出国（境）管理工作的暂行规定（送审稿）〉的请示》《关于提请市委审定〈关于进一步加强和改进党校行政学院（校）工作的意见〉的请示》《关于审议〈关于加强新形势下发展党员和党员管理工作的实施意见〉的请示》； 研究干部任免议题
6月20日	第46次	会议传达学习省委书记强卫在南昌高新区调研时的讲话精神和省委有关专题会精神； 听取《关于省委关于巡视接访工作会议精神及我市贯彻落实情况的汇报》； 审议《关于呈请审定〈南昌市2013年度落实党风廉政建设责任制和推进惩防体系建设检查考核工作方案〉〈南昌市贯彻《关于实行党风廉政建设责任制的规定》实施细则〉〈关于开展党风廉政建设社会评价工作的实施方案〉三个文件的请示》《关于提请审查〈南昌市促进发展新型墙体材料条例（修订草案修改稿）〉的请示》《关于开展纪念中国共产党成立92周年有关活动的请示》《关于对刘杰同志违纪问题立案的请示》； 研究干部人事议题
7月3日	第47次	会议听取《南昌市年轻干部培养选拔专题调研报告》《关于深化平安中国、平安江西建设工作会议精神及我市贯彻意见的汇报》； 审议《中共南昌市委关于进一步加强年轻干部培养选拔工作的实施意见（讨论稿）》《关于2012年县区、市直单位综治评先的请示》《关于给予唐沐扬开除党籍、开除公职处分的请示》
7月17日	第48次	会议审议《关于呈请审定〈把南昌打造成为带动全省发展的核心增长极规划〉的请示》《中共南昌市委、南昌市人民政府关于建设廉洁南昌，服务和保障打造核心增长极的若干意见（讨论稿）》《关于给予王国民、刘凤林、李国华开除党籍处分的请示》； 通报省纪委关于对雷霆严重违纪问题立案的决定

续表 4

时间	次数	主要内容
7 月 24 日	第 49 次	会议传达学习省委十三届七次全体(扩大)会议精神; 听取《南昌市上半年经济运行情况汇报》; 审议《中共南昌市委十届七次全体(扩大)会议预案(送审稿)》《关于呈请审定〈关于进一步规范经营性国有建设用地使用权出让工作的意见〉的请示》《关于呈请审定〈南昌市创新社区网格化服务管理工作体制机制的实施意见〉的请示》《关于建议成立中共鄱阳湖生态经济先导区建设推进领导小组办公室党组的请示》; 研究市委十届七次全体(扩大)会议报告稿和《中共南昌市委关于进一步改进作风、加强干部队伍建设的决定(送审稿)》
8 月 14 日	第 50 次	会议传达学习省委书记强卫在会见绿地集团董事长张玉良一行时的讲话精神; 通报 2013 年上半年南昌市主要经济指标及增速在全国省会城市排名情况; 听取《关于我市重大重点项目建设情况的调研视察报告》; 审议《中共南昌市委关于进一步加强法治南昌建设的意见(讨论稿)》《关于呈请审定〈中共南昌市委南昌市人民政府关于加快民营经济发展的政策措施〉的请示》《关于呈请审定〈关于进一步推进全市民政事业改革发展的意见〉的请示》《关于呈请审定〈中共南昌市委办公厅关于加强和改进党委信息工作的实施意见〉的请示》《关于呈请审定〈中共南昌市委办公厅关于加强和改进党委督查工作的实施意见〉的请示》; 集体观看反邪教内参片《较量——正在进行》; 研究有关干部问题和有关干部工作程序化问题
8 月 27 日	第 51 次	会议传达学习省委书记强卫在全省组织工作会议上的讲话精神; 听取《关于全省组织工作会议主要精神及我市贯彻意见的汇报》; 审议《关于给予徐建平开除党籍处分的请示》; 研究干部人事议题
9 月 11 日	第 52 次	会议审议《关于呈请审定〈南昌市航空产业"十二五"及中长期发展规划〉的请示》; 研究市委副书记欧阳海泉的分工以及干部人事议题; 通报省委组织部对南昌市 2012 年度干部选拔任用工作"一报告三评议"结果
10 月 9 日	第 53 次	会议传达学习《省委办公厅关于进一步发扬党内互称同志的优良传统的通知》《中共中央国务院关于地方政府职能转变和机构改革的意见》; 审议《关于呈请审定〈关于进一步深化全市投融资体制改革促进实体经济发展的政策措施〉的请示》; 听取《关于南昌市 2012 年度市本级预算执行和其他财政支出的审计结果情况汇报》《关于全省党委秘书长办公室主任会议精神和我市贯彻落实意见的汇报》
11 月 6 日	第 54 次	会议传达学习中央领导身边工作人员会议精神和省级领导身边工作人员会议精神; 听取《关于全省加强和创新群众工作维护社会和谐稳定会议精神及我市贯彻落实意见的汇报》《关于全国信访工作专题会议、省联席会议第一次全体(扩大)会议主要精神及我市贯彻落实意见的汇报》《关于全省宣传思想工作会议精神及我市贯彻落实意见的汇报》《关于全省党委(党组)中心组理论学习暨学习型党组织建设工作会议精神及我市贯彻落实意见的汇报》《关于中国工会第十六次全国代表大会主要精神及我市贯彻落实意见的汇报》; 审议《南昌市 2013 年度目标绩效管理考核实施意见(讨论稿)》《2013 年南昌市打造核心增长极突出贡献奖考核实施办法(讨论稿)》《关于南昌市打造核心增长极推进办公室等四个机构设立或调整的请示》《关于成立中共南昌小蓝经济技术开发区工作委员会的请示》; 研究当前经济发展和旧城改造等工作以及干部人事议题
11 月 20 日	第 55 次	会议研究《全市深入学习贯彻党的十八届三中全会精神的总体安排(讨论稿)》; 听取《关于南昌市被征地农民养老保险工作情况汇报》《关于 2012 年南昌市打造核心增长极突出贡献奖有关考评情况的通报》《关于南昌市环境空气质量情况汇报》; 审议《关于建立农村土地承包经营权流转交易市场促进适度规模经营的意见(试行)》《关于召开南昌市第十四届人民代表大会第四次会议的请示》《关于召开政协南昌市第十三届委员会第四次全体会议有关事项的请示》《关于付晓阳开除党籍、开除公职处分的请示》《关于刘杰党内严重警告处分的请示》《关于黎刚有关问题立案的请示》《关于李树华有关问题立案的请示》; 研究干部人事议题

续表4

时间	次数	主要内容
12月4日	第56次	会议研究《中共南昌市委贯彻落实〈中共中央关于全面深化改革若干重大问题的决定〉的意见》有关事项的情况汇报； 传达省纪委关于红谷滩新区管委会党工委书记龚亚立和市知识产权局局长陈国祥的立案决定
12月11日	第57次	会议审议《中共南昌市委十届八次全体(扩大)会议预案(送审稿)》《关于给予熊桂金开除党籍处分的请示》； 研究《中共南昌市委贯彻落实〈中共中央关于全面深化改革若干重大问题的决定〉的意见(送审稿)》、《王文涛同志在中共南昌市委十届八次全体(扩大)会议上的讲话(送审稿)》、小蓝经济技术开发区升格后的有关体制机制问题以及干部人事议题； 听取《关于全省第二批党的群众路线教育实践活动准备工作座谈会主要精神及我市贯彻落实意见的汇报》
12月25日	第58次	会议传达学习《党政机关厉行节约反对浪费条例》《党政机关国内公务接待管理规定》《中共中央办公厅、国务院办公厅关于贯彻落实中办发〔2013〕17号文件需要明确的几个问题》等文件精神； 审议《关于召开南昌市第十四届人民代表大会第四次会议有关具体事项的请示》《关于召开政协南昌市第十三届委员会第四次会议有关具体事项的请示》《关于呈请审定〈政府工作报告〉的请示》《关于呈请审定〈关于南昌市2013年国民经济和社会发展计划执行情况及2014年国民经济和社会发展计划草案的报告〉的请示》《关于呈请审定〈关于南昌市2013年市级总预算执行情况和2014年市级总预算草案的报告〉的请示》《关于呈请审定〈南昌市中级人民法院工作报告〉的请示》《关于呈请审定〈南昌市人民检察院工作报告〉的请示》《关于呈请审定〈南昌临空经济区发展规划〉的请示》《关于呈请审定〈2014年南昌市重大重点项目投资计划〉的请示》《关于给予吴强开除党籍处分的请示》； 研究干部人事议题

市委重要决策

【概况】 2013年，市委围绕打造核心增长极实现“一年有势头”的阶段性目标，始终按照“高举旗帜、解放思想、聚焦发展、改革开放、民主法制、党的建设”二十四字要求，坚持区域聚焦、产业聚焦、政策聚焦和资源聚焦，强力推进大投入、大建设、大发展，先后制定并印发《关于推进城乡发展一体化，加快打造核心增长极的实施意见》《关于进一步改进作风，加强干部队伍建设的决定》《中共南昌市委贯彻落实〈中共中央关于全面深化改革若干重大问题的决定〉的意见》等文件，带领全市上下乘势而上，开拓奋进，实现进位赶超、跨越发展的奋斗目标。

【推进城乡一体化】 2013年3月22日，市委、市政府印发《关于推进城乡发展一体化、加快打造核心增长极的实施意见》。要求以邓小平理论、“三个代表”重要思想、科学发展观为指导，全面贯彻落实中共十八大精神，按照工业化、信息化、城镇化、农业现代化同步发展战略部署，坚持以城乡发展一体化为解决“三农”问题这一根本途径，围绕城乡规划一体化、产业布局一体化、基础设施一体化、生态环境建设一体化、公共服务一体化、社会管理一体化的目标，积极构建城乡统筹、镇村联动、产业带动、设施连通、服务均等、改革创新、强化聚焦、均衡发展的一体化新格局，努力把南昌建成全省城乡经济社会发展一体化的先行区和示范点。力争到2015年，统筹城乡发展初见成效，城乡发展一体化的制度框架基本形成。全市城镇人口达到350万人，城镇化率达到72%。农民人均纯收入达到1.3万元，城乡居民收入比缩小到2.2∶1。城乡人居环境明显改善，城乡公共教育、医疗卫生、社会保障、文化体育、人口计生等公共服务实现基本均衡。力争到2020年，城乡一体化水平明显提高，城乡发展一体化的体制机制基本完善。全市城镇人口达到500万人，城镇化率达到80%。农民人均纯收入比2012年翻一番以上，城乡居民收入比缩小到2∶1。“六个一体化”目标基本实现，以工促农、以城带乡的长效机制基本建立，城乡经济社会发展一体化新格局基本形成。

【加强干部队伍建设】 2013年8月1日，市委印发《关于进一步改进作风、加强干部队伍建设的决定》。要求以中共十八大和习近平总书记系列重要讲话精神为指导，以保增长、促发展、惠民生为根本目的，以密切党同人民群众的血肉联系为核心，以进一步贯彻执行中央“八项规定”和深入开展党的群众路线教育实践活动为抓手，进一步改进干部作风，着力建设一支积极实干、作风实在、创造实绩的高素质干部队伍，为打造核心增长极提供坚强的作风和组织保障。按照“照镜子、正衣冠、洗洗澡、治治病”的总要求，坚持自我净化、自我完善、自我革新、自我提高，深入开展党的群众路线教育实践活动，集中解决全市干部队伍中存在的“四风”突出问题，进一步倡导和践行“六种作风”，努力实现干部队伍思想再解放、作风再改进、能力再增强、形象再提升。

【建设廉洁南昌】 2013年8月6日，市委、市政府印发《关于建设廉洁南昌，服务和保障打造核心增长极的若干意见》。要求结合落实《建立健全惩治和预防腐败体系2013—2017年工作规划》，经过5年左右的努力，反腐倡廉法规制度体系更加完善并切实执行，权力运行得到有效制约监督，重点领域和关键环节腐败现象易发多发势头得到有效遏制，党员干部拒腐防变能力明显提升，党风政风民风进一步好转，廉洁诚信观念深入人心，社会廉洁指数不断提升，群众满意度有新的提高。

【加强和改进党委督查工作】 2013年8月27日，市委办公厅印发《关于加强和改进党委督查工作的实施意见》。强调适应新形势新任务的要求,以确保党委重大决策部署全面贯彻落实为目标,坚持围绕中心、服务大局、突出重点和注重实效原则,认真履行督查职责,不断完善工作制度,创新工作机制,加大工作力度,逐步在全市形成党委统一领导、党委督查部门牵头协调、有关部门齐抓共管、社会力量积极参与的大督查工作新格局,提升督查工作的质量和效率,提高各级党委的执行力和落实力。

【加强和改进党委信息工作】 2013年8月27日,市委办公厅印发《关于加强和改进党委信息工作的实施意见》。要求坚持“服务大局、及时高效、全面准确、统筹协调、开拓创新”的党委信息工作基本原则,紧紧围绕全市工作大局,准确把握各级党委的信息需求,有针对性地收集和报送信息;增强时效观念,提高快速反应能力,加快信息收集、处理速度,切实做到在第一时间报送权威信息;全面报送经济社会发展中的重要情况,既反映新成效新经验,又反映新情况新问题,同时还反映新思路新建议;加大对党委、人大、政府、政协信息的统筹力度,确保做到既实行信息工作归口管理,又加强协作配合,逐步建立党委主导下的信息工作联动机制,形成信息工作合力;创新工作机制、服务内容和方式方法,使信息工作始终体现时代性、把握规律性、富于创造性。

【全面深化改革】 2013年12月18日,市委印发《中共南昌市委贯彻落实〈中共中央关于全面深化改革若干重大问题的决定〉的意见》。要求高举中国特色社会主义伟大旗帜,以马克思列宁主义、毛泽东思想、邓小平理论、“三个代表”重要思想、科学发展观为指导,坚持以习近平总书记系列重要讲话精神为行动指南,坚持社会主义市场经济改革方向,坚持稳中求进工作总基调,以促进社会公平正义、增进人民福祉为出发点和落脚点,进一步解放思想、解放和发展社会生产力、解放和增强社会活力,充分用好省委、省政府赋予的先行先试改革权、试验权,围绕南昌经济社会发展特别是推进打造核心增长极进程中的深层次矛盾和突出问题,统筹谋划、协同推进,重点突破、先行先试,着力构建充满活力、富有效率、更加开放、有利于科学发展的体制机制,在新的更高层次上为南昌打造核心增长极提供强大动力和体制保障。到2020年,在重要领域和关键环节改革上取得决定性成果,努力走在全省全面深化改革的前列,形成相对完善的与实现打造核心增长极目标相匹配的制度体系,使各方面制度更加成熟更加定型,为实现全市经济社会跨越发展开拓更加广阔的前景。

(吕　璠　何志辉)

市委中心组理论学习

【概况】 2013年,市委中心组深入贯彻落实中共十八大、十八届三中全会和习近平总书记系列讲话精神,紧紧围绕打造核心增长极发展目标,继续按照建设和巩固学习型党组织和领导班子的要求,按照中央、省委部署,把中国特色社会主义理论作为学习的主要内容,加强制度化、规范化建设,中心组理论学习取得新成效。

【举办专题学习研讨班】 2013年2月16—19日,全市领导干部学习贯彻中共十八大精神及习近平总书记在十八届中央纪委二次全会上的重要讲话精神专题学习研讨班举行。省委常委、市委书记王文涛作学习贯彻中共十八大精神及习近平总书记在十八届中央纪委二次全会上重要讲话精神的报告。市委副书记、市长陈俊卿总结讲话。市四套班子成员参加学习。研讨班邀请武汉大学研究生院常务副院长周叶中、江苏昆山开发区管委会主任宣炳龙、工商银行江西省分行行长倪百祥分别作辅导报告。

【举行《关于当前意识形态领域情况的通报》学习会】 2013年5月8日,市委中心组举行学习会,专题学习《关于当前意识形态领域情况的通报》。省委常委、市委书记王文涛主持会议并讲话。市委班子成员参加。会议传达中央办公厅《关于当前意识形态领域情况的通报》。市委副书记、政法委书记郭安,市委常委、常务副市长张鸿星,市委常委、宣传部部长曾光辉先后作学习交流发言。王文涛结合习近平总书记最近几次重要讲话精神,就贯彻中央通报要求,做好当前工作,提出4点意见:要高度重视,像抓经济建设一样抓好意识形态领域建设;要加强管理,坚持关口前移、重心下移,明确责任;要注重宣传,加强本地主流媒体建设,壮大主流思想舆论,做大做强正面舆论;要形成合力,形成党委统一领导、宣传部门组织协调、有关部门分工负责,共同做好意识形态工作的格局,确保意识形态安全,为做好改革发展稳定各项工作、打造核心增长极打牢共同思想基础,营造良好意识形态氛围。

【召开“学党章、学准则”主题报告会】 2013年7月21日,市委中心组(扩大)举行“学党章、学准则”主题报告会。中国纪检监察报社社长李本刚作专题辅导报告。省委常委、市委书记王文涛主持并讲话。市四套班子成员参加。王文涛指出,各级领导干部和广大党员要认真学习党章准则,不断增强政治敏锐性和政治鉴别力,经受住各种风浪考验,坚定中国特色社会主义的道路自信、理论自信、制度自信;要把党章作为加强党性修养的根本标准,严格把党章的各项规定落实到具体行动中;要以学习活动为契机,贯彻党的群众路线教育实践活动各项要求,进一步改进作风、净化风气,为南昌打造核心增长极提供风清气正的政治环境。

【召开省委十三届七次全会精神宣讲报告会】 2013年8月13号,省委十三届七次全会精神宣讲团到南昌市宣讲。省委宣讲团成员、省政府副秘书长陈石俊作主题宣讲报告。市委副书记、政法委书记郭安主持。市四套班子成员出席。郭安指出,各级各部门要加强学习,进一步深刻领会省委全会提出的一系列新思路、新部署和新要求;要加大宣传,各县(区)、单位和市属新闻媒体要广泛宣传全会主要内容和精神实质,在全市上下营造浓厚氛围;要推进落实,按照既定部署,结合自身实际,提升能力水平,让省委全会精神成为南昌发展升级、打造核心增长极的强大动力。

【召开学习贯彻习近平总书记系列重要讲话精神专题学习会】 2013年10月22日,市委中心组(扩大)举行专题学习会,深入学习贯彻总书记习近平系列重要讲话精神。会议邀请首都师范大学马克思主义教育学院院长、博士生导师李松林作辅导报告。省委常委、市委书记王文涛主持并讲话。市四套班子成员参加学习。王文涛就学习好、贯彻好、运用好习近平总书记系列重要讲话精神提出要求。王文涛指出,要把深入学习贯彻总书记习近平系列重要讲话精神作为当前首要政治任务来抓;要把学习贯彻总书记习近平系列重要讲话精神与南昌市干部作风实际结合起来,与南昌市发展实际结合起来,确保学有所得、学有所成。

【收看中央宣讲团中共十八届三中全会精神报告会】 2013年11月28日,中央宣讲团中共十八届三中全会精神报告会在江西省举行。南昌市在市政府第一会议室设分会场，市四套班子成员参加收听收看。报告会上，中央宣讲团成员、国土资源部部长、党组书记、国家土地总督察姜大明对三中全会精神进行全面系统地阐述。会议指出，深入学习领会、全面贯彻落实中共十八届三中全会精神，是当前和今后一个时期全省上下的一项重要政治任务。各地各部门要加强领导、精心组织、周密部署，推动掀起学习宣传贯彻三中全会精神的热潮；要推动三中全会精神学习宣传实现各级党组织、广大党员及基层群众全覆盖，善于运用集中宣讲、专题培训、交流探讨等多种形式，认真研读实质，掌握精神要义；要用三中全会精神指导和推动江西发展，确保中央改革决策部署在江西省不折不扣落实生效。

【举行中共十八届三中全会精神宣讲报告会】 2013年12月6日，省委宣讲团在南昌市举行中共十八届三中全会精神宣讲报告会。省委常委、市委书记王文涛主持。省委宣讲团成员、省社联党组书记、主席祝黄河作宣讲报告。市四套班子成员参加。王文涛指出，学习宣传好、贯彻落实好中共十八届三中全会精神，是摆在全市干部群众面前最重要、最紧迫的政治任务。要在前期广泛学习宣传的基础上，进一步认真研读，深刻学习领会；要丰富形式，广泛宣传阐释，在全市上下营造学习贯彻全会精神的浓厚氛围；要紧密结合南昌实际，切实把思想和行动统一到中央的决策部署上来，不做改革的旁观者，努力做改革的实践者和弄潮儿。

（邓　谦）

市委主要领导调研活动

【概况】 2013年，为实现打造核心增长极"一年有势头"的阶段性目标，市委主要领导按照"高举旗帜、解放思想、聚焦发展、改革开放、民主法制、党的建设"二十四字要求，对经济、社会、文化、民生发展的各个方面的情况进行充分调研，科学论证，以此为依据统筹规划、科学决策，推动经济社会各方面大投入、大建设、大发展，实现阶段性目标。

【王文涛调研活动】 2013年，省委常委、市委书记王文涛多次深入县（区）、开发区、新区开展调查研究。每到一处，王文涛都认真了解情况、听取汇报、查找问题、协调解决问题。市委、市政府及相关单位负责人陪同调研。

3月5日，王文涛一行深入东湖区，就区域经济社会发展工作进行调研。王文涛指出，县区经济是南昌崛起的筋骨，在全面打造核心增长极进程中，各县（区）要善于抓住机遇，积极应对挑战，明确新一轮发展定位，实现错位互补、协同发展。

3月7日，王文涛一行到红谷滩新区就项目建设推进情况进行专题调研。王文涛先后到九龙湖核心起步区路网BT项目五大标段和南昌万达文化旅游城、九龙湖国际博览城、九龙湖智慧城等三大"引爆"项目建设工地，认真察看项目规划设计，详细询问项目所涉房屋征收拆迁、施工进展以及推进过程中遇到的困难和问题。随后，王文涛召开座谈会，听取红谷滩新区有关工作汇报。王文涛强调，新区要紧紧抓住省级党政机关搬迁带来的历史机遇，牢固树立以项目为导向的理念，千方百计抓项目，心无旁骛谋发展，为新区"二次开发"提供强大支撑。

3月11日，王文涛一行到高新区察看南昌航空工业城项目建设情况，现场研究解决项目推进过程中遇到的困难和问题。王文涛指出，南昌打造核心增长极，产业发展是关键，要聚焦推进航空制造等战略性新兴产业发展，从而带动全市产业发展步伐加快。

3月13日，王文涛一行到南昌（国家）小微企业产业发展示范园调研。在深入现场实地察看园区建设推进情况后，王文涛召开座谈会，听取园区规划、基础设施建设、招商引资、资金筹措等方面的情况汇报。同时，围绕推进过程中遇到的困难和问题，就加快下一步开发建设工作听取经开区、新建县和市直有关部门的意见，协商讨论解决方案。王文涛指出，小微企业是大企业成长的基础，是地方经济发展的主力军，是产业发展生态群的重要组成部分，在发展经济、解决就业、促进社会和谐等方面发挥着重要作用。党中央、国务院高度重视小微企业的发展。中共十八大报告指出，要"支持小微企业特别是科技型小微企业发展"。2012年4月，国务院出台《关于进一步支持小型微型企业健康发展的意见》。南昌市要深入贯彻落实中共十八大精神，按照意见要求，积极为小微企业在昌成长发展搭建一个良好的载体和平台，创造有利于小微企业发展的良好环境。王文涛强调，在省委、省政府和国家工信部的关心支持下，全国首个小微企业产业发展示范园区落户南昌市，为南昌市发展注入新的活力和动力。要充分用好这一"国字号"招牌，按照"市里主导、区划不变、整合资源、合作开发、加快推进"的总体原则，加快建设南昌（国家）小微企业产业发展示范园，努力探索出一条小微企业发展的示范之路，打造全市工业经济强劲发展的"新引擎"。要采取"大兵团"作战的方式，集中力量加快起步区基础设施建设；要先行先试，进一步理顺园区管理的体制机制；要强化对招商引资"生命线"的认识，围绕重点区域和重点产业，同步推进园区招商；要进一步调整和完善规划。同时，要建立联席会议制度，经开区和新建县要加强对接合作，市直各有关部门要全力支持，共同推进各项建设加快实施。

3月18日，王文涛一行到进贤县进行调研。王文涛强调，民营经济是南昌市国民经济的重要组成部分，也是打造核心增长极的重要力量。县域经济作为民营经济发展的主战场，要把加快民营经济发展、激发民营经济活力作为推动区域发展的着力点和突破口，千方百计培育好、发展好。

4月7日，王文涛一行调研城市交通工作。王文涛首先察看灌婴路规划及周边交通组织，金沙一路与施尧路道路规划错位、定山桥与迎宾大道道路通行匹配等出城快速通道交通问题，火车站长运长安公司占道为场、二七南路公交占道发车情况，并听取城管、交管等部门随行负责人对有关情况的介绍，研究改善城市交通、畅通出行环境的措施。王文涛还察看市公安交管局智能交通指挥中心，详细了解中心运行以来的实际效果及今后的建设打算。调研中，王文涛召开座谈会，分析南昌市城市交通现状，和与会人员一道研究疏解的意见建议。王文涛强调，要坚定不移地实施公交优先战略特别是轨道交通建设战略，努力做到公交优先、公交优秀、公交优惠，不断提高公共交通出行分担率，并全力加快推进轨道交通建设。要坚定不移地推进"十纵十横"快速路网建设，提高城市交通的快捷通达能力。要坚定不移地深化智能交通建设，在现有道路资源的基础上，通过构建智能化交通网络，以智能化手段提高管理的效率和水平。要坚定不移地整治乱变道、乱停车、乱开灯、乱挂牌、乱鸣笛、乱穿马路等交通"六乱"现象，通过开展"遵守文明公约、争做文明市民"等活动，加强文明城市创建，提高市民文明素质。要坚定不移地狠抓公车管理，严格按照"八项规定"要求杜绝公车私用；严禁公车特权，驾驶公车必须带头遵守交通法规,做文明驾驶人,决不允许搞特权。要坚定不移地抓好交警队伍的作风和形象建设,既要做到敢管、善管、严管,又要做到严格执法、科学执法、文明执法,并依法保护民警权益、维护执法环境。与此同时,要抓紧打通断头路,解决停车难题,对中心城区特别是老城区交通设施进行局部改善。

4月25日,王文涛一行到南昌女子职业学校进行调研。王文涛指出,要坚定不移地发展以民办为主的职业教育,培养更多职业技能人才,服务南昌产业发展,支撑打造核心增长极。

4月25日,王文涛一行到青山湖区进行调研。王文涛强调,各城区要牢固树立全市一盘棋的思想,以改善民生和发展产业为重点,根据本地实际,立足长远发展,选准一片区域,连线成片推进旧城改造,进而带动结构调整和转型升级。王文涛指出,以民营科技园为代表的区域作为乡(镇)企业的聚集区,曾经为青山湖区乃至全市的发展作出过重要贡献。但随着经济的发展,乡镇企业经济已经难以支撑青山湖区今后发展需求;随着郊区变城区,民营科技园与南昌城市发展的整体格局、与“城中村”百姓渴望享受城市美好生活的愿望也不相适应,因此必须进行结构调整、转型升级。青山湖区结合旧城改造,把推进“临江商务区”建设作为增强发展后劲的战略举措正当其时,市委、市政府将全力支持。下一步,要科学制定“临江商务区”规划,找准定位、做出特色。要牢固树立“把好的资源给好的企业”的理念,为一个个具体项目找到“好人家”。要敢于先行先试,学习借鉴成功经验。要坚持“政府主导、整体规划、分块实施”的原则,以区为主,市里全力支持。要制定推进时间表,争取早日见到成效。

5月16日,王文涛专程到省财政厅、省人力资源和社会保障厅、省发展和改革委员会、省工业和信息化委员会进行走访,感谢各单位对南昌打造核心增长极近一年来工作的支持配合,就推进打造核心增长极下一步工作广泛征求意见,寻求进一步支持。

5月17日,王文涛就全市环卫工作进行专题调研,并看望慰问环卫工作一线干部职工。王文涛强调,全市各级要逐步加大投入,切实解决环卫工作人员不足、经费不够、设施滞后问题;全社会都要尊重环卫工人、关心爱护环卫工人,共同努力提升南昌市环境卫生工作水平,有效改善城市形象。

7月9日、11日和12日,王文涛带队深入社区、农村、企业一线开展“五访纳谏”专项调研,广泛征求干部群众对省委常委会开展党的群众路线教育实践活动的意见建议,听取中央八项规定贯彻落实情况及关于反对形式主义、官僚主义、享乐主义和奢靡之风等方面的意见。王文涛一行分别到西湖区朝阳洲街道皇冠社区、城市交通节点、新建县农村一线和活动联系点南昌师范高等专科学校、省国土资源厅,并邀请企业、科技界代表,以座谈方式面对面听取意见建议。王文涛强调,要准确把握教育实践活动的主题、目标、总要求和聚焦点,广泛听取意见,认真查找问题,切实抓好整改,保持良好作风,确保取得实效。

8月15日,王文涛就全市环境保护工作进行专题调研。王文涛强调,环保工作既是发展、也是民生,生态是南昌的最大优势,也是南昌发展的最大潜力。历届省委、省政府和市委、市政府高度重视环境保护工作。省委十三届七次全会提出“发展升级、小康提速、绿色崛起、实干兴赣”的“十六字”方针,在继承的基础上,进一步把保护好江西良好的生态摆在全局工作的重中之重。要站在战略和全局的高度,坚持在发展中保护、在保护中发展,为全市经济社会发展、生态文明建设、民生持续改善作出新贡献。

8月29日,王文涛就向莆铁路和南昌西站建设情况进行调研。王文涛强调,向莆铁路、南昌西站是南昌打造“全国重要的综合交通枢纽”的重点工程,对于密切南昌与区域内及周边省份联系,拉动沿线地区经济社会发展将起到积极推动作用。要在前期工作基础上,抓紧最后时间有序推进,确保按期高标准高质量开通运营。

11月6日,王文涛深入部分城区棚户区改造现场进行调研,并看望慰问广大被征迁户和征迁一线工作人员。王文涛强调,棚户区改造是重大的民生工程、发展工程,推进这项工作,核心还是要相信群众、依靠群众、走群众路线。要在工作中大力践行党的群众路线,解决“四风”问题,强化宗旨意识,弘扬奉献精神,早日圆百姓一个安居梦。

12月4日,王文涛到扶贫联系点南昌县塔城乡南洲村进行“民情家访”,并结合学习宣传贯彻中共十八届三中全会精神以及开展好党的群众路线教育实践活动,征求基层党员群众的意见建议。王文涛指出,在扶贫脱贫的基础上,要变“输血”为“造血”,掌握更多致富本领,分享更多改革红利,努力建设秀美乡村,早日过上小康生活。

(市史志办年鉴处)

2013年中国共产党南昌市委员会颁发文件选目一览表

表5

文件号	文件名称
洪发1号	中共南昌市委关于印发《中共南昌市委常委会2013年工作要点》的通知
洪发2号	中共南昌市委、南昌市人民政府关于深入推进平安南昌建设加强和创新社会管理工作的意见
洪发3号	中共南昌市委、南昌市人民政府关于表彰全市轨道交通1号线征迁工作先进集体和先进个人的决定
洪发4号	中共南昌市委、南昌市人民政府关于表彰第三届南昌市道德模范的决定
洪发5号	中共南昌市委、南昌市人民政府关于推进城乡发展一体化、加快打造核心增长极的实施意见
洪发6号	中共南昌市委关于开展向徐高柳同志学习活动的决定
洪发7号	中共南昌市委、南昌市人民政府关于深入推进科技协同创新的实施意见
洪发8号	中共南昌市委、南昌市人民政府印发《南昌市贯彻落实〈关于实行党风廉政建设责任制的规定〉的实施细则》的通知
洪发9号	中共南昌市委关于进一步加强年轻干部培养选拔工作的实施意见
洪发10号	中共南昌市委、南昌市人民政府关于表彰2012年度全市社会管理综合治理目标管理先进县区和先进单位的决定

续表5

文件号	文件名称
洪发11号	中共南昌市委、南昌市人民政府关于嘉奖2012年度全市社会管理综合治理目标管理先进县区、先进单位综治责任人及综治办主任的决定
洪发12号	中共南昌市委关于进一步改进作风、加强干部队伍建设的决定
洪发13号	中共南昌市委、南昌市人民政府关于建设廉洁南昌，服务和保障打造核心增长极的若干意见
洪发14号	中共南昌市委、南昌市人民政府印发《关于加快民营经济发展的政策措施》的通知
洪发15号	中共南昌市委关于进一步加强法治南昌建设的意见
洪发16号	中共南昌市委、南昌市人民政府关于进一步推进全市民政事业改革发展的意见
洪发17号	中共南昌市委批转《市委办公厅、市委组织部、市委宣传部关于深入学习贯彻习近平总书记系列讲话精神的意见》的通知
洪发18号	中共南昌市委关于加强新形势下意识形态和宣传思想工作的意见
洪发19号	中共南昌市委、南昌市人民政府关于建立农村土地承包经营权流转交易市场促进适度规模经营的意见(试行)
洪发20号	中共南昌市委贯彻落实《中共中央关于全面深化改革若干重大问题的决定》的意见
洪办发1号	市委办公厅、市政府办公厅印发《关于改进工作作风、密切联系群众的若干规定》的通知
洪办发2号	市委办公厅、市政府办公厅关于进一步严格控制机构编制的通知
洪办发3号	市委办公厅关于进一步加强党管人才工作的意见
洪办发4号	市委办公厅、市政府办公厅关于2012年度全市目标考核结果的通报
洪办发5号	市委办公厅关于加强新形势下发展党员和党员管理工作的实施意见
洪办发6号	市委办公厅关于进一步加强和改进党校行政学院(校)工作的意见
洪办发7号	市委办公厅、市政府办公厅印发《关于进一步改进作风、加强因公出国(境)管理工作的暂行规定》的通知
洪办发8号	市委办公厅、市政府办公厅转发《市社会管理综合治理委员会办公室关于深化平安南昌建设行动方案》的通知
洪办发9号	市委办公厅转发《市委宣传部、市史志办关于毛泽东同志诞辰120周年纪念活动安排的意见》的通知
洪办发10号	市委办公厅关于加强和改进党委督查工作的实施意见
洪办发11号	市委办公厅关于加强和改进党委信息工作的实施意见
洪办发12号	市委办公厅关于在全市开展"十百千万"行动进一步做好新形势下职工群众工作的意见
洪办发13号	市委办公厅、市政府办公厅关于南昌市2013年度目标绩效管理考核的实施意见

纪律检查与行政监察工作

【概况】 2013年，南昌市各级纪检监察机关认真贯彻十八届中央纪委二次全会、省纪委十三届三次全会、市纪委十届三次全会精神，按照中央纪委、省纪委转职能、转方式、转作风的要求，聚焦中心任务，强化党的纪律特别是政治纪律约束，强化执纪监督，强化查办腐败案件，认真履行纪检监察工作职责，全市党风廉政建设和反腐败各项工作取得新进展新成效。

重要会议

【概况】 2013年，中共南昌市纪律检查委员会(以下简称市纪委)召开1次全体(扩大)会议，市纪委常委会主持。为认真贯彻落实中央纪委和省、市纪委全会精神，市纪委多次召开相关工作会议，研究纪检监察工作，部署各项任务。

【市纪委十届三次全体(扩大)会议召开】 2013年2月6日，中共南昌市纪委十届三次全体(扩大)会议在红谷滩会议中心召开。出席全会的市纪委委员应到35人，实到34人，符合规定人数。会议主要任务是：深入贯彻中共十八大和十八届中央纪委二次全会、省纪委十三届三次全会精神，回顾总结2012年党风廉政建设和反腐败工作，研究部署2013年工作任务。省委常委、市委书记王文涛出席会议并讲话。会议审议通过市委常委、市纪委书记卢作全代表市纪委常委会所作的《深入贯彻党的十八大精神，不断开创全市风清气正的新局面》的工作报告和全会公报。会议指出，要坚持党要管党、从严治党，坚持标本兼治、综合治理、惩防并举、注重预防，着力严明党的纪律特别是政治纪律，着力转变领导机关和领导干部工作作风，着力解决群众反映强烈的突出问题，继续解放思想、实事求是、改革创新、攻坚克难，做到干部清正、政府清廉、政治清明，为全面打造核心增长极提供坚强保障。全会强调，要严明党的纪律，坚决维护党的集中统一和政令畅通；要加强作风建设，以良好的党风促政风带民风；要坚持源头治腐，加大预防腐败力度；要坚决查处违纪违法案件，始终保持惩治腐败的高压态势；要加强纪检监察机关自身建设，用铁的纪律打造高素质的纪检监察干部队伍。

【全市清理整顿市场中介组织服务和收费行为中突出问题工作会议召开】 2013年1月11日，全市清理整顿市场中介组织服务和收费行为中突出问题工作会议在红谷滩会议中心召开。市委常委、市纪委书记卢作全出席会议并讲话,市委常委、副市长高伟主持并宣读相关实施方案。会议强调,各级各部门要明确目标,全面完成清理整顿工作各项任务。市场中介组织服务和收费行为重点整顿行政审批中没有法定依据增设的中介服务事项,行政审批部门指定中介组织进行执业服务的行为,中介组织在依法或接受委托授权实施代理、认证、咨询、评估、拍卖、评价、测绘、图审、监理、设计、检测、检验、鉴定等服务中未按国家有关政策规定、凭借垄断地位擅自设立收费项目、扩大收费范围、提高收费标准、增加企业和社会负担的行为等。

【南昌市反腐倡廉建设专家座谈会召开】 2013年3月22日,市纪委在机关3楼会议室举行反腐倡廉建设专家座谈会。政策研究、党校、文化等部门专家学者应邀参加座谈,市委常委、市纪委书记卢作全出席座谈会。与会专家学者围绕"反腐防腐如何'抓早抓小'""'老虎''苍蝇'一起打""如何落实党风廉政建设责任制""如何加强廉政文化建设""反腐败如何'抓系统系统抓'"等主题开展研讨,并提出把廉政文化宣教活动与全市宣教活动统一起来、把廉政文化建设课题研究纳入社联和社科院专项课题、加强反腐倡廉预防成本投入以及强化制度顶层设计等反腐倡廉意见建议。

【全市党风廉政建设社会评价工作动员部署电视电话会议召开】 2013年5月23日,全市党风廉政建设社会评价工作动员部署电视电话会议在市委第一会议室召开。省委常委、市委书记王文涛出席会议并讲话,市委常委、市纪委书记卢作全主持。王文涛指出,要加强组织领导,强化监督检查,确保工作落实。各县(区)要成立高规格的领导小组,并结合本地实际,迅速分解任务,严格落实责任,实现责任到人。各级纪检监察机关要加大督查力度,对部署不力、宣传不够、进展迟缓的县(区)和部门,严格追究责任。

【全市党政领导干部违反规定接受和赠送现金、有价证券、支付凭证(简称"红包")问题专项治理活动部署电视电话会议召开】 2013年8月30日,全省党政领导干部违反规定接受和赠送现金、有价证券、支付凭证(简称"红包")问题专项治理活动部署电视电话会议结束后,南昌市在市委第一会议室立即召开会议部署相关工作。市委常委、市纪委书记卢作全出席会议并讲话。卢作全要求,专项治理"红包"工作,行动上要自觉遵循,部署上要严密组织,要按照省纪委的要求,认认真真抓好落实。

【市纪委监察局集体约谈会召开】 2013年10月17—18日,市纪委监察局在机关7楼会议室召开集体约谈会,由市纪委监察局领导集体约谈各县(区)纪委书记、各开发区(新区)纪工委书记和市纪委机关各室负责人30余人。市委常委、市纪委书记卢作全主持会议并讲话。会上,各县(区)纪委书记、各开发区(新区)纪工委书记和市纪委机关各室负责人围绕2013年的亮点工作、存在的问题以及2014年创新工作打算等作了发言,市纪委监察局领导根据发言情况作"一对一"的点评,指出问题、提出建议。

【全市城市交通"路风"专项整治工作动员会召开】 2013年11月27日,全市城市交通"路风"专项整治工作动员会在市委第一会议室召开,市委常委、市纪委书记卢作全出席会议并讲话。卢作全要求,要综合运用行政、法律、经济等措施,坚决整治公务车、公交车、出租车等不遵守交通法规、不文明驾驶的风气及相关行政管理部门不履行监管职责的问题,为改善城区交通状况,服务南昌打造核心增长极作出贡献。

【全市反腐倡廉建设情况通报会召开】 2013年12月12日,全市反腐倡廉建设情况通报会在市纪委机关7楼会议室召开。市委常委、市纪委书记卢作全出席会议并通报有关情况,市委常委、统战部部长高鹰群主持。会议的主要任务是,通报2013年以来全市反腐倡廉建设情况及下一阶段重点工作,并听取各民主党派、工商联和无党派人士关于反腐倡廉的意见建议。

【全市开展公款送礼、公款吃喝、奢侈浪费,公车私用、酒后驾车,参与赌博、出入私人会所专项整治工作动员部署会召开】 2013年12月30日,全市开展公款送礼、公款吃喝、奢侈浪费,公车私用、酒后驾车,参与赌博、出入私人会所专项整治工作动员部署会在红谷滩会议中心召开。省委常委、市委书记王文涛出席会议并讲话。市委常委、市纪委书记卢作全在会上传达省纪委有关通报精神,并对专项整治工作实施方案作说明。

主要工作

【概况】 2013年,全市各级纪检监察机关认真贯彻中央纪委和省、市纪委全会精神,全面履行纪检监察工作职责,结合自身实际,在落实党风廉政建设责任制、加强作风建设、惩治腐败、开展专项治理、深化源头治腐、强化自身建设等方面取得明显成效。

【落实党风廉政建设责任制】 2013年,全市各级各部门主要负责人认真履行第一责任人的职责,将党风廉政建设和反腐败工作纳入重要议事日程,抓好职责范围内的反腐倡廉工作,层层签订"党风廉政建设责任书"。对落实党风廉政建设责任制情况进行专项检查考核,加强对省纪委组织的党风廉政建设社会评价工作宣传,将民意调查结果纳入党风廉政建设责任制检查考核体系,形成"党风好不好,群众来评价"的新机制,强化各级党政"一把手"落实党风廉政建设责任制的主体责任意识。年内,对2名违反党风廉政建设责任制规定的领导干部进行责任追究。

【加强作风建设】 2013年,全市各级纪检监察机关把监督中央"八项规定"精神的落实作为一项经常性工作,执好纪,问好责,把好关。开展约谈工作,市纪委书记、副书记"一对一"约谈14个县(区、开发区)纪委书记(纪工委书记)、53个市直单位派驻纪检组组长、2所高校纪委书记,对县(区)纪委书记进行集体约谈,督促落实中央"八项规定"和省、市若干规定。针对发现的问题,单独约谈3位市直部门主要负责人和1位县委主要领导。加强监督检查,坚持节假日必查、工作日抽查、重点问题专查,使监督检查常态化、制度化。元旦、春节、"五一"、中秋、国庆等重要节点提前发出通知,提出要求,组织开展明查暗访,坚决刹风肃纪。至年底,全市共查处违反中央"八项规定"和省、市若干规定的党员干部31人,其中开除6人,免职6人,给予党纪政纪处分22人。市委、市纪委先后3次对15起典型问题进行通报。

【查办案件】 2013年,全市各级纪检监察机关坚持有案必查、有腐必惩,"老虎""苍蝇"一起打。市纪委严肃查处欧阳为民、钟骁、喻德火、徐建平、吴强等一批违纪违法案件。办理中央巡视组、省纪委移交的215件信访件,已立案26

件。集中查办基层损害群众利益的突出信访问题和违纪案件，全市立案查处基层党员违纪案件 314 件，处分 352 人。加强案件管理、案件审理和申诉复查工作。坚持依纪依法、安全文明办案，严格审查办案程序，严明办案纪律，严禁以案谋私。至年底，全市各级纪检监察机关受理信访举报 3862 件次，立案 584 件，其中县处级干部 13 人（比上年增长 85.7%）、乡科级干部 63 人；结案 605 件，党纪政纪处分 639 人，移送司法机关处理 40 人；立案查处“一把手”违纪违法案件 32 件（比上年增长 23.08%）。

【开展专项治理工作】 2013 年，全市各级纪检监察机关扎实开展纠正不正之风和专项治理工作，着力解决人民群众反映强烈的突出问题。开展“红包”问题专项治理，强化“收红包就丢官帽、收红包就丢面子”教育。专项治理期间，全市党员干部上缴“红包”款 679 万元，立案查处涉及“红包”案件 9 起 9 人。开展民生资金管理使用专项治理检查，发现违规资金 1.45 亿元，纠正 1.43 亿元，处理 87 人，其中 12 人受到党纪政纪处分，20 人被移送司法机关。开展市场中介机构清理整顿活动，清理出 16 项无法律依据的中介服务前置审批事项、52 个项目涉及对企业重复开展中介验资服务、154 项中介服务违规收费，并全部予以整改和纠正。开展全市公务用车交通违法行为和城市交通“路风”专项整治活动，查处公车交通违法行为 76 起，处理违规人员 5 人。开展全市公务用车套用车牌的专项清理，收缴套用车牌 137 副。开展“小金库”治理“回头看”，发现“小金库”13 个，涉及金额 827 万元。开展企业发展环境和行业不正之风突出问题集中整治，问责 178 人次。

【源头治腐】 2013 年，全市各级纪检监察机关不断深化源头治理腐败工作。加强党风廉政教育，组织党员干部观看警示教育片《戒鉴Ⅱ》、参观反腐倡廉教育馆，举办“学党章、学准则”专题讲座，组织县级领导干部任前廉政谈话并签订“党风廉政建设承诺书”。加强廉政文化建设，建立完善廉政文化示范点 77 个，开展廉政公益广告、廉政微电影、廉政歌曲创作活动，创作廉政文化作品 686 件。做好网络舆情信息收集、研判、引导和处置工作。加大科技反腐力度，推进公共资源网上审批系统建设，市、县、乡三级统一的电子监察平台部署到位，通过电子监察通报并纠正问题 25 个，责任追究 26 人。加强对权力运行的监督制约，严格落实党政一把手“六个不直接分管制度”（人事、财务、工程建设项目、行政审批、物资采购、行政执法）规定，建立健全“副职分管、正职监管，集体领导、科学决策”的权力运行机制，实行“一把手”向党委和纪委述职述廉制度。推进绩效监察，督促职能部门正确履职，参加 5 起较大事故调查，对 39 名责任人员进行问责处理。推进风险岗位廉能管理工作，全市实施预警处置 180 次。

【加强自身建设】 2013 年，全市各级纪检监察机关强化责任担当意识，切实履行职责，带头改进作风。市纪委常委会制定改进工作作风的实施办法，大力精简会议和文件，严格控制会议活动规模、时间和经费支出。开展会员卡清理活动，全市纪检监察干部做到会员卡零持有。加强纪检监察干部的教育、管理和监督，选派 61 名干部参加中央纪委培训，举办培训班 1 期、培训干部 69 人。强化派驻机构管理，加强对驻在部门领导班子的监督。加强组织机构建设，市纪委新设廉政教育中心、案件监督管理室。落实办案安全工作责任制，加强对各县（区）办案安全工作的检查。强化纪律约束，加强内部管理和监督，严肃查处违纪违法行为，切实维护队伍纯洁性。

（涂凯华）

党委督查信息工作

【概况】 2013 年，在市委的正确领导下，市委办公厅认真贯彻落实中共十八大和十八届三中全会精神，坚持“态度决定一切，细节决定成败”及“提升标杆、严格程序、规范运行、精细服务”的工作理念，按照“专业规范、实在实干”的总体要求，以服务全面打造核心增长极为工作主题，深入开展“提升年”活动，主动服务、精细服务、高效服务，圆满完成各项工作任务，为南昌打造核心增长极“一年有势头”的阶段性目标实现作出积极贡献。

【全市党委办公系统工作会议召开】 2013 年 10 月 24 日，全市党委办公系统工作会议召开。会议传达学习全国党委秘书长会议、全省党委秘书长办公室主任会议及市委常委会精神，并对下一步工作进行部署。市委常委、秘书长江晓斌出席并讲话。江晓斌指出，学习贯彻习近平系列重要讲话精神是当前的首要政治任务。全市各级党委办公部门要按照“谋划于早、带头于先、行动于快、检查于细、督促于紧、落实于实”的总要求，立足新高度，深刻认识学习贯彻工作的重要性，做到深刻理解系列讲话的丰富内涵，准确把握系列讲话的鲜明特点，充分认识系列讲话的重大意义。要把握新要求，通过领会精神内涵，做到“真学真懂”；通过转化为行为指南，做到“真信真用”；通过付诸工作实践，做到“真抓真改”，不断把学习贯彻工作引向深入。要围绕新定位，加强组织领导、统筹协调及督促检查，始终在政治上坚守忠诚、在工作上追求一流、在作风上实在实干，确保学习贯彻工作取得扎实成效。

【开展督查工作】 2013 年，按照“权威、高效”的要求，敢于碰硬、敢于担当，真督实查促落实，得到各级领导高度评价，其中市委领导批示 29 条，省委督查室高度认可的专项查办件 13 件。进一步规范以市委名义和市委常委会、市委书记议事会、市委专题会决议事项督查立项，做到 120 项督查每项有情况、有分析、有建议，适时“回头看”，对已经督查的事项再督查，确保督查的实效性。按照批必查、查必清、清必办、办必果的要求，严把政策关、程序关、实效关，对于领导批办的督办件编制序号、登记在册，并跟踪办理进展情况，确保落实到位。制定下发《关于加强和改进党委督查工作的实施意见》。贯彻落实中办和省委办公厅有关文件精神，对全市党委督查系统职责、体制机制、组织领导等进行明确。制定下发《市委督查工作领导小组工作规范》，成立督促检查工作领导小组，下发《市委办公厅关于成立市委督促检查工作领导小组的通知》。

【采集编发信息】 2013 年，围绕市委中心工作及干部群众关注的热点、难点、焦点问题，及时、全面、准确采编信息，为领导科学决策提供依据。至年底，共编发《今日南昌信息》249 期 7986 条；编写《南昌信息专报》170 期；编辑《境外网络信息》30 期 200 余条；上报中央办公厅、省委办公厅信息 1389 条，完成省委办公厅信息约稿 18 篇，被中央办公厅、省委办公厅信息刊物采用信息 158 条；得到省委常委、市委书记王文涛以及其他市领导批示 100 余条。

（吕　璠　何志辉）

保密工作

【概况】 2013年,南昌市保密工作紧紧围绕当前形势和工作大局,应对网络和信息安全新挑战,不断夯实工作基础,提升信息化条件下保密管理能力,确保党和国家秘密安全。年内,在国家保密局《保密工作》杂志刊登文章3篇,向省局投稿数量及采用数量均名列全省前茅。全年出版《南昌保密工作》8期,刊登稿件100余篇。12月,省人事厅和省国家保密局联合下发表彰决定,南昌市国家保密局被评为全省保密工作先进集体,2人被评为全省保密工作先进个人。

【领导重视支持保密工作】 2013年3月15日,市委研究决定任命袁耕宇为市委保密机要局局长。4月28日,市政府第6次常务会召开,袁耕宇在会上宣讲新保密法,市委副书记、市长陈俊卿作重要讲话。陈俊卿强调,全市各级领导干部要带头学习保密法、贯彻保密法、执行保密法,各级保密组织要采取有力措施加大保密宣传教育力度,努力规范保密管理工作,不断加大现代保密技术装备的建设力度,提高保密技术防范能力。要加强保密干部队伍建设,提升南昌市保密工作水平,确保国家秘密的绝对安全和万无一失。8月,市财政局批复同意在预备费中解决全市“十二五”保密事业发展规划所需资金200万元,资金按保密技术装备要求,分3年逐步到位。同时,市保密局发文要求各县(区)每年落实购置保密技术专项设备资金10万元,并列入财政预算,各县(区)基本落实到位。年底,市委政法委(市综治办)把保密工作纳入全市综治工作考评内容,为更好推动全市保密工作健康发展奠定良好基础。

【国家保密局科技测评中心人员到南昌市调研】 2013年7月5日,国家保密局科技测评中心主任朱宜兵一行3人到南昌市中级人民法院调研保密工作,省国家保密局副局长荣蓉、督查技术处处长罗国群,市委保密机要局局长袁耕宇、副局长余俊杰等陪同。这是近10年来国家局首次到南昌市调研保密工作。调研座谈会上,市法院党组副书记、副院长熊春安从组织领导、教育培训、制度建设、硬件设施、网络管理5个方面汇报该院近年来各项保密举措,重点汇报涉密计算机、法院内网、互联网计算机和移动

2013年7月5日,国家保密局科技测评中心主任朱宜兵一行调研南昌保密工作

存储介质的保密管理工作。朱宜兵充分肯定该院在保密工作中所取得的成绩,并对下一步如何做好保密工作提出新要求。国家保密局科技测评中心第一测评部副主任刘利锋、测评中心工程师李晶详细询问该院涉密计算机的责任部门、内网具体保密措施等情况,并实地察看部分网络终端设备。

【开展保密宣传及教育培训】 2013年5月中旬,市保密局组织15名县(区)保密技术干部在昆明市举办全市保密技术检查检测工作培训班,提升县(区)保密技术检查检测水平。10月10—12日,在梅岭举办全市保(涉)密岗位人员培训班,各县(区)、各单位重要岗位涉密人员共110人参加培训。同时,各县(区)也结合各自工作实际,开展不同类型、不同层次的培训班。市委党校、市人保局等单位在对领导干部、新录用国家公务员培训时,均安排保密法制教育课程。至年底,全市分3期共组织16人次参加国家保密局举办的全国保密工作知识师资力量培训班、全国保密干部全员培训班以及省国家保密局举办的全省保密理论知识研修班。9月25日至10月25日,全市各级保密组织开展以“七个一”活动为主题的保密法制宣传月活动,市保密局为13个县区(开发区、新区)购置保密宣教片《密战》及《保密工作概论》书籍,并利用广播、网络、短信、观看录像片等多种形式进行专题宣传,成效明显。

【“调查研究年”活动成果丰硕】 2013年3—5月,根据省国家保密局统一部署,全市组织人员深入县区和外省开展调查研究工作,积极撰写调研论文近30篇,并进行评比和表彰,推荐10篇优秀文章上报省保密局。其中,市保密局撰写的《非涉密计算机网络监控审计系统的设计与研究》荣获全省二等奖。

【全市保密普查工作圆满完成】 2013年7月上旬至10月中旬,根据省保密局统一部署,市保密局在全市开展保密普查工作。此次普查是中华人民共和国成立以来全国保密系统第一次进行保密普查工作,是一项基础性、开创性工作,共有九大类17项432个普查项目,涉及全市86个党政机关、涉密单位。此次普查主要内容包括国家秘密、涉密人员、保密要害部门部位、涉密计算机、涉密移动存储介质及其他涉密设备、涉密网络、保密行政管理部门及工作机构、保密工作经费、失泄密案件9个方面基本情况。通过保密普查,进一步摸清了保密工作底数,掌握基本情况,建立全市保密工作基础数据库,有效促进保密工作精准化管理,提升保密工作科学化水平。

【开展保密专项督查】 2013年,全市共开展3次专项保密检查。一是查处青山湖区泄密事件。1月23日,省市国家保密局组成联合调查组,对青山湖区泄密案件进行查处,掌握基本情况,并提出整改意见。青山湖区委对6位责任人进行处理,市保密局下发《关于青山湖区政务信息网站泄露国家秘密的通报》。二是开展政府信息保密审查专项检查工作。8月8—13日组成两个检查组对部分县(区)和市直部门共16个单位进行

拉网式检查，及时指出检查中发现的问题，并要求进行逐一限期整改。三是开展“十二五”时期保密事业发展规划中期检查。抽调人员对各县(区)进行实地检查；与市国安局联合对部分市直机关进行检查，对个别违规单位进行严肃处理。

【决定建立互联网终端安全保密检查系统】 2013年，全市非涉密上网计算机共有20746台，其中市直单位8260台，县(区)12486台，存在“一机两用”现象(既上互联网又处理涉密文件)，部分计算机中既有密级文件又中木马病毒，泄密隐患较多。8月底，市保密局组成专题调研组到其他单位学习调研，借鉴外省先进经验，提出拟在全市建立互联网终端安全保密检查系统。该系统可以从源头上全程监管全市非涉密计算机终端承载涉密信息的流转情况，实现保密管理机制转型和保密技术防范双突破，切实推动全市保密技术的快速发展。9月，市保密局局务会议审议决定建设该系统。

(文 颖)

组织工作

【概况】 2013年，中共南昌市委组织部以加强党的执政能力建设、先进性和纯洁性建设为主线，以服务南昌打造核心增长极为主题，以提升组织工作科学化水平为目标，以培养选拔更多优秀干部为重点，紧紧围绕打造核心增长极选干部、配班子、建队伍、聚人才，促进更多好干部脱颖而出，促进各级党组织更加坚强有力，促进党的建设和组织工作更好地体现时代性、把握规律性、富于创造性。

【加强思想政治建设】 2013年，将学习贯彻中共十八大精神作为全市各级领导班子思想政治建设的首要任务，列入各级党校主体班次的学习计划，集中精力抓好中共十八大、十八届二中全会和三中全会及总书记习近平系列讲话精神的学习培训，举办全市领导干部学习贯彻中共十八大及习近平在十八届中央纪委二次全会上重要讲话精神千人专题研讨班，同时分两期对全市乡镇、街道党政“一把手”进行轮训。

【首次实施“1+2”考核评价体系】 2013年，按照综合考核“1+2”文件(《南昌市市管领导班子和领导干部综合考核评价暂行办法》、“实绩备案”和“联动问责”实施细则)要求，采取“综合考核、量化评价”的方式，对市管领导班子的运行情况和市管领导干部的德才表现进行综合了解，评定考核等次，并强化考核成果运用，按照“轻重缓急、统筹兼顾、人岗相适、实在实干”的原则，分4批次集中对部分县级空缺职位进行调整充实。

【全面推行“四看一听一差额”选人用人机制】 2013年，全面推行“四看一听一差额”干部选任机制，即在确定初始提名人选时一看实绩，二看公论，三看组织部门了解掌握的一贯表现情况，四看巡视督导和纪检监察部门掌握情况，并充分听取单位党委(党组、工委)及其主要负责人和分管领导的意见，重要岗位干部选配进行差额比选。“四看一听一差额”干部选任机制成为南昌市选人用人的常态化机制，新华社等中央媒体对此进行专题报道。

【年轻干部培养选拔高位推进】 2013年，省委常委、市委书记王文涛领题调研年轻干部培养选拔课题，并制定出台南昌市《进一步加强年轻干部培养选拔工作的实施意见》。同时，加大年轻干部储备力度，确定一批优秀县、科级年轻领导干部作为重点培养对象，确定100名年轻干部充实到县级后备干部队伍。补充完善一支120人的正县级后备干部队伍和500人的副县级后备干部队伍。选派10名年轻正科级领导干部担任乡镇长、街办主任。选派6名市直机关年轻正县级干部到开发区、新区挂职锻炼和兼职。选派101名年轻县、科级干部到“四个一线”挂职锻炼。扎实做好公务员考录和面向基层选调(遴选)机关公务员工作，全年共录用公务员299名，选调(遴选)基层公务员71名。

【乡镇(街道)新录用公务员管理逐步规范】 2013年，制定印发《南昌市乡镇街道新录用公务员管理办法(试行)》。新录用的公务员在试用期内，严禁以借用、跟班学习等名义被抽调到其他单位工作。同时，加强对新录用公务员的动态管理、定期考核和跟踪培养，建立乡镇(街道)领导帮教制度和新录用公务员挂点轮岗制度，乡镇(街道)新录用公务员基层工作满两年考核等次为优秀的，列为县(区)副科级后备干部。《中国组织人事报》等报刊对此进行报道。

【各类人才队伍建设统筹推进】 2013年，牵头出台《关于进一步加强党管人才工作的意见》，健全南昌市党管人才工作格局。制定出台《南昌市高层次人才疗养活动办法》《南昌市高层次人才创新创业激励办法》《南昌市农村特殊专长人才创业培养工作办法》等政策性文件，牵头实施系列重大人才工程，“洪城计划”推荐14个人才创业项目，“洪城特聘专家”工程引进9名高层次创新创业领军人才，推进“211”企业经营管理人才培训工程和职业经理人培训工程，开办8个班次，培训353人次，涉及全市企业107家。牵头推进博士后工作站建设，已建成18家，进站博士后研究人员30人。牵头创新人才服务机制，高层次人才“一卡通”服务全面推行，进一步优化南昌人才发展环境。

【党政正职从严管理】 2013年，全面落实从严治党要求，开展2012年度干部选拔任用“一报告三评议”工作，深化选人用人监督检查，严肃整治用人上不正之风。注重干部监督关口前移，预先防范，构建自我监督、上级监督、协同监督、群众监督、用人监督和财经监督“六位一体”的干部监督管理模式。规范“一把手”谨慎用权，及时开展县(区)党委书记履行干部选拔任用工作职责离任检查工作，首次对经责审计实行计划管理和县(区)党政正职同步审计。建立完善电话、信访、网络、短信“四位一体”举报平台。至年底，受理群众举报78件，查实3件，组织处理2人。

【干部教育培训取得实效】 2013年，围绕南昌打造核心增长极，借助省内外高校资源举办16期专题培训班，共培训各级各类干部823人次。搭建“南昌市干部在线学院”网络学习平台，拓展教育培训方式方法，全市有1709名干部参加5.38万次课程学习。采取“下派”“外挂”等形式培养锻炼干部。选派5名副县级干部到上级对口部门挂职锻炼，从市直机关选派县、科级干部到市信访局、市驻京接访处跟班学习。

【基层党建工作亮点纷呈】 2013年，在全市开展“创建基层服务型党组织”试点工作，市本级选择10个窗口单位、服务行业党组织，每个县(区)选择5个便民惠民服务中心、窗口单位党组织，通过开展承诺践诺、“党员示范岗”等活动，提升服务机制、提升服务能力、提升服务业绩。设计下发《南昌市机关在职党员联系服务居住地社区志愿活动证》，破解在职党员进社区难、开展志愿服务难问题。全市3万名机关在职党员在工作时间外直接联系服务群众,《中国组织人事报》《江西日报》对这一做法进行报道。制定出台《关于进一步加强村"两委"班子建设的意见》,在村干部的选拔任用、教育培养、激励保障、考核管理等方面提出明确要求,全面落实"一定三有"政策,为全市6000余名村干部办理养老保险,走在全省前列。总结推广青云谱区"民情家访"、进贤县"1245"工作法、正邦集团党委"四共四心"党建新模式等经验做法,得到中组部高度肯定。顺利完成"民情家访""五个之家""三亮工程"3个省级典型示范项目的结题工作。

【党员管理规范创新】 2013年,制定下发南昌市《加强新形势下发展党员和党员管理工作的实施意见》,严把入口,建立健全发展党员工作情况月报制度,制定并完善党员发展程序规范,提高发展党员质量。开展基层组织员培训、新党员示范培训和农村党员技能培训,举办"党员学党章、书记讲党课"活动,并在南昌电视台进行展播。成立南昌市(上海、北京)流动党员服务中心。

【乡镇党代会年会制试点有序开展】 2013年,围绕乡镇党代会年会制、党代表任期制试点两项重点工作,在充分调研的基础上,确定在青山湖区湖坊镇等6个乡(镇)推行乡镇党代会年会制试点工作和1个街道实行党代表工作室试点建设工作,通过召开座谈会、实地调研等方式进行指导、督促。至年底,各试点乡(镇)和街道已形成党代会年会制和党代表工作室的相关制度,党代会宣传、党代表培训和党代会年会等准备工作有序进行。

【宣传调研成果显著】 2013年,围绕人才、年轻干部选拔培养等工作,召开新闻发布会1次、媒体通气会2次。注重展示组织工作成果,扩大组织工作的影响力。年内,《中国组织人事报》报道南昌市组织工作特色做法13次,《江西日报》、新华网、大江网等报刊媒体也进行了专题报道。完成1个中组部重点课题(获二等奖)、2个省委组织部重点课题、1个市委政研室委托课题的研究任务。确定14个全市组织系统重点调研课题,并顺利结题。同时,结合中心工作开展"年轻干部培养选拔""南昌市招商引资人才队伍建设""基层干部的忧喜盼"等专题调研。

【自身建设扎实推进】 2013年,大力开展"学习型、服务型、创新型"机关创建活动,实施"六大行动"(党性教育、能力素质提升、直接联系服务群众、组工宣传、组工文化培育、部内人文关怀),内强素质、外塑形象,打造南昌组工品牌。创新实施机关干部管理和考核方式,制定并实施《市委组织部机关痕迹管理工作暂行办法》,对部里承办的80余项工作进行痕迹管理,强化工作执行力和落实力。

(杨　桢)

宣传工作

【概况】 2013年,全市宣传思想文化部门突出主线条,高扬主旋律,打好主动仗,宣传思想文化工作整体推进、亮点突出,为南昌全面加速打造带动全省发展的核心增长极提供强有力的思想保证、精神动力、舆论支持和文化条件。

【组织开展好"中国梦"主题宣传教育活动】 2013年,成立由市委常委、宣传部部长曾光辉担任组长的"中国梦"主题宣传教育活动领导小组,制订《关于在全市开展"中国梦"主题宣传教育活动的实施方案》,按照省里"出经验、创特色,在全国有地位,在全省有影响"的要求,组织开展品读"中国梦"、感知"中国梦"、传递"中国梦"、唱响"中国梦"、践行"中国梦"五大系列47项特色鲜明、吸引力和感染力强的活动。召开全市中国梦主题宣传教育活动工作推进会,对活动开展进行指导与部署。编辑"中国梦"主题简报20期,在"党建移动平台"开设"中国梦"专栏,发布信息15篇(条),并在省"中国梦"简报上刊发经验文章12篇(条),在全省推出"社区的'笑脸墙'百姓的'中国梦'"等重要经验。

【主题深度报道社会反响良好】 2013年,新华社调研南昌市"啄木鸟行动"、治理非法采砂、地铁征迁、"四看一听"等5项工作,采发的南昌经验内参立意高、思辨强,受到中央高层关注。《人民日报》以一版要闻和版面头条形式,连续推出两篇南昌治理非法采砂工作的重稿,两篇文章分别采用写实、综述手法,起到前后呼应、升华主题的效果。7月27日,《人民日报》整版推出《英雄城市,人杰地灵》一文,以4000多个文字、9张南昌图片加配旅游小贴士形式,生动彰显南昌历史文化内涵。《经济日报》围绕南昌市节约务实、"产城融合"、失地农民安置等经验成效,分别推出3个单篇头版头条,从一件事、一个群体、一个发展理念3个角度,描绘出南昌变化发展的缩影;中央电台紧扣南昌市新型城镇化、"啄木鸟行动"工作特色,先后推出2个长达近4分钟的单条头条;《新华每日电讯》8月22日刊发的《解"头号难题",南昌有何高招》、《半月谈》2013年15期刊发的《南昌:"啄木鸟"在行动》、《瞭望新闻周刊》2013年第38期刊发的《南昌:"四看一听"选准用好干部》向国内其他受众群体宣传推介南昌市。

【"啄木鸟行动"全面升级】 2013年,与市纪委、市委组织部联合出台"啄木鸟行动"跟踪反馈机制,将"啄木鸟行动"工作结果纳入到全市联动问责、考核考评机制中,为"啄木鸟行动"发挥威力提供机制保障。同时,组织聘请百名人大代表政协委员以及千名市民代表担当"啄木鸟",充分发挥人大代表、政协委员的依法监督职能,进一步发动广大市民热情参与,为"啄木鸟行动"增添感召力、生命力。市创建办进入"啄木鸟行动"督查督办环节,承接"啄木鸟行动"未解决问题的分解跟踪和督查督办,并在市政府常务会议专题点评,为"啄木鸟行动"更直接、更及时、更有效解决问题提供组织保障。至年底,"啄木鸟行动"共采发公开报道1010篇(条)、内部参考43期,报道反映问题796个。经调查分析、跟踪问效、引导推动,677个问题得到解决,推动解决率达到85.05%,未出现一起失真、失实或虚假错误报道。

【举办全市新闻战线马克思主义新闻观培训班】 2013年11月上旬至12月中旬,举办全市新闻战线马克思主义新闻观培训班。此次培训班以"师资力量体现强、人员覆盖体现广、课时安排体现活、教学管理体现严"为特点,邀请《经济日报》专刊部主任姜波,新华社半月谈杂志社党组副书记、常务副总编张正宪,江西日报社社长王晖等中央、省级主要新闻媒体领导、资深新闻人授课。按照"分级分类、各负其责、不留死角、务求实效"的原则,共培训930余人。

【南昌市荣获"国家级文化和科技融合示范基地"称号】 在省委宣传部、省科技厅的大力支持下,经市委宣传部、南昌高新区管委会等单位积极申报,2013年12月18日,中宣部、科技部、文化部、新闻出版广电总局四部委正式发文(国科发高〔2013〕692 号),联合授予南昌市"国家级文化和科技融合示范基地"称号,这也是江西省首家国家级文化和科技融合示范基地。

【政务微博影响力全面提升】 2013 年,南昌市政务微博共举办"春节民俗知多少""饕餮年味秀起来""南昌梦 我的梦""八方游子寄语中秋""清凉驿站""织围脖 送温暖"等线上线下活动 100 余次。开通近两年来,南昌政务微博集群平台粉丝超过 560 万人,发布民生工程、社会关注、交通出行,便民服务等信息超过 24 万条,其中"南昌发布"吸引粉丝超过 132 万人,发布信息 4.3 万条,流转解决网民反映问题和诉求 1100 余件,得到广大网友的认可和热捧,影响力不断提升,已成为党委政府服务民生的"新窗口"、市民办事的"指南针"、网络行政的"快车道"。"南昌发布"被人民网评为"责任中国 十大政务微博",被省委宣传部评为"江西省十佳政务微博"。

【举办中国(南昌)军事题材电影创作会】 2013 年 12 月 7—8 日,由省委宣传部、市委、市政府、中国电影家协会、八一电影制片厂、中国文联电影艺术中心联合主办,市委宣传部承办的中国(南昌)军事题材电影创作会在南昌市举行。会议旨在充分展示中国人民解放军在党领导下的新风貌、新发展、新实力,探讨中国军事电影的发展历程和非凡成就,推动军事电影产业的发展与繁荣。中国文联副主席、中国电影家协会主席、著名表演艺术家李雪健,中国电影家协会分党组书记、驻会副主席、中国文联电影艺术中心主任康建民,八一电影制片厂副厂长刘建伟、颜品,著名导演翟俊杰,著名表演艺术家陶玉玲、王伍福、祝新运等参会。市领导郭安、曾光辉、刘家富,省委宣传部副部长马玉玲等出席。

【文艺精品创作亮点频现】 2013 年,南昌市组织创作广播剧《信念》、电视剧《少共国际师》《古村姐妹》、电影《少共国际师》、采茶小戏《乡里新曲》、南昌清音《傲雪的梅花》、相声《富二代》等文艺作品。其中,南昌清音《今日犹闻翰墨香》、戏曲《乡里新曲》和小戏《把城里妹妹娶回家》3 个节目荣获中国群众文艺政府最高奖"群星奖",青山湖区文化馆馆长林燕和西湖区文化馆王永鸿 2 人荣获"群文之星"称号。青云谱区城南龙灯表演队荣获第十一届中国民间文艺"山花奖"民间艺术表演奖。《傲雪的梅花》和《富二代》分获第六届中国中部六省曲艺大赛一等奖和二等奖。

【推动创建全国文明城市宣传】 2013 年,通过省、市媒体携手合作,全面启动对省城南昌创建文明城市的宣传报道,形成省市联创的机制和合力。其中,江西广播电视台都市频道与市属媒体专门策划播出"创建进行时 · 一把手上电视"栏目,接听群众来电 2600 余个,腾讯微博点击量 500 余万次,搭建了参与创建的有效平台,取得很好的社会影响。同时,整合社会各种媒介资源做好文明城市宣传教育工作,充分发挥市属媒体创建宣传的主力军作用,在市属媒体设立专题、专栏,对典型事例和经验做法进行深入系统的宣传报道。开展公益广告刊播宣传活动,围绕"讲文明树新风"主题,设计制作贴近生活、新颖美观、群众喜闻乐见的公益广告,在报纸电视的重要版面、黄金时段、显著位置持续刊播,形成广泛社会影响。

【开展道德模范宣传教育活动】 2013 年,开展南昌市道德模范"身边好人"巡讲、巡演、巡展基层行活动,组织进机关、进社区、进企业、进部队宣讲 14 场,教育听众 4000 余人。加强道德讲堂建设,开展道德讲堂示范课 20 余场,推出一批道德讲堂示范点,突出健康和谐、积极向上的社会氛围。开展南昌市第三届道德模范表彰活动,组织参与全省第三届道德模范和全国第四届道德模范评选表彰活动,南昌市章金媛、陈凡经、皮祖强当选第三届全省道德模范,皮祖强入选第四届全国道德模范,章金媛获第四届全国道德模范提名奖。皮祖强家属和章金媛分别得到总书记习近平、省委书记强卫和省委常委、市委书记王文涛接见。市属媒体连续对南昌市全国、全省道德模范及提名奖获得者事迹进行了深入的宣传。1—11 月,南昌市共有 6 人入选中国好人榜。12 月 6 日,承办"学雷锋 · 在行动——全国道德模范与身边好人现场交流活动"。活动以现场交流为活动主体,用丰富多彩的艺术形式讴歌模范人物的感人事迹,有效提升道德模范的社会影响力,掀起崇德向善、见贤思齐的热潮。年内,南昌市选送的"感动中国 · 感动江西"江西籍英模人物、先进人物分别有 3 人和 8 人入选。

【策划开展"我们的节日"活动】 2013 年,为传承和弘扬中华民族优秀传统文化,策划开展"中华经典诵读 · 豫章诵""不忘烈士抛忠骨,民族复兴中国梦""爱心粽子送模范"等多个中华传统节日的纪念活动。同时,摄制播出"中华长歌行"特别节目——"我们的节日"系列微电影《豫章端午粽叶香》和《月亮的心事》。两部微电影以弘扬民族优秀传统文化为指向,将民俗传统和现代生活有机融合,中国文明网在首页播出,引起较大社会反响。以微电影的形式制作"中华长歌行"特别节目,是"我们的节日"主题文化活动的创新,在全国属首创,得到中央文明办肯定。

【加大对外宣传力度】 2013 年,市委宣传部积极配合全市开放型经济招商引资工作,围绕长江中游城市群四省会城市首届会商会、2013 年外资银行考察团"赣鄱行"活动、2013 年赣台(南昌)经贸合作研讨会、第九届泛珠三角省会(首府)城市市长论坛、第五届绿色食品博览会等重大经贸活动,广泛开展对外宣传,展示南昌形象。与中国新闻社江西分社合作开展"世界华文媒体南昌行"活动,邀请来自五大洲 19 个国家和地区的 36 家华文媒体的编辑、记者实地采访,美国《侨报》、法国《欧洲时报》、加拿大"中国国际教育电视台"、澳大利亚《澳大利亚时报》、南非《华侨新闻报》等各大媒体刊发大量反映南昌经济文化发展的新闻报道。深入挖掘南昌文化艺术发展新亮点,邀请新华社、中国国际广播电台、中国新闻社、香港卫视、《香港文汇报》《香港商报》等媒体,对南昌陶瓷文化产业发展进行集中采访,对外宣传展示江西南昌陶瓷艺术内涵和创作成果;邀请中国新闻社、香港《文汇报》、香港《大公报》等媒体到南昌采访,对南昌的红色文化、古色文化进行专版推介。至年底,中央对外媒体、国(境)外媒体刊发各类宣传南昌的稿件共 1546 篇(条),其中重要稿件 537 篇,刊登专版 26 个。

(邓 谦)

统一战线工作

【概况】 2013 年,中共南昌市委统战部以学习贯彻中共十八大精神为主线,以大团结大联合为主题,着力巩固思想政治基础,着力发挥凝心聚力作用,着力加强党外代表人士队伍建设,着力改进自身工作作风,不断提高统战工作科学化水平,为南昌打造核心增长极作出积极贡献。连续 10 年被中共中央统战部、中国统一战线杂志社评为"中国统一战线宣传先进单位”;被中共江西省委统战部授予“2013年度全省统战工作重点目标管理考核综合先进单位”和“设区市统战宣传信息先进单位”称号。

【推进多党合作事业】 2013年1月16日,省委常委、市委书记王文涛亲自召开党外人士座谈会,听取党外人士对打造南昌核心增长极的意见建议。12月12日,邀请市纪委向各民主党派、工商联和无党派人士通报全市反腐倡廉建设情况。协助各民主党派以提案、议案、调研报告、信函和信息等方式建言献策,全年党外人士提出有价值的提案、议案300余件,12件提案被市政协评为优秀提案。以服务“打造核心增长极”和“大力发展协商民主”为主题,组织开展“党委出题、党派调研、政府采纳、部门落实”活动,形成8篇高质量的调研成果。王文涛在民进市委会撰写的调研报告——《关于把省会南昌打造成区域性金融中心的调研报告》上作重要批示。开展纪念中共中央发表“五一口号”65周年活动,在《南昌日报》开辟专栏,登载各民主党派市委会主要领导畅谈纪念“五一口号”体会文章。争取市财政支持,为每个民主党派新增调研经费5万元。

【夯实共同思想基础】 2013年,协助各民主党派继续开展“坚定信念、学习典型、争作贡献”主题教育活动,建立“同心讲坛”,坚持每季度一次读书交流活动。6—10月,指导市工商联开展非公有制经济人士理想信念教育实践活动,举办非公有制经济人士“创业梦·中国梦”歌咏比赛,开展“理想信念与民营企业家的中国梦”主题研讨等活动。开展纪念中共中央发布“五一口号”65周年活动,《南昌日报》专版刊登各民主党派、工商联、党外知识分子联谊会主要负责人体会文章。12月28日,协助农工党市委会举办成立60周年系列纪念活动,引导民主党派、无党派人士等统一战线成员继承老一辈坚定政治理想信念和高尚政治风范。

【开展“同心双共建”活动】 2013年,协助各民主党派在67个共建和谐基地深入开展“送科技、送医疗、送教育、送文化、送爱心”活动110余次,健康教育宣讲团、名师进社区讲座、农村教育烛光行动、科技科普进校园等活动形成品牌。引导非公有制经济人士发扬光彩事业精神,开展“十二五”时期定点扶贫、情系广昌感恩行、百名贫困高中生结对帮扶公益助学等活动,捐助资金500余万元。组织民主党派主要负责人赴安义县长均乡考察,开展“同心共建和谐秀美新长均”活动。争取海外华人启动帮助听障人员的“天籁列车”南昌行慈善捐赠活动。

【开展“同心·促发展”活动】 2013年5月6日,协助举办2013年长三角地区侨联协作会议,省委常委、市委书记王文涛会见中国侨联副主席乔卫及与会代表。开展招商联谊活动,全年接待港澳台及海外人员400余人次。促成美国德州江西同乡会会员投资6亿元对汪山土库进行打造;促成香港龙山基金会、香港轩辕黄帝基金会分别在安义县、南昌县捐助修建1所小学教学楼。开展海外留学归国人员问卷调查工作,协助省委统战部推进“江西留学人员同心·报国基地”建设。

【服务非公有制经济发展】 2013年,邀请市发改委、市工信委、市国税局、市工商联等11家单位召开非公有制经济跨越发展调研座谈会,开展“大力推动非公有制经济跨越式发展”调研。支持市工商联牵头成立小微企业城市商业合作总社和小微企业互助合作基金,为20余家企业提供融资贷款1.4亿元。支持市工商联与市人社局、市总工会开展2013年南昌市农民工劳动合同签订活动,即“春暖行动”。加强非公经济组织党建工作,举办学党章培训班,提高基层党组织和党员的覆盖面,健全和完善非公有制企业党建工作长效机制。7月24—31日,在中山大学举办南昌市第七期民营经济高级研修班,60余名民营企业家参加学习。

【促进民族宗教关系和谐】 2013年9月29日,承办全省城市民族工作经验交流会,推广青山湖区流动少数民族服务站的先进经验。建立少数民族志愿者服务队。出台《南昌市学校民族工作细则》。破解全市清真牛羊肉供应难等问题,得到各方好评和肯定。同时,积极推进“同心宗教和谐稳定示范区”建设,取得阶段性成果。指导市佛协、市道协平稳有序开展换届工作。5月13日,在南昌县成功举办全市首届佛教文化旅游节。协同公安等部门共同做好抵御境外渗透工作和宗教领域的各项维稳工作,全年未发生一起民族宗教方面影响社会稳定的群体性事件和突发性事件。

【加强党外代表人士队伍建设】 2013年,积极与市委组织部沟通协商,采取“两推荐、两征求”方式,建立一支47人的高素质党外后备干部队伍;发挥市社会主义学院党外人士培训基地作用,推进学院正规化建设。联合市社会主义学院培训党外干部100余人,同时组织8名党外干部参加中央、省委统战部举办的各类学习培训班,组织9名党外干部被选派到“四个一线”挂职锻炼,组织6名党派机关干部到对口联系政府部门跟班学习锻炼,为党外干部成长铺设台阶。至年底,2名党外副县级干部转任调研员,1名副县级领导干部转任副调研员,1名副县级领导干部交流到县区任职,6名党外干部被提拔到副县级领导岗位。

【加强党外知识分子工作】 2013年,围绕统一战线“凝心聚力、服务发展”的目标任务,切实加大党外知识分子工作力度。注重党外知识分子政治引导,围绕“坚定信念、服务发展、多做贡献”主题教育活动,邀请专家就“学习十八大精神,打造南昌核心增长极”作专题理论辅导,在上海财大举办首届“市党外知识分子培训班”,进一步坚定党外知识分子的理想信念。积极鼓励党外知识分子参政议政,“市文化创意产业发展”“关于市生物医药产业发展”和“关于纠正市广播电视传输中心侵犯用户合法权益行为”等课题和建议得到市委领导及有关部门重视。引导党外知识分子服务社会,以“科技创新”和“区域经济建设与文化创新发展”为主题开展社会实践活动,为共建点进贤县南台村解决扶贫资金8万元,建立7个县区分会“同心双共建”服务点,开展法律卫生咨询、扶贫济困、捐资助学等慈善公益活动。协助市知联会加强自身建设,制定《基层组织工作达标要求》规范分会工作,成立市新阶层知识分子联谊会搭建工作平台。

【开展协商民主制度课题调研】 2013年,根据市委关于《深入推进新一轮大改革、大开放,为全面打造核心增长极提供强劲动力系列调研方案》要求,成立由市委常委、统战部部长高鹰群任组长,市委政研室、市民政局、市政府参事室有关负责人参加的调研组,就“协商民主的理论实质与南昌市的实践路径”课题进行调研。调研组召开座谈会20余次,面向市直部门和县(区)征集实践案例58个,同时调研组还赴其他城市学习考察,收集实践协商民主的典型范例。在深入调研、综合分析的基础上,对全市协商民主的利益协调机制、群众自治机制、具体操作机制等方面的实现路径进行探索,完成1份课题主报告、5份分报告。

【全市统战工作会议召开】 2013 年 2 月 25 日,全市统战工作会议在市委第一会议室召开。会议总结回顾 2012 年全市统战工作,并对 2013 年工作进行全面部署。市委副书记、政法委书记郭安,市委常委、统战部部长高鹰群出席并讲话。郭安指出,全市各级统战部门以服务南昌打造核心增长极为己任,紧紧围绕全市中心工作,发挥优势,履行职能,为促进南昌发展做出积极贡献。统一战线干部要自觉深入学习贯彻中共十八大精神,切实增强做好新时期统战工作的信心;要自觉服务于南昌打造核心增长极重大战略,做到"谋大事,善作为",在推进民主政治建设上要有新进展,在服务科学发展上要有新作为,在促进社会和谐上要有新贡献,在加强党外代表人士队伍建设上要有新突破,在加强自身建设上要有新气象。

（黄小红　黄　奇）

政法与综治工作

【概况】 2013 年,全市政法部门坚持以科学发展观为指导,紧紧围绕打造核心增长极中心工作,扎实推进平安建设、法治建设、能力建设和队伍建设,全力维护社会大局稳定,为全市经济社会又好又快发展做出积极贡献。南昌市被评为全国法治城市创建活动先进单位。

【维护重点敏感时期社会稳定】 2013 年,为确保重大敏感时期的社会大局稳定,市领导多次部署,全市维稳部门全面落实领导分片负责制度、重大情况报告通联制度、重点群体和人员稳控联系制度、重要场所巡查防范制度、突发事件处置应急响应制度、维稳工作值班备勤制度等,市、县两级维稳办牵头启动情报会商机制,做到每日信息汇总、每日研判上报,及时协调调度涉稳隐患,确保分析研判不隔天、消除隐患不过夜,全力做好全国"两会"、中共十八届三中全会、中央巡视组在赣巡视期间维稳信访安保工作。其间,先后化解处置"3·7"南昌硬质合金厂工人群体上访事件、"6·18"非法采沙案件、"7·22"江纺职工省委群体上访事件、"8·6"部分出租车因油改气罢运堵路事件、"8·25" 交通肇事案件引发的系列涉稳事件、"10·14"中大青山湖花园业主堵路事件等,有力维护社会和谐稳定。

【保障重大民生工程建设】 2013 年,南昌市打造核心增长极进入高速推进阶段,轨道交通 2 号线建设、旧城改造、拆违拆临等全市性中心工作全面铺开。为保障全市中心工作顺利推进,政法维稳部门坚持以"和谐有序"为中心,坚持"不与民争利、阳光动迁、用群众工作法做动迁工作"3 项原则,加快推行重大事项社会稳定风险评估机制,对涉及南昌经济社会发展的重大决策和事关老百姓切身利益大事,实行经济效益和社会稳定风险"双评估",针对风险积极应对,力求将各类社会矛盾消除在萌芽状态。坚持维稳工作与房屋征迁工作同步推进。深入群众开展法律政策宣传活动,加强涉稳信息的收集研判和分流,掌握涉稳动态,完善应急处置预案和应对保障,强化条块间协调联动,有力保障征迁工作顺利进行。其中,轨道 2 号线房屋征迁工作自 4 月初启动以来,年内完成签约率 98.15%;旧城改造工作完成全市 600 万平方米土地的集中拆迁收储工作,没有发生重大影响社会稳定事件。

【创新社会管理】 2013 年,在全市推进以社区网格化管理为核心的社会管理综合治理创新,面向社会公开招聘 1124 名网格员,通过网格化管理试点工作,着力构建"全城一张网、网中有格、格中有人、人有所事、事能办成、成事依法、群众满意"的社会管理新格局。依托青少年教育关爱基地和社区矫正安置帮教管理中心,整合资源,完善管理制度,落实帮扶措施,帮助、服务、管理好青少年、刑释解教人员、社区矫正人员、精神病人、残疾人等七类重点特殊群体。加强对留守儿童的教育管理,构建政府、学校、社会"三位一体"的关爱体系,加强对留守儿童学习上的辅导和心理上的疏导。高度关注进城务工人员的民生问题,全面启动流动人口的"暂改居"工作,做好流动人口的管理和服务工作。

【预防化解社会矛盾】 2013 年,积极加强医疗责任保险,在市、县两级建立医患纠纷调处中心,引入独立于医患双方之外的"第三方"力量来化解调处医患纠纷。拓宽民生诉求渠道,广泛开展民情家访活动,通过"家访、接访、约访、回访"4 种形式,把问题解决在基层,把矛盾化解在萌芽状态。结合"平安南昌"创建的特点和要求,抓好基层、行业平安创建工作,市、县两级全面推行综治责任单位挂点帮扶乡镇(街道)、社区(村)平安创建工作,深入开展平安家庭、平安单位、平安学校、平安企业、平安集贸市场、平安宾馆旅社、平安金融商贸服务网点、平安边界及铁路沿线、平安旅游景区、平安码头"十创活动",从源头上、从机制上预防和减少社会矛盾纠纷。

【治安重点整治和治安防控体系建设】 2013 年,全市先后组织开展赣江南昌城区河道管理专项整治行动、铁路沿线及周边治安的整治行动、校园周边环境集中整治、鄱阳湖重点区域综合治理集中整治行动等一系列声势浩大、影响深远的综合整治,刑事案件和治安案件均有大幅下降。加快推进"天网工程",完成 3083 个视频监控点、60 个派出所分控平台的建设,基本实现对党政机关、金融重点单位、交通干线以及新建居民小区等区域的全覆盖,"天网"前端点在线率排名全省第一。公安机关通过监控系统分析,研判破获大量治安、刑事、交通事故案件,同时建立健全"天网"与巡逻防控互动协作机制、联动处置机制,实现"天网"与"地网"无缝对接,大大加强社会治安防管控力度。

【开展防范打击侵财型犯罪专项行动】 为重拳打击侵财型犯罪活动,提高社会公众安全感,2013 年 5 月 15 日,市综治办首次联合市公安局在全市集中开展为期 3 个月的防范打击"两抢一盗"等侵财型犯罪专项行动,重点打击盗窃摩托车、电动车,入室盗窃,砸撬机动车盗窃、扒窃、飞车抢夺等,通过严打、严防、严管、严控等手段的综合运用,破获"两抢一盗"案件 1252 起,抓获犯罪嫌疑人 875 人,打掉犯罪团伙 126 个,捣毁传销窝点 47 个,遣散参传人员 220 人,公安机关立案 6 起,刑拘传销头目 26 人,解救 184 名被骗入传销的人员。"两抢一盗"案件警情环比下降 15.64%,最大限度地侦破了一批侵财型案件,有效遏制侵财型案件发案势头。

【推进法治建设】 2013 年,组织各政法部门集中清理大量重点信访案件,268 件涉法涉诉信访积案年内化解 238 件,息访率达 89%,信访积案清理工作走在全省前列。组织对"3·21"精彩生活公司传销案、"6·21"特大金融票据诈骗案、南昌宝葫芦系列执行案等 10 余起疑难、复杂案件开展执法协调工作,保障全市政法部门依法独立行使职权,维护国有资产安全,净化全市经济环境,取得良好政治效果、社会效果和法律效果。根据中央四项改革的统一部署,针对司法权力运行中存在的一些现实问题,有针对性地分解成《执行工作机制改革创新》《检察机关对"另案处理"检察监督机制的改革》《轻微伤、轻伤案件办理工作机制改革》《司法鉴定管理及运行机制改革》4个重点课题开展专题调研。深入推进普法依法治理工作,南昌市被评为全国法治城市创建活动先进单位。

【强化队伍建设】 2013年,坚持用中国特色社会主义理论体系武装广大干警头脑,确保政法队伍始终忠于党、忠于国家、忠于人民、忠于法律,政法干警始终坚持做中国特色社会主义事业建设者、捍卫者。突出抓好纪律作风建设,认真贯彻中央、省、市关于改进工作作风的规定,出台《市委政法委关于严格贯彻中央政治局八项规定严禁公款吃喝公车私用的通知》《市委政法委禁酒令》等一系列规范性文件,树立政法队伍良好形象。深入开展警车整治活动,南昌市警车整治工作受到省委政法委通报表扬。突出抓好组织建设,始终把领导班子建设摆在突出位置,发挥好协管职能,逐步配齐配强政法部门领导班子,提高队伍的凝聚力和战斗力,切实打造一支高素质的政法队伍。

(林　立)

农村工作

【概况】 2013年,全市农业农村工作切实围绕全市打造核心增长极的战略部署,以农业转型发展、建设秀美乡村、农民持续增收为目标,以全力确保防汛、防火、防动植物疫情灾害及农产品质量安全为重点,全面开创农业农村工作新局面。

【粮食生产和农民收入创历史新高】 2013年,全市粮食单产每公顷6594.45千克,总产243.71万吨,均超上年,顺利实现"十连丰"。南昌县被农业部评为全国粮食生产先进县,新建县和进贤县被省政府评为全省粮食生产先进县,并涌现出安义县凌继河、南昌县刘国毛、新建县孙祖升等一批种粮大户。通过广开增收渠道,全市农民人均纯收入首次跨过万元大关,达到10898元,比上年增长12%,顺利实现"十连增"。同时,扶贫开发工作成效明显,扶贫村人均纯收入从2012年的4308元增加到5385元,增长25%。

【农业产业化发展迈上新台阶】 2013年,坚持以百个重点都市现代农业项目和七大百亿特色产业集群建设为抓手,大力扶持龙头企业做大做强。全市农业产业化龙头企业共有427家,其中国家级12家、省级101家,总量名列全省第一。龙头企业销售收入1117.58亿元,销售收入超100亿元企业达3家。新涌现江西省高氏林牧发展有限公司、南昌市草珊瑚科技产业有限公司、江西春晖生态蓝莓发展有限公司等一批优秀农业产业化龙头企业。

【休闲农业规模与效益并增】 2013年,全市规模以上休闲农业企业共有188家,小型农家乐(渔家乐)突破1100家,有国家级休闲农业与乡村旅游示范县1个、示范点3个,中国美丽田园1个,全国十佳休闲农庄1个,全国休闲农业与乡村旅游五星级园区2个、四星级园区8个、三星级园区4个,省级休闲农业示范县2个、示范点20个,市级休闲农业示范点18个,全市十佳休闲农业与乡村旅游示范点10个。至年底,全市休闲农业企业资产总额45.2亿元,年营业收入27.6亿元。3月26日,全国休闲农业、乡村旅游现场交流会在南昌市成功召开。

【新型农业经营主体快速发展】 2013年,以专业大户为骨干,以生产基地为载体,以合作经济组织为纽带,有力促进新型农业经营主体的发展。至年底,全市共有农民合作社3109家,比上年增长17.5%;合作社成员数达7.58万户,位列全省第一。继上年4月全省第一个经工商部门注册登记的家庭农场——新建县曼哈屯家庭农场正式挂牌后,南昌市已注册家庭农场4267家。

【和谐秀美乡村建设走在全省前列】 2013年,全面完成第一批18条主要通道沿线"五化"综合整治,认真抓好642个新农村村点整治和第一批9个"五位一体"综合示范村建设,正式启动30个农村新社区建设,扎实推进20个特色小镇打造,遴选10个特色小镇开展村庄拆并、土地流转、农房置换、社保并轨、乡镇扩权等试点工作,积极开展"一县双十"和"六好村庄、六好农户"创建活动,涌现出湾里区梅岭镇和太平镇、南昌县北樊村和南洲村、新建县朱坊新村、进贤县西湖李家、青云谱区朱桥梅村、安义县万场新村等一批秀美乡村。同时,严格落实市委、市政府《关于加强农村村民建房规划建设管理的实施意见》,违章建筑行为得到有效控制,特别是南昌县、安义县和湾里区管控有力,初步营造村民依法依规建房良好氛围。

【"森林城乡、花园南昌"建设再创佳绩】 2013年,以创建国家森林城市为抓手,共完成造林面积1.12万公顷,分别占省、市下达任务的126.5%和111.8%,投入绿化资金15.94亿元,提升改造通道绿化392.3千米,新增花卉苗木基地1686.67公顷、高产油茶基地446.67公顷、速生丰产林基地1120公顷,完成绿道建设73.3千米,率先在全省打造第一条也是当前唯一一条城市绿道——长15千米的艾溪湖绿道。取得森林创建大深入、通道绿化大提升、生态产业大发展和进位赶超的喜人成绩,涌现出安义县的江西锦茂园林有限公司付达勇、湾里区林业局罗嗣件、高新区的江西英加林业投资发展有限公司陈志平等一批造林绿化先进个人。

【"鄱湖明珠·中国水都"建设步伐加快】 2013年,南昌市成为全省唯一、全国14个省会城市之一的"国家水生态文明城市"试点。至年底,实施方案已通过审查,"鄱湖明珠·中国水都"总体规划编制基本完成,乌沙河综合整治等14项工程已开工13项,其中9项工程基本完工、4项工程有序推进。同时,河道采砂综合治理工作纵深开展,全市申请切割采砂船322条,已切割和正在切割260条,等待切割62条;依法依规妥处2012年"6·18"专案中涉案的赣南昌货1326号等4艘非法采砂船,保证河道采砂始终安全可控,其经验做法在全国推广。

【农村改革稳步推进】 2013年,按照建设全省城乡发展一体化先行区和示范点的目标,深入开展统筹城乡十项改革试点,着力推进南昌县农村改革实验区各项工作。在全省率先出台《关于建立农村土地承包经营权流转交易市场 促进适度规模经营的意见(试行)》,先行在南昌县、安义县启动建立农村土地流转交易市场试点,并加快推进农村集体土地确权、登记和发证工作。全市流转土地面积4.83万公顷,土地流转率达27.1%,比上年提高13.1个百分点。此外,林业农垦改革进展顺利,国有林场改革基本完成第一阶段工作。

【"六防"工作卓有成效】 2013年,全市"六防"工作取得显著成效。防汛抗旱方面:充分发挥水务、气象、水文的监测、预警、调配作用,重点抓好赣江低枯水位应对应急工作,确保生产、生活和生态用水安全。防火方面:杜绝重大以上森林火灾和人员伤亡事故的发生,2013

年是南昌市历史上森林火灾最少、防火成效最好的年份之一。防动植物疫情方面:有效应对人感染H7N9禽流感事件,确保在发生疫情的情况下不扩大、不蔓延。以无公害防治为主,松材线虫病、杨树病虫害、“加拿大一枝黄花”等疫情得到有效控制。防农产品质量安全方面:注重抓源头,强监管,严打击,农产品质量安全水平在全国省会城市中由排名倒数升至排名靠前。防偷猎和非法贩运经营野生动植物方面:全市基本上没有发生偷猎候鸟、非法贩运经营野生动植物的事件,新建县被评为全省先进典型。防权属纠纷方面:区域间基本上没有因山权、林权、水面权而引发矛盾纠纷和械斗事件,有力促进农村社会和谐稳定。

【创新计生管理服务体系】 2013年,青云谱区率先在全国成立计生家庭情感呵护中心,创建计生家庭情感呵护工作模式,在探索建立“全方位、全过程、全覆盖”和“无性别、无障碍、无期限”的优质服务模式上取得新突破。安义县创新建立“支部+商会+计生协会”的“2+1”流出人口计划生育服务管理模式试点。东湖区探索建立管理系统、三零平台、公共服务平台等三大平台的人口网格化管理模式。这些模式的创新和推广,极大提高了南昌市人口计生工作管理服务能力和计生家庭幸福指数。

(邱　晨)

对台工作

【概况】 2013年,中共南昌市委台湾工作办公室积极发挥在对台工作中的独特优势和重要作用,圆满完成各项工作任务,对台工作整体水平迈上新台阶。至年底,全市共批准台资注册项目13个(其中增资项目3个),项目总投资额1.58亿美元,项目注册资本总额1.38亿美元,实际利用台资1.05亿美元。

【台湾海峡交流基金会参访团考察南昌市】 2013年7月10日,台湾海峡交流基金会参访团林中森一行参观南昌高新区规划展示馆,考察江西东元、一元数码等在昌台资企业,并与在昌台商和台生代表会面,举行“台商及子女教育、台生座谈会”,了解台商和台生需求,解答疑问。

【王文涛会见“江西旅台乡亲故乡行”参访团】 2013年10月23日,省委常委、市委书记王文涛在前湖迎宾馆会见“江西旅台乡亲故乡行”参访团一行。王文涛对参访团回江西表示欢迎,同时表示要为台资企业到南昌市投资兴业做好各项服务。当参访团提出在南昌建设“台湾大厦”以及开放南昌游客赴台“自由行”等3项建议时,王文涛当即要求有关部门做好调研和落实工作。江西旅台同乡总会荣誉会长兼执行长黄玠等参访团成员表示,今后将更好地发挥同乡会促进赣台沟通交流作用,让赣台文化经贸往来更为密切。

【江西南昌海峡两岸民办大学人力资源管理策略研究论坛举行】 2013年5月24日,江西南昌海峡两岸民办大学人力资源管理策略研究论坛在南昌职业学院安义校区举行。活动期间,专家学者们围绕海峡两岸民办大学教师队伍的建设与培养,民办大学师资结构的优化与开发,民办大学教师素质、教育质量的提升策略等主题开展研究交流。

【旺旺集团举行捐赠仪式】 2013年8月28日,旺旺集团南昌分公司在南昌国际展览中心外广场举行捐赠仪式,向南昌市出租车司机、环卫工人和交警等一线职工捐赠4万箱凉茶,价值270万元。

【台湾少数民族参访团到南昌市考察】 2013年7月16日,由中国国民党籍人士孔文吉率领的台湾少数民族江西文化参访团一行23人到南昌市考察。考察团参访菱光科技股份有限公司等在昌台资企业,并参观省博物馆、滕王阁、八大山人等景点。孔文吉对南昌市积极参与两岸交流感到敬佩,称赞“南昌山清水秀,环境美,是块充满生机和活力的热土”。

【郭安会见台湾政界人士王进士】 2013年9月15日,市委副书记、代市长郭安在市政府会见台湾政界人士王进士一行。双方就江西一元数码公司在昌筹建“南昌—台湾村”项目进行友好磋商。王进士此行是受台湾政界人士负责人王金平委托,专程到南昌市了解“南昌—台湾村”项目进展情况。

【对台招商引资亮点频现】 2013年,一批大项目、好项目相继落户南昌市。其中,总投资6000万美元的台湾合顺光电LED液晶显示屏模组项目已在高新区注册。在8月13日举行的第六届海峡两岸客家高峰论坛和第十一届赣台经贸文化合作交流大会上,南昌市邀请20余位重点台商赴赣州参会,签约项目6个,总投资5.16亿美元。据统计,南昌市全年共批准台资注册项目13个(其中增资项目3个),项目总投资额1.58亿美元,项目注册资本总额1.38亿美元,实际利用台资1.05亿美元。

【对台交流不断深化】 2013年,南昌市对台交流不断深化。年内,接待林中森率领的海基会参访团,这是南昌市近年来第三次接待海基会高规格参访团。另外还接待孔文吉、卢月香、朱崇义、孙生莲等台湾政界重要人士。在促进两岸民间交往方面,接待了“中华两岸人民和平促进协会江西参访团”、大陆探访之旅参访团、台湾少数民族“江西文化之旅参访团”、佛光大学参访团、江西旅台乡亲故乡行参访团、台湾高雄市媒体参访团、台南市里长联谊会参访团等重要团组8批次268人次。同时,南昌市组织单个人员应邀赴台交流人员68人次,组织非经贸赴台交流考察团3批24人次。至年底,累计接待到昌探亲旅游、观光考察、投资洽谈的台胞3.86万人次,比上年增长40%;南昌市因私赴台人员825人次,增长23.7%。

【宣传调研取得成效】 2013年,台湾高雄市新闻记者公会参访团等台湾媒体广泛宣传南昌市良好投资环境,有效提升南昌市在中国台湾地区及海内外知名度。全年在中央、省、市发布网站信息、政务微博360条,出版对台工作期刊4期。

(李荣华)

政策研究工作

【概况】 2013年,中共南昌市委政策研究室切实加强领导班子和干部队伍建设,按照“观天气、把握大势谋课题,有底气、增强实力做文章,接地气、围绕实效出成果,树正气、做到话语可镜鉴”的要求,完善“参之有道,谋之有方”的工作机制,围绕发展重点难点问题,深入开展调查研究工作,为扎实推进“大投入、大建设、大发展”战略和全面打造核心增长极的目标提供有效的决策服务。至年底,围绕“把南昌打造成为带动全省发展的核心增长极”这一目标,共开展集中课题调研活动40余次,形成调研报告16篇。其中,报送重要课题报告10篇;组织和参与市委重要文稿的写作4项,形成市委全会决议2项;组织全市重大招标和委托课题20项;报送政研信息24篇;向省委政研室报送“走基层、报实情”信息8篇。各类调研报告(信息)受到省委书记强卫、省委副书记尚勇和省委常委、市委书记王文涛的多次批示和肯定,为全面打造核心增长极提供强有力的决策支持。编辑《决策参考》12期,在8个栏目刊登各类文稿120篇80余万字。

【决策研究结硕果】 2013年,围绕市委、市政府“大投入、大建设、大发展”和全面打造核心增长极的决策部署,深入开展调查研究工作,许多调研成果转化为市委重大决策部署。先后参与完成《优秀年轻干部成长与高素质执政骨干队伍建设研究——南昌市年轻干部培养选拔专题调研报告》《加快推进南昌市户籍制度改革以人口集聚服务打造核心增长极》《打造核心增长极的考核办法和奖惩机制研究》《协商民主的理论实质与南昌市实践路径研究》《坚持改革创新,驱动县区经济转型发展》等由市委常委领衔的重大课题,受市领导高度好评。完成16篇重大调研课题,大多得到领导批示或转发,如撰写的《“反规划”理论及应用》《以旧城改造为突破口以“实在实干”打造“自信诚信”湾里》得到省委常委、市委书记王文涛批示;《湾里区镇村联动推进城乡一体化的实践与启示》《建设鄱阳湖生态经济先导区的重大政策研究》等重要课题转发到市直相关部门及县(区)研究落实措施。尤其是《当前南昌农村土地流转的困境与思考》得到省委副书记尚勇批示:“请姚省长并国土厅、农业厅阅研。南昌市的调研报告提出了一个重要问题,如何使农村土地合法有序加快流转,推进适度规模经营,是发展现代化农业、推进农村经营制度改革的关键,既要保障农民利益,又要加快规模化、专业化经营步伐,土地流转政策问题仍要深化研究。”南昌市则在此基础上,直接出台在安义、南昌两县开展农村土地流转试点的指导性文件。

【起草重要文件】 2013年,切实履行南昌市综合性政策文件的咨询、审核、把关职责。在领导讲话稿的撰写方面,始终做到“精益求精,高效优质”。至年底,共参与起草完成重要文稿4篇,如《中共南昌市委关于进一步改进作风、加强干部队伍建设的决定》等一系列纲领性重大文件;负责起草市委常委、秘书长江晓斌在《2013年南昌市重大政策调研课题工作暨“走基层、报实情”推进会上》的讲话稿等。

【采编信息】 2013年,继续强化信息采编工作,始终做到紧扣南昌市中心工作,紧贴领导特别是主要领导思想,做到篇幅精致、观点精到、表述精练,先后撰写《2013年中国城市商业信用环境指数排名》《中国特色商业街的几种类型及成功因素》《广佛同城化及广佛一体化建设的有关做法及经验启示》《2012年度中国城市竞争力部分项目排名情况》《临空产业园发展及意义》《上海、南昌城市建设、管理与营运比较》等24篇信息,多次获得市委主要领导批示,为市领导决策提供良好的信息服务。同时,认真开展“走基层,报实情”活动,深入基层调研20余次,形成数十篇报告,其中报送信息8篇,引起省委领导高度重视。如《农民怎么看目前稻谷滞销、粮价下跌》《建议关注引导散工露天劳务市场》等文稿得到省委书记强卫和其他省委领导重视,并分别作重要批示;《南昌双汇:期待开放江西》得到强卫批示:“省商务厅要对不执行省里文件的县市督促整改”,切实解决基层、企业发展中的难题。

【开展重大政策课题调研活动】 2013年,针对全市重大政策调研课题,市委政研室通过广泛征求各方意见建议,专门组织专家进行评审并报送市委同意后,及时面向社会公开招标3项重大课题,并由南昌大学、江西财经大学、江西科技师范大学知名学者带队的课题研究队伍承担。各课题组在深入调查研究的基础上,形成3个重大课题调研报告。面向各县(区、新区、开发区)、市委各部门、市直各单位委托16项重点课题,同时调集各单位骨干力量,形成高质量的研究成果,有效将各方智慧和力量凝聚到市委决策中。

【重大政策调研课题工作暨“走基层,报实情”推进会议举行】 2013年8月14日,为贯彻落实中共十八大精神和省、市委全会精神,切实提高民主决策、科学决策水平,调动和整合各方面的力量,为南昌全力打造核心增长极凝聚聪明才智,经市委同意,在市委第一会议室召开2013年南昌市重大政策调研课题工作暨“走基层,报实情”推进会议。各县(区、开发区、新区)党(工)委分管领导和政研室(办公室)主任或办公室分管政研工作的副主任、2013年重大招标课题和2013年重点委托课题组组长及骨干成员共100余人参加。会上,会议就2013年全市重大政策调研课题活动进行了部署,并与三家中标单位签订了协议书,下达了2013年度全市重点委托课题调研任务,与重大招标课题组签订了合同协议书。市委政研室主任张湘赣主持会议并作政研工作报告,市委常委、秘书江晓斌对全市政研工作发表了重要讲话并提出了明确要求。

【编辑《决策参考》】 2013年,《决策参考》编辑工作进一步突出中心意识、时效意识和精品意识,按照“全国城市十佳党刊”的标准,在着力加强对来稿的审核编辑基础上,积极主动向有关领导和重要部门约稿,全力提高党刊质量,切实发挥《决策参考》沟通上下、服务决策、展示风采的作用。至年底,共印发12期,用稿120篇,共计80万余字,为探讨南昌发展、展示南昌发展成果提供重要平台,得到市委领导及县(区)、部门的高度认可与大力支持。

(李拥政)

老干部工作

【概况】 2013年,南昌市委老干部局以学习贯彻中共十八大精神为主线,以加强离退休干部党支部建设和思想政治建设、推进文化养老、改进离退休干部服务管理工作、发挥老干部积极作用为重点,以开展为老干部“办好事、办实事”和老干部“学习贯彻十八大、展示魅力夕阳红”主题活动为载体,全面提升全市老干部工作科学化水平。至年底,全市有离退休干部34331人,其中离休干部1502人,离退休干部党员17570人;已组建党支部(总支)498个,新增党支部35个。南昌市关心下一代工作委员会荣获“全国创建‘五好’基层关工委优秀组织奖”。

【全市老干部工作会召开】 2013年2月26日,全市老干部工作会议在市委第一会议召开。各县(区)、开发区(工)委老干部局局长、党群工作部部长,市委各部门、市直各单位老干部(组织人事)处处长共140余人参加。会议书面传达全国老干部局长会议精神,宣读《关于表彰2011—2012年度全市老干部工作先进集体和先进工作者的决定》。市委组织部副部长、市老干局局长袁井红主持并作工作报告;市委常委、组织部部长陈德寿出席会议并讲话。陈德寿要求全市老干部工作者要以更高的认识、更好的

2013年9月29日，由南昌市委老干部局主办、南昌市老干部活动中心承办的南昌市老干部太极拳表演赛在红谷滩会展中心广场举行

服务、更强的责任性做好老干部工作，提高做好老干部工作科学化水平；要加强老干部工作队伍建设，为老干部工作积极创造良好的条件。

【全市老干部工作领导小组会议召开】 2013年3月27日，全市老干部工作领导小组会议在市委政法委会议室召开。市委副书记郭安，市委常委、组织部部长陈德寿，市委常委、常务副市长张鸿星，市政府副秘书长谢为民及13个领导小组成员单位主要负责人参加。会议听取并审议通过《2013年为老干部"办实事、办好事"活动的方案》《关于在全市老干部中开展"学习贯彻十八大、展示魅力夕阳红"主题系列活动方案》，并就如何做好市国有改制和破产企业离休干部的服务管理工作和南昌地区离休干部医药费单独统筹机制运行中医药费超支等问题进行讨论和研究，最终达成一致意见。

【全市老干部形势报告会召开】 2013年，全市各级各部门召开专题形势报告会和座谈会586次，参加的离退休干部6900余人次。7月26日，全市上半年老干部经济社会发展情况通报会在红谷滩会展中心东厅召开。市政府秘书长杨文斌主持，市委常委、常务副市长张鸿星向老干部通报全市经济发展情况，200余名离退休干部参加。12月19日，全市离退休干部形势报告会在红谷滩会展中心东厅召开。市委常委、组织部部长陈德寿主持，市四套班子副厅级以上离退休干部、先进离退休干部党支部、先进个人，以及市直部分副县级以上离退休干部共计500余人参加。会议对全市50个先进离退休干部党支部和100名离退休干部党员进行通报表扬。省委常委、市委书记王文涛向与会老干部通报2013年全市经济社会运行情况及2014年工作思路。

【开展为老干部"办实事、办好事"活动】 2013年，在全市开展为老干部"办实事、办好事"活动。一是积极协调南昌地区离休干部医药费单独统筹资金超支问题，市财政安排6000万元用于解决超支问题；二是修改并完善《南昌地区离休干部医药费单独统筹管理实施细则》；三是协调"市国资委企业离休老干部管理服务中心"机构编制和人员落实到位；四是联合市委组织部、市人社局等部门对改制和破产企业离休干部安置管理服务工作进行专项督查，推动市国资委74家改制企业347名离休干部做到了安置、待遇、管理、服务"四到位"；五是妥善解决历史遗留问题，将多年留在强威、清华泰豪和草珊瑚集团3家非国有企业的14名离休干部分别移交到市交通局和国资委企业离休老干部管理服务中心，同时协助做好省属企业离休干部移交工作；六是为全市1600余位离休干部和离退休干部党支部书记发放收音机；七是8月7—16日组织27名市四套班子副厅以上离退休干部赴庐山进行为期10天的健康休养活动；八是市老年大学红谷滩新校区建设主体工程完工并进入装修；九是不断夯实离休干部特困帮扶机制。市、县两级离休干部解困金均已列入同级财政预算，市本级对因病瘫痪的离休干部在帮扶时给予重点倾斜。

【开展老干部"学习贯彻十八大、展示魅力夕阳红"精神系列活动】 2013年，积极开展老干部"学习贯彻十八大、展示魅力夕阳红"精神系列活动。4月1—19日，举办5期以"贯彻学习十八大精神"为主要内容的全市离退休干部理论学习培训班，市直单位离退休干部共1000余人参加培训。9月29日，在红谷滩会展中心广场举行全市老干部太极拳表演赛，共12支代表队400余名老干部参加比赛。10月14日，市老年书画协会在省文联举办南昌市第六届夕阳红书画大赛入选作品展活动，共展出100余幅作品。11月5—8日，南昌市老干部活动中心、南昌市老干部围棋协会联合承办了江西省第八届老干部围棋赛。12月19日，对全市50个先进离退休干部党支部和100名离退休干部党员进行通报表扬。同时，开展送文化下基层活动，全年共组织老干部到驻南昌部队、社区、乡村开展慰问演出和送春联活动10余场。

【涉老团体蓬勃发展】 2013年5月22日，市老年书画协会举行第五届会员大会，选举产生新一届理事会，李春发为名誉会长，吴才仁为会长。6月21日，南昌市老年摄影协会举行成立大会。市领导陈德寿、白波、徐荷娣，省摄影协会副主席郭佳胜，省妇联副巡视员陈固以及市老年摄影协会会员120余人参加。会议审议通过《南昌市老年摄影协会章程》，表决通过新一届理事会，姚燕平为名誉会长，白波为会长。至年底，南昌市老干部活动中心共发展老干部艺术团、围棋和乒乓球等6支老干部活动团体，市老年大学新组建军乐团等11支艺术团体，各类老干部协会不断壮大。

【开展离退休干部"看势头、增信心"打造核心增长极活动】 2013年5月30日上午，组织全市20名离退休干部党支部书记参加全市"打造核心增长极，百名市民看变化"活动。下午，市老干局局长袁井红主持召开老干部座谈会。6月18日，市公安局退休干部熊飞鹏作为全市老干部代表参加南昌市推进打造核心增长极再动员大会。10月15日，组织28名市四套班子担任过副厅级以上职务的离退休干部赴南昌市西客站、湾里区，开展"看势头、增信心"就近就地参观考察活动。

【加强老干部学习活动阵地建设】 2013年,全市老干部学习活动阵地建设不断加强。一是推进市老年大学红谷滩新校区建设。3月5日,市委常委、常务副市长张鸿星召开工程现场调度会,要求基建工作相关单位切实抓好工作的落实。12月6日,省市人大代表一行40余人到市老年大学红谷滩校区视察工程进展情况,副市长朱志群等陪同。至年底,项目主体工程已完工,智能化建设、办公家具等后续配套设备也将随工程建设进度逐步配备到位。二是市老干部活动中心面貌一新。投入资金112.8万元,全面升级改造多功能厅和活动场馆,添置和维修活动设备,装修走廊墙面,提升文化氛围,满足老干部的需求。三是基层阵地建设不断完善。进贤县老干部活动中心加紧建设,东湖区老年大学成立揭牌,青山湖区老年大学被评为省级示范校。至年底,各县(区)老干部活动中心投入使用的总面积为9625平方米,老年大学总面积为9988平方米。

【走访慰问离退休干部】 2013年1月29日,南昌市四套班子副地级以上离退休干部迎春茶话会在市委第一会议室召开。会议由市长陈俊卿主持。省委常委、市委书记王文涛向老干部致以新春问候。市领导蔡社保、卢晓健、陈德寿、张鸿星、江晓斌及39名老干部参加茶话会。1月31日,市老干局走访慰问137名全市生病住院的离休干部和副县级以上退休干部。2月4—8日,市领导陈德寿、张鸿星、江晓斌、万先勇、侯捷等分6组走访慰问四套班子副厅级以上实职离退休干部22名。6—9月,市老干局走访慰问易地安置离休干部14人,并送上慰问金、中共十八大学习资料和1台收音机。6月29日,市老干局走访慰问10名特困离退休干部党员。7月8—12日,市老干局对全市四套班子62名副厅级以上职务离退休干部开展夏季"送清凉"走访慰问活动。10月11日,副市长刘家富走访慰问百岁离休干部孙英。12月20—31日,市老干局走访慰问全市特困离休干部165名、特困离休干部及遗孀70名,共发放慰问金31.2万元。

【开展老年教育工作】 2013年,南昌市老年大学办学规模不断扩大,阵地建设不断加强,教学质量不断提升。该校春季开设35个专业107个班级,在校学员5430余人。秋季开设39个专业115个班级,在校学员5290人。全年招收学员9045人次。学校在巩固发展学校艺术团、京剧团、越剧团的基础上,建立一支57人的军乐团和老年志愿者服务队。同时,积极搭建活动平台,展示学校教学成果,深入社区、乡(镇),开展艺术节系列活动5场,积极参与全国、省、市各类文体比赛活动并取得优异成绩。其中,学校舞蹈《主席的话儿记心中》《中国红》在第三届全国老年大学文艺汇演上分获月季奖和荷花奖。利用学校校报、网络、文化宣传栏、文化建设手册以及新闻媒体,围绕学校中心工作加强学校宣传。11月,央视新闻频道针对学校"一座难求"的报名情况在"新闻直播间"栏目进行报道。积极推动全市老年教育工作的发展。4月9日,东湖区老年大学成立;11月29日,青山湖区老年大学通过考核验收,被评为省级老年大学示范校;4月23—24日,全省首次校园文化建设经验交流会在南昌市老年大学召开。

(涂危群)

市直机关党的工作

【概况】 2013年,中共南昌市直属机关工作委员会(简称市直工委)把握全面贯彻中共十八大精神、建设学习型服务型创新型机关党组织这条主线,紧扣在南昌打造核心增长极中走前头、作表率这一要求,围绕服务中心、建设队伍两大核心任务,突出强化融入中心、强化作风建设、强化支部基础3个重点,以改革创新精神全面推进机关党的思想、组织、作风、反腐倡廉和制度建设,机关党的工作取得新成效,为南昌市打造核心增长极提供重要保证。

【抓好中共十八大精神学习贯彻】 2013年,通过多种形式,组织市直机关党员干部深入学习领会中共十八大报告、新党章和总书记习近平系列讲话精神,突出抓好理想信念教育、党性党风党纪教育和"中国梦"教育。举办市直机关中共十八大精神学习培训班,邀请中共十八大代表、有关专家学者进行4个专题的辅导讲座。举办2期入党积极分子培训班和1期预备党员培训班,对600余名学员进行中共十八大精神、党章、党的基本知识培训和理想信念、党性党风教育。组织2.1万余名机关党员干部参加"共建英雄城·同圆中国梦"主题知识竞赛。在市直机关党组织中部署和督促开展党员干部"学党章、讲党课"活动,市直各部门和单位(党组)党委书记带头讲党课。举办"学习十八大、践行中国梦"演讲比赛,市直62个部门和单位92名选手参加比赛。充分发挥《机关简讯》和《机关党建》2个内刊以及机关党建网等的学习宣传阵地作用,用科学理论和正确思想来教育、引导机关党员干部。

【扎实开展"重实干、转作风、树形象"主题实践活动】 2013年,主题实践活动主要围绕强化宗旨意识教育、加强干部能力建设、深化"先锋创绩"工作、强化作风效能建设、服务基层和群众、推进党风廉政建设6个方面展开,切实引导机关党组织和党员干部以中共十八大精神为指引,紧紧围绕南昌打造核心增长的大局解放思想、真抓实干、竭诚服务、争创一流。活动开展以来,市直各机关党组织围绕服务中心、服务基层、服务群众创建了170余个服务品牌,制定并落实服务措施870余项,组织2.1万余人次机关干部职工参加创建全国文明城市、"四个一线"等全市中心工作,破解工作难题1600余个。

【推进"三型"党组织建设】 2013年,围绕学习型党组织建设,在市直机关部署开展"我读书、我思考、我收获"党员读书活动。一年来,市直机关共有1.7万余人次党员参加机关党组织开展的读书活动,撰写读书心得和调研文章8900余篇,380余项调研成果转化为工作成果。围绕服务型党组织建设,继续深入开展机关党组织与农村、社区基层党组织结对共建活动,协助推动市直部门正职经常性联系、服务群众制度落实,积极推进机关在职党员联系服务居住地社区开展志愿活动。至年底,市直机关共有6500余名党员干部参与机关党组织与农村基层党组织结对共建活动,7000余名党员到所居住地社区报到认领志愿服务岗位,为基层和群众办实事2300余件,投入帮扶资金2700余万元。在服务群众的同时,做好服务党员工作,完善党内激励关怀帮扶机制。年初,在市直机关党组织和党员干部中表彰一批先进,营造创先争优、比学赶超的浓厚氛围;春节、"七一"期间,组织对320名市直机关困难党员进行走访慰问,发放慰问金16.8万元;组织51名市直机关劳模和先进人物代表赴外疗、休养;为市直机关2500余名干部职工办理健身卡。围绕创新型组织建设,不断探索总结党建工作项目化发展、党建服务品牌创建、党建示范点创建经验,着眼于进一步提升党建工作科学化水平,推出2个新的工作载体:一是在市直机关直接服务群众的窗口单位部署开展"党徽在闪光"党员示范岗活动,发挥党员先锋模范作用,共有1600余名党员参加此项活动。二是注重发挥机关党建学会作用,加强机关党建重点难点问题研究,通过评选推出一批党建理论研讨优秀成果。

【规范机关党的基层基础工作】 2013年,贯彻落实《中国共产党党和国家机关基层组织工作条例》和《南昌市贯彻〈中国共产党党和国家机关基层组织工作条例〉实施办法》,进一步理顺市直机关党组织的管理关系,指导规范机关党组织设置,督促任期届满的机关党组织按期换届。在市直机关1300余个基层党支部中开展"强支部、添活力"活动,编发《机关党支部工作手册》,重点实施党支部工作规范化工程、党支部书记素质提升工程、党支部建设亮点打造工程,增强基层党组织的战斗堡垒功能。严格落实中央关于发展党员和党员管理的各项规定和要求,指导和督促机关党组织严把党员"入口关",提高发展党员质量,优化党员队伍结构。认真完成市直机关党内统计、上报工作,督促市直机关党组织做好党内信息维护工作和党费收、管、用工作。进一步加强机关党内监督和党风廉政建设,把学习贯彻党章、加强政治纪律教育和学习贯彻中央"八项规定"、加强工作作风建设等作为重要内容纳入市直机关党的建设年度工作计划和工委党校培训计划。通过组织参加全市廉政文化精品创作征集活动、建立廉政文化宣传教育阵地等形式,积极推进廉政文化进机关。严格贯彻执行党风廉政建设责任制,配合做好全市党风廉政建设社会评价工作,切实加强市直机关党的纪检干部队伍建设。

【强化机关党务干部教育培训和管理考核】 2013年7月,组织市直机关党组织专(兼)职副书记到浙江大学集中培训;9月,组织新任机关党务干部进行业务培训;11月,组织市直机关党组织书记和县(区)直机关工委书记到北京大学集中培训。首次推行市直机关党组织书记年度述职制度,同时对机关党组织专(兼)职副书记2012年度履职和工作情况进行考核、评定格次。

【服务全国文明城市创建工作】 2013年,围绕南昌市创建全国文明城市工作,积极发挥市直机关的服务和表率作用。春节前,组织市直机关3500余人参加"清洁洪城、崇尚健康、喜迎新春"爱国卫生运动;春节后,组织市直机关600余人参加省市新春义务植树活动。组织并督促市直机关干部职工参加"我奉献、我快乐"志愿服务、包路创建等工作。组织市直机关干部职工带头参加全市大型慈善募捐活动,募集善款400余万元。

【举办市第七届机关运动会】 2013年,南昌市第七届机关运动会共设乒乓球、羽毛球、网球、中国象棋、游泳、射击、接力袋鼠跳、围棋、拔河九大项65小项比赛项目。市直92个单位3000余名干部职工参加,参加单位、人数及规模均超过往届。此届机关运动会严格落实中央"八项规定"及其他各项相关规定,在确保比赛顺利进行,满足办会需要的基础上,对运动会各项流程进行合理压缩,将节俭办会的要求贯穿运动会始终。

(黄友庭)

接待工作

【概况】 2013年,南昌市委、市政府接待办公室(简称市接待办)按照年初工作思路,围绕南昌市"加快打造核心增长极"的战略部署,以"创新服务"主题教育活动为主线,深入贯彻中央八项规定,着力推进工作创新,认真履行工作职能,圆满完成各项任务。至年底,共接待到访人员625批7367人次,安全行车26.08万千米。其中,完成警卫任务接待8批;完成副省(部)级以上领导接待40批;完成中央、国家、省各类调研组、检查组19批;完成省市党政代表团到昌考察接待31批;完成海内外商贸代表团、重要客商接待66批;完成各类大型活动、会议接待21批。

【提升服务质量】 2013年,市接待办顺应中央提倡勤俭节约的原则要求和社会新的发展形势,转变接待理念,在工作中做到简约而不简单,低调而不失隆重,节俭而不失品位,面对面服务更为热情周到、耐心细致,公务活动保障更为优质、高效,特色服务更有个性化、本土化,初步构造南昌接待服务新模式。

【拓展职能范围】 2013年,积极拓展接待职能范围。一是业务突破传统接待,范围越来越广。从以前只注重政务接待到同时承担商务接待,全市性商务活动都参与其中;从以往只参与大型活动中的专门接待服务保障,到集策划、组织、实施及具体服务保障为一体;从以往只负责市本级接待到同时指导协调县(区)与部门的接待工作。二是市接待办更名工作已经市编委会批准,并报省编办审核。更名后,开展区域性合作交流将成为市接待办一项重要职能。

【创新服务有新成果】 2013年,为深入贯彻中央八项规定,加大工作创新力度,开展"创新服务"主题实践活动,探索并建立一整套既符合上级规定又符合南昌市发展形势所需的接待服务操作规程,简化接待流程,严格接待标准,控制接待范围,强化经费管理,规范接待中各项服务内容和各个服务环节的具体操作。同时,对机关自身建设、中心工作的保障等工作采取课题调研的方式,并将研究成果转变为更为合理的制度规范。

【打造接待队伍新风貌】 2013年,以深化"讲责任、树形象、上水平"主题教育活动为抓手,突出对接待队伍"善于学习、积极向上、实干实在、勇于开拓、和谐共事、廉洁自律"6种形象的全力打造,队伍精神面貌、专业技能、作风素养得到进一步改观。

(熊　玮)

机关事务管理工作

【概况】 2013年,南昌市机关事务管理局按照市委"建设两篇文章,打造南昌核心增长极"的总体要求,以科学发展观为指导,以贯彻落实中共十八大精神为主线,以建设节约型机关为牵引,以贯彻落实《机关事务管理条例》为契机,围绕市委、市政府中心工作,抓管理、强保障、促服务、谋发展,完善制度,理顺职能,创新思路,逐步建立和完善适应市场要求和机关需要的管理服务运行机制,圆满完成机关事务各项工作。被评为"十一五"全国节能先进集体、全省公共机构节能先进设区市。

【做好机关事务日常工作】 2013年,认真保障和完成市党代会、市人大、政协"两会"和各大办公厅的各项综合大型活动的会务保障、服务接待和办公用品的采购发放工作。坚持"统一领导、集中管理、分类核算"的财务管理体制和"勤俭节约、量入为出、合理开支、讲究效益"的经费使用原则,做好四大家办公厅及局机关的预算编制和经费保障工作。做好红谷滩行政中心、红谷大厦办公区域的日常管理、维修工作和行政中心办公区周边环境的卫生保洁工作。改进机关食堂、理发室、医务室等生活服务保障,全年机关食堂提供就餐服务约70万人次,为3700名机关干部按月发放伙食补贴。

【党政机关办公用房清理工作】 2013年,根据中央、省、市关于党政机关清理办公用房的通知要求,市机管局对南昌市党政机关事业单位、市辖各县(区、开发区)办公用房进行清理自查和整改统计。按照办公用房清理的要求、清理的范围、清理的标准、清理的重点和时间节点,组织专门人员进行摸底调查,汇总统计并分析市直各单位整体办公用房情况、市直各单位领导办公用房清理整改情况以及各县(区)自查清理情况,为上级有关部门提供可靠的数据依据。同时,以此次清理检查工作为契机,按照中央、省委、市委要求,着眼长远管理,草拟《南昌市市级机关事业单位办公用房管理办法(代拟稿)》,进一步加强机关办公用房管理工作的制度化、规范化、长效化建设,力求从根本上杜绝党政机关违规建设楼堂馆所和违规占用办公用房现象。

【推动公共机构节能工作】 2013年4月,在认真开展机关公共机构节能工作的同时,正式启用南昌市自行设计、开发的南昌市公共机构能耗统计平台,有效提升数据报送、分析效率,为下一步开展技术改造打下良好基础,有力推动公共机构能耗统计科学化、精细化管理。为深入推进机关节能降耗工作,同时改善行政中心各办公大楼内工作人员的饮水环境,拟利用有限的节能专项经费通过采用合同能源管理的方式推动对行政中心各办公大楼开水炉进行节能改造,新型即热式热水器已在市机管局试点使用。

【做好行政中心安全保卫】 2013年,加大对行政中心机关楼院的安全防范,强化监管力度,保障行政中心机关的安全与稳定。一是定期每月对行政中心消防、安防进行检查,保障行政中心的安全与稳定。二是重点做好行政中心机关大楼消防、安防设施设备的全面升级改造工作,制定楼院设施设备改造工作计划方案,并向市政府提交专题报告。三是认真做好行政中心消防、安防、技防设施设备的日常检查和维护工作,全年共维修各类器材12项15件,更换消防灭火器719具。四是切实做好机关楼院人员、车辆的安全管理工作,全年共登记接待来行政中心学习参观、开会、办事人员4.24万人次,更换发放车辆通行证3126张。

【物业服务管理】 2013年,为推动行政中心物业服务社会化管理,5月正式启动行政中心物业管理外包工作,对行政中心大楼物业类费用进行调查摸底,依法选定物业服务招标代理机构,并制作完成标书。加强对红谷大厦驻楼物业的监督检查,就驻楼单位反映的各种问题完成情况对物业公司进行考核。完成红谷大厦中央空调的油改气节能改造工程,使年空调使用费下降30%左右。同时,对红谷大厦中央空调机房及冷却塔做大型维修保养并对主机烟道进行全面清理,对附楼冷却塔设备及主机房内管网进行除锈刷漆保养更换,保障空调正常使用。

【公务用车管理】 2013年,切实加强公务用车管理工作,重点在公务用车改革、公务用车专项治理、公车定编管理和公车交通违法整治等工作中取得新突破。一是加快推进南昌市公务用车改革步伐,做好调查研究,为2014年全方位启动南昌市公车改革打下基础。二是组织11个治理工作督查组,对南昌市党政机关公务用车专项治理工作进行督查,较好地完成了对违规车辆的认定、处置工作。对79辆党政机关违规公务用车进行认定和处置,并封存6辆违规车。三是年初向各县(区、开发区)和市直各单位印发《关于全市事业单位及二级机构公务用车编制核定工作征求意见的通知》,并完成全市事业单位公务用车编制核定的摸底工作。四是按市委常委会要求,每月定期对全市党政机关车辆交通违法行为进行核查和通报,并形成长效机制,得到市领导充分肯定。

【行政中心基本设施建设】 2013年,加大基本设施建设力度,进一步改进机关工作和生活条件。对行政中心食堂进行维修,实行食堂全员自助餐服务,同时注重发挥机关膳食委员会的作用,切实加强管理,进一步提升饭菜质量、丰富饭菜品种、改善饭菜口感,加大对绿色食品的采购。对红谷大厦停车场进行改扩建,改善驻楼办公单位车辆停放条件。

【机关精神文明建设】 2013年,市机管局为挂点扶贫村进贤县衙前乡读田村建设"三室一栏一支队伍"开展村"文明帮建"活动,提供扶持资金3万余元,并对进贤县衙前乡读田村8户困难群众进行走访慰问。组织在职党员联系服务居住地社区志愿活动工作,局机关共35人参与社区志愿者活动,依据个人特长和工作优势认领公益岗位,深入社区,服务居民。开展"道德讲堂"的讲座和专家上党课活动,邀请来自南昌陆军学院的教授讲授"谈正确对待社会、他人和自己应有的三容素养"党课,使干部职工的人文素养和精神境界得到提升。

(张丹丹)

史志工作

【概况】 2013年,南昌市史志办公室紧紧围绕把南昌打造成为带动全省发展的核心增长极目标,进一步在研究历史、服务现实上下功夫,巩固、推进常规工作,谋划、拓展新的工作,自我加压,求真务实,团结奋进,较好地完成全年各项工作任务,并取得较好的成绩,先后荣获全省地方志系统先进集体、全市信访工作先进单位等称号。

【全面启动《中国共产党南昌历史》(第二卷)编纂工作】 2013年,在原党史资料编纂和专题研究基础上,充分吸收、借鉴外地工作经验,采取分工协作、分步实施的方式,草拟并审定编写细则和编纂提纲,成立编写组,明确要求,落实任务。

【编纂《当代南昌日史(1966—1975)》】 2013年,在2012年编纂工作基础上,继续采取边查阅、边整理、边撰写、边编辑的方法,明确任务,落实责任,分工协作,坚持做到一月一总结、一交流、一布置,加大资料征集、编撰校核、统稿编辑工作力度,严格把好史实关,努力提升编纂质量。至年底,完成《当代南昌日史(1966—1975)》送审稿,共60万余字、254张图片,并着手印刷出版。

【全面启动《当代南昌日史(1976—1985)》编纂工作】 2013年,在总结《当代南昌日史》编纂工作经验的基础上,继续采取明确任务、责任到人的方法,认真研究部署、安排,注重调度、督促,加强指导、协作,广泛征集查阅有关档案资料,全面启动《当代南昌日史(1976—1985)》编纂工作,查阅摘抄整理30万字文稿。

【编辑《南昌年鉴(2013)》】 2013年,根据方志出版社编审意见及实际情况,对年鉴编目大纲进行较大调整。调整后,编目大纲由上年的44个类目改为34个类目,删除"市场建设"等类目,增加"经济社会统计""主题索引"等类目,把“县区概况”和“开发区、新区建设”“文化”和“体育”等类目分别整合为“县区、开发区”“文化、体育和娱乐业”等,把政府各项管理和监督检查内容集中放在“南昌市人民政府”类目中,使政府管理监督和行业生产经营更加清晰。组织召开6次组稿会,采取以会代训方式,讲评上年度年鉴编辑情况,总结工作方法和经验,讲解年鉴中新增加的内容和条目撰写常识及要求,努力提高编辑质量和水平。认真抓好年鉴组稿和编辑工作,落实责任,明确任务,筛选内容,精简文字,规范体例。从工业经济提速增效、服务产业更加繁荣等方面确定年鉴彩页征集范围,精心策划并收集入鉴单位彩页资料。至年底,完成《南昌年鉴(2013)》送审稿,共140万余字,并着手印刷出版。

【编辑《南昌大事图记(2013)》】 2013年,按照图片诠释南昌发展历程、视觉呈现南昌发展成就的编辑思路,秉承以图片记述实践、呈现亮点、留存史料的宗旨,设置“经济建设、政治建设、文化建设、社会建设、生态文明建设”等12个栏目,以特色事例为表现内容,以精美图片为表现形式,全方位、多视角地展示南昌崛起的辉煌成就和崭新风貌。至年底,完成《南昌大事图记(2013)》送审稿,并着手印刷出版。

【编辑出版《南昌大事记(2012)》】 2013年,在2012年全市月度大事记基础上,精选、修改、补充有关内容,广泛征集彩页和内文插图照片,抓好补充校核、设计排版等环节,编辑出版2012年度《南昌大事记》,共19万余字、230余张图片。

【编辑全市月度大事记】 2013年,加强督促和指导,继续开展全市大事记业务培训,定期征集各单位月度大事记编辑资料,逐月编辑《南昌大事记》12期,共23万余字。

【开展党史研究】 2013年,按照省委党史研究室有关工作要求,修改、校核《江西省革命遗址通览》南昌部分文稿3万余字,撰写《科学发展——从党的十七大到十八大》有关南昌市概况1.5万余字,并及时上报。按照志书编纂要求,明确责任人,拟定编写提纲,撰写完成《江西省志·党史研究志》南昌党史研究概况文稿、《中共江西省委志》南昌部分文稿。参与指导《南昌市组织志》编纂工作,并为市委组织部提供有关文字资料3万余字。

【撰写《江西省志·市县概况》有关南昌部分文稿】 2013年,按照省地方志有关二轮志书编纂工作要求,采取责任到人、分工合作的方式,着力从行政区划、自然环境、经济发展等11个方面,广泛搜集1949—2010年全市地情资料,认真撰写1.6万余字“南昌市概况”文稿,简述全市自然、政治、经济、社会等方面发展情况和取得的辉煌成就。

【撰写入编省年鉴稿件】 2013年,在做好《南昌年鉴》编辑工作同时,按照《江西年鉴》编委会要求,及时撰写南昌入鉴文字稿5000余字,突出反映全市经济社会发展的成就。

【开展党史宣传】 2013年,为纪念毛泽东同志诞辰120周年,组织撰写《毛泽东创建中央苏区廉洁文化的探索及现实意义》《牢牢把握毛泽东群众路线,做好新时期群众工作》2篇研讨论文,其中1篇入选参加全省研讨会。组织人员前往西湖区南浦路街办,为辖区干部群众开展题为《重温党史、牢记宗旨、争创佳绩》的宣讲活动,回顾中国共产党光辉历程,弘扬党的优良作风和传统。参与小平小道改扩建工程工作,提出意见建议。

【开展读志用志工作】 2013年,向市机管局、市粮食局、广州珠江设计院、省志办等单位提供有关地情资料,开展地情咨询服务,帮助他们做好相关工作。加强与新闻媒体记者的联系和合作,主动为他们提供有关地情资料,扩大南昌地方史的教育和宣传。

【继续征集离退休老同志个人留存党史资料】 2013年,采取发函征集、上门采集口述史和回忆录方式,开展离退休老同志个人留存党史资料征集工作。共电话联系离退休老同志15人,上门采访4人。

【征集地方志资料】 2013年,参与红谷滩新区九龙湖新城建设、南昌轨道交通建设史料征集工作,草拟并上报史料征集方案。密切关注全市各单位地方志书籍出版情况,发现线索,及时联系,主动请求赠送,不断充实、丰富室藏地情资料。共征集南昌历史文化丛书、人文南昌丛书、南昌百科全书等地方志书籍31种共143册。

【采拍提供全市重要会议、重大活动照片】 2013年,为及时收集、保存现时市委、市政府重要会议、重大活动资料,由专职人员采拍市委、市政府重要会议、重大活动照片,共采拍233次,照片约1.5万张,备份存档光盘150张。利用采拍和征集的照片资料,为市委办公厅、《决策参考》杂志社、市政府办公厅等单位提供照片565张。

【督导县(区)党史工作】 2013年,为认真贯彻落实市委《关于加强和改进新形势下党史工作的实施意见》精神,进行跟踪指导,督促指导安义县、东湖区、青云谱区、青山湖区等县(区)完成年度大事记编纂出版任务。督促指导新建县编写地方党史简本,提出修改意见。

【指导部门专业志编纂】 2013年,密切关注市直单位志书编纂情况,明确责任人和工作要求,经常保持联系和督促,对《南昌税志》《南昌市交通志》《中国农工民主党南昌市委员会志》《新建县水利志》等部门专业志及《江西省志·城市建设志》《江西省志·防空志》等南昌部分志稿进行指导,并提出编纂意见和建议。

【督导县(区)编辑综合年鉴】 2013年,加大对县(区)综合年鉴编辑的指导力度,精心指导新建县、青山湖区等县(区)编辑综合年鉴,提出合理建议和意见。至年底,南昌县、新建县、青山湖区已印刷出版综合年鉴。

(邓水龙)

党校工作

【概况】 2013年,中共南昌市委党校共举办各类培训班次21期,培训学员3836人次,比上年增长255%。其中,举办党校常规主体班4期,培训学员302人;首次举办行政学院主体班5期,培训学员891人,实现行政学院培训办学“零”的突破;举办专题研讨班3期,培训学员360人;与省市有关部门合作举办各类班次9期,培训学员1183人;选派教师赴赣南革命老区信丰培训当地基层干部1100人。至年底,累计申报各级课题30余项,其中立项并完成省级课题4项、市级课题2项、校级课题20项。在省委组织部、省委党校、省人保厅等部门联合组织开展的全省党校办学质量评估活动中被评为市级党校先进单位。

【深化教学改革】 2013年,进一步深化教学改革,不断增强干部教育培训的针对性、实效性。一是优化教学布局。及时调整优化主体班的教学单元、教学专题、教学内容,坚持"以理论教育为中心,以服务南昌发展为主线,以提高能力为重点,以党性教育为关键"来构建教学新体系。二是创新教学方式。针对不同的培训对象和教学专题,综合运用案例教学、研讨教学、互动教学、现场教学、情景模拟教学等多种形式,大力推进理论联系实际,切实增强教学的感染力。同时进一步加大教学"请进来"和"走出去"力度,一批具有丰富实践经验的领导干部和知名专家学者先后到校授课,收到很好的社会反响,党校施教平台得到有效提升。先后组织主体班学员赴浙江绍兴、嘉兴、井冈山等地进行异地培训和革命传统教育。在巩固原有现场教学基地的基础上,新开发湾里区生态城镇建设、西湖区和谐旧城改造等一批现场教学基地,利用南昌经济社会发展进程中的生动实践来丰富教学。在主体班中首次采取学习成果汇报展示的方式考核学员学习效果。三是完善教学和学员管理。创新县干班"小班制"的教学管理模式。完善教学专题形成和考核机制,落实校领导带头听课评课制度,对党校主体班所有专题课实行"一课一评",形成以质量为导向的课程设置新机制。认真执行中央"八项规定"和中组部关于干部培训的有关规定和要求,制定修改《学员管理制度》,严格规范学员管理。

【提升课题研究水平】 2013年,围绕党委、政府的中心工作,积极开展"区域经济发展""鄱阳湖生态经济区建设"和"打造核心增长极"等课题的研究工作,形成一批富有创新性和实践性的理论成果。至年底,累计申报各级课题30余项,其中立项省级课题4个、市级课题2个、校级课题20个。成功举办全市党校系统纪念毛泽东同志诞辰120周年理论研讨会并开展优秀科研成果评选活动,并指导县(区)党校形成一批理论成果。

【办好学报】 2013年,编辑出版《中共南昌市委党校学报》6期。同时,借助学报平台,开设"江西崛起、南昌发展"主题专栏并开展打造核心增长极献言献策征文活动,取得良好社会反响。

【加强人才队伍建设】 2013年,坚持实施人才强校战略,大力推进教学科研、行政管理、后勤保障三支队伍建设。首次采用统一招考和独立试讲相结合的方式,招录引进5名硕士研究生教师,为党校青年教师队伍注入新鲜血液。先后选派30余人次赴中央党校、北京大学、省委党校及外省党校学习调研,有效提升广大教师任课理教能力。

【增强后勤保障能力】 2013年,加大协调力度,争取各方面支持,不断提高后勤保障能力和服务质量。一是加强基础设施建设。新校区各项主要建筑设施陆续投入使用,各项功能不断完善,已初步具备近500人同时在校培训办学的配套保障能力。同时,不断加强硬件设施建设。先后投入资金60余万元,购置计算机、投影仪等教学设备,改善培训办学条件。二是增强经费保障能力。理顺办学经费保障体制,积极争取市财政、组织部门和相关单位的支持,财政拨款及专项经费稳中有升。市财政先后追加260万元用于弥补校园运行经费,市委组织部专门划拨党费16万元用于弥补培训办学开支。同时,向有关县(区)、开发区先后筹集资金1140万元用于新校区园林绿化建设。三是提高后勤服务质量。通过推进后勤服务社会化改革,各后勤服务保障部门在学校的统筹管理下,认真履行职责,在完成本校各项办班培训服务工作的同时,圆满完成全省组织系统干部人事档案管理培训班、其他市直单位到校会务等重大活动的保障工作。

【强化对县(区)党校业务指导】 2013年,以深入贯彻落实"两条例一纲要"为抓手,努力推进市县两级党校的共同发展。加强对全市党校工作的宏观指导,协助市委出台《关于进一步加强和改进党校行政学院(校)工作的意见》,全面部署市县两级党校改革和发展推进工作。以迎接全省党校办学质量评估活动为契机,加大对县(区)党校的业务指导工作力度。年内,南昌县、新建县2所县级党校在全省评估中进入县级党校前10名。

(万　强)

精神文明建设工作

【概况】 2013年,南昌市精神文明建设指导委员会办公室(以下简称市文明办)围绕中央、省委、市委重大决策部署,扎实推进全国文明城市创建等群众性精神文明创建工作,深入开展思想道德建设,志愿服务工作高潮迭起,公民文明素质和城市文明程度明显提高。在全国城市文明程度指数测评中,南昌市在省会、副省级提名资格城市中排名第一;未成年人思想道德建设工作在全国127个城市(区)中排名第十三。

【开展道德模范学习宣传活动】 2013年,组织开展"我推荐、我评议身边好人"活动,全市共推荐50余人参评,其中蒙邦雷、黄新生、李菊旺、司瑞、邹德凤、罗杰荣登"中国好人榜"。承办"全国道德模范和身边好人现场交流会"。组织参与全省第三届道德模范和全国第四届道德模范评选表彰活动,章金媛、陈凡经、皮祖强当选第三届全省道德模范,皮祖强入选第四届全国道德模范,章金媛获第四届全国道德模范提名奖。组织道德模范和"身边好人"巡演、巡讲、巡展进机关、进企业、进社区、进村镇、进学校、进军营活动,共举行道德模范"身边好人"巡讲、巡演、巡展百余场。

【推进道德讲堂建设】 自2012年起,南昌市全面推进道德讲堂建设,截至2013年底,建立覆盖全市城乡的道德讲堂千余所。2013年全年组织开展道德讲堂示范课20余场,并推出一批道德讲堂示范点。全市各单位按照开展道德讲堂活动有关要求,规范道德讲堂场景布置,把握活动"做反省、唱歌曲、学模范、诵经典、发善心、鞠躬礼、做善事、送吉祥"8个环节,组织开展道德讲堂活动,不断提高广大干部群众的思想道德素养。

【开展"我们的节日"主题文化活动】 2013年,以春节、清明节、端午节、中秋等传统节日为载体,组织开展"我们的节日"系列主题文化活动。在端午节、中秋节期间,组织拍摄微电影《豫章端午粽叶香》和《月亮的心事》,并在中国文明网首页展播。

【开展"做一个有道德的人"主题系列活动】 2013年,组织开展"中国梦·我的梦"主题读书教育活动,在江西省青少年学生弘扬雷锋精神教育读书活动征文比赛及知识竞赛中获一等奖3个、二等级7个、三等级奖13个、优秀奖38个。组织开展第四届优秀童谣的征集评选活动,共征集童谣169首。组织开展南昌市"十佳美德少年——做一个有道德的人"评选活动,其中谢钦涛成功入选全国"寻找最美孝心少年"100名候选人,中央电视台"新闻联播"栏目组于7—8月对谢钦涛先进典型事迹进行深度报道。

【开展全国文明城市创建活动】 2013年,围绕继续开展文明城市创建活动,建立文明城市创建的长效机制。加强领导力量,完善组织机构,组建"三办"(创建办、综合办、保障办)和11个创建工作对标部,组织相关职能部门精干人员组建充实创建工作对标部。制定下发《全国城市文明程度指数测评责任分工》《南昌市创建全国文明城市责任追究办法》,明确责任,做到有责必追,确保各项指标无缝对接。在全国城市文明程度指数测评中,南昌市在省会、副省级提名资格城市中排名第一;未成年人思想道德建设工作在全国127个城市(区)中排名第十三。

【组织开展"讲文明树新风"系列主题活动】 2013年,根据中央和省委关于深入开展"讲文明树新风"公益广告宣传的工作要求,南昌市围绕培育社会主义核心价值观、规范道德行为、建设生态文明以及与人民群众生活关系密切的交通、食品安全4个方面主题,在全市各新闻媒体、各类户外媒体、建筑工地围挡刊播"讲文明树新风"公益广告。《南昌日报》《南昌晚报》等市属报纸刊发公益广告112个专版,南昌广播电台各频率累计播放时长8000余分钟,南昌电视台累计播放时长4000余分钟。同时,在全市78处建筑施工围挡、25块大型户外广告牌、11处城市广场和街心公园,广泛组织刊播"讲文明树新风"公益广告,其中建筑工地施工围挡刊载比例超过30%,面积达6万平方米。

【开展读书教育活动】 2013年6月9日,在南昌市第十九中学红谷滩校区演艺楼举行"我们的节日·端午"中华经典诵读活动。围绕"把开展中国梦宣传教育与中国特色社会主义宣传教育结合起来"的要求,教育广大未成年人实现中国梦必须走中国道路、弘扬中国精神、凝聚中国力量。

【净化社会文化环境】 2013年6月26日,召开由公安、工商、文化稽查、电信、移动、联通等部门参加的南昌市净化社会文化环境整治联席会,并下发整治方案,具体部署7月4日至8月28日期间全市净化社会文化环境集中整治行动工作。同时,明确联席会在人员相对固定的情况下每两个月开一次。

【乡村学校少年宫项目建设】 2013年,按照江西省要求,对南昌市前两批乡村学校少年宫6个建设项目进行考核,并督促其认真开展活动。同时,开展全市第三批乡村学校少年宫项目推荐、审核工作,至年底成功推荐3个建设项目。

【建立学雷锋志愿服务队】 2013年,在全市尤其是各级文明单位广泛开展志愿者招募工作。至年底,全市各级文明单位均已成立学雷锋志愿服务队,文明单位直属志愿服务队共863个,志愿者人数6万余人,注册志愿者人数突破20万人。同时,启动南昌市志愿者信息管理系统建设项目,进一步规范志愿者注册管理,确保志愿者管理科学化、规范化、信息化。

【开展"关爱他人、关爱社会、关爱自然"志愿服务活动】 2013年,积极开展"关爱他人、关爱社会、关爱自然"志愿服务活动。组织志愿者深入广大农村开展关爱农民工及子女、留守儿童、服刑在教子女志愿服务活动。组织开展关爱空巢老人、敬老助残志愿服务活动,特别是以孤寡老人、困难残疾人为重点的助老助残志愿服务。组织开展以"我奉献、我快乐"为主题的文明交通和文明乘车排队劝导志愿服务活动,采取定点包岗的方式,每天组织近300名志愿者在全市39个交通路口、65个公交站台,开展文明交通和文明乘车排队劝导。组织志愿者广泛开展鄱阳湖生态经济区绿色环保宣传、节能减排、义务植树、植绿护绿等志愿服务活动。开展"关爱自然——保护梅岭"志愿服务活动,清理景区内垃圾,悬挂关爱自然、保护景区的宣传牌。

【加强精神文明宣传教育工作】 2013年,按照中央文明办网站宣传要求,及时完成各项网站宣传任务。首创的"中华长歌行"系列微电影在中国文明网和165家联盟网站首页展播,获得中央文明办专职副主任王世明重要批示。开发并承接中国文明网"好人好梦"专栏,完成全国各地中国好人榜好人、道德模范等"好人好梦"170余个。至年底,完成各类重点宣传专题30余个、稿件4000余篇,其中中国文明网头条稿件3篇、要闻稿件40余篇、原创评论50余篇。组建由42名全国文明单位网络文明传播志愿者和10名道德模范、中国好人组成的网络文明传播骨干队伍,完成志愿服务团队在线注册716支,志愿者在线注册20余万人,南昌志愿者及志愿服务管理进入网络化。

编制工作

【概况】 2013年,全市机构编制部门坚持以中共十八大、十八届三中全会精神为指导,围绕中心,服务大局,创新进取,奋发有为,各项工作取得新进展。至年底,全市党政群部门行政编制9492名,实有8809人;政法部门专项编制10336名,实有10514人;全市事业单位编制90802名,实有87481人。

【筹备食品药品监管体制改革】 2013年8月23日,市编办会同有关部门赴内蒙古、山西、甘肃等地开展食品药品监督管理体制改革专项调研,并在本市召开2场座谈会,听取基层食品药品监督管理部门的意见建议,结合实际草拟《南昌市食品药品监管体制改革实施方案》(初稿),为推进食品药品监督管理体制改革、抓紧完成市县两级食品药品监督管理机构组建工作奠定坚实基础。

【分类推进事业单位改革】 2013年,全力做好事业单位分类工作。6月13日,印发《南昌市2013年分类推进事业单位改革工作要点》;10月8日,制定印发《南昌市事业单位分类实施方案》;10月10日,召开全市事业单位分类工作会议。在多次与省编办相关处沟通,并报市委、市政府及市事改领导小组研究审定的基础上,11月22日,编制印发《南昌市市直事业单位分类目录》,全市400余家市直事业单位均按要求报送分类意见。同时,积极做好市直事业单位分类的审核工作,确保在规定的时间内保质保量地完成分类任务。

【开展超编专项整治】 2013年,扎实开展超编专项整治。10月25日,以市编委名义印发《关于开展机关事业单位超编专项整治工作的通知》;10月28日,召开全市机关事业单位超编专项整治工作会。按照省市统一部署和要求,认真开展自查自纠、制订消化方案、组织核查3个阶段工作,对各县(区)全面督查,明确"消化分流目标措施到单位、消化分流责任到人"的工作措施。

【加强机构编制管理】 2013年4月19日,为认真贯彻落实中央、省严格控制机构编制的文件精神,以市委办公厅、市政府办公厅名义印发《关于进一步严格控制机构编制的通知》。9月17日,以市编委名义印发《关于在全市机关事业单位实行机构编制总量控制的意见》。继续强化编制管理,进一步健全和落实空编使用计划申报、进人事先核编、增人有序上编、减人及时下编、科级领导干部职数空缺核准等制度。全面开展市直事业单位机构编制要素的补充完善工作,对200家市直事业单位的机构规格、人员编制、领导职数、内设机构等机构编制要素进行补充完善,并下达批复。加大机构编制监督检查力度,组织参与全市中介组织的专项整治活动,会同相关部门做好全市清理整治"吃空饷"工作,建成并开通覆盖全市9个县(区)的"12310"机构编制电话举报平台,将机构编制管理纳入全市目标绩效管理考核内容和市委党校干部培训内容,认真做好2013年度机构编制管理考核工作。

【机构设置与调整】 2013年1月23日,省编办下达批复,同意南昌昌东工业园区管理委员会和新建长堎工业园区管理委员会定为副处级,分别为青山湖区政府和新建县政府的派出机构。2月25日,省编办下达批复,同意设立南昌中小微企业工业园管理委员会,为市政府所属正处级事业单位;4月24日,市政府办公厅印发通知,对南昌中小微企业工业园管理委员会"三定"规定进行明确。3月19日,根据省编办批复精神,市编委批复同意设立南昌市纪委监察局廉政教育中心为南昌市纪委监察局所属副处级全额拨款事业单位。5月10日,省编办下达批复,同意成立南昌市鄱阳湖生态经济先导区建设推进领导小组办公室,归口市发改委。9月9日,根据省编办文件批复精神,市编委批复同意设立南昌市公安局地铁分局为南昌市公安局派出机构,副处级规格。10月6日,根据省编办文件批复精神,市编委批复同意组建南昌市文化市场综合执法支队为南昌市文化新闻出版局所属全额拨款事业单位,副县级规格;将市社会文化管理委员会办公室(市文化市场稽查支队)的职责、市出版物市场稽查大队的职责以及市广播电影电视局有关市场执法职责进行整合,划入南昌市文化市场综合执法支队,同时撤销市社会文化管理委员会办公室(市文化市场稽查支队)和市出版物市场稽查大队。9月16日,省编办下达文件,同意南昌小蓝经济技术开发区管理委员会定为副厅级,为市政府派出机构。

【推进事业单位登记管理】 2013年,按照《事业单位登记管理暂行条例》和《事业单位登记管理暂行条例实施细则》等规定,扎实做好事业单位登记管理工作。至年底,市本级共办理事业单位年检590家,年检率99%,依法办理事业单位变更登记107家,设立登记27家,注销7家。首次实行年检、登记事项网上提交、审核、核准等情况,同时加强与财政、银行、质监、社保、公费医疗办等部门合作,签定合作协议,对未参加年检或年检不合格的事业单位,除冻结银行账户外,不予办理组织机构代码证年检、社保、公费医疗等相关手续,最大限度发挥事业单位法人证书的"身份证"作用。

【开展事业单位法人治理结构试点】 2013年,组织事业单位法人治理结构试点单位负责人参加省编办举办的全省法人治理结构建设试点工作座谈会。制定事业单位法人治理结构工作推进时间表,明确工作内容、任务、责任人及具体的完成时限。积极争取试点事业单位主管部门的支持和配合,与试点单位加强沟通和指导,有效开展相关试点的基础性工作。

【加强部门自身建设】 2013年2月4日,市编办制定印发《关于改进工作作风、密切联系群众的六项措施》。年内,加强机构编制调查研究,围绕重要的机构编制议题、全市中心工作和省市机构编制年度工作重点,深入开展一系列专题调研活动,完成一批调研报告。同时,加强对县(区)编办工作的沟通、协调、指导工作,保证其机构、人员编制、办公用房、工作经费、办公设施的全面到位。5月21日,举办为期3天的全市机构编制业务培训班,邀请省委党校教授和省、市编办业务骨干,就中共十八大精神以及机构编制管理的政策规章、业务知识、操作实务等进行培训,参训干部200余人。

(魏 伟)

档案工作

【概况】 2013年,南昌市档案局紧紧围绕市委、市政府"打造全省核心增长极"这个主题,根据全省档案工作要点,以"创建一支队伍,发挥两种职能,实施'三大'工程,完善四个机制"为工作目标,进一步强化全市档案行政管理,提高依法行政能力水平,充分发挥档案职能,为促进全市经济社会发展发挥积极作用。先后荣获2013年度全省设区市档案局(馆)工作考评优秀单位、2013年全省档案工作规范化管理先进单位等荣誉称号。

【创建新农村建设档案工作示范县】 2013年,继上年南昌县成功创建全国社会主义新农村建设档案工作示范县之后,市档案局将青山湖区创建工作列入全市档案工作重点,积极开展创建工作。11月29日,青山湖区创建工作顺利通过国家档案局组织的验收,成为全国社会主义新农村建设档案工作示范区。至此,全省5个全国社会主义新农村建设档案工作示范区中,南昌市占据两席。

【管理重点建设项目档案】 2013年,跟踪指导南昌轨道公司地铁1号线和地铁2号线档案工作,对地铁2号线东湖段阳明路站点沿线建筑进行全面拍摄,共拍摄照片106张,录像时长53分钟。对南昌市劳动教养管理所等11个重点建设项目档案管理进行登记。对浦发大厦、珠江站北广场2个重点建设项目档案管理进行验收,保障重点建设档案收集齐全、管理规范、保管安全。

【管理企业及行业系统档案】 2013年,积极做好企业及行业系统档案管理工作。一是贯彻实施国家档案局10号令,进一步推动企业档案工作规范化管理。确定江铃集团有限公司为实施国家档案局10号令试点单位,确定煌上煌集团有限公司、江西济民可信集团有限公司为民营企业档案工作规范化管理示范联系点,并对其《企业文件材料归档范围和档案保管期限规定》进行指导和审批。民营企业江西省地源评估咨询有限责任公司通过评估成为企业档案工作规范化管理省二级单位。二是开展市直单位2012年度归档文件整理工作督查,抽查30个单位2012年度各类档案整理归档情况,有效规范各单位2012年度文件归档工作。三是积极开展机关档案工作规范化管理等级评估工作。市公安消防支队、市烟草专卖局等60家单位成为档案工作规范化管理省三级以上单位。

【传统村落档案管理】 2013年,印发《关于开展我市传统村落档案资料收集工作的意见》,就收集传统村落档案的意义、收集范围以及收集形式提出指导意见,并联合县(区)档案局共同推进,加强南昌市传统村落档案资料的收集、管理和利用,探索新时期档案部门保护和传承历史文化遗产,创新"三名"档案工作新途径。

【创立档案教育示范基地】 2013年8月28日，梅汝璈故居揭牌。同时，青云谱区档案局与青云谱区文广新局签订共同保护、利用、开发梅汝璈故居合作协议，创立全市首批档案教育示范基地。这是南昌市档案部门首次尝试与其他部门合作开发利用档案资源的新模式。9月13日，市档案局出台《南昌市档案教育示范基地管理办法》。

【开展档案执法调研和检查】 2013年，与市监察局、市人保局联合转发省监察厅、省人力资源和社会保障厅、省档案局《关于认真贯彻执行〈档案管理违法违纪行为处分规定〉的通知》至全市各级单位。同时，对全市专业档案馆、部门档案馆（市城市建设档案馆、市房产档案馆）进行调研，掌握其档案资源建设、档案保管和利用等情况并形成专题调研报告。联合市人大教科文卫委对南昌市市属国有改制企业开展档案执法调研，检查南昌工业控股集团有限公司及其所属江西机电有限责任公司、江西南缆集团有限公司、南昌塑料八厂等部分市属国有改制企业档案的处置、归属、流向以及保管利用情况，依法加大对改制企业档案工作的监督、指导力度，进一步提高改制企业的档案意识和档案法制观念。对全市各开发区（工业园区）新区档案工作开展调研，制定实施意见，并报请市政府办公厅给予批转。

【推进综合档案馆基础建设】 2013年，组织东湖区档案局和湾里区档案局开展省财政县级档案馆维修改造专项资金申报工作，并联合市财政局向省财政厅、省档案局申请县级档案馆维修改造专项资金共计280万元，东湖区档案局、湾里区档案局分别获省财政拨款140万元、135万元。市档案局在市财政预备费中争取到档案利用、安全体系建设经费118万元。继湾里区档案馆于2012年5月开工建设后，东湖区档案馆于2013年4月正式开工建设。

【接收各类档案入馆】 2013年，全市档案部门深入贯彻落实国家档案局文件精神，大力加强馆藏档案资源建设，全市各级综合档案馆全年新增入馆档案15万卷，馆藏达66.8万卷。市档案馆共接收13052卷另11608件档案进馆。其中，接收中房集团南昌房地产开发总公司2836卷档案，市豫章公证处公证3847卷档案，另接收江西木材厂职工档案、七城会扫尾办档案、绿博会档案、第一届世界低碳经济大会档案、地铁一号线珠江路段重点建设工程档案等“三名”“三重”特色档案。全年接收进馆档案总量占上年底馆藏总量的7.77%。

【开发利用档案信息资源】 2013年，多渠道开发利用档案信息资源。与江西晨报社合作推出“档案解密”专栏，共刊发30余期。与江西省电视台联合制作5期特别系列电视节目《南昌城市发展与变迁——老照片·红色记忆》。设立“6·9”国际档案日网上展览，并编辑《南昌市四套班子历届领导通览》初稿。

【开展档案宣传教育】 2013年，加大档案宣传教育。一是成功举办6月9日“国际档案日”宣传展览暨首届档案馆开放日活动。通过馆藏老照片展、档案工作展、档案法制漫画展、档案咨询、书籍赠阅等系列活动，吸引数千市民前往观看。多家省市新闻媒体前往现场采访报道，取得良好宣传效果。二是通过档案信息网站、政务微博、《中国档案报》、《中国档案》杂志等积极宣传档案工作，扩大档案法律法规宣传面。至年底，超额完成《中国档案报》《中国档案》杂志征订计划。全市档案系统在国家级、省级、市级报刊媒体上刊载档案工作信息共1000余篇，其中国家级174篇、省级383篇、市级496篇。通过加大宣传工作力度，南昌市档案宣传工作成效显著，市档案局荣获2012—2013年度全省档案宣传工作优秀单位荣誉称号。三是积极开展档案教育培训活动。选派优秀档案干部参加省档案局举办的全省档案师资培训班，并在市档案局组织开展中青年干部授课试讲辅导活动。举办不同层次、不同类型的档案业务培训，重点组织开展档案人员岗位培训、档案数字化培训、重点建设项目档案业务培训、街道及社区建档、新农村建设档案工作培训。全年共举办各类培训班14期，共培训档案工作人员618名。

【查阅利用档案】 自2013年8月1日起，全面取消一切档案利用收费项目，极大减轻社会公众查阅利用档案负担。2013年，全市各级档案馆共接待查阅利用2850人次，调阅档案9620卷。按照有关规定加快到期档案的开放鉴定和开放工作，对应开放档案依法进行逐件逐页鉴定。至年底，全市档案馆共鉴定档案28634卷，向社会开放档案13792卷。

【南昌市政府公开信息查阅中心成立】 2013年3月，经市编委同意，南昌市档案局（馆）正式成立南昌市政府公开信息查阅中心，承担原市档案局（馆）档案保管利用处“已公开现行文件利用中心”职能，同时增加人员编制3名，增配副科级职数1名。9月，将“档案查阅室”改建为“政府公开信息、档案文件资料查阅中心”。改建后，查阅中心由原来的35.7平方米扩大到88平方米，接待查阅能力提高146%。

【档案信息化建设】 2013年，加大档案信息化建设。一是建设“数字档案馆”。市档案局在完成数字档案馆硬件系统项目进场和调试工作基础上，争取到数字档案馆二期经费100万元，开展数字档案馆声像系统一期工程，完成数字档案馆软件系统招投标工作。二是实施“馆藏档案数字化翻番”工程规划。至年底，新增案卷级目录数据1.2万条、文件级目录数据93.62万条、重要档案全文数据132.6万画幅。市档案馆完成所有新接收进馆档案的数据库案卷级、文件级目录数据录入工作，共13.68万条。开展照片档案录入工作，完成1000余张“党代会”系列老照片的录入工作。三是档案专网建设。至年底，南昌市四县五区档案局除个别建新馆外均已开通档案专网，档案专网目录数据基本上传完毕。其中，市档案局上传档案专网目录数据152万余条。

【档案安全体系建设】 2013年6月，市档案馆与石家庄市档案馆签订重要档案异地备份协议，并开展数字档案异地备份工作。9月，南昌市档案异地备份基地揭牌，石家庄市档案局与南昌市档案局进行首批档案数据交接。同时，继续加强对国家重点档案的抢救与保护，全年全市各级综合档案馆共抢救重点档案1200卷，为保护档案安全发挥积极作用。

（杨柳青）

南昌市人民代表大会

本栏编辑　龚秀昱

概　述

【概况】 2013年，南昌市人民代表大会常务委员会（以下简称市人大常委会）在中共南昌市委的正确领导下，全面贯彻落实中共十八大精神，以邓小平理论、“三个代表”重要思想、科学发展观为指导，坚持中国共产党领导、人民当家做主、依法治国有机统一，认真履行宪法和法律赋予的职责，审议通过4件地方性法规，听取和审议“一府两院”15个专项工作报告，检查2部地方性法规实施情况，组织18次专项视察，开展23个专题调研，督办253件代表建议，任免国家机关工作人员59人次，为南昌打造核心增长极实现“一年有势头”发挥积极作用。

人民代表大会及常务委员会议

【概况】 2013年，市人大常委会共组织召开1次人民代表大会，8次常务委员会会议。

【市第十四届人民代表大会第三次会议召开】 2013年1月2—6日，市第十四届人民代表大会第三次会议在红谷滩前湖迎宾馆举行。会议听取和审议市人大常委会、市政府、市法院、市检察院工作报告，审查和批准计划、财政工作报告，并通过大会各项决议，选举产生南昌市出席江西省第十二届人民代表大会的代表70名。

【市第十四届人大常委会第12—19次会议召开】 2013年，第十四届人大常委会在市人大机关一楼会议厅共召开8次常务委员会会议。市人大常委会主任蔡社宝，副主任万先勇、罗慧芬、赖永芳、李国根、崇江林、邹书玲、申少平、李福如，秘书长徐永立及常委会组成人员出席。

第12次会议，2月26日召开。会议学习传达省十二届人大一次会议精神（书面），听取和审议市政府关于南昌住房公积金（本市级）管理使用情况的报告，听取市人大常委会代表资格审查委员会关于代表资格审查情况的报告，听取市政府关于南昌市公益性文化事业和文化产业发展情况报告的审议意见研究处理情况的报告（书面），审议通过《关于接受梅梅辞去南昌市第十四届人大常委会委员职务请求的决定》，审议通过人事任免议案，进行中共十八大精神专题讲座。

第13次会议，4月26日召开。会议学习传达省十二届人大二次会议精神（书面），审议《南昌市促进发展新型墙体材料条例（修订草案）》，听取和审议市政府关于南昌市社区矫正、食品药品监管、国土资源节约集约利用工作情况的报告，听取市政府关于南昌市国资委2013年部门预算草案审查意见研究处理情况的报告（书面），听取市人大常委会关于对《打造“鄱湖明珠·中国水都”的议案》审议结果的报告（书面），审议通过人事任免议案，举行法治理论与依法治国知识讲座。

第14次会议，6月26—27日召开。会议审议《南昌市促进发展新型墙体材料条例（修订草案）》《南昌市涉及国家安全事项建设项目管理条例（草案）》《南昌市各级人民代表大会常务委员会规范性文件备案审查规定（草案）》；听取和审议市政府关于南昌市商贸流通业发展、旅游产业发展情况的工作报告；听取和审议市人大常委会执法检查组关于《南昌市城市绿化管理规定》执法检查情况的报告；听取市政府关于对南昌住房公积金（市本级）管理使用、对南昌市社区矫正、对南昌市食品药品监管工作报告的审议意见研究处理情况的报告（书面）；审议通过人事任免议案。

第15次会议，8月28—29日召开。会议审议通过《南昌市涉及国家安全事项建设项目管理条例》和《南昌市人民代表大会常务委员会规范性文件备案审查规定》；听取和审议市政府关于2013

2013年4月26日，南昌市第十四届人大常委会第13次会议在市人大机关一楼会议厅召开

年1—7月国民经济和社会发展计划执行情况、南昌市2012年市级财政决算的报告、2013年1—7月财政预算执行情况的报告和2012年度南昌市市本级预算执行和其他财政收支的审计工作报告；会议审议通过《关于批准2012年市本级财政决算的决议》和《关于批准2013年市级预算调整方案的决议》；听取市人大常委会关于南昌市重大重点项目建设情况、工业和服务业重大重点项目建设情况、城市建设和管理重大重点项目建设情况、社会和民生事业重大重点项目建设情况的调研报告（书面）；听取市政府关于对南昌市旅游业发展情况、国土资源节约集约利用工作情况、《关于打造鄱湖明珠·中国水都》的审议意见研究处理情况的报告（书面）。

第16次会议，9月17日召开。会议听取和审议市人大常委会代表资格审查委员会关于代表资格审查情况的报告。

第17次会议，10月30日召开。会议审议《南昌市流动人口计划生育管理办法修正案（草案）》；听取和审议市政府对“畅通省城”系列监督活动落实情况、关于南昌市机动车排气污染防治情况、关于南昌市节水型社会建设情况和关于南昌市棚户区改造一期工程项目建设有关事项的报告；听取和审议市检察院关于全市反贪污贿赂工作情况的报告；听取和审议市人大常委会代表资格审查委员会关于代表资格审查情况的报告；作出《关于批准南昌市人民政府就棚户区改造一期工程项目建设有关事项的决议》《关于许可对市十四届人大代表胡彪斌采取强制措施的决定》；听取市政府关于南昌市商贸流通业发展情况报告审议意见研究处理情况的报告（书面）；审议人事任免议案。

第18次会议，12月17日召开。会议审议通过《南昌市流动人口计划生育工作条例（修订）》；审议市人民政府关于建议调整2013年全市国民经济和社会发展计划部分预期目标方案的议案，并作出《关于批准南昌市人民政府关于调整2013年国民经济和社会发展计划部分预期目标方案的决议》；听取和审议市政府关于全市国民经济和社会发展“十二五”规划纲要实施中期评估的报告；作出《关于召开南昌市第十四届人民代表大会第四次会议的决定》；听取市人大常委会关于2013年开展“道路交通安全南昌行”及配合“畅通省城”活动、关于2013年开展“鄱湖明珠·中国水都”巡活动情况的报告（书面），市检察院关于反贪污贿赂工作情况报告的审议意见研究处理情况的报告（书面），市政府关于南昌市2013年1—7月国民经济和社会发展计划执行情况、2012年市级财政决算和2013年1—7月财政预算执行情况、2012年度南昌市市本级预算执行和其他财政收支的审计工作报告的审议意见研究处理情况的报告（书面）。

第19次会议，12月27日召开。会议听取和审议市人大常委会选任联工委关于市十四届人大三次会议代表提出的建议、批评和意见办理情况的报告；听取和审议市政府关于市十四届人大三次会议代表建议办理情况的报告；审议南昌市第十四届人民代表大会第四次会议议程（草案）、日程（草案）、主席团和秘书长名单（草案）、主席团常务主席名单（草案）、主席团执行主席分组名单（草案）、副秘书长名单（草案）、列席人员名单（草案）、邀请登台就座人员名单（草案）；审议南昌市第十四届人民代表大会第四次会议选举办法、通过南昌市第十四届人民代表大会专门委员会组成人员人选办法；审议市人大常委会工作报告；听取市政府对关于南昌市机动车排气污染防治情况、对《南昌市城市绿化管理规定》执法检查报告的审议意见研究处理情况的报告（书面）；听取和审议市人大常委会代表资格审查委员会关于代表资格审查情况的报告；审议通过有关人事任免议案。

重要会议和活动

【概况】 2013年，召开全市立法工作会议1次，开展主题活动3次，专题活动1次，组织国、省、市三级人大代表开展全市重大重点项目建设情况调研视察活动1次，新闻发布会1次，全市民生工程建设集中视察活动1次；外事活动1次。

【全市立法工作会议暨市人大常委会立法咨询专家聘任仪式举行】 2013年4月2日，全市立法工作会议暨市人大常委会立法咨询专家聘任仪式在市人大常委会一楼会议厅召开。会议宣读《关于成立南昌市第十四届人大常委会立法咨询专家库的通知》《南昌市人大常委会2013年立法计划》《南昌市政府2013年立法工作计划（政府规章项目）》，并向市人大常委会立法咨询专家颁发聘书。市人大常委会主任蔡社宝出席会议并讲话，市人大常委会副主任邹书玲主持，市人大各专门委员会、市人大常委会各工作机构，市直有关部门负责人参加。

【开展“关注民生、促进和谐，助力打造核心增长极代表行”主题活动】 2013年，大力开展“关注民生、促进和谐，助力打造核心增长极代表行”主题活动。活动分3个阶段进行，6—7月为动员部署阶段。6月14日，“关注民生、促进和谐，助力打造核心增长极代表行”活动工作部署会在红谷滩会展中心大厅召开。会议明确，“代表行”活动是贯彻落实市委决策的实际行动，是促进代表履职的重要平台，是推动代表工作的创新举措。市人大常委会主任蔡社宝，副主任万先勇、罗慧芬、赖永芳、李国根、崇江林、邹书玲、申少平、李福如，秘书长徐永立，副秘书长、办公厅主任王应才参加。7—11月，活动进入推进实施阶段。其间，开展“搭建桥梁纽带，充分发挥代表联系群众作用”专题调研活动，指导和推进县（区）主题活动开展。各选举单位围绕主题活动内容和要求，结合实际，创建代表联系群众工作站（室），建立健全代表联系群众服务机制，并以“五个一”为抓手，开展代表大走访月等实践活动。组织开展民生实事和社会事业视察活动。11—12月为总结交流阶段，开展主题活动先进代表小组、先进个人和好建议评选活动。11月11日，在湾里区召开主题活动总结交流会。蔡社宝、申少平、徐永立参加。

【开展“鄱湖明珠·中国水都”巡之二“节水型社会建设”主题活动】 2013年，突出立法保障和制度建设，加强重点工程监督服务，推动政府及相关部门认真落实最严格的水资源管理制度，以提高用水效率和效益为核心，以节水减排为主线，着力构建政府调控、市场引导、公众参与的节水型社会建设机制，为“鄱湖明珠·中国水都”建设创造良好的条件。3月6日，全市农业和农村工作会议在市人大常委会一楼西会议室召开。会议布置2013年“鄱湖明珠·中国水都”巡主题活动。市人大常委会副主任李福如，市人大农业和农村委员会主任委员胡友胜、副主任委员夏小华参加。4月，对“鄱湖明珠·中国水都”建设八大工程进展情况进行专题调研。3—6月，开展《南昌市水资源管理条例》立法调研，督促政府完善水资源管理有关制度。9—11月，市人大常委会组成人员、部分市人大代表向市、县、区政府及相关部门主要负责人就城市水环境保护工作进行专题询问。督促政府编制“水都”建设总体规划，加快“十大百亿工程”建设。针对城区“一江”（赣江城区段）、“两库”（幸福水库、溪霞水库）、“六河”

(抚河、桃花河、昌南护城河、玉带河、幸福渠、乌沙河)、“十一湖”(东湖、西湖、瑶湖、艾溪湖、青山湖、梅湖、象湖、碟子湖、黄家湖、前湖、白水湖)水源污染、非法排污、侵占水域及其他影响水环境保护的情况,开展集中调研,梳理出具体问题48个交政府及有关部门研究处理。

【开展“为打造核心增长极营造良好法治环境”专题活动】 2013年3月中旬,根据市委工作部署,围绕“为打造核心增长极营造良好法治环境”主题,组织省、市、县(区)三级人大代表和各界人士160余人次召开座谈、专家研讨,并实地查看有关情况23次,收集整理74个单位和部门的相关文件资料267份、图书资料26册。4月上旬,分成2个课题调研小组,赴深圳、惠州、珠海和长沙、常德、杭州等地实地考察学习,开展为期半年的“为打造核心增长极营造良好法治环境”专题调研,对影响和制约南昌发展的法治环境问题进行剖析,从科学民主“立法”、政府运行“依法”、司法公正“崇法”、推动全民“守法”、社会管理“靠法”、强化监督“护法”6个方面提出意见建议26条,形成《正法直度 良法善治》调研报告,获省人大常委会理论研讨一等奖,引起市委高度重视。市委专门出台《关于进一步加强法治南昌建设的意见》,并召开专项工作部署会,分解任务,抓好落实。

【开展“道路交通安全南昌行”之二“安全意识与守法出行”主题活动】 2013年,大力开展“道路交通安全南昌行”之二“安全意识与守法出行”主题活动。1—2月,制订2014年“道路交通安全南昌行”活动方案。3—4月,广泛接收市民及社会各界人士就道路交通安全方面市民群众关心的各类现象和问题,组织部分人大代表赴市公安交管局、改善办和县(区)等单位,开展调查研究,收集对当前道路交通管理方面的情况和建议。5月,组织部分人大代表和市民群众对建议意见办理情况进行现场察看。6月,对意见建议进行研究分析,逐件确定所属类别和承办单位。9—10月,市人大内司委牵头,组织公安交管等部门,对市民群众意见建议进行全面督查,对其中群众关心、社会关注的重点建议意见跟踪问效。11月,市人大常委会组成人员及部分人大代表对市公安交管部门执法规范化建设情况专题视察。11月底,市人大内司委对县区工作开展情况进行调研。12月,市人大常委会会议听取和审议关于“道路交通安全南昌行”活动开展情况的报告。

【调研视察全市重大重点项目建设情况】 2013年,围绕南昌市100个重大重点项目(其中产业项目40个、服务项目20个、城市建设10个、城市管理10个、社会事业10个、民生实事10个)的建设实施情况,开展专题调研、集中视察等活动,听汇报、看进度、察问题、析原因、议对策,形成有价值的调研视察报告。活动共分4个阶段。6月中旬为准备阶段,制订工作方案。6月下旬至7月中旬为调研阶段,分组开展专题调研。各调研组召开调研工作部署会,遴选视察项目,拟制集中视察方案,确定参加集中视察活动的代表名单,并下发视察活动邀请函。7月下旬至8月上旬为视察阶段,召开集中视察动员部署会暨全市重大重点项目建设实施情况报告会,组织集中视察,分组座谈交流,形成调研视察报告。8月中下旬为意见建议转办阶段,调研报告提请市人大常委会会议审议,并报市委。市人大常委会召开视察活动反馈意见会,向市政府主要领导及有关部门集中反馈视察情况,将意见建议报送市政府研究处理。

2013年,部分全国人大代表视察南昌市市政设施施工情况

【全省设区市人大常委会秘书长、办公厅(室)主任座谈会召开】 2013年6月29—30日,全省设区市人大常委会秘书长、办公厅(室)主任座谈会在南昌市召开。会议期间,各设区市人大常委会结合工作实践,交流贯彻落实《中共江西省委关于进一步加强和改进人大工作的意见》情况,并进行互动研讨。市人大常委会主任蔡社宝出席并致辞,市人大常委会副主任万先勇,秘书长徐永立,副秘书长、办公厅主任王应才参加。

【《南昌市促进发展新型墙体材料条例》新闻发布会召开】 2013年8月30日,《南昌市促进发展新型墙体材料条例》新闻发布会在机关一楼会议厅召开。《南昌市促进发展新型墙体材料条例》经南昌市第十四届人大常委会第十四次会议通过,江西省第十二届人大常委会第五次会批准,于2013年9月1号起施行。市人大常委会副主任李国根出席并讲话,市人大常委会秘书长徐永立主持。

【调研视察全市民生工程项目建设情况】 2013年12月6日,全市民生工程项目建设情况调研视察活动举行。该活动分2个阶段进行。第一阶段:在红谷滩会展中心西厅召开民生工程建设情况汇报会,听取2013年民生工程实施情况汇报,市人大常委会主任蔡社宝出席并讲话。第二阶段:由市人大常委会领导、市人大各专委会负责人、省市人大代表共计50余人组成视察小组,深入青云谱十字街棚户区改造项目、市社区网格化服务平台、红谷滩新城安置小区、南昌县蒋巷镇山尾北樊自然村、东湖区滕王阁保育院等地,实地察看南昌市民生工程项目建设情况,取得良好社会效果。

【开展外事活动】 2013年9月21—22日,澳门特别行政区第十二届全国人大代表团到南昌市就南昌经济社会发展情况进行视察。市人大常委会主任蔡社宝、副主任申少平、秘书长徐永立、选举任免联络委员会副主任周国繁陪同。

地方立法工作

【概况】 2013年，市人大常委会审议通过地方性法规4件，立法调研7件，立法评估1件。

【审议法规】 2013年，市人大常委会召开常务委员会会议，审议通过《南昌市促进发展新型墙体材料条例》《南昌市涉及国家安全事项建设项目管理条例》《南昌市人民代表大会常务委员会规范性文件备案审查规定》和《南昌市流动人口计划生育管理办法(修正)》。

【立法调研】 2013年，市人大常委会组织有关人员，开展《南昌市社会保险条例(修订)》《南昌市水资源管理条例》《南昌市专利促进和保护条例》《南昌市殡葬管理条例(修正)》《南昌市优化投资环境条例(修正)》《南昌市国有土地上房屋征收与补偿办法》《南昌市制定地方性法规条例(修正)》立法调研工作，提出相关修订、修正意见和建议。

【立法评估】 2013年3—5月，市人大常委会组成相关人员参加的立法质量评估组，采取实地调研、召开座谈会等形式，对《南昌市蔬菜基地保护条例》进行立法质量评估。经过评估，立法质量评估组认为该条例对南昌市蔬菜基地保护有较大的作用，发挥了一定的法律强制效应。

监督工作

【概况】 2013年，市人大常委会会议听取和审议"一府两院"专项工作报告15项，主任会议听取专题汇报3项，开展执法检查2次，组织代表视察7次，开展专题调研23个。

【听取和审议专项工作报告】 2013年，市人大常委会听取和审议市政府关于南昌住房公积金(本市级)管理使用、市社区矫正、食品药品监管、国土资源节约集约利用工作、商贸流通业发展、旅游产业发展、2013年1—7月国民经济和社会发展计划执行、2012年市级财政决算和2013年1—7月财政预算执行、2012年度南昌市市本级预算执行和其他财政收支的审计、机动车排气污染防治、节水型社会建设、南昌市棚户区改造一期工程项目建设有关事项、国民经济和社会发展"十二五"规划纲要实施中期评估、关于市十四届人大三次会议代表建议办理情况的报告，市检察院关于全市反贪污贿赂工作情况的报告。

【开展执法检查及视察】 2013年，组织开展《南昌市城市绿化管理规定》执法检查。组织市人大常委会组成人员和部分市人大代表对南昌教育学院新校区建设、"鄱湖明珠·中国水都"工程建设、南昌地铁1号线沿线各站点恢复交通情况进行视察。

【受理接待群众来信来访】 2013年，市人大机关共受理群众来信85件，接待上访群众69批203人次，其中集体访7批56人次，合计154件次。根据群众来信来访反映的问题，认真落实相关部门，明确各自工作职责，进行跟踪督促，确保群众反映的问题得到及时解决。

【开展工作调研】 2013年1月24日，市人大城建环保委员会到昌东南大道、沿江中南大道，就树木移植情况进行调研。1月31日，市人大城建环保委员会到南昌世纪滨江、华润橡府住宅开发地块，就树木移植情况进行调研。2月5日，市人大财政经济委员会到市住房保障和房产管理局，就南昌市住房公积金管理使用情况开展调研。2月28日，市人大内务司法委员会到南昌县、西湖区，就南昌市社区矫正工作情况开展调研。3月1—4日，市人大城建环保委员会分别到南昌县、安义县、湾里区，就南昌市8个重点示范镇建设工作情况开展调研。3月18日，市人大农业和农村委员会到南昌县黄马乡，就都市休闲农业发展情况开展调研。3月21—22日，市人大教科文卫委员会分别到青山湖区、西湖区、新建县、进贤县、红谷滩新区、江西桑海经济技术开发区、市检验所直属局，就南昌市食品药品监管工作情况开展调研。3月26—27日，市人大城建环保委员会分别到南昌县、安义县、南昌高新技术产业开发区、南昌经济技术开发区，就南昌市国土资源节约集约利用工作情况开展调研。3月27—28日，市人大教科文卫委员会到进贤县、南昌经济技术开发区、红谷滩新区，就全市学前教育"三年行动计划"实施情况开展调研。4月15日、16日、18日、23日，市人大农业和农村委员会分别在市水务局、新建县、西湖区、青山湖区、南昌经济技术开发区、红谷滩新区，就"鄱湖明珠·中国水都"建设十大工程进展情况进行专题调研。4月23日，市人大农业和农村委员会在新建县，就乌沙河综合整治工程建设进展情况进行调研。5月8日—17日，市人大农业和农村委员会分别在南昌经济技术开发区、南昌高新技术开发区、红谷滩新区、南昌县、新建县、进贤县、安义县、西湖区、青山湖区，就新型农村社区建设情况进行专题调研。5月9日，市人大财经委员会在市商贸委，就南昌市商贸流通业发展情况进行调研。5月14日，市人大教科文卫委员会组织部分委员到新建县、湾里区，开展南昌市旅游产业发展情况专题调研。5月20—23日，市人大常委会选任联工作委员会在南昌县、新建县、进贤县、安义县、湾里区、青山湖区，就乡镇人大工作开展调研。6月5—6日，市人大教科文卫委对南昌市部分学校及周边餐饮安全情况进行视察调研。7月10日，市人大教科文卫委到南昌市清真万花楼、兰州拉面馆，就清真饮食开展调研。7月15日，市人大财政经济委员会到市外经贸委，就南昌市上半年开放型经济运行情况进行调研。7月23日，市人大内务司法委员会到西湖区，调研"道路交通安全南昌行"活动开展情况。8月20—21日，市人大城乡建设环境保护委员会到市房管局、市人防办、市规划局，调研南昌市城市居住区地下停车场管理情况。8月29日，市人大内务司法委员会到东湖区、青山湖区检察院，调研检察机关反贪污贿赂工作。9月14日、27日，市人大城乡建设环境保护委员会到市环保局，就南昌市机动车排气污染防治工作进行调研。9月17日，市人大城乡建设环境保护委员会到市房管局，就南昌市城市居住区地下停车场管理情况进行调研。10月18日，市人大常委会水环境专题调研组到南昌县，调研水环境保护工作情况。10月24—25日，市人大常委会专题调研组在湾里区太平镇，召开全市城市水环境保护和治理工作座谈会。11月12日、14日、16日，市人大内司委到安义县、湾里区和市公安交管局车管所，调研"道路交通安全南昌行"活动。11月12日、18日、26日，市人大财经委到市发改委、市工信委、市环保局，就"十二五"中期评估进行调研。11月13日，市人大教科文卫委到南昌教育学院新校区视察学院建设情况。12月19日、20日、26日、27日，市人大财经委到市直有关单位，就财政预算工作进行前期调研。

【进行专题询问】 2013年12月11日，南昌市城市水环境保护专题询问会在红谷滩会展中心东厅召开。会上,市人大常委会组成人员及代表就玉带河治理、农村分散污水处理、城市内湖活化水系等方面的内容,提出12个热点、难点问题。红谷滩新区、西湖区、市水务局、市环保局等9个县区(新区)部门负责人到场应询。此次专题询问得到市政府及有关部门的密切配合,询问会上与会人员围绕共同呵护"一城清水",问得"不含糊"、答得"不遮掩",引起社会强烈反响。市人大常委会主任蔡社宝,副主任万先勇、罗慧芬、赖永芳、李国根、崇江林、邹书玲、申少平、李福如,党组成员张录光,秘书长徐永立及各委办负责人参加。

【决定重大事项】 2013年10月30日,市第十四届人民代表大会常务委员会第17次会议召开。会议经过认真研究讨论,决定通过《南昌市棚户区改造一期工程项目建设有关事项的决议》。

代表工作

【概况】 2013年,市人大常委会始终把加强和改进代表工作作为基础工作,切实抓好代表建议督办,畅通代表知情渠道,创新代表活动方式,为代表更好地行使职权、履行职责提供服务。全年,市人大常委会召开"一府两院"向市人大代表通报工作会1次。

【代表活动开展】 2013年4月16日,市人大常委会主任蔡社宝在红谷滩会展中心出席南昌市百名人大代表政协委员担当"啄木鸟"活动启动仪式。5月13日,市人大代表履职培训班在市委党校举行开班仪式。市人大常委会副主任申少平出席并讲话,市人大常委会选任联工委副主任周国繁参加。

【代表建议办理】 2013年,坚持市人大常委会重点督办、常委会领导领衔督办、专委会对口督办、代表小组个别督办等制度,促进代表意见建议高质量落实,解决群众反映的一些实际问题。市十四届人大三次会议代表提出的253件建议全部办结,代表满意和基本满意率达100%。

【代表议案办理】 2013年1月,在市十四届人大三次会议上,进贤县代表团万晓鸣等24位人大代表联名提出《关于打造"鄱湖明珠·中国水都"的议案》,建议把军山湖及其周边地区作为"鄱湖明珠·中国水都"重要项目——军山湖生态旅游区重点打造,着力推进品蟹园、观光园、旅游码头等项目建设。大会主席团决定交由市人大教科文卫委员会在闭会期间调查研究。收到议案后,市人大教科文卫委高度重视,及时进行研究,多次与市旅游局、市水务局沟通协商,研究处理意见,并建议市政府进一步加大对军山湖生态旅游区建设的扶持力度,将军山湖规划纳入"鄱湖明珠·中国水都"总体规划。要坚持"保护"是基础,"发展"要服从"保护"的理念,妥善处理好旅游开发与生态保护之间的关系,做好污水收集和处理,严禁污水和垃圾污染水质。立足自身独特资源和发展条件,深入挖掘军山湖历史文化内涵,培育出富有地方特色、彰显自身优势的文化旅游资源,做好军山湖水景观、水文化、水经济的大文章,因地制宜包装规划一批精品旅游项目,使之成为"鄱湖明珠·中国水都"的新品牌。

人事任免

【概况】 2013年,市人大常委会坚持党管干部和依法任免干部相统一,认真做好人事任免工作。全年任免国家机关工作人员59人次。在依法任命国家机关工作人员过程中,坚持任前法律知识考试、报告拟任职务打算、颁发任命证书等制度,增强被任命人员的法制观念和公仆意识。

【人事任免名单】 2013年,市十四届人大常委会第12次会议决定接受梅梅辞去南昌市第十四届人大常委会委员职务;免去徐仁杰南昌市人民检察院检察委员会委员、南昌高新技术产业开发区人民检察院检察长、检察委员会委员职务,李仲贤南昌市人民检察院检察委员会委员职务,孟伟东南昌市人民检察院检察员职务。

市十四届人大常委会第13次会议通过,免去廖江川的南昌市中级人民法院立案一庭庭长职务;陈建华南昌市中级人民法院立案二庭副庭长职务;焦伟南昌市中级人民法院行政审判庭副庭长职务;黄十根南昌市中级人民法院审判监督庭庭长、审判委员会委员、审判员职务;李史遴南昌市中级人民法院民事审判第一庭副庭长、审判员职务;曾宪斌、张华南昌市中级人民法院审判员职务;吴曙明、杜迎春南昌市人民检察院检察委员会委员、检察员职务;雷武南昌市人民检察院检察员职务;陈珊南昌经济技术开发区人民检察院检察委员会委员、检察员职务。免去张振川南昌县人民检察院检察长职务;郭云水南昌市东湖区人民检察院检察长职务;易志华南昌市青山湖区人民检察院检察长职务。任命廖江川为南昌市中级人民法院审判监督庭庭长;陈建华为南昌市中级人民法院立案一庭庭长;吴红龙为南昌市中级人民法院民事审判第一庭副庭长;周治国为南昌市中级人民法院立案二庭副庭长;郭云水、张振川为南昌市人民检察院检察委员会委员、检察员;吴奇峰、饶剑、刘岩、程红义为南昌市人民检察院检察委员会委员;陈珊为南昌市人民检察院检察员;易志华为南昌高新技术产业开发区人民检察院检察长、检察委员会委员、检察员。

市十四届人大常委会第14次会议,决定接受谢晓亮辞去南昌市第十四届人大常委会委员、南昌市人大财经委主任委员职务;任命胡俊涛为南昌市中级人民法院副院长、审判委员会委员、审判员,田勇、李明、赵兴为南昌市中级人民法院审判委员会委员,邓鹏羽为南昌高新技术产业开发区人民法院立案庭副庭长,罗晶为南昌高新技术产业开发区人民法院民事审判庭副庭长。

市十四届人大常委会第15次会议,决定接受陈俊卿辞去南昌市人民政府市长职务;任命郭安为南昌市人民政府副市长;任命郭安为南昌市人民政府代理市长。免去吴梅芳、魏道生、庄严南昌市中级人民法院审判员职务;杨泽南南昌高新技术产业开发区人民法院副院长、审判委员会委员、审判员职务;陈伟杰南昌经济技术开发区人民法院副院长、审判委员会委员、审判员职务。任命杨泽南、陈伟杰为南昌市中级人民法院审判员;周浩为南昌高新技术产业开发区人民法院副院长、审判委员会委员、审判员;庄严为南昌市人民检察院检察员;陈丽、程云、李剑为南昌高新技术产业开发区人民检察院检察员;蔡定汛、刘国胜为南昌经济技术开发区人民检察院检察委员会委员;王穗、陈友根、王梦翔、缪中兴、胡晓青为南昌经济技术开发区人民检察院检察员。

市十四届人大常委会第17次会议通过,许可对市十四届人大代表胡彪斌采取强制措施的决定。免去朱凌云南昌市中级人民法院审判员职务;胡美保南昌市中级人民法院民事审判第四庭副庭长职务。任命熊滨滨为南昌经济技术开发区人民法院审判员。

(蔡安帮)

南昌市人民政府

本栏编辑　龚秀昱

概　述

【概况】 2013年，在省委、省政府和市委的正确领导下，全市上下紧紧围绕“打造核心增长极”总目标和“做强南昌”总要求，强力推进大投入、大建设、大发展，实现经济持续健康较快发展和社会和谐稳定。全年经济运行稳中向好，主要经济指标顶住下行压力，呈现位次前移、占比提升的好势头。全年实现地区生产总值3336.07亿元，比上年增长10.7%；规模以上工业增加值1159.48亿元，增长12.9%；500万元以上固定资产投资2909.76亿元，增长21.6%；社会消费品零售总额1270.01亿元，增长13.7%；海关出口总额73.11亿美元，增长13.1%；实际利用外资29.64亿美元，增长12.3%。全年完成财政总收入558亿元，按省口径计算增长16.8%；地方公共财政预算收入291.91亿元，增长21.6%。税收收入占财政总收入比重是全省唯一保持在90%以上的设区市。百大重大重点项目快速推进，累计完成投资478.51亿元。临空经济区建设全面启动，开辟南昌未来发展的“第二战场”。新城建设日新月异，旧城改造取得突破，拆违拆临快速推进；城乡一体化发展步伐加快，镇村联动建设成效显著，农村面貌焕然一新，得到上级充分肯定和全市人民高度评价。百姓生活持续改善，城乡居民收入双双实现两位数增长，2013年城镇居民人均可支配收入26151元，增长10.8%；农民人均纯收入突破万元大关，达到10806元，增长11.1%，实现历史性的“十连增”。大力实施91件民生实事，民生投入137.5亿元，发展成果进一步惠及城乡居民。至年底，全市共获各类全国性荣誉和奖励37项。

市政府会议

【概况】 2013年，市政府共召开2次全体会议，主持人为市委副书记、代市长郭安。市政府共召开17次常务会议，其中1—10次常务会议主持人为市委副书记、市长陈俊卿，11—17次常务会议主持人为市委副书记、代市长郭安。市领导张鸿星、刘建洋、高伟、姚燕平、王国强、刘家富、张根水、朱志群、肖玉文，市政府秘书长杨文斌，市监察局局长杜志刚等出席。

【第1次市政府全体会议】 2013年9月2日，第1次市政府全体会议在市政府常务会议室召开。会议就进一步做好政府工作进行部署。市委副书记、代市长郭安强调，进一步做好政府工作，必须坚持同心、同向、同行，打造坚强有力的战斗堡垒；必须注重实在、实干、实绩，巩固加速崛起的发展态势；必须胸怀大局、大爱、大公，营造风清气正的政务环境。会议指出，同心，就是思想上要同心，同心才有凝聚力。同向，就是目标上要同向，同向才有战斗力。同行，就是行动上要同行，同行才有执行力。一切工作都要围绕打造核心增长极的总体目标；一切力量都要聚焦“科学发展、生态文明、城乡建管、社会管理”的工作重点。会议强调，当前南昌正处在打造核心增长极的关键时期，不发展不行，发展慢了不行，发展不好更不行。各级各部门要始终保持强烈的发展意识，切实做到胸中装着发展、眼睛盯着发展、全力促进发展，始终注重实在、实干、实绩，不断巩固加速崛起的发展态势。实在，就是谋划发展要实在，不要好高骛远。实干，就是推动发展靠实干，不做表面文章，以实际行动落实省委十三届七次全会、市委十届七次全会精神，全面完成年初确定的目标任务。会议要求，各级各部门及其领导干部要胸怀大局，把握大势，立足江西、放眼全国，在把握不同层次大局的基础上找准自身定位，在迎接挑战中抢抓机遇，在破解难题中快速发展；要心有大爱，勤政为民，“金杯银杯不如老百姓的口碑，金奖银奖不如老百姓的夸奖”，要善待群众，厚待群众，不要算计群众，不要与民争利；要大公无私，清正廉洁，把反腐倡廉作为从政底线，把改进作风作为不懈追求，努力营造“干部清正、政府清廉、政治清明”的良好环境。

【第2次市政府全体会议】 2013年12月23日，第2次市政府全体会议在市政府常务会议室召开。会议征求对即将提请市十四届人大四次会议审议的《政府工作报告》的意见和建议。会议认为，各县(区)、各部门围绕《政府工作报告》内容提出了许多有质量、有水平、有见地的意见和建议。起草小组要逐条梳理、认真研究，充分吸纳，使《政府工作报告》更加完善，更加顺应民意。会议强调，年关将近，事情多、任务重，各级各部门要忙而有序、忙而不乱。一是突出全力冲刺，跑完“最后一百米”。各级各部门要咬紧牙关，盯住目标，全力冲刺。要添足最后“一把火”，圆满完成全年各项目标任务；要全面加强调度，确保实现“占比提升、位次前移”目标；要奋力争先，找差距，抓重点，确保各项考核得高分，确保2013年南昌市在全省市县综合考核评价中夺奖得牌。二是突出工作谋划，力争明年实现开门红。各级各部门要立足一个“早”字，改革早启动，项目早建设，把握经济工作主动权，打赢“开局仗”。三是突出民生保障，确保“两节”和谐稳定。要切实关心群众生活，特别是要有针对性地解决好群众最关心最直接最现实的利益问题；要突出抓好信访维稳和社会治安管控工作，保持社会和谐稳定；要切实加强廉洁自律，严格遵守廉洁自律各项规定，突出抓好节日期间公车管理，营造全市干部清正、政府清廉、政治清明的良好风气。

2013年市政府常务会议一览表

表6

会议	时间	主要内容
第1次	1月19日	会议听取《全市"啄木鸟行动"情况通报》；观看"媒体啄木鸟"行动光碟；审议并原则同意《南昌市行政审批服务事项联合办理办法》《南昌市人民政府2013年立法工作计划》《南昌市大型科学仪器设备资源共享促进办法》《关于深入推进科技协同创新的实施意见》《南昌市市政工程建设项目移交管理办法》《关于配置土地资源 保障交通建设的决定》《关于给予南昌市统计局党组书记、局长万昱原同志记二等功奖励的请示》《关于提请审议拟聘肖华茵等四人为市政府参事的请示》
第2次	2月1日	会议听取《全市"啄木鸟行动"情况通报》；观看"媒体啄木鸟"行动光碟；传达省领导关于2012年度南昌市房地产运行情况报告的重要批示；专题学习《习近平在十八届中纪委二次全会上的讲话》精神；审议并原则同意《南昌市地名管理办法（草案）》《关于支持工业和中小微型企业发展的若干政策》《关于做好全市城区限制使用粘土制品和南昌县城区禁止使用实心粘土砖工作的实施意见》
第3次	2月27日	会议听取《全市"啄木鸟行动"情况通报》；观看"媒体啄木鸟"行动光碟；审议《2012年打造核心增长极考评中的"市直服务发展突出贡献奖"表彰名单》《关于南昌打造核心增长极三年行动计划（2013—2015）大纲》；审议并原则同意《关于推进城乡发展一体化 加快打造核心增长极的实施意见》《南昌市2013年100个重大重点项目投资计划》《关于加强保障性安居工程建设和管理的若干意见》《关于调整南昌市最低工资标准情况的报告》《关于给南昌市人力资源和社会保障局党组书记、局长朱敏华同志记二等功奖励的请示》
第4次	3月22日	会议听取《全市"啄木鸟行动"情况通报》；观看"媒体啄木鸟"行动光碟；审议《南昌打造核心增长极三年行动计划（2013—2015）大纲》；审议并原则同意《关于进一步加强非机动车停车管理的意见》《关于进一步加强开发区（新区）卫生工作的意见》《南昌市新增建设用地计划指标管理的意见》《关于深入推进科技协同创新的实施意见》
第5次	4月3日	会议听取《全市"啄木鸟行动"情况通报》；观看"媒体啄木鸟"行动光碟；审议并原则同意《关于印发南昌打造核心增长极三年行动计划（2013—2015）大纲》《2013年南昌市民生工程安排意见》《南昌市促进发展新型墙体材料条例（草案修改稿）》《2013年推进依法行政工作要点》《南昌市科技发展专项资金管理暂行办法》《关于对无环保标志或持有黄色环保标志机动车实行交通限行的通告》《关于提高我市城乡居民最低生活保障标准的请示》
第6次	4月28日	会议听取《开展"啄木鸟行动"情况通报》；观看"媒体啄木鸟"行动光碟；传达4月28日省政府召开人感染H7N9禽流感联防联控工作会议精神和4月27日召开的市委专题会会议精神；学习《中华人民共和国保守国家秘密法》；审议《南昌市促进总部经济发展暂行办法》《关于加强校企合作促进高质量就业的实施意见》《2012年南昌市打造核心增长极突出贡献奖考评结果》
第7次	5月25日	会议听取《开展"啄木鸟行动"情况通报》；观看"媒体啄木鸟"行动光碟；审议《南昌市国民经济和社会发展第十二个五年规划纲要任务分解方案》《关于深化第八轮行政审批制度改革全面简政放权的决定》《南昌市重点产业投资引导资金管理暂行办法》《南昌市重点产业投资引导资金管理实施办法》《南昌市被征地农民参加养老保险实施办法》《南昌市高层次人才创新创业激励办法》《南昌市人民政府关于进一步加快学前教育发展的实施意见》《关于清理整顿市场中介组织工作中两个突出问题的请示》《南昌市市属企业国有资本收益收取管理暂行办法》《南昌市国资委出资监管企业投融资管理暂行办法》
第8次	6月15日	会议听取《开展"啄木鸟行动"情况通报》；观看"媒体啄木鸟"行动光碟；审议并原则同意《把南昌打造成为带动全省发展的核心增长极规划》《南昌市涉及国家安全事项建设项目管理条例》《南昌市城区社区网格管理员招聘录用工作方案》《南昌市贫困残疾学生、贫困残疾人家庭子女学生及特殊教育学校助学补助办法》《南昌市人民政府特殊津贴工作办法》《南昌市"洪城特聘专家"招聘工作实施细则》
第9次	7月12日	会议听取《开展"啄木鸟行动"情况通报》；观看"媒体啄木鸟"行动光碟；学习《中华人民共和国政府信息公开条例》；审议并原则同意《关于进一步推动全市民政事业改革发展意见》《关于进一步规范发展砂石产业的若干意见》《南昌市市直行政事业单位国有资产集中管理暂行办法》《南昌市市直行政事业单位集中管理的经营性国有资产公开招租暂行办法》《关于实施商标战略促进经济发展的实施意见》《南昌市支持LED产业的若干政策措施》《南昌市创新社区网格化服务管理工作体制机制的实施意见》《关于创建"六好农户""六好村庄"活动方案》《南昌市营业税改征增值税试点工作方案》《南昌市进一步促进服务外包产业发展的扶持政策》

续表 6

会议	时间	主要内容
第 10 次	7 月 26 日	会议听取市委宣传部《开展“啄木鸟行动”情况通报》；观看“媒体啄木鸟”行动光碟；审议并原则同意市工信委草拟的《关于加快民营经济发展的政策措施》，市民政局草拟的《南昌市关于进一步加强和改进最低生活保障工作的意见》，市商贸委草拟的《关于加强南昌市城区农贸市场环境卫生管理的实施意见》，市监察局《关于给予王国民行政开除处分的请示》《关于给予刘凤林行政开除处分的请示》《关于给予李国华行政开除处分的请示》
第 11 次	9 月 2 日	会议听取《开展“啄木鸟行动”情况通报》；观看“媒体啄木鸟”行动光碟；审议并原则同意《关于进一步降低流通费用 提高流通效率的实施办法》《南昌市流动人口计划生育管理办法（修正案）》《2013 年全市人才工作项目及专项资金使用计划》《南昌市航空产业“十二五”及中长期发展规划》《关于请求批准 2012 年度南昌工业经济突出贡献企业家的请示》《南昌市实施营业税改征增值税试点过渡性财政扶持政策意见的通知》
第 12 次	9 月 13 日	会议观看“媒体啄木鸟”行动光碟；通报和落实“啄木鸟行动”有关事项；审议《南昌市“三争”工作考核激励办法》；审议并原则同意《南昌市创建全国双拥模范城“八连冠”实施方案》《南昌市化工行业安全发展规划》《关于进一步深化全市投融资体制改革促进实体经济发展的政策措施》《关于授予 2012 年度南昌市科学进步奖的请示》《关于根据听证会意见修改公交免费换乘 取消月票方案并予以实施的请示》《关于进一步加快交通运输事业发展的实施意见》《关于扩大高污染燃料禁燃区的通告》《南昌市“千万树木进千村”活动实施方案》《关于进一步加快我市城市旧城（棚户区）改造工作的意见》《关于对 2012 年度防洪保安资金征收工作先进单位和先进个人进行表彰的通知》
第 13 次	9 月 18 日	会议审议并原则同意《关于呈报赋予南昌市更多经济社会管理权限的建议的请示》《南昌临空经济区发展建设总体思路》《南昌市折临折违建绿透绿专项工作实施方案》《南昌市居民家庭经济状况核查办法（试行）》
第 14 次	10 月 25 日	会议观看“媒体啄木鸟”行动光碟；通报和落实“啄木鸟行动”有关事项；学习传达习近平总书记在参加河北省委常委班子专题民主生活会时的重要讲话精神；学习《中华人民共和国仲裁法》；审议并原则同意《南昌市基本公共服务体系建设三年行动计划（2013—2015）》《南昌市基本公共服务体系建设三年行动计划（2013—2015）重点工作分工方案及细化分工表》《南昌市市场中介组织管理办法（草案）》《南昌市城市地下空间开发利用管理办法》《关于建立农村土地承包经营权流转交易市场促进适度规模经营的意见（试行）》
第 15 次	11 月 15 日	会议观看“媒体啄木鸟”行动光碟；通报和落实“啄木鸟行动”有关事项；审议并原则同意《南昌临空经济区发展规划（2013—2025）》《南昌市开放型经济工作机制》《南昌市开放型经济工作考核办法》《关于进一步做好防震减灾工作的意见》《关于整治丧葬陋俗的通告》《关于审定 2013 年南昌“洪城特聘专家”人选的请示》
第 16 次	12 月 13 日	会议观看“媒体啄木鸟”行动光碟；通报和落实“啄木鸟行动”有关事项；学习《中华人民共和国环境保护法》；审议并原则同意《南昌市 2014 年重大重点项目投资计划》《南昌市 2013—2020 年商业网点规划》《关于南昌轨道交通运营技术咨询服务项目采用单一来源方式采购的请示》《关于南昌高新技术产业开发区实施干部人事制度改革的请示》《关于国家开发银行南昌市棚户区改造项目资金管理实施细则》《关于给予熊桂金行政开除处分的请示》
第 17 次	12 月 24 日	会议审议并原则同意《关于南昌市 2013 年国民经济和社会发展计划执行情况及 2014 年国民经济和社会发展计划草案的报告》《关于南昌市 2013 年市级总预算执行情况和 2014 年市级总预算草案的报告》《南昌市建设项目联合专项竣工验收实施办法（试行）》《南昌市建设工程专项设计联合审查实施办法（试行）》《南昌市建设项目审批暂停报告实施办法（试行）》《关于公布南昌市城市低收入家庭认定标准的通知》《关于转报赛维 LDK 太阳能高科技（南昌）有限公司请求托管银团资金的请示》《关于同省银团、赛维集团签订有关协议的请示》《关于聘任王肇赣同志为市政府参事的请示》

市政府主要领导调研活动

【概况】 2013年,市政府主要领导紧紧围绕市委提出的“二十四字”要求,坚决贯彻“发展升级、小康提速、绿色崛起、实干兴赣”十六字方针,按照年初市政府工作报告确定的总体要求和目标任务,就推进城区建设管理、加快重大项目签约落户、推动园区加快发展、提升城市管理水平等问题深入开展调查研究。

【陈俊卿调研活动】 2013年,市委副书记、市长陈俊卿就环境综合整治、重点工程建设、民生工程建设等问题多次到基层开展专题调研。陪同调研的分别有市政府分管领导及市政府有关部门负责人等。

2013年4月1日,陈俊卿到西湖区进行调研,先后实地察看天虹总部大厦项目和诚信汽车大厦项目、廉租房项目、西湖区“六大工程”征地拆迁政策宣讲总指挥部,并召开调研座谈会。会议听取西湖区经济社会发展情况汇报及下一步工作打算,对西湖区近年来各项工作取得的成绩予以充分肯定,并就西湖区提出需要市里支持的相关问题进行协调研究。会议指出,当前南昌正处于加速打造核心增长极的关键阶段,全市上下要按照更高的要求、更严的标准,以更加饱满的工作热情、更加昂扬的精神状态,投入工作之中。要以重大重点项目为抓手,坚定不移地抓好新城区建设,推进老城区改造,促进经济社会又好又快发展。西湖区要按照中央和省、市要求,创新思路、立足实际、扎实工作,找准主战场,迎接新挑战。要围绕服务业转型升级、旧城改造升级、城市管理提质升级等重点工作,认真落实重大项目挂点机制,加快推进项目建设;勇挑“保卫争文”重担,加大城市管理力度;完善新城产业配套,加快朝阳新城建设,努力把西湖区打造成南昌市乃至江西省的商业核心区、文明新城区,为加速打造核心增长极做出积极贡献。

2013年4月8日,陈俊卿到青云谱区进行调研,先后实地察看青云谱区建南社区省四建公司生活区环境综合整治和世纪·欧美中心项目、深农二期工程项目、青云谱区廉租房小区情况,并主持召开调研座谈会。会议听取青云谱区经济社会发展情况汇报及下一步工作打算,对青云谱区近年来各项工作取得的成绩予以充分肯定。会议指出,2013年是打造核心增长极的关键之年,要做到打造核心增长极“一年有势头”,任务艰巨,责任重大。作为老城区的青云谱区,要按照省委常委、市委书记王文涛提出的老城区也要找准自身的主战场的要求,科学制定发展战略。青云谱区要充分认识自身有利条件和不利因素,一方面要认识到青云谱区处于南昌核心城区与“首府首县”南昌县之间,不加快发展就会有“塌陷”的可能;另一方面要抓住省委、省政府搬迁、洪都集团搬迁和“十横十纵”快速路网建设带来的历史机遇,攻坚克难,务实奋进,促进经济社会又好又快发展。会议对青云谱区下一步发展提出3点要求:一是青云谱区要以洪都集团搬迁为契机,加强与洪都集团的对接,把洪都集团搬迁后的连片开发和整体改造作为青云谱区近期发展的主战场。二是青云谱区正处于二产向三产转型发展的关键时期,要重点提升三产水平,加快高端商业、总部经济、楼宇经济、文化创意产业等现代服务业的发展,努力打造“新城动感地带”,建设成为“服务省级行政中心的副中心”。三是青云谱区要突出抓好重大重点项目建设,着力引进一批能够带动全区快速发展的大项目、好项目,不断拓宽发展空间,着力提升经济实力,为全市打造带动全省发展的核心增长极做出新的更大贡献。

2013年6月21日,陈俊卿到南昌市重点工程管理办公室进行调研,并主持召开调研座谈会。会议听取市重点办工作汇报,并对市重点办组建以来的工作进展情况予以充分肯定。会议指出,成立市重点办就是为了更专业化、更有效率地管理政府投资工程项目。市重点办要进一步增强责任感和使命感,理清工作思路,加大工作力度,发挥应有作用。要进一步注重制度创新,探索建立符合南昌实际的工程建设和管理制度。要进一步优化管控流程,提升工程建设和管理的科学化、专业化、市场化水平。要进一步加强质量管理,打造“精品工程”。要进一步抓好队伍建设,从专业技术、管理能力、廉洁自律等方面严格要求和加强培养。会议强调,市重点办要切实履行职责,做到重点工程应管尽管,为南昌市大投入、大建设、大发展出好主意、把好关口、抓好落实。

2013年7月4日,陈俊卿到地铁1号线子固路站和地铁大厦站施工现场,走访慰问奋战在高温一线的地铁建设者,并主持召开调研座谈会。会议听取市轨道交通集团关于南昌轨道交通项目建设进展情况的汇报,对市轨道交通集团的工作予以充分肯定。会议指出,南昌轨道交通项目建设,推进有力,征迁有序,创新有道,成效明显。下一步,地铁建设要在万无一失保安全、一丝不苟保质量的基础上,抓住施工黄金季节,争分夺秒抢工期、一心一意为市民。一是要坚持以人为本,高质量、高水平地编制地铁无缝接驳系统的专项规划。最大限度利用好地铁站点地上地下空间,实现地铁站点与公交、出租车、步行系统的风雨无阻接驳,为广大市民提供更加人性化的交通出行服务。二是要创新管理模式,进一步完善内部管理体制和运行机制,大胆创新,积极探索与南昌市实际相适应的地铁管理模式。三是要严格控制造价,以对历史负责、对人民负责的态度,切实做好工程量复核、规范资金使用等方面工作,做到有数据、有尺寸、有图像,想方设法降低工程成本,把地铁每公里造价控制在全国标准的中等以下水平。四是要抓好队伍建设,坚持人才优先战略,注重人才引进、人才培养和人才使用的机制建设,打造一支领导有方、组织有力的班子队伍,培养一支技术精湛、扎实可靠的专业队伍,同时,要提前谋划地铁综合运营人才的培养和引进。五是要创新融资模式,拓宽融资渠道,降低融资成本,确保地铁项目建设进展顺利。六是要精心科学规划,开展广泛调研,梳理各界诉求,研究规划更为长远的轨道交通网络,完善“大南昌”交通体系,提高地铁建设科学化水平。

【郭安调研活动】 2013年,市委副书记、代市长郭安就中小微企业工业园建设、开发区建设等问题多次到基层开展专题调研。陪同调研的分别有市政府分管领导及市政府有关部门负责人等。

2013年9月4日,郭安到南昌中小微企业工业园进行调研,并主持召开座谈会。会议分别听取南昌中小微企业工业园管委会、经开区管委会及新建县政府关于工业园建设进展情况的汇报,并给予充分肯定。会议指出,工业园成立一年来,通过新建县、经开区和工业园管委会的共同努力,工业园建设成绩斐然,初具规模。各单位要一如既往地齐心协力,攻坚克难,加快推动工业园区建设各项工作。会议强调,省委、省政府作出建设临空经济区的重大决策,是工业园面临的一次新的更大发展机遇。工业园管委会要把握机会,主动发力,结合自身优势,发挥带动作用,将工业园和临空经济区建设完美结合,高起点定位、高水平规划、高层次开发。

2013年10月9日,郭安实地察看

南昌中小微企业工业园建设进展情况，并主持召开座谈会。会议听取工业园管委会关于园区建设进展情况的汇报，并就工业园建设期间管理机制、基础设施建设、产业项目、施工保障等问题进行研究和部署。会议认为，作为临空经济区的核心区和引爆区，工业园的规划、建设以及资金组织、运营管理，每一个环节都至关重要。2013 年以来，在新建县政府、经开区管委会、工业园管委会的共同努力及市直各部门的协同配合下，工业园的各项建设呈现出越干越有信心、越干力量越足、越干越吸引各方关注的良好态势。下一步，工业园管委会要继续在建设时序、建设节奏、建设方案上科学运作，合理开展，在产业项目引进上要坚决贯彻"1 + X"的产业发展模式，让园区成为一个敢干、大干的试验区，迅速引爆成为促进区域经济增长的重要推手，成为南昌市对外开放与合作的优质平台，成为推动全市工业产业提速发展的强劲引擎。会议强调，工业园处在建设关键期，要进一步理顺管理机制，要以工业园为主体，在原有体制基础上，各相关县(区)及市直各部门要协同配合、全力支持；要加快基础设施建设，确保道路、水、电、气等方面按照时间节点如期推进，规划设计要着眼长远、统筹兼顾、整体考量；要大力推动项目建设，欧菲光、中国北车等一批项目正在启动，各部门要迅速跟进、加强调度、做好服务，争取列入省重大重点工程，并以此吸引更多大项目、好项目落户；要加强施工保障，相关县(区)要成立专门班子，负责工业园施工环境的保障，确保各项建设进展顺利。

2013 年 10 月 11 日，郭安到小蓝经济技术开发区开展调研，实地察看人之初、煌大食品二期、达利食品等项目，并主持召开座谈会。会议指出，经济开发区姓"经"，特色是"开"，必须突出"经""开"二字，以经济发展为中心，以开放招商为抓手，不断提升发展的规模和效益，充分体现发展的特色和优势，强有力地引领带动地方经济增长、发展壮大地方经济实力。小蓝经开区用 10 年时间完成了县级到省级、从省级到国家级的巨大跨越，以实际行动和成效诠释了经济开发区的本质属性和特色优势。下一步，小蓝经开区要紧紧咬住做大规模、做优特色、做出效益不放松，努力在新的起点上谋求更大的进步；要坚持改革不停顿、开放不止步，用改革的理念、开放的思维、创新的举措谋划发展、激发活力；要跳出江西、放眼全国，用更高的目标凝聚信心、激发潜能，不仅要在全省位次上更上一层楼，更要在全国方阵中取得应有地位。会议强调，只有专注才能专业，招商引资不能"捡到篮子里就是菜"，园区也不能搞成"杂货铺"。作为国家级开发区，小蓝经开区更要用专业的态度、专业的眼光看待产业的发展，经常"到菜园子里拔拔草"，把好的产业、好的企业留下来，把一般的产业、一般的企业转出去，集中精力把汽车及零部件、食品饮料、医药医器等主导特色产业发展好，努力打造成专业特色园区。要树立可持续发展的理念，坚持节约集约用地，把最好的资源配给最好的企业，使每一寸土地都用到成长好、潜力好、带动性强、支撑性强的企业和项目上，实现园区可持续发展。

应急管理工作

【概况】 2013 年，南昌市应急管理工作认真贯彻落实《中华人民共和国突发事件应对法》和《江西省突发事件应对条例》，始终按照上级的统一部署和工作要求，坚持促经济发展和保安全稳定相结合，不断加强全市应急管理体系建设，全面完成应急管理工作各项目标任务，有力、有序、有效地预防和应对突发公共安全事件，为南昌市推动大投入、大建设、大发展，加快打造核心增长极进程营造和谐稳定的环境。

【发挥应急值守职能】 2013 年，坚持 24 小时全天候、多方位地接受和办理市民群众反映、投诉的各类问题。为确保市长热线系统高效运转，提高市长热线为民服务的质量，对市长热线系统进行全方位改造。至年底，市长热线共接受市民群众投诉、举报、建议、咨询、求助等问题 3.36 万件次，协调处理城市管理等 11 个方面的问题 3 万件次。编写《应急值守及市长热线动态》231 期、《市长热线简报》12 期、《南昌值班信息》48 期、《南昌值班信息(特刊)》4 期。3 月起，市长热线紧紧围绕团市委市"十佳青年文明号"争创活动的工作要求，开展青嵩行动。采取与基层社区结对子、与市民百姓面对面、与务工人员手牵手的方式，开展市长热线进社区、志愿者义务劳动、参观革命传统教育基地等一系列丰富多彩、有声有色的创建活动，获得一致好评，被共青团南昌市委、市创建"十佳青年文明号"活动组委会评为 2013 年南昌市"十佳青年文明号"。

【处置突发公共事件】 2013 年，在突发公共事件处置中，始终坚持环环相扣、紧密衔接、一丝不漏，确保领导决策到位、责任落实到位、上下联动到位、事态控制到位、信息汇集到位。全年成功处置各类突发事件 120 余起，其中包括 1 月 6 日温州开往重庆的湖北客车侧翻事件、1 月 10 日安义县篁岭水库应急溢洪道临时围堰垮塌事件、2 月 15 日福银高速昌九段 602 公桩处三车追尾事故等。

【开展应急综合演练】 2013 年，南昌市根据提升应急救援队伍实战能力的需要，结合"5·12"防震减灾日、国际消防日等，有计划、有组织、分层次地组织开展系列应急演练 473 次。通过这些演练，检验和提高了各级各部门应对突发事件的快速反应能力、协同配合能力、综合救援能力。此外，协调指导有关单位和部门开展有关应急避险等知识的宣传工作。

【健全应急预案体系】 2013 年，组织相关专家，推出简易版应急预案，共印发 600 册，便于市领导和各县(区)、有关部门携带和阅读。为及时、有序、高效、妥善处置可能发生在城市管道液化石油气供应中出现影响居民正常用气事件，新增《南昌城市管道液化石油气供应应急预案》。根据有关工作要求，指导市林业局制订《南昌市森林火灾应急预案》并正式印发。同时，推动市国土资源局、市防震减灾局做好相关专项预案修订工作。

【建设应急信息平台】 2013 年，部门间信息资源共享与服务平台建设取得阶段性成果。至年底，"共享平台"信息核查、简项查询、信息比对、数据交换、信息发布、资源管理等基本功能开发完毕，完成 13 家单位的接入。同时，平台信息资源初具规模，整合、入库各接入单位 33 类共计 2400 余万条数据。"共享平台"投入试运行。

【加强应急救援队伍建设】 2013 年，推进综合应急救援组织指挥体系的建设和完善。对《江西省综合性应急救援队伍建设(2011—2013 年)三年规划》中南昌市承担的任务进行细化分解，共落实综合性应急救援队伍建设经费 5178.2 万元。南昌县新建向塘、塘南 2 个合同制政府专职消防队，每个专职队征招 5 名合同制消防员，明确 5 名民警辅助开展灭火救援、消防宣传等工作；青山湖区新建 3 支政府专职消防队，面向社会征招 90 名合同制消防员。协调指导成立南昌市应急救援协会、蓝豹救援队华东大队,成为南昌市综合、专业应急救援队伍的重要补充。

【推进基层示范项目建设】 2013年,本着以点带面、示范带动,全面提高基层防范和应对突发事件能力,切实提升应急管理综合水平的需要,在各县(区)、新区、开发区选择一个有条件的乡(镇)、街道,开展社区、乡村隐患监控、预警、信息发布、志愿服务、科普宣传教育等综合预防和应对各类突发事件能力的示范工程建设。通过深入基层督促检查,建设工作得到稳步推进。

【推进应急避难场所建设】 2013年,按照《南昌市中心城区应急避难疏散场所规划》,重点推进应急避难场所建设工作,在已争取国家资金800万元的基础上,积极争取市本级2000万元配套资金,把人民公园应急避难场所建设成为一类示范点。至年底,人民公园应急避难场所建设有序实施。

【开展调查研究工作】 2013年8月和11月,分别组织县(区)应急办工作人员赴云南昆明、陕西西安、甘肃张掖等地,就加强突发事件信息管理、提升突发事件应急处置能力、加快应急避难场所建设进行考察学习。在借鉴和领会各地好经验、好做法、好举措的基础上,撰写《加强突发事件信息管理提升突发事件应急处置能力》《我市突发公共事件应急处置机制建设研究》《南昌市应急避难场所建设思考》3个调研报告,客观分析南昌市应急管理工作的问题、不足和与其他地方的差距,站在更有效地降低突发事件危害和影响、保障人民群众生命财产安全、服务南昌市打造“核心增长极”的高度,对进一步完善制度、健全机制、规范管理,提升应急管理工作水平进行有益的探索和思考。

驻外办事机构

【概况】 2013年,南昌市有驻外办事机构4个,分别为市政府驻北京联络处、驻上海联络处、驻厦门办事处、驻深圳办事处。各驻外机构紧紧围绕打造带动全省发展的核心增长极的目标,充分发挥“窗口、桥梁、纽带”作用,积极转变工作职能,创新工作思路,拓宽工作方法,全力以赴做好招商引资、宣传推介、信息调研、接待服务、信访维稳等方面的工作,为南昌市加速打造核心增长极做出积极贡献。

【开展招商引资工作】 2013年,驻北京联络处围绕开放招商这条经济工作的生命线,紧盯重点产业,创新招商方式,在引进和服务重优特大项目上寻求突破。促成中国航天科技集团神舟软件与思创数码科技股份有限公司在南昌高新区签署战略合作协议;促成总投资额400亿元的南昌九龙湖万达文化旅游城落地;促成江铃与福特的合作达到新高度;协助促成市轨道交通2号线一期工程申请德国促进贷款2亿欧元,首个财年的1亿欧元获得国家发改委批复;积极对接中国网库集团公司到南昌高新技术开发区设立区域运营总部;积极对接联发航空,南苑机场增加一班南昌到北京和天津直飞南昌的航班;积极参与向国开行申请棚户区改造长期贷款300亿元、软贷款20亿元;促成市政府与中信银行股份有限公司在前湖迎宾馆签署战略合作协议;随同拜访中国节能环保集团、中国铝业公司、中国石油化工集团公司、中国中钢集团、中国水利投资集团、中国北方机车车辆工业集团公司、中国建筑工程总公司、中国五矿集团公司、北京北辰实业集团有限责任公司、中植企业集团、林海节能等央企和朝阳民企,随后建立起长效联络机制。驻上海联络处积极牵线搭桥并跟踪服务,促成一批重点项目在南昌落户或增加投资。包括深圳欧菲光科技有限公司落户南昌经济技术开发区;上海奥中实业股份有限公司与南昌工业控股集团公司签订关于年产4.2万吨优质岩棉制品生产线项目投资合作框架协议;上海海立股份有限公司旗下的核心企业上海日立在南昌经济技术开发区总投资达16.3亿元的南昌海立工厂,一次产能600万台,已全部建成投产;上海百联集团公司与西湖区签订协议,购地4公顷,投资约10亿元,兴建南昌东方商厦项目。驻厦门办事处坚持“地毯式排查,保姆式服务”,倾力推动招商项目进程,全力打开招商工作局面,积极建立项目信息收集与排查工作机制,收集与排查信息200余条,储备一批项目信息,并积极与有关政府部门、各地商会、乡友会等加强联络,借力生力,形成招商合力,全年共组织60余批次客商到南昌市考察,引进项目10余个,经独立挖掘、跟踪并落户项目2个。至年底,投资12亿元的新建县泉州汽配产业园项目已完成公司注册;厦门中游投资有限公司投资4.2亿元的八大山人文化旅游项目已完成土地竞拍;福建新华都购物广场股份有限公司投资1亿元的新华都百货项目已开业运营;厦门银行江西分行项目已投资2亿元购买办公场所,并向银监部门递交筹备申请;投资5亿元的华远和平里大酒店项目即将交付;落户进贤县的威尼服饰等一批轻纺、服装项目建设顺利推进。驻深圳办事处全年招商引资达成意向投资500余亿元,包括“深圳国际金融中心”、上市公司总部基地、企业区域总部、深圳茵睐特科技有限公司、成都多吉昌新材料公司、成都真火科技公司、创东方科技创新基金及创东方科技创新园(暂命名)等项目。深圳玉和田环境事业发展有限公司在南昌注册资金1000万元成立江西玉和田环境事业发展有限公司,已在南昌县、青山湖区、华南城承接清扫项目资金额达2000余万元。

【进行宣传推介】 2013年,驻北京联络处积极争取社会各界对南昌更大支持。应法国驻华大使西尔维·贝尔曼(中文名白林)邀约参加欧盟企业项目招商,大力推荐南昌人文生态环境和经济发展前景,为中法文化和经济交流打下良好基础;成功邀约王府井百货、安轩投资集团、中科招商、久盛鸿业和汉柏科技公司负责人赴南昌参加“南昌之友看南昌,为打造核心增长极再出力”活动;促成中国银行业协会组织16家外资银行考察团赴南昌进行“赣鄱行”考察活动;在第九届北京国际金融博览会上搭建168平方米展台,宣传展示全省金融商务区、全省金融后台服务中心和南昌银行,共接待参观人数近5000余人次,洽谈30余个项目。驻上海联络处积极协助市商贸委、南昌县、新建县、进贤县、经开区在上海召开的招商引资推介会、洽谈会。同时,在南昌之友(上海)联谊会成立后,立即着手组建或在原有商会的基础上改建、完善各县(区)在沪商会、同乡会。至年底,正式成立南昌县(上海)同乡联谊会、上海市江西商会建筑智能化分会江西省新建县(上海)商会和上海市江西商会安义商业分会。驻厦门办事处积极利用南昌之友(厦门)联谊会、厦门南昌商会、漳州南昌商会(筹)、各地南昌乡友会等平台组织,不断加大宣传联络工作力度,通过主动参会、合作办会、信息共享等方式,先后利用短信平台与QQ群发布南昌市各类信息达60余条,召开经济社会发展情况通报会2次,组织专场招商推介会、恳谈会、调研会共8次;与市外经贸委、进贤县、新建县等协作开展标准工业厂房招商推介、新兴产业推介等专题招商会;与经开区、高新区、西湖区、青云谱区、东湖区等合作开展招商闽东南行等小分队行动。驻深圳办事处积极加强与珠三角地区大集团、大企业及各类投资机构的沟通联系，及时了解外商投资动态，跟踪捕捉招商信息，整合客商、项目资源，为全市的招商工作提供信息服务。同时，利用各类活动、商会、联谊会等平台广拓信息渠道，增强招商信息敏感度，拓展潜在客商资源；广泛宣传南昌政策、区位、资源优势；经常拜访省商会、南昌之友联谊会的会员单位，及时跟踪其投资意向，主动对接，主动服务。全年先后3次邀请江西省商会、南昌之友联谊会部分企业客商到南昌考察，签约意向投资项目7个，拟投资约485亿元，项目涉及金融及后台服务、上市公司总部基地、企业区域总部、高端制造业等。

【提升信息调研水平】 2013年，驻上海联络处建立广泛信息渠道，搜集、整理长三角地区政务、经济、科技和民生、城市管理等方面的先进理念，全年共报送信息1000余条，市委、市政府政务信息采用、得分和排名情况在全市驻外办中均位列前茅。驻厦门办事处共报送信息300余条，特别是对闽厦地区壮大民营经济、加强台海合作和旧城改造等方面的经验重点关注，其中《福州市三坊七巷历史文化保护区保护修复与开发情况的调研》被省委常委、市委书记王文涛签批给有关县（区），《福建省数字产业家庭建设》等数十篇信息被市有关刊物采用。驻北京联络处敏锐掌握并及时传递国家最新出台的相关政策、项目及资金流向，对接国家部委，争取大政策、大项目、大资金。促成国务院批准青云谱区被纳入25个市辖区范围之内，将进行老工业城市整体改造；国家发改委将南昌市洪都老工业区列入"全国老工业区整体搬迁改造首批试点市（区）"备选；促成南昌市成为水利部首批入选全国水生态文明城市建设试点的城市。驻深圳办事处广泛采集当地政府及社会重大信息和领导在深圳香港活动信息，及时将有价值的信息调研及客商投资意向信息向有关领导、有关部门汇报，全年报送信息200余条，其中多篇得到市领导批示。同时，配合市委组织部完成关于如何培养和选拔招商人才的课题调研。

【完成接待服务工作】 2013年，驻北京联络处克服人手少、条件差、经费不足等困难，全年保障市委、市政府领导进京政务和商务活动316批次1970人次。驻上海联络处积极配合市委组织部在中国浦东干部学院先后举办"南昌市领导干部城市与城市现代化"和"南昌市领导干部新型工业与农业现代化"专题培训班，近百余名正处级干部参加。同时，联系南昌市西湖区政府学习考察团到上海市静安区学习"深化市容环境长效管理创新实践"的做法和经验，为南昌市县区经济发展穿针引线，提供工作便利，做好服务工作。驻厦门办事处先后对接市委、市政府主要领导和有关市领导赴闽赴厦的工作考察与调研、招商推介工作等公务接待工作；为南昌市"九八投洽会"参展、财经干部培训班、停车管理工作考察、旧城改造工作考察等多个专题培训与交流活动提供服务。驻深圳办事处全年共接待到深圳各级领导50余人次，积极做好南昌代表团参加在深圳举办的高交会、文博会等协调、服务、保障工作；组织重要客商参加江西省政府在深圳召开的"江西省战略性新兴产业新闻发布暨项目签约会"；12月底，配合市政协、南昌日报社在深圳对近10位南昌籍、江西籍的企业家进行采访报道。

【开展信访维稳工作】 2013年，驻北京联络处密切配合市信访局，准确把握信访稳定工作的新要求，运用群众工作理念，站在护百姓、保平安、促和谐的高度，做好信访稳定工作。运用法治思维和法治方式，严格依法办事、规范信访秩序，积极引导群众通过法律途径化解各类矛盾纠纷。积极制订处理突发性群体事件应急预案，规范处置在京突发群体信访事件。提高应对能力，有效预防、及时控制和妥善处置在京突发性群体信访事件，确保首都和南昌和谐稳定。驻深圳办事处制订并落实安全维稳预案，全面排查在深圳南昌籍人员不稳定隐患，落实工作责任，健全沟通、协调工作机制，确保将各类隐患消除在萌芽状态，确保一旦出现问题，做到可防、可控，快速、有效处置。

（李　娜）

2013年南昌市人民政府颁发文件选目一览表

表7

文件号	文件名称
洪府发1号	关于表彰全市新型农村和城镇居民社会养老保障工作先进单位和先进个人的决定
洪府发2号	关于表彰全市就业创业工作先进集体和先进个人的决定
洪府发3号	关于印发清理整顿市场中介组织服务和收费行为中突出问题的实施方案的通知
洪府发4号	关于印发南昌市人民政府关于试行国有资本经营预算的意见的通知
洪府发5号	关于印发南昌市城镇职工医疗保险定点医疗机构住院费用支付管理试行办法的通知
洪府发6号	关于印发南昌市行政审批否定报告备案制度的通知
洪府发7号	关于印发南昌市全面简政放权进一步深化行政审批制度改革工作实施方案的通知
洪府发8号	印发关于配置土地资源保障轨道交通建设的决定的通知
洪府发9号	关于印发南昌市行政审批服务事项联合办理办法的通知
洪府发10号	关于印发南昌市"矿山复绿"行动实施方案的通知
洪府发11号	印发关于南昌市临街建筑外立面装修管理办法的通知

续表 7

文件号	文件名称
洪府发 12 号	关于印发南昌市 2013 年 100 个重大重点项目投资计划的通知
洪府发 13 号	关于印发南昌市 2013 年主要污染物总量减排计划的通知
洪府发 14 号	印发关于进一步加强开发区(新区)卫生工作的意见的通知
洪府发 15 号	关于印发《南昌打造核心增长极三年行动计划(2013—2015)大纲》的通知
洪府发 16 号	关于印发南昌市蓝天行动计划(2013—2015 年)的通知
洪府发 17 号	关于印发 2013 年公共财政政策安排意见的通知
洪府发 18 号	关于加强校企合作促进高质量就业的实施意见
洪府发 19 号	关于印发《南昌市 2013 年低碳试点城市推进工作实施方案》的通知
洪府发 20 号	关于印发支持工业和中小微型企业发展的若干政策的通知
洪府发 21 号	关于印发南昌市新增建设用地计划指标管理意见的通知
洪府发 22 号	关于深化第八轮行政审批制度改革全面简政放权的决定
洪府发 23 号	关于印发南昌市清流行动计划(2013—2015)的通知
洪府发 24 号	关于印发南昌市被征地农民参加养老保险实施办法的通知
洪府发 25 号	关于印发南昌地热、浅层地温能资源勘查开发联席会议制度的通知
洪府发 26 号	印发关于南昌市高层次人才创新创业激励办法的通知
洪府发 27 号	批转市地税局关于南昌市强化地方税收保障实施意见的通知
洪府发 28 号	关于印发《南昌市国民经济和社会发展第十二个五年规划纲要任务分解方案》的通知
洪府发 29 号	关于下达南昌市 2013 年国民经济和社会发展计划的通知
洪府发 30 号	关于印发南昌市施工围挡设置及维护管理规定的通知
洪府发 31 号	关于批转市发改委南昌供电公司《2013 年南昌电网有序用电预案》的通知
洪府发 32 号	关于印发《南昌市促进总部经济发展暂行办法》的通知
洪府发 33 号	关于衔接江西省人民政府取消和下放一批行政审批项目等事项的通知
洪府发 34 号	关于印发《南昌市申报和推动新兴产业创业投资基金设立工作方案》的通知
洪府发 35 号	关于印发南昌市人民政府特殊津贴工作办法的通知
洪府发 36 号	关于印发南昌市进一步促进服务外包产业发展的扶持政策的通知
洪府发 37 号	印发关于进一步规范经营性国有建设用地使用权出让工作的意见的通知
洪府发 38 号	征兵命令
洪府发 39 号	关于加强资金安全管理、切实防范资金风险的通知
洪府发 40 号	关于进一步加强和改进最低生活保障工作的意见
洪府发 41 号	关于批转市发改委关于 2013 年深化南昌市经济体制改革重点工作意见的通知
洪府发 42 号	关于做好 2012 年冬季退役士兵安置工作的意见
洪府发 43 号	印发关于进一步加快城市旧城(棚户区)改造工作的意见的通知
洪府发 44 号	关于进一步加快学前教育发展的实施意见
洪府发 45 号	印发《南昌市化工行业安全发展规划(2012—2015)》的通知
洪府发 46 号	关于转发《关于省人民政府关于取消和下放一批行政审批项目和备案项目的决定》的通知

续表 7

文件号	文件名称
洪府发 47 号	关于印发南昌市创建全国双拥模范城“八连冠”工作实施方案的通知
洪府发 48 号	关于进一步加快交通运输事业发展的实施意见
洪府发 49 号	关于印发南昌市居民家庭经济状况核查办法(试行)的通知
洪府发 50 号	关于印发南昌市“千万树木进千村”活动实施方案的通知
洪府发 51 号	关于印发南昌市净土行动计划(2013—2015 年)的通知
洪府发 52 号	关于转发《江西省人民政府关于衔接国务院取消和下放 50 项行政审批项目等事项的通知》的通知
洪府发 53 号	关于印发《南昌市航空产业“十二五”及中长期规划》的通知
洪府发 54 号	印发关于进一步做好防震减灾工作的意见的通知

参事工作

【概况】 2013 年,南昌市参事室深入贯彻落实全国参事系统视频会议和习近平总书记关于加强智库建设的讲话精神,紧紧围绕南昌市打造核心增长极的目标,努力改进和推动工作,较好发挥政府参事参政咨询作用。积极组织施行政府参事与市政府领导对接方式的活动。在认真严格地考察筛选的基础上,经过市政府批准,新聘 5 名市政府参事,1 名到期离任。安排 2 名参事参加第四期全国政府参事研修班。邀请市政府 11 个部门的领导为参事介绍情况,组织全体政府参事赴 3 个市直部门、县(区)、开发区以及 2 个企业公司进行综合调研,召开调查会 15 次。到外省市考察 6 次 14 地。在中共十八届三中全会召开后,第一时间邀请专家为参事解读会议精神。编印《2012 年南昌市政府参事建言集》,编辑《南昌参事》简报 12 期,上报“一句话建言”140 条、社情民意 6 条,上报参事专题建议 27 篇,组织完成课题调研 11 项,参与法规规章修改 3 项,提出意见 22 条,同时做好参事履职考评工作。

【参政咨询】 2013 年,根据南昌市参事工作发展需要和市领导指示要求,年初向市政府报送《关于实行政府参事与市政府领导对接方式的请示》,得到市政府领导的高度重视和大力支持。通过对接,市政府领导交办课题 11 项,年底全部完成,均得到市领导肯定性批示。主要调研成果有:梁礼伦、万加良撰写的《关于加强和创新乡镇民政工作的思考》课题报告,胡群正、舒辉撰写的《我市农业科技发展情况及建议》课题报告,万加良、魏兵、喻水保、石浔撰写的《我市事业单位实施绩效工资的现状及续后工作的建议》课题报告,舒辉、胡群正、陈寿明、练新廷撰写的《南昌市物流园区建设现状分析及对策建议》课题报告,李汉国撰写的《在我市建立碳排放权交易市场的建议》,喻水保、胡群正、陈寿明撰写的《关于建立河道采砂长效管理机制的调研报告》,胡群正撰写的《关于将南昌市洪城公证处由参照公务员管理改为自收自支事业单位的建议》《关于改进我市物业管理的建议》。

(张小林)

民族宗教工作

【概况】 2013 年,南昌市民族宗教事务局以贯彻落实党的民族政策和宗教工作基本方针为主线,按照“民族工作抓特色,宗教工作创和谐”的工作思路,服务少数民族群众,依法管理宗教事务,引导民族宗教界为经济社会发展发挥积极作用。

【开展民族团结进步创建活动】 2013 年 9 月,全市积极开展民族团结进步创建活动。青山湖区上海路街办成立“民族一家亲”艺术团和少数民族志愿服务队,湖坊镇各社区成立“民族关爱之家”。西湖区组织民族群众参加西湖区“放飞中国梦,永远跟党走”歌咏比赛。湾里区民宗局组织区内部分少数民族参与区“关爱自然、保护梅岭”——周末生态文明志愿服务活动。

【流动少数民族联络服务站逐步推开】 2013 年 8 月,推广青山湖区塘山镇流动少数民族联络服务站经验。通过整合县(区)的力量,在少数民族流动人口相对较为集中的社区,成立“少数民族流动人口联络服务中心”,加强民族理论、民族政策、法律法规的宣传教育,为少数民族流动人员在生产经营、子女教育、办理证件、劳动就业、权益保障等方面,提供服务。

【全省城市民族工作交流会召开】 2013 年 9 月 29 日,全省城市民族工作交流会在南昌市青山湖区召开。来自全省各设区市的民宗局局长、部分社区干部共 80 余人参加。与会人员参观上海路街办隆鑫社区少数民族联络服务站和上海路街办城市民族工作的成效。南昌市在交流会上作典型发言。

【服务保障清真饮食】 2013 年 7 月 19 日,市政府批复同意南昌市清真牛羊定点屠宰由新建县江西钰惠公司承担。7 月 29 日,省人大常委会副主任马志武到南昌市视察清真餐饮工作。10 月 1 日,在新清真寺设立新鲜清真牛羊肉销售点。全市穆斯林群众常住人口按每人每年 50 元清真牛羊肉的标准发放补贴,共计发放 36 万元。同时,市财政对全市唯一一家国有清真餐饮百年老店——清真万花楼提高特色经营性补贴,由每年 12 万元增加到 18 万元,月承包租金由 4 万元降到 3.5 万元。该清真餐厅实现营业收入和利润双增长。

【开展清真拉面馆调研管理工作】 2013 年 4—8 月,开展全市清真拉面馆调研管理工作,协助相关部门解决无证经营等问题。清真小餐饮店持证率从整治前的 17.5% 提高到 75.2%,量化分级管理公示率达 100%。

【化解涉及少数民族矛盾纠纷】 2013

年2月25日,南昌市外来回族群众马某某在赣州市江西理工大学筹备清真餐厅开业时,受到当地拉面馆老板韩某某阻挠。马某某回南昌纠集近百名同乡,欲前往赣州激化矛盾。市民宗局闻讯后,立即与市伊斯兰教协会一道劝阻说服,及时化解纠纷,维护回民合法权益。3月10日,南昌奥克斯电器有限公司欲解聘4名违反纪律的四川省凉山彝族员工,导致公司内60余名彝族员工聚集公司办公区静坐,并提出集体辞职,要求赔偿损失。市民宗局及时与经开区社发局、劳动人事局和维稳办等多部门介入调解,最终奥克斯电器有限公司同意彝族员工集体辞职,支付工资、奖金和返程路费共计19.08万元。

【下发《南昌市学校民族工作细则》】 2013年,市民宗局与市教育局联合下发《南昌市学校民族工作细则》。该细则共7章近3000字,明确规定教育部门要为流动少数民族人口随迁子女入学提供便利。

【民族成分更改实施"四制"】 2013年,为保障民族考生的切身利益,享受优惠政策,由县(区)严格把关,市局细致审核,公安机关审查确认,实行民族成分社区公示制、纪检审查制、公安审核制、市民宗局网上公示制,杜绝违规更改民族成分不良现象。全年上报高考民族考生61名,无一例举报。

【建设进贤县畲族特色村寨】 2013年,围绕"年底有看头、村民得甜头、畲乡有盼头"工作目标,市县两级合力把全市唯一的畲族村——进贤县池溪乡兰家畲族村打造成具有畲族风情特色的乡村旅游目的地。至年底,村容村貌改造和文化设施、老电排灌站,排水渠改造,乡村旅游接待中心等项目陆继开工建设。

【开展民族宗教界理论学习活动】 2013年2月21日,在市基督教志道堂内举办全市民族宗教系统学习贯彻中共十八大精神专题讲座。全市宗教团体理事及部分会员、市属寺观教堂管理人员、少数民族联谊会部分会员共160余人参加讲座。11月,为学习传达中共十八届三中会精神,提高市佛协新一届理事的思想觉悟,市民宗局与市委统战部、市社院联合举办市佛协新一届理事培训班。12月19日,在市志道堂举办全市民族宗教系统学习贯彻中共十八届三中全会精神宣讲报告会,民宗系统150余人参加,市委宣讲团成员喻凤林应邀宣讲。

【组织宗教团体年度考核】 2013年一季度,组织干部对宗教团体领导班子及副秘书长以上人员进行2012年度工作考核。这是南昌市首次对全市五大宗教团体领导班子进行年度考核。通过对班子成员的德、勤、能、绩、廉等方面系统考核,各宗教团体组织意识、民主意识、制度建设有所加强。

【市佛教协会换届】 2013年10月18日,市佛教协会在江西饭店召开第五次代表会议,法师纯一当选为第五届理事会会长,密法、开明、涵伟(女)、镜定、纯良、涵德(女)为副会长,法师镜定为秘书长。市委副书记欧阳海泉,省委统战部副部长、省民宗局局长张勇,市委常委、统战部部长高鹰群,副市长张根水到会祝贺。

【市道教协会换届】 2013年12月31日,市道教协会在春都宾馆召开第三次代表会议,道长李友金当选为第三届理事会会长,吴昌智、张春荣、熊淑微、熊海明、胡晓明为副会长,熊海明为秘书长,礼请余香为名誉会长。会址迁至西山万寿宫。省委统战部副部长、省民宗局局长张勇,全国人大常委、中国道教协会副会长张继禹,副市长张根水到会祝贺。

【管理宗教事务】 2013年5月,针对观音阁财务管理混乱,存在资金挪用、借用的现象,依法进行财务审计,帮助完善财务制度,提高教职人员民主管理意识和遵纪守法意识。6月,在宗教活动场所推动财务电算化工作,共有6家重点场所实行财务工作电算化。

【制止非法活动】 2013年,加大对非法宗教活动的整治力度。2月,制止红谷滩新区生米教堂的非法培训班;3月,对天易阁举办非法宗教活动,借教敛财行为开展联合执法行动;4月,对昌北一基督教堂非教职人员讲道的非法传教活动成功处置,指导进贤县对道教三阳万寿宫被佛教僧人占用行为进行了调查处理;5月,指导西湖区成功阻止一起大型非法基督教集会活动。

【民间信仰状况调查摸底】 2013年6月,为全面掌握全市民间信仰情况,探索规范管理的有效方法,采取全面普查登记的办法,开展民间信仰状况摸底调查。全市统计民间信仰场所684处。

【开展佛教寺庙与道教宫观专项治理】 2013年7月,按照国家十部门《关于处理涉及佛教寺庙、道教宫观管理有关问题的意见》,开展佛、道教宫观管理专项治理,防止寺院"被承包、被上市"以及烧高香等商业运作行为,有效净化佛、道教信仰环境。

【开展双"和谐"创建活动】 2013年继续开展以"教风年"为主题的和谐宗教团体、和谐寺观教堂创建工作。基督教志道堂、西山万寿宫评为全国创建和谐寺观教堂先进集体,佑民寺释纯一法师被评为全国先进个人。

【组织宗教界"慈善周"活动】 2013年9月第一周,组织开展"慈善周"活动。全市宗教界共募集善款35万元,其中14万元通过市慈善总会捐往四川雅安地震灾区,11万元捐助进贤县民和镇潘李村,10万元捐助南昌县塘南村。

【举办幽兰镇首届佛教文化旅游节】 2013年5月13日,南昌县幽兰镇举办首届佛教文化旅游节。其间,开展生态放生、慈善义卖、幽兰佛教特色文化旅游资源挖掘与开发研讨会等活动,吸引众多游客,有效扩大旅游节影响。

【采集宗教基础信息】 2013年5月,全市开展宗教教职人员、宗教活动场所、宗教团体、宗教工作机构4个方面的信息采集工作,共采集1395条宗教教职人员信息、580条宗教活动场所信息、19条宗教团体信息和14条宗教工作机构信息并报省民宗局。

(涂绪盛)

法制工作

【概况】 2013年,南昌市人民政府法制办公室认真贯彻落实中共十八大和十八届三中全会精神,积极履行职责,充分发挥政府的参谋、助手和法律顾问作用,圆满完成全年各项工作任务。至年底,共完成3件地方性法规和3件规章项目的审查;审查并报备市政府规范性文件6件;备案审查县(区)政府和市政府部门规范性文件54件,纠正3件;备案审查重大行政执法决定217件;受理行政复议申请129件,审结107件。办理行政争议信访件2件,办理行政应复案件5件;回复征求意见的法律、法规、规章草案及市政府有关文件、合同、协议等

100 余件。

【地方性法规项目审查】 2013 年，完成《南昌市促进发展新型墙体材料条例（修订）》《南昌市涉及国家安全事项建设项目管理条例》《南昌市流动人口计划生育工作条例（修正）》3 件地方性法规审查，并经市政府常务会议审议通过提请市人大常委会审议。其中，前两件分别经市第十四届人大常委会第 14 次会议和第 15 次会议审议通过，省第十二届人大常委会第 5 次会议和第 6 次会议批准，以市第十四届人大常委会公告第 2 号、第 5 号发布。

【政府规章项目审查】 2013 年，完成《南昌市地名管理办法》《南昌市城市地下空间开发利用管理办法》《南昌市市场中介组织管理办法》审查，并经市政府常务会审议通过，分别以市政府令第 150、151、152 号发布。

【行政执法案卷评查】 2013 年 4—5 月，按照《南昌市行政执法案卷评查办法》要求，对各县（区）和市政府各部门 2012 年按照一般程序实施并已办结的行政处罚、行政许可和重大行政决策案卷开展评查。在自查自评的基础上，随机抽取 278 宗行政执法案卷进行集中评查。这是南昌市首次将县（区）有关部门的行政执法案卷纳入评查范围。评查形式进一步改革创新，采取“初审 + 复审 + 集体讨论复核 = 案卷成绩”的形式进行逐卷评分，择优奖励。评查结果逐卷反馈，对案卷中存在的问题，逐个与有关部门沟通指导。经过评查，《南昌市双港装卸服务有限公司涉嫌未接受年度检验案》等 80 宗行政处罚案卷、《深圳市聚橙网络技术有限公司举办营业性演出审批》等 41 宗行政许可案卷被评为优秀案卷，行政处罚和行政许可案卷优秀率分别为 49.4 % 和 35.3%，不合格的行政处罚案卷 4 宗、行政许可案卷 9 宗，不合格率分别为 2.47 % 和 7.76%。

【全面推进行政调解】 2013 年 5 月 15 日，印发《全面推进行政调解工作实施方案》，要求各地各部门成立行政调解工作机构，配备工作人员，建立工作制度，充分发挥调解功能，积极化解行政争议。方案明确该项工作分制订实施方案、动员部署、组织试点、全面推广实施和检查验收 5 个步骤进行。7 月 4 日，印发《南昌市行政调解办法（试行）》，统一规范行政调解文书格式，明确行政调解室职责，明晰行政调解程序。7 月 30 日，会同市综治办举办全市行政调解骨干培训班，对全市具有行政调解职能的 49 个部门的行政调解员进行业务培训。10 月 14—23 日，对全市具有行政调解职能的 49 个部门进行行政调解工作检查验收。

【依法行政专题研讨班举行】 2013 年 9 月 26—27 日，由市委组织部和市法制办主办、市委党校承办的 2013 年领导干部依法行政专题研讨班在市委党校举行。各县（区）政府、开发区（新区）管委会以及市政府各部门 65 名副县级以上领导干部参加。此次专题研讨班紧密结合中共十八大精神和南昌市打造核心增长极对推进依法行政、建设法治政府提出的新要求，安排“如何培育和提高领导干部运用法治思维和法治方式解决问题的能力”“如何适应大建设需要，推进依法拆迁、和谐拆迁”“如何推进依法科学民主决策以及相关决策案例讨论分析”等专题，内容丰富，切合实际，有较强的理论性和实用性。

【推行说理式执法文书】 2013 年 4 月 11 日，印发《关于推行说理式行政处罚文书的工作意见》，要求行政处罚坚持以人为本，增强行政处罚的说服力和公信力，围绕“说明事理，说清程序，说准法理，说透情理”的要求，对在行政处罚决定书中相对人信息采集、案件查处过程、违法事实认定、证据的引用、救济方式和当事人陈述申辩告知等方面的表述作出明确规范。通过推行说理式行政处罚文书，使行政处罚案件事理更清，法理更明，情理更浓，让行政管理相对人便于理解，易于接受。各行政执法部门按照意见积极开展工作，在一定范围内取得明显成效。

【落实重大行政执法决定备案制度】 2013 年 3 月 1 日，《南昌市重大行政执法决定备案办法》正式施行。为确保南昌市重大行政执法决定备案工作落到实处，1 月 8 日和 8 月 30 日，先后印发《关于贯彻实施〈办法〉的通知》和《关于贯彻落实〈江西省人民政府办公厅关于进一步规范重大行政执法行为备案工作的通知〉和〈南昌市重大行政执法决定备案办法〉的意见》，对报备文书进行规范，并于 10 月 14—23 日组成 2 个检查组，对全市行政执法部门执行情况进行督查。

【开展规章执法检查】 2013 年 8 月，为了解《南昌市没收物品管理办法》实施情况，促进严格规范公正文明执法，确保没收物品管理规范有序，印发《关于开展〈南昌市没收物品管理办法〉执法检查的通知》，要求各执法机关认真开展自查自纠。10 月中旬，会同市财政局组成联合检查小组，采取听汇报、查阅有关资料和实地察看保管没收物品仓库等方式，对市法院、市检察院、市公安局、市交通局、市农业局、市林业局、市文新局、市城管委、市商贸委、市药监局等 10 个重点执法机关进行执法检查，对检查中发现的问题和下一步工作建议向市政府进行专题报告。

【履行行政复议应诉职责】 2013 年，扎实推进行政复议委员会试点工作，就制定行政复议委员会工作制度、建立案件审理机制、遴选行政复议委员会非常任委员等开展基础性工作。至年底，受理行政复议申请 129 件，比上年增长 108%，审结 107 件，其中维持 42 件，责令履行 6 件，驳回申请 4 件，调解 3 件，决定终止 52 件。办理行政争议信访件 2 件，办理行政应复案件 5 件。在办案中，严格按照行政复议法及其实施条例关于答复期限、审理期限的规定办理复议案件，提升办案效率，注重运用调解和解方法办理案件，基本实现“定纷止争、案结事了”的良好社会效果。

【开展调查研究】 2013 年，为进一步改进工作作风，密切联系群众，9 名副县级以上领导干部围绕服务于打造核心增长极战略、提升行政复议功能、加强行政执法监督、科学立法、推进依法行政、加强县区政府法制机构建设、贯彻仲裁法律制度等政府法制工作的难点热点问题，每人确定 1 个课题，深入开展调查研究，形成 9 篇调研报告，并分别面向机关全体干部举行主题讲座，阐述调研成果，部分调研报告专呈市政府，就加强政府法制工作提出建议。

（陈万红）

人事工作

【概况】 2013 年，南昌人事制度建设和队伍管理不断加强，选人用人公平公正度不断提升，全年完成各类人事考试 20 余项，考生总数达 9.25 万人。全市事业单位岗位设置工作平稳推进，积极探索创新中小学教师职称评价“考评结合”工作，进一步畅通非国有企业职称申报渠道，人事制度改革迈出新步伐。

2013年4月10日,南昌市召开江西省2013年度考试录用公务员笔试南昌考区考务会

【严格公务员考录工作】 2013年,严把公务员考试录用审核关,确保岗位符合单位用人需求,满足绝大部分考生的资格条件,避免“萝卜招聘”现象的产生。严格考试要求和程序,使考试环境更加公平、公正、公开。全年共组织面向社会招录公务员考试2次。涉考的市直单位及县(区)录用计划594个,参考考生1.4万余人,其中参加全省公务员考试的考生12747人、参加招警考试的考生1467人。经过笔试、面试、体检、政审和公示等环节,共录用公务员526人,其中全省公务员考试录用380人,招警考试录用146人。组织3次面向基层公务员选调(遴选)考试,涉及单位57个,选调(遴选)基层公务员79人。

【加强公务员队伍建设】 2013年,为进一步提高公务员的依法行政能力、领导能力,提升业务水平,积极开展公务员各项培训工作。11月,分2批完成全市380名新录用公务员初任培训。2014年10月底开始,分3批完成对全市近2年新晋升的504名科级干部的任职培训。深入贯彻落实公务员考核和奖惩相关政策,全年共批复有关单位推荐参加全国、全省表彰9件次,审核备案先进集体4个、先进个人28人,完成对全市市直机关3311名公务员(不含市公安局)的年度考核备案,评定优秀等次公务员606人,办理嘉奖362人、三等功59人。

【创新事业单位公开招聘】 2013年,事业单位公开招聘做到“三个放宽”,即放宽户籍限制、放宽学历要求、放宽工作经验要求,缓解大学毕业生就业难,为事业单位广纳贤才。全年组织全市市、县、乡三级卫生部门、教育部门和全市部分事业单位3场大型公开招聘,以及江西科技师范大学、南昌师范专科学校、市教育局、市文化局、市重点办、市电化教育中心等专场招聘,报名人数突破4万人,招聘事业单位人员2246人,集中公开招聘平均开考比例高达32.4:1,报名人数、招聘人数、开考比例均创历史新高。

【事业单位选聘人才取得实效】 2013年,在坚持面向社会公开招聘作为事业单位进人主渠道的基础上,把赴省外重点高校公开选聘急需紧缺专业人才作为提高事业单位人才队伍素质的重要举措。先后组织市教育局、市卫生局、江西科技师范大学、南昌师范高等专科学校、市重点办等7个事业单位主管部门(单位)到上海华东师范大学、华中科技大学、上海戏剧学院、中山大学、哈尔滨工业大学等“985”高校选聘优秀高校毕业生115人,进一步优化事业单位人才结构、年龄结构、知识结构。

【事业单位岗位设置稳妥推进】 2013年,印发《关于南昌市事业单位岗位管理有关问题的通知》,进一步规范岗位设置工作后续管理,从岗位设置方案的变更、岗位聘用的变更、岗位设置与公开招聘的衔接、岗位设置管理核准备案四方面,加强各项业务流程的科学、规范管理。扎实做好岗位设置实施和人员聘用工作,重点解决教育、卫生部门在岗位设置实施和人员聘用工作中出现的问题,全市岗位设置工作平稳推进。

【开展事业单位人才统计工作】 2013年3月,通过采取以会代训的形式,对全市县(区)负责人才资源统计的干部进行业务培训,顺利完成2013年南昌市国有事业、企业报表统计工作。截至2012年底,全市事业单位人才总量为8.24万人,其中管理人才9050人,专业技术人才5.92万人,技能型人才1.46万人。同比2011年,人才总量净流入大于净流出。

【军转安置工作平稳有序】 2013年,南昌市安置任务为军转干部190名,随调家属25名。其中计划分配的162名(团职62名,营职及以下、专业技术职务军转干部100名),占总数的85.3%;自主择业军队转业干部28名,占总数的14.7%。至年底,年度军转安置工作基本完成。空十四师随军家属调配安置工作稳步实施,在空十四师举办专场招聘会,政策咨询146人次,发放宣传资料210余份,达成求职意向45人,用人单位现场录用16人。企业军转干部解困工作稳妥开展,出台企业军转干部解困标准,市本级企业退休军转干部收入比上年人均每月增加447元,比2013年全省标准人均每月高319元。

【加强专业技术管理】 2013年,共完成一级建造师、经济师等31个职称(执业)资格现场资格审查人数1万余人。审查发放经济类、会计类资格证书5000余个,其他各类专业中级资格证书4000余个、高级资格证书900余个。受理高级职称申报2246人次、中级职称申报5517人次。扎实做好事业单位专业技术职务聘任工作和专业技术人员资格认定工作,全年完成资格认定3664人次。

【开展职称资格考试】 2013年,严格审查各类资格考试报考条件,规范报考程序,切实把好考试资格审查关;严肃职称考试考风考纪,保障职称考试的公平、公正。先后开展南昌市中、小学(幼儿园)教师职称晋升(专业水平)考试、卫生系列职称资格考试等各类职称资格考试20余项。全市有3663名中小学教师参加考试,2143人合格,通过率60%;1.2万余人参加卫生系列职称资格考试。

【规范非国有企业职称评审】 2013年7月,全面启动全市非国有企业职称评审工作,指导非国有企业做好非国有企业职称评审向社会化评审的并轨和有序过渡,申报非国有系列中级专业技术资格参评人员2267人，初级参评人员412人。经非国有系列中、初级职称评审会评审，1676人取得中级职称，404人取得初级职称。

【人事考试稳步实施】 2013年，市人社局狠抓队伍建设，不断完善工作制度，精心组织，严肃考风考纪，严格细致管理，确保各类人事考试平稳有序和公开、公平、公正。至年底，共组织实施招考录用公务员、事业单位集中公开招聘、各类职称资格等考试共计40余次，参加考生9.4万人，安排考点89个、考场3070个。

【事业单位绩效工资稳步实施】 2013年，根据合理调控市直单位收入水平差距的需要，结合南昌经济发展、财力状况、物价消费水平的实际，及时调整事业单位绩效工资基本标准线，从2012年1月1日起调整市直事业单位绩效工资基本标准线的年人均2.2万元，提高到年人均2.68万元。继续做好事业单位绩效工资实施方案的审核备案工作，至年底，联合市财政局完成36个市直部门绩效工资实施方案的上报备案工作。认真做好事业单位2013年绩效工资总量的核定工作，从6月1日起，对市直全额拨款、差额拨款和经核准参照全额拨款事业单位管理运行经费由行政事业性收费收入保障的自收自支单位进行绩效工资总量核定，共核定市直54个部门243个单位的2013年绩效工资总量。

【审批年度正常晋升工资】 2013年，对符合国家文件规定增资条件的人员，分系统集中进行晋升工资审批。全年共完成市直机关、参照公务员管理事业单位3434名年度考核称职的工作人员正常晋级晋档和市直事业单位1.97万名年度考核合格的工作人员增加薪级工资审批。

【核定国企职教幼教退休教师退休金标准】 2013年，按照文件要求，扎实做好分工负责的国企职教幼教退休教师退休金核定工作，对企业报送的职教幼教退休教师退休金核定材料做到随到随审。至年底，共完成南昌铁路局、江西制药有限公司、江西化纤厂、洪都集团等25家企业共501名职教幼教退休教师退休金核定工作，按时完成2012年度新增职教幼教退休教师档案审理和退休金核定工作。

【提高艰苦边远地区农村中小学教师特殊津贴】 2013年，根据省人社厅、省教育厅、省财政厅《关于调整江西省艰苦边远地区农村中小学教师特殊津贴标准的通知》精神，南昌市从1月1日起，再次调整艰苦边远地区农村中小学教师特殊津贴标准，由每人每月105元提高到每人每月210元，最边远地区由每人每月180元提高至360元。这是自2008年省政府设立专项资金，针对山区、库区、湖区等相对艰苦边远地区的农村中小学在编在岗教职工发放教师特殊津贴以来，南昌第二次调整津贴标准。

【清理整治“吃空饷”】 2013年8月20日，全市清理整顿“吃空饷”工作布置会在市就业大厦召开。会议动员部署清理整治全市机关事业单位在编及离退休财政供养人员“吃空饷”工作。市人社、监察、编办、财政、公安等部门联合对全市机关事业单位在编及离退休财政供养人员“吃空饷”情况进行专项清理整治。

【完成“三支一扶”大学生招募计划】 2013年，严格按照要求做好“三支一扶”大学生招募工作，共有5026名大学生报名考试，通过笔试、资格复审、体检、培训等程序，并报省人社厅批复，全市共新招募“三支一扶”大学生120名。及时部署相关县（区、开发区、新区）对服务期满人员进行考核并妥善安置。第二季度组织开展“三支一扶”征文活动，共收到征文106篇，评选优秀征文12篇。

（黄桂林）

国有资产监督管理工作

【概况】 2013年，南昌市国有资产监督管理委员会（以下简称市国资委）紧紧围绕南昌市打造核心增长极的战略目标，进一步优化调整国有经济布局结构，不断完善国资监管体制，全力服务全市经济社会发展大局，各项工作取得良好成效。至年底，市国资委出资监管企业资产总额达3041亿元，比上年增长30%；净资产总额达961亿元，增长39.1%；全年累计完成营业收入648亿元，增长30.5%；实现利润总额60亿元，增长3.9%；上缴税费总额43.8亿元，下降4.4%。

【国资监管大格局稳步推进】 2013年，随着江西长运集团的加入、南昌轨道交通集团重新划归市国资委管理，市属经营性国有资产监管全覆盖工作取得重大进展。至年底，市国资委出资监管企业资产总额已超3000亿元，国资监管大格局向全覆盖逐步推进。

【监管重点企业实力进一步壮大】 2013年，面对严峻的经济形势，市国资委始终把服务放在首位，逐步加大对重点企业扶持力度，出资监管重点企业实力不断得到发展壮大。江铃汽车集团在全国商用车排名从第八位跃升到第六位，并被国家发改委批复成为国家级再制造试点，对江铃集团乃至全市再制造产业的发展起到积极推动作用。市政公用集团连续挺进全国服务业500强，且排名连年前移，水务、公共设施管理业列全国第三位。南昌银行在全国100家最大商业银行排名中连续两年进入前50强，在全国城商行综合竞争力排名中列第十六位，列中部经济区城商行综合竞争力第一名。南昌工业控股集团在完成企业改革之后，抓紧进行资源集中整合，强推重点项目，做大产业投融资平台，助推南昌工业实现跨越发展。南昌城投公司克服重重困难，突破融资考验，全力实施代建13个市政府重大重点项目。南昌旅游集团全力推动滕王阁景区扩建，逐步实现企业做大做强发展规划。南昌轨道交通集团创新经营理念，不断优化资产结构、做实净资产、做强现金流，做大总资产。集团总资产从2011年的30亿元增至2013年的312亿元，净资产从1.5亿元增至208亿元，增幅超百倍，为在5年内打造成资产超千亿的轨道交通综合服务型集团打下坚实基础。南昌国资产业集团组建以来，先后开展建章立制、搭建组织框架以及对所属企业调研摸底等一系列基础性工作，为尽快形成体系完善、机制健全的集团管理格局，理顺管理层级做出良好铺垫。

【完善制度建设】 2013年，根据实际情况，认真学习借鉴成都等外地经验，研究制定《南昌市国资委重大行政决策规程（试行）》《南昌市国资委出资监管企业和委属企业投融资管理暂行办法》《南昌市国资委履行出资人职责企业财务决算审计统一委托会计师事务所暂行办法》，并委托中介机构组织起草完善《南昌市国资委企业经营者业绩考核及薪酬管理办法》等制度，为南昌市国有资产监管工作奠定坚实的制度基础。

【业绩考核合理化】 2013年，着力强化对企业领导人员业绩的考核。考核采取中介机构对企业年度财务决算报告进行审计、市国资委考核小组对实际经营业绩情况进行核实、根据年薪制试行办法和经营业绩考核办法进行测算评分、确定考核等级和奖励标准等步骤进行,实现公平、公正、公开,充分调动了企业经营者的积极性和创造性,有效促进企业经济效益提升。

【规范产权管理】 2013年,整顿和规范资产评估中介机构,进一步强化中介机构从事中介业务的缜密性和准确性,同时积极探索资产评估合理性审核途径,力求资产评估结果合理合法,既不偏离市场公允价值,又使国有产权处置得以顺利进行。至年底,市国资委共办理资产评估备案项目16项,评估备案净资产账面值5.6亿元,评估值9.4亿元。建立产权交易信息报送制度,及时掌握企业国有产权进场交易情况,严格掌握进场协议转让的范围和条件,防止国有产权不进行公开竞价的行为,坚持国有产权场外协议转让必须报批。至年底,市属国有企业进场项目16宗,进场金额近4.5亿元,项目成交16宗,成交金额近5亿元,增值额5000余万元。完成南昌市国有企业产权重新登记工作,为理顺企业产权关系、全面掌握企业股权结构变化状况提供可靠依据。

【强化监事会工作】 2013年,不断加大企业外派监事会工作力度,做到企业重大问题决策全程参与,企业各项工作实时跟踪,问题得到及时掌握。外派监事会按相关规定要求对有关企业进行监管,并提交2012年度监督检查报告,监事会主席向市国资委党委会报告全年监管工作。

【推动国有资产优化整合】 2013年,完成南昌国资产业集团有限责任公司组建工作,有效盘活改制企业的国有资产,提高企业抗风险能力。积极推进江西国药改革重组、靠大联强。通过进场协议转让,股权、资产收购,资产划拨注入等方式实现出资监管企业资源整合、优化配置。起草《南昌市国资委落实加快民营经济发展政策举措》,进一步探索民营资本投资供水、供气、公交和污水处理等领域。

【强化开放招商工作】 2013年,以“央企入赣”为契机,突出抓好开放招商工作,推动央企在南昌重点项目的投资。至年底,在谈及签约项目共20个,总投资额490.8亿元。其中,已开工项目3个,央企投资额71亿元;已签约项目6个,央企投资额60.8亿元;在谈项目11个,央企投资额334亿元。9月,市政府与中国北车集团公司签署战略合作框架协议,中国北车将发挥在轨道交通装备领域研发、制造的优势,同时整合集团内外资源,为南昌市轨道交通建设及未来城市发展提供系统解决方案,为南昌市的产业升级和城市发展提供科学支撑。

【做好重大重点项目跟踪服务】 2013年,积极推进江铃30万辆整车项目、五十铃公司延续合作项目及重组太原重卡项目和富奇项目。这些项目的实施,标志着江铃集团发展进入一个崭新时期,南昌打造千亿汽车产业迈上新台阶。同时,大力推动梅岭旅游景区综合开发、朝阳片区基础设施、滕王阁景区扩建工程二期等一批项目建设,推进江西物资储运公司、华源江纺和江联公司招商并搬迁改造等重大项目建设。

【加强综治信访维稳工作】 2013年,完善赴京信访问题快速化解工作机制。建立排查、通联、稳控和劝返机制,做到早发现、早报告、早处置、早稳控。健全信息通联、情报共享、应急响应、稳控劝返、责任追究等制度。

【开展党建活动】 2013年,开展以“四大服务”(服务生产经营、服务企业发展、服务法人治理结构、服务百姓民生)为内涵的服务型基层党组织创建活动,以此提高党在基层的领导力、影响力和凝聚力。通过活动的开展,切实取得企业党建工作地位提升、基层党组织服务功能提升、党员职工服务能力提升、群众对企业满意度提升“四大提升”的显著成果。

【加强干部队伍建设】 2013年,完成21名企业干部的选拔任用,配齐配强12户企业领导班子;做好江铃集团“两委”班子换届共40名考察对象和市国资委离管中心4名党委委员候选人的考察工作。运用公推比选的方式选拔3名国资委内设机构正科级领导职务人选;积极拓宽企业人才引进渠道,先后从广发银行、中铁十六局、江西财经大学等大型企业和高等院校引进南昌银行行长、南昌轨道交通集团副总经理和工业控股副总会计师、副总经济师等高管人员,增强企业领导班子的专业技术水平。

【建立干部实绩考核评价体系】 2013年,制定《市国资委所属企业领导班子多维度综合考核评价的实施办法》,对委属企业领导班子进行综合考核评价。针对考核中发现的部分企业领导班子不够完善、结构不够合理、缺乏开拓创新精神等问题,及时配齐完善、调整班子,企业领导班子整体素质和战斗力得到较大提升。

【开展党风廉政建设】 2013年,市国资委先后组织开展国资系统党政领导干部违反规定接受和赠送现金、有价证券和支付凭证“红包”问题的专项治理活动,全系统中层以上干部800余人参加自查,主动上缴“红包”金额13.47万元。做好信访办案工作,严厉惩治腐败。至年底,共受理115件举报信,办理初核举报件32件,立案13件,上缴财政违纪罚没款52.51万元,处分14人。全力做好办案陪护工作。先后派出6批81人次纪检干部、复转军人参加省市纪委查办大要案陪护,得到省市纪委领导肯定表扬。

(张军伟)

2014年7月16日,南昌市国资委召开“创建服务型基层党组织”工作推进会

信访工作

【概况】 2013年，认真贯彻落实中央、省市关于信访工作的一系列决策部署，扎实做好领导干部接访下访、信访积案化解及重要敏感时期、重大重点项目的信访保障工作，全市信访形势呈现"四下降、五个100%"（赴京访初访访量、到市访总量、到市集体访访量、到市重复访访量下降；群众来信到期办结率、网上投诉到期办结率、上级交办信访事项办结率、中央巡视组和省领导接访下访信访事项办结率、中央巡视组交办突出信访事项办结率100%。）的良好态势，有力服务中心、支持大局。

【领导干部接访下访】 2013年，深入开展领导干部坐班接访、开门接访、带案下访活动，形成一级抓一级、层层抓落实的局面。全国、省、市"两会"，中央巡视组在赣驻南昌巡视，中共十八届三中全会期间，各县（区、开发区、新区）、乡镇（街道）及市直部门每天都安排1名党政领导坐班接访，随时接待上访群众，对上级交办的突出信访事项和排查的信访积案指定专人带案下访，对上访老户主动约访，掌握动态，就地处理。成立由市委组织部、市纪委、市信访局组成的联合督查组，每季度对县（区）领导干部接访情况定期汇总通报，有力推动各级党政领导落实信访工作"一岗双责"。

【信访积案化解】 2013年，在全市信访工作会议上，由市联席会议总召集人按照"五个一"，即一名包案领导、一个工作班子、一套化解方案、一份会议纪要、一套稳控措施的工作要求，将市联席办集中排查出来的全市414件信访积案交办给县（区）和市直单位党政领导包案处理，分别建立明细台账，实行项目化管理。按照"五包"工作机制，即包分析研判、包协调化解、包思想稳定、包跟踪劝返、包停访息诉，认真落实领导包案责任，逐级实行销号管理。成立由市纪委牵头的信访专项督查组，对群众信访量大、重复信访问题突出、重点信访人员较多的单位，由市纪委常委带队进行重点督查。通过督查组深入基层与责任单位、包案领导面对面逐案分析，研判化解办法，各地、市直单位信访积案化解工作进展顺利。

【开展重要时期信访工作】 2013年全国"两会"期间，启动重要敏感时期驻京劝返工作机制，成立由市委政法委、市信访局、市中院、市公安局组成的驻京信访劝返工作组，形成劝返工作合力，实现省市提出的全国"两会"期间"六个坚决防止"的目标要求。中央巡视组到赣巡视期间，成立信访处置工作指挥部，负责南昌市群众到中央巡视组驻地的劝返接回工作。其间共接待劝返上访群众4731人次，妥善处理中央巡视组交办南昌市的突出信访事项1228件，实现市委、市政府《关于做好中央巡视组在昌期间信访保障工作的意见》的目标要求，赢得省领导、省信访局对南昌市信访保障工作充分肯定，为中央巡视组在赣驻南昌顺利开展巡视工作创造良好环境。中共十八届三中全会期间，以"预警在先，苗头问题早消化，教育在先，重点对象早转化，控制在先，敏感问题早防范，调解在先，矛盾纠纷早处理"为目标，加大矛盾纠纷排查调处力度和信访突出问题督办力度。另一方面，建立应急处置机制，组成十八届三中全会期间市驻京劝返工作组，赴北京开展赴京访劝返工作，确保实现"三个不发生"目标。

2013年，南昌市深入开展领导干部坐班接访、开门接访、带案下访活动

【畅通信访渠道】 2013年，将网上信访由"一种渠道"上升为信访工作的"一种变革"，积极推进网上信访工作。依托市县（区）政府门户网站搭建"市、县长手机信箱""民声通道"和"政务微博"等信访事项受理平台，通过人民网地方领导留言板接收网民给市、县领导的留言，努力实现全国信访信息系统市县两级信访部门全覆盖，以及网上信访过程和结果"可查询、可跟踪、可督办、可评价"，定期主动公示受理事项的办理结果。

【创新信访工作方法】 2013年，将学习弘扬"枫桥经验"向重大重点项目的信访工作引进，以和谐有序为中心，不与民争利，用群众工作法来做信访工作，及时、有效、就地化解信访问题。全年南昌市共投资610亿元开工建设100个重大重点项目，未发生影响社会稳定的群体性事件和个人极端事件，未发生影响工程进度的恶性阻工事件。将心理疏导和医疗服务引入信访工作，青云谱区率先将心理疏导引入接访工作，在接访室设立心理疏导室，对可能存在心理偏执的信访人员进行价值取向、人生观的教育，帮助其消除负面情绪，平复心理失衡，恢复心理健康；湾里区率先在接访场所设立医疗服务点，为信访群众生命健康筑起一道安全防线。

【加大信访宣传力度】 2013年，对内部刊物《南昌信访》进行改版，由过去的专报形式变为期刊形式，双月刊，16开，48页，每期印刷500本。发行范围为各县（区）、开发区、新区联席会议办公室、信访局（办），各乡（镇）场、街道办事处、有关村委会，市委各部门、市直各单位。该刊旨在更好地传达上级关于信访工作的文件精神，总结交流信访工作经验，及时反映县（区）、市直单位信访工作动态，展示南昌市信访部门领导干部精神风貌。

（谭　建）

外事工作

【概况】 2013年，南昌市外事侨务办公室（以下简称市外侨办）围绕把南昌打造成为带动全省发展的核心增长极的战略要求，充分发挥外事工作在对外开放的前沿优势，解放思想，真抓实干，在外事管理、对外交流、友城合作、服务企业等方面都取得明显实效。被省外侨办

2013年3月6日,副市长肖玉文会见以美国俄亥俄州Summit区区长Russell M. Pry为团长的俄亥俄州经贸考察团一行

授予“2013年度全省因公出国(境)管理先进单位”等荣誉称号。

【规范因公出国(境)工作管理】 2013年,为贯彻落实中央“八项规定”有关要求,市委办公厅、市政府办公厅印发《关于进一步改进作风、加强因公出国(境)管理工作的暂行规定》,明确“控制总量、突出重点、保压结合、服务发展”的基本原则,提出细化计划报批、量化管理的规定,对出访国家数量和时限做出调整,对招商引资团组和双跨团组提出具体要求,进一步规范因公出国(境)管理工作。转发《省外侨办关于国家工作人员因公临时出国信息公开有关事项的通知》,实行因公临时出国信息公开制度,要求因公临时出国团组的组团单位和人员派出单位在报批前对有关团组和人员的信息进行如实公示。至年底,受理因公出国(境)团组109批355人次,比上年大幅下降,成功实现“只减不增”目标。

【王文涛出访福特总部】 2013年10月27日至11月3日,省委常委、市委书记王文涛率领南昌市经贸代表团前往美国底特律福特总部、加拿大多伦多福特加拿大总部,就江铃与福特加强战略合作进行商谈对接。

【开展对外交流工作】 2013年,市外侨办接待到访外宾42批401人次。主要团组有:墨西哥驻华大使豪尔赫·瓜哈尔多一行、印度驻华大使苏杰生一行、以色列驻上海总领事艾雅克一行、英国驻广州总领事摩根一行、美国俄亥俄州经贸代表团、南亚左翼政党高级干部研修班、越南媒体代表团、中美记者交流代表团、缅甸联邦巩固与发展党干部考察团、韩国罗州市公务员研修团等,有效扩大南昌市对外影响。

【推进友城合作交流】 2013年,依托友城平台,南昌市与现有友城交流合作取得实质性进展。与德国派尼地区就水务、职业教育、青少年交流方面交换意见,水务合作具体实施方案正在形成;市教育代表团赴德国派尼地区进行交流;市人大友好代表团赴马其顿斯科普里市参加大地震50周年纪念活动;韩国罗州市公务员研修团到南昌市考察和交流;日本高松市向南昌市中日友好会馆选派4批4名日语教师任教;芬兰瓦尔济考斯基市HAMK应用技术大学继续与南昌市大中院校开展教育合作;南昌十九中师生代表团赴德国派尼地区交流访问;南昌市少年宫小朋友应邀制作祝福语画幅,参加日本高松市第27届“冬之节”活动。同时,巩固与现有友城合作交流关系的基础上,南昌市不断开辟新的友城交往渠道,与美国坎顿市就发展友好关系达成交往意向;与英国林肯市友好关系进一步密切。

【为外向型企业提供服务】 2013年,积极向南昌市外向型民营企业推介并为其申办APEC国际商务旅行卡,支持企业走出去开拓国际市场,增强国际竞争力。至年底,南昌市为19家企业共60人办理APEC商务旅行卡申领手续。同时,加强南昌市外专邀请审批工作,为全市企业“引资、引智”提供服务。全年共受理南昌市企业、院校等申报的外专邀请147批354人次。

(牛丽坤　赵文瑛)

侨务·港澳事务工作

【概况】 2013年,南昌市侨务工作坚持以人为本,加强与海外华侨华人、港澳同胞及侨团的联系,大力宣传南昌,同时积极引进侨资、外资到南昌市投资兴业、捐赠社会公益事业;指导和帮助南昌侨商国际联合会会员企业发展,为企业做大做强服务;贯彻落实《中华人民共和国归侨侨眷权益保护法》和其他各项侨务政策,营造和谐侨界。市外侨办荣获2013年首届华侨华人赣鄱投资创业洽谈会优秀服务奖、“感知中国梦·外眼看江西”活动优秀组织奖。

【开展侨法宣传活动】 2013年,在全国社区侨务工作明星社区——红谷滩丰和新城社区举办江西省“知侨情、暖侨心、解侨困”主题年活动暨“全国社区侨务工作明星社区”授牌仪式。与青云谱区政府共同举办南昌市侨法知识竞赛。通过设立“侨法宣传角”“创建社区侨务工作示范单位”,搭建侨务工作平台。举办全市侨法知识竞赛、侨法宣传日、“侨爱工程——送医进社区”、健康知识讲座等活动,现场发放250余份常用药、300余份侨法知识问答手册,在全社会积极营造知侨、爱侨、护侨的良好氛围。

【为归侨侨眷服务】 2013年,先后组织归侨侨眷参观黄马凤凰沟江西现代农业生态科技园、宝葫芦农庄、南昌万达文化旅游城规划展示馆以及南昌西客站等活动。春节期间,举行归侨侨眷慰问金发放仪式和“凝聚侨心、发挥侨力”——2013年在南昌的侨胞、归侨侨眷迎春团拜会。走访慰问150户归侨侨眷重点人士和困难户,发放慰问金7万余元。做好南昌市有江西户籍的离退休归侨,或者年满60周岁男性归侨、年满55周岁女性归侨享受每人每月100元生活补贴的申报和发放工作,使归侨侨眷充分感受党和政府的温暖,有效维护侨界和谐稳定。

【服务侨资企业】 2013年,以服务侨资企业、维护侨商权益、促进企业发展为目的,积极为侨资企业排忧解难,营造良好外部环境。组织召开南昌市侨商国际联合会二届二次理事会议,加强与侨资企业联系,走访侨商会会董,并上门为侨企服务,解决侨企实际困难。

2013年5月30日，江西省“知侨情、暖侨心、解侨困”主题年活动暨“全国社区侨务工作明星社区”授牌仪式在南昌市丰和新城社区举行

【开展招商引资工作】 2013年，通过发挥海外侨胞在内引外联中的优势，积极为南昌市对外宣传、招商引资、引进先进人才和技术提供服务。至年底，接待海外侨胞9批87人，港澳同胞3批31人。同时，邀请接待南非总统之子爱德华·祖玛及南非华商王乃强一行，南非台商协会考察团，法国威利亚、加拿大庞巴迪公司等世界500强企业代表团，阿联酋江西商会代表团等有实力的企业到南昌市考察投资环境，洽谈合作。

【参与社会公益事业】 2013年，加强对外联络，引进侨胞和港澳同胞捐资兴办南昌市公益事业。香港应善良福利基金会、中国华文教育基金会捐资168.6万元在南昌县塘南镇建设3所希望学校。马来西亚阿弥陀佛援助中心捐资6.2万元，分别在安义县乔乐乡前泽村前泽小学和红谷滩生米镇中心小学举行贫困生助学金发放仪式，并捐赠6.8万元为红谷滩生米镇中心小学学生发放御寒棉衣。

（周　游　赵文瑛）

地名管理

【概况】 2013年，南昌市地名工作以提高地名管理质量和水平为目标，加强地名规章建设，抓好重点区域地名规划的编制；做好地名文化遗产保护，开展老地名保护与利用研究；抓好地名标志设置与维护，推进村级设标；拓宽地名服务渠道，编制街道分区标准地名图；理顺地名管理体制，抓好业务培训。至年底，共命名道路6条，变更起止点4条，更名1条；命名隧道1处；命名住宅小区及建筑物90处，更名1处；设置国标路牌123块、村级路牌89块。

【地名管理办法】 2013年，为加强地名管理，实现地名标准化、规范化，在全省设区市率先出台地方性规章《南昌市地名管理办法》。该办法共分8章42条，就地名命名、更名和销名、标准地名的使用、地名标志设置与管理、地名公共服务、历史地名保护、法律责任等方面作出相应规定。

【命名规范】 2013年，为加强住宅区和建筑物名称管理，根据国务院《地名管理条例》《江西省地名管理办法》《南昌市地名管理办法》，以市政府办公厅名义下发《南昌市住宅区和建筑物命名规范》。该规范共有7条，从专名和通名两方面作出明确规定。

【地名规划】 2013年，为使地名命名跟上城市建设步伐，把地名命名的关口前移，从源头上解决地名混乱现象，加强重点区域地名规划的编制工作，由高新区、红谷滩新区、经开区分别委托江西师范大学、省社科院编制高新区地名规划、九龙湖新城地名规划和经开区（含中小微企业工业园）地名规划。

【地名命名】 2013年，为落实市政府全面简政放权的有关规定，将市区自然实体名称、街（路、巷）名称、住宅小区、建筑物名称以及自然村名称命名的初审权下放到各区，由各区地名管理机构初审后报市民政部门审核。

【申报千年古城、镇、村】 2013年，按照省民政厅的统一部署，开展千年古城、千年古镇、千年古村落的申报工作。至年底，共向省民政厅申报千年古城1个、千年古镇7个、千年古村落9个。

【地名保护与利用】 2013年，为加强对老地名的保护与管理工作，市民政局与江西科技师范大学地方文化研究所签订《南昌市市区历史地名保护与管理研究协议》。主要目标成果是形成历史地名名录、历史地名保护名录、历史地名保护评价指标体系与标准、历史地名保护管理措施。

【村级设标】 2013年为村级设标计划任务的最后一年，为确保完成全市村级设标工作任务，在总结进贤县、南昌县村级设标工作经验基础上，加快推进工作。为化解村级设标工作的经费难题，各县（区）采取“政府主导、社会参与、市场运作”的方式，多方筹集资金。有条件的县如南昌县、新建县由地方财政保障，进贤县则利用企业赞助一部分、动员有实力的村民支持一部分、乡村财政提供一部分的方式有效解决村级设标经费问题。至年底，各县（区）均完成村委会所在地设标任务。

【编制南昌市各区街道标准地名图】 2013年，在《南昌市区街道标准地名图》的基础上，编制南昌市各区的街道标准地名图。各区的街道标准地名图更全面、更详尽地反映了各区已命名道路的全貌，弥补了《南昌市区街道标准地名图》无法标绘部分小街、巷标准地名的缺憾，为各单位如城管、公安等提供准确翔实有效的地名服务。

【地名管理培训】 2013年，为配合各县（区）地名业务主管部门的划转及地名命名初审权下放工作，举办全市地名管理和地名业务培训。通过培训，提高了全市地名管理人员的业务素质，有效促进全市地名管理工作开展。

（邓　力）

2013年南昌市新增地名一览表

表8

序号	标准名称	位置	地名类别	开发建设单位
1	朝阳洲北路	西起沿江中大道,东至康王路	道路	—
2	朝阳洲南路	西起沿江中大道,东至桃花路	道路	—
3	天宁东路	西起兴湾大道,东转北至红湾大道	道路	—
4	九洲高架路	西接朝阳大桥(在建),东至洪都南大道	道路	—
5	广电路	北起春晖路,南至会展路	道路	—
6	广电支路	西起红谷中大道,东至广电路	道路	—
7	新公园路隧道	处新公园路北延中段	隧道	—
8	正荣御尊小区	抚生南路218号	住宅区	南昌世欧房地产开发有限公司
9	正荣御品小区	永富路569号	住宅区	南昌世欧房地产开发有限公司
10	海亮尊园	青山湖大道2288号	住宅区	江西海亮房地产有限公司
11	恒通华庭	高新南大道2189号	住宅区	南昌恒通有限公司
12	钻石广场	高新大道1833号	综合性建筑	江西龙粤投资有限责任公司
13	橡福小区	云飞路366号	住宅区	华润置地(南昌)有限公司
14	盛世华庭	黄家湖东路西段南侧	住宅区	南昌奥克斯地产有限公司
15	印象新天地商业城	丰和北大道766号	商业建筑群	江西双博置业有限公司
16	君领朝阳小区	玉兰路326号	住宅区	联发集团南昌联宏房地产开发有限公司
17	地铁时代广场	庐山南大道525号	综合性建筑	南昌轨道交通地产开发有限公司
18	君悦高新小区	创新二路1166号	住宅区	南昌联发置业有限公司
19	香堤湖岸小区	凤凰北大道598号	住宅区	南昌铜锣湾广场投资有限公司
20	南天阳光小区	广兰大道888号	住宅区	江西南天控股有限公司
21	传奇商务中心	昌东大道中段东侧	综合性建筑群	江西省传奇置业有限公司
22	颐和一品尊府	幸福路197号	商业、住宅	江西省春江房地产开发有限责任公司
23	英雄商城	英雄七路1号	商业建筑群	江西省钢城工业有限公司
24	五湖国际广场	青山湖大道199号	综合性建筑群	南昌五湖实业有限公司
25	恒大名都	艾溪湖北路88号	住宅区	南昌中电投高新置业有限公司

续表 8

序号	标 准 名 称	位 置	地名类别	开发建设单位
26	君汇半岛小区	紫阳大道 1 号	商业、住宅	江西城泰投资有限公司
27	绿腾新贵小区	上海南路 88 号	商业、住宅	江西绿腾实业有限公司
28	南昌华南城三区	华南西一路东侧	市场	南昌华南城有限公司
29	南昌华南城四区	华南西一路东侧	市场	南昌华南城有限公司
30	丹桂苑	创新一路以西、艾溪湖一路以北	住宅区	江西省军工资产经营有限公司
31	紫金城	证券街东侧	商业、住宅	江西中江地产股份有限公司
32	利雅轩	翠岩路 27 号	商业、住宅	江西利雅实业投资有限公司
33	云中城	紫阳大道 3399 号	建筑群	江西华新置业有限公司
34	香缇溪岸小区	昌东大道 6616 号	住宅区	南昌高投房地产开发有限公司
35	文苑华庭	高新大道 1968 号	住宅区	江西省文化房地产综合开发公司
36	海棠湾小区	黄家湖西路 598 号	住宅区	江西嘉业房地产开发有限公司
37	世纪新宸大厦	枫林西大街 917 号	高层建筑	江西幸福实业有限公司
38	伴山悦城	招贤路 227 号	商业、住宅	江西泰兴隆置业有限公司
39	颐澜湾小区	幸福路 118 号	住宅区	江西惠荣房地产投资开发有限公司、 南昌市瑞鑫房地产开发有限公司
40	华鹏东岸小区	紫阳大道 988 号	住宅、商业	江西华鹏实业发展有限公司
41	九洲云湾佳苑	湾里区王家村	住宅区	南昌金百利实业有限公司
42	艾溪康桥小区	艾溪湖北路 99 号	住宅、商业	江西济昌置业有限公司
43	方大上上城	创新一路 888 号	住宅区	江西方大房地产开发有限公司
44	万科金色名俊花园	青山湖北大道 1699 号	商业、住宅	江西省海帆置业有限公司
45	莱蒙都会小区	碟子湖大道中段东侧	商业、住宅	南昌莱蒙置业有限公司
46	汇融大厦	赣江南大道北段西侧	商业、商务	南昌洪兴房地产开发有限公司
47	众一富东商务广场	昌东大道 6899 号	商业、办公	江西众一房地产开发有限公司
48	正荣御湾小区	兰宫路 288 号	住宅区	南昌世欧房地产开发有限公司
49	长鸿小区	磨盘山南路 58 号	住宅区	江西鑫和实业发展有限公司
50	绿地外滩城	红谷北大道 968 号	商业、商务、住宅	南昌绿地申翔置业有限公司
51	南昌万达城	红谷滩新区九龙湖片区	商业、商务、住宅	南昌万达城投资有限公司
52	中唯商业中心	红谷北大道与锦江路交汇处东侧	商业	南昌新中美投资有限公司
53	华尔登商业中心	红谷中大道 1669 号	酒店、办公	华尔登实业(南昌)有限公司
54	明园九龙湾小区	海宝街 99 号	商业、金融、住宅	江西明润投资有限公司

续表 8

序号	标准名称	位置	地名类别	开发建设单位
55	春江御景大厦	沿江南大道中段东侧	办公、商业	江西荣成达置业有限公司
56	梅湖香榭丽小区	迎宾大道以西、京山南路以南、江联宿舍以北	住宅、商业	江西江联房地产开发有限公司
57	太平旅游商贸园	湾里区太平镇太平街	园区	南昌瀚德房地产开发有限公司
58	紫鑫商务广场	高新区紫阳大道 2888 号	商业、办公	江西巅峰实业开发有限公司
59	绿地悦城	红谷滩新区西站大街 168 号	住宅、商业	南昌九龙湖置业有限公司
60	绿地锦尚院	红谷滩新区求实路 333 号	住宅、商业	南昌卓越房地产开发有限公司
61	绿地玫瑰城	艾溪湖北路 129 号	住宅、商业	南昌绿地申荣置业有限公司
62	博能商务中心	红谷滩新区世贸路 899 号	办公、商业	江西博能投资发展有限公司
63	朝阳天成小区	西湖区桃花南路东侧	住宅区	江西建业房地产有限公司
64	万豪城	西湖区银环路东段北侧	商业综合体	江西万豪投资有限公司
65	东投阳光城	桑海开发区济生北路 777 号	住宅区	南昌东投置业有限公司
66	和顺大厦	青云谱区三店西路 778 号	商业、办公	江西和合房地产开发经营有限公司
67	洪大城东产业园	青山湖区昌东工业园	园区	江西邦盛服装工业城发展有限公司
68	军隆御景城	桑海开发区神龙东大道 88 号	住宅、商业	江西军隆房地产开发有限公司
69	大唐世家小区	高新南大道以西、天香路以南、幸福家园以东	住宅、商业	南昌唐门房地产有限公司
70	安澜雅居	青云谱区抚河南路 189 号	住宅区	江西水利投资房地产开发有限公司
71	桑海明珠小区	桑海开发区国药北大道 435 号	住宅、商业	南昌仁羲投资有限公司
72	利民佳苑	朝阳洲中路以北利字街棚改工程规划红线内	住宅、商业	南昌城市建设投资发展有限公司
73	云景苑	湾里区兴湾大道 56 号	住宅、商业	南昌市瑞鑫房地产开发有限公司
74	锦泰佳苑	东湖区青山南路 516 号	住宅区	江西青岚置业发展有限公司
75	南昌佳海产业园	高新区天祥大道 2799 号	园区	南昌佳海产业投资有限公司
76	乐活公元城	经开区榆林路 800 号	住宅、商业	江西瑞祥置业有限公司
77	路通沁园小区	高新区创新二路 1016 号	住宅区	江西路通实业有限公司
78	九江银行大厦	红谷滩新区红谷中大道 1398 号	金融、商业	赣商联合(江西)有限公司
79	黄埔新和源大厦	红谷滩新区世贸路与沙井路交汇处	办公、商业	江西黄埔投资集团有限公司
80	万科海上传奇小区	高新区艾溪湖北路 188 号	住宅区	南昌万科高新房地产有限公司
81	珑珺府	西湖区建设西路 1099 号	住宅、商业	江西铭威实业有限公司
82	翠谷康庭	湾里区幸福路 191 号	住宅区	江西省淦新房地产发展有限公司

续表 8

序号	标准名称	位置	地名类别	开发建设单位
83	紫东嘉园	高新区创新二路 826 号	住宅区	江西省紫东嘉园房地产开发有限公司
84	悦铂轩	西湖区洪城路 233 号	商业、住宅	南昌卓纬置业有限公司
85	玉带明珠小区	青云谱区抚河南路 269 号	住宅区	江西天龙数码投资有限公司
86	千僖同业小区	高新区创新一路 577 号	住宅区	湖北十五冶金拓房地产开发有限公司
87	传媒新居	经开区玉屏西大街 888 号	住宅、商业	江西报业房地产开发有限责任公司
88	远帆大厦	红谷滩新区世贸路与沙井路交汇处	办公、商业	南昌市远帆房地产开发有限公司
89	中顺大厦	红谷滩新区会展路 135 号	金融	江西中顺投资集团有限公司
90	阳光时代商务楼	红谷滩新区岭口路与凤凰南大道交汇处	商业、办公	南昌新大实业发展有限公司
91	和苑	青山湖区南京东路 923 号	住宅区	江西省和苑房地产开发有限公司
92	明华水岸名居	青山湖区青山湖南大道 170 号	住宅区	南昌明华房地产开发有限公司
93	云湾逸景小区	湾里区磨盘山南路 8 号	住宅区	南昌卓盛置业有限公司
94	正荣御峰小区	西湖区兰宫路 269 号	住宅区	南昌世欧房地产开发有限公司
95	朝阳峰汇小区	西湖区抚生路 998 号	住宅区	江西省百勤房地产开发有限公司
96	麦园景苑	经开区麦园路 398 号	住宅区	江西飞碟房地产开发有限公司
97	南昌华南城五区	红谷滩新区华南大道 1 号	园区	南昌华南城有限公司

2013 年南昌市变更起止点道路一览表

表 9

序号	标准名称	原起止点	变更后起止点
1	利字街	南起朝阳洲中路，北至亨字街	南起朝阳洲中路，北转东至新洲路
2	亨字街	南起利字街，北至元字街	北起王家地巷，南至利字街
3	东河滩巷	南起康王路，北至原双塘巷(2005 年注销)	北起朝新路，南至利字街
4	新公园路	南起北京西路，北至人民公园	南起北京西路，北至福州路

2013 年南昌市地名更名一览表

表 10

序号	标准名称	原用名称
1	旭照路	夕照路
2	正荣御园	正荣蓝湾住宅区

会展管理

【概况】 2013 年，全市共举办全国高教仪器设备展示会、中国国际奶业展览会、第 87 届全国劳保用品展、全国砖瓦设备展 4 个全国流动品牌展及第五届汽车节、港澳台商品交易会、制造业博览会、婚博会、家博会、机床展、安防展等 176 项各类会展活动，比上年增长 14.3%。其中有 4 个全国性专业展会，增加 1 个。至年底，展会交易额 154 亿元（含合同）；参展企业 1 万余家，展示面积 161 万平方米，增长 13.4%。南昌市连续 6 年被评为十佳会展城市，第六届中国绿色食品博览会被评为中国十大最具发展潜力展会。

【申办引进展会】 2013年,积极与全国测绘仪器展、全国生活用纸展、全国施工装备展、全国粮油精品展、中国教育装备展示会、全国五金展等全国流动展主办方联系,做好展会申办工作,已成功申办第67届中国教育装备展、全国粮油精品展、全国测绘仪器展等全国流动品牌展。

【开展对外交流合作】 2013年,分别赴武汉、天津、广州、呼和浩特、厦门等城市参加各类会议展览活动,宣传南昌经济社会建设成果,推介南昌会展经济发展状况。与武汉、长沙、合肥等城市签订长江中游城市群暨长沙、合肥、南昌、武汉会展业战略合作联盟协议,4个城市达成一致意见,相互支持各城市的展会。加强与溧阳、贵阳、上海、青岛、成都等城市会展同行的交流学习。同时,积极参加外省的品牌展会。组织江西煌上煌集团食品股份有限公司、江铃汽车股份有限公司、中节能晶和照明有限公司、江西联创光电科技股份有限公司、江西省绿滋肴实业有限公司等参加第四届中国(天津滨海)国际生态城市论坛暨博览会;组织江西煌上煌集团食品股份有限公司、江西省绿滋肴实业有限公司、江西汪氏集团等参加宁波食品博览会;组织江西北洋食品添加剂有限公司、江铃汽车股份有限公司、江西省绿滋肴实业有限公司、江西省祥橱实业有限公司等参加中国天津第二十届投资贸易洽谈会暨第九届PECC国际贸易投资博览会;组织南昌瓷板画研究中心、东湖区绍基玉石庄、江南绣业、江西桐青金属工艺品有限公司、江西豫章赣绣坊、江西腾坤实业有限公司、雅亭文化传媒有限公司、安义书画雕刻艺术研究会、南昌市699文化创意园、周信兴金微艺术馆、李强工作室、滕王阁画院等参加第六届海峡两岸(厦门)文博会;组织江西煌上煌集团食品股份有限公司、江西省绿滋肴实业有限公司、江西汪氏集团等参加第二十二届中国食品博览会暨交易会(武汉);组织江西联创光电科技股份有限公司、江铃控股有限公司、江西省绿滋肴实业有限公司、中节能晶和照明有限公司等参加第21届广州博览会。江西煌上煌集团食品股份有限公司、江西省绿滋肴实业有限公司、江西汪氏集团等食品企业在武汉、宁波等地均增加很多经销商,加快让江西食品走向全国各地步伐。江铃汽车在天津、广州等地销量持续增长。南昌瓷板画在厦门文博会上大放光彩,赢得良好口碑。

【落实会展专项资金】 2013年,落实会展业发展政策扶持资金,全年使用专项资金约660万元。一是落实兑现2012年奖励政策。根据《南昌市支持会展业发展专项资金使用管理暂行办法》规定,市会展办联合市财政局对2012年全市6家会展服务企业申报11个项目进行审核,最终审定7个项目,资金总计236.08万元,上报市政府批复后兑现奖励政策。二是申办展会经费。积极申办全国高教仪器设备展示会、中国国际奶业展览会、中国国际劳保用品交易会、全国砖瓦装备展等全国性专业展会,使用申办经费为112万元。三是落实专项工作经费。绿博会使用专项经费及工作经费100万元。四是赴外参展经费。赴武汉、天津、广州、厦门、宁波、呼和浩特等城市使用参展经费212.7万元。

【举办第六届中国绿色食品博览会】 2013年11月22日,由商务部、江西省政府主办,南昌市政府、商务部流通产业促进中心等承办的第六届中国绿色食品博览会在江西南昌国际展览中心开幕。本届绿博会在展会规模、展会质量和档次、展会形象、展会人气、展会活动、展会效果等6个方面均创历史之最。展会现场交易额2.76亿元,合同交易金额21.2亿元,参观人数23万人次。此次展会有以下几个亮点:一是实现"两个翻番"。首先是外省代表团数翻番。本届绿博会吸引了山西省、天津市、黑龙江省、福建省等31个外省代表团参展,比上年增加16个。其次是外省参展展位数翻番。外省代表团组团参展数达508个,比上年增加近300个。二是产品品种更多。本届绿博会有全国30余个省市1000余家绿色食品企业参展。如山西代表团携省内44家企业九大类数百种展品参展,宁波代表团26家企业亮相博览会。双汇、正邦、雅客、盼盼、稻花香、劲牌等多家食品龙头企业参展。三是展会形象更好、档次更高。本届展会展示面积5万平方米,其中特装面积2万平方米,占总展示面积的40%。特装展位运用声光电等现代科技手段充分展示企业的产品及形象,展示效果为历史最佳。四是展会人气更旺。本届博览会参展产品丰富,深受广大市民欢迎,参观人数突破23万人次。五是活动内容更丰富。本届绿博会在保留深受供应商和采购商欢迎的连锁企业采购信息发布及洽谈会、绿色食品采供对接会、农超对接签约仪式等活动的基础上,新增江西名品现场推介、山西名品中华行(南昌站)、进贤县军山湖螃蟹节启动仪式等活动。进贤县螃蟹节、山西名品中华行(南昌站)推介会首次借助绿博会平台,推广产品,扩大产品影响力。六是展会效果更好。此次展会内容丰富、形式多样,为采购商、参展商搭建了很好的交流平台,吸引众多参展商和采购商参与,取得良好效果。11月25日,博览会圆满落幕。

【组团参加江西省地方特色产品(广东)展销会】 2013年6月10—14日,市商贸委组织22家参展企业参加在广州市天河体育中心举办的江西省地方特色产品(广东)展销会。此次展销会是由江西省政府支持,江西省商务厅主办,广东省经济和信息化委员会、广州市经贸委与广州市协作办协办,是2013年江西商品全国行的一项重要活动。展销会以"生态江西,绿色产品"为主题,共设标准展位200个,面积6000余平方米。包括南昌企业在内的江西省近200家企业2000余种名优特产品参展,主要包括粮油制品、畜禽制品、水产制品、果蔬产品、茶叶、饮料及酒类制品、瓷器、竹制品、工艺美术品、服装家纺产品等。展销会上,南昌参展企业采取展示、销售、订货相结合的形式,并通过实物、图片、照片及音像资料等形式宣传展示南昌生态有机产品,龙头企业发展情况和未来的发展潜力。南昌组团累计现场销售额466万元,签订销售合同金额892万元,签订意向合同金额1.71亿元,各项成绩均列江西省第一。通过展销平台,有力推动南昌市地方特色产品进入广东市场,通过组织南昌名优企业参展,企业"走出去""拿订单"意识进一步增强,并抓住对接洽谈会、现场展销等机会,宣传企业文化,推介企业产品,寻求合作伙伴,挖掘发展商机,为南昌名优企业的长远发展开拓新空间。

(涂平辉 周轶斌)

中国人民政治协商会议南昌市委员会

本栏编辑　龚秀昱

概　述

【概况】　2013年,中国人民政治协商会议南昌市委员会(以下简称市政协)在中共南昌市委的领导下,团结和带领广大政协委员,坚持以邓小平理论、“三个代表”重要思想和科学发展观为指导,深入贯彻中共十八大和十八届三中全会精神,紧紧围绕打造核心增长极目标,主动服务发展大局,认真履行政治协商、民主监督、参政议政职能,为南昌加速发展作出积极贡献。

重要会议

【概况】　2013年,市政协共召开1次全体委员会议,5次常务委员会议,5次主席会议,1次市、县(区)政协主席联席会议,及时研究部署政协各项工作,确保上级指示精神贯彻落实。

【政协南昌市委员会十三届三次全体委员会议召开】　2013年1月2—5日,政协南昌市委员会十三届三次全体委员会议在红谷滩会议中心举行。市委、市人大、市政府、南昌警备区、市纪委、市法院、市检察院、驻南昌部队、开发区(新区)领导,十二届政协老领导以及来自全市各界的政协委员出席开幕式和闭幕式。会议应到委员427名,实到委员409名,符合政协章程规定。市政协主席卢晓健在闭幕式上讲话。会议听取并审议通过市政协副主席侯捷代表常务委员会所作的工作报告和市政协副主席陈守国代表常务委员会所作的关于提案工作情况的报告;列席市十四届人大三次会议,听取和讨论《政府工作报告》及其他报告;围绕“解放思想、先行先试”进行专题协商;审议通过《政协南昌市第十三届委员会第三次会议决议》和《政协南昌市第十三届委员会第三次会议提案审查情况的报告》。

【政协南昌市委员会十三届第8—12次常委会议召开】　2013年,政协十三届委员会在市政协一楼常委会议室先后召开5次常委会议。市政协主席卢晓健主持,副主席侯捷、李广振、陈守国、龙国英、郭曙、辛利杰、熊晓武、陈斌,副巡视员徐荷娣,秘书长王耀出席。市委办公厅、市政府办公厅负责人,各县(区)政协主席,各民主党派、工商联负责人,市政协机关副县级以上领导干部,各界别召集人列席。

【政协南昌市委员会十三届第8—12次主席会议召开】　2013年,政协十三届委员会在市政协三楼主席会议室召开5次主席会议。市政协主席卢晓健主持,副主席侯捷、李广振、陈守国、龙国英、郭曙、辛利杰、熊晓武、陈斌,秘书长王耀出席。市政协副秘书长、各委办主任、办公厅副主任列席。

【市、县(区)政协主席联席会议召开】　2013年3月28日,第22次市、县(区)政协主席联席会议在东湖区召开。市政协秘书长王耀主持。市政协主席卢晓健,副主席侯捷、李广振、陈守国、龙国英、郭曙、辛利杰、熊晓武、陈斌和各县(区)政协主席出席。市政协副秘书长、办公厅负责人,东湖区政协副主席及4个开发区(新区)政协联络办负责人列席。会议围绕“学习贯彻中共十八大和全国‘两会’精神,围绕创新政协履职方式,交流2013年工作思路”主题进行探讨。会前,东湖区委书记戴晓明、区长贺瑞虎陪同与会人员考察樟树林文化公园和791艺术街。

2013年政协南昌市委员会十三届第8—12次常委会议一览表

表11

时间	次数	会议内容
1月4日	第8次常委会议	听取政协南昌市第十三届委员会第三次会议大会秘书处关于大会开幕以来的情况汇报;审议通过《政协南昌市第十三届委员会第三次会议提案收集和初审情况的报告(草案)》、《政协南昌市第十三届委员会第三次会议决议(草案)》及其他事项
3月21日	第9次常委会议	传达学习全国“两会”精神;听取市政协2013年调研工作、“献策牵线”活动、“委员进社区(乡村)”活动、民主监督有关工作安排的汇报;通报政协南昌市第十三届委员会第三次会议提案审查立案的情况;审议通过《南昌市政协委员履行职能情况考核办法》

续表11

时间	次数	会议内容
7月25日	第10次常委会议	听取市委常委、市政府常务副市长张鸿星通报南昌市2013年上半年经济社会发展情况;市政协常委和部分委员结合各自调研情况,就全市上半年经济社会发展情况进行发言
9月29日	第11次常委会议	讨论《关于南昌旅游资源开发和利用的对策研究》的调研报告(草案);听取市人力资源和社会保障局、市城市管理委员会、市公安局、市教育局关于提案办理工作情况的汇报并对提案办理工作进行评议
12月27日	第12次常委会议	审议通过《关于召开政协南昌市第十三届委员会第四次会议的决定(草案)》、《政协南昌市第十三届委员会常务委员会工作报告(草案)》、《政协南昌市第十三届委员会常务委员会关于十三届三次会议以来提案工作情况的报告(草案)》、政协南昌市第十三届委员会第四次会议的议程和日程(草案)、政协南昌市第十三届委员会第四次会议的组织名单(草案)、《政协南昌市委员会关于对2013年度优秀政协委员和单项先进个人进行表彰的决定(草案)》、《政协南昌市委员会关于对2013年度优秀提案进行表彰的决定(草案)》;审议有关人事事项;书面审议通过各专委会2013年度工作总结和2014年工作打算

2013年政协南昌市委员会十三届第8—12次主席会议一览表

表12

时间	次数	会议内容
1月4日	第8次主席会议	审议《政协南昌市第十三届委员会第三次会议(草案)》《政协南昌市第十三届委员会第三次会议提案收集和初审情况的报告(草案)》
3月19日	第9次主席会议	传达学习全国"两会"精神;研究《南昌市第二十二次市、县(区)政协主席联席会方案(草案)》;审议《南昌市政协委员履行职能情况考核办法(草案)》《南昌市政协机关2013年度工作目标管理考评方案(草案)》《市政协十三届第九次常委会议方案(草案)》
7月15日	第10次主席会议	审议通过《关于召开市政协十三届第十次常委会议的方案》、《南昌市政协机关公文处理细则(试行)》(草案)、《南昌市政协全体会议工作流程细则(试行)》(草案)
9月17日	第11次主席会议	审议通过《关于召开市政协十三届第十一次常委会议的方案》《关于南昌旅游资源开发和利用的对策研究》的调研报告(草案)
12月19日	第12次主席会议	传达市委关于召开市政协十三届四次会议的批复;审议《关于召开政协南昌市第十三届委员会第四次会议的决定(草案)》、市政协十三届四次会议文件及会议组织名单等材料(草案)、政协南昌市第十三届委员会常务委员会工作报告(草案)、政协南昌市第十三届委员会常务委员会关于市政协十三届三次会议以来提案工作情况的报告(草案)、市政协2013年度拟推荐表彰优秀政协委员和单项先进个人名单(草案)、市政协2013年度拟表彰的优秀提案(草案)、市政协十三届四次会议专题协商会议安排(草案)、有关人事事项;审议通过市政协十三届第十二次常委会有关事项(草案);书面审议市政协各专委会2013年度工作总结(草案)

重要活动

【概况】 2013年,市政协坚持把服务打造核心增长极作为履行职能的第一要务,充分发挥联系广泛、智力密集的优势,谋发展、促发展,深入开展"南昌之友"和"加速发展献一策、促进项目牵一线"活动,积极为南昌加速发展献计出力。

【南昌之友联谊会服务招商引资】 2013年,市政协紧扣"促进南昌经济发展,打造核心增长极"这一主题,以南昌之友联谊会为平台,创新活动形式,积极引导会员关注南昌、投资南昌。经过一年多发展,南昌之友联谊会已有单位会员10个、个人会员868人。6月,市委、市政府提出,将南昌之友联谊会第一次会长(扩大)会议纳入全市打造核心增长极一周年活动之中。此次会议形成有实质性投资意向项目12个,收集项目信息12个,项目金额达63.6亿元。市政府主要领导在总结报告上作出批示"市政协牵头的南昌之友系列活动取得良好的效果,望继续多方联系,挖掘资源,为南昌发展再创佳绩"。6月2日,南昌之友(厦门)联谊会成立暨新建县产业推介会在厦门成功举行，300余名重要客商参加，吸纳120人成为南昌之友（厦门）联谊会会员。其中，泉州（国际）机械装备行业工会最终实现投资12亿元的泉州汽配产业园项目落户新建县长埈工业园区。此外，密切加强与分会、会员联系，主动跟踪服务会员项目。主动向南昌之友（深圳）联谊会提供南昌招商需求和引资重点；南昌之友（上海）联谊会为南昌在沪的乡友搭建金融服务和融资、直系子女教育、法律咨询和援助、医疗救助等多个服务平台。至年底，共组织开展"南昌之友看南昌"系列活动17次，邀请有投资意向的会员或重要客商到南昌市进行实地考察洽谈，促进项目落地。完成方大集团生产基地、方大集团区域总部基地、西门子医疗、田园式养老院等项目考察工作。全年共获得项目信息25条，项目金额551.5亿元。其中，江西蓝韵科技有限公司等5个项目（36.5亿元）正式落户南昌，中兴通讯二期等3个在建项目得到有力推动，7个项目达成投资意向。

【献策牵线助力加速发展】　2013年，继续深入开展"服务发展献一策，促进项目牵一线"活动，将活动推向常态化。围绕助推中小民营企业发展，开展"委员服务企业献策面对面"活动，组织界别委员与有关部门单位进行面对面协商，向市委、市政府和有关部门报送《关于扶持中小企业服务机构的建议》《关于扶持赣江新天地餐饮业转型发展的建议》等献策材料，力所能及地帮助企业解决实际问题。继续动员市、区两级政协委员围绕打造核心增长极建言献策，全年共收到建议意见100余篇，涉及经济、文化、社会、生态文明等多个方面，经分类整理，及时送交相关部门和单位研究，为推动南昌加速发展发挥积极作用。

提案工作

【概况】　2013年，市政协十三届三次会议以来，市政协委员和各参加单位紧紧围绕全市中心工作和人民群众关注的热点、难点问题，深入调查研究，积极建言献策，共提出提案381件。经审查，立案189件，并案22件；作为委员来信转有关部门单位处理的82件，作重要信息和社情民意处理的84件，另有4件未达立案标准作撤案处理。在立案提案中，集体提案55件，委员个人提案134件。按"分级负责、归口办理"原则，立案提案分送72个承办单位办理。截至9月底，所交办的提案已全部办复。从办理情况看，提案所提问题已解决或基本解决的89件，占47.1%，正在解决或计划解决的89件，占47.1%，因条件限制留作参考的11件，占5.8%。

【高位推动提案办理】　2013年，市委、市政府领导把提案办理工作作为了解民情、广纳民意的重要途径，省委常委、市委书记王文涛，时任市长陈俊卿，代市长郭安，市委常委、常务副市长张鸿星分别对《关于进一步加强市三甲综合性医院挂点服务社区医疗机构的建议》等19件提案作出重要批示，要求相关部门认真调研。市政协领导对提案进行督办，推动提案落实。

【优化提案质量】　2013年，进一步强化质量意识，切实加强提案征集、审查、交办等基础性工作。首次制定出台《政协南昌市委员会提案审查立案办法（试行）》，通过会中初审、会后复审、主席会议审定的程序，在保护好委员提交提案积极性的基础上，对不符合要求的提案不予立案，保证提案严肃性、科学性、可行性，使广大委员在撰写提案时更加注重提案的选题和质量，同时减轻承办单位工作压力，提高办理质量。

【跟踪督办重点提案】　2013年，市政协不断创新推动提案办理方式，突出重点提案的引领作用，带动一般提案办理。选择《关于构建跨区域大交通体系，加快南昌打造核心增长极的建议》和《关于进一步加强我市城市环境卫生工作的建议》作为2013年全年跟踪提案予以重点督办，直至落实为止。针对构建跨区域大交通体系提案，多次赴相关职能部门和市公交总公司、江西长运集团进行调研，邀请专家座谈论证。6月21日，市长陈俊卿亲自召集市政协主要领导、市政府分管副市长及市国资委、市交通局、市政公用集团等有关部门专门就该提案召开专题协商会。会议决定，按照市政协提出的建议，对江西长运集团国有股权进行整合，组建南昌市交通运输集团；年底前先行开辟一条或若干条通往周边县市的城际公交班线，最后逐步铺开，形成体系。9月30日，江西省首条城际公交——南昌至永修的139路公交专线正式开通运营，为加快推进"昌九一体化"建设和发展起到巨大推动和示范作用。

【民主评议助推提案办理】　2013年，在总结上年成功经验的基础上，选择市人保局、市城管委、市公安局、市教育局等4个提案承办大户单位向市政协常委会报告2013年提案办理情况，对其提案办理质量进行公开民主评议。同时，扩大民主评议参与面，邀请部分提案者代表、各界别召集人、其他提案承办单位负责人参加会议，共同感受民主评议氛围，学习提案办理经验做法，进一步增强做好提案工作的责任感。评议结果表明，市政协常委对被评议单位办理提案的效率和效果给予充分肯定。

调研视察

【概况】　2013年，市政协把握全市工作中心，组织委员围绕经济发展、城乡建设，以及民生工程等方面的重大课题，积极调研视察、参政议政，形成了一批有情况分析、有对策措施等的调研报告，提出了较好的意见和建议，为打造核心增长极献计出力。

【开展非公经济发展调研】　2013年2—5月，为充分发挥非公经济在全市发展中的生力军作用，根据市委统一安排，成立由市政协主席卢晓健为组长的非公经济课题组，对南昌市非公经济发展情况开展历时3个月的深入调研，先后召开座谈会15个，实地走访各类企业20余家，发放企业调查问卷1000余份。通过媒体广泛征求社会各界意见，赴长沙、南通等地专题考察，在摸清非公经济发展现状的基础上，借鉴外地经验，按照"降门槛、拆篱笆、搭平台、强服务"的思路，提出放宽市场准入、培育创业主体、加大财税金融支持、健全服务体系等16条建议，为南昌市研究出台《关于加快民营经济发展的政策措施》提供重要参考。

【开展加强和创新社会管理调研】　2013年9—11月，为进一步创新社会管理，根据市政府主要领导要求，成立由市政协主席卢晓健任组长的调研组，对南昌创新社会管理，推进网格化建设工作开展专题调研。调研组通过基层调研、座谈讨论、外出考察、专家分析等多种形式，形成《关于加强和创新我市社会管理的调研报告》。报告围绕网格化管理工作的领导组织架构、信息平台建设、管理机制建设等重要问题提出7条具体建议。省委常委、市委书记王文涛主持专题研讨会，就报告进行专题研究，并形成

3 月 21 日，市政协主席卢晓健一行到南昌妆点网络科技有限公司就南昌市现代服务业非公经济情况进行调研

意见。代市长郭安对报告作出专门批示。

【开展南昌旅游资源开发和利用调研】 2013 年，把旅游资源开发利用问题列为 2013 年常委会专题协商课题之一，并于 2—8 月成立由市政协副主席熊晓武带队的专题课题组，进行广泛深入的调研，形成《关于南昌旅游资源开发和利用的对策研究》调研报告，提交市政协常委会专题协商后并报送市委、市政府。该报告针对南昌市旅游资源开发利用中存在的问题，提出必须充分抓住南昌山脉、水脉、文脉相融的特点，综合考虑旅游资源的空间组合、地理位置、开发程度等因素，从自然旅游资源、人文旅游资源、完善旅游产品、优化旅游线路等方面进行深层次开发。同时，建议为进一步推进南昌旅游资源的开发利用，应坚持以市场为导向，统筹规划旅游资源，分区有序进行开发；实施"山水文化历史南昌"旅游品牌战略，打造山水南昌、文化南昌、历史南昌拳头产品；加大旅游宣传力度，提高南昌旅游的知名度和影响力；开发生产南昌特色旅游产品，推出旅游精品线路；加强旅游景区及相应的服务设施建设，真正将资源优势变为产业优势。

【开展"银发产业"在昌发展情况调研】 2013 年 3—10 月，成立由市政协副主席陈守国任组长的专题调研组，就"银发产业在昌发展情况"进行深入调研。在调研实施过程中，先后向市商贸委、市金融办、市民政局、市卫生局等多家单位发函，征集各类调研素材和数据 10 余份，召开各类座谈会 5 次，广泛了解情况，听取意见建议，并通过网络借鉴外地经验，对南昌市"银发产业"发展进行系统分析论证，提出 7 个方面的意见和建议，形成《关于"银发产业"发展情况的调研报告》，供市委、市政府决策参考。

【开展倡导移风易俗调研】 2013 年 7—8 月，为配合文明城市创建，市政协就倡导移风易俗，加强烟花爆竹燃放管理进行深入调研，形成《倡导移风易俗，加强烟花爆竹燃放管理的调研报告》。此报告引起省委常委、市委书记王文涛高度重视，亲自作出批示。市文明办根据报告内容，将部分建议充实到南昌市有关条例中加以实施。

【开展界别"大调研"】 2013 年，为进一步夯实协商民主履职基础，市政协以界别为单位开展"大调研"活动，由委员从自己最熟悉的领域、最擅长的专业、最了解的民情入手，挑选产业发展、园区建设、民生工程、社会管理等方面的 45 个课题，进行深入调研，形成一批调研成果。如《关于提高城市环卫工人待遇，做好城市环卫工作的建议》得到省委常委、市委书记王文涛批示；《关于南昌旅游资源开发和利用的对策研究》在有关部门制定建设旅游强市政策时得到重视和采纳。

【视察地铁和西客站】 2013 年 3 月 11 日，市政协主席卢晓健，副主席侯捷、李广振、陈守国、熊晓武，秘书长王耀以及部分市政协委员视察南昌市地铁和西客站建设情况，与委员们一起就地铁和西客站项目建设情况座谈讨论，积极建言献策，并就视察情况形成《关于南昌地铁和西客站建设情况的视察建议》，报市政府供决策参考。

民主协商

【概况】 2013 年，市政协充分发挥人民政协作为协商民主的重要渠道作用，紧紧围绕南昌经济建设、社会建设、法制建设等方面内容，开展形式多样的协商活动，提出具体的意见和建议，协商各级、各部门解决相关问题，助推科学决策。

【围绕中心开展专题协商】 2013 年市政协十三届三次全会期间，召开"解放思想，先行先试"专题协商会，8 名委员从加快电子商务发展、加强生物医药产业规划、支持扶持企业上市、开拓中小企业直接融资新路径等 8 个方面提出建议，与党政主要领导和分管领导、各县(区)、开发区及有关部门负责人协商。省委常委、市委书记王文涛对委员发言高度赞赏并逐一点评，市政府主要领导明确要求各部门认真研究落实。至年底，委员多项建议得到转化，市政府制定出台的《关于进一步深化全市投融资体制改革，促进实体经济发展的政策措施》《关于促进企业上市工作的意见》，市工信委研究制定的《食品和生物医药产业发展规划》，高新区设立"电子商务产业园"等，都吸收了委员建议。根据市委、市政府安排，组织委员对准备列为全市 2014 年 100 个重大重点项目进行专题协商，市发改委、市工信委等部门领导到会介绍情况并听取意见。

【开展立法协商】 2013 年，为加强立法协商工作，确保协商质量，市政协建立起程序合理、环节完备的立法协商机制，并与市人大、市政府法制办保持密切沟通，根据年度立法计划，有针对性地选择委员专家成立协商小组。至年底，就《南昌市流动人口计划生育管理规定》《南昌市城市规划管理技术规定》《南昌市新型墙体材料开发应用管理条例》《南昌市地下空间开发利用管理办法》《关于加强南昌市房屋建筑和市政基础设施工程施工邀请招标项目招投标活动监管的通知》等多部法规、文件，与市政府职能部门进行协商，并提出修改意见建议。

【分类推进提案办理协商】 2013年，因案制宜分类协商，视提案类别、提案办理进展和提案者满意程度等不同情况，采取不同协商方式加以推进，对复杂问题调研协商。为办理好委员刘彦提交的《关于进一步加强我市环境卫生工作的建议》提案，先行深入调研，在掌握第一手资料后，邀请各职能部门和县(区)负责人参加提案办理协商会，市委常委、副市长刘建洋到会听取意见，经过协商促使所反映问题得到有效解决，在经费保障机制上得以落实。对人事保障类、教育类等类别提案分别进行集中面商；对《关于切实提高市直属特殊教育学校特教津贴的建议》等需进一步落实的提案进行个别协商；对《关于在我市建立完善的废旧电池回收体系的建议》等反馈不满意的提案，联合提案承办单位上门与提案者进行反复协商，征询落实新举措。

民主监督

【概况】 2013年，市政协常委会始终把优化投资环境作为民主监督工作的重要内容，不断完善监督机制、规范监督程序、提升监督实效，采取问卷调查、座谈走访、明察暗访、"一对一"跟踪调研等形式发现问题，提出相应意见和建议，并及时反馈有关部门要求整改，进一步凸显民主监督职能作用。

【完善民主监督机制】 2013年，市政协出台《政协南昌市委员会民主监督工作管理规定》，进一步细化民主监督工作的内容和要求，量化考核评分办法，提高委员履职积极性和实效性。

【组成民主监督职能部门】 2013年，组成特邀监督员小组，对市公安局、市法院、市检察院、市国资委等20个部门开展对口监督。各小组通过问卷调查、座谈走访、明察暗访等形式，广泛征集部门服务对象的意见建议，就部门优化服务、提升效率提出建议47条。如特邀监督员对市国土局机关科室、地产交易中心服务窗口和下属4个分局进行明察暗访后，及时将发现的办事手续复杂、效率有待提高等问题向市国土局反映，提出改进建议。市国土局认真研究后，对工作流程进行优化整合，有效提高服务效率。

【民主监督重大重点项目建设】 2013年，以界别为单位组成联系、监督和跟踪调研小组，从2013年南昌市已确定的100个重大重点建设项目中选出中小微企业工业园、人民公园扩建、麦园餐厨垃圾处理场等10个项目开展"一对一"跟踪调研，先后向有关部门反映问题26个，提出建议15条。针对江西慧谷—用友南昌产业园用电难问题，民主监督小组及时向市政府反映并提出建议。市委常委、常务副市长张鸿星高度重视，主持召开专题会议，为其铺设供电专线进行协调并得以落实。

【参与"啄木鸟行动"民主监督】 2013年，推选64名政协委员担任城市"啄木鸟"，重点了解群众对职能部门效能建设、市容环境、交通秩序方面的意见建议。至年底，共收到委员建议和情况反映50余篇，"西湖区南昌外国语百树学校宿舍小区脏乱差情况严重""湾里区房管局搭车乱收费""南昌出租集装箱住人情况"等问题，在各级领导的重视和新闻媒体的配合下，得到较好解决。

团结联谊

【概况】 2013年，市政协常委会始终把维护改善民生作为履职的出发点和落脚点，认真践行党的群众路线，组织政协委员深入基层、深入群众开展团结联谊活动，了解民情、解决困难，提供服务、帮助发展，宣传政策、化解疑虑，为构建和谐社会贡献力量。

【开展委员进社区(乡村)活动】 2013年，市政协在总结往年活动经验的基础上，结合党的群众路线教育实践活动，以"群众在心中"为主题深入开展委员进社区(乡村)活动。各县(区)政协结合实际，积极探索和丰富活动形式，不断取得新成效。南昌县政协、进贤县政协依托社区联络站着力开展"文化、科技、卫生"三进村、老干部老党员论坛、主动约访等活动。新建县政协依托"刘海平生猪养殖咨询服务室"和"政协委员驻恒盛公司蔬菜水产技术服务站"，为生猪养殖和蔬菜种植户提供免费咨询及技术服务，接待咨询群众200余人次，上门服务50余人次，通过技术服务为群众挽回经济损失100余万元。安义县政协采取上门家访、定点接访、重点约访、定期回访"四访"工作法，力所能及为群众解决实际困难。东湖区政协在9个街道15个社区建立社区联络站，组织开展爱心进社区送温暖、文化科技进社区送知识、法律进社区送平安、职责进社区送政策"四进四送"活动。青山湖区政协全面推广"王琴工作室"和"刘小兵工作室"模式，并把进社区工作延伸到工业园为企业服务，拓展建立委员"企业联络站"。主动围绕全市重大工程和重点工作，深入一线做好宣传引导、化解矛盾工作，为加速发展凝聚合力、减少阻力。东湖区政协、西湖区政协把委员进社区的工作重点集中在棚户区改造、地铁建设、拆违拆临等中心工作中，进行政策宣传、释疑解惑。湾里区政协以镇、街道政协工作联络组为活动载体，积极参与"四区"建设，深入开展"三百惠民工程"(百名委员为百户居民解决百件实事)。青云谱区政协帮助社区创建老年活动中

2013年，南昌市政协以"群众在心中"为主题深入开展委员进社区(乡村)活动

心,支持委员为中心开办“养老厨房”,帮助中心百余名“空巢老人”解决中午用餐难题。为扩大活动参与面,邀请南昌地区省政协委员参与委员进社区活动,形成省、市、县(区)政协委员三级联动开展活动的格局,扩大活动影响面,把调查研究成果通过不同渠道反映出来。省政协委员、南昌银行党委书记陈晓明多次参加社区敬老节、社区文明创建活动,并为社区困难群众送去温暖。至年底,全市共开展委员进社区活动800余次,推动解决实际问题650余个。市政协领导经常性深入基层调研走访,为挂点社区、乡村协调解决环境治理、土地整理、公路修筑、小学修建、管道疏通等诸多实际问题,受到当地群众好评。

【编报社情民意信息】 2013年,针对南昌市大投入、大建设、大发展中遇到的新情况、新问题,动员广大委员发挥界别优势,深入基层了解民情、反映民意,畅通党委政府联系群众的渠道,为加速发展凝聚合力、减少阻力。至年底,共收到社情民意信息230余条,编辑报送62期,其中委员盛建昌撰写的《破解中小企业融资瓶颈,服务打造核心增长极》、委员熊有炳撰写的《建议将婚姻登记工作收归县级民政部门统一办理》等信息,由省政协向省委、省政府报送后,分别得到省委书记强卫、副省长胡幼桃等省领导批示;向市委、市政府报送社情民意31期,省委常委、市委书记王文涛,市委常委周关等领导分别在有关信息上作出重要批示,推动问题解决。如委员许秀柏提交的社情民意《坚决取缔“洋垃圾”服装一条街》,经王文涛批示后,市工商、海关、公安等部门迅速联合行动,对丁家巷“洋垃圾”服装一条街进行专项整治并予以取缔。

自身建设

【概况】 2013年,市政协坚持把加强自身建设作为做好政协工作的重要保证,坚持抓好干部职工的政治理论、经济文化、生活健康等方面的知识学习,扎实做好文史资料编辑、文史研讨座谈和工作信息编发等工作,努力提高参政议政水平,不断扩大政协工作影响,内强素质,外树形象,夯实自身基础,激发履职活力。

【加强学习型机关建设】 2013年,组织机关干部职工深入学习贯彻中共十八大和十八届三中全会精神,深刻领会中共中央提出的一系列新思想、新观点、新论断,深刻理解全面深化改革的重大意义。依托“南昌政协大讲堂”学习平台,邀请省内外知名专家学者,就《解读三国管理智慧》《关于融资理论与应用的若干问题》《鄱阳湖生态经济先导区建设的现实性、复杂性和可行性》《摄影的魅力》《周边安全环境和软实力建设》《中医养生保健漫谈》《扎扎实实推进人民政协理论建设》《文化困惑与文化自觉》《认真学习贯彻十八届三中全会精神》课题开展讲座9期,帮助机关干部和委员开阔视野、增长知识。

2013年1月18日,“南昌政协大讲堂”2013年第一期《解读三国管理智慧》在红谷滩会议中心东厅开讲

【南昌市人民政协理论研究会成立】 2013年,成立南昌市人民政协理论研究会,并于9月12日召开南昌市人民政协理论研究会成立大会。省人民政协理论研究会会长朱张才出席并讲话。省政协秘书长、省人民政协理论研究会秘书长肖为群出席。研究会团体会员、个人会员共106人参加。选举产生研究会第一届理事会理事26名、副秘书长10名、秘书长1名、副会长5名、会长1名。市政协主席卢晓健受邀担任南昌市人民政协理论研究会名誉会长。市政协副主席侯捷当选为南昌市人民政协理论研究会第一届会长。市政协秘书长王耀当选为南昌市人民政协理论研究会第一届副会长兼秘书长。市委党校校长赵刚平、市社科联主席喻凤林、市委宣传部副部长罗水长、市委统战部副部长徐峰当选为南昌市人民政协理论研究会第一届副会长。研究会致力于探索人民政协的发展规律,丰富和完善人民政协理论科学体系,用科学理论指导政协工作,提升政协工作科学化水平。

【加强文史和宣传工作】 2013年,编辑《星月苍穹红谷滩——南昌市红谷滩新区建设发展史》《红星耀中华——211名红军将士采访录》等文史书籍和资料100余万字,图片300余幅,记录和展现南昌的历史人文风貌和改革发展成就。先后组织召开《徐孺子下陈蕃之榻》剧本研讨会、纪念毛泽东诞辰120周年等文史座谈会12场。扩大政协工作社会影响,做好南昌之友、委员进社区等履职活动宣传,各级新闻媒体报道市政协工作370余篇次,其中国家级26篇次、省级130篇次;南昌政协会刊、网站、手机报、微博平台刊发政协新闻信息等稿件2700余篇次,为各项履职活动的深入推进营造良好舆论环境。

【加强自身建设】 2013年,密切与党派团体的联系,征求党派团体对政协工作的意见,为党派团体参政议政、发表见解创造条件、搭建平台;把界别活动与政协履职有机结合,组织开展形式多样的调研、视察、民主监督活动,提升界别活动组织化水平;密切联系委员,市政协领导先后走访委员120余人次,广泛听取意见建议,协调解决委员企业发展中遇到的困难,各专委会充分发挥联系、协调、指导、服务的纽带作用,为政协委员履职提供组织保障。认真贯彻落实中央八项规定和省、市有关规定,深入开展反对“四风”活动,进一步健全机关各项工作制度。市政协书画院和合唱团经常性开展活动,营造和谐活跃的工作氛围。

(熊伊晖)

群　众　团　体

本栏编辑　龚秀昱

概　述

【概况】　2013年，南昌市积极适应新形势需要，进一步加强和创新群团工作，最大限度增加和谐因素，增强社会发展活力，提高社会治理水平。全市群众团体充分发挥渠道畅通、联系面广的优势，认真履行建言献策职能，为市委、市政府制定政策提供依据。同时，积极参与社会管理和服务，在维护群众利益、化解社会矛盾、开展对外交流等方面发挥重要作用。

职工工作

【概况】　2013年，全市各级工会紧紧围绕南昌打造核心增长极的战略目标，按照“一个核心、两个维护、三个服务、四个加强”（坚持党的领导核心，维护职工的合法权益、维护职工队伍及社会稳定，服务大局、服务基层、服务职工，加强劳动竞赛、加强“两个普遍”、加强职工文化建设、加强自身建设）的工作思路，认真履行职责，各项工作取得了明显成效。全年共有23项工作成果受到全总、省总和市委、市政府的表彰。

【开展“十百千万”行动】　2013年11月28日，中共南昌市委办公厅印发《关于在全市开展“十百千万”行动，进一步做好新形势下职工群众工作的意见》，要求用3年时间，通过开展“十百千万”行动（定十项工作标准、进百户企业调研、建千家工会组织、帮万名职工解困），努力把全市各级工会建设成为覆盖面广、凝聚力强、党政信任、职工信赖的“职工之家”。同日，市委办公厅、市政府办公厅联合印发《关于成立南昌市“十百千万”行动工作领导小组的通知》。市委副书记、政法委书记欧阳海泉任组长，市人大常委会副主任、市总工会党组书记、主席李国根和副市长肖玉文任副组长，成员有市委、市政府相关部门负责人组成。工作领导小组下设办公室，南昌市总工会党组副书记、常务副主席宋亮生兼任办公室主任。

【开展雾霾天气送关爱活动】　2013年2月1日，省委常委、市委书记王文涛作出电话指示，要求工会组织加强对雾霾天气中坚守一线岗位职工的关心关爱。市总工会即日召开主席办公会议，对做好走访慰问活动进行统一部署和安排，各级工会迅速在全市范围展开对雾霾天气中坚守户外一线岗位职工的走访慰问活动，为一线职工送上党和政府以及工会组织的关心关爱。2月4日，王文涛在市总工会走访慰问雾霾天气中坚守户外一线岗位职工的专报上再作重要批示：“很好，应切实关心户外工作一线职工，尤其是关心交警、环卫、城管等职工，送去党和政府及工会组织的关怀。”

【发挥工人阶级主力军作用】　2013年，南昌市各级工会认真落实劳动竞赛五年规划，深入开展“当好主力军、建功‘十二五’”主题竞赛活动，围绕重大重点项目组织开展“建功立业六比六赛”，全市7100家企事业单位、33个重大工程项目单位共17万余名职工开展劳动竞赛。弘扬劳模精神，发挥劳模示范引领作用，组织劳模代表参加“百名市民看变化活动”，推荐4名劳模出席中华全国总工会十六大，编印《劳模心语》格言集，营造“劳动最光荣、劳动最崇高、劳动最伟大、劳动最美丽”的社会氛围。开通劳模短信服务平台，走访慰问劳模4943人次，发放慰问金321.66万元，组织8批次200余名劳模参加疗休养。开展职业技能大赛、技术培训、技术创新及选择树立职工技能带头人等群众性经济技术创新活动，全市共培训职工8500人，选择树立技能带头人3800人，有效提高职工队伍整体素质。开展“劳模创新工作室”创建活动，袁政海劳模创新工作室获得第八届海峡两岸职工创新成果展金奖。

【服务职工】　2013年，健全以市总工会职工服务中心为龙头的四级工会服务网络，建成769家企业职工服务中心和633个社区职工服务站。“两节”（元旦、

2013年3月3日，市总工会和西湖区总工会在南昌市象山文化广场联合举办“百企千岗进社区”现场招聘会

春节)送温暖活动资金达4973万元,慰问困难职工家庭3.97万户。组织开展春风行动、民营企业招聘周和工会就业援助月等活动,举办招聘会54场,帮助6432人实现就业,技能、家政培训3507人次。筹措金秋助学资金870余万元,资助3781名困难职工(农民工)子女上学。开设心灵驿站,加强对职工的心理帮扶和人文关怀,并与南昌爱尔眼科医院联合开展"职工光明健康"援助行动。

【开展维权维稳工作】 2013年,开展"六五"普法活动,编印并免费赠送《职工维权指南》1万余册,提高职工群众依法科学维权意识。全面落实工资集体协商三年规划,工资集体协商覆盖企业2.04万家,建制率98%。成立法律援助律师团,发挥工会法律援助中心工作站作用。建立健全劳动关系矛盾预警、调解机制,协助政府及时处理断指农民工宋法仁等10余起职工舆情事件,处理职工信访312件(批)次。推动市政府召开麦园垃圾处理场职工权益保障协调会,改善环卫职工生产生活条件。开展"安康杯"竞赛、"打非治违"知识竞赛及"三送一强"职工防暑降温等活动,举办劳动保护监督员培训班,参与职工伤亡事故调查处理和职业病防治工作。

【加强基层工会组织建设】 2013年,南昌市各级工会全面落实工会组建三年规划,新建工会组织1121家,发展会员1.85万人,建会率达99.8%,入会率99.3%。深入开展"双亮"(工会组织亮牌子、工会主席亮身份)活动,增强工会组织活力。

【建设职工文化和疗养项目】 2013年,南昌市工人文化宫红谷滩"文体中心"主楼装修工程全面启动,"文化综合体项目"进入规划论证阶段,"南昌市流湖职工疗养基地"项目已签订合作意向书。

【开展"中国梦·劳动美"主题系列活动】 2013年4月23日,市总工会印发《"中国梦·劳动美"主题宣传活动的实施方案》的通知。5月14日召开全市工会"中国梦·劳动美"主题宣传活动推进大会,动员全市广大职工和各级工会广泛开展"中国梦·劳动美"主题系列活动。年内,全市各级工会通过《南昌日报》"中国梦·劳动美"彩色专版、"中国梦·劳动美"电视专栏、南昌市总工会官方微博、《南昌工会》期刊等宣传媒体,开展"寻找最美劳动者""劳动最光荣"倡议、劳动绝活绝技秀、劳动者专访、"牵手幸福"职工交友和万名职工书法、征文、摄影比赛等系列活动,充分展示劳动者风采,呈现工会特色。

【市政府与市总工会第六次联席座谈会召开】 2013年12月31日,南昌市政府与市总工会第六次联席座谈会在市政府第一会议室召开。市委副书记、市政府代市长郭安出席会议并作重要讲话。市人大常委会副主任、市总工会主席李国根汇报工会工作。副市长肖玉文主持。会议听取市政府与市总工会第五次联席座谈会有关问题的落实情况,研究提请第六次联席会拟解决的问题。会议明确,自2014年起,将南昌市全国劳模津贴从每月100元提高到300元,省级劳模津贴从每月60元提高到200元,市级劳模从每月20元提高到120元;各级劳模荣誉津贴按原渠道由劳模所在单位按月发放,确有困难的,由主管部门协调解决;农民劳模津贴由所在乡(镇)政府解决;个体劳动者劳模津贴由个体劳动者协会解决。同时荣获全国、省、市级劳模称号的,按最高荣誉称号享受津贴,不重复享受荣誉津贴。自2014年起,南昌市厂务公开工作经费从每年2万元增至每年10万元,所需经费由市财政安排;自2014年起,对全市建筑安装企业和外地到南昌市从事建筑安装的企业按工程款1.2‰征收工会经费(工会筹备金),实行地税代征。

【开展职工劳动权益保障调研】 2013年,按照上级指示,南昌市总工会对麦园垃圾处理场职工劳动权益保障问题进行专题调研,并向市委、市政府提交《关于麦园垃圾处理场职工劳动权益保障情况的调研报告》。8月13日,市政府秘书长杨文斌召集市总工会、市财政局、市人保局、市城管委、市卫生局、市妇联等相关部门,就报告中涉及职工劳动权益保障的问题召开协调会议,对提高职工劳动报酬、改善劳动条件、完善健康保障等提出具体解决办法和措施,并形成会议纪要上报省市领导。至年底,麦园垃圾处理场聘用员工每月增加岗位津贴300元—500元(按岗位区分);库区工作人员一年体检两次;聘用员工享有养老、医疗、工伤3项保险并计划增加失业险;市财政局拨款200万元购置推土机和挖掘机各1台,麦园垃圾处理场自筹资金约60万元购置推土机1台,劳动待遇和劳动条件均有明显改善。

(张 伟)

青少年工作

【概况】 2013年,共青团南昌市委(以下简称团市委)认真贯彻落实团十七大、省十五次团代会精神,围绕市委市政府"打造南昌核心增长极,一年有势头"的总体要求和团省委"抓好七个方面工作,推进十项创新活动"的工作重点,始终坚持贴近中心、贴近实际、贴近青年、贴近基层,团结带领全市团员青年为南昌打造核心增长极凝心聚力、建功立业、提质增效。

【开展"我的中国梦"主题教育实践活动】 2013年,开展各类以"我的中国梦"为主题的学习、分享、展示活动。24所学校开展"与人生对话——我的中国梦"系列报告会,1.2万余名学生参加。团市委领导班子带头深入基层,围绕中共十八大、团十七大、省委十三届七次全会、省十五次团代会精神开展宣讲活动。其中,儿童节前夕,在阳明学校开展"红领巾相约中国梦"主题示范中队会活动,省委书记强卫,省委副书记尚勇,省委常委、秘书长赵智勇,省委常委、市委书记王文涛等领导出席。

【少先队南昌市第二次代表大会召开】 2013年6月9日,中国少年先锋队南昌市第二次代表大会在南昌市红谷滩新区新吉花园酒店召开。会议讨论南昌市少先队发展规划。市委副书记、政法委书记郭安,团省委副书记伍复康,市人大副主任赖永芳出席,全市153名少先队员代表和少先队辅导员、少年工作者参加。

【南昌市"五四"表彰大会召开】 2013年5月3日,团市委、市少工委联合《南昌晚报》在江西艺术中心音乐厅联合举办2013年南昌市"五四"表彰大会暨首届"展翅·飞翔"青少年儿童音乐会。市人大常委会副主任罗慧芬、副市长姚燕平、市政协副主席郭曙出席并为五四奖章获得者、先进集体及个人颁奖。

【举办南昌市青英创业挑战赛】 2013年,联合市委组织部、市工信委、市人社局、市广播电视台举办2013年南昌市青英创业挑战赛。大赛从5月启动到9月结束,1000余名青年参加。市委人才资金专门安排20.4万元作为前10名获奖选手的创业启动资金。市委常委、组织部部长陈德寿,团省委副书记廖良生以及各主办单位相关领导出席活动。新东方教育集团董事长俞敏洪应邀参加创业大讲堂活动。

【承接创建全国文明城市志愿服务对标部和社区网格化工作】 2013年,团市委与市文明办共同抽调专人组建创建全国文明城市志愿服务对标部,着重在理念宣传普及、活动提示、资料和实地规范等方面下功夫,探索"日历+地图"工作推进模式,创立社区志愿服务"十个一"阵地标准。积极参与社会管理创新,团市委抽调专人参与市社区网格管理中心筹建,负责社区网格化管理流程对接工作。主要指导各市直综治责任单位梳理本部门工作流程,加强与社区网格化管理信息平台的对接。

【开展"百名青年看势头"活动】 2013年5月22日,团市委组织100名来自南昌各行各业的青年能手、企业青年代表、青年五四奖章获得者代表参加"百名青年看势头"南昌地铁建设工地、城市建设一线、产业发展前沿探访活动,切身感受南昌打造核心增长极一年来的强劲发展势头,并举办座谈会,组织青年为南昌打造核心增长极建言献策。

【开展青年交流交友活动】 2013年,联合团省委、市人保局、市教育局、市总工会、市工商联、南昌航空大学、南昌大学举办两场校园招聘会。此外,开展"爱的约定"青年交友活动,全市各级团组织开展"爱的约定"交友活动25场,约2500名青年参与。年内,苏州青商会、阿联酋江西商会、韩国釜山东莱青年会议所及市青企协企业到南昌市考察交流。

【运用新媒体开展青年工作】 2013年,成立新媒体中心,通过网站、微博、微信等新媒体引领青年。团市委官方微博现有粉丝4.8万余人,在全市政务微博排名持续前5位。微话题、微公益、微访谈活动反响积极。实施"创意青春"青年文化行动、网上签名寄语活动,200余万名未成年人参与。

【开展志愿服务系列活动】 2013年,出台《南昌市深入推进学雷锋青年志愿服务活动常态化工作方案》,将每个月的第一个星期六定为"学雷锋青年志愿者日",每月突出1个主题,全年全市各级团组织共开展各类志愿服务活动235场,参加志愿者1.17万人,提供有效服务4.37万人次。开展关爱农民工子女志愿服务活动,组织城东学校和阳明学校100名农民工子女到省科技馆进行参观;组织青年志愿者带领30余名农民工子女参观游览秋水广场、南昌八一起义纪念馆等景点;开展"我在南昌建地铁,一封家书报平安"活动,组织80余名青年志愿者到各个地铁施工站、农民工聚集地,为地铁建设者拍摄照片,送上新春祝福,寄出家书260余封。开展"关爱流浪者"志愿服务活动,组织青年志愿者帮助多名流浪者,送出棉被和食品,并对全市流浪未成年人实行保护性救助,救助率达100%。

【塑造"青"字品牌】 2013年,举办南昌市青英创业挑战赛。联合市委组织部开展"四个一线"(重大重点项目一线、拆迁一线、招商一线和信访维稳一线)青年突击队创评活动,共有40个青年突击队450个青年奋斗在"四个一线"工作岗位。开展"青壹暖冬"活动,春节前夕走访慰问100户困难青少年家庭;建立"青壹计划"援助信息库,开展"青壹助学"活动,为119名大学新生提供56万元资助金;在部分中小学开辟"青壹书库"。在南昌县、西湖区和青山湖区开展重点青少年群体服务管理和预防犯罪第一轮试点经验推广工作。开展"共青团与人大代表、政协委员面对面"活动,其中《在校留守儿童情况调研报告》被团中央评为优秀报告。深化青少年维权岗工作,开展未成年人保护周宣传,推动成立南昌市阳光学校,设立10个"我帮你青春工作室",在全市各中小学配备313名法制副校长。深化"青年俊才工程",建立南昌市"青藤智库",举办2期"青藤论坛"和6期"青藤讲坛"。搭建青年文明号集体参与社区志愿服务的平台,组织30余个青年文明号集体进社区开展志愿服务活动,每月开展青年志愿服务集中行动日活动,共开展"青蒿行动"200余次。实施"青苗成长正航向"工程,挑选500名优秀学生组成"小青苗宣讲团",组织20期"小啄木鸟"记者团活动,举办"少年军校"和全市少儿英语挑战赛。

【推进基层组织有效覆盖】 2013年,指导基层打造108个基层团建示范点、220家非公企业团组织、1721个乡镇直属团组织、76个农村专业合作社团组织。在"乐客在线"等10家网络成立团组织,团中央书记处第一书记秦宜智在南昌市调研时专门听取汇报。建立南昌驻沪团工委、流动团员服务中心。市财政支持全市110个乡(镇、街道)各5000元基层工作经费。

【加强团干部作风建设】 2013年,制定《共青团南昌市委直接联系青年制度》,团市委委员、候补委员坚持每月至少1天深入基层,每人至少结对联系20名不同类别青少年,其中重点结对帮扶1—2名困难青少年。在全团开展大调研活动,关于提升共青团影响力的调研报告在《中国共青团杂志》刊发。分批次组织全市机关、学校、企业和县、乡(镇、街道)团队干部等近千人次进行轮训,在全市团员青年中倡导"六种作风",形成"有香气无俗气、有朝气无暮气、有底气无躁气、有和气无怨气、有正气无邪气"的良好风尚。

(黄　皇)

妇女工作

【概况】 2013年,南昌市妇联以建设"坚强阵地"和"温暖之家"为目标,深入实施巾帼文明素养、巾帼发展创新、巾帼权益保障、巾帼成才提升、组织强基固本工程,团结带领全市妇女为南昌打造核心增长极做出积极贡献。荣获全省"平安家庭"创建活动先进集体、全省妇联舆论阵地宣传先进单位、全省农村妇女"两癌"免费检查工作先进集体、全市就业创业工作先进集体等10余项荣誉。

【开展巾帼志愿服务活动】 2013年,结合全市创建全国文明城市工作,组织巾帼志愿者深入社区、农村,以"共享一片蓝天,共筑一个梦想"为主题,开展"警花妈妈""周末妈妈"及"欢乐科普大篷车,关爱留守儿童阳光行"等一系列关爱留守儿童活动。同时,开展"金牌大姐进社区""母亲健康快车"等一系列关爱空巢老人、贫困家庭的巾帼志愿活动,播撒和谐文化,传递爱心正能量。先后组织巾帼志愿者420余人次,帮扶资金30余万元。

【举办纪念妇女节庆祝活动】 2013年3月5日,纪念"三八"国际妇女节103周年暨"我的南昌我的家"家庭才艺大赛决赛在市广电中心举行。省妇联主席潘玉兰,市领导郭安、卢晓健等出席并为获奖家庭颁奖。省市妇联机关干部、市妇联十二届常(执)委以及2013年度受表彰的南昌市三八红旗手、市三八红旗集体负责人、市女企业家协会负责人、市检察院女检察官以及参赛家庭亲友团等近300人观看比赛。比赛旨在通过丰富多彩的家庭才艺展示活动,活跃城乡家庭文化生活,以家庭和谐推进社会和谐。自启动以来,通过家庭自主报名和基层妇联选拔两种形式,共征得1800余个家庭报名参赛。参赛节目形式多样,有魔术、歌舞、杂技等。经过3个多月的海选、初赛和复赛,17个家庭进入最后决赛。龚新轲家庭凭借自创音乐小品《我的南昌我的家》获一等奖。其他16个家庭分获二、三等奖及优胜奖。

【搭建创业就业新平台】 2013年,采取宣传引导、平台找寻、服务帮扶、教育培训,切实帮助妇女就业创业。一是广泛宣传创业典型。与东方女报社、市女企业家协会联合开辟"'中国梦 巾帼行'创业路上看发展,喜迎妇女十一大"宣传专栏,每期整版宣传一名成功女企业家。二是创新活动载体。着力打造"红杜鹃"家政,市红杜鹃家庭服务中心于7月17日正式开业。举办全市第二届"红杜鹃·洪城大嫂"家政服务技能大赛,300余名家政服务人员参赛。举办第十届女性专场招聘会,组织95家省市知名企业提供3500余个岗位,吸引近万名求职者。组织女企业家、女专业大户走进社区、乡(镇),与有创业意愿的妇女开展"一助一"结对,为妇女创业提供人力、信息、技术帮扶。三是加强技能培训。举办家政服务培训、农村实用技术培训、女大学生创业培训和女企业家提升素质培训等,全年共开展岗位技能培训296人次。四是争取资金支持。为7家企业争取到省妇联70万元妇女创业致富项目资金。开展妇女小额担保贷款工作,全市发放妇女小额担保贷款9642万元,受惠妇女1705人。

【完善妇女儿童维权网络】 2013年,南昌市通过"四站两线一进"建设,把妇女儿童维权触角延伸到最基层,实现维权网络全覆盖。一是设立"四站",即在司法局成立"妇女儿童法律援助中心"、在各派出所设立"妇女儿童维权投诉站"、在法院设立"妇女维权合议庭"、在市本级及各县(区)设立"妇女儿童庇护站",专门受理辖区内发生的侵害妇女儿童权益案,向家庭暴力受害者提供及时有效的救助,对受到伤害的妇女进行法律援助,切实保护妇女儿童的人身权利。二是开通"两线",即在各县(区)妇联全面开通"12338"妇女儿童维权免费热线,公开妇女儿童投诉电话,并与"110"指挥中心连通,24小时接受妇女儿童投诉举报,为妇女群众提供法律咨询和心理疏导服务。三是实行"一进"制度,即建立并落实警务进校园工作制度,把中小学校纳入"天网工程"监控范围内,确保全市2162所中小学校及幼儿园安全稳定。

【扶贫助困活动深入人心】 2013年,积极争取省妇联民生项目资金482.3万元,涵盖省级示范妇女儿童之家建设、妇女创业就业、妇女儿童维权救助、关爱留守妇女儿童四大项目。其中,280万元用于建设未成人校外活动场所,54万元用于打造"妇女儿童之家"示范点。同时,向全国妇联争取到"贫困母亲两癌救助"项目经费17万元,救助17人;争取到联合国儿基会"儿童友好家园"项目经费3.88万元、设备费5万余元,在新建县龙岗村建设儿童友好家园。连续第三年开展"情暖洪城妇儿 共建温暖之家"走访慰问,全市各级妇联共为1063户贫困家庭送去慰问金(品)46.75万元。开展"恒爱行动",组织爱心妈妈编织爱心毛衣,为贫困儿童送去关爱和温暖。为结对扶贫村——芳湖村争取到慈善助学资金3万元、20户贫困家庭扶贫物资和南昌市星火计划项目经费,助其发展有机果蔬产业。

2013年9月15日,南昌市第二届"红杜鹃·洪城大嫂"妇女家政服务技能大赛决赛暨颁奖仪式在西湖区滨江小区广场举行

【"两规划"监测指标体系正式出台】 2013年9月17日,市妇儿工委办和市统计局在广泛征求有关部门意见的基础上,编制下发《南昌市妇女儿童发展规划(2011—2020年)监测指标体系》。自2012年新"两规划"颁布实施以来,南昌市经济保持平稳较快发展,社会事业取得新的进步,人民生活进一步提高,社会民生进一步改善,和谐社会全面推进。监测数据显示,2012年人均生产总值58715元,比2010年增长33.6%;城镇居民人均可支配收入23602元,增长29.1%;农民人均纯收入9730元,增长26%。

【国务院妇儿工委调研组到南昌市调研】 2013年3月26日,以国务院妇儿工委办公室常务副主任苏凤杰为组长的国务院妇女儿童工作调研组一行到南昌市,就全市贯彻实施《中国妇女儿童发展纲要(2011—2020年)》和省市妇女儿童发展规划情况进行调研,省妇联领导潘玉兰、黄海燕、李景芝等陪同。当日下午,在新建县委常委会议室召开座谈会,调研组一行听取该县新一轮"两规划"实施情况。

【市妇女儿童活动中心改建工程开工】 2013年,市妇女儿童活动中心改建工程建设经费划拨到位。在完成结构安全检测、可行性研究、立项、设计、招标等各项工作后,工程于9月全面开工。该活动中心为提升全市妇女综合素质、促进儿童健康成长提供了重要的活动场所。

【打造妇女儿童之家】 2013年,按照"资金支持、资源共享、管理规范、重在服务"的原则,对首批18个省级示范妇女儿童之家进行重点打造。一是省妇联配给每个示范点的3万元项目资金全部到位,部分县(区)相应配套资金11.2万元。二是通过资源共享、购买添置等方式,在每个示范点配备电视、电脑、多媒体等必要的活动设施,并设立图书阅览室。三是充分挖掘妇女儿童之家功能,将妇联组织各项工作落实到“家”,面向妇女儿童开展各项服务。从2012年10月至2013年底,18个示范点累计提供各种服务800余次,服务3万余人次,组建各种健身队10余支,成为基层妇联服务妇女儿童的重要载体。

【留守儿童工作备受关注】 2013年,通过在全市普遍成立“妇女儿童之家”等关爱服务阵地、建立留守儿童信息统计台账、开展留守儿童监护人家教指导服务、为留守儿童举行送温暖献爱心系列活动、设立妇女儿童维权济困专项资金等措施,教育、管理、关爱和帮扶农村留守儿童。2月21—22日,中央电视台新闻频道记者相继采访湾里区狮峰学校、新建县三小的留守儿童及老师,并对南昌市关爱留守儿童工作进行深入采访。同时,南昌市“留守儿童服务站”打造列入全省关爱教育管理留守儿童工作重点。省市妇联联合在进贤县、湾里区开展建立关爱留守儿童服务体系试点工作,重点打造“留守儿童服务站”。

【出台家庭教育工作五年规划】 2013年4月6日,由市妇联牵头,市教育局、市文明委、市民政局等单位共同起草的《南昌市关于指导推进家庭教育的五年规划(2011—2015年)》正式出台。新五年规划设定家庭教育工作目标任务,提出保障措施,力争推动形成党委政府重视支持、相关部门尽责履职、各类阵地作用充分发挥、各种社会力量资源充分整合、不同儿童及家长群体需求充分兼顾的家庭教育工作良好局面。

(黄璐茜)

文学艺术工作

【概况】 2013年,南昌市文学艺术界联合会(以下简称市文联)牢牢把握“出人才、出作品、出影响力”的工作目标,集中力量抓大事,扎扎实实打基础,创新思路办活动,团结凝聚广大文艺工作者,开展了一系列卓有成效的工作,取得明显成效。年底,荣获由江西省人力资源和社会保障厅、江西省文学艺术界联合授予的“全省文联系统先进集体”称号。

【南昌市文学艺术界联合会八届三次全委会召开】 2013年4月23日,南昌市文联八届三次全委会在市委第一会议室召开。市委常委、宣传部部长曾光辉出席并讲话。市文联委员共120余人到会。曾光辉强调,当前南昌市文化建设正处在改革开放以来的黄金发展期,全市宣传文化部门和广大文艺工作者要进一步强化中心意识和大局意识,切实加强与有关部门的沟通联系,争取更多的重视和更大的支持,努力形成推动文艺工作的整体合力;要进一步强化政治意识和责任意识,努力做弘扬社会主义核心价值体系的传播者,把高尚的精神境界、美好的艺术情趣传递给人民,培育文明道德风尚;要进一步强化精品意识和争先意识,努力推出更多思想性、艺术性、观赏性相统一的优秀作品,提升南昌文化形象,打造城市文化品牌。会上,贺思敏当选为南昌市文联委员、常委、副主席;增补李军、刘国产、张金洁3人为委员、常委;增补刘荣根、龚为民、雷轼生3人为常委;增补万志刚、王洋、孔祥春、刘杨、刘宏、刘永红、刘梦吟、张芸、宋志群、何流、陈婷、邹农耕、郑云云、罗素文、周蔓、胡金保、施惠媛、涂远忠、徐建农、徐曼20人为委员。

【南昌市诗歌学会第二次代表大会召开】 2013年5月29日,南昌市诗歌学会第二次代表大会召开,50余名代表参加。大会通过《南昌市诗歌学会章程》,选举产生新一届理事会。程维当选为会长,邓涛当选为执行会长;花海波(牧斯)、刘晓彬、李贤平、舒琼当选为副会长;陈安安、陈正云被聘为名誉会长;杨建葆、蒋为农、欧阳滋生被聘为名誉副会长;吴欢任秘书长,夏侯俊杰任副秘书长。南昌市诗歌学会由南昌市文联主管,接受南昌市作家协会的业务指导。其宗旨是坚持和贯彻党的文艺方针,广泛团结诗人和诗歌工作者,传播创作信息,进行学术研讨,开展国内外学术交流,提高创作质量和理论水平,培养文学新人,编辑出版优秀作品,为繁荣诗歌事业而开展丰富多彩的文化活动,努力促进社会主义精神文明建设和提高群众的文化素质。

【《南昌文艺》创刊】 2013年4月,南昌市文联内部刊物——《南昌文艺》正式创刊。该刊为季刊,设置“文联动态”“豫章文坛”“洪城艺苑”“文艺人物”“作品评论”“采风之窗”等栏目。其宗旨是繁荣文艺创作,培育文艺新人,宣传推介南昌,促进文艺交流,推动文化大市文化强市建设。

【南昌市文艺评论家协会第二次代表大会召开】 2013年8月20日,南昌市文艺评论家协会第二次代表大会召开,60余名代表参加。会议选举产生新一届领导班子。邓涛当选主席;王艳杰、王治川、万晓龙、詹冬华、陈米欧、陈圣燕、倪爱珍、李贤平、刘晓彬当选副主席;任志星任秘书长;万海燕、欧阳旭霞任副秘书长。

【南昌市检察官文学艺术联合会成立大会召开】 2013年11月29日,南昌市检察官文学艺术联合会成立大会在市检察院召开。省检察院党组副书记、副检察长、省检察官文联副主席李智,省检察官文联副主席张勇玲等出席。市检察官文联60余名会员及市、县两级检察院300余名检察干警参加。南昌市检察官文联的成立,标志着江西省首家市级检察官文联正式成立。大会审议通过《南昌市检察官文学艺术联合会章程》,选举产生市检察官文联第一届委员会委员及领导班子。南昌市检察院党组成员、副检察长邓修作当选为第一届市检察官文联主席,并提名大会通过徐胜平为名誉主席,王林才、曹运革、郭云水当选为副主席,陈勇当选秘书长,周新萍为副秘书长,王勇等23人为常委。

【开展南昌十大“最美基层文化工作者”评选活动】 2013年,为宣传和推荐扎根基层、甘于奉献的文化工作者,市委宣传部、市文联、市文化新闻出版局、市广播电影电视局、南昌日报社、南昌广播电视台联合开展“文化梦百姓梦”南昌市十大“最美基层文化工作者”评选活动。安义县鼎湖清坪小学校长、板雕传承人邹双勇,湾里文化馆馆长王丽珍,南昌县蒋巷镇文化广播电视站站长胡友贵,南昌市电影发行放映公司直属农村电影队杨武,贵林社创办人万新明,南昌市东湖天女艺术刺绣厂厂长陶永红,新建县文化馆馆长陶学湖,西湖区文化馆馆员王永鸿,青山路街道纺园社区彩虹艺术团团长翁学军,进贤县温圳镇综合文化站站长吴绍文荣获“文化梦 百姓梦”南昌市十大“最美基层文化工作者”称号。

【《纪念南昌市文联成立60周年美术、书法、摄影作品集》出版】 2013年8月,市文联编印的《纪念南昌市文联成立60周年美术、书法、摄影作品集》由江西美术出版社出版。该书汇集南昌市老、中、青三代艺术家的精品力作,其中美术作品90幅、书法作品51幅、摄影作品53幅。

【《系马桩——2000—2012南昌文学作品选》出版】 2013年8月,市文联、市作家协会编选的《系马桩——2000—2012南昌文学作品选》由江西美术出版社出版。该书分小说故事卷、散文卷、诗歌卷3卷,荟萃2000—2012年南昌市近70位作家创作的100余篇文学佳作,并附有《2000—2012年南昌市文学专著出版要目》。

【举办南昌市第三届滕王阁文学奖(政府奖)评选】 2013年8月,根据市政府文件精神,为鼓励多出优秀作品,多出优秀人才,促进南昌市文学繁荣发展,市文联举办南昌市第三届“滕王阁文学奖”(政府奖)评选活动。此次评选活动共收到参评作品42部,其中诗歌集4部、散文集18部、小说9部、文学评论集2部、报告文学集6部和儿童文学3部。经评审组评审,共评出获奖作品3部,陈永林作品《上学的路有多远》获优秀小说奖,匡建二作品《读山手记》获优秀报告文学奖,郑云云作品《作瓷手记》获优秀散文奖。

(黄　菲)

归国华侨工作

【概况】 2013年,南昌市归国华侨联合会(以下简称市侨联)认真履行职能,凝心聚力,服务发展,锐意进取,开拓创新,团结动员广大归侨侨眷和海外侨胞紧紧围绕把南昌打造成带动全省发展的核心增长极这一宏伟目标,有序推进各项工作,取得积极成效。先后被评为全国侨联系统先进集体、南昌市文明单位、南昌市综治先进单位、南昌市开放型经济先进单位。

【全市侨联“深入学习贯彻党的十八大精神”系列专题学习会召开】 2013年1—2月,市侨联组织召开全市侨联“深入学习贯彻党的十八大精神”系列专题学习会,内容包括全市侨联学习中共十八大精神暨侨联主席会议、全体干部职工学习十八届三中全会精神会议、习近平总书记的系列讲话精神专题学习会、全省侨联学习宣讲中共十八大精神暨基层工作经验交流会等。同时,在全市各县(区)侨联开展“凝心聚力,共圆中国梦”大讨论活动,全面准确地理解中共十八大精神实质和内涵,推动侨联工作迈上新台阶;印制600本中共十八大精神辅导问答读本,分发给各县(区)侨联和全市老年归侨侨眷;利用板报、网站、固话短信平台等多种形式,积极广泛宣传中共十八大精神,在全市侨联系统中掀起学习贯彻热潮。

2013年5月6日,2013年长三角地区侨联协作会议在南昌市召开

【2013年长三角地区侨联协作会议召开】 2013年5月6日,为进一步促进长三角地区侨联交流发展,由江西省侨联主办、南昌市侨联承办的“同架文化桥,共圆中国梦——2013年长三角地区侨联协作会议”在南昌市召开。省委常委、市委书记王文涛会见与会代表,市委常委、秘书长江晓斌,市委常委、统战部长高鹰群,市政协副主席陈守国参加会见。中国侨联副主席乔卫、省侨联主席周锦等出席,来自上海、江苏、浙江、江西、安徽、南京、杭州、南昌、合肥和省内其他地市侨联负责人80余人参加。此次会议主题是“同搭文化桥,共圆中国梦”。会议的成功举办极大地促进区域侨联组织更大范围、更宽领域、更深层次上的工作交流,进一步加强了各地侨商侨企以及文化交流方面的联手合作。

【举行“知侨情、暖侨心、解侨困”主题年活动】 2013年,为深入了解南昌市侨情,切实为侨胞排忧解难,努力维护侨胞权益,不断创新为侨服务新举措,夯实侨务工作基础,南昌市侨联决定在全市范围内开展“知侨情、暖侨心、解侨困”主题年活动。此次主题年活动包含开展“送温暖、献爱心”暑期走访慰问活动,全面开展侨情普查,集中开展“侨法宣传月”活动等12项子活动,涉及侨务工作各个方面。活动包括:5月22日,在安义县给10名贫困学生发放助学金活动,市侨联委员、市侨商会常务理事、上海绿地集团江西分公司总经理周鹏南将法国天地文化交流中心主席张汉钧等海外侨胞的捐助款8000元转交到孩子们手中;5—8月,开展“送温暖、献爱心”暑期走访慰问活动,共发放近2万元慰问金和慰问物资;6月28日,在西湖区举办“永远跟党走——南昌市侨界庆‘七一’歌咏会”,向中国共产党92岁生日献礼。8月13日,为红谷滩新区的丰和社区居民送去《弟子规》、科普法律书籍和慰问金,市人大代表,市侨联青委会副会长郑建生捐赠价值1万余元的影视播放设备一套。9月16日,在朝阳洲街道团结路社区举办“2013年弘扬正能量、共圆中国梦——团结路社区迎中秋、庆国庆联心·联欢”活动。

【“弘扬生态文明,共圆中国梦”主题环保活动】 2013年6月4日,为进一步打造生态文明城市、实现可持续发展,激发每个公民从我做起、加强环保意识、建设美好家园的热情,市侨联在赣江边开展“弘扬生态文明,共圆中国梦”主题环保活动,归侨侨眷和青年志愿者约50余人参加。在环保活动启动仪式上,侨联青年志愿者宣读环保倡议书,并进行表态发言。全体志愿者们用环保袋将赣江边上的垃圾收集清理,以实际行动倡导和谐理念,弘扬生态文明,共同创造维护生态环境的良好社会氛围。此项活动是认真有效贯彻市委、市政府“森林城乡、绿色通道”战略部署的一个创新之举,也是侨界爱国爱乡传统在新的社会环境下的一个新体现。

【荣获“全国侨联系统先进集体”荣誉称号】 2013年12月2日,在北京召开的第九次全国归侨侨眷代表大会上，南昌市侨联作为“全国侨联系统先进集体”受到人力资源社会保障部和中国侨联联合表彰。这是南昌市侨联连续三届获得中国侨联表彰，并且是全国唯一一个连续三届在人民大会堂登台接受党和国家领导颁奖的先进集体。

（陶　俊）

社会科学工作

【概况】 2013年，南昌市社会科学界联合会（以下简称市社科联）围绕大局、服务中心，充分发挥自身职能作用，为进一步推动南昌市哲学社会科学事业的繁荣发展、助力南昌打造核心增长极做出积极贡献，被评为“全国先进社科组织”。

【市社科联五届二次理事（扩大）会召开】 2013年4月26日，市社科联在市委第一会议室召开市社科联五届二次理事会（扩大）。市委常委、宣传部部长曾光辉出席并讲话。市社科联五届理事会常务理事、理事，部分县（区）的分管领导，各县区（高校）社科联主席，各市属院校科研处处长，市属学会秘书长，市社科联（院）全体干部职工及新闻媒体记者共120余人出席。会议回顾总结2012年全市社科工作，研究部署2013年工作任务；审议通过南昌市第十四次社会科学优秀成果获奖项目；审议通过南昌市第二批社科普及基地。

【开展重大经济社会发展课题研究】 2013年，承办市委书记、市长点（出）题的经济社会发展研究课题共有3项：《南昌与长江中游城市群建设研究》《关于南昌推进鄱阳湖生态经济区先导区建设研究》《南昌市支持小微企业发展政策研究》。3项课题分别由以江西科技师范大学徐耀耀、江西经济管理干部学院秦夏明、江西省政府发展研究中心王平俭为负责人的课题组中标。2012年承办的《关于加快打造南昌红谷滩CBD研究》《南昌市生物医药产业集群发展研究》已按计划完成和结题，并报市委、市政府有关领导参阅。

【开展社科专项规划课题研究】 2013年，围绕南昌历史文化资源的挖掘、保护与开发利用这一主题，拟定《万寿宫与赣商、江西移民史研究》《蒋介石南昌行营研究》《熊式辉与民国时期江西乡村建设运动研究》3个课题作为2013年南昌市社科专项规划课题并面向全省招标，并分别由江西师范大学方志远、江西省社会科学院汤水清、江西师范大学王东林中标。

【开展南昌市级规划课题研究】 2013年，抓好南昌市“十二五”（2012）社科规划课题的结项工作，并将部分课题研究成果报送省市有关领导参阅。其中，盛建昌等人撰写的《关于破解南昌中小企业融资瓶颈，支持南昌打造核心增长极》课题研究成果获得省委书记强卫和市委常委周关批示。做好南昌市“十二五”（2013）社科规划课题的立项工作，共有67项课题获得立项，其中重点资助课题2项、一般资助课题51项、一般自筹经费课题14项。

【开展社科学术研讨活动】 2013年，先后组织召开“加快南昌发展升级，奋力推动打造核心增长极迈上新台阶”省市专家座谈会、第二届罗珠文化研讨会、全市社科界学习中共十八届三中全会精神座谈会、纪念毛泽东诞辰120周年学术研讨会。专家学者们从不同视角、不同方面紧密联系思想和实际工作，提出意见和观点。市级相关媒体对观点和建议进行报道，《社科专报》《现代人文》杂志将观点、建议报送市有关领导参阅。同时，组织专家学者和市直有关部门负责人就南昌如何融入长江中游城市群建设进行研讨，并派人参加在武汉召开的首届长江中游城市群建设论坛，在论坛上作关于南昌与长江中游城市群建设若干问题的主旨发言。

【举办南昌社科大讲堂】 2013年，通过“南昌社科大讲堂”，在全市范围内广泛开展社科知识“进社区、进乡（镇）、进校园、进企业、进军（警）营”的活动。至年底，举办“今天，我们如何学习雷锋”“凝聚‘中国梦’的力量——党的十八大党章修改解读”“军民携手齐力，同心共筑‘中国梦’”“医患纠纷中的医德困境”“从农民到将军又从将军到农民的甘祖昌”“生态文明与美丽中国”“十八届三中全会金融改革与政策前瞻”“营养知识：健康长寿的前提”“漫谈道德—道德建设应探明的几个问题”等15场主题讲座，受到广大干部群众欢迎。

【加强学会组织建设】 2013年，围绕全市大局，进一步加强学会管理和活跃学术活动，全市社科学会取得较好成效，南昌市会计学会、南昌市翻译工作者协会荣获“全国先进社科组织”荣誉称号。同时，根据社会发展需要，积极发展新兴社科类学会，大力推进特色学会建设，成立南昌市人民政协理论研究会、南昌医疗保险研究会、南昌豫章书院研究会、南昌市内部审计师协会。

【创建社科普及宣传基地】 2013年，对进贤县图书馆、南昌师专哲学研究所和市图书馆3个首批全市优秀社科知识普及宣传基地进行考核评定，并给予一定经费支持。同时，评选出南昌五中、市国税局纳税人学校2个新的全市优秀社科知识普及宣传基地，并进行授牌。小平小道爱国主义教育基地、南昌新四军军部旧址陈列馆被评为全国和省级优秀社科知识普及宣传基地。

【开展“中国梦”社科普及宣传展板巡展活动】 2013年，联合市图书馆、南昌五中、新建县社科联、江西武警支队等单位，走进象山社区、南昌五中、新建二中、新建五中、江西武警一支队、江西武警二支队、南昌市卫校等开展“中国梦”科普宣传展板的巡展活动，5000余人次观看，受到广大居民、师生、官兵好评。在全省社科普及周期间，在南昌县澄碧湖广场制作并展出“中国梦”主题宣传教育、群众路线教育实践活动、省委十三届七次全会精神、崛起中的南昌、理论热点问题、南昌经济社会发展概况等60块展板，向广大群众集中展示当前的理论热点、难点和最新理论成果。

【开展社科知识竞赛竞答活动】 2013年，与南昌日报社联合举办社科知识竞赛活动，利用南昌天圆网、南昌社科网等现代媒体进一步推动社科知识宣传普及工作，得到群众广泛参与，收到参赛答案近千份，并从全部答对答题卡中随机抽取一等奖5名、二等奖15名、三等奖30名。在全省社科普及周期间，在南昌县澄碧湖广场，围绕政治、经济、法律、社会、历史和南昌经济社会发展等内容，开展社科知识现场竞答活动，近500人参与竞答。

【开展优秀社科图书赠送活动】 2013年，开展优秀社科图书“进学校、进社区、进基层”等活动，走进南昌县莲塘二小、南昌五中、红谷滩理想家园社区、青山湖沿河社区等，赠送图书5000余册，受到广大市民好评。

（谢蔚如）

残疾人工作

【概况】 2013年,南昌市残疾人联合会(以下简称市残联)以加强残疾人社会保障体系和服务体系建设为重点,创造性地开展工作,各项业务工作有新进展,残疾人群体保持稳定,圆满完成市委市政府和上级残联布置的工作任务。至年底,全市共有91453名残疾人办理第二代残疾人证,其中视力残疾10561人,听力残疾10344人,言语残疾1053人,肢体残疾52415人,智力残疾7135人,精神残疾8663人,多重残疾1282人。

【开展残疾人康复救助服务】 2013年,市残联配合南昌慈善总会,为620名贫困成年听力残疾人提供助听器验配服务。与南昌慈善总会合作,开展脊髓伤者“中途之家”康复救助项目,投入30万元,为25名全国脊髓伤者康复训练提供救助,走在全国试点城市前列。开展2013年南昌市贫困残疾儿童抢救性康复项目,为200名贫困残疾儿童实施抢救性康复。至年底,全市共为1.79万名残疾人提供康复服务,超额完成民生工程康复任务,完成率128.4%。

【资助残疾学生】 2013年,市残联通过“残疾人事业彩票公益金”和“通向明天——交通银行残疾青少年助学活动”等项目,资助22名高考录取的大中专残疾学生,并资助80余名残疾儿童接受学龄前康复教育。至年底,全市8所特教学校在校生888名,适龄残疾学生入学率85.4%。2名特教教师获得中国残联和教育部共同授予的“交通银行特教园丁奖”。

【扶助残疾人就业】 2013年,市残联联合市文化新闻出版局出台《南昌市农家书屋残疾人管理员考核办法》,对全市860名“农家书屋”残疾人管理员进行规范化管理;为250名残疾人购买公益性岗位;结合残疾人不同特点,多渠道开展城乡残疾人职业培训及种养殖培训,培训学员共1709人次;投入150万元扶持50户农村残疾人发展种养殖业;通过贴息贷款带动致富,全年完成项目贷款任务数630万元,贴息资金31.5万元,到户贷款任务数350万元,贴息资金24.5万元。市残联被中国残联评为长江新里程计划(第二期)高科技助残就业项目先进单位。

【帮助残疾人信访维权】 2013年,市残联建立健全市县(区)两级残疾人信访联动机制,及时处理残疾人赴省、市信访案件。在处理残疾人反映强烈的网吧经营和停管收费问题上,积极参与、主动协调,争取市领导和有关部门的帮助、支持。同时,耐心细致地做好残疾人思想教育工作,教育他们遵纪守法、合法经营。至年底,市残联共处理残疾人到访200余人次、来电160余人次、网上信访2件,帮助4名残疾人获得法律救助。

【出台残疾人特惠政策】 2013年6月,经市政府第八次常务会议审议通过,南昌市出台《南昌市贫困残疾学生、贫困残疾人家庭子女学生及特殊教育学校助学补助办法》。全市136名残疾学生、378名残疾人家庭子女学生,补助89.1万元;8所特教学校补助50万元。

2013年5月19日,江西省第二届大学生手语联赛暨南昌市首届市民手语大赛在南昌师范高等专科学校举行

【加强残疾人保障体系建设】 2013年,市残联进一步改善农村残疾人住房状况,在中央彩票公益金每户6000元的基础上,对240户农村贫困残疾人危房改造项目增加市级配套资金每户2500元。组织实施“阳光家园”计划,资助885名残疾人进行居家托养服务。依托南昌仁爱之家残疾人托养服务中心和南昌市西湖区现代残疾人教育康复中心,通过购买服务的方式,先后为120余名残疾人提供服务。

【推进无障碍环境建设】 2013年,市残联联合市创建办在红谷滩新区举办全市无障碍环境建设业务培训班。各县(区)、开发区(新区)创建办、城建局及残联主要负责人、分管领导和业务人员共70余人参加培训。在南昌电视台开播“每周新闻”手语节目,在全社会推广普及手语知识,填补该项目空白。资助250户贫困残疾人家庭进行无障碍改造,安装无障碍扶手、语音门铃和闪光门铃等。

【落实《江西省残疾人保障条例》】 2013年11月1日,《江西省残疾人保障条例》正式施行,市残联针对广大残疾人关注的重度残疾人免费乘车问题,与市公交总公司沟通协调,最终得以落实施行,盲人、重度残疾人可凭身份证和残疾证办理公益卡。

【举办南昌市第一届残疾人文艺汇演】 2013年5月7—12日,以“跨越障碍、共享阳光”为主题的南昌市第一届残疾人艺术汇演初赛在新建县文化会堂举行,全市37个节目400余名演员参加比赛,从中选拔出18个节目参加5月13日举行的江西省第七届残疾人艺术汇演南昌赛区比赛。经评比,南昌市聋哑人舞蹈《那一片天空》被选送参加第八届全国残疾人艺术汇演并荣获全国二等奖。

【举办南昌市首届市民手语大赛】 2013年5月19日,江西省第二届大学生手语联赛暨南昌市首届市民手语大赛在南昌师范高等专科学校举行。比赛分为大学生组个人赛、大学生组团体赛和市民团体赛。经过比拼,南昌大学、南昌师范高等专科学校、南昌航空大学科技学院分获大学生团体组前三名,曾雨幸、罗婷婷、梁恬玉、刘雨婷、刘晓月、黎琴榕、陈维芳分获大学生个人组一、二、三等奖;青山湖区残联、青云谱区残联、新建县残联分获大众组团体赛前三名,陈乐强、熊秀娟、胥淑敏、孔德宝、周丽丽、熊金花获得大众组最佳个人奖。

【建设南昌市残疾人康复就业体训中心】 2013年,市残联积极争取国家发改委和中国残联的支持,为康复体训中心建设落实800万元专项资金补助,并于3月份正式破土动工,全年完成固定资产投资3000万元。南昌市残疾人康复就业体训中心位于红谷滩新区凤凰洲片区,占地面积约1.9公顷,建筑面积3.93万平方米,总投资约1.6亿元,包括综合楼、康复楼、体育训练馆、游泳池、田径场等设施。

(刘芝泓)

科普工作

【概况】 2013年,南昌市科学技术协会紧紧围绕打造核心增长极的发展目标,团结和动员广大科技工作者,大力开展科技服务、学术交流和科学普及活动,认真履行桥梁和纽带职能,锐意进取、创先争优,实现科协工作新突破。

【推进院士工作站建设】 2013年,深入推进院士工作站建设,为企业开展技术咨询、献计献策,给企业发展指明方向,推动企业实现转型升级。深入南昌市首批设立的2家院士工作站——江西晶安高科技股份有限公司和江西雄鹰铝业股份有限公司,指导建章立制和规范化运作。同时,起草《南昌市院士工作站专项资金管理办法》,使院士站运行有章可循。对市内有一定规模高新技术企业进行排摸和调研,积极帮助江西正邦集团有限责任公司、清华泰豪、江中药业筹备建站工作。

【组建新型企业科协组织】 2013年,为有效激发企业创造活力,南昌市在高新技术企业和国家级开发区积极推动组建新型企业科协组织。6月,成立泰豪集团有限公司科学技术协会,该公司旗下有清华同方、联创光电等一批上市公司。8月,成立南昌小蓝经济技术开发区科学技术协会,这是南昌市在国家级工业园区成立的首家科协组织,园区科协的成立可以最大程度地促进科学技术与企业经济发展结合,促进企业科技创新,推动园区经济发展。

【"四技服务"促进科技成果转化】 2013年,积极开展科技咨询、科学论证、"厂会协作"活动,促进科技人员、科技成果与企业对接。组织专家对"G105国道万埠至新祺周段路面重建项目""南昌市轻轨交通1号线一期工程技术论证"和"南昌地铁深基坑稳定性预测方案研究"等市重点项目进行科技咨询和论证,帮助江西海尔思药业有限公司的中药肝肾滋、养血安神糖浆等5项药品改剂型,以及帮助江西泰德工程有限公司的泰德粘胶生产过程控制系统等项目进行技术开发等,在促进企业的技术进步方面起到积极作用。全年累计完成技术交易额2300余万元。

【开展科普宣传活动】 2013年,市科协组织动员社会力量,面向大众广泛宣传,开展一系列科普活动。在坚持开展"科技活动周""全国科普日""科普之春、夏、秋、冬"等大型品牌主题活动的同时,抓好经常性的科普知识宣传活动。至年底,全市科协系统组织科技工作者1000余人次,举办科普咨询55场次、科普讲座104场次、科普展览51场次、科普培训62场次、"送科技下乡"77场次,参与群众12万余人次,更新科普画廊(科普宣传栏)近7000米,发放各类科普书籍、资料13万余册。

【开展预防H7N9禽流感科普宣传活动】 2013年4月27日,针对长三角地区出现H7N9禽流感病情,由市科协主办的预防H7N9禽流感及环保知识咨询活动在西湖区象山文化广场举行。活动现场,邀请咨询专家和科普志愿者以传播科学、文明、健康生活的知识和方法为内容,围绕公众生活学习的需要,向公众展示宣传图板和发放宣传资料,并为公众提供咨询答疑。

【举办"航天科技连你我"科普报告会】 2013年4月15日,由市科协承办的"航天科技连你我——院士(专家)赣鄱行"活动启动仪式在青山湖区举行。仪式后,6位专家分别走进南昌市城区学校及市第十九中学作专题报告,采用大量图片和动画演示相结合的方法讲授航天科技知识,宣传中国航天科技成就。近2000名机关干部和青少年聆听报告。

【开展"十二五"中期《全民科学素质行动计划纲要》自查评估】 2013年,根据《关于开展〈全民科学素质行动计划纲要〉实施工作"十二五"中期评估工作的通知》有关要求,南昌市组织开展《全民科学素质行动计划纲要》实施工作"十二五"中期评估工作。该工作得到市政府有关领导高度重视,组成自查工作小组,要求各县(区)领导小组、各成员单位按照通知精神,有序开展自查工作。同时,提出南昌市在实施《全民科学素质行动计划纲要》中存在的困难和不足、需要进一步加强的工作、需要国家或地方政府关注或解决的主要问题和困难。

【组织参加第二十八届青少年科技创新大赛】 2013年,组织优秀选手参加第二十八届青少年科技创新大赛,获科技大赛国家级一等奖2名,获省级一等奖2名、二等奖1名、三等奖1名。青少年科技实践活动获国家级一等奖1名,获省级二等奖1名、三等奖1名。少年儿童科学幻想画获国家级二等奖1名,获省级三等奖2名。科技辅导员创新成员获国家级二等奖1名,获省级三等奖2名。

【举办农村党员群众实用技术培训】 2013年,市科协联合市委组织部深入南昌市涉农县(区)开展农村党员实用技术培训工作。全年共举办各类培训10余期,培训人员1000余名。10月15日,由市委组织部、市科协联合组织开展的南昌市农村党员科技致富带头人大培训示范班在南昌县委党校举行。示范班以提高农村党员科技素质、创业意识和生产经营能力为重点,开展种养方面、现代农业、新型农业产业组织化建设、农产品营销与品牌建设、农产品信息与流通等方面的知识培训。

【百场科普报告进社区】 2013年,市科协组织科技工作者、科普志愿者,深入社区,按照"节约能源资源、保护生态环境、保障安全健康、促进创新创造"的科学素质纲要主题要求,围绕社区居民关注的卫生健康、应急避险、食品安全、生态环境、低碳生活、心理关怀、反对愚昧迷信等重点和热点问题,有针对性组织举办科普报告10场次,大力普及科学知识,及时解疑释惑,着力提高活动吸引力和公众参与度,受益群众2000余人。

【科普示范创建成效显著】 2013年,市科协联合市委组织部积极开展科普示范村的创建工作。新建县望城镇小桥村通过省级示范村的验收,安义县新民乡乌溪村确定为2013年省级科普示范村创建村。同时,结合"科普惠农行动计划",广泛开展示范创建活动。年内,获中国科协"基层科普行动计划"先进单位3家,获中国科协"基层科普行动计划"农村科普带头人1人,获省"基层科普行动计划”先进单位6家，获“江西省精品农技协”2家，获江西省科普示范基地3家，获重大科普活动及科普报告项目6项。

【开展“打造南昌核心增长极科技支撑研究”课题调研】 2013年，市科协联合江西财大信息管理学院联合课题组，紧紧围绕科技支撑打造南昌核心经济增长极，深入市政府相关职能部门、部分相关行业、大中型企业及省政府相关部门开展针对性实地调研，分析科技支撑引领南昌经济发展的实践及现状，找出科技支撑南昌打造核心增长极面临的问题，并提出发挥科技支撑作用的对策与建议，形成《关于加强科技支撑打造南昌核心增长极的对策建议》和《打造南昌核心增长极科技支撑研究》调研报告。此项课题同时被列入江西省软科学研究计划项目。

【学术交流活动形式多样】 2013年，创新学术活动内容与形式，积极组织市级学会结合本学科本专业特点开展学术沙龙活动、学术研讨等活动。组织开展“探索新建县高产油茶发展之路学术沙龙”“尸体现象推断死亡时间研讨会”等学术交流活动。积极组织学会申报江西省科协学会科普能力提升计划项目，“理事长科普讲堂”入选。至年底，开展学术交流活动180余场次，参加人数2万余人，在省内外全国刊物上发表论文382篇，有力促进学科发展与科技进步。

（巩跃芳）

红十字会工作

【概况】 2013年，南昌市红十字会认真贯彻落实《南昌市红十字事业2012—2016年发展规划》，按市红十字会九届一次理事会的总体部署和要求，紧紧围绕全市经济社会发展大局，坚持依法履职，积极汇聚社会爱心力量，不断拓展人道服务领域，各项工作顺利推进，红十字事业持续健康发展，累计募集款物600余万元，向3万余人次弱势群体提供各类人道服务，为南昌市改善民生、推动和谐建设做出积极贡献。被南昌市委、市政府授予南昌市文明单位、社会管理综合治理先进单位。

【参与四川芦山地震救援工作】 2013年4月20日，四川芦山发生7.0级地震后，市红十字会于当日紧急召开专题会议研究布置抗震救灾工作，联合南昌日报社向全市社会各界发出支援四川芦山地震灾区的募捐呼吁，全市红十字会系统共募捐款物107.5万元（其中市本级46.64万元）。派出红十字志愿者熊承舜、蔡雪莲、曹佩君赴芦山地震灾区开展参与地震救援工作。雄鹰救援队也积极参与芦山地震救援备灾工作，24小时待命奔赴灾区开展救援。

【红十字基层组织进一步夯实】 2013年9月，专职副会长曹小明率机关工作人员赴各县（区）开展调研、督导红十字基层组织建设工作，加快红十字基层组织建设的步伐。至年底，全市90%乡镇（街道）、社区（村）建立红十字会组织。同时，按照专业对口、分类服务、统一指导的原则，在市本级原有6支志愿服务队基础上，各县（区）红十字会均成立1—2支志愿服务队，为红十字事业打下坚实基础。

【持续开展救助弱势群体活动】 2013年，在元旦、春节期间继续开展“红十字博爱送万家”活动，共筹集款物36.2万元，走访慰问全市1000户困难家庭及麻风病患者。在“三八”国际妇女节期间，联合市妇联开展关爱女童活动，向100名单亲家庭的女童发放救助金5万元。在中秋、国庆节期间共募集3万元，走访慰问东湖区100户贫困家庭。在重阳节期间，向120名老人送上价值5万元慰问款物。接收中华思源工程扶贫基金会和深圳市兆驰股份有限公司等单位捐款42万元，定向资助150名贫困学生。此外，全年共为全市10名14周岁以下身患白血病和先天性心脏病的儿童申报“小天使”和“天使阳光”救助基金。

【积极开展救护知识公益普及活动】 2013年，利用“5·8”世界红十字日、“5·12”防灾减灾日和“世界急救日”等重大纪念日的时机，在人员比较集中的广场、社区及繁华路段向民众开展应急救护知识普及。扎实落实“江西省彩票公益金应急救护知识普及项目”的实施，先后为江西武警总队新兵团的600余名官兵和市园林局、市安监局、市文化局等8家单位500余名机关干部举办12场应急救护知识讲座。与市教育局联合下发《关于在全市学校开展“关爱生命、保护健康”应急救护培训工作的实施意见》，计划用2年时间，完成全市各中小学校的班主任老师、校医的持证救护员培训并对学生进行应急救护知识普及。至年底，市红十字会累计举办知识讲座活动36场次，受益人数1.8万余人次。

【开展“三献”工作】 2013年，继续做好“三献”（无偿献血、造血干细胞捐献、遗体器官捐献）工作。积极动员、广泛宣传，全年新增造血干细胞血样检测入库466人份，新增遗体（器官）捐献志愿登记者40人，实现捐献4例；举办无偿献血活动12场，献血总量近100万毫升。12月10日，红十字志愿者肖翔（南昌市公安局民警）在上海成功捐献造血干细胞，成为南昌市第8例造血干细胞捐献者。

【深化志愿服务活动】 2013年春运期间，首次组织章金媛志愿服务团200余名志愿者到南昌火车站、汽车站为来往旅客开展应急救护和防病知识普及等志愿服务，受益群众3000余人次；10月22日，市委宣传部举办“志愿服务理念”专场报告会，章金媛志愿服务团团长章金媛为来自全市党政机关、事业单位的1000余名小蜜蜂志愿者作《我的志愿情结》报告，引起参会者强烈共鸣。群芳志愿服务队坚持每月组织志愿者到社区、敬老院、福利院开展文艺演出、人道宣传、防病知识宣传等志愿服务活动，受到极大欢迎。雄鹰应急救援能力显著提升，5月起，进行为期2个月（周末时间）的技能训练，其间举行1次地震应急综合演练。雄鹰应急救援志愿服务队在由江西电视台二套主办的“中外小轮车王争霸赛”活动中，出色完成安保任务，博得主办方和其他参赛队高度肯定；11月底协助上饶蓝天救援队成功援救1名旅游失踪人员。

【扩大人道公益影响】 2013年，利用“世界红十字日”“红十字博爱周”“红十字博爱送万家”等时机开展大型活动进行重点宣传，坚持向80余个市直机关及理事赠送总会“一报一刊”（《中国红十字报》和《博爱》月刊）。同时，不断创新宣传方式，有针对性地策划和组织有影响、有规模、有声势的大型活动。4月，同江南地产网在江西艺术中心联合举办“卡拉多小臭臭圆梦音乐会”为贫困生募集助学善款；5月，组织全市中小学生参加“全国红十字防灾减灾知识竞赛”；7月，与市十七中联合举办“井冈山红十字夏令营”。至年底，累计在各级报刊、电台、网站、政务微博等媒体播发报道104篇（次），并首次荣获中国红十字会总会“2013年度报刊宣传先进集体”三等奖。

（江海林）

民主党派·工商联

本栏编辑　龚秀昱

概　述

【概况】 2013年,全市有民主党派市委会6个,即中国国民党革命委员会南昌市委员会(以下简称民革南昌市委会)、中国民主同盟南昌市委员会(以下简称民盟南昌市委会)、中国民主建国会南昌市委员会(以下简称民建南昌市委会)、中国民主促进会南昌市委员会(以下简称民进南昌市委会)、中国农工民主党南昌市委员会(以下简称农工党南昌市委会)、九三学社南昌市委员会(以下简称九三学社南昌市委会)。共有总支(基层委员会)27个,支部(社)177个,小组15个,成员4842人。其中,具有中级以上职称的3555人,占成员总数的73.4%。市区有成员4081人,占成员总数的84.3%。至年底,共发展新成员216人,平均年龄36.1岁。其中,具有中级以上职称的111人,占新发展成员总数的51.4%。各级民主党派成员中担任全国人大代表1人,省级人大代表12人,市级人大代表51人(其中市人大常委会副主任1人),县级人大代表71人;担任省政协委员22人,市政协委员183人(其中市政协副主席3人),县(区)政协委员506人;担任市、县(区)政府副职的8人[其中副市长1人,副县(区)长7人]。市工商联有乡(镇)、街道分会111个,市属基层(行业)商会41个。工商联会员总数为11873户(人)。

全年各民主党派、工商联参加市委、市政府召开的不同形式的协商会、座谈会,对市委、市政府重要工作和一些重大问题等提出意见建议。1月16日,省委常委、市委书记王文涛召开党外人士座谈会,听取党外人士对打造南昌核心增长极的意见建议。各民主党派积极参与市委统战部组织的"党委出题、党派调研、政府采纳、部门落实"活动,以服务"打造核心增长极"和"推进协商民主"为主题,精心组织力量,深入开展调查研究,形成8篇调研报告。党外人士积极撰写提案、议案和信息专报,为党委政府决策提供参考。王文涛在民进市委会撰写的调研报告——《关于把省会南昌打造成区域性金融中心的调研报告》上作重要批示。全年党外各界人士以提案、议案等形式向党委政府提出意见建议300余件,12件提案被市政协评为优秀提案。《关于医院就诊卡实行"一卡通"的建议》《坚决取缔"洋垃圾"服装一条街的建议》《关于加强我市旅游景点网络宣传的建议》等一批社情民意信息和提案议案得到市委、市政府主要领导重视和批示。

全年各民主党派继续开展"坚定信念、学习典型、争作贡献"主题教育活动。邀请省政协副主席、民盟省委会主委刘晓庄到南昌市传达和讲解全国"两会"精神。继续开展"同心讲堂"活动,建立"同心讲坛"读书会机制,坚持每季度一次读书交流活动。4月29日,市委常委、统战部部长高鹰群出席第五次"同心讲堂"活动,并为优秀选手颁奖。开展纪念中共中央发布"五一口号"65周年活动,《南昌日报》专版刊登各民主党派、工商联主要负责人的体会文章。在12月28日农工党市委会举办成立60周年系列纪念活动中,引导民主党派、无党派人士等统一战线成员继承老一辈坚定的政治理想信念和高尚的政治风范。6—10月,市工商联开展非公有制经济人士理想信念教育实践活动,举办非公有制经济人士"创业梦·中国梦"歌咏比赛,并开展"理想信念与民营企业家的中国梦"主题研讨等活动。

各民主党派开展"同心双共建"活动,在67个共建和谐基地开展"送科技、送医疗、送教育、送法律、送爱心"进社区、农村活动110余次,健康教育宣讲团、名师进社区讲座、农村教育烛光行动、科技科普进校园等形成活动品牌,受惠群众上万人次。民盟市委会与上海杨浦区民盟开展异地共建活动,在西湖区农民工子弟学校建立同心·帮扶助学基地,培训教师近100人次。民主党派主要负责人赴安义县长均乡考察,开展"同心共建和谐秀美新长均"活动。非公经济人士致富思源,富而思进,踊跃投身光彩事业,参与全市慈善一日捐、灾后重建活动。四川雅安地震发生后,市工商联动员商会企业开展捐赠活动,捐款达千万余元。全市非公经济人士积极开展"十二五"定点扶贫、"情系广昌感恩行"、"百名贫困高中生结对帮扶公益助学"等活动,捐助资金达500余万元。6家商会义工站围绕扶贫济困、救灾援孤、助医助学等方面开展各具特色的工作。

南昌市各民主党派基本情况统计表
(截至2013年12月31日)

表13

序号	党派	人数	基层组织情况			主要领导
			总支	支部	小组	
1	民革	864	6	32	1	主委:陈守国 副主委:薛有旺、余斌、徐余波

续表 13

序号	党派	人数	基层组织情况			主要领导
			总支	支部	小组	
2	民盟	1030	4	39	1	主委:罗慧芬(女) 副主委:杜晓晖、胡　彬(女)、张　澜、谢　华
3	民建	625	5	23	1	副主委:黄清玉(女)、唐国琴(女)、邱钧生
4	民进	728	5	37	—	主委:姚燕平(女) 副主委:舒斯会、胡显勇、付苏臣、谭绍木
5	农工党	1002	6	26	3	主委:龙国英(女) 副主委:陈东亮、许秀柏、冯于水、温志立
6	九三学社	593	1	20	9	主委:李广振 副主委:李万汲、谢保成、刘强华(女)、王文军

(黄小红　黄　奇)

中国国民党革命委员会南昌市委员会

【概况】 2013年,民革南昌市委会紧紧围绕市委、市政府中心工作,全面加强自身建设,认真履行参政党职责,深入开展参政议政、社会服务和促进祖国和平统一工作,各项工作取得新成绩。

参政议政。主动加强与政府有关部门的联系和沟通,接待和走访提案办复单位10余次,召开与有关提案办复单位的座谈、协商会,有效促进提案的办理和落实。在政府部门担任实职的民革党员尽职尽责,廉洁自律,与中共各级党组织搞好合作共事。担任各级人大代表、政协委员、政府参事和特邀(约)员的民革党员,积极参加各种视察考察活动,反映社情民意,参与民主监督,为树立民革参政党的良好形象做出贡献。同时,积极开展重点课题调研工作。4月,围绕"城镇化进程中南昌市农民就业问题的思考"课题,与民革江西省委组织联合调研。在召开的市政协十三届四次会议专题协商会上,陈宁江代表民革南昌市委会就"实现蓝天计划,需要实干"作了大会发言,省委常委、市委书记王文涛作精彩点评;关注社会热点难点,积极反映社情民意,上报社情民意38条,荣获2013年度市政协信息宣传先进集体;2013年,共提交议案、提案共50余件,民革南昌市委会集体提案《关于进一步加强市三甲综合性医院挂点服务社区医疗机构的建议》,王文涛批示"该提案既可以使优质医疗资源合理使用,又就近方便群众,这个建议很好",指示市卫生局系统进一步研究落实。民革南昌市委会集体提案,代市长郭安给予高度关注,并批示"各相关部门认真研究落实"。民革南昌市委会集体提案《关于进一步加强市三甲综合性医院挂点服务社区医疗机构的建议》《关于以地铁建设为机遇,大力提升南昌文化品位的建议》和民革成员周胜明个人提案《关于利用微博信访拓宽社情民意表达渠道的建议》,被评为市政协2013年度优秀提案,占当年市政协优秀提案的30%,市委会荣获2013年度市政协提案先进集体。市民革成员陈宁江、章立志、胡强等3人共4人次被评为2013年度市优秀政协委员及单项先进个人。民革各基层组织认真履行职能,认真选题,积极开展调查研究,为促进当地经济社会发展建言献策,得到地方党委和政府的重视和采纳。如南昌县总支《关于进一步加强流动人口管理的建议》、民革西湖总支《空巢老人的医疗问题》以及党员撰写的《关于加强留守儿童管理的建议》《关于解决莲塘三中学生宿舍建设用地的建议》《进一步加强医疗保险工作的建议》等,荣获"优秀提案"。16名党员荣获各级"优秀政协委员"。

宣传教育。以纪念省市民革成立60周年和中共召开十八届三中全会为契机,全面开展思想建设。市委会下发"深入学习习近平总书记讲话精神"文件,组织全市民革各级组织和民革党员,认真学习贯彻中共十八届二中、三中全会精神,进一步坚定广大党员走中国特色社会主义道路的信心与决心。基层思想政治工作注重民革优良传统教育,结合纪念省市民革成立60周年开展"我与民革"主题征文、纪念中共"五一"口号颁布65周年演讲比赛、纪念南昌民革成立60周年演讲比赛、编印南昌民革成立60周年纪念画册等活动,广大党员干部深受教育。在民革成员中继续开展学习践行社会主义核心价值体系和"同心"思想活动,开展"薪火相传、圆多党合作之梦"主题教育活动,提高民革成员思想政治素质和理论水平,增强参政履职主动性和自觉性。在民革中央网站、《团结报》、《团结》杂志、《光华时报》、心桥网及其他新闻媒体发表各类文章80余篇。

自身建设。以政治交接为主线,认真组织完成届中调整工作。按照民革省委和中共南昌市委的统一部署,11月召开民革南昌市第十二届六次全委会,选举余斌、徐余波、夏国生3人充实市委会领导班子,市委会领导班子年龄结构更趋合理,呈现出职级层次高、学历职称高、平均年龄较低的"两高一低"特点。按照"三个为主"(以协商确定的重点分工为主,以大中城市为主,以有一定代表性的人士为主,注重政治素质,发展与巩固相结合,有计划的稳步发展)的原则,民革基层组织和党员发展工作也在积极、稳步推进。至年底,发展新党员44人,基本具有本科学历,其中具有中、高级职称14人,占党员总数的32%。党员年龄结构、知识结构得以改善,总体素质进一步提高。西湖区总支部、东湖区五支部等10个基层组织顺利完成换届及支委调整。当年,从参政议政工作、统战宣传工作、组织发展及活动、社会服务工作4个方面对各基层支部2013年度工作情况进行检查,表彰西湖区总支部、南昌县二支部、湾里区支部3个先进集体，邓国春等10名优秀党员以及夏文情等10名民革工作积极分子，推荐西湖区六支部等4个支部荣获民革全省先进基层组织，陈宁江荣获民革全省参政议政先进个人，蔡骏荣获民革全省社会服务先进个人。推荐薛有旺、伍曦等12人参加省市各级部门举办的党外干部培训班等，举办民革第二十四期新党员培训班，近两年新加入民革党员共60余人参加。向有关部门推荐党员任职10人次，其中3人任副县级职务，3人任正科级领导职务，3人任副科级领导职务。

服务社会。组织民革各级组织、广大党员发挥各自优势，广泛开展“三下乡”、扶贫、捐资助学、义诊、义务法律咨询等社会服务活动40余次，为助推地方经济发展，促进社会和谐稳定贡献力量，得到当地政府和广大群众普遍赞誉，有效扩大民革组织在社会各界的影响。南昌县总支、新建县总支、青山湖总支部等民革基层组织继续开展扶贫助学活动，相继向南昌县山上小学、新建县州上小学等学校和地区贫困学生捐赠学习用品、助学金共计4万余元。助残日当天，民革市委会机关、民革西湖区总支在南昌市育智学校与学生们开展交流互动，机关干部、西湖总支和党员们对育智学校学生进行捐赠。11月，民革机关支部、西湖民革总支、西七支部在南昌市养老院开展敬老爱老服务，并向养老院进行捐款。民革南昌逸仙书画院积极开展书画交流活动，先后参加庆祝省市民革成立60周年书画摄影展、青云谱区政协委员笔会等书画交流活动。

（朱世刚）

中国民主同盟南昌市委员会

【概况】 2013年，民盟南昌市委会深入贯彻落实科学发展观，认真学习中共十八大、十八届三中全会精神，团结带领全市各级盟组织和广大盟员奋发向上、开拓进取，切实加强自身建设，积极履行参政党职能，各项工作取得新进展。在2013年全省盟务工作会议上，荣获“2010—2012年度盟务工作综合先进单位”称号。

参政议政。在市政协十三届三次会议上，提交集体提案6件，涉及南昌市打造核心增长极过程中经济、教育、交通、城市管理等热点难点问题，其中《关于推进南昌银行上市为打造核心增长极提供支持的建议》获得市政协副主席督办。完成《简化民事案件立案程序，服务江西经济发展》等多项调研课题，其中《江西食品安全现状问题及对策研究》作为民盟江西省委提交省政协十一届二次大会上的书面发言材料。开展“我为南昌建成小康社会献一策”活动，充分调动机关干部和广大盟员积极性，广泛采集社情民意信息。至年底，向民盟中央、民盟省委、市政协及报刊媒体报送社情民意信息约70篇，有27篇建言献策和社情民意刊登于省级以上媒体。其中，《民盟南昌市委建议人才培养应以市场为导向》《推进学生心理健康教育常态化》等建议刊登在《人民政协报》，《加强民生专项资金监督，确保民生工程落到实处》等5篇建言献策和社情民意上报民盟中央。民盟南昌市委关于电子商务的调研报告转化成民盟江西省委集体提案《关于我省发展“电子商务＋物流配送”新型商业模式的建议》提交省政协，获得省政协副主席刘晓庄督办，为江西省研究出台《江西省人民政府关于加快电子商务产业发展的若干意见》提供重要参考。盟员谢华提交省政协的提案《关于解决融资难，促进小微企业发展的建议》得到有关领导重视并在会中办理。

宣传教育。坚持将学习贯彻中共十八大、十八届三中全会精神作为重要政治任务，多次召开常委会进行专题学习，认真学习民盟十一大、民盟全国工作会议和省委书记强卫在全省党外人士座谈会上的讲话精神，并及时将会议精神传达到全市各级盟组织，切实将思想和行动统一到中共中央的科学决策和部署中来。参加全市各民主党派纪念“五一口号”发布65周年读书活动并获二等奖。参加全市各民主党派学习十八届三中全会精神“同心讲坛”读书活动，分获一等奖、三等奖。举办“学习十八届三中全会精神、盟史盟章知识竞赛”。积极开展“同心”实践，组织盟市委机关干部到省社会主义学院学习并赴瑞金学习教育基地考察。利用各种新闻媒体和宣传阵地加强舆论引导，全面展现民盟南昌市委履职尽责的突出成果。以新闻媒体为依托，积极外发宣传稿件，扩大社会影响。全年在《人民政协报》《中国统一战线》《光华时报》等各级媒体发表稿件36篇。国家级媒体采用6篇，创换届以来新高，其中《蒋树声同志对我的嘱咐——修德尚志》《做一辈子护士很幸福——记盟员、南丁格尔奖获得者章金媛》刊登于《中国统一战线》杂志，《赣沪两地民盟联手开展教师培训》《带着深厚的感情做好群众工作》被《人民政协报》采用，《民盟江西省委4%教育经费使用效率与配置课题组赴南昌调研》刊登于民盟中央网站。江西卫视都市频道、南昌电视台新闻频道多次报道民盟南昌市委有关活动。11月，民盟中央副主席张平在南昌调研期间，对民盟南昌市委思想宣传工作给予充分肯定。

自身建设。先后对西湖区总支、新建县支部等6个支部改选调整。坚持“人才强盟”战略，全年共发展43名高素质盟员，其中处级领导1人，博士1人，硕士7人，学士17人，中级职称21人，副高职称1人，正高职称1人。盟员人数首次突破千人，达到1030人。将参政议政人才的选拔培养与后备干部的培养使用有机结合，组织民盟南昌市委全体机关干部参加全省民盟专职干部培训班；与市社院共同举办培训班培训56位新盟员；抽调4位基层新任主委参加全省中青年盟员培训班学习；选派2位骨干盟员赴上海财大参加南昌市党外知识分子培训班学习。通过盟员组织推荐和自身努力，有2位盟员当选省人大代表，其中1位任常委，4位盟员担任省政协委员，2位盟员担任副县级职务，3位盟员担任正科级职务。对外加强与广州、上海、广西贺州等盟组织交流；11月，民盟南昌市委承办民盟全省组织工作会议并作经验交流发言。民盟南昌市委挂牌成立面积约120平方米的“盟员之家”，使没有活动场所的支部有了活动基地。进贤县总支在中共进贤县委、县政府的30万元资金扶持下，成立“盟员之家”。

社会服务。积极开展为农村偏远地区义务培训教师和“送教下乡”活动，继续打造“农村教育烛光行动”品牌。在青山湖京东学校开展教师培训；在南昌县幽兰中心小学、育林小学送优质英语课；赴奉新县上富中心小学开展帮扶支教活动；联合民盟上海市杨浦区委，在西湖区广南学校和站前路小学举行教育共建活动，为90名中小学教师提供免费一周的“菜单式培训”。至年底，“烛光行动”共捐钱捐物价值3万余元，培训老师约500人次，直接受益学生4000余人次。在青山湖区、西湖区、东湖区开展“迎新春，送祝福”千幅春联进万家等文化进社区活动；在井冈山大道社区、进贤县人民医院门诊一楼大厅、湾里区翠园文化广场、南昌县向塘镇敬老院等地开展“同心共建”医疗健康咨询服务；在新建三中为师生们举办法制知识讲座，送法律进校园；开展“关爱自然、保护梅岭”志愿者活动；为进贤县“民盟新农村建设帮扶点”捐钱捐物20余万元。联合民盟省委、青云谱区支部走访洪西社区，慰问贫困户，为困难群众送去油米等生活用品和慰问金共计5000余元。至年底，医疗健康服务活动使3600余人次受益，法律进校园活动使500余名师生受益。同时，盟员通过各种形式自发奉献社会，其中老盟员章金媛春节期间在南昌火车站发起“为旅客志愿者服务活动”。认真落实盟中央“黄丝带帮教计划”，7月9日，民盟南昌市委成立“民盟心理帮扶义务咨询服务基地”，这是民盟南昌市委打造“同心共建，心理帮扶”品牌的又一新举措。基地成立以来，在都昌县太阳村、抚州市资溪留守儿童中心开展爱心支教和心理疏导活动；在江西女子监狱举行“关注女性罪犯，营造积极心态”心理健康活动；携手江西五套在青峰社区关注儿童心理；为北京路学校同学们带去生动活泼的心理讲座。至年底，共有3000人次接受心理帮扶，为建设和谐社会作出积极贡献。

（张英群）

中国民主建国会南昌市委员会

【概况】 2013年，民建南昌市委会充分发挥密切联系经济界的特色和优势，紧紧围绕南昌打造核心增长极的工作大局，切实履行参政议政、民主监督、服务社会的职能，大力推进会的自身建设，各项工作迈上新台阶。

参政议政。在市政协十三届三次会议上，共提交提案20余件，其中8篇为社情民意信息，1件会员提案作为大会发言材料。课题《做大做强园区产业，助推核心增长极发展》和《南昌市工业企业劳动关系协商民主制度建设的实践与探索》先后被民建中央核心人文刊物《经济界》全文刊发。市委会社情民意用稿大幅提高，其中《光华时报》采用4篇，省政协采用1篇，民建省委会采用3篇，市政协采用9篇。市委会领导和会员中的人大代表、政协委员及司法政府部门特邀人员、行风义务监督员等积极参加有关考察、视察和座谈会、情况通报会、执法监察、行风评议等活动共计50余次，做到坦诚谏言。

宣传教育。组织会员深入学习中共十八届三中全会精神、全国“两会”精神、民建中央十大精神、省民建八大精神；组织开展纪念中共中央发布“五一口号”65周年征文活动。围绕“立足本职作贡献”“建言献策做贡献”“服务社会作贡献”，开展“坚定信念、学习典型、服务发展”主题教育活动。由民建南昌市委会牵头组织的“同心讲坛”活动作为全市各民主党派一项创新工作举措，得到市委统战部高度肯定，影响力不断扩大。至年底，“同心讲坛”共举办7期，其成功经验已形成材料并上报省委统战部。同时，民建南昌市委会加大信息宣传工作力度，制定下发《民建南昌市委会新闻稿件评审制度》和《南昌市民建理论宣传优秀稿件奖励办法（试行）》，健全宣传信息工作机制，鼓励通讯员在写好稿、上头版、攻头题、出精品等方面下功夫，形成“领导把关、专人负责、各部门参与”的良好机制。通过一系列的工作举措，民建南昌市委会2013年宣传信息工作成效显著，成绩斐然，在省、市各级宣传信息工作考核中市委会宣传信息工作名列前茅，进一步扩大了民建市委会的社会影响力。全年在各类媒体发表新闻宣传文章262篇，其中中央级83篇、省级171篇。发表的中央级媒体主要是：《人民政协报》用稿6篇、中央统战部网站用稿1篇、民建中央用稿71篇。在办好会内刊物《南昌民建》的同时，创建“南昌民建”网站，栏目丰富、信息及时，逐步成为市委会服务会员、宣传教育的新窗口。

自身建设。全年发展新会员25名，发展率4.2%，净增率4%。本科以上学历21人，其中研究生学历5人、博士学历1人，实现会员中拥有博士学历零的突破。至年底，共有会员626人，基层组织29个，其中总支5个、支部23个、直属小组1个。选派20余名会员参加省、市各级统战部门组织的培训班4次。市委会联合市社会主义学院举办2013年民建南昌市委会新会员培训班，组织31名近两年入会的新会员参加培训。至年底，2名会员提拔担任正科级领导职务，1名会员提拔担任副科级领导职务，1名会员提拔担任正科级非领导职务。根据会章要求，经过协商，圆满完成对民建西湖区总支、民建青山湖区总支的换届工作，选举产生新一届基层组织领导班子。2个基层组织被评为民建全省先进基层组织。进一步推动基层组织工作考评制度，对各基层组织进行考核评分，按照评分结果，评选出一批先进基层组织和优秀个人。组织开展以“庆三八节·做健康人”为主题的羽毛球比赛活动和“重阳节 送健康”为主题的为老会员上门做健康检查的活动，丰富会务活动内容，进一步凝聚会的力量。

服务社会。主动联系市轨道公司、银行等方面，先后组织地铁经济恳谈会、银企对接座谈会、会员互助恳谈会，为企业的发展搭建平台。在民建南昌市委会的联系下，厦门民建市委会秘书长率领8名当地有实力的会员企业家参加南昌之友（厦门）联谊会成立暨新建县产业推介会，并被列入此次推介会重点客商名单。与会的民建企业家会员对部分项目产生浓厚兴趣并达成意向性考察协议。务求实效做好“同心双共建”，组织发动各级组织和广大会员开展“送温暖”和“送科技、教育、医疗‘三下乡’”等系列活动7次。按照民建省委会的要求，会员企业积极投入到“同心·聚力广昌行”活动，参与广昌现代农业提升项目，建立广昌白莲示范基地、油茶生态种植等示范基地，投入科技资金10余万元，受到省民建领导和当地党委、政府领导肯定。至年底，民建南昌市委会会员用于公益事业的捐款捐物价值累计达120万元，其中70余万元用于支持南昌市4所边远贫困地区的学校和市三联特殊教育学校建设，20万元捐赠雅安地区，6万元资助品学兼优的特困生，11.7万元用于慈善事业。

（吴军莲）

中国民主促进会南昌市委员会

【概况】 2013年，民进南昌市委会坚持以中国特色社会主义理论为指导，学习贯彻中共十八大及三中全会和总书记习近平系列重要讲话精神，认真履行参政议政职能，为服务南昌改革发展而不懈努力，全面完成民进市六届五次全委会提出的各项任务，被民进中央授予“民进全国宣传思想工作先进集体”荣誉称号，获得民进全省“参政议政”“组织建设”和“社会服务”工作先进单位及市政协信息宣传工作先进单位。

思想建设。召开民进市六届五次全委（扩大）会、六届十二次常委（扩大）会、骨干会员报告会、机关干部会等，专题学习中共十八大及三中全会和习近平总书记系列重要讲话精神，学习领会《中共中央关于全面深化改革若干重大问题的决定》，学习省委、市委全会精神。持续开展“坚定信念，服务发展，争作贡献”学习教育活动。在抗战胜利纪念日，组织骨干会员参观青云谱区梅汝璈故居纪念馆。教师节期间，组织教师会员考察南昌新变化新发展，听取“赣商文化与江西认同”文化讲座。开展南昌民进开明读书社活动，引导会员“读好一本书，读好一生书”。发起会员收看“2013·书香中国”全民阅读电视晚会。与市各民主党派联合举办“同心讲坛”读书活动5次，会员徐莉娟、徐俊分别获得一、二等奖。组织机关干部参加“南昌政协大讲堂”学习活动8次。“五一”前夕，联合举办纪念中共中央发布“五一口号”65周年活动，围绕“多党合作、同心同行”主题进行读书交流，民进市委会主委姚燕平在《南昌日报》刊登《重温历史，坚定信念，服务南昌打造核心增长极》文章。开展对外会务宣传工作，《江西晨报》以“南昌名师张富独创语文教学法享誉全国”为题，专版宣传民进市委会原名誉主委张富教改先进事迹。民进中央《教育民进》专辑编选会员施虹冰支教澳门事迹。各民主党派中央机关报《团结报》刊登《采纳民进市委会建议，南昌推进重大项目管理系统研发工作》等报道。

组织建设。强化民进市委会领导、机关中层干部与基层组织对口联系制度，举办2期支部主任恳谈会。完成民进西湖区总支、青山湖区总支换届工作，成立民进红谷滩新区支部，充实市直二支部班子。专门下拨各专委会和支部活动经费，用于支持其开展工作。全年共吸收发展会员34名，至年底会员总数达728名。组织培训会员百余名，其中2人参加市委统战部上海财经大学培训班，4人参加省民进基层骨干会员培训班，40余人参加与市社院联合举办的民进新会员培训班。做好民进会员后备干部队伍建设与推荐工作。12位会员得到党组织提拔与重用，担任县(区)正副科级干部和中小学校级领导；一大批会员获得国家和省市先进荣誉。

参政议政。组织开展重大课题调研活动，承担市委“社会主义协商民主的理论实质与我市的实践路径”总课题中“在房屋征迁和土地收储中贯穿群众工作”分课题的调研任务，形成《关于在房屋征迁和土地收储中贯穿群众工作的调研报告》，入选《南昌市人民政府公报》、市委办公厅《全市重大课题调研成果汇编(2013年)》。组织开展民进集体提案工作，集体提案《关于推广使用电子化招投标的建议》受到市长陈俊卿批示肯定；《关于尽快完善重大项目管理推进制度体系的建议》受到市委常委、常务副市长张鸿星批示肯定，得到市发改委、市外经贸委办理落实，被评为市政协优秀提案；《关于将我市居民医保和新农合合二为一的建议》被列入市政协领导重点督办提案。组织民进代表委员开展建言活动，民进会员中的代表委员提交提案建议40余件，其中2件被列入市政协专委会重点督办提案。付苏臣、游志卫、李淑英、王光、徐建章被评为市政协优秀委员，付苏臣被评为市政协民主监督先进个人，徐建章被评为市政协“献策牵线”先进个人、委员进社区(乡村)先进个人。组织开展市政协民进界别活动，民进界别市政协委员先后4次赴市重大重点项目江西慧谷—用友(南昌)产业园工地跟踪调研，所反映园区用电问题，经市政协主席卢晓健赴现场调查督办，已得到解决。民进界别委员到湾里区开展专题调研，并向市政协提交《整合区域旅游资源、促进旅游名城建设——关于湾里区旅游产业主动对接万达文化旅游城的调研报告》。

社会服务。开展“南昌民进名师下乡好书进村”服务活动，向南昌县黄马乡徐家村小学、幽兰镇渡头中学及新建县昌邑乡曹会村幼儿园、南矶乡中心幼儿园捐赠价值2万余元的少儿课外图书与教具，组织省市优秀教师张柯、杜影、陈芯等12位民进会员到农村中小学、幼儿园举办公开课和教育讲座15场，组织张江华、赵永平、李永春等市县名医下乡为百名村民免费义诊。支持南昌民进名师张富编辑出版《一生一事——与语文结缘》，送发百所中小学校和数百名语文教师。推进“同心双共建”服务活动，民进市直二支部与东湖区戴家巷社区签订“同心共建和谐社区”协议，至年底全会基层组织和谐共建点11个。全年组织开展文化、教育、医疗、法律咨询服务下乡村、进社区服务活动20余次。儿童节、重阳节期间，先后在青云谱区洪惠社区、康泽园社区开展图书、电影、文艺表演等文化进社区服务活动，向社区捐赠价值6000元的图书建设社区小图书室。春节前夕，在天灯下社区，会员万志刚连续6年向40户困难居民送上价值2万元的慰问金与慰问品；会员万建平向十字街30名困难居民发放价值1.5万元的慰问金和慰问品。开展“1%工程”扶贫助学活动，先后组织前往南昌县黄马乡、莲塘一中、江西科技师大举办“1%工程”助学活动，共向24位贫困大中小学生发放助学金。病重教师会员罗细根所在民进南昌县支部寻求组织帮助，获得社会爱心人士捐款1万元帮助其女儿解决大一全年学费。

(钟初文)

中国农工民主党南昌市委员会

【概况】 2013年，农工党南昌市委会积极履行参政党职能，凝心聚力，开拓创新，各项任务顺利推进，取得一定成绩，被农工党中央评为社会服务工作先进集体，被农工党省委会评为社情民意信息工作先进市委会，被市政协评为优秀提案集体、宣传信息工作先进单位。

参政议政。按照“市委出题、党派调研、政府采纳、部门落实”任务要求，完成《南昌市LED产业发展研究》调研报告。参加省委会及市社科联组织的课题招标活动，多件课题中标。在政协南昌市十三届三次会议上，农工党南昌市委会及农工党员提交的提案得到省市领导的关注和批示。3月8日，集体提案《关于医院就诊卡实行“一卡通”的建议》、个人提案《关于进一步加强我市城市环境卫生工作的建议》得到省委常委、市委书记王文涛批示。3月15日，《关于改进和简化行政审批服务体系的建议》得到市委常委、市政府常务副市长张鸿星批示。社情民意工作保持良好态势，市政协副主席龙国英撰写的《关于完善信访工作体制机制的建议》得到省领导充分肯定及批示。4月24日，在南昌市政协社情民意第七期上刊登的《坚决取缔“洋垃圾”服装一条街的建议》得到王文涛批示：“请市工商局予以取证并采取措施依法取缔”，“洋垃圾”服装一条街现象得到有效遏制，党派建议收到很好成效。

宣传思想。转发省委会《关于开展“学习十八大，争创新业绩”主题实践活动的通知》，与各民主党派联合印发《关于在市各民主党派、无党派人士中深入学习贯彻习近平同志系列讲话精神的方案》，召开各种会议学习中共十八大及十八届三中全会精神。4月28日，为纪念中共中央发表“五一口号”65周年，市委会主办“同心讲坛”读书交流活动，市各民主党派参加。结合南昌实际，组织撰写信息、建议，其中部分信息、建议先后刊登在中央级媒体上。《尽快制定流入地幼儿学前教育制度》《农工党南昌市青山湖区总支呼吁网上购药需谨慎》《农工党南昌市西湖区委建言随迁农民工子女共享教育机会》《农工党西湖区委呼吁适时调整农村老人基础养老金》4篇建议在《人民政协报》统战新闻栏目刊登;《组建队伍,强化培训,农工党南昌市委会参政议政有招数》《不是主任的主任》在《团结报》刊登;《关于加强个体诊所用药管理的建议》《解决流动人口医疗保障问题的建议》在农工党中央《信息专报》刊登;《取消药品加成,完善补偿机制》在农工党中央《前进论坛》刊登。为纪念农工党南昌市委会成立60周年,编辑出版《农工党在南昌》《农工党南昌市委会新世纪参政议政成果文集》《农工党南昌市委会60周年纪念画册》。

组织建设。采取“高层发展高层,骨干发展骨干”的做法,2013年发展新党员38名,其中中级以上职称25人,大学以上学历30人,女性成员21人,平均年龄35.7岁。至年底,共有基层组织总支6个,支部46个,小组3个,党员1002名。党员中担任全国人大代表1名、省人大代表2名、市人大代表8名、县(区)人大代表18名,担任省政协委员3名、市政协委员32名、县(区)政协委员98名、各类特约监督员18名。4月3日,召开农工党南昌市十二届五次全委(扩大)会议,审议2012年工作报告。开展以规范基层组织工作为主题的“基层组织建设年”活动,完善制定新的基层组织党务工作标准化工作手册。公共卫生综合支部成立,西湖区总支完成换届,南昌县总支、进贤县支部、东湖区总支、市洪都中医院支部、市农业局支部、南钢支部完成届中调整。配合市委组织部、市委统战部工作,推荐1名机关专职副主委担任东湖区政协副主席,推荐1名党员担任正科级职务,推荐副县级后备干部8人。认真做好干部培训工作,4月下旬,举行2013年度新党员学习班;6月24—30日,组织市委会机关专职副主委参加省委统战部和省社会主义学院合办的民主党派市级组织负责人学习班;7月下旬,举办2013年暑期骨干党员政治理论培训班;9月,推荐11名党员参加省委会在省社会主义学院举办的新党员学习班,推荐2名党员参加市委统战部、市社会主义学院在上海复旦大学举办的党外知识分子培训班。12月28日,农工党南昌市委会成立60周年纪念活动在红谷滩会展中心东厅举行,全国人大常委会副委员长、农工党中央主席陈竺为农工党南昌市委会成立60周年题词:“肝胆相照度春秋,同心同德创伟业。”

社会服务。着力打造安义县长均乡新基村、南昌县塘南镇富盛村的社会主义新农村基地,6月,联合安义县总支、市十八中支部邀请3名市中小学生活动中心教师在新基小学开展暑期安全知识讲座,并捐助价值2000元字典、词典和学习资料;捐助1万余元用于新基小学开展文化上墙活动;11月,对两所帮扶村小学学生进行舞蹈、器乐培训指导;12月13日,聘请2名优秀教师对两校老师进行现场教学辅导。开展横向联合,与市外事侨务办公室联合成立“侨爱工程送温暖医疗队”,并于5月30日参加江西省“知侨情、暖侨心、解侨困”主题年活动暨“全国社区侨务工作明星社区”授牌仪式;12月5日,参加“侨爱工程——送医进社区活动”。由农工党员医疗专家组成的“健康教育宣讲团”,依托青云谱区健教所,深入社区举办健康讲座。6月6日,在青云谱迎宾社区宣传健康生活方式;4月25日、7月12日、11月12日,联合青山湖区支部在南动社区讲解幼儿健康指导、儿童预防接种、糖尿病防治知识;12月5日,与市第三医院支部在西湖区南浦街办象山社区开展义诊,并举办冬季中医养生专题健康讲座。开展各种主题活动,6月6日,联合青云谱区支部,围绕“生态环境与健康”的主题开展“2013年(第六届)中国环境与健康宣传周”活动;11月15日,围绕“科学引领创新,发展促进和平”主题,开展第二十五届“国际科学与和平周”活动,组织内科、妇科、儿科、中医等方面专家,为社区群众义诊。5月19日,举行“农工党南昌市委会情系四川灾区抗震救灾募捐仪式”,收到善款共计2.78万元。

(尹　雨)

九三学社南昌市委员会

【概况】 2013年,九三学社南昌市委会认真学习贯彻中共十八大和十八届三中全会精神,紧紧围绕市委、市政府的中心工作,大力加强自身建设,切实履行参政党职能,团结带领全市社员为南昌打造核心增长极做出积极贡献。被九三学社中央评为组织建设先进集体,并荣获九三学社江西省委会“参政议政工作先进集体”和“信息宣传工作先进集体”荣誉称号。

参政议政。社市委全年共完成社省委中标课题8项,在全省各设区市中位列第一。在1月召开的省政协第十一届一次会议上,社市委重点课题《以科技创新支撑南昌打造核心增长极》被选作省政协全会联组发言,另一课题《我省小微企业发展面临的几个问题与对策思考》被省政协全会选作会中办案。调研报告《关于我市二手车市场发展的调研报告》获得省委常委、市委书记王文涛亲笔批示:“报告所提建议有参考价值,请市政府研究。”《关于加快我市现代物流业发展的建议》调研报告在市政协专题协商会上作为发言材料进行协商交流。年内,还完成《新形势下协商民主的实践探索》课题,为促进全市协商民主向深度迈进作出有益探索。李广振、黄立发、刘强华3位社员的调研文章被选入市政协《政协理论与建言献策汇编》。在年初召开的全市“两会”上,社市委共提交集体提案12个,在全市6个民主党派中位列第二,其中《关于加强我市旅游景点网络宣传的建议》被选作市政协领导重点督办提案。社员赵利提交的个人提案《关于加快我市城市环境由“绿化”到“彩化”转变的建议》得到市长陈俊卿亲笔批示。退休社员肖庆礼所撰写的《关于在家乡开展“两园一塘”(菜园、果园、鱼塘)建设的建言献策报告》得到吉安市委书记王萍批复。

宣传教育。采取各种形式,深入学习贯彻中共十八大、社十大和全国“两会”精神;召开专题学习会,认真学习中共十八大和十八届三中全会精神。开展纪念“五一口号”发布65周年征文活动,并主办1期“同心讲坛”读书活动,增强社员对中国特色社会主义的道路自信、理论自信和制度自信。充分利用网站、QQ群等社交媒体作为新的宣传阵地,宣传报道社市委、基层组织的动态和在参政议政、民主监督、加强自身建设等方面取得的成绩,扩大九三学社影响。全年在网站发布报道、信息、文章200余篇。九三学社南昌市委会宣传部积极向《光华时报》《江西民主与科学》《南昌日报》《南昌晚报》《南昌政协》《南昌统一战线》等报刊和社中央、社省委网站、江西新闻网投稿,被采用稿件20余篇。

自身建设。在4月2日召开的九三学社南昌市六届五次全委(扩大)会议上,表彰2011—2012年度优秀社员、优秀社干及信息宣传和参政议政先进个人共60余人。西湖区基层委员会、二医院支社顺利完成期满换届工作,选举产生新一届支委班子,优化了基层组织的领导班子结构。严格按照社章要求,注重质量,体现界别特色,严格发展程序,积极稳妥地开展新社员的发展工作。至年底,共发展新社员32名,平均年龄36岁,本科以上学历和中级职称以上者占70%以上,为九三学社各项工作储备了新生力量。年内,推荐2名社员参加由市委统战部、市科技局、市社会主义学院、市党外知识分子联谊会联合在上海财经大学举办的“南昌市党外知识分子培训班”，推荐2名社员参加由省社院举办的“民主党派基层骨干成员培训班”，并与市社院联合举办一期新社员学习班，极大提升社员素质。

服务社会。11月19日，九三学社江西省委会、九三学社南昌市委会与九三学社新建县支社在新建县长堎村敬老院联合开展第25届国际科学与和平周活动，为居住在长堎村敬老院的80余名乌沙河拆迁户老人开展送医送药、义诊咨询活动，并为其送上价值3000余元的药品及防寒用品。7月17日，东湖区九三届别政协委员全体人员在彭家桥街道光明社区开展“群众在心中——委员进社区”活动，自发捐款600元慰问三户困难户，并为“东湖区政协委员社区联络站”挂牌；8月，围绕青山湖区新农村建设主题，青山湖区支社组织人员赴罗家集开展调研；10月13日，医卫系统支社在开展针对老年人的医疗义诊活动同时，还联合豫章小学二部师生为董家窑街道豆芽巷社区老人送上文艺演出；10月27日，西湖区基层委员会在象山广场开展“金秋送健康 同心建社区”义诊活动；11月19日，市第九医院支社到上海路北社休闲广场为社区居民提供免费咨询义诊活动；11月22日，湾里区支社开展“社员进社区”活动，组织全体社员到站前街办站前社区开展咨询服务活动；南昌县支社联合县畜牧水产局在南昌县幽兰镇江陂村江西赣玉林养殖有限公司蛋鸭养殖基地开展蛋鸭养殖新技术推广培训活动，培训蛋鸭养殖户100余人。“4·20”芦山发生地震后，九三学社南昌市委会号召全市社员积极行动，发扬“一方有难、八方支援、团结互助”的精神，为受灾群众和灾区重建奉献爱心。南昌县支社、青云谱区支社均开展捐款活动，九三学社南昌市委会共筹得捐款8400余元。同时，积极帮助身患白血病的社市委机关干部获得社中央“王选关怀基金”3万元资助款。

（李　旸）

南昌市工商业联合会

【概况】　2013年，南昌市工商业联合会不断加强自身建设，创新服务方式，在参政议政、商会建设、宣传教育、服务社会等方面做了大量工作，为促进南昌市非公有制经济人士健康成长和非公有制经济健康发展做出积极贡献。

参政议政。各级工商联组织坚持以非公有制经济发展中的热点、难点为切入点，深入基层（行业）商会、会员企业中广泛开展调研，撰写涉及行业发展分析、县域非公有制经济发展等方面的调研报告29篇。其中，《大力推动南昌市民营企业品牌建设》重点调研报告得到市领导肯定。同时，组织工商联界别政协委员开展“政协委员活动日”活动，围绕优化经济发展环境等主题，主动向政府部门建言献策，全年共撰写并提交提案20份。

组织建设。新成立南昌市新干商会、南昌市江铃供应商商会、南昌南安商会、南昌市民营企业家商会、南昌市酒店用品行业商会、南昌市涂料行业商会，指导南昌市汽车配件行业商会、南昌市钢材行业商会、南昌市经济技术开发区商会完成换届工作。至年底，市工商联会员总数达到11873名，市属基层（行业）商会41家。制定并下发《南昌市工商联基层（行业）商会文化建设意见》，指导基层商会开展以“一会一品”为主题的商会文化建设活动，不断强化商会组织服务功能。先后在基层（行业）商会、会员企业中成立13个基层党支部，发展新党员7名，培养入党积极分子87名。

宣传教育。加强市工商联系统信息报送和宣传报道网络建设，优化《南昌商汇》杂志、市工商联网站、市工商联微博的管理，全年在各类报刊媒体上稿161篇次，其中在国家、省、市网站、刊物、电视上稿77篇。《“宜丰物华模式”助推江西县域城镇化》等被《中华工商时报》、全国工商联网站等知名媒体报道，《大力扶持民企创建自主品牌》在《人民政协报》上刊登。开展非公有制经济人士理想信念教育实践活动，通过举办南昌市非公有制经济人士“创业梦·中国梦”歌咏比赛、“理想信念与民营企业家的中国梦”主题研讨交流会等活动，把非公有制经济人士思想统一到中共十八大精神上来，坚定非公有制经济人士跟共产党走的信心和决心。举办南昌市第七期民营经济（中山大学）高级研修班、第三期北京大学工商管理EM—BA（南昌民营企业）高级研修班、“向三国人物借智慧”国学讲座等培训班，全年共组织培训会员1380余人次。

社会服务。成立南昌市工商联城镇化市场发展促进会，并成功举办江西城镇化市场发展论坛暨宜丰物华模式媒体访谈会，为流通领域会员抱团拓展二级批发市场开创新平台。成立南昌市小微企业城市商业合作总社，为小微企业融资难提供帮助。发挥南昌市总商会企业服务联盟作用，举办企业家香港上市研习考察活动、中国职业经理人企业管理新概念指导暨企业家联谊会等活动，为企业提供上市融资、交流合作等多元化综合性服务。承办全国工商联上规模民营企业调研培训班，向来自全国30余个省市的70余名工商联系统领导干部推介南昌优秀民营企业，增强南昌市民营企业知名度和影响力。联合市国税局举办《南昌市国家税务局关于钢结构行业纳税人增值税征收管理有关问题的公告》听证会，开创市国税系统在政策出台前听取行业代表意见、建议的先例。与市人社局等单位联合开展“2013年南昌市劳动关系和谐企业与工业园区创建评比活动”和“2013年南昌市农民工劳动合同签订‘春暖行动’”，共批准16家企业成立劳动人事争议调解委员会，并授予思创数码科技股份有限公司等36家企业“2013年度南昌市和谐劳动关系企业”称号。全年共帮助会员企业解决各类经济纠纷18起，挽回经济损失400余万元。大力组建南昌市民营企业慈善义工网络，至年底，在全市基层（行业）商会及企业中成立8家慈善义工站，并分别在端午节、儿童节、中秋节、重阳节等节假日开展助学敬老、结对帮扶等形式多样的义工活动。南昌市民营企业家义工分会被南昌慈善义工协会评为先进慈善义工组织，有4名义工获得“优秀慈善义工称号”。通过举办香港明星足球队（南昌）公益慈善球赛、组织会员企业义拍、组织工商联系统为雅安灾区奉献爱心等活动，募集善款152万元，用于慈善救助。同时，举办2013年民营企业招聘周活动，共组织168家用人单位，提供招聘岗位1.8万个。

（刘　欣）

司　　法

本栏编辑　龚秀昱

概　述

【概况】 2013年，南昌市全面贯彻依法治国基本方略，深入推进法治南昌建设，大力推动依法执政、依法行政、司法公正，努力在全市形成办事依法、遇事找法、解决问题用法、化解矛盾靠法的良好法治环境，有效维护社会大局稳定，促进社会安定和谐。

公　安

【概况】 2013年，全市公安机关服从服务全市打造核心增长极大局，扎实抓好地铁2号线建设维稳、重点区域维稳、社会治安大防控体系建设、防范打击“两抢一盗”等侵财型犯罪、集中整治“黄赌毒”问题专项行动等重点工作，配套完善情报信息共享机制、重点区域维稳机制、合成作战打击犯罪机制、社会治安大防控机制，努力推动传统警务向现代警务转型升级，社会治安形势呈现“三降三升”（刑事发案下降、交通事故“四项指数”下降、群体性事件下降，刑事破案数上升、查处治安案件数上升、抓获处理违法犯罪人员数上升）的良好态势。市公安局被公安部评为全国公安机关重点信访案件专项治理工作成绩突出先进集体，被省公安厅荣记集体二等功。

【维护社会政治大局稳定】 2013年，注重情报信息先导，做好敏感区域维稳、专案侦查、矛盾化解、警卫安保等维稳工作，妥善处置“1·20”1000余人到省政府上访、“7·30”涉军群体聚集等群体性、突发性事件60余起，其中群体性事件比上年下降35.3%。8月10日，省委书记强卫作出批示，对市公安局中央巡视组接访点现场安保工作给予肯定。侦破各类邪教重大专案43起。同时，强化矛盾化解和舆情引导工作，建立健全矛盾纠纷日常排查化解工作机制，及时发现、掌握、上报不稳定因素2000余条，对“9·21”新建县洗衣机绞死女童事故等3起重大舆情事件澄清视听，消除不良影响。不断改进警卫安保形式，完成警卫任务19批次。强化涉法涉诉信访工作，受理来信来访2742件，办结2542件，办结率为92.7%。

【创新社会治安防控体系】 2013年，市公安局制定《关于构建动态、信息化条件下治安大防控体系的实施意见》，创新实施立体布防、信息导防、高压设防、科技助防、群众自防“五防”战略。建立市公安局指挥中心、分县局指挥室和派出所警务调度室三级警情工作体系，每天全市布控1130余名警力、2900余名辅警、11辆移动治安查报车、70辆汽车、180辆摩托车以及29个交警智能卡口系统开展巡逻，智能化分类、筛选、分析和比对“110”警情，实现警务效能最大化。推进“天网工程”建设，建成1000余个高清监控探头，改建高清探头1000余个，完成全市11个分县局指挥管控平台、91个派出所使用管控平台建设。注重刑事技术、物联网等新型科技有效运用，重点抓好DNA数据源等五大系统建设，以及指纹捺印工作，全市可防性案件比上年下降14.5%。9月21日，《人民公安报》头版头条报道市公安局此经验做法。

【打击刑事犯罪】 2013年，坚持“命案必破”，刑案高发势头得到有效遏制。全年侦破命案39起，破案率92.86%，协助抓获外地命案逃犯19人。对黑恶势力犯罪“露头就打”，核查群众举报或上级转批黑恶犯罪线索6件，侦办青山湖扬子洲镇以郭春为首涉黑犯罪案件，抓获团伙成员14名。对强奸、拐卖妇女儿童等易造成群众心理恐慌侵犯人身权利犯罪，做到快侦快破。3月，东湖分局破获“2·27”拐骗儿童案，中央电视台等媒体跟进报道，公安部打拐办主任发微博赞扬。同月，红谷滩分局侦破南昌工学院连环强奸案。5月，刑侦、技侦、网安、反恐情报支队及桑海分局密切配合，侦破公安部督办江西省首起特大打孔盗油破坏易燃易爆设备案。完善追逃工作机制，抓获各类网上逃犯1744名。8月，青云谱分局抓获2009年12月18日特大持枪抢劫汽车案在逃主犯宋某。

【打击毒品犯罪】 2013年，紧盯重特大毒品案件、团伙贩毒和跨地区贩毒案件不放，持续开展“扫毒害、保平安”专项行动、娱乐场所涉毒问题专项整治百日集中统一行动、“肃毒害、创平安”禁毒百日攻坚会战等涉毒专项打击行动。至年底，破获毒品刑事案件423起，比上年增长97.26%，上升幅度连续3年超过30%。抓获犯罪嫌疑人487名，增长71.84%；缴获各类毒品折合海洛因共计1910千克，连续3年保持上升势头。3月，安义县局破获一起横跨赣滇两省部督特大贩毒案，缴获毒品“麻姑”11.4万余粒；8月，青山湖分局破获一起特大跨省提炼制毒工厂案，缴获制毒原料10余吨。“6·26”禁毒日，中央电视台专门报道市公安局打击涉毒犯罪工作。

【打击经济犯罪】 2013年，全市公安机关先后开展“打假行动”“打传行动”“打击整治假发票犯罪专项行动”3个专项行动，侦破经济案件353起，涉案总价值9.31亿元，直接挽回经济损失2.63亿元，抓获涉案犯罪嫌疑人467人，发动集群战役10起。特别是侦破涉案金额2.3亿余元的“6·21”特大金融诈骗专案，抓获犯罪嫌疑人16人，协助追回全部涉案资金；侦破涉案金额3.3亿余元的熊某某非法吸收公众存款专案，抓获犯罪嫌疑人5名；侦破“8·19”央批破坏金融管理秩序案，抓获主要犯罪嫌疑2名，获公安部贺电表扬。加强与工商、质检、食药监、烟草等行政执法部门协作配合，对危害民生、损害民利的假食品、假药品、假农资等经济案件开展联合打击，破获相关案件28起。

【打击网络犯罪】 2013年，集中开展打击整治网络违法犯罪、网络有组织制造传播谣言、侵害公民个人信息等专项行动11次，成功破获“3·13”QQ好友诈骗案、张某某团伙诈骗案、外籍人员网络诈骗案等涉网案件39起，抓获犯罪嫌疑人162名。积极做好网上阵地管控工作，对全市37个重点门户网站，26个重点网上社区和论坛，涉及本地的10254个QQ群、10571个微博进行全面排查，共掌握全市重点组织41个、重点群体18个、重点人员3145名，为打击网络犯罪工作提供有力支撑。8月，中央电视台《焦点访谈》专题报道青云谱分局破获的一起特大网络诈骗案。

【打击妨碍社会管理秩序犯罪】 2013年，积极参与“拆违拆临、建绿透绿”等社会管理秩序维护工作，依法严厉打击非法违规采砂、强买强卖砂石、雇佣“医托”诈骗、非法屠宰、偷盗破坏电力设施、盗伐林木等违法犯罪行为，开展“打假证、建诚信”、打击“砂霸”、打击破坏盗窃电力设施和盗窃电能等专项行动，捣毁制贩假证章窝点9个，缴获假证成品和半成品2万余份、假公章6500余枚；捣毁大型非法屠宰生猪窝点2个；打击处理涉砂违法人员42人；查处涉校、涉企、“三电”案件32起；查处林业刑事案件12起，行政案件289起；查处损坏电力设施案件29起、违章窃电治安案件6起；协助拆除违章建筑69栋。

【防范打击“两抢一盗”侵财型犯罪】 2013年5月15日开始，市公安局联合市综治办开展为期4个月防范打击“两抢一盗”侵财型犯罪专项行动。全市实行统一行动，成立由市委副书记、政法委书记郭安任组长，省公安厅副厅长、副市长、市公安局局长王国强任第一副组长，市公安局党委副书记、常务副局长吁小平任常务副组长专项行动领导小组，自上而下形成“党政重视，综治牵头，公安主打，部门联动”良好格局。全市查扣无牌假牌摩托车、超标助力车1680辆，清查中小旅馆、出租屋、娱乐场所1.6万余家次，查处治安案件6900余起，破获“两抢一盗”案件1.75万起，比上年上升48.94%；刑事拘留犯罪嫌疑人4260名，上升16.2%；打掉犯罪团伙521个，上升543.2%。全市接报“两抢一盗”刑事警情比行动前下降27.01%，其中城区“飞车”抢夺类警情环比下降31.5%，撬砸机动车盗窃类警情环比下降63%，全市各县（区）“两抢一盗”警情环比实现全面下降。召开发赃大会44次，发还财物4万余件，涉案金额4100万余元。6月29日，《人民公安报》头条报道市公安局做法。

【整治“黄赌毒”】 2013年5月14日开始，市公安局在全市开展为期一年“黄赌毒”问题集中整治专项行动，大力开展场所大排查、乱点大整治、案件大查处，对全市按摩店、歌舞厅、酒吧、宾馆、留宿洗浴场所、电子娱乐服务场所等开展集中摸排，采取异地用警、交叉执法等多种形式，对“黄赌毒”组织者、经营者、非法获利者、参与者，依法从严从重从快处理，查处“黄赌毒”案件5563起，抓获违法犯罪嫌疑人1.07万人，案件查处数、抓获违法人员数比上年分别上升257%、210%。对查处“黄赌毒”工作不力25名领导和民警进行问责。中央电视台对此次行动进行专门报道。

【服务打造核心增长极】 2013年，全市公安机关围绕推进“打造核心增长极”战略，落实22条措施基础上，下放机动车登记、机动车驾驶证审验等7项行政审批事项，推进网上办证、异地办证、社区网格化服务管理、身份证指纹信息加载等新业务技术，新登流动人口135451人，新办居住证88129份。开展消防安全大排查大整治活动、人员密集场所消防安全专项整治行动、易燃易爆场所消防安全专项整治等专项行动，扑救火灾和处置灾害事故5122起，营救群众1009人，抢救和保护财产价值8738万元；指导全市1145所中小学校及幼儿园配备保安人员和防卫器械；收缴各类枪支1000余支，子弹2万余发，管制刀具3000余把。狠抓文明创建，确保每项创建工作都有具体的牵头单位、落实单位、责任领导和责任人。4月，市公安局创建工作在市直单位文明城市测评中名列第一。全力参与“畅通省城”系列活动，全面做好地铁及道路施工工程交通组织保障、道路“六乱”违法行为整治、“中国式过马路”整治工作，纠处各类交通违法行为94.69万起，交通事故四项指数同期相比全面下降。

【推进执法规范化建设】 2013年，主动对接新刑事诉讼法，扎实开展现场执法规范年活动实施情况检查、取保候审突出问题专项督察、“黄赌毒”案件专项评查、防范打击“两抢一盗”等侵财性案件专项抽查、2013年度执法质量考评等专项执法监督检查，东湖分局以优异成绩通过取保候审突出问题专项督察考核验收，获公安部通报表扬。严格落实党委、领导干部学法用法考试三项执法培训制度，举办科所队长刑事业务专题培训班、分管领导刑事业务专题培训班等执法培训，组织全市1546名民警开展资格考试。加强监所执法管理，严把司法诉讼流程关口，破解特殊病患羁押难、日常收押考评难、重大专案管理难等难题，有效杜绝重大恶性事故发生。

【加强公安队伍自身建设】 2013年，以“正警风、促规范、提素质、树形象”队伍教育整顿活动为契机，严格落实中央八项规定，坚决反对“四风”，严格执行公安部“五条禁令”“三项纪律”、市委“十个严禁”、省公安厅“三个禁止”纪律以及市公安局《关于“厉行勤俭节约、反对铺张浪费”16条措施》《关于改进工作作风的若干规定》等文件，开除严重违法违纪民警6名。坚持把“民调评警”“短信评警”“案件回访评警”作为夯实公安工作基础和密切警民关系的重要载体，市公安局连续4年在全省群众满意度测评中名列前茅，连续6年被市委、市政府授予综合目标管理“优胜奖”，连续2年获得全省设区市公安工作综合考评第一名，被省公安厅授予“全省公安机关综合考评先进单位”称号。

【启动居民身份证登记指纹信息工作】 2013年1月，市公安局在红角洲派出所和凤凰洲派出所正式启动居民身份证登记指纹信息工作。红角洲派出所和凤凰洲派出所成为全省首批启动这项工作的派出所，也是全国首批启动居民身份证登记指纹信息工作的派出所。

【侦破特大销售假冒注册商品案】 2013年1月23日，市公安局便衣支队在青云谱区青云谱镇城南村一居民楼内现场缴获假冒“金龙鱼”“道道全”等食用油2078箱，散装油约5吨，涉案价值50余万元，抓获史某某等5名犯罪嫌疑人。经审，犯罪嫌疑人对销售假冒注册商标产品犯罪行为供认不讳。

【建成全省首家县级公安机关DNA实验室】 2013年1月，南昌县局率全省之先，建成江西省首家县级公安机关DNA实验室，有效推动刑事技术工作向科技化、自动化、网络化、信息化发展，为侦查破案和处置重大公共安全事件、重大治安灾害事故、民事纠纷等提供有力技术支持。

【“学雷锋”活动受到公安部表彰】 2013年4月3日，全国公安机关深入开展“学雷锋”活动先进事迹报告会在北京召开。市公安局西湖分局南站派出所当选全国公安机关学雷锋活动先进集体,高新分局麻丘派出所民警龚辉当选全国公安机关学雷锋活动先进个人。

【捣毁特大私宰生猪窝点】 2013年8月12日,市公安局指挥东湖分局和特警支队,捣毁一特大私宰生猪窝点,当场抓获涉案人员55人,缴获待宰活猪47头,已宰猪14头,半边猪肉29片,现金2.3万余元。经查,2009年至2013年,该生猪私宰“黑窝点”日屠宰生猪80头至180头,仅2013年1月至7月,涉案金额就高达6300余万元,导致大量未经检疫猪肉流入市场。

【破获特大虚开增值税专用发票案】 2013年9月10日,南昌县公安局破获一起特大虚开增值税专用发票案,抓获犯罪嫌疑人黄某某。经审,黄某某对其从涉案人员徐某某、邓某某手中购进广西凤糖生化股份有限公司6000余万元增值税专用发票犯罪行为供认不讳,并交代2010年1月开始,江西康顺医药有限公司对外虚开增值税专用发票,涉及全国20余个省市,涉案金额10亿元。

【破获全省首例利用支付宝漏洞实施网路盗窃案】 2013年10月24日,新建县公安局侦破全省首例利用支付宝漏洞实施网路盗窃案,将犯罪嫌疑人丰某抓捕归案。经审,2013年8月,犯罪嫌疑人丰某某通过秘密方式获取蔡某某支付宝和绑定银行卡,并开通支付功能,将蔡某卡内2.5万余元转到其支付宝上后用于网购和套现。

【为“千人计划”人才家庭颁发绿卡】 2013年10月29日,市公安局出入境管理支队为省“千人计划”引进人才、南昌大学食品科学与工程国家重点实验室创新团队首席科学家阮榕生家属3人(妻子和两个女儿)颁发中国“绿卡”。阮榕生是中共中央组织部备案国家第三批“千人计划”引进海外高层次人才,也是江西省首位“千人计划”引进人才及获批永久居留权人才。

(温赞生)

检 察

【概况】 2013年,全市检察机关紧紧围绕全市发展大局,始终坚持把服务保障南昌打造核心增长极作为己任,依法履行各项检察职能,更加注重强化法律监督,着力推进打击犯罪、化解矛盾工作,切实加大惩治和预防职务犯罪力度,为大局服务,为人民执法,维护社会公平正义,促进社会和谐稳定,各项检察工作取得新进展。

【服务南昌发展大局】 2013年,认真贯彻市委、市政府《关于加快民营经济发展的政策措施》,出台《南昌市检察机关服务民营企业发展的意见》,严厉打击职务侵占、强迫交易等影响企业健康发展的犯罪。至年底,共批准逮捕22件27人,起诉26件46人。结合工作实际,深入企业进行法制宣传、犯罪预防宣讲和提供法律咨询服务。市、县(区)两级院领导带头走访企业家,了解企业在运营中遇到的涉法问题,积极协助予以解决。审慎办理涉企案件,依法妥善处理经济发展方式加快转变过程中出现的各类新型案件,对13家涉嫌虚报注册资本、抽逃出资但正常经营、纳税的企业依法从宽处理,最大限度保障企业正常生产经营。

【维护市场经济秩序】 2013年,以法律监督为依托,充分发挥捕诉职能,积极参与整顿和规范市场经济秩序,全年共依法批准逮捕各类破坏市场经济秩序犯罪案件209件290人,起诉380件535人。与市商贸委等单位联合开展“双打”(打击侵犯知识产权和制售假冒伪劣商品犯罪专项行动)专项行动,依法批准逮捕侵犯知识产权、制售假冒伪劣商品等犯罪案件8件10人,起诉13件18人;依法批准逮捕非法集资、金融诈骗、网络传销等犯罪案件74件79人,起诉195件208人。

【打击刑事犯罪】 2013年,积极参与平安南昌建设,坚持对重大疑难案件提前介入、快捕快诉等工作机制,共提请批准逮捕各类刑事犯罪嫌疑人4021人,起诉5069人。严厉打击危害国家安全、公共安全以及人民生命、财产安全等严重刑事犯罪,依法起诉故意杀人、强奸、绑架等严重暴力犯罪嫌疑人128人。始终保持对“两抢一盗”“黄赌毒”犯罪打击的高压态势,依法批准逮捕侵财类犯罪案件1303件1613人,起诉1830人,依法批准逮捕“黄赌毒”犯罪案件391件498人,起诉541人。对引起社会广泛关注的吁某故意杀人、非法制造枪支案和彭氏兄弟二人抢劫并杀人沉尸案依法从严从快处理。通过依法打击刑事犯罪,有效促进社会和谐稳定。

【化解社会矛盾】 2013年,完善轻微刑事案件快速办理机制,对轻微刑事犯罪依法从宽处理,以体现司法人文关怀。至年底,共作出不批准逮捕决定835人,不起诉559人。开展捕后羁押必要性审查13件15人,发出变更强制措施建议15件15人,被采纳12件14人,采纳率为93.3%。坚持“教育、感化、挽救”方针,对涉罪未成年人依法不批准逮捕136人,不捕率37.5%,比上年上升76.6%;不起诉93人,不诉率21.7%,上升365%。完善“五位一体”(民生服务热线、“12309”举报电话、网上信访、来信、来访)信访工作机制,共受理举报、控告、申诉1146件。完善检察长接访、预约接访制度,市县(区)两级院检察长共接待群众255人次。定期开展涉检信访案件风险评估排查,14起重大疑难、存在较大风险隐患的案件均得到妥善处置,全年未发生涉检进京访。建立检调对接工作机制,对轻微刑事案件通过刑事和解决定不起诉81人。认真开展刑事被害人救助工作,共救助刑事被害人34人,发放救助金31.9万元。

【创新社会管理】 2013年,加强社会管理动态和对策研究,共有12篇反映社会管理方面问题的检察信息被中央办公厅、高检院办公厅采用。强化对社区矫正活动的法律监督,推动设立社区矫正人员安置帮教基地,加强监督管理和服务。突出做好未成年人犯罪预防和帮教工作,在全市两级院组织开展维护青少年合法权益的“太阳花”行动。以获得心理咨询师职业资格证书干警为主体,组建提供心理咨询、跟踪帮教等服务的志愿者队伍,加强对涉罪未成年人的心理辅导。

【查办和预防职务犯罪】 2013年,注重教育和宣传,加大查办打击力度,切实做到惩防并举,深入推进惩治和预防职务犯罪工作。一是严肃查办贪污贿赂犯罪。坚持“老虎”“苍蝇”一起打,共立案侦查贪污贿赂犯罪案件92件130人,其中大案87件、要案12人(厅级干部2人),分别占立案总数的94.6%和9.2%。查处原宜春市委常委、袁州区委书记龚某某(副厅级)、南昌市商贸委原主任喻某某(正处级)、江西省公路桥梁工程局原局长邹某某(正处级)受贿案等一批大要案。突出查处窝案串案,共查办窝串案13起51件83人,占立案总人数的63.8%。立查江西省交通系统

21件21人、南昌市商贸系统4件8人窝串案。二是着力加强反渎职侵权工作，共立案查处各类渎职侵权犯罪案件33件60人，上升27.7%。其中，大案17件、特大案件5件、要案2人。加强对重点工程建设领域的监督，严肃查办拆迁、城建等重点项目中的渎职犯罪，查办轨道交通一号线建设过程中4名房管局工作人员渎职案件。市检察院反渎局荣获"全国检察机关严肃查办危害民生民利渎职侵权犯罪专项工作先进集体"称号。三是积极开展职务犯罪预防。深入推进预防职务犯罪品牌打造工作，不断创新工作形式，实现"短片上镜、海报上墙、广告上屏、人员入企、协议共签"。与市纪委等部门联合拍摄警示教育片《戒鉴Ⅱ》，利用典型案例深入开展警示教育。继续对南昌地铁工程项目、江西中烟技改项目等一批民生和重点工程实施专项预防，与中电投江西电力有限公司等单位签订预防职务犯罪共建协议。西湖区检察院建成全省检察系统信息化程度最高的廉政文化教育基地。开展行贿犯罪档案查询1.32万次，与相关部门共同防控商业贿赂和职务犯罪。

【强化诉讼监督】　2013年，紧紧围绕提升司法公信力，进一步强化诉讼监督，维护司法公正和社会正义。一是加强立案监督和侦查监督。共办理立案监督案件324件，追捕漏犯359人。深入推进"非法证据排除"品牌打造工作，制定《南昌市人民检察院非法证据排除规则实施细则》，共排除非法证据33份，发出纠正违法通知书5份，提出检察建议102份，强化侦查监督，保障犯罪嫌疑人合法权益。二是加强刑事审判监督。加强对简易程序案件审判活动的监督，做到该类案件全部出庭支持公诉。全面加强抗诉工作，制定《加强抗诉工作的若干意见》。通过检察长列席审委会、提高法律文书的说理性等方式，充分阐明抗诉理由。提出抗诉34件，法院审结24件，改判14件、发回重审2件。三是加强刑罚执行和监管活动监督。积极应对刑罚执行和劳教制度变革，共审查刑罚、劳教变更执行案件7855件，发现呈报不当486人次，均已监督纠正。提出检察建议和纠正违法意见594件，均被采纳。统一开展专项检察活动，依法将清理出来的84名余刑3个月以上留所服刑罪犯投送监狱执行刑罚。严肃查办监管人员职务犯罪案件，立案2件2人。四是加强民事行政检察工作。认真贯彻修改后民事诉讼法，依法审查处理各类民事行政监督案件401件，息诉和解55件，提请上级院抗诉19件，向法院提出再审检察建议18件，监督民事行政诉讼违法行为和执行活动，提出检察建议212件，支持弱势群体起诉33件。市检察院民行处办理的徐某某与高某某合伙纠纷抗诉案，被评为"全国民事行政检察优秀案件"。

【加强群众工作】　2013年，牢固树立群众观念，密切联系群众，提升服务水平，切实保障民生民利。一是进一步完善群众工作机制。结合群众工作新要求和全市检察工作实际，印发《南昌市人民检察院关于加强群众工作的实施意见》，制定32项群众工作具体举措，并建立完善督查、报告等制度。将"枫桥经验"贯穿于检察工作中，在全市设立11个检察室和231个检察工作站或服务联系点，收集群众意见，就地解决问题，化解矛盾纠纷。二是进一步密切检民联系。牢固树立群众观念，搭建检民联系平台，不断提升服务群众、化解矛盾和解决诉求的工作水平。开展"践行党的群众路线"集中走访、专题宣传月活动，组织市检察院机关干部走访人大代表84名，企事业单位人员、社区居民690余人，征求意见建议147件。举办4场专题宣讲活动，发放检察宣传品2000余套，参与活动民众共计4000余人，现场接受举报申诉、法律咨询800余件次。各基层检察院结合实际，广泛组织开展"'三问一送'大走访""政法干警下基层""送法进社区、进企业"等活动。三是进一步保障民生民利。坚持把维护好群众切身利益作为检察工作的出发点和落脚点，严厉打击危害民生民利犯罪。突出查办严重损害群众利益的涉农惠民、社会救助等领域职务犯罪案件，共立案49件78人，占同期立案总人数的41.1%。开展危害民生专项立案监督，对危害民生违法犯罪案件进行调查梳理，监督移送此类案件9件9人。开展维护百姓"舌尖上的安全"食品安全专项行动，同相关部门一道办理"毒皮蛋"、"病死猪肉"、假冒"金龙鱼"食用油等涉及食品安全的犯罪案件。对量刑畸轻的朱某某生产销售有毒有害食品案提出抗诉，使被告人被改判实刑。

【加强队伍建设和基层建设】　2013年，着力在提高素质、增强能力、夯实基础方面下功夫，不断加强干部队伍建设和基层建设。一是积极开展主题教育活动。通过组织开展深化政法干警核心价值观、"学习十八大、践行中国梦"等主题活动，提升干警思想政治素质。与南昌市青年联合会共同主办"中国梦"法治论坛，激励青年干警积极畅想中国梦、法治梦与检察梦。选树执法为民的先进典型，市检察院赖蓉蓉当选2012年度"江西十大法治人物"，荣获"江西省三八红旗手标兵"荣誉称号，并作为全国检察机关5位"践行党的群众路线"先进人物之一，在最高人民检察院作先进事迹报告。二是加强领导班子和队伍建设。在班子建设上，坚持以"六个创建"为指导，着力建设政治坚定、开拓进取、执法为民、团结和谐、清正廉洁的领导班子。市检察院领导班子被市委评为全市30个优秀领导班子之一。努力发挥干部协管作用，选好配强基层院"一把手"，提任3名优秀的年轻干部到基层检察院任检察长，选派3名中层干部到基层挂职副检察长，进一步优化基层检察院班子整体结构。在队伍建设方面，积极开展岗位练兵，举办全市"十佳公诉人""侦查监督十佳检察官"评选和"两法"知识竞赛等活动。围绕修改后刑事诉讼法和民事诉讼法的正式实施，加强理论研究，创新开展"春夏秋冬"四季专题检察论坛，共147篇论文在省级以上期刊发表及获奖。注重指导实践，建立"两法"实施情况季度汇报制度，形成综合报告，指导案件办理。队伍专业化水平进一步提高，优秀人才不断涌现。市检察院周兰香被评为"全国优秀公诉人"，高新区检察院程云、新建县检察院熊有福分别被评为"全国侦查监督业务能手"和"全国监所检察业务能手"，西湖区检察院袁海波被评为"首届全国检察机关职务犯罪预防素能比武优胜标兵"。在全省检察机关"两法"知识竞赛活动中，南昌市检察院代表队荣获第一名。三是着力夯实检察工作发展基础。加强基层检察院建设，继续推进培优工程。新建县检察院、西湖区检察院、青山湖区检察院被评为"全国检察宣传先进单位"。新建县检察院、西湖区检察院、长埃地区检察院、经开区检察院被评为"全省先进基层检察院"。推进案管中心建设，全市两级检察院均成立专门案件管理机构，实行案件统一集中管理，规范执法行为，对10起违规处置涉案款物、20起使用法律文书不当、24起未严格履行法律监督职责等问题及时予以纠正。加强检察科技装备和信息化建设，市检察院首家通过检察专线网络系统分级保护检测，西湖区检察院组建省内领先的电子数据实验室，侦查装备和信息化水平迈上新台阶。

【自觉接受外部监督】　2013年，向市人大常委会专题报告反贪污贿赂工作，重视做好人大代表建议、政协委员提案和人大常委会转交有关事项的办理。积极开展代表、委员联络工作,自2012年以来,累计向代表、委员寄送7期共3500余份《联络专刊》。认真落实人民监督员、特约检察员等制度,顺利完成第6届特约检察员的聘任。进一步深化检务公开,把握新时期舆情工作特点,利用微博、微信等新兴媒体,传递南昌检察"好声音",市检察院"@南昌检察发布"新浪微博"粉丝"人数近3万人,发布检察微博2500余条。

【强化内部监督】 2013年,认真学习贯彻中央政法委和高检院防止和纠正冤假错案的相关规定,严防冤假错案。加强对基层检察院执法办案和领导班子的监督,建立健全专项检查、同步监督、责任追究等机制,共开展检务督察20次。对125件职务犯罪案件一审判决实行两级院同步审查,纠正下级院不抗诉决定2起。加强党风廉政建设,认真落实中央八项规定,集中开展"四风"整治和"红包"专项治理活动。创新教育形式,开展"家庭助廉"、发送廉政短信、观看警示教育片等活动,以丰富多样的形式加强对干警的警示教育。修订《规章制度汇编》,编撰《内部监督制度汇编》,强化内部管理,探索建立教育自律、制度规范、风险预警、督察考核"四位一体"监督制约体系。

(熊红文)

审 判

【概况】 2013年,全市法院按照中共中央总书记习近平提出的"努力让人民群众在每一个司法案件中都感受到公平正义"的目标,坚持公正司法,践行司法为民,全面做好审判工作,大力加强自身建设,各方面工作取得新的发展进步。

【提供司法保障】 2013年,聚焦打造核心增长极,出台依法妥善处理涉及市重点建设项目相关案件的规定,为重点项目建设提供专项司法保障。制定《关于充分发挥审判职能为加快民营经济发展提供司法保障的若干意见》,以18条具体措施服务和保障民营经济发展。加强与辖区企业的对接服务工作,组建"法律诊疗团",积极开展"送法进企业""法律体检"等系列活动,全市法院共组织干警1156人次到企业走访。

【维护市场环境】 2013年,打击金融诈骗、非法集资、非法经营犯罪行为,审结此类案件141件,保障市场经济健康有序发展。审结民间借贷、金融借款合同案件2836件,保护公平交易,制裁违约欺诈。审结商标、专利、著作权等知识产权案件381件,促进创新型经济发展。审结各类涉外、涉港澳台商事案件22件,平等保护投资者合法权益,促进外向型经济发展。

【保护生态环境】 2013年,贯彻服务发展与保护生态双赢的审判理念,依法打击破坏生态环境犯罪,妥善审理环境污染侵权民事案件,审结此类案件17件。依法保障河道采砂专项整治行动,对32名涉案被告人判处7个月至5年零6个月不等的有期徒刑,并处相应罚金,追缴违法所得1000余万元。

【打击刑事犯罪】 2013年,全市法院共受理刑事案件4115件,审结4058件。其中,市中院受理453件,审结429件。审结减刑、假释案件7436件。依法惩处故意杀人、绑架等严重暴力犯罪,审结盗窃、抢劫、诈骗等多发性侵财犯罪案件1470件,切实增强人民群众安全感;审结贪污、贿赂、渎职等职务犯罪案件110件,推动反腐败斗争深入开展;依法严厉打击人民群众深恶痛绝的危害食品药品安全、制售假冒伪劣商品案件20件,如对罗中华、袁正华等私宰生猪、销售病猪案依法从严惩处。认真落实新刑诉法规定,准确把握宽严相济刑事政策,坚持该严则严,当宽则宽,判处5年有期徒刑以上刑罚549人,不满5年有期徒刑2218人,拘役、缓刑、管制1948人,依法宣告5名被告人无罪。加强对死刑罪犯的人权保障,落实死刑犯临刑前的会见权。

【化解民事纠纷】 2013年,全市法院共受理民事案件20443件,审结20437件。其中,市中院受理2441件,审结2101件。全市法院依法审结婚姻家庭、继承等案件3920件,保护妇女、未成年人、老人的合法权益。审结拖欠农民工工资、劳动合同纠纷案件777件,审结道路交通、医疗等人身损害赔偿案件3842件,维护弱势群体切身权益。审结涉房地产纠纷案件609件,保障人民群众居住权益,促进房地产业健康发展。贯彻"调解优先,调判结合"原则,成功调解一批涉及百年老店的股权转让纠纷、公司决议纠纷等关注度高的案件。

【审理行政案件】 2013年,全市法院共受理行政案件176件,审结198件(含旧存)。其中,市中院受理55件,审结55件。坚持监督与维护并重,切实保护公民、法人和其他组织的合法权益,支持行政机关依法行使职权。妥善审理征地补偿等涉及群体利益案件和不予准许游行示威等新类型案件。推动行政机关负责人出庭应诉工作,定期通报应诉情况,行政机关负责人出庭应诉率比上年上升133.3%。

【执行生效裁判】 2013年,全市法院共受理执行案件5974件,结案5721件,结案标的额42.06亿元。其中,市中院受理295件,结案296件(含旧存),结案标的额18.65亿元。发挥执行联动威慑机制作用,通过媒体曝光、限制高消费、司法拘留等措施,严厉制裁恶意逃债行为。完善执行告知制度和执行听证制度,开展人大代表见证执行工作活动,提升执行工作的社会公信度。创新执行方式,成功拍卖"绿典"商标,将拍卖款用于执行,成为江西省首例通过拍卖商标进行执行的案件。

【提高审判质效】 2013年,一是优化管理促公正。成立专门审判管理机构,变多头分散的审判管理模式为集中统一的管理模式。完善《关于加强案件审限管理的规定》,严格案件节点管理,督促在审限内提速。注重信息网络的深度运用,借助审判短信辅助系统,通过手机短信及时向法官预警审限。二是强化监督促公正。加大案件评查力度,在定期常规评查的基础上,加大对引发涉诉信访、发回重审、指令再审等重点案件的评查。强化审级监督,严把二审、再审审查关,审结二审案件1829件、再审案件69件。加大内部监督力度,先后组织审务督察7次、司法巡查6次。完善法官业绩评价体系,实行目标管理考核,引导法官更加注重办案质量、效率和效果。三是推进公开促公正。务求全过程公开,将公开贯穿于诉讼全程,对庭审过程进行全程录音录像;实施减刑、假释案件公示和公开开庭制度。追求多样化公开,推进裁判文书上网,完善《关于实行裁判文书公开上网的规定》;适应新媒体时代信息传播的变化,开设"南昌法院官方微博",积极借助各类媒体的力量发布法院工作动态;开展"法院开放日"活动,全市法院共邀请2015人次参观法院。

【提供司法服务】 2013年,全市法院力求"零障碍"服务,在立案信访窗口落实首问负责、服务承诺、文明接待等制

2013 年 12 月 4 日，南昌市中级人民法院举行法院开放日活动，邀请社会各界人士 20 余人"零距离"接触法院

度，拉近与当事人的心理距离；推广"预约开庭""预立案"，消除诉讼障碍；为残疾人、下岗工人、农民工等困难弱势群体开通诉讼"绿色通道"，全市法院共为困难当事人缓减免交诉讼费 415.1 万余元，为经济困难的申请执行人发放司法救助款 410.6 万余元。探索"零距离"服务，变"坐堂办案"为"上门办案"，为部分行动不便的特殊群体开展上门立案、上门调解；创新巡回审判方式，部分基层法院专门成立金融巡回法庭、旅游纠纷巡回法庭，方便群众诉讼，全市法院共开展巡回审判 847 次。完善"零缝隙"服务，进一步完善覆盖全市范围的司法协理员、便民联络点、便民服务站、人民法庭四位一体司法服务网络。

【化解涉诉信访】 2013 年，市中院接待群众来访 1350 余批次 1600 余人次，比上年分别上升 45.2% 和 80%。在信访化解中，重"防"，加强案件的一审、二审、执行和初信初访工作，切实抓好源头治理；重"疏"，确保每个工作日有院领导带班接访，畅通涉诉信访渠道；重"导"，认真做好法律释明，引导在法治轨道内解决问题；重"帮"，针对信访当事人实际生活困难，积极为其申报司法救助。

【参与综合治理】 2013 年，开展"未成年人保护宣传周"系列活动，加大对留守儿童、农民工子女、服刑人员子女等人群的关怀力度。与有关部门共同推进对刑释解教人员、社区矫正对象等特殊群体的帮教管理，全市法院帮教活动共帮扶 435 人次。充分发挥庭审教育作用，注重通过典型案例以案说法，全市法院共邀请 3009 人次旁听庭审，组织法律宣传和服务活动 217 场次。针对审判过程中发现的潜在社会矛盾及社会管理问题，及时向有关单位和部门提出司法建议 46 条。

【加强司法队伍建设】 2013 年，一是抓党建带队建。将党建工作贯穿于法院管理和队伍培养的全过程。组织干警深入学习贯彻中共十八大、十八届三中全会和习近平系列讲话精神。积极为开展党的群众路线教育实践活动做好前期准备，有序推动改进司法作风教育活动。健全党建工作机制，形成条块结合、上下联动、整体推进的党建工作新格局。二是抓业务提素质。开展岗位大练兵，组织计算机录入、优秀法律文书评比等专项业务竞赛；开展业务大培训，全市法院共 991 人次参加各级各类培训；召开"疑难刑事案件专家论证会""复杂案件业务骨干研讨会"，出台《学历（学位）教育管理暂行规定》，鼓励法官学习深造，力争能力大提升。深化干部人事制度改革，推进法官遴选常规化，市中院以竞岗和实绩并重的方式选拔 6 名中层干部。三是抓作风树形象。坚决执行中央八项规定，采取明查案件、暗访作风等方式，严肃查处作风粗暴、效率低下等影响法院发展、损害群众利益、伤害群众感情的不正之风。开展"四风"和"司法为民公正司法"等专项调研，整改问题 22 个。利用 2 个月时间集中开展司法廉洁专题教育活动，筑牢干警拒腐防线。制定《风险岗位廉能管理手册》，全面推进惩治和预防腐败体系建设。加强廉政监督，选聘 21 名干警为廉政监察员。四是抓文化振精神。倡导"崇法求真、敢于担当、开拓创新"的南昌法院文化，激发法官的内生动力，营造奋发向上的司法氛围，引领干警争创一流业绩。大力推进文明单位创建活动，展现法院文明和谐的精神风貌。五是抓指导强基础。加强对基层法院审判工作的监督指导，通过案例分析、业务培训、工作交流等方式，统一裁判标准，严格审判程序，提高案件质量。高度重视基层法院人才流失严重和案多人少问题，坚持人员力量向基层倾斜，为基层法院充实干警 35 人。

【自觉接受监督】 2013 年，主动向市人大及人大常委会报告重要工作部署、审判职能履行等情况，坚决贯彻落实人大决议和决定；认真办理代表建议，按照归口管理、跟踪监督、沟通反馈的程序，全市法院依法办理 8 件代表建议，并及时向代表反馈办理情况；扎实做好代表联络工作，共邀请人大代表视察法院、旁听庭审、开展调研 465 人次。主动接受政协民主监督，定期向市政协通报法院工作情况，认真办理委员提案。依法接受检察机关诉讼监督，全市法院邀请检察长列席审判委员会 64 次；认真办理检察院提起抗诉的案件，全市法院共依法支持抗诉案件 13 件。通过加强法院网站建设、参与法制节目制作等方式，广泛听取民意，主动接受人民群众和社会各界监督。对人民陪审员进行集中培训，从管理、履职、保障等方面加强人民陪审工作，全市法院人民陪审员参加审理案件 7670 件；积极落实人民陪审员"倍增计划"，全年增选人民陪审员 32 名。主动邀请司法监督员走进法院、旁听庭审，听取意见建议。

（王 琼）

司法行政

【概况】 2013 年，南昌市司法局围绕打造核心增长极目标，坚持务实奋进，开拓创新，认真履行法律保障、法律服务和法制宣传职能，为全市经济社会发展作出积极贡献。南昌市被评为全国法治城市创建活动先进单位，市司法局被评为全国司法考试先进单位，市医疗纠纷调解委员会被评为全国模范人民调解委员会，市法援中心被司法部评为便民服务示范窗口。

【建设法治南昌】 2013年6月，市委组织部、市委宣传部、市司法局、市普法办联合下发《关于进一步加强全市领导干部学法用法工作的实施意见》，明确领导干部学法用法工作的重要性、指导思想、总体目标、主要任务、方法途径和组织领导。8月29日，出台《关于进一步加强法治南昌建设的意见》。11月18日，召开全市法治南昌建设工作部署会，下发《加强法治南昌建设重点工作任务分解方案》，部署新时期法治南昌建设工作，明确牵头单位和责任单位。南昌市被评为全国法治城市创建活动先进单位。

【开展全民普法教育】 2013年，在全市公民中开展全省年度重点普及的“四法一条例”（宪法、民事诉讼法、精神卫生法、社会保险法、江西省审计条例）以及《中华人民共和国防震减灾法》《江西省防震减灾条例》《南昌市城市管理条例》等学习宣传，举办“3·15”消费者权益保护日、“5·12”全国防灾减灾日、“12·4”全国法制宣传日、“道路交通安全南昌行”等面向社会的大型法制宣传活动30余场次，发放各种法制宣传资料25万余份（册），通过“普法手机报”发送12期共120万条普法彩信，全市建成法治主题公园（广场）9个。12月4日，省市区8家单位联合在西湖区孺子亭法治文化主题公园举行主题为“深化全民普法教育，加快建设法治江西”的法律咨询暨普法游园活动。活动现场举行法治文艺演出、法律知识竞答垂钓、法制宣传车慢骑、法制猜谜、军盾国防法治文化图片展等活动，并向居民群众赠送法律书籍，共发放各类宣传资料10万余份，参与人员达到近万人。年内，市司法局、市普法办组织有关单位、部门的业务骨干、法学专家和学者编印《南昌市家庭法律顾问手册》，年底前免费向市民发送15万册。

【重点对象学法】 2013年，制定《关于进一步加强全市领导干部、企业经营管理人员学法用法工作的实施意见》。全市各级各单位举办春节上班第一天领导干部法制讲座等各类法制讲座（报告）60余场次；举办普法、司法和行政执法人员培训班22期，培训3100余人；开展全市“模范基层执法单位和模范法制工作者”评选活动。2月16日，南昌市连续第十次举办春节后第一个工作日领导干部法制讲座。市委副书记郭安主持，武汉大学研究生院常务副院长、博士生导师、中央“马克思主义理论研究和建设工程”首席专家教授周叶中作题为“以党的十八大精神为指导，全面推进‘法治南昌’建设”讲座，全市千余名副县级以上领导干部参加学习。12月2—8日，组织1.5万余名副科级以上干部、企业经营管理人员参加全省网上法律知识学习和考试。

【调解矛盾纠纷】 2013年，重点推进医患纠纷、劳动争议纠纷、道路交通事故纠纷这三类专业人民调解委员会的规范化建设，依托南昌市劳动仲裁院工作平台，打造“南昌市劳动人事争议纠纷人民调解委员会”工作取得新进展。市医疗纠纷人民调解委员会2011年底成立至2013年底，共接待医患纠纷咨询1029人次，立案受理456起，调解结案436起。2013年，全市医患纠纷发生总数比上年下降约20%，法院一审受理的医患纠纷案件下降约20%，公安部门因医患纠纷出警次数下降65%，因医患纠纷到各级信访部门上访的人次下降84%。至年底，各级人民调解组织共调处各类矛盾纠纷14980件，调解成功14674件，调解成功率达97.96%。市医疗纠纷调解委员会被评为全国模范人民调解委员会，市司法局被评为全国人民调解宣传工作先进集体。

2013年12月4日，省市区2013年“12·4”全国法制宣传日法律咨询暨普法游园活动在西湖区孺子亭法治文化主题公园举行

【开展社区矫正工作】 2013年，与团市委合作吸纳大学生等青年志愿者加入社区矫正工作队伍，与省心理咨询师协会合作发展心理矫治志愿者队伍，全市社区矫正志愿者队伍人数达到1100余人。10月，开展未成年社区矫正对象中国传统文化教育专题活动。活动以“感国恩、兴家运、守法制、懂人生”为主题，南昌县、进贤县以及青云谱区60余名未成年社区矫正对象及少数家长参加。至年底，全市依托南昌新四军军部旧址陈列馆、南昌八一起义纪念馆等红色资源建立教育基地32个，依托养老院等公益机构建立公益劳动基地66个。全市录入社区矫正人员信息2726人，录入比率达99%以上，纳入GPS定位监管的社区矫正人员2019人，占全部监管人数的73.4%以上，基本实现社区矫正工作的管理网络化、执法规范化、定位动态化。自2010年启动社区矫正工作以来，全市累计接收社区矫正人员5804人，解矫3054人，在册2750人，累计重新犯罪2人，重新犯罪率控制在1‰以下。2013年，全市共39名社区矫正人员被警告，2名缓刑人员被撤销缓刑，2名暂予监外执行人员被重新收监。

【安置帮教服刑和刑释人员】 2013年，开展服刑在教人员信息核查、入监所教育帮扶、亲情帮扶等工作，将无缝对接工作向前延伸到监所教育改造过程，全市对南昌籍服刑在教人员信息核查率达到100%以上。9月，出台《关于建设全市一体化安置帮教基地的实施方案》。10月，召开全市一体化建设工作部署会，实地观摩东湖区社区矫正安置帮教管理中心。全年全市组织开展安置帮教政策、法律宣讲和就业服务指导等进高墙活动6次，帮助符合就学条件的刑释解教人员或其未成年子女20余人重返校园，为32名刑释解教人员办理失业保险、基本养老保险或新型农村社会养老保险，为26名生活困难的刑释解教人员解决了低保待遇，联合培训机构开展技能培训178人次，发放刑释解教人员生活补助经费213万元，建立25家过渡性安置基地累计安置刑释解教人员710余名，其中“两无”（无家可归、无亲可投）人员安置率达100%。至年底，全市在册刑释解教人员8000余人，新出监所1449人，接回 1449 人，接送率达 100%。

【创新法律援助方式】　2013 年，创新农民工法律援助服务方式，开设“农民工法律援助夜市”。4 月 9 日，市司法局和东湖区司法局联合在东湖区永溪村汤家自然村举办首场“农民工法律援助夜市”活动，当晚“永溪村农民工法制夜校”正式开课。9 月 27 日，市司法局、西湖区司法局、西湖区法制办联合在西湖区十字街“豫章驿道”牌楼联合举办以“维护群众合法权益，促进社会和谐稳定”为主题的法律援助宣传夜市活动。为纪念《法律援助条例》颁布实施 10 周年，市司法局整理汇编近 3 年来全市法律援助机构受理和指派的具有代表意义的典型法律援助案件，印刷 2000 本《南昌市法律援助典型案例汇编》下发到各法律援助中心、工作站、联系点及相关部门。至年底，全市共受理法援案件 2458 件，受援人数 2772 人，挽回经济损失 5778.9 万元。

【开展公证工作】　2013 年，全市各公证机构主动介入地方经济建设，服务于民，积极为南昌地铁建设、朝阳快速路工程、洛阳路隧道工程、万寿宫街区棚户改造动迁、南昌九洲高架工程等重大项目工程提供公证服务。至年底，全市公证机构共办理各类公证事项 46242 件，收费 1627.46 万元，办证数与收费数分别比上年增长 19.51 % 和 21.77%，办理公证法律援助案件 402 件，涉及减免公证费 27 万余元。

【办理律师事务工作】　2013 年，市司法局、市律师协会及市诚信促进会联合在全市律师事务所评选出 18 家 2011—2012 年度“南昌市诚信律师事务所”。12 月，组织全市律师事务所和 116 个基层司法所进行法律顾问对接工作，签订服务协议，制作公示牌，做到律师法律顾问进乡镇街道全覆盖。至年底，全市共安排 496 名律师接待到访案件 197 件，接待群众 500 余人次。全市 58 家律师事务所共办理各类诉讼案件 5558 件，非诉讼法律事务 3497 件，代写法律文书及解答法律咨询 7235 件，法律顾问单位达到 1164 家，业务收费实现 8338 万元。

【服务国家司法考试】　2013 年，国家司法考试南昌考区首次实行全程网络化管理，考生直接网上报名、支付考试费、下载打印准考证，实现连续 12 年考务工作“零差错”。至年底，全市共3931人报名参加考试，报名人数创历年新高，占全省报考人数的 43%，665 人达到合格分数线，通过率为 17%。

【开展司法鉴定工作】　2013 年，投资 15 万元开发司法鉴定专用软件，对司法鉴定工作和案件进行全方位、全过程监管，实现司法鉴定工作可视管理、动态管理和规范管理。至年底，全市司法鉴定机构办理鉴定案件 7125 件，鉴定结论采信律达 90% 以上，服务标的 10.3 亿元。

【推进行政审批制度改革】　2013 年，推进行政审批制度改革，裁减审批事项，压缩办理时间，再造工作流程，实行网上审批。市司法局由原 46 项行政审批事项和非行政审批事项，压缩至 5 项行政许可和 7 项非行政许可，办理时限由原来的 1 个月、半个月、1 周分别压缩至 8 个、5 个、3 个工作日。

【开展劳教和强戒工作】　2013 年，按照中央要求和部署终止劳教制度，劳教人员全部顺利解教。8 月 31 日，市劳教所共解教 101 人（提前解教 35 人），没有出现讨要说法、找碴闹事和上访事件。12 月 27 日，全部清除场所内外涉及劳教字样的牌匾，对有历史留存价值的物品进行整理、登记和分类封存。构建与强制隔离戒毒规律相适应的工作体制机制，确保思想不松、工作不断、队伍不乱。全年开展政治教育 714 课时，法制教育 180 课时，扫盲、小学、初中文化教育共 240 课时，入所教育 180 课时，出所教育 49 课时；开设两期“家用电器维修技术”培训 120 课时，帮助 102 名学员获得社会认可的职业等级证书；开展心理咨询 56 人次，实施心理干预 8 人。实现连续 23 年场所安全生产无事故。至年底，收治戒毒人员 175 名，在册 195 人，在队 187 人。市强戒所改扩建工程资金已获中央拨款到位 1400 万元、本级财政到位 3000 万元、自筹资金到位 2500 万元。

（曾远明）

仲　裁

【概况】　2013 年，南昌仲裁委员会顺利完成第四届仲裁委员会的换届工作，并在新一届仲裁委员会的领导下，坚持仲裁质量和仲裁发展两项工作并重，机构建设和内部管理等各项工作同步推进，取得较好的工作业绩。

【办理仲裁案件】　2013 年，受理各类民商事合同纠纷案件 236 件，涉案标的 7.43 亿元；审理仲裁案件 297 件，审结 162 件。在受理的案件中，商品房买卖合同纠纷案件 85 件，保险合同纠纷案件 33 件，建设工程合同纠纷案件 32 件，其他合同纠纷案件 86 件；在审结的案件中，以裁决方式结案的 67 件，以和解调解方式结案的 95 件。

【发展仲裁工作】　2013 年，积极推进仲裁工作发展。一是加强与有关方面的联系，不断拓展南昌仲裁的服务范围和领域。邀请省市部分金融机构法务部门的领导和工作人员就金融行业的风险防范、主要诉求以及在金融领域推行仲裁法律制度等议题进行广泛交流。同时，派员赴江西省保险行业协会、南昌旅游行业协会、南昌中小微企业工业园、新建县工商局、江铃集团以及部分律师事务所进行走访，与有关方面的领导就建立有效联系机制等问题进行深入讨论和研究。二是与市律师协会民商法律委员会联合举办“律师与仲裁实践智慧”高端论坛，通过论坛进一步推进仲裁与律师业务的对接。三是注重社会和媒体宣传，以《南昌仲裁》刊物和南昌仲裁网站为载体，努力扩大南昌仲裁的社会影响。

【仲裁机构建设】　2013 年，进一步抓好组织机构建设。一是加强仲裁队伍的建设与管理。对新一届仲裁委员会聘任的仲裁员进行《仲裁法和仲裁实务知识》培训；同时，组织秘书处工作人员学习廉政准则以及中共十八大和十八届三中全会精神，参加速写、速记课程培训。二是完善内部管理。搭建内部网络工作平台，提高办事效率；同时，统一秘书人员工作制服，提升整体形象。三是建立工作制度。修改或制定《南昌仲裁委员会仲裁费退回办法》《南昌仲裁委员会分会建设与管理暂行规定》《南昌仲裁委员会仲裁档案管理办法》等制度，完善 20 余种仲裁法律文书的制作样式。四是加强分支机构的建设与管理。5 月，在湾里地区设立“南昌仲裁委员会第一分会”，该分会已正式开展工作。同时，就本会驻宜春、抚州等地办事处工作现状进行调研，对存在的问题进行限期整改。五是重视基础设施建设。安装实时监控系统，实现对办公场所特别是仲裁厅的视频监控和网络互联。

（俞　利）

国　防

本栏编辑　龚秀昱

概　述

【概况】　2013年，南昌警备区、武警南昌市支队、市公安消防支队、市人防办以学习贯彻中共十八大和十八届三中全会精神为主线，紧扣市委、市政府中心工作，围绕锻造过硬战斗队伍、提升军事实战水平、提高应急救援能力的目的，认真抓好思想政治工作，严格落实安全管理制度，切实组织开展实战和救援集训、演练，圆满完成抗洪抢险、火灾扑灭抢救、燃气泄漏爆炸事故处置等急难险重工作任务，为巩固南昌经济社会发展成果、构建和谐平安南昌营造了安全稳定的社会环境。

民兵和预备役部队

【概况】　2013年，南昌警备区党委坚持以学习贯彻中共十八大和十八届三中全会精神为主线，以加速推进作战准备为牵引，以深入改进作风为保证，注重把方向保稳定，抓重点谋发展，扭关键创特色，全面建设始终保持着平稳向上的良好态势。

【思想政治建设坚强有力】　2013年，突出抓好创新理论武装，采取集中学习、专家辅导、体会交流、课题调研等方式，以10项硬性举措全面系统学习中共十八大重大理论观点、重大方针政策、重大工作部署。认真开展"学习贯彻党章、弘扬优良作风"和"坚定信念、铸牢军魂"主题教育，组织"红色之旅铸军魂"参观见学活动，不断打牢官兵职工听党指挥的思想根基。积极创建"三型"（学习型、创新型、效益型）党组织，不断规范军事文化"五有"（有阵地、有队伍、有制度、有活动、有氛围），广泛开展群众性文体活动，通过以活动促活跃、以活跃促活力，不断增强政治工作质量效益。

【持续拓展军事斗争准备】　2013年，坚持以"三项重大军事工作"为抓手，持续加大练将练官力度，对9个县（区）人武部进行全员额集中考核，围绕"战时城市管制"课题开展研究攻关，形成"四个一"成果（一份城市管制战法创新材料、一部城市管制实兵演练录像片、一套城市管制行动预案计划、一套城市管制理论成果汇编），被纳入军区战法库。突出信息主导，师团两级同步开展应急指挥平台建设，在全省军分区系统率先实行网上办公，有力提升指挥训练效率。积极适应转型需要，科学编配力量体系，采取"考、比、拉"验收民兵整组。6月4日，军区工作组对青山湖区、南昌县民兵整组工作进行检查验收，获得全优好成绩。2012—2013年，累计出动民兵应急分队2600余人次，参加筲岭水库溃坝抢险、京山老街内涝救援、保障"使命行动—2013A"演习等急难险重任务，受到地方党委政府和人民群众广泛赞誉。

【落实安全管理工作】　2013年，坚持用建设的理念抓安全，组织观看安全教育警示片，邀请地方专家作"四反"（反渗透、反策反、反心战、反窃密）保密形势辅导，进行新交通法规培训，对重要岗位和涉密人员政治考核，不断打牢安全管理工作基础。结合驻省会城市部队特点，主动加强"两个以外"（8小时以外、营区以外）、重点部位、重要时期和季节性事故"四个防范"，升级网络设备，提升安全整体防范能力。持续加大检查督导力度，坚持常委带队日夜查、不打招呼查、重大节日查、跟踪问效查，确保部队安全稳定。

【部队风气建设成效明显】　2013年，始终把抓作风、改作风、强作风摆在突出位置，坚持以上率下，师团两级党委坚决落实中央、军委、军区和省军区关于改进作风、厉行节俭的一系列指示规定，召开落实"双五条"要求承诺大会，带头改进作风，自觉接受监督。注重决策公开，在干部使用、立功评奖、工程建设等重点问题上，倾听群众的声音、尊重民主的意见、反映集体的智慧。春节、国庆期间，组织对南昌籍军人家庭5560余户进行走访慰问，在全社会营造起"热爱军营光荣、扎根基层有功"的鲜明导向。

【后勤保障能力稳步提升】　2013年，健全完善行政消耗性开支预算单列和限额管理办法，全面落实公务卡强制结算，扩大集中采购范围，不断增强经费管理使用效益。统筹抓好物资供应保障，落实孕情普查和体检制度，注重解决职工现实问题，持续创建"健康军营"。大力推动基础设施建设改造，警备区本级投入经费300余万元对基础设置进行整修，推行公寓房供水供电"一户一表"改造；团单位投入经费580余万元完成食堂、兵器室、宿舍和文化设施建设，师团两级综合保障能力得到整体提高。南昌县人武部建设注重质量，注重军营文化，注重信息化建设；东湖区、西湖区人武部新营院建设正有序推进；干休所完成加装电梯及"三个中心"（医疗保健中心、文体活动中心、生活服务中心）升级改造工程，老干部休养环境得到进一步改善。

【开展国防动员潜力调查】　2013年，南昌警备区投入国防动员潜力调查专项经费6.8万元，在南昌市范围内开展国防动员潜力调查工作。潜力调查由南昌市国动委各专业办公室牵头，会同成员单位和相关政府职能部门，围绕打造翔实、管用的动员潜力数据库的目标，以摸清动员潜力，分析核实动员能力为内容，采取"自下而上汇总、分专业审核"的方法，组织进行人民武装、经济动员、交通战备、人民防空、政治动员、信息动员、科技（装备）动员七大类约900个指标及相关要素的数据汇总和审核。同时，加强与市统计局的沟通协调，建立相关数据信息共享机制，确保潜力收集的潜力数据翔实、准确、可靠，圆满地完成全年国防动员潜力调查任务。

【机关网络办公系统建设】 2013年1月，按照江西省军区《信息化建设三年规划》要求，投入20余万元，建成南昌警备区机关网上办公系统，设置终端25个，实现公文网上流转、网上训练等功能，有效提升办公自动化水平，降低办公消耗，提高工作效率。南昌警备区机关网络办公系统建设走在全省师级单位前列。

【应急机动指挥车建设】 2013年5月，南昌警备区着眼“双应一体”（应急应战一体化）要求，结合遂行任务实际，改进现有指挥手段，弥补能力短板，加快推进信息化建设，努力提升部队遂行急难险重任务的能力，投入专项经费400余万元，组织师团两级建成应急机动指挥通信平台。应急通信系统包括10台应急机动指挥车，南昌警备区本级1台应急机动指挥车，每个县（区）人武部各1台应急机动指挥车，能够实现复杂气候条件下的指挥通信保障功能。

【抗洪抢险分队骨干跨区联训】 2013年5月，为深入贯彻中共中央、国务院、中央军委《关于加强和改进新形势下民兵工作的意见》，南昌警备区集中组织市水务局、南昌县、新建县、进贤县、安义县5支舟艇分队进行跨区联训，并遴选出70名优秀骨干进行水上课目大比武。此次训练采取“成建制跨区拉动、复杂天候训练、陌生水域考核”的方法，突出“抗洪抢险的基本知识、基本技能、基本素质”，围绕水上抢险救援的基本方法、冲锋舟操作使用、紧急避险知识等内容，通过集中授课、交叉训练、同台竞技等训练手段，达到了强化作风养成、提升水上抢险救援能力的目的，为做好遂行抗洪抢险任务奠扎实基础。

【开展“练将练官”活动】 2013年，南昌警备区聚焦强军目标，紧紧围绕军区党委1号文件指示精神，按照打赢要求，转变作风，凝心聚力，深入开展师团两级首长机关“练将练官”活动，着力解决打仗意识淡化、打仗本领弱化、训考演风虚化的问题，形成全区上下强素质、正作风、谋打赢的好氛围，两级指挥机关能力素质进一步提高，民兵基层战斗力建设进一步增强，全面带动南昌警备区军事斗争准备各项工作扎实推进。

【保障使命2013A演习部队过境】 2013年9月14—15日，“使命行动—2013A”参演部队过境南昌市。对这次保障部队过境行动，南昌市国动委、南昌警备区坚决执行江西省国动委和江西省军区首长指示，按照“道路畅通无阻、补给质优量足、保障精确高效、辖区安全稳定”的要求，以战时保障部队过境为标准，迅速部署，严密组织，积极协调，全程保障，较好完成省国动委赋予的支前保障任务。其间，组织南昌县、进贤县国动委在向塘西车站7场开设综合保障点，组织警戒、医疗救护、物资保障分队，开设物资供应站、医疗卫生站各1个，共出动民兵340余人次、公安民警170余人次、铁路技术工80余人次，实施保障和安全警戒；市委副书记，代市长郭安、警备区司令员宋书斌、警备区政委夏一军、副市长刘家富代表南昌市党、政、军慰问演习部队，共向部队提供慰问品8000份共计23万元，保障热食2900余人份。

【组织民兵情报信息员集训】 2013年9月26日，以情报信息的搜集、整理和报告，情报信息短信平台运行与管理，手机短信编报规则为主要内容，采取“集中组织、理论授课、考核讲评、分层培训”的方法，组织民兵情报信息骨干集训，提高民兵情报信息员的专业素质和业务能力，为首长指挥决策、部队应急处突、维护社会稳定提供有力的情报支撑。

【民兵组织整顿】 2013年，民兵整组工作紧紧围绕推进民兵工作调整改革主线，积极适应整组任务定位向“支援保障”转型、力量编组向“精干合成”转型、力量动员向“要素补充”转型的实际，将全市原有的4类队伍2.88万人的基干民兵规模，调整为支援、应急、储备3类队伍基干民兵规模，基本形成“双应一体、规模适度、布局合理、可靠管用”的民兵力量体系，提升了民兵建设质量效益。6月4日，南京军区工作组对警备区本级和青山湖区、南昌县人武部民兵整组工作进行检查考评，并拉动点验应急分队，整组资料、参点分队和参考人员获得考评优秀，得到南京军区工作组的高度评价和江西省军区参谋长邢金利充分肯定。

【考、比、拉验收民兵整组活动】 为进一步提升民兵队伍遂行多样化任务能力，检验民兵整组工作成效，5月27—28日，南昌警备区积极领会军区、省军区首长意图，运用“一把尺子考基层、一个平台比骨干、一声令下拉分队”的方法检查推动部队全面建设，考出了凝聚力、比出了执行力、拉出了战斗力，达到了以考促学、以比促练、以拉促备的目的。活动组织民兵分队“三长”骨干（连长、排长、分队长）进行应知应会理论知识、队列和轻武器精度射击等课目的比武竞赛；采取紧急拉动的方式，按照预先号令、机动集结、集中点验、科目演练的步骤，组织9个县（区）应急指挥所开设，并拉动式点验了应急支援、森林扑火、医疗救护、防化救援、民兵渡河、运输保障等6支民兵分队。

【开展征兵工作】 2013年，认真贯彻南京军区、江西省征兵工作会议精神，紧紧围绕省军区提出的保质量、保廉洁、保安全的“三保”目标要求，组织调研摸底，及时发现问题，积极研究对策措施，并强化宣传发动，大力营造良好征兵氛围；采取完善配套政策、努力提高优抚待遇等办法，积极破解“当兵冷”“征兵难”等问题。至年底，圆满完成1908名新兵征集任务，其中大专以上学历662人，占新兵总数的34.7%。

【推进民兵武器装备调整改革】 2013年7月15日至8月5日，对警备区本级民兵装备仓库和进贤县、安义县人武部兵器室库存的民兵装备进行普查，完成武器装备的普查登记工作，确保账物相符。11月开始，按照江西省军区统一部署，加速推进南昌警备区民兵武器装备管理模式调整改革工作。在12月中旬前完成6个县（区）人武部兵器室建设和应急连武器装备、弹药调整工作。东湖区人武部、西湖区人武部、新建县人武部结合新营院建设筹划兵器室建设和应急连武器装备、弹药调整工作。

【开展军校（国防）生面试复检】 2013年6月24—28日，南昌警备区在湾里教导队组织军校（国防）生面试复检工作。面试复检过程中，各部门密切协作，严格把关，在考生日检量大、超负荷运转的情况下，服从指挥，主动通气，确保面试体检过程环环相扣，流畅顺利，圆满完成考生面试体检工作。其间，省军区及警备区领导先后到面试体检现场检查指导，均给予高度评价。

【开展新春植树活动】 2013年2月16日，南昌警备区和驻昌部队官兵到位于南昌市经济技术开发区南昌杜鹃茶博览园参加新春万人植树活动，以实际行动为南昌打造成为带动全省发展的核心增长极、建设富裕和谐秀美南昌做出贡献。当日，部队和民兵预备役人员共植树11万株。

【军营文化建设】 2013年，按照省军区军事文化建设“五有”（有一个好的学习场所、有比较配套的文化设施、有庄重整洁的荣誉室、有特色文化的营院环境、有相对稳定的骨干队伍)要求和自身特点,由抓点到抓面,由抓设施到抓活动整体展开、有序推进,建设成果得到江西省军区高度肯定,并在政工网进行展示。

【开展“红色之旅铸军魂”活动】 2013年6月,南昌警备区广泛开展“学传统当传人”活动。分2批组织开展“红色之旅铸军魂”活动,通过参观瑞金、兴国、古田等红色圣地,进一步纯洁官兵职工精神家园,感悟奋斗历程,感悟发展成就,感悟使命责任。

【财经管控】 2013年,严格落实中央八项规定、南京军区作风建设12项细则及江西省军区作风建设12项措施,厉行勤俭节约,管好用好经费。落实党委管财“五控法”,全面落实“部财区管”制度,严格落实双主官联审会签制度。扩大物资集中采购规模范围,办公用品和通用物资的购置继续实行“集中、定点、统购”,物资集中采购率达到95%以上。继续完善行政消耗性开支预算单列和限额管理办法,全面落实公务卡强制结算,行政消耗性开支比上年下降29.66%,机关本级接待费开支下降48%,走访慰问经费下降40.5%。

(夏小清 付 韬 朱 永 黄 欢 杨定彬 杨 波 胡宁辉)

武装警察部队

【概况】 2013年,武警南昌市支队坚决贯彻总队党委和市委、市政府决策指示,突出举旗铸魂抓根本、聚焦使命抓中心、持续用力抓基层、从严治警抓安全、改进作风抓落实,圆满完成各项任务,全面建设呈现稳步向好的发展态势。

【思想建设卓有成效】 2013年,坚持按照习近平总书记强军目标重要指示统一思想行动,扎实开展主题教育,结合实际深入开展“弘扬八一精神、当好忠诚卫士”专题活动,邀请专家开办理论讲座,把“强国梦、强军梦、我的梦”融入经常性教育,深化教育效果。与江西聆心心理咨询公司签约,开展心理法律服务,组织“密切内部关系、营造团结、活泼、健康、和谐警营”教育整顿,发挥警营电视台、政工网等载体作用,指导基层编排特色文艺节目,营造和谐氛围,激励官兵士气。

【圆满完成遂行任务】 2013年,坚持“谋中心、议中心、保中心”,严格落实执勤“十个一遍”检查和特殊时期“十加五”加强措施,深入探索勤务研究新模式,建立“两警”议勤新机制。坚决执行42号文件精神,完成1处规定外执勤目标清理,有效推进执勤隐患治理和哨位鉴定“七个一遍”活动,成功处置犯人企图脱逃和不法分子袭击哨兵事件。严密组织“卫士—13”演习、实兵拉动演练,大力加强机动分队AB队、基层应急小分队建设,组织“三员一兵一组”技能竞赛,部队遂行任务能力提升明显。9月,支队特战排、优秀教练员、反恐突击狙击手参加总队技能考核竞赛,获得团体总分第三名。圆满完成省市“两会”安保、特殊时期城市武装巡逻、安义县箬岭水库垮塌抢险救援、西山庙会执勤、跨省武装押解临时性勤务68起。

【后勤保障效能提升】 2013年,深入开展伙食管理专项治理,制定反对铺张浪费、厉行节约具体措施,开展以养猪种菜为主的农副业生产活动,伙食满意率明显提高。积极协调目标单位抓好进贤县和南昌县中队营房新建改建工作,顺利完成一大队及反恐训练基地征地工作。修订财务管理细则,加强经费管控,行政业务费和接待费开支压减20%。严密组织纠治违规住房、车辆新式牌证换发工作,精心做好“禽流感”防控和季节性卫生防病工作,后勤综合保障效益不断提升。

【加强组织建设】 2013年,着眼纠治“四风”、整治“五超”,扎实开展“学习贯彻党章、弘扬优良作风”教育活动、“树立正确理念、明辨是非界限”大讨论和“强化法制观念、反对拜金主义”教育,制定《加强党委机关作风建设措施》,大力倡导求真务实、真抓实干的良好风气。坚持重大问题集体研究决定,健全专家咨询论证制度,开设网上“领导信箱”“战友心声”,广开言路,集中兵智。严格落实党员领导干部廉洁从政规定,坚持把公平公正和公道处事作为对官兵最大关爱,修订完善干部选用、招标采购、公车私用等一系列制度规定,赢得官兵广泛赞誉。

【安义县箬岭水库垮塌抢险救援】 2013年1月10日,安义县箬岭水库临时围堰发生垮塌,造成水库下流湾里区太平镇枫林行政村下水尾村2人失踪。应市委、市政府要求,报请经武警总队批准,武警市支队出动兵力担负抢险救援任务。参战官兵发扬“特别能吃苦、特别能战斗、特别能奉献”的战斗精神,冒着水急滩险、山路崎岖等危险,徒步搜寻200余千米,打捞成年遇难者遗体1具,为群众清理淤泥垃圾3000余立方米,为群众做好事20余件,义务巡诊30余人,圆满完成抢险救援任务,受到当地政府和人民群众的高度赞誉。

【支队党委二届七次全体(扩大)会议召开】 2013年1月20日,支队党委二届七次全体(扩大)会议召开。会议主要传达武警总队二届九次全体(扩大)会议精神,总结支队2012年主要工作,部署2013年主要任务,奖励表彰先进单位和个人。省公安厅副厅长、副市长、市公安局局长、支队党委第一书记、第一政治委员王国强出席并作重要讲话。王国强号召全体官兵认清形势,振奋精神,开拓创新,锐意进取,为实现南昌大投入、大建设、大发展战略做出新的更大贡献。

【完成西山万寿宫庙会安全保卫任务】

2013年9月4—5日,武警南昌市支队出动兵力,圆满完成西山万寿宫庙会安全保卫任务。参战官兵始终保持高度戒备,严守纪律,恪守职责,连续奋战17个小时,保证香客进香正常秩序。共处置小规模群体斗殴事件1起,协助公安抓获小偷6人,做好事20余件,树立了“文明之师、威武之师”良好形象,赢得各级领导、广大香客和驻地百姓高度赞扬。

(陶志海 涂笑忆)

消防部队

【概况】 2013年,南昌市公安消防支队紧紧抓住能力、作风两大建设,牢固树立“创新经验示范区、重大任务攻坚人、优秀人才输送地”的工作理念,全面提升消防社会化、执法规范化、勤务实战化、管理常态化、队伍专业化建设新水平,努力在锻造过硬队伍、完善监管机制、巩固发展成果、培育重大典型和基础设施建设方面取得新成效,全力确保火灾形势和部队内部“两个稳定”,为南昌打造核心增长极营造优质平安的消防环境。至年底,全市共接警出动5015起,其中处置火灾1854起、抢险救援(社会救助)3161起,出动车辆6739辆次,出动人员4.56万人次,营救被困群众1009人,疏散群众2475人,死亡17人,伤4人。

【成功扑救"1·8"西湖区船山路濠上街居民楼火灾】 2013年1月8日晚23时42分,南昌市西湖区船山路濠上街惠民门社区的一栋居民楼发生火灾。南昌市公安消防支队指挥中心接到报警后,立即调派2个中队、6辆消防车、36名消防官兵赶赴火场扑救。经过2个多小时,火灾被扑灭,成功营救居民楼内14户39名被困群众。

【中国女子篮球协会给力新星队走进消防部队】 2013年1月12日,中国篮协副主席、国家体育总局篮球运动管理中心党委书记刘晓农率领中国女子篮球协会(WCBA)给力新星队走访参观市消防支队红谷滩大队,并与支队篮球队进行友谊篮球赛。

【八一消防中队荣获"江西十大法治人物"称号】 2013年1月19日,"江西十大法治人物"颁奖仪式在江西日报传媒大厦4楼会议中心举行,南昌市公安消防支队八一中队荣获"江西十大法治人物"称号。省委常委周萌、副省长朱虹、省政协副主席郑小燕、省人民检察院检察长曾页九、省高级人民法院院长张忠厚、省委宣传部副部长马玉玲、省司法厅厅长马承祖、省公安消防总队总队长房凌春、江西日报社社长王晖等出席。

【南昌市火灾事故调查专业委员会正式成立】 2013年1月24日,南昌市火灾事故调查专业委员会正式成立,并召开第一次会议。来自市公安局刑事技术科研所、法制支队及消防支队的10名负责人参加会议。会议宣读《南昌市火灾事故调查专业委员会工作规则》,并向委员会成员颁发聘书。

【陈飞督导南昌市"除火患、保平安"今冬明春消防专项行动】 2013年2月21日,公安部消防局副局长陈飞率督导组一行深入南昌市督导"除火患、保平安"今冬明春消防专项行动开展情况。陈飞一行先后深入万达广场八一大道店、青山湖消防大队等单位,并采用听取工作汇报、检查基础台账、实地检查测试、座谈交流等方式,检查指导冬春专项行动工作开展情况。

【成立首支"红先锋"青年志愿者专业服务队】 2013年3月5日,南昌市公安消防支队红谷滩大队成立"红先锋"青年志愿者专业服务队。"红先锋"志愿者服务队是一支专门性、专业化的志愿者服务队,旨在推动警地关系,加强军民团结,培养官兵一心为民、服务百姓的爱民情怀,提高官兵修德重品、思行合一的道德情操。

2013年3月5日,南昌市公安消防支队红谷滩大队成立"红先锋"青年志愿者专业服务队

【全市消防工作会议召开】 2013年4月25日,全市消防工作会在市政府小礼堂召开。省公安厅副厅长、副市长、市公安局局长王国强,市消防支队支队长赖慰冰、政委黎学军等出席会议。全市各有关单位近100人参加。会议总结2012年全市消防工作,部署2013年主要任务,奖励表彰先进单位和个人,并下发《2012年消防工作目标责任书》。

【南昌市消防协会消防产品行业专业委员会正式成立】 2013年5月31日,南昌市消防协会消防产品行业专业委员会成立大会召开,全市消防产品行业60余家单位代表参加。会议宣读成立消防产品行业专业委员会的决定,选举产生消防产品行业专业委员会副主任,健全消防产品行业专业委员会的领导组织机构,并审议通过《南昌市消防产品生产、销售行业自律公约》。

【胡庆松荣获全国"特别关注消防员"称号】 2013年6月14日,中央电视台"寻找最美消防员"大型公益活动颁奖晚会在北京举行。会上,南昌市公安消防支队西湖区大队八一中队战士胡庆松荣获全国"特别关注消防员"荣誉称号,受到中共中央政治局委员、中央政法委书记孟建柱和国务委员、公安部部长郭声琨亲切接见和合影留念。中央电视台一套及《朝闻天下》栏目相继播出胡庆松先进事迹短片。8月,胡庆松被免试保送昆明消防指挥学校深造。

【举办人员密集场所消防疏散实战演练】 2013年6月21日,市公安消防支队在红谷滩万达广场举行人员密集场所消防疏散实战演练。市消防支队政委黎学军、市应急办副主任张建平到场观摩指导。此次演练模拟万达广场地下一层车库发生火灾,并蔓延至广场步行街一层中庭小帆船商铺,多名顾客被困情境。火灾发生后,万达广场安保员立即向"119"指挥中心报警,市公安消防支队迅速启动各消防设施,并成立疏散引导组,通过消防应急广播、扩音器等组织人员疏散。整个演练活动,市公安消防支队共出动12个消防中队、120名消防官兵、20辆消防车参加救援。

【开展南昌市道德模范"身边好人"巡演、巡讲、巡展基层行活动】 2013年6月21日,由市委宣传部、市文明办主办,市公安消防支队承办的南昌市道德模范"身边好人"巡演、巡讲、巡展基层行活动在市公安消防支队举行。宣讲会上,市道德模范巡讲团和"身边好人"代表为全市消防官兵分别讲述"中国当代南丁格尔"章金媛、"最美乡村医生"陈凡经、"特别关注消防员"胡庆松等感人事迹,有力推动消防部队官兵道德建设健康发展。

【成功处置“6·29”进贤县抗涝抢险】 2013年6月29日上午8时35分，进贤县进贤大道新万怡宾馆后居民区由于连日暴雨，致使50余户居民被困。市公安消防支队指挥中心接到报警后，迅速调集冲锋舟及15名官兵赶赴现场。参战官兵2人一组，分组涉水搜救，经过6个多小时奋战，最终成功救出被困的百余名群众。

【于建华督导南昌市消防安全大排查大整治活动】 2013年7月26日，公安部消防局副局长于建华率部局督导组到南昌市督导消防安全大排查大整治活动开展情况。督导组一行先后对青山湖京东派出所、市社会福利院老人颐养中心、天虹商场（南大店）、迪卡乐连锁KTV以及东申商务酒店等单位消防安全“户籍化”管理等情况进行督查，并高度肯定青山湖区消防大队消防安全大排查大整治活动的经验做法。

【开展消防少年军校开营活动】 2013年8月1—10日，共青团南昌市委与市公安消防支队联合主办以“童年、军旗、正能量”为主题的消防少年军校在红谷滩新区消防大队正式开营。此次军校共设“在阳光下成长”“我是一个兵”“我能行”“亲子互动、见证成长”4个主题，并分2期进行，每期30人，共有来自南昌市各小学60名学生参加此次活动。

【全省公安消防部队信息化建设推进会召开】 2013年8月6日，省公安消防总队在新余市举办全省公安消防部队信息化建设推进会暨水源调查和防护排烟装备示范性测试现场会。会上，南昌市公安消防支队就水源调查和防护排烟装备测试活动作经验介绍，并远程展示消防水源调查和防护排烟装备示范性测试演练情况。

【牟玉昌调研南昌市干部管理工作】 2013年8月22日，公安部政治部现役办公室主任牟玉昌一行到市公安消防支队调研公安现役部队关于干部管理工作的相关问题以及党的群众路线思想教育活动开展情况。省公安厅政治部主任王跃辉，省公安厅政治部副主任、现役办主任黄镇生，省消防总队政治部主任饶春风陪同。市公安消防支队支队长赖慰冰、政委黎学军和支队部分党委成员及基层大队代表参加座谈会。

【全省首家企业“消防警务室”落户南昌经济技术开发区】 2013年8月20日，在南昌经济技术开发区管委会主导下，市公安消防支队经开区大队与南昌欧菲光有限公司共同建立全省首家“消防警务室”，开创江西省消企合作建立专业化消防警务平台先河。

【参加全国搜救犬比武竞赛】 2013年9月25—29日，市公安消防支队特勤大队搜救犬中队代表江西省消防总队到公安部消防局山东搜救犬基地参加公安消防部队第二届搜救犬技术比武竞赛。市公安消防支队参赛选手在设置的5个竞赛项目中夺得2个单项第二名，最终以总分97分的优秀成绩获得团体总分第十名的佳绩（全国共31个消防总队参赛）。

【首创中小学消防疏散救生操】 2013年11月8日，在南昌市珠市小学“认识火灾，学会逃生”消防主题运动会上，由该校展示的消防疏散救生操受到视察“119”消防日宣传活动的省市领导高度称赞。消防疏散救生操是一种集娱乐性、操作性和教育性于一体的特殊广播体操，经南昌市公安消防支队指导，珠市小学教师集体创作编导。

【周萌视察指导安保工作】 2013年11月9日，省委常委、政法委书记周萌一行到市公安消防支队八一中队视察指导中共十八届三中全会安保工作。周萌听取市公安消防支队关于中共十八届三中全会期间消防应急处置和安全保卫工作情况，观看救生装备、破拆工具等各类特种消防器材展示，并参观中队荣誉室及官兵宿舍。省政府党组成员、省长助理、省公安厅厅长郑为文，省委政法委常务副书记刘和平，市委副书记、政法委书记欧阳海泉，省公安厅常务副厅长章凯旋，省公安厅副厅长、副市长、市公安局局长王国强，省公安厅治安总队总队长张冬庆，市消防支队支队长赖慰冰、政委黎学军等陪同。

【成功处置“11·21”燃气爆炸事故】 2013年11月21日13时，位于南昌市西湖区桃源街办广厦社区桃园小区17号居民楼发生燃气泄漏爆炸事故，造成建筑坍塌，多名群众被困。接到报警后，市公安消防支队作战指挥中心立即调派7辆消防车、48名消防官兵到场搜救被困群众。经过5个多小时救援，搜救出1名伤者、3具遇难者遗体，安全疏散居民楼内居民48户。

【全省应急救援工作推进会召开】 2013年12月3日，江西省消防总队在培训基地召开全省应急救援工作推进会。会上，市公安消防支队承担化工火灾事故处置演练任务，共调集1个消防大队、17个消防中队、1个企业专职消防队、8个社会联动单位共39辆特种车辆、260余名应急救援队员参加演练。

【举行特勤、战勤保障、水上消防站工程建设项目开工奠基仪式】 2013年12月31日，市公安消防支队举行特勤、战勤保障、水上消防站（以下简称“三大项目”）工程建设项目开工奠基仪式。三大项目选址于红谷滩新区九龙湖新城，总占地面积为11.33公顷，总建筑面积2.12万平方米，总投资1.67亿元（含征地费）。市公安消防支队全体党委常委出席，各消防大队主官、支队机关副营职及技术11级以上干部，施工单位、工程监理单位代表等100余人参加。

【各级履行消防责任】 2013年，市政府、市消防安全委员会先后下发文件18份推动消防工作。市人大常委会将《南昌市消防条例》纳入2014年立法立项，市政府出台《消防工作考核办法》。市委政法委将消防安全知识技能纳入城区网格管理员岗位培训，对123家市直单位、行业部门落实年度消防工作情况进行综治检查评分。各级政府对54家重大火灾隐患单位挂牌督办，投入320万元对万寿宫商城消防隐患进行整治。各县（区）政府继续落实公安派出所5万元消防经费、每人0.5元消防宣传经费以及部分街办5万元消防业务经费。

【完善综合性应急救援力量建设】 2013年，南昌市在建成市县两级14支综合性应急救援队伍的基础上，组建抗震救灾、抗洪抢险、石油化工、交通事故、高层建筑和战勤保障等6支专业性应急救援队伍，建立全省第一支搜救犬应急救援特别分队。同时，有效整合社会力量，分别成立地震、卫生、供水、供气、交通等32支专业应急救援分队。由市公安消防支队提请市委、市政府将综合性应急救援工作写入南昌市“十二五”规划、《关于进一步加强民生工作的决定》，并以市政府办公厅发文印发《关于落实〈江西省综合性应急救援队伍建设（2011—2013）三年规划〉工作任务的通知》，将综合应急救援工作纳入年度工作考核考评范围，同时明确市政府投入2000万元用于应急救援物资储备库建设，市政府及各县（区）、开发区政府和管委会投入3178.2万元用于应急救援车辆装备器材购置（其中通信器材1128.4万元），市政府及各县（区）、开发区政府和管委会完成370名合同制应急救援队员征召任务。

【优化消防监管模式】 2013年，市公安消防支队以社会消防安全大排查大整治活动为契机，在全市开展人员密集场所、违章搭建彩钢板临时建筑、物流仓库等15个专项整治活动。以重点单位“户籍化”管理为抓手，推进全市98.9%的重点单位实行户籍化管理。充分发挥“96119”火灾隐患举报中心作用，尝试消防协会运行新机制，成立相关专业委员会，进一步优化监管模式，营造良好消防安全环境。

【创新消防工作】 2013年，市公安消防支队自主研发的扁平化图形作战指挥系统荣获国家专利，并被公安部应用创新项目立项，消防用接处警终端无人值守系统被国家知识产权局授予专利证书。消防公益动漫片《防火门—生命之门》引起社会面强烈反响。同时，西湖区以防火墙“五千五万”工程为龙头的做法在全省消防工作会上作经验发言；青山湖大队消防安全大排查大整治活动赢得公安部消防局领导高度肯定，经验做法在全国推广，《青山湖区网格化管理信息平台》获公安部基层技术革新三等奖；进贤县大队消防执法“红黄牌”制度经验在公安部消防局内网发布。

【加强队伍建设】 2013年，市公安消防支队研究制定贯彻落实习近平总书记重要批示精神“刚五条”和《贯彻落实〈总队党委改进工作作风的若干规定〉的实施意见》，并通过召开廉政监督员座谈会、开展队伍教育整顿和落实执法回访制度等举措，营造风清气正氛围。支队党委心系基层，坚持为基层办实事、为官兵成长搭平台，协调上级党委依据相关文件为支队增配30%正营职数，缓解营职干部晋升通道狭窄的瓶颈难题。出台《加强基层中队干部队伍建设的意见》，形成良好用人导向。

【创先争优结硕果】 2013年，市公安消防支队涌现全国“特别关注消防员”胡庆松、“中国好人”蒙邦雷、“江西五四青年”马建等一大批先进典型。在重大赛事中，荣获全国第二届搜救犬技术比武竞赛团体总分第十名；夺得全省消防部队第四届“魅力杯”篮球奖冠军，实现“三连冠”；获得全省首届多种形式消防队伍比武竞赛团体总分第四名；获得全省消防部队政治干部岗位练兵竞赛团体总分第四名。保持火灾形势和部队管理“双稳定”，连续4年被省消防总队评为先进支队。

2013年南昌市分地区分区域火灾综合情况一览表

表14

项目	火灾接处警概况				分区域火灾概况						
	起数	死人	伤人	直接财产损失（元）	合计	城市市区	县城城区	集镇镇区	农村（村、寨、屯等）	开发区、旅游区	其他
年累计	1854	17	4	69093531	1854	987	250	116	194	240	67
市辖区	—	—	—	—	—	—	—	—	—	—	—
东湖区	184	2	1	885400	184	175	8	1	—	—	—
西湖区	455	2	—	54309086	455	386	41	7	7	12	2
青云谱区	120	1	—	2028941	120	107	1	3	5	—	4
湾里区	19	—	—	236620	19	—	1	10	5	—	3
昌北开发区	87	—	—	1270890	87	—	1	2	—	83	1
水上	—	—	—	—	—	—	—	—	—	—	—
省府大院	5	—	—	73500	5	5	—	—	—	—	—
青山湖区	352	2	3	2354595	352	213	28	17	27	60	7
高新开发区	123	1	—	622525	123	39	11	8	27	33	5
红谷滩新区	113	2	—	1971959	113	61	1	5	7	27	12
桑海技术开发区	12	—	—	53980	12	—	—	—	—	10	2
南昌县	158	1	—	2463951	158	—	52	33	53	12	8
新建县	126	6	—	913980	126	1	77	15	22	1	10
安义县	27	—	—	513604	27	—	10	4	11	2	—

续表 14

项目	火灾接处警概况				分区域火灾概况						
	起数	死人	伤人	直接财产损失(元)	合计	城市市区	县城城区	集镇镇区	农村(村、寨、屯等)	开发区、旅游区	其他
进贤县	73	—	—	1394500	73	—	19	11	30	—	13

(邓海辉　郇　佳)

人民防空

【概况】　2013 年,南昌市民防工作在市委、市政府和省民防办的领导下,紧抓城市化进程加快的大好机遇,精心谋划,团结协作,真抓实干,加快推进民防建设,各项工作取得一定成绩。付皞妮荣获国家"六会"型机关干部,罗辑乐、邹懿荣获国家"六能"型技术骨干,冯景华、熊浩荣获军区级先进个人。

【开发地下空间】　2013 年,通过前期大胆探索,结合实地考察情况,市民防办逐步摸索出一条"地下空间开发与地铁建设同步推进"的思路模式,主要思路是争取地下空间开发与南昌地铁建设同步设计、同步开工、同步建设、同步竣工。据此,市政府成立以分管市领导为组长的南昌市地下空间开发利用领导小组,确定近期建设的 5 个平战结合项目,其中 3 个融入地铁和市政设施建设的项目已经市政府原则同意。10 月 25 日,市政府召开第 14 次常务会议,审议通过《南昌市城市地下空间开发利用管理办法》,要求各有关部门要加快在规划编制、用地管理、建设管理、产权登记、使用管理、法律责任等方面完善思路、细化措施,狠抓落实,科学开发利用全市地下空间,努力形成城市立体化、内涵式发展新格局。

【开展民防审计整改】　2013 年 3 月,省审计厅对南昌市民防易地建设费征收管理使用情况进行专项审计调查,市民防办主动积极协调相关部门,提供准确翔实的数据,得到省审计厅肯定。市政府对审计工作高度重视,先后多次主持召开调度会,要求相关部门迅速作出情况说明,并及时组织整改。11 月,市民防办组织相关办属单位按照要求做好财政存量资金清查工作,并接受审计署驻武汉特派办的抽查审计,通过检查未发现市民防办财政存量资金存在问题。针对审计反映的问题,市民防办按照上级的统一部署,认真分析原因,制定整改措施,切实加强整改。通过审计整改,有效规范各县(区)民防建设标准,理顺经费管理状况,完善民防建设长效机制。

【维护管理民防工程】　2013 年,在房地产市场不景气的大环境下,市民防办坚持"以建为主"原则,积极推进民防工程建设融入城市建设,福山地下民防工程加固维修改造项目已完成立项审批。积极开展全市早期民防工事的维护稳定工作,扎实推进街道社区早期民防工事加固改造试点,同时妥善处理江电生活区路面塌陷的抢险抢修,得到市政府、省民防办领导高度肯定,赢得群众一致好评。

【组织指挥训练】　2013 年,在组织指挥训练方面具体做到"五个完成"。一是完成"9·18"防空警报试鸣。9 月 18 日 9 时至 9 时 15 分,全市集中参加全省防空警报试鸣活动,警报鸣响率 98% 以上。试鸣期间,广泛运用电视台、报纸、网络等新闻媒体进行公告。通过试鸣,增强市民的国防观念和防空意识,检验人民防空警报设施的技术性能,做好民防战时和平时的应急准备。二是完成应急保障演习。演习以江西境内发生重大事故灾害后省政府要求即时上传灾情实况为背景,市民防办按照省民防办统一部署安排,重点演练抢险救灾中的指挥信息保障和后勤保障。通过演练,检验卫星指挥通信设备的运行状态,考验专业技术人员的操作技能,使指挥员和指挥机关熟悉应急救援的基本内容、方法和程序。三是完成全国民防训练比武竞赛活动。按照国家民防办和省民防办的要求,在全市民防系统广泛开展民防训练比武竞赛活动,采取前期摸底、集中训练、定期抽查等方式,做到全员参加、全力保障,获得国家民防办和省民防办表彰肯定。四是完成民防专业队伍组训任务。成立由 100 名志愿者组成的江西省第一支民防蓝天救援队,组织开展水上救援演练,并先后完成龙虎山国际半程马拉松比赛、南昌市万人百里健行活动等赛事和活动的保障任务。"4·20"雅安地震发生后,12 名志愿者组成的民防蓝天救援队作为江西省第一支抵达地震灾区的救援队,第一时间赴四川雅安参加地震抢险救援等大型任务,先后排查近两百栋房屋,成功救援数名被困伤员,获得当地群众一致好评。五是完成西湖区莱茵半岛社区居民疏散演习活动。

【开展民防宣传教育活动】　2013 年,认真组织开展民防宣传教育活动。一是广泛开展民防宣传活动。市民防科技馆作为全省第一个民防教育基地,全年吸引 2 万余人次参观,取得良好宣传效果。同时,结合国际民防日,以民防知识"六进"为平台,广泛运用网络、报刊、信息等宣传媒介,深入开展民防宣传教育活动,重点抓好全省民防工作进社区试点。二是积极推进学校民防教学。采取免费提供民防教材等方式保障全市初级中学全面开展民防教育。5 月 12 日,南昌市在京东学校、莲塘二小、湾里二中等中小学校开展多场防空疏散演练活动,提高广大师生的安全防范意识和自救自护的应变能力,达到"教育一个孩子,影响一个家庭,带动整个社会"的效果。三是深入开展专题民防宣传。6 月 16 日,南昌市民防办在八一广场举办人民防空知识教育宣传活动。此次宣传共布置展板 20 余块,发放雨伞、围裙、环保袋等印制民防宣传内容的宣传品 1 万余份,通过图片展示和现场讲解,营造全民支持民防建设的良好社会氛围。

【推进民防机关建设】　2013 年,按照民防机关"准军事化"训练要求,组织为期 4 天的封闭式学习训练,提高机关工作人员组织纪律观念。以党组中心学习组为龙头、科级以上领导干部为重点,深入学习贯彻中共十八大精神;以党支部为单位,组织党员干部认真研读中共十八大文件,并结合实际撰写学习心得体会。同时,抓好示范教育、警示教育和岗位廉洁教育,进一步贯彻落实中央"八项规定",取得良好效果,较上年精简会议 37%,精简文件简报 39%,减少接待费用 49%。

(刘春鹤)

重大重点项目建设

本栏编辑　龚秀昱

概　述

【概况】　2013年，南昌市按照“聚焦产业、抓大求新、分建共享、动态管理”的原则，确定100个重大重点项目，总投资为2101.64亿元，年度投资计划为501.89亿元。其中，按项目类别看，分为工业项目40个，总投资337.27亿元，年度计划投资102.4亿元。服务业项目20个，总投资866.9亿元，年度计划投资206.9亿元。城市建设项目10个，总投资607.81亿元，年度计划投资122.67亿元。城市管理项目10个，总投资27.44亿元，年度计划投资15.81亿元。社会事业项目10个，总投资47.42亿元，年度计划投资8.52亿元。民生实事项目10个，总投资214.8亿元，年度计划投资45.59亿元。按建设性质看，分为新建项目49项，总投资685.74亿元，2013年计划投资162.17亿元，占年度计划投资总额的32.31%；在建项目38项，总投资1293.14亿元，2013年计划投资305.7亿元，占年度计划投资总额的60.91%；完工项目13项，总投资122.75亿元，2013年计划投资34.02亿元，占年度计划投资总额的6.78%。按投资规模看，总投资100亿元以上的重大项目4项；总投资50亿元—100亿元的重大项目7项；总投资10亿元—50亿元的重大项目37项；总投资5亿元—10亿元的重大项目20项；总投资1亿元—5亿元的重大项目25项；总投资1亿元以下的重大项目7项。

为推进重大重点项目建设，采用“挂图作战”方式，通过“听、查、看、访”等形式，对项目推进情况定期督查督办，做到每月一督查，每月一梳理，每月一通报，每月一调度，一抓到底。在用地保障方面，优先向重大重点项目倾斜计划安排新增建设用地；充分利用省重大建设项目调度会平台，积极争取省级预留用地指标；开展“批而未用”土地专项清理活动，有效盘活一些闲置土地；切实加强土地征用、占补平衡和收储工作，全力保障项目用地需求。在资金保障方面，按照“集中力量办大事”的原则，采取多种方式，整合各类资金，保障重大项目建设。在征地拆迁方面，按照“以和谐有序为中心，坚持不与民争利、阳光征收、用做群众工作的方法做征收工作”的原则，全面推进和谐征收、文明征收、阳光征收。至2013年12月底，全市100个重大重点项目累计完成投资478.51亿元，占年度投资计划的95.34%；97个项目开工，开工率97%（含竣工项目9个）；81个项目完成年度推进计划，完成率为81%。

工业和服务业项目

【概况】　2013年，工业项目共40个，39个项目开工（含竣工项目7个，分别为年产8000万片触摸屏用强化玻璃项目，高像素摄像头模组研发生产项目及中大、中小尺寸电容式触摸屏扩产项目，年产3万吨精密合金铜带建设项目，年产8万吨铝合金型材项目，IC封装、检测及电子产品主机板生产项目，年产40吨三甲基镓、三甲基铟项目，奥克斯二期项目），开工率97.5%；累计完成投资98.62亿元，占年度计划投资的96.31%；30个项目完成年度推进计划，完成率75%。服务业项目共20个，19个项目开工，开工率95%；累计完成投资196.81亿元，占年度投资计划的95.12%；19个项目完成年度推进计划，完成率95%。

【大飞机项目续建工程（一期）项目】项目于2011年8月开工，总投资36亿元，其中一期工程总投资11.42亿元，占地200公顷，建设部装厂、钣金厂、表面处理厂、数控加工厂、复合材料生产、物流配送中心、热表处理厂、综合技术楼、模具库房、动力配套、行政大楼、倒班房等，总建筑约81.52万平方米。至2013年底，大部件厂房、钣金厂房、数控厂房等已竣工，表面处理、行政大楼、钳焊液

大飞机项目生产车间

压厂房、标准件厂房等二期厂房正在进行主体施工,市政设施工程已完工。

【南昌中小微企业工业园起步区建设项目】 项目于2013年3月开工,总投资7亿元,主要实施南昌中小微企业工业园起步区80公顷用地范围内土地收储、土方平整;另实施南昌中小微工业园周边连接的瓜洲联圩立交等主干道路建设。至2013年底,中小微大道、建业大道工程已收尾,正在进行竣工验收,港口大道正在进行路基土方工程,并已启动高架部分下部结构和平交部分排水工程施工。

【中节能低碳环保科技园项目】 项目于2012年6月开工,总投资15亿元,总体规划用地33.33公顷,主要布局低碳、环保、节能产业。低碳产业园共分为三个功能区域,研发区、科研培训区、生产制造区。其中,研发区和科研培训区适合不同的企业作为研发、办公、培训等用途;生产制造区基本是以三层或四层为主的标准厂房。至2013年底,总部大厦土方、支护桩及工程桩施工已结束,低碳环保科技园施工单位进场施工。

【年产335万个高亮度LED绿色照明光源模块(一期)项目】 项目于2012年5月开工,总投资10.8亿元,其中固定资产投资8.82亿元,用地38.66公顷,分三期建设。主要建设建筑面积39.83万平方米的生产性用房和非生产性用房及配套设施。至2013年底,配套专家楼已投入使用,一、二号生产车间已完成装修,研发楼大厅装修完成75%。

【工业控股工业产业基地(精密机械、智能电子、新型建材等产业)项目】 项目于2012年7月开工,总投资30亿元,规划面积133.33公顷,重点聚焦K发动机千亿产业配套、传统产业的升级改造、县域产业的深度对接,形成以精密机械、智能电子、新型建材等产业及产业链的融合发展,最终实现产业链群化。项目一期投资10亿元,用地46.66公顷。至2013年底,已完成46.66公顷土地平整,2.3万平方米的机械加工厂房及附房已竣工投入使用,46.66公顷路网、管网和投资4亿元的综合大楼已动工,拟入驻的企业有15家,第一批入驻企业新余赣昌水电设备有限责任公司已投产运行。

【文港文化用品产业园项目】 项目于2012年12月开工,总投资10亿元,用地面积32.66公顷,其中包括天下第一笔庄项目和文港电镀集控区项目。至2013年底,56个精品店房屋建设完成100%,钢笔展示馆主体建设完成100%,周坊村完成基础设施100%,仿古街店面完成装饰95%。

【特种电缆、高压电缆等电线电缆产品及铜杆、铜丝、铜带等铜制品项目】 项目于2013年1月开工,总投资10亿元,包括生产车间8栋,面积6万平方米,办公楼1万平方米;研发中心、倒班楼等配套设施1.5万平方米;户外电缆、铜杆堆放场3万平方米。至2013年底,1号、3号厂房正在安装钢构,准备启动2号厂房建设,食堂基础已完成,正在采购设备。

【铝产品深加工生产基地项目(一期)】 项目于2013年3月开工,基地面积约34.7公顷(不含项目周边已建成道路面积)。拟投资建设新材料深加工生产项目。项目估算总投资为2000055.1万元。其中,建筑工程费72272.13万元,设备费用为69431.15万元(购置费64563万元,安装费4868.15万元),其他费用9747.6万元,预备费用8097.86万元,铺底流动资金30000万元。一期工程投资10亿元。至2013年底,场地填土平整已基本完成,正在进行场地道路和管网施工建设。

【联创光电LED产业园项目】 项目于2013年1月开工,总投资10亿元。LED产业园包括LED链上9个产业项目以及LED产业研发基地、LED半导体照明等新技术产业及配套产业集群。整个园区总建筑面积16万平方米。至2013年底,进行老厂区厂房升级改造和装修及背光源模具铸塑设备采购,部分设备调试已完成。产业园内项目用地内部路网基础施工40%。

【聚酰亚胺(PI)纳米纤维电池隔膜产品研发及生产项目】 项目于2012年12月开工,总投资6亿元。项目用地约13.33公顷,建设生产厂房(12栋)面积约11.4万平方米,研发大楼及其他附属设施7万平方米。预计达产后实现年产锂离子动力电池隔膜2亿平方米。至2013年底,围墙建设完毕,正在进行厂房基础施工及设备采购工作。

【工业设备防磨抗蚀产品制造工业园项目】 项目于2013年3月开工,总投资4亿元。项目用地面积11.8公顷,建设工业设备部件再制造及相关工程材料研发、生产基地。加强防磨抗蚀新产品的基础研究、应用及新产品、新技术的推广。至2013年底,进入施工场地的桥梁主体已完工,正在进行A、B厂房基础底板浇筑。

【年产3万吨精密合金铜带建设项目】 项目于2012年9月开工,总投资5亿元。项目总占地面积20公顷,总建筑面积5.72万平方米,购置主要生产设备,新增主要生产设备35台(套),建设年产3万吨精密合金铜生产线。至2013年底,项目已建成试投产。

【江西向塘铁路公路枢纽型物流基地项目】 项目于2012年9月开工,总投资60.4亿元,总占地360公顷,主要建设物流仓储区、交易区、配套服务区,总建筑面积355.3万平方米。项目分三期建设,其中一期用地57.2公顷,包括铁路专用线、货场及货场开站、仓储、加工、市场、配送及信息、生产、生活服务区。至2013年底,大型临时设施及过渡工程已全部完工,新建17座桥涵中14座已完工,房建集中区施工量完成过半,路基填方共完成14万立方米,项目征地已完成28.8公顷,物流基地总体规划基本敲定。

【艾溪湖紫峰商业广场项目】 项目于2012年6月开工,位于南昌高新紫阳大道—艾溪湖桥头,总投资约为20亿元,占地约14.66公顷,总建筑面积70万平方米。项目有268米南昌东部第一高楼——高新区绿地中心紫峰大厦,双塔准甲写字楼——赢创国际、思创国际,国际旗舰商业、地铁购物街、大型影院等集商务、娱乐、购物为一体的现代城市服务综合体项目。至2013年底,项目已建至主体55层,并启动裙楼建设。

城市建设和管理项目

【概况】 2013年,城市建设项目10个,全部开工。至年底,累计完成投资116.72亿元,占年度投资计划95.15%;10个项目全部完成年度推进计划。城市管理项目10个,全部开工。至年底,累计完成投资14.52亿元,占年度投资计划91.84%;9个项目完成年度推进计划,完成率90%。

【轨道交通工程项目】 轨道交通1号线一期工程于2010年1月开工,总投资200.31亿元。该工程起于双港站,终点为瑶湖西侧的奥体中心站。线路长约

28.84千米，设车站24座、控制中心1座、主变电站2座、停车场和定修段各1个。至2013年底，21座车站已结构封顶，3个车站正在进行土方开挖和结构施工。全线24个单线区间贯通，盾构区间累计掘进31743米，完成总量的65.6%。轨道交通2号线一期工程于2013年10月开工，总投资159.73亿元。工程起自高速客运西站的站前南大道站，近期工程终点上海路的辛家庵站，线路长约23.7千米，车站21座、主变电站2座、车辆综合基地1个。至2013年底，全线土建施工已动工建设，卧龙山车站完成主体结构施工，西客站北广场区间土建工程已基本完工，西客站南广场区间进行主体结构施工。轨道交通工程的建成将缓解昌南东西向、昌北南北向及过江交通紧张，改善交通结构和出行环境。

南昌地铁西客站工地

【朝阳大桥项目】 项目于2012年10月开工，总投资约25.8亿元。该工程西起红角洲地区丰和南大道，东至朝阳新城抚生路，全长约3.2千米、双向8车道。大桥主桥主跨采用六塔七孔单索面斜拉桥方案，跨越赣江范围全长约1560米，跨度组合为79米+5×150米+79米，桥宽37米，双向八车道，塔高45米。主桥采用塔梁固结、塔墩分离的支承形式，塔和墩为混凝土材质。主梁梁高4.7米，采用单箱多室形式，顶板之上通行机动车，边箱用于通行人和非机动车。至2013年底，大桥主桥通航孔桥下部结构全部完成，非通航孔桥桩基已全部完成，东、西侧引桥桩基和墩柱正在施工。大桥通车后将进一步拉开南昌城市框架，改善朝阳新城和红角洲投资环境，将缓解全市交通压力。

【沿江中南大道快速路项目】 项目于2011年12月开工，总投资约14.5亿元。该工程位于赣江东岸，北起滕王阁桥，南至南昌县芳湖路，道路全长约9.1千米，宽50米—60米，双向6车道。至2013年底，生米大桥互通改造及南昌大桥互通改造主体全部完成；云飞路、武警箱涵、灌婴路箱涵砼工程全部完成；朝阳南路箱涵桥完成90%；道路路基填方完成55%，路基挖方完成90%。该项目的实施，将进一步完善旧城中心区、朝阳洲片区和象湖新城的路网结构，对优化昌南城区交通组成，加快朝阳洲片区和象湖新城开发建设速度等具有积极意义。

【九州大街下穿象湖隧道工程项目】 项目于2012年9月开工，总投资约19.67亿元。该工程西起子羽路，东至迎宾大道，路线全长约2.7千米，双向6车道，红线宽30米—65米，其中暗埋段长度1725米，主线暗埋段采用单箱双室箱涵，工程等级为城市主干路。至2013年底，隧道工程围护结构基本完成，主体结构底板完成80%，主体结构侧墙、顶板完成42%，U型槽底板完成18%、侧墙完成12%。工程的实施对于进一步改善昌南片区与省委省政府新址之间的交通联系、加快城市干线性路网建设进程和促进区域经济社会发展具有重要作用。

【昌南大道东西延伸工程项目】 项目于2011年12月开工，总投资约19.09亿元。该工程起点为昌东大道，终至幽兰立交。道路总长约11千米，道路红线宽70米，路幅宽35.5米，含跨罗谢公路立交、跨抚河大桥及抚河东岸立交等。西延伸工程东起320国道，西至南昌市西外环，全长4.06千米，道路红线宽70米，为城市快速路。至2013年底，昌东大道—幽兰立交段道路路基工程基本完成，罗谢公路—幽兰立交段路面基层级配碎石完成总量的85%，水稳完成总量的52%，抚河大桥主体结构基本完成，正进行桥梁附属结构施工。生米大桥西延段工程主车道已完工，并于2013年10月1日通车运行。该工程的建设进一步完善城市交通网结构，促进城市交通发展的良性循环，实现与福银高速在幽兰立交的对接，可解决城南中长距离机动车的快速通行和部分过境交通的快捷通过，对分流城区机动车交通压力、连接城市片区的交通集散点具有重要意义，为城南片区开发建设奠定良好基础。

【西客站广场及配套路网工程项目】 项目于2010年12月开工，总投资约22亿元。该工程主要包括南北地面广场、地下商业街、大型地下停车场、公交枢纽站、地面绿化亮化及其他配套综合管线工程等，总建筑面积约22万平方米。其中，北广场于2013年9月26日与向莆铁路南昌西站同步投入使用，南广场截至2013年底主体结构已全部封顶，正进行干挂石材及地面铺装及安装、装饰等施工。建成后的西客站广场将与站房及周边有机融合，南北合纵，突破铁路线阻隔，东西连横，衔接远期预留开发用地，上下整合地面广场与地下商业空间，在实现综合交通枢纽功能的同时，合理布置商业、旅游、展示、商务办公等业态，创造新的城市经济增长点，从而带动整个九龙湖新城的开发建设。

【大象湖景区建设工程项目】 项目于2012年12月开工，总投资36亿元。该工程主要由5个部分组成，包括原象湖改造提升、象湖三期湿地建设、梅湖景区改扩建工程、抚河故道截污整治及昌南大道以南500米范围开发建设，区域总面积10.15平方千米。至2013年底，象湖、抚河截污工程累计完成投资额5.15亿元。其中，中山桥上游段工程进展：象湖东岸箱涵完成88%，象湖西岸箱涵完成94%，抚河东岸箱涵已完工，抚河西岸箱涵完成98%；中山桥到滕王阁桥段工程进展：截污工程箱涵地基处理完成83%，箱涵完成60%。园林景观工程累计完成投资额4832万元，象湖西堤以东水厂场内园林景观工程改造建设样板段完工。清淤工程累计完成投资额2.98亿元，其中象湖清淤工程于2013年7月完成，抚河清淤目前正在施工。大象湖景区建设工程有助于南昌改善人居环境、完善城市功能、提升城市形象，营造宜居宜业的人居环境，提升南昌市城市品位，提高旅游产品吸引力。

【赣东大堤风光带景观工程项目】 项目于2012年12月开工,总投资13.78亿元。该工程北起滕王阁南侧新洲闸,南至生米大桥,主线全长7000米。项目由岸线整治和景观绿化两部分组成。其中,景观绿化面积99.26万平方米、景观铺装面积约18.07万平方米,建筑占地面积2.67万平方米,总建筑面积5.47万平方米,建安投资约4.45亿元;岸线整治主要建设内容包括土方开挖、回填、重力式挡墙、浆砌片石挡墙及护岸等,建安投资约1.97亿元。至2013年底,南昌大桥至新洲闸段抛石护岸完成约76%,回填砂砾料完成约66%,回填土完成约51.7%,土工格栅完成约48.9%;生米大桥至三志物流段抛石护岸及回填砂全部完成,土石方开挖完成约90%,种植乔木5732株、竹类7.3万株。工程建成后将在沿线形成绿化景观带,起到美化城市、提升城市品位的作用,对改善主城区的生产、生活、生态环境,促进城区经济社会可持续发展具有重大的社会、经济、生态效益。

【城市桥梁维修加固工程项目】 项目于2011年3月开工,总投资34290万元,包括桥涵整治工程、跨江桥梁加固维修工程,增设跨赣江大道(南)北人行天桥两座,以及城区其他桥梁维修及景观照明改造工程。至2013年底,老福山—坛子口立交桥加固维修已完工;八一大桥、南昌大桥桥墩加固(水下部分)已完成立项、可研、初步设计批复,正在进行招标工作;增设跨赣江大道两座人行天桥已完成初步设计批复、施工图的审查、备案、施工招标、监理招标。

【城市供水设施建设项目】 项目于2010年10月开工,总投资6.55亿元,建设占地8公顷的红角洲水厂和占地5.33公顷的城北水厂,分别包括取水工程、净水厂工程、输配水管网、电气及辅助设施工程。至2013年底,红角洲水厂于9月初投产送水,正在进行厂区道路及绿化建设及配水管网铺设。城北水厂工程的净水厂厂区土建完成55%;过江隧道土建完成40%,盾构机开始掘进始发井,已掘进约40米;取水泵房土建完成40%,现正在进行沉井下沉。

社会事业和民生实事项目

【概况】 2013年,社会事业项目10个,全部开工。至年底,累计完成投资8.01亿元,占年度投资计划94.01%;5个项目完成年度推进计划,完成率50%。民生实事项目10个,9个项目开工,开工率90%[其中南昌市第一中学朝阳新校、惠民工程平价商店建设(一期)项目竣工]。至年底,累计完成投资43.82亿元,占年度投资计划的96.12%;8个项目完成年度推进计划,完成率80%。

【综合性医院建设项目】 项目于2012年2月开工,总投资5.68亿元,总建筑面积10.94万平方米,其中地下建筑面积2.85万平方米;总床数700张。至2013年底,项目主楼第13施工段1层结构梁板模安装完成,梁板钢筋绑扎完成,柱钢筋(因图纸修改)绑扎完成60%,后浇带浇筑完1—9层;后勤楼第6施工段屋面封顶,第1施工段4层结构待钢结构设计;医技楼第4施工段屋面造型模板安装完成,第11施工段三层结构支模架搭设完成。

【"小平小道"爱国主义基地建设项目】 项目于2013年开工,总投资5亿元,主要建设内容总占地200公顷,将小平小道、将军楼建设成为一体的综合文化旅游景区。至2013年底,景区详细规划已完成,征地拆迁工作基本完成,拆迁安置房选址、设计已完成,安置房已动工建设。

【南昌市残疾人康复就业体训中心项目】 项目位于红谷滩新区凤凰洲片区,于2013年2月开工,总投资15966.1万元,占地面积3.9公顷,建筑面积39329平方米(其中地上建筑面积31073平方米,地下建筑面积8256平方米),含综合楼、康复楼、室内体育馆、室外游泳池、室外田径场、地下停车场等设施。项目建成后为全市残疾人提供康复服务及文化体育培训。至2013年底,正在进行正负零以下工程。

【保障房工程项目】 项目于2009年1月开工,总投资158亿元。建设内容包括城市棚户区改造,计划新增年度改造5000户并做好续建项目拆迁安置收尾工作;保障性公共租赁住房建设,2013年计划开工建设1.8万套123万平方米(其中住宅107万平方米,配套16万平方米)。至2013年底,城市棚户区改造项目正在办理前期手续及征收工作,项目建设开工率达到100%;保障性公共租赁住房项目共有49个子项目,已全部开工,其中主体完工29个、主体施工8个、基础施工12个,已基本建成10856套住房。

【南昌市市民中心大楼建设工程项目】 项目于2013年5月开工,总投资5.95亿元,总建筑面积12.5万平方米(其中不计入容积率面积3.55万平方米),建设内容主要由市行政服务中心、市公共资源交易中心、公共食堂和停车场四大部分组成。至2013年底,经市规划局等相关部门多方、多次沟通协调需入驻单位后,规划设计方案已初步编制完成;完成项目初步选址由九龙湖新城区JLH803-04地块调整为九龙湖新城区JLH1202-C05地块;相关使用部门完成天津等地项目学习调研,并提出建议;市政控股公司已发函至市发改委请示同意开展项目前期工作。

【南昌市老年福利院建设项目】 项目于2011年12月开工,总投资1.8亿元,建设规模约4.5万平方米,主要建设内容包括合居式住宅2栋、多层居家式住宅4栋、低层住宅15栋、活动中心1栋、综合服务中心1栋、设备用房1栋及基础性设施、内部装修和设施配备,场地绿化、美化。至2013年底,一期3号、4号楼阳台栏杆安装完成80%,5—8号楼外架拆除完成,外墙涂料在整改完善;二期1号楼内外粉刷完成,外墙腻子完成90%,2号楼墙体砌筑完成,屋面马头墙粉刷完成;三期调整方案基本完成,已报湾里区规划局。

【城南经济适用房小区配套学校建设项目】 项目于2013年9月开工,总投资5233万元,占地3.66公顷,总建筑面积2.3万平方米,建设54个班级。至2013年底,已完成工程便道的修建、场地平整工作及清淤工作,完成桩基施工50%。

【南昌市人力资源和社会保障公共服务中心项目】 项目位于南昌市红谷滩凤凰洲位置区C-4地块,于2013年1月开工,总投资约6亿元,用地约1.47公顷,建筑面积9.9万平方米。主要建设内容为公共就业和社会保障培训楼、服务管理办公楼、公共就业服务大厅、地下车库及配套设施用房等。基本功能为五大服务(公共就业服务、人才服务、社保窗口服务、考试招聘服务、劳动人事维权服务)和4个中心(信息中心、人事社保档案中心、各类考试中心、继续教育中心)。至2013年底,完成第一道栈桥S-L轴——4-12轴以外施工;完成第二层土方外运约5.6万立方米;部分完成第一道栈桥柱间槽钢支撑、凿打三轴水泥搅拌桩、第二道支撑梁垫层施工。

(索志鹏 陶小玲)

民　生　工　程

本栏编辑　龚秀昱

概　述

【概况】　2013年,南昌市始终把保障和改善民生放在突出位置,优化城乡教育网点布局,城乡公办幼儿园、中小学等基础设施建设投入持续加大;健全完善公共医疗卫生服务体系,城乡医保覆盖面进一步扩大,省内医保异地就医即时结算范围不断延伸;认真落实就业帮扶政策,积极开展就业创业服务指导和技术培训,帮扶就业困难群体,就业形势稳定;不断完善住房保障制度,加快保障性住房建设,居民居住条件逐步改善;进一步提高城乡居民最低生活保障标准,推进城乡医疗救助,城乡困难群众基本生活权益得到保障。社会保障体系进一步完善,覆盖范围不断扩大,支付水平持续提升,社会发展成果惠及城乡居民。全年实施91项民生工程,累计投入137.5亿元,比上年增长25%。

医疗保障

【概况】　2013年,全市医疗卫生部门围绕深化医药卫生体制改革的目标,按照“量力而行、尽力而为、统筹兼顾、可持续实施”的原则,与第二轮卫生服务能力建设工程紧密结合,同步推进民生工程实施,不断巩固和完善民生工程成果,确保民生工程好事办好、实事办实,努力实现好、维护好、发展好最广大人民群众的根本利益,为群众提供安全、有效、方便、价廉的医疗卫生服务,让卫生改革与发展成果更快更多地惠及人民群众。

【新农合保障水平提高】　2013年,全市新农合参合人数252.14万人,参合率98.9%,达到历史最好水平。新农合筹资标准每人每年340元(各级财政补助资金280元/人,其中中央财政156元/人、省级财政92.4元/人、市级财政3元/人、县级财政28.6元/人;个人自交资金60元/人),有效提高农民疾病保障水平。

【大病报销限额提高】　2013年,新农合政策范围内统筹基金最高支付限额提高到8万元;制定下发《南昌市耐多药肺结核等15类重大疾病按病种付费方案(试行)》,将15类重大疾病纳入大病救治范围,参合农民的大病报销费用进一步提高,有效解决农民因患重大疾病致贫问题。

【支付方式改革】　2013年,积极推行按床日付费、门诊总额预付等支付方式改革,并逐步覆盖全市所有定点医疗机构。全市10个县(区)均已开展按床日付费工作,新建县、安义县、青云谱区、青山湖区、湾里区开展门诊统筹总额预付改革,全面加强付费总额控制,建立统筹区域内医疗费用增长的制约机制。同时,开展县级新农合经办机构、各级定点医疗机构与全省新农合信息系统的互联互通工作,实现定点医疗机构新农合即时结报和“一卡通”管理。

【推进基本诊疗路径管理】　2013年,在全市所有乡(镇)卫生院推进基本诊疗路径管理,按照中心卫生院每年不少于80例,一般卫生院每年不少于30例的要求,共实施基本诊疗路径病种数62个,完成路径病例数4128个,超额完成省民生工程下达的任务,各病种平均治疗费用和平均治疗天数均有所下降。所有进入路径管理的病例用药95%以上是基本药物,有效提高医疗质量,保障医疗安全,规范临床诊疗行为。通过完善基本诊疗路径管理,为老百姓提供质优、安全、价廉、高效的医疗服务。

【开展单病种定额付费试点】　2013年,在进贤县开展基本诊疗路径管理病种定额付费试点工作,结合新农合按病种付费、按床日付费等支付方式改革,重点做好科学测算、监督考核、宣传引导3个关键环节,有效规范医疗机构的诊疗行为。试点医院共实施13个病种的定额付费工作,提高参合农民实际补偿比6%—8%,使群众看病就医费用持续降低。

【取消药品加成】　2013年,南昌县、新建县、进贤县3个县的县人民医院、县中医院所有药品(除中药饮片)全部实行零差率销售,县级医院补偿由服务收费、药品加成收入和政府补助渠道,改为服务收费和政府补助渠道,取消药品加成部分通过调整服务收费价格消化80%,另外20%由省、县按照8:2分担补助。

【实行免费救治】　2013年,圆满完成“光明·微笑”工程、儿童“两病”(白血病、先天性心脏病)免费救治、尿毒症免费血透救治工作、重性精神病免费救治工作、农村贫困家庭妇女“两癌”(乳腺癌、宫颈癌)患者免费手术、农村孕产妇免费住院分娩和育龄妇女免费补服叶酸工作任务。全市所有符合救治条件的白内障、唇腭裂患者和白血病、先天性心脏病患儿均纳入常态化管理,实施免费救治;对需维持血液透析的尿毒症困难患者(城镇低保、农村五保、城镇“三无”人员、福利院供养孤儿、新增四类优抚对象和低保边缘户)实施血液透析免费救治;制定下发农村妇女两癌免费救治工作方案,确定免费救治定点医院。至年底,全市免费血透救治贫困尿毒症患者1072人;实施白内障患者复明手术3023例,完成年任务率为167.01%,且无一例发生严重并发症;收治先天性心脏病患儿269例,完成年任务率为119.03%;收治儿童白血病救治26例,完成年任务率为236.36%;国家重性精神疾病基本数据收集分析系统录入9397人,贫困家庭重性精神病患者免费救治2270人。

【实施血防工程】　2013年,南昌县蒋巷镇和新建县联圩乡纳入鄱阳湖血吸虫病传染源控制策略推广区(二期),全面推广血吸虫病传染源控制策略。至年底,全市卫生血防项目共完成查病36.48万人次,完成任务数(30万人次)的121.6%;治疗病人(含扩大化疗)7.15万人次,完成任务数(7.07万人)的101.16%;查螺2亿平方米,完成任务数(1.5亿平方米)的133.1%;进行药物灭螺2500.97万平方米,完成任务数(2350万平方米)的106.42%;完成晚血救治1103例,完成任务数(954例)的115.62%。

【开展乡村医生补助工作】 2013年,扎实开展乡村医生养老生活补贴和省级公共卫生补助等各项补助的上报工作,为3628名乡村医生申请省级公共卫生补助653.04万元,为1387名年满60周岁且从医满20年的乡村医生申请发放养老保障生活补贴108.18万元。同时,在省、县(区)对核定岗位的乡村医生进行基本药物补助的基础上,市级财政按照每人每年1800元的标准率先对实施国家基本药物制度的村卫生室执业的乡村医生进行奖励性补助,全年共拨付653.04万元。

【推进医院建设】 2013年,加快推进市三医院朝阳院区和市九医院项目建设。市三院项目建设内容为门急诊医技住院综合楼、高压氧舱及辅助用房等,项目于2012年2月开工建设,主体结构已顺利封顶。市九院建设项目在江西省南昌公共资源交易中心进行室外管网施工工程和项目监理单位的招标工作,室外管网已完成施工。

【进行乡(镇)卫生院公有周转房建设试点】 2013年,积极做好乡(镇)卫生院职工公有周转住房建设试点,按照卫生院自筹一点、县级财政安排一点、省财政补助一点的方式筹集建设资金,探索建立乡镇卫生院职工公有周转房建设机制,有效缓解乡镇卫生院卫技人员住房困难问题。至年底,共申请江西省乡(镇)卫生院公有周转房建设项目补助资金76万元,实施建设南昌县南新乡中心卫生院等4个单位的38套周转房。

(雷细霞)

教育资助

【概况】 2013年5月,市教育局专门成立南昌市学生资助管理中心,实行专人负责,从实际出发,拓宽渠道,大力实施教育民生政策,完善资助体系,落实教育惠民政策,关爱困难学生,办实事,解难题,扎实做好贫困家庭学生资助工作。

【义务教育阶段免除学杂费及免费提供教科书】 2013年,南昌市继续全部免除义务教育阶段学生学杂费及教科书费用,利用江西省学生资助中心办公系统实现义务教育阶段“两免一补”执行情况报送管理。至年底,全市义务教育阶段免除学杂费学生63万人;义务教育阶段免费提供教科书63万人,金额5509.25万元。

【补助家庭经济困难寄宿生生活费】 2013年,市学生资助管理中心充分利用江西省学生资助中心办公系统,加强义务教育阶段家庭经济困难寄宿生生活费执行情况报送管理。按照“学年评定,学期发放,新增学生,重新评定”的原则审核发放。至年底,全市义务教育阶段补助家庭经济困难寄宿生生活费补助17208人,发放金额1042.91万元。

【开展中等职业教育资助】 2013年,中职学校资助工作包括国家助学金及免学费补助金两方面。国家助学金资助对象是具有中等职业学校全日制学历教育正式学籍的在校一、二年级涉农专业学生和非涉农专业家庭经济困难学生。主要用于受助学生的生活费开支,资助标准为每生每年1500元。国家助学金按学期申请和评定,按月发放。春季学期为3—7月,秋季学期为9月到次年1月。市学生资助管理中心通过全国中等职业学校学生管理信息系统对中等职业学校国家助学金及免学费补助资金进行管理,重点审核各校上报的受助学生数以及受助学生是否符合资助条件,加强学生信息管理,确保数据真实准确。2013年春,下达中职免学费补助资金1545.65万元,惠及学生17510人;2013年春,下达中职国家助学金725.1万元,惠及学生9668人。2013年秋,下达中职免学费补助资金1465.34万元,惠及学生15331人;2013年秋,下达中职国家助学金283.24万元,惠及学生3776人。

【资助学前教育家庭经济困难儿童】 南昌市于2012年秋季学期开始逐步建立学前教育资助政策体系,按照“加大财政投入、经费合理分担、政策导向明确、多元混合资助”的原则,2013年学前教育资助金下达金额354.1万元,资助学前教育家庭经济困难儿童8074人次。为全面落实《江西省国民经济和社会发展“十二五”规划纲要》精神,切实解决家庭经济困难儿童入园问题,大力促进学前教育的发展,紧密结合南昌市各地经济发展不均衡实际情况,要求各县(区)资助中心按照省教育厅、省财政厅关于印发《江西省学前教育资助制度实施意见》的通知,根据当地实际和保教费水平等因素,因地制宜制定具体实施细则,确定资助标准和资助面,并根据经济社会发展情况逐步提高资助标准,扩大资助面。资助对象为符合入园年龄,在经县级以上教育行政部门审批设立的公办、公办性质幼儿园及普惠性的民办幼儿园就读的家庭经济困难儿童、孤儿和残疾儿童。优先考虑城乡低保家庭幼儿、孤残幼儿、烈士子女、父母丧失劳动能力幼儿、少数民族困难家庭幼儿和家庭遭受重大灾害或变故的儿童。资助资金主要用于幼儿在园期间的保教费用及伙食费用补助。资助金费来源由财政统筹安排及社会团体、企业和个人等捐资。

【资助普通高中家庭经济困难学生】 2013年,南昌市下达资助普通高中(含民办)家庭经济困难学生名额18297名,下达资助金额2744.58万元,资助标准为每学期平均750元/人。普通高中国家助学金费来源由财政统筹安排所需资金由中央与江西省财政按6:4比例分担,江西省负担部分由省财政与市(县、区)财政按8:2比例分担,国家助学金资助面要占全市普通高中在校生总数的20%。普通高中国家助学金资助对象为根据国家有关规定批准设立、实施普通高中学历教育的全日制普通高中学校(含民办普通高中学校)和完全中学的高中部在校学生中的家庭经济困难学生(不包复读生、借读生、补习生等临时性生源和已享受中职国家助学金的综合高中学生)。

【资助考取大学的贫困生】 2013年,南昌市从3个方面对考入大学(含民办高校独立学院)家庭经济困难学生进行资助。一是在学费资助方面,资助2600名学生,资助金额1300万元,资助标准5000元/人,助学金费来源由江西省财政和市(县、区)财政按照8:2的比例分担。指标数的确定由省教育厅、省财政厅根据南昌市上年高考录取本、专科学生人数,于每年3月底前确定分配至南昌市的指标控制数和预算资金,资金分配时对国家级扶贫开发工作重点县的学校适当倾斜。二是在考取大学学生的路费资助方面,资助629名学生,资助金额39.85万元,资助标准为省外1000元/

人，省内500元/人。资金来源为中国教育发展基金会的中央专项彩票公益金润雨计划部分专项资金，其中设立普通高校家庭经济困难新生入学资助项目，用于资助普通高校家庭经济困难新生到校报到。三是从生源地助学贷款方面，对考取大学的贫困学生进行资助做到应贷尽贷，学生在校期间的贷款利息由财政全额贴息，毕业后由借款人自付利息。全年生源地信用助学贷款累计审批2187人，合同金额1302.32万元。

【拓宽资助层面和渠道】 2013年，中央专项彩票公益金教育助学项目在南昌市资助资金717万元。其中，滋蕙计划资助1055人，资助标准每人2000元，资助金额211万元；励耕计划资助教师426人，资助标准每人1万元，资助金额426万元；幼儿教师资助80人，资助标准每人1万元，资助金额80万元。滋蕙计划奖励对象为普通高中在校在籍品学兼优的家庭经济困难学生。励耕计划资助对象为小学、初中、普通高中和中职学校在编在岗家庭经济特别困难教师。润雨计划——家庭经济特别困难幼儿教师资助项目资助对象为经县级以上（含县级）教育行政部门审批设立的各类普惠性幼儿园家庭经济特别困难教师。全年南昌市爱心基金会共资助100名特困高中生，资助金额8万元。

【加强民生资助资金管理】 2013年6月，市教育局在全市开展各级各类学校学生资助资金专项检查工作。检查内容：一查资助对象是否符合国家政策要求；二查政策落实程序和流程；三查发放资金到位情况；四查结余资金情况；五查资助档案资料是否规范齐全；六查对投诉、来信来访反映的问题是否办理。检查范围：普通高中重点检查2010年以来普通高中国家助学金、2007年以来贫困家庭学生高考入学政府资助金等政策、资金的落实情况和群众集中反映的一系列情况。省市民生资金管理使用情况监督检查工作联席会议办公室对全市中职学校2011—2012年国家助学金、免学费项目使用情况进行重点检查。市教育局结合教育实际研究制订具体工作方案，并要求各县（区）教体局相应制定方案，报市教育局备案。市教育局先后进行多次工作部署会，向各县（区）、资助中心、市属学校传达上级指示，签订责任状，对需要整改落实的问题提出整改要求，加大监管力度，对虚报、瞒报受助学生人数，弄虚作假、套取财政专项资金或挤占、挪用、滞留国家助学金的行为，及时收回财政资金并追究直接责任人和相关领导的责任，使资助管理制度得到进一步完善，资助工作更加规范，着力提高教育民生工程质量和效益，将教育民生工程打造成为阳光工程、放心工程。

（熊晓鹏）

就业扶助

【概况】 2013年，南昌市人力资源和社会保障局以高校毕业生、零就业家庭、经济困难家庭、农民工、残疾、两劳人员等就业困难群体为就业帮扶重点，认真落实就业帮扶政策，积极开展各类就业援助专项服务活动，大力开发公共就业岗位，创新举措，不断完善就业援助服务机制，促进各类困难群体创业就业，取得明显成效。

【"就业援助月"活动取得实效】 2013年1月，在全市范围内开展为期1个月的就业援助月活动。活动以"就业帮扶真情相助"为主题，旨在帮助各类就业困难群体实现就业，共走访就业困难家庭393户，登记认定未就业困难人员669人，其中残疾人就业人员45人。组织专场招聘会53次，帮助困难人员实现就业870人，其中残疾困难就业人员实现就业29人；帮助就业困难人员享受政策438人。

【落实就业援助帮扶政策】 2013年，建立零就业家庭动态清零机制，为零就业家庭提供"一对一"、一站式就业服务，对有就业愿望和劳动能力且对岗位不挑不拣的人员，72小时落实就业岗位，确保"零就业家庭"安置率100%。全面落实岗位补贴、社会保险补贴等就业扶持政策，加大公益性岗位开发力度，鼓励就业困难人员自主创业、灵活就业和企业吸纳。全年为6000余人次灵活就业困难人员办理社保补贴1600余万元。启动普通高校低保家庭毕业生求职补贴发放工作，为南昌大学、江西师范大学、南昌航空大学等39所高校1067名低保家庭毕业生拨付职介补贴82.8万元，切实帮助困难家庭毕业生提高就业率，促进稳定就业。

【开展"转、进、强"活动】 2013年，结合省人社厅开展的"转作风、进园区、强服务"的党的群众路线教育实践活动及市人社局"四风"问题调研整改活动，进一步深化"551"计划工作，积极开展人社系统干部"转作风、进园区、强服务"主题活动挂点联系园区企业工作。活动将"551"计划组织涉企处室集体下企业现场办公的模式变更为由局领导班子成员带队，挂点干部直接联系企业，结合工作职能办实事、求实效，为每一家企业赠文件汇编，现场为企业解答人力资源和社会保障工作相关问题，现场无法回复的及时做好意见的收集整理、转办及反馈。至年底，共走访9次，深入企业52家，现场解答及转办回复问题84个。

【开展"高校毕业生就业服务月"活动】 2013年9月7日，2013年南昌市高校毕业生就业服务月首场校园招聘会在红角洲南昌航空大学举行。活动以"强化公共就业人才服务、全面实施就业促进计划"为主题，组织40家企业，提供适合毕业生的1300余个就业岗位，对有创业愿望的高校毕业生推介项目10个，并开展就业政策、实名登记、小额贷款、创业指导、技能培训、职业指导测评等服务咨询活动。2013年高校毕业生就业服务月活动于9月1日启动，将"零就业家庭"、经济困难家庭、残疾等就业困难的未就业高校毕业生列为重点服务对象，通过摸底调查、举办现场招聘大会、开展专项服务活动、开展网络招聘专项活动等，为高校毕业生创业提供"一条龙"服务和"一对一"个性化就业帮扶。

【开展"高校毕业生就业服务月专场援助日"活动】 2013年9月27日，在南昌市就业大厦举行"高校毕业生就业服务月专场援助日"活动，为有就业意愿的离校未就业和各类基层服务项目服务期满高校毕业生提供就业创业、业务办理、就业指导、创业和技能培训、政策咨询等一站式服务。活动当天，200家用工单位提供6000个岗位进行现场招聘，现场推荐30个创业项目。同时，设立专区现场受理实名制登记，以及社保补贴、岗位补贴、见习补贴、职业技能鉴定补贴申请受理，并为100名离校未就业高校毕业生进行就业指导授课，为50名有技能提升意愿的毕业生开展技能培训，为30名有创业意愿的毕业生开展创业培训。

【创新小额担保贷款举措】 2013年，出台《关于进一步完善劳动密集型小企业认定和小额担保贷款贴息的通知》，进一步推进劳动密集型小企业认定管理工作和小额担保贷款的规范化、制度化。出台《关于加快民营经济发展的政策措施》，将民营小微企业纳入小额贷款扶持范围。结合实施"两缓两降两补两支持"政策,制定明确使用就业专项资金用于小额贷款扶持困难企业的措施。积极推动小额担保贷款服务创新,探索建立担保机构、金融机构三方小额担保贷款合作机制,充分利用店铺租金及土地、产权等为创业人员提供小额担保贷款反担保,进一步创新小额担保贷款金融服务。至年底,累计完成小额担保贷款发放6.46亿元,其中扶持个人创业4.18亿元、扶持企业2.28亿元,直接扶持创业人员5953人,带动就业1.96万人。

【开展创业培训】 2013年,在国际劳工SIYB培训教学模式和技术基础上,积极扩大培训范围,拓展培训内容,实现培训对象、培训范围、培训内容、培训方式的4个"拓展延伸",将培训方式由课堂教学拓展到广泛采用案例分析、互动教学、创业者现身说法等多形式、多层次的培训,提高培训的针对性和灵活性。先后在现代职业教育集团、南昌大学、江西师范大学、江西财经大学等10余所院校开展创业培训进校园活动。与江西财经大学合作打造大学生创业模拟实训平台建设,开发多媒体培训及远程教学系统,探索创业实训与高校创业教育的有机结合,逐步形成一套从创业培训、创业实训、创业见习、创业孵化"一条龙"创业培训机制。至年底,共开展创业培训1.07万人,其中城镇失业登记人员5187人、大学生创业培训4291人。

【完善农民工综合服务体系】 2013年,按照打造具有南昌特点的农民工综合服务网格体系及管理模式工作思路,完成南昌市农民工综合服务中心的装修改造并投入运行,为农民工提供政策咨询、培训报名、贷款发放、技能鉴定、劳动关系、社保办理、就业指导、信息发布、散工求职招聘、网络面试、心理咨询、劳动维权、劳动仲裁、法律援助、党工团组织等服务。加快散工劳务超市建设,按照"三延伸、四统一、五进入"(散工劳务超市建设及服务延伸至城区、街道和社区;散工劳务超市实行统一标识、统一流程、统一管理、统一服务;人社、公安、城管、卫生和计生、教育五部门服务功能进入)总体要求,坚持"合理布局,科学规划,功能完善,注重实效,资源整合,分步实施"原则,全面启动散工劳务超市建设。西湖区广场南路恒茂广场和红谷滩新区凤凰小区、湾里区东方红散工劳务超市及新建县散工劳务超市已完成建设。青山湖、青云谱、进贤县散工劳务超市已完成选址并开工建设。至年底,全市散工劳务超市已有入册散工821人,涉及水电工、泥工、木工、油漆工、钢筋工等10余个工种,为6102家单位和家庭派工7.43万人次。

【帮助农民工子女入学】 2013年入学期间,南昌恒茂华城散工超市多名散工劳务员工提出子女上学难问题,经超市与丁公路街道办事处、西湖区教体局等部门协调,顺利帮助20名农民工子女在南昌市入学,其中15名就读金盘路小学、5名就读广南小学。自2012年9月3日试营业以来,南昌恒茂华城散工超市已先后为30余名农民工子女解决入学问题。

【国务院农民工工作督察组调研农民工工作】 2013年12月10日,国家教育部副部长鲁昕率领国务院农民工工作督查组一行到市农民工综合服务中心,调研农民工工作开展情况。鲁昕对南昌市开展农民工综合服务网络体系建设,将农民工就业创业、依法维权、职业培训、社会保障、公共服务联动推进,基本形成具有南昌特点的"以市级农民工综合服务中心为核心,县区农民工综合服务分中心为支撑,社区农民工散工超市为基础"的农民工综合服务体系工作予以充分肯定。

【开展特色职业培训】 2013年,在完善日常教学管理的基础上,突出抓好教改研究、实习教学和技能鉴定3个环节,从实施性教学计划入手,对各专业的课程结构进行必要调整,积极推广理实一体化教学模式和多媒体课件教学,增强学员学习兴趣和动手能力。至年底,免费培训城镇下岗失业再就业人员1770人、两劳刑满释放人员7016人;为6684名两劳刑满释放人员办理电子仪器仪表装配、服装与裁剪工、计算机文字录入、家政服务等几个工种的等级鉴定工作,通过率达100%。

(黄桂林)

保障性住房建设

【概况】 2013年,南昌市保障性住房建设任务为1.8万套(新建廉租住房1000套,公共租赁住房1.7万套),发放廉租住房租赁补贴1.75万户,年度任务量创历史之最。至年底,南昌市10856套保障性住房基本建成,占全年任务量的60.3%,与省政府要求的2013年底保障性住房基本建成率相比较,超额3倍以上。

【保障性住房建设推进速度居全省前列】 2013年度南昌市保障性住房建设项目于8月底前全面开工建设,居全省第一;2012年度保障性住房多层建筑于8月底前基本建成,居全省第一;2012年度保障性住房高层建筑提前4个月全部基本建成。

【提高保障性住房建设质量】 2013年,南昌市严格按照"三个百分之百"的工程质量安全要求,在各个保障性住房建设项目中安装远程视频在线监控探头,严防各类工程质量问题。7月,国家住建部对南昌市保障性住房质量安全检查合格率为91.8%,比上年提高0.2%,并高出全国平均合格率1.8%。9月,迎接江西省住房保障督查办对工程进度和入住情况的全面督查,得到省政府、省住建厅高度评价。

【完善住房保障政策体系】 2013年,南昌市不断完善住房保障制度,为打造"保基本、广覆盖、多层次、可持续"的住房保障体系,制定出台《关于加强保障性安居工程建设和管理的若干意见》,围绕建设、分配和管理三大环节,提出一系列新举措。同时,起草《南昌市保障性住房配租办法》和《南昌市中心城区保障性住房分配工作方案》,明确廉租住房及公共租赁住房的申请条件、申请审核程序和分配摇号规则,并征求县(区)和相关部门意见。起草《关于在南昌市实施公共租赁住房租售并举的意见》,提出"有租有售、售分两步、有限产权、五年上市"的政策思路,明确租售并举适用对象、出售条件、申请审核程序、上市程序、缴纳价款等。

(李佳嘉)

社会救助

【概况】 2013年,南昌市的社会救助工作围绕"民生工程"指标任务,精心组织、狠抓落实,扎实推进,全力落实民生工程各项指标任务。坚持"以民为本,为民解困"宗旨,从构建和谐社会、落实科学发展观的大局出发,从解决困难群众最关心、最迫切的问题入手,切实保障城乡困难群众基本生活权益。全市共保障城市低保对象34117户71639人,累计发放低保金26549.91万元,人均月补差288.1元;共保障农村低保对象64221户111384人,累计发放低保金20029.02万元,人均月补差144.9元,有效保障城乡低保对象的基本生活。全市城市医疗救助19365人次,共支出3677.41万元;

农村医疗救助25537人次，共支出5181.93万元，有效缓解困难群众看病就医困难。

【城市居民家庭经济状况核查工作重点推进】 2013年1月8日，市编委批复成立南昌市城市居民家庭经济状况核对中心，为正科级全额拨款事业单位，定编10名。各县(区)克服困难，对应安排人员编制60名，有效解决"有人办事"的问题。市城市居民家庭经济状况核对中心建设项目被列为2013年南昌市100项重大重点项目，于6月19日开工建设。市财政局已先期拨付市核对中心开办经费12万元、设备购置经费74.2万元，并同意按规定拨付工作经费、人员经费及网络维护经费等。9月29日，为进一步规范全市居民家庭经济状况核查工作，市政府印发《南昌市人民政府关于印发南昌市居民家庭经济状况核查办法(试行)的通知》。上年省民政厅选定在南昌市进行全省居民家庭经济状况核查信息系统建设试点工作。南昌市居民家庭经济状况核查信息系统通过前期广泛调研、反复论证，已完成系统研发并经过联合调试。系统横向对接民政、住房保障和房产管理、人力资源和社会保障、公安户籍、工商、地税、国税、住房公积金管理中心、公安车管9家市直成员单位，纵向对接市级、县级、乡镇(街道)三级核对机构。市民政局积极与中国人民银行南昌中心支行和驻昌19家商业银行沟通，通过召开协调会议、主动上门沟通、网络交流等方式加强对接，并争取省民政厅与中国人民银行南昌中心支行联合下发《关于做好特定居民个人或家庭金融资产状况核查比对的实施意见》。按照实施意见要求，市民政局所属核对中心加紧与19家商业银行逐个对接，力争在银行存款查询推进工作中取得新进展。为规范全市居民家庭经济状况核查工作，有效推进核查工作的开展，8月12—19日及9月23—27日，市民政局联合用友公司(软件开发公司)举办两轮居民家庭经济状况核查信息系统三级联培，参加培训的对象为市核对中心工作人员、县(区)民政局分管领导和核对中心工作人员、乡镇(街道)分管领导和核对工作人员，共培训660人。

【加强和改进最低生活保障工作】 2013年4月28日，市政府办公厅印发《关于提高我市城乡居民最低生活保障标准的通知》，从2013年1月起，提高全市城乡居民最低生活保障标准。城区城市低保标准由380元提高到430元，四县及桑海开发区城市低保标准由350元提高到400元，农村低保标准由200元提高到240元。8月24日，为进一步规范全市最低生活保障工作，提高保障和管理水平，市政府出台《南昌市人民政府关于进一步加强和改进最低生活保障工作的意见》，对认定条件、审核审批程序、工作责任主体、家庭经济状况核对、动态管理、机构建设、经费保障、监督管理、部门配合、绩效考核及责任追究等进行严格规范。全市城乡低保共新增6640户11582人，退出17055户33272人，共为9459户18952人提高月补助水平，为3177户5288人降低月补助水平。从1月开始，精减退职人员月人均救济标准每人每月增加20元，城镇精减退职人员月人均救济标准提高到285元，农村精减退职人员月人均救济标准提高到246元，有效缓解精减退职老弱病残职工生活困难。

【研发三方网上同步结算平台】 2013年，针对南昌市城镇居民基本医疗保险结算信息系统更换对全市城乡医疗救助一站式结算平台造成的影响，4月12日，市民政局与市人力资源和社会保障局联合下发《关于进一步做好城镇基本医疗保险与城市医疗救助和定点医疗机构三方网上同步结算平台衔接工作的通知》，按照"三个统一、三个一致性"要求，由市人社局牵头统一研发全市城镇基本保险与城市医疗救助和定点医疗机构三方网上同步结算平台，在统一的结算平台上实现医疗保障对象类别认定、管理审批、信息录入和三方网上同步结算直补等，改变过去同步结算县(区)各自为政的情况。

【完善城乡医疗救助制度】 2013年，市民政局与市财政局、市卫生局、市人社局4家联合下发《关于进一步规范和完善城乡医疗救助制度的意见》，进一步明确城乡医疗救助对象、规范城乡医疗救助内容、规范城乡医疗救助结算内容及程序、严格城乡医疗救助工作要求。5月3日，市民政局制定下发《关于印发〈关于感染H7N9禽流感贫困患者医疗救助工作应急预案〉的通知》，对全市困难群众感染H7N9禽流感疫情，其发生的医疗费用经城镇居民基本医疗保险、新型农村合作医疗、城乡居民大病保险报销后，个人负担部分给予不低于90%比例的医疗救助。

【开展新一轮省市两级敬老院等级评定工作】 2013年，对上年省民政厅表彰的武阳镇、黄马乡、广福镇、乐化镇、桃花镇、扬子洲镇6所五星级敬老院进行复核，按照新的评定标准重新评级；对其他达到星级标准的敬老院，按照新的标准分配评定一星级、二星级、三星级。经省民政厅考核，南昌县武阳、黄马，新建县乐化、联圩，青山湖区扬子洲5所敬老院被授予省三星级敬老院称号；西湖区桃花、新建县石埠2所敬老院被授予省二星级敬老院称号；新建县流湖、青云谱区青云谱镇2所敬老院被授予省一星级敬老院称号。开展新一轮市级星级敬老院评定工作，从上报规划、督促检查、自查申报、考评验收4个步骤对申报敬老院管理和服务工作进行综合考评。经考核，南昌县黄马、新建县乐化、进贤县前坊等7所敬老院被授予市五星级敬老院称号；南昌县塔城、新建县石埠、进贤县七里等10所敬老院被授予市四星级敬老院称号。

【规范农村五保供养档案管理工作】 2013年4月23日，市民政局与市档案局联合下发《关于转发赣民字〔2013〕46号文件的通知》，进一步规范农村五保供养档案管理工作。整理完善农村五保供养档案，做到一户一档、资料齐全、整理规范、及时更新、妥善保管。县级民政部门负责保管审核审批五保档案；乡(镇)人民政府应当保管五保供养对象供养服务协议、分散供养对象照料记录等供养服务类五保档案；农村五保供养服务机构应当保管在院集中供养五保对象的供养服务协议以及供养待遇审批、调整和停止等文件材料的复本，并建立相关管理和服务工作档案。全市共有保障农村五保户9219人，集中供养五保对象年人均供养标准达到3960元—4440元，分散供养年人均供养标准达到2640元，有效保障五保供养对象的基本生活。

【完善临时救助制度】 2013年4月10日，市政府办公厅下发《南昌市人民政府办公厅关于印发南昌市城乡困难群众临时应急补充救助实施意见的通知》，按照"临时救助资金以政府投入为主，社会捐助为辅"的要求，每年筹资60万元(市财政30万元，市慈善总会30万元)，建立市级城乡困难群众临时应急补充救助制度，对县级已实施临时救助但基本生活仍然出现较大困难的群众家庭实施应急补充救助，帮助解决特殊困难。临时应急补充救助也是继低保、医疗和临时救助之后的第四次救助。

(徐 良)

农、林、牧、渔业

本栏编辑 龚秀昱

概述

【概况】 2013年,南昌市继续巩固农业基础地位,注重特色发展、规模发展、永续发展,深入推进农业产业化经营。全年完成农林牧渔及服务业现价总产值266.12亿元,比上年增长3.1%。其中,农业产值98.32亿元,增长3.8%;林业产值3.19亿元,增长7%;牧业产值98.36亿元,增长2.1%;渔业产值60.93亿元,增长2.9%;农林牧渔服务业产值5.32亿元,增长9.5%。

农业

【概况】 2013年,南昌市农业局紧扣发展都市现代农业和打造核心增长极两大目标,狠抓"突出产业发展、调整农业产业结构、推进农业现代化"三大工作,履行"加大科技兴农力度、坚持农业依法行政、创新农业生产经营体制"三大职能,全面完成年初确定的各项目标任务,农业农村经济呈现快速健康发展态势。主要表现为:一是粮食生产实现"十连丰",全年粮食总产达243.71万吨。二是农民人均纯收入实现新跨越。农民人均纯收入达10806元。三是对外影响不断扩大。成功举办全国休闲农业与乡村旅游现场交流会和全国早稻病虫害综合防治现场会。四是重大动植物疫情防控卓有成效。五是农产品质量安全水平大幅度提高。在农业部4次例行检测中,南昌市农产品质量平均合格率达97.5%。六是强农惠农政策落实到位。南昌市共争取落实各种补贴和项目资金15.07亿元,比上年增长10%。七是新型农业经营主体蓬勃发展。南昌市共有农民合作社3109家,增长17.5%;流转土地总面积4.83万公顷,增长13.1%。家庭农场共有4267家,经营耕地总面积1.36万公顷。

(欧阳飞华)

【落实强农惠农富农政策】 2013年,为落实好种粮各项惠农政策,南昌市各级农业部门充分利用各种网刊媒体及有效途径,广泛宣传国家发展粮食生产和促进农民增收的各项强农惠农政策,切实调动农技人员科技兴粮、农民务农种粮的积极性。全年省财政共下拨南昌市的良种补贴、粮食直补和农资综合补贴资金5.11亿元(其中粮食直补6277.11万元、农资综合补贴资金35747.7万元、良种补贴8939.89万元),比上年增加0.13亿元。启动早中稻稻谷最低收购价政策(早稻执行时间为7月19日至9月30日,中晚稻为2013年10月22日至2014年1月31日)。高产创建、测土配方施肥、土壤有机质提升、病虫害综合防治和良种展示示范等政策性项目得到较好实施。

【创新粮食经营体制机制】 2013年,通过完善土地承包经营权流转市场,引导土地承包经营权向种养能手、农民专业合作社、专业大户、家庭农场等集中,发展多种形式的适度规模经营主体,并且利用新型农民培训大范围培育新型农民和农村实用人才,提高生产的组织化程度和经营效益。积极引导新型农业生产经营主体开展机种机收、病虫害统防统治、农田灌排等生产服务,全力提升农业社会化服务水平。至年底,南昌市共有6.67公顷以上的种粮大户1968户(其中20公顷以上的431户),粮食类专业合作社及家庭农场87家。

【扩大运用早稻集中育秧】 2013年,为规避"倒春寒"影响,提高早稻生产集约化、专业化水平,提高早稻秧苗素质,南昌市集中力量,集中时间,大力抓好早稻集中育秧任务落实,加大推广力度,建立早稻集中育秧示范点5333个,秧田面积达3000公顷,是上年的4.3倍,秧苗素质整体良好,可供7.33万公顷大田抛栽,涉及农户超20万户,为早稻丰产奠定基础。

【创新推广再生稻生产技术】 2013年,南昌市粮油生产管理站与安义县农技站农技人员大胆探索,积极创新,经过3年多的试验示范,在安义县良种场示范推广再生稻生产80公顷,中稻(头季稻)平均单产达8310千克/公顷、再生稻平均单产达3000千克/公顷,油菜平均单产达1950千克/公顷,经济效益、生态效益和社会效益十分明显。同时,按照高产、优质、高效、生态、安全的原则,总结完善油菜—中稻—再生稻三熟制栽培模式生产技术,确定其技术核心是通过选择合适茬口的水稻和油菜优良品种,配套集成水稻和油菜高产高效技术,充分利用温光水资源,获得水稻和油菜的高产,提高农业综合效益,保证稻米质量安全。特别是再生稻生产无需育秧播种,生育期60天,只需及时追肥,病虫害少,可不喷施农药,就能够获得较好产量。稻米中无农药残留,稻米品质为无公害绿色大米,市场价格较高,经济效益较好。油菜—中稻—再生稻三熟制栽培模式的推广和应用,合理解决了稻油生产茬口矛盾,做到全年田间有作物,农业生产不停歇。同时,对于降低稻谷的农药残留量,提高稻米"绿色率",改善稻谷品质,减少冬闲田面积,提高土地利用率,降低农药污染,发展高效生态农业,推进农业现代化建设、农业可持续发展具有重要的现实意义和历史意义。

【推进高标准农田建设】 2013年,南昌市共承担现代农业标准粮田项目8个,建设面积1890公顷,工程总投资3410万元。至年底,已完成工程投资1787万元,占已开工项目工程总投资的63.1%。现代农业标准粮田项目顺利开工,按要求严格落实"四制",抓好质量管理,加快工程建设进度。

【粮油高产创建项目示范成效显著】 2013年,南昌市承担部级粮油高产创建项目52个(含早、晚两季水稻示范片),比上年增加10个,整建制推进试点乡(镇)4个。南昌市水稻高产创建核心示范区40个共4.39万公顷,比上年增加12.9%。其中早稻面积2.2万公顷,单产7549千克/公顷,增长5.3%;中稻2600公顷,单产10780千克/公顷,增长5.5%;晚稻1.93万公顷,单产8100千克/公顷,增长5.2%。进贤县前坊镇大豆600公顷示范区单产平均2625千克/公顷,比进贤县平均产量增285千克/公顷,增产12.2%,辐射带动南昌市大豆生产推广高产配套技术,提升了大豆整体生产水平。新建县石岗镇600公顷花生示范片单产4554.3千克/公顷,达到4500千克/公顷的创建目标。10个油菜项目区全部落实到位,各项试验示范有序进行,示范片油菜长势良好;高产创建示范整建制推进试点乡(镇)水稻双季产量达15108千克/公顷,其中早稻7089千克/公顷,晚稻8019千克/公顷,完成双季产量达15000千克/公顷的高产创建目标,促进了南昌市粮食均衡增产。

【测土配方施肥整建制推广】 2013年,南昌市测土配方施肥推广基本实现全覆盖,其中水稻推广面积达35万公顷,油料、蔬菜、瓜果等其他作物推广面积达3万公顷,整建制推进覆盖2个乡(镇)和13个行政村,总推广面积1.04万公顷。配方施肥施用面积11.67万公顷,总施用量2.02万吨(纯量),共制定施肥配方15个,其中水稻11个,氮、磷、钾比例大致为1:0.5:0.77,其他作物4个。各县(区)均结合当地实际情况安排有针对性的试验,全市共建设高标准“3414”试验20个,高标准肥料校正、对比等各类试验区共73个,示范区建设面积共6500公顷。发放测土配方施肥建议卡35万余份,召开各类技术培训班、现场会等55场次,共培训农民、农技员、肥料销售人员等8700余人次。

【耕地地力质量建设增加投入】 2013年,进一步加大耕地质量调查和监测工作力度,全市顺利完成45个耕地质量长期定位监测点和45个测土配方施肥肥效监测点的田间布置、技术培训、资料发放和档案收集等工作。同时,整合有机质提升项目和绿肥项目资金390万元,全面推广秸秆还田腐熟技术,建立绿肥种植示范区,建立肥效长期定位调查点。为掌握南昌市耕地质量变化状况,积极做好耕地质量普查工作,在全市1179个行政村各采取一个土样进行检测,进一步完善耕地质量监测数据库,构建起南昌市耕地质量监测网络,掌握耕地质量动态状况,为耕地质量保护工作提供基础资料。

【开展农业科技指导服务】 2013年,为提高农村务农人员劳动技能,南昌市积极推广农业先进实用技术,提高服务意识和服务水平。南昌市水稻推广抛秧技术12.11万公顷,比上年增加8.9%;直播技术4.82万公顷,减少10.2%;旱床育秧技术0.74万公顷,减少3.4%;超级稻技术9.58万公顷,增加4.8%;免(少)耕技术4.4万公顷,增加8.5%;水稻防早衰技术应用面积达17.08万公顷,增加177.9%;“多用一斤种、增收百斤粮”示范核心示范面积达1.92万公顷,增加3.7%,推广面积17.28万公顷,增加12.8%。

【现代农业蔬菜项目成效显著】 2013年,南昌县、新建县、安义县获批建设中央财政支持现代农业建设蔬菜项目,其中省级投入670万元、地方投入537万元,业主自筹580.15万元。至年底,据各县(区)业务部门统计,共创建面积5933公顷,创建品牌13个,增加产量2.18万吨,增加产值1797万元;兴建水渠3.09万米,安装喷滴灌96.67公顷,悬挂粘虫黄板11.4万片,兴建温室大棚5个,安装杀虫灯129盏,道路硬化1.35万米,树立标志牌41个,兴建提灌站5个、蓄水池5个、挖水井37口;建育苗中心3个,年出苗量1240万株,制定蔬菜生产技术规程10份,培训菜农686人次;带动农户4540户,新增就业岗位1255个。

【建设“菜篮子”园艺产品项目扎实推进】 2013年,田野蔬菜种植专业合作社、绿恒和农业发展有限公司、永生绿色生态种养专业合作社3家单位入围建设“菜篮子”园艺产品生产扶持项目,中央补助资金支持建设内容分别为建设灌排泵站、建设水渠、安装喷滴灌、建设集约化育苗中心(智能温控大棚)、新建蔬菜大棚、打机井等。项目单位坚持责任落实到园、生产标准实施到园、制度管理到园、标牌树立到园、资金整合到园、宣传服务到园、技术推广到园,推行规模化种植、标准化生产、商品化处理、品牌化销售、产业化经营,建立健全以质量安全标准和质量控制措施为主要内容的质量追溯体系,明确各部门岗位职责,项目区产品商品化处理100%,产品质量100%符合国家食品安全标准,经济效益提高20%,节水提高30%,农药、化肥施用量降低30%。

【世界芦笋大会在南昌市举办】 2013年10月16—18日,第十三届世界芦笋大会暨南昌国际芦笋产业展览会在南昌市举办。其间,举办南昌国际芦笋产业展览会、江西省促进芦笋产业发展恳谈会、中国芦笋产业联盟座谈会、学术报告会等。来自中国、美国、德国、澳大利亚、日本、韩国、秘鲁等16个国家和地区的专家学者、嘉宾以及省内外特邀代表,有关企业代表等近300余人参加。与会领导和嘉宾参观国际芦笋产业展览,并前往南昌县银三角有机芦笋生产基地进行考察。

【葡萄新品种引进初见成效】 2011年1月,南昌市经作站根据市场发展动态和果农要求,经过多次考察、调研,从浙江省金华市引进葡萄新品种“夏黑”在新建县金桥乡晓桥村种植,试验示范面积6.7公顷。该品种果品品质好、产量适中,经过精心培育,次年测产每公顷产优质葡萄7590千克,产量与一般品种藤稔葡萄持平,价格每千克12元,与藤稔葡萄每千克只有6元相比,生产效益翻一番。2013年,每公顷产优质葡萄22650千克,每公顷产值27.18万元,是南昌市果业生产效益最好的品种。该品种的推广在全市带动农户1000户,种植面积266.67公顷,占全市葡萄种植面积的40%,成为南昌市葡萄种植的当家品种。

【开展现代农业水稻新品种展示工作】 2013年,南昌市现代农业水稻新品种展示分为8个点,分别是安义县、南昌县、新建县、进贤县、湾里区、青山湖区、五星垦殖场、恒湖垦殖场。至年底,全市共引进水稻新品种100个,其中参加江西省现代农业水稻新品种展示园的品种50个,市级引种对比试验品种50个。7月9日南昌市组织早稻现场观摩会,10月14—15日召开晚稻的现场观摩会,邀请各县(区)种子站负责人、技术员和种粮大户约400人次到场观摩。各县(区)也各自组织早、中、晚稻现场观摩会,邀请乡(镇)领导、农技人员、种粮大户观摩,参观人数达2000人次。观摩会确定了南昌市2014年水稻主推品种:早稻主推株两优606、潭两优83、中早39、早丰优402、优I 651;中稻主推深两优5814、皖稻153;晚稻主推五丰优T025、荣优225、天优华占、天丰优101、泰优淦3号。

【指导农业防灾减灾】 2013年,南昌市农业灾害频发,1月大雪天气、3月至6月中旬多次强降雨和7—8月持续高温干旱天气,对全市春季油菜、早稻和中晚稻生产造成不利影响。广大农技人员充分利用各种媒体,做好灾情预报预警,发布“当前大雪天气后南昌市冬季粮油作物防冻减灾技术”“密切关注天气变化,切实做好早稻集中育秧工作”“南昌市加强防范暴雨及冷空气对早稻移栽的不利影响”“天气回暖阴雨持续,油菜需加强防控菌核病”“当前晚稻中后期肥水管理和病虫害防治措施”等技术措施,组织农业专家深入基层和受灾田间地头指导农民做好土肥水管理及农业防灾减灾工作,把灾害损失降到最低。

(杨闲冬　黄德辉　吴光生　吴天荣　吴小丽)

2013年南昌市种植业主要指标一览表

表15

	播种面积(公顷)		单产(千克/公顷)		总产量(吨)	
	2013年	2012年	2013年	2012年	2013年	2012年
一、粮食作物	370053	372480	6649	6541	2460660	2436532
1. 早稻	160604	162694	6481	6335	1040954	1030590
2. 中稻及一季晚稻	20895	19837	7662	7593	160100	150629
3. 双季晚稻	171104	172615	7011	6929	1199577	1196047
4. 小麦	245	240	2518	1596	617	383
5. 玉米	1791	1372	5908	5926	10581	8130
6. 大豆	8735	8734	1676	1677	14636	14649
7. 薯类(折粮)	5546	5864	5826	5846	32312	34283
8. 其他杂粮	1133	1124	1662	1620	1883	1821
二、油料合计	87666	86636	1483	1451	129996	125748
1. 花生	17265	17528	3256	3259	56220	57124
2. 油菜籽	64165	62839	1064	1002	68283	62988
3. 芝麻	6236	6269	881	899	5493	5636
三、棉花	1922	2252	1506	2254	2895	5076
四、甘蔗	1043	1038	40864	41260	42621	42828
五、中药材	66	68	3955	4706	261	320
六、蔬菜(含食用菌)	41301.5	38839	29963	29623	1237520.6	1150520
七、瓜果类	3741.7	3888	24245	25016	90718.5	97261
八、其他作物	42070	43749	19427	19425	817296	849846

(杨闲冬)

林　业

【概况】　2013年,在市委、市政府的正确领导下,市林业局坚持以“强生态、促发展、抓改革、保稳定、惠民生”为导向,扎实工作,统筹规划,全市林业事业发展呈现良好态势。市林业局属农垦企业依托区位、资源、技术等优势,不断拓展企业发展空间,做大做强制药业,巩固发展农业产业,改善基础设施建设,全力推动经济、社会各项事业持续稳步发展。至年底,市林业局属农垦企业实现国内生产总值6.15亿元,完成工农业总产值23.62亿元,上缴税金9900万元,比上年分别增长12.8%、12.2%、10.9%。

【“森林城乡、花园南昌”建设成效显著】　2012—2013年,全市共完成造林面积1.12万公顷,分别占省、市下达任务的127%和112%,投入绿化资金15.94亿元,新栽各类苗木近1400万株,提升改造通道绿化392.3千米,新增花卉苗基地1686.7公顷、高产油茶基地446.7公顷、速生丰产林基地1120公顷,完成绿道建设73.3千米,进一步扩张绿量、提升绿质、丰富色彩,取得森林创建大深入、通道绿化大提升、生态产业大发展的阶段性成效。

【创建国家森林城市工作有序推进】　2013年,南昌市高度重视国家森林城市创建工作,于2月22日、3月15日先后召开《南昌森林城市建设总体规划》(征求意见稿)座谈会、征求意见会,不断修改完善总体规划。3月24日,召开《南昌国家森林城市建设总体规划》评审会。

在评审会上，国家林业局组织的专家对南昌市城市森林建设总体规划先进的理念、规范的规划、科学的布局、深入的调查、翔实的内容纷纷表示赞赏，认为《总体规划》提出的“森林水城、美丽南昌”的基本理念，紧扣中国未来发展的战略方向，突出了南昌森林城市建设特色，提出的“一轴一心、两扇两翼、十核百廊千村”的森林城市建设格局，符合南昌城市总体发展趋势，有利于促进南昌城乡绿化事业的协调发展与生态文明建设。评审组一致同意通过《南昌国家森林城市建设总体规划》，并建议根据专家意见修改完善后按程序审批实施。

【推进国家林业重点工程建设】 2013年，全市完成1800公顷的造林补贴试点项目建设任务，完成1066.7公顷的森林抚育补贴试点建设任务。经企业和单位申报，市林业局推荐，省油茶办实地核查和社会公示等程序，认定江西省绿源油脂实业有限公司、江西省高氏林牧发展有限公司和江西正邦林业开发有限公司3家企业为“江西省油茶产业重点企业”；认定江西省高氏林牧发展有限公司经营的进贤县下埠集乡良溪村油茶基地(25.33公顷)、南昌市华林媛农业开发有限公司石岗镇石岗村油茶基地(20公顷)2个基地为“江西省高产油茶示范基地”，认定期限为3年。新建县绿源油脂实业有限公司获2013年度省级油茶产业科技园建设项目。加强防护林和林业血防建设，完成1400公顷的防护林工程(封山育林)任务、1200公顷的林业血防工程任务。退耕还林项目管理及迎检工作有序推进，新建县、安义县到期的2005年度退耕还林工程顺利通过华东院检查验收。

【推进“森林十创”工程】 2012—2013年，全市共实施完成“森林十创”建设262个，其中森林村庄155个、森林乡镇14个、森林园区6个、森林社区6个、森林小区17个、森林校园15所、森林单位16个、森林街道20个、森林营区4个、森林公园9个。

【实施通道绿化和提升工程】 2013年，在高新区、青山湖区启动艾溪湖绿道建设，绿道总长约15千米，工程总投资达9000万元。这是全省第一条也是唯一一条城市绿道建设。

【古树名木保护措施得力】 2013年，以全面贯彻落实《江西省古树名木保护条例》为抓手，以古树名木的规范挂牌保护、完善名录和档案以及病虫害防治为重点，不断强化措施，落实责任，扎实开展各项工作。至年底，全市1598株古树名木全部落实规范化挂牌保护，古树名木名录和档案进一步完善，病虫害防治得到进一步加强，为古树名木保护工作走上法制化、规范化的轨道打下坚实基础。

【帮扶苗木产业做大做强】 2013年，重点扶持集中连片20公顷以上的优质花卉苗木示范基地。着力推动江南花卉苗木大市场建设，该项目被列为2013年全省重点工程项目和全市打造核心增长极重大工程项目，总规划面积333.3公顷，总投资16亿元。1月19日，该项目在新建县溪霞镇开工建设。

【创新机制抓好管护】 2013年，市政府出台《关于加强全市“森林城乡、花园南昌”通道绿化管护工作的实施意见》《南昌市生态工业园区建设实施意见》等文件，根据“属地管理、树随地走”原则，市财政连续3年列支1200万元专项管护资金，用于通道绿化管护和租地费用，其中管护费用按照每年1500元/公顷标准进行扶持。

【推进林权制度配套改革】 2013年，全市已成立“三防”协会(分会)2874个，参加林农26.86万人，入会山林面积达9.15万公顷；已实现林权抵押贷款16721万元，抵押面积累计达3476公顷，全市4.82万公顷国家、省级生态公益林全部实行森林火灾保险；全市商品林实行综合保险，由市财政补贴40%保费，投保面积达7.86万公顷。

【深化林业行政审批制度改革】 2013年，南昌市林业行政审批事项由原来的18项精简到15项，精减率达13.3%。下放实施行政审批事项6项，委托实施行政审批事项5项。一审一核事项提升到7项，即时办结率达80%以上。

【改造林场垦区危旧房】 2010—2012年度国有林场危旧房改造任务共开工1575户，开工率为100%；竣工1495户，竣工率为94.92%。2013年度553户改造任务全面开工建设，竣工率为34.2%。2011—2012年度市国有垦区危房改造任务基本完工1.5万户，开工率、竣工率均为100%。2013年，4275户危房改造任务全面开工建设，竣工率38.27%，超额完成省政府关于“年度计划当年100%开工，年底完工20%”的要求。

【森林防火工作态势平稳】 2013年，全市森林防火资金投入约2072.9万元，平均每公顷林地经费投入154.5元。其中，市本级财政投入946.5万元，县(区)财政投入1126.4万元。新建生物防火林带193.8千米，全市生物防火带总长924.8千米。安义县、湾里区分别完成江西省中央财政林业科技推广示范资金项目——生物防火林带林业科技推广项目12千米和18千米。全市发生森林火灾2起，受害面积3.7公顷，比上年分别下降50%、97%。森林防火“四率”指标全面达标，有效杜绝重大以上森林火灾和人员伤亡事故发生。2013年是南昌市历史上森林火灾最少、防火成效最好的年份之一。南昌市防火指挥部荣获“2010—2012年度全国森林防火先进单位”，南昌市连续6年荣获“全省春季森林防火平安市”称号。南昌市在全省专业队伍演练中荣获第一名。

【推进有害生物防治工作】 2013年，全市林业以无公害防治为主，有害生物发生、有效防治面积均为680公顷。松材线虫病、杨树病虫害、“加拿大一枝黄花”等疫情得到有效控制。新建县上年新发生疫点于3月基本拔除。

【加大林政执法力度】 2013年，全市查处各类林业行政案件246起，刑事案件立案13起，刑事拘留10人，取保候审3人，林业行政处罚123人。拆除天网400余米，收缴、放生野生蛙类200余千克，放飞野生鸟类300余只。5月，成功破获一宗非法贩卖、收购国家二级野生动物长耳鸮案。全市没有发生一起因偷猎候鸟、非法贩运经营野生动植物而产生的社会不稳定事件，没有发生一起在新闻媒体上曝光的、对外产生负面影响的事件，有效确保林区、湖区的生态安全。12月，南矶湿地保护区在全国首创“点鸟奖湖”新举措，激励、引导渔民参与保护，候鸟数量创历史最高纪录。点鸟奖湖被誉为“生产和生态的平衡术”，在全国湿地管理领域成为候鸟保护、社区共管、生态补偿的创新示范。

【人感染H7N9禽流感监测防控得力】 2013年4月，人感染H7N9禽流感在全国范围内突然爆发。其间，市林业局重点加强野生动物疫源疫病特别是野生鸟类H7N9禽流感等的监测，积极做好应对预案，及时掌握疫情动态。先后4次协助国家林业局野生动物保护司禽流感调查工作组在南昌市3家雁鸭驯养场、天香园、南矶湿地国家级自然保护区采集雁鸭和野生鸟类血清样本310余份,样本检测结果均无H7N9病毒。

【林地征占用管理健全】 2013年,严格落实林地用途管制,探索建立征占用林地定额配套管理制度。按照"保、控、限"要求,合理安排年度征占用林地定额指标。开展全市征占用林地情况检查,确保南昌市在国家征占用林地检查中没有一起征占用林地被列为重点查处案件。全年上报审批林地62宗,批准使用林地611公顷,收缴森林植被恢复费3.81亿元。

【生态公益林管理落实到位】 2013年,全市落实国家、省级公益林面积共48157.1公顷(其中国家公益林34111.5公顷,省级公益林14045.6公顷)。同时,按照省林业厅的统一要求,市、县(区)两级已建立生态公益林管理信息系统。为进一步加大公益林保护和管理力度,落实管护责任制。按照每个护林员70.37公顷标准,全市共落实680名专职护林员,并分别与管护责任人、林权所有者签订管护合同与禁伐限伐协议,明确管护权利和义务、管护标准等,管护责任落实到位。

【野生动植物保护专项行动成效显著】 2013年,全年共查处野生动植物行政案件39起。其中,野生植物案件6起,查获省级重点保护野生植物6株。查处野生动物案件33起,共查缴野生动物1296只(条、头)。

【保护越冬候鸟】 2013年,不断加大巡湖力度、范围,探索保护越冬候鸟新思路。全年组织巡湖行动200余次,出动巡湖人员800余人次,拆除销毁天网近400副,共2万余米,解救雁鸭等野生候鸟10余只。南矶湿地国家级自然保护区实施"点鸟奖湖"新措施,探索出一条候鸟保护新路,实现"人鸟湖"三赢,南矶湿地越冬候鸟首次突破20万羽。

【规范野生动植物行政许可】 2013年,根据省林业厅要求,对野生动植物许可证进行全面清理核查,并结合2013年1月1日正式施行的《江西省实施〈中华人民共和国野生动物保护法〉办法》,进一步规范许可证办理,设计野生动植物许可证机打模板,将以前手写许可证全部收回更换为机打许可证。3月,对114家单位和个人完成年审工作,其中野生动物经营利用单位和个人73家、驯养繁殖单位41家。6月,完成全市20家野生植物经营利用企业年审工作。

【林业产值继续增长】 2013年,全市林业增加值为3.19亿元,实现连续增长,现行价格比上年增长11%,可比价格增长7%,在全市农林牧渔业中同比增长幅度列第一。

【企业发展空间不断拓展】 2013年,市林业局属农垦企业共申报恒湖水稻标准粮田建设、五星土地整理、新丰小型农田水利建设等近30个项目。其中,五星、恒湖垦殖场在成为鄱阳湖生态经济区建设先导区重要组成部分的同时,双双被市政府确定为全市都市现代农业示范区,五星都市现代农业示范区(知青公园)被列入全市休闲农业、秀美乡村"一县双十"亮点工程之一。

【农业经济平稳发展】 2013年,市林业局属农垦企业粮食总产达到8.6万吨,比上年增长7.2%。工业经济方面,以制药业为主导产业的桑海集团着力加大销售力度,整合市场资源,取得不俗业绩。全年制药业完成工业产值9亿元,增长18%;实现销售收入9.3亿元,增长19%。

【基础设施不断改善】 2013年,按照"人口向总部集中,产业向园区聚集"的战略思维,南昌市4家垦殖场整合国有垦区危房改造、城乡建设用地增减挂钩、新农村建设等项目资金,集中进行总场部小城镇建设,扩大小城镇规模,加大绿化、亮化力度,完善居民群众娱乐休闲服务设施等,恒湖新区、五星小区、五星文教安居小区等基本建成,进一步改善广大群众生活环境。

【开展防汛抗旱工作】 2013年,按市防总要求,全面落实防汛抗旱各项措施,安排24小时防汛抗旱值班,落实防汛抗旱责任制。下发防汛目标任务书,制定圩堤度汛方案,加强防汛抗旱工作督查,加大水利项目投入力度,实施排灌站维修、圩堤除险加固等水利工程建设。其中,五星改造兴修排灌沟渠1.15万米,兴建涵枧闸138座、小型排灌站27座,解决主要沟渠淤塞严重问题,做到旱能灌、涝能排。

(陈　升)

畜牧业

【概况】 2013年,南昌市畜牧业克服H7N9禽流感疫情、畜产品价格市场波动和饲料涨价等诸多不利因素的影响,坚持以加快转变畜牧业发展方式为主线,以稳定总量、提高质量、降低污染为主要任务,加快推进标准化规模养殖,强化动物疫病防控和畜产品质量安全监管,全市畜牧业继续保持稳定发展的良好势头。至年底,生猪出栏352.4万头、存栏217.1万头,比上年分别增长2.8%、2%;家禽出笼4898.9万只、存笼3422.39万只,分别增长2%、1.8%;肉类总产36.9万吨,禽蛋总产16.97万吨,分别增长2.5%、1.9%;牛奶产量5.5万吨,下降5.2%。

【饲料生产发展态势良好】 2013年,南昌市饲料行业联合重组进程加快,大型饲料企业快速发展,饲料生产克服原料价格上涨、猪价波动等不利因素影响,继续保持良好发展态势。至年底,全市饲料生产总量为305万吨,比上年增长11.3%。其中,配合饲料为244万吨(猪饲料141万吨、蛋禽饲料31万吨、肉禽饲料22万吨、水产饲料41万吨、反刍饲料0.9万吨、其他饲料8.1万吨),增长11.9%;浓缩饲料19万吨,增长26.7%;添加剂和预混合饲料42万吨,增长2.4%。全市饲料总产值约为108亿元。

【开展畜禽养殖登记备案】 2013年底,继续开展畜禽规模养殖场(户)登记备案工作,全市登记备案的生猪养殖场1787个,肉牛养殖场39个,奶牛养殖场170个,养羊场13个,蛋鸡场290个,蛋鸭场2092个,肉鸡场865个,肉鸭场479个,肉鹅场11个,养蜂企业2个,养鸽场916个,鹌鹑场22个,其他珍禽养殖场19个。有畜产品专业市场209个,其中大型畜禽交易市场3个(南昌市佛塔生猪交易市场、南昌县小兰禽蛋批发市场、进贤县温圳禽蛋批发市场)。全市有省市级种畜禽场38家,饲养种猪1.4万头,年供种能力6.3万头;饲养种禽14万只,年供种能力970万只。

【畜禽养殖标准化示范场建设初具规模】 2013年,通过严格筛选、组织申报、专家现场评审、公示等规定程序,全市共获得部级示范场1个、省级示范场4个,市级示范场6个。至年底,自2010

年畜禽养殖标准化示范创建活动开展以来，南昌市共获得部级示范场9个、省级示范场36个、市级示范场6个，通过树立典型，以点带面，有力促进南昌市畜禽养殖的标准化、规模化建设步伐。

【畜禽养殖场清洁生产取得成效】 自2009年畜禽清洁生产行动启动以来，南昌市加强组织领导，通过政策扶持、宣传培训、技术引导、示范带动，强化工作措施，取得明显成效，第一批73家需达标排放企业已全部完成改造。截至2013年底，第二批359家需达标排放企业中有315家完成改造，23家搬迁，21家正进行改造。

【动物防疫工作全面提升】 2013年，加大保障力度，落实防控措施，全面提升动物防疫能力。一是强化"三个保障"。强化经费保障，南昌市市级财政安排各项防控工作经费110万元、禽流感疫苗经费329万元。同时，各县（区）加大经费投入，例如新建县财政安排43万元用于防重工作经费，各乡（镇）分别落实2万元—4万元专项工作经费。强化物资保障，至年底，市本级共储备有各种畜禽疫苗545万毫升（头份）、防护服1100套、口罩700个、胶鞋200双、喷雾器11个、消毒药5吨。强化人员技术保障，提高乡、村两级动物防疫员工作待遇和加大培训力度。全市共有村级防疫员1280名，除省里下拨的每人每年1200元补助外，各县（区）根据各自实际情况额外补贴村级防疫员报酬。至年底，全市共举办各类防疫技术培训班34期，培训基层防疫人员3600余人次。二是抓好"四项工作"。抓好强制免疫工作，构筑坚实免疫屏障。全年注射各种疫苗9336.5万毫升（头份），免疫密度达到100%。抓好消毒灭源工作，有效切断传播途径。实行预防消毒和应急消毒紧密结合、面上消毒和重点环节消毒紧密结合，做到"剂型选择、药物配制、消毒范围、消毒频次、灭源效果"五到位。至年底，全市共使用消毒药品125吨，消毒面积3300余万平方米。抓好疫情监测工作，及时发布预警预报。全年共监测畜禽血清样品22430份，合格20690份，合格率92.24%。抓好其他疫病防控工作，及时消灭疫情隐患。统筹兼顾做好鸡新城疫、生猪腹泻等突发性动物疫病的防控，及时下发通知，印发相关防控技术手册，成立技术指导组，分赴各县（区）进行宣传与指导。至年底，共排查养殖场2186场次、母猪6.12万头次、育肥猪46.53万头次，仔猪30.29万头次，生猪腹泻疫情继续保持平稳。同时，认真做好家畜血吸虫病等人畜共患病防控和动物疫病净化工作，全年共完成查病数1.87万头，治疗数2.26万头。

【加强动物卫生监督管理】 2013年，加强监督队伍、检疫检验、可溯源管理工作，提高动物卫生监督管理水平。一是强化监督队伍管理，促进人员素质提升。建立官方兽医监管机制，做到内部管理与外部监督相结合。全面落实官方兽医培训规划，市本级举办1次官方兽医培训活动，培训官方兽医50人。各县（区）各举办1—2次培训班，培训官方兽医250余人次。同时，派出官方兽医师资队伍深入各县（区）开展宣讲活动40余次，对各官方兽医、协检员等进行知识宣讲，培训人员800余人次。8月，组织开展动物卫生监督执法行风规范行动，组织完成执法人员个人自查自纠、内部测评、社会评议等项工作，并形成综合评价报告。二是规范检疫检验工作，确保检疫质量。积极贯彻产地检疫全程监管理念，切实加大产地检疫力度。全市产地检疫开展面达100%，农户散养畜禽产地检疫率达90%以上，规模化饲养场产地检疫率达100%。1—10月，全市产地检疫生猪211.26万头、牛7.76万头、羊3.37万头、家禽1148.4万只。共检出病害生猪1689头、牛120头、羊260头、家禽1.29万只，并全部进行无害化处理。检疫率和出票率与上年相比明显提高。认真做好屠宰检疫，全市9家县级以上定点屠宰场均依法派出官方兽医实行驻场检疫，严格实施屠宰检疫申报制度。定点屠宰场共检疫生猪172.87万头（其中国鸿屠宰场18.82万头，双汇屠宰场74.05万头）、牛羊8.624万头、家禽324.42万只；无害化处理病害生猪1695头、牛羊114头、家禽399只。三是规范体系建设工作，实现可溯源管理。加强证章标志使用和管理，规范二维码耳标的申请、发放、领用的管理登记工作，落实专人专账管理，共发放动物标识457.95万枚，耳标网上申请率和签收率100%，流通环节牲畜耳标佩戴率达100%，养殖场耳标佩戴率达98%。积极启用新动物检疫合格证明，全年共发放新动物检疫合格证明1.52万本，确保了新动物检疫合格证明的换发和衔接工作顺利进行。开展奶牛电子耳标试点，组织市、县相关人员及经开区、进贤县2家试点奶牛养殖企业人员参加奶牛电子耳标管理试点培训。大力推进动物标识及疫病可追溯体系建设工作，不断加快动物卫生监督工作信息化建设步伐，全面启动县级以上定点屠宰场和供沪动物电子出证。全年共订购猪耳标281万套、牛耳标9万套、羊耳标3万套，共发放移动智能识读器288台、便携式打印机10台、SIM卡200张，培训学员560人。经过市、县（区）共同努力，全市猪、牛、羊二维码耳标签收率达100%，发放率95%，佩戴率总体达到100%，识读器上传信息量达到33.27万条，平均每台传输1116条。

【开展畜产品质量安全监管工作】 2013年，注重监管、整治，保证畜产品质量安全。一是加强瘦肉精等家畜违禁药物监管，保障畜产品质量安全。根据《2013年南昌市农产品质量安全专项整治方案》要求，继续在南昌市范围内开展"瘦肉精"专项整治行动。市、县两级畜牧部门共出动执法人员1634人次，检查养殖户（场）、定点屠宰场和收购贩运企业1706家，检查饲料或兽药生产企业、经营单位417家，抽取生猪尿样快速检测1876份，抽检结果均为阴性。同时，市畜牧部门在元旦、春节、国庆等节假日期间联合商贸、工商等部门对市内的集贸市场、超市等进行专项检查，有效确保节假日期间的畜产品质量安全。全年共抽检猪配合饲料样品、猪用预混合饲料样品129个，生鲜乳样品68个，禽肉样品36个，禽蛋样品82个。二是加强饲料、兽药生产、销售环节的整治。认真做好全市147个饲料生产企业的年检备案工作，并对所有饲料厂和饲料销售网点进行全面排查，共配合农业部针对饲料生产、经营、使用环节抽检饲料产品、原料682批次。针对饲料生产、经营环节市级抽检425批次，同时注重检查企业是否有违法添加违禁物质行为，整个抽检中均未发现饲料中添加使用"瘦肉精"等违法行为。积极开展兽药、生物制品专项整治行动，采取专项检查与综合治理相结合，对重点地区、重点环节加大查处力度。至年底，全市通过兽药GSP认证企业298家；共检查兽药生产企业、经营企业及养殖场数量897个，出动执法人员2578人次，重点监管对象40个，货值金额2.12万元，罚没金额6.02万元，查处假劣兽药46千克又22盒；共配合省兽药饲料监察所对兽药经营户和兽药生产企业完成农业部兽药抽检任务110批次，日常抽检兽药样品107批次。三是强化病死动物无害化处理监管，严厉打击私屠滥宰。通过督促县区落实官方兽医监督巡查制度，加强对养殖场（户）的日常监督检查，完善监管记录等举措，进一步强化对病死动物无害化处理的监管。市动物卫生监督所共出动检查341人次,对28个乡(镇),970余户养殖场(户)和13座辖区内主要河道、水库进行排查,并督促相关县(区)对发现的乱抛丢“病死猪”进行消毒无害化处理,有效杜绝乱抛弃死亡畜禽现象发生。在全市范围内开展对牲畜养殖、收购贩运、屠宰等环节的专项整治行动,共对10个县(区、开发区)的11个县级以上定点屠宰场及所属的养殖场(户)进行检查,检测尿样202份,累计出动执法人员356人次、车辆85台次,未发现私屠滥宰现象。

【畜产品加工发展态势良好】 2013年,南昌双汇食品有限公司、江西雨润食品有限公司、南昌宝迪农业科技有限公司每年各200万头生猪屠宰加工线全面投产,加上国鸿集团每年100万头以及市、县定点屠宰场每年100万头的屠宰能力,全市年屠宰加工能力达到800万头,全国一流水平生猪屠宰加工业基本成形。煌上煌集团有限公司在深交所A股挂牌上市后,进一步做大做强,成为全国酱卤肉制品行业第一家A股上市企业。阳光乳业和英雄乳业是江西省乳品加工龙头企业,其中阳光乳业成为南昌市民早餐奶消费第一品牌。

2013年南昌市畜牧业主要经济指标

表16

生猪出栏(万头)	生猪存栏(万头)	家禽出笼(万只)	家禽存笼(万只)	牛出栏(万头)
349.80	214.42	4859.06	3373.36	6.06
牛存栏(万头)	肉类总产量(万吨)	禽蛋产量(万吨)	牛奶产量(万吨)	—
22.28	36.66	16.66	5.22	—

(范雨锁)

渔 业

【概况】 2013年南昌市渔业工作以科技促进为主题,以鄱阳湖生态经济区建设为龙头,以服务重点龙头企业、重大渔业项目为重点,以深化改革为动力,拓宽渔业创业领域,强化创业扶持政策落实,强化渔业科技服务和信息服务,圆满完成全市渔业增效、渔民增收的工作目标和任务。至年底,全市水产放养面积56890.2公顷,水产品起水量376814吨,特种水产品产量110008吨(其中河蟹2984吨、黄鳝16650吨、鳜鱼5781吨、克氏原螯虾15329吨、黄颡鱼6298吨、泥鳅8461吨),鱼苗孵化31亿尾,投放鱼种47849吨。

【渔业项目带动产业发展】 2013年,积极实施渔业项目,带动产业发展。一是实施财政支持现代农业生产发展资金渔业项目。全年实施改造标准化池塘766.67公顷,改造良种繁育场2个。项目总投资4585.61万元,其中中央财政专项投入资金2025万元、地方整合资金893.83万元、自筹资金1666.78万元。项目实施单位共12个,其中南昌县1个(磊鑫生态实业公司)、进贤县3个(海丰养殖专业合作社、北头养殖专业合作社、军山湖生态农业发展有限公司)、安义县1个(昆仁农民专业合作社)、新建县1个(江西泰森农业工发有限公司)、高新区1个(常盛无公害农业发展有限公司)、青山湖区1个(金绿园山庄有限公司)、市直3个(南昌县鄱阳湖翘嘴鳜原种场、南昌市农业科学院、五星垦殖场)和江西成新农场。二是实施水面开发专项资金项目。全年市财政投入190万元用于13.33公顷—66.67公顷的池塘改造。主要用于鱼池护坡加固、清淤、改造鱼苗孵化环道和道路硬化等渔业基础设施等工程。年内,11个项目实施单位获得立项,分别为南昌县3个(南昌县新图水产养殖专业合作社、南昌县良友水产养殖专业合作社、南昌茅莲湖水产养殖场)、新建县2个(新建县小宁种养专业合作社、新建县永丰养殖专业合作社)、进贤县1个(江西省进贤县青岚湖水产养殖试验场)、安义县2个(安义县玲兰养殖专业合作社、安义县山庆养殖农民专业合作社)、青山湖区1个(南昌市青山湖区昌盛农民专业合作社)、市直单位2个(桑海集团四维种养殖专业合作社、江西省国营恒湖综合垦殖场水产养殖场)。12月,上述项目分别通过市财政局、市农业局的两家联合验收。三是实施2013年国家农业综合开发农业部专项项目。该项目于8月起实施,总投资399.89万元,其中中央财政专项投资168万元。项目实施单位为南昌县南新乡的南昌茅莲湖水产养殖场。四是实施2013年江西省“菜篮子”水产品项目。实施2个江西省“菜篮子”水产品项目,项目中央财政专项投资合计100万元。项目实施单位分别为安义县的安义县供销社新桥种养专业合作社和南昌县的南昌玉明生态农业有限公司。

【开展水产健康养殖示范场创建活动】 2013年,南昌市新申报第八批农业部水产健康养殖示范场14家,6月完成第五批农业部水产健康养殖示范场的复核工作,10月底完成第八批农业部水产健康养殖示范场复核工作。通过创建活动,有效提高了全市水产养殖技术水平,为养殖水产品的质量提供安全保障。

【开展科普培训与技术推广工作】 2013年,为普及科学养鱼知识,培训技术人员,市渔业渔政局组织开展渔业送科技下乡系列活动。通过举办科技知识讲座、实用技术培训班、散发科普资料、专家科技咨询和入户技术指导等多种形式广泛宣传惠民政策,推广普及实用新技术、新产品,为帮助农(渔)民解决生产技术问题,促进农村经济发展发挥积极作用。至年底,全市共开展春季渔业送科技下乡15次,开展水产实用技术培训15期,培训人员1749人次,散发各类科普资料9000余份。对网箱养殖黄鳝、鳜鱼、河蟹等名贵水产品种在生产过程中出现的烂尾病、肠炎、出血病等疾病提出切实可行的预防措施,并加强预测报和防治工作。对渔业病害的预测报工作做到专人负责,定期汇总,及时上报,使各类病害造成的损失减到最小。大力推广鱼病疫苗接种技术、环保微生物制剂防治病害技术、池塘生态健康养殖技术和渔用配合饲料科学投喂技术等工作。

【推进渔业节能减排工作】 2013年,将南昌市渔业水域划分为重点保护区、增殖放流区、禁养区、适度开发利用区4

个部分，采取5项措施推进渔业节能减排工作。一是充分发挥渔业节能减排优势，积极推广生态健康养殖技术，适当控制并合理布局投饵性养殖网箱、工厂化等集约化养殖。二是控制水体养殖容量，推广种草养鱼养蟹，保护水域生态环境，确保水域可承载力。三是严禁在湖泊、水库等大型水域大量使用化肥和有机肥养鱼，加大鲢、鳙鱼等减排品种的投放量，维护水域生态环境。四是在渔业资源保护方面下大力气，出台珍珠养殖逐步退出南昌市水产养殖的政策。五是逐步减少传统的"网拦、网箱、网围"面积，保护鄱阳湖"一湖清水"。

【建立水产品质量安全承诺制度】2013年，为确保水产品质量安全，市渔业渔政局在各县（区）和重点水产品养殖基地、大型苗种生产企业签订水产品质量安全承诺书，实现从水产品生产源头自觉控制和定期抽查相结合的管理制度。至年底，共签订各类水产品质量安全承诺书79份，覆盖全市主要水产苗种和集中连片13.33公顷以上的养殖基地。同时，完善水产标准的制定、标准化示范、水产品的检疫、药残抽检等规章制度，有效促进全市水产品标准化生产，全年农业部及省市有关部门对全市水产品共抽检16个品种141批次样。

【开展春季禁渔工作】 2013年，市渔业渔政局印发《2013年南昌市鄱阳湖春季禁渔实施方案》，根据禁渔的不同阶段，因地、因时制宜，采取联合检查与分散检查、水上检查与陆地检查、湖中检查与市场检查、白天检查与晚上检查相结合的方式，堵住源头，狠抓管理，打击非法捕捞和破坏渔业资源的行为。禁渔期间，全市出动渔政执法船（艇）170艘次、渔政车69辆次，散发宣传单3800份，张贴禁渔通告标语共291条，电视报道3次，报纸宣传2篇，网络宣传13篇，参加执法人员487人次，取缔定置网580部，查处扒螺蛳等违法行为4起，没收螺蛳1万余千克，整改18处水面发包，终止9处水面发包。

【推行增殖放流工作】 2013年，南昌市本级通过公开招标的方式购进草鱼、鳙鱼、鲢鱼等长江原种子一代规格夏花鱼苗3518万尾，并于6月8—9日分批分次向赣江进行人工增殖放流，取得良好效果。此外，新建县渔政分局、进贤县渔政分局、安义县畜牧水产局分别于6月7日、18日、20日向赣江、鄱阳湖、潦河投放鱼苗共计9598.2万尾。

【开展赣江非法捕捞、非法网具整治行动】 2013年，市渔业渔政局加大对赣江非法捕捞、非法网具的清理力度。4月8日至5月7日，由市渔业渔政局牵头，南昌县渔政分局、新建县渔政分局、青山湖区农业水务局各抽调2名执法人员组成联合执法小组，对赣江水域开展执法检查，打击非法捕捞行为，取得明显效果。5月20—22日、8月5日至9月16日、9月25日至12月30日，相继开展一系列清理定置网、收缴电网等清理非法网具整治行动。至年底，全市共开展检查300次，出动执法人员1600余人次，查处违规渔船49艘，收缴电瓶捕捞工具4套，清理违规渔具737部。

【开展渔业安全生产检查及渔业船舶检验】 为保护渔民生命财产安全，防止渔业船舶安全事故发生，南昌市加大对渔业船舶管理力度。市渔业渔政局7月30日印发《关于转发江西省渔政局〈关于印发江西省渔业安全生产大检查实施方案的通知〉的通知》、8月5日印发《关于转发〈省农业厅安全生产大检查工作方案〉的通知》，就全市开展渔业安全生产工作作出具体部署，并成立安全生产工作领导小组。6—7月，组织渔政执法人员集中对全市渔业船舶进行安全隐患排查，深入渔区进行渔业安全生产知识宣传，共散发宣传资料500余份，开展渔业安全生产检查3次，检查渔船32艘，对2艘未配齐救生设备的渔船进行整改。7月10日至8月7日，对青山湖区170艘渔船进行检验（其中69艘为新增渔船），对69艘新增渔船进行渔业船舶登记。

2013年南昌市水产业主要经济指标一览表

表17

水产品总量(吨)	总量:376814（其中养殖产量318308，捕捞产量58506）
特种水产品产量(吨)	110008
养殖面积(公顷)	总面积:56890.27，其中池塘16432.7、水库5334、湖泊31490.5、河沟3019.6、其他613.47
淡水鱼苗(亿尾)	31
机动渔船(艘/总吨/千瓦)	4552/29054/62225
水产加工总产量(吨)	47575

（徐书秀）

农、林、牧、渔服务业

【概况】 2013年，全市各级农业部门紧紧围绕"努力确保不发生重大农产品质量安全事件"的目标，着重从强化抽样监测、狠抓专项整治、力促"三品一标"发展和推进监管能力建设4个方面入手，精心安排、周密部署、重拳出击、多措并举，有效保障农产品消费安全，进一步提升全市农产品质量安全水平。至年底，南昌市农机总动力达215.5万千瓦。全市共有插秧机5825台、联合收割机3121台（其中半喂入收割机155台）、拖拉机65869台（其中大中拖3431台）。全市机耕、机收和机插面积分别达31.66万公顷、27.36万公顷和5.27万公顷，作业水平分别达90%、77.8%和15%，综合机械化水平60.9%。同时，围绕促进传统农业向现代农业转变，建设"都市现代农业"目标，弘扬"创业、创新、合作、奉献"精神，扎实推进各类农业综合开发项目建设，倾力打造南昌市农业综合开发事业升级版，较好地完成全年既定任务。南昌市被评为2013年度全省农业综合开发先进设区市，进贤县和安义县被评为全省农业综合开发先进县，南昌县被评为全省农业综合开发项目管理先进县。

【开展农产品质量安全监测】 2013年

5月28日,为及时掌握农产品质量安全动态,制订《2013年南昌市农产品质量安全监测工作方案》,在全市范围内合理安排并组织完成涵盖蔬菜、水果、食用菌、茶叶、稻谷、猪(牛)尿、禽肉、禽蛋、生鲜乳、饲料、水产品以及土壤、水质13个品种2869批次监测任务。其中,监督抽查2269批次,综合合格率100%;风险监测600批次,综合合格率95.8%。同时,注重加强市县两级监管、检测人员技能培训,召开抽样工作培训会2次,参加部省级技能竞赛各1次。在省级技能竞赛中,市农业局代表队获团体一等奖,4人分获个人一、二、三等奖;在全国技能竞赛中,市农业局1人获个人二等奖。

【开展农产品质量安全专项整治】 2013年6月13日,根据省农业厅部署,印发《2013年南昌市农产品质量安全专项整治方案》,组织市各级农业部门继续在全市范围内开展农药及农药使用、"瘦肉精"、生鲜乳违禁物质、兽用抗菌药、水产品禁用药物和有毒有害物质、农资打假六大专项整治行动,共出动执法人员1.69万人次,检查农产品生产经营企业6897家,查处问题63起,涉案金额25.28万元,责令整改19起,立案查处46起,移送司法机关1起(其中5万元以上大案1起,涉案金额12.9万元),整顿重点区域160个,发放材料20万份,媒体宣传106次,指导培训165场次,培训5717人次。至年底,未发生农产品质量安全重大事件。

【扶持"三品一标"农产品品牌发展】 2013年,为提升南昌市农产品品牌竞争力,推动全市农业现代化建设步伐,市农业局积极部署开展南昌市"三品一标"认证管理工作。组织生产管理条件好的农产品生产企业积极申报"三品一标"认证,全年共计完成新增47家企业146个"三品一标"农产品的认证工作,其中无公害农产品生产企业42家121个产品,绿色(有机)食品生产企业5家25个产品。同时,强化对获证企业的证后监管,共计完成132个无公害农产品复查换证、56个绿色(有机)食品续展与再认证工作。组织开展2期南昌市"三品一标"业务培训班,进一步提升全市"三品一标"工作人员综合素质。

【推动农产品质量安全监管能力建设】 2013年10月,为进一步增强基层农产品质量安全监管能力,南昌市完成了75个涉农乡(镇)农产品质量安全监管站的农药残留快速检测设备配备工作。12月,在新建县召开南昌市乡镇农产品质量安全监管站建设现场会,同时举办农药残留快速检测技术培训班,促进乡(镇)农产品质量安全监管机构尽快发挥其在基层一线的监管作用。9月9日,南昌县国家农产品质量安全检验检测体系建设项目通过市发改委竣工验收;市农产品质量安全检测中心、新建县农业局和进贤县农业局承担的国家农产品质量安全检验检测体系建设项目基本完工。

【水稻种子供需平衡】 2013年全年杂交水稻种子供需总体平稳,总体趋势是供大于求,种子价格略有下滑。全市早、中、晚水稻杂交种子供应总量为400余万千克,常规稻种子500余万千克。主推的优良品种有株两优606、潭两优83、中早39、早丰优402、优Ⅰ651、深两优5814、皖稻153、五丰优T025、荣优225、天优华占、天丰优101、泰优淦3号。推广及种植水稻良种33.33万公顷,使南昌市的粮食优质品率达92%以上,良种覆盖率达95%以上。

【强化种子市场管理】 2013年2—6月,组织执法人员对全市种子企业进行春季检查及专项治理整顿,对35家种子企业(其中水稻种子企业16家,蔬菜种子企业19家)进行监督抽查,主要检查种子标签、种子经营档案、种子生产、经营备案登记情况、品种审定及授权情况等方面情况,并对种子进行扦样,检测种子质量。同时,开展种子市场专项检查,共抽查16家种子经营门店,扦取水稻种子样品30个。至年底,共抽查检验市级种子样品400份,比上年增加10%,质量合格率为99.8%。9月,重点检查四县五区共32个种子集中交易市场、县乡共45家种子经营门店,检查油菜品种18个,种子质量全部合格。10月,对全市15家种子企业秋季入库的水稻种子进行质量监督检查,共抽检种子样品60份,质量全部合格。对南昌市15家种子企业的非主要农作物种子经营许可证进行资质审核。

【组织农机投入农业生产】 2013年,为切实组织好农机投入生产,促进粮食增产、农业增效和农民增收,南昌市农机管理部门积极组织农机投入春耕、双抢、秋收冬种等农业生产中。组织农机技术人员成立维修服务小分队深入乡村,帮助农民机手保养、调试和检修好各类农业机械,把服务工作做到田间地头;组织流动服务车,深入农机保有量大、农机具相对集中的地方开展巡回服务;组织协调联合收割机跨区作业。至年底,共组织农机维修小分队20余个,检修农机具8.5万台(套),投入农机技术人员200余人,投入农机具7.5万台(套);组织27个跨区服务队,建立9个服务站,确保农机具以良好的技术状态投入到农业生产中去。

【全面落实农机购置补贴政策】 2013年,南昌市农机购置补贴政策实施工作遵循公开、公平、公正、农民直接受益的原则,严格审查,阳光操作,认真实施,做到宣传到位、工作到位、补贴到位,确保农机购置补贴资金全部落实到购机农民手中。各县(区)农机管理部门严格按照"全价购机、县级结算、补贴入卡"的操作规程,有效防范不法分子套取国家农机补贴资金的现象,同时实行购置补贴"一站式"服务模式,加强对农机购置补贴工作的监管力度。至年底,全市共获得国家补贴资金5599.46万元,受益农户1.02万户,补贴机具数量2.17万台,其中谷物收获机械592台、大中型拖拉机604台、手扶拖拉机5757台、微耕机574台、水稻插秧机344台,全市农业机械化水平得到进一步提高,农机装备总量稳步增长。

【示范推广农业机械化新技术】 2013年,南昌市农机管理部门积极推进农机科技创新和技术推广工作,通过典型示范、技术推广、机手培训、现场指导、机具补贴、农机农艺结合等手段,加快全市水稻机插秧技术推广步伐。突破瓶颈,全面推进水稻生产全程机械化。在南昌县、新建县、进贤县和安义县共建设7个水稻生产全程机械化技术示范区,扎实抓好机械化育秧、机械化插秧、稻谷烘干等关键环节,积极做好技术指导、操作培训工作,全面提高水稻生产全程机械化水平。发展特色农业生产机械化技术,拓宽农机技术推广发展空间。在安义县建立2个特色农业生产机械化技术示范区,着力发展油菜、花生等作物生产机械化技术,将农机技术推广逐步由主要粮食作物生产机械化向经济作物扩展,同时向设施农业、牧业、渔业、养殖业及农产品加工等方向发展机械化,拓宽农机技术推广发展空间,实现农业机械化又好又快发展。

【加强农机安全及市场质量监管】 2013年,南昌市农机管理部门层层签订农机安全生产责任书,层层抓落实,加强对农业机械及操作人员的管理。通过开展“农机安全生产日”“农机安全生产月”等活动，加大农机安全宣传力度，营造农机安全生产良好氛围。“3·15”消费者权保护日及春耕备耕期间，各级农机管理部门联合工商、公安、质监等部门组织开展农机“3·15”维权活动，在全市各类农机市场等重点区域开展农机市场专项检查及技术咨询宣传活动，及时受理和解决农机质量投诉问题，对违法生产经营者进行查处和曝光，有效规范全市农机市场经营秩序。同时，加强农机大市场规划建设，争取省财政资金支持，建设12个省级农机维修服务中心，有效完善南昌市农机服务体系，提高农机综合服务水平。

【争取国家农业综合开发项目财政资金】 2013，全市共争取国家农业综合开发项目财政资金达12557万元，比上年的9169.8万元增加3387.2万元，增幅达36.94%，是近年来增幅最大的一年。其中，争取土地治理项目财政资金5677万元，产业化经营项目财政资金1980万元，龙头企业带动产业发展试点项目财政资金1400万元，国家级农业综合开发现代农业园区项目财政资金3500万元。

【省农业综合开发办和南昌市人民政府签订合作备忘录】 2013年5月，省农业综合开发办和南昌市人民政府签订《建设全省农业综合开发先行先试区，打造带动全省发展的核心增长极的合作备忘录》。备忘录明确力争使南昌市农业综合开发中央财政年投资总量突破亿元，相应的省级财政配套资金足额到位，并以高于全省平均水平的比例逐年增长，重点要在土地治理项目、产业化项目、科技项目、新型农业经营主体培植等6个方面加大对南昌的支持力度。

2013年5月28日，省农业综合开发办和南昌市人民政府签订《建设全省农业综合开发先行先试区，打造带动全省发展的核心增长极的合作备忘录》

【争取现代农业综合开发示范园项目】 2013年，按照规模化开发、标准化提升、产业化发展、低碳化改良、工业化装备、市场化经营的理念，市农业综合开发办公室策划申报溪霞国家农业综合开发现代农业园项目。溪霞园区被批准为2013年全国安排建设的17个农业综合开发示范园之一，也是江西省唯一的一个国家级农业综合开发示范园区。该园区分3年建设，项目总投资10亿元，每年安排财政投资3500万元，其中中央财政投资2500万元。园区建设采取“一核一轴”模式进行规划建设，即园区以溪霞镇和乐化镇交界的优质粮食生产区为核心，以园区规划中的幸福路为轴线，并向南湖农场延伸，沿两边集中打造建设“五区两点”(优质粮食生产区、生态果蔬生产区、生态畜禽养殖区、花卉苗木交易区、精品农业展示区、农村新社区示范点和农业科技集成示范点)产业空间布局，并实施园区道路“两纵三横”路网建设和园区主干道的通道“五化”配套工程建设。至年底，项目已完成可研论证和实施方案编制，并制定园区项目3年建设工作方案，年度建设项目的勘测设计等前期工作正在进行。

【建设高标准农田项目】 2013年，按照“田地平整肥沃、水利设施配套、田间道路畅通、林网建设适宜、科技先进适用、优质高产高效”的建设要求，坚持集中连片、规模开发的原则，在完成2012年度高标准农田项目投资7691万元(其中财政投资7180万元)，建设高标准农田4000公顷的基础上，2013年度高标准农田建设继续在全市四县展开，总投资达9177万元。至年底，完成年度总投资计划80%以上，建设了一批如进贤县李渡万亩粮食和蔬菜种植基地、安义县鼎湖万亩粮食种植基地等高标准农田基本建设样板工程。特别是进贤县白圩乡和南昌县蒋巷镇高标准农田的建设，场面宏大，建设标准高，质量好，群众评价优良，有效改善当地农业生产条件，提高农业综合生产能力。

【打造都市现代农业生产和休闲基地】 2013年，以大型农业综合开发项目为抓手，通过整合涉农项目和资金，打造一批都市现代农业基地。全年实施大型农业综合开发项目16个，完成项目总投资3.24亿元，其中大型项目专项财政扶持资金4903万元，整合其他农口部门专项财政资金8728万元。同时，加大成长性项目扶持力度，安排项目14个，完成项目总投资1845万元，其中财政投资738万元。通过市本级项目建设，一批有品位、上档次的都市农业生产和休闲基地初具雏形，如南昌县蒋巷国鸿生态园和湖光山舍、新建县溪霞怪石岭和田昌荞头、进贤县前坊青岚果业和兴昌葡萄、安义县万埠清晨田园和长均南昌菜园等项目，均已成为高品质绿色食品生产基地和农业生态观光休闲良好场所，为南昌市农业增效和农民增收开辟了新途径。

【扶持农业产业化龙头企业和农民合作社壮大发展】 2013年，积极促进农业产业龙头企业和农民合作社提升规模、提升档次、提升效益。至年底，共扶持全市国家农业综合开发产业化经营项目龙头企业和农民专业合作社32个，其中扶持龙头企业24个，扶持农民专业合作社8个；完成总投资9928万元，其中财政投资2020万元。针对2013年国家农发办推出的“园、龙、特”这一改革发展措施，南昌市在争取到国家农业综合开发示范园项目的基础上，又争取到了国家农业综合开发扶持龙头企业带动产业发展项目，即南昌县国鸿集团年产1万吨猪肉制品精深加工及企业带动农户建设10万头生猪标准化养殖技术推广扩建项目。该项目在全省仅有两个，项目财政投资1400万元，其中中央资金1000万元，省级配套360万元。

(叶　琦　耿兆奎　吴小丽　符传花)

制　造　业

本栏编辑　揭淑琴

概　述

【概况】 2013年，南昌市围绕打造成为带动全省发展的核心增长极目标，强力推进大投入、大建设、大发展，不断强化工业主导地位，持续加大工业投入，坚定不移聚焦工业、做大工业、做强工业，工业经济稳步发展。江铃30万辆整车项目全面投产，欧菲光光学、光电、光显等项目相继投产或增资扩股，南昌航空城、江西五十铃整车和20万台发动机等项目进展顺利，洪都老工业区被列入首批全国老工业基地调整改造规划。全年完成规模以上工业增加值1159.48亿元，比上年增长12.9%。规模以上工业中，国有企业增加值比上年增长14.2%；集体企业增加值增长19.6%；股份制企业增加值增长13.3%；股份合作企业增加值增长18.8%；私营企业增加值增长14.9%。全市35个工业大类中农副食品加工业，计算机、通信和其他电子设备制造业，非金属矿物制品业，化学原料和化学制品制造业，汽车制造业等13个行业增速高于全市平均水平。全年规模以上工业产品销售率为98.2%，比上年下降0.4个百分点；实现利润244.57亿元，增长17.1%；实现利税461.56亿元，增长16.5%。工业经济效益综合指数达到323.7%。全年规模以上工业实现主营业务收入4506.83亿元，比上年增长15.8%，其中主营业务收入过百亿元的行业达到15个，比上年增加1个。

建设先进制造业重要基地

【概况】 2013年，南昌市工业和信息化委员会(以下简称市工信委)把握"稳中求进、进中求快、快中求好"的总基调，克服宏观经济下行、市场需求不足等困难问题，全力实施"大投入、大建设、大发展"战略，以产业为抓手，以强化工作机制为手段，抓工业、扶创业、促融合，狠抓各项工作和政策措施的落实，圆满完成各项目标任务，促进南昌工业经济实现平稳较快增长，为南昌打造核心增长极、推进昌九一体化做出应有贡献。

【工业主要指标】 2013年，全市规模以上工业增加值首破千亿元大关，工业总量在全省占比提升。至年底，规模以上工业完成增加值1159.48亿元，比上年增长12.9%，分别高于全国9.7%和全省12.4%的增速3.2个百分点和0.5个百分点，在全省设区市中排第六位，在中部省会城市中列第三位，比武汉(11.7%)、郑州(11.3%)、太原(10.1%)分别高1.2个、1.6个和2.8个百分点。工业增加值总量占全省比重提高0.35个百分点；实现主营业务收入4506.83亿元，比上年增长15.77%；实现利税总额461.56亿元，增长16.54%，全市工业经济三大主要指标均超额完成目标任务；全年新增规模以上工业企业109户，达到1078户，增长6.2%，占全省总量的13.3%，排名第一。

【突出产业发展】 2013年，以推进产业发展为重点任务，结合市委常委挂点(县)区，由市委常委任该县(区)的主导产业发展推进领导小组组长，进行高位推动，统筹指导产业发展工作，协调解决重大产业项目推进中遇到的重大问题；在深入调研的基础上，建立各产业发展档案，并按照合理定位、科学布局的原则，编制完善汽车、新材料、食品和生物医药、航空制造、纺织服装、机电制造、电子信息、新能源八大产业发展规划和年度行动工作方案；每季度撰写八大产业运行分析报告，及时掌握产业发展运行态势，为领导决策提供科学依据；起草《全市工业园区产业集群发展规划》，制定《关于明确工业园区产业定位促进集群发展的实施意见》，从政策上、要素配置上加强引导，进一步促进工业园区主导产业的聚焦发展。

【出台扶持政策】 2013年，出台《关于支持工业和中小微型企业发展的若干政策》，加快推动南昌工业和中小微型企业发展。加大对全市中小微企业的扶持力度，市全民创业专项资金、中小企业发展专项资金分别由原来的1000万元增加到2000万元。出台《关于加快民营经济发展的政策措施》，以全市民营工业中小微型企业为扶持重点，进一步降低门槛、拆除藩篱、搭建平台，强化服务。出台《关于支持进贤县医疗器械产业集群发展实施意见》和《南昌市支持LED产业的若干政策措施》，修订完善《关于推进安义县新型建材产业集群发展的实施意见》。

【调度工业运行】 2013年，建立全市工业经济运行监测分析平台，制订全市工业经济运行监测分析平台工作方案，成立市政府分管副市长担任组长的平台工作领导小组，完善联络员联系制度和考核机制，统筹协调运行平台各项工作。建立全市工业经济运行调度会机制，每月定期由市政府分管领导主持召开工业经济运行调度会，强化对全市工业经济运行的动态监测，及时发现、有效解决经济运行中存在的困难和问题。建立重点监测企业经营情况月度报送机制，及时调度掌握各县(区)、开发区、重点园区、主导产业、龙头企业的发展及运营动态，以及工业增加值、工业用电、工业增值税等主要经济指标完成进度情况，并进行定期通报。

【强化工业考核】 2013年，修订完善《南昌市工业经济发展考核办法》，把项目发展和主要工业经济指标完成情况作为考核重点，在考核中突出对项目的考核，增加项目考核权重，并结合日常工业工作进行综合考核，进一步细化和完善问责、奖励标准。对全市年度工业发展目标任务进行细化，分解落实到各县(区)、开发区，建立工业运行指标考核的压力传导机制和责任落实机制。在2012年度省政府对市县政府考核评价中，南昌市工业发展考核获得全省第一名；在2012年全市核心增长极考评中，市工信委名列第二，获市直部门突出贡献奖。南昌市及南昌县、新建县、进贤县、青云谱区、青山湖区分别获得“2012年度全省工业崛起年度贡献奖”，高新技术产业开发区、南昌经济技术开发区、小蓝经济技术开发区、南昌昌东工业区获得“工业园区六大指标先进单位”，江西新建长垓工业园获得“三年强攻”专项奖。全市共获得奖金1208.8万元，其中市本级343万元。

【推进重大项目】 2013年，建立县(区)工业投资工作平台及重大项目调度工作机制，每月一调度、每季一通报，保障项目顺利推进。对省市重大项目精简审批，纳入绿色通道办理，全年转报省工信委技改项目立项21项，办理企业技术改造投资项目进口设备减免税7项。全年全市推进实施的3000万元及以上工业重大项目395项，项目总投资1399.93亿元。其中，续建项目130项，项目总投资384.91亿元，当年完成投资113.89亿元，累计完成投资249.47亿元，占总投资的64.81%；新开工项目107项，项目总投资229.56亿元，当年完成投资77.22亿元，占总投资的33.64%；完工项目73项，项目总投资263.06亿元，当年完成投资66.34亿元；推进前期准备工作的项目85项，项目总投资522.39亿元。395个项目中2013年计划投资296.06亿元，实际完成投资257.69亿元，占计划投资的87.04%。共40个项目被列入南昌市重大重点工业项目。至年底，40个项目中竣工项目3个，分别是鑫陇科技(南昌)有限公司IC封装、检测及电子产品主机板生产项目，江西佳因光电材料有限公司年产40吨三甲基镓、三甲基铟项目，江西高氏油茶产业生态科技园项目一期；开工项目29个，其中新建项目11个、续建项目18个。洪都航空大飞机、江铃小蓝整车基地项目、格特拉克双离合器变速箱、欧菲光中大尺寸触摸屏等一批投资10亿元以上、带动力强的重大项目顺利推进。

【支持技术创新】 2013年，大力支持工业企业技术创新，推进工业企业技术进步。积极组织企业申报江西省省级新产品试制计划，已完成新产品立项92项，其中65项新产品已通过省级验收；修订完善《南昌市优秀新产品评选办法》，并组织开展上年度南昌市优秀新产品评选工作，评出一等奖10项、二等奖15项、三等奖20项；组织企业申报上年度江西省优秀新产品奖，共获评54项，其中一等奖10项、二等奖14项、三等奖30项，占全省总数的35%；辅导培育一批省级企业技术中心，共有江西省发达建筑集团有限公司、双胞胎(集团)股份有限公司等11家企业通过省级技术中心认定评审；培育认定一批市级企业技术中心，金格网络、飞尚科技等5家企业通过认定验收；组织推荐企业申报2013年国家技术创新示范企业，泰豪科技股份有限公司进入2013年全国80家国家技术创新示范企业名单；积极帮助企业争取国家重大科技成果转化项目滚动支持，江西清华泰豪三波电机有限公司等公司4个项目争取到补助资金1200万元。

【帮扶重点企业】 2013年，调整确定2013年度100户重点企业和扶持企业名单，建立重点企业和重大项目帮扶机制。依托重点企业服务平台和全市工业经济运行监测分析平台，全面掌握重点企业生产经营状况，在政策、资金、服务上给予特别倾斜，保障企业发展的要素需求，积极帮助汪氏蜜蜂园、江变科技、立健药业协调解决项目建设和生产经营中遇到的困难和问题。组织召开2013年全市工业重点企业办公室主任工作会，加强基层沟通联系。组织推荐南昌市优秀企业家代表参加2012年度江西省优秀企业家评选工作，全市10户企业入围。及时帮助协调解决重点工业企业提交的问题，指导协调汪氏蜜蜂园公司妥善处理“关于商标被假冒注册网站域名进行销售而侵权”事宜；帮助江变科技协调解决企业年检审计有关问题；专题呈请省政府协调南昌立健药业注射用头孢米诺钠产品“进口药品首仿”质量层次认定政策扶持问题，为全市重点企业争取更大利益。发挥劳动关系三方机制协调作用，会同市人力资源和社会保障局、市总工会评选出南昌统一、雄鹰实业、喜盈门实业、沃尔玛百货等37户企业为2013年度南昌市劳动关系和谐企业。至年底，全市100户重点企业快速发展，其中江铃集团主营业务收入达400.69亿元；欧菲光主营业务收入实现翻番，达57.77亿元。

【争取上级支持】 2013年，帮助企业争取到国家项目资金9681万元。其中，南柴机械等6个项目获得国家工业中小企业技术改造项目615万元，江西雨润等4个项目获得国家产业振兴和技术改造专项1360万元，汇天科技获得国家电子信息产业振兴技改项目280万元，江西日月明获得国家工业中小企业技术创新成果转化应用专项317万元，国家财政对全市担保机构的风险补贴资金2140万元，晶能光电等2个项目获得国家电子信息产业发展基金1100万元，泰豪三波电机等4个项目获得财政部、工信部重大科技成果转化项目补助资金1200万元，浩然生物等13个项目获得国家中小企业专项发展资金710万元，12户小企业获国家关闭小企业补助资金558万元，4户企业获中央财政淘汰落后产能奖励资金1401万元。全年争取到省级项目资金15425万元，即南亚铝业等6个项目获得省级工业企业技术改造专项470万元，佳因光电等18个项目获得省战略性新兴产业引导资金1.4亿元，工业园区省级支持资金共计210万元，联微软件等3个项目获得2013年省级技术创新项目65万元，5个节能项目获得2013年省级节能专项资金500万元，3家企业获得省级新型墙材专项基金补助120万元，3家企业获得省级散装水泥基金60万元。借助省战略性新兴产业重大项目协调推进会平台，为震恒实业等7个项目解决用地指标89.47公顷；推荐开昂科技等17个项目纳入省第7次战略性新兴产业协调推进会，解决用地指标72.2公顷；进贤县医疗器械产业配套基地项目列入省战略性新兴产业配套基地，解决用地指标13.33公顷；江西省2013年小微企业创业园建设用地扶持20公顷。全年共争取到省级预留建设用地指标195公顷。

【资源综合利用】 2013年，全市规模以上企业单位工业增加值能耗比上年下降7.67%；41户重点用能企业单位实现节能量28.27万吨标准煤，全面完成目标任务。南昌市顺利通过2012年度工业节能工作责任评价考核，位列全省第一。全年加大节能监察力度，对全市110家企事业重点用能单位进行节能监察，测试用能设备2277台(套)，提出意见建议200余条。推行节能工作季调度和固定资产投资项目节能评估审查制度，15个项目通过审查。开展资源综合利用认定工作，12户企业14个项目(产品)通过认定，并完成年综合利用固体废弃物104万吨，利用废气3.4亿立方米，利用废气热量7×1014焦耳，利用废旧轮胎1800条，处理废水290万吨。组织5家企业开展清洁生产。全年淘汰改造34台高污染燃料锅炉，关闭9户小企业，安置职工867人。市级节能专项资金扶持项目22个。积极推进墙材革新，贯彻落实市政府下发的《南昌市城区限制使用粘土制品及南昌县、新建县县城禁止使用实心粘土砖工作实施意见的通知》,出台《南昌市促进发展新型墙体材料条例》(6月27日经市十四届人大第十四次会议通过)。全年共认定新型墙材企业16家,新增新型墙材生产线5条。对全市21个违规使用粘土砖工程项目进行立案查处。至年底,全市新型墙材产量28.3亿块标砖,占全市墙材总量的91.5%,新型墙材应用比例达95%,可节约土地311.33公顷,节约标煤17.55万吨,利用工业废渣206.39万吨,减少二氧化硫排放量4387.5吨。8家新型墙材企业获市级专项基金320万元支持,3家企业获省级专项基金120万元支持。共受理申请返退项目28件,返退专项基金1323万元,市本级征收专项基金7396.62万元。全年推广散装水泥381.11万吨,比上年增长47.81%,散装率80.77%,比上年提高6.41个百分点;预拌混凝土供应量865.69万立方米,增长56.55%,超出年目标165.69万立方米;预拌砂浆供应量50.77万吨,增长38.53%,超额完成全年目标;征收散装水泥专项资金1776.8万元,增长11.57%。对141个工地进行执法检查并提出整改要求,对未能及时整改的45个工地作出处罚决定,处罚金额285万元。全年推广散装水泥节约能耗8.66万吨标煤,综合经济效益1.76亿元,减少粉尘、二氧化碳排放19.19万吨和23.68万吨,综合利用固体废弃物162万吨。

(王妮娜)

市属国有工业资产经营管理

【概况】 2013年,南昌工业控股集团有限公司(以下简称工业控股)按照市委、市政府的要求,以助推南昌市产业发展为己任,继续坚持"发展为上、成功为先、人才为重、诚信为本"的理念,立足"由传统产品经营转变为产业经营、由单纯企业经营转变为产业配套服务、由单一工程建设转变为园区一体化建设、由单纯追求利润价值取向转变为助推产业发展"的价值取向,全力推进各项工作,市级产业投融资平台的发展基础正在发生根本性变化,发展方式正在发生标志性变化,对外整体形象和作用正在发生积极深刻变化,获得"南昌市第十四届文明单位""全市安全生产先进集体"等市级以上荣誉。

【工业经济和商贸三产稳健运行】 2013年,全年完成工业总产值176.03亿元,比上年增长16.44%;完成工业增加值59.01亿元,增长15.41%;实现营业收入163.27亿元,增长13.09%;实现利税11.81亿元,增长11.41%。商贸服务业实现营业收入28.59亿元,增长19.22%;实现利税1.41亿元,增长18.48%。其中,所属企业江西国桥加强高附加值的新品研发,以差异化产品拓展了面向高端市场的产业链;南昌化工设备厂充分发挥"无中生有"的创业精神,引入社会资本兴建标准厂房,恢复搪瓷项目的生产,各企业以不同的方法思发展、谋发展、促发展的良好氛围和势头逐步形成,保持主要经济指标的稳健增长。

【产业投融资平台体系建设取得突破】 2013年,产业投融资平台体系建设实现5个方面的突破:一是资产体量迅速成倍扩张。在市政府各相关部门、相关县(区)及相关企业支持配合下,用2个月的时间基本完成系统内资源整合以及所涉资产对价入账等工作。通过激活放大,总部总资产迅速从98亿元增至约316亿元,净资产从46亿元增至200余亿元。二是融资渠道方式不断拓宽。加大直接性融资比例,在融资结构改善上已初见成效。已与7家银团机构达成发行10亿元中期票据协议,承销商已将募集说明书报送中国银行间市场交易商协会;已征得浦发银行总行同意发行8亿元私募债,并取得相关批复。三是产业资金引导功能开始发挥。市重点产业引导资金运作和管理体系由工业控股受托构建完毕并开始运行。相关管理和实施办法由市政府正式颁发,12.2亿元的市重点产业引导资金已拨付到位;组织专家对欧菲光中大尺寸触摸屏、电动汽车等3个单位5个重大项目进行评审。四是重点项目帮扶首次试水。受托组建的汇智新能源公司投入1.8亿元对赛维LDK公司进行帮扶。赛维LDK实现销售收入超10亿元,首次出现亏损以来的正向现金流,其成功的运行模式得到市领导的充分肯定。五是首个混合产业资本正在构建之中。受市政府委托,会同高新区与金沙江创投共同设立规模为5.05亿元洪城资本股权投资基金,该基金系本省市在资本运作领域引入产业投资顶级运营商的首次尝试。

【重大产业项目推进速度加快】 2013年,实施重点产业项目18个。其中,跟进的市政府主导重大重点项目6个,自主实施的重点项目12个,全年完成项目投资10.35亿元。中小微企业创业孵化基地项目一期封顶。该项目系临空经济区的引爆点,一期10万平方米标准厂房于11月动工,2014年春节前建筑主体已全部封顶,创造了工业控股速度奇迹,得到省委书记强卫、国土资源部部长姜大明和省委常委、市委书记王文涛等领导的高度评价和充分肯定。安义产业基地首个入驻项目投产,2.3万平方米标准厂房建设工程竣工,9万平方米厂房及配套工程已分批开工,初步确定入园项目7个,部分企业已完成搬迁技改,实现了当年招商、当年建设、当年投产的园区速度。南昌古玩城、海联大厦等一批三产项目建成开业。南昌古玩城完成了5万余平方米的营业面积主体改、扩建工程,开业以来,承办了央视《寻宝》栏目首次走进南昌等一系列大型活动;海联大厦于2013年7月试营业以来,实现可支配收入近1000万元。制革厂安鑫物流基地成功引进北京一统家居等10余家有实力的企业入驻,仓库出租率达90%以上。同时,综合码头、工业大厦、南农地块和自行车飞轮地块开发、三店西路延街开发以及华安699、樟树林、洪甬物流园等一批新建和续建项目在有序推进。

【强化组织架构和人才梯队建设】 2013年,为适应打造市级产业投融资平台的需要,工业控股对总部组织架构进一步调整完善,增设金融办公室、项目建设处、土地规划处及分线管理办公室,并对部分职能处室进行撤并和分设,使发展力量得到强化。加大干部队伍和专业人才的建设力度,选拔任用和调整领导干部167人;选派领导干部参加北大、清华、中央财大、复旦大学等院校培训18人次;重视专业人才的聚集,为职能部门和各发展平台配备专业人才16人,其中总部机关面向社会公开选聘专业技术人员5名;建立1100余人的人才库,其中15名进入市专家信息库备选名单,1名为市"521"人才库享受市政府特殊津贴待遇人选,3名参加中国职业经理人资格认证培训;为33名专业技术人员申报职称评审。

【党组织和廉政建设坚强有力】 2013年,开展"学党章、讲党课"活动及习近平总书记系列讲话精神专题学习会;举办以"建功立业促发展、立足岗位争先锋"为主题的演讲比赛及"道德讲堂"活动;参与市“共建英雄城·同圆中国梦”主题知识竞赛等活动。开展“小金库”专项治理“回头看”和应急、专项资金检查;受理来人来访70余人次,信访件42件,查结率达100%;认真贯彻落实“八项规定”,开展“红包”专项治理工作,上缴红包进入市廉政账户,在会员卡清退活动中,做到“零持有、零报告”;开展400余人次的反腐倡廉警示教育。

【安居工程取得实质性进展】 2013年,采取措施积极推进安居工程,职工居住条件得到明显改善。一是棚户区改造进展稳妥。稳妥推进棚户区改造项目共13个,涉及住户2654户,拆迁面积约13.79万平方米,兴建面积约28万平方米,拟投入资金约4.87亿元。其中,晶体建材厂1970户住户乔迁新居;华洪机械厂和防水材料厂棚改项目已开工建设。二是遗留的职工生活区水表分户改造相继启动。南昌农药厂、向塘化肥厂、第一电子器材厂和第二化工原料厂等改制企业遗留的生活区一户一表水改造工程正在实施,涉及职工住户2348户,使职工安全用水有了保障。

【着力解决民生突出问题】 2013年,始终关注解决民生存在的突出问题,尽力落实政策惠及职工。一是各类特殊群体待遇得到落实。为54户企业231名职教、幼教退休教师落实相应待遇和补贴;为95户企业28123名职工办理困难状况界定和特殊工种认定。二是加大对职工内部欠账清欠工作,挤出资金清欠45户集体企业职工社保费和医药费,垫付社保费和医药费2171万元;分批落实52户改革企业512名留守人员的劳动合同和社会保险等问题。三是协调各方力量扶危济困,全年走访系统内困难党员、职工及1953年前参军退役士兵累计512人次,帮助2024名困难职工申报市总工会、市慈善总会困难救助金118.2万元。

【信访安全稳定和法治建设深入扎实】 2013年,认真落实领导包案制和重大敏感时期24小时领导带班制;积极开展矛盾纠纷大排查,化解矛盾纠纷25件,办结省市长手机信箱转来上访件46件;对部分无理上访人员落实针对性的稳控措施,确保全国“两会”及“中共十八届三中全会”期间的稳定。全面落实综治工作“一票否决制”;积极开展邪教活动防控、治安灾害和隐患排查整改工作及安全生产活动月活动,全年未出现邪教组织聚集闹事或干扰通讯等事件,未发生安全生产事故。大力开展普法教育和法治南昌建设工作,南昌塑料八厂等企业10余起债务处置和涉法涉诉案得到妥善处置,企业利益得到有效维护。

(罗贤慧 何强科)

汽车制造业

【概况】 2013年,南昌市生产汽车实现主营业务收入552.58亿元,比上年增长20.8%。汽车及零部件产业是南昌市的传统优势产业和最大的支柱产业,也是“十二五”期间重点打造的千亿产业。至年底,全市汽车产业从业人员约3.79万人,生产企业200余家,其中整车制造企业2家(江铃汽车集团公司、江西凯马百路佳客车有限公司)、改装车厂3家,全行业总资产约186亿元,初步形成年产汽车60万辆、发动机29万台的生产能力,产品已涵盖轻卡、轻客、越野车、轿车和专用车等多个领域,呈现出以小蓝经济技术开发区为核心聚集区,新建县、南昌经济技术开发区、青云谱区为相对集中区的产业空间布局,形成了以江铃集团、凯马百路佳客车为龙头,格特拉克、远成汽配、南齿等骨干企业为配套的比较完整的产业体系。

【小蓝汽车产业实现主营业务收入突破100亿元】 2013年,小蓝开发区汽车及零部件产业完成工业总产值103.29亿元,完成主营业务收入103.3亿元,比上年增长33.86%。小蓝汽车产业基地位于小蓝开发区以南,规划面积40平方千米,是江西省唯一的汽车及零部件产业基地,现有6个整车和114个汽车零部件项目,已投产企业数75家,规模以上企业28家。主导产品为汽车发动机、空调系统、汽车座椅、汽车整车及其他汽车零部件。

【南昌小蓝投资公司汽车零部件产业园项目】 项目总投资20亿元,2013年5月开工建设,计划2014年12月完工。至2013年年底,已完成投资10亿元,入园16家汽车零部件企业均已开工建设。项目全部建成达产后,预计新增产值20.8亿元,创造税收3500万元以上,新增就业岗位2110个。

【经开区实现汽车产业主营业务收入达60亿元】 南昌经济技术开发区现有江铃陆风、百路佳、格特拉克、南齿、恒天动力、马恒达拖拉机等汽车整车和零部件生产企业40余家,其中规模以上企业14家,已形成越野车、轿车、高档豪华客车、新能源汽车、齿轮、变速箱、发动机等相对完整的汽车产业链。2013年,经开区汽车及零部件产业完成主营业务收入60亿元,比上年增长15%。

【恒天动力有限公司K系列发动机项目】 项目总投资100亿元。该项目建成达产后可形成年产30万台套发动机灰铸铁、合金铸铁缸体铸造及年产50万台K发动机加工、装配试验、涂装、成品包装的生产能力,同时将拥有新产品研发试制的能力。

【格特拉克(江西)传动系统有限公司发展情况】 格特拉克(江西)传动系统有限公司是德国格特拉克(GETRAG)集团与江铃汽车集团(JMCG)强强联合、共同打造的全球最优秀的传动技术产品与服务提供商。该公司于2007年1月在南昌正式投入运营以来,先后导入先进的手动及自动变速器开发和制造技术,取得了令人瞩目的发展,已与国际国内几十家知名汽车制造商建立长期合作关系,产品远销世界各地。

【格特拉克双离合器自动变速器(DCT)项目】 项目总投资19.5亿元。至2013年底,已完成6DCT250项目建设并于2013年11月22日投产,下一步将启动7DCT300及DC300项目的建设工作,计划于2016年6月建成投产。该项目投产后可形成年产55万台双离合器自动变速器(DCT)能力。

【江西凯马百路佳客车有限公司发展情况】 2013年7月,江西凯马百路佳客车有限公司生产的百路佳校车顺利通过国家校车生产企业准入资质审查,迈入国内专用校车生产企业行列;9月,百路佳客车亮相悉尼世界客车博览会,为百路佳客车品牌创建和打造了一个新的提升空间和平台,并通过悉尼车展签订超过50台订单的意向合同,总体销售额将超过1000万美元。江西凯马百路佳客车有限公司是央企恒天集团在江西省的重点投资企业,以研发、生产新能源客车和中高档豪华客车为主业。为适应市场发展,做大做强企业,江西凯马百路佳公司开始实施新能源客车产业技术升级改造项目,对原有生产线进行适应性改造,新建一条新能源城市公交客车生产线,以及建设新能源客车技术研发中心和生产物流中心。项目建成后,新能源客车年生产能力将达到1000辆。

【加大汽车产业链招商力度】 2013年，南昌市紧紧依托现有整车生产规模，紧盯产业链的薄弱环节，大力开展汽车产业链招商，努力提升汽车零部件配套水平。围绕江铃股份小蓝30万辆整车和江西五十铃10万辆整车两大整车基地项目建设，南昌市大力引进小蓝汽车零部件产业园项目、宇傲汽车零部件生产项目、泉州汽配园项目。第一批落户的汽车零部件生产企业40余家，总投资60亿元，项目建成后将显著提升南昌市汽车产业的本地配套率。

【强化产业发展举措】 2013年，市工信委进一步强化汽车产业发展举措。一是健全工作机制。对汽车产业领导小组进行调整，确定汽车产业运行调度会议制度，定期对南昌市汽车产业运行情况进行分析调度，及时掌握产业发展运行态势，为领导决策提供科学依据。二是制定强攻计划。为贯彻落实《南昌市工业三年强攻计划》，培育壮大战略性新兴产业，市工信委着手制订《南昌市汽车产业三年强攻及中期发展规划》。三是拟订产业政策。结合实施的《南昌市汽车产业三年强攻及中期发展规划》，草拟《关于加快南昌汽车产业发展的若干政策措施》，从“明确发展重点，制定发展目标；加大资金支持，扩大产业投入；强化要素保障，突出扶持龙头；提高配套份额，促进产业集聚；加强人才建设，提升创新能力”5个方面，通过政府引导、政策激励，调动整合各方面优势资源，推动汽车及零部件产业快速发展。

【江铃汽车集团公司发展情况】 2013年，江铃汽车集团公司(以下简称江铃集团)共实现销售收入400.69亿元，成为南昌市第一家、江西省第三家年销售收入超400亿元规模的企业，销售汽车25.4万辆，比上年增长18.27%，高出全国汽车整体增幅4.4个百分点，同时超出商用车行业增速近12个百分点。其中，江铃系列16.22万辆，增长13.58%；全顺系列6.78万辆，增长18.55%；陆风系列2.13万辆，增长70.09%；晶马系列2206辆，下降1.47%；新成立的江铃集团轻汽公司销售骐铃皮卡515辆。江铃集团完成销售收入400.69亿元，比上年增长23.22%；实现利润27.39亿元，下降4.26%；实现利税52.4亿元，上升8.35%；完成工业增加值75亿元，增长21.93%。事关江铃集团长远发展的三大整车合作项目全部顺利落户：2月，江铃重汽公司揭牌成立；4月，江西五十铃汽车公司开工建设；10月，江西江铃集团轻型汽车有限公司第一辆车——骐铃皮卡下线。至年底，江铃股份公司和江铃控股公司的小蓝生产基地陆续投产运营，江铃集团立足南昌、辐射太原和抚州的产业布局顺利完成，集团六大整车基地(青云谱基地、小蓝基地、昌北基地、望城基地、抚州基地、太原基地)规划产能达到100万辆，为江铃集团打造千亿元企业提供了坚实支撑。

【江西五十铃汽车有限公司十万辆整车项目】 项目总投资26.85亿元，2013年4月23日正式开工建设，计划于2014年10月一期5万辆生产线建成投产，2018年全部完工产能增加到10万辆。至2013年底，该项目累计完成投资5亿元，已完成冲压、焊接及总装厂房建设，各专业生产线设备已完成购置，部分设备已进厂安装，其他相关工程正按计划进行。项目达产后可年生产SUV、皮卡10万辆，实现主营业务收入135.8亿元，创造利税20亿元，可提供就业岗位2624个。

【江铃汽车集团公司年产22万台发动机建设项目】 项目总投资17.18亿元，计划在充分利用江西沃尔福发动机有限公司现有厂区生产车间及相关辅助设施的基础上，引进五十铃4J系列发动机产品和技术，在厂区预留用地上新建发动机联合厂房、物流仓库、动力站房。该项目于2013年5月开工建设，计划2015年12月正式完工。2013年完成投资3200万元，2014年计划完成投资5亿元。

【江铃汽车股份有限公司与福特汽车公司强化战略合作】 2013年1月，江铃汽车股份有限公司与福特汽车公司签订协议，引入生产福特品牌SUV项目。6月20日，江铃汽车股份有限公司30万辆小蓝基地投产暨全球第700万辆全顺汽车下线、20万台汽油机项目启动仪式在南昌小蓝经济开发区举行。8月12日，江铃汽车股份有限公司发布公告，公司董事会批准4.13亿元的关联合同。江铃汽车董事会批准公司与福特汽车公司和福特环球技术公司之间的《J09整车技术许可合同》，以及公司与福特汽车公司之间的《J09整车项目工程服务协议》，并授权公司执行副总裁熊春英代表公司签署上述合同和协议。根据上述工程服务协议，公司就J09整车项目前期工作中福特汽车公司提供的支持向其支付6,470万美元(约3.97亿元)的工程服务费，并提交股东大会批准。另外，江铃汽车董事会批准公司与福特汽车公司和福特环球技术公司之间的《新I42.0升GTDI(燃油经济提升型)发动机技术许可合同—应用于福特品牌整车》《新I42.0升GTDI(燃油经济提升型)发动机技术许可合同—应用于江铃品牌整车》，以及公司与福特汽车公司之间的《有关新I42.0升GTDI(燃油经济提升型)发动机项目的工程服务协议—应用于江铃品牌整车》。根据工程服务协议，公司就应用于江铃品牌整车的新I42.0升GTDI发动机项目前期工作中福特汽车公司提供的支持向其支付268万美元(约1643万元)的工程服务费。

【江铃汽车股份有限公司与博世汽车柴油系统公司加强战略合作】 2013年2月，江铃汽车股份有限公司与博世汽车柴油系统公司签订战略合作备忘录，共同为国四排放标准的实施做准备。江铃新款驭胜搭载博世新一代共轨系统，将以新造型和强劲动力性为用户带来更多驾驶乐趣。12月5日，在江铃—博世2013年度高层峰会上，江铃汽车股份有限公司与博世汽车柴油系统公司再次签署深化战略合作备忘录。

【江铃重型汽车有限公司成立】 2013年，工信部正式通过江铃重汽对太原重汽重组相关变更事项。2月22日，重组后的江铃重型汽车有限公司(以下简称江铃重汽)在山西太原生产基地举行揭牌仪式。江铃重汽是江铃汽车进入重卡行业、实现皮卡、轻卡全系列载货车战略的重要举措，也是美国福特汽车公司加强亚太业务的重要战略布局。该项目以太原重汽现有平台为基础，完善整车四大工艺，投资建设柴油发动机生产基地，引进福特整车及发动机技术，最终建成包括福特、江铃产品在内的年产10万辆重型载货车、10万辆发动机能力的大型重卡企业，达产后主营业务将超过200亿元。根据福特、江铃制定的投资计划，江铃重汽将累计投资34.15亿元。其中，整车项目分两期建设，一期项目2013年4月开工，2014年完成；二期项目2017年完成。发动机项目分三期建设，一期项目2013年4月开工，2015年投产；二期项目2017年投产；三期项目2019年投产。5月20日，江铃重汽福特发动机项目在太原开工建设。发动机项目规划面积18.67公顷，一期工程将建设发动机缸体缸盖机加工和装配生产线以及相关的配套设施，设计年产能为1万台发动机，预计于2015年下半年建成投产。

【江西五十铃汽车(发动机)有限公司、江铃集团轻型汽车有限公司成立】 2013年4月23日,江西五十铃汽车有限公司、江西五十铃发动机有限公司成立暨项目开工仪式在新建县望城新区汽车产业园举行。江西五十铃汽车有限公司、江西五十铃发动机有限公司是江铃集团、日本五十铃按1:1对等股比组建的新的合资公司,总投资44.03亿元,其中整车项目26.85亿元、发动机项目17.18亿元。整车项目占地51.33公顷,规划产能10万辆,主要产品有日本五十铃最新研发的皮卡系列、SUV系列以及自助研发的皮卡系列、SUV系列,建设工程包括冲压、焊装、涂装、总装和车架等车间以及研发设施、公用配套设施。发动机项目规划产能22万台,主要产品有五十铃4J系列、江铃VM系列发动机。5月16日,江西五十铃整车项目签约仪式在新建县举行。10月6日,江铃集团轻型汽车有限公司举行揭牌仪式,第一辆"琪铃"皮卡正式下线。

【新世代全顺MCA车型下线】 2013年1月21日,江铃全顺V348MCA车型正式进入第一轮试生产,第一辆全新福特新世代全顺汽车在江铃股份全顺汽车厂总装车间下线,全新福特新世代全顺汽车可配置2.2L、2.4L两款发动机,排放系统达到欧五标准。

【江铃轻卡完成国四排放标准升级】 2013年7月,江铃完成轻卡全系列发动机国四标准升级,发动机升级后,整车仅加价2000—4000元,充分实现了"好车共享、实惠百姓"的承诺。

【江铃汽车股份有限公司公布年报】 2013年3月16日,江铃汽车股份有限公司公布年报,2012年汽车销量突破20万辆,实现净利润15.17亿元,每股收益为1.76元,拟实施每10股派7元(含税)利润分配方案。

【政企密切友好合作】 2013年4月21日,江铃汽车集团公司与新建县签署战略合作协议。8月28日,南昌县与江铃汽车集团公司共建深度合作推进会暨汽车零部件产业园项目集中开工仪式举行。当天集中开工的8个汽车零部件项目中,4个为江铃集团的子公司投资项目,分别为南昌江铃集团实顺物流有限责任公司商品车运输及第三方物流基地、江西新电汽车空调系统有限公司年产汽车空调系统及散热器冷却模块30万台套项目、南昌银轮热交换系统有限公司热交换器生产项目、江西江铃集团特种专用车有限公司特种专用车生产项目,总投资8.2亿元。其中,南昌银轮热交换系统有限公司和江西江铃集团特种专用车有限公司是江铃集团新成立的两家子公司,前者将生产高质量的热交换器,弥补江铃产业链的空白,后者专注经营特种专用车业务,将培育成江铃集团新的经济增长点。为做大做强南昌汽车企业,南昌县将安排江铃集团产业发展扶持资金2亿元,并进一步深化合作关系,快速形成产业优势,引入更多汽车零部件企业入驻园区。

【江铃汽车股份有限公司与台湾汽车业合作】 2013年11月,江铃汽车股份有限公司N601车型(中华新达)在台湾中华汽车新竹工厂下线,汽车散件来自江铃汽车股份有限公司。该项目自2012年5月启动,预计年产销量为3000台套,为江铃汽车股份有限公司新增销售收入5000万元。12月,江铃汽车股份有限公司与台湾三阳汽车公司在越南同奈正式签署轻卡KD项目合作协议,携手开拓越南汽车市场。

【江铃股份产品开发技术中心通过"国家级企业技术中心"复评】 2013年11月24日,江铃汽车股份有限公司在小蓝基地举行仪式,庆祝江铃股份产品开发技术中心被国家复评认定为"国家级企业技术中心"暨迁址小蓝基地揭牌。江铃股份产品开发技术中心新址一期投资4.24亿元,建有研发大楼、造型室、试制车间、NVH实验室及试验中心,架设有全球数字化设计信息系统、CAE计算中心,试车跑道投资8000万元。

【江铃集团荣誉】 2013年2月,江铃汽车股份有限公司被认定为江西省首批省级创新型企业。7月,江铃控股有限公司总装厂内饰一班班长喻琳当选为中国第十一次妇代会代表。8月31日,江铃以销售收入330亿元名列"2013中国企业500强"名单第313位。12月12日,2013中国制造业自主品牌价值在中央电视台财经论坛由中国品牌建设促进会发布,江铃汽车股份有限公司以品牌强度80.53分、品牌价值52.36亿元位居汽车行业自主品牌价值榜第四名。

2013年视察江铃集团领导一览表

表18

时间	内　容
1月17日	市委副书记、市长陈俊卿,副市长肖玉文到江铃调研
2月22日	太原市代市长耿彦波会见福特汽车公司副总裁、福特汽车(中国)有限公司董事长兼首席执行官John-Lawler(罗礼祥)及江铃汽车股份有限公司总裁陈远清。耿彦波说,太原非常重视福特江铃项目,在2013年确定的30项重点工程中,福特江铃项目位列第一。太原将竭诚为项目提供优质服务,努力把太原打造成福特在全球投资环境最好、服务最好、效率最高的城市
3月12日	副省长李贻煌一行到江铃对全省汽车产业发展进行调研
4月19日	云南省副省长刘慧晏参观江铃30万辆小蓝基地
4月23日	省委书记强卫、省长鹿心社在南昌会见日本五十铃社长细井行
5月10日	省委副书记尚勇到新建县长堎工业园的江西五十铃汽车有限公司进行调研
6月8日	副市长姚燕平到江铃考察科技工作
6月19日	省委书记强卫、省长鹿心社在南昌会见美国福特汽车公司总裁兼首席执行官艾伦·穆拉利

续表 18

时间	内　容
9 月 16 日、10 月 16 日	市委副书记、政法委书记欧阳海泉先后到江铃五十铃汽车有限公司、江铃小蓝基地调研
10 月 23 日	九江市委书记殷美根、代市长钟志生率九江市党政代表团到江铃考察
11 月 19 日	上饶市委书记陈俊卿率上饶市党政代表团一行考察江铃汽车集团公司
11 月 29 日	中国进出口银行党委副书记、副行长朱鸿杰参观江铃汽车股份有限公司小蓝基地

（廖渝涛　卢　瑜　余中文）

航空航天和其他运输设备制造业

【概况】 2013 年,中航工业江西洪都航空工业集团有限责任公司(以下简称中航工业洪都)全面落实“十二五”战略规划,继续发挥自主创新优势,发挥人才优势,抓住机遇、谋变求新,许多领域在追赶行业先进企业的征途上已实现由望其项背向同台竞技的跨越。践行“强军”使命,多个重点型号研制取得重大突破。航空外贸再创新高,K8 飞机新增 24 架订单;积极开拓猎鹰(L15)高级教练机国际市场,13 国空军代表团亲临考察评估,猎鹰(L15)高级教练机亮相迪拜国际航展等重大活动,教练机品牌影响力进一步扩大。非航空民品创新绽放,赢来“中航工业航空装备智能机器人产业化基地”落户,并成为“中国机器人产业创新联盟”副主席单位。C919 大型客机项目扎实推进,南昌航空工业城建设初具规模,并开始启用。通过武器装备科研生产许可延续申请审查和国家军工一级保密资格复查。中航工业洪都在国家级企业技术中心评价中被评为优秀,成为本年度江西省唯一获此殊荣的企业。全年专利申请量达 161 项,比上年增长 23.08%;授权专利 76 项,增长 72.73%。完成国防科技成果鉴定 20 项,荣获国防科学技术奖 1 项,中航工业科学技术奖 14 项;10 项课题分别荣获国家、省部级管理创新成果一、二等奖。中航工业洪都董事长、总经理宋承志主要创作的《航空制造企业基于转型升级的市场营销管理》获得第十九届国家级企业管理现代化创新成果二等奖。中航工业洪都钳焊液压附件厂数控铣工马跃辉荣获全国五一劳动奖章。中航工业洪都工会被中华全国总工会授予“全国工会职工法律援助维权服务示范单位”称号。

【C919 大型客机项目扎实推进】 2013 年 1 月 20 日,中航工业洪都与中国商飞公司签订 C919 大型客机中航工业洪都工作包责任书。10 月 17 日,中航工业洪都在南昌航空工业城举行 C919 大型客机前机身装配开铆仪式。12 月 11 日,C919 大型客机项目翼身组合体试验件实现下线交付。

【南昌航空工业城建设全面提速】 2013 年 2 月 25 日,中航工业洪都成立南昌航空工业城现场指挥部,入驻现场办公。北区二期启动开工建设。8 月 5 日,机场及生产区异地建设获国防科工局批准立项,中航工业、省政府已联合向国务院、中央军委行文申报机场立项。至年底,北区一期大部件装配厂房、钣金加工厂房、数控加工厂房、物流配送中心等已完工,部分工艺设备已投入使用。北区形象工程一号门房、广场及景观绿化已全面开建。

【猎鹰(L15)高级教练机亮相国内外各大展】 2013 年 9 月 1 日,中航工业洪都研制生产的猎鹰(L15)高级教练机在长春参加空军航空大学开学典礼暨吉林长春第三届航空节,进行空军航空节首次精彩的特技飞行表演。随后,进行地面静态展示,中央军委委员、空军司令员马晓天详细了解飞机的性能参数,并进行座舱体验。11 月 6 日,中航工业在西安举行纪念中航工业重组五周年的媒体日活动。活动期间,代表中国航空工业最高设计研制水平的歼 10、歼 15、直 10、猎鹰(L15)高级教练机参与地面静展。11 月 17 日,第 13 届迪拜国际航展开幕。中航工业携具有国际市场潜力的军机、民机、直升机、无人机、机载武器产品参加本届迪拜航展。中航工业洪都猎鹰(L15)高级教练机模型参展,获国内外用户广泛关注。

【非航民品实现新突破】 2013 年,实现民品收入 13.4 亿元,荣获中航工业航空装备 2012 年度“民品产业快速发展奖”。5 月 7 日,中航工业洪都成立先进智能工程研究中心;10 月 17 日,赢得“中航工业航空装备智能机器人产业化基地”的落户;12 月 18 日,正式成为“中国机器人产业创新联盟”副主席单位。10 月 28 日,中国人工智能学会第六届第五次理事会增选中航工业洪都为理事单位。

【信息化建设持续推进】 2013 年,中航工业洪都涉密信息系统通过了国家测评中心的风险评估。建立了采购、库存、配送管理信息平台,启动了工装快速生产准备系统、需求管理系统(DOORS)的建设与实施,初步建立数字化档案管理体系。中航工业洪都荣获中航工业信息化达标 A 级企业和信息化先进单位称号。

【召开职工住房建设工作协调会】 2013 年 10 月 10 日,市委常委、副市长刘建洋主持召开中航工业洪都搬迁职工住房建设工作协调会。会议认为,搬迁职工住房建设是中航工业洪都顺利推进南昌航空工业城建设、实施整体搬迁的关键,市委、市政府高度重视,相关部门应予以大力支持,合法合规全力推进各项工作。会议就南昌航空工业城搬迁职工住房建设具体问题进行研究与部署。市政府、市工信委、市国土局、市规划局及中航工业洪都等相关领导出席会议。

【开展全员综合素质培训】 2013 年 5 月 5 日,中航工业洪都“2013 年全员综合素质培训项目”正式启动。本次培训以打造一支政治思想觉悟高、执行力强的高绩效团队为目标,向全体职工讲清战略,说透机遇,阐明挑战,传递企业主流导向和声音。该项目历时 2 个多月,9800 余名职工参训,如此大规模和长周期的培训在中航工业洪都 60 余年的历史上尚属罕见,甚至在全国大型企业中也是首次。7 月 23 日,《中国航空报》专版刊登了中航工业洪都全员综合素质培训有关情况。

【实行企业补充医疗保险】 2013年8月13日，中航工业洪都实行企业补充医疗保险。中航工业洪都全体在职和退休职工（含内退、离岗休息职工）2万余人都纳入这一保障体系之中。企业补充医疗保险是企业在参加城镇基本医疗保险的基础上，国家给予政策支持，由企业自主举办的内部补充性医疗保险形式。根据国家政策，企业补充医疗保险基金按不超过企业上年度工资总额的5%提取，参保人员个人不缴费。中航工业洪都在企业不太富足的情况下，实行企业补充医疗保险，把企业改革的成果最大限度地惠泽职工。

【召开“第十届中国网络媒体江西行”记者见面会】 2013年10月22日，中航工业洪都在南昌航空工业城组织召开“第十届中国网络媒体江西行”（军工采访专场）记者见面会。江西省国防科工办主任杨贵平、中航工业洪都副总经理杨力平等领导出席见面会。杨贵平向来自人民网、新华网、新浪网等35家国内知名网络媒体记者介绍江西国防科技工业发展情况，杨力平对南昌航空工业城规划、建设进展及发展前景进行推介。

【上演南昌巡演话剧《追梦》】 2013年11月10日晚，第一部立体反映航空人生产、生活的话剧作品《追梦》在中航工业洪都体育馆上演。这是由中国航空工业集团公司组织创作，由上百个航空人出演，以大型运输机研制历程为背景的话剧，是继沈阳、北京后，到中华人民共和国成立后第一架飞机诞生的地方——南昌进行巡演。中国航空工业集团公司副总经理高建设出席并致辞。作为中航工业开展党的群众路线教育实践活动的一项重要内容，话剧《追梦》全国巡演活动得到中航工业主要领导的高度重视，中航工业洪都按照巡演活动安排认真组织落实，在全公司上下广泛动员，努力激发该剧在教育职工、振奋士气、凝聚人心等方面的积极作用。省市有关部门领导、驻赣单位代表及公司3000余名干部职工现场观看演出。在职工群众中激起强烈反响。

【中航工业洪都多次荣获省市表彰】 2013年3月1日，在南昌高新区2013年经济工作会议上，中航工业洪都荣获“南昌高新区2012年度先进企业”“南昌高新区2012年度纳税重大贡献企业”“南昌高新区2012年度十佳创新企业”称号。4月12日，在2012年度全省工业节能工作先进单位表彰会上，中航工业洪都荣获“2012年度全省工业节能工作先进企业”称号。6月18日，在南昌市打造带动全省发展的核心增长极推进大会上，中航工业洪都被南昌市委、市政府授予“南昌市打造核心增长极企业（经济实体）税收突出贡献奖”单位。10月20日，在2013年南昌慈善日暨“慈善一日捐”活动仪式上，中航工业洪都荣获“南昌市最具慈善爱心单位”称号。

【打造服务改革发展的文化软实力】 2013年9月28日，中航工业洪都举行企业文化体系暨文化手册发布仪式。中航工业洪都董事长、总经理宋承志，党委书记张波为企业文化体系发布进行亮灯启动。中航工业洪都正值转型升级的关键阶段，如何形成与战略相匹配的文化，成为中航工业洪都领导班子的思考重心。此次发布的企业文化体系以中航工业战略为框架，以“洪都心，新洪都”为主题，通过宗旨、理念、愿景、使命等要素，突出“献身航空、团结奋斗、创新担当、争创一流”的洪都精神，引领树立“忠诚、自信、求实、共赢”的核心价值观。中航工业洪都建立文化内训师队伍，全面开展“上好一堂文化课”活动，推动了企业文化的扎根落地。

2013年视察中航工业洪都领导人和外国友人情况一览表

表19

时间	内　容
1月14日	国防科工局副局长张建华一行到中航工业洪都调研，听取企业综合情况、“十二五”发展规划和南昌航空工业城建设等情况汇报，肯定中航工业洪都战略定位清晰，主要产品很有吸引力，希望通过自身努力，把改革发展各项工作做实
2月21日	20余名江西籍全国人大代表组团考察南昌航空工业城
2月26日	副省长李贻煌一行到南昌航空工业城视察，详细了解南昌航空工业城总体规划、现阶段各厂房建设进度情况及需要政府协调解决的问题，表示省政府会在相关政策方面给予南昌航空工业城大力支持，并要求政府相关部门及时了解、解决建设过程中出现的问题，确保项目建设进度和建设质量
3月5日	美国通用电气公司全球采购总监汤姆·萨尔瓦一行到中航工业洪都访问。宾主双方就2012年以来的项目开展情况、项目现状及未来的合作意向进行深入洽谈
3月11日	省委常委、市委书记王文涛到南昌航空工业城调研，要求政府相关部门及时协调、解决建设过程中出现的问题，做好协调、监督、服务工作，加快推进航空城建设进程
3月20日	副市长朱志群率市采砂办、市重点办、市水务局等相关单位代表考察南昌航空工业城建设项目采砂点，并就南昌航空工业城建设项目采砂及供砂问题进行重点研究
3月26日	省委书记强卫到南昌航空工业城调研，了解航空产业布局和规划情况，察看项目建设进展，并希望各有关方面齐心协力，加快推进南昌航空城建设，形成产业集群效应，在做大做强航空产业的同时，更好地带动地方经济发展
6月18日	国家工业与信息化部装备司副巡视员李本建一行到中航工业洪都调研C919大飞机部件生产研制情况，充分肯定中航工业洪都资源、人才、技术、平台等优势和取得的成果，希望中航工业洪都进一步夯实能力与基础，加强民用航空产业的发展，借力民机研发国际合作、转包生产等平台打造品牌工程。同时，利用各种渠道加强研保条件建设

续表 19

时间	内　　容
7 月 12 日	中国商飞公司董事长金壮龙到南昌航空工业城调研,深入了解 C919 大飞机项目研制进展,协调、推进项目研制工作。他指出,中国民用航空工业已经迎来了新一轮发展机遇期,中航工业洪都作为 C919 大飞机大型客机项目的重要产业配套基地之一,珍惜机遇、埋头实干、攻坚克难,为 C919 大飞机项目发展做出了突出贡献。希望进一步增强对 C919 大飞机项目重要性、艰巨性和紧迫性的认识,坚定信心、下定决心,保持恒心,高度重视质量,尊重适航,会同中国商飞公司推动 C919 项目顺利发展
8 月 30 日	省委副书记、省长鹿心社到南昌航空工业城调研,指出南昌航空工业城规划建设规模和条件在国内是少有的,充分体现了江西省大力发展航空工业的决心。南昌航空工业城的建设情况令人鼓舞,但是做大做强航空工业还有很长的路要走,江西省、南昌市、中航工业洪都要共同努力,咬定目标,踏踏实实把南昌航空工业城建设好,把航空工业发展好
9 月 9 日	中航工业董事长、党组书记林左鸣到中航工业洪都检查指导工作。他指出,中航工业洪都经历了凤凰涅槃、浴火重生,当前江西省、南昌市对航空产业发展大力支持,中航工业洪都发展势头非常好,迎来了大发展的春天,发展后劲十足。中航工业洪都是对中国航空工业集团公司战略最有体会的,也是集团战略的最大受益者,要快速推进军品项目,从战术向战略转变,大力推进军民融合产业发展,做好投资项目和民品产业,实现企业快速发展
11 月 7 日	国防科工局局长马兴瑞一行到中航工业洪都调研,重点考察中航工业洪都在科工局立项型号的科研进展情况,并鼓励中航工业洪都按照既定的战略扎实前进,在省市政府的大力支持下加快南昌航空工业城建设步伐,早日完成整体搬迁,为国防装备建设和服务地方发展做出新的更大的贡献
11 月 28 日	中国国际商会会长万季飞一行到中航工业洪都就企业主要产品的性能指标、行业水平及市场前景等情况进行考察
11 月 29 日	中国工程院院长周济一行到中航工业洪都考察,充分肯定中航工业洪都发展战略,并表示其与国家制造业发展的理念相吻合
12 月 14 日	省委常委、省军区司令员熊安东一行到中航工业洪都调研

(程幼华)

电子信息产业

【概况】 2013 年,南昌市紧紧抓住当前全球数字化、网络化、智能化的良好发展契机,大力发展电子信息产业,产业集群日益明显,初步形成以晶能光电、联创光电等为龙头的半导体照明(LED)产业,以欧菲光、联创电子等为龙头的通信设备制造业,以菱光科技、一元数码等为龙头的电子元器件制造业。至年底,全产业完成主营业务收入 225.35 亿元,比上年增长 26.8%;实现利税 14.71 亿元,增长 75.9%。全市电子信息规模以上企业 58 家。

【两大省级产业集群】 2013 年,南昌市电子信息产业初步形成南昌高新技术产业开发区(以下简称南昌高新区)光电及通讯产业和南昌经济技术开发区(以下简称南昌经开区)光电产业两大省级产业集群。其中,南昌高新区光电及通讯产业集群已集聚相关企业 97 户,已投产企业 83 户,从业人数达 2.2 万人;主要以 LED 器件、线缆、LED 芯片、微型电声器件、耳机、手机、LCM 显示器、电容式触摸屏、光学镜头、电感、变压器、接触式彩色影像传感器等为主导产品;一批重大产业项目加速推进,晶能光电已打通从上游芯片、中游封装到下游应用的全产业链,联创电子和正星光电触摸屏项目不断做大做强,赛维 LDK 生产经营逐步企稳向好。南昌经开区光电产业集群集聚相关企业 25 户,已投产企业 19 户,从业人数 2.56 万人,主要以手机触摸屏、电脑机构件、血糖仪等为主导产品。

【LED 产业不断扩大】 2013 年,中国节能环保集团控股江西省晶和照明有限公司已正式签约,成为江西省第一个具有央企背景的 LED 企业;绿扬光电新增的两条大功率封装生产线已投产;投资 6 亿元的联创光电 LED 产业园项目(包括 LED 产业化器件、背光源等 9 个项目)准备动工建设。光学元件产品产能在不断扩大,后续市场将更好。南昌高新区是全国首批国家半导体照明产业化基地之一,拥有晶能光电、联创光电、绿扬光电、晶和照明等一批企业,初步形成从衬底材料、外延片、芯片制造到封装及应用的完整产业链。

【触摸屏产业稳步发展】 2013 年,南昌市触摸屏产业主要分布在南昌高新区,拥有以联创电子、正星光电为龙头的通信设备制造基地和以欧菲光科技为龙头的南昌欧菲光光电产业园。联创电子建设的“联创声像科技园”重点发展移动通信配套的触控显示、光学影像、电声器件等声像产品,形成公司的核心主业。触摸屏项目总投资 2 亿元,拥有净化厂房 1.5 万平方米,年产手机、笔记本电脑、数码相框、GPS 导航用电阻式触摸屏 1000 万片,电容式触摸屏可达到 4000 万片。与触控产业一流供应商美国康宁、3M,日本旭硝子、日东、尾池、日立、三菱以及韩国科利精、LG 等均有合作并且建立了较好的供求关系。触控产业核心部件中除 IC 作为标件采购之外,盖板玻璃 以及邦定和贴合组装、FPCBA 的

SMT(表面贴装技术)均实现完全自主。产品质量国内领先,产品广泛应用于航天、航空、移动通信等。正星光电在高新区投资6亿元建设电容式触摸屏导电玻璃、模组等产品研发与产业基地,预计未来3—5年内公司的年销售额将达到50亿元。南昌欧菲光科技有限公司基于完全自主知识产权的精密真空光电薄膜技术、半导体洁净工艺生产技术两大核心技术平台,已迅速成功量产国内领先、国际先进技术水平的系列纯平电容式触摸屏、微晶强化光学玻璃产品。产品广泛用于手机、平板电脑、电子书、GPS、游戏机和DC/DV等消费类电子产品领域,以及医疗器械、监控系统、光通信等其他领域。在当前电子消费产业触摸屏需求旺盛的情况下,欧菲光除拥有现在的三星、联想、华为、宇龙酷派等大客户外,亚马逊、谷歌、华硕、索尼、诺基亚、HTC等国际主流大客户也在被开发的过程中。

【出台支持LED产业政策】 2013年8月27日,《南昌市支持LED产业的若干政策措施》正式出台。政策措施共七章三十条,主要包括LED产业的发展目标及支持重点、资金支持、税费扶持、人才支持、市场开拓支持、产业发展配套服务和附则等内容。

【晶能光电项目被评为信息产业重大技术发明】 2013年1月7日,工信部公布2012年第十二届信息产业重大技术发明评选结果,晶能光电(江西)有限公司《硅衬底氮化镓基LED材料及大功率芯片技术》项目被评为信息产业重大技术发明,将被纳入《电子信息产业发展基金项目指南》,享受国家电子信息产业发展基金项目资金扶持。受益于国家自主创新体系建设,晶能光电公司创新用"硅"代替传统的"蓝宝石"或"碳化硅"作为衬底制造氮化镓基LED器件,在全球率先将具有自主知识产权的硅衬底LED技术产业化,打破了日、美等发达国家垄断LED核心技术的局面,在严密的专利封锁中闯出了第三条半导体照明技术路线,形成蓝宝石、碳化硅、硅衬底半导体照明技术方案三足鼎立的新格局。至年底,晶能光电公司MOCVD设备达19台并全部投产,产能从年产30亿粒蓝绿光芯片发展到年产190亿粒。

【晶能光电公司首席技术官赵汉民入选中央第九批"千人计划"】 2013年,晶能光电公司首席技术官CTO赵汉民入选中央第九批"千人计划"(创新人才长期项目),获得中央财政给予的100万元一次性补助。这是继2011年公司董事长伍仲俊入选中央第七批"千人计划"和研发副总裁孙钱入选中央首批"青年千人计划"之后,晶能光电的第三位入选"千人计划"的海外高层次人才。

【强卫视察晶能光电公司】 2013年3月26日,省委书记强卫一行到晶能光电公司视察,听取关于企业和硅衬底LED技术先进性的情况介绍,了解晶能光电公司最新的发展,对公司的自主创新之路和硅衬底LED技术所取得的世界级的成就给予高度肯定。市委、市政府出台的对硅衬底LED技术的专项扶持政策得到强卫的充分肯定。同时指出,晶能光电公司要抓住机遇,加快发展步伐,迅速占领日益扩大的市场。

【晶能光电硅衬底大功率LED通过LM80测试】 2013年,晶能光电公司宣布其硅衬底大功率LED芯片系列已经通过6000小时的美国环保署认可的第三方IES LM80测试,公司可根据需要提供LM80测试数据。晶能光电公司一直致力于硅衬底LED技术的研发和量产,是全球唯一一家能够实现大、中、小功率硅衬底LED芯片规模化生产的公司。此次硅衬底大功率LED芯片通过LM80测试认证,是对硅衬底大功率LED芯片产品质量的事实肯定,为广大客户使用硅衬底大功率LED芯片提供了质量保证。

【硅衬底"中国芯"照亮南昌一江两岸】 2013年12月26日,低碳试点城市——南昌,用节能环保的LED打造的赣江两岸亮化工程正式亮灯,展现出一幅幅梦幻"LED动态画卷",长达8千米,气势磅礴,浑然天成。

【联创光电LED路灯通过CQC认证】 2013年,江西联创光电科技股份有限公司自行研发的LED道路照明产品通过型式试验和工厂审查,顺利通过中国质量认证中心的CQC认证,荣获CQC认证证书。

【联创光电助力载人航天】 2013年6月26日,神舟十号载人飞船返回舱在内蒙古主着陆场成功着陆,圆满完成飞行任务。由联创特微公司生产的场效应晶体管再一次经受住考验,助力天宫一号和神舟十号载人飞行任务圆满成功。

【欧菲光迅猛发展】 2013年,南昌欧菲光科技有限公司基于完全自主知识产权的精密真空光电薄膜技术、半导体洁净工艺生产技术两大核心技术平台,已迅速成功量产了国内领先、国际先进技术水平的系列纯平电容式触摸屏、微晶强化光学玻璃产品。至年底,欧菲光股份公司在南昌已累计完成投资超过60亿元;实现主营业务收入57.77亿元,比上年翻一番。南昌欧菲光科技有限公司系深圳欧菲光科技股份有限公司的全资子公司,在南昌投资设立南昌欧菲光显示技术有限公司(简称欧菲光显)、南昌欧菲光学技术有限公司(简称欧菲光学)、南昌欧菲光电技术有限公司(简称欧菲光电)3家全资子公司。以上4家公司在南昌经开区形成了以触控系统及高清微摄像系统为核心的垂直一体化产业集群——南昌欧菲光产业群。

【MO源项目完善产业链条】 2013年,江西佳因光电材料有限公司组建高水平的新产品研发团队和企业运营团队,致力于LED外延材料—MO源(高纯金属有机化合物)和其他半导体专用化学品的研究开发与生产。该企业立足国际先进水平、替代进口产品,是掌握生产6N(99.9999%)以上高纯金属有机化合物(MO源)生产技术的全球五家企业之一。佳因公司MO源项目的顺利实施将使江西省成为继江苏省之后国内第二个拥有LED完整产业链的省份、使南昌市成为国内第一个拥有LED完整产业链的省会城市。

【重大项目加快建设】 2013—2016年,南昌市计划实施电子信息产业重大重点项目42个,总投资273.7亿元,项目全部达产后可实现主营业务收入624.9亿元。其中,欧菲光电公司高像素模组及ITO项目即将达产;欧菲光学公司微晶玻璃项目、欧菲光显公司中大尺寸触摸屏和纳米银项目正加快建设;总投资6亿元的艾炜特智能电子产品项目已签约落户,准备注册;同时,总投资15亿元的深圳科陆电子项目、总投资10亿元的凤凰光学盖板玻璃及触摸屏项目(一期)、总投资7000万美元的鑫陇科技IC封装、检测及电子产品主机板生产项目、总投资5000万美元的富港电子公司电子产品生产项目和总投资5000万美元的荣晶科技二期液晶显示屏模组项目等一批重大项目正快速推进。

(陶　磊　卢　瑜　王星星)

医药制造业

【概况】 2013年，南昌市拥有各类医药生产企业260余家，经营单位16260余家，生物医药领域从业人员近8万人，规模以上工业企业97家，其中药品生产企业62家、医疗器械生产企业35家。至年底，药品生产占全省总量的50%，医疗器械生产占全省总量的80%。一次性医疗器械制造规模全国最大，医疗检测仪器制造规模居全国第三，中成药生产规模居全国第三。全市规模以上生物医药企业资产总额187.6亿元，实现主营业务收入317亿元，利税总额29.6亿元，利润总额18.2亿元。

【名优企业众多】 2013年，在工信部公布的2012年中国医药行业工业企业快报排名(按主营业务收入)中，汇仁集团排名46位、江中药业排名第58位。全市生物医药产业拥有江中药业一家上市公司。在世界品牌实验室发布的《2011年中国500最具价值品牌排行榜》中，南昌市“江中”“汇仁”同时上榜。至年底，南昌市医药产业拥有“洪达牌一次性输注器械”等中国名牌产品和“江中”“汇仁”“洪达”“义鑫”和“初元”等中国驰名商标。

【技术创新成果突出】 2013年，南昌生物医药工业企业注重技术创新，不断加大研发投入。至年底，有中药固体制剂制造技术国家工程研究中心(江西本草天工有限责任公司)，有江中药业、江西制药、南昌百特等7家省级企业技术中心，有江西省非处方中药工程技术研究中心(汇仁集团)、江西省临床检验仪器和体外诊断试剂工程技术研究中心(特康科技)和江西省新型释药工程技术研究中心(弘益科技)等3家省级工程技术研究中心。弘益药业被认定为国家级创新方法基地，江西本草天工、弘益科技、汇仁集团3家企业被认定为首批国家级知识产权优势企业，有13家生物医药企业通过高新技术企业认定，有10个项目被列入国家级科技计划项目(含科技支撑计划、火炬计划、星火计划等)。南昌市生物医药工业企业共获得国家专利127项。在开发的新产品中，浩然生物开发的“高纯度乌司他丁(HP－UTI)”荣获国家重点新产品，三鑫医疗开发的“一次性使用避光输液器(带针)”荣获南昌市优秀新产品一等奖。

【年产1300万件监护仪等医疗器械用品项目(一期)加快推进】 2013年，年产1300万件监护仪、1000万件血透装置医疗器械用品项目(一期)加快推进。该项目位于进贤县，占地面积36.67公顷，由江西洪达医疗器械集团有限公司投资，总投资15.2亿元。项目分三期建设，主要建设原料仓库、培训中心、血透仪生产车间及监护仪生产车间、办公楼、科研中心、综合性大楼及职工宿舍、职工食堂等。江西洪达医疗器械集团有限公司是一家专业从事一次性使用无菌医疗器具系列产品的生产企业。该公司生产的“洪达”牌产品有九大类几十个品种，拥有员工5000余人。

【年产700套数字一体化手术室等产业项目加快推进】 2013年，深圳尚荣医疗股份有限公司年产700套数字一体化手术室及其配套医疗设备、医疗信息化软件及其关联产业项目加快推进。该项目位于南昌县，占地面积为33.34公顷，由深圳尚荣医疗股份有限公司投资，总投资10亿元。该项目分两期建设，一期用地26.67公顷，二期用地6.67公顷，主要建设新型高端救护车、医疗器材、仪器、设备。预计2014年6月可完工。深圳尚荣医疗股份有限公司成立于1998年，总部位于广东省深圳市，是一家医疗治疗类设备研发制造和医院系统集成领域的高科技企业，是国内医疗专业工程领域最大的服务商之一。

【汇仁药业20亿片肾宝片等产品建设项目加快推进】 2013年，汇仁药业20亿片肾宝片、500吨解毒痤疮丸等产品建设项目加快推进。该项目位于南昌县，占地面积26.67公顷，由江西汇仁药业有限公司投资，总投资7亿元。主要建设内容包括办公楼、质检研发综合楼、三幢仓库、车间等。主要产品为肾宝片等中成药。项目全部建成达产后，能形成片剂20亿片、口服液3亿瓶、丸剂500吨的主要产品年生产能力。汇仁集团是一家按健康产业链拓展，产学研相结合，科工贸一体化，集成式发展的大型医药企业集团。该公司是中国民营企业制造业500强、江西省工业十强企业、中国民营企业100强企业，其注册商标“汇仁”被评为“中国驰名商标”和“中国医药行业十大影响力品牌”。

【江中药业股份有限公司植物有效成分提取等项目加快推进】 2013年，江中药业股份有限公司植物有效成分提取及保健食品生产项目加快推进。该项目位于湾里区，由江中药业股份有限公司投资，总投资6.22亿元。主要建设内容包括生产、质检、办公、生活配套等用房9万平方米，建设植物有效成分提取、保健食品口服液制剂、多功能口服液制剂等生产车间，形成年产植物有效成分水提取物8000吨、醇提取物4000吨、保健口服液8400万瓶、多功能口服液5000万瓶、运动型饮料10000万瓶的生产能力。江中药业是国家GMP认证企业、ISO 9001、ISO 14001及OHSAS1 8001体系认证企业，国家级重点高新技术企业和国家级创新型试点企业，在江西首家创建“企业博士后科研工作站”。

2013年4月17日下午，“携手同行、共创辉煌”深圳蓝韵集团与江西洪达集团合作签约仪式在深圳市举行

【江西洪达与深圳蓝韵合作项目签约】 2013年4月17日，深圳蓝韵集团与江西洪达集团合作签约仪式在深圳市举行。副市长肖玉文、深圳市政协副主席陈思平出席并分别讲话。此次合作将充分发挥洪达集团的营销网络优势和蓝韵集团的科技研发优势，计划在数字超声、放射影像、临床检验、血液透析、呼吸麻醉和理疗IT六大系列产品领域开展合作，实现优势互补、强强联合、共同发展。双方共同出资1.5亿元，成立江西省蓝韵科技有限公司。在进贤县医疗器械产业基地首期建设1万平方米的蓝韵科技园和5000平方米的医疗器械设备耗材展览厅，从事数字医疗设备的研发、制作、销售，共同打造国内一流的数字医疗设备生产基地。

【梅里亚南昌鸡用弱毒疫苗项目投产】 2013年10月14日，由梅里亚集团投资的"年产鸡用弱毒疫苗160亿羽项目"在南昌高新区正式建成投产。副省长胡幼桃，市委副书记、代市长郭安，法国驻武汉总领事马天宁，梅里亚集团的隶属公司赛诺菲集团全球总裁魏巴赫、梅里亚集团总裁贺宸霆等出席典礼。赛诺菲集团是老牌世界500强企业。2013年世界500强排名第219位，其全资子公司梅里亚集团在南昌高新区内建设的总投资4.6亿元，项目投产后年产鸡用弱毒疫苗160亿羽份，年产值5.75亿元，成为全国最大的鸡用弱毒疫苗生产基地。该项目将成为赛诺菲集团在中国重要的业务新增长点。

【江中集团通过《企业知识产权管理规范》验收】 2013年4月26日，恰逢第十三个"426世界知识产权日"，江西省知识产权局专家组对江中集团执行《企业知识产权管理规范》情况进行现场检查。经文审与现场检查，专家组对该集团的知识产权管理工作给予充分肯定，并对此次贯标实施给予高度评价，一致决定顺利通过验收。江中集团成为全国第一批通过《企业知识产权管理规范》国家标准贯标企业。作为一家大型现代化中药制药企业，江中集团一直非常重视企业知识产权工作，在专利、商标注册和著作权建设等知识产权保护领域均取得了一定的成绩，先后获得"全国专利系统先进集体""全国专利工作试点示范企业""第一批全国企事业专利试点工作先进单位"。江中集团累计申请专利262件，授权专利180件，注册商标370件，软件著作权5件。

【三鑫公司专注新产品、新技术研究开发】 2013年，江西三鑫医疗科技股份有限公司（专业从事医疗器械研发、制造和销售的高新技术企业）专注新产品、新技术的研究开发并进行持续投入，主导产品有"留置导管类、血液净化类、注射类、输液输血类"四大系列共32个注册品种、1000余种规格型号。荣获国家重点新产品2项、省级重点新产品5项、省级优秀新产品6项、省级优秀科技新产品3项、市级科技进步奖4项。其中，自毁注射器、安全自毁注射器、静脉留置针等通过科技成果转化的产品保持了较强的市场竞争力和良好的盈利水平。至年底，已取得各类授权专利38项，其中授权发明专利1项、实用新型专利32项、外观设计专利5项。

【弘益药业达立通颗粒项目被列入国家火炬计划产业化示范项目】 在科技部下达的2013年度星火计划、火炬计划、重点新产品计划和软科学研究计划中，南昌弘益药业有限公司的"达立通颗粒新版GMP优化升级产业化示范"项目被列入2013年度国家火炬计划产业化示范项目。弘益药业研制生产的达立通颗粒是中国首个具有自主知识产权的促胃肠动力中药新药，具有促进胃肠蠕动和胃排空、抗炎、镇痛、止吐（清热解郁，和胃降逆，通利消滞）等作用，用于功能性消化不良（痞满症）。该产品填补了中药在胃动力药领域的空白，曾被评为国家重点新产品，并获得发明专利授权。

【汇仁药业新厂区建设工程动工】 2013年3月18日，江西汇仁药业有限公司新厂建设工程正式破土动工。汇仁药业新厂区位于小蓝工业园内金沙三路以东、金沙二路以西、汇仁大道以南、银湖二路以北，占地面积26.87公顷。新厂区包括综合办公大楼、生产车间、物流立体库、员工宿舍以及员工活动中心等。工程分三期施工建设，一期工程建筑面积达12万平方米，预计于2014年底完工投产。

【强卫视察江中药谷】 2013年9月12日，省委书记强卫一行到江中集团，先后视察固体制剂车间和液体制剂车间，参观自动化生产线和生产设备，对江中药谷的整体生产环境与装备水平表示肯定。强卫勉励江中要善于抓住科技进步的机遇，进一步加强基础性科研。同时指出，江西省是中医药大省，江中要多做打基础的事，积累中成药生产、临床标准化的基础数据，为地方经济乃至行业的发展做出贡献。江中集团也将以强卫的殷切期望为奋斗目标，实干兴企，实干兴赣！

（市工信委科技处　综合处）

新材料产业

【概况】 2013年，南昌市围绕将新材料产业打造为千亿级战略性支柱产业的总体目标，通过提升存量，引进增量，初步形成在国内市场具有较大影响力的安义县建筑铝型材、塑钢产业集群，进贤县钢结构件加工生产和废铜资源回收加工产业集群，以及南昌高新区铜精深加工产业集群3个产业集群。至年底，南昌市新材料产业完成招商引资项目总额212.1亿元，引进重大重点项目15个。全市新材料产业共有规模以上企业121家，比上年增加17家；实现主营业务收入475.9亿元，比上年增长8.1%；实现利税39.67亿元，增长11.3%。

【推进新材料产业发展】 2013年，为全面推进新材料产业朝千亿目标迈进，市工信委采取一系列措施支持新材料产业做强做大。一是加强调度推进。加强对重大项目的调度和分析。采取月调度、月分析、月小结的工作机制，实时搜集、整理企业最新情况；每季度撰写产业运行分析报告，及时掌握产业发展运行态势，为领导决策提供科学依据；定期对企业情况进行跟踪、了解，对企业反映的问题，能够解决的，及时联系相关部门予以解决；不能解决的，则争取上级部门的支持，予以协调。同时，加强与江西省工信委的对接联系，掌握国家和省最新产业发展政策，及时向企业传递相关信息。二是编制发展规划。在对企业生产情况进行充分调研的基础上，结合企业实际情况，科学、合理地制订《南昌千亿新材料产业发展推进方案》及《南昌市新材料产业三年行动计划》，明确新材料产业及龙头企业的发展目标。三是加大扶持力度。自2012年开始，南昌市本级财政从扶持企业发展资金中安排1000万元，用于兑现扶持安义县新型建材产业集群发展的各项政策和推进新型建材产业发展的各项工作经费，鼓励招商引资企业落户和生产、企业新建项目、技术改造、技术创新、上市融资、出口创汇等。2013年扶持资金增加至1500万元，同时给予500万元的产品检测公共服务平台的支持。四是加大招商引资。支持鼓励产业开放引资，突出引强引大引品牌，大力引进新材料产业中的“龙头”企业,提升产业整体实力。

【产业创新能力明显提升】 2013年,围绕新材料产业发展,积极引导企业加强自主创新,企业创新能力明显提升。至年底,方大特钢拥有专利授权19项,其中仅2013年,就获得专利授权13项,占公司专利总数的68.4%。方大特钢向国家知识产权局专利局提交专利申请26项,16项专利和1项著作权(《方大特钢设备管理系统》)登记正在受理中,另有20余个项目在培育审查、修改或提交材料准备当中。雄鹰铝业的江西高性能精确成型重点实验室、江西雄鹰博士后科研工作站、江西铝加工工程技术研究中心、江西雄鹰铝业检测中心及院士工作站已建成,并获得国家、省级主管部门审批。

【南昌高新区新材料产业快速发展】 2013年,南昌高新区总投资6.4亿元、年产2万吨的高精铜板带一期项目和总投资5.2亿元、年产3.8万吨的铜管二期项目陆续建成投产。至年底,初步形成以江铜工业园为龙头的铜资源深加工,以方大新材料和泓泰集团为龙头的铝资源深加工,以江钨浩运和百利精密刀具为龙头的钨及稀土金属深加工新材料产业体系。同时,南昌高新区成功引进总投资6亿元、年产2亿平方米聚酰亚胺纳米纤维隔膜项目。该项目已于2013年9月28日奠基开工,将于2014年建成投产。

【江铜集团市场竞争力增强】 2013年,江西铜业集团公司善于利用国际国内两个市场进行风险管理,通过6次大的资本运作,完成低成本债权融资108亿元、股权融资206.4亿元,有效整合资源,企业的发展手段和途径得以丰富,资本结构显著优化,提升了品牌效应,增强了国际竞争力。至年底,江铜集团下辖5家公司入驻南昌高新区,共实现主营业务收入34亿元(其中江铜龙昌精密铜管有限公司14.9亿元、江铜台意电缆6.8亿元、江铜耶兹铜箔有限公司6.2亿元、江铜铜板带有限公司5.6亿元、江西纳米克0.5亿元),占南昌市新材料产业主营业务收入的7.1%。随着总投资12亿元江铜集团总部的搬迁入驻,江铜集团在南昌高新区将迎来跳跃式发展。

【打造安义铝型材生产基地】 2013年,安义铝型材生产基地规模以上企业实现主营业务收入近100亿元。安义县是全国三大铝型材生产基地之一,全县30万人口中有12万人在全国各地从事加工、销售和生产铝合金门窗型材、塑钢等行业。4月28日,安义建材产品暨(上海)招商推介会在上海举行。推介会现场签约项目11个,资金21.5亿元,并达成5万吨铝型材产品销售意向。11月28日,首届江西(安义)铝型材及门窗展览会在安义县开幕。本届展会是江西首个以产业为基础的专业类特色展会,吸引来自全国各地的180余家铝型材及门窗企业参展。凭借得天独厚的地缘、人脉、市场和技术优势,安义县把发展建材产业作为加快县域经济发展的基础产业和战略产业来抓,形成了鲜明的产业特色。随着安义铝型材生产基地80亿元资金的投入,到2016年,安义铝型材生产基地主营业务收入将达300亿元。

【银企对接助力安义铝型材基地发展】 2013年9月1日,农行安义县支行在安义县工业园区举行“大行德广 助推园区企业成长”中小企业金融需求对接会,讲解金融产品知识,签订战略合作协议,助推中小企业发展壮大。通过为客户量身定制综合金融服务方案,与安义县一大批铝型材生产企业建立合作关系,共向12户小企业发放贷款1.45亿元,为安义铝型材企业提供了有利的金融保障。

【雄鹰铝业加快二期工程建设】 2013年,江西雄鹰铝业股份有限公司为适应市场需求和公司战略需要,以二期工程项目为核心,全力打造优势品牌,实现了从小到大,从弱到强,成为江西铝加工大型企业之一。为打造企业核心竞争力,公司2011年4月投资4亿元新上马占地30.67公顷的二期项目——18万吨的高端建筑铝型材和工业材项目。一、二期项目投产达标后,公司产能将跻身全国铝型材行业前十强。至年底,二期项目已完成10万平方米厂房主体框架,主体工程已封顶,其他建设正在抓紧施工。该公司已进入上市辅导期。

【方大特钢公司概况】 2013年,方大特钢科技股份有限公司(以下简称方大特钢)面对钢铁行业产能严重过剩、钢价持续低迷的严峻形势,充分发挥“党建为魂”、以人为本的企业文化优势,坚持走品种、质量、效益型的科学发展之路,积极应对市场变化,强化对标挖潜,加大科技攻关,深化各项管理,企业继续保持逆势发展的良好态势。实现销售收入132.15亿元,实现利税16亿元,比上年增长12.52%;实现利润8.21亿元,增长4.67%;产品销售利润率6.21%,比行业平均水平高出6.2个百分点,在全国行业对标企业中保持领先;加权平均净资产收益率21.10%,位居钢铁行业上市公司前列。这一不俗的业绩,标志着企业连续四年实现逆势上扬。方大特钢所取得的成绩,得到各级政府和社会各界的肯定。9月,省委书记强卫在江西省工业经济联合会报送的题为《不重外延重内涵,不重规模重效益——方大特钢走上质量效益之路》的材料上作出重要批示:“民企的好机制、好做法、好经验,值得我们国企学习借鉴。”先后获得亚洲名优品牌奖、中国民营企业500强、中国民营企业制造业500强、江西省企业文化职工文化示范单位、江西省非公有制企业转型升级示范典型等荣誉。方大特钢董事长、党委书记钟崇武当选为第十二届全国人大代表。

【方大特钢公司稳步发展】 2013年,方大特钢科技股份有限公司在钢材市场整体低迷的大环境下,克服公司搬迁与生产同步进行的困难,实现主营业务收入130亿元,占南昌市新材料产业主营业务收入的27.1%。6月,方大特钢以3.68亿元收购辽宁森能再生能源有限公司所持同达铁选30%股权,此次收购使方大特钢持有同达铁选100%股权。至年底,方大特钢汽车悬架集团有限公司的弹簧扁钢产销量占全国51%。

【方大特钢差异化战略深入推进】 2013年,面对钢铁行业低景气度和市场的激烈竞争,企业及时适应市场变化,瞄准客户需求,调整营销策略,通过采取差异化销售策略,完善与用户的供应链合作,加大新兴市场的开拓力度,提高销售服务水平,努力提升差异化产品的销售比重。至年底,弹扁销售量达84.2万吨,比上年增长11.11%,市场占有率超过51%,继续保持国内第一位;易切削钢的产销量7.6万吨,与上年增长94.87%,国内市场占有率位居第一位。

【方大特钢对标挖潜活动取得新成效】 2013年,方大特钢加大对标挖潜力度,以抓好技术经济指标和能耗指标攻关为重点,精耕细作降成本。公司有10项指标进入行业前10名,其中3项进入前三名,指标攻关降成本7600万元。优化配煤配矿管理,根据原料价格变化,及时调整配比,全年仅此项降成本1.73亿元。通过设备和备件采购模式进一步完善,使备件、辅料和维修三大费用与预算相比降成本5500万元。同时,大力推行招议标、比价管理制度,招议标降成本2491万元。

【方大特钢科技攻关和小改小革力度不断加大】 2013年,方大特钢加大科技攻关力度,以推进战略性产品开发和高端弹簧钢研制为重点,生产附加值高产品增效益。新产品增加效益700余万元,全年完成重点攻关项目38项,创造效益1.4亿元;累计申报26项专利,其中获授权13项。获准设立博士后工作站,为推进校企沟通合作,解决企业生产经营技术难题,搭建了良好的人才培养与科技创新平台。同时,企业把开展全员性小改小革活动作为企业控制成本、降本增效的重要手段,通过激励措施,调动员工的积极性,有效促进小改小革活动的开展和活动质量的提升。至年底,小改小革成果共计1144项,累计创效2776.67万元,投入产出比率达1:4.15。

【方大特钢成为第一批符合《钢铁行业规范条件》的钢铁企业】 2013年4月2日,经江西省工业和信息化委员会预审及工业和信息化部有关专家评审,方大特钢在节能减排、产品质量等方面完全符合《钢铁行业规范条件(2012年修订)》各项要求,成为工信部公布的第一批符合《钢铁行业规范条件(2012年修订)》45家钢铁企业之一,这是江西省唯一入选的钢铁企业。45家钢铁企业中包括宝钢、鞍钢等30家国有钢铁企业,沙钢、方大特钢等15家民营钢铁企业。

【方大特钢烧结脱硫项目投入试运行】 2013年12月31日,方大特钢烧结脱硫项目的主体——脱硫部分顺利建成投入运行。该项目投入运行后,实际脱硫效率可达95%以上,二氧化硫排放浓度由处理前平均1500毫克/标准立方米降到处理后的低于200毫克/标准立方米,最低可降到50毫克/标准立方米以下;脱硫运行成本约6元/吨烧结矿(不含设备折旧);每年可减少二氧化硫排放7700吨。方大特钢烧结脱硫项目由中冶长天国际工程有限公司总承包建设,投资总额7500万元,2012年底开工建设。

(石萌达 卢 瑜 何云峰)

纺织服装、服饰业

【概况】 2013年,南昌市纺织服装产业努力克服国际市场需求增速放缓、人民币升值压力不断加大、国内外棉价倒挂、融资难融资贵等不利因素,积极应对市场风险,主动转变发展方式,全行业保持平稳发展态势。全市198户规模以上纺织工业企业纱产量4.1万吨,比上年增长19%;布产量8808万米,增长24.7%;服装产量4.3亿件。实现主营业务收入301.8亿元,增长12.2%;实现利税30.24亿元,增长13.2%;出口创汇18.38亿美元,增长33.19%。纺织服装产业是南昌市的传统优势产业,纺织服装产业在扩大出口、拉动内需、促进就业和保障民生等方面发挥着重要作用。全市有华兴针织、欣隆纺织、福德隆、盛兴制衣、华源江纺等一大批知名本土针织服装和布料生产企业,有香港永通鞋业、台湾广有鞋业等一批知名港台企业加入南昌纺织服装鞋帽产业大军。

【纺织服装产业规模较大】 2013年,南昌纺织服装产业规模在中部六省会城市中排第一,在全省十一个设区市中列第二。全市纺织服装企业有1300余家,从业人员近10万人,主导产品是针织服装,针织服装产量占全国的60%,产品90%以上出口欧美、中东、南非等国家和地区,在华东地区、全国乃至国际纺织服装采购业内都有一定的知名度,是中国中部地区重要的针织服装出口及加工基地。

【纺织服装产业集聚明显】 2013年,南昌纺织服装产业主要集中在青山湖区,是青山湖区的草根产业。青山湖区以出口针织服装为主,聚集738家针织服装企业,从业人员达5万,其中规模以上企业有102户,占全市纺织服装规模企业的1/2。至年底,实现主营业务收入230.46亿元,比上年增长9.8%;利润总额11.12亿元,增长6.20%。其中,规模以上企业实现主营业务收入162.55亿元,占全市规模以上纺织服装企业的53.86%。

【纺织服装产业装备先进】 2013年,南昌市针织服装行业拥有各式先进的织造设备1000余套。有从德国、美国、日本、意大利及中国香港等地引进的各类生产设备,中国香港的立信筒子纱射频烘干生产线、意大利的络利安先进络筒机生产线、美国的杜布德圆筒针织布预缩生产线、中国香港的立信无张力烘干机生产线及先进轧光生产线、先进拉毛磨毛牛产线和各种中、小样染色机齐备,意大利电脑测备配色及布、沙物理质检仪器齐全。拥有国产先进缝纫设备近3000台。作为南昌重要的纺织服装下游产品生产企业,先进设备的引进,大大提升了服装的品质。

【纺织服装产业技术成熟】 2013年,南昌针织服装产业技术水平领先。华兴针织、盛兴制衣、恒生制衣、新宇制衣、陪唯梦等龙头企业的创业已有近20年的历史,工人的操作水平、企业的质量管理水平在国内都处于领先。针织服装企业绝大多数都属于出口外贸型企业,产品分高、中、低档三种,无论生产哪一档次产品,出厂经严格的质量检验,都能达标,产品质量高。

【企业品牌建设和技术创新意识增强】 至2013年底,南昌新宇制衣有限公司成立进行服装设计和开发环保面料的科研开发队伍。江西中基公司成立进行面料研究和样式设计的科研开发队伍,开展“环保生态牛仔面料”和“生态弹力竹节纱”研究。江西京东实业有限公司与东华大学(原中国纺织大学)建立长期的技术合作关系,并成立进行环保印染的研究科研开发队伍。南昌盛兴制衣有限公司大力实施品牌战略和科技兴业,成立一支60余人的科研开发队伍,进行产品品牌样式设计和新产品开发,开发打造“赣龙”“远弛”“响响”牌系列针织服装,这些品牌在国际市场上享有一定的知名度;同时,投巨资研制的肥胖病保健内衣、血压保健内衣、肩周炎保健内衣已获三项国家专利,销售前景可观。江西省恒生制衣有限公司创立了“米迪奴斯”品牌,在中国香港和法国先后注册了“米迪奴斯”商标;产品全部出口美国、欧洲、日本、澳洲等40余个国家和地区。

【中国(江西)针织服装创意产业园设立】 2013年5月11日,江西省工信委在南昌昌东工业园区规划建设中国(江西)针织服装创意产业园。项目占地约60公顷,总投资20亿元,东起东升大道,西至高新大道,南起广州路,北至昌安路,将规划建设研发创意区、企业总部区、文化会展区、电子商务区四大功能区,打造成集创意设计、总部经济、文化会展、时尚传媒、电子商务等功能于一体的高端化、时尚化、国际化的针织服装研发中心、时尚发布中心、会展中心和交易中心。至年底,已完成项目规划选址、概念性规划、征地拆迁等前期准备工作。

【中国(江西)针织服装创意产业园研讨会召开】 2013年8月12日,中国(江西)针织服装创意产业园研讨会在南昌市青山湖区政府举行。中国纺织工业联合会会长助理、中国针织工业协会会长杨世滨,中国服装协会副会长魏林,中国针织工业协会副会长赵洪,省工信委副主任万庆胜,市委常委、青山湖区委书记李小豹,市工信委主任詹水发出席会议。省工信委纺织处、南昌市工信委、江西服装学院、江西省经济管理干部学院和青山湖区委、区政府、区有关部门及部分企业负责人参加研讨会。会上,介绍青山湖区针织服装产业的发展概况、创意产业园规划的核心思想和规划编制的初步设想,并强调发展服装创意产业是江西省从"服装大省"向"服装强省"迈进的重要举措,要高度重视青山湖区针织服装创意产业园建设,扎实有效推进各项工作。

【中国(江西)针织服装创意产业园发展规划合作协议签订】 2013年9月,南昌昌东工业园区与中国针织工业协会签订中国(江西)针织服装创意产业园发展规划合作协议。中国针织工业协会及专业团队将以"存量提升,增量发展"为主线,编制"中国(江西)纺织服装创意产业发展规划",指导创意园区建设,推动产业价值链合作、促进产业转型升级、集合高附加值的生产要素,构建竞争力新优势,加快形成现代纺织产业体系。规划将明确服装创意产业的发展目标、方向,提出今后一段时期的主要任务和发展重点,实施方案措施和产业政策的建议。同时,昌东工业园区将与中国针织工业协会合作,每年策划一次旨在推介、宣传江西纺织服装产业的会展,搭建与国内外顶尖纺织服装企业的互动平台。

【香港艺之蝶昌东服装产业园项目签约】 2013年5月23日,香港艺之蝶昌东服装产业园项目正式签约落户昌东工业园区。项目总投资1.5亿元,位于东升大道以东、深圳车仆项目以北、为民机械项目以南,占地约1.73公顷,规划建设2栋研发中心及办公楼,3栋生产车间,1栋宿舍楼,1栋展示中心。项目内容为服装研发、生产、面辅料展示、绣花、电脑制版培训、高级定做、电子商务及销售一体。

【宁波长隆国泰南昌服装产业基地项目竣工】 2013年8月,宁波长隆国泰南昌服装产业基地项目竣工。该项目是沿海产业梯度转移落户内地的典型代表,由宁波长隆国泰公司将宁波的纺织生产线全部搬迁至内地,生产高档纺织服装。项目总投资3.5亿元,占地10公顷,规划建设二栋三层标准厂房,二栋四层员工宿舍楼和产品展销门市部及一栋高层,建筑面积7.3万平方米。

【江西首届纺织服装创意产业链总裁班开班】 2013年11月18日,由江西省中小企业局、武汉纺织大学和江西服装学院共同举办的"江西省纺织服装创意产业链总裁高级研修班"在江西省中小企业公共服务平台三楼开班。全省纺织服装创意产业链总裁高级研修班整合国内外业界权威专家优质资源,以导师辅导为主,通过建立导师库、举办管理沙龙等形式开展互动式办学,组织企业家学员走进江苏常熟、广东深圳、浙江杭州、福建晋江等纺织服装产业发达地区先进企业,实地参观学习,开阔企业视野,提升行业企业的管理水平及解决问题的能力,助力企业成长。

2013年8月12日,中国(江西)针织服装创意产业园研讨会在南昌市青山湖区政府举行

【江西服装学院与石狮签订市校合作协议】 2013年11月15日,江西服装学院与石狮市政府签订市校合作战略合作协议。根据协议规定,双方将在建立毕业生见习基地、培养适应地方产业需求的应用型人才、共同做好毕业生就业工作、设立设计师工作室、推动多项目合作等5个方面展开合作。

【江西服装学院入驻石狮星期YI博览园】 2013年12月17日,江西服装学院与石狮市星期YI服饰创意博览园正式签订入驻协议,成为第一所在福建石狮市创意园区落地的高校。江西服装学院入驻星期YI服饰创意博览园后,将在创意园区设立该毕业生实习创作设计室,每年选派100名优秀服装设计毕业生前往石狮市企业实习,为石狮市纺织服饰产业源源不断输送创意设计人才。该校创办的工作室将享受石狮市政府给予的优惠政策。

【青山湖区纺织服装行业商会在昌东工业园区正式成立】 2013年12月27日,青山湖区纺织服装行业商会在昌东工业园区正式成立。省工商联、省工信委、市工商联,青山湖区委、区政府领导及全区80余名纺织服装企业家出席成立大会。青山湖区纺织服装行业商会成立,标志着青山湖区纺织服装企业克服了松散和无序的状态,由各自为战转向联合作战,由分散活动转向统一协调,展现了青山湖区纺织企业携手拓展经营的崭新团队形象。

(王平 卢瑜)

食品制造业

【概况】 2013年,南昌市拥有规模以上食品企业140家,从业人员4.7万人。按行业分类:农副产品加工业80家,食品制造业39家,饮料(含酒)制造业20家,烟草制造业1家。累计资产总额408.3亿元,比上年增长12.7%;实现主营业务收入866.9亿元,增长17.4%;利税总额149.2亿元、利润总额51.5亿元,分别增长17.7%和27.6%。

【名牌产品、驰名商标众多】 2013年,正邦科技、江西中烟南昌卷烟厂两家食品企业主营业务收入过百亿元。食品行业现有正邦科技、煌上煌两家上市公司，以及双胞胎集团、南昌双汇、润田饮料、中粮可口可乐、国鸿集团、绿源油脂、草珊瑚科技、洪富肠衣、安德利油脂、金峰茶业、李渡酒业等一批知名企业。拥有“金佳”“正邦”“双胞胎”等中国名牌产品，“金圣”“汪氏”“煌上煌”“正邦”“润田”等中国驰名商标，以及“南昌”啤酒、乔家栅“滕王阁”、“天天阳光”液态奶等江西名牌产品和“国鸿”“稻香园”等江西省著名商标。

【科技创新成果突出】 2013年，南昌食品企业注重技术创新，不断加大研发投入。全市食品企业共获得国家专利90项。有7家食品企业通过高新技术企业认定，有3个项目被列入科技部星火计划，2个项目被列入科技部农业科技成果转化资金，有6家企业获得科技部科技型中小企业创新基金支持。至年底，全市共有南昌亚啤、江西中烟南昌卷烟厂、正邦科技等6家食品企业建立省级企业技术中心，汪氏集团、草珊瑚科技等5家企业设立省级工程技术研究中心。汪氏蜜蜂园开发的“汪氏牌斯蓝柏片”荣获江西省优秀新产品一等奖；双胞胎集团开发的“双胞胎乳猪奶粉乳猪配合饲料”荣获南昌市科技进步一等奖。

【千亩生态酿酒园落户李渡】 李渡酒业千亩生态酿酒园项目位于进贤县李渡镇，占地面积87.2公顷，由华泽集团投资，总投资达15亿元。项目建设期为2—3年，建成后年产成品酒可达10万吨，年产值15亿元，将打造成集生产、园林、工业旅游、环保为一体的现代化生态酿酒基地。华泽集团2008年并购李渡酒业，重新组建江西李渡酒业有限公司。该公司是南昌市最大的白酒生产企业。李渡烧酒作坊遗址被誉为2002年中国十大考古发现，具有800余年历史。李渡系列酒多次评为江西省名酒、江西省优质白酒、消费者最喜爱的白酒、最佳日用工业品，荣膺乌兰巴托、巴黎国际食品博览会金奖，李渡牌评为“江西省著名商标”，曾被“庐山会议”指定为专用酒，在人民大会堂作为国酒宴请国内外嘉宾政要。

【润田饮料生产基地项目建设】 润田饮料生产基地项目位于南昌经济技术开发区，占地面积19.6公顷，由江西润田饮料股份有限公司投资，总投资达9亿元。主要建设内容为购置先进的Sidel（西德乐）灌装机、五位一体机、KRONES（克朗斯）吹瓶灌装一体机、KRONES包装机、劲皇套标机等关键生产设备，建设厂房、仓库、办公楼等生产和公用辅助设施，形成年产PET纯净水3600万箱，5加仑桶装水600万桶，各类饮料600万箱。江西润田饮料股份有限公司是一家致力于生产经营天然饮料食品的中外合资企业，依托国内资源优势，投入巨资引进当今国际先进的生产技术及设备，水处理采用传统工艺与先进工艺相结合，自动化程度高，性能稳定。产品多次荣获“国家免检产品”“国家绿色食品”“全国食品行业名牌产品”“江西省名牌产品”等荣誉称号，其注册商标“润田”被评为中国驰名商标。

【江西高氏油茶产业生态科技园基地项目建设】 江西高氏油茶产业生态科技园基地项目位于进贤县开发区，占地面积约40公顷，由江西高氏林牧发展有限公司投资，总投资计划12亿元。主要包括油脂加工，油茶产业链深加工、高产油茶苗木示范基地、科技研发和生态旅游等。其中，油茶产业工业园占地40公顷，正式投产后，仅高品质纯茶油产品年销售额就可达20亿元，成为江西省乃至全国茶油行业的领军企业。江西高氏林牧发展有限公司是澳门高氏集团投资的外商独资企业，是一家集油茶种植、畜牧业、养殖业等科研开发、加工生产、销售服务于一体的高科技、综合性林牧业科技大型企业。

【婴幼儿营养米粉及功能奶粉改扩建工程建设】 婴幼儿营养米粉及功能奶粉改扩建工程项目位于南昌县小蓝经济技术开发区，占地面积约18.4公顷，由人之初集团投资，总投资4亿元。主要建设内容包括新增婴幼儿营养功能食品科研制、检测仪器设备；新增婴幼儿功能奶粉生产线一条；新增婴幼儿营养米粉生产线两条；新增科研、检测、生产仪器设备197台（套）；新增科研检测中心大楼、生产车间、冷库、仓库总面积25万平方米及供电等相关配套设施。人之初集团是一家以乳制品、婴幼儿营养食品的研发、生产、销售为一体的主产业群；产业涵盖国内贸易、投资、婴童连锁机构、农业种植加工等多领域的综合性大型高科型企业集团。

【AK糖生产项目建设】 AK糖生产项目位于南昌经济技术开发区，占地面积约12.67公顷，由江西北洋食品添加剂有限公司投资，总投资6.3亿元。主要建设内容为新建5000吨乙酰磺胺酸钾及三氧化硫4万吨和氨基磺酸2万吨生产项目。并同时建设国内一流的研发中心，该公司位于江西桑海经济技术开发区，是一家专门从事新型健康糖研发、生产和经营的大型民营企业。

【希腊天然制品有限公司落户高新区】 2013年7月5日，希腊天然制品有限公司落户南昌高新区签约仪式在高新区管委会大楼举行。希腊天然制品有限公司将在南昌高新区建立包括橄榄油、红酒在内的制造生产厂及高档原装进口橄榄油分拨配送中心和区域销售中心，预计投资3800万美元。此次签约项目占地约5.33公顷，达产后将形成年产1万吨橄榄油、红酒及衍生农产品的生产规模，实现销售收入10亿元，税收2500万元。该公司是希腊第三大城市帕特雷市最大的精致农产品制造公司，主营橄榄油、红酒、茴香酒等希腊特产，每年在欧洲市场销售收入超过1.5亿欧元。

【统一饮料新生产基地项目落户经开区】 2013年7月17日，统一集团新生产基地项目签约仪式在索菲特泰耐克酒店举行。市长陈俊卿、统一企业（中国）投资有限公司副总经理杨寿出席，副市长肖玉文出席并致辞，南昌经济技术开发区区工委书记罗蜀强主持，区工委副书记、管委会主任黄俊代表开发区与项目方签约。统一企业（中国）投资有限公司是一家以生产方便面、饮料、乳品、糕饼、酱油等产品为主的综合民生产业集团。该集团计划在南昌经开区投资15亿元，建设8条生产线（主要以饮料生产为主），预计项目达产后年产值将达22亿元，年纳税约1.3亿元。

【双胞胎集团以技术创新抓住饲料企业发展机遇】 2013年7月，双胞胎集团的技术创新工作再获认可，国家知识产权局向双胞胎集团颁发“一种可提高猪饲料品质的防霉抗氧化剂”等5项发明专利证书。发明专利涉及如何有效降低抗生素类药物在猪饲料中的使用，如何提高动物肉制品的安全性等方面内容。同时，双胞胎集团通过制定一系列科学规划和管理措施，大力实施知识产权战略，加大科研投入力度，积极开展科技创新，使双胞胎集团获得超常规发展。连续九年保持50%的复合增长速度，连续四年销售量保持100万吨递增速度。荣获中国企业500强（第332名）、中国制造业500强（第168名）、中国民营企业500强（第74名）、农业产业化国家重点龙头企业、中国畜牧行业百强优秀企业等荣誉。（双胞胎集团位于高新技术产业开发区,是一家专业生产饲料的全国性大型企业集团。双胞胎集团掌握核心技术,双胞胎猪饲料曾荣获国家科技进步二等奖和中国饲料重大科技进步奖。)

(市工信委科技处　综合处)

【江西中烟南昌卷烟厂概况】　2013年,江西中烟工业有限责任公司南昌卷烟厂把握江西中烟"金圣"品牌发展三年规划的关键机遇,以"管理创一流"活动和"能力提升年"活动为载体,不断打造更高水平的"南烟制造",企业基础管理进一步夯实,产、质、耗等各项关键指标稳步、同步提高,主要指标均创历史新高,服务江西中烟发展大局和保障"金圣"品牌持续健康发展的能力进一步提升。全年完成77万箱的生产任务,比上年增长3.7万箱;实现销售收入95.2亿元,增长13%;上缴税金60.4亿元,增长10.4%,为江西卷烟工业及地方经济发展做出了突出贡献。荣获江西中烟年度生产经营目标考核一等奖、"基层党建工作目标管理优秀单位"称号,被全国厂务公开协调小组授予"2013年度全国厂务公开民主管理示范单位"。

【江西中烟南昌卷烟厂设备运行效率提升】　2013年,生产部门克服产能瓶颈,开展管理挖潜,生产组织、设备运行效率大幅提升。全年单月最高产量突破8.47万箱,平均单机日产量比上年增加11箱,创历史新高。推进以TnPM(全面规范化生产维护)为基础的设备卓越绩效管理,做实设备管理体系建设,聚焦设备关键目标和指标,设备状态和运行效率明显提升。全年卷包设备平均有效作业率为90.10%,比上年提升3.01个百分点;制丝线千箱停机时间连续三年呈下降趋势,产量比上年新增3万余箱。

【江西中烟南昌卷烟厂质量管理体系强化】　2013年,强化质量管理体系执行,积极开展质量管理对标工作,梳理和验证所有人工互锁点的有效性,实行全员全时段的日常纠编,员工精品制造意识进一步增强。完善质量检测器管理,建立检测器点检标准流程和管理评价体系;加强电子皮带秤计量管理和储后烟丝水分控制,烟丝水分结构进一步改善;增加产品自检频次,开展材料配送逆向检验活动,员工质量防差错能力、各项质量指标完成水平和品控能力逐步提升。加强质量日考核制,开展高档卷烟定长切丝技术探索及运用、膨化烟丝结构改善、整丝率改进等活动,稳步提高卷烟制造水平。推行现场工艺控制"零容忍"考核,优化成品质量日考核,加大负激励。全年月度监督检验加权平均得分98.32分,比上年上升1.28%,为全省最高;国家局市场监督抽查满分率连续三年稳步提升。

【江西中烟南昌卷烟厂成本控制成效显著】　2013年,紧扣精细化管理,开展消耗测试和来料数量抽验工作,真实、及时掌握材料规格、供应商及质量变化,查找出理论消耗与实际消耗差距,明确影响物耗变化的各类生产因素和关键环节,原辅料消耗定额标准修订更加准确。利用"一键式"数采系统,实行残烟、小盒、废丝束消耗日考核,成本核算更加即时。加大考核力度,细化分解岗位考核要求,实现原辅料消耗定额考核到岗,员工成本节约意识进一步增强。深化自主降耗改善,持续开展烟叶和烟丝余料回掺、提高出丝率改善、辅料余量节约改善等12项成本改善工作,降耗效果更加明显。在定额标准进一步提高的情况下,全年辅料定额达标率超出定额标准4个百分点,比上年提升10%;烟叶单耗比上年下降1.37千克,滤棒单耗比上年下降16.91支,卷烟纸单耗比上年下降26.64米,单箱小盒商标纸消耗比上年下降2.85张。可比生产成本在连续两年下降的基础上,再次下降5159.81万元,大幅超额完成年度目标。优化NC系统,开展预防性维修。至年底,零配件库存比上年下降922万元。

【江西中烟南昌卷烟厂体系运行适宜性和有效性提升】　2013年,重点梳理、优化关键流程,生产组织衔接和质量防差错能力进一步增强。优化生产计划与调度控制等流程,实现生产准备无缝对接。梳理、优化成品卷烟出入库、材料测试等统计流程,数据核对更加严密,关注差异现象和原因分析更加及时有效。单据填写正确率和异常现象的分析反馈及时率均为100%。深入开展体系"回头看"工作,跟踪分析五年来体系审核发现问题的整改效果,完善关键业务流程。不断完善现场管理制度,重点整改制丝香料厨房、掺配间和卷包残烟房、配送段等关键工作区域。精简、优化现场工作标准,使一线员工易于辨识、掌握、执行。固化日常自查、定期督导检查及抽查模式,做实体系日检查,建立"大现场管理"考核制度,使各职能管理要求在现场得到有效落地。

【江西中烟南昌卷烟厂定额管理更加健全】　2013年,不断优化劳动定额、物资定额、预算费用定额,有力支撑了生产计划安排、成本费用分析控制;促进了经验管理、粗放管理向科学管理、精益管理的转变。建立并运用准时化生产定额标准,确保生产计划完成率达100%,全年影响时间比上年下降33.1%。开展物资定额管理,将机物料、劳动用品等管理方式由以往年度费用管理细化为控制单箱物资耗用量,消除采购价格对费用预算的影响。扎实推进原辅材料消耗定额到岗,细化岗位考核要求。

【江西中烟南昌卷烟厂管理创新成果实现"三个转变"】　2013年,江西中烟南昌卷烟厂围绕"观念创新、工作创新"的"双创"主题,共申报、立项15项管理创新成果,实现三个转变。一是成果管理实现由分散到集中的转变,充分发挥牵头部门归口管理职能,统一工作进度和分析总结,有效提升成果效果;二是成果实施实现由单兵作战向团队合作的转变,充分发挥矩阵式管理工作优势,成果立项跳出部门,立足企业整体管理水平提升;三是成果撰写实现由零散向规范的转变,成果撰写不再是工作总结、论文描述,规范性、创新性进一步增强。全厂将问题作为改善方向,依托矩阵式课题组,围绕指标和管理提升全面拓展全员、全过程、全系统改善平台,改善维度不断拓宽,改善意愿持续增强,企业"人人可以改善、事事可以改善"的氛围持续浓厚,各类创新成果不断解决多项技术和管理问题,产生较大价值,并在行业内外多次受表彰。全年共组织开展35项QC课题改善,其中1个QC成果荣获烟草行业一等奖,首次实现连续2年获此奖项;2个QC小组获"全国优秀质量管理小组"称号;13个QC小组荣获"江西省优秀质量管理小组"称号。对外报送管理创新成果15项。其中,荣获第十五届江西省企业管理现代化创新成果一等奖2项,二等奖5项;作为唯一工厂获奖单位,荣获江西中烟"科技进步奖三等奖"。共申报专利项目24项(其中3个发明专利),获得14项实用新型专利证书和2项发明专利证书,创下一年内专利申报量最多、成绩最好的历史纪录,受到南昌市知识产权局、南昌市高新区管委会专项奖励。

(郝慧娟)

开发区·新区建设

本栏编辑　揭淑琴

概　述

【概况】　2013年，南昌市坚持做实产业平台集聚发展，不断提升园区发展水平，加快建设南昌高新区、南昌经开区、小蓝经开区、桑海开发区等国家级开发区和省级产业园区，着力打造南昌(国家)小微企业产业发展示范园。临空经济区规划加紧编制，路网建设快速推进，标准厂房加快建设。至年底，全市7个省及省以上工业园区累计完成工业增加值876.43亿元，比上年增长16.4%；主营业务收入突破“三千亿”大关，达到3206.38亿元，增长17.4%；实现利税345.76亿元，增长19.6%；税金163.72亿元，增长19.7%。其中，高新技术开发区工业主营业务收入突破千亿元，达1014.43亿元，增长14.3%，是全省各设区市中唯一超千亿元的开发区；南昌经开区继续保持快速发展，实现主营业务收入770.98亿元，增长28.11%；小蓝经开区迅速崛起，实现主营业务收入526.44亿元，增长13.24%。

南昌高新技术产业开发区

【概况】　南昌高新技术产业开发区(以下简称南昌高新区)创建于1991年3月，1992年11月被国务院批准为国家级高新区。南昌高新区地处南昌市城东板块；东临焦头河，西靠青山湖，南接罗家镇，北濒赣江。辖区面积231平方千米，全区户籍人口22.98万人，其中非农业人口5.32万人。全区辖昌东镇、麻丘镇、艾溪湖管理处，有48个村民委员会，8个居民委员会(行政组织)。

【经济运行指标完成概况】　2013年，完成地区生产总值367.07亿元，比上年增长11.8%；园区主营业务收入1014亿元，增长14.3%；财政总收入56.15亿元，增长18.7%；地方公共财政预算收入13.52亿元，增长25.6%；全区500万元以上固定资产投资327.88亿元，增长21%，其中工业投资120.62亿元，增长30.1%；社会消费品零售总额104.66亿元，增长20.1%；规模以上利税总额完成128.32亿元，增长12.0%；规模以上工业增加值270.97亿元，增长11%，占全市的23.4%，对全市工业发展起到重要的支撑作用。南昌出口加工区加工贸易进出口实现10.39亿美元，首次突破10亿美元，增长60.62%，占全省出口加工区进出口额的56.85%；出口创汇5亿美元，创造了单位面积产出全国最高的骄人战绩，名列全省第一，中部前列。

【社会发展指标完成概况】　2013年，全区小学、初中入学率均达到100%，小学辍学率为0，初中辍学率控制在3%之内，初中招生计划完成率达到100%；制订《南昌高新区学前教育三年行动计划》，支持建设公办幼儿园，扶持普惠性民办幼儿园的发展；切实做好财政教育投入工作，完成财政教育支出1.5亿元，财政教育支出占一般预算支出比重达8.7%。全区出生人口2951人，人口出生率15.17‰，人口自然增长率8.10‰，人口政策符合率75.53%，综合节育率94.72%。同时，继续大力推进国家生态工业园创建工作，在完成占地面积166.67公顷艾溪湖湿地森林公园建设的基础上，倾力打造占地面积100万平方米的瑶湖郊野森林公园建设。至年底，已建和在建面积超过60万平方米，完成建成区内的雨污分流建设和瑶湖污水处理厂污水收集系统建设。

【社会稳定指标完成概况】　2013年，以创建“和谐平安高新”为抓手，将社会管理综合治理工作纳入重要议事日程，不断加强社会管理创新，确保辖区社会和谐稳定。推动法治高新创建工作进程，打造120米长的法治宣传教育主题公园(广场)，为当地群众“学法、守法、懂法、护法”提供了方便。人民调解工作走上正规化轨道，昌东镇司法所被江西省司法厅和检察院联合命名为“2013年江西省人民调解工作先进单位”，并代表南昌市唯一的基层司法所在全省人民调解工作经验大会上作了介绍。进一步完善南昌高新区交警大队“三调联动、速裁

2013年，位于南昌高新技术产业开发区的江西唯一的国家级服务外包产业示范园

法庭”化解道路交通事故化解机制。至年底,共调处各类矛盾纠纷495件,化解486件,调处率100%,调处成功率98%。受理网上信访128件,处理117件,接待群众到区上访152批次1893人次,有效保障了社会和谐稳定。

【民生工程指标完成概况】 2013年,民生工程不断推进。确定14项教育民生工程,其中引进类项目3个(师大附属学校、实验中学和国际学校)、区内中小学(幼儿园)项目11个(新建中小学3个,幼儿园1个,提升改造项目7个);配套65万元提高五保供养标准;安排25万元救灾资金发放到困难群众手中;配套100万元用于社区办公和服务用房的建设,全区社区办公用房全部达到300平方米;建设农家书屋6个,购买6个公益性岗位,安排残疾人担任书屋管理员;“光明·微笑”工程完成77例白内障患者的治疗,白血病完成1例,先天性心脏病完成8例;新型农村合作医疗参合率达99%;安排20万元农产品质量安全监管专项工作经费;完成2013年农村公路计划项目里程8.5千米,完成农村公路(水毁恢复重建)计划项目程家闸—灌子口段公路一标段5.1千米,完成麻丘镇乡道升级改造工程谢埠至涂洲公路路面6.1千米砼面硬化,完成2005年度县乡村水泥路变更计划项目昌东镇吉南村公路5.1千米。

【政治建设指标完成概况】 2013年,建立党委书记抓基层党建工作定期述职制度;建立各级党组织领导干部联系点;在全区广泛开展党员进社区活动;建立县级干部在线学习制度和党员选学积分制度;开展党建项目化建设,打造正邦、思创等非公党建示范点及南昌国家软件产业园楼宇党建示范点;发动全区136名党员干部和辖区内困难群众、孤儿进行结对关爱帮扶。认真贯彻落实中央“八项规定”及省市相关要求,出台《南昌高新区贯彻中央八项规定,加强作风建设的实施意见》,从政治纪律、团结纪律、会议纪律等10个方面提出74条具体措施,开展“红包”问题专项治理等活动。按照“三重一大”制度要求,进一步规范经费支出和建设资金拨付审批程序,明确审批权限,大额资金使用、拨付、调度实行领导集体研究决策;同时,强化审计监督,确保资金安全。充分发挥纪检监察的监督职能,对100余个重大重点项目推进情况进行全程监督检查,并通过下发督办函、约谈等方式加大督办力度。加大农廉工作力度,制定下发《关于进一步规范农村党务、村务公开的通知》,组织开展民生资金管理使用情况监督检查工作。

【招商引资概况】 2013年,签约一批科技含量高、投资强度大、发展前景好、带动能力强的重大项目。全年签约落户25个项目,投资超亿元或千万美元的项目17个,投资总额205亿元,引进总投资40亿元的万达商业广场项目、总投资20亿元的赣电投矾制品加工项目、总投资25亿元的ACT国际控股集团ACT集团大中华运营总部项目、总投资15亿元的省农村信用社金融科技园项目、总投资10亿的元深圳航天地产公司航空大厦项目、总投资4亿元的江西联创电子电容式触摸屏用光学玻璃生产项目、总投资3亿元的深圳瑞圣特口腔保健材料研发生产项目、总投资3.2亿元的江西长天光电通信有限公司光纤光缆项目、总投资1.7亿元的江西聚仁堂药业伤风停片生产项目、总投资2.5亿元的蓝宇膜脱水分子筛膜项目、总投资6000万美元的荣晶科技二期LED液晶显示屏项目、总投资2000万美元的希腊自然制品公司橄榄油制品项目、总投资3000万美元红色国际集团LED发光二极管封装模组项目等。央企招商取得巨大进展,航天科技控股公司车载物联网项目、中航天集团第五研究院503所入股江西航天鄱湖云科技有限公司开发卫星应用及智慧城市建设2个央企项目已签约落户;中国兵器工业集团下属北方信息控制集团有限公司重组联创通信有限公司有关手续已经全部完成,到位资金1.83亿元。

【科技创新概况】 2013年,由江联重工股份有限公司参与研发的《高效低耗流化床燃煤工业设备关键技术及应用》荣获2013年度国家科技进步二等奖;双胞胎(集团)股份有限公司饲料检测重点实验室被评为国家级检测中心;晶和照明王敏、浩然生物杨华英和江风益率领的半导体照明技术创新团队分别入选科技部首批国家创新人才推进计划和重点领域创新团队计划,占全省的60%;南昌市铁道设备测控工程技术研究中心等6家企业工程技术研究中心获得市科技局批准组建。南昌高新区被科技部等5部门联合授予“国家级文化和科技融合示范基地”,拥有的国家级创新平台增至21个;被省新闻出版局认定为省级数字出版产业基地;全区拥有高新技术企业80家(27家企业完成高新技术企业新认定和复审),占全省的22%、全市的近60%;科技计划立项278项,其中国家计划31项、省级计划158项,获得科技经费支持8600万元;18项成果获得南昌市科技进步奖,占全市获奖企业的45%;产学研公共服务平台网站(www.nccxy.com)初具规模,收集各类信息6265条,发布各类信息4861条。积极开展各种形式的创新宣传活动,营造科技创新浓厚氛围。

【中航集团神舟软件落户南昌高新区】 2013年1月22日,中国航天科技集团神舟软件与思创数码科技股份有限公司在南昌高新区签署战略合作协议。中国航天科技集团公司党组成员、副总经理张建恒,中国航天科技集团公司总工程师、神舟软件总裁杨海成,江西省工信委党组书记李春燕,江西省工信委巡视员杨柳共同出席签约仪式。

【农业和社会事业发展取得新成绩】 2013年3月8日,南昌高新区召开农村工作会议,总结部署工作任务。大力推进新型农村合作医疗,参合率达98%,新农合统筹资金使用率达86%以上;稳步推进村卫生室实行国家基本药物制度;投入40余万元实施白内障、儿童“两病”免费救治,救治率达100%,先天性心脏病救治率达120%;投入60余万元,开展尿毒症免费血透救治。

【ACT国际控股大中华总部落户南昌】 2013年3月29日,ACT国际控股有限公司正式落户南昌高新区签约仪式在南昌市举行。市长陈俊卿出席并会见ACT国际控股有限公司董事孙万营一行。副市长肖玉文参加。ACT国际控股将在南昌高新区建设大中华运营总部项目,项目总投资25亿元。ACT国际控股有限公司落户高新区,将为高新区乃至南昌软件外包的发展提供一个发展机遇。

【深圳市江西商会和南昌之友(深圳)联谊会赴南昌考察】 2013年4月9日,南昌之友(深圳)联谊会暨深圳市江西商会考察团到南昌高新区考察投资。省委常委、市委书记王文涛会见考察团成员。在随后举行的投资项目签约仪式上,深圳江西商会、方大集团先后与南昌高新区签约2个项目,拟投资120余亿元。市长陈俊卿出席签约仪式并致辞。市政协主席卢晓健,省政府驻深圳办事处主任杨晓琴,省商务厅副厅长刘文华,市领导肖玉文、辛利杰参加会见或出席签约仪式。

【南昌国家高新技术产业集群标准化示范基地通过验收】 2013年5月9日，国家标准委在南昌市组织召开南昌国家高新技术产业集群标准化示范基地（以下简称示范基地）试点工作考核验收会。验收专家组经过听取汇报，审阅、质询相关材料，现场考察泰豪科技股份有限公司、晶能光电（江西）有限公司2家示范企业。根据《国家高新技术产业标准化示范区考核验收办法（试行）》的要求，一致认为，示范基地建设完成了试点工作任务，达到预期目标，同意通过考核验收。

【江西省金融产业中心正式授牌】 2013年6月23日，江西省金融产业中心正式授牌。江西省金融产业中心总建筑面积20.9万平方米，包括五星级酒店、办公楼、大型商业等。该中心的成立，意味着江西的金融产业将在此汇集，268米的高新绿地中心将成为搭建银企融资对接平台，拓宽企业融资渠道的核心枢纽，为南昌市经济发展提供有力支持。

【艾溪湖绿道正式开通】 2013年3月30日，为美化艾溪湖湿地公园，完善公园的休闲功能，南昌高新区市政部门启动艾溪湖绿道工程沥青摊铺工作，在环湖道路上现有的黑色沥青道路旁摊铺深红色彩色沥青，形成黑红相间的拼色沥青砼路面。6月25日，江西省首条环湖绿道——艾溪湖绿道正式开通。项目总投资1.1亿元。绿道总长15千米，分人行道和自行车道，自行车道用红色沥青摊铺，统一宽度为3米，顺时针骑行都安排在右侧。围绕艾溪湖绿道，沿途共打造景观12处，使市民、游客在骑行的旅途中可以产生不同的骑行体验。绿道各驿站共提供专业级的山地自行车150辆，双人自行车200余辆供游客租赁。为方便自驾前往绿道的市民，南昌高新区新建2个停车场，一处位于火炬三路与艾溪湖西路交叉口西南侧绿地内，配套50个汽车泊车位。另一处位于艾溪湖北路与明山闸交会处，配套100个汽车泊车位。

【江西"中国500强"南昌高新区企业占半数】 2013年7月16日，财富中文网发布财富中国500强排行榜，江西企业占据8个席位。江铜、正邦科技、方大特钢等南昌高新区企业上榜有名，其中刚刚进入世界500强的江铜排名最靠前，列第25位。

【南昌三中进驻南昌高新区】 2013年7月19日，南昌三中高新校区正式揭牌，标志着南昌高新区作为国家级高新区无"重点中学"成为历史。新成立的南昌三中高新校区，将采取与孺子学校初中部联合办学的模式，依托孺子学校一流的硬件条件，从南昌三中引进先进的教育管理理念、雄厚的师资力量，共同打造城东区域教育"名校"。

【华润集团综合体项目签约】 2013年8月15日，华润集团商业综合体项目在南昌高新区正式签约，这是世界500强华润集团布局在华中地区最大的商超项目，项目总投资预计达10亿元。该项目将选址在南昌高新区紫阳大道，项目设计由一栋144米高、一栋180米高等两栋超高层商业办公楼及四层商业裙楼组成，将成为当地标志性建筑。超高层将引进国内外知名公司总部和金融、保险等具有影响力的大公司、大企业入驻；4层商业裙楼主要布局大型高端商业，包括高端商场、超市购物、餐饮、影视娱乐等，以满足南昌城东片区企业、学校以及居民生活配套需求。

【悦达·奥特莱斯小镇奠基瑶湖新城】 2013年8月29日，悦达·奥特莱斯小镇开工奠基仪式在南昌高新区瑶湖新城工地现场举行，意味着一个以奥特莱斯名品商业为中心，集商务办公、餐饮娱乐、购物休闲、酒店旅游、高品质居住等多功能于一体的复合型奥莱产业综合体，将作为瑶湖新地标面世于南昌。

【引进社会资本建保障房】 2013年，南昌高新区安排16个安置住房建设项目，规划总面积200万余平方米，其中一期2528套安置住房年内交房。加上2012年投资45亿元已经开工建设的10个安置小区，南昌高新区的安置房总投资近100亿元，建筑面积420万平方米，是2001—2011年10年建设总量的1.5倍。为破解资金难题，南昌高新区经过多次调研、考察，决定引入BT模式，将社会资本引入保障性住房项目建设。

【中节能晶和照明公司研制出LED百变路灯新品】 2013年，南昌高新区内企业中节能晶和照明公司研制出LED百变路灯新品，这是晶和照明公司利用第三代专利技术打造的路灯模组和近百款款式新颖的LED路灯新产品，填补了国内空白。百变系列路灯的外观创意来源于中国国粹京剧脸谱的多样性表现形式，可以实现"一路一景"的城市靓化功能。

【麻丘镇拆迁安置房二期开工】 2013年10月22日，麻丘镇农民拆迁还建房（二期）正式开工。根据规划和设计要求，此次麻丘镇安置房项目总用地面积为28.1万平方米，总建筑面积52.9万平方米，包含4810套安置住宅，总投资约10亿元，计划2013—2015年分期开工，2015—2017年分期竣工。同时，耗资3.7亿元的一期项目已于2011年底开工。一、二期全部完工后，麻丘镇总共可以解决7000余户农民的安置问题。

【确定建设南昌实验中学高新校区】 2013年11月11日，确定在南昌高新区天祥大道以东、顺外路以南、学苑路以西地块建设南昌市实验中学高新校区，规划净用地约8公顷。南昌市实验中学高新校区将打造成一所全省示范性的综合艺术类高中。

【南昌高新区获批"国家级文化和科技融合示范基地"】 2013年11月3—7日，省科技厅党组书记郭学勤，省科技厅副厅长赵金城，省委宣传部副部长黎隆武，副巡视员、省改革办主任涂芸芸，市委常委、宣传部部长曾光辉等相关单位主要负责人赴北京，就南昌申报"国家级文化和科技融合示范基地"项目进行答辩。经过激烈角逐，南昌市获得82分高分，在申报的29个城市中名列前茅，南昌高新区最终被正式授予"国家级文化和科技融合示范基地"。

【创新中药及植物药国际高峰论坛举行】 2013年11月7—8日，由江西省科技厅、国家中药现代化创新中心联合主办，南昌高新区管委会承办的"2013创新中药及植物药国际高峰论坛"在南昌园中源大酒店举行。业内专家、教授、及相关企业负责人共400余人参加。本届论坛以"创新、发展、应用"为主题，为中药与植物药产业链各个环节的企业与相关单位之间，构筑一个在创新、技术、市场、应用等领域互换信息、互动合作的交流平台，使医、药、研更好地结合，推进中药与植物药应用的现代化、产业化、国际化进程。

2013年视察南昌高新区领导一览表

表20

时间	内　容
1月16日	世界500强赛诺菲的全资子公司梅里亚(Merial)集团全球副总裁朱力亚特及梅里亚集团亚洲营运总监蔡坤仁到南昌高新区访问
2月21日	江西省全国人大代表到南昌高新区,就南昌高新区助力南昌打造核心增长极工作进行集中视察,为审议好各项报告和提出议案建议做好准备
2月27日	由上海市经济和信息化委员会副主任傅新华带队的上海企业家考察团到南昌高新区考察投资环境和经济社会发展情况
3月7日	市委常委、常务副市长张鸿星率市发改委、财政局、科技局等相关部门负责人到江西联创光电科技股份有限公司调研
4月3日	副省长朱虹一行到南昌高新区江西恒大高新技术实业有限公司创办的江西中山舞蹈学校调研
5月13日	省委常委、统战部部长蔡晓明在南昌高新区就非公有制企业发展进行专题调研
5月16日	科技部火炬中心主任赵明鹏一行视察南昌高新区,并与江西省科技厅、南昌高新区相关部门负责人进行座谈
6月17日	省委书记强卫考察南昌高新区并召开座谈会。他强调,工业园区发展要找准产业定位,做好产业规划,有针对性、选择性、专业性地招大引强、扶大助小,打造产业特色,形成产业集群,提高产业水平
6月25日	副省长李贻煌带领省有关单位负责人到南昌高新区检查安全生产工作
7月9日	省委常委、组织部部长赵爱明在南昌高新区走访部分优秀人才
8月19日	副省长李贻煌率领19个省直单位负责人和南昌市相关领导,在正邦集团专题调研,就支持该集团打造千亿企业进行现场办公
9月12日	马鞍山市委书记张晓麟、市长魏尧率马鞍山市党政代表团到南昌高新区参观考察
9月17日	市委副书记欧阳海泉视察南昌高新区
10月23日	九江市委书记殷美根、代市长钟志生率九江市代表团到南昌高新区参观考察
11月11日	副省长胡幼桃、省政府副秘书长林彬杨到南昌高新区调研台资企业
11月23日	深圳证券交易所理事长陈东征一行到南昌高新区考察,参观江西省金融产业园、南昌绿地2.5产业园项目

(王星星)

南昌经济技术开发区

【概况】 2013年,南昌经济技术开发区(以下简称南昌经开区)围绕全市"先进制造业的主战区、鄱湖先导区主阵地、核心增长极的主板块"这一发展定位,顺应发展大势,聚力重点难点,积极开拓进取,以转变经济发展方式为主线,以项目建设为载体,大力推进"工业立区、三产富区、功能活区"发展战略,大力实施"项目大招商、征地大收储、环境大提升"主题年活动,攻坚克难,埋头苦干,正朝着一个产业强劲、功能完善、生态宜居的"现代工业区、山水空港城"不断迈进。各项工作进展顺利,全区经济呈现良好发展势头。南昌经开区位于赣江之滨,毗邻国家级森林公园梅岭风景区。1992年6月,省委、省政府批准设立。2000年4月,经国务院批准为国家级经济技术开发区。辖区面积158平方千米,全区常住人口30万人。辖蛟桥镇、白水湖管理处、冠山管理处"一镇两处"。

【经济运行指标完成概况】 2013年,坚持发展为先,着力推进经济发展提速提质提效,壮大经济综合实力。全区经济平稳较快增长,主要指标运行良好,完成或超额完成年初制定的各项经济社会发展目标。至年底,实现GDP242.43亿元,比上年增长12.4%,列全市第三位;完成工业总产值为809.41亿元,增长22.22%;实现主营业务收入770.98亿元,增长28.11%,其中规模以上工业增加值171.49亿元,增长14.1%;完成固定资产投资370.1亿元,增长23%;完成财政总收入36.68亿元,增长20.5%;实现地方公共预算收入10.04亿元,增长20.4%;完成出口总额8.61亿美元,增长11.11%;实际利用外资5.14亿美元,增长16.97%;实际利用内资111.27亿元,增长23.1%;实现社会消费品零售总额46.88亿元,增长30.2%;新增规模以上工业企业15户,新增服务业企业7户。

【社会发展指标完成概况】 2013年,城乡环境面貌进一步改善。大力协调推进水利项目建设,瓜洲联圩已完成土方加固80余万立方米,幸福河治理工程已完成初步设计审查并上报省水利厅审批,总投资约1600万元的白水湖环湖整治工程已完成清基清表并实施沿湖景观绿化,幸福河中下游地区防洪工程涉及的站闸项目可研已通过市发展和改革委员会审批并抓紧组织编制初设;高位推动“森林城乡、花园南昌”建设,全年共完成造林面积280公顷,占省市下达任务的156%,投入资金1.8亿元,着力打造杜鹃茶花博览园以及昌西大道西段、丁香路、白水湖大道南段、桂苑路、黄家湖路5条精品道路,大力推进绿色进企业、绿色进单位、绿色进校园、绿色进社区、绿色进村庄等“五进”工程,被市委、市政府授予“全市植树造林增绿工程先进县区”;扎实推进新农村建设、农村清洁工程等工作,全区农村垃圾无害化处理覆盖面达到100%;扎实抓好森林防火、防汛抗旱、重大动物疫病防控、农产品质量安全监管等工作,全区未发生森林火灾、H7N9禽流感疫情、农产品质量安全事故,确保了防汛和人畜饮水安全以及农业灌溉用水需要;积极稳妥推进采砂船切割工作,深入开展“平价砂石”进社区活动和打击“砂霸”专项整治行动,进一步巩固和深化河道采砂管理专项整治成果。社区管理网络进一步完善。进一步规范城乡低保、社会救助管理,组织完成全区2447名社会救助对象的年度审核以及提标提补工作,全年共救助城市低保对象8091人次、发放城市低保资金261.3万元、月人均补差323元,救助农村低保对象2万余人次、发放村低保资金396.4万元、月人均补差196元,救助农村五保对象1494人次、发放农村五保资金46.58万元,救助城乡医疗救助对象978人次、发放城乡医疗救助资金75.82万元。下拨上级拨付救灾资金44万元到镇处救助各类因灾受困家庭844户3335人;成立南昌经技术开发区城市居民家庭经济状况核对中心,已落实办公场所和办公设备采购;切实加强拥军优属、退伍军人安置和慈善、老龄、残疾人、地名等工作,严格落实退伍安置和抚恤政策措施,发放2011年底退役士兵各项安置资金47.04万元,全年共发放优抚对象抚恤补助资金110.3万元;耐心做好参战人员、残疾人员的稳控工作;全年共发放2万余人次城乡高龄老人生活补贴资金162万元;全面完成社区建设规划工作,并按照规划要求调整蛟桥镇新宇社区等10个社区辖区范围,设立蛟桥镇上罗村等14个社区工作站,新建南天阳光社区等6个社区居委会。教育综合水平进一步提升。扎实推进学前教育三年行动计划和校安工程建设,区内幼儿园新建及维修改造项目大部分已完成图纸设计和预算,进入公开招标投阶段,全年共完成校园抗震加固改造面积约1.8万平方米;“外引内强”目标初见成效,其中名校引进工作取得重要进展,已与南昌二中达成合作意向,“南昌二中昌北校区”于7月在原实验学校顺利挂牌,9月正常开学;切实加强教师队伍管理,严格实行考核激励机制,激发教育工作活力,提高教师队伍专业素养;加强师生安全教育和校园周边综合整治,确保教育系统的安全稳定;大力实施素质教育,结合文明创建活动,进一步促进学生的身心健康发展。医疗卫生事业进一步发展。进一步巩固和完善新型农村合作医疗制度,全年全区参合农民为4.3万余人、参合率达97.9%;组织开展儿童“两病”和贫困家庭重症精神病免费救治工作,强化健康教育、食品药品安全、二次供水、学校卫生监管工作,打击非法行医和疾病控制取得显著成效;严格落实传染病防控工作措施,加强对全区101家医疗机构的监督管理,确保全区未发生人感染H7N9禽流感事件;组织开展春季灭鼠和夏季灭蚊蝇以及健康教育等工作,完成文明创建任务,“保卫”二次模拟测评达到创卫标准。人口计生工作进一步深化。进一步强化计生服务管理,严格落实长效节育措施,加大社会抚养费征收和“两非”案件查处工作力度,深入开展党员、干部和名人富人违法生育专项治理,通过打造“村校联姻”品牌、开展“亮点创建示范村”等活动,全区人口和计生工作迈上新台阶,在2012年度全市人口与计生工作目标管理考核中荣获二等奖,名列各开发区(新区)之首,人口出生率、自增率均控制在市下达的指标之内。交通运政能力进一步加强。全区新增货运车辆99台,新增吨位168吨,办理各类证件99余件。至年底,车辆总数550辆,车辆总吨位1850吨,货物运输从业人员621人。同时,为净化运输市场,不定期与各部门进行联动,开展交通综合整治行动,重点查处“黑车”非法营运。

【民生工程指标完成概况】 2013年,加大民生投入,城乡低保、社会救助服务和社区建设管理得到加强,进一步提高医疗保障水平,全区养老保险、医疗保险参合率、城镇新增就业率等民生工程指标完成情况良好。努力稳定和扩大就业。就业再就业政策得到有效落实,全面落实岗位补贴、社保补贴和小额贷款等优惠政策,鼓励多方位、多渠道、多形式开辟就业门路,拓展就业空间。全年实现城镇新增就业7326人,新增转移农村劳动力2319人,省内新增转移农村劳动力2017人,省内工业园区定向培训3507人,创业培训570人,发放小额担保贷款990万元,安置“4050”人员314人,分别达全年任务的114.4%、144.9%、134.5%、100.2%、102%、110%和105%。统筹推进城乡社会保障。统筹推进养老、医疗、失业、工伤、生育等社会保险工作,进一步完善社会保障体系建设,极大地促进了全社会的稳定和经济的发展。至年底,养老保险完成企业职工养老保险参保人数1.26万人,缴费11754人,基金征缴累计收入7429万元,分别达全年任务的141.7%、154.5%和142.9%。城乡居民养老保险参保1.8万余人,达全年任务的100.3%。失业保险参保1.38万人,累计征缴收入764万元,分别达全年任务的219%和287.2%。工伤保险参保9642人,累计征缴收入328万元,分别达全年任务的120.5%和215.8%,其中农民工参保3618人,达全年任务的140.5%。城镇居民医疗保险参保1.03万人,征缴收入454万元,分别达全年任务的135.8%和140.6%。城镇职工医疗保险参保17504人,达全年任务的109.8%。生育保险参保2763人,征缴收入82万元,分别达全年任务的125.6%和149.1%。

【社会稳定指标完成概况】 2013年,全区信访工作在各级各部门的高度重视和共同努力下继续保持良性运行,共受理信访总量365批4055人次。其中,赴省19批943人次,到市访82批1890人次,本级接待93批1222人次。其中,到省重复访3批29人次,到市重复访11批322人次。办理人民群众来信9件,办结率100%;受理省、市长手机信箱信件152件,“网上信访”10件。

【政治建设指标完成概况】 2013年,扎实开展农村基层组织建设活动。认真开展党建项目化申报,推动全区基层党建工作把握规律、增强实效、创新经验、夯实基础,提升科学化水平,后进党组织转化比例达93.3%,并着力打造星级村级活动场所建设,争取更大突破。逐步完善基层党组织学习网络建设。坚持把学习延伸到基层每一个角落,以村级活动场所、社区市民学校为载体,进一步夯实基层干部群众的学习基地,已有各类藏书10万余册;依托农村党员现代远程教育网络,定期组织党员观看各类科普及党建节目,及时了解党和国家政策,提高致富能力。至年底,已组织4000余人次观看220余场。远程教育工作全市排名由过去的倒数第二到现在的第一二名。

【主要指标实现十大突破】 2013年,全区GDP突破240亿元,工业总产值突破800亿元,新增规模以上工业企业户数突破10户,固定资产投资突破370亿元,财政总收入突破36亿元,实际利用外资突破5亿美元,实际利用内资突破110亿元,外贸出口总额突破8亿美元,社会消费品零售总额突破40亿元,一般预算性收入突破10亿元。

【六大主导产业增势平稳】 2013年,汽车机电、新材料、家电、电子信息、生物医药化工、食品饮料六大主导产业继续保持平稳较快增长的良好态势,实现工业产值696.9亿元,比上年增长20.4%,占工业总产值的比重为86.1%。其中,以百路佳、格特拉克等为主的汽车机电产业完成产值172.19亿元,增长18.21%,占比为21.71%;以硬质合金、江钨金世纪为主的新材料产业完成产值164.06亿元,增长6.12%,占比为20.69%;以立健药业、诚志股份、西林科为主的生物医药化工产业完成产值102.1亿元,增长22.45%,占比为12.88%;以欧菲光为主的电子信息产业完成工业产值97.82亿元,增长95.44%,占比为12.34;以奥克斯、海立电器为主的家电产业完成产值91.67亿元,增长10.06%,占比为11.56%;以润田、康师傅为主的食品饮料产业完成产值69.06亿元,增长11.69%,占比为8.71%。

【南昌二中昌北校区揭牌】 2013年7月19日,为拓展优质教育资源,提升教育品质,根据市教育局学区建设管理的总体部署,经过与市教育局充分协商,南昌二中初中部昌北校区正式挂牌。副市长姚燕平、区领导、区教师代表和部分学生家长参加揭牌仪式。新挂牌的南昌二中初中部昌北校区以原南昌经开区实验学校为办学地址,与南昌经开区实验学校建立以优质学校南昌二中为主体的教育共同体,充分实现优质教育资源的拓展,满足广大人民群众对优质教育发展的要求。此次与名校资源的“嫁接”,标志着南昌经开区在打造优质均衡的品牌教育道路上迈出了重要的一步。

【荣获“江西省光电产业基地”称号】 2013年,南昌经开区被省工信委授予“江西省光电产业基地”称号,极大地促进了南昌经开区光电产业进一步做大做强,提升产业集聚水平,进而推动全省信息产业又快又好发展。南昌经开区通过加大招商引资力度和承接沿海发达地区产业转移,引进一批光电产业项目,并取得较快发展。区内已有光电产业企业近20余家,其中规模以上企业15家,培育壮大了南昌欧菲光科技有限公司、江西佳因光电材料有限公司、神基科技(南昌)有限公司等一批骨干企业,南昌欧菲光光电技术有限公司、南昌欧菲光光学技术有限公司、南昌欧菲光显示技术有限公司等一批投资较大、带动力较强的项目正在建设并将陆续投产,初步形成光电产业良好发展态势。

【建立首家博士后工作站】 2013年12月20日,南昌市第二届博士后工作例会暨新建博士后科研工作站授牌仪式在南昌先锋软件学院举行。此次共有6家企业经国家人社部批准设立博士后科研工作站,其中南昌欧菲光科技有限公司经批准设立的科研工作站是南昌经开区首家建立的博士后科研工作站。工作站的设立意味着南昌经开区在培养和引进高层次人才开辟了一条新路子,在吸引、培养和利用高层次人才方面搭建起了一个新平台,有利于形成新的选才用才机制,推进全区高层次人才队伍建设。

2013年国家部委、省市领导到南昌经开区考察情况一览表

表21

时间	内　　容
4月25日	市委常委、组织部部长陈德寿一行就人才建设状况和非公企业党建情况到南昌经开区内的南昌(国家)中小微企业工业园、南昌海立电器有限公司和南昌欧菲光科技有限公司进行实地考察
5月22日	副市长姚燕平一行到南昌经开区内的南昌欧菲光科技有限公司、江钨稀有金属新材料有限公司进行调研
6月28日	副市长肖玉文带领市政府副秘书长吴长全及市安监局、市应急办、市公安消防支队主要领导到南昌经开区检查安全生产工作
7月2日	副省长谢茹一行到南昌经开区的南昌欧菲光科技有限公司就企业知识产权情况进行调研
7月9日	省委常委、组织部部长赵爱明到南昌经开区内的南昌海立调研考察
7月15日	省委书记强卫到南昌经开区进行群众路线调研并主持召开座谈会,听取部分企业负责人对省委常委会开展党的群众路线教育实践活动的意见建议
8月30日	省长鹿心社一行到南昌经开区的南昌欧菲光科技有限公司调研,了解企业生产经营情况
9月16日	上午,市人大常委会主任蔡社宝到南昌经开区,就开发区经济发展情况进行调研。下午,市委副书记欧阳海泉一行到南昌经开区调研重点项目建设及企业生产情况
10月19日	由全国政协副主席何厚铧任团长的澳门特别行政区全国政协委员考察团到南昌经开区重点企业南昌欧菲光科技有限公司,就南昌市经济社会发展和推进昌九一体化、打造支撑江西经济崛起“双核”的情况进行考察

续表21

时间	内　　容
10月24日	省委常委、常务副省长莫建成就临空经济区建设进展情况,到南昌经开区进行实地调研并召开座谈会,协调解决有关临空经济区在建设过程中遇到的困难和问题
11月21日	副市长姚燕平一行到南昌经开区督查指导学前教育工作
12月9日	副市长朱志群一行到乌沙河综合整治工程经开区黄家湖段施工现场进行视察
12月10日	国务院农民工工作督察组一行到南昌经开区督查农民工工作
12月25日	市委副书记、代市长郭安到南昌经开区考察开发区的基础设施建设和项目建设情况

（张　华）

小蓝经济开发区

【概况】 2013年,小蓝经济开发区围绕全市打造核心增长极的发展大局,积极融入南昌县“跻身全国五十强县市、建设现代化综合新城”进程,以升格为契机,创新发展理念,推动发展升级,做大规模,做强产业,做实项目,做优环境,实现了各项工作新突破,保持了稳步增长态势。至年底,签约企业669家,投产企业457家,在建项目81个,规模以上工业企业161家(比上年增加13家)。完成工业总产值587.14亿元,比上年增长17.50%;主营业务收入526.44亿元,增长13.24%;工业增加值150.44亿元,增长(按可比价计算)17.88%;实现税收26.49亿元,增长6.94%。工业总产值和工业增加值列全省开发区第四位,比上年前进3位。

【招商引资量质并重】 2013年,坚持招引项目与产业升级结合的原则,通过创新招商方式、拓宽招商领域、优化投资环境,实现招商引资工作由重数量向量质并举、以质为先转变,招商引资工作开创新局面。全年实际利用外资2.24亿美元,比上年增长23.57%;实际利用内资60.48亿元,增长35%;出口创汇6.41亿美元,增长26.01%;现汇进资5602万美元,增长50.55%。组织招商小分队20余批次分赴广东、福建、江浙等沿海地区以及华中、西南、辽宁等地招商考察,参加招商推介会2次,接待120余批次客商到区考察、咨询,共签约项目37个(其中汽车产业25个),总投资80.91亿元,比上年增长13.56%。其中,落户一家世界500强企业——美国江森自控有限公司投资的汽车零部件生产项目,投资10亿元以上项目3个(江铃股份22万台汽油发动机、亿发食品包装和江西测绘地理信息产业园项目),亿元以上的优质项目22个(亚洲最大的生活用纸产销公司——金红叶纸业集团有限公司投资的生活用纸加工基地项目、上市公司——浙江银轮机械股份有限公司投资的汽车热交换系统生产项目等)。签约企业669家,汽车及零部件产业集聚6个整车和117个零部件项目,食品和生物医药产业集聚103家企业。

【项目推进突出重点】 2013年,围绕“主抓大项目、力求高质量、追求快速度”的思路,强化项目服务调度,形成项目推进的工作合力。建立南昌县与江铃集团工作对接机制,及时收集、梳理、协调解决江铃系列企业建设中存在的困难和问题;完善项目推进日例会、周定期调度、现场督查等制度;成立银湖、汽车城两个片区项目推进工作组,抽调人员一线集中办公;改进项目建设规划审批方式,在并联审批的基础上,变流程式审批为分段式审批,加快企业建设进度,强力推进总投资228.17亿元的77个工业项目开工建设、竣工投产、增资扩产。亿发包装、联硕实业、江铃奥威、合肥威尔等46个项目开工(其中银湖片区11个项目和汽车零部件产业园16个项目集中成片开工),进展迅速,开发区在建项目81个;江铃股份、江铃控股二期、江铃专用车二期等20个项目相继投产,开发区投产项目达457个;达利集团、三鑫医疗、富尔康、伟世通等11个项目增资扩产。同时,开展存量土地盘活增效工作,共清理、盘活、收回原低效项目用地130公顷,促进了亿发、人之初等一批重大项目顺利落户、开工。

【高起点修编规划】 2013年,聘请上海励资工业设计公司编制开发区战略与产业发展规划、省城规院完善公共设施配套规划,完成汽车零部件产业园修建性详细规划,启动开发区总体发展规划及第二个汽车零部件产业园修建性详细规划编制工作。

【高标准推进路网建设】 2013年,配合县有关部门完成金沙二路改造提升工程,顺利实施金沙大道改造提升工程。推进总投资13亿元的16个路网基础设施项目,完成莲安路、老蔡糖果桥涵、振铃东路等3项工程。同时,稳步推进雄溪路、莲溪路、小蓝大道延伸、汇仁大道延伸等5项工程。

【不断完善配套设施】 2013年4月,投资1.35亿元、日处理污水5万吨的污水处理厂二期建成并投入运行,开发区污水日处理能力达到8万吨;完成小蓝大道、金沙三路、汇仁大道、鑫维大道等供水管网3.8千米的铺设、排水排污管道7.1千米的铺设、燃气管网7.2千米的铺设、弱电管网3.6千米的铺设、桥涵2座、明渠0.5千米;完成35千伏东新线搬迁及银湖二路10千伏线路工程,基本建成汽车城开关站项目,总投资约1.27亿元的小蓝1号220千伏变电站及线路改造项目完成土地及附着物征收、主材及设备采购、施工图设计等开工前期工作;完成金沙二路、汇仁大道等6条道路绿化提升工作,绿化面积达14.52万平方米,绿化提升工作获省园区办高度肯定。同时,按照专业部门管专业事的原则,道路绿化和公共绿化养护移交县林业局管理、路灯亮化工作移交县城管局管理,提高了绿化、亮化管理水平。

【搭建公共服务平台】 2013年,成立企业服务受理中心,建立政务信息平台,实现行政办公、企业服务、内部管理电子化,为企业提供全程免费代办或帮办服务,做到“一个口子进,一个口子出”,并进行跟踪问效,受市优化办好评。由开发区主导开发的与之配套的服务管理系统获得国家版权局计算机软件著作权登记证书,省园区办、省中小企业局在全省开发区进行了推介,为此专门在全省设立"工业园区管理信息化项目"专项扶持资金。

【争创产业升级平台】 2013年8月,在拥有汽车零部件、食品和生物医药三块省级产业基地招牌的基础上,成功获批筹建"全国轻型柴油车产业知名品牌创建示范区"。根据有关规定,南昌小蓝经济技术开发区需在3个月内制定筹建计划,在2015年8月前完成筹建工作,并通过专家评审和验收。"全国知名品牌创建示范区"建设工作是国家质检总局推动地方政府深入实施"质量兴省"战略,促进形成有利于品牌建设工作长效机制的新举措。

【创新企业融资平台】 2013年,成为"财园信贷通"全省首批试点工业园区,与建设银行等多家银行达成合作协议,为中小微企业融资4.63亿元。交通银行、中国银行、南昌大丰村镇银行、北京银行、上饶银行、南昌银行等均与开发区、企业进行政银企合作对接,推出"金园宝""财园信贷通"、助保贷、厂房贷等多种新型金融产品。同时,民生银行、兴业银行、中信银行、进出口银行等多家银行与开发区洽谈政银企合作事宜,有效破解了企业融资瓶颈。

【培育企业发展平台】 2013年,为减少企业投资压力,缩短项目建设周期,进一步节约集约用地,在征求江铃集团和拟入园配套企业意见的基础上,建设第一个汽车零部件产业园,引进与江铃配套的零部件企业。产业园占地34公顷,规划为生产区、商务办公区、生活配套区3个片区。落户企业16家,总投资12.4亿元,于8月全面开工建设。至年底,第二个汽车零部件产业园正在进行前期规划和招商引资中。

【项目征收工作扎实推进】 2013年,集中精力利用3个月时间,围绕项目需要,加快房屋、土地征收工作。启动征收项目17个,共拆除房屋和附属物面积9.4万平方米,占任务的87.57%,拆出产业用地12公顷,收储土地34公顷,为未来发展预留空间。其中,金沙大道由25米拓宽至40米,涉及30余家企业的用地征收及围墙、门卫、配电房、上下水等建(构)筑物拆除重建工作,保障金沙大道提升改造工程按时顺利开工,确保国庆节按时竣工通车;在8月的百日会战工作中,仅用10余天时间,完成汽车零部件产业园地块上的征收任务,共拆除附属房9000余平方米,为汽车零部件产业园16家企业的开工建设赢得时间、争取了主动。

【做好信访稳定工作】 2013年,小蓝经济开发区坚持不定期的矛盾纠纷及不稳定因素排查工作,及时掌握涉稳信息,将稳定隐患化解在萌芽状态。全年发生赴京访6批次21人次,赴省访37批次133人次,赴市访30批次82人次,赴县访105批次276人次,到开发区上访194批次1575人次。至年底,共调处各类矛盾纠纷178起,其中涉及意外死亡赔偿纠纷18起,意外伤害赔偿26起,劳资纠纷27起,土地权属纠纷24起,调处成功率达98%,绝大部分群众信访诉求得到妥善解决。

【着力解决民生问题】 2013年,切实解决农民安全用水、就业、住房及集体经济发展等问题,在原已完成柏林、雄溪、柏岗给水工程的基础上,完成投资近800万元的邓埠、霞山村安全饮水工程。同时,为保护良好生态,实现可持续发展,与武藏野化学(中国)有限公司达成迁出开发区的协议并正式启动该企业的搬迁工作。

【开展"学廉政、献爱心"活动】 2013年12月13日,组织开发区机关和三鑫医疗、人之初、人民电器、南昌达利、绿滋肴等企业的百余人前往江西省血液中心开展"学廉政、献爱心"活动。活动期间,参观廉政教育室,听取讲解员讲解,观看领导论廉、廉政史话、廉洁文化等影像、图片、文字资料,大家深受教育。在随后开展的"献爱心"活动中,共有来自机关、企业的29人参加了无偿献血活动。

【小蓝经济技术开发区科学技术协会成立】 2013年8月16日,南昌小蓝经济技术开发区科学技术协会成立暨第一次代表大会召开。这是南昌市在国家级开发区成立的第一家科协组织。小蓝经开区经过11年的建设与发展,已经成为高新技术企业和科技工作者的聚集区。至年底,开发区有3个国家级技术中心,研发机构20余个,区内企业获得发明专利、实用新型专利、外观专利600余项,已成为南昌县科技创新的龙头。

【开展"迎中秋、庆国庆,小蓝好声音"海选活动】 2013年9月11日晚,由小蓝经开区管委会、江西中盛唱片公司主办的"迎中秋、庆国庆,小蓝好声音"海选活动拉开帷幕。活动分段、分赛区进行,在当晚的首个海选赛区,有32名音乐爱好者演唱。为体现公平公正,海选邀请3位音乐专业人士组成评审团,评审老师现场对选手进行指导、点评,按照评审老师对选手打分的高低,产生决赛20强。

【小蓝经济开发区产业推介会召开】 2013年10月28日,南昌之友(深圳)联谊会成立暨南昌小蓝经济开发区产业推介会在深圳市举行。此次推介会共签约12个项目,有11个涉及内资项目,投资金额达38.8亿元,1个外资项目,投资金额达1.5亿美元。

(喻德琪)

红谷滩新区

【概况】 红谷滩新区地处昌北赣江之滨,与昌南中心城隔江相望,东濒赣江,与江南名楼滕王阁隔江而峙;西临昌九高速公路,梅岭群峰筑起一道绿色屏障;南连新建县厚田乡和南昌西外环路;北接英雄大桥。辖区面积175平方千米,辖生米镇、沙井街道、红角洲管理处、凤凰洲管理处和九龙湖管理处,33个行政村,41个社区居委会,3个管理站,1个农场,户籍总数5.2万户,约25万常住人口。

【经济运行指标完成概况】 2013年,完成地区生产总值100.16亿元,比上年增长10.8%;财政总收入45.5亿元,增长38%;一般预算收入22.72亿元,增长32.8%;全社会固定资产投资300.2亿元,增长24.3%;社会消费品零售总额99.6亿元,增长22.6%。

【社会发展指标完成概况】 2013年,公共服务项目建设全面铺开,明确南昌外国语学校(高中、初中)、南师附小及附属幼儿园、省市保育院进驻九龙湖新城;启动九龙湖小学(南师附小)、九龙湖中学(南昌外国语学校初中部)、师大附中滨江分校二期等7所学校的建设;加快推进富源花园、站西花园2家幼儿园建设。出台全区医疗机构设置规划;配合推进省人民医院、省儿童医院、洪都中医院等7家省市属大型综合医院建设;完成2个并启动3个社区卫生服务机构建设。预防接种门诊成功申报到全省第一批“数字化预防接种门诊建设试点单位”,初步实现预防接种门诊数字化服务。认真开展人口和计划生育各项工作,计划生育各项指标完成到位。其中,出生人口性别比为109.4、出生率为15.06‰、出生政策符合率为81.6%、人口自然增长率为7.07‰,落实节育手术1728例。完成凤凰洲文体活动中心内部硬件设施建设,全区33个社区设立文化活动室,20个行政村设立“农家书屋”。全区新建健身路径22条;对全区19个全民健身活动站点进行备案登记;继续打造提升滨江80米绿化带的“国家级全民健身户外活动基地”,并因此荣获国家体育总局颁发的“全国群众体育先进单位”。举办红谷滩新区首届少儿围棋大赛、第九届“邻居节”活动、广场舞蹈大赛,配合省文化厅做好2013年南昌(国际)马戏艺术节等活动10余场。联合江西新华发行集团有限公司、江南都市报社、深圳市聚成企业管理顾问股份有限公司南昌分公司(以下简称聚成股份南昌分公司)等优秀企业,共同打造“红谷滩新区文化大讲堂”“红谷滩新区读书节”两大品牌活动,开展“社区文艺展演”“文明创建、和谐社区”“电影进社区”“优秀戏曲下乡”“第5届江西艺术节优秀节目巡演”等系列文化活动,受惠群众近5万人。

【社会稳定指标完成概况】 2013年,区、街(处)、村(社区)三级全面建立“矛盾纠纷排查调处中心”,共排查调处各类矛盾纠纷246起,调处232起,调处率达95%。积极开展社区网格化服务管理,世纪花园、世纪中央城、万达星城3个社区被评为全市网格化示范社区。多次联合开展“打击传销”专项整治行动,对红谷春天、万达星城、红岭花园等小区传销窝点进行取缔,抓获200余名传销人员。各镇、街办、管理处成立65支平安志愿者队伍、5支治安信息员队伍。坚持每周信访调度和下访督导制度,办好“省市长手机信箱”和“网上信访”投诉受理工作,以群众工作统揽信访工作。至年底,完成南昌市交办突出信访案件64件,化解率100%;区级排查信访案件77件,已协调解决52件,15件尚在协调处理。全力抓好安全生产,继续坚持每月一次的安委会例会制度,全年全区未发生重特大群体性事件、治安事件和较大以上安全事故。

【民生工程指标完成概况】 2013年,下发城乡低保、医疗救助、优抚安置、慈善救灾、老龄孤儿等各类民生资金共3100余万元。用足用好被征地农民养老保险纳入省级统筹政策,全面启动九龙湖新城被征地农民基本养老保险工作。教育成果喜人,中考总平均分位列全市各县(区)第一。新建8个社区居委会和5个精品示范社区,启动2个居家养老服务站建设,凤凰花园社区居家养老服务站荣获国家级“敬老文明号”称号。加快推进云溪、安丰、站西、富源4个小区共102万平方米还建房建设,云溪花园2014年底可交付使用。创新采取BT模式,启动并基本完成九龙明珠、中堡花园、生米春天三个小区共183万平方米还建房前期工作。

【政治建设指标完成概况】 2013年,把学习宣传贯彻中共十八精神和中央政治局改进工作作风、密切联系群众八项规定作为首要任务,制定出台《关于改进工作作风、密切联系群众的实施办法》,广大干部思想高度统一,进一步增强了责任意识、为民意识、服务意识。结合政治学习,利用多种舆论平台,围绕城市建设、民生工程、创新管理等方面进一步加大新区的对外宣传力度。按照新的“三定”方案对管委会内设机构职能进行优化。全面落实党风廉政建设责任制,严格落实“三重一大”制度,强化监督制约;抓好“八项规定”的落实,全区公务接待经费、实际出国费用、公车购置和运行费用等“三公”经费比上年明显下降;突出抓好专项治理,重点开展民生资金使用情况的监督检查,维护群众利益,推进党风廉政建设和反腐败工作。

【全省金融商务区成果丰硕】 2013年,已有90家金融机构或企业成功入驻,其中已开业的金融机构(企业)55家,已确定用地或楼宇的金融机构(企业)35家。新引进各类机构和企业30个家,其中新引进的金融监管机构和传统金融机构分别为财政部驻赣专员办、中国进出口银行江西省分行、兴业银行南昌分行、厦门银行、中航信托、华融证券、中国大地财产保险股份有限公司江西分公司、华泰财产保险江西省分公司、银联商务有限公司江西分公司9家;新引进江西安信资产管理有限公司、北京联合保险经纪公司、江西正信会计师事务所、江西求正沃德律师事务所等21家类金融、新金融机构和企业。

【成功入选首批国家智慧城市】 2013年1月29日,国家住建部在北京组织召开国家智慧城市试点创建工作会议,红谷滩新区成功入选首批90个国家智慧试点城市(县、区)之一(也是全省唯一入选的县区)。委托完成智慧红谷滩建设规划并通过住建部评审,确定了“一个中心、二个平台、十个系统”的智慧城市建设内容,并在九龙湖新城先行先试。

【区行政服务中心正式运行】 2013年7月1日,红谷滩新区行政服务中心建成运行,区直有关部门、驻区有关单位等12个部门(单位)进驻中心设窗口,全面实行“一站式”行政审批服务。全区5个便民惠民服务中心和68个服务站初步建立了三级联运服务机制,精简办事流程,促进机关职能转变,提升行政服务效率。至年底,中心共受理客商群众各类行政审批事项5785件,办结5730件,办结率99.6%,发放《办事指南》等宣传材料3500余份,客商群众零投诉,明查暗访零通报。

【“智能绿色出行”活动启动】 2013年8月9日,红谷滩新区免费公共自行车“智能绿色出行”活动启动仪式在区行政广场举行,通过新增投入800余万元,采用物联网等先进技术对红谷滩67个免费公共自行车服务站点全部进行智能化升级。市民通过智能服务系统租、还车不再受时间限制,可全天候24小时享受服务。

【江西新华文化城开业】 2013年9月25日 红谷滩新区首届读书节暨江西新华文化城举行开业仪式,标志着江西首座一站式文化消费综合体——红谷滩文化综合体投入试运行。红谷滩文化综合体由江西新华发行集团投资兴建,总占地面积3.07公顷,建筑面积8.16万平方米,以复合式、多元化、多业态的模式,对以往新华书店单一卖书的经营业态进行大胆突破,以书城为纽带,将影院、休闲、娱乐、培训、艺术品展示交易等多种泛文化业态融为一体,为广大读者提供全新的文化消费服务。

【向莆铁路南昌西客站开通】 2013年9月26日,向莆铁路南昌西客站举行开通仪式。向莆铁路作为第一条连接海峡西岸和中部内陆腹地的快速铁路通道,大大缩短赣闽两省的时空距离,形成江西省等中部地区便捷的出海通道,对于促进中部地区和东南沿海地区人员、物资、信息、资金交流,加快海峡西岸经济区和中部地区崛起战略的实施将发挥重要作用。同时,该铁路开通运营后与正在建设中的沪昆客运专线和京九铁路、沿海铁路等路网干线相连接,使中国中东部的铁路网结构进一步完善,整体功能进一步强化,这对充分发挥铁路的大动脉作用,为经济社会发展提供可靠的运力保证,具有重要意义。

【2013年中国南昌国际马戏艺术节开幕】 2013年9月26日至11月10日,由江西省文化厅主办,红谷滩新区管委会、北京金群艺马戏表演公司、江西申远实业有限公司承办的2013年中国南昌国际马戏艺术节在红谷滩新区长天广场举行。本届国际马戏节邀请俄罗斯国家马戏公司、乌克兰马戏杂技艺术团、中国北京金群艺马戏表演公司等12个国家的顶尖马戏团队联袂献演。艺术节期间,全球一类动物首次集结在南昌,为观众带来惊险、刺激的马戏表演。

【“首届江西省地方特色商品博览会”开幕仪式举行】 2013年10月26日,“首届江西省地方特色商品博览会”开幕仪式在南昌华南城举行。此次博览会是“江西商品全国行”在省内举办的首次大型展销活动,同时也是华南城首批商家进驻,正式投入运营的重要标志。开幕会上沃尔玛、华润万家、天虹等国内外大型商贸连锁企业在内的200余家采购商、经销商进行参展推介、现场销售。

【中日结好25周年庆典活动举行】 2013年11月6日,江西省与日本岐阜县结好25周年庆典活动在红谷滩新区渔舟湾湿地公园举行纪念植树活动。双方共同种下代表中日友好的25棵樱花树。两省县自1988年正式缔结友好关系以来,从以政府为中心的国际交流和合作,逐步扩展为兼顾民间领域的广泛交流与合作。双方在教育、农业、林业等方面的合作及文化、艺术方面的交流均取得一定成果。

【长三角城市群教育科研南昌论坛召开】 2013年12月6日,长三角城市群教育科研南昌论坛在红谷滩会展中心东厅召开。该论坛由长三角城市群教育科研合作共同体、上海教育科研杂志社、南昌市教育局主办,红谷滩新区社会事业发展局承办,为历届长三角教育科研论坛中规模最大的一次。来自长三角地区的28个城市及南昌市本地区的600余名代表出席。此次论坛主题为“现代化城市化进程中的教师专业发展”,重点研讨城市化进程中的教师发展问题。

【万达嘉华酒店项目开业】 2013年12月13日,万达嘉华酒店举行开业仪式。万达嘉华酒店是由万达集团投资建设的标准五星级酒店,酒店地下2层、地上20层,总面积4.18万平方米,设有停车场、客房、中西式餐厅、辣道特色餐厅、游泳池、健身中心、会议室、宴会厅、美容美发沙龙等。该酒店的开业,可直接解决就业近500人,每年产生的税收约为500万元,对提升红谷滩新区现代服务业的品位具有重大意义。

【华融证券南昌绿茵路营业部项目开业】 2013年12月13日,华融证券南昌绿茵路营业部举行开业仪式。华融证券是2007年9月经中国华融和中国葛洲坝集团共同发起设立的全国性综合类证券公司。至年底,公司注册资本为31.78亿元,管理资产总规模上千亿元。大股东中国华融成立于1999年,是经国务院批准,由财政部控股的非银行金融机构。

【南昌瓷板画艺术博物馆开馆】 2013年12月15日,南昌瓷板画艺术博物馆在红角洲傩文化公园开馆。南昌瓷板画艺术博物馆坐落在红角洲傩文化公园内,园区占地面积7.8公顷,建筑面积约8500平方米,是集创作、研究、培训、传承、展示和营销为一体的公益性事业单位。

(刘　芳)

江西桑海经济技术开发区

【概况】 江西桑海经济技术开发区位于南昌市北郊新祺周,距南昌市区22千米,距昌北国际机场直线距离仅6千米,京九铁路、昌九城际铁路、福银高速公路、昌九高速公路穿境而过,105、316国道穿区而过,交通运输十分便利。园区总面积58平方千米,其中规划城区面积23平方千米,已开发面积13平方千米。开发区的发展形成了“一心两组团”的模式,其中“一心”为中心城区,两组团为北边靠近永修的南山分场组团、南边靠近机场的白马庙分场组团。全区户籍人口3万人,其中非农业人口1.8万人;下辖1个管理处(新祺周管理处),3个村民委员会。开发区坚持“以药为基、依港兴区”的发展战略。经过多年的发展,形成以医药食品、电子信息和现代物流三大产业为主导产业的产业集群,区内有工业企业100余家,其中规模以上企业25家,三大主导产业总产值和主营业务收入占全区的80%以上。

【经济运行指标完成概况】 2013年,致力于把抓经济建设作为一切工作的中心,充分发扬“有一必争、有旗必夺”的桑海精神,主要经济发展指标实现快速增长。财政总收入完成2.75亿元,比上年增长19.7%;地方一般预算收入完成1.54亿元,增长49.5%,增幅全市第一;地区生产总值完成10.2亿元,增长13%,增幅全市前三;规模以上工业增加值10.42亿元,增长17%,增幅全市第一;限额以上零售额4590万元,增长34.7%;外贸出口总值4730万美元,增长27.3%;实际利用内资49.13亿元,增长21%;实际利用外资4220万美元,增长15.4%;固定资产投资13.76亿元,增长21.8%;所有指标都超额完成全年目标任务。

【社会稳定指标完成概况】 2013年,高度重视社会稳定工作。抓好中共十八届三中全会、“两会”期间的信访维稳工作,未发生重大治安事件和群体性事件;破获各类刑事案件45起,抓获犯罪分子26人,办理各类治安案件53起,处理违法人员66人,辖区“两抢一盗”案件破案数比上年上升34.31%,“两抢一盗”发案数、违法犯罪报警数分别下降20.17%、19.76%,群众安全感明显提升。深入开展“民情夜访”工作,畅通社情民意反馈渠道,预防和减少群体性事件发生。完善信访制度,落实“一岗双责”制、领导包案制和领导接访制度,最大限度地把问题解决在基层、解决在萌芽状态;坚持信访值班,拓宽信访渠道,加大调处力度,做到“大事不出区、小事不出门”,成功实现无非正常上访,为中共十八大等重大活动顺利举行创造和谐稳定的社会环境。

【民生工程指标完成情况】 2013年,坚持把关注和改善民生作为一切工作的出发点和落脚点,切实抓好富民、惠民、安民三大工程,使发展成果不断惠及全区广大干部群众。积极为失地农民就业创业服务,积极搭建就业创业平台,举办失地、失业人员专场招聘会4场,提供就业创业技能培训800余人次,帮助实现就业500人;在全区开展失地农民社会养老保险,审批人数1900余人,保障失地农民失地不失业,失业有人管。完善教育基础设施建设,在财力紧张的情况下,投入6000万元建设徐孺子学校,一期已全面竣工并投入使用;与金阳光教育集团采取合作办学,在徐孺子学校试点教学改革,力争5年内建设成省重点建设学校。同时,在中心城区腾出6.7

余公顷土地用于2个行政村新农村建设。

【政治建设指标完成概况】 2013年，按照基层党组织建设的要求，在干部中推行深入“招商引资一线、拆迁安置一线、信访维稳一线”为主要内容的“三个一线”工作法，锻炼了干部推进项目、解决实际问题的能力。加强学习型党组织建设，制订中心组学习暨副科以上干部“四个一”理论学习计划，全年开展中心组学习12次。开展效能督查15次，印发督查通报、专报12期，查处效能违纪并问责2人次。加强干部廉政教育，逢重大节假日不定期开展警示教育和发送廉政短信，组织观看警示教育片120人次，发送廉政短信300余条；严格落实领导干部收入申报、收受礼品登记和个人重大事项报告三项制度并定期上报市委；组织全区科级以上领导干部填写个人收入申报表，据实向组织汇报个人收入情况；对领导干部收受礼品、个人重大事项等情况，及时组织专门人员调查核实，做到随时报告，随时处理；设立公开举报电话和意见簿，对群众举报和来信反映的有关问题，做到有访必查、有查必果。

【两大“百亿产业”方阵成效显著】 2013年，积极策应南昌市打造核心增长极步伐，重点推进食品产业和医药产业两大“百亿产业”方阵，加大产业招商力度，盘活存量企业、激活新引进企业，突出抓好招商引资、项目建设等重点环节，不断扩大经济总量，提升发展质量，经济发展的后劲进一步增强。围绕打造医药产业“百亿方阵”，加快推进“桑海新医药谷”建设，努力完善医药产业上下游产业链，引进复星医药工业园、江西赣药制药基地、江西思恩腾药业、香港威裕医药物流等生物医药制造、销售、物流项目，建立一体化完整的生物医药产业链，计划在3年内全面实现达产、医药产值突破100亿元；围绕打造食品产业“百亿方阵”，积极打造以双汇食品为龙头、其他食品产业为支撑的企业群体和产业集群，加大对食品产业的扶持力度，专门制定食品产业扶持政策，计划在3年内食品产值突破100亿元；两大“百亿产业”方阵打造后，其总产值将占到全区工业总量的80%以上。

【打造桑海“服务特区”】 2013年，为致力于打造桑海“服务特区”，加快项目推进进度、提高行政审批效率。在财力紧张的情况下，积极建设行政服务中心办证大厅，深化行政审批制度改革；全面推行一个项目、一名责任领导、一支攻坚队伍、一张作战图、一套奖惩机制、一抓到底“六个一”工作机制，实行“党员服务岗”制度，全区每个重大重点项目选派一名党员干部挂点担任服务专员，负责为企业跑腿、办证；同时，对项目审批实行流程再造，先行先试，把住“规划、建设、质量、安全”4个基本内容，实施项目预审批准制、并联审批制、告知承诺制、验收补齐制、跟踪协调制等一系列行政审批改革，有效缩短审批时间，加快项目推进速度；对影响投资环境的“人”和“事”实行“零容忍”，对慢作为、不作为的干部进行撤职、罢免，有力促进项目推进。通过打造桑海“服务特区”，招商引资、政务服务环境不断提升。

【桑海中学与金太阳教育集团“助学合作”】 2013年，在财力紧张的情况下，投资6000万元异地重建桑海中学新校区，经过不到一年的建设就投入使用。11月9日，桑海中学与金阳光教育集团开展“结对帮扶、助学合作”签约仪式，积极探索企业资助公办学校的助学合作模式，将为桑海中学的教育提供优质教育资源服务，为办学思想、办学体制和教学方法提供改革活力，促进桑海教育事业整体水平，力争将桑海中学打造成江西一流、全国知名的学校。

【打击违章违法建筑之风】 2013年，策应省市提出的推进昌九一体化和打造临空经济区发展战略，认真做好临空经济区域内土地资源管理工作。联合市城市管理委员会、湾里区、永修县，形成拆违联动机制，成立联合整治行动指挥部，对在桑海开发区南山分场违章违法搭建物进行强制拆除，拆除违章违法建筑40余处，拆除面积1.1万余平方米。同时，进一步建立拆违控违长效管理机制，成立专门违章搭建执法中队，加强对全区土地资源使用的管理工作，加强对辖区范围内的巡查力度，加大对违章违法搭建的打击力度，全面控制违章搭建，确保临空经济区和昌九一体化重大战略目标的顺利实施。

（李廷铭）

南昌中小微企业工业园

【概况】 2013年4月，南昌中小微企业工业园（以下简称小微工业园）成立。小微工业园是南昌市区县合作模式的有益尝试，是国家工信部中小企业发展促进中心、中国中小企业国际合作协会与南昌市共建的全国首家小微企业产业发展示范园，位于南昌经济技术开发区与新建县交界处，总体规划120平方千米，近期60平方千米，一期10平方千米，重点打造3平方千米核心起步区。小微工业园紧邻昌北国际机场，周边有京九铁路、福银高速和赣江黄金水道作为快捷便利的交通支撑，园区内3平方千米综合保税区正在积极向国务院申报，区位优势明显，是昌九工业走廊上关键节点，也是临空经济区的核心区，具有得天独厚的工业发展基础。

【产业规划】 2013年，按照“有所为、有所不为”的思路，小微工业园在起步区产业定位上确定“1+X”的发展战略。“1”，指以临空经济指向特征明显的电子信息产业为主导；“X”，指关联产业或其他临空导向的高端制造业。将形成创新与产业互动，龙头企业与小微企业互动，主导企业与配套企业互动，各环节紧密联系的协同发展态势。

【经开区与新建县签订合作开发协议】 2013年3月16日，经开区与新建县合作开发南昌（国家）小微企业产业发展示范园协议签字仪式举行。市委常委、秘书长江晓斌，副市长肖玉文出席。2012年，市委、市政府作出重要决定，在经开区与新建县交界处率先采取“市里主导，县区合作”的新模式，由经开区与新建县合作，共同规划打造总面积120平方千米的小微企业工业园，并将其作为南昌打造带动全省发展核心增长极的重要支撑点之一。同时，国家工信部中小企业发展促进中心、中国中小企业国际合作协会与南昌市签署战略合作协议，共同打造“南昌（国家）小微企业产业发展示范园”，将南昌小微企业工业园上升到国家示范层面。

【全力打造小微企业创业孵化基地】 2013年9月，市委、市政府要求国有企业要在小微工业园建设中发挥开路先锋作用，并明确南昌工业控股集团有限公司承担中小微企业创业孵化基地的建设任务。该基地项目位于南昌中小微企业工业园一期核心起步区，项目总投资约18亿元，占地总面积22.27公顷，建筑总面积约34.2万平方米。项目分三期建设，一期7.87公顷，投资约5.3亿元，建设10万平方米标准厂房；二期约5.07公顷，投资约5.1亿元，建设9.8万平方米产品研发等产业配套服务区；三期约9.33公顷,投资约7.6亿元,建设14.4万平方米标准厂房。项目建设引入国际高端、领先的设计理念,借鉴国内外高端电子信息产业园区建设经验,主要建设标准电子信息专用厂房,厂房可以根据不同客户需求自由拼接组合成多种结构,满足企业不同发展阶段的成长需要,适合各类电子信息企业快速成长和创业发展。

【南昌申报设立综合保税区】 2013年8月20日,市政府正式向省政府提出按"一区两片"的方案申报南昌综合保税区。9月6日,省政府正式向国务院提交申请设立南昌综合保税区的请示。申报中的南昌市综合保税区采用"一区两片"的方式,规划总用地面积3.27平方千米,一片区为位于南昌国家高新技术产业开发区的原南昌出口加工区A区,二片区为位于南昌中小微企业工业园的原南昌出口加工区B区迁址拓展区,该片区选址区位优势明显,东临龙头岗码头,西接昌北机场,西南面紧邻海空联运的中转中心,周边规划有105国道改线段(机场大道),是集空运、铁路、公路、河运于一体的综合枢纽区域。综合保税区的申报成功将放大经开区保税物流中心,高新区出口加工区的已有优势,形成政策叠加,促进和带动南昌经开区乃至鄱阳湖生态经济先导区的产业快速发展,对于降低外向型企业的国际物流成本,形成对口长珠闽和港澳台的产业聚集区,提高和发挥南昌在鄱阳湖生态经济区及全省的辐射力、影响力和带动力,加快南昌融入全球经济一体化的进程,提升南昌的战略地位都具有十分重要的意义。

(姚　适)

南昌昌东工业区

【概况】 2013年,南昌昌东工业区围绕"产业强区、生态新城"这一目标,聚焦项目建设、地产运作、产业规划、环境提升、"两园"建设、空间拓展、民生工程、队伍建设八大重点,全力实施"转型、提升、东扩、强基、惠民"五大战略,按照"大拆迁、大招商、大建设、大改革、大提升、大跨越"的发展要求,全面提升园区的综合竞争力。昌东工业区地处南昌城东南片区,规划总面积21.5平方千米,辖8个行政村,人口3.12万人,入园企业539家。2012年12月,经省政府批准为重点省级工业园区。经过十余年的发展,园区初步形成以宁波长隆国泰、中基实业、华兴针织为龙头的针织服装,以雪津啤酒、每伴食品为龙头的食品饮料,以三九药业、百特科技、南吉化工为龙头的医药化工,以亚东水泥、东方电缆为龙头的新型建材,以华奥印务、江印集团为龙头的印刷包装等五大支柱产业。荣获纺织产业集群地区发展服务荣誉奖。

【经济总量快速提升】 2013年,园区财政总收入首次突破5亿元,比上年增长32%;一般预算收入1.35亿元,增长25%;完成工业增加值90亿元,增长20%;完成工业总产值365亿元,增长21.3%;完成主营业务收入360亿元,增长21.5%;完成工业固定资产投入80亿元,增长26%。实际利用内资39.57亿元,增长24.6%;实际利用外资1.32亿美元,增长16%;出口创汇30579万美元,增长17%。经济总量同比有大幅度提升。

【招商引资成效显著】 2013年,开展外出招商10余批次,成功引进总投资20亿元的中国(江西)服装创意产业园、总投资5亿元的湖北恒信德龙南昌汽车产业园、总投资1.3亿元的雪津三期、总投资1.5亿元的艺之蝶服装产业园、总投资2.5亿元的江西好吖好电子商务产业园、总投资1.2亿元的厦门鑫骏诚·南昌服装生产基地、总投资2.5亿元的易佰家集团总部经济大楼、总投资2.5亿元的博涵服装创意研发中心、总投资1亿元的大康药业、总投资2亿元的凯润针织服装生产基地等一批重大重点项目。

【项目建设强势推进】 2013年,共推进项目49个(工业类20个、拆迁及基础设施类4个、总部经济类3个、三产类11个、民生类11个),总投资约134亿元,占地约360公顷,包括在建促竣工投产项目30个,待建促开工项目10个,在谈拟签约项目9个;项目总投资约108亿元,全年实际新开工项目15个,竣工、(试)投产项目13个。车仆(南昌)汽车用品工业园、长隆服饰(南昌)生产基地、为民舷外机研发制造基地、博凯实业、鑫桥产业园等一批项目竣工或投产;凯润针织服装生产基地、瑞达纺织二期、易佰家集团总部经济大楼、黎明实业等按计划进度推进建设;北京汇润通昌东国际港、湖北恒信德龙南昌汽车产业园、雪津三期扩建工程、博涵服装创意研发中心、大康药业等重大重点项目按计划如期开工。

【打造中国(江西)针织服装创意产业园】 2013年5月11日,省工业和信息化委员会确定在昌东工业区规划建设中国(江西)针织服装创意产业园。产业园位于高新大道以东,东升大道以西,昌安路以南,广州路以北区域,占地60公顷,一期占地28公顷。规划企业总部区、研发创意区、文化会展区、电子商务区四大功能区,项目总投资20亿元,建成后,将满足企业总部、研发设计、文化会展、电子商务、人才培训、品牌建设六大功能。该项目将于2014年7月开始动工,2016年底主体竣工,力争到2020年,打造成集企业总部、研发创意、文化会展、技能培训、电子商务等功能于一体的城市综合体。至2013年年底,产业园建设已完成可研、项目立项、环境评估报告等工作,进入征地拆迁、规划设计、项目招商阶段。

【园区环境日趋美化】 2013年,筹集资金近5000万元,着力完善昌东核心区路网建设。打通朱桥路西段,并完成朱桥东路西段北侧680米绿化建设。完成东华大道排水工程、昌富路排水桥涵工程、C-10地块东西向道路排水工程、工业五路道路排水工程(昌东大道—高新大道)的设计。投入资金500万元,在朱桥东路、东升大道、昌安路共栽种春鹃、红叶石楠、月季花等小灌木约51.2万株,栽种石楠球180株、乔木约1500株、红叶石楠球约600株,并安装白色护栏约5300米。制作大型喷绘2块、项目牌4块,打造廉政主题长廊1处,标注交通渠化线7千米。

【提升企业服务质量】 2013年,组建11个项目组,由园区党政班子成员牵头负责,各局(室、所、中心)负责人和骨干力量包干推进。组织心悦电脑绣花有限公司成功申报节能专项项目,并获得100万元的节能补贴。拓宽渠道搭建政银企融资洽谈会,共为企业争取贷款3000余万元。积极推荐企业参加各类招聘会,解决企业开春"用工荒"的难题。

【强化税收征管力度】 2013年,加强税收征管盲区的全面清查,依法清缴建筑营业税300余万元,清缴土地使用税600余万元。力促新开工项目及在建的江西洪城房地产、江西绿都置业公司丹石街区、洪大国际酒店用品城、车仆(南昌)汽车用品工业园等重大项目足额缴纳税收。同时,积极与银行沟通协调,实现银行转贷资金1.76亿元。加强与市土地储备中心对接，筹借资金9069万元。

【推动校建工作】 2013年，累计投入近2亿元，全力推进胡家小学、佛塔小学、义坊学校、昌东幼儿园等"三校一园"建设。"三校一园"于2014年秋季投入使用。

【推进民生工程】 2013年，为农村低保户、五保户、退伍老兵发放保障性资金147.7万余元。积极筹集落实民生优抚资金355.56万元，保障低保户、五保户和困难群众的基本生活需要。送戏下乡18场，送电影下乡196场。至年底，投入4.2亿元，全面启动失地农民养老保险工作，真正实现了失地农民城镇职工化养老保险全覆盖。

【"三问一送"活动成绩凸显】 2013年，全面开展"三问一送"（问计于民，问需于民，问帮于民；送健康）大走访，由各村村民小组长负责，村党员包户到人，挨家挨户进行走访，确保村不漏户，户不漏人，园区"三问一送"大走访抽查达标分数为99分。全年排查出各类矛盾纠纷38件，调处各类纠纷35件（含群体性信访问题5起），三级终结3起，调处成功率达92.1%，进一步促进了园区和谐稳定。

【廉能建设扎实推进】 2013年，深入开展"建设廉洁青山湖、提升群众满意度"主题宣传月活动，共走访7537户村民、211家企业，现场解决群众问题数十个。强力推进警示教育、廉能风险管理、机关作风整治、农村"三资"管理、"红包"收受自查自纠活动等重点工作，在全区率先推进手机"廉"播短信平台，创建佛塔村农廉示范点和雪津啤酒廉政示范点。

（万海明）

江西新建长埈工业园

【概况】 2013年，长埈工业园区紧紧围绕打造核心增长极实力板块这一主题，坚定"国家级园区"的奋斗目标，发展正在步入"快车道"、迈上"高速路"、打造"升级版"，各项工作取得可喜成绩。先后被评为"省级民营科技园"、江西省政府工业园区"六大指标"综合先进单位、南昌市开放型经济重大产业项目奖和新建县综合目标考核一等奖等。园区引进内资28.98亿元、外资7803.1万美元；实现工业总产值380.96亿元，比上年增长21.1%；实现主营业务收入376.8亿元，增长20.9%；实现工业增加值91.04亿元，增长23.04%；规模以上工业企业达82家；500万以上固定资产投资完成64.32亿元，增长24.39%；实现税收6亿元。

【招商引资成效显著】 2013年是园区项目引进年，园区成功签约落户10亿元以上项目2个，即投资26.85亿元建设年产10万辆皮卡和SUV整车项目的江西五十铃、投资12亿元作为园区汽车产业配套项目的泉州汽配园；5亿元以上的项目1个，即上市公司福建纳川管材科技股份有限公司投资6亿元生产缠绕增强管、PEPE复合管的纳川管材项目；投资亿元以上的项目5个，即投资4亿元生产汽车零部件的天津宇傲项目，投资2.2亿元的核工业华东建工集团项目，投资1.5亿元的江西互联网产业基地项目，投资2亿元的中成药及保健护肤品研发销售基地及投资2亿元的装备制造业研发及销售基地等，凸显了三大产业聚集特色，增强了发展后劲。

【规划园区建设】 2013年，按照园区确定的奋斗目标，合理定位，有序推进，切实加强园区规划建设。一是缓解制约园区经济社会发展的用地瓶颈，进行扩区拓区，完成石埠镇观背、留田、珂里等6个行政村及缪家老屋等3个自然村、2.3万余人的移交接工作。二是启动园区远期120平方千米的战略发展规划、中期60平方千米的城市总体规划、近期40平方千米控制性详细规划以及产业发展规划编制工作，指明园区未来发展方向。三是推动一区多园、扩区开发、融区升级战略实施。推动滨水公园、320国道绿化带改造、拆临透绿工作，打造宜商、宜业、宜居生态工业园，引入泉州汽配园、天津宇傲，强势推进江西五十铃、恒望汽车城项目实施，打造全国前三位汽车文化中心、千亿汽车产业园。向西延伸拓展，拉大道路框架，积极引入龚杏产业城，打造用地性质延续对接、功能布局融合对接的城市后花园。

【加强基础设施配套建设】 2013年，征迁安置方面共完成征地1.74平方千米，拆迁近6万平方米，房屋200余栋，迁坟近2600余棺，场地平整1.34余平方千米。累计完成安置房建设36栋，面积10.6万平方米；在建16栋，面积5.3万平方米。基础配套方面完成兴业大道西延、江铃大道、320国道改造等道路及配套雨、污水管网施工，道路硬化面积达10万平方米。新安装自来水管约3.5千米，新敷设电力线路约8千米，迁改线路约3千米。完成绿化覆盖面积5万平方米。

【加快推进项目建设】 2013年，总结方法，汲取经验，建立项目推进制度。实行"双逼"工作机制，以务实肯干的精神实现项目快速推进。恒望汽车城4S店6家营运，12家基本建成，带来了新的税收增长点。江西五十铃项目快速开工，已完成近5万平方米厂房建设，计划2014年6月完工试产。东鸿重工、雨润食品深加工、双胞胎、沃尔沃、京冶二期、康宁医院等项目稳步推进，全年开工建设的项目48个，京冶二期等10余家企业投产运营。至年底，批转土地约1.37平方千米，办理项目用地出让0.92平方千米，项目用地登记及发证0.9平方千米，确保了项目正常有序推进。

【完善服务企业功能】 2013年，加大对园区企业政策、资金的扶持力度，不断提供优质高效服务，助推企业快速发展。一是开通行政审批绿色通道，将三步程序优化到两步，凭借园区规委会会议纪要及规划分局出具的意见可通过企业规划评审，节约时间成本。二是积极兑现各项扶持资金，向新华物流、金达莱环保、英特医药、龙宇医药等园区优秀企业兑现扶持资金近280万元，全力支持企业做大做强。三是与工商银行新建支行、农行新建支行合作召开银企对接会、融资对接会，引入南昌农商银行，提供金融服务。四是积极向上级争取政策扶持，新建县委、县政府出台《关于支持长埈工业园区发展的具体措施（暂行）》，全力帮助企业做大做强。

【加大民生工程投资力度】 2013年，加大投资，关注民生，努力提升园区百姓幸福感。一是为438名失地农民、城镇农村五保户、低保户、优抚家属、社会弱势群体等，发放生活费、补贴、补助及报销医疗费用共计330多万元。二是投入8亿元，创新安置模式，推进31万平方米的花园式创业安置小区建设，规划已完成，正在土方平整。三是启动璜溪幸福商业街（幸福农民特色一条街）工程及丰泽花园"五位一体"中心示范村建设，完善设施配套，鼓励百姓就业创业。

【江西五十铃整车和发动机公司成立】 2013年4月23日，长埈工业园区举行江西五十铃整车和发动机公司成立暨

2013年4月23日,长堎工业园区举行江西五十铃整车和发动机公司成立暨项目开工仪式

项目开工仪式。省委常委、市委书记王文涛宣布公司成立暨项目开工。省市领导洪礼和、李贻煌、陈俊卿、江晓斌和江铃集团董事长王锡高、江铃公司日方人员等出席。副市长肖玉文主持仪式。该项目总投资33亿元,占地53.33万平方米。

【投融资代建战略合作框架协议签约】 2013年9月11日,新建县政府与江西建工集团公司在新建县迎宾馆举行投融资代建战略合作框架协议签约仪式。该合作是新建县通过BT投融资建设加快市政基础设施及公共项目发展的重大举措。建设项目总投资30亿元,工期5年,主要包括园区市政配套工程和安置房建设工程。

【"泉州汽配园"项目签约仪式举行】 2013年10月17日,福建"泉州汽配园"项目签约仪式在新建迎宾馆举行。福建省泉州泉新投资有限公司为该项目投资主体,引进10家以上汽车工程机械配件企业入驻新建县长堎工业园区投资建设。项目总投资12亿元,总用地面积0.34平方千米,其中一期0.14平方千米,二期0.2平方千米,规划3年建成投产。

(朱家宪)

江西省进贤县经济开发区

【概况】 2012年11月20日,进贤县经济开发区正式被省政府批准为省级工业园区。至2013年年底,开发区总规划面积为10.25平方千米。实行一区三园管理模式,即高新产业园、温圳新型工业园、医疗器械产业园三个园区。园区企业完成工业产值56.7亿元,实现销售收入49.6亿元,完成固定资产投资9.2亿元。

【高新工业园区】 园区位于进贤县城区西郊,南端直接紧邻320国道,2002年成立,总体规划面积近5.04平方千米。2013年,实现工业总产值35.1亿元,利税总额3300万元。园区累计完成基础设施投资约3.6亿元,已形成三横四纵的主道路格局,道路建设总计建成13.03千米,敷设雨水管13.03千米,铺设污水管8.42千米。建成110千伏安变电站一座,架设10千伏用电线路6.8千米,架设电网线路15.4千米,亮化工程11.5千米,绿化面积16万平方米。高新产业园区投产项目67家,在建项目23家,已签约拟建33家,共计引进企业120家(其中3家为投产兼待建项目)。在产业方面有钢网结构、生物制药、电子科技、新型材料、汽车配件,成为高新园区五大主导产业。引进的重点项目有4亿元的高氏油茶产业生态科技园项目、3亿元的申安LED节能照明项目、3亿元的荣信骨科植入物材料项目、8000万美元的铭发国际化标准厂房项目等。

【温圳新型工业园区】 位于温圳镇,2010年2月正式动工兴建,总规划面积1.5平方千米。2013年,实现工业总产值11.2亿元,税收550万元。温圳新型工业园区具有交通优势,处江西省"天"字形交通框架之内,累计投资2.5亿元,重点实施水、电、路、讯、绿化等配套设施建设。日供水能力达6万吨,建成网状公路12.9千米,与320、316国道相连接,形成四通八达的交通网络。完成绿化面积20万平方米。园区有38家企业落户(13家签约、18家开工、7家投产),其中投资超亿元的大型项目10家。已形成以东南部天成10万吨铜加工为龙头企业的铜采选及深加工企业集群,西南部集聚石狮、泉州、晋江16家服装企业的海西轻纺工业园,中北部以雄宇集团为龙头的钢结构生产区,西北部以中粮米业为龙头的产业基地。园区内的四大产业,具有做大、做强的后发潜力。

【医疗器械产业园】 2004年创建医疗器械科技园。2007年,医疗器械科技园经江西省发展和改革委员会、经贸委批准为"江西省医疗器械产业基地"。2009年,被纳入江西省十大战略新兴产业(生物)发展规划核心区发展重点,成为总规划面积12平方千米,集生产、销售、检测、研发、会展为一体的医疗器械产业基地。基地按照产业聚集发展方向,着力引进科技含量高、市场前景好、核心竞争力强的大型医疗器械生产企业和为产业服务的研发、检测等机构。2013年实现工业总产值10.4亿元,利税总额1600万元。园区内医疗器械生产企业11家,规模以上企业3家。园区动工建设重大项目有:洪达集团投资15亿元的年产13万件医疗器械设备生产线项目,江西晨居实业有限公司投资1亿余元的糖尿病检测试剂、钙锌检测试剂盒生产线项目,南昌水禾田有限公司投资1.2亿元的血液透析器、高通量透析器、滤过器、康复理疗设备生产项目,江西长渡医疗器械有限公司投资8000万元的医药产品、滞留针生产项目,江西依莱斯医疗器械有限公司投资5200万元的氧气面罩、鼻氧管的生产项目,江西美申科技有限公司投资4800万元的医用导管、医用导丝等Ⅲ类产品生产项目等规模以上项目。

(武中立)

江西安义工业园区

【概况】 江西安义工业园区于2001年8月开发建设,前身为安义县凤凰山开发区,起步园为2平方千米。2005年6月,安义县委、县政府及时对工业园区规划进行调整,总体规划面积为20平方千米,一期规划面积为10平方千米。2006年3月,园区顺利通过国家发改委审核,被省政府批准为"省级工业园"并更名为"江西安义工业园区"。先后被中国建筑材料流通协会、江西省工信委、江西省发改委授予"中国塑钢门窗型材示范基地”“江西铝合金塑料型材及制品产业基地”“江西(安义)铝合金塑钢型材产业基地”等荣誉称号。为精心培育支柱产业,促进产业集群升级,安义县委、县政府作出“一园三基地”发展战略,即以发展安义工业园区为综合园,在东阳规划金属新材料产业基地、万埠规划纺织服装精细化工基地、万埠规划稀有金属材料产业基地,全面拉开以“园区+基地”为模式的小安义大工业发展格局。通过多年的发展,已形成新型建材、新材料、新能源、纺织服装、医药化工五大主导产业,其中新型建材已成为安义县的支柱产业。

【经济指标不断增长】 2013年,工业园区实现工业总产值119.2亿元,比上年增长17.11%;主营业务收入118.38亿元,增长14.89%;上缴税收1亿余元;工业用电2.86亿千瓦时,增长26.27%;安排就业人员1.3万余人。其中,新型建材产业实现工业总产值81.61亿元,新材料产业实现工业总产值8.24亿元,新能源产业实现工业总产值2.84亿元,医药化工产业实现工业总产值5.95亿元,纺织服装产业实现工业总产值12.28亿元。

【招商引资坚持招大招强】 2013年,围绕打造华东地区最大新型建材产业基地,更加注重产业链的纵向延伸和横向联系,坚持产业招大商、突出特色招强商,争取一批关联性较强的配套、协作企业和特色优势产业落户园区。全年引进佛山金银河智能装备公司投资10亿元的年产10万立方米的气凝胶及5万吨高温胶新材料项目、由深宝安集团投资5亿元的泰格尔碳纤维复合材料和无人驾驶机生产项目、广东中迅农科投资3亿元的农药复配项目等15个项目,这些项目经济实力强、科技含量高,发展前景广。

【落实企业落户“三关”】 2013年,随着园区不断发展壮大,特别是建材产业集群优势日益凸显,落户园区的企业不断增多,为规范落户企业,提升园区档次,严格落实“三关”,有效地规范新落户企业。一是园区关。对洽谈企业进行上门摸底,了解投资方的经济实力、管理水平,有效防止小项目、圈地项目,摒弃低科技含量、高污染项目。二是联合关。对于已通过园区初步审核的项目,上交县“产业5人小组会”进行会议审核,通过县领导及相关部门联合把关,确定项目的落户是否利于县域经济的发展,最终明确项目是否落户园区。三是规划关。对于已确定落户园区的项目,要求其将规划建设图纸上交县规划建设委员会进行审核,只有通过县规划建设委员会审核的项目,才允许开工建设,并在项目开工建设过程中,进行督导。通过落实“三关”有效地保证落户园区项目有实力、有形象、有档次。

【推进项目建设】 2013年,按照“签约项目促开工,开工项目促竣工,竣工项目促投产”的工作目标,强力推进一批项目建设,落实时间节点,实行挂图作战,采取倒逼进度、联合督导、定期调度、协调服务、现场办公等方式加速项目建设,确保落户项目早开工、在建项目早完工、建成项目早试产、试产项目早投产。通过大力推动项目建设,全年实现新增实德铝业、宏宇铝业、欧铝铝业、艾依家居、辉煌铝业等9家企业竣工投产。

【建材产业发展体现“三快”】 2013年,建材产业发展态势良好,主要体现在三个方面。一是经济增长快。园区建材企业实现工业总产值81.61亿元,比上年增长19.96%;企业用电量2.13亿千瓦时,增长35.43%;主营业务收入80.58亿元,增长16.06%;利润总额5.36亿元,增长8.43%;完成税收4458.24万元,增长15.22%。二是技术升级快。园区建材企业通过加大企业技术改造和技术创新力度提升产品竞争力,降低经营成本。如雄鹰铝业技术中心通过申报,已被认定为“省级铝合金工程技术研究中心”“省级企业技术中心”和“博士后科研工作站”;大连实德集团江西新型建材有限公司投资3000万元进行粉尘系统改造工程;江西锦鹏铝业有限公司投资1000万元进行立式喷涂改造工程。三是品牌创建快。至年底,工业园区新型建材产业创全国驰名商标3个,分别是实德牌塑钢、雅丽泰牌铝塑板、雄鹰铝材;省著名商标14个,其中新增南亚铝业、金鑫发铝业、锦鹏铝业、华宇铝业、雄鹰铝业(赣鹰、安鹰)、金凤凰铝业等7个省著名商标;“鑫隆泰牌”“中泰来牌”等名牌产品30余个,其中建材产业共有专利申请300余项。园区内江西雄鹰铝业股份有限公司属国内铝材行业20强,江西锦鹏铝业有限公司属国内铝材行业50强。

【夯实基础设施和功能性设施建设】 2013年,园区为夯实承载平台,全力抓好基础设施和功能性设施建设。结合企业打捆包装、低丘缓坡用地情况,积极向上级争取用地指标,新增用地指标1000余亩。至年底,园区共有用地指标159公顷,缓解了用地指标紧张的现状。全力推进锦绣大道东延、东阳大道二期、红山大道、畜牧分场500米路网建设,对引凤路路面进行硬化。园区所有道路路网的亮化、绿化、美化改造相继完成,逐步形成四纵三横的园区路网框架。全长20千米的园区污水管网已铺设完毕,污水处理厂主体厂房基本完工,设备正在进行安装调试。对锦绣大道东延、红山大道、东阳大道一期和二期自来水管网进行铺设,确保东阳大道沿线企业项目建设正常运行。完成园区内全长35千米电网拉设和东阳大道一期和二期、奋发路产业集聚区电网改造工程,为166户落户企业安装变压器;11万伏排头变电站工程开工,启动凤凰山变电站建设。

【开展产业宣传】 2013年,为更好地宣传安义,吸引更多客商投资安义,推介安义新型建材,把安义的建材推向更高、更广的发展空间。安义县委书记朱东、县长梅梅高度重视,于3月分别赴广东深圳、福建厦门,湖北大冶、山东临朐、广东南海等地考察和推介安义建材。4月28日,在上海市组织举办“安义建材产品(上海)暨招商推介会”。推介会上,现场签约项目11个,资金21.5亿元。11月28—30日在安义举办首届江西(安义)铝型材及门窗展览会,共吸引来自全国各地的90余家专业的建材及相关配套服务企业参展,展出面积近5000平方米,参观人数3000余人次,现场签订意向订单超2亿元。

(安义工业园区)

开放型经济·进出口货物管理

本栏编辑　揭淑琴

概　述

【概况】　2013年,南昌市加大招商力度,成功引进中国北车、艾炜特、王府井百货等一批重大项目,益海嘉里等项目继续加大投入、增资扩股,江联国际与埃塞俄比亚签署了全省单个合同额最大的海外工程项目。积极组织有关企业参加国内外商品交易会、博览会等,扩大产品对外宣传和影响,帮助企业调整结构、进行转型升级,不断拓展对东盟、南非、印度等新兴市场国家出口份额,加强进出口货物稽查和管理,促进开放型经济平稳发展。全市货物出口以外贸流通企业为主,一般贸易占全市出口总值的80%,保持稳步增长;进口以生产型企业为主,主要是进口生产所需的原辅材料,实现恢复性增长。全年南昌地区内企业(含中央、省属公司)实现进出口总额97.22亿美元,比上年增长17.3%。其中,出口总额73.11亿美元,增长13.1%;进口总额24.11亿美元,增长32.3%,继续保持在江西省各地市中排名第一。在出口产品中,高新技术产品出口11.65亿美元,比上年增长34.1%,机电产品出口31.9亿美元,增长12.9%;一般贸易出口57.96亿美元,增长45%,加工贸易出口13.03亿美元,增长11%。至年底,全市外贸进出口经营企业有实绩的756家,比上年增加48家;企业平均进出口规模为1286万美元。进出口过亿的有19家,比上年增加8家。

开放型经济

【概况】　2013年,在国际市场需求依然不足、人民币持续升值、生产要素成本上升等一系列不利因素影响下,南昌市外贸进出口仍保持好于上年的稳步增长态势。全年南昌市累计实现进出口总值97.22亿美元,比上年增长17.32%。其中,出口73.11亿美元,增长13.08%;进口24.11亿美元,增长32.33%。对外贸易进出口总值稳居江西省各地市排名第一,占全省进出口总值的26.46%。从中部来看,在中部省会城市中,南昌市进出口总量位居第五,较2012年前移一位,进出口增幅位居第二,前移两位;出口总量位居第四,出口增幅位居第四,前移一位;进口总量位居第六,进口增幅位居第二,前移四位。

【对外贸易整体运转趋势】　2013年,南昌市贸易平衡逐渐改善。积极开拓海外市场,加强与非传统贸易伙伴的接触,与新兴市场的贸易稳步扩大。不平衡现象的改善体现了南昌市加快转变外贸发展方式、实现对外贸易均衡发展的努力。贸易结构趋向合理。贸易结构的优化具体表现在两个方面,一是商品结构的优化,二是贸易方式的优化。从商品结构方面来看,在外需减弱的形势下,南昌市的出口商品结构正呈现传统优势持续稳固、新竞争优势不断增强、商品质量和效益不断提高的结构性特征。从贸易方式来看,一般贸易增势明显优于加工贸易,一般贸易的增长体现了南昌市自主品牌产品的出口能力不断提升,外贸企业的核心竞争力有所提高。加工贸易转型迹象明显,进料加工的比重在提升。南昌市进料加工达23.2亿美元,比重达97.5%。反映了南昌市的加工贸易逐步实现从委托来料加工为主向自营进料加工为主运行方式的转变。开始从以简单加工为主的低附加值环节逐渐向研发设计、创立品牌等产业链的高端环节延伸。

2013年3月1日,南昌市外经贸委组织企业参加第23届华交会

【进出口规模平稳增长】 2013年，全市累计出口73.11亿美元，比上年增长13.08%；进口实现恢复性增长，进口24.11亿美元，增长32.33%。对外贸易进出口总值稳居全省各地市第一，占全省进出口总值的26.46%。至年底，全市外贸进出口有实绩经营企业772家，比上年增加64家；企业平均进出口规模1259万美元，比上年增加88万美元；出口过亿美元的企业11家，增加3家；出口过千万美元的企业132家，实现出口63.31亿美元，占全市出口总额的86.6%。以外贸流通企业为主，生产型企业仅有36家，实现出口20.74亿美元，其中23家生产型企业出口实现正增长，13家生产型企业出口负增长。进口则以生产型企业为主，欧菲光、一元数码、荣晶科技、鑫陇科技、江铃集团、双胞胎集团等一批大型生产企业进口大量生产所需的原辅材料，进口总额高达约20亿美元，占全市进口总额的83%。

【出口以一般贸易为主】 2013年，全市一般贸易累计出口57.96亿美元，比上年增长45%，占全市出口总值的79.28%，同比增加18%；加工贸易出口13.03亿美元，增长11%，占全市出口总值的17.82%，下降2%。

【民营、外商投资企业进出口稳定增长】 2013年，全市民营企业实现出口47.19亿美元，比上年增长18%，占全市出口总额的64.55%，同比增加2.9%；进口9.26亿美元，占全市进口总量的38.41%，增长82.64%。外商投资企业出口19.8亿美元，比上年增长20%，占全市出口总额的27.08%，同比增加1%；进口13.32亿美元，占全市进口总量的55.25%，增长18.82%。国有企业出口6.13亿美元，比上年下降22%；进口1.53亿美元，下降70%。

【主要出口商品稳定增长】 2013年，全市机电产品实现出口31.9亿美元，比上年增长12.89%，占全市出口总量的43.6%，比上年增加0.7个百分点；高新技术产品出口11.65亿美元，比上年增长34.13%，占全市出口总量的16%，比上年增加2个百分点。随着国际市场需求回暖，南昌市传统产业纺织服装出口势头较好，开始实现恢复性增长，全年累计出口额17.85亿美元，比上年增长36.68%，占全市出口总量的24.4%，比上年增加4.2%。出口超千万美元的纺织服装企业44家，增加20家，部分企业出口增长较快，如华兴针织出口额4598万美元，比上年增长61.05%；恒生制衣出口额1628万美元，比上年增长250.11%；医保进出口公司出口纺织服装额6979万美元（2012年出口仅为3318万美元）。

【新兴市场出口份额明显增加】 2013年，南昌市对东盟、南非、印度等新兴市场国家出口额分别达11.22亿美元、2.32亿美元和2.3亿美元，分别比上年增长46%、31%和61%。东盟已经超越欧盟跃居全市第二大出口地区。对欧盟、美国等地区和国家的出口额分别为9.56亿美元、8.74亿美元，分别比上年增长3%、3%。由于中国与日本政治关系的影响，南昌市对日出口额仅1.66亿美元，比上年下降15%。

【参加进出口商品交易会】 2013年，南昌市组织100余家企业参加美国MAGIC SHOW，中东BIG5等国际展会70余次，实现贸易签约约3亿美元。3月1—5日，第23届华交会在上海市举办。有来自115个国家和地区的2万余名境外客商到会，比上届下降5.25%。欧美和新兴市场客商明显增加。南昌市组织57家企业参展，其中生产企业27家、流通企业30家（有10家新企业，主要是生产企业）。展位88个，以服装展位居多，共70个，占全省服装展位的70%。南昌市企业在华交会上意向性签约近9000万美元，比上年下降近10%。年初的华交会对企业来说是主动出击、克服市场恶化、成本急增、利润减少、开拓市场的第一场战役。4月15日，第113届中国进出口商品交易会（广交会）在广州市举行。南昌市组织201家企业参展，展位264个。参展企业数比上届增加17.5%。新诺石（江西）进出口有限公司、江西联立石材有限公司、江西泓泰企业集团有限公司、泰豪科技有限公司等企业纷纷以特装展位形象亮相。尽管国际市场需求仍不景气，但企业负责人纷纷表示在政府的帮助和扶持下，企业将进一步加大国际市场开拓力度，有信心渡过这一艰难的时期。10月15日，第114届中国进出口商品交易会（广交会）在广州市举行。南昌市组织174家企业参展，参展摊位数达228个，参展商品涉及汽车配件、家用电器、小型机械、工程机械、电子电气、建筑及装饰材料等十大展区。从第一天到会客商人数及成交情况看，世界经济虽开始走上缓慢复苏的道路，但低速增长态势短期内难以改观，许多到会客商仍持谨慎观望态度，不敢下长单、大单，南昌市的出口产品处在转型升级的关键期，企业仍需积极调整产品结构，政府仍需努力指导和帮助企业“调结构、稳增长”。本届广交会，南昌市实现出口成交2.4亿美元，占全省总成交的43%，环比下降10%，比上年下降3.17%。9月3—6日，第十届中国—东盟博览会在广西壮族自治区南宁市举行。南昌市组织江西江联国际工程有限公司和江西省绿滋肴实业有限公司、江西方大新材料有限公司等6家企业参展，展位10个，企业参展积极性进一步增强。江西久盛国际、泰豪科技等5家外经企业到会，并参加中国—东盟基础设施投融资合作论坛、境外经贸合作区推介会等一系列“走出去”活动，利用中国—东盟自贸区优惠政策，积极寻找商机。会上，久盛国际与印度尼西亚LED公司签约5100万美元电力工程项目，项目的签约带动了企业的出口。久盛国际出口2839万美元，比上年增长55.39%。

2013年中部省会城市进出口情况一览表

表22　　单位：亿美元

城市	进出口总值	比上年增长(%)	出口总值	比上年增长(%)	进口总值	比上年增长(%)
郑州	421.77	19.5	250.64	23.6	171.13	13.6
武汉	217.5	6.9	119.43	11.1	98.08	2.1
合肥	181.9	3.1	118.99	-12.7	62.91	56.8
长沙	98.81	13.49	61.66	19.11	37.15	5.25

续表22

城市	进出口总值	比上年增长(%)	出口总值	比上年增长(%)	进口总值	比上年增长(%)
南昌	97.22	17.29	73.11	13.08	24.11	32.22
太原	91.63	8.2	52.95	24.8	38.68	-8.5

2013年南昌市主要进出口商品一览表

表23 单位:亿美元

出口商品	出口总额	比上年增长(%)	占出口总额(%)
机电产品	31.9	12.92	43.6
纺织服装	17.85	36.68	24.4
轻工业品	13.70	11.20	18.7
化工产品	6.07	-14.7	8.3
其他	3.59	-7.69	5
进口商品	进口总额	比上年增长(%)	占进口总额(%)
机电产品	15.97	33.08	66.23
五金矿产	2.95	11.32	12.24
化工产品	2.56	29.95	10.62
土畜产	1.06	165	4.4
其他	1.57	41.44	6.51

2013年新批准合同外资和港澳台资1000万美元以上投资项目一览表

表24 金额单位:万美元

序号	企业名称	投资方式	投资总额	合同外资	投资国别/地区
1	南昌市环科生物科技有限公司	港资企业	9000	9000	中国香港
2	江西牛仁实业有限公司	合资企业	19318	8788	中国香港
3	江西五十铃发动机有限公司	合资企业	27366	7566	日本
4	南昌盛钜实业有限公司	港资企业	8000	7010	中国香港
5	江西省六洲实业有限公司	合资企业	20900	6299	中国香港
6	南昌莱蒙置业有限公司	合资企业	25278	6193	中国香港
7	南昌味贞实业有限公司	港资企业	5949	5949	中国香港
8	南昌碧园实业有限公司	台资企业	5895	5895	台湾省
9	南昌市凌可生物科技有限公司	港资企业	5000	5000	中国香港
10	南昌沛诚实业有限公司	台资企业	5997	4999	台湾省
11	南昌佩奇科技有限公司	港资企业	5989	4999	中国香港
12	南昌摩码置业有限公司	合资企业	12958	4211	中国香港
13	合顺(南昌)光电科技有限公司	台资企业	6000	4000	台湾省
14	南昌申坤实业有限公司	港资企业	3480	3480	中国香港
15	江西省万事发粮油有限公司	合资企业	4858	3239	中国香港

续表 24

序号	企业名称	投资方式	投资总额	合同外资	投资国别/地区
16	江西省联硕实业有限公司	港资企业	4000	3000	中国香港
17	南昌如华实业有限公司	港资企业	2850	2850	中国香港
18	南昌恒梦实业有限公司	澳资企业	2500	2500	中国澳门
19	南昌新建当代房地产开发有限公司	合资企业	7451	2422	中国香港
20	南昌托卡实业有限公司	港资企业	2200	2200	中国香港
21	南昌汉威酒店管理有限公司	澳资企业	2180	2180	中国澳门
22	南昌友明嘉酒店管理有限公司	港资企业	2150	2150	中国香港
23	南昌铖阔实业有限公司	港资企业	2085	2085	中国香港
24	江西兴冠光电有限公司	外资企业	3000	2000	英属维尔京群岛
25	南昌金坊实业有限公司	港资企业	3000	2000	中国香港
26	南昌桥炫实业有限公司	港资企业	1980	1980	中国香港
27	南昌腾轩实业有限公司	港资企业	1960	1960	中国香港
28	南昌港伟实业有限公司	港资企业	1960	1960	中国香港
29	南昌金浪沙实业有限公司	港资企业	1950	1950	中国香港
30	江西昌兴农林科技有限公司	合资企业	2067	1590	中国香港
31	隆世鑫宏（江西）科技发展有限公司	合资企业	5045	1432	中国香港
32	江西百凯实业有限公司	港资企业	1200	1008	中国香港
33	江西海高融资租赁有限公司	港资企业	2500	1000	中国香港
34	江西泛亚科技控股有限公司	港资企业	2000	1000	中国香港
合　计：			218066	123895	

2013 年南昌市与主要贸易伙伴贸易情况表

表 25　　单位：亿美元

国家或地区	贸易额	比上年增长（%）
欧盟（25 国）	13.3	0.29
东盟	15.3	69.4
美国	9.9	3.9
日本	4.2	14.7

2013 年南昌市出口创汇先进单位

有江西江铃进出口有限责任公司、江西一元数码科技有限公司、荣晶（南昌）科技有限公司、鑫陇科技（南昌）有限公司、南昌菱光科技有限公司。

（晏　洪　邓小飞）

进出口货物管理

【概况】　2013 年，南昌海关驻高新区办事处深化改革创新，优化监管服务，以推进“五型”（廉政型、服务型、效率型、学习型和管理型）海关建设和争创“四好”（把好国门、做好服务、防好风险、带好队伍）基层单位为目标，紧密结合自身实际和辖区特点，坚持理念先行，创新思路、规范管理、提升能力、优化服务，科学谋划部署年度工作任务，不断加大服务地方外行型经济发展力度。荣获省直机关工人先锋号、江西省总工会工人先锋号、江西省巾帼文明岗、第十三届江西省职工职业道德建设先进单位、省“五四”红旗团支部、南昌市社会治安综合治理目标管理先进单位、海关系统机关档案综合管理一级单位等荣誉；共接受企业感谢信 30 封、锦旗 22 面，感谢电话 179 次；作为先进典型在《人民日报》、《江西日报》、江西电视台等各大新闻媒体中进行宣传报道 106 次，充分展示南昌海关“政治坚定、业务过硬、值得信赖”的精神风貌。

【加强征税监管】　2013 年，完善专人跟进税款征收、减免月报、季度通报机制，开展对归类、估价、税率适用等征税要素及减免税政策准确适用的绩效评估，确保税款应收尽收。实行前期备案、中期核查、后期稽查“比对”单耗管理机制，实行保税料件内销集中申报，加强重点征税商品申报信息审核，完善大金额报关单、重点商品预申报、预审核及复核纠错机制，引入中介机构参与电子账册核销，强化加工贸易监管。至年底，征收税款 3722.18 万元；办理减免税审批 496 份，货值 1.22 亿美元，减免税款 1.27 亿元，比上年增长 5%；内销征税 1414 万元；办理加贸合同备案 306 份，备案金额 9.5 亿美元，增长 33%；办理报关单 7780 份。

2013 年 3 月 8 日，南昌海关驻高新办查验关员现场验放由江西省博物馆主办的“走向现代——英国美术 300 年特展”相关文物

【推行分类分段“差别化”稽查模式】 2013 年，完善《内外勤联系配合办法》，推动稽(核)查效能量质并举。完善被处罚(降级)企业回访、A 类以上企业培育机制和诚信企业服务档案，帮助更多企业申级并享受便利。以敏感商品、新备案企业、大宗货物、价格差异较大商品、减免税设备以及进出口变化异常等企业为重点，增强核查的针对性。至年底，稽查企业 18 家，减免税稽(核)查企业 11 家次，保税核查 27 家次，巡查 132 家，保税、减免税核查和稽查分别补税 117.14 万元、23.27 万元和 7.1 万元；新增注册企业 411 家，比上年增长 20%；受理批准 A/AA 类企业 15 家；报送风险信息 22 条，风险信息转化率 36%。

【开展“绿篱”专项行动】 2013 年 2 月起，南昌海关驻高新办事处融合监管、风险等多种管理资源和执法手段，启动为期 10 个月的“绿篱”专项行动。该专项行动是为贯彻落实中央对打击“洋垃圾”走私、维护环境生态安全的重要指示精神，开展的一场有重点、有力度的打击“洋垃圾”走私的联合行动。此次专项行动重点打击对象包括走私《国家禁止进口固体废物目录》列名的废矿渣、废催化剂、废轮胎、废电池、电子垃圾等工业废物以及旧服装、建筑垃圾、生活垃圾、医疗垃圾和危险废物等洋垃圾，以及采用藏匿、伪报、利用他人许可证等方式走私不符合环境控制标准的进口固体废物。在专项行动中，南昌海关现场业务处作为江西省最大进出境口岸的监管部门，通过加强风险分析，有针对性地加大对相关商品进口许可证、通关单和报关单证审核力度，严格实施海关总署关于固体废物“三个 100%”(过磅 100%、查验 100%、开箱 100%)查验规定，提高对进境运输工具特别是夜间进境运输工具的登临查验比例，严查固体废物是否分类装运和申报，严防在进境运输工具和进口固体废物中夹藏夹带“洋垃圾”进境。自专项行动以来，该处共监管进口固体废物(废纸)25 票，共 376 箱次，约 7520 吨，货值 168.45 万美元，未发现走私“洋垃圾”情事。

【南昌出口加工区发展取得新突破】 2013 年，南昌出口加工区实征税款 2267.88 万元，比上年增长 3 倍；审价补税 52 万元；办理报关单 5867 份，增长 21%；实际进出境货物总值 10.47 亿美元，增长 60%；货运总量 6257 吨，增长 62%；24 小时通关率为 100%，查验率为 6.5%，查获率为 19.8%，达到总署考核要求。

【推进业务改革】 2013 年，开展通关无纸化作业改革，科学选定 5 家 A 类试点企业，细化执行过程操作流程，4 次对系统进行测试路演，召开 240 余家企业 260 人次参加的业务培训 5 场次，与 73 家企业签订协议，让更多的企业享受海关通关便利。全年办理无纸化报关单 808份，无纸化作业申报率为100%，通关率达到 82%。做好“两单一审”业务改革，指定专人跟踪全过程，建立疑难问题处理和联系配合机制，组织相关单位和人员 35 人参加业务改革推广会，确保试点顺利进行。全年办理“两单一审”报关单 1266 票，占同期报关单总数的 22%，通关时间缩减了 50%。进一步深化分类通关改革，全年办理低风险快速报关单 4467 票，低风险单证报关单 939 票，高风险重点单证审核报关单 1108 票，现场抽核低风险快速放行报关单 434 票。积极推进“简政放权、转变职能”，对职能定位、配套制度、作业流程、办理方式等进行再次梳理论证，下载《简政放权、转变职能问答》供关员学习借鉴，开展“送法进企业”“12·4”法制宣传日活动，完善每周 2 小时法规学习制度，力求删繁就简，提质增效。

【支持地方经济发展】 2013 年，主动融入地方经济社会发展大局，加强协调沟通，征求地方党政对海关服务的要求，全力策应南昌打造核心增长极。指定专人为南昌综合保税区申报、南昌轨道交通建设、南昌航空城建设规划等重点项目提供政策支持。协助引导 14 家高科技、高附加值的企业和项目入区，力促南昌出口加工区向高端高质发展。完善《航空教练机及其配套件加工贸易海关监管办法(讨论稿)》和驻点监管便利措施，为飞机保税加工产业发展减负。为江西省“走向现代——英国美术 300 年展”和“海峡两岸古文物研究发展协会雅玉雅石特展”量身定制监管服务措施，现场验放展品共 176 件，展品总金额 2504 万英镑和 5.93 万美元，为文化产业发展作出贡献。进一步优化服务举措，深入洪都航空、中国有色、欧菲光等重点企业开展“点对点，一对一”跟踪服务 120 人次，提出建议 10 余条，深受企业赞誉。向南昌市政府报送统计专报 12 篇，为政府决策提供参考依据。开展“优质服务、优美环境、优良秩序”文明窗口创建活动，做好“12360” 热线工作，为服务对象提供便捷、高效的信息服务；完善事先远程“专家会诊”工作机制，为企业提供对策支持服务；丰富业务数据信息库内容，为业务办理提供信息支持。制发服务卡片和温馨提示 180 余张(条)，开展义务咨询和海关法规宣讲 260 余次，420 人次加班为区内企业提供优质通关服务，获得普遍好评。

(邓小飞)

非公有制经济

本栏编辑　揭淑琴

概　述

【概况】 2013年,南昌市加强政策扶持力度,相继出台《关于加快民营经济发展的政策措施》《南昌市扶助中小微企业专项行动工作方案》等,从资金扶持、融资引导、科技研发等方面给予鼓励和支持,努力实现非公有制企业数量快速增长、规模不断壮大、活力明显增强,提高非公有制经济在全市经济总量所占的比重。加大对非公有制企业的服务力度,在人才培训、合作对接、融资担保等方面提供帮助,努力打造公共服务示范平台、综合服务平台等,营造促进非公有制经济发展的良好环境。赛维LDK、清华泰豪、仁和药业等一大批有实力的民营企业,不仅产业层次高、发展速度快、经济效益好,而且科技含量高、技术先进、管理规范、竞争能力强、发展前景广阔,大大提升了南昌市非公经济的总体水平。非公有制经济蓬勃发展,已成为推动全市经济快速发展的重要力量。在全市生产总值中,非公有制经济实现增加值1931.56亿元,比上年增长11.6%,占全市生产总值的比重由上年的57.3%提高到57.9%。

个私民营、中小企业管理服务

【概况】 2013年,南昌市工业和信息化委员会(以下简称市工信委)完善扶持政策,引导企业转型升级,切实推动全市中小企业和非公有制经济(以下简称非公经济)快速健康发展。全市非公经济、中小企业总量提升、规模扩张、贡献加大。至年底,全市登记在册私营企业67591户,比上年增加9757户,增长25.30%;个体工商户181967户,比上年增加近2.5万户,增长15.90%。全市非公固定资产投资完成2311.22亿元,比上年增长24%,占全市固定资产投资的79.43%。全市非公有制企业进出口额89.56亿美元,比上年增长22.64%,占全部对外贸易的92.12%。

【非公经济发展协调有序】 2013年,加强政策扶持力度,出台《关于加快民营经济发展的政策措施》,由过去的扶项目变为扶平台,鼓励和支持搭建融资、用工、用地和科技研发等各类生产要素平台,把全市工业和中小微型企业作为扶持重点。为加快政策落地,市工信委印制2万份宣传手册,制定并下发贯彻落实《关于加快民营经济发展的政策措施》工作任务分解表和办事流程,逐条分解到市直各单位。配合市委、市政协分别开展民营经济和非公经济课题调研,实地走访各类企业50余家,发放企业调查问卷1000余份。组织开展南昌市小微企业发展环境研究课题工作,至年底,已对全市2008年以后成立的中小微企业完成信息采集3524户,动员其中2747户企业主参加课题调研专项活动,召开中小企业座谈会3场,举行政策宣讲会近80场,走访中小微企业近30户,完成第一轮调查问卷近2600份。着力推进小微企业创业园建设,指导协调位于进贤县的江西省医疗器械产业基地小微企业创业园成功申报省级小微企业创业园。至年底,南昌市已有省级小微企业创业园3家,占全省的50%。成功推荐699文化创意园等2家小微企业创业园获批省级小微企业创业园创建单位。成功推荐江西新华安公司699文化创意园项目和南昌大学科技园发展有限公司一站式小微企业科技企业孵化服务体系建设项目获2013年国家中小企业发展专项资金扶持。制订《2013年南昌市全民创业专项资金使用计划》,安排专项资金扶持小微企业创业园完善服务设施等。

【全民创业工作有效推进】 2013年,进一步完善非公经济发展和全民创业服务体系。一是加大对初创型小微企业的资金扶持力度,全年共受理审核21家全民创业专项资金申报项目材料,对排名前60位的初创型小微企业给予资金扶持。二是依托南昌创业大学创业导师团近百名专家资源,通过提供网上咨询服务、现场巡视服务、特殊预约服务和通用性培训服务等方式,为企业答疑解惑,破解难题。三是结合课题调研工作,通过参与专题小组活动和上门问卷调查等形式,掌握企业发展动态和诉求,分析初创型小微企业发展过程中的制约因素,为政府决策提供依据参考。四是积极营造全民创业社会氛围,联合南昌电视台,创办反映中小微企业创业者创业经历、创业感受、创业经验的电视专题节目《创业故事》,至年底已完成录制14期,并在南昌新闻频道《新闻说报》节目中播出;联合共青团南昌市委等多家单位举办2013年南昌市青英创业挑战赛,深入挖掘南昌市社会青年中优秀的创业人才,进行正面宣传报道;联合市委宣传部等多家单位开展第四届全民创业"三个十大标兵"评选活动,通过传播创业领域的典型个人、感人事迹和宝贵经验,营造"想创业、敢创业、会创业、创大业"的浓厚氛围;积极宣传全市各行各业的创业典型,完成《创业英雄谱》(第三辑)编辑出版工作。

【园区经济健康稳步发展】 2013年,全市工业园区实现主营业务收入3206.37亿元,比上年增长17.36%;实现工业增加值876.43亿元,增长16.36%;上缴税金165.7亿元,增长16.36%;招商实际到位资金41.9亿元,增长12.65%;完成出口交货值272.4亿元,增长9.12%,园区经济保持稳步发展的良好态势,园区产业集聚水平进一步提高,特色型、效益型、生态型和创新型园区建设出现成效。其中,南昌高新技术产业开发区主营业务收入1014亿元,成为全省首个突破千亿大关的工业园区,引领全省工业园区的发展;南昌经济技术开发区主营业务收入770亿元,比上年增长28.11%,加速向千亿园区迈进;小蓝经济开发区成为国家级园区以后,进一步加快发展,主营业务收入526亿元,成为全省园区快速发展的典范。

【园区产业扎实有效推进】 2013年,全市工业园区进一步加快主导产业、优势产业的发展,推进工业园区产业集聚、项目集群,着力打造在全省具有优势的重大产业集聚基地,为企业在园区发展提供良好的环境。一是起草《全市工业园区产业集群发展规划》,为园区产业长期有效发展提供支持。二是继续落实支持安义县建材产业集群发展政策。对扶持安义县建材产业集群发展政策延长一年,将扶持资金提高到1500万元,同时给予500万元的产品检测公共服务平台支持。三是出台《关于支持进贤县医疗器械产业集群发展政策的若干政策措施》,从市本级扶持企业发展资金中安排2000万元,专项扶持进贤县开发区医疗器械产业发展。四是制定《关于明确工业园区产业定位促进集群发展的实施意见》,从政策上、要素配置上加强引导,促进工业园区进一步聚焦主导产业。五是撰写《南昌临空经济区产业发展总体思路》,为临空经济区发展出谋划策。至年底,全市已形成销售收入过50亿元的产业集群19个,其中过100亿元的产业集群7个、过200亿元的3个。生物医药、软件、汽车及零部件、纺织服装、食品、电子信息、新材料等产业已成为全市工业园区的优势产业集群。

【融资担保服务举措创新】 2013年,创新举措,加强企业融资担保服务工作。先后两次开展大规模企业资金信贷需求调查,编印《南昌市2013年中小微企业融资项目目册》。组织全市中小企业管理人员360余人参加江西省中小企业融资洽谈会和南昌市服务中小企业发展融资洽谈会;推动民生银行设立专门针对小微企业的南昌市小微企业互助合作基金,至年底已正式运作;推动南昌市担保行业协会与中国农业银行汇通支行合作举办“走进商会、牵手协会、银企共赢——中小企业金融对接活动”;组织全市多家担保机构参加省中小企业担保协会及省金融办等单位举办的各类业务培训;组织开展南昌市中小企业担保协会换届工作;举办“南昌市中小企业融资高峰论坛”,260余名中小企业高层管理人员参加;对全市担保机构的运行情况每月调度分析,对出现的异常情况及时进行预警;帮助担保机构积极争取国家资金,全年争取到国家风险补贴资金2140万元,市级风险补贴资金900万元。3家担保机构被评为江西省优秀信用担保机构,8家担保机构被评为江西省良好信用担保机构。推荐18家信息技术、先进制造、新能源、新材料等产业的中小企业,争取在国家“新三板”首批扩容中挂牌。协调南昌市进入江西省财政局和江西省工信委“财园信贷通”试点。至年底,省财政局已在小蓝经济开发区、南昌经济技术开发区和南昌高新技术产业开发区投入3500万元,园区配套资金已到位,按文件贷款放大8倍的系数计算,可一次性为中小微企业融资5.6亿元。安义工业开发区等3个工业园区已列入全省试点范围。

【全力促进银企合作对接】 2013年5月28日,市工信委与中国民生银行股份有限公司南昌分行、财富中国金融服务有限公司、南京证券股份有限公司、江西省鄱阳湖融资租赁有限公司、南昌商友全球网信息技术有限公司签署战略合作框架协议。与中国民生银行股份有限公司南昌分行签订旨在重点推动为小微企业贷款的战略合作协议,并共同筹划成立南昌市小微企业金融促进会;与财富中国金融服务有限公司签订旨在重点推动全市中小企业孵化培育及企业培训的战略合作协议;与南京证券股份有限公司签订旨在重点推动中小企业上市融资的战略合作协议;与江西省鄱阳湖租赁有限公司签订旨在重点推动为中小企业提供设备租赁融资的战略合作协议;与南昌商友全球网信息技术有限公司签订旨在重点推动中小企业网上融资、提供网上全套服务的战略合作协议。

【实施中小企业成长工程】 2013年,对全市中小企业成长库进行全面调整,通过筛选全年上报的近170家中小微企业,确定112家企业为2013年度成长型企业,并将入围企业名单在网上公示,入库企业作为今后三年扶持的对象。8月,市工信委联合市财政局下发《关于做好2013年南昌市扶持成长型中小企业项目申报工作的通知》,通过企业自愿申报、县(区)初审、市财政局与市工信委现场考核、专家审核评分等程序,对2013年申报资金扶持的70余家企业进行综合考评,最终确定30家企业为2013年全市成长型中小企业扶持对象,扶持资金共630万元。

【完善中小微企业公共服务体系】 2013年4月18日,出台《南昌市市级中小企业公共服务示范平台认定管理办法(试行)》,认定第一批市级公共服务示范平台12家。组织推荐申报国家第三批公共服务平台和省级第二批公共服务平台认定工作,2013年全市新增国家公共服务平台1家,省级公共服务平台2家。为加快推进公共示范平台建设,全年共扶持社会资源公共服务平台5家,国家级平台2家,省市平台3家,合计资金130万元。公共服务平台服务社会,服务中小微企业的功能和作用日益明显。

【构建中小企业综合服务平台】 2013年5月28日,南昌市中小企业综合服务

2013年5月28日,鄱阳湖融资租赁公司与南昌市工信委举行南昌市中小微企业融资战略合作签约仪式

平台(以下简称服务平台)正式开通试运营。服务平台设在南昌市洪城路655号南昌海联大厦的1楼、13楼,开通16个低柜化、一对一式的服务窗口,设立6个服务保障部门,形成一整套完备的服务体系。至年底,服务平台整合带动社会服务资源达88家,形成"窗口服务、在线服务、实地现场服务"三位一体的服务解决方案。通过对接江西省中小企业服务平台网络,实现全省中小企业服务功能的互联互通,共享协作,同时向下延伸至全市各县(区)、镇、街道及重点企业的现场,形成超远程的延伸服务网络,满足企业一站式综合化的服务需求,为企业提供零距离的服务支援。

【开展扶助中小微企业专项行动】 2013年,制订印发《南昌市扶助中小微企业专项行动工作方案》,明确扶助中小微企业的指导思想、工作目标、工作重点、进度安排、责任分工以及保障措施。举办全市扶助中小微企业专项行动周活动,开展一系列务实有效的扶助中小微企业专项活动,如承办省扶助小微企业专项行动及管理咨询进园区进企业大型公益活动,举办全市中小企业转型成长发展论坛,组织中小微企业经营管理人员及领军人才培训等系列活动。

【拓展中小企业服务项目】 2013年,南昌市中小企业服务中心认真收集整理企业需求,结合本地优势,打造了一批全国领先的服务项目,建设了几支高效专业的服务团队。在企业融资担保服务方面,南昌市中小企业综合服务平台全新搭建了一个金融服务专区,集合南昌市中小企业投资发展有限公司(国家开发银行省内唯一指定统贷服务机构)、南昌市个私民营企业担保服务公司(抗风险能力最强的市级担保服务公司)、中国中小企业金融服务平台(国内领先的专业中小企业金融服务机构)、南京证券(实力雄厚的企业上市服务机构)的资源优势,最大程度贴近企业,解决企业实际困难,降低服务门槛。在企业推广方面,服务平台开创性地建设了南昌市中小企业优秀产品与技术成果展示大厅,创造了实体展示与网络媒体互联互通的长期展览模式先河,利用多媒体手段,将南昌企业的优秀产品成果,通过图片、视频与实物相结合的形式,予以呈现。观摩者不仅可以在实体展示大厅看到实物展品,将来还可以通过扫描二维码,手机连入产品企业的网页,记录展品的基本信息、规格、联系方式等信息,使企业产品展示推广更加高效便捷。在服务创业成长方面,服务平台搭建全省领先的南昌创业大学。联合南昌大学、江西师范大学、江西财经大学3所高等院校,为全市拟创业人群、二次创业高管,提供一年制的专业创业培训。至年底,已完成第三期培训,培训人次近千名,成功实现创业项目10余个。市中小企业服务中心将一大批在技术领域有极强实力,且愿意为中小企业服务的专家学者集合在一起,于5月27日组建南昌市中小企业专家服务团暨南昌创业大学创业导师团,为全市中小企业技术创新、技术发展实现新突破建言献策。专家服务团分设产业经济队、人才开发队、社会中介队、农业技术队、工业技术队、综合技术队6个服务队,采用"窗口坐诊、网络咨询、实地巡访"相结合的形式,为企业提供技术支持与工艺指导。专家服务团成立至今,已为百余家企业,提供150余项技术服务。

(王妮娜　罗增祥)

外资企业及港澳台资企业

【概况】 2013年,南昌市对外经济贸易合作委员会牢牢把握"招商引资生命线",加速打造核心增长极,不断夯实发展基础,全面做好各项工作,南昌市利用外资稳步快速发展。至年底,新批外商投资企业176家,比上年增长7.32%;新批合同外资24.69亿美元,下降1.06%;实际利用外资29.64亿美元,增长12.29%;现汇进资6.91亿美元,增长1.62%。按产业类别分:一产项目6个,合同外资6890万美元,实际利用外资5453万美元;二产项目43个,合同外资7.06亿美元,实际利用外资9.36亿美元;三产项目127个,合同外资16.95亿美元,实际利用外资19.74亿美元。按投资来源地分:台港澳地区项目118个,合同资金18.69亿美元,实际利用资金23.91亿美元;日韩东南亚地区项目51个,合同外资5.68亿美元,实际利用外资3.64亿美元;美加地区项目1个,合同外资1413万美元,实际利用外资1885万美元;欧洲大洋洲地区项目5个,合同外资3689万美元,实际利用外资1.8亿美元;投资性公司项目1个,实际投资988万美元。

【二产项目现汇进资实现新突破】 2013年,全市现汇进资额6.91亿美元。其中,一产项目3个,进资额668万美元,占比为0.97%;二产项目42个,进资额3.67亿美元,占比为52.97%;三产项目28个,进资额3.18亿美元,占比为46.06%。二产项目现汇进资超过全市现汇总额的一半,比上年增长104.5%。

【服务外资企业新举措】 2013年3月起,南昌市各县区、开发区全面开展"访百家外企促增资发展"活动,与企业面对面交流,掌握企业建设、经营情况,协调解决企业在建设、生产经营、做大做强过程中出现的困难。在此项活动中,全市已实现外资企业增资项目19个,增资项目合同外资额3.3亿美元,23个项目实现现汇进资额3.16亿美元,10个项目存在增资意向。

【外商投资企业联合年检】 2013年3月1日到6月30日,根据国家商务部等六部局《关于开展2013年外商投资企业联合年检工作的通知》精神,联合市工商局、市财政局、市国税局、市地税局、市统计局、国家外汇管理局江西分局,采取网上年检方式,对南昌市辖区内的外商投资企业进行2012年度联合年检。其间,一是联合市工商局等下发《关于开展2013年南昌市外商投资企业联合年检工作的通知》,并在《南昌日报》及南昌政府网站发布联合年检公告;二是于3月25日组织部分省属及市属外资企业、联合年检相关部门、各县区(开发区)商务主管部门等有关人员进行网上年检培训;三是4月1—30日,省商务厅、省工商局、市外经贸委、市工商局、市国税局、市地税局、市财政局、市统计局联合在市行政服务中心开展集中年检。至7月,全市共有582家外商投资企业参加2012年度联合年检。其中,通过年检审核的有581家,1家未通过年检审核。所有参检外资企业中,合资企业261家,合作企业17家,独资企业298家,股份制企业6家。所有参检外资企业中,投产(开业)企业479家、筹建企业86家、停业企业17家,分别占参检企业的82.3%、14.78%和2.92%。所有参检外资企业销售(营业)收入815.2亿元,纳税总额59.4亿元,比上年增长17.4%;从业人数11.66万人,增长23.36%,其中外籍人员598人;本年外方应出资额8.3亿美元,实际出资额6.9亿美元。

(李晓辉)

批发和零售业

本栏编辑　揭淑琴

概　述

【概况】 2013年，南昌批发和零售业实现零售额1132.77亿元，比上年增长13.8%；在限额以上批发零售业零售额中，食品、饮料、烟酒类零售额增长22.6%；服装、鞋帽、针纺织品类增长4.2%；金银珠宝类增长5.7%；中西药品类增长23.3%；家具类增长33.4%；汽车类增长18.1%；建筑及装潢材料类增长8.8%。其中，汽车类消费成为最大的消费亮点，实现零售额248.28亿元，占限额以上批发零售住宿餐饮零售额比重为32.1%。

商贸业管理服务

【概况】 2013年，南昌市商业贸易委员会(以下简称市商贸委)围绕打造核心增长极、大力实施“两业并举，双轮驱动”战略，切实搞好商贸服务管理各项工作，规范南昌商贸流通服务业的相关网点规划和各项管理办法相继出台；促进商贸繁荣的南昌老字号、特色商业街等评选活动积极开展；适应现代商贸发展的电子商务大力筹建基地；加强商务执法，维护良好的南昌商贸流通秩序，南昌市商贸经济总体呈现平稳发展的态势。南昌市实现社会消费品零售总额1270.01亿元，比上年增长13.7%，增速比全国高0.6%，比江西省高0.2%。市商贸委荣获江西省商务系统考核第一名，南昌市打造核心增长极突出贡献奖。

【《南昌市2013—2020年商业网点规划》出炉】 2013年，按照南昌城市发展和商贸业发展的总体功能定位要求，围绕南昌商业布局体系建设和业态发展目标，科学合理布局南昌商业网点，市商贸委出台《南昌市2013—2020年商业网点规划》。“规划”在明确商业发展战略、商业发展定位和商业发展目标的基础上，全面规划描述南昌市商业布局体系；突出对商业街、商品市场、零售业等业态的规划，同时对近期规划的各项指标和建设重点等内容进行规划描述。“规划”中提出打造南昌12大商业中心：突出购物、休闲、商旅服务商业功能的“八一广场、中山路商业中心”，发展大型购物中心引进知名品牌零售商的“红谷滩商业中心”，以文化娱乐为基础发展高端购物与时尚消费的“城北商业中心”，依托洪城商圈发展批发业的“洪城商业中心”，完善服务功能打造区级商业区的“红角洲商业中心”，集商务办公、购物、餐饮和娱乐为一体的“昌南商业中心”，重点发展购物中心、餐饮娱乐及生态旅游的“昌东商业中心”，打造区级中高端商务聚集区的“瑶湖商业中心”，发展区级现代生产性服务业的“蛟桥商业中心”，构建中高端商业聚集区的“凤凰洲商业中心”，配合总部经济发展和象湖旅游资源开发的“朝阳新城商业中心”，依托郊游休闲资源发展中高端商业服务的“湾里区商业中心”。

【《“南昌老字号”认定管理办法》(试行)出台】 2013年11月，根据《商务部“中华老字号”认定规范(试行)》和《“江西老字号”认定管理办法(试行)》、市政府《关于保护和促进老字号发展的若干意见》等文件精神，结合南昌市实际，市商贸委出台《“南昌老字号”认定管理办法》(试行)。“老字号”是指历史悠久，拥有世代传承的产品、技艺或服务，具有鲜明的中华民族传统文化背景和深厚的文化底蕴，取得社会广泛认同，形成良好信誉的品牌。“南昌老字号”认定管理工作，是“中华老字号”“江西老字号”认定管理工作的重要组成部分。“办法”将弘扬老字号品牌价值，挖掘老字号的经济和社会价值，促进“南昌老字号”健康发展。市商贸委成立“南昌老字号”认定管理工作领导小组，全面负责“南昌老字号”的认定管理工作。被认定的特色商业街享有一定的政策扶持。

【《“南昌市特色商业街”认定管理办法》(试行)出台】 2013年11月，市商贸委出台《“南昌市特色商业街”认定管理办法》(试行)。“特色商业街”，是指符合中国步行商业街工作委员会起草，由商务部批准的《商业街管理技术规范》(SB/T10517—2009)及江西省商务厅《关于印发〈认定和培育“江西省特色商业街”工作方案〉的通知》有关特色商业街管理规范要求的，具有购物、餐饮、休闲、旅游、文化和娱乐等特色功能的商业街区。他是城市的标志和象征，他浓缩城市历史、彰显城市特色、展示城市形象，对创新消费模式、促进消费升级、拉动经济增长、促进社会发展具有重要意义。市商贸委成立“南昌市特色商业街”认定管理工作领导小组，负责“南昌市特色商业街”的认定和管理工作。被认定的特色商业街享有一定的政策扶持。

【所属国有企业经营资产公开拍租稳步推进】 2013年，市商贸委系统九大单位、80个标的，涉及1.73万平方米房屋公开拍租。聘请南昌公共资源交易中心经纪会员单位组织对物业租赁价格进行市场调查，通过南昌公共资源交易中心，采取“招、拍、挂”的形式进行招租，不断规范国有房产物业公开拍租行为，确保国有资产拍租工作公开、公正、公平进行，发挥国有资产运行效益最大化。

【中小商贸流通企业服务平台启动】 2013年9月，南昌市中小商贸流通企业公共服务平台正式启用。南昌市中小商贸流通企业服务中心隶属市商贸委，是面向全市中小商贸流通企业提供服务的公益性平台。服务中心在市政府主导下，按照开放性和资源共享性原则，搭载融资、法律、培训、市场开拓等各类专业服务机构，设立专门的服务场地、服务网站，并在企业集聚区设立若干联系点，共同为中小商贸流通企业提供所需的各类服务。其中,信息咨询等公共服务免费提供,企业个性化服务由服务中心推荐专业服务机构提供,服务机构向企业收取费用,服务中心给予相应政策支持。针对中小商贸流通企业在经营中存在的问题和困难,中心通过商贸流通企业公共服务平台信息支撑系统,提供融资担保、市场信息、业务拓展、科技应用、管理提升、人才培训、法律维权、政策宣传八大行业服务。为解决中小商贸流通企业贷款困难、技术瓶颈、人才匮乏等问题,2012年商务部在全国选择南昌、杭州等20个城市开展中小商贸流通企业服务体系建设。南昌市作为首批试点城市之一,组建南昌市中小商贸流通企业服务中心,并出台扶持政策。至9月,南昌市各类商贸企业超过2.2万家,按照国家划型标准,中小微企业占九成以上,在零售额、税收等方面为南昌商贸业的繁荣发展贡献了力量。

【新建三大功能齐备集贸市场】 2013年,市政府为解决市民"买菜难"的问题,给市民提供基础设施功能完备、购物环境卫生清洁、食品安全放心的购物场所,由市商贸委负责督导,新建新公园路、塘山东门、湖坊三大集贸市场。新公园路集贸市场建筑面积1700平方米,总投资900余万元,于12月开业;塘山东门集贸市场位于青山湖北大道,建筑面积2500平方米,总投资1000万元,于10月开业;湖坊集贸市场位于北京东路,建筑面积2500平方米,总投资1000余万元,于12月开业。市场施工选材严格按照商务部《农贸市场建设标准》要求,均采用钢筋混凝土结构,室内空间大,市场规划设计科学,突出人性化设计。做到透气好,场内排水排污管道通畅,水产交易区有挡水设施,水不外溅,利于保持通道干燥。活禽交易区实行销售与宰杀双隔离,配套独立通风和冲洗设施。市场内配备必要的消防设施和应急疏散警示牌等装置,同时配套复秤处、检测室、管理办公室、监控室、卫生间等公共服务设施。市场内安装大屏幕LED显示屏,LED显示屏公布市场当日菜价,农药残留检测情况等。市场配备专职监管员、保洁员、车管员以及街办监督员,对集贸市场环境卫生保洁工作进行日常管理服务。新建的三大功能齐备、高标准的集贸市场为南昌市其他市场的升级改造起到引领示范作用。

【"三绿工程"示范项目完成】 2013年9月,以南昌"三绿工程"(提倡绿色消费、培育绿色市场、开辟绿色通道)为主要内容的系统工程项目完成开业。在超市设施设备的节能低碳、经营商品绿色环保等方面,超市加大无公害蔬菜的引进和检测力度,引导消费者购买低碳产品,推广高效、节能家电产品和办公设备及高效照明用品。此示范项目在南昌商贸行业起到绿色运营的示范作用,取得良好的社会效益和经济效益。根据国家商务部、江西省商务厅关于开展"三绿工程"示范项目建设的有关要求,2012年8月,由市商贸委和市财政局联合初审推荐,省商务厅、财政厅确认南昌大众超市管理有限公司作为超市类业态的江西省2012年"三绿工程"示范项目试点企业。

【维护商务流通领域市场秩序】 2013年,南昌市商务综合行政执法稽查支队对南昌市肉食品安全、成品油流通、酒类流通等违法违规现象进行整顿,维护良好的市场秩序。在肉食品安全方面,支队共检查定点屠宰企业63家次,责令整改屠宰企业9家次,对全市各级生猪屠宰企业共抽检肉样及尿样本926批次,经市级初检,省级复检,合格率达100%。对生猪屠宰环节的监管共出动执法人员860余人次,捣毁大、小私宰窝点24个次,缴获私宰等问题肉5600余千克,行政处罚2万余元。对定点屠宰牛企业出厂的牛肉进行4次抽查,未发现有注水现象,对城区的5家私宰牛窝点进行取缔。在酒类流通方面,检查酒类经营户80家,没有发现销售滥用中央和国家机关"特供""专供"等标识的酒类商品。对没有办理"酒类流通备案登记表"和使用"酒类流通随附单"的30家,下达整改通知书,由辖区商务稽查大队进行督促落实。在成品油方面,检查加油站25家,都按照规定进行年检。对一油库未经商务主管部门备案审批擅自扩建油罐一案,对其公司进行警告并行政处罚5000元,并补办备案等手续。在零售商供应商管理方面,对一连锁超市违反零售商供应商公平交易管理办法案责令改正违法行为,对供应商结清货款,退回多收的条码,并行政处罚5000元。在单用途商业预付卡管理方面,对城区14家大型零售企业单用途商业预付卡发行情况进行检查,对少数企业存在"三项制度"公示不全、购卡人员信息记录不规范的情况进行责令规范。至年底,市级"12312"中心共受理39个案件,其中举报投诉33个,咨询6个。

【电子商务产业园开园】 2013年11月,由南昌市电子商务产业促进会主办的南昌市电子商务产业园开园,打造一个共同的平台,组团发展南昌电子商务。园区内为南昌万家企业提供电子商务平台的江西大美网同期试行上线。市民可以通过大美网享受便捷、优惠的在线购物体验,吃喝玩乐游等各方面的需求,只需轻点鼠标就能一一实现。南昌市电子商务产业园位于南昌市西湖区会堂侧路67号一栋占地0.2公顷的大楼,按照智能化、信息化、专业化的标准改造,逐步打造成为南昌市电子商务产业示范平台和电商企业总部经济服务平台。

【南昌市两家企业被评为江西省老字号】 2013年12月,根据江西省商务厅制定的《"江西老字号"认定管理办法》(试行)和《关于开展第一批"江西老字号"推荐认定工作的通知》精神,经市商

2013年11月20日,南昌市电子商务产业园开园暨"大美网"上线运行仪式在十字街举行

贸委初审推荐,南昌市的江西李渡酒业有限公司("江西老字号":李渡)和江西林恩茶业有限公司("江西老字号":春蕾)2家企业被江西省商务厅评定为江西省第一批"江西老字号"。

【南昌三条特色商业街被评为江西省特色商业街】 2013年,根据江西省商务厅《关于认定和培育"江西省特色商业街"工作方案》和《关于开展2013年度"江西省特色商业街"推荐认定工作的通知》精神,由市商贸委初审推荐的南昌市樟树林文化商业街(综合型)、南昌市西湖区恒茂商业街(综合型)、进贤县医疗器械一条街(专业型)3条特色商业街被江西省商务厅评为2013年度"江西省特色商业街"。

【华南城被认定为首个江西省电子商务示范基地】 2013年10月,江西省商务厅正式认定南昌华南城为江西省电子商务示范基地,并提出打造千亿元级产业平台的发展目标。这是江西省首次认定省级电子商务示范基地。南昌华南城电子商务示范基地规划占地面积2平方千米,建筑面积约428万平方米,由商品展示展览交易、仓储配送、综合商务(含电子商务功能)、商住及生活配套区等四大功能分区组成,拥有金融、会议、餐饮、住宿、交通等完善的商业配套服务机构和设施。该项目总投资超过100亿元,吸引入驻商家将超过3万户,汇聚产品种类数十万种。

(周轶斌)

日用百货经营

【概况】 2013年,南昌百货消费市场除春节黄金周销售乏力,其他重大节假日销售平稳中略升,元旦节假日用品市场销售旺盛,"五一"节商业零售企业销售略有增长,"十一"黄金周百货商场繁荣,"圣诞节"百货商场销售平稳增长。保值的黄金价格当年春节后出现下跌,让准备结婚的新人们得到实惠。恒茂梦时代广场、世茂广场先后开业,天虹商场新增2家店;6月,国际名品工厂直销城——华盛奥特莱斯项目南昌招商推介会召开;10月,南昌华南城一期试营业。南昌有了更多更有品质的购物场所。

【元旦节假日用品市场销售旺盛】 2013年元旦节假日期间,南昌市各大型零售商场在组织商品货源上、在促销方式上、在商品质量上都做好充分的准备,南昌日用品市场呈现出商品丰富、品种齐全、繁荣活跃的良好景象。市商贸委对南昌百货大楼、洪城大厦、百盛百货、天虹商场、沃尔玛、麦德龙、苏宁电器、北京华联8家大型商业零售企业元旦三天的销售统计数据显示,南昌百货大楼、天虹商场、洪城大厦、麦德龙、百盛百货、北京华联6家企业销售下降,苏宁电器和沃尔玛2家企业销售增长。总体来看,8家企业销售总额为1.56亿元,与上年同期销售1.63亿元相比,下降4.2%。8家大型商业零售企业的销售总额比上年有所减少,但新增的零售企业,如万达购物广场,以及电子商务的销售等,瓜分南昌日用品市场份额,整个南昌元旦节日三天日用品市场销售仍有所增长。

【春节黄金周百货商场销售乏力】 2013年春节,随着中央"八项规定"和"六项禁令"的颁布实施,市场购物环境显得更加轻松,百姓购物更加理性,从市场消费情况来看,春节黄金周购买力主要来源于个人消费,团体购买同比大幅度下降。春节黄金周百货企业增长乏力,5家大型百货企业销售出现不同幅度下降:百货大楼股份有限公司销售同比下降2.84%;洪城大厦股份有限公司销售下降2.88%;百盛百货购物广场销售下降9.97%;洪客隆百货销售增长6.2%,如除去万达华润万家(2012年9月开业)销售,实际上销售也是下滑;天虹商场销售下降5%。主要是小家电、服装、烟酒等销售下降幅度非常明显,往年小型家电是春节前夕家电市场销售的主打商品,不少团购的小家电出现大面积退单;高档服装、名烟名酒的销售在部分商场,如百货大楼下降达50%以上。

【"五一"节商业零售企业销售总额略有增长】 2013年"五一"节假三天,百货、黄金、家电三大类十家零售企业商品销售为1.77亿元,同比增长1%。南昌百货大楼股份有限公司、南昌洪城大厦股份有限公司、天虹商场、百盛4家百货商场销售6508.63万元,同比下降8.6%;麦德龙、沃尔玛、北京华联3家超市销售额1330.24万元,增长5.83%;南昌亨得利、苏宁电器、腾达电器3家专业类商场销售额9881万元,增长7.75%。高档服装、鞋、数码产品下降幅度较大,直接影响到百货商场总体销售下降。商品销售总额仍然上升:一是家用电器的销售比上年有较大幅度的增长,2012年"五一"节假家电销售受2011年家电以旧换新政策影响,大部分家电销售在2011年提前购买,导致2012年家电销售大幅下降。2013年家电销售一方面是自然需求的恢复,另一方面受到节能补贴政策的影响,从而促使家电销售大幅度提升。二是亨得利黄金销售出现大幅度提高。

【"十一"黄金周百货商场繁荣】 2013年"十一"黄金周,南昌百货商场抓住国庆节假有利商机,开展打折、降价、满减、满送、返现、套购等形式多样的促销宣传活动,激发人们购物热情,拉动消费增长。百货商场呈现出"商品丰富、供应充足、价格稳定、消费稳中略升"景象。百货大楼、洪城大厦、天虹商场、百盛购物广场、万达购物广场、苏宁电器、腾达电器等13家南昌市重点监测的大中型商场全年共实现销售额3.66亿元,同比增长12.16%。百货大楼、洪城大厦、天虹商场、百盛百货、华润万家、万达百货6家大型综合百货商场,销售总额为1.97亿元,同比增长1%。苏宁电器"十一"黄金周销售破亿元,达1.16亿元,同比增长38.1%;腾达电器销售额3500万元,增长25%。"十一"黄金周期间,南昌市家电、金银珠宝、服装鞋帽销售平稳增长。高清平板电视、节能环保冰箱和洗衣机等家电产品热销火爆,两家电企业销售同比增长34.8%;金银珠宝销售额增长11.57%;鞋帽、服装、床上用品等商品增幅明显,增长14.5%。

【"圣诞节"百货商场销售平稳增长】 2013年,平安夜南昌百货市场实现平稳增长。南昌各类百货商场圣诞节装扮成浓郁的西方味,并在节前进行打折、降价、满减、满送、返现、套购等形式多样的促销宣传活动,消费品市场呈现"商品丰富、消费平稳、安全有序"的景象。根据市商贸委监测数据显示:12月24日(平安夜)20家商场销售额9440.46万元,同比增长5.02%。其中,重点监测的百货大楼、洪城大厦、天虹商场、百盛百货、华润万家、万达百货6家大型百货商场全部实现增长,销售额8324.82万元,增长10.72%,比12月17日(星期二)增长434.24%,随着新城区不断扩大和县域商贸的繁荣,与往年相比,圣诞节日消费市场仍然以八一广场、中山路商圈等老城区为中心,但也出现了一定的分化,体现在红谷滩新区商业娱乐功能的增强,特别是万达广场、世贸广场等商业综合体聚集人气作用发挥明显。12月24日当天万达广场销售额400万元,同比增长5.26%,比12月17日增长381.93%。南昌、新建、进贤、安义四县重点监测的4家百货企业实现销售额

18.03万元，同比增长8.88%，较平日增长22.24%，营造了县域圣诞节日氛围。

【黄金价格春节后出现下跌】 2013年春节一周后，受国际金价暴跌影响，南昌市黄金价格出现下跌。2月20日，南昌黄金市场黄金价格比春节前下降15—20元/克。南昌的金六福、周生生、中国黄金等黄金饰品专柜，春节后黄金饰品一路下跌，增加了市民节后的关注度，黄金饰品店内顾客络绎不绝。由于价格实惠，南昌小金店市场活跃，南昌市渊明北路附近的东上谕亭，是小金店扎堆的地方，有很多福建、浙江的客商在这里经营黄金饰品。这里千足金饰品的价格仅为345—350元/克。春节前，金项链价格是360元/克，隔了十几天，价格就降到了345元/克，一条普通金项链价格比春节前下降800余元。春节后的南昌金价持续下跌，黄金市场人流量比上年同期多三四成，被一些打算结婚的刚性需求者看成是购买的好机会。就南昌黄金饰品市场销售来看，市民主要买黄金饰品都是为了美观，对购买实物黄金投资持观望态度。

【南昌新增两家天虹商场】 2013年，天虹商场股份有限公司在南昌新增红谷中心天虹商场和京东天虹商场2家商场，分别坐落于红谷滩新区和高新区。南昌天虹商场以"精致百货+精致超市+休闲娱乐餐饮"的业态组合满足顾客一站式的购物需求，成为南昌市中高端顾客购物、就餐、休闲娱乐的首选。至年底，天虹商场股份有限公司在南昌共开有5家分店。

【恒茂梦时代广场开业】 2013年11月9日，由江西恒茂房地产开发有限公司投资20亿元开发的南昌恒茂梦时代广场举办开业庆典。位于北京东路与上海路交汇处西南面的恒茂梦时代广场是南昌市中心唯一一座28万平方米超大体量的"城市综合体"，占地面积6.66公顷，规划建筑面积30万平方米，其中地下二层建筑面积10万平方米，地上建筑面积20万平方米，集生活、购物、娱乐、休闲、饮食、展览、办公及文化为一体，容江西省最大的IMAX宽幕数码影院、高智能国际商务写字楼、全功能生态精装SOHO、都市最高端的购物商场、包罗万象的美食广场等城市菁华为一体，将Wi-Fi无线上网技术、千兆光纤入户、智能化芯片监控、多重门禁卡辨识系统、车位智能区位引导系统、投影展示技术、多点触摸互动展示系统、太阳能光伏并网发电、地源热泵技术等高科技，应用于广场的每一个角落，核聚市中心最稀缺的市政资源配套，为人们带来在休闲中购物，在购物中休闲的一站式消费全新理念与经营模式。

【世茂广场开业】 2013年11月29日，位于南昌红谷滩总建筑面积约40万平方米的世茂广场开业，成为南昌红谷滩新区第一家高端贸易中心。世茂广场是上海世茂股份2013年的重点项目。南昌世茂广场经营面积共7万平方米，拥有影院、购物中心、写字楼、餐饮、时尚精品店等多重业态，集购物、休闲、文化、娱乐等功能于一体，旨在满足"一站式"城市主流人群生活所需，营造南昌与国际接轨的潮流生活方式，将会对红谷滩CBD商业格局、城市发展带来前所未有的崭新变革，成为红谷滩中心区地标商业。

【南昌华盛奥特莱斯项目招商推介会举办】 2013年6月21日，华盛奥特莱斯南昌项目招商推介会暨签约仪式在红谷滩新区前湖迎宾馆赣江厅举办，来自国内外一线品牌的200余位商家代表云集南昌华南城，和谐洽商。华盛奥特莱斯（深圳华盛商业发展有限公司）强势进驻南昌华南城。华盛奥特莱斯入驻南昌华南城，将带来众多国际知名品牌进驻南昌华南城，与华盛奥特莱斯有长期合作关系的众多国际、国内知名品牌也将随华盛奥特莱斯一起加盟南昌华南城。众多世界知名品牌的工厂直销店将落户南昌华南城，并以工厂直销店为主体，打造中国中部地区规模最大、档次最高、最具影响力、真正意义上的奥特莱斯购物中心。此次大会共有20余家国内外一线品牌签约进驻南昌华南城华盛奥特莱斯，品类涵盖国际精品、男女时装、童装、鞋履皮具、餐饮等。耐克、卡奴迪路、迪赛、路卡迪龙、梵思诺、trendiano、苹果、卡宾、springfield、绫致、百丽、哈森、星期六、达芙妮、安莉芳、艾格、拉夏贝尔、安奈儿、巴拉巴拉等200余位品牌商代表对进驻南昌华南城华盛奥特莱斯表达深切的意愿和期许。

【华南城试营业】 2013年10月26日，一座集商贸物流、商业、住宅配套为一体的国际核心商圈大城——南昌华南城开始试营业。南昌华南城位于九龙湖新区，规划建筑面积428万平方米，总投资超过百亿元，致力于打造江西规模最大、品种最全、档次最高的综合商贸物流中心。南昌华南城首批试营业的华盛奥特莱斯、海宁皮草城、中部鞋业、中部小商品、精品男装、时尚女装六大核心业态，备受广大市民追捧，海宁皮草、奥特莱斯名品等成为市民前往华南城必买商品。华盛奥特莱斯，占地5万平方米，以工厂直销、名牌折扣为主力业态，兼具购物、休闲、餐饮、娱乐功能，汇聚国内外上千种名品，为消费者呈现一个高品质、低价格、多品牌、多款式的奥特莱斯商业模式的同时，满足顾客一站式购物和一站式休闲娱乐需求。海宁皮草城，占地约1.6万平方米，是江西首个超大规模以品牌店、旗舰店为主体的皮革专业市场。中部鞋业批发中心，占地近2万平方米，其规模之大、档次之高、品种之全、性价

2013年6月21日，华盛奥特莱斯南昌项目招商推介会暨签约仪式在红谷滩新区前湖迎宾馆赣江厅举办

比之优等特性,彻底改变江西传统鞋类市场低档次、依附性强的特点,填补整个江西大型鞋类专业市场空白。中部小商品采购中心,是江西首个大型小商品专业批发市场,填补中部大型综合小商品市场空白,促使南昌乃至整个中部小商品市场步入成熟化、规模化、品牌化。精品男装、时尚女装,让南昌消费者与国际时装接轨。南昌华南城通过打造一个国际化的商贸物流服务平台,将全面提升南昌商贸物流业的服务水平,助力产业经济转型升级,改善南昌就业环境。

(周轶斌)

副食品经营

【概况】 2013 年,南昌市副食品市场产品充足、丰富,但成本上升,生活必需品市场供需平稳、价格略涨,中秋国庆双节奶制品价格上调。在新的消费环境下,高端白酒市场销售低迷,水产市场高档海鲜销量锐减。4 月、5 月,受 H7N9 禽流感疫情影响,禽类产品销售锐减,使市民对水产品的需求增大,水产品批发价格 5 月总体小幅上涨。随着市民生活水平的提高,水果和品质休闲食品进入日常消费,水果超市快速发展;国内连锁水果超市的航母企业——泰纳水果连锁超市登陆南昌;良品铺子门店迅速增加。南昌军山湖大闸蟹喜获丰收,军山湖大闸蟹十月产销两旺。为打造军山湖大闸蟹这一品牌,南昌举办"军山湖杯"第十二届鄱阳湖螃蟹节,让其享誉全国。

【南昌生活必需品市场供需平稳】 2013 年,南昌生活必需品市场在较好保障供应的基础上,大部分生活必需品价格呈现稳中略升。南昌市天气以晴热少雨为主,大部分农产品未受到气候影响,随着季节性变化价格在平稳波动中略有上涨。市民难寻 0.5 元/千克的蔬菜。受 4 月上旬出现 H7N9 禽流感疫情、5 月疫情加重的影响,南昌市关闭全部活禽交易市场,活禽类产品退出生活必需品市场,消费为零,直到 6 月疫情逐渐解除才恢复供应。大部分超市类食品随着节假的来去而出现价格合理的波动、并在波动中呈现略上涨的态势,生活必需品价格在正常波动中略上涨主要由于当年人工和交通运输成本的不断增加。

2013 年 12 月南昌市墩子塘农贸市场 20 个监测品种周平均价格表

表 26

品种	价格(元/千克)	品种	价格(元/升)
圆白菜	2.4	大白菜	2.4
芹菜	4	生菜	3
冬瓜	3	苦瓜	13
黄瓜	6	青椒	7
辣椒	10	西红柿	6
白萝卜	2.2	茄子	9
土豆	4	豆角	13
洋葱	4	大蒜	5
生姜	11	白条鸡	13
精瘦肉(猪肉)	28	五花肉(猪肉)	24

2013 年 12 月南昌市超市类生活必需品市场 17 个监测品种周平均价格表

表 27

品种	价格(元/千克)	品种	价格(元/升)
小包装大米	5.54	小包装面粉	5.32
花生油	23.97	调和油	13.48
大豆油	10.74	菜籽油	13.54
食糖	12.08	食盐	3.94
国产品牌婴幼儿奶粉	151.72	国外品牌	—
婴幼儿奶粉	198.28	—	—
成人奶粉	84.36	酸奶	13.21
牛奶	9.97	—	—
精瘦肉(猪肉)	30.15	五花肉(猪肉)	25.59
鸡蛋	11.3	白条鸡	16.89

【高端白酒市场销售低迷】 2013年,中央的“八项规定”政策,限“公款消费”及“禁酒令”的出台,促使南昌酒类市场步入低谷。以茅台、五粮液为代表的高端白酒价格一路下行,虽经销商竞相低价出货,但高端白酒市场仍改变不了低迷状况。南昌百货大楼股份有限公司等部分零售企业,1—7月,累计销售5372.39万元,同比下降20.37%。因2013年春节在2月而2012年春节在1月,每年的新春佳节,都是酒类销售的高峰期、黄金月;仅2月同比增长38.62%,其他各月均负增长,1月甚至下降52.51%,遭遇寒冬;4、5月,因气候舒适温宜,销售开始下降;7月同比下降24.14%,销售形势没有改观。商务应酬占白酒消费的60%以上,南昌市一线高端白酒以茅台、五粮液为代表,受政策影响较大,销量同比下滑30%以上,供应价格甚至倒挂,在部分零售企业,零售价与最高时相比下降50%左右。茅台、五粮液不再一瓶难求、高高在上。二线地方强势品牌如四特、皖酒、白云边等中低档品牌,价格适中,适合百姓消费,企业销售量基本与同期持平,价格保持稳定。特别是江西地方名酒“四特酒”,牢牢占据南昌白酒市场的大头。

【水产市场高档海鲜销量锐减】 2013年,南昌水产品综合批发市场跟往年一样热闹非凡,但主流已不是以往的酒店采购员,越来越多的市民把这里当成了新的购菜点。澳龙、鲍鱼等一些名贵水产品已风光不再,逐渐被市场冷淡,销量锐减七成。中低端海鲜类产品市场开始进入主流,中低档水产十分走俏。一些批发高端海鲜产品的商家纷纷将销售重点转向批发一些中低档的海鲜,如基围虾、鲈鱼、鳜鱼、黄丫头。这些品种不仅销量大,价格也出现明显上涨。鲈鱼最高价卖到每千克14元,打破了历史纪录。与普通水产的大好形势不同,原来每千克几百元的一些高端海鲜产品,如澳龙、鲍鱼等,仅售每千克50余元。采购高档海鲜的酒店数量锐减。

【水产品批发价格5月总体小幅上涨】
2013年4月、5月受H7N9禽流感的影响,南昌水产品需求量增大,刺激了大宗水产品和部分名优水产品的价格上涨。近年来,随着水产品消费及其安全性的宣传力度加大,消费者对食用水产品的益处有了进一步的了解,特别是上半年禽流感事件,鸡鸭的消费急剧下降,水产品成了自然之选,消费需求迅速上升,越来越多的市民菜篮子中出现水产品身影。禽流感期间,市场的销售量同比增加近2成,虽然水产品消费大增,但存塘水产品较多,存塘量骤增,供应量得到保障,水产品价格并未出现急剧上涨的现象,而是稳中略升。5月南昌赣昌水产品综合大市场7个品种水产品周均价格:大带鱼18.6元/千克、小带鱼12.6元/千克、大黄花鱼17.8元/千克、小黄花鱼13元/千克、鲫鱼16元/千克、鲤鱼6.2元/千克,同比分别上涨69.1%、40%、14.8%、8.3%、17.6%、3.3%;鲢鱼5元/千克,同比持平。

【军山湖大闸蟹10月产销两旺】 2013年,南昌军山湖大闸蟹喜获丰收。军山湖66.67公顷的成蟹养殖地,自然环境优良,无污染,2012年丰产增收,蟹企(农)生产积极性提高,标准化管理加强,投入增加,技术措施到位,优质品率提高。优质品军山湖大闸蟹具有青背白肚、金爪黄毛、个体硕大、品种纯正、肉味鲜美、营养丰富等特征,并形成“大、肥、腥、鲜、甜”五大独特风味。雌蟹个体重均在125克以上,雄蟹个体重均在150克以上。10月是军山湖大闸蟹正式上市的第一个月,市场货源供应充足,销量和价格走高。南昌军山湖大闸蟹品质优于上年,总产量超1800吨,比上年增长12%。体重100克左右母蟹平均价格125元/千克,体重150克左右母蟹平均价格185元/千克,体重250克左右母蟹平均价格395元/千克,体重350克左右母蟹平均价格815元/千克。10月军山湖大闸蟹实现销售额3000余万元。

【禽类产品因H7N9禽流感销售锐减】
2013年4月、5月南昌出现的H7N9禽流感疫情致使农贸市场的禽类产品销售急剧下降,在情形较严重的5月禽类产品甚至无人问津。绝大部分市民在禽流感疫情期间,选择不再购买禽类产品,禽类及相关产品出现销售锐减或滞销的现象。随着禽流感疫情的发展,大多数市民都纷纷选择购买其他肉类代替或选择水产品,南昌市禽类交易市场十分冷清。南昌墩子塘农贸市场,禽类销售主要以酒店、单位批发为主。正常时,老鸭日销售1000只左右,30—32元/千克;新鸭日销售200只,18元/千克;三黄鸡日销售1500只左右,12—14元/千克。4月,疫情出现后,老鸭日销售减到30只左右,价格降到18—30元/千克;新鸭日销售减至30只左右,价格降至14元/千克;三黄鸡日销售为300只左右,价格10元/千克。5月,绝大部分以零售为主的农贸市场,禽类销售或关门息业,或由原来日销售百十只,下滑到日销售1—2只的情况,即使价格降低两成左右,还是无人问津。6月,禽流感疫情缓解并逐渐减弱,禽类产品才逐步回暖。

【中秋国庆双节奶制品价格上调】
2013中秋国庆双节期间,南昌奶制品价格普遍上调。零售商在中秋节前都对部分牛奶产品进行调价,在旺中旺超市,蒙牛250毫升16盒装纯牛奶46.4元/箱,每箱上涨3.2元,涨幅7.4%;蒙牛特仑苏250毫升12盒装纯牛奶62元/箱,每箱上涨3元,涨幅5.1%;伊利金典250毫升12盒装奶62元/箱,每箱上涨4元,涨幅6.8%。超市国庆节前纯牛奶出现短时断档脱销。南昌市企业江西阳光乳业有限公司自10月1日开始,主要产品价格不同程度上调,袋装奶上涨0.2元,涨幅9.1%,盒装奶上涨0.3元,涨幅高达10%,只有瓶装奶保持原价。此次奶制品价格上调主要是由于人们生活水平的提高,喝牛奶的人越来越多,市场需求旺盛;原材料、人工成本及运输成本等一系列运营成本都在上涨;暑期持续高温影响,奶牛产奶量较往年普遍下降近20%,使奶源供应短缺;新西兰奶粉肉毒杆菌事件爆发,国家对新西兰原料奶粉停止进口,之前大量进口新西兰奶粉的企业部分转用国产奶源,一定程度增加了国内原奶供应的紧张。

【泰纳水果连锁超市登陆南昌】 2013年7月,泰纳国际水果连锁经营(北京)有限公司水果连锁超市——南昌“象山南路店”开业。随着百姓生活水平的日益提高及零售商业环境的发展,水果连锁超市已经成为果品行业流通的重要模式。泰纳以门店终端网点为牵引,以网上订购、电话订购和团购为助力,建立完善的水果流通配送体系,全国连锁水果超市达500家,销售收入达10亿元,成为国内连锁水果超市的航母企业。泰纳“象山南路店”门脸长30米,是南昌水果连锁超市中最长的。该店在营业面积、覆盖人口、店内设施、品种品质等指标上都超出现有水果超市,是南昌水果店名副其实的“航空母舰”。泰纳象山南路店的顺利开业,将给南昌业内其他经营者起示范作用,引领南昌水果行业做大做强。

【水果超市快速发展】 2013年,水果超市纷纷出现在南昌社区、路口甚至是寸土寸金的商圈中。市区有的繁华街区隔一两百米就能看到一家水果超市。赏心悦目的色彩搭配、明亮灯光的照映、新鲜丰富的水果、清新诱人的果香、美观的陈列、明码标价,给消费者一个整洁、舒适、温馨的购物环境。水果超市的模式有的是加盟连锁,有的是单营。水果超市整合多元化的进货渠道,通过自营基地、产地直采和批发市场等渠道进货,果品种类丰富、新鲜,与大型超市相比,则价格更具优势,特惠价与水果批发市场的价格几乎相差无几,甚至还要低些。贴心周到的服务为水果超市招来不少消费者。水果超市根据营业面积配备多名服务人员,甚至有的为消费者提供针对性的指导和建议。消费者生活品质的不断提升,对健康生活的逐渐重视,对消费环境要求的提高,让水果超市在南昌市迅速增长。

【良品铺子休闲食品门店迅速增加】2013 年,休闲食品连锁店品牌——良品铺子在南昌迅速新增 10 余家门店。至年底,南昌良品铺子门店已达 60 余家。大部分门店虽然面积不大,平均 10 余平方米,但装修靓丽、环境整洁、食品丰富、服务热情。良品铺子产品可分为炒货类、糖果类、果干类、蜜饯类、鱼肉类、素食类、糕点类等上百个品种,针对不同的顾客食用场景进行产品组合,如针对看电影、家庭聚会、旅行休闲等做各种产品套餐,满足不同类型的消费需求。良品铺子之所以能快速发展,在于良品铺子的产品质量,深受注重品质的消费群体的欢迎,给南昌市民带来更多卫生、健康、美味的食品。

【"军山湖杯"第十二届鄱阳湖螃蟹节在南昌举办】 2013 年 11 月 23 日,由中渔业协会河蟹分会、江西省渔业协会主办的 2013 年中国 · 南昌"军山湖杯"第十二届鄱阳湖螃蟹节在江西南昌国际展览中心举办。从 2002 年第一届鄱阳湖螃蟹节在南昌市举办,螃蟹节已相继在杭州、深圳、上海、北京等地成功举办,2013 年回到第一届举办地——南昌市。本届"军山湖杯"鄱阳湖螃蟹节,举办了新闻发布会、螃蟹节启动仪式、鄱阳湖优质蟹评比、特色产品展等一系列活动。

(周轶斌)

肉食品加工批发零售

【概况】 2013 年,南昌市为保障好肉品市场的供求,积极完成当年活猪储备任务。春节餐饮业总体销售不景气,肉品供过于求,使春节后生猪市场价格持续小幅下跌,在生猪销售下降情形下,南昌市相关部门仍履行好肉品安全职责,对 6 家生猪屠宰场安装实施监控,举办生猪屠宰企业开放日活动,并利用法律手段规范定点屠宰,打击私屠滥宰、牛肉注水。

【完成活猪储备任务】 2013 年,为及时有效应对自然灾害、重大疫情和各类突发事件等引发的生活必需品市场异常波动,保障肉品市场供应,稳定市场价格,维护社会稳定,满足市民需求。根据商务部、财政部下发的《中央储备肉管理办法》和省商务厅等三部门下发的《关于建立江西省地方猪肉储备制度的意见》的有关规定,市商贸委和市财政局积极做好南昌市生猪储备工作,顺利完成当年生猪储备任务,为南昌市猪肉市场非正常情况的预防和稳定的保障起到很好的作用。同时,确定江西国鸿集团股份有限公司和江西理文迅达实业有限公司两家企业共同承担南昌市 1500 吨猪肉(折合生猪 3 万头)的储备任务。活体储备费用按照财政部下发的《关于下发生猪活体储备财务管理暂行办法的通知》,参照《中央储备肉管理办法》实行定额补贴管理,每头生猪储备补贴 40 元(生产性费用补贴 30 元、利息费用补贴 10 元)。全年储备生猪 3 万头,财政补贴 120 万元。

【春节后生猪市场价格持续小幅下跌】
2013 年春节过后,特别是进入 3 月,全国大部分城市生猪交易价格快速下跌,生猪市场进入低迷状态,南昌生猪市场也未摆脱此现象。2012 年下半年生猪交易价格持续走高,生猪养殖户因此纷纷加大补栏,养殖户逐步加大科学养殖的力度,使得生猪疫病减少,成活率提高,生猪数量随之比往年增多。在中央传达的厉行节约过春节的指示精神下,南昌市餐饮消费大幅度下降,作为餐饮消费中的主打原料猪肉的消费大大减少。3 月开春,天气逐步转热,市民对猪肉需求下降,生猪的供过于求致使交易价格持续下跌。南昌市佛塔生猪交易市场生猪交易量为 4.54 万头,上年同期为 6.27 万头,同比减少 1.73 万头;3 月与 2 月生猪交易均价分别为 13.4 元/千克、15.9 元/千克,月价格环比下跌 15.72%;2012 年 3 月,生猪交易均价为 16.03 元/千克,下跌 14.22%。

【6 家生猪屠宰场安装实施监控】 2013 年,市商贸委为加强对生猪定点屠宰场的监督和管理,按照省商务厅在全省建立统一的屠宰监管工作平台的要求,对江西国鸿集团有限公司、江西程明食品有限公司、南昌雨润肉类食品有限公司、南昌宝迪农业科技有限公司、南昌双汇食品有限公司、南昌市天亮食品有限公司的生猪定点屠宰场安装实施监控,对进厂(场)查验、待宰静养、同步检疫检验、无害化处理、肉品出厂(场)5 个屠宰加工关键环节安装监控终端,对定点屠宰企业生产环节实行信息化监管和实时监控。监管人员在办公室就可以看到屠宰场的整个生产过程,了解屠宰场的实时情况。统一的屠宰监管工作平台的建立,保障了出场肉品的质量安全,确保南昌市民吃上"放心"肉。

【举办生猪屠宰企业开放日活动】
2013 年 6 月 27 日,省商务厅、市商贸委、南昌县商业局联合举办以"食品安全从严把关,关爱生命责任如山"为主题的食品安全宣传周暨生猪定点屠宰企业开放日活动。组织一个由人大代表、政协委员和商务、工商、农业等监管部门人员以及企业代表、消费者代表、媒体记者组成的 50 余人的"观摩团",前往位于南昌小蓝经济开发区的国家级农业产业化重点龙头企业——南昌宝迪农业科技有限公司,参观南昌宝迪屠宰场的屠宰流程、检验室,详细了解生猪进栏检疫、肉品品质检验、肉品批发交易、肉品流通追溯等检验项目、工作流程。活动现场发放《中华人民共和国食品安全法》《生猪屠宰管理条例》等法律法规宣传册,制作生猪产品科普知识展板,接受参观人员对肉制品有关知识及产品质量等问题的咨询。开放日活动让市民了解了更多生猪屠宰相关情况和肉品安全生产与消费的相关知识,为保障肉类食品安全奠定良好的基础。

【加强对屠宰企业的监管】 2013 年,南昌市商务综合行政执法稽查支队通过常态化监管和重点监管相结合的方式,规范定点屠宰企业。检查定点屠宰企业 63 家次,责令整改屠宰企业 9 家次。督促全市屠宰企业建立健全生猪(牛)来源和肉品销售记录、肉品品质检验、无害化处理等各项台账和内部管理制度。3 月初,开展全市生猪屠宰风险监测,对全市各级生猪屠宰企业共计抽检肉样及尿样本 926 批次,经市级初检、省级复检,合格率达 100%。对生猪屠宰环节的监管共出动执法人员 860 余人次,与公安部门联合行动 7 次,与县区联合执法 5 次,捣毁大、小私宰窝点 24 个次,缴获私宰等问题肉 5600 余千克,行政处罚 2 万余元。对定点屠宰牛企业加大监管,确保定点屠宰牛企业出厂的牛肉无注水行为，对定点屠宰牛企业出厂的牛肉进行4次抽查，未发现有注水现象。对私屠滥宰、牛肉注水等违法行为进行强有力的打击，有效地遏制了私屠滥宰、牛肉注水等违法行为，保障了肉品卫生安全，确保了市民吃上放心肉品。

2013年南昌市佛塔生猪交易批发市场交易情况表

表28

月份	日均成交量（头/天）	月最高交易价格（元/千克）	月最低交易价格（元/千克）
1月	2484	18.8	17.2
2月	2243	17.6	14.8
3月	1328	14.8	12
4月	1366	14	11.6
5月	1474	13.6	12
6月	1676	14.4	12.8
7月	1524	15.2	13.2
8月	1722	16.4	15.2
9月	1898	15.6	13.6
10月	2372	16.4	14.8
11月	2412	16.8	15.2
12月	2280	17.2	15.2

2013年南昌市超市猪肉零售均价格情况表

（商务部生活必需品市场监测系统数据）

表29　　单位:元/千克

月份	精瘦肉	五花肉
1	29.8	25.6
2	30.3	25.9
3	30.6	25.8
4	30	24.6
5	29.3	24.2
6	29.4	23.8
7	29.3	23.7
8	29.2	24.1
9	29.9	24.9
10	30.5	25.1
11	29.5	25
12	29.2	24.3

（周轶斌）

石油制品与批发零售

【概况】　2013年，中国石化南昌石油分公司以建设“诚信、创新、和谐、强盛”的新型石化企业战略目标为企业愿景，秉承“说话讲依据，办事讲程序，行为讲准则”的理念，以“服务地方经济，谋求企业发展”为宗旨，铭记“每一滴油都是承诺”的社会责任口号，积极贯彻落实“最好的员工在中国石化，最好的服务在中国石化，最好的油品在中国石化”的方针，坚定“创建世界一流能源化工公司”的发展目标，主动践行国企责任，积极提升油品质量，实施绿色可持续发展战略，为南昌的经济与社会发展做出应有的贡献。至年底，成品油销售总量突破72万吨。

【完成油品升级】　2013年，根据集团公司统一部署、国Ⅲ普柴安排情况和时间节点要求，综合考虑柴油资源流向、油库柴油库容及柴油需求等因素，合理安排柴油资源调运。按照“先油库、后加油站”置换顺序，确定分批次置换油库和站点，制定柴油置换具体实施方案，依托零售市场监测体系，对国Ⅲ普柴置换的加油站进行监控，7月1日之前完成国Ⅲ普柴置换工作。10月中下旬，国Ⅳ汽油进驻江西，作为首批开始置换国四汽油的分公司之一，成立油品升级置换工作领导小组，积极对接油品资源，对所属油库、加油站油品分期、分批升级置换进行总体安排，92座在营加油站陆续进入置换并顺利完成93号汽油置换工作，11月20日起南昌市汽油正式执行国四标准价格。

【推动加气站建设】　2013年，积极响应南昌市政府大力推进加气站建设的号召，积极筹备，全力推动加气站建设。在市委、市政府的大力支持下，加气站建设按照进度顺利开张。10月14日，南昌公司第一座油气合建站董家窑站进入带气调试阶段，年底已正式投营。其他三座加气站均按照市政府要求已完成设备调试及投营准备工作，有力缓解南昌市“加气难”现状。11月14日，南昌出租车协会出租车司机代表为南昌石油分公司送来两面写有“危难之处显身手，解危扶困是友谊”和“急为出租车所急，想为出租车所想”的锦旗，对南昌石油分公司勇于承担国企责任，排除重重困难及时开设加气站为出租车提供天然气的做法表示衷心感谢。

【强强联合促发展】　2013年，不断探索创新途径开展新业务，与多家企业建立良好合作关系，其中与移动、电力合作，在城区重点站开展移动话费、电费缴纳业务；与汽车服务供应商合作，通过商品代销模式，开展汽车美容等业务；与交通银行合作开展“最红星期五”充值送礼活动；与中国建设银行等单位合作，开通信用卡积分兑换、银联交易等业务；与移动电子券、洪城一卡通等单位合作，通过多种消费平台整合促销提高油品销售量。并与中国移动和交通银行分别签订战略合作框架协议，双方合作在向更深层次、更广领域迈进，进一步实现合作共赢，互惠发展。

【现场搭台服务春耕】　2013年4月12日，积极参加省农业厅在南昌县泾口乡主办的“全省百万农机闹春耕活动”。活动现场搭设中国石化便民服务台，安排专人发放农机“双优卡”“十问十答”宣传折页，讲解“双优卡”优惠政策，为农机手现场提供办卡服务，简化办卡流程。大力推广农机加油“双优卡”，承诺给予在农机部门注册登记的拖拉机或联合收割机机手免费办卡、服务优先、加油优惠的双优政策，受到广大农机用户和政府部门的充分肯定。

【打造双语示范站】　2013年，为打造与建设国际一流相匹配的优质服务窗口，展示省会城市重点加油站员工的良好精神面貌，优化基层服务水平，选定2个重点加油站开展“双语示范站”的创建活动，打造富有特色的“青年文明号”加油站，组织英语骨干，利用站务会、班前会和工作例会等形式，以会代训穿插英语知识的学习与运用。倡导员工在加油过程和间隙，积极开口运用双语对话，强化学习效果，达到运用于实践的目的。以点带面，推动双语示范站活动的普及推广。

【新媒体传播正能量】　2013年11月，在南昌市中石化加油站、油库积极寻找“最美石化一线青工”，并向广大青年发出征集令，开展全员随手拍活动。响应集团公司号召，选树一批爱岗敬业、奉献成长的青工典型，所有作品都在公司首个微信公众平台——红谷滩分公司“微信公众平台”上进行及时更新。此次活动吸引广大员工的积极参与,大家主动互动互粉,评选出“人气”青工及最佳“拍客”,弘扬最美青工敢于有梦、勇于追梦、勤于圆梦的奋斗精神。

【提升物流管理水平】 2013年,南昌公司物流管理部配合二次物流承运车队对现有上线运营的37辆油罐车启动新GPS视频监控设备安装工程工作,分别在驾驶室、装油口、卸油口安装视频监视,对油罐车的行驶状况进行实时跟踪,为车辆入库、运输、卸油、规范行驶等行为实施全程监控提供有力的技术保障,进一步规范二次物流配送运输中油品的管理,确保油罐车装卸、运输油品时的安全运行,堵塞油品运输环节中的管理漏洞,有效控制人为不规范操作行为造成的安全数质量隐患,有力地促进了承运商安全、规范运输,严防发生运输途中偷、盗油现象发生。

【开展危险品运输应急救援预案演练】 2013年11月8日,组织开展危险品运输应急救援预案演练,邀请省交通厅安监处、市交通运输局安监处、市运管处、南昌市各危货运输企业的代表和多家媒体记者到场观摩。通过现场模拟演练,进一步提高南昌石油危险品道路运输从业人员的业务水平、实战能力和对有毒有害气体泄漏事故应急反应能力。

【强化油品管理】 2013年,针对部分加油站反映油罐车来油数量不足,油罐车验收空高不准的情况,组织安数部、零管部、物流部等5个部门在昌北油库现场联合办公。邀请省计量测试院的技术人员对昌北油库的流量计进行检定和调试,重新标定油罐车空高,确保每台流量计的计量精度符合国家标准,并将新的油罐车空高表作为分公司各加油站接卸油品的依据,杜绝油品在运输过程中的违规行为,有效降低油品损耗。

【帮扶困难员工】 2013年,继续按照“真困难、真帮助”的原则,做好帮扶救助工作,为7个困难职工家庭向省公司帮扶救助工作领导小组申请困难补助共2.35万元,向南昌市总工会申请困难职工补助金5000元。8月,南昌石油分公司为重病职工举办捐款活动,共捐助8.15万元。

(穆雪莹)

医药药品批发零售

【概况】 2013年,江西南华医药有限公司加快推进经济发展方式转变和结构调整,调整销售和品种结构,努力实现有质量、有效益、可持续的发展,稳定了公司在江西省医药市场的领先地位。荣获“南昌市打造核心增长极企业(经济实体)税收突出贡献奖”称号。

【拓展批发营销】 2013年,根据招标采购的动态与进展,强化新品引进力度,争取赢得更多、更好的经营品种,增强新品开户与覆盖能力,争取更大的市场份额。各销售部门精细化分析市场、客户和品种,定好位,办好事,坚持不懈地努力提高自身的经营管理水准和服务质量。器化玻分公司抓牢医疗器械招标采购的契机,主动介入与医院合作开办药房的新业态,寻求合作对象、合作方法,以全新的思路,全新的举措,争得一块全新的市场和利益。批发系统完善和提高KPI(关键绩效指标法)绩效考核体系,根据工作重点不断调整考核系数的权重,杜绝推诿和内耗,清除阻碍企业发展的障碍,发挥团队精神,增强合作,使工作效率最大化,极大地提升了盈利能力。至年底,公司经营实现总销售超30亿元。

【扩大零售连锁】 2013年,江西南华医药有限公司全资子公司——江西黄庆仁栈华氏大药房有限公司荣获2013年中国药品零售企业竞争力排行榜百强企业称号。黄庆仁栈华氏大药房曾经被国家授予“中华老字号”殊荣,旗下拥有遍及江西11个地区、70多个市(县)的近400余家连锁门店,经营实现总销售超4亿元,成为江西省覆盖区域最广,销售额最高,经济实力最强的医药零售连锁企业。黄庆仁栈华氏大药房强化设区市总店的职能权限,以设区市总店为重心,采取多种方式,撤并年销售在100万元以下的县级总店,收回全部买断店,门店数量增加10%,使全省门店总数达到近400家。规范对外租赁,所有出租资产一律实行拍租,租期原则上一年,超过一年须报批;加强门店现场管理,对装修后的门店进行效益评估,继续在各地争取开通本级医保,完善会员制,实行考核机制,每季跟踪,督促进度;加强品类管理,落实战略品种的合作,优化品种,做好临床品种及新特药的销售;所有县级总店进行定员、定编、定岗,以销售、毛利、单品考核相结合,实行工资动态管理;加强采购管理,新增查询功能,监测异常变化,实现公司75%统一采购规划,注重与临床品种供应商的合作,委派专人管理并整理临床品种供应商目录,全省共享。

(黄建华)

烟草制品专卖

【概况】 2013年,南昌市烟草专卖局(公司)辖区内共有零售户1.9万余户。有员工947人,其中在岗874人、离退休161人(离休3人);大学以上学历人员224名、大专学历362人;员工平均年龄为37岁;取得专业技术和职业技能资格人数为576人,其中高级会计师1名、高级经济师3名、营销师1名、专卖管理师5名。

【卷烟销售】 2013年,南昌市烟草专卖局(公司)坚持以市场为导向,实现卷烟销售18.61万箱,销售收入51.10亿元,单箱销售额2.75万元。其中,金圣系列销售4.04万箱,实现税利11.18亿元。品牌培育突出创新,现代零售终端建设取得实效,全市零售户平均盈利水平达10%。

【专卖市场监管】 2013年,为严厉打击制售假烟违法行为,切实维护国家、消费者利益,多措并举,不断推进“打假破网”工作。针对重要节日前后卷烟市场特征,全面推行错时错位工作制,打造市场精准监管。全年共查处各类涉烟违法案件9271起,查获案值在5万元以上的大要案133起,查获各类违规卷烟937.37箱;累计实现罚没款641.34万元;42名涉烟违法人员被判刑。

【卷烟品牌培育】 2013年,坚持以市场为导向,以帮助客户提升盈利水平为目标,按客户需求,自下而上组织货源。制定卷烟品牌发展规划,解决品牌规格较多,并实现在销卷烟品牌规格数缩减至100个以内的目标。千方百计培育“金圣”品牌,提升结构。全年“金圣”系列卷烟销售达4万余箱。南昌县局(分公司)被省局(公司)授予“培育‘532’和‘461’品牌建功立业活动优秀单位”及“全省系统县级分公司‘金圣’卷烟销售贡献单位”称号。

【党风廉政建设】 2013年,以“重在实际,贵在坚持”为理念,突出抓好“三个注重”。注重扎实的基础工作，全面优化岗位职责，达到责、权、利的统一；注重客观的排查过程，坚持以“并非越多越好，而是到位就好”的原则设定风险点和防控措施；发挥监督职能，注重工作创新，通过审计部门对防控体系的执行和效果评估进行过程监督和年度评审。逐步形成以“排查、预防、处置、监督”并重的反腐倡廉新体系，使员工真正了解“我要做什么，不能做什么”，为企业健康发展、员工履职安全和干部健康成长保驾护航。举办“贯彻落实八项规定”“十八大精神宣贯”等专题讲座5次；节假日期间对（向）副科级以上人员发送廉政短信3次。同时，严格执行中央“八项规定”和行业“九条要求”，认真落实省局（公司）九个方面22条具体要求。加强车辆管理，清理办公用房，精简会议活动，从严控制各项费用，“三公经费”和会议费比上年大幅下降。其中，接待费用比上年减少近60%，会议数量减少40%，下发文件数减少25%。

【工作作风】 2013年，全市系统重心下移，把践行行业“三大课题”作为重要载体，着眼实际，问计基层、服务一线，机关工作作风明显改进，主动为基层服务的意识切实提高。出台《县区局（分公司）定岗定编指导意见》，进一步优化人力资源配置；制定《干部挂职锻炼实施办法》，进一步激发队伍活力。全面完善制度建设，“靠制度管人，按制度办事”的氛围日益浓厚。考核方案彻底改变过去的“杂、繁、多”，建立以各单位（部门）解决3—5个主要短板为主体的“简单、实在、管用”的新体系。

【推行科技创新】 2013年，南昌市烟草专卖局（公司）积极推行科技创新工作，为企业发展注入新活力。积极开展QC（品质控制）活动，全年共收到QC课题47个，比上年增加31个，增幅达到238%。其中，管理创新类课题《基于内控管理的廉政风险防控体系研究与应用》通过省局（公司）验收，在卷烟配送中心认真推行“10S”（整理、整顿、清扫、清洁、素养、安全、节约、速度、坚持、习惯，因其日语的罗马拼音均以“S”开头，因此简称“10S”）现场管理，编写《“10S”现场管理手册》，在全省系统得到推广，并在全国企业管理现场会上受到高度赞扬。

【开展社会公益活动】 2013年1月21日，联合市妇联在安义县开展春节下乡走访100户贫困户和贫困留守儿童家庭活动，发放扶贫金5万元。2月28日，组织48名干部职工参加无偿献血活动，献血1.4万毫升，并获得南昌市2011—2012年度无偿献血先进单位奖。8月6日、13日，协同市妇联，分别到南昌县塔城乡芳湖村小学和进贤县三阳中心小学，与当地的60位留守儿童开展一次主题为“共享一片蓝天共筑一个梦想”的学雷锋志愿服务活动。志愿者们向在场的60名贫困留守儿童每人赠送200元爱心慰问金及书包、笔等学习用品。此次活动共使用“慈善每日捐”善款1.74万元。9月17日，南昌市局（公司）向西湖区慈善会捐款5000元。9月30日，获悉新建县卷烟零售户胡洪辉的儿子患白血病，南昌市局（公司）、新建县局（分公司）分别开展献爱心捐款活动。市局（公司）紧急从全体员工“每日一捐”募集的善款中拿出5000元，新建县局（分公司）组织员工捐款3000元用于胡洪辉的儿子治病。10月，南昌市局（公司）参与市直机关单位“慈善一日捐”活动，捐赠5万元。同时，大力开展挂点帮扶贫困村、新农村建设、综治安全等各项捐款活动，总金额达41.88万元。

（张　华）

供销合作社

【概况】 2013年，南昌市供销合作社围绕年初制定的目标计划，通过建网络、搭平台、抓项目、强服务，主动融入南昌加快打造核心增长极的新热潮中，攻坚克难，艰苦工作，务实创新，全面完成各项目标任务，主要经济指标实现新突破，项目建设取得新成效，基层社建设取得新进展，企业经营管理实现新提升，和谐供销建设开创新局面。全市供销合作社实现商品购销总额165亿元，完成目标任务的106%；实现利税2800万元，完成目标任务的103%。

【“新网工程”建设不断加速】 2013年，南昌市供销部门加大力度推进“新网工程”体系建设，农资、日用消费品、农副产品、再生资源、烟花爆竹五大骨干经营网络均呈现快速发展态势，为服务“三农”奠定了坚实的网络基础，成为促进南昌市农业和农村经济发展的重要力量。至年底，南昌市供销部门共有各类网点3500余个。其中，农资连锁网点778个，日用消费品连锁网点596个，农副产品购销网点180个，再生资源回收网点405个，烟花爆竹网点950个，基层综合服务组织621个。

【基层社标准化建设稳步推进】 2013年，按照省供销社提出的“基层社建设年”要求，努力提升基层社经营服务能力，基层社建设面貌焕然一新，服务功能得到明显提高。5月，南昌县莲塘供销社等10个基层社被省供销社认定为第一批标准化建设基层社，在“十个有”建设达标的10个基层社基础上规范建设提升基层供销社15个，并推荐湾里梅岭供销社等7个基层社申报省基层社标准化建设示范单位。南昌县三江供销社积极争取政府支持，变更土地属性恢复重建基层社，日用消费品配送中心项目主体工程已封顶，进入收尾验收阶段，将建成具有办公场所和营业店面达2100平方米的6层日用消费品连锁超市大楼。

【农村合作经济组织加快发展】 2013年，新发展农民专业合作社22个，总数达到166个。规范引导合作社广泛进行规模化种养、标准化生产、品牌化经营和一体化服务，提高农民专业合作社的生产水平和市场竞争力。进贤县三里新平何氏种养专业合作社等7家专业合作社被认定为全省供销合作社系统第三批农民专业合作社示范社建设单位。同时，组织新建县绿源井冈茶油专业社等规模大、实力强、管理好的专业合作社申报全国总社的示范社。

【争取政府政策资金扶持】 2013年，经积极争取，市政府同意从2013年起连续3年，每年安排960万元资金专门用于继续支持供销合作社现代流通服务体系建设及网络发展，其中引导资金600万元、淡储补贴资金360万元。10月17日，市政府办公厅出台《南昌市新农村现代流通服务网络工程引导资金管理办法》和《南昌市市级化肥淡季储备管理办法》。办法的出台有力地推进社会主义新农村建设，健全农村流通网络体系，规范新农村现代流通服务网络工程引导资金的管理，进一步提高资金使用效益。同时，积极争取总社“新网工程”、国家农业综合开发和省级引导资金项目扶持。全年，共争取上级扶持资金项目13个，资金1142万元。其中，总社新网工程项目1个，资金127万元；国家农业综合开发项目11个（已验收2个，正在收尾的4个，待实施的5个），资金935万元；省级引导资金项目1个，资金80万元。

【重点项目建设强力推进】 2013年，南昌市供销部门精心打造一批规模大、效益好的重点项目,以项目推动现代流通新网工程体系建设。至年底,共储备各类优质项目90余个,启动、续建和竣工项目42个,重点项目19个,其中1000万元以上的项目7个。新建县供销社乐化农资配送中心升级改造项目,建筑面积600平方米,新建营业场所80平方米。改造乡级农资直营店16个,村级农资加盟店60个。投资2.3亿元的青山湖区南钢商厦项目正在进行主体结构施工,项目建筑面积达3.43万平方米,商厦1—3层为商场超市,面积为9320平方米。社属企业——江西丰和农产品有限公司在五纬路开发的“丰农大厦”项目前期筹备工作已经就绪,正在办理项目施工许可证、建设规划许可证。同时,市供销社积极谋划为农服务项目,准备新建一栋总投资上亿元的“供销综合服务大厦”,正考察落实项目用地。

【农资供应】 2013年,南昌市供销部门切实发挥市县两级化肥淡储“蓄水池”作用,利用自身点多面广的网络优势,组织供应适销对路的农资商品,确保农资供应充足。全年销售各类化肥33.6万吨,化肥经营量在市场上占据着85%以上的份额,个别县(区)超过90%。安义县供销社做到计划早安排、资金早筹集、货源早落实、仓库早准备、人员早到位,货源储备直抵终端网点,通过订单式“易货贸易”等方式,把化肥赊销给农民,减轻了农民负担,促进了农资销售。

【开展“三下乡”活动】 2013年,南昌市供销部门深入全市农村开展免费送肥、科学用肥、识别真假化肥“三下乡”活动,深入田间地头指导农民科学用肥用药,发放政策宣传资料和技术服务资料5万份,提供免费测土配方服务,开展预约登记和送货上门、送货到田间地头等便民活动,让农民得到实实在在的实惠与便利。

【社属企业改革不断深化】 2013年,南昌市供销社直属企业不断强化社有资产管理,建立健全现代企业制度,实现社有资产保值、增值的目标。社属全资企业——南昌市兴业资产经营有限公司在地铁二号线以及全市“拆违拆临、建绿透绿”专项工作涉及房屋店面拆迁情况下,进一步规范社有资产运作模式,按照市供销社制定的《经营性房产拍租管理暂行办法》,对租赁到期的社属经营性店面、仓库实行公开拍租,使社有资产租赁做到公开、公正、公平竞争,达到资产效益最大化。社属丰和有限公司、春蕾茶叶公司等企业主动融入市场,打造品牌,拓展经营,企业发展步伐不断加快,实现了社有资产增值、职工收入增加的经济效益和社会效益。

(万　磊)

粮油贸易

【概况】 2013年,南昌市粮食部门广大干部职工抓住国企改革基本结束和打造核心增长极的有利时机,充分调动一切可以调动的积极因素,积极营造想事、谋事、干事的发展环境,抓住整合资源、创新机制、项目建设的关键环节,强化措施,狠抓落实,取得较好工作成效。至年底,全市粮食购销总量59.74亿千克,比上年增长40.4%,全行业实现盈利1195.83万元。

【开展服务粮农“三下乡”活动】 2013年3月中旬,市粮食局分别在南昌、新建、进贤、安义4个县组织4场大型“政策、信息、订单”三下乡活动。通过展板展示、散发传单、广播宣传等多种方式,宣传国家优农惠农的粮食政策及市场畅销的早稻品种,协调粮食购销企业、粮食加工厂与种粮大户签订粮食购销订单,与粮农共签订粮食收购订单4000万千克,面积10余万亩。

【启动稻谷最低保护价收购】 2013年1月,国家发改委经报请国务院批准,2013年生产的早籼稻(三等,下同)、中晚籼稻和粳稻最低收购价格分别提高到每50公斤132元、135元和150元,比2012年分别提高12元、10元和10元,提高幅度分别为10%、8%、7.1%。年内,全市粮食丰收,市场粮价下滑,为保护农民利益,南昌市在早、中晚稻收购期间,启动《最低保护价收购预案》。至年底,全市共收购早稻5.95亿千克,其中国有粮食企业按最低保护价收购4.44亿千克,占收购总量的74.6%;共收购晚稻7.3亿千克,其中国有粮食企业按最低保护价收购2.5亿千克,占总收购量的34%。无论是收购进度、粮食质量,还是收购市场秩序、粮农满意程度都好于往年。

【扩大市级粮油储备规模】 2013年,经市政府批准,南昌市扩大市级粮油储备规模,新增市级原粮储备1100万千克、市级成品粮储备50万千克、市级小包装食油储备50万千克,进一步提高全市粮油宏观调控能力。

【加强粮食应急供应管理】 2013年,为强化粮油宏观调控,从四方面积极做好粮食应急供应工作:一是成立由市县粮食部门主要领导参加的粮油应急调控领导小组;二是充分利用和整合现有资源,以现有城镇粮管所、军供站点、成品粮批发市场、放心粮油店为主,建立89个粮食应急供应网点;三是提高粮食应急配送能力,以现有成品粮油批发市场、粮油

2013年3月14日,南昌市粮食局在南昌县开展服务粮农“三下乡”活动

配送中心、国有粮食购销企业中心库、骨干军粮供应站为依托，建立9家粮食应急配送中心；四是增强粮食应急加工能力，选择39家日处理稻谷200吨以上的企业为粮油应急加工企业。

【启动“危仓老库”维修改造】 2013年，市粮食局对全市不宜储粮的“危仓老库”进行全面调查核实，结合全市具体情况制订“危仓老库”维修计划，累计筹措资金1600余万元，维修仓房230座，仓容量2亿余千克，有效缓解了粮食收购仓容严重不足的被动局面。

【开展粮食流通专项监督检查】 2013年，为确保元旦春节期间的粮食食品安全，市粮食局于元月初对全市市级储备原粮、成品粮、食用油脂开展专项检查，确保节日市场粮油质量可靠，安全放心。3月，市粮食局就开展全市粮食食品安全考核评价工作进行专项督导，现场抽查部分经营主体，并核查粮食收购资格、落实粮食收购入库检验制度等，查看粮食入库后建立专仓货位卡、储存期间检查资料和粮食销售出店检查等情况，确保全市粮油特别是政策性粮油安全无事故。根据省粮食局的统一部署和安排，全市粮食库存检查工作从3月中旬开始，经过企业自查、市局督查、省级复查3个阶段，于4月26日全面结束。在粮食库存检查中，重点对市级储备粮油库存数量、仓储管理、储粮安全等情况进行全面检查，确保粮食质量稳定、原粮卫生安全可靠。

【在省级储备粮普查中获得三项满分】 2013年11月底，在全省省级储备粮秋季普查中，市粮食局存放于南昌县的1万吨早籼稻，质量指标、储存品质指标和储粮质量宜存率三项获得满分，合格率均为100%，得到省粮食局好评。

【确保节日粮油市场正常供应】 2013年春节前夕，针对节日粮油市场需求渐旺的状况，市粮食局采取多种措施，确保节日粮油市场有效供应。一是加强市场价格监测。加大对全市粮油市场的监测频率和监测范围，密切关注节日市场粮油供应和价格走势情况。二是组织货源，备足库存。组织4000余吨粮油投放市场。三是加强质量监管。从进货渠道从严把关，采取统一配送到销售网点，确保春节期间所售商品质量安全。四是开展多项惠民便民活动，繁荣市场，让利于民。

【举行“爱粮节粮传承美德”宣传活动】 2013年10月16日是第33个世界粮食日，该周也是中国第23个全国爱粮宣传周。市粮食局在红谷大厦广场举办主题为“爱粮节粮，传承美德”宣传活动。现场展出近30幅宣传图画和展板，发放粮食质量鉴别宣传单、《爱粮节粮知识读本》和“爱粮节粮从我做起”倡议书，并开展“爱粮节粮从我做起”千人签名活动。

【建立“全国中小学爱粮节粮教育社会实践基地”】 2013年10月中旬，市粮食局在鄱阳湖畔的南昌市豪鹏实业有限公司建立全市首家“全国中小学爱粮节粮教育社会实践基地”，并顺利通过国家粮食局和教育部的验收、批准和授牌。

【推进“放心粮油工程”项目建设】 2013年2月，“网上粮城”项目——“米老大网站”投入试运行，所覆盖区域居民足不出户就可实现网上购买粮油。江西米老大有限商务公司通过扩张、加盟，“米老大”加盟店已增至16家。6月，江西良友集团新增4家“良友人放心粮油连锁店”同时开张营业。12月，新增3家“良友人放心粮油连锁店”开张营业，全市放心粮油连锁店已达10家。该集团规划两年内完成60家“良友人放心粮油连锁店”的建设布局。12月，江西良友集团筹建的“南昌市大中专院校放心粮油连锁配送中心”项目在南昌县蒋巷镇生产基地举行奠基仪式，开始动工建设。

【启动桑海现代仓储设施项目建设】 2013年6月，桑海现代仓储设施项目工程全面开工。该项目占地20公顷，其中一期用地10公顷，投资1.5亿元。

【加强产销对接】 2013年，组织全市84家粮食企业、94名代表参加“2013年赣粤粮食产销合作洽谈会”。参会代表积极与广东客户进行有效对接，已有13家企业与广东企业签订合作协议。抓住销区开展储备粮轮换契机，积极组织企业到广东、浙江等粮食销售区开展粮食贸易，搞活经营，并与浙江余姚签订1000吨储备粮食补库协议。组织江西良友集团参加“2013年首届国际优质农副产品(东莞)展销会”，其产品获得广东消费者广泛好评。

【在江西省第四届粮食行业职业技能竞赛中再创佳绩】 2013年4月25日，为期一周的江西省第四届粮食行业职业技能竞赛圆满落幕，市粮食局代表队表现出色，再创佳绩。保管员组分别荣获一等奖、三等奖和优秀奖；质检员组分别荣获二等奖和优秀奖。

2013年南昌市粮食购销情况一览表

表30　　　　单位:亿千克

	粮食收购		粮食销售	
	合计	其中:国有粮食企业	合计	其中:国有粮食企业
合计	24.4	7.92	35.35	6.66
南昌县	11.8	3.14	16.6	2.93
新建县	3.26	1.09	5.47	1.06
进贤县	3.24	2.55	2.7	1.96
安义县	0.75	0.7	0.16	0.11
湾里区	0.01	0	0.01	0
青山湖区	2.74	0.04	5.61	0
高新区	1.61	0.14	1.67	0
市直	0.99	0.26	3.13	0.6

(张贞贞)

住宿和餐饮业

本栏编辑　揭淑琴

概　述

【概况】　2013年，南昌市住宿和餐饮业实现零售额137.24亿元，比上年增长13.0%。在中央八项规定政策精神指示下，南昌商务会务活动大量减少，五星、四星级酒店入住率不到50%，住宿业实现零售额12.87亿元，比上年减少0.42%；中高端餐饮消费急剧下滑，但大众、特色餐饮发展强劲，市场消费旺盛，餐饮业总体实现零售额124.37亿元，比上年增长14.59%。

住宿业

【概况】　2013年，南昌高端酒店入住率急剧下降，入住率未过50%。但连锁经济型酒店受市场欢迎，在南昌发展迅速。城市便捷酒店入驻南昌市，提升了南昌经济型酒店的品质。在节俭环境下，适合异地商务人士在南昌办公的短租公寓逐渐兴起。

【高端酒店入住率急剧下降】　2013年，南昌四星、五星级酒店的入住率在40%—50%之间，几乎全部处于亏损状态。至年底，共有8家五星级酒店：江西宾馆、南昌凯莱大饭店、南昌嘉莱特和平国际酒店、江西锦峰大酒店、江西泰耐克国际大酒店、南昌力高皇冠假日酒店、南昌东方豪景花园酒店、南昌园中源大酒店。作为省会城市南昌的高端酒店可谓稀缺，但当年入住率却出现急剧下滑。一方面，商务会务差旅活动大幅减少，即使有必要的活动，公务企业人员的费用也以节约形式进行开支。另一方面，南昌的快捷经济式连锁酒店迅速发展，7天连锁酒店、永生现代连锁酒店、锦江之星酒店、如家快捷酒店、汉庭酒店在南昌发展迅速，以成本低、覆盖面广等特点快速挤占了三星、四星级酒店的空间。全国连锁企业有整套预定系统，顾客对此类品牌的忠诚度更高，推行会员制，一张卡全国通用，会员享受折扣优惠等，对于公务出差人员，经济型酒店几乎成了不二选择。

【城市便捷酒店进驻南昌】　2013年6月，中国精品快捷连锁酒店开创者，中国快捷连锁酒店十强品牌——城市便捷酒店进入南昌市。该酒店坐落于南昌火车站旁的洛阳路。作为经济型酒店的升级品，精品快捷酒店同时在产品功能和性能上要求符合国际经济型酒店形象标准，是一种服务规范、性价比高的现代经济型酒店新业态，产品精致化、风格时尚化、功能智能化和服务人文化的精品快捷酒店已成为经济型酒店连锁发展的新动力，以适应现代消费者的心理预期。精品快捷酒店入驻南昌市，将会提升南昌经济型酒店的整体品质和服务水平。

【短租公寓兴起】　2013年，南昌短租公寓的兴起打破了客居服务市场的单一格局。短租公寓整合城市住宅资源与酒店服务理念，他为在南昌工作的异地人士和旅游人士提供物超所值的居住服务，既享受到星级酒店的品质，又感受到家一般的舒适。南昌短租公寓较多集中在拥有酒店式管理的小区内，独立空间，免受打扰，价格低廉，交通方便，设施齐全。客户只需拎着包入住，不管住多久，不需要配备更多的东西；完全没有人打扰，可自己做饭，感受到的是一种家的温馨舒适。居住费比同档次的星级酒店便宜70%左右，在享受高品质居住环境的同时，能最大限度地节省开支。

（周轶斌）

餐饮业

【概况】　2013年，在中央八项规定和“厉行节约，反对浪费”的政策精神指示下，在新的消费环境下，南昌中高端餐饮企业销售急剧下降，一部分高端餐饮企业变身为中低档经营；餐饮市场呈现出奢侈菜肴无生存空间、节俭蔚然成风，自助式餐饮消费流行、受宠的态势。高端餐饮遇冷；大众餐饮迎来发展契机，势头强劲，销售平稳增长。品质餐饮丰富南昌餐饮市场，哈根达斯、星巴克、品牌蛋糕店门店不断增加。樟树林餐饮美食街被认定为2013年度江西省美食特色街。

【南昌市餐饮（烹饪）行业协会新春联席会】　2013年2月21日，南昌市餐饮（烹饪）行业协会在乐化中盛山庄召开南昌市餐饮企业家2013年新春联席会议。会议由南昌市餐饮（烹饪）行业协会会长涂立波主持，协会名誉会长汪声瑜，副会长周明、冯小燕，副秘书长徐树发、张志明等出席会议。南昌市餐饮企业家共50余人参加。会议指出，当前餐饮行业面临到一些困境，尤其是中央遏制公款消费的规定出台以后，一些中高端的酒楼、酒店甚至饭店宾馆、同时包括餐饮行业相关的一些产业链、供应商等都受到一定的影响，面临这些问题和困难。南昌市餐饮企业家们在积极响应中央号召的同时，要积极面对问题、转变经营理念、拓宽经营思路，要加强沟通、积极交流信息，形成合力，共同推进南昌市餐饮行业的发展。会上，餐饮企业家们积极发言，总结汇报了春节期间各自企业的经营情况，并就餐饮企业如何转变经营理念、引导顾客消费、避免食物浪费等问题分享各自心得并进行热烈的讨论。

【春节期间餐饮市场节俭成风】　2013年，在全国掀起“厉行节约，反对浪费”活动的高潮中，节俭用餐蔚然成风，春节期间南昌市大中型餐饮酒家销售出现较大幅度下降，价格低廉的大众餐饮酒店实现销售增长。据对南昌市部分大中型餐饮酒家春节期间销售情况的统计，21家餐饮企业春节期间销售额为1070.5万元，上年同期销售1412.6万元，同比下降24.2%。其中,6家高端餐饮企业春节期间销售额为499.9万元,上年同期销售622.9万元,下降19.7%;6家中端餐饮企业春节销售260.7万元,上年同期销售301.8万元,下降13.6%;春节期间5家宾馆的餐饮业务仅为148万元,上年同期销售350万元,下降57%以上;个别五星级酒店餐饮甚至首次出现春节歇业现象。价格低廉的大众餐饮酒店,以年夜饭、婚宴、亲友聚餐为主打业务,吸引大量消费群体。南昌有代表性的4家大众餐饮企业春节销售额同比增长15.9%。休闲餐饮市场精彩纷呈,万达广场等商业体的美食广场和品牌餐饮生意兴隆,出现不同程度排队候餐现象。不少餐饮企业在春节长假期间,推出"半份菜""小份菜""拼盘菜"和免费提供打包盒等服务,吸引更多消费者,扩大自身市场份额。

【第三届中国辣文化美食节在南昌市举办】 2013年3月29日,由中国饭店协会、江西省烹饪餐饮饭店行业协会、南昌市商业贸易委员会、南昌市青云谱区政府联合主办的"2013年南昌·第三届中国辣文化美食节"在青云谱区举行。第三届中国辣文化美食节着力推广辣味美食,发展大众餐饮,推动行业技术进步,培育大众喜爱的餐饮品牌。中国辣文化美食节主要由餐饮业专业展示展评、中华辣神烹饪大赛、"中华厨艺绝技"表演、中部六省餐饮业交流、中国赣菜文化展示馆开馆仪式、餐饮业创新发展高峰论坛、美食嘉年华等10项活动组成。依据国家评审标准,经评审委员会和专家评审认定,第三届中国辣文化美食节组委会授予李胜华等3人"中国辣厨"大赛"中国辣神"称号,金群辉等6人荣获"中国辣王"称号,熊焕扶等9人荣获"中华辣厨"称号。评出"中国金牌婚宴""中国金牌商务宴""中国金牌特色宴""中国百佳农家乐""最佳辣味小吃"等共计20项荣誉奖项。

【餐饮业奢侈菜肴淡出】 2013年,以赣江新天地美食街为代表的南昌高档餐饮企业生意一度低迷,在市场新需求环境下,南昌高端餐饮业的菜单悄然发生变化,"燕鲍翅参"等奢侈菜肴已难觅踪影。位于赣江新天地的一家高档餐饮场所,原主营燕鲍翅参等高档海鲜及菜品,进入2013年不久,这家经营2年有余的餐饮企业进行调整,"燕鲍翅参"等高档海鲜取消,不再卖上百元的菜,开始面向普通消费者。赣江新天地的另一家高档酒店,往年煲仔鱼翅一个月能卖出8000余份;咖喱蟹往年188元一只,也是供不应求,2013年因无人问津而退出菜谱。在南昌以"贵族"档次著称的刀鱼,往年在南昌高档酒店备受顾客青睐,3月起,这些酒店菜单均没有这道菜。南昌1家以经营海参鲍鱼为主的高档酒店,往年一份海参鲍鱼卖300余元至600元不等,消费者络绎不绝,2013年开始顾客有意回避,导致该店人气不佳。随着餐饮市场的需求变化,南昌许多高档酒店及时调整业务和经营方向。过去这些高档酒店的人均消费为400—500元,高峰时期甚至可达1000元,但2013年只有100元左右,有的酒店放下身架开展团购活动,许多酒店也可办到每桌1000元左右的婚宴。

【中高档餐饮十月黄金月收入历年来首降】 2013年,南昌中高档餐饮企业营业额同比下降超三成,历年同期从未有过。金秋十月历来是餐饮业最为繁忙的月份,大量的婚宴订单足以让各大餐饮企业手忙脚乱。这样火热的场景在2013年却出现"大逆转",不少餐饮企业甚至选择在"黄金月"停业装修、关门歇业。虽然餐饮企业抓住假日商机,延长营业时间,以打折、赠送、返券的形式吸引消费者,依然改变不了冷淡的景象。位于红谷滩新区的赣江新天地美食街30余家中高档餐饮店更是冷清,这里的酒店曾经每天营业收入几十万元,现在好的不过几千元,只是勉强维持,甚至是亏本经营,陆续有五六家酒店息业关门。市商贸委监测数据显示,黄金周期间,市区中心名人大酒店、菜肴故事等12家餐饮企业总营业额410.95万元,同比下降30.41%。其中,南昌金品轩酒店、锦绣福楼等8家中高档餐饮企业营业额下降40.03%;菜肴故事京东店、南昌西湖民间饭庄等4家大众餐饮企业下降4.75%。南昌中高档餐饮企业在经过寒冬般的黄金月后,在新的餐饮市场环境下,许多企业逐步调整经营方向,向中低档餐饮转型,以此求生存,图发展。走"亲民化、节约化、养生化"的经营理念成为餐饮业发展的出路。

【大众餐饮发展强劲】 2013年,南昌市餐饮市场呈现"健康理性消费、反对铺张浪费"的良好氛围,大众餐饮逐渐成主流,南昌市餐饮市场总体处于平稳温和趋势。中央出台八项规定后,高端餐饮营销下滑超过50%,高端餐饮市场在转型与调整中趋于理性,大部分高端餐饮企业逐渐向中低端转型,独一处、半岛港湾、阳光春天等高档酒店以市场为导向,推出高中低兼顾的多档次、多款式消费品种,降低售价、改善服务。大众餐饮、特色餐饮、休闲餐饮、城市综合体和农家乐餐饮持续快速发展,但与往年相比,增速趋缓,菜肴故事、藜蒿炒腊肉、吃香喝辣等大众消费型企业仍然发展连锁经营。特色餐饮、休闲餐饮、商圈餐饮发展迅速。以80后、90后为主体消费群,开发中、西式餐饮混合型特色经营,亚马逊国际自助百汇、盛焰铁板烧等吸引一批又一批年轻消费者。传统餐饮企业形式变化多样,柴米油盐、红牛春天、菜肴

2013年3月29日,"2013年南昌·第三届中国辣文化美食节"在南昌市青云谱区举行

故事、一觉渔味、川香渔府等一批市场享有盛誉的餐饮企业先后入驻万达广场、世茂广场等大型商圈,研发适合家庭、亲友小型温馨聚会的主题餐饮,注重细分市场、差异化经营。随着信息技术水平的不断创新提高,微博、点评网站、微信等互联网餐饮营销平台的给力,为消费者带来多元化的用餐体验,促进南昌大众餐饮消费保持增长。

【"自助盒饭"快餐流行】 2013年,南昌"自助盒饭"快餐店逐渐流行,以菜量称重计价的方式:0.9元一两,称重计价;米饭一元,不限量(店内用餐)。大多数以往以定价选菜方式(八元一荤二素、十元二荤一素等)的快餐店渐渐转变成"自助盒饭"快餐店:这些"自助盒饭"快餐店遍布各大众密集街区,平均面积约80平方米,店内选菜厨柜上放着盛放20余个菜品的菜盆,摆成一排,纯荤、纯素、荤素搭配等20余个品种的热炒和几种凉拌小菜盛放于菜盆中,顾客自己拿着饭盒和夹子在选菜区自己挑选喜欢的菜品,然后把饭盒放在电子秤上,老板负责守着电子秤,一边称重,一边收钱。"自助盒饭"快餐的优势在于可以让消费者自由选取菜品,与点菜就餐相比,消费者的选择面更广;消费者可以根据自己的用量选取菜量,不会造成浪费;再有方便之处的就是基本不用等。快捷、方便、不浪费的好处让"自助盒饭"快餐在南昌流行。

【南昌餐厅"自助"受宠】 2013年,自助餐已成为南昌人喜欢的集体行为之一。能在最短时间和有限空间里尝尽各式美食。自助餐已成为南昌星级酒店配套餐厅的"标配",南昌精明餐饮业主纷纷向"自助"靠拢,巧妙嫁接传统与潮流。商务、公务多选择自助餐方式,南昌自助餐饮更加受宠,节假日大众自助餐厅消费者更是络绎不绝。

【打造"文明餐桌"行动】 2013年7月,市文明办、市创建办打造南昌市城区首批8条重点"文明餐桌"一条街。"文明餐桌"是南昌市倡导的一项文明活动,主要内容包括要求在餐饮店、学校食堂入口摆设"文明用餐、以俭养德"告示牌。在餐厅内悬挂"谁知盘中餐,粒粒皆辛苦"等主题宣传标识,并公示"三不

2013年2月23日,东湖区组织辖区居民在樟树林文化生活公园举行闹元宵系列活动

四主动"承诺:不用地沟油,不滥用添加剂,不用变质食品;主动提醒顾客吃多少点多少,主动提醒顾客使用公筷公勺,主动提醒顾客可以免费打包,主动提醒顾客喝酒不开车。在每张餐桌上统一摆放"文明用餐、节俭惜福"的牌子等。南昌市首批"文明餐桌"一条街包括:东湖区的福州路(人民公园门口—二七北路口)、西湖区的金塔西街(前进路—抚河南路)、青云谱区的沿江南路(抚河南路与建设路连接点—抚河南路灌婴广场)、青山湖区的京东香港小餐饮街(南京东路与高新大道交汇口)、红谷滩新区的红谷凯旋商业街、高新区的火炬二路、湾里区的工农路、经开区的枫庐新天地一条街。在重点打造"文明餐桌"一条街的基础上,年内在全市所有酒店餐饮企业和单位食堂全面推广"文明餐桌"行动。

【品牌蛋糕店发展迅速】 2013年,南昌品牌蛋糕店发展迅速,市区新增20余家。至年底,南昌市区品牌蛋糕店达90余家。其中,东湖区最多,约占50%,西湖区次之,青山湖区和红谷滩新区相对稍少。除了本地品牌的乔家栅外,大部分为外来品牌,如卡拉多、好利来、元祖、罗莎、雪贝尔等。这些品牌蛋糕店环境幽雅、干净整洁、品种丰富、产品精美、服务热情。市区多家蛋糕店,在母亲节当天的中午时分蛋糕就已经脱销。此后的父亲节,南昌蛋糕店的生意,同样出现卖到脱销的景象。

【樟树林餐饮美食街被认定为江西省美食特色街】 2013年,由市商贸委初审推荐的南昌市樟树林餐饮美食街,被省商务厅认定为2013年度江西省美食特色街。至年底,樟树林餐饮美食街共有餐饮企业38家,营业面积2.6万平方米,餐位数9000个,日均人流量6000人,日营业额约80万元。美食街内餐饮业态中西合璧、档次俱全、品味独到、各具特色,形成三条有口皆碑的美食风景线。佘山路美食,主要服务于大众及商旅人群的大中型餐饮组团,有民间河鲜坊、川锅一号、黄记煌及鱼香汇;味旅异域酒吧,由便利消费者放松心情、交友沟通的8家异域风情的复合型酒吧餐厅组成,这里日间提供不同地域的简餐,夜间变为休闲的静吧;大火车美食,樟树林广场引入两节火车车厢,以火车记忆文化为内涵,15家经营特色小吃的商家作为乘务员,为大众在露天广场提供海鲜、烧烤与地方名吃等美味。省商务厅对南昌市餐饮美食街的认定将推动樟树林餐饮美食街乃至南昌市餐饮行业品质、服务、特色的进一步提升。

(周轶斌)

旅　游　业

本栏编辑　揭淑琴

概　述

【概况】　2013年，南昌市滕王阁、小平小道扩建工程、北纬30度主题乐园等项目建设快速推进；AAAA级景区已达6家，AAA级景区9家，乡村旅游和特色旅游景点79家；南昌都市圈国民旅游休闲年票开始发行。共接待国内游客3282.16万人次，比上年增长30.3%；接待入境游客20.18万人次，增长9.4%。实现国内旅游收入271.99亿元，增长36.9%；旅游创汇6389.73万美元，增长20.6%；实现旅游综合收入275.95亿元，增长36.6%。至年底，全市拥有星级宾馆（饭店）58家；拥有旅行社229家，其中出境组团社28家。

旅游管理

【概况】　2013年，市委、市政府高度重视，科学统领旅游业发展，坚持政策引导，高位推动，整合资源，加快建设，彰显特色，创建品牌，促进南昌旅游产业科学可持续发展。

【全市旅游工作会议召开】　2013年4月26日，全市旅游工作会议在市政府小礼堂召开。副市长张根水出席并讲话，各县区、市直相关部门、旅游企业负责人140余人参加。会议总结2012年全市旅游工作，部署2013年全市旅游工作任务。会议要求各地围绕市委、市政府的总体部署，紧紧抓住旅游业发展的历史机遇，面对严峻挑战，扎实开展工作，为南昌打造核心增长极做出积极的贡献。

【加大政策扶持力度】　2013年，市政府把发展旅游业纳入政府工作体系，先后出台《关于加快南昌旅游产业大市建设的若干意见》《南昌市旅游产业发展资金使用管理办法》《关于加快发展休闲农业、森林旅游、乡村旅游的意见》等一系列文件；为促进旅游业驶入“快车道”，市政府投入旅游专项资金的力度超前，每年从基本建设投资计划及重大重点项目投融资计划中安排的旅游经费大幅度递增，由2003年的200万元到2012年的3600万元，2013年追加到5000万元，成为全省扶持旅游业发展力度最大的设区市。

【贯彻《关于推进旅游强省建设的意见》】　2013年10月下旬，为全面贯彻落实省委、省政府《关于推进旅游强省建设的意见》文件精神，组织旅游行业人员认真学习文件精神，多次开展专题讨论，组织相关人员代拟文件，在征求县（区）政府、旅游局、市直相关部门、重点旅游企业、部分人大代表、政协委员的建议与意见基础上形成《关于加快推进旅游强市建设的实施意见（征求意见稿）》，呈报市政府审定。

【推动旅游项目建设】　2013年，加快推动十大旅游项目建设：一是万达文化旅游产业城项目。万达文化旅游产业城项目是一个集文化、旅游、休闲、商贸为一体的现代城市文化旅游城项目，占地面积约288.8公顷，建筑规模约466万平方米，总投资400亿元。该项目于6月18日正式动工，被列入2013年江西省十大重点项目，是南昌市有史以来最大的旅游建设项目。二是鄱阳湖南矶湿地生态旅游区开发建设项目。按照“一流的湿地，一流的保护，一流的开发”的原则，重点推进南矶湿地生态旅游区项目，精心打造南矶湿地生态旅游区。为推动项目加快建设，成立由副市长为组长，市政府副秘书长、市发改委主任、市旅游局局长和市林业局局长为副组长，市政府各相关部门负责人为成员的规划编制领导小组，负责规划编制工作。至年底，鄱阳湖南矶湿地旅游发展规划编制专家组已经开始规划编制工作。三是滕王阁扩建项目。按照国家AAAAA级景区标准，精心打造滕王阁景区。项目规划面积约4平方千米，以现有滕王阁景区为核心，向东（通）、南（扩）、西（连）、北（延）四个方向拓展，使滕王阁景区东到胜利路、南抵中山西路、西达秋水广场和赣江市民公园、北接八一桥，形成大滕王阁旅游区格局。项目分二、三期进行，二期项目为北延工程，至年底工程仍在进行中。三期工程正就拆迁事宜与有关部门协商。四是“小平小道”扩建项目。按照全国爱国主义教育基地及国家AAAAA级旅游景区标准，着力打造小平小道景区。成立由常务副市长为组长、市分管领导为副组长、相关部门为成员单位的推进协调小组。至年底，该项目修建性详规已获批准，全部扩建工程预计2014年6月竣工。五是梅岭景区综合开发项目。加快推进四季花谷项目建设，扎实推动洗药湖山庄酒店二期工程，抓紧实施长春湖、天净湖等景区项目；重点推动梅岭竹海AAAA级创建，四季花谷植物馆、养生谷、大型主题化休闲娱乐公园、高端休闲度假接待中心、旅游基础设施及生态保护等，完善梅岭风景区服务功能。六是天香园改造提升项目。围绕“候鸟天堂”这一主题，完善景区规划，以“都市候鸟栖息地”为依托，以“候鸟文化与艺术”为扩展，实现“人与鸟共融”的和谐环境；完善景区配套设施，建设集“生态科普、文化博览、休闲游憩”等功能于一体的世界级都市候鸟公园，打响“都市候鸟”品牌。七是象湖水上旅游开发项目。依托八大山人深厚的文化底蕴，充分发挥两湖的优势，打通两湖的水上通道，实现资源共享，打造象湖、梅湖水上游。八是北纬30度建设项目。该项目坐落在银三角的“北纬30度”，占地面积63.33公顷，总投资约14亿元。项目以“世界未解之谜”为主题，将科普知识与游乐体验完美结合，为全国最新的第五代主题乐园，并计划将其打造成为全国青少年科普基地。九是宗教旅游项目。抓好西山万寿宫改造完善和普贤寺重建工作，充分考虑旅游元素，完善旅游配套设施，让宗教场所成为吸引游客的景区。西山万寿宫在江西人的文化中占据着非常重要的地位，是江右商帮的标志。万寿宫文化也是赣文化的一个重要组成部分，是中国古代会馆文化的代表。普贤寺始建于公元400年，至今1600余年历史，历史文化底蕴深厚，是佛教禅宗的重要祖庭之一，有“洪都第一山寺”之称。十是旅游集散中心综合体项目。拟建以红角洲国体中心为核心，集旅游散客换乘、信息咨询、出行服务、质量投诉、产品展示等功能为一体的南昌旅游集散中心综合体。

【打造乡村、特色旅游景区(点)】 2013年，南昌市加大对乡村旅游设施建设项目支持力度，扶持引导乡村旅游点进行改造提升，争创A级品牌，不断完善相关设施和功能，提升管理和服务水平，促进全市乡村旅游朝规范化、标准化、品牌化、规模化方向发展。至年底，南昌市授牌乡村旅游点85家。同时，将城区景区纳入旅游管理范围，进一步完善旅游基础设施建设，规范行业管理，提升旅游产业素质。在对市区旅游资源进行调查基础上，开展两批特色旅游景区点命名工作，为樟树林等8个景区(点)授牌，并且参照乡村旅游的补助标准，对特色旅游景区点设施建设进行补助。

【创建旅游品牌】 2013年，南昌市旅游业坚持以优质服务为主导，从游客的实际出发，认真抓好品牌创建，创评AAA级景区3家。至年底，全市AAAA级景区6家，AAA级景区12家。审核设立15家旅行社，注销3家旅行社，保证了旅游市场秩序的健康发展。全市共有旅行社(含分社)229家，其中出境旅行社28家。全年评定四星级饭店1家，评定五星级饭店1家。共有星级饭店58家，其中五星级8家、四星级23家、三星级23家、二星级4家。客房1.1万余间，床位1.7万个，从业人员6000余人。

【发行“南昌都市圈国民旅游休闲年票”】 2013年，结合省委、省政府打造“核心增长极”和旅游强省实施意见，实施“南昌一小时经济圈”和“一圈两化”的战略决策，积极协调各景区及周边县市的景区加入“南昌都市圈国民旅游休闲年票”。至年底，年票已经发售，高安市、奉新县、靖安县、武陵县、永修县、资溪县、星子县等县市均有景区加盟，加盟景区共34家。34家加盟景区有南昌的，还有九江、抚州的，分别是滕王阁、天香园、狮子峰、凤凰沟、绳金塔、小平小道、厚田沙漠、象山森林公园、西湖李村、安义古村、梅岭主峰、洪崖丹井、紫清山、神龙潭、长春湖、西山万寿宫、汪山土库、梦山、仙游谷、西海龙山、桃花溪仙女峡、凤凰山桃花园、云居山、吴城镇、神雾山、金沙滩、武陵奇峡、白水洞、贾家古村、白莲山庄、江西大觉山、桃花源、点将台、观音桥等。

【宣传贯彻《中华人民共和国旅游法》】 2013年9月23日，南昌市在七星商务酒店，召开旅游法宣传、贯彻会，省旅游局有关处领导及相关旅游企业负责人300余人参加。会议学习宣传贯彻落实《中华人民共和国旅游法》的有关文件精神，对相关工作进行了专门布置。会上，邀请山东恒盛德律师事务所主任、律师朱江作题为《规范经营、防范风险》——学习《中华人民共和国旅游法》专题讲座。同时联合江西省旅游协会在《江西晨报》上连续刊登《中华人民共和国旅游法》，加大对旅游法的宣传力度。

【开展简政放权工作】 2013年，根据《南昌市人民政府关于深化第八轮行政审批制度改革全面简政放权的决定》，按照《南昌市旅游局行政审批事项下放工作方案》的部署，将“旅行社、服务网点备案登记”事项下放给各县区(开发区、新区)旅游部门，与县区(开发区、新区)旅游部门进行对接，确定承接单位、承接科室、责任领导及责任人。

【严格旅游市场监管】 2013年，一是加大旅游市场检查力度。全年共处理有效投诉51件，投诉解决率100%，为游客挽回经济损失20万余元；接听各种咨询电话800余个。“黄金周”期间联合电台、报社等媒体开展旅游咨询及友情提示。在受理的南昌国旅游客泰国旅游受伤案件中，游客得到16万元赔偿，是历年来处理单人旅游赔偿金额最大的一次，切实维护了游客的利益。二是加强导游人员管理。开展导游市场专项整治月活动，规范导游从业行为，编印《导游派团单》，免费发放给旅行社，杜绝导游私自带团现象。三是开展旅游市场经营秩序的整顿。对江西神州、南昌红土地、江西青悠南昌分社等多家旅行社负责人进行约谈，规范旅游广告的发布和宣传。协助省旅游局查处由国家旅游局督办的“关于南昌国际旅行社和深圳市国际旅行社江西分公司涉嫌违规经营”的投诉举报，查处“南昌和平国际旅行社”的违规经营行为。四是开展星级饭店年度复核工作。全市抽查复核14家星级饭店，北京宾馆被注销星级。东方豪景花园酒店获得全省经营业绩二十佳旅游星级饭店称号。南昌运通旅行社、江西好心情旅行社、南昌旅游集散中心等8家旅行社(不含省直)获得全省经营业绩二十佳旅行社称号。

【加强旅游队伍建设】 2013年，完成导游人员年审培训考核工作、全国导游资格证考试报名工作、对新申办IC卡导游证的导游员进行岗前培训工作；完成推荐“江西省金牌讲解班优秀专家和师资人员”候选人工作；推荐“全国模范导游员和全国优秀导游员”候选人参加评选表彰；开展旅游应用型人才合作培训工作；做好新申办导游员IC卡导游证信息录入工作；完成“南昌旅游资讯网”改版后正式上线运营；组织各县(区)旅游局分管信息化工作的领导及部分旅游景区(点)、旅行社代表参加2013年中国(宜春)旅游电子商务大会暨首届在线旅游合作推进会；开通“携程网”认证官网主页；与“中天广告”积极对接，推动“旅游触摸屏”项目工作。

(陈　震)

旅游推介

【概况】 2013年，全市旅游宣传注重区域合作和城市营销，充分利用各种媒介、会展平台和交流活动，广泛开展南昌旅游资源推广、推介，努力打造旅游节庆品牌，扩大南昌旅游知名度和影响力。

【利用各类媒介宣传推介】 2013年，继续在央视投播南昌旅游形象宣传广告，宣传南昌旅游形象，提升南昌旅游知名度和美誉度；参与省局《你好，中国》江西篇旅游文化片编播，在俄罗斯电视、平面、广播、网络等主流媒体正式播出，扩大南昌旅游在俄罗斯市场的影响力；开展“乐游南昌”南昌首部旅游微电影系列活动，进一步推广南昌城市旅游新形象；4月，全面启动“2013年南昌旅游风光摄影大赛”，利用《江西晨报》、《南昌晚报》、大江网等新闻平台，发布“2013年南昌旅游风光摄影大赛”信息，全面征集作品；7月8—9日，完成省旅游局“SHOW美江西·风景独好”全球海选旅游体验师南昌部分协调安排工作；印刷南昌旅游宣传折页，并分发到南昌各大星级酒店。

【组织参加大型旅游展会】 2013年，组织旅游企业参加“2013年中国国内旅游交易会”“中部六省旅游博览会”“2013年台北两岸观光博览会”“2013年赣港经贸合作活动”及“美丽中国·秀美江西”(北京)旅游活动周、“2013年中国国际旅游交易会”、“江西风景独好”(西安)旅游活动周等大型旅游会展活动,宣传南昌旅游资源,提升南昌旅游知名度和影响力。

【鼓励旅游商品研发】 2013年,组织旅游商品企业参加“2013中国国际商品博览会”,进贤县周信兴精微艺术馆选送的香管香套毛笔(鸳鸯/情侣笔),荣获铜奖。积极组织旅游企业参加“2013年江西旅游商品展销会”“2013年江西旅游纪念品大赛”,南昌市选送的40件作品中9件作品获奖,其中2件作品荣获一等奖、5件作品荣获二等奖、2件作品荣获三等奖。开展2013年南昌优秀旅游纪念品评选活动,评选出“南昌十佳优秀旅游纪念品”,每个奖励2万元,鼓励旅游纪念品企业多生产富有南昌特色的、适销对路的旅游纪念品。

【推进旅游区域合作】 2013年,完成武夷山、惠州、赣西、浏阳、广佛肇等地到南昌市举办旅游推介会的协调安排工作;组织参加在福州市举行的2013年闽浙赣皖福州经济协作区旅游专场推介会活动;参加在武汉市举办的长江中游城市群4省会城市旅游合作会商会、“美丽中三角,我的家乡我的城”2013年中国旅游日主题活动;5月19日,在南昌市八一广场举办“美丽中三角,我的家乡我的城”2013年中国旅游日南昌宣传活动;协助嘉兴市举办“2013年中国(嘉兴)红船旅游节”活动;“中三角”的武汉、长沙、合肥、南昌四省会城市在北京联合举办“美丽中三角,我的家乡我的城”(北京)旅游推介会;9月下旬,借助向莆铁路开通的契机,联合九江市、抚州市、永修县、靖安县、庐山西海旅游局赴福建三明、福州、泉州、厦门等地开展“南昌都市圈,风景这边独好”旅游推介活动。

【打造旅游节庆品牌】 2013年,举办第二届安义金花旅游文化节,为期40天,共有八大主题活动,吸引众多游客市民参与。举办“樱为爱情”2013年江西黄马凤凰沟第六届南昌樱花节,吸引省内外数千名游客前来观赏。在安义举办“中国·南昌第五届杨梅旅游文化节”,推出包括杨梅王擂台赛、百名游客品梅赛、安义风情摄影大赛、杨梅之夜篝火晚会、南昌乡村旅游发展讲座、畅游梅园等一系列丰富多彩的活动。

(陈　震)

旅游经营

【概况】 2013年,南昌旅游集团公司围绕“创新”“改革”“聚焦”“作风”八字做文章,努力克服旅游行业阶段性政策因素影响,大力开拓业务板块,积极开拓营销渠道,努力创新活动载体,先后举办“‘金圣滕王阁’元宵灯谜”“唐风‘诵’韵古阁情”“秀美南昌·聚焦滕王阁”“随手拍”“五一寻宝欢乐游”等活动,极大地提高了旅游人气,实现营业收入1.48亿元,比上年增长70%,完成全年目标任务的155.79%。

【举办第六届沙雕文化艺术节】 2013年10月1—7日,厚田沙漠景区举办第六届沙雕文化艺术节。本届沙雕文化艺术节以中国梦为主题,展出神十、辽宁舰、美人鱼、变形金刚、喜洋洋与灰太狼等5座大型组合沙雕。同时,为烘托沙雕文化艺术节的氛围,厚田沙漠景区推出啤酒节、帐篷节、风筝节、电影节等一系列活动,累计吸引1.1万名游客参加。

【启动“唐风‘诵’韵古阁情”系列主题活动】 2013年4月29日始,滕王阁景区启动为期2个月的“唐风‘诵’韵古阁情”系列主题活动,游客通过背诵《滕王阁序》免费参观滕王阁景区。本次活动旨在引导游客了解滕王阁的文化根源,扩大滕王阁知名度。活动举办期间,累计有7000余名游客通过参与活动获得免费门票,新华社及《人民日报》《新京报》《江西日报》《沈阳晚报》《江南都市报》《信息日报》《江西晨报》《南昌日报》等数十家主流平面媒体,江西卫视、四川卫视等十余家电视台,新浪、搜狐、腾讯、网易等近百家网站全方位关注,《人民日报》、人民网、新华视点、新浪旅游等数千个新浪官方微博账号对活动进行重点追踪报道,网络点击量达亿次。

【举办第三届“闹元宵,猜灯谜”有奖竞猜活动】 2013年2月9—24日,滕王阁景区举办第三届“迎新春、闹元宵、猜灯谜”有奖竞猜活动。本次活动以“红红火火滕王阁、热热闹闹过新年”为主题,特邀南昌灯谜协会精心制作数千条滕王阁专属灯谜。活动期间,滕王阁景区压江、挹翠亭两边的回廊以及园区悬挂几百只大红灯笼,滕王阁官方微博推出“春节习俗”等春节祝福系列微博,向全球华人献上新春美好的祝福。

【开展“秀美南昌·聚焦滕王阁”大学生随手拍活动】 2013年5—6月,滕王阁景区与乐客在线合作开展“秀美南昌·聚焦滕王阁”大学生随手拍活动。本次活动以“拍摄滕王阁魅力风采,传播赣鄱历史人文,强化当代大学生历史文化教育”为宗旨,参加对象为大学生,活动方式是大学生参观滕王阁时,拍下以滕王阁为主题的照片,上传至《南昌晚报》的官方网站乐客在线,上传照片截止日期为6月18日。6月19—25日,乐客在线举行“秀美南昌·聚焦滕王阁”大学生随手拍网络投票,决出前16名最高人气照片,由南昌市摄影协会专家评审确定最终名次。

【举办南昌少儿国际象棋推广活动嘉年华活动】 2013年11月23日,国际象棋世界冠军、国际象棋特级大师谢军到江南名楼滕王阁,参加1对100人车轮赛暨南昌少儿国际象棋推广活动嘉年华活动。本次活动由滕王阁管理处、南昌市棋类协会主办,南昌福豪国际象棋俱乐部、滕王阁青霜茶轩承办。活动期间,还举办国际象棋真人秀,大学生、小朋友和家长们在棋盘上分别扮演国际象棋中的“王”“后”“车”“象”“马”“兵”6种角色,在超大型的棋盘上演出国际象棋攻防演练。

【举办“神秘夏令营、欢乐沙漠游”活动】 2013年7月2—16日,厚田沙漠景区举办“神秘夏令营、欢乐沙漠游”活动,邀请海、陆、空、武警退役士官现场执教,通过娱乐、科普、军训一体化的夏令营活动,培养队员们吃苦耐劳、独立自主、团队合作的综合素质,让孩子们度过一个欢乐而有意义的暑期生活。

【扩大旅游市场营销】 2013年,围绕旅游产品、销售渠道、推介促销策略、媒体宣传等做好营销文章。一是做好产品文章,加强与旅游同业横向合作,推出韩国与泰国包机旅游、福建“泰宁—金饶山”特惠游等境内外旅游产品。二是做好销售渠道文章,建立旅行社跟踪服务体系,定期召开旅行社业务协作会和座谈会,巩固现有旅游市场,重点开拓中部地区旅游市场;与福建自驾游协会、福建万里行旅游文化传媒有限公司积极对接旅游合作业务,进一步做大福建自驾游市场。三是做好推介促销文章,先后参与“美丽中三角,我的家乡我的城——

‘5·19’长江中游城市群四城惠游”“2013年中国中部六省旅游博览会”“2013年江西省旅游资源供应商大会”“2013年中国国内旅游交易会”“2013年美丽中国秀美江西’旅游活动周”“2013年台北旅展”等大型旅游推介会,打响南昌旅游集团及所属企业旅游品牌,进一步开拓旅游市场。四是做好媒体宣传文章。将节庆活动融入营销宣传中,加强与《江南都市报》、南昌FM96.9广播电台、驴妈妈网站、大江网、江西旅游资讯网、新浪微博、腾讯微博等媒体的宣传合作,“唐风‘诵’韵古阁情”等活动成为国内主流媒体跟踪热点,网络点击率达数亿次。

【拓展业务板块】 2013年,在不断扩大旅游市场同时,投资贸易、地产等行业,拓展集团业务,增加利润收益。一是发展投资贸易。紧紧抓住贸易轻资产、重收入的优势,开拓贸易业务,快速扩大企业营业收入,在完成集团财务战略谋划和完善融资条件的基础上,创造一块固定收益。二是进军游轮、游艇项目。发展旅游高端产品,建设南昌首个游轮码头,推出南昌首个水上夜游项目。三是推出专线游、包机游产品。集团旗下滕王阁旅行社抓住向莆铁路开通的有利契机,立足专线代理优势,将旅游专线产品延伸到整个福建省,成为南昌地区代理福建旅游产品的最大批发商。环球国旅在深入研究出境游市场的基础上,与航空公司合作,成功推出韩国、泰国等境外包机游。四是拓展旅游文化项目代建业务。成功争取到一江两岸灯光提升改造工程、陈云纪念园工程、南昌游轮码头工程、红谷滩中心区3.9平方千米的景观灯工程等旅游文化项目代建业务。五是投资地产项目。以合资加债权的方式投资丰城地产项目,拓展投资渠道,增强集团盈利能力。

(程　冬)

旅游资源开发

【概况】 2013年,南昌旅游集团公司以项目为带动,努力拓宽融资渠道,积极推进滕王阁景区扩建工程建设,努力丰富滕王阁景区旅游文化内涵,并成功代建一江两岸景观灯等旅游文化项目,提升南昌城市形象,为南昌树立起新的旅游名片。

【滕王阁景区扩建项目二期工程建设推进】 2013年,滕王阁景区扩建项目二期工程建设全面推进。东仿古街南段复建工程、广场双廊四亭工程快速推进,均已竣工验收并交付使用;景德镇精品陶瓷艺术馆项目与中国轻工业陶瓷研究所合作,成功打造江西省当前环境最好、规模最大、标准最高的陶瓷艺术展厅,完善滕王阁景区的旅游功能。二期工程加班加点,倒排进度,完成主体施工,2014年7月底将实现竣工并对游客开放。主楼文化品位改造提升项目按照打造“名楼出品、古色精品”的目标要求,精益求精,高标准规划设计,预计2014年春节后开工,用半年的时间将滕王阁打造成体现“唐风宋韵”特色、展示丰厚文化的经典名楼。滕王阁扩建工程三期方案着重长远,立足现状,高位推动,科学规划东、南、西、北改扩建。

【打造一江两岸景观灯工程】 2013年12月26日,省市主要领导视察一江两岸景观灯工程。该工程总长8千米,总投资约2.5亿元,用主控平台统一控制,可以切换不同场景。工程规划设计由国际顶尖的景观灯光设计师、巴黎埃菲尔铁塔和卢浮宫的灯光设计者、欧洲照明协会的前主席路易·克莱尔与国内一流的灯光设计单位清华同衡规划设计院共同合作完成。整个景观灯工程借鉴香港、上海等城市滨江照明经验,贯彻“山水流明、古今相映”的设计理念,根据南昌地域环境特色以及赣江两岸建筑的特点,突出江西以“西山东水”为格局的绿色文化、以“滕阁秋风”为典型的古色文化、以摩天轮、双子塔为代表等的现代都市文化,用百余种光色,将历史与现代文化融入灯光效果中,打造出一幅绵延至江边的梦幻“动态画卷”。在设计思路上,策划落霞孤鹜、西山积翠、高山流水三个主题,在赣江西岸新城区,利用建筑物的高低不一、呈现山形的基础照明效果,设计无数只“飞鸟”如繁星般从江边腾空而起,形成“落霞与孤鹜齐飞”的场景;在东岸老城区,以滕王阁为核心展现南昌历史文化名城的特色,周边的高楼被特意设计成暗色调,从而突出滕王阁的暖黄色特点,使用射灯组成巨幅光帘来映衬滕王阁,呈现“时来风送滕王阁”的美景。此次一江两岸景观亮化提升工程充分体现节能环保的理念,节能产品在整个工程中的应用比例超过80%,LED灯采用的都是世界顶尖技术,芯片是由世界排名前四的公司授权南昌市使用。一个光源点最小能耗仅3瓦,最大仅25瓦。组成巨幅光帘以突出滕王阁的巨型入云光柱,每盏射灯能耗仅需70瓦。

【争取陈云纪念园项目】 2013年,南昌旅游集团争取到陈云纪念园项目。该项目位于昌南大道与青云谱路交叉口西北角地块内,工程总概算为1798.1万元,规划总用地面积2.03万平方米,总建筑面积1453.77平方米。其中主体纪念馆面积1078.05平方米,工程绿地面积约1.14万平方米,水域面积约766平方米,道路及场地铺装面积约6826.5平方米。主体纪念馆抗震设防类别为重点设防类,框架抗震等级为三级。

【滕王阁陶瓷艺术馆开馆】 2013年11月8日,滕王阁陶瓷艺术馆(中国轻工业陶瓷研究所艺术中心南昌馆)正式开馆。该馆是由滕王阁景区与中国轻工业陶瓷研究所合作打造,位于江南名楼滕王阁主阁G层,面积约2000平方米,为江西省当前环境最好、规模最大、标准最高的陶瓷艺术展厅之一,也是陶瓷研究所唯一驻外分馆。整个艺术馆设有国家级大师展区、省级大师展区、中青年艺术家展区、仿古瓷展区、日用生活瓷展区5个展区,陈列有13个大类、数百个器型艺术作品,涵盖中国工艺美术大师王锡良、戴荣华、李峻等人各个时期的精品杰作,代表中国当代陶瓷艺术的最高水平。同时,滕王阁陶瓷艺术馆还设有大师创作室和贵宾接待厅,定期举办陶瓷艺术大师创作交流活动。滕王阁艺术馆的挂牌,为南昌的艺术爱好者和省内外游客带来了具有千年历史的景德镇陶瓷艺术,有利于宣传和弘扬中国陶瓷文化,展示中国博大精深的陶瓷艺术,提升滕王阁旅游文化品位。

【滕王阁景区标准化成果显著】 2013年,滕王阁景区标准化试点工作通过验收。向江西省质量技术监督局申报的《滕王阁景区编钟表演服务规范》《滕王阁景区楚调唐音歌吟表演服务规范》《滕王阁景区导游词规范》三项标准已成为江西省地方标准。建立一套适合企业发展的标准化体系,使景区管理步入长效化、标准化、科学化轨道。

(程　冬)

房　地　产　业

本栏编辑　揭淑琴

概　述

【概况】　2013年，南昌市继续做好南昌市房地产市场调控工作，切实加强预售资金监管，保持南昌市商品住房供需基本平衡；以整顿规范房地产市场秩序为重点，不断转变工作作风，强化房地产中介行业监管；抓好物业管理行业规范和安全生产等各项监管，推进物业管理行业走向秩序化、规范化的轨道；本着维护公共利益、保障被征收人的合法权益原则，规范有序开展国有土地上房屋征收与补偿工作；严格执行住房公积金强化归集、"控高保低"缴存政策规定，大力维护住房公积金缴存职工合法权益。

商品房开发建设

【概况】　2013年，在面对完成当年新建商品住房价格控制目标任务和实现房地产市场交易量稳步增长双重困难和挑战的情况下，南昌市商品房销售量、房地产税收双创历史新高。南昌市（含四县）房地产地税总收入完成95.58亿元，比上年增长50%，高出地税总收入增长值（22.36%）28个百分点，占全市地税总收入（238.22亿元）的40%，比上年提高了7个百分点；南昌市（含四县）商品房完成销售面积966.4万平方米，比上年增长12%。其中，全市商品住房销售78336套，增长16.77%；销售面积816.6万平方米，增长14.75%。

【加强政策调控】　2013年，南昌市出台《关于进一步做好房地产市场调控工作的意见》；下发《关于从严执行住房限购政策的通知》，将非南昌市户籍居民家庭在南昌市购买住房缴纳税收或社保证明年限由1年调整为2年。根据南昌市2012年城镇居民人均可支配收入实际增长速度，确定2013年南昌市新建住房价格控制目标，并按国务院要求及时向社会进行公布：2013年度南昌市新建商品住房价格增幅控制在南昌市当年城镇居民人均可支配收入的实际增幅以内。

【加强监测监管】　2013年，市房管局开发管理处每月召集当月商品住房销售排行榜前十位的房地产开发企业参加座谈会，掌握微观经济主体的开发经营情况。完成全年逐月的全市房地产市场运行情况报告。将于2014年1月1日起对新建商品房实行上市预报管理，从立项、报建、建设到销售环节全程动态监测房地产开发项目。同时，结合各房地产开发企业报送的项目建设和销售进度情况，及时、全面掌握南昌市新建商品房开发进度、市场供应情况和销售价格等，综合预判房地产市场走势，适时宏观调控。为贯彻落实国家关于房地产市场的宏观调控政策，继续做好南昌市房地产市场调控工作，切实加强预售资金监管，出台《南昌市新建商品房预售资金监管办法》。

【加强治理整顿】　2013年，为认真贯彻落实《国务院办公厅关于继续做好房地产市场调控工作的通知》精神，保持南昌市商品住房供需基本平衡，督促已拿地、未上市的商品房项目按期开工、尽快上市，形成有效供应。市房管局牵头组织市建委、市国土局、市规划局组成4个督导小组，对97宗市本级范围内、2010—2012年已出让但未上市的商品房用地进行调查摸底、检查督导。制订南昌市《房地产业开展非法集资活动风险排查工作实施方案》，以企业自查和主管部门排查相结合的方式开展南昌市房地产业非法集资活动风险排查工作。通过排查，摸清南昌市房地产开发行业的有关情况，未发现非法集资现象，确保房地产开发企业依法依规经营。为加强房地产开发企业动态监管，整顿规范房地产市场秩序，开展2013年度全市房地产开发企业监督检查工作，对经住建部或省住建厅审批、核发资质等级证书，并在有效期内的房地产开发企业进行监督检查。通过检查，对开发经营行为规范，资金、人员、业绩符合原资质条件的143家房地产开发企业，建议保留原有资质；对不符合原定资质条件的20家房地产开发企业予以降低资质等级。至年底，南昌市受理新申办房地产开发企业资质初审93件，受理资质延期、变更、升（降）级初审267件。

（李佳嘉）

房屋中介服务

【概况】　2013年，南昌市以整顿规范房地产市场秩序为重点，不断转变工作作风，强化房地产中介行业监管，进一步优化经济发展环境，提高服务水平。至年底，共办理资金托管1818件，其中中介托管1450件、个人托管368件；实现存量房网上备案2.59万件，其中中介登记1.73万件、占总量的66.8%。

【治理整顿房地产中介市场】　2013年，根据市政府《关于印发清理整顿市场中介组织服务和收费行为中突出问题的实施方案的通知》和省住建厅、省工商局《关于转发住房城乡建设部、工商总局集中开展房地产中介市场专项治理的通知》文件精神，南昌市先后两次开展中介专项整治工作。通过整顿，房地产中介经营进一步规范，违法违规行为大幅减少，群众投诉率下降50%以上。严查中介违规行为，查处房地产中介经营多起投诉和违规案例，内容涉及因限购、公证、违规代理等方面，其中涉及罚款一起，中介理赔四起，共涉及金额5.3万元。全年受到限期整改的机构有19家，受罚经纪人员9人，受到暂停网签资格的中介企业8家，对机构备案已过期、不具备条件或无房地产经纪业务的经纪机构，向省住建厅报请注销第二批43家房地产经纪机构备案证书的请示，净化房地产中介市场。加强行业自律建设，成立南昌市房地产中介专业委员会，制定《南昌市房地产经纪行业自律公约细则》，对全市房地产中介机构在服务和收费方面进行监督检查。同时，开展房地产中介机构星级评定考核工作，从执行公示、规范管理、诚信建设等各方面进行考核打分，评选出5个五星级，17个四星级，4个三星级。至年底，南昌市共有房地产经纪机构92家，其中从事一手房经纪机构60家，从事二手房经纪机构32家，分支机构(分部、分店)有628家。房地产中介从业人员达5500余人。

【监督检查地产评估价机构】 2013年，为贯彻落实省住建厅《关于开展2013年度全省房地产企业监督检查工作的通知》精神，加强对房地产估价机构的监管，整顿规范房地产估价市场秩序，南昌市对全市33家地产评估价机构进行全面监督检查，其中具备一级资质的机构4家、二级资质的机构18家、三级资质的机构11家。监督检查主要采取自查、实地检查和网上监督检查相结合的方式进行，内容包括评估报告质量、经营行为、人员情况、注册资金和管理水平等方面。通过检查和督促整改，估价机构的内部管理、估价行为比较规范，评估报告质量普遍良好。一些机构档案管理不规范，信息公示不全的问题得到一定的纠正。同时，对估价机构进行评级考核，评定出优秀、良好、及格和不及格等次，并上网通报考核情况，进一步规范房屋征收评估机构行为，维护房屋征收当事人的合法权益。

【强化租赁市场管理】 2013年，南昌市先后两次组织开展中小学校周边房屋租赁市场秩序的专项整治行动，制订《专项整治行动的工作方案》，重点检查未办理房屋租赁登记备案、违反规定改变房屋使用性质、出租房屋存在安全隐患等问题，并开展房屋租赁摸底登记和建档工作，督促租赁当事人办理登记备案手续，对违反规定的租赁行为下达责令整改。通过整治行动，校园及周边的房屋租赁市场得到进一步规范。为强化房屋租赁管理和登记备案工作，规范房屋租赁市场交易行为，保障当事人合法权益和社会稳定，成立南昌市房屋租赁管理服务中心。房屋租赁管理服务中心完善内部管理制度，委托下放管理权限，将商品房屋(非住宅)出租或转租登记备案审查事项下放到各区(新区、开发区)房管部门，推动全市房屋租赁管理工作迈上新台阶。至年底，共办理商品房住宅租赁备案514件，面积3.51万平方米；办理商品非住宅租赁备案439件，面积79.61万平方米，收取手续费255万元。

(李佳嘉)

物业管理

【概况】 2013年，南昌市认真抓好物业管理行业规范和安全生产等各项监管，推进物业管理行业走向秩序化、规范化的轨道，确保全市房地产市场持续稳定健康发展。至年底，全市新增2家一级、3家二级资质物业服务企业，共有物业服务企业531家，其中一级7家、二级45家、三级479家。

【开展物业管理规范年活动】 2013年，按照省住建厅物业管理主题年活动部署，市房管局物业管理处组织开展全市物业管理规范年活动，并积极做好工作衔接。指导市物业管理协会分批次开展物业服务企业从业人员培训和继续教育，参与人员900余名。加强对物业服务企业资质监督检查，全年共监督检查330余家物业服务企业，其中换证185家、考核35家、创建和安全生产检查110余家；监督指导47个住宅项目前期物业管理招投标，进一步规范全市物业管理工作。

【建立每月物业管理形势分析会议制度】 2013年，坚持每月召集各县区(开发区、新区)房管部门物业管理工作负责人会议，学习上级有关物业管理工作的指示精神，梳理阶段性工作，交流和探讨物业管理工作经验做法，汇总和研究物业管理突出矛盾纠纷，有效地提高物业管理负责人及时发现问题、有效化解矛盾的能力，减少住宅小区的物业管理矛盾纠纷，促进全市物业管理工作有序开展。

【加强物业管理调查研究】 2013年，按照市政府和市政协要求，协调配合省政协开展小区物业管理专题调研，完成在市政协、西湖区政府和南昌县座谈调研和实地察看活动。同时，深入红谷滩丰和新城小区、青山湖庐山花园小区，从街道、社区、业主委员会、物业服务企业等多角度对物业管理情况进行调研，为做好住宅小区的安全稳定和服务管理工作打下一定基础。

【健全完善物业管理法规】 2013年，出台《业主大会和业主委员会工作指导示范文书》《南昌市物业管理区域划分暂行规定》，下放前期物业管理招投标备案，进一步强化属地管理意识。草拟《南昌市住宅小区物业服务基本要求和服务等级指导标准(试行)》及实施办法和《关于加强南昌市物业管理工作的若干意见》等法规性文件，通过试点、征求意见，修改调整后呈报。

【强化安全生产管理】 2013年，拟发《关于全市房管系统做好2013年汛期安全生产工作的通知》《关于成立全市房管系统防汛危房评估鉴定工作队的通知》《关于开展2013年全市房管系统“安全生产月”活动的通知》，督导城区房管部门落实安全生产责任。突出节日期间和全国“两会”期间安全生产工作的落实，及时作好相关工作部署。春节前，针对雨雪冰冻天气，成立督查小组，重点督导城区房管部门加强直管危旧房屋管控。

(李佳嘉)

房屋征收补偿安置

【概况】 2013年，南昌市本着维护公共利益、保障被征收人的合法权益原则，规范有序开展国有土地上房屋征收与补偿工作。根据《关于下达2013年度房屋拆迁任务和土地收储计划的通知》精神，全市房屋拆迁任务共652万平方米，212个拆迁项目，列入督查管理范围的项目有91个，拆迁面积约353万平方米。其中，重大重点工程18个，拆迁面积约131万平方米；土地收储拆迁项目51个，拆迁面积约185万平方米；保障性安居工程项目22个，拆迁面积约37万平方米。至年底，全市共完成房屋拆迁面积653.67万平方米，完成计划数的100.3%。其中，列入督查考核范围的项目完成338.07万平方米，占计划数的98.52%；未列入督查考核范围的项目完成315.6万平方米，占计划数的90.64%。南昌市中心城区重点推进万寿宫、十字街、青山南路贤湖路地块、青山湖西岸、郭家庄、何坊西路、火车站东广场、幸福渠流域、临江商务区、象湖东岸17.33公顷的10个改造项目，房屋建筑面积154.35万平方米，涉及9284户。至年底，已签订房屋征收协议8522户，完成房屋征收97.57万平方米，完成比例分别为91.8%、63.2%。

【规范房屋征收行为】 2013年，为促进房屋征收工作依法有序开展，健全完善房屋征收各项政策，南昌市制定并印发《南昌市中心城区旧城（棚户区）改造国有土地上房屋征收安置补偿办法》《南昌市中心城区旧城（棚户区）改造国有土地上房屋征收补偿意见（示范文本）》《南昌市中心城区城中村改造项目集体土地上房屋征收安置补偿方案（示范文本）》《南昌市旧城（棚户区）改造房屋征迁情况抽检审核办法》《关于对我市旧城改造（棚户区改造）房屋征迁工作几个具体问题的明确》等一系列规范性政策文件。同时，为加快推进旧城改造房屋征迁工作进程，对房屋征收工作中的一些具体问题进行明确。为提高工作效率，缩短办事时限，将调查摸底、房屋测量、认定审核等工作下放到各区；针对集体土地上房屋征迁涉及产业用地问题，将产业用地转为产业用房安置，采取配建模式，按20%左右的比例配建非住宅房屋；针对征收经营性非住宅房屋造成停产停业的问题，参照上海市做法，按照被征收房屋市场评估价的3%进行货币补偿，涉及经营性企业整体搬迁的一事一议；为疏散老城区人口，改善居民生活条件，对选择异地产权调换的，按照“用地段区位换面积”的办法进行优惠安置。

【创新房屋征迁工作机制】 2013年，市房管局征收处在工作过程中，坚持“全面对接、主动配合、积极服务”的工作原则，采取分区负责，及时协调调度，不断建立健全各项工作机制。一是建立健全工作调度机制。针对各城区在房屋征迁工作中遇到的相关问题，在南昌市旧改指挥部及办公室召开的日常调度会上及时解决。二是建立健全工作简报宣传机制。为加大房屋征收工作宣传力度，创办《房屋征收工作简报》。简报设置“完善政策”“重要工作”“拆迁进度”“督查情况”“城区动态”“工作经验”等栏目。三是建立健全协调沟通工作机制。在横向上，全市相关单位部门主动协调、积极沟通，推动房屋征收工作的开展。在纵向上，市有关单位积极与各城区联系，主动与房屋征收各项目衔接工作，取得各方面的大力支持，形成良好的工作局面。同时，开通旧改征收工作“绿色通道”，为对被征收人房源查询、买房办证、办理房改、提取公积金等提供高效便捷的服务。

【强化督查核查】 2013年，南昌市房管局征收处加强指导，发挥职能作用，派出业务部门工作人员坚持全程驻点一线，指导各城区房屋征收工作，现场协调解决问题，对房屋征收补偿实际情况，坚持做到一日一协调，一事一协调。同时，精心指导各城区制订《房屋征收补偿方案》、选定评估机构等相关工作，协调处理房屋征收工作中遇到的问题，确保按时高质量完成各项工作。为做到阳光征收，保障被征收人的合法权益，要求各城区严格按照政策和规范执行，坚持一把尺子量到底、一个政策用到底，规范操作，使房屋征收的每个环节都在阳光下、在群众的监督下进行，确保公开公平公正。

（李佳嘉）

住房公积金

【概况】 2013年，南昌市围绕“满足需求，适度调控，稳步开放，重在服务”的工作思路，规范管理，创新工作，着力改进服务手段、服务方式，切实提高服务质量，较好地完成了各项工作任务。全年南昌市归集公积金33.89亿元，完成全年计划113%，比上年增长21%；提取住房公积金8.11万户、18.28亿元，分别增长22%、37%；发放住房公积金贷款31.35亿元，共计9323户，分别增长62%、43%；住房公积金增值收益为1.86亿元。至年底，全市开户职工数为53.55万人，归集住房公积金182.06亿元，住房公积金归集余额104.71亿元；提取公积金77.35亿元；向6.69万户家庭发放住房公积金贷款133.57亿元；住房公积金贷款余额77.83亿元，逾期率为0.09‰，住房公积金个贷率为74%。

【维护住房公积金缴存职工合法权益】 2013年，南昌住房公积金管理中心严格执行住房公积金强化归集、“控高保低”缴存政策规定，大力维护住房公积金缴存职工合法权益。一是下发《关于市直行政事业单位住房公积金缴存有关问题的通知》，调整市财政统发人员住房公积金月缴存额。二是加强住房公积金催建、催缴工作。制定住房公积金催建催缴工作银行考核方法，要求银行指定固定工作人员负责住房公积金催建催缴工作，充分调动银行参与扩面工作的积极性；按照“控高保低”的原则确定南昌市2013年度住房公积金月缴存额上限为2600元（含单位、个人两部分），下限为260元（含单位、个人两部分）。同时，督促单位及时办理职工住房公积金缴存额调整，进一步保障缴存职工利益，提升低收入职工的住房公积金的保障能力。

【增强住房公积金住房保障作用】 2013年，满足需求，适度调控，增强住房公积金住房保障作用。结合国家及省市对个人住房贷款的相关规定和南昌市实际情况，对缴存职工首次和再次申请贷款实行以下差别化贷款政策：以2010年南昌市限购政策出台时间为时点，在时点日期之后以未结清的贷款（含住房公积金贷款和商业性个人住房贷款）记录作为认定标准。对本次申请认定为二次贷款的，执行首付60%，利率上浮10%的贷款政策；认定为三次以上贷款的，不予以受理。

【提高住房公积金管理水平】 2013年，规范管理，完善操作，提高住房公积金管理水平。一是积极解决单位缴存“挂账”问题。将部分行政事业单位住房公积金缴存纳入财政统发，实现统一代扣代缴，有效解决单位缴存“挂账”问题，确保职工缴存的公积金及时分配入个人账户。二是加强网上营业大厅建设。经过前期招标、建设、测试等工作，南昌公积金中心网上营业大厅已进入试运行阶段，有40家缴存单位已经在使用单位版。网上营业大厅可实现网上受理部分住房公积金汇缴业务，方便缴存单位和职工。三是完善职工缴存信息管理。对缴存职工住房公积金缴存信息进行一次全面核对、清理和修改，进一步完善住房公积金信息管理，方便职工办理缴存、提取、贷款、查询等相关业务。

【创新住房公积金服务举措】 2013年，创新举措，打造南昌市住房公积金服务品牌。一是实施汇缴、提取业务综合柜台。为进一步方便职工群众办事，南昌住房公积金中心从4月1日起实施“综合柜员制”，对汇缴、提取业务进行大综合，使任何一个窗口均可独立办理住房公积金缴存、提取业务，做到“一个窗口对外，一个印章生效，一次性集中办结”。二是全国住房公积金“12329”热线系统上线运行。建立咨询坐席2个，班长坐席1个，实现自主语音查询功能和自主语音政策播报功能，并为缴存职工提供热情、高效的人工语音电话咨询服务。至年底，共回复网站咨询问题3943个，疑难投诉问题51个，受理电话咨询25.48万个，其中转人工话务量64.26万条。

（李佳嘉）

财政·税务

本栏编辑　揭淑琴

概　述

【概况】　2013年，南昌市财政收入保持平稳增长，财政预算执行情况良好。全市财政总收入、地方公共财政预算收入占全省的比重不断提升；税收收入占财政总收入比重不断提高，排名全省11个设区市第一位，是全省唯一保持在90%以上的设区市；县（区）财政实力不断壮大，财政总收入超10亿元的县（区）10个，其中超70亿元县（区）1个、超50亿元县（区）3个、超40亿元县（区）6个；地方公共财政预算支出结构不断优化，教育（支出74.16亿元，同比增长17.1%）、科技（支出5.42亿元，同比增长20.9%）、社会保障和就业（支出44.16亿元，同比增长16.9%）、城乡社区事务（支出67.56亿元，同比增长47.8%）、医疗卫生（支出38.56亿元，同比增长24.3%）、农林水事务（支出30.92亿元，同比增长20.1%）等事业得到有力保障，支出保持较快增长。全市财政总收入558亿元。全市税收工作积极发挥税收职能作用，不断规范税收执法行为，切实强化税源管理和风险监控，努力提高纳税服务水平，全年税收任务圆满完成。

财　政

【概况】　2013年，南昌市财政局积极贯彻市委、市政府"打造核心增长极"战略部署，以"大投入、大建设、大发展"思路为统领，以构建公共财政体系为核心，积极组织财政收入，深化财政改革，规范财政管理。先后荣获"江西省第十三届文明单位""全市打造核心增长极市直服务发展突出贡献奖第二名""全市综合目标考核优胜奖""全市社会管理综合治理目标管理先进单位"等20余项市级及以上荣誉，信息工作在市委办公厅综合排名列第一，门户网站被市政府办公厅评为一等奖。

【财政收入平稳增长】　2013年，南昌市财政总收入完成558亿元，按省口径计算，比上年增长16.8%，高于全省平均增幅1.6个百分点，增幅在全省设区市中排名第4位。地方公共财政预算收入完成291.9亿元，比上年增长21.6%，比全省18.1%的增幅高3.5个百分点，增幅在全省设区市中排名第四位，为近七年来最好成绩，在中部省会城市连续两年排位第一，在全国省会城市中排名第5。全市税收收入占财政总收入比重达90.3%，比上年提高0.1个百分点，在全省11个设区市中稳居第一，是全省唯一保持90%以上的设区市。全市县（区）级财政总收入完成445.1亿元，占全市财政总收入比重达79.8%，比上年提高2个百分点。青云谱区财政总收入首次突破30亿元，红谷滩新区、青山湖区首次突破40亿元，高新区首次突破50亿元，南昌县首次突破70亿元。全市13个县（区）中，超30亿元县（区）8个，超40亿元县（区）6个，超50亿元县（区）3个，超70亿元县（区）1个。全市地方公共财政预算支出完成417.8亿元，比上年增长20.9%，增幅提高5.5个百分点，其中市本级增幅达27.7%，提高15.6个百分点。

【全力助推产业发展】　2013年，继续加大对企业扶持力度，财政新增安排扶持企业发展专项资金2.5亿元，总量达13.5亿元，提高支持经济发展力度。累计拨付南昌工业控股集团10亿元、欧菲光科技扶持资金4360万元、双汇食品扶持资金1500万元、联创光电触摸屏改造项目扶持资金3000万元、安义县新型建材产业集群发展扶持资金2000万元、进贤县医疗器械产业集群发展扶持资金2000万元，兑现打造核心增长极企业税收突出贡献奖2990万元。以市场化的风险投资、债权投资等方式扶持重点企业，支持产业发展。

【积极推进城市建设】　2013年，南昌市重大重点项目共100项，年度计划投资538.38亿元，资金筹集方式由市本级财政投入、平台融资、中央、省级补助资金及自筹保障组成，其中市本级财政投入169.53亿元（含平台融资115.37亿元）。在2012年安排城市基础设施建设项目资本金6亿元基础上，新增安排资本金4亿元，动用预算内上年结转资金3亿元、市政设施配套费1亿元，预算内安排基建项目资本金总量达14亿元，并从轨道交通建设资金中拨付5亿元，从土地出让收益中安排10亿元，作为城市基础设施建设项目资本金，扩大平台资产规模和现金流量。

【完善财政支农政策】　2013年，认真落实有关财政支农政策，推动农业不断发展。一是加大惠农资金发放力度。南昌市通过"一卡通"发放的财政惠农补贴项目资金共计24个大项59个小项，实际发放资金13.7亿元，比上年增长10.51%，其中公益林补助、农村低保等24个项目补贴资金发放率达100%。二是大力推进美丽乡村建设。投入资金1.5亿元用于改善农村基础设施建设和环境整治；安排4550万元积极稳妥地推进南昌市的美丽乡村建设试点；整合2亿元打造主要通道沿线"五化"综合整治；拨付农村公路建设和危桥改造资金2102万元，确保全市农村公路、桥梁使用安全；安排3250万元用于"五位一体"9个综合示范村建设，启动22个"五位一体"综合示范村的建设。三是提高农业综合开发投入。争取国家农业综合开发项目财政资金1.3亿元，比上年增加3387.2万元，增幅达37%，增幅为近年来最高的一年。实施大型农业综合开发项目16个，完成项目总投资3.24亿元，其中大型项目专项财政扶持资金4903万元，整合其他农口部门专项财政资金8728万元。四是大力推进政策性农业保险工作。采取多项措施助力政策性农业保险健康发展。三农保险已覆盖种植、养殖、森林、农房等多个险种,涉及农业生产和农民生活的各个方面,共承保能繁母猪3.63万头、奶牛0.24万头、水稻25.7万公顷、油菜2.32万公顷、商品林7.86万公顷、农房14.68万户,为农林生产、农民生活提供风险保障29.29亿元。

【加大社会保障力度】 2013年,基本生活保障方面:拨付农村居民最低生活保障经费1.5亿元,城镇居民最低生活保障经费2.6亿元,有力保障了城乡低保对象的基本生活。会同市人保部门对被征地农民参加养老保险所需资金进行测算,提出被征地农民养老保险政府一次性缴费补贴的资金筹措及资金管理办法,预拨市本级第一批被征地农民社保资金17.4亿元。住房保障方面:市本级财政积极筹集廉租房、公共租赁房配套资金3.3亿元,有序推进廉租住房、公共租赁住房、棚户区改造建设,圆满完成省政府下达各项住房保障目标任务。医疗保障方面:新农合工作稳步推进,全年开展新农合工作县(区)达10个,参合农民年人均筹资水平达到340元;拨付食品药品安全专项检测资金共计1758万元;下达市直医疗卫生服务能力建设专项资金和医疗机构运行补助资金3638万元和3000万元。就业保障方面:共进行工业园定向培训、家政培训、就业转失业培训、创业培训等一系列培训,累计发放职业培训补贴670万元。对"2012年全国民营企业招聘周活动""2012年春风行动暨新春大型系列招聘"等一系列招聘活动给予经费支持,帮助就业困难群众扩大就业面,解决就业问题。

【教育事业快速发展】 2013年,南昌市地方公共财政教育支出完成74.2亿元,比上年增长17.11%,其中市本级公共财政教育支出完成23.2亿元,增长15.72%,保证了教育经费法定增长。在改善基础教育办学条件方面,市财政除安排教育费附加1.6亿元外,另在城维费中安排0.3亿元、从土地纯收益中提取教育资金1.85亿元、利用省返还市本级及城区地方教育附加2.8亿元用于九年义务教育学校校舍建设和优质高中学校建设工程,安排1000万元的学前教育奖补专项资金,及时拨付中央和省财政下达学前教育综合奖补资金3451万元,用于完善学前教育公共服务体系。在落实高校生均经费标准方面,市财政拨付高校生均经费4108万元。其中,拨付江西科技师范大学生均经费2621万元,拨付南昌师专生均经费1289万元,拨付南昌教育学院生均经费198万元,提高了普通本科高校及高职院校的年生均拨款水平。

【大力支持人才政策】 2013年,南昌市财政局加强人才发展专项资金的监督管理工作,全力支持人才战略,共拨付"洪城计划"人才项目启动资金、第十一届中国国际人才交流大会、政府特殊津贴、"市直接联系人才"津贴、重点高层次人才补贴等各项人才工作经费2447万元,有力地保障了南昌市人才工作的开展。同时,会同有关部门联合制定出台《南昌市"211"企业经营管理人才培训工程实施方案》和《关于开展2013年"洪城特聘专家"招聘工作的通知》等文件,进一步规范了人才项目资金的管理。

【完善投融资体制改革】 2013年,积极开展市直行政事业单位国有资产整合工作,全部资产经评估后总价值达235亿元,并以作价出资的方式分别注入"金城""金轨""金振""金昌"4个资产运营公司,做大投融资平台。

【推进"营改增"试点工作】 2013年,多次召开营业税改征增值税试点座谈会,围绕经营特点、政策需求等方面进行交流,从政策内容、资金安排、组织保障等方面做好各项试点准备工作,为8月1日南昌市交通运输业、部分现代服务业开展"营改增"试点奠定基础。同时,由市财政局起草的《南昌市实施营业税改征增值税试点过渡性财政扶持政策意见的通知》于10月由市政府正式印发,明确了补贴对象、补贴方式和补贴程序等原则,帮助试点企业实现平稳过渡,进一步调动试点企业参与试点改革的积极性。

【规范电子化政府采购管理】 2013年,积极推进电子化政府采购管理工作。努力实现"统一平台、资源共享、规范透明、安全高效"全流程操作电子化、全过程监控网络化、全覆盖上下一体化的政府采购管理和交易体系的总体目标。至年底,南昌市电子化政府采购管理平台从2月4日起运行以来,系统运行平稳,在促进南昌市政府采购规范操作,规范各级行政事业单位的采购行为等方面取得很好成果。

【完善国有资本经营预算】 2013年,会同市国资委制定《南昌市市属企业国有资本收益收取管理暂行办法》,并印发《南昌市市级国有资本经营预算编报办法》,明确了国有资本经营收益的收取范围、收取的程序和时间要求及在国有资本经营收益收取的过程中各方职责,规范了国家与企业的分配关系,加强了市属企业国有资本收益管理。全年收取2012年度国有资本经营收益3733万元,并将2012年度国有资本经营收益收入情况及支出方案上报市政府审定通过。

【推行预算绩效管理】 2013年10月,正式成立市财政绩效评价管理办公室,在赴兄弟省市学习考察的基础上,加强与江西省财政厅的沟通,代南昌市政府草拟《南昌市财政支出绩效评价管理办法(试行)》等相关制度,加大宣传和业务培训力度,搭建财政绩效评价工作平台,有重点的开展财政支出绩效评价工作。

【做好预决算信息公开】 2013年,向市直各部门印发《关于做好2013年市级部门预算信息公开工作的通知》,要求市直各部门、各单位按规定方式在规定的时间内向社会公开;组织全市96家市级部门首次公开2013年"三公"经费预算信息,并对全市2013年"三公"经费预决算公开试点县(区)(南昌县、东湖区)的公开工作提出具体要求;建立部门预算信息公开跟踪反馈机制,确保信息公开的及时性和公开效果。

【全面补发住房补贴】 2013年1月起,南昌市市直行政事业单位无房职工的住房补贴已按新标准按月随工资发放。做好市直行政事业单位无房职工以前年度按月住房补贴和住房面积未达到规定标准的职工住房补贴的预算工作。经测算发放以前年度无房职工和住房面积未达标的职工住房补贴共需9.6亿元。根据市政府批复文件,南昌市财政局按照发放进度要求正在抓紧实施。

【清理财政存量资金】 2013年8月,下发《南昌市财政局关于开展南昌市级结余和结转资金清理工作方案》,对历年结余结转资金进行逐笔逐项清理。经过3个余月的清理,四类结余结转资金除项目结余资金外均已清理完毕。通过对结余结转资金的清理,进一步盘活了财政存量资金,报经南昌市政府批准,动用资金20亿元,加大对市级产业投资引导基金和融资平台公司棚改资本金的投入,有效地支持南昌市经济和社会事业发展。

【加强财政资金监管】 2013年,根据市委、市政府统一部署,组织全市财政资金专户、行政事业单位、国有控股企业实有资金账户进行全面对账及资金安全检查工作。为进一步加强财政资金运行安全,稳步推进"账户资金运行管理系统"上线运行工作,经过动员培训、信息采集、UKEY制作岗位授权、系统试运行等阶段,市本级413家预算单位的2212个账户及38个财政专户纳入该系统,8月正式开通账户网上审批、资金流动态监控、强制多级对账三大功能,10月首次启用账户暂停支付功能。至年底,该系统运行平稳有序。

【推进涉税信息平台建设】 2013年,南昌市涉税信息平台建设继续稳步推进,涉税平台服务器的安装、配置、部署顺利完成,为涉税平台的平稳运行提供网络及硬件支撑;完成第二期接入涉税平台单位的数据采集模板的整理确认、接入单位的数据报送培训、单位涉税信息采集等工作,确保涉税平台二期工程如期上线。

【调整公积金缴存方法】 2013年,为提高南昌市市直机关工作人员的住房公积金标准,实现与省直机关工作人员"同城同待遇",市财政局报经市政府批准同意,积极做好住房公积金调整事项的计算、送审、提交和缴存工作,确保市直单位住房公积金调整有序进行。

【落实第八轮行政审批制度改革】 2013年,深入贯彻执行市政府关于深化第八轮行政审批制度改革全面简政放权的决定,及时组织实施市级行政审批事项下放承接工作,下放实施的行政许可项目和非行政许可项目分别是会计代理记账机构执业资格审批和外商投资企业财政登记备案两项。根据国家法律法规和上级财政部门要求,仅保留与市级单位和人员相关的会计从业资格审批、市级行政事业单位银行账户设立审批等6个行政审批事项。

【做好会计无纸化考点建设】 2013年,南昌市会计考试服务中心机房建设工程顺利通过江西省财政厅验收,6月份成功申报设立"南昌市会计从业资格无纸化考试考点",成为南昌市唯一的会计从业资格无纸化考点。根据江西省财政厅统一安排,江西省组织了两场会计从业无纸化考试,时间分别为7月2日至31日和11月21日至12月20日。全市57646人顺利完成考试,其中7月考生29292人、11月考生28354人。两次考务工作均进展顺利,未发生重大考试事故。会计从业无纸化考试的成功标志着南昌市会计从业资格无纸化考试模式的成熟,为下一步职称考试的无纸化积累了宝贵经验。

【履行财政监督职能】 2013年,在南昌市民生资金管理使用情况监督检查工作联席会议办公室的统一部署下,认真组织开展南昌市民生资金管理情况监督检查;组织开展2013年南昌市会计信息质量检查,重点关注财务会计核算、是否私设"小金库"、单位三公经费、企业成本盈利水平、职工薪酬分配等情况,并对各单位执行国家宏观调控及财税政策、财政资金使用情况等进行综合检查;进行为期两个月的"小金库"治理"回头看"检查,南昌市确定重点检查单位294户,重点检查面达8%,重点领域、重点部门和重点单位检查面达30%。

(刘海军 柳林青)

国家税务

【概况】 2013年,南昌市国税局转变作风、真抓实干,加强组织收入工作,冷静面对上年收入高增长、当年任务高基数的经济形势、科学研判收入走势、积极顺应任务大势,排难而进,全力打好控风险、严征管、强评查三张"增收牌",收入总额254.45亿元,计划口径税收232.89亿元,比上年增收23.28亿元,增长11.1%,圆满完成全年组织收入任务,税收增幅居中部省会城市第二位,实现税收总量再创新高,税收质量明显改善,税收增幅进位提升。

【推进税制改革】 2013年,全力推进"营改增"(由营业税改征增值税)改革试点工作。8月1日,全省"营改增"第一张增值税专用发票及第一张网络发票在南昌市成功开具;9月1日,"营改增"纳税人的大厅申报、网上申报和电话申报顺利通过。全市5634户"营改增"纳税人平稳过渡,"营改增"后及时遏制个别单位货运税收异常现象,确保全市"营改增"新旧税制转换平稳实施。

【落实税收政策】 2013年,制定实施加快民营经济发展18条税收政策措施,认真落实小微企业等各项结构性减税和税收优惠政策,全年依法减免税45.94亿元,比上年增长18.16%;落实出口退税政策,加快出口退税进度,推进开放型经济发展,全年办理退(免)税28.92亿元,增长2.45%,总量占全省比重达31.5%。

【开展税收调研活动】 2013年,广泛开展落实税收政策调查研究活动,积极建言献策,撰写的《"营改增"后的税收管理风险与应对思考》获评全省国税系统群众性调研优秀论文。呈报的《当前南昌经济税源存在的问题及建议》被中共南昌市委《南昌信息专报》刊登,引起省委常委、市委书记王文涛的高度关注,并作了批示肯定。

【加快税收法制建设步伐】 2013年,坚持执法规范化治税理念,精心部署开展全国第22个税收宣传月活动,与省国税局联合开展的"以案说法"活动,引起社会强烈反响。扎实推进"六五"普法,市国税局作为南昌市直机关唯一代表,被市委推荐申报全国"六五"普法中期先进单位。在全省行业率先制定《行政调解办法(试行)》,探索运用柔性机制化解税收争议。强化落实税收文件制定、解读和公开"三同步"机制,首次开展税收规范性文件听证会,出台《涉税证明管理办法》。

【强化税收执法监督措施】 2013年,建立重大税务案件审理提前介入机制,全系统审结重大案件21起。强化稽查过程控制,推行必查项(科)目管理、审计式工作底稿制度。部署开展两轮税收执法综合监督"啄木鸟"行动,发现和纠正七大类17个方面的执法问题。配合省国税局对133个疑点数据进行专项核查,及时督促相关单位整改,对111人次进行责任追究。

【规范税种和行业管理】 2013年,加强钢结构行业纳税人增值税征收管理,细化"二手车"交易增值税征收管理办法,规范增值税汇总纳税企业年度结算工作。创新企业所得税优惠审批(备案)管理工作流程,完善行业汇算清缴纳税申报辅导模型,强化对房地产、高新技术和食品加工三行业重点申报辅导,完成3万余户企业汇算清缴工作,补缴企业所得税12.31亿元。成功签订全省首例单边预约定价安排,办结全省首例境外间接转让股权案,非居民税收入库1.98亿元,比上年增长63%,占全省比重达53.6%。

【初步构建税收风险管理机制】 2013

年，强化市、县（区）两级税收风险分析应对，两级风险管理机构基本到位，制定十大行业和特定类型企业税收风险管理操作指引，下发《税收风险监控管理办法》。组织对酒类、钢结构、交通运输等行业开展风险排查，圆满完成省国税局下发的风险排查应对任务。

【逐步夯实税收征管薄弱环节】 2013年，对全市征管基础工作进行检查通报，强化征管档案和纳税人备案工作，规范户籍管辖，明确户管划分标准。开展户管清查，全市补办税务登记、限期整改及清理整顿7000余户。对2万余户注销税务登记的纳税人开展专项核查，对长期零税额、低税额户开展专项治理，针对问题完善管理制度。加强发票管理和代开发票监管，开通网络发票1万余户。自行研发“数据征管质量监控软件”，市国税局税收数据及征管质量综合排名逐步前移。

【推进纳税评估工作】 2013年，出台《纳税评估主辅评员制度》和《纳税评估管理考核办法（试行）》。开展全市重点企业专项评估，全年评估查补税款1.86亿元。南昌市某重工股份有限公司评估案例荣获全省优秀案例评选一等奖。

【加大税务稽查力度】 2013年，开展房地产、建筑安装、药品等10个行业的税收专项检查，对商业零售、汽车4S店、茶叶等行业开展的调研式检查取得明显成效，全年查补税款4.5亿元。加大打击虚开增值税专用发票和骗取出口退（免）税专项行动力度。建立“三位一体”（国税、地税、公安）发票打假联动机制，形成打击整治发票违法犯罪合力，市国税局稽查局被国家税务总局授予“打击假发票违法犯罪活动先进单位”称号。

【畅通纳税服务渠道】 2013年，坚持办好纳税人学校，全年开班13期，培训3000余人次，被市社科联授予“南昌市社科普及示范基地”荣誉称号。坚持按月编辑印发《纳税服务报》，纳税服务QQ群全天畅通。“12366”纳税服务热线实现国、地税互联互通，市国税局代管的“12366”呼叫中心工作被省直工委评为全省群众路线教育“为民务实清廉”典型案例。

【优化纳税服务功能】 2013年，抓好实体办税服务，试点推广“大一窗”和“免填单”服务，修订纳税服务规范化业务流程，全面推行“前台受理、后台流转、限时办结、窗口出件”办税服务模式。拓展网上办税服务，全面承接并落实省国税局网站税务咨询解答和国家税务总局网站江西频道栏目的运维工作；由国家税务总局推行试点的机动车网上办税系统首次试点在南昌市成功开出首份车购税票证，实现车辆销售、缴税、上牌一站式办理。升级自助办税服务，实现税务咨询、纳税申报、认证抄税和表单下载全方位服务。

【强化纳税服务绩效考核】 2013年，将办税服务、监控情况、领导值班、权益保护列入绩效考核内容，依托办税服务视频监控系统和办税服务绩效考核系统，落实按季通报制度，有效提升办税服务质量和水平。青云谱区国税局和湾里区国税局办税服务厅再获全省五星级荣誉。

【维护纳税人合法权益】 2013年，推进简政放权，下放6项审批，落实否定报备，试点纳税服务规范性文件会签。广泛开展纳税人需求调查，对排查发现的30个问题及时进行整改。积极开展纳税人权益保护工作，全年受理权益保护事项249个，投诉回复率100%。

【提升干部素质能力】 2013年，拓宽培训形式，强化专业培训，开设领导干部休息日学习、专业骨干人员财务特训、科级领导干部更新知识培训等45期各类培训班，受训干部近千人次，高新区税务局税务人员在线学习系统得到省税务局肯定。举办5期南昌国税讲坛，开展“南昌市道德讲堂总堂”南昌国税专场活动。全市稽查岗位认证考试成绩全省排名靠前。组织3轮财务会计知识达标考试，未达标执法岗位人员全部调离执法岗位，促进以考带学、以考提能、以考强纪，相关经验材料被国家税务总局《税务干部教育月报》刊登。

【激发干部队伍活力】 2013年，加强思想政治工作，举办心理知识讲座，对4个基层局414名干部开展思想状况问卷调查。完善岗责体系和个人绩效考核机制；稳步推进干部选配工作，选拔任用科级领导干部57人，交流调配83人次；57人晋升科级非领导职务，实现非领导职务晋升工作常态化，解决多年未能解决的难题，调动广大干部积极性。按照“实在、实干、实绩”标准，在全市系统开展“我身边的好税官”评选活动，涌现出以田晟、魏春玲、熊宝剑为代表的一批长期扎实工作、爱岗敬业、勇于奉献的好税官。

【增强干部队伍凝聚力】 2013年，坚持以党建带动工青妇各项工作，活跃机关氛围、密切干群关系、帮扶困难群体，党支部战斗堡垒作用进一步发挥。南昌市国税局组队参加南昌市机关第七届运动会，历史性荣获团体总分第一名，并获得体育道德风尚奖和优秀组织奖；组队参加全市第二届老年人健身体育运动会取得优异成绩。全省第十三届文明单位评选全市国税系统实现“满堂红”。

【强化党风廉政监督】 2013年，推进勤廉教育，开展党风廉政责任制考核考评，强化落实“一岗三责”（一个岗位负有税收收入、党风廉政和社会综治责任）。加强对关键岗位和权力的监督制约，制定落实“1+3”（“1”加强对单位“一把手”的监督制约；“3”加强对税源管理人员、纳税评估人员和税务稽查人员三类人员的监督制约）权力监督管理办法。开展领导干部经济责任审计，部署综合监督检查和“一案双查”（查办涉税案件中涉嫌违法、违纪案件）。全面上线运行内控信息系统，首次对纳税评估资料和税务稽查案卷进行复查，对涉及的三大类69个问题提出28条整改建议。聘请第二届特约税务监察员，开展明查暗访，下发整改督办单14件，责任追究9人。受理信访举报17件，初核率100%。全年通过对违法违纪行为的查处，给予降级1人，行政警告2人，组织处理27人次。

【提升勤政服务水平】 2013年，税务综合办公信息系统成功运行，行政管理整体服务效能明显提高。市县两级网络逐步提速，实现重大网络故障“零差错”。开展机关后勤“优质服务年”活动，成立膳食管理委员会，推行物业智能化管理，再次荣获全市社会管理综合治理目标管理先进单位。

【坚持厉行勤俭节约】 2013年，贯彻落实中央“八项规定”，建立“八项规定”协作落实机制。深入开展“三清三察三审”（清理办公用房、公务用车、基本建设；察访“门难进、脸难看、事难办”现象、不依法行政和办事效率低下现象、“吃拿卡要报”现象；审计“三公”经费、会议经费、专项资金）、正风肃纪、“红包”问题等4个专项清理整治活动。坚持厉行勤俭节约，认真贯彻落实《党政机关厉行节约反对浪费条例》。严格执行公务接待管理规定和公务用车使用定额制度，全市国税部门接待费、培训费、会议费支出分别比上年下降16.3%、31.4%、50.1%。市国税局车辆购置税征收分局、货物和劳务税处获“全市‘百千万’内设机构测评活动优秀内设机构”表彰。

（陈　勇）

地方税务

【概况】 2013年，南昌市地方税务局提出“服务升位、管理升格、形象升华，全力推动南昌地税事业发展升级”的发展新思路，全面构建服务发展、依法行政、税源管理、征管改革、纳税服务“五位一体”的地税工作新格局，积极探索思想建设、班子建设、廉政建设、文化建设、素质建设“五举并重”的队伍建设新途径，各项工作取得明显成效。市地税局荣获“2013年全省地税系统先进单位”、省第十三届文明单位和市第十四届文明单位；全市地税部门荣获“全国第十三届职工职业道德建设标兵单位”等国家、省、市级荣誉80余项。省委常委、市委书记王文涛，省地税局党组书记、局长王平等领导分别作出批示，对南昌地税工作予以充分肯定。

【服务大局能力增强】 2013年，狠抓组织收入工作，全市地税收入稳步增长，为南昌打造核心增长极提供了强大财力保障。至年底，组织各项收入256.82亿元，比上年增收46.64亿元，增长22.2%。其中，地方税收238.22亿元，增收43.53亿元，增长22.4%，增幅在中部省会城市排名第二，剔除“营改增”等因素，实际增长28.9%，完成省地税局和市政府下达的全年奋斗目标任务。教育费附加等其他收入18.6亿元，比上年增长20%。全力做好“营改增”试点工作，认真落实各项税收优惠政策，全年减免地方各税6.59亿元，为1.3万户纳税人免收发票工本费651万元。积极建言献策，在深入调研的基础上形成《“营改增”试点工作对我市地税收入影响分析》等调研报告，并呈报市委、市政府，引起市领导的高度关注和肯定。

【行政执法不断规范】 2013年，提请市政府批转《南昌市强化地方税收保障实施意见》，促进了全市地方税收保障体系的构建。深化行政审批制度改革，下放12项行政审批项目，取消2项行政审批，精简申报资料13项，审批时限总体压缩30.2%。开展税收规范性文件集中清理，清理结果及时对外公告。制定《税收法制员工作制度(试行)》，加强基层地税法制建设。大力整顿税收秩序，全市地税稽查部门共检查和组织纳税人自查341户，查补入库税款、滞纳金、罚款2.4亿元，比上年增长25.32%。修订完善《南昌市地方税务局工作规则》等制度，促进内部行政工作规范化。

【税收征管质量显著提升】 2013年，积极启动征管改革工作，确定试点单位，做好机构调整、管户调整、人员配置、岗责体系和业务流程编写等工作。制定落实《土地增值税清算若干问题的处理指引》《全市房地产业税收管理办法》等制度，规范、强化税收征管。以企业所得税汇算清缴为抓手统筹推进纳税评估、涉外税务审计、建筑业所得税征管、自然人股权转让税收专项检查和常态化管理、土地增值税清算、房产税和城镇土地使用税税源信息比对、耕契“两税”管理等10余项税源管理工作，大大提高了税源管理质效。全面实现存量房评税系统上线，市地税局被省地税局评为“存量房评估工作先进单位”，强化“两业”系统常态化管理和家庭唯一住房查询系统应用，为加强征管提供了有力的信息支撑。

【纳税服务水平持续提高】 2013年，开展“税法知识擂台赛”“魅力华南城 地税助你行”等税收宣传月活动，获得纳税人和社会各界好评。举办三期纳税人学校培训班，培训纳税人500余人次。大力推进以办税服务厅、“12366”热线、地税网站、纳税人维权服务中心为载体的综合维权服务平台建设。深入推进“免填单”服务、涉税事项审批前移等纳税服务创新。“优化办税流程”创新服务项目在省地税局工作创新项目评审中荣获一等奖。省地税局党组书记、局长王平，省纪委副书记、监察厅长刘卫平，市委常委、市纪委书记卢作全对市地税局纳税服务创新工作予以肯定。国家税务总局网站、人民网、《江西日报》等多家媒体纷纷报道，予以好评。

【队伍形象得到新提升】 2013年，加强思想政治工作，组织开展“学党章、讲党课”等主题实践活动。加强领导班子建设，每季度组织党组中心组学习，每月组织局务会前学习，举办正科级以上领导干部培训班，召开市地税局机关科级领导干部述职述廉大会。严格执行中央八项规定，制定《切实改进工作作风、密切联系群众十二项规定》，文风、会风明显转变，“三公”经费明显下降。加强节约型机关建设，市地税局被列入全国第一批节约型公共机构示范单位创建单位。狠抓党风廉政建设，深入开展“红包”专项治理活动和廉政教育月活动，加强对干部作风情况的监督检查。深化地税文化建设，加强办公环境建设，2个县区地税局被评为2014—2015年度全省地税系统“文化建设示范单位”。组建市地税局合唱团等兴趣活动小组，举办“中国梦·地税情——辉煌二十年”书画摄影展，开展纪念毛泽东诞辰120周年系列活动。组织代表队参加第四届全省地税系统运动会荣获团体总分第一名，参加市第七届机关运动会荣获一等奖。加强干部教育培训，举办注册税务师考前培训等各类培训班120余期，6000余人次参训。积极开展“名师讲座”“拜师学艺、打造能手”系列学习培训活动。红谷滩新区地税局干部熊文慧成为全省地税部门唯一入选的首批全国税务领军人才培养对象。

【做好“营改增”工作】 2013年，扎实做好营业税改征增值税(以下简称营改增)试点工作。严格落实“三清”(户清、票清、税清)工作要求，抓好试点纳税人征管衔接工作。做好“营改增”试点纳税人联合确认与资料移交工作。至7月31日，经国税、地税、试点纳税人三方统一确认，全市6350户“1+7”(“1”是指交通运输业，包括陆路运输服务、水路运输服务、航空运输服务、管道运输服务；“7”是指现代服务业中的7个子行业，包括研发和技术服务、信息技术服务、文化创意服务、物流辅助服务、有形动产租赁服务、鉴证咨询服务和影视服务)行业纳税人实现顺利移交。同时，做好对辖区内邮政、铁路运输、电信3个行业纳税户的调查摸底工作，并于年底向市国税局顺利移交72户邮政、铁路运输业纳税户。

【启动新一轮征管改革】 2013年，全面启动新一轮征管改革工作。由局主要领导带队组成考察团赴合肥、南京及省内征管改革试点单位考察学习兄弟单位的先进经验。搞好顶层设计，在广泛征求意见建议的基础上，制订征管改革方案。确定青山湖区地税局和南昌县地税局作为新一轮征管改革试点单位，并在9月底前做好机构调整、管户调整、人员配置、岗责体系和业务流程编写等工作。

（罗　腾）

经济管理与监督

本栏编辑　揭淑琴

概　述

【概况】 2013年，南昌市积极转化15项课题调研成果，启动第八轮行政审批制度改革，削减市级行政许可事项126项，削减率达36.7%，成为全国行政审批事项最少的省会城市之一；出台规范中介机构管理、加快发展总部经济、城乡发展一体化十项综合配套改革、强化科技协同创新等改革措施；进一步规范经营性国有建设用地使用权出让措施；在全省率先完成农村集体土地所有权确权登记发证工作，开展农村土地承包经营权流转交易市场建设试点。充分履行市场监管基本职能，着力营造准入、市场、消费三大环境，全面加强法治、信息、队伍三项建设，努力提高工商、质量监督、食品监督等部门监管的制度化、规范化、程序化和法治化水平。通过开展安全生产大检查和重点行业领域专项整治，夯实安全生产工作的基层和基础，强化全民安全意识。严把统计数据质量关，坚决反对和制止在统计数据上弄虚作假。充分发挥审计保障经济社会健康运行的"免疫系统"功能。加强公共资源交易全流程透明化管理，创新交易体制机制和交易方式。

经济体制改革

【概况】 2013年，南昌市认真落实国家"稳增长、调结构、促改革"各项措施，围绕把南昌打造成"带动全省发展的核心增长极"等重点目标，着力推进经济转型、民生改善和社会公正等改革，重点领域改革取得明显成效，促进了经济平稳较快发展，实现了社会和谐稳定。

【行政体制改革不断深化】 2013年6月6日，南昌市政府出台《关于深化第八轮行政审批制度改革全面简政放权的决定》，对市直各部门实施的行政审批事项（含行政许可事项、非行政许可事项和涉及审批行政事业性收费事项）及行政审批涉及的中介服务事项进行全面清理。全市第八轮审改拟保留市本级行政审批事项217项（行政许可151项、非行政许可66项），削减126项，削减率36.73%；保留涉审批行政事业性收费41项，削减11项，削减率21.54%；清理涉及行政审批的中介服务事项270项，其中保留中介服务事项254项、取消16项；下放或委托行政审批事项240项，比第七轮行政审批制度改革多下放或委托116项，下放和委托行政审批事项增加率93.55%。通过了解比对得知，南昌市第八轮审改共下放审批事项240项、保留217项，在全国省会城市中下放数量是较多的、保留数量是较少的。

【金融体制改革取得实效】 2013年，为促进全市实体经济发展，出台《关于进一步深化全市投融资体制改革、促进实体经济发展的政策措施》，深化投融资体制改革，做强市级投融资平台。市级投融资平台落实融资23项，融资规模576.22亿元，到位资金211.63亿元。推动企业债券融资，债券融资共59亿元。加快全省金融商务区建设，共引进90家金融机构入驻，初步形成金融产业集聚的势头。上市公司再融资再创新高，规模达到60亿元。

【社会事业全面进步】 2013年，南昌市加大对教育基础设施建设投入力度，投入资金2.54亿元，启动实施农村义务教育标准化建设工程。学前教育三年建设行动计划深入实施，学校标准化建设扎实推进，"名校放大工程"有序展开，中小学校校舍维修改造45万平方米。县级公立医院改革试点有序开展，公共场所卫生监督量化分级管理制度稳步实施。人口计生工作取得明显成效，率先在全国创建计生情感呵护模式。全市新增城镇就业人数8.85万人，发放小额贷款8.03亿元。补助各类贫困家庭学生3.79万人。城乡低保标准提高，发放低保资金4.68亿元。在全省率先启动城市规划区内失地农民参加城镇养老保险工作，将27.27万名被征地农民纳入基本养老保险体系；城乡医保覆盖面扩大，异地就医结算范围延伸到省内5个设区市。在全省率先实施贫困家庭重性精神病患者免费救治工作，全年免费救治贫困尿毒症患者1072人、先天性心脏病患儿270例、儿童白血病患者26例，实施免费白内障复明手术3023例。实行居住证制度，为农民工能够真正融入城镇提供制度保障，初步实现农民工"进得来、留得住、有工作、能增收"目标。价格总水平保持稳定，重点保障了低收入群体生活不因物价上涨受到影响。

【社会保障体制更加完善】 2013年，南昌市加大社会保障体系建设。全市城镇新增就业人数8.62万人，完成全年指标任务的125.5%，全市城镇就业率达到94.6%。全市"4050"人员再就业人数9627人，完成全年指标任务的139.5%。零就业家庭就业安置率为100%，实现动态清零。新增转移农村劳动力4.52万人，完成全年指标任务的135.8%。全市城镇职工基本养老、医疗、失业、工伤、生育五大保险参保人数分别达154.33万人、223.5万人、58.58万人、87.26万人、45.4万人，分别完成全年指标任务的127.8%、113.6%、102.0%、115.7%、105.6%。城乡居民社会养老保险试点参保人数达到147.8万人，完成全年指标任务的101.2%；被征地农民参加养老保险人数为11.13万人，完成全年指标任务的397.6%。圆满完成了2013年养老保险待遇调整工作，城镇企业退休人员人均增加168.09元/月，基本养老金已达1634.14元/月，实现退休人员养老金"九连增"。

【医疗体制改革取得成效】 2013年，城镇职工基本医疗保险（以下简称职工医保）、城镇居民基本医疗保险（以下简称城镇居民医保)和新型农村合作医疗(以下简称新农合)参保参合率稳定在95%,其中新农合参合人数达252.14万人,参合率达98.9%,达到南昌市历史最好水平。新农合政策范围内补偿比达75%,门诊报销全部采取门诊统筹模式,报销比例达70%,并设置门诊大病补偿模式,门诊统筹支付比例进一步提高。出台《南昌市城镇职工医疗保险定点医疗机构住院费用支付管理试行办法》,城镇居民医保住院费用支付比例分别提高到70%以上,缩小与实际住院费用支付比例之间的差距。新农合实行付费支付方式改革,建立起医疗保险对统筹区域内医疗费用增长的制约机制。实现赣州、九江、吉安、景德镇、抚州、上饶6个设区市参保人员到南昌异地就医即时结算,南昌和九江两市实现双向就医即时结算,南昌市与广州市实现医保跨省联网结算。

【城乡经济协调发展】 2013年,南昌市积极构建城乡发展一体化新格局,努力把南昌建成全省城乡经济社会发展一体化的先行区和示范点。先后出台《关于推进我市城乡发展一体化,加快打造核心增长极的实施意见》《关于在全市集中打造一批特色小镇的实施意见》《关于进一步做好镇村联动建设发展用地"增减挂钩"工作的实施意见》等一系列政策措施,为南昌市城乡发展一体化工作提供强有力的保障。至年底,市级以上龙头企业已发展到427家。进一步规范土地流转程序,推进农村土地适度规模经营和有序流转,农村土地流转总面积达4.76万公顷,土地流转率高于全国水平。

【科技体制改革进一步深化】 2013年,围绕南昌国家创新型城市建设,为实现科技创新"六个一"工程确定的目标和任务,出台《中共南昌市委、南昌市人民政府关于深入推进科技协同创新的实施意见》。安排科技保险专项经费267.37万元,帮助21家企业规避科研开发风险,投保保险额达161亿元。共受理知识产权质押融资贴息项目2项,涉及放贷金额630万元,贴息金额为25.09万元。为32户企业提供科技业务担保贷款,担保金额为1.1亿元。

【推进综合配套改革试点工作】 2013年,继续协调推进南昌县、进贤县、青山湖区、东湖区省级综合配套改革试点工作。各试点县(区)结合当地改革发展实际,按照试点实施方案和五年行动计划的要求,抓住机遇,积极探索创新,促进了试点工作有序推进。

(蔡　卫)

宏观经济管理

【概况】 2013年,南昌市发展和改革委员会坚持以科学发展观为指导,始终以把南昌打造成带动全省经济发展的核心增长极为主线,围绕"争项目、争资金、争政策",以"大投入、大建设、大发展"为目标,狠抓项目建设、深化改革、强化服务,切实履行部门职责,较好地完成全年工作任务。

【谋划发展思路】 2013年,继续将规划和发展计划作为发改工作的重中之重,以规划为纲领,精心谋划发展思路。编制出台《把南昌打造成为带动全省发展的核心增长极规划》及《南昌打造核心增长极三年行动计划(2013—2015)大纲》,为南昌市打造带动全省发展的核心增长极提供指导和执行依据。编制完成《南昌临空经济区规划》和《南昌临空经济区三年行动计划》,谋划区域发展重大战略。制订《南昌市"十二五"规划纲要任务分解方案》,切实开展南昌市"十二五规划"中期评估工作。

【加强经济预警分析】 2013年,将加强经济监测运行放在更加突出的位置,制定《南昌市经济运行分析监测预警机制》,成立南昌市经济运行分析监测预警工作领导小组,常务副市长张鸿星任组长,市政府副秘书长胡小洪、市发改委主任邓建新、市统计局局长万昱原任副组长,包括36个成员单位。建立健全及时、准确、全面的分析监测预警体系,积极预防和有效应对经济运行中可能出现的新变化、新问题。在全市建立100个经济观测点,以工业和服务业企业为样本,每月通过问卷访谈调查的方式采集基础数据,然后对数据进行汇总整理形成分析报告。这些分析报告对了解掌握全市微观主体生产经营情况具有非常重要的参考价值,有助于政策制定者了解企业的市场预期、重点行业生产经营形势、发展的要素制约、生产经营困难问题以及企业诉求等,为市领导决策提供参考依据。

【强化项目管理和建设】 2013年,继续采用"挂图作战"的方式,扎实推进2013年全市100个重大重点项目建设,严抓项目前期,开工率达95%以上,创历史新高。在重大基础设施建设方面,南昌西客站已正式运营通车,西客站广场及配套路网工程、轨道交通工程、朝阳大桥等一批拉大城市框架的重点工程按计划顺利推进。在产业发展方面,江西五十铃汽车有限公司整车、联创光电LED产业园、九龙湖万达文化旅游产业城、南昌国际博览中心等大体量项目开工建设;江铃30万辆整车、年产8万吨铝合金型材、奥克斯二期等重大项目竣工投产,提升经济发展竞争力。在社会事业方面,重点抓好了综合性医院建设、南昌市残疾人康复就业体训中心、陈云纪念园等一批提升城市魅力的项目建设。

【争取上级支持】 2013年,经过反复沟通和对接,争取省政府赋予南昌市副省级城市经济社会管理权限,在投资审批、交通、价格、旅游、水务管理等方面取得副省级城市管理权限;青云谱洪都机场改造项目争取到国家城区老工业区搬迁改造政策,成为全国四个试点区之一。认真包装项目,争取上级资金,全年共争取国家和省各类建设和补助资金突破50亿元。

【深化改革】 2013年,为认真贯彻落实《南昌市人民政府关于深化第八轮行政审批制度改革全面简政放权的决定》精神,印发《南昌市发改委全面简政放权进一步深化行政审批制度改革工作实施方案》《南昌市发改委关于下放行政审批事项工作实施方案》《关于下放部分审批权限的通知》《关于进一步优化审批流程的通知》等文件,举办下放审批权限培训班,规范下放审批事项管理,进一步简化审批流程,提高审批效率。在服务业引导资金的使用上有新突破,为扩大服务业引导资金的受益面,在更广的范围内挖掘好项目,充分发挥资金的引导示范作用。市发改委改变以往临时组织申报、临时开展专家评审的做法,提前在全市范围内发布通知征集服务业项目,建立项目库,做好项目储备。制定《南昌市促进总部经济发展暂行办法》,对落户南昌的总部企业给予包括开办补助、用地用房优惠、经营贡献奖励、人才扶持等一系列优惠政策支持。深入推进医疗卫生体制改革,在全国率先实行医保跨省联网异地结算,省内医保异地就医结算范围扩大到吉安、抚州、赣州、景德镇和九江等市。

【推进区域合作】 2013年,与九江市、抚州市发改委密切联系,积极推进昌九、昌抚一体化。草拟《昌抚战略合作框架协议》《南昌、九江、宜春、抚州四市区域合作框架协议》等，加强区域合作。

【加强低碳节能宣传】 2013年，组织开展2013年度“全国低碳日”和节能宣传周系列宣传活动，包括在红谷滩世纪广场布置节能低碳政策、成果、知识展板，宣传节能低碳知识；在西湖区象山文化广场开展节能宣传进社区主题活动，传播节能知识和理念；在电视台、广播电台等媒体开展宣传报道，形成更加浓厚的节能舆论氛围；利用手机短信平台每天向全市用户发送节能低碳公益短信。

【提高工作效能和服务水平】 2013年，继续深入实施“四走一转”大调研活动，切实转变工作作风，变“公文办公”为“开门办公”，变“被动服务”为“主动服务”，形成调研成果20篇。积极融入南昌市全国文明城市创建，成立市发改委创建文明城市工作领导小组，制订实施方案，明确任务分工和时间节点，重点抓好了诚信平台建设、道德讲堂活动的开展以及政务环境创建。

（王 勃 陈 羽）

工商行政管理

【概况】 2013年，全市工商系统充分履行市场监管基本职能，着力营造准入、市场、消费三大环境，全面加强法治、信息、队伍三项建设，努力提高工商监管的制度化、规范化、程序化和法治化水平，为服务经济社会科学发展作出了积极贡献。南昌市工商局荣获江西省第十三届文明单位称号，“3·21”传销案专案组被国家工商总局授予集体一等功、2人被国家工商总局授予“3·21”传销案个人一等功。在国家和省市媒体刊发报道稿件2303篇，国家工商总局采用信息14条、省工商局采用信息76条、市委市政府采用信息29条，上级领导11次批示肯定。

【激发市场主体创业活力】 2013年，全市工商系统坚持“便捷高效、规范统一、宽进严管”的原则，认真贯彻注册资本登记制度改革，激发经营者的投资信心，有效地促进市场主体保持较快增长。服务南昌打造核心增长极，建立重大项目法人企业、重点出口企业工商联络员制度，办理重大项目法人登记45户、重大项目股权出质21户，股权出资额6.3亿

2013年5月9日，市工商局组织人员上门为南昌工业控股集团有限公司及下属企业进行现场集中年检

元、担保数额50亿元。加快职能转变，梳理行政审批事项，下放6项行政审批事项、2项非行政审批事项、4项行政审批委托事项，办理内外资登记事项2.8万件。实行注册登记费全免政策，全年减免企业注册登记费4000余万元，为企业提供增资扩股、股权转让、合并重组等专项服务12户次，办理股权出质登记127件，企业实现融资42亿元。设立国有、集体企业改制窗口，实行专人负责、个案辅导，办理集团登记38户、远程核准外商投资企业69户、远程名称优先核准登记9466户。扶持民营企业发展，落实《关于加快民营经济发展的政策措施》，引导有条件的个体工商户转型升级。至年底，全市新增内资企业716户、外资企业155户、私营企业9311户、个体工商户2.79万户，注册资金分别新增89.44亿元、1.34亿美元、193.62亿元、45.55亿元。

【农村经济向多元化发展】 2013年，市工商局按照“积极发展、逐步规范、强化扶持、尊重农民的创造性和能动性”的工作思路，出台《关于充分发挥工商职能鼓励扶持家庭农场发展的意见》和《南昌市农民合作社联社登记管理意见（试行）》，全面落实强农惠农富农政策，支持发展多种形式新型农民合作组织和多层次的农业社会化服务组织，完善农村经纪人制度，鼓励和支持承包土地向专业大户、家庭农场、农民专业合作社流转，培育壮大多元市场流通主体，提高农户集约经营水平。4月7日，全省首家由个人独资、租用土地面积10公顷，主要从事有机农业推广和普及的新建县慢哈屯家庭农场在新建县工商局注册成立。至年底，全市新设立家庭农场1064家，新增农民专业合作社364户。全市实有农民专业合作社3009户，出资总额97.75亿元。

【构建食品安全网】 2013年，全市工商系统严把食品市场准入关，突出区域性、季节性、节日性食品消费特点，积极开展流通领域食品质量监测，精心部署各类食品专项整治，加大重点食品品种、重点指标项目抽检频次，扩大抽检范围，健全食品安全应急处置机制，强化应急值守，统一配发速检仪器和试剂，改进食品抽样检验工作，充分发挥食品检查快速检测作用。有效应对H7N9禽流感，设立防范督导指挥部，全面清查家禽、鸟类批发零售市场，张贴暂停活禽交易、暂时关闭活禽交易市场的通告，加强商品质量检查，稳定禽产品市场供应秩序。至年底，检查集（农）贸市场3087个次、批发市场852个次、商场超市2055户次、肉及肉制品经营户1.56万户次；抽检超市各类上架食品2565批次，合格2108批次，合格率89.2%；专项抽检农村流通环节食品166批次，合格151批次，合格率91%。同时，抽检中式面点、西式糕点、酱卤肉、腐竹等138批次，查处食品违法案件27起，罚没金额50.57万元，发放消费者有奖举报金额0.52万元；清

查硫酸铜腌制皮蛋,出动执法人员744人次、执法车辆219台次,检查经营户2669户次,下架皮蛋2074个。

【市场监管执法有力】 2013年,全市工商系统以信息化网络监管平台为支撑,充分发挥市场主导作用,匡正市场监管执法理念,尊重市场基本规律,扎实履行市场监管职责,优化主体分类,认真组织开展红盾护农行动,强化风险管理,建立经营异常名录,完善失信惩戒机制,稳步推进诚信市场和文明城市创建活动。至年底,检查液化石油气充装企业20家、汽车销售企业200户次,核准品牌汽车销售60户次;检查农资经营户731户次,抽样检测各类农资商品282批次,合格247批次、不合格35批次,合格率87.6%;受理合同格式条款备案234份、修改备案14份,作出修改建议24份、责令改正12份;受理拍卖备案234件,办理动产抵押登记150件,企业实现融资20.4亿元;开展"安全生产月"整治行动,检查危险化学品、烟花爆竹、娱乐场所285户,整改安全隐患6户次;查处农资商品案件45件,不合格食品案件15件、液化石油气案件1件,罚没金额79.7万元。加强市场诚信体系建设,完成对2个农资市场和748户农资经营户的信用等级类别的评定,认定AA级守合同重信用企业104家,推荐省工商局认定AAA级守合同重信用企业22家,国家工商总局公示守合同重信用企业10家。

【商标品牌建设取得成效】 2013年,全市工商系统按照"择优扶强、定向培育、跟踪服务"的原则,积极开展"服务万家企业,培育万件商标"活动,制定重点企业知名产品打假名录,建立创造、运用、保护、管理相统一,依法、规范、高效的商标保护和打击侵权假冒的长效机制,变被动为主动服务,变接待式服务为移动式服务,形成"政府主导、工商主推、企业主创、社会参与"的合力,推动知识产权事业发展和商标战略实施示范城市建设。全年推荐申报的江西杏林白马药业有限公司"白马"、江西益康医疗器械集团有限公司"益康及图"、江西国鸿实业有限公司"国鸿GH"、江西雄鹰铝业股份有限公司"雄鹰"、江西正邦科技股份有限公司"正邦"、南昌市草珊瑚科技产业有限公司"人之初"6件注册商标被认定为中国驰名商标,推荐新认定江西省著名商标65件、续认37件,推荐新认定南昌市知名商标62件、续认19件。至年底,全市新增注册商标3106件,有效注册商标2.37万件。其中,农产品注册商标5367件、服务类注册商标4689件;全市拥有行政认定的中国驰名商标19件、江西省著名商标311件、南昌市知名商标179件,国际马德里注册商标29件。

【消费维权惠泽民生】 2013年,全市工商系统围绕"让消费者更有力量"主题,遵循"便于消费者投诉,降低消费维权成本;便于基层一线执法,降低行政执法成本"两大原则,积极推进"12315"进社区、进市场、进超市、进商场、进景区"五进"工作,加强"一会两站"(消费者协会分会、消费者投诉站、"12315"联络站)建设,健全覆盖城乡的消费维权组织网络,完善消费纠纷多元化解决机制,形成调诉、调裁对接联动工作格局。至年底,全市建立消费者协会12个、分会85个,设立"12315"消费维权服务站165个、投诉联络站841个、学雷锋消费维权岗101个。"3·15"国际消费者权益日活动期间,"12315"申诉举报指挥中心接听电话1145件,其中咨询889件、申投诉220件、举报33件、建议2件、中央电视台"3·15"晚会现场热线转办1件。全年"12315"申诉举报指挥中心接听电话43765件,其中咨询33624件、申诉8984件、举报1149件、建议8件,申诉办结率99.15%,调解成功率87.92%,查处各类侵害消费者权益案件28起,罚没金额39.25万元,为消费者挽回经济损失300余万元。

【加大反不正当竞争执法力度】 2013年,全市工商系统牢牢把握面临的新形势、新要求,抓住市场竞争中多发易发的热点问题,突出人民群众反映最强烈的行业和领域,加大对包括互联网领域在内的各类不正当竞争行为的查处力度;组织开展对公用事业限制竞争、"傍名牌"和治理商业贿赂专项整治工作,维护市场竞争秩序。至年底,全市工商系统查处不正当竞争案件1055件,涉案金额2806.5万元,罚没金额2028.12万元,移送司法机关1件。其中,打击"傍名牌"专项执法行动,捣毁制假售假窝点10个,查处"傍名牌"、商标侵权案件102件,涉案金额103.19万元,罚没金额153.04万元,参与公安部门打假集群战役5次;治理商业贿赂专项行动,查处商业贿赂案件7起,案值50万元,罚没金额41万元。依托工商农资市场、网络交易市场两大监管系统,巡查网站150家,新增网络经济户籍841家,发出网站备案告知书240份,办理网站经营企业备案32家,网上发布动态、公告类信息6.7万条、消费警示5条、政策法规8条,在线答复咨询4660条;查处网络案件16起、合同违法案件28起、违反登记管理案件146件、无照经营案件500余件,罚没金额137.92万元;净化广告传播环境,办理户外广告登记352件,监测各类广告46.36万条次,查处虚假违法广告102件,罚没金额132万元;制止垄断、限制竞争整治行动,出动执法人员817人次、执法车辆531台次,检查垄断性经营企业398户次、电子产品销售企业162户次,受理直销企业会议备案212户次,配合无线电管理部门收缴卫星接收装置366套,疏导办证5647户。

【打击传销高位推进】 2013年,全市工商系统按照国家工商总局和省市打击传销违法犯罪活动工作部署,建立"政府主导、工商参与"工作机制,配合公安与乡(镇)、社区加强多发易发区域和重点场所的群防群控工作力度,密切关注社会舆情动态,继续保持打击传销高压态势。认真做好"3·21"精彩公司传销案件的后续处置工作,清查渠道商网上攻击言行,巩固"打传销、反欺诈、促和谐"专项行动成果。至年底,全市工商系统出动执法人员410人次、车辆80台次;联合公安部门查办传销案件15件,捣毁传销窝点59个,教育遣散传销人员315人,移送司法机关12人,23人涉嫌非法拘禁被公安部门刑事拘留,有效遏制了传销违法犯罪蔓延势头,得到国家工商总局和省市领导的充分肯定。

【推进综治维稳工作】 2013年,全市工商系统围绕"抓稳定、保平安、促和谐"工作目标,找准工作的着力点,明确第一责任人责任,将综合治理工作纳入绩效考核体系,综治维稳工作经费列入年度财政预算,加大信访维稳工作规范化、制度化、常态化建设力度,畅通和规范群众诉求表达、利益协调、权益保护渠道,健全重大决策社会稳定风险评估和突发事件应急管理机制,做到信访案件审核及时、处理及时、回复及时。至年底,全市工商系统建立行政调解机构164个,配备调解人员288人,排查矛盾纠纷58起,调解处置率100%。积极开展"无邪教单位""无邪教家庭"宣传教育活动,组织干部职工1362人次观看《识破邪教"全能神"》反邪教警示片,创建无传销社区(村)1509个。举办法律维权咨询服务宣传19场次,印发宣传资料7346份,发布警示提示信息48条、公益广告2条、公益短信700余条,接待咨询2600

余人次，为个体私营经济协会会员提供无偿代办导办服务1.1万户次。处理信访件112件，接待来访人员50余人，微博回复87条，确保事事有回音、件件得落实，实现案结事了、息诉息访的良好局面。

【绩效管理软件获著作权证书】 2013年，全市工商系统围绕“全面实施绩效管理，创新服务区域经济”主题，按照“简便、务实、高效”的原则，梳理、整合、修订和完善考核指标，健全“三位一体”（基层、机关、领导班子）的公务员绩效考核机制，健全网络电子档案，充分体现考核“管理有依据、评先看数据、业绩看效能”，打破“千人一面、万人一表”现象，确保考核按照规定的内容、标准、程序和时间有序进行。4月12日，红盾工商“南昌三位一体”公务员绩效管理软件被国家版权局授予计算机软件著作权登记证书。4月16—17日，国家公务员局在天津召开全国行政机关公务员平时考核工作经验交流会，南昌市工商局作为国家公务员局、工商总局公务员考核工作联系点出席会议，并以《以平时考核为抓手，运用现代信息技术，开展公务员考核的实践探索与理论研究》一文在会上进行交流，获得公务员考核理论征文一等奖。至年底，接待到南昌市考察学习公务员绩效考核人员26批次164人次，其中系统外考察交流人员11批次78人次。

（黄家烽　谭传荣）

行政审批

【概况】 2013年，南昌市行政服务中心按照关于“全面简政放权，以放为原则、不放为特例，推进权力下移、重心下移、服务下移”的总体要求，始终围绕审批制度改革和简政放权这条主线，突出放权放事、提速提效、减压减负、严管严查四个重点，抓住监督制约审批权力这个关键，为广大企业和群众提供优质高效的审批办证服务。至年底，共办理各类审批服务事项12.7万件，比上年增幅28%。被省委、省政府授予省级文明单位；被市委、市政府授予全市综合目标考核优胜奖、开放型经济行政服务奖、综治工作先进单位、节能工作先进单位等。

【开展第八轮行政审批制度改革】 2013年，按照“以放为原则、不放为特例”“审批权下放、否决权上收”的工作思路，改革创新、先行先试。对市直各部门实施的行政审批事项进行清理，改革后共保留行政审批事项217项（行政许可151项、非行政许可66项）；精减126项，精减率36.73%；保留行政事业性收费41项，精减11项，精减率21.54%；下放（委托）审批事项116项，增加率93.55%。一审一核事项达到208项，即办件事项达到94项。单项行政审批平均办理时限由8.8个工作日压缩至4.86个，压缩率44.77%。

【推进简政放权】 2013年，实行“双向”联动，提高下放承接效果。指导放权单位做到“四个规范”，即规范下放事项、规范下放方式、规范业务指导、规范后续监管；督促承接单位做到“四个到位”，即承接机构到位、业务培训到位、流程优化到位、集中进驻到位。积极推进配套措施，为下放审批事项正常运行提供场地、人员、经费等保障。10月12日，省委常委、市委书记王文涛在中心工作汇报材料上作出重要批示“率先简政放权，此项工作开展很好”。

【扩大并联审批实施范围】 2013年，起草并上报市政府下发《南昌市行政审批服务事项联合办理办法》，联合办理事项从5项扩大到12项。会同市建口相关部门研究制定《南昌市建设工程专项设计联合审查实施办法（送审稿）》和《南昌市房屋建设项目联合专项竣工验收实施办法（送审稿）》。共组织各类并联审批100余次。

【完善绿色通道制】 2013年，继续将省、市、县（区）重大重点项目纳入绿色通道，完善特事特办、急事先办、难事快办、上门协办的工作方式，办理时间缩短50%以上。先后为万达文化旅游城、天然气加气站等130余个重大重点项目提供绿色通道服务，取得明显效果。

【推行否定报备制】 2013年，创新推出否定报备制，少说“不能办”，多说“怎么办”。实际工作中做到有条件的要当场办、快速办；缺条件的要指导办、完善办；没条件的不能随便否决，必须先集体研究，在2个工作日内向市审改办报备，真正下放审批权，上收否决权，把握监督权，有效避免了行政审批不作为、乱作为和推诿扯皮。

【推行分期报建制】 2013年，在全省率先推行分期报建制。即建设项目基础部分和主体部分分开报建，先期报建基础部分，相关报建资料经规划部门审核通过并放线后，可先行施工至正负零，使企业落地和建设项目开工审批整体时限压缩30%，实现建设项目提前开工、提前竣工、增加企业经济效益、增加政府税收的“双提双增”目标。

【推行审批暂停报告制】 2013年，在审批过程中，当审批材料已经受理、审核，因修改方案、图纸、减免规费等原因，造成审批条件暂不满足，窗口必须向市行政服务中心管委会书面备案情况，经审批办理事项申请人同意后，准予延期，审批暂停，防止人为因素超时办件。

【完善网上审批和电子监察系统】 2013年，争取财政资金109万元，采购电脑177台，服务器3台，改善网上审批办公条件。及时更新网上审批系统中审批事项办事指南、审批流程、权限设置，督促各窗口使用网上审批系统，安排专人对音视频系统进行监控，实现对行政审批、阳光医药网上行政行为、公共服务的电子监察。指导青山湖区、湾里区推进城乡一体化网上行政审批服务改革试点工作。完成评议评价系统与网上审批和电子监察系统数据对接，并将群众满意度评价纳入电子监察和绩效管理考核。至年底，办事群众和企业共对窗口进行6.47万次评议评价，满意率为99.99%。

【开通中心政务微博】 2013年，在新浪、腾讯、新华网、人民网、微南昌（南昌新闻网）五大主流网络媒体开通政务微博，在中心网站开通政务微博专栏。至年底，共发布信息429条，回复微博咨询17条，拥有粉丝5.18万人。

【服务基层基础建设】 2013年，指导安义县中心新大楼建设，完成装修、搬迁。抓好红谷滩新区和桑海开发区中心的组建、运行工作。在新建县、东湖区中心相关制度的基础上，制定《南昌市县区（开发区、新区）行政服务中心规章制度汇编（样本）》并下发至各县区（开发区、新区）行政服务中心参照执行。

【开展综合调研】 2013年，通过实地查看、听取汇报等多种方式，对基层中心建设情况进行综合调研，起草《关于加强新形势下全市县区行政服务中心、乡镇（街道）便民服务中心、社区（村）便民服务站建设的通知》，并报市政府审定后下发。

【强化对县(区)业务指导】 2013年,通过推进充分授权、流程再造、减少环节、联合办理等,提升审批效率。县(区)中心窗口一审一核事项占本部门审批事项60%以上,即办件事项占本部门审批事项30%以上。加强对县(区)中心工作纪律、服务态度等方面的监督、检查和教育,强化对乡(镇)中心的业务指导,为实现全市“五星级”标准的乡(镇)中心突破20%的建设目标奠定了基础。

【优化投资环境】 2013年,开展专项督查,重点对各县区(开发区、新区)和各牵头部门优化投资环境工作推进情况进行督查,对各县(区)行政服务中心窗口落实效能建设情况进行暗访,并对存在问题的单位在全市进行点名通报。开展2012年全市优化投资环境工作“十佳”个人评选活动,在全市42家优化投资环境典型事例中筛选出10家进行集中宣传。同时,在市质量技术监督局、市交通局窗口设置预登记窗口,预录基本信息,将办件监控关口前移。

(樊 琴)

质量技术监督

【概况】 2013年,南昌市质量技术监督局以服务经济建设为主线,以“质量兴市”为总揽,以严把质量安全为目标,为南昌打造带动全省发展的“核心增长极”提供强有力的质量支撑和安全保障,认真履行职责,严格依法行政,扎实推进各项工作开展。

【推进质量兴市】 2013年,全市产品质量、工程质量、服务质量和环境质量总体水平稳步提升,南昌市连续荣获全省质量兴省先进单位,8家企业荣获“江西省质量信用AAA级企业”,3家企业被评为全省质量管理先进单位,指导小蓝经开区建设品牌示范区。加强品牌引领,全年获江西名牌23个,评定南昌名牌10个。至年底,全市共有江西名牌62个,南昌名牌65个,拥有江西名牌的数量占全省总数313个的近1/5。

【标准化基础进一步夯实】 2013年,完善全市主导产业的技术标准体系,新制定地方标准5项,指导制定的3项国家标准获“中国标准创新贡献奖”。推行先进质量管理体系标准,指导2家企业完成国家级标准化良好行为试点确认。高新区的“全国高新技术产业集群标准化示范基地”和滕王阁的“国家级服务业标准化试点项目”顺利通过验收。

【食品安全监管更加有力】 2013年,围绕保障733家获证食品生产企业907个获证产品安全,强化整治、强化责任、严格市场准入、严格监督抽验。部署节假日和重要时间节点安全大检查,开展肉制品、乳制品、饮料、酒类等重点产品专项整治,持续开展打击食品非法添加和滥用食品添加剂专项行动,积极应对处置食品质量安全事件,确保全市食品安全。

【特种设备实现安全运行】 2013年,加大气瓶充装站的整治力度,推动由政府统一协调推进的“黑站”整治,指导天然气加气站的建设及取证,加快新能源的运用;深化特种设备“两化”建设,重点开展电梯、气瓶、起重机械、压力容器及管道的专项整治;部署为期100天的安全生产大检查。全市3.75万台(套)特种设备运行平稳。

【质量监督和执法打假工作扎实有效】 2013年,着力规范执法办案,强化执法打假,切实抓好生产源头。以食品、农资、儿童用品、汽配、建材为重点,精心组织“质监在行动”,部署“质监利剑行动”;加强工业产品生产许可证获证企业后续监管,加强机动车安检机构监管,完成“12365”系统的建设和应用,依法处置各类举报投诉申诉。至年底,全行业共查办各类案件950余起,市质监局稽查支队办案力度加大,办理10万元以上的案件7起。

【服务生态文明建设】 2013年,推动节能减排,开展工业锅炉能效情况专项检查,验收10家节能标杆锅炉房,指导全市43家重点耗能企业加强能源计量管理。扎实开展民生计量,全市强制检定计量器具受检率达95%以上。加大认证监管力度,推荐2个产品成功申报“江西省节能产品”,帮助3家企业开展能源管理体系建设,提高能源利用效率。督促指导国家级、省级农业标准化示范区建设,服务现代农业产业化。

【强化技术支撑】 2013年,质监行业内8家计量技术机构顺利通过复查考核。食品检测中心检验实力、科研能力大幅增强,完成近6000批次的检验任务,顺利实施实验室环境改造,新增液质联用仪等大型检测设备,成功申报国家总局科研项目1个、省局科研项目2个;培训中心培训、考核特种设备作业人员4000余人,取得良好的经济效益和社会效益。推动安义县筹建新的技术检测机构。

(朱景新 王钰涛)

安全生产监督管理

【概况】 2013年,南昌市安全生产监督管理局(以下简称市安监局)通过开展安全生产大检查和重点行业领域专项整治,夯实安全生产工作的基层和基础,强化全民安全意识,全市安全生产形势保持总体平稳态势,但形势不容乐观。全市共发生各类生产安全事故2065起,死亡247人,事故起数比上年上升14.77%,死亡人数上升2.76%。其中,发生生产经营性事故15起,死亡21人,事故起数减少1起,死亡人数增加1人,死亡人数占省安委会下达的年度控制指标的100%;发生道路交通事故313起,死亡224人(其中生产经营性道路交通事故死亡人数90人),事故起数下降0.63%,死亡人数下降0.44%,生产经营性道路交通事故死亡人数占省安委会下达的年度控制指标的98.9%;发生火灾事故1737起,死亡16人,事故起数上升18.3%,死亡人数上升77.8%。

【开展安全生产大检查】 2013年6~9月,南昌市安全生产委员会(以下简称市安委会)在全市组织开展以企业自查、县区政府检查、市政府督查为主要方式的安全生产大检查工作,重点对涉氨企业以及危化品、烟花爆竹、非煤矿山、交通运输、建设施工、人员密集场所消防安全等重点行业和领域进行全面检查。全市各级政府共成立检查督查组482个,督查范围覆盖所有县区、乡镇(街道)。共检查各类生产经营单位7224家,查出问题和隐患6031条,整改5892条,整改率97.6%。责令和限期整改3781起违法违规行为,责令停产、停业、停止建设45家(化工行业2家、消防32家、道路交通1家、建筑施工9家、食品药品加工1家),吊销或暂扣有关许可证33家(化工行业1家、消防9家、道路交通23家),关闭非法违法企业56家(非煤矿山3家、化工企业43家、烟花爆竹1家、消防6家、其他行业领域3家),处罚96万元。

【重点行业专项整治】 2013年,市安委

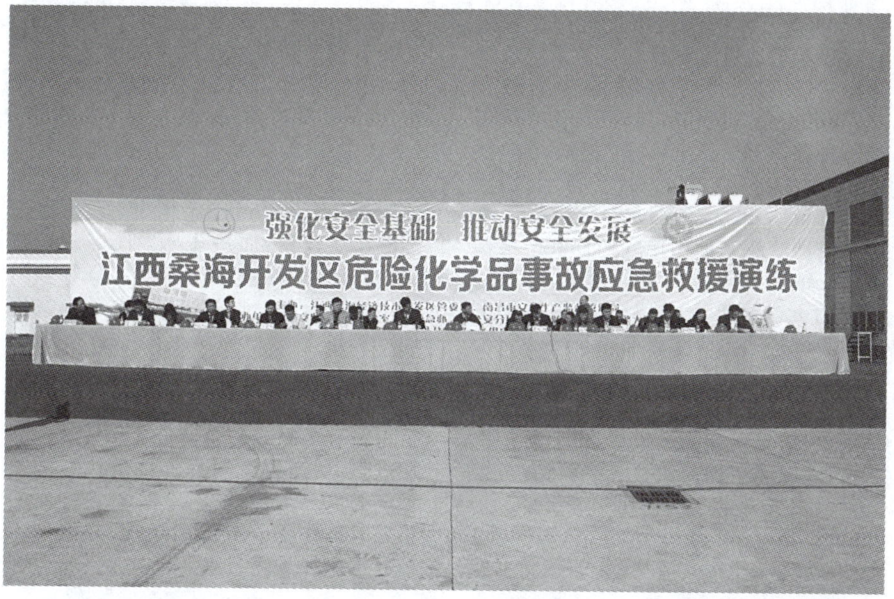

2013 年 11 月 20 日，南昌市安监局在双汇集团举行危化品事故应急救援演练

会以预防和遏制较大事故为重点，在烟花爆竹、危险化学品、职业病危害、道路交通、建筑施工、消防安全、燃气行业和事故多发领域开展专项整治工作。烟花爆竹：开展安全隐患大排查大治理工作，排查出 191 个隐患，按照整改方案，整改到位 186 个。危险化学品：开展打击车用甲醇非法经营专项整治活动，查处非法灌装甲醇窝点 59 个，暂扣非法灌装车辆 5 台，查扣非法甲醇 9.8 吨，基本消除南昌市出租车非法改装使用甲醇以及非法网点充装甲醇的隐患。职业病危害：开展水泥制造和石材加工行业专项整治，对全市 9 家水泥生产企业、7 家混凝土制造企业和 12 家石材生产加工企业开展职业病危害专项整治工作，维护职工健康权益。道路交通：重点整治客运车辆、货运车辆和校车三类车辆，治理道路事故黑点。共排查客车 745 辆，营运车辆驾驶员 426 名；检查货运车辆 1.6 万余辆次，查处货运车辆违法行为 7823 起；查处校园周边乱停放车辆（含黑车）256 起，校车交通违法行为 54 起；整治事故黑点和安全隐患路段 16 个，设置临时警示标示（牌）12 个。建筑施工：检查各类施工、监理企业 268 个次，各类施工工地 231 个次，各类起重设备 600 余台，查处并消除隐患 700 余处，下发安全隐患整改单 56 份、安全生产执法建议书 28 份；约谈施工单位和监理单位 14 家，下发停工整改单 13 份。消防安全：开展消防安全大排查大整治活动，全市共发现火灾隐患 1.5 万余处，督查整改 1.4 万余处，责令“三停”单位 172 家，罚款 62 万余元，拘留 35 人。燃气行业：下达燃气安全检查记录 85 份、安全隐患整改通知书 20 份、责令停止违法（章）行为通知书 6 份，查处、纠正燃气违法（章）行为 150 余起，查处瓶装供应黑点 5 个。

【安全生产隐患治理】 2013 年，市安监局安排 350 万元安全生产专项资金用于安全隐患治理，对全市危险化学品、非煤矿山、烟花爆竹、职业危害、道路交通、建筑行业、消防工程等重点领域进行安全事故隐患排查，对各类重大危险源进行评估论证。同时，落实严厉的隐患整改措施，抓整治、促整改，对发现的安全隐患跟踪督查、挂牌督办；对拒不整改的采取“不整改就关门，不关门就关人”的严厉措施，并把隐患整改纳入制度考核；对发现的重大隐患没有挂牌督办及没有按时整改到位的，在单位和个人的评先评优中一律予以“一票否决”。至年底，检查各类生产经营单位 1 万余家，发现隐患 6838 处，整改 6678 处，整改率达 97.6%。

【规范安全生产经营秩序】 2013 年，市安监局以“规范有序，安全发展”为目标，前移安全生产工作关口，规范烟花爆竹、危险化学品和非煤矿山等高危行业的生产经营秩序。在烟花爆竹生产企业通过退出机制和优化整合措施，引导 6 家规模小的企业退出烟花爆竹领域，推动仍在生产的 11 家生产企业开展安全标准化和整改提升工作，提高企业本质安全水平；在危险化学品行业实行“退城进郊”措施，推动危化品经营企业进专业市场经营、生产企业进园区生产，确定在进贤县、安义县、经开区、湾里区设立化工集中区，规划面积 1228.47 公顷；在非煤矿山企业全面推行安全标准化工作，正在生产的 8 家采石场企业全部通过三级达标评审，提升高危行业的安全系数。

【开展安全生产月活动】 2013 年 5—6 月，市安监局采取多种形式，开展以“强化安全基础、推动安全发展”为主题的安全生产月宣传活动。5 月 31 日，市安委会在江铃集团开展以安全生产月宣传咨询日活动。市安监局制作 40 余块安全生产宣传板画，宣传安全生产法律法规、安全事故案例，图解有关危化品、职业危害、交通、建筑、用电、防火、自护自救等安全知识；交警大队、消防大队等部门出动广播宣传车，沿街流动宣传《中华人民共和国道路交通安全法》《中华人民共和国消防法》等法律法规；现场设立 30 个咨询台，发放宣传手册、画册、宣传单等 60 余类材料共 2000 余份。6 月 19 日，市安监局联合市消防大队、沃尔玛（中国）南昌四家门店，开展安全生产及消防知识竞赛和技能比拼大型活动，提升企业安全生产意识，取得良好的社会效应。同时，组织 9 次安全生产应急演练，出动车辆 30 余辆，参与人数 5000 余人，提高公众的公共安全意识和自我保护意识以及相关单位预防应对突发公共事件的快速反应和应急保障能力。

【开展安全生产培训】 2013 年 4 月，市安监局职业安全健康监管处组织全市非煤矿山、石材加工、水泥制造、铅酸蓄电池生产、木质家具制造等相关企业负责人和管理人员开展职业安全健康培训，开设培训班 3 期，培训 287 人次。6 月，市安监局综合信息处举办烟花爆竹安全生产知识培训班，培训烟花爆竹从业人员 40 余人，发放安全生产教育培训教材 40 余本。9 月，市安监局政策法规处举办全市乡（镇）、街道安全生产监察员执法资格培训班，培训基层安全生产监察员 133 人次。至年底，市安全生产宣传教育中心共培训和复训各类安全生产人员 1 万余人次，其中特种作业人员 7747 人次，其他各类安全管理人员 2391 人次。

【推广“数字安监”系统】 2013 年，市安监局积极推进安全生产监督管理系统（“数字安监”系统）的广泛使用。“数字安监”系统由办公平台、业务平台、指挥平台三大平台和协同办公系统、应急救援指挥系统、辅助决策系统、企业状况普查登记系统、重大危险源监管系统、危险化学品监管系统、烟花爆竹监管系统和非煤矿山监管八大子系统组成。系统结合南昌本地特点,整合地域资源并利用已经建成的南昌市空间地理信息数据库管理系统成果,整合当今最新GIS技术与数据库、软件工程、网络技术及其他多方面的计算机主流技术,建立统一的网络与数据平台。系统应用在安全生产辅助决策、企业安全生产管理、安全生产事故应急救援、事故隐患管理、重大危险源管理等各方面,能对安全生产进行有效的辨识、跟踪、检测、评价、监控和预警,变事故被动处理为事故主动预防,为政府的安全生产监督管理提供科学高效的信息化管理工具和决策技术支持保障。

【完善应急预案体系】 2013年,市安监局制定出台《南昌市烟花爆竹事故应急救援预案》《南昌市非煤矿山事故应急救援预案》《南昌市危险化学品事故应急救援预案》和《南昌市安全生产专家组工作规则》,组建烟花爆竹、非煤矿山、危险化学品应急救援专家组,为快速、有效、科学的进行事故救援奠定了基础。审核发放安全生产许可证的三大高危行业企业预案备案118家,其中危险化学品生产经营企业96家、烟花爆竹生产经营企业11家、非煤矿山生产企业12家。至年底,各级政府和企业安全生产应急预案体系已基本形成,“政府统一领导、部门协调配合、企业广泛参与”的应急救援机制初步构建完成。

【开展“两项创建”工作】 2013年,市安监局开展安全发展示范城市创建和安全生产标准化创建“两项创建”工作。委托国家安监总局研究中心编制的《南昌市创建安全发展示范城市规划》通过专家评审,并报市政府审批,待发布后,将借鉴创卫生城和文明城的做法推动实施。在烟花爆竹、危化品、非煤矿山、规模以上的冶金、机械等工贸行业领域开展安全生产标准化创建工作。至年底,共有75家企业通过三级安全生产标准化考评达标,其中烟花爆竹生产企业7家、非煤矿山企业8家、危化品企业28家、工矿商贸企业32家。

【建设“三个基地”】 2013年,市安监局建设应急救援基地、警示教育基地、培训演练基地“三个基地”。应急救援基地项目总投资4000余万元、总用地面积约1.33公顷、总建筑面积约1.2万平方米,集应急救援指挥、办公、设备物资存储调配等功能于一体,是江西省最先进的应急救援基地。至年底,南昌市安全生产应急救援指挥中心大楼基本竣工。投资1150万元的南昌市安全生产宣传教育警示基地投入试运行。该系统通过采用实景模拟、互动体验的新颖宣教方式,展示安全知识和事故隐患,使参观者能够身临其境、亲身体验,提高防护技能。每次能容纳200人接受警示教育,年接待量达30万人次。中核南昌安全生产培训演练基地由市安监局和中核抚州金安铀业有限公司共同建设,总投资4187万元。至年底,进入设计招标准备阶段。该基地与应急救援指挥中心大楼建设在同一地块上,并建设配套5000平方米的综合业务楼用于建立实训培训演练模块、仿真培训演练模块、辐射防护实验室、多媒体培训模块,建成后将有力提高南昌市安全生产培训和演练水平。

(孙美焘)

食品药品监督管理

【概况】 2013年,南昌市食品药品监督管理局围绕打造全省核心增长极中心任务,以鄱阳湖生态经济区和全国食品药品安全示范区创建工作为载体,依法行政、科学监管,热情帮扶、推动规范,有效保障公众饮食用药安全,维护社会和谐稳定,促进食品医药产业良性健康发展。至年底,全市共有药品生产企业36家,药品批发企业73家,零售药店1173家;医疗器械生产企业189家,经营企业1899家;餐饮服务单位8339家;保健食品生产企业25家,化妆品生产企业6家;各级各类药品使用单位2100余家。食品和生物医药产业产值突破1000亿元,占全市GDP总值接近30%,为社会提供就业岗位28万个;医疗器械产业年产值近50亿元,20家企业进入全国同行业百强,5家企业进入20强。

【“护校行动”取得积极成效】 2013年,联合市教育局开展全市“护校行动”,出动执法人员2391人次,检查学校食堂和校园周边餐饮单位1308户次,下达监督意见书551份、责令整改通知书166份,行政处罚立案39起,监督抽检9批次,没收问题食品129千克。对存在问题较多的19家单位开展“回头看”检查,曝光问题严重单位。举办学校食堂管理人员和从业人员培训班,开展“食品安全进校园”活动。省人大常委会副主任洪礼和、副省长谢茹率队调研南昌市“护校行动”工作开展情况并给予高度评价。

【开展食品药品安全整治】 2013年,开展节假日和重大活动期间专项整治、肉与肉制品专项治理、农村餐饮环节儿童食品专项整治、保健食品打“四非”(非法生产、非法经营、非法添加和非法宣传等违法违规行为)、药品“两打两建”(严厉打击药品违法生产、严厉打击药品违法经营、加强药品生产经营规范建设和加强药品监管机制建设)等多项集中整治行动。通过整治,进一步整顿规范南昌市食品药品生产经营市场秩序。在为期3个月含特殊药品复方制剂专项检查中,出动执法人员720人次,对全市所有药品经营企业近2年特殊药品购进渠道、销售流向真实性及执行国家规定的情况进行核查,立案27起,14名相关人员移送公安部门处理,并被列入药品生产经营黑名单。

【保障餐饮服务食品安全】 2013年,圆满完成省市“两会”、全国射击冠军赛、全省镇村联动发展现场会、中高考等重大活动期间餐饮食品安全保障任务共31起,实现“零投诉”“零事故”。加强对“年夜饭”、学校统一配餐等重要环节以及托幼机构、学校食堂等重要地带的监管。春秋两季开学期间,联合有关部门对全市中小学校的学校卫生和学校食品安全管理工作进行全面督导检查。推动全市70余个高校食堂进行改造升级,投入资金3000余万元,改造面积近2.3万平方米。

【整治小餐饮店】 2013年,经过5个月的专项整治,全市1200余家小餐饮店完成标准化改造提升取得相关证照,500余家无证无照小餐饮店被关停取缔,持证小餐饮店量化分级公示率达100%,“文明餐桌”行动参与率达90%,湾里区成为首个全面消除无证无照小餐饮店的城区。

【打假治劣】 2013年,联合公安部门查办陈某等8人非法买卖制毒物品制售毒品案,在上饶一举捣毁1000余平方米的地下制毒工厂,摧毁制毒物品交易网络,查获各类制毒设施设备、制剂及原料货值200余万元;会同公安部门查办彭某、熊某等人非法生产销售添加西地那非、西布曲明、酚酞等有毒有害保健食品特大案件,共抓获主要犯罪嫌疑人7名,查处涉案窝点3个,涉案金额高达4000余万元;配合公安部门查办贺某涉嫌利用互联网非法买卖盐酸曲马多等二类精神药品案,在地下窝点缴获药品实物16万粒。

【食品药品示范区创建】 2013年，在2012年南昌市本级、东湖区、西湖区、青山湖区、湾里区、青云谱区通过江西省食品药品示范区创建验收基础上，红谷滩新区、南昌县顺利通过江西省食品药品示范区创建考评验收，标志着南昌市食品药品安全水平又迈上一个新的台阶。

【食品药品检测能力显著提升】 2013年，市食品药品检验所顺利获得由中国合格评定国家认可委员会（CNAS）颁发的实验室认可证书（证书编号CNAS L6662）。该所实验室在认可范围内的78个检验参数所出具的检测数据及报告，获得欧美及亚太地区60余个国家、地区的互认，进一步提高了该所实验室检测报告的公正性和权威性。至年底，完成食品、保健食品、药品、药包材和化妆品等各类检验任务4526批，实施飞行检查抽验10批，应急检验69批；快检车运行7.35万千米，对223家单位基层医疗单位开展快速检测，筛查567批次。

【加强药品不良反应和医疗器械不良事件监管】 2013年，加强药品不良反应和医疗器械不良事件的监管，全市各药械经营使用单位完成药品不良反应监测报告3580份、医疗器械不良事件监测报告350例。南昌市首获“全国药械不良反应/事件监测工作先进地市级中心”荣誉称号。

【强化虚假违法广告监控】 2013年，强化虚假违法广告监控，向工商部门移交虚假违法广告847例，其中药品广告678例、保健食品化妆品违法广告118例、医疗器械违法广告51例。

【加强基本药物监管】 2013年，建立基本药物中标备案制度，对基本药物生产企业及在产基本药物品种的检查覆盖率100%。全市药品批发企业全部实施电子监管，实现基药品种监督抽验全覆盖。

【食品药品信息化建设】 2013年，市食品药品监督管理局新版门户网站投入使用。电子监管地理信息进一步完善，全市906家药品经营、使用单位标注电子地图位置，完善基本档案和电子监管档案643家。进一步推进药品批发企业、零售连锁企业冷库和阴凉库温湿度远程监控系统建设。首创的食品安全监督智能管理系统在全市范围全面铺开应用，有效提高监管效率。

【集中销毁假劣保健食品】 2013年，采取“绿色销毁”的环保处理方法集中销毁100余个品种，200余件，货值80余万元的假劣保健食品。

【开展食品药品安全科普宣传】 2013年，积极开展各类食品药品安全科普宣传活动。与教育部门、乡（镇）街道、社区（村）、学校联合开设专题讲座，向公众普及食品药品安全知识。通过播放公益宣传片、公益电影插播，印制发放“饮食用药安全小妙招”手册、“12331”举报投诉电话宣传书签，制作张贴宣传栏及宣传画等多种形式，让饮食用药安全知识进千家万户，营造全民关注、人人参与、全社会共同关心食品药品安全的氛围，为监管运行创造良好社会环境。

【助推产业发展】 2013年12月10—12日，举办首届医疗器械产业高级管理人才培训班暨医疗器械产业高峰论坛，邀请国家杰出青年基金获得者、中国工程院院士程京，国家食品药品监督管理总局医疗器械监管司巡视员（原司长）王宝淳及中国医疗器械行业协会副会长、国家医疗器械产业技术创新战略联盟理事长姜峰等专家授课。培训期间产、学、研、用等领域的专家学者互动对话，就医疗器械行业集成创新与产业发展、发展趋势和市场前景展望等进行探讨交流，为南昌市医疗器械产业发展“把脉问诊”。

（徐　崧）

价格管理

【概况】 2013年，南昌市物价局充分发挥价格职能作用，加强价格监管，深化价格改革，整顿价格秩序，保持市场物价的基本稳定。全年南昌市CPI运行良好，物价涨幅平稳回落，1—12月居民消费价格总水平累计上涨2.3%，低于年初调控目标，低于全国水平（2.6%）0.3个百分点，低于全省水平（2.5%）0.2个百分点，平均涨幅比上年回落0.6个百分点。构成CPI的八大类指数中七升一降：食品类同比上升4.6%；烟酒类上升0.3%；衣着类上升3.9%；家庭设备用品及维修服务类上升0.6%；医疗保健和个人用品类上升0.3%；娱乐教育文化用品及服务类上升1.7%；居住类上升1.0%；交通和通信类下降0.2%。

2013年南昌市居民消费价格指数表

表31

时期	1月	2月	3月	4月	5月	6月	7月	8月	9月	10月	11月	12月
同比（%）	1.4	2.2	1.6	2.4	1.6	1.9	2.5	2.3	2.3	3.1	3.1	3.1
累计比（%）	1.4	1.8	1.7	1.9	1.8	1.8	1.9	2.0	2.0	2.1	2.2	2.3

【推行阶梯水价改革】 2013年，根据国家推进居民生活用水阶梯式计量水价的要求，对江西洪城水业股份有限公司城市供水进行成本监审和成本测算，并对水价改革价格行为合法性和价格水平合理性进行可行性论证。12月24日，召开南昌市城市供水价格改革听证会，来自居民用户、企业用户、经营者、专家学者、人大代表、政协委员、政府部门工作人员等25人参加会议并发表意见。在听取意见建议的基础上，进一步完善《南昌市城市供水价格改革方案》，报市政府常务会研究审定后实施。

【价格调节基金使用】 2013年，为进一步增强政府对市场物价的宏观调控能力，防止副食品价格的剧烈波动，确保人民生活的基本稳定，南昌市本级价格调节基金主要用于补贴平价商店开办建设、扶持蔬菜生产基地建设、补贴淡季化肥储备利息、补贴燃气公司整合期间亏损和人工煤气居民类用气差价等方面。至年底，市价格调节基金共使用1990余万元。

【开展价格专项检查】 2013年，坚持服务于宏观调控大局，围绕保持物价总水平基本稳定、维护公平竞争市场秩序、保护企业和消费者合法权益三大任务，市价格监督检查局进一步转变监管理念、拓展监管领域、强化监管力度，采取日常检查、市场检查和专项检查有机结合的方式，积极开展涉农、教育、医疗、中介、旅游、机动车检测、质监和安监等价格和收费专项检查及市场价格监督检查;加强节假日期间市场价格监督检查,确保节假日期间市场价格稳定;开展“百城万店无假货”及明码标价工作,营造良好的价格环境。至年底,市本级共查处价格违法案件 21 起,上缴财政金额 214.65 万元。

【全力打造“12358”价格举报网络平台】 2013 年,全力打造“12358”价格投诉举报品牌,大力推进“12358”价格举报网络建设,启动“金价工程”,成功搭建“12358”价格举报网络平台,形成省、市、县(区)三位一体,多渠道、多支点、全方位的价格举报网络,认真受理群众价格举报投诉,及时化解价格矛盾。全年价格举报中心共受理价格政策咨询件 1892 件,价格举报投诉件 183 件,退还用户 24.3 万元,为保护消费者价格权益,维护市场价格秩序发挥了积极的作用。

【大力推进平价商店建设】 2013 年,全市百大重点民生项目之一的“平价商店”工作取得积极进展,建立健全了平价商店准入、扶持、补贴、运营、管理政策体系。全年完成建设 102 家平价商店。其中,东湖区 25 家,西湖区 22 家,青山湖区 27 家,青云谱区 12 家,红谷滩区 9 家、高新区 4 家、经开区 3 家。平价商店在平抑蔬菜和农副产品价格、丰富百姓“菜篮子”和保障低收入群体生活方面起到了积极的作用。

【民生价费管理进一步规范】 2013 年,进一步规范燃气价格、电价、药品价格、汽车客运票价、农资价格和民办幼儿园收费的监管工作,确保各项民生价费秩序正常运行,合理疏导价格矛盾,切实保障民生权益。全年共审验行政事业性收费单位 842 家,行政事业性收费许可证 1726 本,全面完成了国家、省价格监测机构布置的各类监测任务。至年底,共采集、接收、上报 60 余万条数据,向国家、省、市上报各类报表、监测报告、文字分析材料共计 1480 余期次。

【开展价格成本调查工作】 2013 年,全市价格成本工作完成早稻、晚稻、生猪、蔬菜、农户种植意向调查、存售粮调查、农资购买等调查任务,为制定农业价格政策提供科学合理依据和基础支撑;开展垃圾处理、城市供水、景区门票、沙石采挖等价格成本监审工作,为合理制定相关价格提供了科学依据。

【公开价格信息】 2013 年,依托门户网站及时向社会发布各类价格政策,公示各类政府定价、政府指导价及收费标准,解读当前价格热点,受理群众网上咨询投诉,构筑价格工作交流平台,被市政府评为政府信息公开优胜单位。

【开展价格鉴证和车损评估工作】 2013 年,充分发挥价格认证职能作用,以“调解价格矛盾,处理价格纠纷”为主线,按照“服务司法、服务社会、服务政府、服务系统”要求开展价格鉴证工作。至年底,受理刑事案件价格鉴定 672 起,涉案标的金额 1643 万元;接受其他司法行政执法部门委托鉴定案件 50 件,鉴定标的金额 1.3 余亿元;完成事故车物损失评估案件 100 余件,标的 300 余万元;完成成本认证23起,标的金额550余万元。

(陈习松)

统计管理

【概况】 2013 年,南昌市统计干部围绕市委、市政府的总体部署和工作目标,以提高数据质量为中心,以强化统计优质服务为主题,大力弘扬“真实可信、科学严谨、创新进取、服务人民”的统计核心价值观,圆满地完成各项工作任务,为南昌市打造核心增长极实现“一年有势头”的阶段性目标提供了优质高效的统计服务。

【强化统计参谋作用】 2013 年,市统计部门注重研究、分析、监测,努力提高统计服务水平。一是积极作为,不断加强统计分析研究。针对南昌市经济社会发展中的苗头性和倾向性问题,有针对性地部署各项统计工作,服务科学发展,围绕“把南昌打造成为带动全省发展的核心增长极”这一中心,对各项主要指标进行持续跟踪和协调,撰写大量高质量的统计分析和课题研究,及时反映经济运行的特征和存在的问题。全年完成课题研究和统计分析 50 余篇。其中,1 篇课题获国家统计局立项,6 篇统计课题研究和统计分析在全省评比中获一、二、三等奖,10 余篇统计专报获市领导肯定性批示。二是加强监测,提升统计监测预警能力。不断加强经济形势分析能力,每月定期跟踪全市主要经济指标排位变化情况,向市领导做好预警;定期召开经济形势分析会议,并积极承办全省统计系统经济形势分析现场会。着重抓好以 GDP 为龙头的各项统计指标的监测评价工作,切实加强对重点领域、重要指标的监测预警和分析研判;做好南昌市全面建成小康社会及昌九一体化各项相关统计数据监测分析工作。三是优化内容,丰富完善统计产品。不断改进统计产品、指标设计,切实增强统计产品的针对性和实用性。编印《2013 版南昌统计手册》《2013 南昌统计年鉴》《南昌统计印记 2013》及“两会”参阅材料——《统计数据看南昌》等统计产品 10 余种,并与省统计局科研所合作编著出版统计科普读物《统计指标与用语解释》,获得社会各界的肯定和好评。

【深化统计调查】 2013 年,按照有关工作部署和要求,精心组织开展各项统计调查,不断提高统计数据的科学性。一是认真组织第三次全国经济普查。积极主动做好各项筹备工作,及时成立第三次全国经济普查领导小组,制定经济普查工作方案、实施规划和工作流程,编制市级普查经费总预算和分年度的普查经费预算;协调推进市级综合试点工作,并于 8 月 20 日在安义县龙津镇正式启动南昌市第三次经济普查综合试点,取得明显成效,为正式普查提供了成功经验。二是圆满完成各项常规统计调查。全市统计部门发扬顽强拼搏精神,精心组织,积极开展投入产出、成本费用、文化产业、城乡一体化工作等各项调查工作,并严格按照国家统计调查制度的要求,高质量地完成农业、工业、建筑、商贸、服务、能源等各领域的常规统计调查,确保统计数据的及时性和准确性。三是开展民意调查,搭建政府和群众的桥梁。针对 2013 年的热点、重点,承办包括南昌市百姓热点、“新国五条”对南昌楼市影响、十八届三中全会南昌百姓关注热点等 14 项民意调查,全力做好公众与政府的桥梁。部分调查报告得到市领导的高度肯定,如按照省委常委、市委书记王文涛的重要批示,调查报告《南昌市民高度赞成“拆围拆临”行动》分别呈送省委书记强卫、省长鹿心社、常务副省长莫建成、省纪委书记周泽民阅;《南昌市百姓热点民意调查》分别送市四套班子阅。

【加强统计基层基础建设】 2013 年,严格执行《中华人民共和国统计法》和《统计违法违纪行为处分规定》,严把统计数据质量关,努力做到按章办事、实事求是,坚决反对和制止在统计数据上弄虚作假,加快建设面向统计用户、面向调查对象、面向统计基层的现代化服务型统计。主动加强与市发展和改革委员会、市工业和信息化委员会、市住房保障和房产管理局、市城乡建设委员会、市外经贸委、市国土资源局、市城乡规划局等部门的联系，及时掌握全市新审批项目信息和符合申报一套表企业入库的信息。定期与市房管局、人行南昌中心支行沟通，加强对房地产市场的研判。借助全市目标绩效考核平台，加强对市直部门的经济社会发展重要数据统报工作的考评，进一步增强市直部门依法统计意识。

【加强统计新闻宣传】 2013年，充分利用各种媒体，加大统计工作的宣传，逐步扩大统计影响力。一是及时发布并解读全市经济社会发展数据和统计工作。在《南昌日报》《南昌晚报》等报刊上刊登统计公报、公报解读等新闻稿件50余篇。二是通过网络发布各类统计信息。市统计局内、外网站总计发布各类信息3300余条，在腾讯网、新浪网、新华网、南昌网的政务微博平台发布信息1400条。三是服务全国"两会"工作。努力创新服务全国"两会"工作，为全市"两会"专门编辑的宣传手册，图文并茂地反映南昌市经济发展的成就，受到与会代表的广泛好评。在全国"两会"召开之际，《乘势扬帆 全面加速——南昌打造"核心增长极"》《南昌主攻"四个突破" 强化依法统计能力》2篇文章被《中国信息报》"两会特刊"以南昌专版全文刊登。四是积极稳妥做好第三次经济普查宣传工作。通过在统计网站开辟专栏、制作宣传手册等多种形式，不断提高公众对第三次经济普查的知晓率。从9月18日起，南昌电视台在新闻综合频道对经济普查进行滚动式宣传；11月11日，《南昌日报》整版刊登南昌市第三次经济普查的相关内容；12月24日，《南昌日报》头版刊登代市长郭安《致全市经济普查对象的一封信》。

【强化统计行风建设】 2013年，从多方面加强统计队伍建设，推进统计政风行风和党风廉政建设，提高统计系统凝聚力和战斗力。一是加强统计法制建设，不断规范统计工作秩序。充分利用报刊、广播、电视、互联网和户外广告等媒体，广泛深入地宣传《中华人民共和国统计法》《统计违法违纪处分规定》和《江西省统计管理条例》，为全面推进统计普法和依法治统工作打下良好的基础。6—9月，为确保统计数据的质量，开展统计执法大检查，共检查1258家单位，发现统计违法行为6起，结案6起，其中警告6起，经济处罚4起。二是认真贯彻落实中央"八项规定"。结合统计工作实际，制定《南昌市统计局关于进一步改进工作作风的若干规定》和《南昌市统计系统工作人员十不准》等规章条例，以制度化促进全市统计干部廉洁从政，依法统计。三是积极开展解决"四风"问题工作。制定《关于开展集中解决"四风"问题专项调研活动的工作方案》，深入13个县（区）、乡（镇）统计机构、企业和基层群众中，开展访民情、办实情，集中开展解决"四风"问题调研活动，切实提升统计部门执行力，进一步提高统计工作效能。

（毛　佳）

国土资源管理

【概况】 2013年，南昌市国土资源部门围绕全市中心工作，坚持"保障发展、保护资源、维护权益"的工作主线，按照"精细化、规范化、信息化"的要求，着力打造国土资源管理"升级版"。积极主动服务全市经济社会发展，严格规范国土资源管理，不断深化国土资源改革创新，各项工作取得显著成效。市政府被省政府评为全省耕地保护责任目标考核优秀单位，并获得13.33公顷新增用地指标奖励；市国土资源局被省国土资源厅评为全省国土资源执法监察目标考核优秀单位，获得6.67公顷新增用地指标和10万元执法专项工作经费奖励等。安义县以全省第一名的成绩被国土资源部评为第二届国土资源节约集约模范县，安义县国土资源局荣获五年一届的全省"人民满意的公务员集体"。

【服务打造核心增长极】 2013年，市国土局主动作为，积极争取省国土资源厅在2012年出台18条支持南昌市打造核心增长极支持政策的基础上，再次出台《进一步支持南昌打造核心增长极若干措施的意见》，在用地指标、占补平衡、先行先试等7个方面给予南昌市19条进一步的支持政策。市国土资源局被市委、市政府评为南昌市打造核心增长极争取上级支持突出贡献奖第一名。

【开展用地规划中期评估和修改调整工作】 2013年，积极开展土地利用总体规划中期评估和修改调整工作，有力保障了鄱阳湖生态经济区核心起步区、红谷滩新区区划调整等重点区域的规划实施。

【争取用地指标】 积极开展低丘缓坡试点、城乡建设用地增减挂钩试点，争取新增用地指标近466.67公顷；积极争取奖励指标、保障性住房指标、省重大重点项目指标、灾后重建指标等各类用地指标1066.67公顷，超过省直接下达南昌市新增用地指标总量（1000公顷），争取省级新增用地指标继续名列全省第一。

【耕地保护】 2013年，市政府将耕地保护作为县（区）政府年度绩效考核重要指标，市、县、乡三级层层签订耕地保护目标责任状，切实把全市耕地保护目标分解落到实处。

【永久基本农田划定】 2013年，市国土局在全省率先完成永久基本农田划定市级核查工作。至年底，全市划定永久基本农田19.94万公顷，设立基本农田保护标志牌1017块，签订基本农田保护责任状6300份。

【开展农村土地整治和高标准基本农田建设】 2013年，市国土局积极开展土地整治和高标准基本农田建设，基本完成农村土地整治3年4.67万公顷示范建设任务，占全省总任务的1/3。会同农业、水利、农业开发办等部门，共同建成高标准基本农田3.47万公顷。通过开展土地整治和高标准基本农田建设，全市新增粮食产能近5000万千克。

【查处土地违法行为】 2013年，坚决查处土地违法特别是违法占用耕地行为，全市全年结案137宗、涉及土地面积65.53公顷，拆除建筑物1.15万平方米，没收建筑物34.16万平方米，党纪政纪处分109人次，较好地维护全市国土资源管理秩序，继续实现"零约谈、零问责"的目标。

【加强农村用地管理工作】 2013年，率先在全省完成农村集体土地所有权确权登记发证省级验收，全面铺开农村集体建设用地和宅基地使用权地籍调查。完成市、县两级土地整治规划编制工作。

【完善建设用地管理机制】 2013年，报请市政府出台《关于进一步规范经营性国有建设用地使用权出让工作的意见》，进一步规范经营性用地出让行为，强化市级统筹能力。报请市政府出台《南昌市新增建设用地计划指标管理意见》，规范指标使用和管理，强化用地预审。

【推进基础管理信息化】 2013年，着力推进国土资源基础管理工作信息化，率先在全省建成国土资源“一张图”管理系统,市本级实现土地登记网上审批。有效整合“批、供、用、补、查”各个子业务系统功能,打破原来各类数据之间“信息孤岛”现象,全面提升国土资源管理信息化水平。完成全市永久基本农田划定工作市级初验,进一步夯实基本农田保护基础。

【土地供应】 2013 年,全市土地供应总面积 4000 公顷,出让土地 1960 公顷,土地出让金价款总额 274.62 亿元,均创历史新高。市本级出让土地总面积 1120 公顷,土地出让金价款总额比上年增长 58%,市本级土地出让金纯收益增长 50%。

【消化处置批而未供土地】 2013 年,全年消化处置批而未供土地近 2533.33 公顷,全市 2010—2012 年土地平均供地率达到 80%,比年初提高 40%,顺利通过省政府的考核。

【加强信访维稳工作】 2013 年,积极推进领导接访和分片包案制,全市涉土信访中赴部重复访、赴厅访、集体访、非正常访同比分别下降 43%、10.2%、21%、30%。

【行政审批制度改革】 2013 年,积极推进第八轮行政审批制度改革,精简国土资源行政审批 2 项,下放或委托审批事项 12 项,削减行政审批事业性收费 7 项,全局业务审批事项、时限、环节在上一轮压缩的基础上压缩了近 30%。

【土地市场交易】 2013 年,南昌市土地市场成交活跃,面积和金额保持高位上行。全年共拍卖宗地 215 宗,土地面积 1312.39 公顷。实际成交 185 宗,总成交面积 1140.76 公顷,成交额 216.68 亿元,全年实现总增值金额 68.07 亿元,溢价率 45.80%。其中,成交商服、住宅用地 77 宗,土地面积 443.89 公顷,成交额 200.06 亿元;工业用地 108 宗,土地面积 868.5 公顷,成交额 16.62 亿元。

(刘　漫)

审计管理

【概况】 2013 年,全市审计工作坚持“依法审计、服务大局、围绕中心、突出重点、求真务实”的工作方针,认真贯彻落实中央、省、市经济工作会议精神以及全国、全省审计工作会议精神,充分发挥审计保障经济社会健康运行的“免疫系统”功能,全力为打造南昌核心增长极保驾护航。切实做好省审计厅交办的“一大四小”工程建设资金审计等项目。至年底,全市审计机关共完成审计项目单位 322 个,查出违规金额 4.50 亿元,管理不规范金额 514.72 亿元,核减投资额 2.61 亿元,应上缴财政 4.65 亿元,已上缴财政 3.86 亿元。提交审计专题、综合性报告和信息 575 篇,被批示、采用 343 篇次。南昌市审计局被省委、省政府评为江西省第十三届文明单位,被审计署、省审计厅评为审计通联先进单位,获江西省审计法律知识网络比赛和电视竞赛第一名;科技专项经费审计项目被审计署评为全国表彰审计项目、被审计厅评为全省优秀审计项目。

【预算执行审计】 2013 年,预算执行审计按照构建财政审计大格局的要求,突出财政管理、部门预算、民生工程、重点资金、重点建设工程等全市经济社会发展的重点领域。审计工作报告揭示的“土地出让收入未征缴到位”等问题,得到市委、市人大、市政府的高度重视。10 月 9 日,市委常委会专题听取财政预算执行情况和其他财政收支审计情况汇报。省委常委、市委书记王文涛对审计结果报告中反映的 15 个具体问题进行重点提示和分析,要求市政府进行分口归类,专项整改。市十四届人大常委会第十五次会议审议并通过《关于 2012 年度南昌市市本级预算执行和其他财政收支的审计工作报告》,并提出三点意见建议。市政府要求相关部门采取切实措施,确保财政同级审计中发现的问题整改到位。市审计局积极跟踪审计整改情况,涉及的市级财政管理、收入征管、部门预算执行、科技等专项资金、重大政府投资项目建设管理五大方面 43 个问题已整改到位。

【政府性债务审计】 2013 年,市审计局派出 6 个审计组,前往南昌县、新建县、进贤县、东湖区、西湖区、青云谱区及所属 60 个乡(镇),就 2012 年底和 2013 年 6 月底政府负有偿还责任的债务、政府负有担保责任的债务和政府可能承担一定救助责任的其他相关债务情况进行审计。全面摸清以上 6 个县(区)地方政府性债务基本情况,分析近两年地方政府加强债务管理的主要做法、成效和债务风险,揭示了有关部门和地方在债务管理中存在的突出问题,提出了加强地方政府性债务管理、建立健全规范的地方举债融资机制、加强防范和化解潜在风险的意见和建议。审计结果表明,6 个县(区)政府通过举债融资促进了地方经济社会发展,取得较好成效。6 个县(区)地方政府性债务总体风险水平较低,有的区债务率超过 100%,有的县对举借新债偿还旧债的依赖较高等;在债务管理和债务资金的使用方面仍然存在一些问题,需要进一步改进和提高。

【经济责任审计】 2013 年,在市审计局的推动下,市委组织部将过去“逢离必审”、审计机关被动接受的方式,改为任中、离任统筹计划安排,审计机关主动参与的方式,此举标志着南昌市经济责任审计工作计划管理机制已经建立。5 月 9 日出台的《南昌市审计局经济责任审计项目操作规程(试行)》,标志着南昌市经济责任审计工作在规范化建设方面迈上新的台阶。至年底,共完成 25 个经济责任审计项目,查出违规金额 387.2 万元,管理不规范金额 46.57 亿元,应上缴财政 389 万元,已上缴财政 29.51 万元,审计提出建议 87 条。

【民生资金专项审计】 2013 年,根据市政府《全市民生资金管理使用情况监督检查工作实施方案》要求,开展对市农业局市级农村劳动力实用技术培训补助资金、农机技术推广专项资金、全市基本公共卫生均等资金的专项审计工作。通过审计,反映了挤占挪用专项资金、对资金的分配存在随意性、列支不符合规定、专项资金累计结余较大及核算管理不规范、享受对象审核不严、后续监管不到位以及专项资金的效益有待提高等问题。规范和完善了民生资金管理和使用机制,强化了对权力运行的监督制约,确保资金运行安全、最大限度地惠及于民。继续加大对村级财务管理情况的监管力度,向市政府提交《关于南昌市 2010—2012 年 8 月村级财务管理专项审计的综合报告》。报告反映的南昌村级财务管理中存在私设“小金库”、挪用股金分红款、套取拆迁补偿款等诸多问题和相关审计意见建议,引起市政府主要领导的高度重视,多次作出重要批示。由此,市政府办公厅下发《关于印发南昌市农村集体“三资”信息化管理工作方案的通知》,市农业局、市财政局联合下发《全市村级财会规范化培训方案》,抓好健全南昌村级财务管理各项规章、制度的监督检查和督促落实等工作,加大村级财务管理工作力度。

【重大重点投资项目审计】 2013 年,完成重大重点投资项目审计金额14.52亿元,核减2.65亿元,减少大量财政资金的支出,发挥审计在助推南昌城市建设、打造核心增长极中的“免疫系统”功能。出台《南昌市政府投资项目竣工结算审计操作规程》等3项制度,促进市政府投资项目审计工作发展,规范政府投资项目竣工结算审计工作,防范审计风险,提高审计质量和效率。

【“三公经费”审计】 2013年,加大对“八项规定”落实情况的审计力度,重点检查公务接待费、公务出国(出境)费、公务用车购置及运行费和会议活动费等安排使用情况,揭露和查处严重铺张浪费、财政资金损失、国有资产流失等问题,促进勤俭节约、降低行政成本、提高财政资金使用效益和工作作风的不断改进。全年对市直11个单位2012年度部门预算执行情况进行审计,重点审计各单位本级及9个下属单位,并对有关事项进行延伸审计。审计结果表明,“三公经费”整体比上年下降。但审计发现,在预算执行、“三公经费”管理、专项资金管理和使用等方面还存在一些问题,需要进一步改进和提高。针对上述问题,提出了切实可行的审计建议。

【重点BT项目跟踪审计】 2013年,以完善南昌投资环境,防范政府财政风险,为政府制定BT(建设移交)项目管理办法提供建设性意见为目标,对以BT模式建设的赣东大堤风光带景观工程进行跟踪审计。审计发现该项目在投资控制管理方面存在严重缺陷,主要表现在项目投资控制目标不明确,极易造成投资失控;施工过程中未按进度进行工程价款中间计量;主要工程量的单价未明确,结算时极易产生争议等。在揭示问题的同时,市审计局对产生问题的原因进行深度剖析,并从机制、体制、制度等宏观层面及时向市委、市政府提出审计建议,形成《审计建议我市BT项目采用费率招标亟待加强投资控制管理》的《审计专报》,引起市委、市政府领导的高度重视。省委常委、市委书记王文涛批示:“此事重大,急需规范!请市政府主要领导阅处并复送市重点办、三个开发区(新区)、市政控股、城投、水投集团等部门。”市政府召开专题会议,部署落实整改。会后市财政局等有关部门制定出《BT项目投资建设管理办法》。

【开发区资金安全审计】 2013年,开展对4个开发区(新区)政府性资金安全管理情况审计。审计发现,开发区(新区)政府性资金安全管理主要存在风险把控不够,委托贷款、对外借款和投资存在风险和损失,相关制度未执行到位,部分资金的拨付和调度审批程序执行不严,投资和借款手续不完备;公款私存、账户过多、多头开户等问题。

【对江西长运股份有限公司的审计】 2013年,对江西长运股份有限公司截至2013年6月资产负债损益情况进行审计。审计发现该集团资产出租存在重大亏损、对外投资管理不规范、存在部分不良资产及“漏缴税费”等问题。同时,发现长运集团下属子公司在收购吉安市腾飞客运旅游有限公司股权过程中,存在股权收购程序不规范、确定收购股权价依据不充分、未严格执行股权转让协议条款、永丰县分公司收益流失问题,已移送检察机关。

(杨 绎)

公共资源交易管理

【概况】 2013年,南昌市公共资源交易中心在体制机制和交易制度、交易方式创新,推进信息化建设,加强交易全流程透明化管理等方面成效显著,为南昌市重点重大项目建设和招商引资、市场配置资源等重点工作提供了高效的服务保障,市场功能和服务水平得到全面提升。坚持阳光高效运行,交易规模实现历史性突破。

【公共资源交易总额突破千亿元大关】 2013年,全年成交总额1498.17亿元,比上年增长112.78%;节约资金58.75亿元,增长80.44%;增值资金72.17亿元,增长310.52%;承接项目5243项,其中省属1788项、市属3455项。各项主要交易指标位居全国同类城市交易中心前茅。

【单个项目交易额刷新历史纪录】 2013年,铁路工程项目进入市公共资源交易中心以来,一批超大体量项目相继完成交易,其中“福平铁路站前工程项目”交易额达169.59亿元,中心已具备承接超大项目进场交易服务的能力。

【网上交易规模实现新突破】 2013年,全年网上交易项目1815宗,成交金额758.99亿元。其中,政府采购公开招标网上交易1258宗,建设工程网上交易299宗,土地交易全部实现网上交易达258宗。

【平台服务功能设施不断完善】 2013年,先后投入300余万元,更新改造开评标区场地及评标系统、监控系统等软硬件设施。通过提升改造,评标室可同时满足128位评标专家席位,并能满足异地远程电子评标需求,项目承接能力大幅提升。网上交易系统建设工作扎实推进。按照对接全省公共资源交易“一个系统、八个平台、两个库”建设的总体要求,投入260万元,实现与全省房建、市政、交通、水利、政府采购、产权、国土资源、林权、医药招标采购、铁路项目9个平台的网络对接,作为建设运营主体,对中心建设发展奠定了基础。同时,为实现国有集体产权项目交易的全流程网络化,投入40万元建设资金,启动产权交易业务管理系统和网上交易系统建设工作。

【整合多门类专家库】 2013年10月,为整合各行政主管部门专家库资源和扩征各类专家,提升南昌市公共资源交易中心运行效率,在省市纪检部门及相关行业部门的大力支持下,全省统一专家库率先部署全部到位。在原有专家库的基础上,成功将省市政府采购专家库整合进来。至年底,在市资源交易中心使用的专家库已涵盖房建、市政、水利、交通、铁路、政府采购等领域,进库专家达8368人次。

【实现二次“管办分离”】 2013年7月,在市委、市政府以及省市纪委的高位推动下,按照《推进南昌市公共资源交易市场管理委员会办公室与江西省南昌公共资源交易中心实行“管办分离”的工作方案》要求,市公管办、交易中心实现二次“管办分离”。分离后,交易中心直属于市政府,不与行业监管部门和市公管办存在隶属关系,彻底实现了公共资源交易操作部门在人、财、物上与行政监管部门的脱钩。“管办分离”的实施,有效地阻隔了监管层、操作层和服务层之间的权力渗透和影响,进一步增强了交易中心的凝聚力、执行力和操作力,实现了权力的相互制约。2008年底,市委、市政府将原隶属于行业行政主管部门管理的建设工程承发包、政府采购、产权交易、地产交易“四个中心”,成建制统一划归南昌市公共资源交易中心管理,从而实现了管理方式由“管办同体”向“管办分离”的转变,这是南昌公共资源交易中心管理体制的第一次“管办分离”。

(欧阳良明)

金　　融　　业

本栏编辑　揭淑琴

概　述

【概况】　2013年，南昌市金融业平稳高效运行，为南昌市地方经济社会发展提供有力的金融保障，实现金融与经济协调发展。中国进出口银行江西省分行顺利开业，累计90家各类金融机构入驻全省金融商务区；企业直接融资187.5亿元，增长39.7%。全市金融机构各项存款余额为6624.57亿元，比年初增长15.7%。其中，单位存款3909.53亿元，增长18.1%；城乡居民储蓄存款2051.16亿元，增长10.7%。金融机构各项贷款余额5464.22亿元，比年初增长14.4%。其中，短期贷款2130.8亿元，增长17.6%；中长期贷款3273.14亿元，增长14.1%。全市拥有证券营业部53家，全年证券机构股民资金账户数99.84万户，比上年增长1.8%。全年客户交易结算资金35.6亿元，下降10.6%；A股交易额7400.35亿元，增长12.4%；B股交易额7.44亿元，下降75.1%。全市共有保险公司34家。全年实现保费收入77.49亿元，比上年增长19.7%。其中，财产保险25.92亿元，增长20.8%；人寿保险44.61亿元，增长18.0%。全年赔款及给付28.01亿元，增长39.4%。其中，财产保险14.5亿元，增长11.2%；人寿保险11.25亿元，增长1.1倍。

区域金融中心建设

【概况】　2013年，南昌市金融工作按照全市经济工作的统一部署，着力健全金融组织体系，做大金融总量，推动金融改革创新，增强金融业服务实体经济的综合实力。至年底，全市金融机构本外币存款余额6701.8亿元，占全省的34.22%，比年初增加930.09亿元，占全省增量的33.92%，同比增长16.11%；全市金融机构本外币贷款余额为5562.14亿元，占全省的42.42%，比年初增加711.75亿元，占全省增量的35.91%，同比增长14.67%。

【推进金融产业发展升级】　2013年，为做大做强全省金融集聚区，实现全省金融资源向南昌市集中，推进金融产业发展升级，积极协助红谷滩新区和高新区，推进全省金融商务区和金融产业服务园建设。至年底，全省金融商务区有90家金融机构成功入驻，初步形成金融产业集聚的势头。全省金融产业服务园选址已经确定，规划面积233.33公顷，编制概念性发展规划，确定"一事一议、一企一策"的支持政策，招商工作不断取得新突破。

【推动投融资体制改革】　2013年，为研究新形势下如何做大做强投融资平台，建立健全较为科学的城建和产业投融资体系，按照市委、市政府的统一部署，牵头完成《用好先行先试权进一步深化投融资体制改革》课题报告和《关于进一步深化全市投融资体制改革、促进实体经济发展的政策措施》。10月23日，该政策措施由市政府正式印发，推动了南昌市投融资体制改革向纵深发展。

【启动金融IC卡推广运用工作】　2013年，为提升城市形象，方便市民生活，根据《中国人民银行关于推进金融IC卡应用工作的意见》等相关文件精神，南昌市启动金融IC卡推广运用工作。7—9月，会同中国银联江西分公司组成调研小组走访全市水、电、燃气、移动、电信、联通、公交等七大行业，就南昌市公共服务行业对推动金融IC卡应用的相关情况进行调研。在此基础上，拟订《南昌市推广金融IC卡应用工作实施方案》，并提请市政府发文成立"南昌市推进金融IC卡应用工作领导小组"。

【加强金融监管工作】　2013年，按照省金融办的工作安排，在规定时间内完成全市34家小额贷款公司和32家融资性担保机构2012年年审工作。为加强小额贷款公司行业自律，成立南昌市小额贷款公司协会。

【参加第九届北京国际金融博览会】　2013年10月31日至11月3日，市政府组织红谷滩新区、高新区、南昌银行组团参加第九届北京国际金融博览会。南昌市在此次金博会上搭建168平方米的展台，全方位推介全省金融商务区和全省金融产业园项目，接待参观人数近5000人次，洽谈30余次。市委常委、常务副市长张鸿星应邀作题为《做大做强全省金融聚集区、推进金融产业发展升级》的主旨演讲。本次参展，起到良好的宣传南昌城市形象、展示全市金融发展的作用，吸引了与会嘉宾和金融行业的广泛关注。

【全力推进企业上市】　2013年，加强企业上市的服务、引导，扎实做好组织、协调工作，尽力帮助企业上市。一是进一步加大企业上市培训力度。组织全市金融系统干部、重点拟上市企业高管参加企业上市融资培训会10余场，编印《走向资本市场之路——企业发行上市基础知识》普及读本，联合深交所在南昌举办第三十一期董事会秘书培训班。通过多角度、多层次的培训进一步提升了南昌市企业家对资本市场的认识和资本运作水平，拓宽了企业发展思路。二是积极推动企业境外上市工作。南昌市先后组织港交所、摩根士丹利、普华永道等机构专家与南昌银行、东湖捷信等企业就海外上市进行交流对接。至年底，南昌市有南昌银行、捷信小贷等企业筹备境外上市。三是围绕企业上市工作目标，进一步加大工作推进和协调力度。先后协调和解决国泰民爆、金达莱环保、思创数码、3L集团等企业的上市有关问题，加快了企业上市步伐，增强了企业上市信心。至年底，在首次公开募股(IPO)尚未开闸的背景下，全市企业上市工作

外部风险季度监测报告工作机制。统一明确银行业机构与小贷公司、担保公司合作的6条准入条件，有效筑牢“防火墙”，防范民间借贷、违规担保和非法集资风险向南昌市银行业机构渗透。

【开展“金融知识进万家”活动】 2013年9月1日，在南昌市八一广场组织辖内32家银行业金融机构围绕“多一份金融了解，多一份财富保障”主题开展金融知识宣传服务月活动。活动现场设置巨型LED屏幕滚动播放涉及个人贷款、信用卡、借记卡、银行理财、电子银行、自助设备、代销业务、打击非法集资等内容的金融知识宣传片，摆放宣传展板普及金融小常识，搭建咨询台现场解答群众问题。同时，加强与地方主流媒体的沟通联系，邀请新华社江西分社、江西卫视、《江西日报》、新华网、人民网等20余家媒体现场采访宣传服务月的启动仪式，新浪网在现场开通微博全程直播，江西卫视在晚间黄金时间段播放金融知识宣传片。

（彭　桦）

【工商银行江西省分行营业部】 2013年，工商银行江西省分行营业部面对异常复杂多变的内外部经济金融环境，按照“市场、客户、员工”三大战略的经营思路，转变理念，完善机制，加快发展，改革创新，强化管理，各项业务保持均衡较快发展态势。本外币各项存款余额突破700亿元，达到726.64亿元，较年初新增89.97亿元，增长14.13%，增幅排名全国一级分行营业部第九；本外币各项贷款余额突破500亿元，达到518.89亿元，较年初新增64.48亿元，增长14.19%，增量排名同业第一，增幅排名全国一级分行营业部第八。

加大信贷投入，支持地方经济发展。认真贯彻落实国家宏观调控政策，牢固树立服务实体经济的指导思想，积极适应经济结构调整和产业升级需要，不断提高金融供给能力，全力满足地方金融需求。至年底，实体经济贷款总量152亿元，同比净增32亿元。积极支持城乡一体化建设和南昌城市建设，全力参与省市重大重点项目建设。全年为城建、电力、公路和铁路四大行业发放贷款176亿元，占当年全部公司发放贷款总量的49%。同时，积极响应国家扶持中小企业发展的号召，大力发展小企业信贷业务，推出“标准厂房按揭贷款”“网贷通”“小企业经营性物业贷款”等系列小企业信贷产品，并针对园区小企业的现状，创新推出“财园信贷通”业务满足园区小企业融资需求，有效解决中小企业的融资难题，全年累计投放小企业贷款49亿元。

优化服务渠道，提升客户服务能力。大力推进渠道发展战略，重点优化网点布局，将物理渠道优化和离行式自助银行布设作为渠道建设的重点，通过新建、原址改扩建、迁并等方式，新增和优化了一批现有营业网点。同时，大力新建离行式自助银行，加大自助设备投放力度，扩大网点辐射范围，增强网点服务能力。全年优化物理网点17个，新建离行自助69个，离行自助与物理网点数量之比达到1.78:1。

强化文化引领，营造和谐发展氛围。推进“团队·家”文化建设，组织开展系列文化主题教育活动，营造出良好的企业文化氛围，涌现出一大批优秀先进典型。北京西路支行行长刘涛荣获全国金融“五一劳动奖章”称号，阳明路支行营业厅荣获省总工会“江西省五一巾帼标兵岗”称号，洪都大道支行荣获工总行“中国工商银行模范职工之家”和“职业道德建设先进班组”称号，北京西路支行、站前路支行、高新支行荣获省行首届“职工职业道德建设先进单位”。

（邓新喜）

【农行省分行营业部】 2013年，中国农业银行江西省分行营业部（以下简称农行省分行营业部）认真贯彻落实上级行各项工作部署，以“争当先进主流银行”为目标，以价值创造为核心，坚持“稳中求进”总基调，围绕“赢在对公，胜在零售”主战略，以综合营销为抓手，加快业务经营转型步伐，强化考核引导，完善工作机制，凝心聚力，奋勇拼搏，全力推动各项工作赶超进位。至年底，下辖营业网点123个，在岗员工2300余人，存贷款规模突破1000亿元。其中，各项存款余额647.1亿元，较年初净增89.98亿元，各项贷款余额437.9亿元，较年初净增32.4亿元，实现自助银行、理财、代理金融机构、代理保险手续费收入以及各项存款与对公存款增量等居四行（工行省分行营业部、农行省分行营业部、中行省分行营业部、建行省分行营业部）第一。被南昌市文明办评为2011—2012年度市级文明单位。

以客为尊，持续提升服务品质。大力推进网点转型和服务体系建设。结合南昌市老城区、新城区规划建设，加快优化全市网点布局，按照全行统一的装修标准，加快网点改造和功能分区建设，网点形象全面提升，亮化了街道，美化了市容。至年底，共装修改造6个物理网点、54个自助网点，新增现金类自助设备118台、自助银行15个、银亭4个，电子渠道分流率接近81%。投入使用三农金融服务点793家，覆盖乡镇78个，乡（镇）覆盖率达100%。加大软转步伐，累计开展21场网点服务纠偏巡讲活动，组织开展19个落后网点的现场辅导。完成网点软转型导入网点11个，开展品质服务竞赛活动，并定期聘请“神秘人”进行第三方服务检查，网点服务水平稳步提升，内外环境焕然一新。为高端客户服务打造财富管理中心，量身定制差异化、综合性产品，助推客户实现财富增值。组织“寻找春天的脚步”、三八“美丽佳人礼，快乐金穗送”、“拯救者趣味主题活动”等贵宾客户增值服务营销活动，开展青年志愿者服务日、高考“爱心车队”等爱心助老、爱心捐款等公益活动，客户美誉度、社会认可度明显提升。

创新产品，主动策应市场需求。以客户为中心，以市场为导向，充分利用金钥匙、金e顺电子银行、金穗银行卡、金光道、金益农“五金”系列产品，致力于为客户提供全方位金融服务。为南昌市、进贤县政府量身定做系列信托产品，共筹集4亿元资金用于南昌市和进贤县开发区建设；为赣粤高速发行中期票据，降低企业财务成本，满足资产业务发展的新需求；以理财产品为推手，加大结构性存款、商惠通卡、资金归集、代发工资等引存产品营销；以专业市场、各大院校为重要阵地，大力推广网上银行、电话银行、手机银行、转账电话等业务，使客户足不出户就可办理各项业务；开展理财产品进社区、智付通进市场、退役金卡进警营等主动营销活动，充分满足客户的各类金融需求；大力开展金穗IC卡刷刷刷、折换卡促销季、特惠美食、10元观影等客户回馈活动，客户用卡刷卡意识快速攀升。

城乡联动，全力支持地方经济。紧紧抓住南昌经济快速崛起的良好机遇，支持地方支柱产业、基础建设，助推实体经济发展。主动参与市委、市政府高层对接、南昌市服务中小企业发展融资洽谈会、赣港经贸周招商活动等，建立机关部门与政府职能部门的对接机制，加大对交通、电力、基础建设等重点项目及民生工程的支持。开展“小微企业资产业务专项营销”活动，优先支持省级以上经济开发区（工业园）、块状经济、产业集群、专业市场、综合商圈等小微企业，小微贷款客户较年初净增55户。开展“五走进”专项营销活动，主动推进银园、银商、银政、银校、银场对接，以重点业务、拳头产品为媒介，采取批发营销的方式推进扩户工程。深入洪城商圈、华东建材、香江家具、京东鹿鼎等各专业市场，开展路演和零售产品推介活动，解决商户贷款抵押难的问题，简化贷款担保手续，满足个私经济的创业需求。全年累计发放个人助业贷款15.35亿元。重点保障市民住房、汽车等大宗消费的金融需求，全年累计投放个人住房贷款25.4亿元、个人汽车消费分期贷款4.06亿元。及时掌握四县农村、农业和县域经济发展规划和相关信息，召开四县政银企对接座谈会，探索创新县域中小企业金融支持路径。以南昌县、安义县为试点，大力推广以农业产业化企业为核心、农业产业链为依托的农户个人生产经营贷款。加大对农业产业化龙头企业、县域优质中小企业、县域流通市场等的扶持力度，开展县域产业集群专项调研、支持工作，坚持高标准、高质量原则，优先在农村商业场所、医疗点和社保服务站设立服务点，不断拓宽新农保、新农合、财政直补等代理业务范围，实现四县一区新农保全覆盖、青山湖区新农合独家代理，新农保、新农合代理发卡24万张、13万张，并将电子网络服务渠道铺设到每个乡镇村，支农惠农能力不断增强。

（徐　亮）

【中国银行江西省分行营业部】　2013年，中国银行股份有限公司江西省分行在南昌地区共有营业机构71个，从业人员1502人（省分行营业部和12家直属支行）。至年底，南昌地区本外币各项存款余额比年初增加77.22亿元，增幅17.25%；各项贷款余额增加78亿元，增幅为21.28%。

担当社会责任。认真落实中国银行“担当社会责任，做最好的银行”的发展战略，牢固树立“植根于斯、服务于斯、发展于斯”的经营理念，以打造南昌核心增长极、助推昌九一体化和江西发展升级为主抓手，以提高金融服务实体经济的质量和水平为主方向，深化转型创新，依法合规经营，在持续稳健发展的道路上不断迈出坚实步伐。

助推实体经济。主动担当发展责任，将中国银行的发展融入南昌区域经济发展的大格局，主动有效策应区域经济发展战略，推动信贷资源向经济重心投放，明确对南昌市重大重点项目、十大新兴产业等领域的授信策略，引导分支机构加大对实体经济的支持，贷款增量居商业银行前列。积极对接南昌轨道交通项目，成为该项目银团贷款第二大银行。重点关注南昌经济技术开发区、高新技术产业开发区和小蓝经济技术开发区3个国家级开发区的金融需求，主动嵌入机构策略，建立贷款审批绿色通道，提供快捷的金融服务。以“一片园区、一批市场、一根链条、一张报单和一个集群”五个一为抓手，进一步完善“中银信贷工厂”模式，设计“银商通达”“银园保”“财园通”等一系列中小微企业专属产品，满足企业“短、频、急”的资金需求，并根据企业发展所处不同阶段，定制出中银“创业通宝”“助业通宝”“展业通宝”等全周期产品，满足企业不同阶段的金融需求。

服务民生工程。积极履行社会责任，开展“民生金融服务”系列活动。包括缴费、商圈、旅游、校园、医疗、交通、社会保障、公积金8个类别，推出“校园篇　中国银行校园卡多功能全范围涵盖”“缴费篇　电费话费交通罚款在中国银行缴费”“公积金篇　南昌住房公积金中行联名卡满周岁”“商圈篇　中行商贸通卡成为企业财务好管家”4个专题，通过专属银行卡，满足市民方方面面的金融需求。积极开展送金融服务、金融产品进农村活动，面向从事农业生产的居民和涉农中小企业主发放“福农卡”，提供涉农产业联盟商户优惠、保险保障优惠、涉农融资贷款及跨行取现手续费优惠等特色服务。春节期间，广泛开展“送温暖、聚实惠”活动，在乡镇、火车站、长途汽车站等地设立服务点，为务工返乡人员提供便捷金融服务，受到社会广泛认可。在江西省委宣传部和新浪江西联合举办的“2013年度江西网络盛典”评比中，荣获“2013年度江西最具社会责任感银行”称号。

提升服务实力。积极跟进南昌市建设现代化大都市而发生城市格局的巨大变化，优化调整网点布局，新设一批加强型自助银行，开办社区金融服务，不断丰富网点服务功能。大力提升网点的全产品业务能力和服务效率，有效提升客户体验。完善电子渠道功能，通过电子渠道办理水电费代缴、住房公积金提取等业务，为客户带来“创新支付，自助随享”的体验。在南昌地区开展“三送三下”活动，将产品、活动和服务送进社区，送到高校，送下基层。加强员工岗位练兵，提升业务技能。在新浪网江西首届网络盛典评选中，南昌地区多名员工当选为年度金融业服务明星，荣获南昌权威媒体推选的“最佳口碑银行”称号。

加大产品服务创新。全面打造一流结算银行，巩固和提升中行在国际贸易结算、跨境人民币结算市场领先地位，成为南昌企业“走出去”的首选银行、海外优质客户在赣业务的首选银行，成功办理全省首笔台湾地区人民币跨境汇出汇款业务，成功叙做省内首笔跨境现金管理业务。在同业中率先投产运行自助填单项目，让客户由过去手工填写单据优化为在自助填单机上扫描身份证、银行卡等自动生成单据，并实时传输至辖内任意网点柜台，极大节约客户业务办理时间。同时，实现操作智能化，自助填单机具有记忆功能，客户可以查阅近3个月的原有单据，办理同样业务只需直接调取修改，节约客户重复填写相同信息的时间。自助填单机还具备身份证复印、网银操作、产品介绍等功能，集多种设备功能于一体，为客户带来全新的服务体验。南昌地区所有营业网点实现Wi-Fi全覆盖，让客户在等待叫号办业务时能免费上网，还能登录手机银行轻松办理账户查询、转账汇款、购买外汇、投资理财等金融业务，体验中行“随时、随地、随心”的互联金融服务。

（严　芬）

【建设银行江西省分行营业部】　2013年，建设银行江西省分行营业按照“一心一意谋发展，脚踏实地抓工作，全力以赴防风险”的总体要求，以科学精细化管理为抓手，深化机构改革，强化基础管理，全力防范风险，着力推进网点渠道建设，提升市场竞争能力，多项主要经营指标位居系统及同业前列，取得数一数二的突出业绩。至年底，一般性存款余额新增58亿元，各项贷款新增36亿元；战略性业务稳健发展，国际业务结算量突破31亿美元，投行业务入池项目达22亿元，签约128户养老金客户，被总行授予养老金业务“优秀团队”，信用卡客户净增4.02万户，企业网银活跃客户净新增3887户，善融商务客户新增165户，实现造价咨询中间业务收入3575万元。

调整优化信贷结构，支持服务实体经济发展。严格落实国家产业和金融政策，加大对高新技术产业、发展前景良好的中小企业、重点骨干企业的支持力度，有效支持南昌经济结构调整和产业升级。全年为重点大中型企业融资116.85亿元，其中，投放各项贷款96.8亿元，融资理财20.05亿元，满足了客户的多样化融资需求，在助力大中型企业发展同时，实现了自我超越。成功营销全省建行首笔定向保理、首期“乾元—养颐四方”理财产品，中标洪航集团企业年金及补充医疗保险基金账户管理（托管）人资格，发行养老金卡2.4万张。创新小企业业务，与南昌县、新建县、进贤县、安义县政府以及全省3个工业园区开展了“财园贷”“助保贷”业务

2013 年 12 月 16 日，建行江西省分行举办事业单位类职业年金合作签约仪式

合作，积极拓展“善融贷”“网络循环贷”、评分卡等批量化、电子化新产品，牵头与南方林权交易所探讨林权抵押贷款、大宗商品电子商务等金融需求解决方案，解决小企业融资问题，为小企业的发展搭建平台。

持续扶持符合医疗体制改革方向的公立医疗机构，以医院数字化建设为契机，大力推行银行卡与医院诊疗卡合二为一，成功实现了与江西省人民医院、江西省口腔医院等在当地颇具影响力医院的银医一卡通项目独家合作，是首家集电话银行及网上银行预约、自助挂号、自助缴费、社保（医保）费用实时扣划等多种功能为一体的“一对一”的合作模式，填补了全省银医合作银行卡就诊、缴费等多功能合作模式的空白。在公务卡、代发工资、电子银行、校园一卡通等方面，与高校展开了全方位的合作，将银行卡和校园卡融为一体为学生提供便利服务。

不断丰富金融产品，服务百姓生活。将“以客户为中心”的服务理念融入产品研发、销售之中，不断完善产品功能，加强基础管理，提高服务水平。面对市民金融消费观的转变，在个人贷款业务上推陈出新，满足广大客户全方位、多层次、个性化的金融需求。个人贷款产品深入百姓生活的方方面面，有帮助创业的助业贷，有提升生活品质的消费贷，有服务高端客户的财富贷，让“金融超市”的赞誉实至名归，也在市民中树立了“个人贷款到建行”的良好口碑。在南昌范围内发行了“洪城一卡通”等便民服务银行卡，与江西缴费通公司联合开发缴费通业务，便利居民日常缴费。大力加强渠道建设，完成了 6 个新设机构、28 个离行式自助银行、4 个迁址网点的装修、开业，进一步加快红谷滩、朝阳新区、高新区等区域的网点设置，努力完善网点布局，推进网点“三综合”建设，提升综合服务能力。

（罗晓帆）

【农发行江西省分行营业部】 2013 年，中国农业发展银行江西省分行营业部立足农业政策性银行办行方向，严格执行国家粮食宏观调控、农村金融及一系列惠农政策，全面落实总行“两轮驱动”战略和省行“发展 创新 管理 和谐”工作思路，配合南昌打造核心增长极战略，强势支持南昌市新农村建设。至年底，各项贷款余额 139.81 亿元，比上年增长 12 亿元，增幅为 9.39%；各项存款余额 48.03 亿元，增长 6.26 亿元，增幅为 14.92%；账面利润 4.56 亿元，增长 0.39 亿元，增幅为 9.35%；不良贷款余额 1542 万元，不良贷款率 0.11%，分别比年初下降 803 万元和 0.07 个百分点，实现了“一控两防”和不良贷款“双降”目标，经营目标考核在全省农发行系统排名第一。

强化信贷支农职能，保障国家粮棉油收储。认真落实托市粮收购政策，充分发挥信贷杠杆作用，全力支持粮棉油购销储。针对 2013 年粮食市场新特点，制定最低收购价预案，做到“八个提前”“钱等粮”和不“打白条”，确保南昌地区粮食收购市场秩序稳定，没有出现“卖粮难”现象。累放粮棉油购销储贷款 27.77 亿元，比上年多放 11.72 亿元。支持企业收购粮食 7.94 亿千克，比上年多收 5.09 亿千克；收购油料 1.4 亿千克。累放农业产业化龙头企业和加工企业贷款 2.98 亿元，支持企业农业产业化经营，带动农民增收致富。同时，抓促销防风险，确保粮食收购、棉花交储、全国和省级化肥储备贷款实现“双结零”。

拓展平台项目贷款，支持城乡发展一体化。认真落实平台贷款和土地项目管理新政策，以支持水利建设、农村土地整治、农村基础设施、农民集中住房等项目为重点，纵深拓展平台项目贷款。累计发放农业农村基础设施建设贷款 19 亿元，比上年多放 8.1 亿元，累计支持环鄱阳湖南昌赣江区域水利建设（一期工程）、南昌市梅岭四季花谷生态环境综合治理一期工程、进贤县民和镇东片区土地储备整理、南昌经济技术开发区范家村农民集中住房等项目 5 个，其中水利项目 1 个、土地收储项目 1 个、农民集中住房建设项目 2 个、农业综合开发项目 1 个，促进南昌市城乡一体化发展，发挥了农发行在农村金融中的骨干和支柱作用。

着眼打造现代银行，不断完善内部管理。实施“穿透式”管理，按照省行提出“一杆子”插到底管理要求，由市行班子及机关部门挂点支行，支行班子挂点信贷企业，帮助解决基层行或企业困难；扎实推进信贷精细化管理，严格执行“十六个”环节“七十七条”精细化标准，确立“操作流程统一、岗位职责分工统一、档案整理统一”3 个具体目标；实行限时办结制，执行限时办贷、限时审贷、限时放贷和首问责任制；建立考核联动机制，实行工作执行效果与条线指导、绩效考核、问责制联动；建立事前、事中、事后全过程的监管和监督体系；全面提升科技保障能力，会计结算业务、信贷管理作业、公文办理全部实现信息化和自动化。

（刘金林）

【中国进出口银行江西省分行】 2013 年是中国进出口银行江西省分行极具开创性的一年。经过半年多的筹建，江西省分行于 9 月 23 日在南昌市正式挂牌成立，成为中国进出口银行在国内设立的第 22 家营业性分支机构。在开业仪式上，中国进出口银行与江西省人民政府签署《深化战略合作协议》，中国进出口银行江西省分行与江西铜业集团等 4 家重点企业签订融资协议。

做好项目储备工作。紧密结合江西区域产业特色，扎实做好项目储备工作，为 2014 年年初放款做好充分准备。一是召开客户座谈会，搭建银企合作平台，邀请 40 余户重点企业参加，涵盖存量客户、潜在客户及“走出去”企业、机电行业龙头企业,采取政策宣讲、面对面交流座谈的方式,强调分行服务企业发展的宗旨意识,宣传分行产品特色和业务优势,达到互建联系、互通信息的目的。二是走访存量客户,了解客户需求。组织公司业务部门人员逐一拜访24户存量客户,发放2014—2016年资金需求调查问卷,建立新分行与存量客户之间的日常联系,增进银企信息互通。三是拓展增量客户。分步骤推进行业发展战略,重点走访有色、石化、食品、纺织、建材、汽车、航空制造、医药、电子信息等支柱企业;上门了解国家级出口基地、重点高速公路、主要机场、码头、物流园区有关企业融资需求;围绕江西省红色旅游强省、生态旅游名省、旅游产业大省战略部署谋划,促进江西旅游产业国际化。至年底,已完成10户增量客户的评级授信和贷款审批材料报送工作。

建立部门合作机制。与省市区各级党政机关及职能部门建立部门合作机制,与省文化厅联合发文,着手与多个职能厅局建立合作模式,开创"一行业一模式"的优质企业、特色项目名单制管理机制。与南昌市政府联合举办政银企对接会,与南昌市政府有关职能部门负责人、重点企业现场对接,取得良好效果。

同业互动合作。同业资源共享平台建设取得积极成效。将同业合作作为初期业务开拓的有力抓手,先后与省内多家同业负责人会谈,介绍分行成立基本情况、人员构成、业务种类和特点,并结合同业机构不同业务领域提出差异化合作目标和举措,初步建立与同业机构间高层定期协商、部门负责人经常性沟通、业务经办人员密切联系的工作机制,畅通信息、资金、客户、中间业务、工作动态等各类渠道。至年底,分行已和同业机构筹备推进合作备忘录签订、信贷业务、中间业务合作等事宜,取得初步成效。

(肖　湉)

【招商银行南昌分行】 2013年,招商银行股份有限公司南昌分行以支持实体经济发展、推动转型升级为经营宗旨,以金融创新、体制改革为经营动力,按照"以服务为主线深入推进二次转型"的工作思路,不断解放思想、扎实工作,助推南昌"打造核心增长极"。至年底,实现全折资产总额646亿元,比年初净增157亿元,增幅为32%;全折各项存款余额503亿元,净增89亿元,增幅为22%;全折各项贷款余额432亿元,净增83亿元,增幅为24%。在所辖区设有支行级营业机构26家,24小时自助银行53家,单台自助设备16台。荣获《当代金融家》第五届中国银行业"好分行"评选"支持中小企业最佳分行"、人行南昌中心支行"2013年度江西省金融机构征信工作优胜单位"等系统内外表彰和奖励75项。

为南昌地区经济社会发展提供金融支撑。累计向南昌市的战略性新兴产业、新能源、水利、电力等重点项目投放贷款25亿元;向城市改造、高速公路等重点基础设施建设投放贷款13亿元;向民生、文化领域投放贷款9亿元。向南昌地区的985户小企业、5241户小微企业投放贷款156亿元。其中,结合小企业贷款"短、急、快"的特点,创新推出"七天贷"产品,将"快"字融入小企业贷款申请、审批、投放全过程,获得良好的市场反响,成功为75户小企业发放贷款1.83亿元,为南昌地区经济社会发展提供强有力的金融支撑。

发展新兴融资业务。结合区域市场特点,大力发展新兴融资业务,努力做大地方直接融资总量,全年累计发行短期融资券、中期票据等债务融资工具8期,金额88亿元,承销笔数位居全省第一,承销金额位居第二。同时,加大创新力度,借助理财资金池、丙方业务、福费廷等新兴渠道和产品,实现FPA融资总量新增167.54亿元。此外,积极推广境内外联动融资业务,实现融资余额13亿元,新增8亿元;灵活运用信用证、保函等业务,向客户提供融资4亿元。

践行企业社会责任。以招行南昌分行15周年行庆为契机,在开展"双节送温暖""员工家属座谈会""百年招银林"活动的同时,策划开展包括业务竞赛、宣传画册、行庆征文等"六个一"工程;重视对扶贫联系点定南县岭北镇大屋村的帮扶工作,组织全行募捐4万元扶贫基金,向岭北镇中心小学捐助300余套新课桌椅,为当地20户贫困家庭提供慰问基金,帮助贫困地区学子和百姓改善生活学习环境,获得当地政府、媒体、百姓的高度称赞。

(张静雯)

【中国民生银行南昌分行】 截至2013年底,中国民生银行南昌分行在江西省设有12家营业机构,其中南昌10家支行(含分行营业部),上饶、赣州各1家二级分行。各项存款余额突破200亿元,达223.43亿元,较年初净增43.06亿元,增幅23.87%;各项贷款余额154.88亿元,较年初净增37.38亿元,增幅31.81%。在中国人民银行南昌中心支行、江西省总工会举办的2013年驻南昌银行业金融机构"践行群众路线、改善金融服务、支持经济发展"主题竞赛中,荣获团体一等奖;被江西省银监局授予2013年江西银行业金融知识宣传月"优秀宣传奖";被人行南昌中支授予2013年度南昌辖内金融机构会计核算和同城清算业务竞赛"同城清算优胜单位";荣获2013年第二届南昌市银行系统业余足球联赛季军。

支持地方经济建设。加大信贷投放力度,全年累计发放各类贷款318.95亿元。支持有色金属、现代农业、现代物流、医药、旅游、能源六大区域特色行业发展,表内外贷款余额42.72亿元,较年初净增13.3亿元,增幅为45.21%。利用融资发债、理财业务、产业基金、私募债、撮合业务等金融产品,有力支持省内重点项目和重点企业发展。

扶持小微企业发展。通过商贷通、微贷、互助合作基金、结算产品等为小微客户提供综合金融服务。小微客户突破3万户,达3.4万户,比年初净增1.5万户,增幅为80.5%;小微贷款余额88.7亿元,较年初净增31.8亿元,增幅为55.9%,小微贷款余额、年增长额均居驻南昌股份制银行第二名。

探索小区金融模式。深入南昌市各大社区,设立56家小区自助银行。围绕小区居民日常衣食住行,发展1069家特惠商户。积极扩大受众居民,零售客户突破20万户,达20.5万户,较年初净增12.2万户,增幅147.9%。推广移动金融,手机银行签约客户突破10万户,达13.2万户。

搭建业务合作平台。推进境外联动,牵线江西省商务厅与民生银行香港分行签订战略合作协议,为江西省内优质企业引入外部资金和"走出去"搭建桥梁;举办"金融同业合作高峰论坛",与众多中小银行、信托公司等建立战略合作关系;与江西省商务厅共同举办民生银行与江西企业银企对接会;成为江西省财政厅"财园信贷通"合作银行之一。

履行企业社会责任。开展"五步十步笑相迎""一杯豆浆的温暖""一元看电影"等活动,提升客户体验服务。组织参加江西省银行业协会"防范金融风险知识宣传服务月"活动等,开展公众金融知识教育;开展"财富大课堂""反假币"宣传活动等,帮助群众了解金融知识。在湾里区狮峰小学组织开展以"关爱留守儿童,接力爱心未来"为主题的社会公益活动等,履行社会职责。

(曾　林)

2013年2月28日，光大银行南昌分行、江西省交通运输厅、平安资产管理有限责任公司签署三方战略合作协议，共同提供200亿元债权或股权投资资金用以支持交通基础设施建设

【中国光大银行南昌分行】 中国光大银行股份有限公司南昌分行（以下简称光大银行南昌分行）是经中国银行业监督管理委员会批准设立的省级金融机构，于2010年5月7日正式开业。2013年，光大银行南昌分行坚持“以客户为中心、以市场为导向、以服务地区发展为己任”的经营理念，主动贯彻落实地方政府经济发展战略和产业政策，有效满足数千个公司客户和10余万个零售客户的金融服务需求，为地方经济发展和城市建设贡献力量。至年底，光大银行南昌分行在南昌市内设有10家营业网点和39个自助网点，从业人员超过300人。资产总额289.4亿元，一般性存款余额182.77亿元，各项贷款余额132.15亿元，为地方经济发展和居民金融服务做出应有的贡献。

满足企业融资需求，做江西实体经济发展的支持者。主动落实关于有关银行业支持城镇化、支持鄱阳湖生态经济区建设、赣南等原中央苏区振兴发展等指导意见，结合江西省的区域特点和发展规划制订有针对性的金融支持方案。在信贷资源趋紧的情况下，积极向总行争取授信资源，强化融资渠道创新，为省内重点项目和企业提供资金支持。至年底，累计投放贷款451.88亿元。

全面聚焦小微客户，做小微企业身边的金融服务专家。围绕小微客户融资、结算和财富三大需求，大力推广“个人助业”系列产品和以链式快贷、房抵快贷、POS快贷、政采快贷为主的“快贷”系列产品，以高效全面的服务赢得小微客户的认可。至年底，小微贷款余额33.15亿元，较年初增长98%，小微客户数达到1544户，较年初增长156%。

拓宽金融服务半径，做广大社区居民身边的银行。在推进支行和自助网点建设的基础上，在监管要求内稳步推进特色社区银行建设，争取实现“有家的地方就有光大”的社区金融发展愿景。主动深入社区开展近50场社区嘉年华系列活动，向社区居民广泛宣传各类金融知识，以优质贴心的服务获得社区居民的一致表扬，获评为2013年江西省银行业金融知识宣传服务月活动综合先进单位。至年底，理财产品累计销售101.2亿元。

切实履行社会责任，做社会公益活动的参与者和组织者。先后组织“四川雅安芦山地震捐助”“慈善一日捐”“助力贫困学子上大学”等一系列专项捐款活动，充分发扬“一方有难，八方支援”的传统美德。积极参与总行“大地之爱母亲水窖”公益活动，持续开展“献爱心，送温暖”主题捐款活动，累计为各类公益事业捐款近百万元。

（王跃清）

【南昌银行】 2013年，南昌银行拥有包括广州、苏州、赣州在内的25家一级分支行、92个营业网点，其中南昌市网点66家、省内异地网点23家、省外异地网点3家。发起设立大丰、瑞丰、南丰、德丰、广昌5家村镇银行。总行层面设有22个部门。南昌银行在职员工总数2476人。其中，博士2人、硕士144人、高级职称17人、中级职称176人，领导班子成员10人。至年底，总资产1258.17亿元，比上年增长19.65%；所有者权益94.55亿元，增长22.53%。全口径本外币存款余额1046.65亿元，比上年增长25.13%。其中，本外币一般性存款余额882.08亿元，增长17.16%，较全国金融机构平均增速13.80%高出3.36个百分点；各项贷款余额488.88亿元，增长21.16%。实现税前利润22.81亿元，比上年增长13.02%；实现税收11.1亿元，增长9980万元。各项监管指标全部达标。

实行“一体两翼两中心”发展战略。成立有关领导小组，出台“一体两翼两中心”发展战略，明确十大举措，着力推进“传统性、特色性、战略性”三大业务板块，以南昌为主体，稳固发展传统业务；以小企业信贷中心、金融市场部为两中心，做足特色；以广州、苏州分行为两翼，打造增长极；力求将南昌银行打造成为一家“管理规范、特色鲜明的公众银行”。广州、苏州金融同业分中心实现利润3826万元，成为新的利润增长点。同时，总部投行业务稳步发展，至年底，累计投入130亿元，投资收益达9.73亿元。

核心客户营销水平提升。一是采取重要客户直营的优惠政策，积极拓宽吸存渠道。以省内分行为依托，走出去引进来，主动与上饶、吉安、萍乡、新余、赣州等政府签订有关战略合作协议，积极营销当地政府财政存款。全年新增财政性存款81.28亿元。主动与天虹商场、南昌铁路多元投资集团等大企业签订战略合作协议，企业VIP客户比上年增加83户；对公存款余额增加61.72亿元，比上年增长15.5%。二是支持园区金融。制定“园区金融发展指导意见”，推出“厂房贷”“应收租赁款质押”“助力贷”“阶段性担保”等“金园宝”系列产品，与小微工业园、小蓝工业园、安义工业园、新建工业园管委会签订园区金融战略合作协议。至年底，支持南昌各类园区企业180余户，累计投放信贷约60亿元。

个人业务转型成效初显。着力推进小区金融服务、小微金融服务“两小金融”服务，其中小区金融是个人业务转型的战略方向。至年底，南昌银行与179家小区签订金融服务合作协议，新增离行式自助银行42家；推出品牌黄金销售业务，获得基金代销资格，引进理财POS业务，大力推进手机银行建设，全行电子银行有效客户突破10万户，达到12.5万户。个人业务的战略转型，使南昌银行储蓄存款日均增幅近30%，完成全年日均增量目标的106.28%。

微贷业务彰显特色。2012年底经中国银监会批准，南昌银行成立小企业信贷中心，与德国法兰克福金融学院进行技术合作,明确力争三年内把小微贷款(单户100万元以下)做到100亿元,逐步形成特色规模的目标。在战略上保证,在全行3年发展规划中明确小微信贷的重要地位;在机构上保证,加快小企业信贷分中心建设,计划单列事业部制;在资金上保证,2013年成功发行50亿元小微企业债券;在技术上保证,引进德国小微信贷技术,聘请德国专家顾问;在创新上保证,以"及时贷"为依托,研发专属产品"金手指微贷"、升级版"洪城极速贷"等产品,"洪城极速贷"最快24小时内放款。至年底,小企业信贷中心贷款余额5.38亿元,贷款质量优良;全行小企业贷款余额288亿元,小企业贷款增速22.95%。被市工信委、市金融办授予"南昌市中小企业融资工作先进单位"。

信用风险管控。一是防范信用风险。针对企业违约率增加,出台并修订授信风险控制办法5个,全面开展权限内授信、单笔亿元以上授信、票据业务等风险排查,强化"两头在外"授信的名单制管理,清理压缩"两头在外"授信。二是大力清收不良。成立全行不良清收领导小组和专项工作小组,清收结果与分支行行长绩效直接挂钩,确保存量风险得到压缩控制;积极推进洪银公司不良资产清理和公司清盘工作;通过现金清收、债权转让、风险转化、核销等多种方式化解不良贷款。三是加大问责力度,对有关责任人予以严肃处理。

异地灾备中心投产。全年新建业务及管理系统20余项,位于北京的应用级异地灾备中心建成投产,形成"两地三中心"的灾备格局,南昌银行信息科技风险治理和评估、业务连续性和抗灾能力得到提升,荣获全省"银行业信息安全等级保护工作先进单位"称号。

履行社会责任。进一步下沉服务网点,宜春分行开业,吉安分行试营业,广昌南银村镇银行开业;积极贯彻监管要求,有力执行"七不准、四公开"(不准以贷转存,不准存贷挂钩,不准以贷收费,不准浮利分费,不准借贷搭售,不准一浮到顶,不准转嫁成本;收费项目公开、服务质价公开、优惠政策公开、效用功能公开),有效保障金融消费者合法权益。同时,积极投身社会公益,参与全市"慈善一日捐",捐款150万元;捐资400万余元建设3所"南昌银行希望小学"。荣获"南昌市打造核心增长极税收突出贡献奖"、南昌市第14届"文明单位"、省银行业协会组织的金融消费者权益保护知识竞赛"团体二等奖"等。

(刘俊新)

【江西省农村信用社联合社南昌管理部】 2013年,南昌管理部下辖5个独立法人单位,其中县(区)农村信用联社3个、农村合作银行1个、农村商业银行1个,161个营业网点遍布城乡,员工1750人。全市农村信用社总资产329.17亿元,总负债302.39亿元。至年底,各项存款余额286.83亿元,较年初净增68.42亿元,增幅达31.33%;各项贷款余额177.48亿元,较年初净增40.75亿元,增幅达29.8%,存贷款增幅排名均列全省第一。其中,涉农贷款161.17亿元,占各项贷款的90.81%,新增涉农贷款占新增贷款的105.48%。

支持春耕备耕生产。春节过后,各经营网点的客户经理进村入户进行春耕备耕资金需求调查,根据需求调查结果,在资金投放上坚持做到"三个优先"。即对购买化肥、农药、种子、农机具等生产资金优先发放,对农业产业项目资金优先安排,对科技兴农项目资金优先满足。共发放专项资金12.11亿元支持春耕生产,充分满足了当地春耕备耕生产需求。

引导农民专业合作社稳步发展。2013年中央1号文件出台后,农民合作社再一次成为人们聚集的热点。农民合作社是带动农户进入市场的基本载体,是连接农户和市场的主要桥梁和纽带。南昌管理部通过召开座谈会和实地考察等形式,加大扶持力度,引导合作社健康发展。对符合贷款条件的合作社进行评级授信,允许其直接融资或为成员提供担保;创新各类符合法律规定和实际需要的信贷产品,如农副产品订单、保单、仓单、应收账款等权利质押贷款,农用生产设备、机械、土地使用权等财产抵押贷款;对公司+农户+合作社的经营模式,以农户贷款、公司担保的贷款方式,多层面解决合作社贷款难问题。

推进小微事业部工作。继续贯彻落实关于金融支持实体经济、扶持小微企业的政策要求,全面推广小微贷款事业部工作,缓解小微企业"融资难"的问题,有力地促进小微企业的健康发展。5月,辖内各成员行社均已完成微贷事业部的组建,并已开通微贷系统操作权限,在信贷系统中对存量贷款进行划分。同时,开展"扫街"(走访农户、深入企业、沿街上门服务个体工商户的活动,宣传信用社业务)营销行动,按照要求在信贷系统内使用小微流程进行放款。至年底,共"扫街"6000余户,通过小微流程发放贷款812笔,授信4.21亿元,发放贷款3.98亿元。

提升金融服务水平。一是建立省外服务机构。为了更好地让在上海经商的客户享受在家乡一样便捷、优质的金融服务,加强对异地资金的归集、投放及管理,进一步优化信用社的存款结构,南昌管理部组建调研小组,就安义农村合作银行在上海成立客户服务中心进行可行性调研。8月8日,安义农村合作银行驻上海客户服务中心正式运转。该中心围绕省联社"走出去"发展战略,以安义籍客户通过客服中心享受在上海和在家乡一样的"两个同等便利"为目标,实现百福(惠民)卡、网银、转账终端业务"三个全覆盖"为手段加速推进各项工作。至年底,共走访在上海客户1000余户,发放客户基本信息调查表2000余份,建立700位客户信息。二是抢占网点布局商机。随着地方经济不断发展,城市板块不断扩张,城乡界线已不明显。为及时抢占待开发地区商机,湾里、新建联社分别在红角洲、红谷滩新增岭口路信用社和万达信用社,按照全能型业务网点来建设,打造成设施到位、功能齐全、服务规范、产品丰富的金融旗舰店。至年底,岭口路信用社试营业期间,已吸收存款达5亿元。三是规范柜面服务。要求所有员工必须统一着装、统一挂牌上岗,规范服务礼仪、服务流程和服务时限。针对春节期间业务繁忙的特点,下发做好金融服务的通知,并取消休假,实行延时服务。四是实行差别服务。对客户进行细分,针对贵宾客户、优质客户、待挖掘大户实行差别化管理,细致化服务。如上门服务、资金到账提示、网上银行服务和手机短信服务等。

不断深化体制改革。完善公司治理,构建有效的法人治理结构;稳步推进产权制度改革,切实转换经营机制,调整业务经营指导思想,改变过去粗放经营、治标不治本的状况,把工作的着力点放在健全管理体制、加强基础管理、推进业务发展上。至年底,南昌县农村信用社联合社已改制为赣昌农村商业银行,并正式挂牌营业;湾里农村信用社联合社已获批筹建"洪城农商银行"工作领导小组。

(肖　敏)

【九江银行南昌分行】 2013年2月6日,九江银行股份有限公司南昌分行(以下简称九江银行南昌分行,2009年11月18日正式开业)由原阳明路183号正式迁至红谷中大道138号。至年底,九江银行南昌分行下设包括营业部在内8家支行,覆盖南昌市区和南昌县、新建县、进贤县,总资产突破200亿元,各项存款余额突破100亿元,实缴各项税费4703.28万元，荣获“南昌市打造核心增长极企业税收突出贡献奖”。

集中力量，助力中小企业发展。成立四年来，九江银行南昌分行围绕“老百姓的银行、小微企业的银行、民营企业的银行”的市场定位，始终把中小企业和私营个体经营者作为授信扶持的重点对象。为更契合中小企业发展，九江银行南昌分行先后推出“真心相贷”“贷贷相传”“指日可待”等小额贷款品种。2013年，全分行中小企业贷款户数比上年增长20%，并荣获“2012年度南昌市中小企业融资工作先进单位”“2012年度南昌市融资担保先进单位”荣誉。

创新金融产品，发展中间业务，拓展国际业务。成立个人金融部与公司金融部，着力于个人金融与公司业务条线新产品、新业务的研发。授信业务与中间业务均衡发展，优化收入结构，促进良性发展。积极拓展国际业务发展，可为境内外机构提供人民币、外币国际结算及贸易融资业务，国际结算量比上年增长近2倍。

客户至上，持续提升服务质量。通过优化机制、严抓管理，提高全员对优质客户服务的认识度、关注度和参与度。对前台操作制定一系列更为细化的标准要求，进一步加强服务规范管理；成立服务检查小组，实施规范化服务督导制，设立专门的规范化服务总督导师岗位，每月进行服务检查，并解决在提升服务过程中出现的各类问题。以“用心服务、微笑九银”的优质服务理念为指引，致力于为南昌市民提供优质的金融服务。至年底，累计建成离行式自助服务网点13处，实现网点365天24小时服务功能。九江银行南昌分行所辖阳明支行被评为“2012年度江西省银行业文明规范服务示范单位”。

（陈　苓）

【上饶银行南昌分行】 2013年，上饶银行南昌分行下辖5家一级支行和7个分行管理部门，员工总数170余人；资产总额33.14亿元，各项存款余额31.15亿元，存款总户数2.7万户；授信余额33.19亿元；抵质押率72.73%。（该分行于2010年成立，是上饶银行在省会城市设立的首家分行，位于南昌市福州路82号）。

坚持以服务地方经济为己任，在支持小微企业中求发展。以“立足社区、立足辖区、服务小微、服务辖区居民”的市场定位为目标，推进小微企业评级工作。对300万元以下企业展开2次专项评级工作，量化小微企业准入条件，通过评级体系对一些优良守信企业分别授予“AAA”“AA”“A”等相应等级称号，为客户制定不同的融资方案，有效降低小微企业准入门槛，提高小微企业授信占比。至年底，AAA客户有72户，AA客户66户，A及以下客户23户。同时，不断创新小微企业金融产品，通过推广“商保通”“金易达”等特色产品，解决小微企业融资“短、小、频、急”的问题，有效降低商贸流通等行业的融资成本，解决小微企业融资成本高的问题。全年小微企业贷款授信户数710户。其中，贷款业务户数112户，余额5.34亿元，占全行对公贷款业务的42.5%，较年初增加1.39亿元，增长35.29%；“金易达”496户，金额2.25亿元，新增214户，增长75.88%；其中小微企业承兑客户137户，票面授信余额9.32亿元，占全行承兑余额的53.39%。员工多次荣获“南昌市中小企业融资工作先进个人”称号。

坚持以内控风险管理为抓手，在服务管理提升中促发展。实现“各类案件零触发，各类安全事故零发生”目标，不断强化风险防控体系，不断推动服务管理提升。积极参加人民银行南昌中心支行与江西省总工会联合举办的“践行群众路线，改善金融服务，支持经济发展”主题竞赛活动，荣获团体二等奖。先后荣获南昌市东湖区文明单位、南昌市单位内部治安保卫工作先进集体、上饶市直属机关工委青年文明号、省政府大院消防安全工作先进单位等荣誉。

坚持以回馈社会大众为职责，在服务民生中树品牌。积极联系广大社区干部，组织广大员工深入街道、小区，开展“爱心进社区系列活动”、“学雷锋”便民服务月、“金融知识送万家”、“义务献血日”、“上善者·行若水”贫困助学等一系列独具特色的爱心公益活动，用我们真挚的爱心和热情赢得广大南昌市民的信任，荣获江西省“2012年希望工程先进单位”称号。

（叶　震　李　翔）

【南昌农商银行】 2013年，南昌农商银行以打造“特色银行、优质银行、科技银行、流程银行、和谐银行”五大银行为目标，抢抓发展机遇，加快经营转型，各项工作取得较快发展。至年底，资产突破300亿元，存贷款规模达400亿元，不良贷款率、资本充足率等风险指标不断优化，银行监管评级达到二级；成为全省农村信用社（农商银行）业务规模最大、实现利润最多、监管评级最好的法人单位，走出了一条现代商业银行的差异化、特色化发展之路。先后荣获“全国五一劳动奖状”“全国十佳农村商业银行”“全国农商银行标杆银行”“最具慈善爱心单位”“2013年中国最佳中小企业金融服务机构”等荣誉称号。（该行是在原洪都联社基础上改制组建的全省第一家农商银行，于2009年3月挂牌开业。全行现有员工1000余人，是全省农村信用社在省会城市南昌的窗口和业务平台，是“南昌城乡人民自己的银行”。）

开办“微贷工厂”。在全省信合系统率先推行事业部制改革，成立小微贷款事业部，引入小微贷款德仕模式，研发推出无抵押小微贷款产品，打造“微贷工厂”；建立标准化产品、规范化流程，坚持市场化运作、流水化作业，充分发挥微贷产品决策链条短、审批手续快、服务效率高、还款灵活等优势，大力支持小微企业发展。至年底，“微贷工厂”开办仅三个月，授信审批小微贷款74笔，授信审批金额达2080万元。

积极支持被征地农民养老保险贷款。研发推出“被征地农民养老保险贷款”金融产品，并作为全省首家推广“被征地农民养老保险贷款”的金融机构，累计发放被征地农民养老保险贷款约2.46亿元，缓解9599户失地中老年农民购买养老保险资金难问题。

“民生”帮扶。充分利用自身的金融服务特色，实施一系列“民生”帮扶举措。率先开办下岗再就业小额担保贷款业务，承担南昌市90%以上再就业小额担保贷款业务；率先承办妇女小额担保贷款业务；与市青年联合会等合作开展青年创业贷款业务；开办返乡农民工创业贷款业务。至年底，发放下岗再就业、妇女创业等民生类贷款9511万元。

主动参与公益事业。积极开展慈善一日捐、阳光助学等活动。向公安部门捐赠50万元，帮助建立检察人员救助基金；向东房自然村、邮政路小学、慈善总会分别捐赠10万元、10万元、50万元资金，持续支持慈善事业；向南昌SOS儿童村捐助价值30万元电脑、家具、家用电器等物品，取得良好社会反响，树立勇于担当社会责任的良好企业形象。

（张胜明）

【华夏银行股份有限公司南昌分行】 华夏银行股份有限公司南昌分行（以下简称华夏银行南昌分行）是经中国银行业监督管理委员会批准设立的省级金融机构，2012年进驻江西省。至2013年底，华夏银行南昌分行资产总量89.64亿元，比年初增长59.09亿元，增幅达193.42%；各项存款余额57.85亿元，比年初增加36.77亿元,增幅达174.43%;各项贷款余额39.48亿元,比年初增加25.06亿元,增幅达173.78%,不良贷款率为零。荣获人民银行南昌中心支行评选的“2013年江西省金融机构利率管理先进单位”“2013年度江西省金融机构征信工作优胜单位”“2013年度会计核算工作优胜单位”“2013年江西省银行业金融机构现金服务与人民币管理工作优秀单位”“2013年江西省银行业信息安全等级保护工作先进单位”“2013年‘践行群众路线、改善金融服务、支持经济发展’主题竞赛综合团体三等奖”和南昌市公安局治安支队评选的“2013年度金融机构安全防范优秀单位”;在江西银监局主办的江西银行业金融知识宣传月活动中荣获“优秀宣传奖”。

优化资源,支持地方经济。在国家宏观调控货币政策保持稳健、银行信贷规模日益紧张的情况下,华夏银行南昌分行结合江西市场特点,积极向总行争取信贷规模,优化信贷结构,强化资金组织,有力地支持了当地经济发展。至年底,累计发放对公贷款54.46亿元,运用各类融资渠道支持企业资金超150亿元。加大产品创新,围绕市场、政策和客户需求变化,灵活运用私募债、中期票据、银租通等创新产品,满足企业融资需求。其中,江西省铁路投资集团有限公司私募债30亿元注册成功并发行10亿元,正邦集团10亿元私募债注册成功,吉安新庐陵25亿元中期票据成功上报至交易商协会。

量身定做,服务中小企业。坚持“中小企业金融服务商”战略,加大中小企业信贷支持力度。经总行批复组建中小企业信贷部南昌分部,引进专业团队,加强与公司业务部、个人业务部联动,强调做精、做强、做出特色,提升小企业业务。坚持“烧饼上找芝麻”,大力推广平台金融、集群式开发,提高开发效果,逐步做大做强。至年底,分行小微企业用信客户数共72户,贷款余额5.36亿元。房抵贷、循环贷、法人按揭等小企业产品均实现操作。

塑造品牌,提升服务水平。持续打造“华夏服务”品牌,以入选“文明规范服务千佳示范网点”为目标,夯实网点规范服务基础,坚持网点标准化服务流程。切实树立“以客户为中心”的服务理念,总行每季“神秘顾客”检查得分持续提高。大力发展个人网银、手机银行等电子银行业务,通过加强客户体验,提升服务能力,努力把电子银行打造成为“第二银行”。

践行责任,扩大社会影响。开展“金融万里知识万里行”“金融知识宣传服务月”等活动,通过营业网点、短信平台、电视、报纸、网络等多个渠道进行公益宣传。在八一广场、民秀广场、凤凰坡社区开展反假人民币知识宣传活动,发放假币识别宣传资料,普及金融教育,将金融知识和服务带进社区、写字楼、学校和商圈。踊跃参加江西省民政厅、江西省慈善总会开展的2013年“慈善一日捐”活动,捐款2万余元,为社会公益发展做出积极贡献。

(范　侠)

证券业

【概况】　2013年,南昌市共有证券营业部53家,新增1家;共有上市公司21家,其中国内上市公司17家,香港上市公司4家,涉及汽车、航空、冶金、生物医药、交通运输、公用事业和软件等行业和领域;共发行股票22只(江铃汽车发行B股),在资本市场累计募集资金399.1亿元。

【上市公司再融资】　2013年1月21日,赣粤高速发行2013年度第一期中期票据,募集资金10亿元;1月29日,赣粤高速发行2013年度第二期中期票据,募集资金7亿元;3月4日,赣粤高速发行2013年度第三期中期票据,募集资金15亿元;3月4日,正邦科技公开发行公司债券,募集资金5.5亿元;3月13日,正邦科技发行定向融资工具,募集资金5亿元;3月28日,江中药业发行定向融资工具,募集资金4亿元;4月19日,赣粤高速发行2013年公司债券(第一期),募集资金18亿元。至年底,全市上市公司成功实施再融资64.5亿元,再融资金额创历史新高。

【企业改制上市】　2013年,全市47家拟上市企业改制上市工作加速推进:国泰民爆企业首发上市申请材料,于6月被中国证券监督管理委员会受理;唐人通服、联创电子、贝欧特医疗、一保通、惠当家等企业完成股改;绿滋肴、草珊瑚科技、飞尚科技等企业改制上市工作有序推进。

【申报“新三板”试点工作稳步推进】2013年,进一步加大“新三板”工作推进力度。全年新增阿兰德、唐人通服2家企业向全国中小企业股份转让系统公司申报挂牌材料并被受理。至年底,全市储备了超过100家拟上“新三板”资源企业,其中32家企业已经与券商签约,12家企业已完成股改。

(郭卫民)

证券业监管

【概况】　2013年,江西证监局提升监管效能,切实履行“两维护、一促进”的监管职责。至年底,江西共有33家境内上市公司。其中A股上市公司31家(含中小板上市公司7家,创业板上市公司

2013年9月17日,江西中小企业新三版融资对接会在赣江宾馆召开

3家），A+B股和A+H股上市公司各1家。上市公司股本总额226.21亿股，比上年末增长6.53%；总市值2366.95亿元，比上年略有增长；全年辖区上市公司通过资本市场再融资共计57.13亿元。江西辖区证券营业部共133家，开户数241.81万户，托管客户资产1491.9亿元，全年证券交易金额1.9万亿元。辖区共有112家营业部开展融资融券业务，信用资金账户数2.1万余户，信用证券账户数4.08万户。江西辖区期货市场共成交4.05万亿元，实现手续费收入1.86亿元，分别比上年增长64.39%和36.09%；辖区期货市场客户总数、月均客户权益分别增长24.86%和25.91%。期货市场机构户比上年增长23.47%，期货市场商品期货交割量增长228.68%。

【推动上市公司加快发展】 2013年，利用现场检查、座谈会、现场调研等方式，向公司介绍证监会关于再融资的监管政策及形势，鼓励公司充分利用资本市场平台，积极开展再融资和并购重组。对公司提交的再融资申报材料和股权激励计划备案材料认真审核，将日常监管、实地核查所掌握的信息与监管意见表关注事项相对应，及时出具持续监管意见。至年底，江西省有3家公司实施股票再融资，募集资金28.64亿元；2家公司发行公司债，筹资23.5亿元。

【加强现金分红监管】 2013年现金分红监管是2012年年报审核监管重点，江西证监局在现场检查中重点核查其利润分配方案决策过程。密切跟踪公司及相关主体承诺履行情况，对即将期满或可能触发承诺条件的承诺事项，在日常监管和现场检查中予以重点关注。至年底，江西省上市公司现金分红面达79%，分红金额占净利润总额的46.08%，与往年同期相比均有较大幅度增长，没有发生一起违反承诺的情况。

【抓好拟上市公司相关工作】 2013年，认真督导首次公开募股（简称IPO）在审企业开展财务自查专项工作，确保企业按时完成财务核查任务，为推进下一步审核奠定基础。对重点企业进行全方位定期跟踪，掌握和记录拟上市主体的工作进程、面临的困难和问题，为其提供专业化指导和服务。推动各级政府制定、完善扶持企业上市政策，减免企业上市改制过程中的各项费用，优化企业改制上市外部环境。进一步规范中介机构执业行为，把好关口，抓好备案企业辅导过程监管和验收相关工作。至年底，辅导备案企业26家。

【推进"新三板"扩容准备工作】 2013年，对江西省四个高新园区开展调研，摸清企业经营、改制等情况，指导企业做好参与"新三板"市场挂牌有关准备工作。在汇集相关信息的基础上，形成《关于推进我省"新三板"市场建设的报告》，得到省领导的肯定和批示，促使"新三板"相关准备工作步伐大大加快。积极与证监会、股转系统公司联系，了解最新政策导向，并促成地方政府与证监会顺利对接。举办"中小企业利用多层次资本市场融资培训暨对接会""江西中小企业'新三板'融资对接会"等会议，进一步加大对"新三板"的培训、宣传力度。至年底，已有55家企业确定为拟挂牌"新三板"重点后备企业，3家企业申报了挂牌申请材料。

【促进省内企业丰富融资方式】 2013年，在大型培训中，均把中小企业私募债、引进创业投资作为重要内容，请专家讲解、答疑解惑。两次召集中介机构、投资机构、企业进行座谈，共商加快发行中小企业私募债、引进创业投资等事宜。编发资本市场知识快递等电子宣传材料，提升相关各方对发行中小企业私募债和引进创业投资重要性的认识。指导省内一家中小企业私募债发行，实现江西省中小企业私募债发行零的突破。

【推进区域性股权市场建设】 2013年，对武汉、浙江、深圳前海等区域性股权交易市场进行实地调研，向省政府提出加快江西省区域性市场建设的构想与建议。支持鼓励省内证券经营机构参与场外市场建设。

【规范证券经营机构发展】 2013年，持续推动证券公司完善风险控制和合规管理，着力抓好公司的信息隔离墙制度建设和合规有效性评估两项重点工作，深化对经纪业务、资产管理和代销金融产品三个重点领域的检查，加强对高管任职、年报审计和资金安全三个关键环节的监管，开展合规培训、调研座谈和专项检查"三位一体"的活动，切实提升合规管理有效性。推动省内证券经营机构创新发展，召开证券经营机构创新与监管座谈会，搭建好创新交流平台。支持证券公司自主设立分支机构，支持证券经营机构开展代销金融产品、约定购回式证券交易、股票质押式回购、转融通等创新业务。

【推动期货市场发展】 2013年，大力支持金瑞期货建立中国有色产业风险管理基地，支持赣州市政府建设稀有金属现货交易市场，积极协助鹰潭市政府申请设立铜期货交割库。

【保护投资者合法权益】 2013年，扎实做好信访工作，耐心与信访人进行沟通、宣讲政策法规，依法依规做好信访材料受理与回复工作。创新投资者保护方式，构建投资者保护跨处室协作工作机制。推动市场主体完善投保机制，开展投资者保护工作专项检查。建立"12386"投诉热线处理制度，规范相关业务流程。探索建立与相关部门的监管合作机制。加强投保宣传教育，提高投资者整体素质。积极开展防范和打击非法集资宣传月活动，提高投资者对非法证券期货活动的风险防范意识。

（黄歆璐）

保险业

【概况】 2013年，南昌市共有保险公司34家。全年实现保费收入77.49亿元，比上年增长19.7%。其中，财产保险25.92亿元，增长20.8%；人寿保险44.61亿元，增长18.0%。全年赔款及给付28.01亿元，增长39.4%。其中，财产保险14.50亿元，增长11.2%；人寿保险11.25亿元，增长1.1倍。

保险业监管

【概况】 2013年，江西保监局围绕"抓服务、严监管、防风险、促发展"的十二字方针，以保险业竞争能力建设为龙头，以服务发展大局、增进人民福祉为出发点和落脚点，稳中求进、改革创新、立足实际、扎实工作，在维护市场稳健运行、保护消费者权益、促进行业持续健康发展等方面取得新成效。全省保费收入317.95亿元，增速为17%，居中部六省第一位，全国第八位。保险资产总额680.28亿元，较年初增长13.4%。保险深度2.2%，比上年增加0.1个百分点；保险密度705.95元/人，比上年增加102.65元/人。全省共有34家省级保险公司，其中财产险公司15家，人身险公司（含专业养老和健康险公司）19家；共有分支机构2641家，从业人员8.4万人。专业中介机构81家（含分支机构),兼业代理机构7559家。恒邦财险公司于年底批筹,填补了江西省法人机构的空白。百年人寿和华夏人寿正在加紧筹建,主体增加将为江西省保险市场注入更大的活力。江西省首家汽车保险销售服务公司佳和佳开业,在探索汽车保险专业化经营方面迈出了重要一步。

【服务能力有所增强】 2013年,农业保险开办区域覆盖全省所有市县,保障金额占农业生产总值比重持续上升。城镇居民大病保险已在全省全面铺开,新农合大病保险已在各设区市各选1个县(市)开始试点。出口信用保险向小微企业延伸工作进展顺利。环境污染强制责任保险、校园食品安全责任保险试点工作顺利启动,各类责任保险共承担4438.75亿元的风险保障。

【发展"三农"保险】 2013年,全省农业保险实现保费收入6.62亿元,比上年增长6.3%;共为629.27万户次参保农户提供701.82亿元风险保障;累计赔款支出3.81亿元,比上年增长16.8%。其中,水稻保险承保面积达189.7万公顷,增长6.6%,覆盖了全省各县域。森林保险累计承保林木786.67万公顷,为209.95万户次参保农户提供风险保障619.28亿元,保费规模、承保面积、保险覆盖率三项指标居全国前列。承保能繁母猪162.13万头,比上年上升12.0%,实现应保尽保。农房保险在6个地市启动试点并首创农村危房修缮基金,自2012年开办以来共实现保费收入817万元,为110万户农户提供110亿元风险保障,已为251户农户发放危房修缮基金。

【支持出口信用保险】 2013年,中国信保南昌营管部支持江西外贸出口28.6亿美元,比上年增长9.1%。累计服务出口企业785家,比上年新增524家,覆盖率为29.7%。其中,支持服务小微企业637家,新增498家,小微企业覆盖率40%,同比提升29.5个百分点。全年累计支持江西省企业海外投资4300万美元,比上年增长258.6%;中长期出口信用保险已出兴趣函项目4个,已出意向书1个,项目合同金额7亿美元。出口信用全年累计赔款1848万美元,追偿4300万美元,有效发挥风险补偿作用。

【健全社会保障体系】 2013年,全省补充医疗保险实现保费收入2.1亿元,向1.54万人次支付赔款1.4亿元;受托管理医疗保障资金3.8亿元,向6.9万人次支付赔款3亿元。稳步推进企业年金发展,签约委托管理资产6.2亿元,投资管理资产6亿元。积极稳妥推进大病保险,促进城乡保障一体化,城镇居民大病保险已在全省全面铺开。全省计划生育保险实现全覆盖,全年参保群众135.1万人次,实现保费收入2058.7万元,向近2000人次支付赔款815万元。农村小额人身保险实现保费收入4424.8万元,参保48万人次,赔付金额904万元。

【推动保险资金运用】 2013年,大力推动"险资入赣",积极引导保险公司总部资金与江西省基础设施、重点工程项目对接,支持江西省地方经济建设。太平保险集团与省水利投资集团签订"太平—江西水利工程项目债权投资计划"投资意向书,拟30亿元投资峡江水利枢纽等重点水利工程。

【发挥社会管理功能】 2013年,江西保险业累计纳税12.62亿元,比上年增长35.1%;代缴车船税6.82亿元,增长21.7%。支持企业出口、汽车消费、住房消费、小额贷款等保险项下融资275亿元。积极应对重大自然灾害和安全事故,开通理赔服务绿色通道,协助开展抗灾救灾工作。至年底,全省累计赔付支出126.99亿元,比上年增长36.3%。

【整顿规范市场秩序】 2013年,江西保监局划定监管红线,采取撤高管、停业务等严厉措施,规范市场秩序。市场巡查、专项检查、行业自律"三管齐下",形成市场监管的综合治理机制,提升监管效能。建立完善保险市场巡查督导制度、现场检查"回头看"制度、同业监督评议制度等,让市场时时处处都强烈感受到监管的存在,进一步提升监管有效性,强化市场监管的日常性。在全省范围推广"监管推动、行业自律、大公司带头"的九江经验,市场自律规范显著增强。设立行政许可委员会,调整稽查委和处罚委成员,修订许可和处罚工作规程,完善查处分离机制,规范行政处罚裁量标准。至年底,处罚机构17家次,罚款159万元;处罚个人19人次,罚款22.2万元,监管权威进一步树立。

【保护消费者利益】 2013年,江西保监局围绕消费者"知情权、服务权、公平交易权、索赔权、监督权",切实保护消费者利益。开展由公估机构等第三方参与的车险理赔技能大赛,并将评比、测试结果向社会公开。开展现场测评和未决赔案清理活动。建立人身险产品第三方评点制度,组织18位大专院校专家教授,对江西省15家公司在售的33款人身险产品进行公开评点。建立保险纠纷第三方调处机制,推动各地市成立保险合同纠纷第三方调解委员会。协调司法部门,推动保险公估机构建立第三方司法鉴定中心,解决保险消费者司法鉴定耗时长,以及部分鉴定中心乱鉴定、潜规则等损害行业利益的突出问题。至年底,全省各级调解委员会调解成功结案223件,结案率为77%,涉及金额601.6万元。

【防范市场风险】 2013年,针对保险中介机构和中介业务风险、寿险满期给付和退保风险、群体性事件、案件风险、舆情风险等重点,抓好风险排查、预警和处置,未发生区域性风险。全省寿险公司综合退保率3.5%,低于5%的警戒值;满期给付44.18亿元,比上年增长97.2%,由于准备充分,未发生大的问题。落实好三项责任,即保险公司各级一把手负总责、主管业务处负主体责任、首问负责制,在此基础上加强责任追究。强化各渠道销售队伍和营销员的动态管理,建立健全非现场风险监测体系。强化底线思维,积极构建"分类监管、偿付能力监管、统研专题分析、季度风险监测"的四位一体式非现场监测统计分析体系,密切关注宏观经济和市场的运行情况和发展趋势,防范经济结构调整和转型升级中的金融保险风险,不断提升风险监测预警能力。重点监测满期给付和退保风险。组织开展退保"沙盘推演"响应作业,实施现金流压力测试,确保满期给付工作平稳进行,防范集中给付引发现金流和群体性事件风险。实现对外协调常态化,重点加强与党委政府以及公安经侦、派出所、工商、新闻媒体等部门的日常沟通协调。

【坚持行业改革创新】 2013年,支持鼓励保险创新。研究制定江西保险创新指导意见和创新项目管理办法,召开创新推进会,开展创新"金点子"征集活动,鼓励公司围绕重点领域和关键环节开展业务创新。同时,指导省保险行业协会(以下简称省行协)设立创新奖励基金,督促公司制定年度创新计划。引导市场差异化发展。推动大公司主动从车险、分红险等一般性竞争领域有序收缩,将更多资源投向以绿色、安全为主基调的保险业务新领域。引导中小公司走特色化服务、差异化经营、专业化发展道路，鼓励符合条件的中小公司有序参与农业保险、大病保险竞争。支持中小公司通过销售、服务联盟等形式，加快发展江西保险市场的中坚力量。推进中介市场转型发展。大力支持省内三家大型车商和阳光保险联合组建佳和佳汽车保险销售服务公司，并对其在发展战略、网点建设、服务标准、业务管理以及信息化建设等方面进行全程指导，推动销售、服务一体化。清理整顿兼业代理市场，将近500家专兼业代理机构清退出市场。引导辖内专业中介机构通过兼并重组、战略合作等形式，形成规模化经营优势，鼓励专业代理、公估机构创新发展。

【服务平安江西建设】 2013年，积极贯彻省委深化平安江西建设行动的意见，推动省综治办下发《关于推进社会治安保险工作的意见》，在全省全面启动治安保险，将其作为社会管理治安防控体系的重要手段，并纳入各市综治工作目标考评内容。在赣州、吉安两市试点的校园食品安全责任险覆盖学校884所、师生近30万人，提供风险保障9375万元。会同省卫生厅做好南昌市医疗责任险的市级统保工作。启动环境污染责任险试点，在全省重金属污染行业推行强制责任保险，全面推行特种设备责任险。至年底，全省责任保险保费收入3.97亿元，比上年增长12.8%；赔款1.83亿元，增长11.3%。

【营造良好发展环境】 2013年，在争取领导关心、促进法制保障、扩大舆论宣传、加强行业文化等方面加大工作力度，推动行业健康发展。营造良好政策环境。主动协调推动省委、省政府领导关心的重点工作，加大保险资金引进力度。营造良好法制环境。与省公安厅联合成立反保险欺诈工作领导小组及办公室，联合开展为期8个月的集中整治行动，推动省行协研究设立保险欺诈举报奖励基金，开展反欺诈培训。全年全省公安经侦部门共破获保险欺诈案件14起，抓获犯罪嫌疑人10人，车险非现场报案率由4%下降为0.4%，代报案率下降3.8个百分点，初步遏制了保险欺诈案件多发的势头。协调省高院出台保险案件审判指导意见；加强与省检察院的沟通协调，重点治理车险、大病保险等政府招标领域的商业贿赂行为。营造良好舆论环境。推动省政府金融办与江西保监局在《江西日报》联合开设"市长谈保险"专栏，邀请11名设区市政府主要负责人在《江西日报》发表署名文章，增强地方党政领导运用商业保险机制的意识和能力。加强与宣传主管部门的联系，指导省行协成立宣传委员会，深化与媒体的沟通合作。营造良好行业文化环境。深入全省11个地市开展保险核心价值理念巡回宣讲，指导省行协开展"中国梦·保险情"九个一系列活动，凝聚行业力量，提升社会形象。积极培育和完善各种市场要素。出台深化行业从业人员素质教育的意见，建设江西保险教育培训中心，抓好经营管理、技术骨干、销售服务三支队伍教育培训工作，江西网络教育培训系统注册人数已达3300余人；认真落实保监会《保险销售从业人员监管办法》，全面推进设区市考试中心建设，强化人员流动和诚信记录管理。充实完善省行协力量，全省10个设区市行业协会完成职业化改革，公开选拔3名在地方党政部门工作的负责人担任秘书长，提高了省行协履职能力，延伸了监管触角，提高了监管效率。

（何　艳）

【人保财险南昌市分公司】 2013年，中国人民财产保险股份有限公司南昌市分公司（以下简称人保财险南昌市分公司）坚持"稳中有进、进中求好"的工作基调，深化改革转型，完善内部管理，提升服务能力，市场策略由积极防御向主动进取转变，人才基础、发展基础、服务基础和合规基础不断夯实，市场份额得到有效巩固和提升，竞争能力进一步增强。至年底，公司累计实现保费收入10.74亿元，比上年增长26.61%，完成省分公司计划的110.53%；实收保费10.72亿元，增长26.09%，完成计划的110.35%。保费规模首次突破10亿元大关，是自2012年业务规模迈上8亿元台阶后，又一次质的飞跃。保费增速超过市场7.6个百分点；市场份额39%，比上年上升1.6个百分点；全年综合赔付率73.86%，上升10.89个百分点；综合费用率25.88%，下降1.58个百分点；在增提未决赔款准备金6820.41万元的情况下，仍累计实现利润总额1000万元。以"一个农业保险业务员的一天"为背景编写、拍摄、制作的DV作品《红土地上的保护神》，荣获中国金融系统首届职工影视大赛纪实类二等奖；电子商务事业部获得全国系统"电话车险先进服务单位"称号。

拓展保险业务。2月21日，责意险业务部与上海城建集团公司签订南昌市朝阳大桥建设项目保险合作协议书，承保方案包括建筑工程一切险、雇主责任险和建筑施工人员团体意外伤害险，签单保费合计821.26万元，为朝阳大桥工程提供近两亿元的风险保障。6月9日，进贤支公司与县世纪名城小区签订"治安安全保险"协议，为该小区52户提供家庭财产保险保障，首签全市治安保险第一单。6月18日，南昌市分公司涉外部内贸信用险团队签下首单出口短期贸易信用险，为企业提供年度出口160万美元的风险保障。这是人保财险获出口短期贸易信用险经营资格后江西省分公司的第一单，标志着江西省分公司出口短期贸易信用险业务的正式启动。

保护被保险人利益。6月16日，南昌县泾口乡大沙村村民姜迪兰家因天干物燥，房屋陈旧，加上电线老化短路引起火灾，造成房屋损毁，无家可归。接到泾口乡大沙村协保员报案电话后，南昌县支公司第一时间派员会同县民政部门相关人员到达现场进行勘查定损。经现场了解事故实情，立即启动紧急理赔程序，按照"政策性农村住房保险"的规定，灾后第二天当即赔付姜迪兰6000元，这是南昌县支公司处理政策性农房保险第一例赔案。7月11日，被保险人中国葛洲坝集团股份有限公司贵溪三桥及北延伸段道路工程施工项目部，因涨水，港站桥被冲毁，及站机倒塌，共赔付228.73万元。

开展公益活动。5月10日，组织全系统员工，参加在南昌八一广场由江西省保险行业协会联合江西省血液中心开展的"勿忘灾害、人间有爱"为主题的第二次爱心献血活动，65名员工通过体检当场献血。8月23日，参加由共青团南昌市委组织的2013年"南青圆梦"贫困大学生助学金发放仪式。当场向刚考上大学的6名家庭贫困生资助现金6000元，并决定每年为这6名大学生提供6000元的现金资助至毕业，同时为他们大学时期的寒暑假及毕业实习时安排锻炼、学习、勤工俭学的机会。

（夏民华）

【国寿南昌分公司】 2013年，中国人寿保险股份有限公司南昌分公司（以下简称国寿南昌分公司）紧扣"攻坚克难、稳中求进、奋力拓展"这一主线，狠抓整体"服务品牌工程"，着力防控"销售误导风险"，内强凝聚力，聚力发展核心业务，外增影响力，取得令人振奋的成绩。至年底，全市行业累计实现总保费11.53亿元，其中续期保费5.95亿元，续期占比51.55%。个险渠道累计实现新单期交1.02亿元，其中10年期交5582万元；银保渠道累计实现新单保费3.09亿元，其中新单期交2580万元；团险渠道累计实现短期险保费8038万元,其中意外险保费5071万元;小额保险费369万元;大病保险基金保费8221万元。

公司秉持"专业、真诚、感动、超越"的服务理念,依托覆盖城乡的服务网络,致力于为社会最广泛的大众提供优质的保险产品和服务;特别是理赔服务严格按照"及时、准确、主动、合理"的方针,建立了系统、完整的理赔时效规定,设立了大额赔款绿色通道,形成了紧密相扣的一条龙服务体系,以优质服务赢得了人民群众的好评,促进了各项业务稳定、健康、可持续发展。

创新服务载体。努力提升服务品位与档次,丰富文明服务内涵,增强全员服务意识,提升服务潜在效益,全力推进柜面标准化建设。着力打造形象统一、运营标准性服务平台,推出客户服务新形象,提升柜面服务品质。进一步推进非现金收付费工作,切实提高银行转账率,做好保单续期收付费服务工作,有效地防范经营风险,缓解柜面压力,彻底改变当前客户交费难、业务一线续收工作量大、成本高的现状,提高客户信息准确率,巩固良好的客户关系,提升服务品牌。

继续深入开展"诚信我为先"活动。为确保具体内容落到实处,将"诚信我为先"活动时间推进表,下发至本部各部门及基层公司,利用早会、夕会时间,用专题方式进行讲授;组织个险渠道营销员、银保渠道客户经理和理财经理,利用集中培训机会,进行"客户资料真实性、防范代签名"两个关键风险点专题教育;以风险预警系统为平台,对进入预警系统销售人员进行排查,及时按要求使用"风险预警系统"上报报表,及时将预警系统的保单进行比对、排查。通过对销售人员的行为数据进行监控分析,对异常值业务人员进行风险提示,通过回访排查,对发现的违规行为及时进行查处,维护客户的利益。通过一系列措施,防止销售误导的发生。

(余　欢)

【太保寿险南昌中心支公司】 2013年,中国太平洋人寿保险股份有限公司南昌中心支公司(以下简称太保寿险南昌中心支公司)有营业机构5个,从业人员800人,完成保费收入1.86亿元。

以客户需求为导向。通过持续的产品创新和服务创新,满足客户多方面的需求。构建具有市场优势的产品体系,推出"人生四季,有保障,真幸福"的产品品牌,不断完善"95500"客户服务电话系统和"急难救助服务计划"。认真履行保险责任,切实保障保险客户利益,有效发挥保险的经济补偿、资金融通和社会管理功能,树立良好的企业形象。至年底,开办险种140余个,覆盖人寿保险、年金保险、健康保险、意外伤害保险等多个领域。

按照管理集中、服务延伸的要求进行全面的专业化建设。加快后援支持系统建设,初步形成"平台统一、数据集中、辐射全省、互为灾备"的营运两级作业体系。大力推行标准化柜面作业系统,进一步完善分支机构的销售和服务功能,做到贴近市场、贴近客户,提高客户服务效率和质量。建立和完善区域化集中出单、银保通(信保通)、柜面出单、GPRS移动出单、传真出单、VPN出单、嵌入式出单、在线出单八大电子化出单模式,有效增强业务发展支持能力和营运风险管控能力。

立足长远,依法经营,加强风险管控稳固发展。以"做一家负责任的保险公司"为使命,以"诚信天下,稳健一生,追求卓越"为企业核心价值观,以"推动和实现可持续的价值增长"为经营理念,不断为客户、股东、员工、社会和利益相关者创造价值,为社会和谐做出贡献。

(杨　安)

【平安产险江西分公司】 2013年,中国平安财产保险股份有限公司江西分公司(以下简称平安产险江西分公司)秉承集团"对股东负责,对客户负责,对员工负责,对社会负责"的企业使命,执行"差异、专业、领先、长远"的经营理念,业务规模逐年攀升,业务发展稳健,得到当地政府、社会及广大客户的信任与认可。至年底,已设立赣州、宜春、吉安、上饶、九江、景德镇、新余、抚州、萍乡、鹰潭10家中心支公司,76家分支机构遍布全省大部分县域地区,形成广覆盖、强有力的客户服务网络。实现保费收入14.4亿元,为江西省第三大财产保险公司。

为经济发展和社会稳定保驾护航。公司经营业务范围涵盖车险、财产险、工程险、货运险、责任险及意外健康险等一切法定产险业务及国际再保险业务,经营的险种已达200余个。平安产险江西分公司以专业的技能、优质的服务树立良好的企业形象,承保南昌地铁一号线、江西省政府采购公务用车、江西省70周岁以上老年人免费乘坐公交车意外伤害保险、沪昆高速铁路、南昌市旅游意外保险、南昌市驾校责任保险等大型基础设施和企业项目。

为客户持续推出更优质更贴心的服务。平安产险江西分公司坚持以"客户为中心",深入体察团体、个人客户不同的客户需求,并根据客户需求,不断创新,打造专业、全面的产品线,相继推出新的服务承诺并持续升级,为客户提供全新的服务体验,为客户持续推出更优质更贴心的服务。从2009年的"三天赔付"到2010年、2011年的"一天赔付",到2012年的"简单快赔",再到2013年的"心服务,快体验"。公司坚持"心服务"理念,围绕客户需求,实施"全员服务、用心服务",获得客户好评。

积极履行社会责任。始终如一践行企业公民义务、努力成为高道德水准的金融保险企业,是平安产险江西分公司始终不渝的追求。公司在自然灾害或重大突发事件发生时,第一时间启动应急预案,成立救灾小组,排查出险客户,开通绿色理赔通道,方便客户报案理赔;积极参与社会公益事业,援建平安希望小学,开展爱心支教、爱心捐款、爱心献血等活动;倡导低碳理念,开展绿色健步行等活动,鼓励客户和市民低碳出行。平安产险江西分公司用实际行动赢得社会各界的广泛好评,为行业树立了良好的社会形象。

(黄　熹)

【平安人寿江西分公司】 2013年,中国平安人寿保险股份有限公司江西分公司(以下简称平安人寿江西分公司)树立"规范、效益、诚信、服务"的经营理念,切实转变发展方式、不断优化调整业务结构,并秉承"客户至上、服务至上"的宗旨,诚信、合规经营。秉承感恩回馈社会的理念,积极履行企业公民的社会责任。全年分公司累计实现保费收入10.1亿元,比上年增长14%。其中,个险规模保费为9.49亿元,占总保费的94%,增长17%;银保合计4667.67万元,比上年减少30%;团险累计保费收入为1416.49万元。个险首年新单规模保费完成2.51亿元,个险渠道将在长期时间内为分公司的主要销售渠道。全年分公司各项赔款累计698.87万元,比上年增加48.43%;给付累计支出2.12亿元,减少5.87%;退保支出4594.68万元。至年底,全省共设立9家中心支公司,15家营销服务部,28家支公司,个险营销员共计5866人。荣获江西省"投诉和解联络单位"荣誉称号。

优化业务结构。以"防风险、调结构、稳增长"的工作思路为指导,转变发展方式,优化业务结构,注重发展保障型内涵价值高的业务。个险销售前三险种分别为智胜人生、智慧星、鑫利。银保销售前三险种分别为富裕一生、金宝盆Ⅱ、一生无忧。

2013 年平安人寿江西分公司个险、银保销售排名前三的险种表

表 32

项　　目		累计(万元)	同比(%)
个险	1. 智胜人生(万能型、年交)	7424.8	-1%
	2. 智慧星(万能型、年交)	4134.1	29.8%
	3. 鑫利(分红型定期两全保险、年交)	1661.1	1.2%
银保	1. 富裕一生(趸交、终身)	1094.6	-5.5%
	2. 金宝盆Ⅱ(期交、年交)	1138.6	38.4%
	3. 一生无忧(期交、年交,终身)	74.9	26.1%

完善服务体系。在省内大力推广"E 时代,易渠道,逸生活"客户自助服务理念,并依托于集团强大的服务优势,打造省时、方便、快捷的多渠道 E 化服务平台。通过该平台,客户可足不出户即能自助完成 30 余项保单日常业务。

革新理赔理念。对所有平安寿险客户,在合约范围内遵循"客户有利原则",主动帮助客户寻找赔付的事实及依据。1 月,向广大客户做出"标准案件,材料齐全,2 日赔付"的服务承诺,此举革新了理赔理念和理赔时效,进一步提升服务品质与客户认可度。同时,积极开展丰富多彩的客户加值礼遇活动与服务,如少儿才艺大赛、专家健康巡讲、VIP 亲子沙龙等,为广大客户提供简单便捷、友善安心的服务,得到广泛好评。

风险防范管理。制度管理和风险防范,一直是分公司工作的重点,并取得一定的效果。分公司的投诉率逐年下降,从治理销售误导、化解退保风险来看,主要采取了以下措施:一是加强队伍"诚信服务"学习,对进入公司人员进行法律法规、职业道德及专业技能的培训,尤其是销售误导、退保案例的宣导,同时将诚信服务植入到团队主管的日常辅导与管理中,掌握销售技能,主动杜绝销售误导。二是在各营业单位进行销售制度自查自纠,现场检查,公司稽核,杜绝销售违规行为的发生。三是严格退出机制,对于存在严重销售误导情形的营销员实行一票淘汰制。四是加强对行销辅助品、产品说明书的管理,不允许单位和个人擅自印刷,并制定相应的检查制度和惩罚办法。五是提升业务人员荣誉感、归属感,建立营销员个人荣誉体系及业务团队荣誉体系,鼓励营销员合规销售产品,提升团队意识,增强业务人员荣誉感及归属感。

开展系列公益活动。开展"地球一小时"熄灯、健步跑等"低碳 100、节约能源、绿色承诺"低碳环保等公益活动。在江西援建赣州、上饶、进贤、永修四所平安希望小学,并开展年度爱心回访活动,通过捐赠学习用品、教学设备、体育器材、音乐器材、进行校舍修缮等,促进学校硬件与软件的条件优化;在进贤平安希望小学组织开展年度爱心支教行动,15 名支教志愿者参与其中,惠及师生近 100 名,支教行动的开展极大地丰富了学生们的知识与课外生活。同时,积极承担社会公民之责,开展爱心献血、爱心帮扶捐赠等社会公益活动,获得社会各界广泛好评。

(胡　萍)

【中江国际信托股份有限公司】 2013 年是中江国际信托股份有限公司进入转型创新融合的开局之年。公司继续发扬"忠诚拼搏、艰苦创业"的企业精神,坚持"发挥信托功能、服务经济发展"的经营宗旨,秉承"受人之托、代人理财"的信托本义,充分发挥信托的灵活制度优势,在市场竞争日益激烈和金融监管力度不断趋紧的双重压力下,加快推进业务转型创新和各项改革,超额完成全年各项经营指标。至年底,合并报表反映总资产 83.03 亿元,净资产 51.49 亿元,营业收入 17.56 亿元,利税总额 13.82 亿元。其中,利润 9.7 亿元,各项税金(含代扣代缴税金)4.12 亿元。同时,努力克服政信合作规模受限、发行困难等影响,积极应对政策变化,因地制宜、细致高效地开展政府融资业务,为全省各级政府、重点项目、上市公司、大中小型企业等提供信托融资 213.67 亿元,比上年增长 36.23%;受托管理信托资产存续规模 1668.55 亿元,增长 22.86%;管理信托财产 4985.23 亿元,增长 24.3%;兑付信托规模 3316.68 亿元,分配信托收益 277.86 亿元,实现了信托财产的保值、增值。

致力于金融控股集团的构建,通过兼并重组和投资设立,发展成为一家集信托、证券、保险、期货、基金、担保、矿业开发、房地产投资、物业租赁等为一体的综合性金融控股集团。作为"受人之托、代人理财"的专业化理财机构,秉承自身的企业文化,以"为了共同利益观"为核心价值观,以"忠诚拼搏、艰苦创业"为核心理念,以"简单直接"为管理理念,以"风险第一、效益第一"为经营理念,以"十八支持、十八反对"为行为准则,以"热情、快捷、细致、高效的服务"为核心竞争力,以"开放的中江、世界的中江"为发展愿景,真诚为经济发展服务,为客户服务,在支持政府融资、企业发展、不断满足投资者理财需求的过程中获得成长。

(高海蕴)

信息传输、软件和信息技术服务业

本栏编辑　揭淑琴

概　述

【概况】　2013年，南昌市逐步建立和完善社会管理综合信息支撑体系，加强"两化"（工业化、信息化）"三网"（电信网、广播电视网、互联网）融合、电子政务、"数字南昌"建设和信息安全管控工作，不断推进智慧城市建设持续、健康发展；加大软件信息服务产业政策扶持力度，注重人才的培养和实训，积极开展招商活动，推动软件信息服务产业集聚发展。南昌市入选首批国家信息消费试点。全年电信业务总量54.48亿元，增长7.5%。至年底，全市固定电话用户127万户，比上年下降8.0%；移动电话用户629万户，增长1.2%。其中，3G移动电话用户169万户，增长64.1%；互联网宽带接入用户数89.15万户，增长7.3%。移动电话交换机容量达1489.35万户，新增54.24万户。

电　信

【概况】　2013年，中国电信南昌分公司在南昌市政府加速推进智慧城市，加快实施昌九一体化的进程中，深化内部改革，贴近市场，服务社会，量质并重地参与南昌作为全国信息消费试点城市、临空经济区和电子商务的建设，不断挖掘出经济社会信息消费新的增长点，为当地经济社会发展持续献力。荣获"江西省第十三届文明单位""全省劳动保障诚信示范单位"称号。

【"智慧南昌·天翼看交通"应用软件正式启用】　2013年1月18日，中国电信南昌分公司与市公安交通管理局共同发布"智慧南昌·天翼看交通"应用软件。"智慧南昌·天翼看交通"应用软件是为方便广大市民出行，在交管部门指导下，由中国电信在"智慧南昌"城市门户开发的一个核心子应用，可提供实时路况、路况视频、停车场、单行道、办事地点和道路施工信息等查询服务。该应用中的"实时路况"功能中用不同颜色显示交通拥堵情况为全国首例正式启用，20余家国家级及省市新闻媒体进行现场采访报道。中国电信南昌分公司现场演示"智慧南昌·天翼看交通"应用的具体功能和使用方法。该智能应用软件，市民可通过三种方式下载并安装到3G智能手机上。使用手机访问 http://smart-jx.com/smartjx.apk，即可下载安装"智慧城市"江西门户客户端；通过安智市场、安卓市场、91手机助手、应用汇等APP市场搜索"智慧城市"，下载"智慧城市"江西门户；拍摄二维码进行下载。

【电信天网助力南昌警方成功解救被拐儿童】　2013年2月27日，新建县一老太太带着7岁的外孙在八一广场玩耍，后被拐骗。为了跟踪犯罪人，公安侦查部门花了500余个小时，查看了400余个探头，电信的天网探头清晰地将整个拐骗儿童的过程监控下来，使案件得以迅速侦破。电信的天网实现了市局—区县分局—派出所的三级贯通、资源共享，并融合视频监控、电子巡视等业务应用。至年底，南昌市区治安类探头有3096个，城管类探头有190个，其中治安类的探头有160余个高清探头，城区内的一些道路交叉口都覆盖到位。政府部门借助先进的"天网"系统，优化整合不同警种的科技资源，从而实现信息管理系统纵向贯通、横向集成、互联互通，大大提高了效率。

【签约"数字华南城"战略合作协议】　2013年5月1日，在华南城2013年港澳

2013年1月18日，"智慧南昌·天翼看交通"正式启动

台商品交易会现场，中国电信南昌分公司与南昌华南城在此共同签订“数字华南城”战略合作协议。中国电信南昌分公司总经理谢焕亮、副总经理郑坚，南昌华南城总经理章学方、副总经理邓建明出席签约仪式，凤凰网、腾讯网、大江网、《江南都市报》、《江西晨报》、《南昌晚报》、江西三套、南昌电视台等主流媒体采访报道。中国电信南昌分公司和南昌华南城的强强联手，旨在以无线化、光纤化、智能化、信息化为抓手，打造集商贸交易、物流制造等为一体的，一站式综合服务平台。“数字华南城”项目推进过程中，中国电信南昌分公司充分利用通信、信息、物联网等先进技术，为华南城的信息化建设注入强大动力。特别是通过“人才、技术、服务、网络”四大方面的优势，利用现有平台和天翼3G技术以及即将推出的4G技术，实现管理无线化、宽带光纤化、生产智能化、工作信息化，让华南城内的商户、住户在任何时间、任何地点尽情享受信息时代带来的各种便利。

【实现校园宽带系统自动派单】 2013年4月，南昌本地网成功实现校园宽带在综调系统中自动派单，结束了校园卡式宽带故障通过工单形式派单的历史。校园宽带大部分是卡式宽带，在现有系统中没有任何线路资源信息，无法根据线路资源信息对应派工关系来实现系统自动派单，所有工单必须通过前台录入＋综调人工转派网盟集中预约岗＋网盟集中预约岗人工指派对应客户服务工程师的模式进行，无形中增加了工单派单链条。针对这一现状，南昌电信积极调整以线路资源信息对应派工关系来实现系统自动派单的既定思维，经过反复实验，摸索出一套以校园名称对应派工关系的方法，并积极协调综调厂家在系统中开发并实现了该项功能。此举减少了综调人工转派和网盟指派的环节，大大提高了校园宽带的修障效率。

【首次在杭福贵成一级干线光缆实施多点割接】 2013年4月27日凌晨4时，中国电信南昌分公司顺利完成杭福贵成国家一级干线光缆6个接头点割接任务。自分公司维护杭福贵成光缆以来尚属首次，标志着南昌分公司在干线光缆维护能力上更上一个台阶，为今后干线光缆割接积累了宝贵经验。此次割接主要是配合南昌大桥和生米大桥互通立交桥和望城新城的建设。为保证割接工作安全实施，对施工计划和可行方案进行周密部署，协调割接受益方南昌市城投公司和新建长堎工业园区管委会，反复探讨、研究，敲定割接方案，上报集团公司通过。4月26日22点30分所有割接人员到达现场，分布在各个接头点位置，紧张有序的布放新光缆，细心的完成割接每一道工序，最终在凌晨3点50分割接完毕，比集团公司审批时间提前近2个小时。

【开展“天翼助学”爱心募捐活动】 2013年4月，南昌电信分公司面向中小学生启动以“无限关爱、翼起成长”为主题的“百、千、万”助学活动计划——“天翼助学，百名困难学生资助活动”。“五四”前夕，中国电信安义县分公司的志愿者们到龙津小学，将他们募捐到的第一笔爱心助学金交到自幼失去双亲的三年级学生小云手中。“无限关爱，翼起成长”主题志愿者活动是中国电信江西公司开展的一次大规模的社会公益活动，围绕该主题开展的“百、千、万”助学计划，将陆续进行百名困难学生资助活动、千人信息化体验活动、万本书籍赠送活动，将爱心、信息、知识送到孩子们的手中。该活动引起社会广泛关注和好评，充分体现了电信员工的社会责任感。

【开展“天翼助学、千人信息化体验”活动】 2013年5月5日，信息日报“小啄木鸟记者团”的小记者和家长近50人及安义县龙津小学近百名优秀学生到南昌电信信息化演示基地参加由共青团南昌市委和中国电信南昌分公司共同组织开展的“天翼助学、千人信息化体验”活动，参观体验当地信息化展示厅，感受信息化是如何帮助人们的学习、生活与工作，了解信息化的发展历程，体验“ITV（信息互动频道）网络名师课堂”和“翼校通”等的应用。在现场青年志愿者的引导和协助下，孩子们仔细聆听、观看讲解员介绍和演示。借助短短一堂课的时间，从电信发展历程到中小学信息化产品，从智能家居到ITV名师讲堂，让现场的学生、家长、老师无不为通信科技的日新月异赞叹。

【工会小组建在营业部】 2013年，为强化员工民主管理意识，充分发挥工会组织在基层的作用，将工会小组建立在每个营业部，分别在4县分公司和7个分局所有营业部，通过民主选举方式产生工会小组长，管理和协调基层单元中的工作，健全和完善班组民主管理，把维护员工利益和维护公司利益统一起来，当好营业部的粘合剂，多做凝聚人心的工作。为营造良好的营业部氛围，工会拨专款14.5万元作为营业部工会活动经费。

【南昌电信LTE一阶段网络建设顺利完工】 2013年7月下旬，中国电信南昌分公司启动LTE试验网建设项目。工程历时4个多月，经过多方案设计的修改和优化、风雨无阻的上站安装设备和网络测试，协作单位通力合作、紧密配合，在12月18日前开通1000余个LTE物理站点，有效覆盖南昌城区及乡镇，使南昌城区LTE平均下载速率达到43.5兆字节每秒，明显提升的下载速度架构起南昌市民全新4G新生活的通道。

（邹　伟）

南昌移动

【概况】 2013年，中国移动通信集团江西有限公司南昌分公司（以下简称南昌移动）按照“深化转型，推进融合”的发展思路，坚持规模发展，克服外部环境影响，突破自我设限，广大员工克服困难、拼搏奋进，推动企业综合实力持续提升。同时，充分发挥自身优势，全面履行社会责任，积极参与推进“智慧城市·数字南昌”的建设，充分发挥规模效益，夯实网络基础，为把南昌建设成为现代区域经济中心城市做出新的贡献。

【在全省率先实现4G乡镇全覆盖】 2013年，南昌移动通过4G移动网络建设，努力改善和强化南昌市的通信基础设施建设和投资环境，推动“智慧城市·数字南昌”的快速发展。12月20日，南昌移动在安义县长均乡开通4G基站，标志着全市（含四县）最后一个没有4G信号的地区实现了4G覆盖。该基站的成功开通及TD－LTE一期建设的投资规模、网络覆盖目标、规划得到省委常委、市委书记王文涛的充分肯定和高度评价，他批示：“南昌市要贯彻落实国务院关于促进信息消费扩大内需的要求对信息消费中涉及的基础设施建设、政府购买公共服务、引导培育信息产业新的增长点和新增值业务方面，主动沟通、主动服务、积极支持”，并指出要大力支持南昌4G高速网络的建设和发展，让南昌人民享受更优质、更实用、更便捷的移动信息化服务。

【“智能交通掌上公共平台”规模发展】 2013年，南昌移动智能交通掌上公共服务平台已实现掌上公交、掌上停车场、交通诱导、路况视频、单行道、道路维修

2013 年 6 月 19 日，由东湖区政府、南昌市民政局联合中国移动通信集团江西有限公司南昌分公司在南昌信息化养老服务中心举办“关爱老人免费赠送手机”活动

变更、交通天气等服务交通各个环节的立体式全方位智能交通服务。通过该平台，市民通过手机便可知道如何坐公交、怎么坐公交、什么时候等公交，走哪条路不拥堵、最节省时间等。至年底，南昌移动“智能交通掌上公共服务平台”月均用户已达 30 万户，月使用突破 1000 万人次，其中掌上公交在公交用户中的渗透率高达 28%，深受广大市民欢迎，社会反响热烈。

【智慧城市建设全面推进】 2013 年，借助移动 4G 网络的先发优势，南昌移动协同政府有关部门和单位，依托云计算、大数据和移动互联网、物联网等新一代信息技术，大力推进智慧民生、智慧平安、智慧旅游、智慧社区和智慧政务、智慧环保、智慧校园、智慧产业、智慧园区等智慧城市应用和产品。全面、快速推进智慧城市建设，为实现“南昌梦”注入强劲动力并深得广大市民和各级领导好评。

【研发推出 4G 单兵执法和即摄即传业务】 2013 年，南昌移动依托 4G 网络的高速带宽，研发推出 4G 单兵执法和即摄即传业务。4G 单兵执法让公安执法人员在应急现场便可将现场视频实时回传至指挥中心，并可现场进行人脸识别等工作，大大提高了公安应急指挥和处置突发事件能力。4G 即摄即传让电视直播摆脱了大型卫星直播车的繁琐和不便，让每一位记者都可以直播，极大地提高了新闻直播的空间和实效性。至年底，4G 即摄即传在江西五套新闻直播间得到很好应用。

【助力政府实现社区网格化管理】 2013 年，南昌移动成功实施南昌市政府社区网格化项目。该项目通过文字、图片、音频、视频等多种形式，采集楼栋、住户、居民等基础信息，集矛盾信息、城管上报、消防隐患、社会救助、食品安全等部门联动信息，依托移动 4G 高速无线上网，上传至平台数据库，为政府决策、服务民生提供坚实的数据支持和技术手段。该项目已为南昌 3916 位网格管理人员配置专用手机终端，为南昌市的社区管理提供了坚实支撑。

（闵雅琴）

南昌联通

【概况】 2013 年，中国联合网络通信集团有限公司南昌市分公司（以下简称南昌联通），聚焦机制创新，强化能力提升，激发内生动力，充分发挥自身优势，利用 WCDMA（又称宽频码分多址，是一种 3G 蜂窝网络）技术的普及性、终端多样性、成熟度等特点，为广大消费者提供完美的通信体验和周到的通信服务。积极响应政府号召，倡导智慧生活，致力于在南昌市打造智慧交通、智慧警务、智慧社区等社会信息化项目，为南昌经济建设和信息化发展建功立业。

【推出公交车载沃 3G/Wi－Fi 网络服务】 2013 年 1 月 28 日，南昌联通与南昌市公共交通总公司公交车载 Wi－Fi 合作签约仪式在南昌联通办公大楼举行。全年，完成全市 609 辆公交车联通 3G/Wi－Fi 覆盖，覆盖主城区主要公交线路、高校园区院校线路及部分新城区公交线路。广大市民通过手机、平板电脑等智能终端在乘坐公交车时实现畅快上网，随时随地享受到 3G 及移动互联网时代给生活带来的便利和乐趣。

【保障春运现场直播】 2013 年 1 月 26 日至 3 月 7 日，南昌联通协同南昌铁路局、江西电视台二套都市现场，对蛇年春运进行一次全程 40 天、每天 2 次的现场直播报道。历经 40 天的漫长通信保障，联通 3G 网络运行稳定，未出现任何告警，客户感知良好。南昌铁路局、江西二套两个合作单位均对南昌联通响应快速、认真负责的工作作风表示高度赞誉，对联通的 3G 技术表示充分肯定。

【参加“3·15”国际消费者权益日服务活动】 2013 年 3 月 15 日，江西（南昌）“3·15”国际消费者权益日宣传咨询服务活动在南昌八一广场举行。此次活动由江西省消费者协会主办，南昌联通在现场受理消费者的投诉、提供消费咨询服务，宣传消费知识，帮助消费者维权，共发放宣传资料 100 余份，受理消费者咨询 30 余人次。

【省领导视察联通项目】 2013 年 4 月 2 日，省委常委、政法委书记、省公安厅厅长舒晓琴一行对南昌联通与西湖公安分局合作的“社区天网警务信息化”工程项目进行视察指导，并给予充分肯定和高度评价。该项目于 2013 年 1 月荣获西湖区第十五届人大常委会评议“人民满意的实事活动”十大民生工程一等奖。8 月 14 日，副省长李炳军一行莅临南昌联通“平安工地”监控中心视察，对全省保障房视频监控安装和使用情况给予高度评价。

【启动“1% 工程”首家联通爱心店】 2013 年 6 月 18 日，江西省“1% 工程”首家联通爱心店设立启动仪式在江西服装学院举行。该项活动由“1% 工程”基金理事会主办，共青团江西省委、民进江西省委会、江西省青少年发展基金会三家单位发起，南昌联通、江西服装学院为该项活动提供支持与帮助。“1% 工程”是于 2009 年 2 月 18 日由上述 3 家单位联合发起的一个公益项目，倡议爱心单位

2013 年 11 月 19 日，副省长李贻煌与中国联通副总经理佟吉禄分别代表双方签署江西云端“智慧城市”建设战略合作协议

和个人把年收入的 1% 捐献出来，建立专项助学基金，用于救助贫困学生、帮助援建农村贫困学校、促进贫困地区教育事业的发展，在自然灾害发生时，开展赈灾救助活动。

【举办“百事最强音”——中国好声音校园江西赛】 2013 年 6 月 22 日晚，中国联通与百事公司共同举办的“百事最强音”——中国好声音校园推介会江西站校园复赛在江西科技学院礼堂落幕。此次“百事最强音”校园推介会以“LiveForNow”（渴望，就现在）为主题，通过联通网上营业厅、南昌各校区联通营业网点开设报名专区，南昌赛区共有近 4000 余名高校选手参赛。各大高校参赛选手通过激烈角逐产生校园三甲，分别由来自江西财经大学及江西现代职业技术学院的选手获取。他们获得由联通提供的合约机及百事音乐梦想基金，并将继续参与总决赛的角逐。

【推进省会城市集客一体化运营】 2013 年 6 月 30 日，江西联通举办题为“深化集团客户专业化发展，推进省会城市集客一体化运营”动员大会。会议要求以公司战略发展的需要为目的，对省分公司集团客户事业部、南昌市分公司集团客户事业部组织架构进行合理化调整。

【首家“苹果卓越”店开业】 2013 年 7 月 31 日，位于南昌联通赣江营业厅的“联通—苹果卓越门店”正式开业。该门店是苹果公司卓越项目在江西的首家门店。年初，中国联通集团与美国苹果公司经过综合评估和联合审核，江西共有 5 家营业厅被纳入“苹果卓越项目”范围。苹果公司通过对江西 5 家营业厅的门店材料上报情况进行评核，南昌联通的八一大道赣江营业厅被选为首家门店。

【召开合作联席会】 2013 年 8 月 14 日，江西联通与江西广电网络合作联席会召开。双方省分、市分公司领导以及江西广电网络县分公司领导参加会议。双方将充分发掘各自领域的优势，整合资源以取得良好的经济效益，实现跨越式发展，通过合作形成融合产品，实现客户保有及增长，提升 ARPU 值（每用户平均收入）。

（黄　炜）

信息化建设

【概况】 2013 年，南昌市工业和信息化委员会进一步强化信息化工作推进机制，加速打造信息平台，积极争取国家试点政策支持，全力保障信息安全，建立和完善覆盖全面、数据共享、功能齐备的社会管理综合信息支撑体系，以“数字南昌”项目建设和“个十百千万”工程建设活动为抓手，推动工业化和信息化实现深度融合。

【推动两化深度融合】 2013 年，南昌市工业企业财务软件使用率达 100%；通过自建平台实现供应链管理和网上销售的大中型企业约有 110 家，其中以洪都航空、江铃、泰豪、方大特钢等企业为代表；约 65% 的企业通过应用网络进行产品或服务营销，在线采购和在线支付的比例不断提高；约 65% 的企业通过第三方平台开展 B2B 网上贸易，约 63% 的企业通过第三方平台开展 B2C 网上贸易。研究制订《关于贯彻落实信息化和工业化深度融合“个十百千万”工程建设活动的实施方案》。举办全市信息化主管部门和部分重点企业参加的两化融合培训班，就信息化与工业化深度融合概念、切入点，如何从企业、产业和区域分层次，分类推进信息化与工业化深度融合等方面，对县区和企业进行培训。

【推进三网融合】 2013 年，研究批复《南昌有线电视网络三网融合数字化双向改造项目建议书》，推动南昌广电按照“三网融合”规划实施有线电视三网融合数字化双向网络改造工作。南昌广电三网融合工作 2013 年计划完成网改覆盖 20 万户，至年底全市实际完成双向网络改造覆盖约 21 万户，占全年总任务的 105%。南昌电信进一步加大光网城市建设力度，加快 FTTH（光纤到户）小区建设和平移，共发展 FTTH 光网接入用户 4 万户，光网端口覆盖率 35%，能够满足 35 万城区用户的高速宽带接入服务需求，基本速率 8 兆起，最高的 100 兆家庭宽带互联网接入速率；ITV（中国电信的宽带互动电视）业务共发展 3 万用户，累计用户达到 12 万户。南昌移动已向 22 余万用户提供宽带接入服务，网络电视 HITV（是一款集在线电视直播、在线电台直播为一体的免费共享软件）已发展近 3 万户。

【推广电子商务】 2013 年 9 月，南昌市电子商务产业促进会成立。会上，促进会与工商银行、农业银行、浦发银行、中信银行、南昌银行、南昌证券等金融机构签订战略合作协议，加大金融支持力度，在信贷政策、信贷规模、运作效率和资源配置等方面对南昌市电子商务产业发展促进会的重点企业予以优先支持。同时，促进会与南京证券公司签订战略合作协议，由南京证券公司为促进会有上市计划的会员企业提供政策性指导，帮助企业上市。至年底，促进会已有包括沃尔玛、百盛、国美、苏宁、天虹、洪客隆（华润万家）、汇仁药业、仁和药业、樟树林、煌上煌、旺中旺、绿滋肴、乔家栅、柴米油盐、大江网、地宝网、圈圈网、58 同城网等在内的近 300 家大中型传统企业及互联网企业会员。4 月，南昌东湖电子商务协会、南昌青云谱电子商务协会先后成立。西湖区、青山湖区、红谷滩新区、南昌县、新建县等地的电子商务协会正在筹备中。南昌市创谷文化传媒有限公司"南昌商圈购物电子商务平台建设"、江西三联融创投资有限公司"江西农产品综合产业链电子商务交易平台"、江西新海传媒科技有限公司"畜产品活体在线交易平台"3个项目入选国家电子商务集成创新试点工程。

【推进电子政务建设】 2013年,南昌市电子政务发展水平不断提升。一是建设南昌市社会管理创新综合平台。抓住全省社会管理创新的先行机遇,积极推行"一本四化"社区网格化服务管理新模式,立足"数字南昌"空间地理公共服务平台,初步建立为各部门提供人、房、事、物等基本信息采集和比对交换服务的网格覆盖体系及机制,搭建为各部门提供公共服务的可以协同联动的社会管理综合信息平台。以网格化管理为基础,实现从被动应对向主动服务转变;以信息化平台为支撑,实现从传统方式向信息化手段转变;以全程化服务为主线,实现从条块分治向整体联动转变;以法治化建设为保障,实现从单纯依靠行政手段向依法治理转变,构建"全城一张网、网中有格、格中有人、人有所事、事能办成、成事依法、群众满意"的社会服务管理新格局。平台主要包括五个模块,即"一次采集、统一审核、集中交换、多方共享"的社区综合信息采集系统;人房关联,网格划分的人口基础信息系统;资源整合、交换共享的人口数据交换与处理平台;"扁平操作、联动化解、限时办结、监督考核"的社会矛盾联动化解信息管理系统;集行政管理、社会事务、公共服务为一体的社区综合服务管理工作系统。在此基础上,全市搭建电子政务云平台的虚拟化雏形,为智慧城市建设提供统一的公共服务体系和运行机制,统一建设维护电子政务公共云平台的机房、人员、网络、设备和基础软件,并被国家工信部批准为首批全国"基于云计算的地方电子政务公共平台顶层设计实施试点城市"。二是建设"数字南昌"综合指挥调度平台。通过数据集成、统计分析、可视化表达等多要素的指标分析和管理、查询功能,直观展示工业经济运行状况,监测工业经济运行态势,为政府部门和企事业单位提供辅助决策支持。通过对各产业分析,掌握南昌市的产业集中度及配套状况,辅助市委、市政府制定产业发展政策。通过对工业企业经济发展情况进行分析,准确掌握全市工业经济发展的状况,辅助市委、市政府进行工业综合指挥调度。通过制定产业情报目录,收集产业情报资源,为招商引资提供参考,促进产业招商和项目投资。建设企声通道服务系统,负责上报、协调全市企业存在的问题及解决的办法,扶持促进企业生产、研发、经营、管理的信息化改造。建设数据交换系统,保证工业经济协同部门交换每月的生产要素消耗情况及工业企业税收总额信息,实现部门间数据资源共享;建设工业企业数据报送系统,将企业真实日常数据按时报送到市工信委,全面了解企业运行情况;建设比较数据库,掌握南昌市工业经济发展情况在全省、中部城市以及全国的排名定位情况。同时,建立工业经济相关的国家、省、市的政策文件及法律法规库。

【加强网站管理工作】 2013年,坚持政府网站"日监测、周预警、月通报、年评比"工作方式,努力营造良好的政务网络环境。每日对全市政府网站运行情况进行监测,针对网站访问异常的单位及时通知其网管人员进行处理;每周编辑发布病毒预警,指导各网站管理人员及时做好防范措施;每月统计下发全市政府网站工作通报,督促各单位加强网站运维管理工作;完成2012年度全市政府网站的绩效评估工作,组织开展2013年度全市政府网站的绩效评估工作。进一步加强政府网站业务建设,完成市医改办、市公安交管局(手机网)、市知识产权维权援助中心、市政府公报室、红谷滩新区工委党群工作部申请干部在线学习网站的二级域名的申请批复工作;收集汇总各县区和市直部门2012年网站发展指标数据,各县区、开发区的2013年网站绩效评估自查表,各县区2013年在线访谈计划,上报省工信委;督促县区信息中心按照《网站监测工作单》开展整改工作;拟制《政府网站互动栏目留言回复管理程序》。召开全市政府网站培训工作会议,邀请专家分别围绕电子政务与政府网站的发展趋势、政府网站的安全防护和运维、新时期信息安全风险及态势等方面进行授课。

【强化信息安全管控】 2013年,拟制《2012年度政府网站安全评测重点测试报告和渗透测试报告》,完成2012年度政府网站安全评测项目验收工作。组织开展2013年南昌市政府网站安全评测工作,聘请专业机构对全市83个政府网站安全情况进行远程扫描和综合评测。完成信息系统检查处置工作,及时消除信息系统安全隐患。对市建设稽查执法大队、市南隔堤堤防工程管理处、市文明办、市物价局、市科技局、进贤县人保局、市政控股集团招标网、市价格信息网、南昌市市政公用局、市轨道交通集团、市教育局、湾里区、进贤县、市机管局等单位政府网站网页遭篡改、挂马等问题进行协调处置,并将处置情况报省通信管理局。会同市邮政管理局、市公安局、市商贸委、市工商局等单位联合签发《关于加强南昌市寄递服务信息安全监管工作的通知》,成立工作办公室,督促指导各县区、开发区、新区工信部门加强监督管理,督促企业做好信息安全自查整改工作。

【保障会议通信】 2013年,根据市政府办公厅的要求,积极组织南昌电信、南昌移动、南昌联通三家通信运营商,成立以分管副总经理为责任领导的通信保障机构,制定通信保障方案和活动细则,落实相应责任人,全力保障万达文化旅游城开工仪式、绿地南昌国际博览城开工活动和南昌、九江、抚州、宜春四市区域合作决策咨询及首届协商会等重大会议的通信保障工作。认真做好活动区域(宾馆、会所)网络优化调整与扩容工作,加强对重点机房、基站、通信干线监控和巡检,及时排除故障隐患,确保网络安全畅通运行,并开展有针对性的应急演练,检验应急预案,提高保障能力。

【推进项目信息公开和诚信体系建设】 2013年,完成全市工程建设领域项目信息公开和诚信体系建设通报工作,共通报16期(第14—29期);每月定期上报《南昌市工程建设领域项目信息公开和诚信体系建设工作进展情况》;印制并下发《2013南昌市工程建设领域"两公开"点对点指导意见函》共25期,针对全市存在的信息发布不规范等问题进行点对点指导;收集上报"两信息"公开整改情况,并对各单位整改情况进行抽查;组织召开全市工程建设领域项目信息公开工作会,对前期全市两信息公开情况和存在的问题进行通报;召开全市工程建设领域突出问题专项治理和公共资源网上交易系统建设工作会。

【"数字南昌"(六期)综合指挥调度平台建设】 2013年,根据《2009—2020"数字南昌"规划》要求,全力推进"数字南昌"(六期)综合指挥调度平台建设。"数字南昌"(六期)综合指挥调度平台是基于"数字南昌"已建成的电子地图和相关部门业务共享数据等成果基础上研发的,以满足全市综合指挥调度的应用需求为目标,建成后的综合指挥调度平台将提供综合指挥决策服务、企声通道服务和产业招商情报分析服务。4月

5日前,项目完成了第一阶段企声通道服务系统试运行准备、全市工业园区综合调研和市工信委各业务处室调研、企声通道服务系统用户配置初始化等调研阶段工作;4月5日至7月6日,完成第二阶段数据预警规则调整、企声通道服务系统用户使用手册编写、企声通道服务系统处室和管理员培训、解决试运行过程中的问题等企声通道试运行工作;7月6日至10月8日,完成第三阶段经济运行分析模板定制、增加多个指标同时比较功能、调整主题的展现形式和地图的布局方式等完善系统阶段工作;10月8日至12月31日,完成第四阶段系统安装调试,初始化数据、产业经济子系统数据报送模板设计和招商情报子系统数据报送模板设计、主题展示优化等综合指挥调度平台正式上线试运行阶段工作。"数字南昌"(六期)项目于12月31日通过专家组评审,完成最终上线验收工作。

【争取国家试点】 2013年,根据工信部和省工信委要求,积极申报国家信息消费试点城市和基于云计算的电子政务公共平台建设和应用试点示范地区。至年底,南昌市被列为首批国家信息消费试点城市和首批基于云计算的电子政务公共平台建设和应用试点示范地区。

【专项资金项目扶持】 2013年,按照市本级信息化专项资金管理办法的要求,会同市财政局下达2012年度信息化专项资金计划,共500万元;开展2012年度南昌市本级信息化建设专项资金项目检查工作;拟定《2013年度南昌市信息化建设专项资金使用计划》,启动2013年度专项资金项目申报工作,至年底共收到40余个申报项目。

【物联网产业发展全省领先】 2013年,江西飞尚科技有限公司和正邦集团作为全省典型,向省工信委提交物联网工作开展典型经验材料;积极开展国家物联网发展专项申报工作,指导并推荐正邦科技(正邦集团旗下上市公司)成功申报并入选国家物联网发展专项计划。江西飞尚科技有限公司是一家集产品研发、销售和技术研发于一体的高科技企业,在传统安全检测基础上,把物联网与计算和安全检测紧密结合起来,使高科技能够有效服务于各行业当中。正邦集团成功应用"生猪食品溯源系统"。该系统以RFID电子标签为主要信息载体,依托计算机软件、网络通信、系统集成及数据库应用等技术,在企业内部建立整套信息化系统,实现生猪在屠宰环节生产全流程的电子档案管理,最终实现终端销售的"正向可查询,逆向可追踪"。

（王妮娜）

软件·信息服务外包

【概况】 2013年,南昌市软件信息服务产业完成主营业务收入100亿元,仅浙江大学国家大学科技园(江西)〔以下简称浙大科技园(江西)〕就实现产值11亿元、税收6000万元。新引进含世界500强上海施耐德物联网项目在内的软件信息服务企业39家。南昌市软件信息服务产业主要集中在高新区。高新区现拥有浙江大学科技园(江西)、南昌大学国家科技园、金庐软件园、留学人员产业园、先锋软件园等软件信息服务产业园区,在软件研发、技术服务、电信增值服务、动漫游戏、互联网业务等方面,专业化特色较为突出。

【出台扶持政策】 2013年,南昌市和高新区各级政府对于软件信息服务产业给予大力支持,出台一系列政策,从房租补贴、税收优惠、人才补贴等多个方面给予扶持,促进软件信息服务企业迅速做强做大。南昌市出台《南昌市推进服务外包产业发展的若干政策》,每年拿出3000万元,以推动产业快速发展;高新区每年拨出1000万元支持软件信息服务业的专项资金,为软件信息服务产业发展提供更优的政策支持。

【强化招商引资】 2013年,南昌市以良好的软件信息服务业、一流完善的公共服务平台、产业集聚度高具有高新特色的产业园区为基础,立足引进具有国内外影响力的软件信息服务业企业,紧盯全球500强企业、国内外软件企业100强等龙头企业,以大企业、大项目提高在国内外的知名度,形成品牌。有计划、有组织、有手段地开展软件信息服务产业招商工作,通过组织小分队主动出击,外出招商,并组织参加专场招商会,邀请式招商等多种方式积极开展招商活动。

【产业集聚发展】 至2013年底,南昌高新区集聚软件信息服务业企业400余家。其中,重点企业有世界500强企业美国微软、日本日立集团、德国贝塔斯曼欧唯特公司、美国甲骨文公司、美国百胜集团、美国戴尔公司、深圳华为、日本富士电机,并有著名的跨国软件开发公司美国翱腾公司、被誉为日本"兰德公司"的日本野村综合研究所(日本最大的综合决策咨询服务机构)、台湾百大企业位居前10位的英业达公司、全球最大的中文搜索引擎百度公司、位居中国服务外包行业第一位的东软集团、中国最大的移动传媒服务企业巴士在线、中国通讯行业巨头中兴通讯、中国最大的财务及管理软件公司用友软件、中国最大的网络媒体公司新浪传媒、全国软件百强企业浙大网新和东华软件、上市公司华平信息、位居中部最大的电视电子商务购物服务企业江西风尚电视购物等。一大批国际、国内著名的软件信息服务业企业集团的进驻,为促进高新区软件信息服务产业的快速发展发挥了重要的作用。

【金字招牌不断落户】 2013年,南昌市软件信息服务产业经济总量继续保持良好增长势头,已成为江西省软件信息服务产业发展的核心区域。高新区软件信息服务产业规模占南昌市的95%以上,成为南昌市软件信息服务产业发展重心并取得突出成绩,多次获得国家、省市的表彰和奖励,金字招牌不断落户,先后被国家工信部授予"国家级软件产业示范基地""中国软件与信息服务外包最具发展潜力园区"荣誉称号,被商务部、工信部、教育部三部委授予"中国软件和信息服务业最佳服务机构"。同时,荣获"国家软件和信息服务业最佳服务机构""中国信息技术优秀成果转化基地""中国最佳呼叫中心园区""国家高校学生科技创业实业基地"等国家级招牌。

【加强人才培养】 2013年,南昌高新区以微软、中兴、泰豪等软件信息服务人才培训机构为平台,大力开展人才的培养和实训工作,为发展软件信息服务产业奠定了坚实的人才基础,专业人才实训工作也成为高新区软件信息服务产业发展的突出亮点之一。同时,南昌高新区积极利用自身的产业基础,打造中国软件产业人才培训中心,根据产业需求提供专业的人才培训,旨在进一步提升人才保障水平,进一步促进产业的快速发展。

【推进软件信息服务产业载体建设】 2013年,南昌市积极结合产业特色,对产业进行聚集定位,推进产业集聚,形成产业集群。南昌高新区打造了一批具有明显特色的软件信息服务产业聚集园区,有南昌高新国家软件科技园、浙大科技园服务外包产业示范园、昌大瑞丰服务外包产业示范园、中兴服务外包产业示范园,四大产业园区普遍具有占用资源少,经济效益高,产业集中度高的特点,形成了“湖西两园、湖东两园”交相辉映的产业格局,初步形成产业的高度集群。

【思创公司荣获“鲁班奖”】 2013年12月5日,凭借在全国青少年井冈山革命传统教育基地项目建筑智能化工程部分的突出表现,思创数码科技股份有限公司作为参建单位被授予“2012—2013年度中国建设工程鲁班奖(国家优质工程)”,这是江西建筑智能化企业首次获得“鲁班奖”。

【2010年“核高基”国家科技重大专项顺利通过验收】 2013年12月26日,由思创数码科技股份有限公司、江西省信息中心等单位共同承担的2010年“核高基”国家科技重大专项——“基于国产基础软件的江西省电子政务综合应用平台与集成环境(编号:2010ZX01045-001-001)”课题验收会在南昌高新区思创科技园五楼会议室召开。本次验收会由国家“核高基”重大专项实施管理办公室牵头组织,江西省工信委相关领导出席会议。来自国内著名的科研院所、高等院校、大型企业的10余位知名技术和财务专家作为验收组成员参加验收会。验收专家组听取课题相关汇报,查看系统演示,进行资料审查和现场测试,并对相关问题进行质询。经认真讨论,验收专家组一致同意该课题通过验收。

【思创公司喜获“中国航海学会科学技术奖”一等奖】 2013年11月4—6日由国家科学技术部和国家科技奖励工作办公室批准设立的“中国航海学会科学技术奖”2013年度评审会在广西南宁召开。经评审委员会评审,由思创公司和大连海事大学、长江航运技术行业研发中心等单位联合申报的“智能航运一体化应用体系关键技术研究与应用”荣获一等奖。该奖的获得标志着思创公司在智能航运方面的技术实力已达到国际、国内先进水平,为公司在智能航运业务的拓展奠定了坚实的基础。

【贝谷公司入选2013—2014年度国家规划布局内重点软件企业】 2013年,根据国家发改委、工信委、财政部、商务部、国家税务总局联合下发的《关于认定2013—2014年度国家规划布局内重点软件企业和集成电路设计企业的通知》,贝谷科技股份有限公司被认定为2013—2014年度国家规划布局内重点软件企业。这也是该公司自2010年获此荣誉后,又一次获此殊荣。

【贝谷公司国家物联网发展专项通过验收】 2013年12月5日,受国家工信部、财政部委托,江西省工信委联合江西省财政厅在南昌市召开贝谷科技股份有限公司承担的国家物联网发展专项《基于物联网的辐射安全监控平台研究与开发项目》项目验收会。专家组认真听取项目工作总结报告和项目经费决算报告,审查相关技术资料,观看产品现场演示,并对相关问题进行质询,经讨论,验收组专家一致同意通过验收。

【贝谷公司获评2013年国家火炬计划重点高新技术企业】 2013年10月,在国家科技部组织的2013年国家火炬计划重点高新技术企业申报评选工作中,贝谷科技股份有限公司荣获国家火炬计划重点高新技术企业称号。

【贝谷公司核辐射探测技术国家地方联合工程研究中心获批国家地方联合工程研究中心】 2013年10月17日,贝谷公司核辐射探测技术国家地方联合工程研究中心获国家发展和改革委员会批准为国家地方联合工程研究中心。按照战略和发展目标,该中心围绕国家核能利用、辐射环境监测与保护工程等重点发展领域,以核辐射检测仪器产品开发、核辐射探测工程技术研究和辐射环境工程技术服务为主要发展方向,致力于环境辐射监测、核资源、核电与核安全等领域的辐射检测仪器开发、工程技术服务和关键技术研究等工作,最终实现该中心成为集核辐射仪器研发、核资源与信息处理、辐射计量与环境工程技术研发、产业化与应用示范和推广为一体的工程研究中心,成为国内外核技术应用工程领域有较大影响的技术创新与工程化技术系统集成的开放型平台,成为本领域科技成果转化的重要基地及高层次创新人才的培养中心。

【贝谷公司荣获第十七届中国国际软博会金奖、创新奖】 2013年5月30日—6月2日,在北京召开的第十七届中国国际软件博览会上,贝谷科技股份有限公司自主研发的人口网格化管理系统获得参展产品金奖,全员人口信息系统获得参展产品创新奖。作为人口管理和社会管理信息化领域的开拓者,贝谷科技的系列优秀产品,得到广大用户的认可,成为人口管理和社会管理信息化领域应用软件提供商的佼佼者。

【博微公司荣获“中国软件和信息服务业最具潜力奖”等荣誉】 2013年6月,在第十一届中国国际软件和信息服务交易会中,江西博微新技术有限公司荣获“2012—2013中国软件和信息服务业最具潜力奖”。12月,入选由国家发改委、工信部、财政部、商务部及国税总局五部委联合认定并公布的“2013—2014年度国家规划布局内重点软件企业和集成电路设计企业”。

【鄱湖云计算中心加快建设】 鄱湖云计算中心成立于2011年,是南昌高新区积极响应省市政府的号召,为抢抓服务外包产业发展的先机,通过南昌高新区和全球500强美国甲骨文公司合作,共同建设全球第一个运用先进的开源技术建设的公有云计算中心。中心主要面向中小型企业提供三大云计算服务,包括IaaS(基础设施服务)、PAAS(平台服务)、SAAS(软件服务),由40余个云计算子平台构成。中心的建成,对江西省实施鄱阳湖生态经济区发展战略,快速促进低碳城市建设和发展起着显著的推动作用,对降低江西省中小企业的运营成本,加快企业经济结构调整起着重要作用。中心的平台服务模式相对于传统的运作模式,运营成本将降低80%左右。中心成立以来,已接待各级领导及单位、院校参观考察等超过2万余人次,得到有关领导的高度肯定,已成为南昌市乃至江西省软件信息服务产业这一战略性新兴产业的一面旗帜。至2013年年底,鄱湖云计算中心已建成3000平方米数据中心机房,拥有办公场地1000平方米。中心现有企业信息化公共服务平台、航天卫星应用大数据平台、电子商务云平台、软件测试云平台、健康医疗云等十多个主流应用的子平台。其中,企业信息化公共服务平台已建成为中小型企业提供云主机、云存储、数据灾备、虚拟云桌面应用服务的信息化平台。航天卫星应用大数据平台建成了智慧管网、智能物流运输监控、北斗导航等应用服务平台。鄱湖云计算中心拥有物理隔离数据中心机房5个,其浮点运算能力现每秒已达到10万亿次,拥有300T存储、600G内存、560个核,三大运营商接入6G带宽、4000U服务器物理空间。鄱湖云平台的在线应用客户达到100余家,资源IP访问量突破千万次。

(陶磊 卢瑜)

科学研究和技术服务业

本栏编辑　揭淑琴

概　述

【概况】　2013年，南昌市科技工作围绕建设创新型城市工作目标，大力发展高新技术产业，积极打造科技创新平台，强力推进科技协同创新，为南昌打造核心增长极提供了有力的科技支撑。南昌市高新技术产业实现工业总产值987.7亿元，工业增加值255.6亿元；获国家重点新产品12项，省级重点新产品156项；新增高新技术企业67家，比上年增长49.6%，总数达到199家；获得国家和省级科技项目330项，资金2.17亿元；拥有国家级生产力促进中心4家，省级生产力促进中心9家，市级生产力促进中心16家。全年服务园区企业1208家，为社会增加就业12629人，为企业增加销售收入4.89亿元。获得国家科技进步奖4项，省级自然科学奖17项、技术发明奖3项、科技进步奖55项，市级科技进步奖50项。全市专利申请量6190件，专利授权量3380件，分别比上年增长37.1%和12.6%。登记技术合同1967项，技术合同成交金额18.50亿元，增长27.6%。全市新增省级产业技术创新联盟1家。获国家重点新产品12项、省级重点新产品156项。争取了国家级文化和科技融合示范基地、现代服务业高新技术产业化基地、国际科技合作示范基地及生物医药企业孵化器4个国家级授牌落户南昌市；在2013年全国县市科技进步考核中，南昌市连续第六次被科技部评为“科技进步先进市”，南昌市科技局被国家人社部和国家科技部授予“全国科技管理系统先进集体”荣誉称号。

科技管理

【概况】　2013年，南昌市以实施创新驱动发展战略为指导，以建设创新型城市为目标，加强和完善科技管理体系，进一步发挥财政科技经费“四两拨千斤”的作用，在构建重点突出、科学有序的科技计划体系，公开透明、监管完善的项目资金管理体系等方面取得显著进展。

【召开全市科技工作会议】　2013年3月27日上午，2013年全市科技工作会在市政府小礼堂召开。会议全面总结2012年全市科技工作，明确2013年科技工作重点，对大力推进南昌市科技协同创新工作进行了全面部署。副市长姚燕平出席并讲话。

【完善科技创新政策环境】　2013年5月，为支持和鼓励科技创新，进一步优化南昌科技创新政策环境，市委、市政府出台《关于深入推进科技协同创新的实施意见》。意见从5个方面推进全市的科技协同创新。一是强化创新驱动举措，大力发展特色优势产业；二是强化企业创新主体地位，促进产学研紧密结合；三是强化科技招才引智，扩大开放交流合作；四是强化公共平台建设，提高科技创新服务水平；五是强化组织和政策保障，营造科技协同创新文化。同时，意见就加快全市的科技协同创新制定相应的优惠政策，并配套20条具体措施。

【加强科技项目管理】　2013年，为适应南昌科技发展新形势，市科技局、市财政局不断完善科技项目管理相关政策，组织专家对《南昌市技术研究与开发资金管理暂行办法》进行修改完善，修订为《南昌市科技发展专项资金管理暂行办法》。对资金支出范围、项目经费补助方式、项目的申报受理和审批、项目经费拨付和验收等进行规范，增加专项资金管理各方的职责内容。加强科技项目督导和检查，成立南昌市科技项目监督检查办公室，对2009—2011年252项市级科技计划项目进行专项检查，针对问题制定整改措施，有效地规范项目的实施。

【省人大调研组调研南昌市科技经费投入使用管理情况】　2013年11月4—5日，江西省人大内司委副主任委员周山印、预算工委副主任李雪一行到南昌市调研2011—2013年南昌市全社会科技经费的投入、科技项目和经费的管理、科技成果转化等7个方面情况。调研组召开座谈会，听取南昌市政府专题汇报，听取企业对加大科技投入、加强科技创新、增强自主创新能力的意见和建议，并对南昌市科技经费投入使用管理情况进行质询，针对性地提出建设性意见。通过省人大调研组的调研指导，为南昌市今后加大科技投入，规范项目管理，提高使用效益具有重要指导意义。

【获国家级科技计划项目情况】　2013年，南昌市共获得国家级科技计划项目90项，经费6411万元。其中，国家创新基金项目49项，经费3410万元；国家重点实验室2013年开放运行费、基本科研业务费、科研仪器设备费1项，经费1220万元；国家科技支撑计划项目5项，经费321万元；列入国家火炬计划项目7项，国家农业科技成果转化资金项目7项，经费660万元；国家星火计划项目5项，经费410万元；科技富民强县专项行动计划1项，经费180万元；国家级重点新产品12项，经费90万元；创新方法基地建设项目3项，经费120万元。

【获省级科技计划项目情况】　2013年，获得省级科技专项经费预算项目257个，经费1.74亿元。其中，获2012—2013年度省战略性新兴产业投资引导资金重大项目计划（第一批）12项，经费9700万元；获2012—2013年度省战略性新兴产业投资引导资金重大项目计划（第二批）6项，经费4300万元；获2013年省级科技专项经费预算项目214项，经费3004万元；获省级创新基金项目24项，经费395万元；获省级农业科技成果转化资金项目1项，经费5万元。

【实施市级科技重大项目】　2013年，围绕南昌市重点产业、重点企业的技术研究与开发,市科技局专门安排7000万元科技重大专项资金。其中,4000万元用于支持晶能光电公司“硅衬底LED技术的优化和应用开发”项目,1000万元用于支持LED产业其他关键技术研发;2000万元用于支持15项重大产业化和攻关项目,每个项目资助额度为100万—155万元,2013年下达第一批60%经费1200万元。

【下达其他市级科技计划项目】 2013年,安排科技型中小企业创新基金项目64项,经费1040万元,下达市级创新基金项目验收资金15项,经费156万元;下达一般科技计划项目109项,经费900万元;下达2013年事后补助与政策兑现共157项,经费1050万元;下达南昌科技创新中心建设资金2000万元;下达科技条件建设及其他专项14项,经费568万元;下达科技保险补助项目共计21项,经费267.37万元;下达2012年、2013年知识产权质押融资专项经费141.52万元;下达科技创新服务平台专项14项,资金210万元;下达科技入园工程专项85万元;下达大象湖景区生态园林建设专项资金60万元;下达技术市场发展专项资金48万元;下达知识产权维权中心专项100万元。

【申报和实施创新基金项目】 2013年,南昌市共获国家创新基金立项49项,经费3410万元,立项数占全省的25.9%,经费占全省的25.3%,比上年立项数增长16.67%,经费增长20.7%;获省级创新基金立项24项,获资助金额395万元,立项数占全省的26.37%,经费占全省的24.23%。

【创新基金项目监理与验收】 2013年,为加强创新基金项目管理,了解科技部创新基金项目执行情况,及时发现和解决问题,根据省科技厅下发的《关于开展创新基金项目监理检查工作的通知》精神,11月5—14日,九江、赣州市科技局对南昌市2012年度立项的科技部创新基金项目开展监理检查工作。本次接受监理检查的项目共26项,其中电子信息类11项、新材料类3项、光机电类6项、资源与环境类1项、新能源与高效节能类2项、农业类2项、重点项目类1项。项目合同投资7809.77万元,实际到位6232.72万元(其中新增投资4941.27万元)。新增投资中,企业自筹资金3775.27万元,创新基金资助1166万元。26个项目累计实现产品销售收入8380.29万元,占合同指标的62.39%;累计净利润总额1337.78万元,占合同指标的65.38%;累计缴税总额864.69万元,占合同指标的54.21%;新增就业391人,占合同指标的83.19%。

【技术市场管理】 2013年,深入推进行政审批制度改革,将技术合同认定登记下放,在19个条件成熟的县区、开发区、大专院校、科研院所建立合同登记点。加强登记点的业务支持与人员培训,举办一期南昌市技术合同认定登记培训班,与各登记点签订目标责任书,并给予1万元的专项资金支持。至年底,全市技术市场交易额保持快速增长势头,实现技术市场交易额18.5亿元,比上年增长27.6%。

【科技统计工作】 2013年,为密切关注南昌市科技发展的前瞻性、战略性问题,市科技局与相关部门紧密合作,以反映科技进步指标各项数据为重点,先后完成2012年度科技进步监测、2012年县(区)财政科技投入及2013年预算情况、2012年火炬年报统计、2012年科普统计、2012年民营科技统计等各项科技统计工作,为科技管理和科技发展战略的研究制定提供了有力支撑。

(黄端伟　胡卓晖)

高新技术产业发展

【概况】 2013年,南昌市以推动高新技术产业发展为主线,重点开展高新技术企业培育、科技创新载体建设、“十城千辆”工程、“十城万盏”工程、科技入园等6个方面的工作。

【高新技术企业大幅增长】 2013年,针对南昌市高新技术企业总量少,增速慢的现状,市科技局采取有效措施,大力加强高新技术企业的培育。通过制定高新技术企业快速增长工作方案,将培育任务分解落实到各县区、开发区,并列入县区综合目标考核内容,对新认定的高新技术企业一次性给予10万元的补助等举措,南昌市高新技术企业数量取得突破性增长。至年底,南昌市新增高新技术企业67家,比上年增长49.6%,总数达到199家,占全省的40.4%。

【节能与新能源汽车示范推广】 2013年,为进一步推动新能源汽车在南昌市的示范应用,积极配合省科技厅等四部门组织的江西城市群新能源汽车应用推广的申报工作,参与编制的推广方案经国家四部委批复实施。节能与新能源汽车示范自2009年实施以来,全市累计示范推广节能与新能源汽车1025辆,其中公交车257辆(包括纯电动公交车10辆)、混合动力出租车660辆、混合动力公务车67辆、纯电动环卫车38辆,纯电动城市物流车1辆、纯电动工程车2辆。建成充电站1座、充电桩150个、维修服务站6个,超额完成示范应用阶段性工作目标。

【半导体照明路灯示范应用】 2013年,南昌市进一步在城市道路、隧道、车站、体育场馆及广场等公共场所开展半导体照明节能路灯的规模化示范应用。至年底,共有示范应用半导体照明路灯3.3万盏,全面完成“十城万盏”示范应用工作目标。同时,按照南昌市LED平台建设工作方案的要求,全面启动南昌市LED公共检测平台建设,已投入一期建设资金1000万元,完成了检测设备的招标工作。

【组建省级科技协同创新体】 2013年,省政府首次整合1亿元专项资金,组建5家协同创新体。南昌市组织5家协同创新体申报,其中以联创光电、联创电子、恒天动力为核心的江西联融新光源协同创新有限公司、联星显示创新体有限公司和恒动K发动机协同创新研究院获批组建,占全省立项数的60%。

【科技入园】 2013年,以市政府办公厅名义出台《关于加强科技入园工作的意见》,明确科技入园工作的主要任务和保障措施,为推动科技入园工作跨越发展提供政策保障。成功承办全省科技入园工作现场推进会,规模大、规格高,充分展示了南昌科技入园工作的最新成就,得到省科技厅领导的充分肯定。

(黄端伟　胡卓晖)

科普活动

【概况】 2013年,加快推进南昌市科技创新中心(科技馆)建设,广泛深入开展科技活动周、科普日、送科技下乡等各类群众性科普活动,不断加强科技示范社区等科普平台建设,着力提升市民科学素质,营造良好的自主创新文化环境。

【举办科技活动周】 2013年5月19—25日，南昌市科技活动周在青山湖区南钢花园广场举行。在活动周开幕式上，省市领导为4家南昌市青少年科技教育基地、4家南昌市科技示范社区授牌和赠书。活动周以“科技创新·美好生活”为主题，重点开展科技创新促进美好生活、普及科学技术知识、组织科研机构和大学向社会开放、千名科学使者进校园（社区）、丰富群众科学文化生活5个方面活动。活动现场开展大型科技咨询、义诊活动。活动周期间，全市共组织开展各项科技活动143项，参加人员12.7万人次，举办科技讲座、培训及报告会36场，发放宣传资料5万余份，经费投入79万元。活动获得全市广大群众的热烈欢迎，取得良好社会效益。

【创建科技示范社区】 2013年，为贯彻实施《中华人民共和国科学技术普及法》及《江西省科学技术普及条例》，提高南昌市社区居民的科学素质和文明程度，根据《南昌市科技示范社区认定暂行办法（试行）》的规定，经专家评审认定进贤县民和镇苗圃社区、新建县长堎镇立新社区、新建县长堎镇长安社区、南昌县莲塘镇梦里水乡小区、南昌县向塘镇正街社区、青云谱区三家店街道青云社区、青云谱区三家店街道祥和社区、西湖区十字街街道星加坡花园社区、青山湖区上海路街办住宅北社区、青山湖区南钢街办安平社区、东湖区滕王阁街道李家巷社区、东湖区墩子塘街道右营街社区、东湖区百花洲街道南湖路社区、东湖区董家窑街道豆芽巷社区14家社区为南昌市科技示范社区。

【青少年科技教育基地】 2013年，为充分开发和利用社会科普教育资源，全面推进素质教育，推动全市青少年科技教育工作的深入开展，经市科技局、市教育局和市科协研究，决定授予上海童梦企业管理有限公司南昌分公司南昌星期8小镇、南昌市气象局观象台、南昌金溪湖生态农业发展有限公司、南昌市桃花一村小学、江西中科农业发展有限责任公司鼎湖家园和安义县逸夫小学6家单位为南昌市青少年科技教育基地。

【开展农村科技特派员创业服务行动】 2013年，市科技局按照自愿申报、双向选择的原则，筛选认定南昌市第四批“农村科技创业行动计划”科技特派员21名，全市科技特派员总数116名。这些特派员分别来自省市属高校、科研院所、老年科协等单位的水稻、蔬菜、林业、

2013年5月19日，南昌市科技活动周开幕式在青山湖区南钢花园广场举行

淡水养殖、畜禽、农产品加工等方面的专家。他们带项目、带技术、带信息，深入田间地头，指导服务对象生产，与服务对象一起发现问题，解决问题，依靠科技推动和支撑农业发展。至年底，全市科技特派员共实施科技开发项目137个，推广新技术新产品236个，引进新品种322个，建立示范区2.45万公顷，有力地促进了农民增收致富和农业产业升级。

【送科技下乡】 2013年5月20日，市科技局、市卫生局组织市农科院及市洪都中医院20余名专家，深入南昌县泾口乡开展送科技下乡活动。活动期间，开展水稻栽培、健康生活等知识讲座，并现场举行健康咨询和义诊活动，受到当地群众的热烈欢迎。到现场参观和咨询的人数达1000余人，发放《水稻高产栽培技术》等书籍1000余册，发放健康知识手册5000余份，取得良好的宣传效果。

（黄端伟　胡卓晖）

科技合作与交流

【概况】 2013年，南昌市科技局积极探索加强科技对外合作交流的新渠道、新途径，不断创新科技合作的新形式，新内涵，积极打造与科研院所、高等院校合作的新平台，帮助企业拓展市场，解决关键技术难题，有效地提升了企业的自主创新能力。

【市校合作】 2013年，落实市校合作协议，召开驻南昌高校科研处长座谈会，达成49项科技成果转化项目合作意向。积极建立新的市校合作关系，市政府与江西科技学院签订了战略合作协议。至年底，南昌市已与16所省内外高校、科研院所建立长期的科技合作关系。复旦大学、浙江大学、天津科技大学3所大学技术转移中心落户南昌市，江西师范大学科技园升级为国家级科技园。

【筹建南昌地区（国家）大学科技园】 2013年，开展建设南昌地区（国家）大学科技园的前期工作，组织相关人员到青岛、常州、合肥等地就大学科技园组建方式及科技成果转移转化等工作开展调研，初步拟定南昌地区（国家）大学科技园的基本框架，包括指导思想、具体目标、建园模式及园区服务等。

【加强城市间的科技合作】 2013年，南昌与武汉、长沙、合肥举行首届科技合作联席会，四省会城市共同签署《长江中游城市群暨长沙、合肥、南昌、武汉科技合作协议》。通过科技创新合作，扩大区域聚合力，提升区域影响力，带动长江中游城市群加快建设成为跨省城一体化城市集群，为打造“中国经济第四极”提供科技支撑 。同时，南昌市科技局与九江市科技局就整合科技资源，拓展科技合作空间达成共识，共同推动建立昌九一体化科技协同创新平台。

【组织开展对外科技交流】 2013年11月2—5日，组织联创光电等一批南昌市半导体照明行业龙头企业参加在武汉科技会展中心召开的第十届“中国光谷”

国际光电子博览会暨第九届中国湖北产学研合作项目洽谈会。11月10—11日，组织江中药业有限公司等20余家企业的重大科技成果、发明专利图片和实物产品参加在长沙高新区麓谷会展中心举行的2013年中国（长沙）科技成果转化交易会。11月16日，组织中节能晶和照明有限公司、江西惜能照明有限公司等6家企业参加在深圳市会展中心召开的第十五届中国国际高新技术成果交易会。集中展示南昌市企业在光电子、生物医药等高新技术领域取得的突出成就，扩大南昌市高新技术产业的影响力，促进科技合作与交流。

（黄端伟　胡卓晖）

科技成果与奖励

【概况】 2013年，市科技局紧紧围绕建设创新型城市工作目标，大力推动国家级科技合作基地建设，不断深化产学研合作，促进科技成果转化，加强对外科技合作与交流，有力地提升了自主创新能力。

【获国家科学技术进步奖】 2013年，南昌市江联重工股份有限公司参与的《高效低耗流化床燃煤工业设备关键技术及应用》项目、中国瑞林工程技术有限公司参与的《超强化旋浮铜冶炼和无氧化还原精炼工艺研发及产业化应用》项目、江西省交通科学研究院参与的《长大跨桥梁结构状态评估关键技术与应用》项目及江西省农业科学院、江西农业大学、江西省农业技术推广总站、南昌县农业技术推广中心、进贤县农业技术推广中心共同参与的《长江中游东南部双季稻丰产高效关键技术与应用》4个项目获2013年度国家科技进步二等奖。

【获江西省科学技术进步奖】 2013年，南昌市有10个项目获得2013年度江西省科技进步奖，其中泰豪科技股份有限公司完成的《THLM1320PT－AC高防护等级集装箱式静音电源》等2个项目获省科技进步奖二等奖，江西科技师范大学完成的《导电聚合物新材料微结构调控和新功能构筑》等8个项目获江西省科学技术进步三等奖。

【评审2012年度南昌市科学技术进步奖】 2013年，全市共有79个项目参加2012年度南昌市科学技术进步奖评审，比上年增加12%，涉及工业、农业、社会发展等领域。参评项目经异地网络初评、会议终评、实地考察、市奖励委员会终审、新闻媒体公示等程序，确定50项入闱项目，经市政府2013年第12次常务会研究通过。

2012年度南昌市科学技术进步奖一览表

表33

序号	项目名称	完成单位	主要完成人员	获奖等级
1	新型技术制备乌司他丁工艺开发及应用	南昌市浩然生物医药有限公司	杨华英　万　偲　杨丽琴　魏超娟　夏鑫水　高铁旦	一等奖
2	2千瓦永磁变频柴油发电机组	江西清华泰豪微电机有限公司	刘建平　赖朝东　蒋继云　汪淑英　胡　辉	一等奖
3	LCL28086电容式触摸屏	江西联创电子有限公司	王志勇　陈　良　陈　辉　徐洪斌　刘冬发　魏华进	一等奖
4	金钱草黄酮类化合物对草酸钙结石影响的实验研究及应用	南昌市第三医院 江西中医学院现代中药制剂教育部重点实验室	崔维奇　谌辉鹏　邹志辉　朱根华　王爱萍　胡著云　赖春花　肖　辉　瞿　伟　叶　云　涂传仕	一等奖
5	双胞胎乳猪奶粉乳猪配合饲料	双胞胎（集团）股份有限公司	王勇飞　晏学辉　尹荣华　车政权　黄春玲　谢正军　赵艳平　钟业松　陈祥文　凌　伟　曾祥建	一等奖
6	柱锤强夯置换基坑支护技术的研究和应用	江西中恒建设集团有限公司特种软基分公司、江西基业科技有限公司	刘献刚　徐升才　邵忠心　乐　平　屈　峰　刘细则　胡保根　付豫楹	二等奖
7	印尼煤在循环流化床锅炉中的应用及优化设计	江联重工股份有限公司	徐勇敏　周圣林　桂百芳　袁晓真　危朝阳　秦　兵　金　烜　张红霞	二等奖
8	高防护等级集装箱式静音电源研究与应用	泰豪科技股份有限公司	黄秋华　邓建广　傅学东　陈劲华　齐福海　钟伟亮　陈　亮　张轶群	二等奖
9	太阳能辅助能源纯电动城市客车	江西凯马百路佳客车有限公司	晋维宙　王心宏　郭　凡　朱家荣　罗丙荷　刘　伟　朱庆祥	二等奖
10	双机型不落轮车床	江西奈尔斯西蒙斯赫根赛特中机有限公司	周海泉　姜　曦　吕　陈　肖旨良　邓纪波	二等奖

续表 33

序号	项目名称	完成单位	主要完成人员	获奖等级
11	江铃皮卡纯电动工程车开发	江西江铃汽车集团改装车有限公司	凌亮星 刘存宾 熊认真 饶良星 郑 超	二等奖
12	菜籽油水提取成套技术开发及产业化	江西家道福实业有限公司	曾哲灵 戴 聪 万冬满 徐志龙 唐德朝 奚光兴	二等奖
13	双季超级稻新品种产业化	江西现代种业股份有限公司、南昌市农业科学院、江西农业大学农学院	马众文 徐宝庆 胡金和 刘宗发 余厚理 欧阳林娟 曲姗姗 边建民	二等奖
14	有机果蔬简易高效基质栽培技术开发和应用	南昌县青岚现代农业有限公司、南昌县青岚果蔬种植专业合作社	胡生明 高旭春 万翠霞 胡万鹏 严 寒 万荣华 刘方义 李苏明	二等奖
15	新型饲用生理调控剂的研究与应用	江西天佳实业有限公司、江西农业大学、华南农业大学	肖世平 易中华 江青艳 姚 伦 熊小林 罗贵香 付 文	二等奖
16	智能计算和算法设计及逻辑电路设计与应用	华东交通大学、江西通瑞实业发展有限公司	周日贵 李明翠 黎海生 施 洋 刘 强	二等奖
17	先锋新型农村合作医疗信息系统及应用推广	先锋信息技术股份有限公司	李劲波 马 研 邬裕江 杨建华 李淑贞 周 群	二等奖
18	博微输变电工程工程量清单计价软件	江西博微新技术有限公司	周 利 刘 岳 马海东 李 礼 赵 力 范师尧 谭 伟 秦圆圆	二等奖
19	幅宽 8 米(氮气加糙)双糙面土工膜	南昌天高新材料股份有限公司	何迪春 郭 熙 张建平 邓 俊 万雪辉 程宗瑰 黄鹤玲 曹东静	二等奖
20	南昌市空气颗粒物污染特征与人体健康的关系研究	南昌大学、南昌航空大学 、南昌大学第一附属医院、哈尔滨工业大学、南昌市环境监测站	刘小真 梁 越 彭希珑 范广勤 汪月华 袁道文 马万里 金 静	二等奖
21	樟树茎枝替代樟树根在“肠炎宁”中的药效评价及应用	江西本草天工科技有限责任公司(国家工程研究中心)、江西天施康中药股份有限公司	陈兰英 吴安明 简 晖 艾祥开 范玫玫 罗颖颖 侯 莉 龚 琴 何杨虎	二等奖
22	自体骨髓干细胞移植治疗终末期肝病的实验和临床应用	南昌市第九医院	何金秋 杨文龙 熊墨龙 杨玲玲 涂鸣汉 谢能文 熊志群 梁 青	二等奖
23	胰岛素强化降糖治疗对新诊断Ⅱ型糖尿病β细胞功能的改善及病情缓解的应用	南昌市第一医院	胡 玲 蒋丽华 张喜婷 陆 君 沈 浩 江芳芳 曾 立 王 宁	二等奖
24	指纹图谱在藿香正气水质量和产地鉴定中的应用	南昌市疾病预防控制中心	朱惠芳 江 勇 李 良 杜 姗 胡美华 李 明 胡贵祥 陈 芳	二等奖
25	T 方案密集新辅助化疗在局部中晚期乳腺癌治疗中的研究	南昌市第三医院	曹亚丽 刘秋明 吴晓波 魏文嵩 夏 勇 瞿 伟 龚 宇 欧阳倩雯	二等奖
26	2－300 千瓦大容量高机动低噪声方舱电站	江西清华泰豪三波电机有限公司	万新云 陈永清 罗云行 刘新根 熊小朝 吴克臣	三等奖
27	KYN28A－12/5000－50 中置柜	泰豪科技股份有限公司	熊 剑 唐正根 戴发安 邓志华 刘华平 章燕红	三等奖
28	62 吨/时干熄焦余热锅炉	江联重工股份有限公司	王文军 余新红 邓万华 方 昕 方小莉 陈玉村	三等奖
29	数控车轴三孔加工机床	江西奈尔斯西蒙斯赫根赛特中机有限公司	周海泉 姜 曦 付道林 程小成 邓纪波	三等奖

续表33

序号	项目名称	完成单位	主要完成人员	获奖等级
30	HS系列反击式破碎机	南昌矿山机械有限公司	刘跃庆 陈文龙 龚友良 陈万海 乐声滨 徐光明	三等奖
31	鄱阳湖淡水鱼干制品工业化生产技术研究	南昌市鄱阳湖农牧渔产业发展有限公司	刘金水 胡泽敏 黄赣辉 袁建平	三等奖
32	新型微生态制剂丁酸梭菌在饲料中的应用研究	南昌大佑农生物科技有限公司、江西农业大学动物科学技术学院、浙江惠嘉生物科技有限公司、江西齐顺畜牧科技有限公司	曹江山 肖晓愈 吴华东 曾新福 江作川 张启美	三等奖
33	生物发酵法生产有机藠头的新工艺	江西田昌农业技术开发有限公司	李朝明 熊志华 王海宝 汤锡勇 胥 琴 李朝华	三等奖
34	饲料级枯草芽孢杆菌发酵及高密度活菌包埋技术推广应用	南昌益生生物技术有限公司	郭德斌 沈 奕 刘光宪 尤永林 程丽美 杨瑞宏 杨水兵 张彦军	三等奖
35	大豆11S球蛋白A3亚基蛋白多肽营养粉推广应用	南昌市草珊瑚科技产业有限公司	黄红卫 钟红英 王小红 李春梅 曾 鹭 郭奕俊	三等奖
36	天然富硒旱米深度产品开发	南昌康泰利保健品有限公司、南昌大学	胡居吾 陈俊杰 熊 华 涂 伟 彭海龙 张崇峰	三等奖
37	微胶囊缓释技术在调味茶生产过程中的应用研究	江西林恩茶业有限公司	袁利人 曹挥华 陈 斌 袁圣孙 陈美莲	三等奖
38	智能交互式密码保险柜锁管理系统	江西中投科信科技有限公司	卢云峰 王桂君 罗久云 余 路 张荣连	三等奖
39	超薄型空封LED多彩显示模组	江西联创光电科技股份有限公司南昌分公司	黄 钧 刘 源 梁 旭 丁永华	三等奖
40	基于云计算的医谷区域卫生信息平台	南昌市一保通医疗信息科技有限公司	马伟伟 徐长友 邵国茂 胡 磊 李晓明 张 立	三等奖
41	LED Array型功率红外发射模组	江西联创光电科技股份有限公司南昌分公司	刘 源 黄 钧 樊 雷 丁永华	三等奖
42	高强耐磨玻璃钢管道生产工艺与装备研发	江西科得玻璃钢有限公司	奉玉贞 徐光友 曹昌龙 徐小艳 闫海岭 刘申武	三等奖
43	再生高硅铝合金锭制造新工艺	雄鹰铝业股份有限公司、南昌大学	丁良生 杨湘杰 叶 寒 郭洪民 黎志勇 李金财	三等奖
44	纤维增强自保温现浇墙体泡沫混凝土	江西中科新建材有限公司、江西省科学院应用化学研究所	王云敏 游胜勇 陈衍华 赵自勤 谌开红 林鸿业	三等奖
45	C/S版管理模块在儿童预防接种信息系统的应用效果研究	南昌市疾病预防控制中心、深圳市金卫信信息技术有限公司南昌分公司	廖 征 文海蓉 张艳霞 彭时辉 熊昌辉 陈海婴	三等奖
46	64层螺旋CT在心律失常及瓣膜介入术前检测左房血栓的临床应用	南昌市第一医院	罗小平 范剑峰 郑春华	三等奖
47	乳粉生产过程中阪崎肠杆菌污染途径及其消毒方法	南昌市疾病预防控制中心	傅松哲 高建新 周显凤 张 悦 倪贤生 肖菊珍	三等奖

续表 33

序号	项目名称	完成单位	主要完成人员	获奖等级
48	草珊瑚冰润去渍健齿牙膏	江西诚志日化有限公司	许海燕 夏美莲 王 燕 肖小红 彭建军	三等奖
49	关节镜下缝线固定治疗后交叉韧带胫骨止点撕脱性骨折	南昌市中西医结合医院	熊隆江 李思云 黄晓蓬 熊 琼 何 亮 刘华江	三等奖
50	光动力疗法治疗脉络膜新生血管性病变的临床研究	南昌市第一医院	石安娜 王永波 李颖洁 石 浔 金 昱 刘维锋	三等奖

（黄端伟　胡卓晖）

科技人才与平台建设

【概况】　2013 年，围绕市委、市政府的“人才强市”发展战略，牢固树立“人才资源是第一资源”的思想，不断加大人才引进、培养和使用力度，积极创新人才引进、激励和保障机制，让各类人才各得其所、才尽其用，同时着力加强工程技术中心与重点实验室等各类创新平台建设，为南昌经济又好又快发展提供有力的支撑。

【创新人才和创新团队建设】　2013 年 5 月，在国家科技部公布的 2012 年创新人才推进计划入选名单中，江西省共有 5 人入选创新人才推进计划，1 个团队入选重点领域创新团队。其中，南昌区域内共有 3 人 1 团队入选，江西农业大学教授任军入选中青年科技创新领军人才，江西省晶和照明有限公司王敏、南昌市浩然生物医药有限公司杨华英入选科技创新创业人才；南昌大学半导体照明技术创新团队入选重点领域创新团队。

【选聘洪城特聘专家】　2013 年 4 月，市人力资源和社会保障局、市科技局、市财政局联合开展“洪城特聘专家”选聘工作，面向国内外招聘一批具有国际国内行业领先水平的创新项目负责人。至年底，共收到申报项目 25 个，经委托中介评估机构组织的专家评审及实地考察，并报市政府批准，最终确定 9 个“洪城特聘专家”项目。“洪城特聘专家”除享受项目招聘单位提供的薪酬、科研配套经费、交通住宿补助等待遇外，由市政府奖励每名洪城特聘专家 30 万元。

【实施洪城计划】　2013 年 4 月，市委组织部、市人力资源和社会保障局、市科技局联合发布《关于申报“洪城计划”人才项目的通知》，引进一批在国内外大型企业、知名高校、科研机构的关键岗位从事研发和管理工作 2 年以上，带项目、带技术、带资金、带团队的“四带”人才到南昌市创业。全年有 28 个项目申报“洪城计划”项目，经资格审查及专家评审等程序，最终确定“计量表智能抄表系统和监控管理系统”等 14 项技术水平高，经济、社会效益好的项目按照重点推荐、优先推荐和一般推荐 3 个等级，分别给予 100 万元、70 万元和 50 万元的经费支持。

【科研示范基地建设】　2013 年，市科技局根据《南昌市人民政府办公厅转发〈南昌市科研示范基地认定办法（试行）的通知〉》精神，按程序筛选并报市政府批准，授予晶能光电（江西）有限公司为“南昌市半导体照明科研示范基地”，南昌市草珊瑚科技产业有限公司为“南昌市婴幼儿营养功能食品科研示范基地”，江西缴费通信息技术有限公司为“南昌市电子支付技术应用科研示范基地”，江西天佳实业有限公司为“南昌市饲料添加剂科研示范基地”。

【评审科技创新团队】　2013 年，根据《中共南昌市委南昌市人民政府关于深入推进科技协同创新的实施意见》中提出的，到 2020 年力争建设 100 个优势科技创新团队的目标要求，市科技局结合南昌市产业技术创新需求，在 33 支科技创新团队基础上，经网上申报、推荐，专家评审，最终确定 8 家优势科技创新团队，其中包括 6 家技术创新团队和 2 家知识创新团队。

【组建市级工程技术中心与重点实验室】　2013 年，新组建以洪都航空工业集团有限责任公司为依托单位的南昌市飞行训练创新和人效工程技术研究中心及以南昌市第一医院为依托单位的南昌市胃肠病学重点实验室等 16 家市级工程技术研究中心和 6 家重点实验室，组建年限为 2 年，每个工程技术中心、重点实验室给予 10 万元经费支持。

【加强县（区）科技创新平台建设】　2013 年，是科技创新平台建设的第二年，各县（区）平台建设总体进展顺利，共拨付建设经费 210 万元。根据《南昌市科技创新服务平台建设五年推进计划》方案要求，市科技局从 2012 年开始，每年投入 225 万元，县（区）配套 195 万元，5 年期间共投入 2100 万元用于县（区）创新平台建设。

【认定鄱阳湖现代科技示范基地】　2013 年，为进一步推进南昌市农业科技创新与现代农业发展，加快实施鄱阳湖生态经济区建设和科技创新“六个一”工程，市科技局按照《南昌市鄱阳湖现代农业科技示范基地认定暂行办法》的规定，择优认定“西湖李家现代农业科技示范基地”等 9 家基地为南昌市第二批鄱阳湖现代农业科技示范基地。

【推动科学仪器设备资源共享】　2013 年，为充分利用南昌地区大型科学仪器设备，促进资源共享，提高使用效率，推动科技创新，市政府出台《南昌市大型科学仪器设备资源共享促进办法》，鼓励高等院校、科研机构和其他企业事业单位将其拥有的大型科学仪器设备向社会开放，南昌市对提供和使用单位给予奖励和补贴。

（黄端伟　胡卓晖）

知识产权

【概况】　2013 年，南昌市围绕提升自主创新能力、创建国家知识产权示范城市工作目标，不断强化知识产权的宣传和专利申请的培训，大力提升知识产权的创造、保护、管理、运用的能力,各项工作取得显著成效,专利申请量和授权量比上年大幅增长。市知识产权局被国家公安部和知识产权局授予“全国知识产权执法先进集体”荣誉称号,南昌县和安义县被评为全省专利十强县。

【创建国家知识产权示范城市】 2013年,在“国家知识产权工作示范城市”的基础上,积极申报国家知识产权示范城市,已获批进入培育阶段。为进一步发挥知识产权在县域经济发展方式转变中的重要作用,积极组织各县区申报首批省级知识产权富民强县示范县建设专项资金项目。其中,南昌县汽车配件产业专利技术应用示范及安义县新型节能隔热建材产业化项目获批立项,项目资金各50万元。出动执法人员800余人次对南昌市行政区域内200余家商品、五金电器、药品等流通领域生产、经营企业开展专利行政执法检查,共检查商品10万余种,其中标注有专利标识的182种,立案82起,发出处罚前告知书82份,处罚决定书77份,受理专利侵权纠纷1起。

【知识产权申请与授权】 2013年,南昌市专利申请量6190件,比上年增长36.7%,占全省的36.6%;授权量3380件,其中发明专利授权量456件。在全省率先提前达到国家“十二五”规划纲要中“每万人发明专利拥有量3.3件”的目标。

【实施专利申请量快速提升工程】 2013年,为在短时间内改变南昌市专利申请数量偏少,企业知识产权意识不强的局面,市科技局采取有力举措,大力实施专利申请量快速提升工程,取得显著成效,进一步巩固南昌市专利申请量全省第一的龙头地位,同时缩短同中部省会城市的差距。主要采取了以下措施,一是制订快速提升专利申请量和授权量工作方案,将任务分解落实到各县区、开发区。二是将任务完成情况列入对县区科技工作考核的主要内容之一。三是加大对企业申请专利的资助力度,在2013年出台的《中共南昌市委、南昌市人民政府关于深入推进科技协同创新的实施意见》中明确提出:从2013年起,对新认定的国家级知识产权示范企业,一次性给予30万元的奖励,对企业和个人获得授权的发明专利、实用新型专利,一次性分别给予5000元和1000元的奖励。同时,对《南昌市专利专项资金管理暂行办法》等进行修订完善,大幅提高资助水平。

【开展知识产权富民强县示范县建设】 2013年,为进一步发挥知识产权在县域经济发展方式转变中的重要作用,省知识产权局、省财政厅联合下发《关于下达首批省级知识产权富民强县示范县建设专项资金的通知》,首次设立1430万元知识产权富民强县示范县建设专项,项目实施期为2年。南昌市2个项目获批立项,分别是南昌县汽车配件产业专利技术应用示范和安义县新型节能隔热建材产业化项目,各获项目资金50万元。

【开展专利宣传与培训】 2013年3月15日,联合市消费者协会、红谷滩工商局等部门,在红谷滩丰和花园社区集中开展“3·15”服务进社区活动;4月26日,联合省知识产权局、省专利事务所、市工商局、市消费者协会等单位在八一广场举办“4·26”世界知识产权日宣传咨询活动,并分别在高新区管委会、市文化产权交易中心等地开展知识产权维权援助培训,共计发放知识产权维权援助宣传资料2000余份。至年底,通过电视、报纸杂志、网络媒体等多种方式进行知识产权宣传17次,其中报纸10次,网站5次,电视2次。通过在市中心胜利路投放LED电子宣传视频,在全市6条重点公交线路车内投放“12330”援助与投诉举报电话宣传展板等方式,不断加深全社会知识产权创造和保护意识。

【审核知识产权质押融资项目】 2013年,经市财政局、市科技局组织专家审核江西杏林白马药业有限公司及江西三星气龙消防安全股份有限公司2家企业申报知识产权质押融资项目,2项申请均符合相关文件精神,下达2家企业知识产权质押融资专项经费25.09万元。其中,江西三星气龙消防安全股份有限公司放贷金额130万元,贷款利息10.91万元,审核贴息5.45万元;江西杏林白马药业有限公司放贷金额500万元,贷款利息39.28万元,审核贴息19.64万元。

(黄端伟　胡卓晖)

无线电管理

【概况】 2013年,南昌市无线电管理局按照管理好频率资源、管理好无线电台站、管理好电波秩序,服务经济社会发展、服务国防建设、服务党政机关,重点做好无线电安全保障工作的总体要求,以开展无线电台站规范化管理专项活动为重点,认真履行职责使命,强化依法行政,全力做好无线电安全保障工作,圆满完成了全年各项工作任务。

【开展无线电台站规范化管理专项活动】 2013年,组成由市广电局、公安局、气象局及三大通信公司等多个重点用频单位为成员单位的专项活动办公室,负责专项活动的组织、指导工作,确保该项活动取得实效。4月24日,制订《南昌市无线电台站规范化活动方案》,明确活动目标,落实工作措施,提出工作要求,确保各项工作任务落到实处。5月3日,召开全市无线电台站规范化管理专项活动工作会议,对全市无线电台站规范化管理专项活动和在用无线电发射设备专项检测任务进行部署。同时要求各无线电设台单位结合各自存在的不同问题制定整改计划和整改时间表。按照有关必须将三分之二以上的B库台站资料转入A库或撤销的工作要求,逐一走访十几个设台单位,耐心与各设台单位领导进行解释说明,要求按照规定清理B库。至年底,B库清理达到93%。加强设备检测工作,与三大电信运营商、南昌广电局、南昌气象局等设台单位相互配合,共检测专用通信设备14台、广播电视设备6台、通信基站200台。

【维护无线电波秩序】 2013年,为各无线电设备单位排除众多无线电干扰。排查气象雷达干扰,保证重点频率安全。1月4日,南昌气象局探空雷达受到干扰,造成雷达捕捉不到探空球信号,严重影响了南昌重大灾害性天气和基本气象天气数据提供的准确性。为做好干扰排除工作,及时安排技术人员前往现场排查干扰,恢复探空雷达正常工作。排查手机屏蔽器干扰。年初,三大通信运营商陆续向市无线电管理局递交干扰投诉报告,反映麦园基站受到外界强干扰。经查,某校区安装了100余个手机屏蔽器,全部嵌入教室门口上方,集中电源统一控制,造成没有选择性开启手机屏弊器,要开就全部开启。市无线电管理局迅速协调该校方,要求他们制定和完善手机屏蔽器内部使用办法,由专人管理,使用完毕后要立即关闭,避免对公众通信和国家有关军事、安全等设施造成干扰。速查基站干扰,保障通信畅通。3月13日,接到南昌电信公司的干扰申诉,南昌市八一广场附近受到不明信号干扰,用户无法接打电话。由于南昌八一广场地处闹市,商家多、人流量大,也正值“两会”召开期间,为减小影响,立即组织技术人员赶往现场予以排查。经过测向定位,某专卖店正在使用一种无线音频发射器的设备,关闭该设备电源后,干扰信号消失。查找干扰源,确保向莆铁路通信安全。5月中旬,向莆铁路股份有限公司反映在乐化站附近有干扰,市无线电管理局工作人员和铁路无线电管理委员会办公室人员赶赴现场进行测试。经测试后,了解到附近某看守所一共装了6个手机屏蔽器。经商量,要求南昌铁路局主管部门在测试期间必须将铁路看守所的手机屏蔽器全部关闭,以确保电测的准确性,确保动车联控及进路预告工作顺利进行。查处"伪基站"干扰公众通信案。9月3日、4日,正值各大学开学之际,在南昌前湖高校区查处2起利用假冒移动通信基站(伪基站)发送垃圾短信息的违法案件,抓获涉案人员2名,查获假冒移动通信基站设备2套。

【保障各类考试无线电安全】 2013年,认真贯彻国家和省、市政府关于配合考试主管部门做好考试期间无线电安全保障工作的通知要求,科学组织、密切配合,全力做好各类考试的无线电保障工作,为各类考试营造平安和谐的社会氛围。全年共参加教育、人事、组织、财政、司法、卫生、邮政等部门组织的22场考试的无线电安全保障工作,参与全市174个考点、6745个考场的考试保障工作,共出动监测人员112次,动用监测车辆及相关监测设备150次(部),加班32个工作日,监测发现作弊信号20起,查获作弊案件6起,实施无线电阻断14起,查获涉案设备11台套,累计监测工作时间198个小时。

【开展无线电管理宣传】 2013年,为不断营造有利于无线电管理事业健康发展的社会氛围,组织开展无线电管理宣传工作。2月13日,为庆祝第二个世界无线电日,以《南昌日报》和南昌电视台为宣传平台,围绕"无线电和我们的生活"这一主题,宣传和普及无线电知识,提高社会依法用频意识。9月11日是《中华人民共和无线电管理条例》颁布20周年纪念日,为使民众加深对无线电知识的了解、对无线电重要性的认知,携带宣传展板、专用无线电设备和相关宣传材料,深入大学校区和居民社区,近距离对大学教职工、学生和群众宣传无线电知识。同时协调电信运营公司广发公益无线电宣传短信,组织各县(区)无线电协管办人员在辖区内宣传无线电知识。

(徐　洪)

防震减灾工作

【概况】 2013年,南昌市防震减灾局坚持"全力服务大建设,认真履职保平安"目标,不断改进和创新工作方式,扎实推进防震减灾三大体系建设,为南昌打造核心增长极提供有力保障。南昌市防震减灾局被江西省地震局评为"2013年度防震减灾工作优秀单位",提交的地震趋势会商报告荣获2014年度全省地震趋势会商报告评比第二名。南昌县梦里水乡社区被评为"国家地震安全示范社区",这是江西省唯一一个被授予"国家地震安全示范社区"称号的社区。南昌市青新小学、南昌市站前路小学(云飞路校区)等8所学校被评为"江西省防震减灾科普示范学校"。

【南昌防震减灾学会成立暨第一次会员大会召开】 2013年1月10日,南昌防震减灾学会成立大会暨第一次会员大会在市防震减灾局五楼会议室召开。防震减灾部门、科技部门和院校的47名会员参加会议,市科协、市民政局有关领导出席。市防震减灾局副局长杨育星主持。会议表决通过《南昌防震减灾学会章程(草案)》《南昌防震减灾学会选举办法(草案)》,选举产生第一届理事会15名理事,会员喻自生当选第一届理事长。

【南昌市防震减灾工作领导小组会议召开】 2013年2月26日,市防震减灾工作领导小组会议在市防震减灾局召开。市委常委、副市长高伟出席并讲话,南昌警备区参谋长刘静波出席。高伟充分肯定2012年全市防震减灾工作取得的成绩,并就做好2013年防震减灾工作提出3点要求:要认清形势,找准定位,准确把握防震减灾工作的新要求;要明确重点,扎实推进,力求实现防震减灾工作新突破;要加强领导,狠抓落实,全力开创防震减灾工作新局面。

【开展防震减灾宣传教育活动】 2013年5月10日,省地震局、市防震减灾局联合市东湖区地震局在步行街明秀广场举办以"今天的准备,为了明天生命的延续"为主题的防震减灾宣传活动。市委常委、副市长高伟,省地震局副局长柴劲松、市防震减灾局局长优绍清等出席活动现场。此次宣传活动形式多样,宣传防震减灾政策、法律、法规及地震应急避险科普知识,发放防震减灾宣传环保袋、防震减灾知识宣传手册、知识问答报纸等宣传资料5000余份,摆放防震减灾宣传展板50余块,接受咨询3000余人,进一步增强了公众的防震减灾意识,提高了市民的防震避险和自救互救能力,受到了好评。

【举办群测群防业务培训班】 2013年6月20—21日,市防震减灾局举办为期2天的防震减灾群测群防业务培训班。各县(区)、开发区(新区)防震减灾群测群防工作人员56人参加培训。培训内容围绕如何开展全市群测群防工作,分别从理解领会新修订的防震减灾法、监测预报手段、地震宏观观测、防震减灾宣传工作、建筑工程抗震安全、防震减灾助理员工作职责等方面进行详细的讲解。通过这次培训,培训人员开阔了视野,拓展了思路,明确了任务,加深了对基层防震减灾工作的认识和理解,取得了良好效果。

【全市防震减灾工作座谈会召开】 2013年8月2日,市政府召开防震减灾工作座谈会议,研究讨论全市防震减灾工作。市委常委、副市长高伟出席并讲话,市防震减灾局主要领导、各县(区)、开发区(新区)分管领导参加。市政府副秘书长胡焘主持。会上,市防震减灾局对市政府即将出台的《南昌市人民政府关于进一步做好防震减灾工作的意见》进行说明,对县(区)、开发区(新区)防震减灾有关工作提出具体要求。经充分讨论后,各县(区)、开发区(新区)提出修改建议和意见,并汇报防震减灾工作机构建设情况。高伟指出防震减灾事业关乎全局,任务艰巨,责任重大,使命光荣,全市防震减灾工作必须做到"思想认识、机构队伍、基础建设、经费保障"四到位,各县(区)、开发区(新区)务必加强领导,强化措施,落实责任。

【出台《关于进一步做好防震减灾工作的意见》】 2013年12月7日,市政府印发《关于进一步做好防震减灾工作的意见》。意见坚持以人为本,把人民群众的生命安全放在首位,以最大限度减轻地震灾害损失为宗旨,确定南昌市2013—2020年防震减灾工作具体目标,并提出5条具体措施:一是加强地震监测工作,提高地震监测预警能力。二是加强建筑抗震设防,提高城市震害防御能力。三是加强应急体系建设,提高地震应急救援能力。四是加强科普宣传教育,提高公众应对处置能力。五是加强领导保障措施,提高防震减灾综合能力。

其中提出,到2015年,在辖区范围内,基本形成多学科、多手段的地震综合观测系统,具备监测南昌市行政区域内1.5级以上地震的能力,初步建成地震烈度速报网,20分钟内完成地震烈度速报。

(熊永昌)

气象服务

【概况】 2013年,南昌市气象局围绕市政府与省气象局签订的“加快推进南昌气象现代化建设”合作协议相关要求,加强气象预测预报、气象防灾减灾能力建设,开展大城市精细化气象预报服务和“三农”气象服务工作,并将气象灾害防御工作首次纳入县(区)年度绩效考核内容,为服务南昌打造核心增长极提供有力的气象保障。获第四届全省天气预报技能竞赛团体第三名,2012年度南昌市十佳政务微博等荣誉称号。

【准确预报重大天气过程】 2013年,南昌市平均降水量为1462毫米,比历史同期偏少9%,共出现10次重大天气过程。向市委、市政府及有关部门报送气象材料171期;发布各类气象预警信号133期;通过广播、报纸等媒体向社会公众发布重要天气气象新闻稿件22次,接受记者采访133次;手机短信平台发布各类气象信息短信231次。

【推进气象服务向乡村户延伸】 2013年,全市已建成263个乡村大喇叭、53套电子显示屏,气象信息服务站79个,重点服务对象933户,现代农业气象服务示范基地1个,农业气象适用技术推广试点基地4个。根据重点服务对象需求发布农业气象服务产品,开展直通式服务。南昌县、进贤县、新建县先后被纳入财政部“三农”气象服务专项建设试点县。省农业厅在全省会议上对南昌市气象、农业两部门加强合作,共同服务“三农”的做法给予肯定。

【建立气象信息媒体发布机制】 2013年3月,南昌市气象局与南昌日报社、南昌广播电视台联合建立气象信息媒体发布机制。合作机制确定各单位的工作职责及气象信息发布工作流程。机制要求建立信息发布绿色通道,遇有气象灾害预警信息,及时调整栏目,采用多种形式插播气象灾害预警信息。南昌日报社及时开通日报气象站专栏,每日通过专栏传递气象信息。南昌广播电台通过字幕游走的形式,及时播送即时气象信息及重要天气过程预警信号。至年底,市气象局共为电视台提供64期气象灾害预警信息发布通知单;每天给南昌日报社提供滚动未来三天天气情况;与南昌交通广播电台连线7次发布天气信息。

【市气象现代化领导小组暨气象灾害防御工作会议召开】 2013年12月31日,市气象现代化领导小组暨气象灾害防御工作会议在市政府第一会议室召开。会议由市政府副秘书长曹吉清主持,副市长朱志群出席并讲话,市发改委、市编办、市财政局等气象现代化建设工作领导小组成员单位分管领导参加。会议指出:要提高认识,增强防御气象灾害的责任感;强化举措,确保南昌市气象灾害防御工作考核达标、创优;加强部门协作,共同推动气象现代化建设,提高气象灾害防御能力。气象部门要加强气象预测预报能力建设,努力提高天气预报准确率,充分发挥气象预报在气象灾害防御中“消息树”的作用。各成员单位要密切配合、共同努力做好南昌市气象灾害防御和气象现代化建设工作。

【签署加快推进南昌气象现代化建设合作协议】 2013年6月28日,江西省气象局与南昌市政府签署加快推进南昌气象现代化建设合作协议。根据《合作协议》,“十二五”期间,江西省气象局和南昌市政府将共同努力,重点围绕南昌市气象灾害防御工程建设、南方水稻农业气象试验基地建设、南昌农业气象服务与农村气象灾害防御能力建设、南昌市县(区)气象防灾减灾能力、气象社会管理等五个方面,在政策上大力支持、项目上优先安排、资金上重点倾斜,全力支持南昌气象现代化建设。

【签订深化气象为农服务合作协议】 2013年11月19日,市气象局与市农业局在气象防灾减灾指挥中心签订深化气象为农服务合作协议。市气象局局长吴延年、市农业局局长胡荣棣及两单位相关人员共计30余人参加签字仪式。双方协议:一是联合建立气象农情观测点和服务网络体系;二是联合加强农村气象灾害防御工作;三是联合建立农业与气象信息共享发布机制;四是联合开展现代农业气象服务示范推广。

【决策气象服务受市领导重视】 2013年8月12日,省委常委、市委书记王文涛在市气象局呈送的《设立南昌市上风口生态敏感带分析》专题服务材料上作出重要批示,要求市政府分管市长向省环保厅汇报,请求支持,并要求将气象服务材料复印分送市党、政班子领导和人大、政协班子领导阅。10月8日,市委常委周关在市气象局呈送的《气象情况反映》服务材料上批示:此类信息对指导农业生产十分有价值,要对广大基层干部和农民群众广而告知。请市属媒体予以支持,市气象局要主动对接宣传。

【出台加强人工影响天气工作实施意见】 2013年7月19日,南昌市政府办公厅印发《贯彻落实〈江西省人民政府办公厅关于进一步加强人工影响天气工作实施意见〉的通知》。通知指出,要加快地面作业站点标准化建设和现有作业装备现代化改造,确保每个县在易旱缺水区或森林消防重点区建立1个标准化火箭作业点。将人工影响天气事业发展纳入经济社会发展规划,纳入政府公共服务体系和目标管理体系,加大公共财政投入,将人工影响天气所需经费列入同级财政预算。各县政府要成立人工影响天气领导小组办公室,落实相应编制和工作经费。

【开展县级机构综合改革】 2013年,按照中国气象局关于全面推进县级气象机构综合改革工作的文件精神和省气象局有关工作部署,市气象局开展县级气象机构综合改革工作。完成县气象局机构设置和参公管理,确定各县气象局主要职责、机构设置、领导职数和人员控制数、岗位设置。至年底,已落实4个地方气象机构(1个正科级,3个正股级)、地方人员编制9个。南昌市所属四县气象部门均被列入当地规划委员会成员单位。

【成立南昌市首家“红领巾”校园气象站】 2013年10月11日,南昌市气象局联合南昌市桃花一村小学共同建成南昌市首个“红领巾”校园气象站,这是南昌市首个气象科普宣传基地,也是南昌市建成的首个气象自动监测设备和人工监测设备齐全的小学校园气象站。该站的建成并投入使用,是全市气象部门开展气象防灾减灾、气象科普知识进校园活动的重要举措。局校双方将借助校园气象站这一平台,共同开展一系列气象科普宣传活动,进一步推动全市气象科普工作的开展。

(雷　俊)

社　会　科　学

本栏编辑　揭淑琴

概　述

【概况】　2013年，南昌市社会科学界联合会团结和组织全市社会科学学会、县区社科联和市属高校社科联，围绕市委、市政府的中心工作，结合各自的工作实际，加强自身建设、开展课题研究和社科普及活动，为推动全市哲学社会科学事业的繁荣发展、助力南昌打造核心增长极贡献力量。

【南昌市财政学会概况】　2013年，该学会主持完成5项年度计划课题，牵头组织1项全省财政系统协作课题，其中有3项课题获省(市)领导批示。全年共举办2次学术征文活动，共有198人参加。组织2次评比活动，组织职工参加各类培训共31次，约4996人次。出台《南昌市财政局重点课题研究管理暂行办法》。开展《关于我市批发零售市场税收征管现状及对策研究》《我市农村义务教育财政投入机制现状及思考》《全面推进厉行节约，实现“三公”经费负增长》《南昌市市级被征地农民养老保险制度及资金管理现状研究》和《营业税改征增值税改革对优化我市财税政策影响研究》等5个涉及税收征管、义务教育、三公经费、被征地农民养老保险和财税改革方面的重点课题研究。向市委提出南昌市作为鄱阳湖生态经济区先导示范区可向中央争取有关财税支持的政策依据及建议，获市委、市政府主要领导的批示。出版6期双月制学术期刊《南昌财会》，并与近40个省内外城市财税部门和高校科研机构开展学术交流。

【南昌市统计学会概况】　2013年，该学会完成市民政局关于社会团体规范治理相关材料及市社科学会组织建设情况调查摸底、资料上报工作。制定下发《关于加强我局统计科研有关事项规范管理的通知》，按照要求对2012年度市统计局统计科研成果进行核实统计，并组织评委对入选课题进行评比打分，表彰奖励评选获奖的课题。组织参与2013年度全省统计科研课题招标申报工作，完成2篇中标课题结题工作，其中申报的课题《生态文明建设统计指标监测体系研究——以南昌市为例》首次获得国家统计局立项。组织开展2013年度全市统计科研招标工作，全市共有38项被列为年度统计科研中标课题；开展对县区统计学会与统计科研评比和指导工作，督促县区统计局完成统计科研课题上报工作和评比相关工作；协助完成市社科联“十二五”(2012年度)社科规划课题结题工作。组织参加全省第二次统计科普征文活动，共有6篇科普征文在此次活动评比中获奖，在设区市中获奖最多。组织参评第十四次全市社科优秀成果评选，1篇论文获二等奖。《南昌统计难中求进实现新跨越》刊登在《中国信息报》上；与省统计局科研所合作编著统计科普读物《统计指标与用语解释》一书，赠送给全市的干部群众。

2013年4月26日，南昌市社科联五届二次理事会(扩大)在市委第一会议室召开

【南昌市档案学会概况】　2013年，该学会面向全市各机关、团体、企事业单位举办1期专、兼职档案人员岗位培训班。举办南昌市首届“6·9国际档案日”活动，展出“档案工作成果展”“南昌新、老图片展”和“档案法制漫画展”三部分共计51块展板。组织广大市民走进市档案馆，观摩档案整理、裱糊、查阅、展览、数字化等工作。开展档案文化书籍赠阅活动，现场发放《南昌解放》600余套。开展档案业务、查阅、征集、法律、技术保护等多方面的咨询活动。拟定《关于加强南昌市各开发区(工业园区)、新区档案工作实施意见(征求意见稿)》。完成《南昌市四套班子历届领导通览》(补充部分)一书的图文定稿。与《江西晨报》合作，对本馆珍藏的有重要文献价值的档案资料进行搜集挖掘，拟定编研选题，为“档案解密”专栏提供30期素材和线索。参加哈尔滨部分城市和高校研讨会，撰写的论文《做好档案服务工作，提升档案服务能力》被编入论文集进行交流。

【南昌市翻译工作者协会概况】　2013年，该协会邀请江西师范大学外国语学院教授李法根为会员及翻译爱好者作“功能语言学在中国的发展”专题演讲。组织会员到江西师范大学国际交流学院进行专题座谈,并签订互派学员协议。举办主题为“如何处理文学翻译中的异化内容”的首期中级翻译免费培训班;并举办为期一个月的高级翻译免费培训班学员结业考试。与江西财经大学外国语学院就在协会设立教育教学基地事项进行讨论,同意江西财经大学在协会设立实习基地。邀请协会资深科技翻译刘宝东作“科技英语翻译技巧”的专题讲座,近100名外语爱好者参加。完成政府有关部门安排的对外交流工作任务,参与相关的社会公益活动。召开一次会员代表大会和一次理事会议。

【南昌市工商行政管理学会概况】2013年,该学会完成学会换届选举工作,完成社团法人证、组织机构代码证变更等事宜。组织人员参加国家公务员局在天津召开的行政机关公务员平时考核工作经验交流会,选送的《以平时考核为抓手,运用现代信息技术,开展公务员考核的实践探索与理论研究》理论文章获一等奖。联合市工商局各业务处室开展各类业务培训,全市工商部门1470名干部共计14.98万次登录远程网络培训平台开展学习;与机关处室联合举办14期培训班,累计培训学员1762人次。联合《江南都市报》、《信息日报》、南昌电视台、《南昌晚报》、天圆网等媒体举办现场接听消费者维权电话活动;“3·15”活动当日,在活动现场集中开展法律法规宣传,发放宣传资料,为消费者答疑解惑,并受理消费者197件投诉;在“4·26”知识产权保护日前后,联合市知识产权保护部门开展新商标法等法律的宣传活动,并在国家级、省级、市级等媒体上宣传报道南昌市工商部门的工作成效。

【南昌市民办教育协会概况】2013年,该协会加强协会秘书处和各联络处的自身建设,提高协会秘书处和各联络处的履职能力,并做好协会党支部的各项工作。在会员单位进行调查研究,反映会员要求,协调会员关系,维护会员合法权益。协会的四个工作委员会自主开展各自类别的工作和活动。组织开展2013年南昌市民办教育部门庆祝教师节暨表彰活动,评选表彰全市民办教育部门的优秀教师、优秀教育工作者和优秀班主任,并召开南昌市民办教育部门优秀教师代表座谈会。组织开展南昌市民办教育协会第十一届年会论文评选活动,并进行表彰和交流研讨。

【南昌市律师协会概况】2013年,该协会引导全市律师担任256家乡镇以上各级政府、部门,1133家企事业单位、金融机构等部门单位的常年法律顾问,帮助起草和修改1100余个法规,出具130余件法律意见书,宣讲580场次法规知识,解答法律咨询60余万人次,避免和挽回经济损失20余亿元。引导律师办理600余件援助案件,为困难群体避免和挽回经济损失700余万元。挑选近200名律师常驻全市各级信访部门跟班作业,推荐100余名律师担任市仲裁委仲裁员,指派60余名专业律师组成法律咨询专家团。推荐律师担任省、市县(区)、乡镇(街道)党代表(3人)、人大代表(7人)、政协委员(8人),向各级党委、人大、政协提交47件议案。会同市司法局组织全市近800名律师进行业务培训,并在全市律师行业中挑选30余名符合条件的青年律师参加全国律协举办的涉外律师“领军人才”培养计划。启动2011—2012年度“诚信律师事务所”考核评选工作,与中国律师杂志社在南昌举办“第五届企业法律风险管理论坛暨律师法律产品展示会”。

【南昌拥军协会概况】2013年,该协会为纪念建军86周年、纪念延安“双拥”活动70周年,在“八一”建军节期间,组织“中国梦·拥军情”系列拥军活动,开展文化进军营和拥军艺术团走访慰问演出,与市广电局、市电影公司、江西拥军网开展“中国梦·拥军情”电影送军营活动。在南昌八一公园,举办第六届“军地鹊桥联谊会”。组织参加“南昌银行杯”第二届“赢在江西”青年创新创业大赛,其中退伍军人服务中心项目进入决赛“十强”。

【南昌市儿童工作者协会概况】2013年,该协会举办第31届南昌市“我的中国梦”幼儿语言、才艺赛。围绕“我的中国梦”的主题,开展优秀园长、优秀园丁评选活动。与江西教育电视台,江西教育传媒中心,江西广播电视报等单位联合举办“星方向”全省少儿才艺电视大赛,全市共有2000余名少儿参赛。支持江西省星方向儿童职业体验城的开业、运营和部署工作。

【南昌市心理学会概况】2013年,该学会召开工作促进会议,部署具体工作。开展心理学会人才增选活动,聘请宗月英担任法律顾问、王毓瓘担任精神医学顾问、蔡建武担任社会政策顾问、黎铭担任发展战略顾问,并增选沈珊、李广平、刘建农3人担任学会副会长以及一批专业理事人员。联合江西师大心理学院、江西教育电视台《成长对话》栏目,就青少年边缘问题进行调查和报道,开设“青少年心理健康教育”讲座。走进西湖人民少年法庭,针对未成年特殊人群心理干预进行探讨,对困难特殊情况家庭进行公益心理咨询辅导。“九九”重阳节,举办“重阳干叟湖光牵手,九九重阳关爱老人”活动,为近千名老人进行心理健康知识宣传、解答。参加市司法局未成年特殊人群教育大会——豫章书院中国家运大会,对未成年特殊人群进行心理疏导。在心理学会书院秘书处设立团市委青少年心理援助“12355”热线。

【南昌豫章书院研究会概况】2013年8月,南昌豫章书院研究会正式成立,下设修身教育、家庭教育、艺术教育、(文武)兼修综合教育、语言理论与教学实践研究、光芒音乐教育和艺术馆等7个专业委员会。家庭教育专业委员会举办6期由书院修身学校学生家长和重视家庭教育人士参加的“家庭和谐之道”家长培训班,并在江西上饶市成功举办第六期“家运大讲会”。参加在江西弋阳县召开的江西省书院研究会第四届会员大会,研究会副会长吴军豹当选为省书院研究会常务理事。举办全国书院文化在当代人文环境下的传承与发展研讨会,共发表各种论文29篇。设立“中华传统文化教师资格认证考试中心”,在全国范围内发展区域类管理站27个,文化产业类管理站6个。中央电视台九套纪录片《江右—书院余韵》、江西二套《都市现场》和江西教育电视台等省内外媒体对研究会进行专题报道。

【南昌市会计学会概况】2013年,该学会被授予“全国大中城市先进社科组织”荣誉称号。选取三家非上市大中型国有企业(江西轻型汽修修理厂、江西省物资储运总公司、江西制药有限责任公司),从企业经营业绩、财务状况、现金流量等方面对南昌市非上市国有企业运营情况进行调查研究和2012年年报分析工作。通过下发文件、电话通知、上网公告等方式对全市代理记账机构开展全面普查,掌控全市代理记账机构的现状。举办全市事业单位会计准则和制度培训班,市级主管部门(含一级参公事业单位)和县(区)财政局相关业务处室负责人及业务骨干200余人参加培训。召开全市《行政事业单位内部控制规范(试行)》实施动员视频大会。为会员提供各种学习条件,开展会计、财政、金融、信贷、企业管理等相关知识培训。

【南昌市审计学会概况】 2013 年，该学会通过对经济责任审计研究调研，制定《南昌市审计局经济责任审计项目操作规程》，将过去"逢离必审"、审计机关被动接受的方式，改为任中、离任统筹计划安排。在计算机运用审计方面，走在全省的先进行列，多人的研究成果获得国家、省、市各种奖励，其中市审计局提交的《江西省南昌市安义县社会保障资金审计 AO 应用实例》获审计署鼓励奖和省厅应用奖。围绕南昌市科技专项资金开展审计，首次获得省委副书记尚勇的批示。首次对 BT 模式建设工程进行跟踪审计；对开发区（新区）政府性资金安全管理情况审计；对 6 个县（区）及所属 60 个乡（镇），村级财务管理情况专项审计。摸清了南昌县、新建县、进贤县、东湖区、西湖区、青云谱区地方政府性债务基本情况，并分析债务风险。对企业资产、负债、损益进行审计，移送案件线索，并促成市国资委对《南昌市国有企业经营者年薪制试行办法》进行完善修订；规范投资项目竣工结算审计程序和步骤，核减工程建设成本 1.68 亿元，平均核减率为 29.3%。被列为"财政专项资金绩效审计"课题合作研究单位之一，首次承担中国审计学会全国性科研课题研究。做好《中国审计报》《中国审计》《审计与理财》等审计报刊的征订发行工作。办好《南昌审计》和《南昌审计信息》两个刊物。召开第七届会员代表大会暨七届一次理事（扩大）会议，审议通过市审计学会第六届理事会工作报告、财务报告和修改后的市审计学会章程，选举产生市审计学会第七届理事会和新一届学会领导集体。

【南昌市广播电视学会概况】 2013 年，该学会组织市广播电视台和县（区）台开展专项教育、优秀新闻作品、优秀播音员和优秀节目主持人的评奖工作。组织会员单位开展为期两个月的专项教育活动。组织开展以学习中共十八大精神，全面创新广播电视宣传为主题的广播电视理论研讨会，共收到 9 篇论文，有 8 篇论文在省级刊物《声屏世界》上发表。协助做好对市电台、电视台主要节目的监听、监看工作，从节目定位、选材、策划、主持、导向、拍摄、制作等方面进行全面评议。组织会员单位开展市、县（区）广播电视台评奖工作，其中《救命的托举》获国家广播电视协会奖电视提名奖，这是江西省设区市广播电视台唯一获国家奖的作品；在省新闻协会和省广电协会评奖中，《美轮美奂西客站》《救命的托举》《南昌广州率先实现医保跨省联网结算》《用经典激活历史 以"三精"凝练精品》等 32 件作品分别荣获一、二、三等奖。

【南昌市统战理论研究会概况】 2013 年，该研究会被中央统战部评为全国统战宣传工作先进单位、全省统战信息宣传先进单位。成立以市委常委、统战部部长高鹰群为组长的课题调研组，进行"协商民主的理论实质与南昌市的实践路径"的研究，完成课题研究的主报告和 5 份分报告。加强与党派团体、县（区）统战研究部门的相互学习和交流，互相派员参加理论研讨座谈和学习培训活动。在中央、省级报刊、杂志刊登 30 余篇理论文章，其中市委常委、统战部部长高鹰群撰写的《资源整合与统一战线》《实现党外干部培养和对口联系工作的协调发展》等分别在《调研参考》和《中国统一战线》上发表。协助市委、市政府召开征求意见会、情况通报会，听取党外代表人士意见建议，民进市委会《关于把省会南昌打造成区域性金融中心的调研报告》得到省委常委、市委书记王文涛的批示；南昌市民族宗教有关调研及情况处置工作得到市委副书记、政法委书记欧阳海泉的批示。编撰 11 期《同心同行》，更新南昌统一战线网站。

【南昌八一精神研究会概况】 2013 年，该研究会召开理论顾问座谈会，拜访余伯流、何有良、徐效刚、刘勉玉等专家顾问，并听取他们的建议、意见。召开第四届八一精神研讨会，驻南昌 60 余名专家学者及部分会员参加会议，市委常委、宣传部部长曾光辉讲话。研讨会初步概括八一精神内涵为："敢为人先的英雄气概，听党指挥的坚定信念，百折不挠的刚强毅力，为民奋斗的献身精神。"对研讨论文进行汇集、精选、整理，出版《南昌起义与八一精神研究论文集》。推出"红色文化大讲堂"，徐兆麟、万建强等专家先后在"鄱湖大讲堂"、南昌市委党校、江西省经济管理干部学院、江西科技师范大学、南昌市武警支队、江西省消防总队训练基地等单位进行宣讲。推动红星艺术团演出活动，举办"2013 年八一建军节专场晚会"；在南昌航空大学音乐学院举办纪念红军长征 79 周年"长征组歌"音乐会。抓好八一精神论坛、八一军魂网、江西红色文化网等宣传教育主阵地的建设。完善驻会理事每周碰头会、不定期专题工作会、财务领导小组工作会等规则、制度。

【南昌市红色文化促进会概况】 2013 年，该会主办首届"南昌八一文化活动月"，普及国防知识，承办省司法厅组织的 4 期以清正廉洁为主题的教育实践活动培训班。在南昌召开以"毛泽东与江西红色文化"为主题的首届研讨会，驻赣 50 余名专家学者及部分会员参加会议。会议追思毛泽东与江西红色文化的渊源关系，纪念毛泽东诞辰 120 周年。举办首届全国红色文化产业发展论坛，周恩来侄女周秉宜、国防大学少将汪江淮等专家、学者和全国红色文化社团为打造八一文化品牌献计献策。会员王传

2013 年 7 月 27 日，由南昌市委宣传部、南昌警备区政治部主办，南昌八一精神研究会、南昌市社会科学界联合会承办的庆祝建军 86 周年暨第四届八一精神学术研讨会召开

玉撰写《军魂之光》一书。

【南昌市教育学会概况】 2013年,该会参与草拟《关于进一步加强教研员队伍建设的若干意见》,组织召开全市性教学、科研等工作会议10余次;组织教研员赴国家部属师范院校做访问学者,有3位会员被评为“江西省领军教研员”。在中考内容、职业教育教学等方面与长沙、合肥、武汉3个城市开展教育教学合作研究。开展南昌市第七届“园丁杯”教学竞赛,全市共有162支代表队、53个学科(领域)的1608名教师参赛。召开市“五个十工程”的“十个重大教育课题”中期评估会,“十个重大课题”联络员及子课题主持人共260余人参加会议;召开市教育科学“十二五”攻关课题中期评估会,市教育科研客座研究员、联络员、“十二五”攻关课题主持人等100余人参加会议。开展全市普通高中“先进学科教研组”校本教研展示活动,完成“优秀教科处”评选。开展初中学科教研组长骨干培训,举办普通高中首期青年骨干教师培训班,并启动第五批中小学(幼儿园)“学科带头人”和第四批中职青年“专业能手”评选。参与拟定并下发《南昌市教育局关于南昌市中小学“名师工作室”建设与管理的若干意见》。先后在江西师大附中、南大附中、南昌外国语学校、洪都中学等重点学校组织开展面向全市的“教学开放日”活动。

【南昌市职业技术教育学会概况】 2013年,该学会召开南昌市职教学会第五届理事会第四次会员大会暨第六届理事会第一次会议,选举产生新一届理事会,筹建汽车机电、电子信息、生物医药、学前教育、现代服务业5个专业委员会。草拟《启动南昌市职业教育园区建设项目工作方案(草)》,协助市教育局成立由南昌市第一中等专业学校牵头,行业协会及相关企业组成的机械加工职业教育集团,并组织南昌市第一中等专业学校、南昌汽车机电学校分别与南昌县职高、新建县职高、青山湖职业学校等县(区)职校对接。参与省教育厅开展的江西省中等职业学校“双师型”教师资格认定工作,全市有24个专业的64名教师参加省级“双师型”教师培训;举办南昌市第七届“园丁杯”教学竞赛、市第五批中小学(幼儿园)学科带头人和市中等职业学校第四批青年专业教学能手评选活动,并首次与市人力资源和社会保障局联合举办“南昌市2013年中等职业学校学生专业技能竞赛”。组织和引导广大会员参与课题研究与实验,据不完整统计,该会共有10个市级课题立项,结题2个;省级立项重点课题8个,一般课题15个,结题2个;国家级立项课题5个,结题3个。联合市人力资源和社会保障局、市工业和信息化委员会开展园区、企业和学校校企合作调研,促成市政府出台《关于印发加强校企合作促进高质量就业的实施意见》。组织市直学校和县(区)职业学校校长赴四川乐山和云南临沧等地考察县(区)职业学校的“市县联动”和县级职业教育中心的办学模式。按照市政府与派尼地区签订的合作备忘录要求,组织南昌市职业教育考察团赴德国、西班牙进行职业教育考察活动。

【南昌市图书馆学会概况】 2013年,该学会加强和完善学会的组织建设,对学会领导进行及时增补、变更。配合省图书馆学会开展各项日常工作,组织广大会员、各县(区)馆参加中国图书馆年会、鲁豫皖赣新五省年会、江西省图书馆年会等活动。成立评估定级工作领导小组,对全市9个县(区)的图书馆进行评估检查,并抽调专门人员于4月中旬完成自评定级工作,并接受省文化厅专家组的评估检查。举办“国学经典我来画”少儿现场绘画作品展、“书籍传友谊爱心献农村”送书进农村、精彩“悦”读购书团快乐行、“弘扬雷锋精神,建设心灵家园”电子书主题制作、第三届“书来书往”图书交换、“红影铭心”共享工程免费电影展等活动。举办南昌市“书香赣鄱,悦读人生”演讲比赛,开展“读书与我”征文、摄影比赛,共收到读者摄影作品50余幅、征文稿件23篇。开展送书下乡、进社区活动,全年组织送书9次,共送图书7000余册,并与进贤县图书馆联合开展“全民读书月”活动。举办《公共图书馆服务规范》、中文期刊分类编目、中文普通图书分类编目、图书馆计算机技术与共享工程基础知识、地方文献建设等各类业务培训。

【南昌市诗词学会概况】 2013年,该会开展宣传中共十八大精神的诗词作品专栏,录用诗词作品24首。全年以李白作品为教材,每周二开展诗词培训班,提高学员的诗词创作水平。组织会员前往西湖区、湾里区等地进行采风,共创作采风诗词百余首,刊载在《洪都诗词》第6、7期上。编辑出版《洪都诗词》第5、6期,共刊载诗词千余首。完成《当代中华诗词集成》稿件的采集、审编等工作,并上报省诗词学会500首。组织召开诗词理论研讨会,收到会员论文11篇。组织召开2次小型会员座谈会,听取会员对学会工作的意见和建议。完善10余项学会工作制度,建立《洪都诗词网站管理办法》,并发展22名新会员。

【南昌市法官协会概况】 2013年,该会开展“创先争优”“人民法官为人民”“学习全国模范法官陈燕萍工作法”等主题活动,组织开展庭审作风专项整治活动,设院长信箱,接受人民群众的意见建议,提升工作作风监督效果。组织全市法官参加省高院举办的各类培训班101人次,组织两级法院19名法官参加国家法官学院学习培训。完善《关于加强干警参加在职硕士学历教育的管理规定》,优化法院的整体知识结构。组织全院干警学习《中国共产党党员领导干部廉洁从政若干准则》《人民法院工作人员处分条例》和最高法院《关于“五个严禁”的规定》,增强自律意识。完善制定《关于尊重律师执业共同维护司法公正的规定》《加强院、庭(局)长对案件督查的规定》等廉政建设规章制度。在八一广场等地开展法制宣传、法律咨询活动,为群众提供法律咨询活动500余人次,发放1000余份宣传单。

【南昌市人杰地灵文化促进会概况】 2013年,该会顾问邱锋编著出版《中国如何拯救世界》一书;应邀赴湖北武汉出席“中部六省中华炎黄文化论坛”首届学术研讨会,加强文化交流。依托北京世界华人文化院,成立北京世界华人文化院江西(南昌)分院和物华人杰文化研究中心。会刊《人杰地灵》刊发两位江西丰城籍抗日名将简介,并发表《剑胆琴心的江西人》《漫谈江西饶州的镜文化》《墨子思想中的和谐观》《电视与小说的联姻》等学术论文。

【南昌县社科联概况】 2013年,该县社科联荣获“全国先进社科组织”称号。先后邀请陈东有、汪玉奇、赵刚平、庄西翻、张湘赣等省内知名专家学者,围绕该县现代化综合新城建设、城乡一体化试验区建设等中心工作开展专题讲座。组织县直部门及县属各学会征集29项课题研究成果,其中获得1项省级立项,3项市级立项。采取“统一管理、分散承办”的方式,举办“昌南社科大讲堂”,联合召开中国百强县发展现状暨南昌县经济发展探索研讨会;与市社科联合办,邀请省内著名心理学专家雷玉霞,在莲塘一中和莲塘二中为广大考生开展《智赢高考》专题辅导;邀请南昌县检察院检

2013 年 5 月 24 日，“中国梦”社科普及宣传展板巡展在新建二中举行

察长吴曙明和江西经济管理干部学院副教授朱天济分别以《预防职务犯罪》和《医患纠纷中的医德困境》为主题，在县卫生局和县人民医院开展专题讲座。推进组织网络建设，以南昌县手机报为平台，每月编制一期社科知识专刊，发送给全县副科级以上领导干部，引导党员干部学习党的路线方针政策，普及社会科学知识。

【新建县社科联概况】 2013 年，该县社科联申报的《小平小道与邓小平对中国特色社会主义道路的思考研究》获省社科联研究课题立项，并被确立为 2013 年江西省爱国主义基地课题；《南昌市新型城镇化发展路径分析》课题被立项为市“十二五”（2013 年度）社科规划课题。在全县初、高中学校举办 3 次“凝心聚力，实现中国梦”社会科学知识宣传普及巡展活动。举办“新建县第四届社科普及宣传周活动”。指导县属各学会开展形式多样的活动，县健身舞蹈协会参加“全城热舞新建赛区”；县老年书画协会承办全县庆祝毛泽东诞辰 120 周年书画展活动，共展出 200 余幅书画作品；计生协会在樵舍镇举办计划生育利益导向政策宣传月暨“5·29”会员活动日活动；乒乓球协会举办全县“诚信杯”税企乒乓球赛；县老年书画协会、老年体协召开换届大会。

【进贤县社科联概况】 2013年，该县社科联完成《打造核心增长极——南昌产业承接与转移问题研究》市级社科规划课题结项工作；组织县委党校教师申报的《南昌农村土地流转的现状调查与研究——以进贤县为例》和《南昌“产”“城”融合发展问题研究》课题，被立项为市“十二五”（2013 年度）社科规划课题。编辑发行《进贤学刊》，做好与全国其他社科组织和社科刊物的交流学习工作。发挥进贤县图书馆市社科普及示范基地的作用，组织开展社科理论知识竞赛、送社科知识进学校等活动，组织参加市社科联与南昌日报社联合举办的社会科学知识有奖竞赛活动，其中 2 人获得一等奖、2 人获得二等奖、4 人获得三等奖。动员组织该县广大社科工作者进行调研，研究进贤现象，为县域经济社会发展服务。配合县委宣传部抓好党委中心组理论学习和科级干部“四个一”理论学习活动。

【安义县社科联概况】 2013 年，该县社科联根据县委统一安排，召开第三次全县社科工作者代表大会，选举产生新一届社科联理事会、常务理事会。多方筹资近 2 万元，首次编印《安义社联》刊物，并分发至全省 11 个设区市、近 50 个县（区）社联进行交流。与市社科联合办，邀请江西财经大学教授桂荷发为全县机关干部作《十八届三中全会金融改革和政策前瞻》主题报告。服务指导文峰诗社、书画院等社团组织开展各类活动，并按程序对安义县熊式辉研究会的成立进行审核。根据县委、县委宣传部的安排，县社科联主席杨志雄作为该县中共十八届三中全会宣讲团成员，到东阳、石鼻两个乡（镇）开展中共十八届三中全会精神宣讲活动。

【南昌师专社科联概况】 2013 年，该校社科联召开首届科研大会，制定和修改《南昌师范高等专科学校科研项目管理暂行办法》《南昌师范高等专科学校科研项目经费管理暂行办法》《南昌师范高等专科学校科研成果奖励暂行办法》《南昌师范高等专科学校科研创新团队管理暂行办法》等一系列科研管理制度，建立有效奖惩制度，加强科研诚信建设，全面实施质量工程。全年该校共组织申报各类科研项目 124 项，其中博士段建斌申报的教育部人文社科青年项目获准立项，实现该校教育部课题零的突破；通过结题评审的课题 33 项，其中省级结题 15 项、校级结题 18 项。组织申报省社科优秀成果奖 5 项，其中青年教师周琢虹的《农村留守儿童精神世界的困境与消解》获江西省第十五次社会科学优秀成果三等奖，教授洪如霞等人获 1 项实用新型专利。至年底，该校教师共计发表学术论文 157 篇，其中 CSSCI 收录论文 3 篇，EI 收录论文 5 篇，核心期刊论文 29 篇。组织校内外专家评审博士万海青带领的《新型低维纳米材料及器件研发创新团队》等 7 个科研创新团队。组织举办和参加校内外、专业领域的各种学术会议、活动和讲座 43 次。

【南昌教育学院社科联概况】 2013 年，该校社科联组织全院教师参与各类课题的申报和研究工作，其中课题结题 10 项，包括 6 项省级教规课题、4 项市级课题；获得 3 项人文社科课题立项。全年学院在职教师 37 人共发表论文 57 篇，其中核心论文 12 篇、省级 22 篇、市级 23 篇；有 2 名教师出版 2 本论著教材。举办四期梅岭论坛，邀请本省的学者、名人到院作讲座。召开学术委员会会议，修改完善《南昌教育学院科研工作暂行管理条例》。分析、调研与审定 2013 年申聘人员科研成果，并统计和审核全院教职工目标管理考核科研成果。

（谢蔚如　张晓波）

交通运输、仓储和邮政业

本栏编辑　揭淑琴

概　述

【概况】 2013年,南昌市生米大桥西延段、红湾大道一期通车运行;地铁1号线一期工程90%以上站点完成主体结构封顶,有着千里赣江"第一隧"之称的南昌轨道交通1号线过江盾构区间顺利贯通,2号线已经开工建设;朝阳大桥、象湖隧道、九洲高架等"十横十纵"快速路网建设加快推进。316国道路面重建主体完工。大力推动县乡公路改造工程,建设农村公路485.2千米,新建改建桥梁16座,建成农村公路综合服务站3座。各种运输方式共完成货物运输量1.05亿吨,比上年增长10.6%。其中,民航1.7万吨,增长3.7%;公路9545万吨,增长12.2%;铁路239.26万吨,下降19.4%;水运748.1万吨,增长4.5%。全年民航、铁路、公路完成旅客运输量1.18亿人,比上年增长10.7%。南昌市物流业发展引起市领导高度重视和关注,加快推进《南昌市2007—2020年物流业发展规划》的修编工作,"现代快递物流产业园"建设项目在积极筹建中。全市完成邮电业务总量66.02亿元,比上年增长15.1%。其中,邮政业务总量11.54亿元,增长72.4%;电信业务总量54.48亿元,增长7.5%。发送快递4772.76万件,其中国内同城快递801.96万件、国内异地快递3945.45万件、国际及港澳台快递25.35万件,快递业务收入6.56亿元,订销报刊累计数9873.26万份。

行政管理服务

【概况】 2013年,南昌市交通运输局行业管理服务得到加强。通过行政审批制度改革,简政放权全面到位。运输市场管理重点查处非法营运车辆和各类违章;对216家货运企业进行质量信誉考核,推动货运企业转型升级。对重点码头、重点货物进行重点监管稽查,实现水路运政检查全覆盖。加大对各出租车站点的现场整治力度,查处出租汽车违规营运、异地经营行为,督办各出租汽车企业完成车辆违规整改。加强行业安全生产综合治理,安全监管落到实处。春运期间、全国"两会"、中秋国庆双节、中共十八届三中全会期间,全市交通系统保持安全生产形势平稳和内部稳定,各项指标有效控制在目标以内。农村渡口连续22年无渡运事故。全局严格执行中央改进工作作风、密切联系群众的"八项规定",明确措施,落实责任,对违反规定的人和事进行严肃处理。按照交通运输部"四统一"的要求,执法场所规范化建设基本完成。积极开展交通运输形象宣传,开通南昌交通运输微博,参加省市电视台访谈直播,接听热线电话和微博访谈,开展"除夕温暖车队""高考爱心车队"公益活动和"关爱自然、保护环境,我们在行动"等志愿者活动,得到社会广泛认同。

【南昌入选42个全国性综合交通枢纽】 2013年3月,国家发展和改革委员会印发《促进综合交通枢纽发展的指导意见》,按"零距离换乘"和"无缝化衔接"要求,在"十二五"期间基本建成42个全国性综合交通枢纽,南昌与北京、上海、深圳等一线城市和全国各省区省会(首府)城市一同入选,铁路、公路、水运、民航等多种运输方式"一票到底"将在南昌成为现实。通过推进铁路、公路、水运、民航等多种运输方式的客运联程系统建设,普及电子客票、联网售票,推进多种运输方式之间的往返、联程、异地等各类客票业务,意味着今后旅客出门乘坐火车、客车、客船、飞机,将实现"一个时刻表、一次付票款、一张旅行票",甚至大宗散货水铁联运、集装箱等货物运输也可"一票到底",实现各种运输方式在综合交通枢纽上的便捷换乘。南昌综合交通枢纽布局客运枢纽5个、货运枢纽9个,其中南昌综合客运枢纽(与火车站、地铁2号线衔接)、南昌西综合客运枢纽(与铁路客运西站、地铁2号线衔接)、昌北机场客运枢纽(与机场、地铁1号线衔接)、高新客运站(与地铁1号线衔接)、昌南客运站(已经建成)等5个客运枢纽已建成或在建,为打造全国性综合交通枢纽奠定基础,最终成功入选。

【乐温高速瑶北互通立交工程进展顺利】 2013年1月18日,省发展和改革委员会正式批复福银(乐温)高速公路瑶北互通立交工程的初步设计。经过招标,确定中交一公局厦门工程有限公司(A标段)、中交一公局第六工程有限公司(B标段)、江西省现代路桥工程总公司分别承担各标段的土建施工。江西交通建设工程监理所负责工程监理。3月起,在完成征地拆迁、管线迁移、水利设施改造后,瑶北互通立交工程进入正式施工建设,各标段开始路基、桥涵的全面施工。至年底,已完成路基填砂49万立方米,护脚墙、圆管涵、盖板涵、通道涵全部完工,2座跨线桥完成下部构造,预制长30米的箱梁完成30片,占箱梁总数的50%。累计完成产值10326万元,占合同工程量的53.61%。该项目由南昌高新技术产业开发区(以下简称南昌高新区)管委会为建设出资人,并委托市交通运输局代建管理,位于南昌高新区昌东镇,北临赣江南支大桥,南靠福银高速公路西熊分离立交桥。该工程是南昌市道路规划"五纵三横"中东二环快速路(天祥大道)与福银高速公路连接的枢纽,是南昌高新区瑶湖组团公路路网的重要组成部分,又是南昌高新区城市道路网的有机补充。工程投资估算总金额为2.6亿元。预计2014年10月竣工通车。

【查处非法异地营运出租车】 2013年,市运管处稽查科通过调查摸底和群众反馈，发现周边县市部分出租车在南昌市区一些隐蔽地点候客，甚至在火车站、市中心医院等客源集中地公开揽客，严重影响市区出租车客运市场。4月下旬，市运管处稽查科经过精心组织和统一部署，展开稽查行动。4月23日上午9时40分许，稽查人员在阳明东路口查扣一辆鄱阳牌照赣EX6167从事异地经营行为的出租车。4月24日10时许，一辆车牌号为赣CX5322的出租车车主正在南昌大桥处招揽生意，被市运管处稽查人员查扣。至4月底，该处已查处异地经营出租车8辆次，并按照《江西省道路运输管理条例》的相关规定予以惩处。

【整治洪城客运站周边秩序】 2013年，南昌运管洪城驻站办创新思路，打破常规采取“点穴式”奔袭战术，消除站外周边管控的空间死角和时间盲区，打击营运客车站外揽客违法行为。从6月初始，针对洪城客运站周边路网复杂，人力不足，交通不便的实际，洪城驻站办运管人员把洪城客运站周边作为主战场，摸清各班线客车发班时间和站外揽客的地点，定时定点在道路上严查违法行为。“点穴”战术以灵活机动的突然性和预见性，填补了驻站运管对站场周边道路实施动态管理的漏洞，使稽查工作不再盲目，有效压缩了违法行为人的违法空间，客运班车站外违法行为大幅下降。

【南昌市乡村渡口仅存23个】 至2013年底，撤渡建桥使南昌市的乡村渡口仅剩下23个渡口。南昌地区已经连续22年渡运安全无事故。南昌市地处水网地带，自古以来舟楫渡运是滨湖和两岸民众的主要途径，乡村渡口遍布。伴随着交通的发展，公路和桥梁等农村基础设施的延伸，给百姓的出行带来方便。2010年底，全市乡村渡口仍有71个，涉及各县区乡镇32个、行政村66个。“十一五”规划开始，南昌市撤渡建桥工程建设，多方筹集资金3.96亿元，共建成桥梁29座，桥梁总延米达2.5万米，单桥平均桥长为861米，在南昌市交通发展史上是空前的。这些桥梁的建成，沟通农村公路路网，从根本上消除渡运安全隐患，方便百姓出行，促进地方经济快速发展。其中，赣江及其支流建设5座桥梁，使南昌高新区昌东镇，南昌县蒋巷镇、南新乡，新建县联圩镇联为一片，为南昌市向北发展拓展了空间；抚河主干道上建设3座桥梁，缓解了梁家渡大桥的交通压力；鄱阳湖太子河建成南矶山大桥，彻底改变了孤岛南矶山的交通出行；建成进贤县青岚湖大桥(1507米)，为全省最长的渡改桥项目。

【水路交通综合检查站下移至南新】 2013年2月1日，随着南昌市城市发展框架拉大，港区范围向赣江下游樵舍、龙头岗区发展，根据《南昌港总体规划》港区布置，经市交通运输局批准，江西南昌水路交通综合检查站(即西河检查站)搬迁至赣江西支右岸龙头岗大桥下游南新段(海螺水泥企业码头对岸)办公。该检查站下迁适应了南昌港发展的需要，为水运业户提供更好的服务环境，提升港航管理部门的服务质量和执法形象。

【市客管处严打非法营运】 2013年，随着新一轮暑运学生返校高峰的到来，大量客流涌入各出租车站点，部分非法营运驾驶员在利益的驱使下，从事非法营运活动，而且比以往更为狡猾，更为隐蔽，从单一行动，变为团伙行动，发现有稽查人员或稽查车辆就马上互相通知，或一起同时阻挠稽查人员正常执法，给查处工作造成很大的不便。针对非法营运驾驶员转变非法营运活动的方式，市客管处稽查科根据掌握的情况及时调整工作方式，启动2号方案(联合机制)与市火车站综合整治办联合执法，安排专人负责盯梢，加大巡查力度，采取定点打击与流动稽查、定时打击与不定时打击、明查与暗查相结合的灵活多变的工作方法，对每一辆嫌疑车辆都进行检查。加强错峰时间段在火车站景怡酒店、站前路铁路公安处门前、新天地酒店门前、火车站地下南广场等区域的稽查工作。活动开展2周，共查处非法营运车辆15辆，异地营运外地出租车3辆。截至8月底累计查处非法营运车辆186辆，异地营运车辆56辆。

【举行出租汽车合乘运营听证会】 2013年11月7日，为有效缓解市民出行“打车难”的问题，提高出租汽车利用率，根据有关文件精神，市物价局、市交通运输局联合举行出租汽车合乘运营听证会。参加听证的代表共26人。其中，市人大代表2人，政协委员3人，工会代表3人，消费者协会1人，乘客代表5人，市出租汽车协会(企业、司机)7人，公安交警代表1人，旁听代表5人。此前，南昌市城市客运管理处组织10辆出租汽车进行为期10个多月的现场测试运行。同时，结合外省市经验，本着最大限度确保出租汽车合乘运营司乘双方的公平性，提出合乘运营的方案。参加听证的代表一致赞同出租车合乘运营，认为此举可以实现低成本缓解打车难问题，乘客、出租汽车企业、司机等各方利益全面提升。出租车合乘运营方案坚持自愿安装合乘计价器，合乘必须征得乘客的同意，合乘运营出租汽车起步价不打折。当有两户以上乘客合乘时，按乘客乘车时间和里程分别计算起步价、公里价，由合乘计价器分别自动显示折后收费额(实付金额)。每户乘客行驶的公里数和时间按公式计算实付金额：(应付金额－起步价)×60%＋起步价＝实付金额。燃料附加费由车内最后一户乘客另行支付。为确保出租车合乘的顺利实施，方案修改报市政府批准后，将选择200辆出租车扩大试点，对设施和合乘规则再修改和完善，选择适时分批次逐步推广。

（周国祥　袁辉翔　成时桂　刘卫　喻长华　平关正　樊　猛）

公路管理

【概况】 2013年，南昌市公路管理局以转变公路发展方式、深化公路体制改革、提升公路发展质量为重点，积极争取项目资金，加强公路改造升级，促进路网建设，提高道路有效利用率，全面提高管养水平，打造畅通有序的公路通行环境，努力实现公路全面科学持续发展新局面，为全市经济社会发展提供“更安全、更畅通、更高效、更和谐、更经济、更便捷”的公路交通保障。

【一级公路建设】 2013年，在市领导的率领下，市一级公路建设项目推进工作小组办公室人员多次前往国家交通部、省交通厅、省公路局协商落实建设计划等相关事宜，推动一级公路加快建设。一是计划申报工作。320国道进贤民和镇项目、105国道新祺周至丰和大道项目、105国道银三角至广福段项目、316国道银三角至温家圳段一级公路(昌进二期)项目4个项目的工可、初步设计已经省公路局审批。交通部已下达2013年的国省道建设计划规模，补助资金约6亿元(补助标准600万元/千米)，资金补助计划分两年到位(2013年计划安排补助资金3.94亿元)。为加快推进昌九一体化，105国道新祺周至新港一级公路福银高速以北段路幅将由24.5米拓宽成32米(由四车道拓成六车道)。至年底，变更手续已经省公路局批复；设计院已完成工可修改，工可文本已报送省交通运输厅、省公路局;初步设计文本修改正在进行中。二是其他前期工作。进贤县两个项目土地预审已通过并已上报省发改委、省国土厅请求解决用地指标,环评和选址意见已通过评审,水土保持方案行政审批事项正在协调审批;房屋拆迁工作正在进行,已启动BT招标。南昌县境内项目的防洪评估工作已完成,水保、环评、项目选址工作正在进行;土地预审已通过并已上报省发改委、省国土厅请求解决用地指标,正在进行房屋拆迁工作。新建县境内项目的地质灾害、压覆矿产备案已完成;环境评估、水土保持、能源评估正在进行,省发改委已同意开展土地预审,正在开展土地摸底,测量工作。三是项目实施情况。昌九大道(G105国道新祺周至新港一级公路)七里岗互通以南段已开工建设,正在进行高架桥桥墩施工;320国道进贤县绕城一级公路正在进行路基清表工作。

【提升路网等级】 2013年,市管公路1012.017千米。其中,国省道365.59千米,占管养里程的36.1%(省道5条,134.59千米),其余均为县乡道,大部分技术等级低,交通通行能力差。在市领导的大力帮助和支持下,经过长期有效的沟通汇报,省公路局已基本同意南昌市省道调整线路规划,涉及升省道道路21条,共767.39千米(市管公路615.21千米),并已通过省交通厅、省公路局初步评审。省道路网调整完成后,根据国省道达到二级或二级以上公路标准的要求,将为南昌市争取交通运输部及省交通运输厅对省道升级改造有关补助资金搭建更大平台。

【公路养护】 2013年,通过认真开展春运保畅通、公路水毁预防和抢修、灾害防治、应急抢险、公路绿化等工作,扎实做好公路日常管养工作。一是认真分析公路路况,抓住公路薄弱环节,加强公路日常管理,确保公路路况稳步提升;二是认真执行公路巡查制度,抓住公路主干线,带动支线,加大资金投入,确保公路各类病害及时修复;三是坚持每季度下达公路养护生产要点,季末组织对管养路线进行考核评比,并积极整改,有效提高养护质量。共投入公路小修保养经费5899.9万元,及时进行养护,优良路率比上年提高1.3%。

【文明执法】 2013年,强化服务意识,以保障公路畅通、构建和谐公路为主线,坚持依法行政,文明执法,开展路政大练兵大比武活动,提升队伍素质,确保公路安全、畅通。至年底,共查处建筑控制区违章建筑14处194.5平方米;清理占路堆积物2170处7328立方米;查处埋设杆管55根,损坏公路及设施案件428起,收取公路赔偿款31.08万元;案件查处率99.88%,结案率98.09%。清理非公路标志94块、摆摊设点82处;清理打谷晒场19148平米;清理污染公路600平方米。温圳治超站共检查货运车辆8625辆,查处超限运输车辆426辆,卸载并转运货物1.26万吨,罚款118.7万元。同时,根据“以放为原则,不放为特例”的要求,全面开展简政放权工作,其中行政许可类中的八项县乡道审批事项全部下放分局,八项国省道审批事项全部委托分局。非行政许可类的三项工程管理事项全部下放给项目业主单位,并按照要求对审批时限进行压缩。通过进一步的简政放权,许可相对人到公路部门办事实现了不出县区就近办理、成本降低、速度加快的目标,公众满意度进一步提高,展现了公路部门的良好窗口形象。

【完成取消普通公路收费工作】 2013年,市公路管理局所属省大收费站已于6月底提前半年取消收费。一是完成方案制订上报、人员转岗安置分流等工作。昌北公路管理分局挂牌成立,并与新建公路管理分局进行养护管理交接,从2014年1月1日起正式接手管养公路工作。二是加强与省审计厅和市财政、审计部门的沟通,完成资产审计核查各项准备工作,待全省统一部署后即可接受审计。三是石埠治超站建设工作全面启动,省政府办公厅已下发抄告单批准同意设立Ⅱ类站。市公路管理局多次与省交通厅、省治超办进行汇报沟通,并已邀请省治超办现场察看,正在制订有关场站设施建设方案。

【开展砂石运输联合整治工作】 2013年,按照市政府统一部署,积极协助地方政府开展国省道干线公路砂石等运输联合整治工作。同时,加强督促各县区全面开展整治工作,及时收集掌握工作动态,确保整治工作顺利推进。至年底,共发放各式宣传资料7500余份,查处违规车辆250余辆,关停10家沙场和5家非法车辆改装点。

【公路工程项目建设】 2013年,已开工在建项目13个,累计完成建设里程31.43千米,完成投资8427.06万元。其中,续建项目南昌县境内莲罗线、蒋南线和南塘线,新建县境内沪瑞线,安义县境内万赤线和安观线6条大中修工程全部完工。当年新开工建设的南塘线、杨沙线和G316国道路面重建工程及瀛采线路面改造工程已全部完工;安义县长埠大桥、进贤县南阳桥和北门桥三座危桥重建工程进展顺利,已完成投资1539.49万元。梁家渡大桥维修已完成。云塘至红星(湾里)公路一期工程施工进展顺利。

【安全生产工作】 2013年,认真贯彻落实“安全第一,预防为主,综合治理”的安全生产方针,突出重点、抓住中心、坚持预防、落实责任、强化监管,通过召开年度安全工作会,明确工作要点,组织开展春运、两会、雨季、“五一”、中秋等重点时期的安全检查和隐患排查,落实安全责任,强化应急值守等工作,有力地促进了安全生产工作。市公路系统安全生产形势持续平稳,未发生任何安全生产责任事故。

【“抓管理、促落实”活动】 2013年,围绕“科学统筹公路建设和养护管理,着力提高公路发展质量和效益,有效提升公路服务能力与水平,全面增强公路执行力建设”的要求,以转变工作作风、优化公路环境、狠抓工作落实、促进跨越发展为目标,通过开展动员部署、制定下发方案、印制简报、开展督查和通报、进行自查自纠等工作,有力推进了全系统“抓管理、促落实”活动顺利开展。

(陈 静)

道路运输

【概况】 2013年,全市道路旅客运输业户316户,道路货物运输业户1.45万户,道路运输相关业务经营业户1361户,从业人员14.33万余人。营运载客汽车1939辆,客位5.64万座。公路客运线512条,其中省内391条、跨省121条,高速班线23条;营运载货汽车4.37万辆,运力18.04万吨。全年旅客发送量9003万人次,客运周转量为74.21亿人千米,分别比上年增长3%和2%;完成道路货运量8510万吨,货运周转量261.61亿吨千米,分别增长12%和31%。全年完成公路运输指标,没有发生道路重特大责任事故。中国公路客运第一股——江西长运圆满完成增发任务。江西长运集团有限公司由南昌市交通运输局整体划归市国资委管理。南昌综合客运枢纽等重点工程开工建设。

【江西长运集团公司整体划归市国资委管理】 2013年7月5日，市委常委、常务副市长张鸿星主持该公司国有资产划转有关问题协调会议，副市长刘家富、肖玉文和有关单位领导出席会议。会议传达市政府有关江西长运集团有限公司国有资产划转问题会议精神，研究有关工作，明确即日起，江西长运集团有限公司整体划归市国资委管理，由市国资委代表市政府履行出资人职责，市交通运输局作为行业主管部门履行行业管理职责。会议对整体划转期间的相关工作提出明确的工作要求和工作纪律，要求市政府各有关部门严格按照市委、市政府的决策部署，切实履行职责，按要求、按程序办理相关手续，确保一次性整体划转到位。

【2013年道路春运】 2013年3月6日，为期40天的道路春运工作结束。春运期间，全市各级交通运输部门以“平安春运”为主题，按照“以客为主、科学组织、协调配合、安全有序”的原则，统一思想认识，明确责任分工，加强组织领导，建立协调机制，完善值班值守，强化应急保障，把春运工作作为交通运输系统的重点工作，确保人民群众的平安出行。春运期间，全市公路运输共投入客车2450辆，累计发送旅客268万人，比上年下降9%；城市公交投入公交车3140辆，共发送旅客约5889万人次，增长3.5%；投入出租汽车4803辆，完成客运量3190万人次，增长6.3%；全市道路春运未发生一起安全生产责任事故、未发生一起旅客滞留现象、未发生一起重大服务质量投诉事件。

【南昌至新余班线首次启用天然气客车】 2013年春运期间，南昌长运在南昌至新余班线启用新能源客车，这是全省首次在长途客运班线上使用新能源车。与以前的车相比，减少了车辆在运行中的噪音和车辆的碳排放。

【南昌综合客运枢纽站工程建设】 2013年2月，南昌综合客运枢纽站正式开工建设，至年底，站房主体工程已完工。该工程是依据《南昌市城市总体规划》和《南昌国家公路运输总体规划》，为完善南昌市公路客运场站设施，建设南昌综合交通枢纽而建的公路客运中心站，项目法人为江西长运股份有限公司。该站位于南昌火车站东广场北侧，用地总面积1.43公顷，采用一级汽车客运站标准建设，总建筑面积3.58万平方米。其中，主站房7080平方米，生产辅助用房2620平方米，综合用房1.5万平方米，地下停车场7900平方米，发车位和停车位3200平方米。另建设站前广场和停车场5300平方米。项目估算总投资约2.3亿元，主要由项目法人自筹解决。

【昌南客运站接送学生回家过年】 2013年1月，为了保障广大学生安全、快捷、有序回家，减少往返南昌中转的麻烦，江西长运昌南客运站组织人员在春运前对各大中专院校进行上门售票、上门包车服务。共运送学生近1400名。这种让学生足不出校园，即可平安返家过年的优质服务，已是江西长运自2009年以来连续第五年开展这样的活动，深受广大师生的一致好评。

【江西长运定向增发圆满完成】 2013年4月18日，中国公路客运第一股——江西长运圆满完成增发任务，首次非公开发行股票5100万股，筹集资金4.6亿元，用于客运枢纽站场和物流中心建设。2010年以来，面对日益严峻复杂的市场竞争新形势，江西长运发挥主业对相关产业的辐射和拉动力，通过资本运作，开辟一条多维化经营可持续发展之路，实现了一年一小步，三年一大步的发展历程。至2013年4月，公司总资产42.17亿元，比2009年的15.79亿元增长167.07%；净资产15.34亿元，比2009年的6.69亿元增长129.3%；实现营业收入21.7亿元，比2009年的9.92亿元增长118.75%。实现利润2.11亿元，比2009年的1.38亿元增长52.9%。江西长运有客运站场78个，经营线路2036条，营运建制车辆6516辆，从业人员1.36万人。本次非公开发行股票借助资本市场的融资平台，加快客运和货运站场的建设和整合，提高公司竞争力和持续盈利能力，为实现公司战略发展目标提供有力的资金支持。

【南昌长运推6种售票方式】 2013年春运期间，为了让旅客购票更方便，南昌长运推出窗口售票、网络订票、电话订票、联网售票、免费上门售票、团体送票6种售票方式。同时，春运期间，南昌市内三大车站售票处（徐坊站、长安站、原长途汽车总站）从1月26日开始实行24小时售票，洪城站从2月1日开始实行24小时售票，青山站的售票时间延长至22:30。还可通过“旅途100网站”进行网上订票，也可拨打中国移动“12580”电话订票。

【江西长运入选江西领军企业50强】 2013年8月30日，江西长运股份有限公司在江西省生产力学会、国家统计局江西调查总队举行的江西领军企业50强调研活动中，被授予“江西领军企业50强”称号。这是对江西长运内抓管理、外拓市场，不断提高经济增长质量和效益，实现可持续发展，成为引领行业发展的标杆性企业的充分肯定。

（周国祥　袁辉翔　刘　卫）

水路运输

【概况】 2013年，受枯水期提前和砂石禁采等影响，南昌市货物吞吐量增幅放缓，仅完成2308.3万吨，比上年增长2%。第四季度的港口吞吐量有明显下滑趋势，比上年下降31%。煤炭、钢铁、非金属矿石、农林牧渔业、化工原料及制品、粮食、木材等货物吞吐量分别完成238.6万吨、295.3万吨、218.7万吨、121.5万吨、25.2万吨、75.1万吨、32.4万吨，分别比上年增长53%、30%、78%、7%、10%、24%、45%。南昌港集装箱吞吐量创历年来最高，共完成集装箱吞吐量90872TEU，比上年增长37%。其中空箱完成2.93万TEU，增长54%；重箱完成6.16万TEU，增长31%。南昌港集装箱吞吐量增长原因：一是受铁路运输提价影响，给南昌市的水路集装箱运输带来难得的发展机遇；二是江西国际集装箱码头不断提高装卸能力和进出南昌港货物及货种的不断增加。全年完成水路货运量748.1万吨，比上年增长5%；货物周转量完成13.87亿吨千米，增长28%。其中，市属交通部门货运量完成7.9万吨，下降19%。水路货运量增长原因：一是受赣江南昌礁矶头段采砂点的影响，二季度的砂石运输有较大幅度地增长；二是三季度南昌市新增一艘海船，且运距长吨位大，因此货物周转量上涨明显。没有发生旅客运输。

【南昌港客运站候船厅被拆除】 2013年10月23日，由于滕王阁景区二期工程建设需要，南昌港客运站候船大厅开始拆除，至11月4日，已全部夷为平地。南昌港客运站候船大厅拆除后，将规划建设南昌港游船码头候船大厅，为一层建筑，与滕王阁景区二期工程配套建设。建成后由南昌旅游集团公司与江西水运集团公司共同组建的南昌滕王阁游船有限责任公司经营。届时,南昌市民可在此游船码头登游船出行游览赣江和鄱阳湖。南昌港客运站位于八一大桥上游塘子河地段,是赣江沿岸最大的水上客运站。南昌港客运站与新中国同龄,20世纪50年代至80年代初期,该站候船室位于抚河故道沿江路文孝庙附近的南昌市航运局大楼内。1985年滕王阁开始建设,南昌港客运站搬迁至赣江塘子河地段异地重建,于1988年建成投入使用。该站为上下两层,底层设有南北两个候船大厅,面积约3000平方米,二楼为办公用房,其附属设施建有调度中心大楼、食堂、浴室、医务室等。20世纪90年代是赣江水上客运的黄金时代,南昌港客运站辟有开往鄱阳、都昌、余干等地的客运航线5—6条,到节日期间甚至一票难求。直到20世纪末,随着九景高速、湖口大桥建成通车,赣江及鄱阳湖水上客运航线客源大幅萎缩,南昌港客运站水上客运航线逐步减少,至2005年全线停航,南昌港客运站处于停业状态。

【龙头岗综合码头一期工程进展顺利】 龙头岗综合码头一期工程项目自2012年开工以来,经项目办与当地政府共同努力,在保持社会稳定的情况下,至2013年底,已完成33.6公顷土地的征收工作,与54户村民签订了拆迁协议,占总数的61.36%,拆除房屋31栋,占总数的35.2%。建设和施工单位通过科学组织调度,克服连续阴雨不利天气的影响,已完成土方开挖57.72万立方米,陆域填筑97.65万立方米;全部完成钻孔灌注桩340根施工任务;完成全部桩帽、底联系梁和部分单元走道板、靠船构及立柱施工任务。南昌龙头岗综合码头位于赣江西支右岸龙头岗,占地面积38.73公顷,岸线长度408米,是一个多功能的综合码头。码头建成后,将形成集装箱、件杂、散货装卸一体化的综合功能。投资额达6.57亿元,由交通运输部和江西省交通运输厅投资建设,江西省港航建设投资有限公司为业主。

【拆解老旧船舶】 至2013年底,计划拆解的16艘5144船舶总吨的老旧船舶已顺利完成,各级补贴由财政部门直接发放到位293.315万元。实施船型标准化工作是推进内河运力结构调整的一个重要机遇,是建设畅通、高效、平安、绿色的现代化内河水运体系的一项重点工作。根据长江干线船型标准化的要求,南昌一批老旧船舶已不能适航,将被拆解。南昌地区申请上报并被批准拆解的老旧船舶共计16艘5144船舶总吨。其中,集装箱船2艘,1500总吨;化学品船1艘,198总吨;普通货船13艘,3446总吨。计划拆解补贴金额293.315万元。被列入拆解的老旧船舶由船主自行安排拆解,南昌市港航管理处协同海事部门负责监督并建立老旧船舶拆解档案。

【核查水路运输及水路运输服务企业经营资质】 2013年4月,南昌市港航处开展2013年度水路运输及水路运输服务企业经营资质核查工作。南昌地区共有24家水运企业,通过核查的水运企业21家(其中省际普通货船运输的水运企业20家,省内普通货船运输的水运企业1家),有3家水运企业未通过年度核查;水运服务企业9家(其中船舶管理业1家),全部通过核查。市港航处通过开展核查工作,进一步加强对水路运输市场的监管和船舶管理,对委托经营的普通货船严格落实安全管理责任,进一步规范从业者经营行为,有效维护水运市场秩序,为促进南昌水运业健康、有序发展奠定了坚实的基础。

【核查全市港口企业资质】 2013年4月始,为切实履行好港口行政管理职能,加强港口经营市场监督,规范经营市场程序,保障港口生产安全,市港航处对全市范围内港口企业经营资质进行年度核查。至6月30日,该处已完成对港区内36家港口经营企业的年度资质核查,其中通过港口企业经营资质核查的码头26户,包括普通货运码头23户、危货码头3户;未通过核查的港口企业10户,有普通货运码头7户、危险品码头3户。在核查开展期间共发出整改通知书2份,要求企业限期整改到位。

(张科文　平关正　刘　敏　刘　洁　徐　刚)

铁路运输

【概况】 2013年,南昌铁路局(以下简称铁路局)管辖赣闽两省全部和湘鄂两省部分铁路。铁路分界站(点):京九线北端(蔡山站)K1277+000处与武汉铁路局分界,京九线南端(定南站)K2008+200处与广州铁路(集团)公司分界;沪昆线东端(新塘边站)K502+200处与上海铁路局分界,沪昆线西端(株洲站)K1102+000处与广州铁路(集团)公司分界;皖赣线(倒湖站)K342+500处与上海铁路局分界;武九线(西河村站)K185+809处与武汉铁路局分界;合九线(孔垄站)K278+871处与上海铁路局分界;漳龙线(琥市站)K143+037处与广州铁路(集团)公司分界;铜九线(香隅站)K164+000处与上海铁路局分界;杭深线(苍南站)K664+589处与上海铁路局分界。至年底,铁路局营业里程6057.4千米(江西境内2946.9千米),比上年增加891.1千米(江西境内增249.7千米)。其中,国家铁路营业里程3766.5千米(江西境内2498.3千米),合资铁路营业里程2290.9千米(江西境内448.6千米)。线路延展里程1.21万千米,比上年增加1878.2千米、增长18.3%。复线里程2975.8千米,复线率为49.1%,比上年增加6个百分点;电气化里程4147.7千米,电化率为68.5%,增加2.4个百分点;时速120千米及以上铁路营业里程3289.8千米,时速160千米及以上铁路营业里程1928.3千米,时速200千米及以上铁路营业里程1847千米,时速250千米铁路营业里程706.9千米。铁路局完成21个大中型基建项目投资337.05亿元(含合资铁路项目),完成计划100%。全局车站410个(江西境内178个)。铁路沿线绿化里程2841千米,与上年持平。铁路局完成运输收入194.87亿元,比上年增收18.64亿元、增长10.6%。其中,客票收入109.91亿元,增收13.52亿元、增长14%;货物运费52.07亿元,增收2.07亿元、增长4.1%;其他收入20.68亿元,增收3.62亿元、增长21.2%;建设基金12.21亿元,减收5754.4万元、下降4.5%。铁路局发送旅客1.36亿人(提前21天完成年度计划),比上年增加1817.1万人、增长15.5%。其中,管内发送8938.6万人,增加1484万人、增长19.9%;直通发送4610.5万人,增加333.4万人、增长7.8%;中转旅客2.1万人,减少2089人、下降8.9%。铁路局发送货物8848.2万吨,比上年减少477.8万吨、下降5.1%。其中,管内发送6109万吨,减少42.2万吨、下降0.7%;直通发送2739.2万吨,减少435.7万吨、下降13.7%。铁路局重点物资运输:运送煤炭2407.8万吨,比上年增加77.5万吨、增长3.3%;运送粮食49.5万吨,减少14.5万吨、下降22.6%;运送化肥161万吨,减少18.6万吨、下降10.3%;运送石油299万吨,增加5.1万吨、增长1.7%;运送金矿2110.5万吨,减少238.9万吨、下降10.2%;运送钢铁861.2万吨,减少216.6万吨、下降20.1%。至年底,铁路局从业人员99073人。其中,运输业从业人员86981人。按运输收入计算,运输业从业人员劳动生产率23.06万元/人,比上年增长8.4%。铁路非运输企业(法人企业)48家,平均从业人员6370人(减少2838人,比上年下降30.8%),完成营业收入176.98亿元,增加14.06亿元、增长8.6%。

【机车车辆配属】 2013年,铁路局和谐号动车组配属105组896辆(增加40组320辆);机车配属1241台(内燃机车554台,占44.6%;电力机车687台,占55.4%);客车配属4180辆(含局管路用客车),比上年增加331辆、增长8.6%。其中,空调客车3479辆,占83.2%。

【开展科研与培训】 2013年,下达科研开发经费500万元,组织科研攻关项目46项;科技论文102篇,科技成果38项。组织工人培训545期3.1万人次,干部培训262期1.93万人次。晋升工人技师383人、高级技师63人。

【综合能耗】 2013年,铁路局单位运输工作量综合能耗4.16吨标准煤/百万换算吨千米,比上年降低3.7%。能源消耗70.34万吨标准煤,比上年减少3.65万吨标准煤、下降4.9%。其中,煤炭消耗1.05万吨,减少3768.14吨、下降26.5%;柴油消耗23.41万吨,减少4.87万吨、下降17.2%;电力消耗28.42亿千瓦时,增加3.02亿千瓦时、上升11.9%;汽油消耗2394.21吨,增加143.82吨、上升6.4%;天然气消耗65.95万立方米,增加9.8万立方米、上升17.5%;新鲜水消耗2070.27万吨,减少85.26万吨、下降0.4%。

【降低污染物排放量】 2013年,铁路局化学需氧量排放量68.17吨,比计划减少1.83吨、降低2.6%,比上年减少9.23吨、降低11.9%;二氧化硫排放量112.07吨,比计划减少16.93吨、降低13.1%,比上年减少22.79吨、下降16.9%。

【改善生产生活条件】 2013年,铁路局投资1.55亿元建设和改造沿线生产房屋、行车公寓、单身宿舍;投资1988万元实施三线(生活线、文化线、初级卫生保障线)建设;投资1880万元组织9569名职工健康休养,投资1792万元改造沿线饮水设施;投资1289万元改造沿线文体馆、俱乐部,投资617.8万元改善沿线生活、文体设施;投资951.7万元组织4.06万名职工健康体检;投资258.6万元组织1.63万名女职工体检;投资120万元组织1280名职工荣誉性休养;增拨1179万元,提高职工劳动保护费用标准;支出2081万元,保障职工节假日期间生活;支出救助金3660.4万元,帮扶职工6.49万人次。

【向莆铁路开通运营】 2013年9月26日,随着南昌西、福州、莆田、三明北4个车站动车组列车的开行,向莆铁路开通运营。该铁路建设工期60个月(2008年10月1日开工),概算投资516.58亿元(江西境内165.52亿元),正线全长632.36千米(江西境内241.54千米),全线设南昌西、三江镇、大岗、抚州北、抚州、腾桥、南城、南丰、西城、建宁北、泰宁、将乐、夏茂、三明北、尤溪、中仙、长庆、永泰、涵江北、莆田、杜坞、福州22个车站;桥梁247座,占正线长度的23.2%;隧道116座,占正线长度的44.8%。向莆铁路的开通运营,既打造省内主要城市1—2小时生活圈,又缩短赣闽两省的时空距离(省会之间构成3小时交通圈),实现"千里赣闽一日往返"。同时,向莆铁路将中部地区与东南沿海联系起来,形成"山海协作"的格局。

【九景衢铁路和武九客专开工】 2013年12月29日,九景衢铁路和武九客专项目在九江开工建设。九景衢铁路是国家Ⅰ级双线电气化铁路,设计时速200千米,建设里程333.33千米(江西境内244.97千米)。线路西起江西省九江市,东至浙江省衢州市;江西境内设11个车站(九江、琵琶湖、湖口、都昌、油墩街、鄱阳、景德镇北、赋春、桥上村、婺源、新岗山);项目投资259.2亿元(江西境内196.25亿元),建设工期3年6个月。武九客专是江西省北上进京的第一条高铁通道,自九江引出,途经瑞昌进入湖北省;江西境内建设里程45.86千米,为客运专线铁路,设计时速250千米,设九江、庐山、城门、瑞昌南4个车站,项目投资70.48亿元,建设工期3年。

【江西铁路民间投资第一人——叶日铭】 2013年12月31日,余干铁路物流专线通车,这是江西省第一条吸收民间资本修建的铁路。自2011年起,在省政府的支持下,经原铁道部(现中国铁路总公司)批准,江西铭日集团董事长叶日铭投入1.3亿元资金,与铁路局下属江西京九物流有限公司合作,在余干县黄金埠镇兴建3.89千米的铁路物流专线,成为江西铁路民间投资第一人。

【南昌车站】 南昌车站机关位于南昌市西湖区二七南路213号,管辖南昌站和南昌西站(均为客运一等站)。

南昌站位于京九线K1444+598处,分本场、Ⅱ场和客技场。站房建筑面积19154平方米,候车室8个(含动车组候车室、VIP候车服务区、贵宾室各一个),旅客候车面积7545平方米;站内设35个售票窗口(售票大厅24个、动车组候车室5个,进站口2个,出站地道4个),站外(市郊县)设客票代售点119个;配有10台自动售票(取换票)机、8台自动取换票机及电子引导、票额显示、电子监控、手机自动充电器、电子寄存柜等客运服务设施。本场采用微机联锁和ZPW-2000自动闭塞设备,设4座站台(2、3站台为高站台),正线、到发线11股,存车线4股;Ⅱ场设到发线6股,存车线27股,4条专用线(其中南昌电厂专用线于5月15日、省物资专用线和外贸专用线于12月31日停办),接发列车设备采用CTC模式,办理南昌市中转粮库专用线货运业务及客车散车存放;客技场设整备、检修、存车线30股。南昌站日均接发图定列车130.5对(其中旅客列车102.5对、其他列车28对),南昌西站42.5对(其中旅客列车29对、其它列车13.5对)。全年,南昌车站发送旅客2285.7万人,比上年增长10.2%;完成运输收入21.39亿元,增长11%。至12月31日,实现运输安全1335天。2013年,南昌车站荣获全路文明车站、江西省第十三届文明单位、江西省春运工作先进单位等称号。

南昌西站9月26日开通运营。位于昌九城际线K139+12处,连接昌福线和在建沪昆客专线,站场由北至南分城际场和沪昆场,呈横列布置,设正线4股(城际场和沪昆场各2股),旅客列车到发线22股(城际场和沪昆场各11股),站台12座(城际场和沪昆场各6座);站场东西长1.8千米,南北宽385.5米,站房建筑面积11.5万平方米,无柱雨棚7.25万平方米,2个候车区面积3.7万平方米;设售票窗口48个、自动售票机55台,自助检票闸机158台,扶梯64部、直梯26部以及旅客服务中心、重点旅客服务区、LED显示、综控室等客运服务设施。

【南昌车务段】 2013年,南昌车务段发送货物975.7万吨,完成运输收入12.7亿元,比上年增长14%。至12月31日,实现运输安全4555天。段机关位于青云谱区南莲路668号,管辖42个车站,分布在沪昆、京九、向莆、南昌西环线及抚江、张塘、张建、丰洛4条支线,专用线53条,货物线61条,营业里程687.94千米(其中支线213.8千米);货物品类主要有煤、石油、钢材、粮食等。荣获铁路局先进单位、货运改革先进单位等称号。

(刘　仁)

航空运输

【概况】 2013年,江西省机场集团公司运输生产保持快速增长,航线网络得到进一步优化,通达城市比上年增加5个,新开通国际航线4条、地区航线1条。公司深化安全质量体系建设,开展安全专项整治和安全监察,实施客户满意度工程,成功处置8起虚假威胁信息事件,所属6个机场未发生责任范围内的事故、事故征候,安全形势保持总体平稳。随着《江西省民用运输机场管理办法》出台,公司公共基础设施定位更加清晰。借力省市政府,主动融入“昌九一体化”发展战略,对接南昌临空经济区建设,推动昌九一体化向纵深发展。先后获得“江西领军企业50强”“改革开放35周年企业文化竞争力优秀单位”“全国实施用户满意工程先进单位(服务类)”等荣誉称号,并连续18年获得“江西省社会管理综合治理先进单位”称号,被评为南昌市“文明单位”。

【昌北机场旅客吞吐量达681万人次】

2013年,江西省机场集团公司共保障各类飞行起降8.24万架次,比上年增长13.93%;完成旅客吞吐量848.87万人次,增长12.88%;完成货邮吞吐量4.72万吨,增长4.2%。其中,南昌机场起降6.4万架次,增长14.78%;旅客吞吐量681.1万人次,增长13.17%;货邮吞吐量4.04万吨,增长6.69%。南昌机场国际(地区)旅客吞吐量突破19万人次,增长70%,增速居于行业前列。

【航线网络进一步优化】 至2013年底,江西省机场集团公司共开通航线101条,通航城市53个,其中2013年新增通航城市5个,分别是杭州、长春、海拉尔、烟台、西双版纳,航线网络得到进一步优化。南昌昌北国际机场运营航空公司25家;台湾航线实现台北每天1班,并新开高雄航线;南昌飞往韩国、泰国新增3个通航点,并且新开南昌—新加坡航线。

【安全服务品质持续提升】 2013年,江西省机场集团公司开展为期106天的安全生产大检查工作,自查问题266个,已整改240个,整改率90%,正在整改的项目均得到有效管控。南昌昌北机场成功处置8起恐怖威胁事件和“10·24”精神病人非法翻越围界事件。为提高机场服务品质,南昌昌北机场先后开通新余城市候机楼、连通南昌高铁西客站的机场巴士3号线,与江西广播电视台信息交通台合作打造“江西交通广播105.4民航信息播报”栏目,与中国电信江西分公司联合推出手机“掌上登机牌”项目。公司荣获“全国实施用户满意工程先进单位”荣誉称号,律动等3个班组获得“江西省质量信得过班组”称号,安检护卫部彭泉等5名服务人员获得“用户满意服务明星”称号。

【《江西省民用运输机场管理办法》获通过】 2013年12月30日,省政府第十七次常务会议审议通过《江西省民用运输机场管理办法》,这标志着作为江西省民航自成立近60年来的第一部民用运输机场地方性法规正式出台。该办法将于2014年3月1日正式颁布。此次办法的出台,将对规范民用运输机场的建设与管理,促进民用运输机场和临空经济发展,保障民用运输机场安全运营,维护有关当事人的合法权益,推动江西民航事业的快速、健康发展提供坚强、有力的法律保障。

【南昌首个城市候机楼共建合作协议签订】 2013年12月20日,江西省机场集团公司与江西泰耐克大酒店签订共建城市候机楼合作协议,标志着南昌首个城市候机楼建设正式启动,预计将在2014年初投入使用。城市候机楼投入使用后,旅客可直接在酒店办理值机、行李托运等手续,进机场旅客仅需通过安检就可乘机。12月1日起,始发于红谷滩泰耐克酒店的机场巴士2号(短班)已开始运行。城市候机楼的启用为旅客提供更便捷的乘机体验。

(省机场集团公司谢丽)

物资流通

【概况】 2013年,南昌物资集团公司按照年初确定的各项工作目标,以强化内部管理为主线,积极开拓市场、调整经济结构、提升企业效益,公司呈平稳发展的态势。至年底,共实现销售收入7.15亿元,比上年增长12.6%;实现利税407万元,增长12.4%;交易二手车5万余辆,增长25.4%;回收废旧钢材2516吨,增长10.6%;回收报废汽车1074辆,增长43%。

【推进重点项目建设】 2013年1月,江西省车辆报废回收有限公司的汽车回收拆解升级改造项目开工建设。该项目是商务部示范工程试点项目,也是集团公司的重点建设项目,总投资1500万元。由于该项目商务部下拨的600万元资金要等工程验收合格后才能发放到位,因此建设资金压力特别大。集团公司多方筹措资金,积极争取市政府、市国资委的大力支持,经过一年的建设,该项目已于12月中旬全面竣工。项目建成后,将大大提高报废汽车公司的拆解能力,有效降低环境污染,完善服务功能,进一步提高企业经济效益。

【做大旧机动车交易市场规模】 2013年,利用网络资源,采取网络和现场拍卖相结合的方式,多种途径提高二手车交易量,提升企业的经营业绩。交易二手车5万余辆,比上年增长25.4%。但是,现有的旧机动车交易市场受场地限制,经营规模难以扩大,经营项目难以增加,制约了企业的进一步发展。集团公司积极与江西省国有企业资产经营有限公司协调,多方调研,帮助省二手车交易中心在南昌市寻找新的经营用地,做大做强企业。

【提高国有资产管理水平】 2013年,认真做好国有资产的保值增值工作。集团公司成立专题工作组对南昌市物资出租汽车有限公司的股权进行界定和确权,积极与原股权登记人进行反复沟通,咨询工商、法律等相关专业人士,为股权界定和确权做好前期准备工作,合法合规地处理历史遗留问题,明晰国有产权,提高国有资产管理水平。

【加强安全生产工作管理检查】 2013年,加强炸药仓库和硫酸仓库管理,确保无安全生产责任事故。加大消防工作宣传力度,定期和不定期对系统内的办公场所、经营场所、仓库进行消防检查,发现火灾隐患问题,立即进行整改,确保全系统无火灾事故、无盗窃事故、无安全生产事故。

【加大维护稳定工作力度】 2013年,坚持以人为本,做好全系统的维护稳定工作。加强信访工作领导力量,继续做好企业改制后历史遗留问题的处理,定期开展矛盾纠纷排查和矛盾纠纷调处工作。做好稳控工作，重点做好对越自卫反击战退役人员、军转干部和困难职工的稳定工作。至年底，未发生越级上访和到市集体上访。

（齐　婉）

南昌物流中心建设

【概况】 2013年，南昌物流业进一步发展，南昌保税物流中心进出口总额突破3亿美元。为实现南昌物流企业的强强联手，上海尧泰供应链管理有限公司在南昌发布物流团购平台，让优质物流企业抱团发展。中央和地方为加快物流业发展步伐，积极进行物流业选评活动，南昌在《全国物流园区发展规划》中被列为全国二级物流园区布局城市，南昌2个物流（中心）园区和5家物流企业分别被评为江西省重点商贸物流园区和企业。南昌冷链物流的发展让市民品尝到更新鲜价格更实惠的蔬果。“现代快递物流产业园”建设项目积极筹建，将给市民带来更快速的邮寄服务。

【举行物流团购平台创新模式发布会】 2013年9月28日，由上海尧泰供应链管理有限公司主办的南昌物流团购平台创新模式发布会在南昌力高皇冠国际酒店举行。该公司将在南昌树立物流园区样板示范基地，创建一站式物流管家综合服务团购平台。物流团购平台专注于打造物流园区由物业型经营提升到服务型、集成型经营的多层面盈利模式，改变完全依赖仓库的出租和地价的升值单一盈利模式，打造科学规范的现代化物流园区概念，具有统一的VI手册、统一的运作系统、统一的管理体系。南昌物流团购平台的打造将加快南昌现代物流业发展的步伐。

【南昌市首批江西省重点商贸物流园区及企业“出炉”】 2013年10月，依据省商务厅《关于申报江西省重点商贸物流园区和物流企业的通知》，经市商贸委推荐，协会组织申报，专家评审和现场查看，省商务厅认定南昌保税物流中心、南昌兴发物流园等6家商贸物流园区（中心）为全省重点商贸物流园区（中心）；江西三志物流有限公司、江西九洲通药业有限公司、江西蓝海物流科技有限公司、江西邮政速递物流有限公司、江西乾峰物流有限公司等15家商贸物流企业为全省重点商贸物流企业。对被评为江西省重点商贸物流园区（中心）和商贸物流企业，省商务厅将建立重点联系制度，并不定期召开重点商贸物流园区（中心）和商贸物流企业座谈会，帮助解决园区和企业新建、扩建项目用地指标，落实国家有关商贸物流企业有关政策，并对商贸物流企业加入城市共同配送试点方面和提高信息化、物流先进设施代购方面给予支持，促进商贸物流企业加快发展。

【南昌市入选全国二级物流园区布局城市】 2013年10月，国家有关部门联合编制《全国物流园区发展规划》，将南昌市列为全国二级物流园区布局城市，让南昌市的物流业发展驶入快车道。规划由国家发展和改革委员会会同国土资源部、住房城乡建设部、交通运输部、商务部、海关总署、科技部、工业和信息化部、铁路局、民航局、邮政局、国家标准委联合编制，将全国物流园区布局城市分为三级，一级物流园区布局城市29个，二级物流园区布局城市70个，其中江西省有南昌、赣州、上饶、九江4个城市入选。

【南昌保税物流中心进出口总额突破3亿美元】 2013年，南昌保税物流中心年度进出口总额突破3亿美元大关，实现进出口总额3.38亿美元，比上年增长117.94%，保税物流业务量保持连续4年持续增长态势。该中心充分利用政策功能优势，建设一流公共服务平台，继续推行强化保税物流政策宣传，加强“点对点”式企业上门服务，突出招商引资引进重点企业，扩大“保税、保真”运营模式经验成果等措施，有效提升了该中心服务水平和服务范围，园区服务重点企业超30家。以保税物流中心为核心，南昌保税物流中心将发展成为依托南昌，辐射九江、鹰潭、宜春、新余等周边地市，影响中部区域的重要国际物流基地，成为中部地区重要的国际物流转换点和联结国际国内市场的物流集散中心。

【南昌高校与江西快行线食品物流有限公司签约】 2013年12月2日，南昌高校与江西快行线食品物流有限公司签约。高校将能吃到新鲜而便宜的农产品。江西快行线食品物流有限公司利用网络化的冷链站点，将蔬果类产品从田间地头，生鲜类产品从屠宰加工厂直接送到高校的食堂，使农产品上下游直接对接，将极大降低成本，从而降低农产品价格。农产品一般物流的耗损率在25%左右，而利用0℃冷藏及－10℃左右的冷冻运输的损耗率在10%—15%，全程冷冻运输的损耗率则几乎不存在。

【拟建“现代快递物流产业园”】 2013年9月，南昌市邮政管理局与南昌中小微企业工业园管委会正式签订“南昌市现代快递物流产业园”项目合作协议。双方将共同谋划快递物流项目引进及产业发展。根据工业园整体产业规划，“现代快递物流产业园”项目初步位于福银高速公路以北7平方千米物流产业区范围，分2期进行土地出让与建设。南昌圆通、中通、优速、国通等企业均提出用地需求。依据框架协议，项目采用合作开发的方式，工业园管委会根据整体产业规划和用地需求出让项目所需土地，提供符合国家标准和园区规划要求的市政配套设施（包括道路、水、电、气等）到达合作区域。市邮政管理局通过招拍挂方式依法取得项目用地使用权，负责合作区域内的基础设施建设，并按照工业园区总体规划要求，建设物流作业设施等。

（周轶斌　张建明）

邮　政

【概况】 2013年，南昌市邮政局围绕“加速发展、加快转变，推动更好更快跨越式发展”这一发展主基调，贯彻落实“一深化、六突破”（“一深化”：深化“三个一把手工程”，一是由邮储活期存款比重和存款规模“双提升”深化为网络全覆盖与经营全业务“双突破”；二是由邮储短信用户和收入“双提升”深化为短信收入规模和加办率“双突破”；三是由农村支局长队伍结构和素质“双提升”深化为农村邮政能力建设和收入规模“双突破”。“六突破”：在业务发展转型、能力建设、倾力打造邮政综合服务平台、省市联动、提升服务水平、提升员工技能上实现突破性进展）等重点工作，以“用户至上，爱心服务”为主题，坚持服务经济、服务社会、服务民生，各项工作都有一定的进步。南昌市邮政管理局（2012年10月30日成立，规格比照同级政府部门管理机构管理，行政编制13个，内设机构3个，包括办公室、普遍服务处、市场监管处）以“围绕一条主线、突出两个重点、抓好三项工作、创建四型机关”为总体思路，加大建设力度，提升服务能力，强化市场监管，加快行业发展。至年底，全市邮政业务总量完成11.54亿元，比上年增长34.21%，超额完成省市下达的14%的增长任务；业务收入(不包括邮政储蓄银行直接营业收入)完成9.76亿元,增长23.55%。其中,快递业务收入完成6.56亿元,增长52.36%。邮政服务和快递服务满意度持续稳步提升。

【提升硬件水平】 2013年,市邮政局从提升硬件水平入手,加大资金投入,实施用户满意工程,为优质服务奠定坚实的基础。一是推进综合服务平台建设。制定南昌邮政综合服务平台建设方案,确定建设组织架构,项目运作流程,为项目建设开展提供后台支撑。金融专业从物理网点新增及改造、全覆盖服务点的建设两个角度,将综合平台建设要求落到实处,并制定翔实的工作进度表。已建设金融全覆盖点611个,安装ATM自助金融设备14台,安装CRS自助金融设备4台;电商专业以细化考核指标、落实责任单位、正向激励等措施有效推进营业网点建设进程,全市112个邮政电子化营业网点全部开办代收代缴业务;以渠道复用为指导思想,发展新便民服务站有效站点,已有72家市联通代办营业厅、29家福彩店加载了邮政新便民服务系统。二是推进户箱平台建设。与市邮政管理局密切配合,积极启动"村邮户箱"工程,组织投递部开展调研活动,了解全市信报箱安装和投递现状,做好信报箱投递及维护工作。三是推进投递平台建设。创新提出"三网"投递模式。通过"普通网+二网+高端投递网"的"三网"投递模式满足函件业务的各类需求。四是着力在新型报刊亭建设上狠下文章,积极构建具备政务信息和广告发布功能的新型报刊零售亭,并加载代收代缴、票务代理等便民业务。

【重划分局服务范围】 2013年,为使邮政服务更加贴近城市发展需求,重新划分分局服务范围,根据市区各行政区域及重点区域特点,在市区范围内设立13个分局,重新划分各分局的服务范围,确立扁平化的机构设置。新分局集营业网点、代理金融网点、邮政投递、便民服务站、邮政代办点、助农取款点等经营管理于一体,建立全功能型分局,同时加大专业局对分县局专业指导、专业检查的力度。

【为校园包裹提供优质服务】 2013年,坚持将"零距离"服务作为校园包裹揽收的首要要求,以"便""安""廉""快"为切入点,尤其是在"便"和"安"方面进行重点宣传,积极树立邮政亲民、便民、惠民的公信形象。首先是把邮政服务延伸到校园。通过组织各单位骨干力量深入到学生宿舍,开展上门收寄,提供验视、封包、称重、填单、收款、开票、装袋、封袋等一条龙服务,并要求在营销服务过程中要关注服务细节,于细微处尽可能为学生提供更多的方便。如在揽收现场为学生备好解渴的饮用水,为学生自备的编织袋提供地址书写布条、粗碳笔、针线等用品。同时,对整个包裹收寄作业组织流程再次提出程序化和精细化的要求,加快整体处理速度,让整个工作井然有序,确保每一位学生的包裹在最短的时间内得到妥善处理。此外,针对校园包裹收寄时间短、业务量集中、验视严格等特点,进一步规范袋牌打印浓度、书写要求等包裹收寄有关注意事项,明确发往本省及外省路向的封袋要求,把为学生提供布条及针线工作作为校园包裹收寄规范的检查内容之一,确保校园包裹能够更加快捷、安全地抵达目的地。

【开展"我的中国梦"一页邮集创意比赛】 2013年4月16日,在南昌市二十中铁军青少年邮局举办"我的中国梦"一页邮集创意比赛的启动仪式和相关培训。该项活动由市教育局和市邮政局共同主办,南昌市中小学集邮协会承办,于4月中旬至6月在市所属中小学校进行。旨在通过具有特色的校园文化活动,让广大青少年朋友通过方寸邮票尽情放飞自己的梦想,憧憬美好的未来,并借助活动进一步推动南昌市中小学集邮文化的繁荣和发展,夯实青少年集邮基础。启动仪式上,南昌市集邮协会的常务理事结合"遨游太空""小小旅行家""长大我也当老师"等多个适合中小学生的"梦想"主题,通过"一页邮集"的形式向参赛学校的辅导老师讲解有关"一页邮集"的选题与编组的基本知识和技巧。活动共收到来自全市20余所学校的195幅参赛作品。

【举办特色教育集邮巡展】 2013年5—6月期间,南昌市集邮协会在全市中小学校"我的中国梦"一页邮集创意比赛活动参赛的一页邮集中评选出60余幅较为优秀作品制作成贴片,先后在豫章路小学、莲塘三小、莲塘二中、文教路小学、玉河中学、南昌教育学院等9所学校举办以"实现复兴梦想,建设美丽中国"为主题的特色教育集邮巡展,展出"长大我当旅行家""做白求恩那样的人""我的图书梦""造福人类的科学家""我的音乐梦""我喜爱的舞蹈""遨游太空""小小演奏家"等作品。青少年们这些纯真、质朴的梦想以方寸邮票的形式尽情放飞,憧憬着美好的未来。形象生动的邮展深深吸引着师生驻足观赏,极大地激发了同学们的集邮兴趣和学习积极性。同时,以巡展为平台,制作宣传单、易拉宝、展板等,在巡展校园进行推介,并举办集邮知识讲座,让老师和同学们对集邮业务有更为形象和直观的认识和了解。

【保障全国"两会"期间邮政服务畅通】 2013年,根据全国"两会"期间报纸出版时间变化,制定转运、分发、投递等预案,合理调整投递班次,科学安排作业时间,切实做好早报早投。在党报党刊投递上,对党政军、大专院校严格执行大户段投递。针对可能出现的报纸晚点情况,安排专人对省委、省政府等重要政府部门进行直投,确保读者在第一时间看到《人民日报》等党报党刊,进一步提高发行服务质量。同时,切实采取有效措施,完善应急工作方案,认真做好安全生产工作。开展邮政服务和安全生产大检查活动,针对消防、资金、车辆运输安全进行全面排查;落实收寄验视制度,特别是把好各类"进京邮件"的验视关;投递部经理实行跟班作业,投递局管理人员全程手机保持开机状态,确保及时处理突发问题;"两会"期间实行日报告制度,遇到紧急事件、重大事项及时报告,从源头上预防群体性事件的发生。

【开通普通包裹短信通知领取服务】 2013年6月20日起,对全市所有营业网点窗口投交的普通包裹,且有收件人移动电话号码的,提供短信通知领取服务。该项服务对现有普通包裹处理流程暂不作调整,继续投递领取包裹通知单、催领单。包裹实物到达窗口投交局,由系统自动对有收件人移动电话号码的包裹,通过集团短信平台向收件人发送领取包裹短信通知。若短信发出7天后收件人还未领取包裹时,信息系统将打印包裹催领单,同时自动通过集团公司短信平台向收件人发送领取包裹短信通知。收件人凭短信通知领取包裹时,营业人员(或投递人员)核对短信内容、收件人身份证件、实物包裹详情单等要素,并打印领取邮件通知单(或用包裹详情单通知单联),由收件人签名领取。由于短信通知与投递领取包裹通知单并行,为防止收件人凭短信领取包裹后,又收到领取通知单发生误会,在收件人领取包裹,并在系统录入签收信息后,由系统通过短信平台向收件人发送一条包裹已领取的短信通知。

【"畅游赣鄱"江西旅游明信片在南昌首发】 2013年4月28日,"畅游赣鄱"江西旅游明信片首发式暨江西旅游邮政服务中心开业庆典在南昌市邮政局举行。省旅游局副巡视员、省旅游协会副会长熊柏华,省公司副总经理张国寿出席首发开业仪式并致辞。江西旅游邮政服务中心是江西首家以邮政和旅游为主题的新型旅游产业服务机构,由南昌市邮政局、润赣旅游传媒、天地行国际旅行社、江西旅游频道网联合倾力打造。该服务中心具有"旅邮"产品销售、邮政服务、旅游信息咨询、旅游策划和广告发布、旅游宣传片制作等诸多功能,并利用网络资源在江西旅游频道网为游客提供便捷的旅游查询和特产购买等线上线下一站式服务。其重点产品之一的"畅游赣鄱"江西旅游明信片,精选庐山、龙虎山、三清山等38个省内知名优质旅游景区印制成册,具备旅游指南、消费、珍藏、交流、馈赠等多重价值,能较好地满足自驾出游、家庭出游以及休闲游群体在吃、住、行、游、玩、购各方面的个性化需求。游客在旅游时,只需出示本人身份证和该明信片,就可享受明信片中景区的门票、酒店、餐饮等不同优惠。"畅游赣鄱"江西旅游明信片的推出,得到省政府领导的高度重视,也受到社会各界关注。

【投递和回收中国经济生活大调查信卡】 2013年,为做好由中央电视台、国家统计局、中国邮政集团公司联合组织的"2013—2014中国经济生活大调查"信卡投递及回收工作,南昌市邮政局高度重视,精心组织,安排人员深入学校、矿区、商铺、居民小区及农村等地进行上门投递,请用户当场填写信卡。待用户填妥后,邮政工作人员将信卡粘好直接带回,由营业部门加盖收寄日戳后寄发,确保调查函填写质量和回收率。

【南昌市邮政行业培训中心正式成立】 2013年10月30日,为提升邮政快递行业整体发展水平、提高邮政快递从业人员的技能和服务水平,经南昌市事业单位登记管理局登记批准,全省首个市级邮政行业培训机构——南昌市邮政行业培训中心正式成立并挂牌。该中心为正股级事业单位,12月初拿到市物价局颁发的收费许可证,主要职能是负责全市邮政行业教育培训和职业鉴定工作。

【推进"村邮户箱"工程】 2013年,"村邮户箱"列入市政府民生工程,在市政府工作报告中明确提出"大力实施'村邮户箱'工程"。市政府成立全市"村邮户箱"推进工作领导小组,由分管副市长担任组长。6月18日,市政府主持召开南昌市"村邮户箱"工程推进工作领导小组第一次会议,19个成员单位参加,审议并通过《南昌市关于大力推进"村邮户箱"工程建设的实施方案》,同时下发《关于转发〈关于加强城市住宅楼房信报箱建设与管理工作的通知〉的通知》。为解决南昌市投递"最后一公里",逐步推进邮政普遍服务终端服务体系建设,启动"村邮户箱"工程,在农村地区特别是边远农村地区,建立村邮站以保证农村通邮;在城镇,严格实行住宅楼房"一户一箱"以保障公民通信权利和通信自由。

【快递市场快速发展】 2013年,全市快递服务企业业务量完成4772.76万件,比上年增长66.92%;快递业务收入完成6.56亿元,增长52.36%。快递企业的服务能力和装备水平不断提升,南昌新扩建快件分拨中心6处,新建机械化分拣作业流水线8条。快递服务网络发展迅速,全年新增企业和分支机构45处,新增从业人员800余人,从业人员数量突破5000人,为社会提供大量的就业岗位。

【开展"访企业、听意见、解难题、促发展"主题活动】 2013年,开展为期一年的"访企业、听意见、解难题、促发展"主题活动。市邮政管理局分别多次到圆通、中通、宅急送、南昌DHL分公司等60余家法人企业及分支机构进行走访调研,深入了解各企业经营情况,掌握企业的困难和问题,听取企业的意见和建议。

【保障快递服务机动车辆便捷通行】 2013年,为着力解决快递企业车辆"通行难"问题,保障全市快递车辆便利通行,市邮政管理局积极与市公安交管局、运管局等有关部门联系,请求有关部门出台便利措施,支持快递行业快速发展。9月,市邮政管理局与市公安交管局、公路运输管理处召开联席会议,三部门建立"南昌市寄递渠道城市配送管理协调工作机制",出台《关于保障快递服务机动车辆便捷通行的通知》,解决全市快递运输车辆通行、完善城市快递配送网络提供保障。

【推动快递营业场所标准化建设工作】 2013年,为进一步规范南昌市快递营业场所管理,指导快递企业加强对分支机构营业场所的建设和管理,提升南昌市快递服务形象和品质,促进行业持续、健康发展,市邮政管理局推动快递企业开展快递营业场所标准化建设工作。组织部分快递企业赴上海学习考察,吸取经验、听取建议。为确保标准化工作有序推进,提出"抓大放小""先树标、后推广""先近邻、后远郊"的工作目标,即重点抓好申通、圆通、中通、韵达("三通一达")城区内主要街道营业场所标准化建设工作,要求4家各自完成1个营业场所。至年底,"三通一达"均完成一处营业场所标准化建设工作。

【建立邮政暨快递网点电子化监管系统】 2013年,为加强邮政暨快递网点管理,方便日常执法检查,市邮政管理局建立邮政暨快递网点电子化监管系统。该系统按区域和企业品牌对网点分布进行分类,全市邮政普遍服务网点、已备案快递企业网点信息一览无遗,为市邮政管理局对全市邮政、快递网点信息的搜索、统计和监管工作提供便利。

【执法工作取得突破性进展】 2013年,克服执法人员少、执法经验不足等困难,市邮政管理局各处室之间加强配合,全体人员参与实践执法,对每个立案案件进行集体讨论、集体决定,增强行政执法的公开性、公平性和创造性。立案处罚涉及邮政营业网点未经批准办理邮政普遍服务业务、未按有关规定销售纪特邮票、快递企业分支机构未备案、快递企业投递违规收费、快递企业违反邮政安全管理规定等违反邮政有关规定的行为。至年底,检查邮政、快递企业共216家,纠正和查处违法60次;受理申诉举报9起,下达整改通知书30份,立案8起,处罚金额2.5万元。

(蔡文嫣　张建明)

城市公共交通

【概况】 2013年,南昌公共交通在政府政策支持下得到新发展。南昌市成功入选全国第二批"公交都市"建设城市,实施公交车刷卡免费换乘,取消成人月票,特殊人群免费乘车线路扩大到市内全部的123条公交线路。加入全国17个城市一卡通互联互通,实现主城区和高校园区院校线路及部分新城区公交线路Wi-Fi网络覆盖。开通江西省内首条城际公交线路——南昌至永修公交线路(南昌公交139路)。对一大批城区公交线路的收班时间进行延时,方便市民的夜间出行。开通南昌铁路西客站首批公交线路。红谷客运枢纽站、高新天祥大道公交枢纽站等公交基础设施建成，购置更新高品质公交车，公交运营车辆平均车龄不到3年，城区实现空调公交车全覆盖。南昌公交总公司全年总收入15.28亿元，其中主营收入9.32亿元，比上年净增1.16亿元，增长14.32%；总资产达到27亿元，净增3.78亿元，增长16.3%。

【南昌成功入围国家第二批公交都市创建城市】 为了更好地解决南昌市发展瓶颈，不断提升南昌市公共交通发展水平，有效缓解交通拥堵现状，提升百姓出行幸福指数，2013年5月，市政府决定启动申报第二批国家公交都市工作，成立由市领导为组长，市委宣传部、市发展和改革委员会、市城乡建设委员会、市规划局、市国土局、市财政局、市物价局、市交管局、市交通运输局等部门和市轨道集团、市公交总公司为成员的创建工作领导小组，领导小组办公室设在市交通运输局。南昌公交总公司作为此项工作主要参与者，在时间紧、任务重的条件下，加班加点，积极开展相关研究，收集和组织翔实的申报材料，为公交都市的申报成功奠定坚实基础。8月20日，南昌市通过"公交都市"的内审；10月17日，市领导率队赴京参加国家交通运输部组织的"公交都市"的外审；11月21日，南昌在全国29个申报城市中脱颖而出，获得公交都市评审团评委专家们的高度认可，一举申报成功，这标志着南昌市成功入围国家第二批"公交都市"创建城市。

【实施公交车免费换乘】 为提高城市公共交通效率，吸引更多百姓乘坐公交绿色出行，有效缓解道路交通拥堵现状，南昌市借鉴其他城市先进经验，结合行业实际情况，经过反复研究和论证，决定于10月1日起在全市正式推行刷卡免费换乘。此次南昌实行的乘坐公交车5至90分钟内免费换乘措施，指的是从乘客刷卡扣费时间(以公交IC卡记录为准)起算，5分钟后至90分钟内(含)换乘所指范围内的公交车，可享受一次免费。实施每次刷卡享受折扣优惠，并将乘坐范围由此前不到10条线路扩大为市政府规定的所有公益性免费乘车范围，占总线路的92%。使用公交IC卡内电子钱包的乘客，由于老年卡以及军人伤残人士使用的公益卡本已是免费卡乘车不需付费，故未纳入免费范畴；另外由于无法记录乘车时间采取投币方式的乘客不享受换乘优惠。南昌公交自1996年实施无人售票开始就实行一元一票制(除远郊线路外)。随着城市经济社会的快速发展，在燃油人工等一系列成本持续增加的条件下，南昌公交让利于民，依然维持原有票价制度不变，这在全国范围内是属于较低水平，给广大市民节省了一笔不小的出行成本开支。此次实行免费换乘，将使乘客1年少支出3228万元乘车费用。

【取消公交车月票】 公交车月票制度是计划经济时代的产物，与市场经济脱节，月票成本严重倒挂，少部分(南昌市使用成人月票仅有1.04万人，占客运总量的2.06%)月票持有人员享受到较大的优惠，对其他广大非月票卡乘客来说有失公允，取消月票制度是大势所趋。市政府经过反复研究和论证，决定于10月1日起在全市正式取消月票政策。同时将学生月票转为学生卡[中、小学生(中专生、技校生、大学生除外)]，每次刷卡实行5折优惠且乘坐范围扩大为南昌市公交总公司所有无人售票线路(其中乘坐城际公交线路及机场巴士、特约车不享受5折优惠)，在规定时段内可享受一次换乘免费或优惠，在换乘所有票价1元无人售票公交车时享受一次刷卡免费，换乘票价2元及以上无人售票公交车时享受全额票价五折后再优惠0.5元，换乘城际公交线路和机场巴士时享受全额票价后优惠0.5元。取消成人月票后，南昌公交将70岁以上老年人、现役军人、革命伤残军人、因公致伤残人民警察、盲人等免费乘车线路扩大到市内全部的123条公交线路。

【南昌至永修公交线路开通】 2013年9月30日，南昌至永修公交线路(南昌公交139路)开通仪式在永修举行，成为江西省内首条城际公交线路。南昌至永修县城公交线路走向为：塘子河—八一桥—庐山南大道—昌九高速—新城大道—永修公交总站(采取两头对发的运营模式)。站点设置：塘子河、昌北、城建学院、高速路口、永修县人民医院、永修县政府、永修汽车站、永修公交总站(观戏台)。开收班时间：南昌(夏令6:20—20:00；冬令6:30—19:30)，永修(夏令6:00—18:30；冬令6:00—18:00)。139路由南昌公交投资1000余万元，首批购买20辆45座的高靠背空调大巴。车辆采用LNG(液化天然气)为动力，绿色环保无污染，噪音小，且车上均配备有GPS和车内外3G监控系统。严格实行定线、定车、定人，定班、定时的城市公交化运营模式，首末班在有无客源时都必须准时发车，并视乘客需求，适当延长首末班时间，沿途做到有站必停，确保不滞留乘客。全车实行一人一座，票价由原来的17元、18元降至10元一票制，节假日也不涨价。据永修县政府估算，仅此一项，每年可直接为永修县百姓减少千余万元交通费用的开支，做到真正让利于民，让老百姓享受到公交出行带来的实惠。使用洪城一卡通刷卡，还能享受免费换乘一次南昌市内公交车，让老百姓得到实实在在的优惠。

【实现公交车Wi-Fi网络覆盖】 2013年1月28日，南昌公交与中国联通南昌分公司公交车载Wi-Fi合作协议签约仪式在联通南昌分公司举行。此次南昌公交联合中国联通南昌分公司推出的公交车辆3G转Wi-Fi无线上网业务，南昌公交继2011年11月成功推出'掌上公交"提升市民出行体验后，又将在部分公交车上实现Wi-Fi网络覆盖，进一步为市民乘坐公交时提供更为时尚、超值的服务。南昌公交将在主城区的21条线路的609辆公交车上实施Wi-Fi无线网络服务，具体为：1路(区间)、2路、5路、9路、10路、11路、16路、18路、20路、22路、27路、88路、208路、210路、211路、215路、221路、22路5、228路、229路和233路。上述线路为主城区和高校园区院校线路及部分新城区公交线路，覆盖了主城区和城市主要周边区域，面积较为广泛。拥有无线网络覆盖的公交车上将张贴Wi-Fi网络覆盖的标识，市民确认后即可上网。

【全国城市一卡通互联互通接入仪式在南昌市举行】 2013年4月18日，全国城市一卡通互联互通城市接入仪式在南昌市举行。国家住房和城乡建设部、国家信息中心、国家密码管理委员会、江西省住房和城乡建设厅、市政府、市政协等部门领导到场祝贺。住房和城乡建设部总工程师陈重，市委常委、副市长高伟致辞；中国工程院院士倪光南发表主题讲演。北京、南京、深圳、宁波等50余个城市的城市一卡通公司相关人员与400余名代表参加。这是继2012年上海、宁波等八城市率先实现互联互通后，南昌、抚顺、锦州、葫芦岛、淮安、永州、江油、昆山、江阴9个城市也加入了全国城市一卡互联互通。这意味着17个城市中的任何一张"互联互通卡"可以通刷并乘坐其他互通城市的公交车、地铁等公共交通。

【路中式专用道开通】 2013年1月1日，南昌市青山南路的首条路中式准BRT(快速公交)公交专用道正式运行。该公交专用道全长1.26千米，是半封闭式，位于马路的最内侧两条车道，不会和右拐弯车辆发生冲突。每天7时—20时之间，只允许公交车和其他特种车辆进入。共有8条公交线路通过，其中6条公交线路停靠快速公交站点。公交专用道开通后，车速从每小时10—15千米提升至每小时30—35千米，效果十分显著。首条路中式公交专用道的开通，创造了南昌公交历史上的里程碑，一定程度上标志着路权优先的理念深入人心，为今后开辟连片成网的BRT奠定了基础。

【车辆更新】 2013年，城市公共交通为扮演好"缓解交通、绿色环保"双重角色，从多个方面采取措施确保公交排放达标，南昌公交先后更换402台高品质空调公交车，淘汰黄标车，其中购置150台天然气公交车，力促公交趋于"零排放"，实现了城市公交空调基本全覆盖，大力改善了市民的乘车环境。

【安装电子站牌】 2013年，南昌公交继续致力于走公交科技化和信息化之路。自2011年推出"掌上公交"后，结合省委开展"畅通省城"活动，于9月15日在老福山安装南昌市首块公交电子站牌。10月在八一大道、阳明路、红谷中大道以及西客站共安装44块公交电子站牌信息显示屏。该举措的实施，极大地方便了广大市民的出行。

【线网优化调整】 2013年10月26日，为策应南昌高铁西客站的运行，总公司新辟4条并延长1条公交线路与西客站进行接驳。线路开通前一个月实行免费，得到广大市民的热忱欢迎和乘坐。同时，对41条线路进行优化调整，并先后出台两批公交线路延时方案，贴合了市民的夜间出行需求，策应了城市经济社会发展。

【推进内部管理升级】 2013年，借助成都公交先进管理经验，对企业营运要素和生产流程进行再造。公交的班次发放更加贴近客源需求，使员工的作息时间更加人性化；进一步改善生产营运中的弊端，促进企业综合管理实力迈上一个新台阶。同时，通过实行"四定"管理原则、统一员工着装等举措，使企业内部管理再次升级。

【加快场站建设】 2013年，在建项目有公交营运中心、安义公交枢纽站、新建公交枢纽站、高新天祥大道公交枢纽站、聆江花园首末站、红谷客运配套中心新增调度楼和加气站共6个项目。这些项目的建设和建成，为解决公交停车难、优化线网、规范停车管理、改善员工工作环境打下了坚实的基础，公交综合实力得到进一步增强。

(周国祥　熊佐宇　王小平　宗　可　李　波　杨书钦)

城市交通管理

【概况】 2013年，南昌市公安交通管理工作围绕"降事故、保畅通、保安全"工作目标和"畅通省城"活动，有力推动全市道路交通管理工作和公安交警队伍建设稳步发展。全市交通秩序持续好转，确保了重大活动和节日期间全市道路交通秩序平稳；全市道路交通基础设施进一步完善，事故预防能力明显提升，交通安全形势更加稳定；宣传教育深入人心，市民交通安全意识进一步提升；队伍建设稳步提升，全警凝聚力和战斗力进一步增强。至年底，共发生道路交通事故313起，比上年下降0.63%；死亡224人，下降0.44%；受伤216人，下降15.29%；经济损失53.34万元，下降39.69%。

【推动"畅通省城"活动】 2013年，为改善全市道路交通环境，市公安交管局借助开展"畅通省城"活动，多次将南昌市道路交通基本情况和现状向省市领导汇报，得到各级领导前所未有的高度重视。省人大通过视察、重点建议督办、常委会集中审议等多种形式，形成84条"畅通省城"交办意见建议，内容涉及基础建设、组织优化、秩序整治等各个方面，集中向南昌市政府交办，向38家责任单位下发责任状，形成各级党委政府高度重视、省市人大联动、人大与政府互动、全市各单位和各部门上下联动的工作格局。

【保障地铁建设道路畅通】 2013年，全市交通面临地铁1号线11个站点，2号线21个站点，最高峰74个点段道路开挖的交通压力，市公安交管局认真谋划、积极应对，组织相关部门进行30余次现场勘查，协调增加57名交通保安员，增加交通标志牌45套、信号灯25个、电子警察4套、护栏83块，回复相关函件20份。围绕地铁2号线工程，会同市交通改善办、市轨道公司、市公交公司等单位召开4次交通组织研讨会，组织相关部门进行现场勘查10余次，增加交通标志牌36套、护栏939块，回复相关函件6份。

【开展交通秩序整治】 2013年，以秩序严管为抓手，组织开展全市"治乱保畅"交通秩序整治攻坚战，共查处各类突出交通违法行为114.36万起，其中非现场执法96.35万起、现场执法18.01万起。全年纠处违法行为中，纠处乱停33.69万起，路口不按规定行驶1.94万起，鸣喇叭2.12万起，涉牌涉证1605起，不按规定使用远光灯5667起，行人、非机动车违法行为4.42万起，查扣超标电动车、助力车以及摩托车3.19万辆，"五车"4.41万辆，全力保障全市道路基本畅通有序。

【开展交通安全宣传】 2013年，在新闻媒体刊播稿件共4058篇(条)，其中中央级68篇(条)、省级2056篇(条)、市级1834篇(条)。在南昌交通广播《交通犀利眼》播出480期，江西五套每天播出《畅行南昌》305期，《南昌晚报》刊登《平安伴你行》交通安全宣传专版46期，南昌交通广播《畅行中国——文明交通在行动》95期。开展文明创建进社区、进农村、进学校、进单位、进家庭"五进"活动，印制发放各类交通宣传单、折页32万份；在全市各大主要路口、八一大道中心花圃设立"尊德守礼"牌160余块；每天组织市直机关156名交通志愿者在全市39个路口开展交通志愿服务，对车辆和行人进行文明交通劝导活动。

【预防道路交通事故】 2013年，认真开展重点车辆隐患排查治理，以客车、校车、货车、危险品运输车、农村面包车"五类车"为重点，开展深入细致的排查工作，共排查全市现有客车4736辆、货车3.6万余辆、校车386辆、危险品运输车361辆、农村面包车2.6万余辆。其中因未年检及达强制报废期存在隐患的重点车辆数量为：客车441辆、货车1.4万余辆、校车33辆、危险品运输车62辆、农村面包车4359辆。同时，结合"大整治、大教育、大排查"货车整治，加大对客货运车辆交通违法的整治，全年共检查货运车辆2.7万余辆次，查处货运车辆违法行为8926起。检查出租车1.6万余辆次，发现违法改装出租车900余辆次，及时通报行业主管部门督促已改车辆恢复原状。给公交公司及客管处抄告公交车违法行为1152起、出租车交通违法行为为2.75万起。从事故处理工作入手,通过“一站式”服务中心快速处理交通事故850余起,通过“三调联动”提升事故处理效率。大力开展交通事故逃逸案件侦破工作,全年发生的交通事故逃逸案77起,其中城区死亡逃逸案件32起,交通死亡逃逸事故侦破率达到84.38%,群众的交通安全感得到进一步增强。

【搭建交通管理服务平台】 2013年,继续利用“乐行南昌”微信公众平台,进一步拓宽警民之间有效互动的渠道,构建新的便民服务平台。开通24小时自动查询交通违法、查询驾证信息、办理补换驾驶证、行驶证业务、微信查询实时路况信息、微信查询实时泊位信息6项功能,其中多项功能为全国首创。至年底,通过微信举报查获假牌、套牌车9辆(其中一起被中国传媒大学媒介与公共事务研究院高级研究员侯锷作为经典案例在第一次联盟大队进行讲解)。“乐行南昌”微信已拥有5万余个粉丝,日均留言量达4000余条。从微信开通以来,共为群众提供各类查询服务13万余次,发布交通管理信息600余条。群众通过“乐行南昌”微信,真正实现了“出行秘书”随身带、交通信息全知晓。

【加强交警队伍正规化建设】 2013年,借助“现场执法规范年”活动,进一步规范全市交警执法执勤行为,严整警容警貌,完善执法设备,加强执法监督,坚持网上办案、网上审核、网上监督。全年共检查各类刑事、行政案件600余件,审核各类案件约300起,经审核案件没有一起因程序问题而败诉,有力提高了全局执法办案水平,全局执法效能、执法形象、执法公信力得到进一步提升。组织开展全局执勤执法装备现状调研,对执勤执法所需多功能反光腰带、反光背心、发光指挥棒等必备装备,逐步进行配备、更换,在交警现场执法中发挥了良好的约束和保护作用。至年底,向一线民警增发执法记录仪475台,各执勤大队配有执法记录仪708台,占一线民警数量的2/3。

2013年南昌市各辖区交通事故四项指数累计同期比较一览表

表34

项目	事故次数(次)				死亡人数(人)				受伤人数(人)				经济损失(元)			
	2013年	2012年	增减数	增减比率	2013年	2012年	增减数	增减比率	2013年	2012年	增减数	增减比率	2013年	2012年	增减数	增减比率
合计	313	315	-2	-0.63%	224	225	-1	-0.44%	216	255	-39	-15.29%	533430	884500	-351070	-39.69%
东湖大队	27	29	-2	-6.90%	12	12	0	0.00%	17	22	-5	-22.73%	29300	31700	-2400	-7.57%
西湖大队	31	31	0	0.00%	4	8	-4	-50.00%	29	28	1	3.57%	13100	13100	0	0.00%
青云谱大队	22	26	-4	-15.38%	15	15	0	0.00%	16	15	1	6.67%	23300	38000	-14700	-38.68%
湾里大队	14	15	-1	-6.67%	5	5	0	0.00%	16	16	0	0.00%	5300	7300	-2000	-27.40%
红谷滩大队	10	10	0	0.00%	10	11	-1	-9.09%	7	6	1	16.67%	10000	21000	-11000	-52.38%
直属二大队	20	7	13	185.71%	19	7	12	171.43%	5	0	5	100%	13400	4100	9300	226.83%
青山湖大队	18	18	0	0.00%	17	17	0	0.00%	4	5	-1	-20.00%	56000	31500	24500	77.78%
经开大队	9	9	0	0.00%	9	10	-1	-10.00%	8	8	0	0.00%	18000	17000	1000	5.88%
高新大队	13	14	-1	-7.14%	14	9	5	55.56%	6	7	-1	-14.29%	30000	24000	6000	25.00%
桑海大队	0	0	0	0%	0	0	0	0%	0	0	0	0%	0	0	0	0%
南昌县大队	67	52	15	28.85%	47	47	0	0.00%	42	57	-15	-26.32%	91600	213800	-122200	-57.16%
新建县大队	20	39	-19	-48.72%	18	32	-14	-43.75%	17	44	-27	-61.36%	38300	251600	-213300	-84.78%
安义县大队	16	14	2	14.29%	17	16	1	6.25%	7	4	3	75.00%	37200	35700	1500	4.20%
进贤县大队	46	51	-5	-9.80%	37	36	1	2.78%	42	43	-1	-2.33%	167930	195700	-27770	-14.19%

(张　异)

电力、燃气及水生产和供应业

本栏编辑　喻学辉

概　述

【概况】　2013年，南昌市电力、燃气及水生产和供应业紧紧围绕全市经济社会发展大局，秉承“为人民服务”的企业宗旨，遵循“用户至上、追求一流”的经营理念，不断加强行业基础设施建设和投资，切实强化行业生产管理和安全监管，努力打造优质服务和特色服务品牌，用良好的社会效益和经济效益回报社会、服务市民，为南昌打造核心增长极做出积极贡献。至年底，全市电力、热力生产和供应业实现主营业务收入497.31亿元；为近5万用户置换天然气。

城市电力供应

【概况】　2013年，国网南昌供电公司坚持服务全市工作大局，积极应对复杂的外部形势和艰巨的改革工作，精心维护电网设备，科学优化电网调度，电力供应安全可靠，有利支撑全市经济社会发展。全年完成售电量128.6亿千瓦小时，比上年增长11.36%。圆满完成十八届三中全会、南昌市一江两岸亮化工程等142项重大保电任务，成功应对288.1万千瓦的历史最高负荷。全年完成固定资产投资8.92亿元；新建线路63.8千米，新增变电容量43万千伏安；完成售电量128.6亿千瓦小时，比上年增长11.36%；合并口径线损率7.44%，降低0.99个百分点；售电均价659.59元/千千瓦小时，增加3.13元/千千瓦小时；电费回收率100%；经济增加值(EVA)实现60.49亿元，增长13.14%。

【加强电网投资和建设】　2013年，南昌地区全社会用电量149.6亿千瓦小时，同比增长9.7%，较全省平均水平高0.5个百分点。南昌供电公司针对南昌电量需求快速增长与个别区域存在供电“卡脖子”问题的矛盾，于年初积极争取国家电网公司、省公司相关政策，大幅增加对昌电网的投资总量，全年电网建设投资达8.5亿元，同比增长26.86%，总量和增长率位居全省前列。全年建成220千伏蒋巷变电站、110千伏红谷滩、象湖、彭家变电站输变电工程，有效缓解南昌县蒋巷片区、红谷滩中心区、象湖新城及奉新地区重过载问题；完成110千伏麦园变#3主变扩建工作，为欧菲光科技有限公司的引进提供可靠的供电保障。另外，通过开展老城区、城中村及乡村低压电网的改造，进一步提升城乡配网供电能力和可靠性，使广大居民用上“放心电”。

【提供优质供电服务】　2013年，南昌供电公司圆满完成全市142项重大保电任务。在全市打造“一江两岸”景观量化提升工程中，公司制定专门保电方案，安排人员对220千伏桃苑、110千伏朝阳、滕王阁、赣江、红角洲、红谷滩、沙井、下罗等8座变电站进行巡视，有效保证景观灯“不眨眼”，使赣江8公里沿岸景观成为南昌市的“闪亮名片”。在春节期间，公司积极应对“返乡潮”可能对低压电网造成的冲击，提早安排应急物资、车辆和人员，加强供电抢修服务，确保南昌市家家户户过上一个亮堂堂的新年。公司积极拓宽缴费渠道，开通“洪城一卡通”“缴费通”等代收电费业务，社会化代收电费比重大幅提升，客户缴费更加方便快捷。

【开展便民惠民特色服务】　2013年，南昌供电公司系统共成立9支共产党员服务队，下设28支专业分队、79支服务分队，拥有1078名队员。服务内容包括优质保电服务、用电宣传服务、应急救援服务、户表报修服务、绿色节能服务、企业文化服务、扶贫助困服务7个方面，并广泛开展“进企业、进社区、进学校、进部队、进医院和敬老院、进困难家庭”等服务活动。加强党员队伍建设，带动员工作风和行风建设，受到电力客户和人民

保电服务队为村民讲解安全用电知识

群众的普遍欢迎与好评。服务区域覆盖广大城乡、服务业务领域覆盖与群众生产、生活关系密切的供电主要业务,受到各级领导、政府机关和广大人民群众的好评。2013 年 8 月,省委常委、市委书记王文涛批示江西公司共产党员服务队工作是群众路线教育实践活动的生动表现。

【供电官方微博开通运行】 2013 年,南昌供电公司根据南昌市委宣传部要求,加入“微南昌”政务微博集群平台。5 月 28 日,“南昌供电”微博正式开通,南昌供电公司及时通报抢修情况,公布停电等信息;网上回复涉及公司职能范围内的网民诉求、咨询、求助及意见和建议,积极宣传党和国家有关电力方面的方针政策、法律法规。利用这个平台,构建电力供需双方互动的服务体系,切实为客户排忧解难,解决实际问题。至年底共发布微博 2367 余条,回复网友评论和咨询 1882 余条,得到广大网民及市政网宣办的肯定。市委市政府的官方微博“南昌发布”上线两周年之际,公司官方微博作为服务支撑载体配合系列庆祝活动。其中,南昌县公司官方微博被评为“2013 年度江西最佳品牌形象奖”。

2013 年南昌地区社会用电构成

表 35

单位名称	平均电价(元/千千瓦时)	累计售电量(万千瓦时)	累计销售收入(万元)
全局合计	6772.62	1280089.4477	846187.55
1. 大工业	8110.23	309784.4229	233974.88
2. 非工业、普通工业	7670.44	62940.4591	48457.92
3. 农业生产	7283.85	471.8934	340.95
4. 商业	9748.41	94375.1742	92722.95
5. 居民生活	5961.61	228753.9637	131632.75
6. 非居民照明用电	9924.02	74346.2141	74346.09
7. 趸售	5170.38	509417.3203	264712.02

(张剑秋)

城市燃气生产和供应

【概况】 2013 年,南昌市燃气有限公司转移发展战略重心,大力拓展经营范围,获得全市 30 年管道燃气特许经营权。通过实施精益管理,快速开发工商业用户,全年新增非居民用户 260 户,居民用户 89331 户,销售气量达 1.39 亿立方米,用户总数达到 43.21 万户。强力推进燃气市场整合,进一步提高燃气市场占有率。在气源紧张的形势下,积极争取省市相关部门与上游天然气公司的支持,全力保障全市冬季稳定供气。2013 年,公司获得 LNG、CNG 加气站路条,开辟车用气新兴市场。公司与 6 家被整合企业签订市场整合协议,共整合并网 32 个瓶组站,接收用户 51602 户。

【获得南昌市 30 年管道燃气特许经营权】 2013 年 5 月 24 日,市政府办公厅同意南昌市城管委与南昌市燃气有限公司签订《南昌市管道燃气特许经营权协议》。协议明确特许经营权协议有效期限为 30 年,自 2013 年 6 月 1 日起至 2043 年 5 月 31 日止。特许经营权行使地域范围为南昌市行政管辖区域(不包括安义县、进贤县、湾里区以及红谷滩新区、南昌经济技术开发区已签订特许经营权协议和已划定经营范围的区域),未来该行政区域面积扩大的,特许经营权地域范围自动扩大;未来该行政区域面积缩小的,特许经营权地域范围保持不变。此协议的签订标志着南昌市燃气公司正式成为独家在特许经营区域范围内建设、维护管道燃气设施,以管道输送形式向用户供应燃气,提供相关管道燃气设施的抢险抢修业务的企业。该协议为市燃气公司维护燃气市场完整性提供重要的法律依据,也为进一步扩大燃气经营区域奠定坚实的基础。

【市场开发硕果累累】 2013 年,市燃气公司市场开发团队进一步深化精益管理措施,不断优化市场开发流程;定期召开合同评审会,及时与工程部、设计公司沟通协调市场开发中遇到的困难与问题,降低市场开发周期,大型工商用户平均开发周期由 64 天缩短至 44 天,赢得更多用户的满意与认可。为快速抢抓机遇,占领新兴市场,公司成立桑海燃气项目部、车船气事业部。桑海燃气项目部自成立后,全力以赴开展前期工作,桑海开发区管线规划建设、气源问题得以迅速解决。10 月 24 日,桑海开发区天然气置换圆满成功,公司项目部实现当年筹建、当年投产。

【安全管理成效显著】 2013 年,市燃气公司开展卓有成效的安全管理活动,得到各级政府部门的认可。公司与全体员工签订安全生产责任状,与用户签订安全用气协议,与公安、消防等部门联合举行燃气应急救援演练,先后在西湖区、东湖区开展“安全啄木鸟”行动,开展城市老旧管网风险评估及改造工作,确保燃气安全管理。公司多次在用户小区开展燃气安全咨询活动,安全文化真正深入社区。

【工程建设稳步推进】 2013 年,市燃气公司工程建设累计投资 1.75 亿元,新建高、中、低压管道 200 余千米,管网总长达 2100 余千米。环城高压管道工程及场站建设稳步推进,云湾 L-CNG 加气站建设全面启动。

【客户服务深入人心】 2013年，市燃气公司客户服务紧跟市场发展需要，不断创新服务举措，提升服务水平。公司中层以上干部《诚信合规宣言》签署率达100%，并宣传贯彻国家标准《燃气服务导则》。通过开展“微笑服务之星”评选、市民服务热线、媒体开放日等活动，提升客服水平和社会知名度。

（叶　超）

城市自来水生产和供应

【概况】 2013年，南昌水业集团日供水能力149.5万立方米，供水管网2900余千米，供水范围东至瑶湖，西进湾里，北延乐化，南达莲塘，供水服务人口近300万人。南昌水业秉承“为人民服务”的企业宗旨，遵循“用户至上、追求一流”的经营理念，外塑形象、内强素质，不断打造优质服务品牌，用良好的社会效益和经济效益回报社会，服务市民，为策应城市社会经济发展做出积极贡献。2013年，南昌水业强力推进“四化”战略，积极探索“7＋N”的发展模式，水厂重大工程建设有序推进，水价改革听证会圆满举行，二次供水产业链延伸发展，管理进一步规范，企业文化进一步积淀，温州热电、纯净水等优质项目蓄势待发。2013年，荣获城市供水服务满意度全国第二、“2012年度中国水业最具社会责任投资运营企业”和“全国厂务公开民主管理先进单位”三个国家级殊荣。

【提供供水服务】 2013年，南昌水业以优质高效供水为目标，供水服务工作稳中有进。自来水收入41364万元，较上年同期增加1894万元，增长4.80%，水费单价1.372元/立方米，日供水能力达149.5万立方米，水质综合合格率达100%，供水产销差率下降至21.91%，同比下降1.56%。克服困难，有力地保障全市近300万人口在年初冰冻灾害和秋冬季赣江极端枯水期的安全优质供水；实施更新改造，提升供水保障能力；严格执行安全生产管理制度；优化流程，规范营销管理；加强沟通协调，水价改革工作顺利推进。

【推进工程建设】 2013年，南昌水业开拓市场，强化调度，重点工程建设按节点完成。红角洲水厂实现8月31日投产试运行的目标，为昌北高峰供水安全提供保障；青云第二取水泵房于12月底顺利投产试运行；城北水厂全国首条跨江隧道工程成功盾构掘进1110米；安义2万吨水厂改扩建工程竣工顺利运产，目前整体运行状况良好。按照“质量管理年”的要求，对管网新建和改造工程强化质量管理，完成学府大道、站前北路、站前南路、龙岗大道等路段68.8千米供水管网的敷设工程，改造供水管网13612米，确保供水水质的安全。商业地产开发项目建设进展顺利，朝阳映象商住楼的开发、朝阳生产用房的建设正按既定目标稳步推进，为下一步存量开发奠定基础。

建设中的青云水厂第二取水泵房

【形成产业集群化】 2013年，南昌水业在巩固传统板块基础上，开发新项目，延伸产业链，千万元板块、亿元板块正逐步显现。一是以二次供水安装、建设、运营和管理为主的二次供水板块持续增长，全年实现营业收入22901万元。在打造二次供水安装市场品牌的同时，顺利开拓消防工程安装市场，与南昌赣江水工、上海连成集团顺利签约组建2家二次供水设备销售公司。二是施工企业积极探索对外发展新路，抢占市场。工程公司实现产值27798万元，与上年同期相比增加11202万元。三是销售企业呈现出强劲的发展势头。管业建材公司不断拓宽销售渠道和对外业务，全年完成销售收入19203万元，实现净利润375万元；华毅管道实现主营收入3319万元，实现净利润265万元，产品销往省内外多个城市；广润门饮品与新余发投强强联合，共同开发合作新项目、开发高端产品，实现营业收入1052万元。四是以能源管控、软件开发、传管技术研发、制造、销售能源管控系统和服务外包为一体的产业化科技板块顺利落户高新区。新成立的福兴能源管控公司，8个月时间实现销售收入6819万元。

【规范管理和创新】 2013年，南昌水业与时俱进，管理创新模式再上台阶。大力推行“5S”现场管理常态化，通过对原有管理制度逐一梳理，查漏补缺，形成比较系统、全面的“南水5S”管理体系；各单位结合自身工作，创新“5S”管理方法，将“5S”现场管理体系融入日常管理，逐步形成新的单位特色，确保现场管理持续见效，工作效率不断提升，生产环境和办公环境得到改善，职工素养不断提高。着力提升现代化管理水平，持续推进DMA分区管理和水表远传系统建设工作，完成22台管道式流量计、1台插入式流量计及29台远传水表的安装，以及丰和小区、双岭村和青山湖小区等20余处三级DMA的建设；开始对城市供水设施GPS定位测绘的数据采集工作，为GIS系统的搭建打好基础。推动质量管理创新，开展“质量年”活动，在工程质量、产品质量、材料质量、服务质量等各个方面提高管理标准，特别是强力推进了工程建设“五统一”标准；通过抓源头严把施工质量关、抓调度以销定产、抓测漏机制改革以提升员工积极性、抓抢修减少水量损耗、抓消火栓管理严控非法取水、抓稽查净化用水市场等一系列举措，降低产销差，公司产销差降至21.91%，同比下降1.56%。扎实搞好预算管理，对成本费用预算进行反复多

污水处理厂

次的压缩与精简,修订完善《预算管理办法》,进一步完善公司内部预算管理体系;对预算外资金严格控制,加大预算监督,保持预算执行的刚性原则;各水厂加大技改,节能降耗成效明显,电耗同比增加0.49%(新增水厂和赣江低水位影响),矾耗同比节约5.88%,氯耗同比增加4.46%。积极推行合理的分配机制,完善、优化公司绩效考核体系,对部分子公司试行股权激励方案,建立差异化的经营管理者激励机制,调动管理者开拓市场的积极性和创造性;不断完善考核内容,将"推进工程施工五统一、工程质量验收、建立营销机制"等内容纳入对中层经营者的考核中;制订出台《新员工实行见习制度的方案》,形成公平、公正的用工绩效分配管理办法。

【加快资本运作步伐】 2013年,南昌水业加快资本运作步伐,力争政府支持,为企业发展添助力。坚持把市场开拓作为实现快速增长的有效手段,积极争取项目,成立和收购完成温州热电、福兴能源管控公司、南昌市蒋巷自来水公司等项目;重新修订《对外投资管理制度》,着重增加风险评估机制,为公司以后的投资项目增加抗风险能力,减少对外投资损失。切实提升资金使用效率,本着"资金安全、收益较高、风险可控"原则,对上年发行的5亿元公司债的暂时闲置额度进行理财;采用股权质押形式完成对厦门国戎投资管理有限公司3000万元和江西江中制药(集团)有限责任公司1.5亿元委托银行贷款的低风险理财项目;对到期的理财项目实时跟进,办理解除股权质押手续,确保理财的本金、利息足额按时回笼;推行银行承兑汇票制度,至年底完成12笔共计300余万元承兑汇票业务。新举措的应用拓宽资金融资渠道,提高资金的使用效率和综合收益率,全年实现理财收益4000多万元。争取国家相关政策和财政补贴支持,先后获得红角洲水厂初期运营、青云水厂第二取水泵房配套建设资金等补贴,共计2886.78万元;在对全市消火栓进行加密的工作中,争取到政府出资的政策,加密费用由市政府和区政府两级分摊,今后新建消火栓经费列入工程建设成本;争取到南昌市对"三房一改"供水安装的政策支持;环保公司与政府各部门的关系继续得到加强,移交、验收、收费、提价、二期建设等相关工作得到政府的充分理解和有力支持,为工作的开展和业务的拓展提供了保障。

【聚合发展正能量】 2013年,南昌水业凝心聚力推进党的建设,充分发挥"创建服务型基层党组织"活动的作用,切实发挥党员先锋模范作用。围绕"保障优质供水、服务民生大局、延伸产业链条、促进和谐发展"的活动主题,基层各支部结合各自工作实际,共开展各项工作、活动360余次;充分发挥基层支部的战斗堡垒作用和党员的模范带头作用,把公司"让政府放心,让市民满意"的企业宗旨落到实处,从而进一步凸显水业"零点行动"和"四零式"的特色服务品牌,让公司服务民生的平台和载体,多维度、全方位的展现在市民面前。加强企业文化建设,把南水文化融入实践。印制《南昌水业集团企业文化手册》,宣传贯彻"三个敬畏、三个感恩、三个满意"的企业核心理念和"团队、执着、创新、奉献、自省"这五种水的精神,指引良好的企业文化价值导向;根据市政公用集团宣传部的建议,对部分基层单位不规范的使用市政公用集团LOGO标识的行为进行督促整改;抓典型树榜样,通过公司网站、市政公用报等多种形式,大力宣传公司劳模的先进事迹,用发生在职工身边的人和事教育职工,发挥先进典型的示范作用,营造学赶先进的浓厚氛围;组织开展"南水之星"原创诗歌朗诵比赛,营造团结向上、甘于奉献、干事创业的良好氛围。

(黄晓华)

城市污水处理及再生利用

【概况】 2013年,南昌市共建有污水处理厂5座,已投入运行4座(青山湖、朝阳、象湖和红谷滩),试运行1座(瑶湖)。各污水处理厂均在进水渠和出水渠进出水口安装进出水流量计和水质在线监测系统。通过检测,青山湖和朝阳两座污水处理厂运行负荷达到100%,获2013年全国城镇污水处理绩效达标竞赛优秀达标单位。2013年,5座污水处理厂共处理污水量2.68亿吨,日均处理量73.5万吨,处理率达到89%,高于全省城镇污水处理率77%的平均水平。在再生水利用方面,主要用于各污水处理厂厂区绿化和机械设备、污泥房、厂区道路冲洗等。处理过的再生水绝大部分均从出水渠口排入河湖。

【污水处理运行管理】 市污水处理管理办公室在加强对污水处理监管的同时,与市环保局联网,会同环保部门对各污水处理厂的出水水质进行抽样检测并随时进行监控。本着"谁受益、谁负担"的原则,每月组织各相关职能部门组成抄表小组,对各厂的污水处理量进行抄表计量,定期或不定期的检查各厂污水处理设施运行情况,确保污水处理厂正常运行、准确计量和达标排放。五座污水处理厂自投产以来都按国家环保要求达标排放,其中朝阳和青山湖两座处理厂的运行负荷率达到100%。象湖和红谷滩两座处理厂随着污水收集管网不断完善,运行负荷率也基本达标。各污水处理厂均制定了突发事件应急机制,及时填报全国城镇污水处理信息系统。

(谢忠治)

城乡建设和管理

本栏编辑　喻学辉

概　述

【概况】　2013年，南昌市坚持政府组织、专家领衔、部门合作、公众参与、科学决策的原则，从区域经济社会发展实际出发，按照有效配置公共资源、改善人居环境等要求，编制完成《南昌市旧城改造整体规划》《旧城改造单元控制性详细规划》和九龙湖新城起步区控制性详规等，促进城市全面协调可持续发展。以实现城乡一体化为目标，坚持新型城镇化基础战略，逐步拉伸城市框架，深入推进城市建设进程。加大城市建设投资，不断完善基础设施，朝阳大桥等重点工程全面开工，城市道路、公交线路、供水管道等建设加快推进。全面启动"蓝天行动"计划，加大城市管理行政执法力度，查处违法违规建设行为，不断改善城市面貌、提升城市品位。深入开展"畅通省城""啄木鸟"活动，治脏、治乱取得阶段效果，赣江两岸景观亮化提升工程快速推进，城乡环境明显改观。"森林城乡·花园南昌""鄱湖明珠 中国水都"深入推进，南昌市成为全国首批水生态文明建设试点城市。至年底，全市完成城镇基础设施投资达到256.07亿元，比上年增长10.9%；新开通公交线路15条，公交线路已达到188条，比上年增加15条；城市道路总长度1647.23千米，比上年增长5.8%；城市道路总面积达到3458.28万平方米，增长8.3%；自来水供水管道长度3862.44千米，增长7%。全市拥有园林绿地面积10010公顷，绿化覆盖面积10583公顷，公园绿地2959公顷，城市绿化覆盖率达到43.05%，人均公共绿地面积达到12.04平方米。

2013年8月15日，市规划委员会召开2013年第一次会议

城市规划

【概况】　2013年，南昌市城乡规划局（以下简称市规划局）在规划编制方面，核发建设工程规划许可证917件，建筑面积计1035万余平方米，代征市政设施配套2.99亿元；核发建设工程用地规划许可证148件，建设项目选址意见书88件，管线工程建设工程规划许可证34件；完成20余项规划编制任务。在规划设计方面，艾溪湖大桥工程获2013年度全国优秀工程勘察设计行业道桥设计三等奖，南昌新港集疏运系统规划（2011—2020）获2013年度（中国）水运工程优秀咨询成果奖。在规划管理方面，获2013年度全省城乡规划管理先进单位荣誉称号，组织开发的南昌市地下管线管理信息系统获2013年中国地理信息科技进步奖二等奖。

【启动总体规划局部调整工作】　2013年，市规划局全力支持红谷滩新区"二次开发"，启动《南昌市城市总体规划（2001—2020）》局部调整工作，完成总体规划实施评估和强制性内容修改专题论证报告，并与住建部、省住建厅密切沟通总体规划局部调整情况，为九龙湖片区的规划管理和城市建设提供科学依据和有效指导，以适应城市发展的需要。

【科学编制规划】　2013年，市规划局更加注重规划编制和审查水平的提升，在确定规划编制项目前期，充分发挥相关部门和专家技术人员的智慧，主动向县区、市城投、土地收储中心、规划设计院等单位书面征集编制任务和建议，同时依据省、市政府工作报告、上级有关部门下发的工作任务和城市建设主体的规划建议要求，统筹考虑制定年度规划编制计划，大大提高城市建设主体参与规划编制的积极性，从而由"被动规划"转为"主动规划"，规划编制项目得以更好地指导城市建设和发展。在规划编制过程中，不断开拓引智渠道，进一步开放规划设计市场。强化与专业院校、专业设计部门之间的联系，通过对外公开招标或方案的邀标等方式，形成规划设计市场的良性竞争机制，鼓励引导外地高水准的设计机构参与本市的城市建设。同时进一步完善规划编制设计招投标的操作规程及配套政策，初步制定《南昌市规划编制项目设计招投标工作操作规程》《南昌市规划编制专项经费使用管理暂行办法》，有力地提升本市规划编制与规划设计的水平。至年底,组织编制完成《青山湖区临江区域概念规划与城市设计》《洪城商圈概念规划与城市设计》国际招标;完成《九龙湖概念规划方案深化》《九龙湖片区起步区控制性详细规划》《幸福水渠区域控制性详细规划整合与调整》《经开区控制性详细规划》等20余项规划编制任务。

【助力九龙湖片区规划建设】 2013年,市规划局按照"生态绿脉"理念完成该片区概念规划方案深化及起步区控规编制的同时,配合红谷滩新区完成九龙湖湖体和周边公园规划设计及九龙湖北岸行政中心城市设计。及时组织做好近期重点建设项目所涉及九龙湖路网、市政管线综合规划、轨道2号线南延的审查论证,为九龙湖片区各项建设提供规划依据。同时,完成万达文化旅游城项目、国际会展中心、联泰智慧城等重点项目的规划许可,加快项目规划审批进度,强力推进学校、医院、商务金融等配套设施的规划建设,省儿童医院、省妇保等多家医院,南昌外国语学校及省、市保育院落户九龙湖新城,一大批金融机构明确规划选址,金融中心雏形初步成型。

【积极服务旧城改造提升】 2013年,市规划局负责牵头开展旧城改造规划前期工作,编制完成《南昌市旧城改造整体规划》《旧城改造单元控制性详细规划》;制定《旧城区改造安置房及配套基础设施建设报建审批流程》;研究制定旧城改造第一批共14宗融资用地规划条件。同时,根据国家和省、市对棚户区改造工作的相关要求,结合具体情况,先后组织编制《南昌市中心城区棚户区改造规划(2013—2017)》《2013年棚户区建设规划》,划定棚改区域的人口疏散及人口控制目标,明确棚改中需完善的城市基础设施配套,制定《南昌市棚户区改造项目联审联批办法》,确定万寿宫、十字街、郭家庄、何坊西路等改造范围,为旧改项目提供科学、高效的前期规划服务。在旧城改造过程中,坚持老城区人口导出的原则,用不同的安置政策引导人口向新城区转移;在新城开发建设的同时,注重同步推进旧城改造。在新区规划建设综合安置小区,并配建学校、商业、金融、医疗等配套设施,打造舒适、便捷的安居环境。

【主抓交通规划完善城市功能】 2013年,市规划局组织完成《九洲大道高架快速路工程道路交通详细规划》《南昌市城市快速轨道交通线网规划调整(九龙湖段)-2号线延长线选线方案》专家论证及规划审批;完成《南昌市轨道交通线网规划调整》《南昌市交通发展年度报告(2013年度)》《南昌市南外环快速路选线研究》《红谷隧道交通规划研究》《朝阳大桥两侧路网衔接规划研究》5个项目的成果汇报材料;组织完成《南昌市港口大道道路交通工程详细规划》《朝阳大桥工程规划》《轨道交通2号线交通一体化规划》《八一大道长运用地道路红线调整规划》《赣江风光带沿江中南大道城市景观平台设计方案》《南京东路道路交通工程详细规划》《志敏大道道路交通详细规划》《南昌红谷隧道规划方案比选》《南昌市朝阳水厂以北地区CY201-B地块绿线规划方案》《黄家湖路道路调整规划》《双溪路道路交通详细规划》《红谷大道南延规划方案》《沿江南大道南延交通详细规划》《南昌市前湖大道快速路道路交通详细规划(西外环—朝阳大桥)》《南昌市昌西大道道路交通详细规划》《南昌市洛阳路道路交通详细规划》15个项目的专家评审及审查。针对老城区道路微循环的改善,主动开展全市轨道工程、城区交通改善工程、城市干线路网建设以及本市交通建设的时序等方面的规划研究。以省人大开展"畅通省城"活动为契机,进一步完善全市交通组织的优化工作。注重结合老城区改造和新城建设,统筹安排公交基础设施用地,把公交首末站、港湾式站台等公交设施按规划要求,作为项目审批的前置条件予以配建,以促进城区交通环境的改善。

【强化历史文化名镇名村保护】 2013年,市规划局加快历史文化名镇名村保护规划的报批工作,派出专人对新建县、南昌县进行督导,南昌县三江镇前后万村历史文化名镇名村保护规划获省政府批准;下发文件要求各县组织申报国家第六批历史文化名镇名村、江西省第五批历史文化名镇名村,全市共有10个乡镇和村庄申报。

【推进数字南昌建设】 2013年,市规划局启动数字南昌地理空间框架建设项目系列工作。组织编制《数字南昌地理空间框架建设项目实施方案》并获市政府批复;完成南昌市1314KM2航空摄影项目;启动南昌市连续运行卫星定位系统建设项目,项目设计方案通过评审;启动南昌市1314KM2正射影像数据和数字高程模型数据生成项目;启动南昌市大比例尺地形图数据更新和生产工作;开展智慧南昌时空信息云平台前期咨询工作,初步确定智慧南昌时空信息云平台的建设规模及费用。

【强化人才梯度队伍建设】 2013年,市规划局强化人才队伍建设,进一步提升领导班子整体效能。从四川宜宾引进一名规划专业博士担任总规划师,提拔、调入2名副县级干部,领导班子成员年龄结构更加合理,战斗力进一步增强。此外,通过与省、市人事部门的积极沟通,在全省先行先试采用单独招考形式招录一批规划专业技术人才,进一步充实、壮大规划人才力量,为各项工作开展提供强有力的专业保障。

【简政放权优化发展环境】 2013年,市规划局优流程、改作风,进一步深化行政审批制度改革,简政放权。保留实施的行政审批事项为11项,其中行政许可事项9项、非行政许可事项2项,下放实施的行政审批项目1项,委托实施的行政审批事项4项;一审一核事项为5项。并对原有审批事项及流程进行全面清理和研究,主动提速增效。本着先行先试的原则,一方面在规划、建筑方案审查阶段实行限时办结制、一次性告知制等制度,缩短审查时间;另一方面对建设工程规划许可证的核发时段进行调整,明确建设单位在修建性详细规划和建筑方案审查合格后,即可申请核发建设工程规划许可证。建设单位取得规划许可证后,即可按批准的建筑方案进行施工图设计,并可同时办理后续的工程招投标及到相关部门办理备案、缴费、行政许可等手续。通过这一调整,为建设项目在报建阶段节约2个月的时间,推进了项目建设。

(谢林梅)

城乡建设

【概况】 2013年,南昌市城乡建设委员会(以下简称市建委)按照南昌市城市总体规划布局,以拉伸城市框架、完善城市功能、提升城市品位为目标,深入推进城市建设进程。以科学规划为龙头,以产业发展为基础,以组团开发为导向,以城乡一体化为目标,以梅岭山系、赣江水系和鄱阳湖生态体系为发展骨架,坚定不移地实施大开发、大建设、大发展,坚持新型城镇化基础战略,取得较好的工作成效。围绕加快打造核心增长极这一主题,依托"以产业化夯实发展基础、以城镇化拓展发展空间"的基本思路,狠抓"拓展空间、优化形态、强化基础、完善功能、加大创新、推动集聚、积蓄能量、增强后劲"的落实,以项目建设为主抓手,以统筹城乡一体化为突破口,融合"新四化"发展要素,创新体制机制,进一步构建科学合理的城市格局和产业布局,充分发挥省级示范镇、全省百强中心镇在推进新型城镇化建设中的引领作用,探索出一条集约型、智能型、绿色型、低碳型具有南昌特色的城镇化发展道路。2013 年,增补调整全国重点镇 8 个:南昌县向塘镇、南昌县蒋巷镇、进贤县李渡镇、进贤县文港镇、安义县石鼻镇、高新区麻丘镇、湾里区梅岭镇、新建县西山镇。开展 2013 年农村危房改造省级验收准备工作,下达全市 2013 年农村危房改造分配及配套资金安排计划。深入推进 3 个省级示范镇的升级打造工作,努力造就一批生态特色古镇、金融产业重镇和工业产业型、交通物流枢纽重镇,使之成为全市城乡协调发展的新亮点、市民休闲观光及游客青睐的好去处、引领全市区域和农村经济发展的示范点。

【实施可再生能源建筑应用示范项目】 2013 年,市建委会同市财政局按照《南昌市可再生能源建筑应用专项资金管理办法》《南昌市可再生能源建筑应用示范项目评审办法》等有关规定,对南昌市第一批可再生能源建筑应用城市示范项目进行评审,评审推荐南昌市达观国际大厦地源热泵工程、江西慧谷——用友南昌产业园语音服务中心地源热泵工程、南昌大学前湖校区光热工程、江西省少儿体育培训中心游泳池水及浴室淋浴用水光热改造工程、江西移动红角洲生产基地地源热泵工程、社会主义学院综合楼光热改造工程等 6 个项目为南昌市可再生能源建筑应用示范项目,首批补助资金已经在 2013 年 7 月予以拨付。在市政府采购网和省政府采购网同时发布"关于南昌市城乡建设委员会可再生能源建筑应用示范工程能效测评机构项目电子化政府采购公开招标公告",经过专家评审确定江西建院工程检测有限公司中标,实施南昌市可再生能源建筑应用示范工程的能效检测工作。

【建立健全建筑节能监督检查机制】 2013 年,市建委印发《关于加强南昌市建筑节能验收工作的通知》,并在 1 月和 5 月组织两次大规模的建筑节能专项检查,共检查 87 个建筑节能基本完工工程,涵盖学校、医院、办公楼、保障性住房、酒店、房地产等各种建筑类型。通过检查对全市在建工程建筑门窗、外保温等节能实施情况有一个较全面的掌握,对检查中发现的不严格按照《建筑节能工程施工质量验收规范》进行验收、资料整理不规范等突出问题下发整改通知书,要求各参建单位进一步加大对建筑节能施工工作的严格要求,强化质量意识,严把质量关,严把现场准入关,杜绝使用不合格节能材料和产品。各检测机构要加强监测手段,加强责任意识,充分发挥把关作用,不得为不合格产品出具虚假检测报告,为规范建筑市场提供更好的服务。

【发展绿色建筑】 2013 年,南昌市政府印发《南昌市绿色建筑管理办法》,全面启动南昌市发展绿色建筑的各项工作。南昌满庭春 MOMA 住宅区一期项目、南昌高新区绿地·新都会、南昌万科金域蓝湾、南昌万科润园、南昌红谷滩万达广场 A 区 1#商业楼、南昌满庭春 MOMA 住宅区二期项目、南昌绿地·未来城、南昌辉煌家园、南昌万达中心嘉华酒店、南昌博泰蓝岸香舍一期、南昌·绿地学府公馆等 11 个项目单位获得建设部的绿色建筑设计评价标识,总建筑面积达 150 万平方米。

【轨道交通 1 号线重大风险控制】 2013 年,市建委对轨道交通 1 号线沿线车站及区间存在的重大风险进行重点梳理分析,并印发《关于加强轨道交通 1 号线重大风险控制的通知》,要求轨道交通 1 号线各参建单位高度重视重大风险的控制管理工作,编制好重大风险的施工组织设计,加强重大风险的监理。质量、安全监督部门要加强重大风险的监督检查,防止各类重大事故发生。4 月 15 日印发《关于加强轨道交通工程重大风险专项设计管理的通知》,要求各勘察设计单位要高度重视轨道交通工程风险控制勘察设计管理工作,加强重大风险专项设计的变更管理,并做好重大风险专项设计的审查工作,加强监督管理,严格落实建设各方的风险管理责任。

【推广省新型农房设计图集应用】 2013 年,市建委免费发放新型农房设计图集 1000 套,推广省新型农房设计图集应用,引导农民科学建房,加快推进和谐秀美乡村建设,形成具有地方传统建筑风格、能彰显地区农耕文化特色。加大集镇垃圾无害化处理设施建设投入,实地督导集镇垃圾无公害化处理设施建设和补助资金使用情况。

【国家级、省级历史文化名镇名村申报评选】 2013 年,南昌市获评省级历史文化名镇名村 5 个,中国传统村落 8 个,安义县石鼻镇罗田村被评为中国历史文化名镇名村。组织开展第三批国家特色景观旅游名镇名村示范推荐工作,进贤县前坊镇西湖李家被评为全国特色景观旅游名村。

【助推招商引资工作】 2013 年,市开放办对市直部门及驻外机构招商引资工作考核方式进行重大改革,主要是改变以往以完成指标任务为主导的考核方式,将考核重点转向组建"专业招商团队",并切实落实招商引资项目等。市建委多次对《南昌市开放型经济工作机制(征求意见稿)》进行研讨及回复。此外,邀请上市公司北京东方园林股份有限公司对南昌市进行投资考察,并为市重点招商引资项目"建华管桩"做好服务工作。

【实行建设稽查执法】 2013 年,市建委严格按照《中华人民共和国建筑法》等建设行政法律法规的规定,对全市建筑市场各方主体违法建设行为实施稽查。在稽查执法工作中坚持"四到位"(宣传到位、巡查到位、联合执法到位、查处到位)稽查执法模式,着力实现由"执法监督型"向"管理服务型"转变,有力促进全市建筑行业的规范管理。至年底,共检查登记建设工程项目 365 项,组织开展专项检查 7 次,下发建设工程项目办理建设手续告知单 102 份,与市城市管理行政执法局、市安监站执法联动 40 余次,接到群众举报案件 8 起,查处率和回复率均达到 100%。

【扶持培育建筑企业集群】 2013 年,市建委重点扶持培育南昌县"千亿建筑产业园"、进贤县"钢结构产业基地"和安义县"金属门窗产业基地"等企业集群,形成区域专业品牌。南昌县"千亿建筑产业园"项目已上报省发改委,作为省重大重点项目推进,省发改委将与省国土厅审批关于千亿建筑科技产业园用地指标。至年底,第一批进驻产业园建筑业企业已与南昌县政府签订入园协议。

【协调处理清欠农民工工资】 2013 年,市建委共协调处理 180 件农民工工资拖欠投诉案件和受理建设领域农民工工资保障金退款 119 件,涉及退款金额 5224 万元 。同时,严把出具企业"无拖欠农民工工资"证明关,共出具"无拖欠证明"9906 份,从源头上防止施工企业拖欠农民工工资,建立防止拖欠农民工工资的长效机制。

【创新建筑行业农民工工资管理模式】 2013年,市建委与建设银行合作,建立“建筑业从业人员实名制信息管理系统”(即“建通卡”)。以“建通卡”系统为平台,试行劳务用工人员实名制管理制度,要求建筑工地劳务人员实行用工实名制,办理“建通卡”,上工刷卡考勤,按考勤编制工资表,通过银行发放工资,解决企业欠薪证据难以核实的问题。对拖欠农民工工资的企业,督促其发放工资,若不予履行的给予记不良行为,停止其办理一切业务,一票否决。至年底,已在31个项目试点,涉及从业人员2954人。通过对施工现场劳务用工人员的上岗考勤和工资发放的监管,从而将有效解决建设领域农民工工资拖欠问题。

【强化城市雕塑管理】 2013年,市城雕办共组织投入近500人次参与城市雕塑维护维修,比上年增加100人次;开展较大规模的综合维护活动12次,比上年增加3次;维护(清洗、抛光、磨砂等)雕塑35座,比上年增加2座。针对各种不同材质的雕塑维护、维修与清洗要求做出具体详细规定,制定《南昌市城市雕塑维护制度》《雕塑维护全年计划》。同时,还制定《南昌市城市雕塑管理办公室目标考核管理办法》,不定期开展工作情况抽查,严格落实奖惩。

【质量安全监管】 2013年,市建筑行业在市级监管范围内未发生房屋建筑施工安全生产亡人事故,伤亡事故指标控制在省、市控制范围内,建筑施工安全生产继续保持平稳态势。制定下发《关于进一步加强对危险性较大的分部分项工程安全监管的通知》,继续强化对危险性较大的分部分项工程的监管,落实各方参建主体安全责任,突出做好重大安全隐患治理,提高施工安全管理水平,有效防范建筑群死群伤事故。出台《南昌市安装使用塔式起重机安全监控系统实施方案(试行)》,创新对大型起重机械设备的监管方式和手段。从12月1日起,在全市范围在建工地安装塔式起重机安全监控系统,实现塔式起重机的及时预警、报警和运行中实时在线安全监控,避免在使用过程中发生重大事故,逐步缩小与其他地区在建筑起重机械管理方面的差距。

【完成迎接住建部检查工作任务】 2013年,由住建部稽查办公室副主任朱长喜任组长的住建部城市轨道交通工程和保障性安居工程质量安全监督执法检查第三检查组一行13人,于7月2日至5日对南昌市轨道交通和保障性安居工程进行质量安全监督执法检查。检查组一行随机抽查南昌轨道交通1号线一期工程土建4标、6标、9标三个轨道交通工程和南昌市2012年度青山湖区公共租赁住房12#楼、南昌县公共租赁住房(江铃)项目A栋两个保障性安居工程。5日,检查组召开反馈会,对南昌市委、市政府及相关部门高度重视建设工程质量安全工作,在强化监督执法检查、全面落实质量安全责任制、有效遏制重大质量安全事故等工作中所取得的成绩,予以充分肯定。

【开展扬尘治理】 2013年,市建委组织召开两次全市建筑施工扬尘治理观摩会,进行动员部署。先后开展全市建筑工地扬尘污染防治专项检查和扬尘污染集中整治活动,对建筑施工扬尘重点污染源的工地实行挂牌督办、进行重点监控,每周至少进行一至两次的专项巡查,并根据上级部门指示及时发布应急短信、启动强制措施减少扬尘污染,安排专人接听市民对扬尘污染的投诉电话,及时作好投诉的处理与回复。

(刘文娟 武 静 余国华 胡建良 李花卉)

城市管理行政执法

【概况】 2013年,南昌市城市管理委员会(南昌市城市管理行政执法局)全面贯彻《南昌市城市管理条例》,认真履行相对集中行政处罚权职能,全年共办理行政执法案件722件(不含各区执法分局),其中行政许可案件285件、行政处罚案件437件。案件立案率、查处率和处罚正确率达到100%,未发生一起因行政复议撤销处罚决定和行政诉讼败诉的案件。

【启动“蓝天行动”计划】 2013年5月21日,南昌市启动“蓝天行动”计划,市城市管理行政执法局立即对城区44条主干道开展“蓝天行动”市容环境集中大整治。采取“城管牵头、公安保障、城区联动、严处顽症”相结合的方式,每天组成60余人的集中整治队伍,对占道经营、露天烧烤、环保噪音、渣余土运输、违章广告等进行高强度、高密度,有张有弛、依法依规的整治。对摊点流动性强、摊点较为集中、群众投诉增多的夜市排档、占道经营、流动摊点、出店经营进行强有力的集中整治,取缔占道摊点3800余处,规范出店经营1750户,收缴暂扣违章烧烤物品221车。解决市民长期以来反映强烈的问题30余起,打掉“夜市一条街”“摆花一条街”等12处长期未予解决的难点,使“蓝天行动”真正为市民的健康生活保驾护航。

【查处违法建设】 2013年,市城市管理行政执法局在督促、指导、协调市级和各区做好市容、园林、房管、建管、人防、预拌混凝土等各项执法的同时,重点抓好规划执法,着力加大对违法行为的发现、跟踪、督促和整改力度。全年查处公房案件121件,私房案件1024件;查处违法建设面积25.88万平方米,拆除1050处,面积14.62万平方米;行政处罚案件17件,处罚金额14.32万元,监控停工1处,实现城区公房零增长。全面实施朝阳片区综合改造查违控违工作,开展扬子洲地区2012年度控违目标管理工作考核。开展地下停车场调查摸底和整治工作,对全市地下停车场挪用情况进行全面摸排,对涉及挪用的地下停车场开展整治行动,共整治涉及挪用的地下停车场108个,停车泊位约9538个。根据《南昌市“拆违拆临、建绿透绿”专项整治工作方案》,对市属各单位临道路两侧的临时建筑物、违章建筑进行自查登记,并按照工作安排和时间节点组织自拆。市城市管理委员会10月17日完成青山北路15间店面自拆,打响全市市直单位“拆违拆临”第一枪。

【处置管理建筑垃圾】 2013年,市城市管理行政执法局建立由城管、公安、交警等组成的市建筑垃圾散装物料联合整治小组,形成合力,联合执法,攻坚克难。开展联合整治以来,建筑垃圾处置排放费收缴增长156%,建筑垃圾处罚金额同比增长167%,全市建筑垃圾散装物料运输进入有效管控状态。建筑垃圾排放费收缴实现零的突破,红谷滩新区、高新区、湾里区、经开区、桑海开发区实现管理机构、人员、收费从无到有、零的突破。全市9个城区(开发区、新区)共收取渣土排放费555.13万元。市建筑垃圾散装物料联合整治小组共查扣车辆292辆、处罚金额25.55万元,各城区(开发区、新区)共查处案件532件、处罚金额59.92万元,合计处罚金额85.47万元。督导、协调、推进各区建筑垃圾消纳场(点)的建设,规范消纳处置。各城区(开发区、新区)基本建有一个消纳场,各乡镇(街办)基本建有建筑垃圾消纳点专用于堆放居民装修垃圾，实行集中堆放。为及时、有效应对空气重污染影响，采取不同的应急措施，进一步落实好建筑垃圾处置及散装物料运输的管理，做好道路保洁，降低扬尘，提高空气质量。

【整治户外广告招牌】 2013 年，市城市管理行政执法局为迎接创建文明城国检，定期对全市户外广告进行督查，对违法违规户外广告下达督办单，依法拆除。在整治工作中，坚持以“减量、规范、提升”为总体目标，按照全市总体规划的要求和户外广告设置的有关技术规范，对违法设置以及各类破损、设置不规范等影响市容观瞻户外广告实施拆除。全年共拆除非法、破损、不雅及不合格、已到期等广告牌 571 块，面积 40453 平方米，改善城市面貌，提升城市品位。

【治理占道摊点】 2013 年，市城市管理行政执法局按照“以人为本、疏堵结合、标本兼治、常抓不懈”的原则，制订《关于 2013 年开展全市占道摊点专项整治工作实施方案》，各城区按照文明城创建的标准和方案规定的时间节点做好占道摊点整治工作。结合占道摊点专项考核，将疏导点设置作为考核评分的项目，推动疏导工作的开展。至年底，东湖区、西湖区、青山湖区已经选报一批占道摊点临时经营区。开展校园周边环境整治，查处校园周边无证摊贩、店外出摊、占道经营 2.9 万起。

【依法行政常抓不懈】 2013 年，市城市管理行政执法局狠抓《南昌城市管理条例》贯彻落实，督促委属各单位认真履行城市管理职责，集中查处出店经营和违法搭建等违反条例规定的城市管理违法行为；抓紧制定《南昌市建筑垃圾办法》《南昌市餐厨垃圾管理办法》《火车站广场管理规定》等配套的相关规章制度；不断完善程序，强化监督，启动城市管理行政调解工作，组织执法案卷评查，规范行政检查行为，推进行政执法和行政执法队伍建设工作。

（罗顺强）

城市公共设施

【概况】 2013 年，南昌市共有道路 663 条。其中，市管城市道路 22 条，长 62 千米，面积 273.18 万平方米；区管城市道路 641 条，长 805.44 千米，面积 1918.93 万平方米。全市跨江大桥 5 座，隧道 3 座，跨河桥 60 座，立交桥 11 座，总长 46.19 千米；市管路灯（含景观灯）22.83 万盏，其中路灯 4.15 万盏、景观灯 18.68 万盏；全市现有瓶装燃气经营企业 8 家，自供单位 5 家，储配站 13 座，一次性总储量 1921.5 吨。已敷设燃气中、低压管网约 1500 千米，城市燃气用户已接近 62 万户，其中管道用户 47.9 万户、瓶装用户 14.09 万户。

【完善城市设施功能】 2013 年，市城市管理委员会对市政设施进行拉网式排查，从人员、经费、设备上增加日常养护的投入，加大养护维修的力度，将突击性的整治转为长效管理，做到每条道路、每座地道、每座桥梁都责任到人。改进市政道路养护方式和养护手段，精益求精抓好细节，实现市政设施管理养护无缝隙、全覆盖、无死角，确保道路平整、无坑洼、人行道无缺损、路沿石顺直、地下通道秩序良好、卫生清洁及桥梁隧道安全运行。精细管护好市政设施，完好率达 90% 以上。城市桥梁管护迈上专业化路子，对市管 12 座桥梁进行日常监测、专业结构检测、勾缝。强化对各跨江桥梁设施进行日常管护维修，加强巡查，及时发现问题及时处理。做好桥梁景观灯的亮化，组织人员对南昌大桥、八一大桥、英雄大桥、生米大桥等不锈钢护栏进行集中擦洗，安排洒水车辆每日早晚各冲洗一次。强化安全检查机制，对八一大桥、英雄大桥进行综合性能检测和视频监控和健康系统的维护检测，加强跟踪观测桥梁主要部位的病害发展情况，确保南昌大桥、八一大桥、英雄大桥、生米大桥和赣江大桥公路桥部分等桥梁设施安全运行。协调办理艾溪湖大桥、五干一分渠桥梁、滕王阁隧道、孺子路人行天桥、洪城路和司马庙立交桥、抚生路地道、洛阳路隧道等设施的移交工作。完成有关生米大桥、洪城路等设施移交接管工作，实现对跨赣江五座桥梁的统一管理。推动城市路桥通行费的征收工作，参照其他省市的做法，拟制调整收费方式报市政府审定。加大隧（地）道巡查管理力度，落实督导责任制，确保管理设施受损情况及早发现、及时维修、提高设施完好率。加大路灯照明设施整改力度，努力提升设施完好率和亮灯率。完善以城市照明监控系统为核心、与数字城管信息平台对接的城市照明维护管理体系，在充分发挥城市照明监控系统功能的基础上，针对一些监控系统管理盲点，加大人工投入力度，全力消除设施隐性问题。路灯设施完好率、亮灯率始终保持在 98% 和 95% 以上，达到或部分超过创建文明城标准。

【规范景区广场管理】 2013 年，市城市管理委员会为保证青山湖景区、八一广场、火车站广场等主要景区广场环境优美、秩序优良，充分展示南昌窗口文明的良好形象，积极推行“三定一落实”等精细化管理责任制，加大对一线班组的考评力度，推行制度管人、标准管事，落实日常巡查、检查和考核制度，不断加大景区广场设施维护和环境整治力度，确保景区广场设施完好、路面整洁、湖面无漂浮物、树木修剪整齐、防汛调蓄及时。

【城建档案管理有新成效】 2013 年，市城市管理委员会继续做好南昌市工程建设领域突出问题专项治理范围内工程建设项目档案收集归档工作，采取电话联系、网络咨询、主动上门、深入工地、技术服务等方式，加大档案催交力度。紧紧围绕服务城市轨道交通工程等省、市重大重点项目建设，收集本年度新建、续建省、市重点建设工程项目，制定详细的业务指导计划，将工程项目分解，责任到人。先后到南昌国际体育中心、南昌轨道交通工程项目部、南昌铁路西客站地区市政路网工程项目部等 22 项重点工程项目单位业务指导 24 次。做好城建档案法规宣传和执法督查工作，加大城建档案催交力度，先后对江西省人民医院、象湖污水处理厂、南昌市社会福利院、南昌市血站业务大楼 4 项已竣工未移交档案项目进行督查，并下达限期移交档案通知单。全年共接收规划报建档案 717 项，建筑安装工程档案 598 项，整理档案 1.12 万卷。做好馆藏珍贵档案抢救保护，实施馆藏老地形图以及铝板、玻璃、三合板等不同载体档案的抢救拍摄工作。老地形图已全部翻拍整理完毕，航拍老地形图照片扫描工作正在进行之中。全年整理老地形图照片 1258 张，扫描航拍老地形图照片 6289 张。加强城建档案数据安全工作，推进城建档案信息化和数字化建设，开展城建档案数字化服务外包工作，共完成纸质档案数字化扫描验收 7792 卷（其中文件材料 51.49 万张，图纸 6.11 万张）。紧跟城市建设发展步伐，跟踪拍摄省、市重大重点建设工程项目，跟踪拍摄地铁 1 号线各站点工程施工进度和 2 号线部分站点原貌、省级党政机关搬迁置换工程、朝阳大桥工程以及象湖隧道等 29 项重大重点工程项目，拍摄照片 1369 张，录像 245 分 19 秒；制作完成市容整治资料片 22 期、城管委资料片 2 部。

【城市燃气行业安全有序发展】 2013年,市城市管理委员会着力依法查处燃气非法经营行为,规范燃气市场经营秩序,提高燃气行业从业人员的服务质量和服务水平,加强对燃气行业的安全监管,下达燃气安全隐患整改通知书59份,责令停止违法(章)行为通知书19份,查处、纠正燃气违法(章)行为420余起,查处瓶装供应"黑点"16个,证据保存非法灌装钢瓶120只,立案15起,处罚8起;管道天然气整合工作已完成朝北片区、三星商住楼、愉恬家园、曙光馨居和居住主题公园等18个瓶组站的并网和用户接收工作,接收居民用户40500多户,完成率33.75%,接收非居民用户17户,实现对燃气行业的有效监管,进一步方便市民生活用气,确保全市燃气行业安全稳定运行。

(罗顺强)

城市绿化和管理

【概况】 2013年,南昌市园林绿化局围绕南昌打造核心增长极总体要求,按照"两年有看头、三年有突破"的目标,重点推进大象湖景区建设、南昌梅岭植物园筹建、市人民公园扩建提升改造等工程,园林各项工作圆满完成。至年底,南昌市城市绿化覆盖率达43.05%,绿地率达40.72%,人均公园绿地面积12.04平方米。

【城区绿化美好工程建设】 2013年"森林城乡、花园南昌"城区建设主要围绕绿色长廊、生态花卉基地和市级重点道路等城市长效管理节点、部分典型社区、学校展开城区绿化美化工程建设。至年底,主要完成抚河绿色廊道(海关桥—建设桥)一坡工程建设、豫章景园续建工程、国土厅办公楼区及生活区和市政协绿化整体提升改造工程三大块的绿化建设。城区绿化工程累计栽植乔木5.20万株,灌木及球类149.58万株,竹类1.56万株,色块约3848平方米,地被6.53万平方米。城区绿化在点、线、面、块上得到提升,城市绿化景观生态体系功能进一步完善,极具园林景观档次及品位的城市新景象得到进一步体现。

【大象湖景区建设工程】 2013年,市园林绿化局以"重点抓好工程景观建设,精心打造象湖西堤以东样板段绿化景观建设,再创精品工程"为目标,努力完成工程建设任务。大象湖景区规划建设方案已向市政府专项汇报并通过,已完成西堤以东立项、可研、环评、水保,西堤以西工程可研及项目前期测量、工程监理招标工作。象湖西堤以东水产场内的工程改造建设已完成部分场地回填,回填土方共计25680立方米,种植土回填共计18690立方米;部分场地内的苗木移栽工作已完成,共移栽乔木285株,小乔木及灌木1252株;南隔堤段水系岸线的挖方工作已完成并进入土方造型阶段,部分水岸线已完成杉木桩的加固工作;万寿塔前小岛的土方造型已完成,进入植物种植阶段,后面沙滩种植土的回填工作正在进行。

【南昌梅岭植物园建设】 2013年,市园林绿化局与湾里区政府、市教育局、市土地收储中心进行沟通协调,初步明确南昌梅岭植物园与中小学教育基地的红线范围。同时,市土地储备中心与湾里区政府签订战略征收土地协议。至年底,南昌梅岭植物园项目建议书、立项及概念规划方案已完成。紫阳宫大景区控规及红线已逐级上报住建部审批,湾里区按照住建部反馈的意见完成修改再次逐步报住建部审批,待批复后开展后续有关工作。

【人民公园扩建改造提升工程】 2013年,人民公园扩建提升改造工程(南昌市动物园并入人民公园改造提升工程)主要分为地上和地下两部分。其中,地上部分有市政管网、水体营造、道路交通、服务性景观建筑、绿化种植等;地下部分将建设公园路下穿隧道,全长590米。设计秉承"自然、生态、健康、休闲、服务"的思路,充分挖掘"富有南昌地域风情与民族民俗风味"元素,营造"历史印记",将公园设计成为人民公园的服务性动态区。至年底,已完成项目建议书、可研、环评编制、方案设计和苗木移植工作,基本完成拆迁补偿谈判。老动物园树木移植工作顺利完成,为下一步道路和停车场施工打下基础。

【开展"拆违拆临,建绿透绿"专项工作】 2013年,按照全市"拆违拆临,建绿透绿"工作要求,市园林绿化局负责市管道路两侧及市直单位违法建筑、临时建筑拆除后建绿、透绿的设计和施工工作,并对各区、开发区(新区)以及所辖道路的建绿、透绿设计审核和施工指导。至年底,自拆范围内临建违建点位16处,总面积6326.2平方米。全面完成西湖区建绿透绿样板段(远东国际花园)的建绿透绿工作,受到中央电视台及各界的广泛关注和赞誉。

【人民日报江西分社园林绿化工程】 2013年,人民日报江西分社项目工程总建设面积约9353.7平方米,其中土建面积约为1387.3平方米,绿化面积约为3985.9平方米,道路2005.2平方米,房屋1975.3平方米。绿化工程自11月开工,于12月底完成,共栽植大香樟等乔木279株、红叶石楠等灌木1.22万株、麦冬400斤、草皮2680平方米。绿化工程建设根据日报社性质特点,设计创作有大型景观石雕"书包"并配置造型黑松衬托,院内铺装、木质花架、四角亭、水溪等园林小品在选材、选色施工上也与大楼主体特点、颜色相配套。在园林绿化景观工程精细化施工中,加强与市政协调,克服交叉作业中出现的市政道路、管线、电缆铺设工程同时施工造成的施工现场混乱、互相影响等困难,得到业主

生米大桥西连接线绿化

单位的广泛好评。

【实行园林绿化长效管理】 2013年，市园林绿化局以督查考核为手段，理顺长效管理机制，出台《配合城市建设树木移植工作方案》《南昌市园林绿化局简政放权进一步深化行政审批制度改革工作实施方案》《南昌市园林绿化局行政调解工作实施方案》等方案。通过对整个城区道路绿化的管护情况全方位、全时程的监控，实施“数字城管”，使整个管护水平凸显新效果，保持了园林绿化精细化管理的常态模式。至年底，“数字城管”共发现和派遣问题1584个，受理群众举报损毁园林事件共52起，为南昌市园林绿化建设挽回大量的绿地和损失。

【履行行政审批职能】 2013年，行政审批工作紧紧围绕南昌市人民政府《关于深化第八轮行政审批制度改革全面简政放权的决定》精神，紧扣园林绿化中心工作，坚持政务公开、创新服务、简化程序、提高效率，做到让企业满意、基层满意、群众满意，实现行政工程方案审批、占用城市绿地、砍伐移栽树木、竣工验收备案、城市审批零投诉，群众满意率100%。至年底，共受理办结工程建设附属绿化工程方案审批、竣工验收、工程建设附属绿化工程开工登记、园林质监、占用城市绿地、砍伐移栽树木、园林绿化企业资质申报等项目353件，参加发改委初步设计审查会21项，户外广告联审56项。

【开展动物保护繁殖工作】 2013年，南昌动物园创新工作实践，建立新机制，全力推行新模式，动物保护繁殖工作取得快速发展。1月29日，在鄱阳湖南矶湿地国家级自然保护区核心区泥湖成功野外放飞经救护康复的一只白鹤。9月，为保证华南虎幼崽健康成长，创新工作方法，成功向社会征集到狗奶妈，帮助哺育两只华南虎幼崽顺利度过危险期，开创家犬哺育华南虎先例。11月27日，历经10余小时，成功抢救误吞直径65厘米塑料皮球的海豚“奥奥”。南昌动物园开展的一系列动物保护繁殖工作，先后得到省、市乃至中央媒体的高度关注和密集报道，成为南昌市民街头巷尾热议的话题。

【市园林科学技术研究所成立】 2013年10月16日，正式成立南昌市园林科学技术研究所。该所是从事城市园林绿化研究、成果推广和科普宣传的社会公益性全额拨款事业单位，主要负责园林植物栽培和繁殖研究，园林植物新品种的引进、驯化、培养及推广，园林植物病虫害预测、预防及防治和园林科学技术的普及、培训。

【参加第九届中国(北京)国际园林博览会】 2013年5月18日至11月18日，由国家住房和城乡建设部、北京市人民政府主办的第九届中国(北京)国际园林博览会(以下简称园博会)在北京丰台区永定河西岸举办，历时半年。由市园林绿化局承建的“南昌园”景观工程代表江西省参展。“南昌园”景观工程展园占地面积2509.33平方米，整个设计以鄱阳湖水生态为基础，以“八大山人”和“汤显祖”生平事迹为主线，以赣南围屋及江西本土建筑为载体，运用雕塑、壁画、景观造型等形式，展示江西赣鄱文化特色和人文景观，并将吊桥，溪水和奇石穿插其中展现“城中有湖，湖中有城”的南昌特色。同时，“南昌园”建设和展出期间，市园林绿化局以过硬的质量得到组委会及专家的一致好评，被评为第九届北京园博会先进集体，并在各类评比中荣获室外展园金奖、室内展陈铜奖、植物配置优秀奖、建筑小品优秀奖及展园优秀建设奖。

【主办第二十五届菊花展览】 2013年11月7日至12月5日，由市园林绿化局主办的“菊韵南昌、梦想江西”第二十五届菊花展览在红谷滩新区行政广场举办。各城区、开发区(新区)、南昌市园林局局属等11个单位和市园林一级企业联谊会积极参与，共展出330余个品种100万盆菊花，比上年新增100余个品种。此次菊展现场布置节约从简、注重实效。为方便市民夜游菊展，首次增加夜间灯光设施。各参展单位参展造型的地方特色较为明显，如百姓梦·中国梦、菊香洪城、幸福楼、神龙潭等造型景点。菊展期间还开展菊花评比、网络博文大赛、摄影比赛、菊花义卖和捐赠等各类丰富多彩的百姓互动活动，为全市人民奉献一道丰富的文化休闲盛宴。

(余宣凝)

环境卫生管理

【概况】 2013年，南昌市道路清扫保洁面积2695.33万立方米(其中市级承担72.78万立方米)，公厕262座，垃圾站97座，环卫车辆236台，环卫职工12121人(其中道路清扫保洁人员8243人)，全年清运生活垃圾83.88万吨。

【推进环卫作业重心下移】 2013年4月1日，市城市管理委员会完成全市环卫作业重心下移任务，将昌南大道等96.27万立方米道路清扫保洁、12.42万立方米绿地保洁、74个果壳箱清掏等环卫作业任务整体下移至各相关城区，将全市31条主干道道路冲洗及降温降尘作业任务下移至各城区，将15辆洒水车、5辆扫道车及作业人员下移至各城区，将21座公厕管养任务移交至市政控股集团。

【启动垃圾处理费征收工作】 2013年，市城市管理委员会完成垃圾处理费开征请示和方案论证招投标工作，对各区生活垃圾处理成本数据进行调查统计，与市物价局对生活垃圾处理成本统计表进行初步审核，待市物价局对全市生活垃圾处理成本测算完成后进入听证程序。

【推动清扫保洁市场化运作】 2013年，市城市管理委员会借鉴景德镇市进行环卫作业市场化的经验，对东湖区环卫作业市场化运作招投标方案进行评审，提出修改完善意见。至年底，东湖区、青山湖区完成环卫市场化运作招投标工作。

【督促落实环卫作业经费标准】 2013年，根据市政府文件(洪府厅抄字〔2013〕189号)精神，执行新的环卫作业经费标准。市城市管理委员会联合市政协、市财政局对4个主城区的经费落实到位情况进行专项督查。至年底，东湖区、西湖区、青云谱区已正式执行新的环卫作业经费标准，调增的环卫作业经费已按月足额拨付。

【规范环卫作业质量标准】 2013年，市城市管理委员会为加强和提升道路机械化作业，起草《南昌市机械化清扫冲洗作业标准》《环卫机械化作业经费标准》《南昌市机械化清扫冲洗作业考核办法》；在环卫作业质量标准和操作规范方面，制定《南昌市环卫作业质量标准及各季节作业操作规范(试行)》。

【无害化处置生活垃圾】 2013年，市城市管理委员会加强对麦园垃圾处理场管理，科学有效处置生活垃圾84万余吨，收集沼气855万余立方米，利用沼气发电1700万余千瓦小时。渗滤液深度处理工作开展有序,渗滤液处理量约36.5万立方米,达《生活垃圾污染控制标准》(GB16889-2008)表2标准。

【开展“三乱”整治】 2013年,市城市管理委员会与市交管局联合制订《南昌市2013年行人乱扔、店面乱倒、车上乱抛垃圾行为专项整治工作实施方案》,组织开展专项整治工作。在专项整治工作中,共取证“三乱”行为11674件,通过省市媒体曝光5000余件。其中,现场查处“行人乱扔”5011件、“店面乱倒”1891件,处罚率达100%,处罚金额14.46万元;取证“车上乱抛”行为4772件,全部移交市公安交管部门实施处罚。“三乱”整治工作有力地遏制产生街面垃圾源头,减轻环卫保洁压力,提升城市环境卫生水平。8月27日,中央电视台新闻频道报道该做法,对整治工作的作用表示肯定。

【推进“城市管理年”活动】 2013年,市城市管理委员会根据省住建厅“城市管理年”活动要求,召集各县区(城区、开发区、新区)城管局、执法局分管领导和委属各相关处室及委属单位主要负责人召开全市市容环卫系统城市管理年工作部署会,对省住建厅城市管理年活动进行专题部署;积极向省住建厅报送城市管理年活动信息,共报送简报24期。为配合“城市管理年”活动开展,对市辖各城区及市直相关部门的城市管理工作情况进行每周一次的暗访,督导整改各类问题2952件;对市辖四县一区进行每季度一次的暗访,督导整改各类城管问题513件,较好地促进全市县、区城市管理工作。

【加强垃圾广告治理】 2013年,市城市管理委员会在创建全国文明城市中,为破解垃圾广告治理难题,先后深入各区环卫所等基层单位调研,赴萍乡市、成都市考察,确立“建立公安、城管、工商等部门执法联动机制,深化源头治理”的工作思路,探索出以“市场化运作为主,社区自治为辅”的清理模式。通过加强部门联动,实施通讯阻断,进行源头打击;狠抓“四个到位”,认真组织清理,确保落到实处;完善考核机制,细化考核标准,提高清理质量等措施,有效遏制垃圾广告。

【建筑街景(店招)改造及管理创新】 2013年,市城市管理委员会为巩固建筑街景改造及店招改造成果,进一步规范和完善建筑街景后续管理与维护,实施长效管理,确保质量安全。根据“重心下移,属地管理”的原则,明确建筑街景改造长效管理责任单位、完善工作机制、落实管理经费,确保建筑街景长效管理工作事事有人管,项项有着落。同时,建立“市查区改”与“自查自改”相结合的巡查监管机制,不定期组织对各区长效管理重点范围内建筑外立面情况进行巡查和监管,实行跟踪督查。

【实行建筑垃圾运输企业备案】 2013年,市城市管理委员会为规范城市建筑垃圾运输行为,建立科学、严格的准入及信用管理体系,引导运输企业诚信守法经营,对运输企业进入建筑垃圾运输市场进行条件认定,对符合条件的运输企业登记备案。督促并指导各城区(开发区、新区)做好建筑垃圾运输企业备案工作,对办理程序中车辆的密闭性及行驶记录仪的安装等有关内容进行现场指导。至年底,已有28家建筑垃圾运输企业在市城管委进行登记备案。

(罗顺强)

城市建设投资

【概况】 2013年,南昌城市建设投资发展有限公司(以下简称南昌城投)以项目为抓手,真抓实干,勇于创新,充分发挥主观能动性,扎实有效推进各项工程,各项工作取得良好的预期目标和成绩。全年营业收入20余亿元,实现利润总额超3亿元,上缴税金7500余万元。承担市重大重点项目13项,项目总投资规模约200亿元。其中,续建项目8个,分别是昌南大道东延工程、生米大桥西连接线一期工程、生米大桥西连接线二期工程、沿江中南道工程、朝阳片区工程、利字街棚改工程、建设西路西延工程、环鄱阳湖水利建设工程;新建项目5个,分别是老动物园道路及地下停车场工程、金沙路与施尧路对接工程、昌九大道(港口大道)工程、九洲大街下穿象湖隧道工程、九洲高架工程。全年完成融资约60亿元。

【“13南昌城投债”发行】 2013年南昌城市建设投资发展有限公司债券(简称“13南昌城投债”)于2月20日起发行。本期债券总额为人民币13亿元,期限为7年期,采用提前偿还方式,自债券发行后第3年起,即2016年起至2020年,逐年分别按照债券发行总额的20%比例偿还债券本金。本期债券采用固定利率形式。票面年利率为6.19%,在债券存续期内固定不变。通过承销团成员设置的发行网点公开发行。本期债券无担保。经大公国际资信评估有限公司综合评定,本期债券的信用等级为AA+级,发行人的长期主体信用等级为AA+级。主承销商为国盛证券。

【生米大桥西延快速路工程正式开通】 2013年10月1日,生米大桥西延线快速路建成并通车。生米大桥西延线位于南昌市西南地区,为南昌市二环线重要组成部分,项目东起昌樟高速,西至昌铜高速收费站(连接西外环高速),全长5.46千米,道路红线宽度70米,为城市快速路。该项目分两期实施,一期工程为昌樟高速至320国道,全长约1.4千米,双向八车道;二期工程为320国道至南昌市西外环段,全长4.06千米,规划为双向六车道主路,两侧设置单向两车道辅道,主道为城市快速路,设计车速80千米/小时。

【自营项目有效拓展】 2013年,南昌城投下属子公司城建实业公司保持稳步增效、持续扩张的良好势头,全年累计完成产值8.6亿元,实现利润2242万元,达到预期收益。与博泰集团合作成立的江西城投投资有限公司,运营的湖韵天成、凡尔赛宫及豫章桥项目取得良好的成效,销售回款已达预期。另外,下属子公司南昌城投资产管理公司在保证资金安全性、流动性的情况下,将闲置性资金通过购买银行理财产品,实现预期理财收益。

【全市市政工程质量安全管理现场观摩会举行】 2013年10月26日,全市市政工程质量安全管理现场观摩会在昌南大道东延工程项目施工现场举行。会议总结交流全市工程质量安全工作先进经验,对全市工程质量安全管理工作进行再动员再部署。市委副书记、代市长郭安出席并讲话。市委常委、副市长刘建洋主持。昌南大道东延工程西起罗谢公路以西700米,东至幽兰立交,全长约7.67千米,是南昌市城南的重要防洪屏障和城市二环组成部分,是南昌市目前打造的城市快速路之一。在工程建设现场,郭安一行仔细察看施工质量和进展情况,并认真听取施工单位、建设单位对道路工程路基施工工艺、质量安全保障措施等方面的经验汇报。

(杨柳青)

水利、环境管理业

本栏编辑　喻学辉

概　述

【概况】 2013年，全市水务工作紧紧围绕市委、市政府中心工作，深化水务改革，强化水务管理，严格水务执法，严格水资源管理制度，不断提升水务公共管理和社会服务能力水平，实现水务事业持续发展；全市环境保护工作按照“在保护中发展、在发展中保护”理念要求，积极推进生态乡镇创建工作，加大生态环境、水系环境保护和监督检查力度，采取多种措施开展工业企业废气治理、城市扬尘污染整治、机动车排气污染防治等，进一步改善全市空气、水源质量，为市民提供良好的生态环境。至年底，全市拥有国家级生态示范县2个，自然保护区9个（含省级），自然保护区面积10.20万公顷；已批准国家级生态乡镇13个。全年空气质量有27天为优级，195天为良级，轻度污染96天，中度污染30天，重度污染17天，未出现严重污染，全年优良率为60.82%。城市生活污水集中处理率93%以上；集中式饮用水源水质达标率达到100%；区域环境噪声均值控制在53.6分贝以下；交通干线噪声均值控制在67.3分贝以下；工业固废综合利用率达到95%以上。

水利管理

【概况】 2013年，南昌市水务局认真贯彻落实市委、市政府打造核心增长极的战略部署，不断深化水务改革，较好地完成年初确定的各项目标任务，为全市经济社会发展提供有力的水务基础支撑。全年共到位市级以上水利建设资金9.8亿元，开工建设水利工程项目13项，基本完成一部分水库加固、改造项目，解决了11.83万农村人口和4.62万农村师生饮水安全问题。7月，南昌市成功被列入首批全国水生态文明建设试点城市，并完成建设规划和实施方案编制。节水型社会建设试点工作通过水利部中期评估并获得优秀。12月，中国城镇供水排水协会授予青山湖、朝阳两座污水处理厂为绩效达标竞赛优秀达标单位。

【防汛抗旱扎实开展】 2013年，南昌市境年平均降雨量1462毫米，比历史同期均值偏少10%，接近常年，汛情总体平稳。但降雨时空分布不均，4—6月，遭遇多次强降雨过程，城乡内涝严重。7月之后持续高温少雨，11月8日，赣江南昌站水位降至11.87米，创历史新低。面对严峻的防汛抗旱形势，市、县水务和防汛部门未雨绸缪，超前部署，突出加强在建工程保安、中小河流防守、城市排涝管理和山洪地质灾害防御工作，及时调整市、县、乡防汛指挥机构，落实防汛责任。修订完善防洪预案和各类工程度汛方案，加快防洪工程除险加固和城市排水设施整治改造。全市组建5支应急抢险救援队伍，落实抢险救援人员503名。各县、区、乡镇分别组建100—600人的防汛抢险队，建立553人水库安全管理员和886人堤防安全管理员队伍，储备防汛草袋216万条、编织袋337万条、石料40万立方米。7月以后进入高温少雨天气，科学调度各类水源工程，确保生活、生产和生态用水安全。

【王文涛视察调研防汛工作】 2013年4月1日，省委常委、市委书记王文涛冒雨到安义县视察水库（小一型水库）防汛工作，详细了解水库建设标准、灌溉面积、库水位水量、防汛应急预案及防汛准备情况。王文涛在视察中强调，4月1日即进入汛期，各部门要高度重视防汛工作，要未雨绸缪，全力做好防大汛、抗大洪的各项准备。既要做好大江大河和重点大堤的防汛准备，又要确保各类山塘水库安全度汛和城镇防汛排涝工作，确保人民群众安全度汛。28日，王文涛到市防总办公室调研防汛工作，通过防汛指挥系统察看当前防汛的水文、气象等信息和防汛各项准备情况，听取当前全市防汛工作情况汇报，并要求认真落实防汛值班制度和防汛责任制，加强对

2013年7月29日，建设中的赣江九龙湖防洪大堤

值班和巡查人员的抽查,按照省委、省政府确定的“一个中心、三个重点、五个确保”的防汛目标,把工作做细、做实、做好。调研时王文涛还在市防总分会场出席全省防汛视频会商会。

【节水型社会建设通过中期评估并被评为优秀】 2013年6月13日,水利部长江委员会在南昌主持召开南昌市节水型社会建设试点中期评估会。会议成立以长江水利委员会总工程师刘振为组长的评估专家组。专家组在通过现场考察、听取汇报、审阅材料和对有关问题进行质询后,一致同意通过评估。12月26日,全国节水办公室在北京召开全国节水型社会建设管理工作座谈会,对全国第四批试点城市中期评估情况进行通报,并从18个中期评估单位中评选5个优秀试点城市,其中南昌市被评为优秀试点城市。

【列入水利部首批水利综合执法试点城市】 2013年5月8日,水利部下发《关于开展水利综合执法示范点工作的通知》,将南昌市列入全国首批水利执法示范点。市委、市政府高度重视,9月30日,成立以副市长朱志群为组长,市法院、公安局、编办、财政局和水务局有关负责人为成员的南昌市水利综合执法示范点领导小组。12月12日,市政府转发由市水务局编制完成的《南昌市水行政综合执法实施方案》,要求有关单位按方案开展工作。

【水利基层服务体系建设成效显著】 2013年,南昌市四县五区和5个开发区共有乡镇80个,其中承担水利任务的75个,占92.5%。为进一步完善基层水利服务体系建设,促进水务工作良性发展,根据省编委、省人保厅和省水利厅联合下发的《关于进一步完善我省基层水利服务体系的意见》,市水务局及时与市编办等单位沟通,联合下发《关于进一步健全完善我市基层水利服务体系的实施意见》。经过8个月的调研考察和优化布局,严格执行定编原则,至年末有水利任务的75个乡镇全部完成水务管理站的组建工作,均为国家全额拨款事业单位,共定编248人,已落实222人,现有在编在岗人员194人,其中大学本科学历26人、大专63人、中专62人。已组建的水务管理站有独立的办公场所67个,占89%。水务管理站以乡镇管理为主,市、县(区)水务(农水)局进行行业务指导。

【水土保持科技园通过中期评估】 2013年10月13日,以水利部水土保持司司长刘震为组长的水土保持生态科技园中期评估专家一行6人到安义县,主持召开南昌市水土保持科技园中期评估会。省水利厅厅长孙晓山、副市长朱志群等参加评估会。与会专家、代表采取看、听、问、查方式进行认真讨论后,一致认为,科技园达到中期评估标准,通过中期评估。会上,刘震对下一步科技园功能完善工作提出具体要求。

【完成107座水库除险加固】 2013年,南昌市安排一般小(二)型水库除险加固107座,其中南昌县10座、新建县30座、进贤县32座、安义县29座、红谷滩新区5座、桑海开发区1座,批复总投资1.12亿元。主要建设内容为水库大坝除险加固、溢洪道改造加固、坝下涵管改建等。至年底,水库加固、改造项目基本完成,共完成投资8050.8万元,完成土石方125.6万立方米、钢筋制安0.15万吨、混凝土11.8万立方米。

【再次解决11.83万人饮水安全】 2013年,省水利厅下达南昌市农村饮水安全建设资金8099万元(其中中央投资5085万元),安排“千吨万人”供水工程8处,“百吨千人”供水工程1处。其中:新建县3处(象山、大塘、石岗),进贤县3处(罗溪、南台、七里),青山湖区1处(昌东工业区),湾里区1处(罗亭)。计划解决11.83万名农村人口和4.46万名农村学校师生饮水安全问题。经市、县(区)水务部门科学规划,认真落实配套资金、严格实行工程建设“三制”和推行管材采购等措施,供水工程年末已完成主体工程。

【城区水利建设顺利推进】 2013年,市水务局完成“鄱湖明珠·中国水都”工程总体规划,并联合市委政研室开展工程建设组织运行机制研究,全面加快建设速度。投资百亿元的城区14项水利工程建设到2013年末除扬子洲路堤结合工程在抓紧前期准备工作外,其余13项工程已全面开工,其中有9项工程接近或基本完工。象湖抚河清淤截污工程2012年12月开工,到年底,象湖段4700米已完成箱涵主体工程4250米,抚河段9900米已完成主体工程9214米。象湖抚河清淤已全部完成,共完成投资52800万元,占总投资67400万元的86.5%。赣江生米九龙湖防洪堤工程,堤长4720米,分两个标段分别在2012年2月和2013年1月开工。至年底,一标段完成吹填方量541万立方米,占吹填总量的80%;二标段已完成高喷作业4.8万延米、抛石基床8.78万立方米的计划任务,同时完成抛石固岸4.8万立方米,粘土心墙19万立方米和混凝土墙1.6万立方米,占计划工程量的80%。斗门电排站等建筑物已完成主体工程,共完成投资4.4亿元,占总投资8.6亿元的51%。赣东大堤风光带工程,分岸线整治和风光带两个项目分别在2012年12月和2013年1月开工,8千米岸线整治至2013年末已完成回填沙,回填土、护坡和抛石等工程量的2/3,完成投资1.6亿元,占总投资的75%;景观带工程的硬质铺装、城市阳台、自行车道、景观建筑物及绿化等施工进展顺利。乌沙河综合整治工程,计划整治河长37.8千米,其中重点段16.6千米,包括河道清淤、拓宽断面、裁弯取直、加固堤防、新建(改建)泵站、沿线绿化等,总投资13.42亿元。建设工期一年半,2012年10月开工,重点段分5个标段实施。至年底,完成河道清淤量75.8万立方米、土方开挖和回填土175.5万立方米,完成总投资额的40%。除此之外,西桃花河整治工程、幸福渠水系整治工程、玉带河清淤截污工程和赣江市民公园等施工进展顺利。

【厅、市合作成效显著】 2013年,市水务局按照市政府与省水利厅6月签订的《共同推进打造核心增长极合作备忘录》要求,双方加强沟通对接,市政府与省水利厅,市水务局与省水利厅有关处室、与省水利厅直单位之间三个层面,相互常态化沟通对接机制得到有效强化,合作取得新成效。全市共到位市级以上水利建设投资9.8亿元,其中争取中央和省级水库除险、安全饮水等补助资金4.65亿元,落实土地出让金收益用于农田建设资金、水利建设基金等市级水务投入5.17亿元。

(谢忠治)

生态保护

【概况】 2013年,全市共有森林公园7家,其中国家级森林公园1家(梅岭国家森林公园)、省级森林公园5家(江西省圣水堂省级森林公园、梦山省级森林公园、象山省级森林公园、兴农沙漠生态森林公园和香炉峰省级森林公园)、市级森林公园1家(南昌市大公岭市级森林公园)。自然保护区12个,其中国家

扬子洲生态产业

级自然保护区1个（鄱阳湖南矶湿地国家级自然保护区）、省级自然保护区2个（青岚湖省级自然保护区、峤岭省级自然保护区）、县级自然保护区9个。

【农村生态保护稳步开展】 2013年，市环保局完成《南昌市农村生态环境现状与对策研究调研报告》。报告分为基本现状、主要成效和经验、存在的主要问题及原因剖析、对策与建议和相关机制形成等五个部分。以农村生活垃圾无害化处理和土壤、养殖业污染防治为重点，进一步推进农村生活污水、垃圾处理设施建设，安排专项资金用于农业源减排"以奖代补"项目，切实提高和改善农村生态环境质量。

【生态乡镇创建成绩显著】 2013年，各县（区）环保部门以建设生态文明和改善民生为重要抓手，不断强化组织领导，加大环境保护投入力度，大力推进经济发展方式转变，加强农村环境保护，高度重视国家级生态乡镇的创建工作，并取得明显成效，为秀美乡村建设发挥示范引领作用。全市新增99个市级生态村、7个省级生态村、4个省级生态乡镇。南昌县五星垦殖场、莲塘镇、南新乡，青山湖区塘山镇、扬子洲镇等5个乡镇评为国家级生态乡镇。

【"全国科普日"活动启动仪式举行】 2013年9月14日，以"保护生态环境，建设美丽南昌"为主题的南昌市"全国科普日"活动启动仪式在市象山文化广场举行。活动旨在深入贯彻落实中共十八大精神，进一步落实《全民科学素质行动计划纲要（2006—2010—2020年）》，加强生态文明宣传教育，推进生态文明、美丽南昌建设。活动向10个小学赠送旧电池回收箱，发出"加强生态文明宣传，做环保文明使者"倡议，开展环保知识咨询，3D科普画板巡展及20多块科普图板展览，并发放废旧电池危害的宣传单2000余张。

【"保护山川河流鄱阳湖"学雷锋环保志愿服务活动启动】 2013年7月4日，南昌市"保护山川河流鄱阳湖"学雷锋环保志愿服务活动在市环保局正式启动。活动以"关爱自然——鄱阳湖水系环境保护"为主题，在全市招募60名"南昌市环保志愿者"，广泛开展学雷锋环保志愿服务活动：开展鄱阳湖保护宣传教育志愿活动，宣传普及水环境保护知识和关爱自然志愿服务理念，倡导人与自然的和谐相处生态文明精神；开展环境监测志愿活动，组织环保志愿者参与鄱阳湖南昌水域、赣江南昌段、抚河南昌段地表水水质监测，加强饮用水水源地水质监测预警；开展环境巡查志愿活动，组织环保志愿者对南昌市大水厂等水源保护区环境状况进行巡查，并在赣江、抚河、东南西北湖等江河湖沿线开展巡查排污口、维护岸线环境等志愿服务活动，防范饮水环境风险。全国文明办将该项目列入"全国百大志愿者服务项目"之中。启动仪式上为环保志愿者们举行现场授旗仪式，并对志愿者开展环保业务知识培训，为今后有序开展"关爱自然——鄱阳湖水系环境保护"等志愿服务活动打下良好的基础。

（陈小刚）

环境治理

【概况】 2013年，市环保局围绕建设生态市目标，大力推进新农村建设，着力推进工业企业脱硫脱硝污染减排，推行黄标车限行，扩大高污染燃料禁燃区范围。同时实施饮用水源地和重点水域保护、造林绿化、平原绿化、防沙治沙造林、野生动植物保护等七大生态建设工程。加强环境政务信息公开，不断增加环境保护工作的透明度，提高公信力，及时发布大气、水质、土壤等事关民生的环境信息及防控治理措施，保障群众的知情权、参与权，回应民众关切。发布政务微博150条，处理网上投诉34条、网上咨询34条和留言43条，在新闻媒体上稿210多篇，处理环境信访案件300余件，办理人大建议、政协提案8件。

【"蓝天行动"稳步推进】 2013年，《南昌市蓝天行动计划（2013—2015年）》提出工业废气污染防治、高污染燃料禁燃区污染防治、城市扬尘污染防控与整治等9项主要工作任务、38条措施。高污染燃料禁燃区面积从169平方千米扩大

2013年1月18日，南昌市环境保护监测监控中心正式启用

2013 年 8 月 15 日，省委常委、市委书记王文涛到市环境监测站实验室现场检查指导

到 195 平方千米，占中心城区用地面积的 82.6%，原禁燃区内高污染燃料锅炉全部拆改完成。开展建筑工地扬尘和露天烧烤集中整治，督查在建工程 300 余个，下发建筑扬尘污染防治督办单 60 余份，查扣违规运输车辆 140 余辆，取缔烧烤摊点 90 余处，查处油烟污染 70 余起。方大特钢、晨鸣纸业等一批重点工业企业脱硫脱硝工程进展顺利，工业废气排放得到有效控制。

【多项措施应对雾霾天气】 2013 年，市环保局加强空气质量动态监测，采取多项措施积极应对雾霾天气。实时发布空气质量动态监测、数据统计与分析及空气质量信息，加强全市工业大气污染源监控管理，加大污染企业的检查执法频次，保证脱硫、脱硝、除尘及其他污染治理设施正常运行、达标排放。同时，做好企业物料和工业固体废物的堆存管理，保证裸露的煤、灰渣等实现全覆盖。对全市各建筑工地的扬尘污染控制措施实施监督管理，加大施工工地洒水降尘频次，施工场地内散装材料、裸露地面、土石方采取覆盖措施；搞好建筑垃圾及散装物料运输管理，确保建筑垃圾及散装物料密闭运输；加强市管道路保洁和洒水，取缔垃圾焚烧、秸秆焚烧，禁止户外烧烤，整治餐饮油烟。此外，开展交通疏导，提高交通畅通率，减少机动车污染物排放量；加大限行区域无标车、黄标车查处力度；加强建筑垃圾、散装物料运输车辆的监督管理。

【机动车排气分类管理全面展开】 2013 年 1 月 8 日，南昌市机动车排气污染防治监督管理中心经市机构编制委员会批准正式成立，在全省率先开展机动车排气污染防治工作。对机动车排气管理实行分类管理，迅速完成首轮环保标志核发（核发 50 余万个）工作，实行机动车环保标志区域限行措施，每天减少 6.8 万辆黄标车次进入市区。截至年底，南昌市空气质量综合指数在中部 6 个省会城市中列第一。

【水环境综合治理取得重大突破】 2013 年，市环保局编制《清流行动计划（2013—2015 年）》，突出饮用水安全，建立饮用水源环境管理档案和饮用水水源保护区巡查制度，开展赣江饮用水源环境综合整治活动。对城区 18 个河湖渠水体污染源进行专项调查，摸清水质状况，找出症结，提出建议，为全市开展水环境综合整治奠定基础。对前湖水系、幸福渠流域和幸福水库、溪霞水库周边进行集中整治，关停非法塑料加工点和排污企业 40 多家，拆除、搬迁两个水库周边养殖场 269 户，拆除面积 9.5 万平方米。

【环境安全得到有效保障】 2013 年，市环保局坚持将排放工业固体（有机）废物、涉危涉重企业作为环境监管的重点对象，深入开展打击违法排污企业、保障群众身体健康环保专项行动。参与处置突发环境应急事件 10 起。由于处置及时，措施到位，均未造成大的环境污染，及时制止污染事故的发生。

【服务打造核心增长极能力进一步提升】 2013 年，市环保局向省环保厅提出的 6 项请求支持事项全部落实，机动车排气污染防治和幸福水库、溪霞水库周边养殖污染防治获得重大专项资金支持。全面完成第八轮审批制度改革，保留行政许可事项 9 项，一审一核事项、即办件事项分别占行政审批事项的 77.8% 和 44.4%，权限内所有审批事项确保在 5 个工作日内办结，服务对象满意率达 100%。南昌、九江区域大气污染联防联控机制正在形成，南昌上风向生态敏感带规划稳步推进。

【效能建设成效显著】 2013 年，市环保局坚持“标本兼治、综合治理、惩防并举、注重预防”的方针，深入开展企业发展环境和行业不正之风突出问题集中整治，积极抓好作风效能投诉受理。紧紧围绕中央“八项规定”的贯彻落实，制定《南昌市环保局贯彻落实〈市委市政府改进工作作风、密切联系群众的若干规定〉实施办法》，细化 20 条具体措施，局领导下基层、进企业开展调查研究达 120 余次，解决实际问题 40 余个，各类公务开支均有不同幅度的减少。

【能力建设跨越式发展】 2013 年 1 月 18 日，占地面积 1.58 公顷、总建筑面积 2.7 万平方米的南昌市环境保护监测监控中心正式启用。该中心集环境分析、环境监控、环境信息、环境科研、环保培训和应急指挥等六个中心于一体，建成污染源在线自动监测系统、污染源视频监控系统、饮用水源地视频监控系统、空气质量自动监测系统、地表水环境质量自动监测系统和视频会议系统等六大系统。环境保护监测监控中心的启用标志着本市环境保护能力建设实现跨越式发展。

【环保工作影响力大幅提升】 2013 年 4 月 25—26 日，全国部分城市环保局长座谈会在南昌市举办，来自 18 个城市的环保局长就共同关心的热点问题和区域合作进行广泛交流。8 月 15 日，省委常委、市委书记王文涛深入市环保局调研，指出环保工作既是发展也是民生，生态是我们的最大优势和最大潜力。各级政府部门加大环境治理调度力度，改变以往环保部门单打独斗的局面，尤其是中共十八届三中全会决定将生态文明与政治、经济、文化、社会并列为“五位一体”，显示决策层对环境治理重视程度的提升。通过对“蓝天行动”、机动车环保标志分类管理等工作的大力宣传，引起社会舆论的广泛关注，环境保护工作的影响力不断扩大。群众在关注环境质量的同时，对环保工作的认识也在改变，自觉参与意识有明显增强。

（陈小刚）

社会管理和服务

本栏编辑　喻学辉

概　述

【概况】 2013年，南昌市人口和计生、人力资源和社会保障、民政部门按照南昌打造核心增长极目标要求，以人为本、服务民生，认真履行部门职责，在人口计生发展、劳动就业安置、群众生活保障、人才引进使用、社会帮扶救助、城乡社会建设等方面，坚持依法行政，加强行业管理和创新，提供优质服务和帮助，为促进社会和谐稳定、推动经济社会发展做出贡献。

人口和计划生育

【概况】 2013年，南昌市人口计生工作以深入贯彻中共十八大精神为指导，进一步解放思想、转变观念、创新思路，打基础、创品牌、强宣传、优服务，统筹力度不断加大，难点问题不断破解，圆满完成省下达的各项目标任务，人口计生工作保持良好的发展势头。科学编制《南昌市人口计生委法制宣传教育和依法治理工作第六个五年规划》，提出“人口计生部门必须按照民主法制建设的总体要求，把依法行政落实到人口计生工作的各个环节、各个方面，规范行政行为、提高文明执法的能力和水平”的工作目标。加强对各乡镇（街办）“三项制度”扶助、农村节育手术奖等利导项目人员、资金落实等情况的抽查、核对。至年底，全市落实奖扶5084人，特扶1254人，阳光助学260人，关爱女孩成才120人，新农合30528人，增加和提前享受新农保基础金9877人。全市共落实爱心保险对象61193户，理赔总金额103.61万元，赔付率达56.44%；办理大龄独生子女保险1.2万人、计划生育手术保险145人、母婴安康保险2130人、专干保险179人。

【利益导向融入民生工程】 2013年，南昌市实行计生家庭新农保基础养老金1:1配套增补全覆盖。在实施新农保制度中，对年满60周岁的农村独女家庭和二女结扎家庭夫妇，在领取新农保基础养老金时，给予每人每月新农保基础养老金1:1的配套增补。同时，给予已领取独生子女证的农村独女家庭女方和二女家庭落实绝育措施的一方，提前享受新农保基础养老金增补金。至年底，全市落实新农保基础养老金配套补助对象9877人，发放配套增补金652万元。实行计生家庭特别扶助1:1配套增补全覆盖。在国家和省特别扶助的基础上，按照1:1配套增补扶助金。至年底，全市发放特扶增补资金237万元。开展失独家庭“再生育天使”计划，全市121户符合生育条件的49周岁以下妇女“失独家庭”，经再生育技术指导、服务，已确认怀孕27例，已生育16例。实行农村计生家庭“优秀女孩成才奖”1:1配套增补全覆盖。全市设立“优秀女孩成才奖”，各县区在市本级奖励基础上，按照1:1配套增补扶助金。至年底，全市发放优秀女孩成长奖120人，发放奖励资金33.5万元。

【创建全国首个计生家庭情感呵护中心】 2013年，在南昌市青云谱区打造全国首创的计生家庭情感呵护中心，并推进计生家庭情感呵护中心与计生服务中心为一体的计生服务体系改革。以创建“幸福家庭”为主线，以优生优育、婴幼早教、青春期健康、生殖期保健、更年期关怀和计生家庭情感呵护、权益维护、健康爱护、安全保护为主要内容，开展“即时呵护、心理呵护、婚育呵护、生活呵护、健康呵护、同城呵护”六大呵护行动，构建“全过程、全方位、全覆盖”的“三全”服务网络体系，为辖区群众提供“无性别、无障碍、无限期”的“三无”优质服务。2013年，呵护中心共为830余户计生家庭、计生困难户、失独家庭和留守儿童提供心理咨询、呵护援助和人文关怀等服务；建立家庭健康档案5736份，免费发放计生药具金额达28万元；

南昌市青云谱区计生家庭情感呵护中心正式启用

建立孕前优生健康检查档案571份。

【推行"三合一"人口计生信息网格化管理】 2013年,在南昌市东湖区开展人口计生网格化管理试点,创新人口计生信息"三零"平台、网格化平台、公共服务平台三大平台为一体的内容和形式,优化平台功能,促进人口计生管理服务"全员化""网格化""数字化"。其中,人口信息"三零"平台作为采集系统,主要功能为信息采集、核查比对、部门信息共享、任务派发等。人口网格化平台作为管理系统,主要功能为人房查询、精确定位服务对象、统计分析、特殊人群服务、工作预警等。公共服务平台作为服务系统,主要功能为通过专门为群众服务的公众网站开展计生政策知识宣传、场景式服务大厅预约办证、计生一卡通、互动交流网上调查、药具发放点电子导航等。至年底,东湖区已建有35个社区网格,163个责任网格。

【探索"2+1"流动人口计生服务管理新模式】 2013年,南昌市指导安义县建立流动人口服务管理"2+1"模式,即依托全县驻外党支部、商会组织工作平台,成立驻外流动人口计划生育协会,全力打造流动人口组织化、协作化、制度化、规范化服务管理工作新品牌。安义县所有乡镇分别在北京、上海、广州等21个城市成立流动人口驻外计生协会,并签订《流动人口计划生育区域合作协议书》,建立联系制度,助推流动人口计划生育自我教育、自我管理、自我服务、自我监督、自我发展。至年底,安义县流动人口新增建档1.32万人,建档流动人口总量达11.6万人,占总人口33%,流动人口建档率达95%以上,流动人口计生服务管理平台信息协查反馈、通报接收率均在99%以上。

【开展人口计生"三下乡"宣传服务活动】 2013年元旦、春节期间,南昌市各县区开展人口计生"三下乡"宣传服务活动。活动采取登门拜访、座谈研讨、举办联谊活动等多种形式,向广大计划生育家庭、人口计生工作者问候新春。活动期间,全市人口计生部门深入县、乡、村开展"三下乡"宣传服务活动90余场次,共发放人口计生宣传单16.14万张,宣传年画16.79万本,前来咨询群众达1.94万余人次,向群众免费发放人口计生宣传品11.07万件,避孕药具12.76万个。同时,向计生家庭发放节日慰问金。

【"共建和谐秀美乡村·美丽家园行动"暨"金牌大姐"快车启动仪式举行】 2013年3月6日,由江西省妇联牵头组织,南昌市妇联协办的"共建和谐秀美乡村·美丽家园行动"暨"金牌大姐"快车启动仪式在南昌市湾里区梅岭镇举行。计生药具宣传服务台前,群众络绎不绝地前来咨询人口计生政策并踊跃领取国家免费避孕药具,工作人员热心地讲解新型避孕药具的安全使用方法,认真解答人口计生政策和生育办证政策等问题。活动共发放人口计生政策宣传折页1500本,避孕指南1000本,印有计划生育宣传标语的肥皂盒、削皮器共500份,避孕套4000只,外用避孕栓1000支,纳米隐形套200盒。

【开展计生药具服务进婚姻登记处活动】 2013年3月6日,市人口计生药具管理站联合东湖区药具站在东湖区婚姻登记处开展计划生育药具进婚姻登记处宣传服务活动。市、区两级药管员与社区志愿者服务队热情地向前来办证的新婚夫妇和流动人口发放国家免费避孕药具和宣传品,并分类宣讲新药具的使用方法。本次活动着重向新婚暂没有生育计划的夫妇介绍避孕节育知识、药具使用方法、生殖健康保健知识,并告知领取国家免费避孕药具的途径。活动共发放计生政策宣传折页和避孕指南共1200份,避孕套4000只,"零距离"纳米隐形避孕套200盒,外用避孕栓400盒。

【开展流动人口药具服务活动年项目】 2013年,南昌市进一步加强流动人口药具服务管理体系建设,由市人口计生药具管理站牵头,多举措开展流动人口药具服务活动年项目,扎实推动流动人口药具公共服务均等化进程。2013年4月11日,市人口计生药具管理站和东湖区人口计生委在百花洲街办胜利路炫谷青年街开展"提高流动人口均等化服务质量,保护育龄妇女身心健康"为主题的宣传活动,发放避孕指南1000本、印有计划生育宣传标语的宣传品500份、避孕套4000只、外用避孕栓200支、纳米隐形套200盒,接待咨询群众300余人。下发《关于开展计划生育药具发放服务监测哨点网络布点的通知》,要求每个县区(含新区、开发区)自购识别第二代身份证自助发放机2台以上。至年底,全市上报安装自助发放机数量达26台。继续坚持"以人为本"的服务理念,着力在为流动人口提供方便快捷、安全有效、适宜易得的计划生育药具上狠下功夫,要求各县区按照年初下发的"十进"工作规范,定期上报药具"十进"情况。

【国家流动人口动态监测调查工作督导组到南昌市视察工作】 2013年5月8日、14日,国家流动人口动态监测调查工作督导组一行来到南昌市青山湖区和西湖区,围绕流动人口动态监测调查工作进行督导和调研。督导组一行先后来到青山湖区京东镇和西湖区绳金塔街办,现场查看调查样本点开展工作的情况,并就信息采集、审核和录入等各项环节进行现场指导。督导组建议积极探索以动态监测网络为载体,以信息引导服务为中心的新的流动人口计划生育工作模式,通过加强信息化基础设施建设,规范信息化建设流程,推广信息数据的应用,不断提升流动人口计划生育工作水平。

【开展人口和计划生育利益导向政策集中宣传活动】 2013年5月28日,全市各县区纷纷开展"人口计生利益导向政策暨纪念5·29计生协会成立宣传服务活动"。6月10日,东湖区在明秀广场举行大型"利益导向政策宣传月"咨询服务活动。青云谱区举办一场精彩的文艺演出,宣传计划生育利益导向政策、法律法规、生殖健康知识、避孕节育知识、优生优育知识,开展孕前优生健康检查宣传咨询、流动人口维权和义诊活动,营造浓厚的宣传服务氛围。湾里区在文化站广场集中开展"计生国策心系百姓,奖励扶助情暖人心"的人口和计划生育利益导向政策集中宣传,发放宣传单1万余张、环保袋3200个、围裙2800余个,参检群众1800人,为广大育龄群众提供计生利导政策法规、孕情管理、"三查一治"生殖保健等优质服务。南昌县在县城的澄碧湖广场、乡镇农贸集市、社区活动广场等地开展一次利益导向政策集中宣传月活动。该县还创新形式,成功举办首届人口文化杯书画大赛,让全县人民得到一次人口文化洗礼和生育文化熏陶。经开区在蛟桥镇瀛上村农贸市场精心安排"计生知识有奖问答",在场群众踊跃参与,计生办工作人员认真解释。活动共发放纪念品150份、宣传资料1000余份、避孕药具1000余只,接受群众咨询200余人次。

【开展鱼水情深庆"八一"送健康活动】 2013年7月30日,市人口计生药具管理站工作人员带着精心准备的避孕药具和计生政策宣传品来到驻南昌向塘某空军部队慰问现役官兵和军嫂,开展一次"庆八一军民鱼水情深,送健康情系部队官兵”座谈会。现场发放国家免费避孕药具和方便实用的宣传品小扇子、宣传折页等，为到场的100余名官兵和军嫂开展优生优育与避孕节育知识讲座，并指导新型避孕药具使用方法和防艾知识，使年轻官兵和军嫂们增加健康和优生知识。

【开展“两非”行为专项整治月活动】 2013年8月，在全市范围集中开展严打“两非”行为专项整治月行动，并以此为契机，建立和完善“依法施政、孕情监测、政策推动、定点服务、综合治理”的长效工作机制，营造全社会都来关注出生人口性别比偏高问题的良好氛围。一是加大宣传教育力度。运用多种形式，广泛宣传关爱女孩行动、大力普及《中华人民共和国人口与计划生育法》《中华人民共和国婚姻法》《中华人民共和国母婴保健法》等法律法规知识，切实运用媒体、网络等形式，宣传综合整治出生人口性别比的重大意义及“两非”行为的危害。二是强化孕情监测服务。对符合政策生育的对象，进行全面排查，做好孕情摸底登记工作，搞好孕情监测记录。整治活动期间，加强孕前检测、孕期保健、产后随访的优质服务，确保孕妇不漏管漏报，不选择性别终止妊娠。三是开展联合整治“两非”专项行动。充分调动县区打击“两非”专案组的积极性，精心组织，保证人、财、物投入，做到有案必查，查案必结，一查到底。“两非”行为专项整治月期间，全市共查处到位“两非”案件23例，罚款16.8万元，处理涉案人员15人，严厉打击“两非”元行为，取得办案一件、打击一起、震慑一方、教育一片的社会效果。

【开展药具“宣传服务月”活动】 2013年8月22日，在青山湖区南昌钢铁责任有限公司生活区开展一次药具宣传咨询和服务活动。活动不到半小时，工作人员带去的4000只安全套、200盒零距离、400盒壬苯醇醚栓、1000张壬苯醇醚膜、200把宣传扇、200个宣传钥匙扣、500张宣传折页发放完毕。随后又运来4000只安全套、50盒“零距离”、200盒苯醇醚栓、500张壬苯醇醚膜以满足更多的育龄群众需求。

【开展纪念“9·25”公开信发表33周年宣传服务活动】 2013年9月，在全市范围以各种形式开展各类大型宣传咨询服务活动，纪念中共中央、国务院《关于控制我国人口增长问题致全体共产党员、共青团员的公开信》（以下简称《公开信》）发表33周年。在活动中，各县区创新人口文化宣传教育的载体，依托各级人口学校、计生协会会员之家，深入乡村、社区、家庭，以文艺演出、知识竞赛、知识讲座、牵手帮扶、进村入户送发资料等多种形式开展纪念活动。西湖区在绳金塔公园开展“再学公开信”宣传纪念活动。安义县在蔚蓝嘉园小区开展主题为“幸福家庭，和谐计生”的宣传服务活动，向广大育龄群众发放免费计生宣传品和计生宣传知识折页。桑海开发区以此次纪念《公开信》发表活动为契机，邀请省生殖保健中心专家为育龄群众开展免费孕前优生健康检查活动。同时，各乡级单位开展生殖健康进厂区活动，参检人数1200余人，发放免费避孕药具1500余盒，宣传单500余份。

【全市药具工作会召开】 2013年5月17日，全市药具工作会召开。会议传达2013年全省药具工作会议精神，通报表彰2012年度南昌市荣获全省药具工作先进单位，总结2012年度药具工作，部署2013年药具工作，并对上半年工作进行小结。各县（区）分管领导逐一发言，围绕2013年的药具重点工作谈打算和举措。市药具站与各县区分管领导签订2013年药具工作目标责任状。

【市人口计生工作现场会召开】 2013年9月22日，南昌市人口计生工作现场会在青云谱区召开。与会人员参观青云谱区人口计生家庭情感呵护中心、青云谱镇人口计生家庭情感呵护站和万溪村人口计生家庭情感呵护室。参观期间，省人口计生委主任李舰海高度赞扬青云谱区计生家庭情感呵护工作，并指出要在全省人口计生系统大力推广被誉为“全国首创”的计生家庭情感呵护系列行动和工作模式，推进人口计生服务体系改革与创新。

【市人口计生信息化建设现场会召开】 2013年7月1日，全市人口计生信息化建设现场会在东湖区召开。副市长朱志群参加。与会人员先后参观东湖区人口网格化管理系统、三零平台、公共服务平台的建设情况，并观摩豫章街办人口信息监测站及豫章街办滨江社区有关人口网格化管理系统、三零平台、公共服务平台的现场演示。最后，在法莱德大酒店会议室召开全市人口计生信息化建设工作经验交流会。

【开展乡级计划生育药具工作排位评估】 2013年，市药具站根据药具工作标准化建设达标标准，下发《2013年全市乡级计划生育药具工作排位评估方案及评分办法》，并召开全市药具工作调度会部署乡级药具工作综合评估排位工作。针对基础薄弱的乡（镇、街），组织督导组开展业务指导。评估办法充分结合基层实际工作，以平时工作督查指导、电话抽查情况和市人口计生委规划处提供的PIS系统数据为依据，满分100分。重点评估指标有药具“十进”工作、报表上报及误差情况、宣传服务活动、业务培训工作、应知应会、药具发放到位率、药具有效率等。通过综合评估排位，进一步加大各县区乡级计划生育药具工作促进力和紧迫感，逐步形成比、学、赶、超的良好工作氛围，为整体提高全市计划生育药具工作水平打下坚实的基础。

【举办全市村（居）计生专干师资培训班】 2013年9月4—5日和10月15—16日，分两期举办2013年度村（居）计生专干师资培训班。来自全市各乡（镇）、街办、管理处计生办的基层计生干部共131人参加培训。为增强培训效果，特邀请省计生协基层处处长、市人口计生委各业务处室负责人授课。培训内容涵盖人口计生政策发规、统计和信息化、宣教和打击“两非”、基层科技服务、流动人口计生服务和管理、利益导向体系建设、协会业务知识等各个方面。

【开展药具服务进流动人口聚集地活动】 2013年10月15日，市人口计生药具站积极推行国家免费避孕药具的宣传发放工作，与东湖区彭家桥街办在水产大市场举办“流动人口服务均等化”计生宣传活动。活动现场设有醒目的充气拱门和宣传品展板，吸引水产市场的广大商户和顾客观看。市、区、街道三级药管员热情地向他们发放国家免费避孕药具和宣传品，分类宣讲药具的使用方法，并告知领取国家免费避孕药具的途径。活动共发放宣传品200份，药具宣传折页和避孕指南200份，避孕套4000只，“零距离”纳米隐形避孕套100盒，外用避孕栓400盒。

【《南昌市流动人口计划生育管理办法修正案（草案）》修改调研座谈会召开】 2013年11月7—8日，市人大法制委、常委会法工委和市人口计生委组成调研组分别到湾里区、安义县和青山湖区召开征求意见座谈会，就《南昌市流动人口计划生育管理办法修正案（草案）》修改工作听取意见和建议。座谈会上，大家结合流动人口计划生育实际工作，就

《南昌市流动人口计划生育管理办法修正案(草案)》提出积极的意见和建议。修改后的《南昌市流动人口计划生育管理办法修正案(草案)》更贴近实际工作、更人性化,进一步促进全市流动人口计划生育管理服务工作迈上新的台阶。

【开展“世界艾滋病日”宣传服务活动】 2013年11月29日,在城区人群密集的民德路悬挂“全民动员,遏制艾滋,共建和谐”宣传横幅,摆设防艾知识宣传展板,免费发放防艾宣传折页和安全套等各式避孕药具,向来往群众宣传普及艾滋病知识。活动现场发放安全套4000只,纳米银隐形避孕套200盒,壬苯醇醚栓200盒,凝胶200盒,防艾、避孕宣传折页500份,印有宣传标语的钥匙扣200个、零钱包300个。

(喻旭光)

劳动与社会保障

【概况】 2013年,南昌市年末社会从业人员326.14万人,比上年末增加10.22万人,增长3.23%。年末在岗职工106万人,其中国有单位在岗职工38.13万人。城镇新增就业人数8.85万人,完成目标任务的128.8%,城镇就业率94.6%。“4050”人员再就业人数9704人,完成目标任务的140.6%;零就业家庭就业安置率100%;新增转移农村劳动力4.57万人,完成目标任务的137.2%。全年发放小额担保贷款6.46亿元,直接扶持个人创业4.19亿元。全市城镇职工参加基本医疗保险人数96.7万人,增加11.9万人,增长14%;参加失业保险人数58.52万人,减少3.29万人,降低5.3%;城镇参加基本养老保险人数为153.57万人,其中参保职工111.96万人,参保离退休人员41.6万人;企业养老金社会化发放率达到100%。全市共有18.30万人享受最低生活保障,其中农村11.14万人。2013年,建设廉租住房1000套、公租房1.7万套,国有林区、垦区4828套,完成农村危房改造2620套。正式实行《南昌市城镇职工基本医疗保险定点医疗机构住院费用支付管理试行办法》,成立付费制度改革领导小组。

【开展“南昌市高校毕业生春季网络招聘月”活动】 2013年3月,南昌市开展以“搭建信息对接平台,助您尽早实现就业”为主题的“南昌市高校毕业生春季网络招聘月”活动。举办网络招聘会,1300余家企业在南昌人才网、南昌就业网、南昌求职网上发布招聘信息,提供就业岗位2.3万个,共有12.5万人次浏览相关招聘信息,1.1万名求职者投递简历,达到企业复试要求的5872人。举办3场现场招聘会,530家次需求毕业生的企业参会,进场求职人数达1.2万余人,现场达成就业意向4223人。开展“送岗位进校园”系列活动,邀请南昌176家重点规模企业,赴江西师大、南昌大学、江西财大等10所高校开展校园招聘,提供文理工科等42类专业7200余个毕业生需求岗位,现场签约891人,接待就业政策指导、法律咨询毕业生2423人次。开展“校企对接”活动,组织华东交大、江西农大等11所高校与清华泰豪、诚志股份等8家企业签订校企合作协议,确定以后每年从有关高校招聘一批优秀毕业生进企业服务。

【开展“春风行动”就业服务专项活动】 2013年1—3月,南昌市为适应新形势下农村转移劳动力就业的新特点,扎实推进农村转移劳动力就业创业工作,满足春节后一段时期进城务工人员就业需求和企业用工需要,在全市范围内开展以“搭建供需平台,促进转移就业”为主题的南昌市2013年“春风行动”。活动期间,共举办“春风行动暨新春大型系列招聘活动”“服务工业园区大型专场招聘会”“2013年南昌人力春季招聘大会”等招聘会167场。涉及电子操作、机械制造、纺织服装、物业管理、餐饮服务、食品加工等行业在内的省内外企业3018家参加招聘或发布信息,提供岗位信息7.69万个,累计进场人数达16.34万人次,3.67万人达成就业意向。提供免费服务13.59万人次,发放春风卡等宣传资料20万份。本地企业吸纳农村劳动者就业4.18万人,跨地区劳务输出3.43万人,接受创业服务1441人,组织参加职业技能培训3797人。提供劳动维权服务和法律援助1.08万人,推荐用工规范诚信企业180户,推荐诚信服务机构24个。

【举办“民营企业招聘周”活动】 2013年5月21—27日,南昌市人社局、教育局、总工会、工商联联合举办“2013年南昌市民营企业招聘周活动”。活动期间,全市举办招聘会及送岗进校园等活动21场次,进场应聘3万人次,涉及机械制造、新能源、工程技术、生物医药、市场营销、物业管理、教育、商贸服务等行业在内的817家民营企业参加招聘活动,提供空岗信息3.29万条,同时开展送政策、送岗位、送培训、送创业项目进社区、入校园、下乡村等形式多样的活动。7019名求职者与用工单位达成就业意向,签订职业技能培训协议1607人,发放政策宣传品5.5万份,维权及法律援助431人次。

【提供创业服务】 2013年,在就业大厦服务大厅全面构建“一站式”服务平台,将“小额贷款绿色通道”纳入公共创业“一站式”服务体系,全面构建项目推介、创业培训、创业测评、政策咨询、专家指导、实训见习、小额贷款、创业孵化等

2013年1—3月,在全市范围内开展以“搭建供需平台,促进转移就业”为主题的南昌市2013年“春风行动”

规范、有效的创业指导和技术服务体系。通过引入项目的市场化运作模式，以项目推介会、创业项目进校园等方式，组织商家和专利项目人直接与创业者对接，促其创业。至年底，累计通过社会征集、专利申请、自行开发等渠道，收集创业项目3万余个，录入国家链接创业项目库项目600余个。密切与有关部门和社会团体的合作，为创业者提供培训、政策、资金、技术、信息等“一条龙”服务。建立创业学员跟踪服务制度，有针对性地帮助解决创业学员在创业中遇到的困难和问题。完善专家创业指导志愿服务团队伍建设，发展农业类、电子商务类专家5名，专家志愿服务团发展到102人，涉及八大专业40余个领域，服务范围覆盖70余个行业。

【推进创业孵化基地建设】 2013年，南昌市完成“南昌市大学生创业孵化基地”改造升级，先后打造“南昌市太平镇文化创业孵化示范街”“南昌市进贤县文港文化产业孵化基地”“南昌市曹会村特种水产养殖孵化基地”等多形式创业孵化基地。全市已形成各县、开发区以本地产业及园区支柱企业为龙头，建立一批现代制造业、物流业、高新产业和农副产品加工的创业孵化基地，各城区以现代服务业为引领，重点打造商贸业、社区服务业等创业孵化示范街的创业孵化基地格局。至年底，全市共有创业孵化基地12家、示范街14家，申报省级创业孵化基地4家。

【加强就业培训】 2013年，南昌市为增强劳动者就业能力，稳定就业岗位，提升就业质量，积极开展工业园区定向培训、城镇失业人员转岗提升培训及“两劳人员”技能培训。瞄准社会和劳动者就业创业，拓展培训项目，延伸培训内容，大力推广订单培训、就业培训和定向输出等培训模式，提升培训的针对性和有效性。紧紧围绕工业园区用工需求，开展技术岗位对接培训，稳步推进“招工、培训、就业”三位一体工作机制，将企业新招工人、上岗技能培训与签订劳动合同，依法建立劳动关系结合起来，建立起政府主导、企业承接、社会参与、培训方式多元化的培训体制。积极创新思路，推进校企合作。加强培训资金的监管，对全市2011年度、2012年度技工学校助学金、农村劳动力转移培训补贴资金进行监督检查，确保民生资金的安全、合理、高效。至年底，全市工业园区培训3.33万人，占全年任务的100.8%；创业培训1.74万人，占全年任务的101.3%；其他培训8826人，占全年任务的127.9%。完成青年职业见习1796人。

【规范职业技能鉴定】 2013年，南昌市统一实行职业技能鉴定“统考日”制度，规范鉴定考试组织、考评人员回避交流、统一派遣、质量督导、考场监管，确保鉴定考试的严肃性。加强鉴定考务管理，规范鉴定申报、考务、技师评审、收费、办证等“五种鉴定行为”，强化组织机构、鉴定程序、考务、考评员、鉴定基础数据、质量督导“六项管理”。狠抓运行规范，严格执行分级管理规定，规范鉴定考试、证书核发活动，坚持按照国家颁布的职业标准和考核标准进行报名资格审查。全年开展职业技能鉴定6万余人次，颁发职业资格证书近5万余人。

【深化校企合作】 2013年6月，南昌市为进一步深化校企合作，促进高质量就业，提升企业核心竞争力和创造力，以市政府名义出台《关于印发加强校企合作促进高质量就业的实施意见》，明确用3年左右时间，逐步建立起具有南昌特色的校企合作技能人才培养、使用、激励机制。成立校企合作促进高质量就业工作领导小组，发起南昌市校企合作发展联盟倡议，欧菲光、奥克斯等五大园区15家大型知名企业及江西现代职教集团、南昌市职业技术教育学会、江西工业职业技术学院等15家职业院校，共同签署南昌市校企合作发展联盟倡议书、校企合作协议书。10月，经市政府批准，南昌10家设备先进、技术领先、管理规范的园区企业与9家教学质量稳定、办学特色鲜明、师资队伍雄厚的高职院校、技工学校、职业学校共建首批10家校企合作示范基地。基地将在技能人才培养、培训，技术服务、创新，资源共享、发展方面开展全方位、多形式、多层次的校企合作。从2013年起，南昌将用3年左右时间，在高新、经开、小蓝、桑海、昌东工业园五大重点工业园区建立30所校企合作示范基地。

【推进“一网五点”建设】 2013年，南昌市加快就业信息网络升级，着手建立就业信息网监测监控指挥中心，以强化功能拓展，创新服务形式，信息服务能力每年提升到8500条，栏目数量达到28个，信息更新每月687条，点击率每年76.65万次，浏览人次每年5.11万次，访客忠诚度达26%。实施五点监测，建立完成农村劳动力资源及农村劳动力转移就业监测数据库。确定向塘镇、文港镇、李渡镇、万埠镇、桃花镇、塘山镇、招贤镇、彭家桥街道等12个乡镇、街道为重点监测建设单位。从9个县区（开发区、工业园区、科技园）挑选95家企业建立市级企业用工监测点，失业动态监测企业样本规模由30户扩大到60多户。增加企业增员来源、减员去向以及次月预测增减人数等监测项目，按时上报全市失业动态监测报告。开展高校毕业生实名制登记，切实掌握全市高校未就业的应届毕业生、外省返乡应届毕业生以及历届未就业高校毕业生情况。至年底，对3009名离校未就业高校毕业生进行调查摸底，录入就业信息系统3009人，帮扶就业1908人，就业率为63.4%。建立人力资源市场供求监测及就业形势分析月报制度，统一各级人力资源市场信息采集口径、途径和方法，按月统计招聘单位数、岗位信息数及求职人员数，对人力资源市场供求变化、供求双方结构变化、重点产业企业招用工变化等情况进行分析，提高预警能力。

【推进中心城市家庭服务体系建设】 2013年，市人社局印发《南昌市家庭服务体系建设实施方案》，对建立完善家庭服务业促进就业的政策扶持体系、从业人员培训体系、信息服务平台建设体系、行业管理体系、创业孵化工程、品牌创建工程等工作提出具体要求。加强家庭服务业从业人员培训，首次将家庭服务从业人员培训列入民生工程任务，全年为5909名家庭从业人员开展免费培训，新增从业人员5235名。实行家庭服务机构备案制，至年底共为29家家庭服务机构进行备案审批。

【《职在必得》电视求职节目内容不断丰富】 2013年，江西省首个大型电视求职节目《职在必得》共播出12期周播节目、60期日播节目，携程旅行网等省内外100余家知名企业参与节目录制。进一步创新报名方式，除原有的网站报名、学校海选、现场报名3种外，增设微信报名方式。至年底，线上线下共辅导求职者3000余人，参加节目录制人员323人。节目组通过邀请高校学生现场观摩、现场问答、专家分析、慈善捐赠等多种形式开展活动，得到社会广泛关注。

【推进社区网格员队伍建设】 2013年，为积极配合全市进一步加强和创新社会管理，推行网格化管理服务工作，认真组织实施社区网格员招聘工作，全市共整合转岗、招聘录用网格员共计1077名。举办380余人参加的转岗整合公益性岗位协管员工作培训班，对首批846名人闱体检合格人员在南昌陆军学院进行为期3天的军训,在南昌大学南院综合楼举办为期6天的城区社区网格员业务知识培训工作。首批783名网格员于8月1日安排正式上岗。

【加强劳动保障监察执法】 2013年,南昌市劳动监察局认真受理和查处群众举报投诉案件,始终把及时受理和依法查处群众举报投诉案件作为一项重要工作来抓。全市共受理投诉举报案件1324起,其中立案1324起,结案1297件,结案率98%。共为1.49万名劳动者追回工资押金等6527.94万元,其中为6550名农民工清欠工资5260万元,切实维护包括农民工在内的广大劳动者的合法权益。元旦春节期间,把解决农民工工资拖欠问题作为保障和改善民生的重点工作来抓,按照标本兼治、综合治理的方针,以两节清欠为重点、日常清欠为基础、机制创新为主线、规范工资支付行为为抓手,全面推进预防和解决拖欠农民工工资工作,做了大量艰苦细致的工作,取得显著成绩。全市"两节"期间共处理农民工欠薪投诉264起,共计为4030名农民工追回工资4593.8万元。

【推进劳动保障监察"两网化"管理】 2013年,南昌市劳动监察局以"两网化"工作为重点,通过"网络化"与"网格化",在全市构建一张劳动监察工作全面应急预警和案件处理的"监察网",基本形成全市劳动保障监察网络。同时,为进一步提升劳动监察"两网化"管理水平,提高劳动监察突发事件应急处置能力,在全市范围内实施劳动监察"两网化"管理手机E通项目,首批为市本级及4个城区配发劳动监察E通终端手机,实现劳动监察信息化移动办公。市、县区劳动监察网上办案、审批等基本业务已全面开始网上运行,提高为劳动者服务的效率。

【开展禁止使用童工专项执法检查】 2013年4月1日至5月15日,为推动法制环境创建、全面贯彻落实《禁止使用童工规定》,严厉打击非法使用童工行为、规范人力资源市场秩序、保护少年儿童身心健康、维护青少年儿童合法权益,南昌市劳动监察局在全市范围内开展禁止使用童工的专项执法检查。检查的对象为全市各类用人单位,重点是餐饮、针织制衣、机械制造、造纸等劳动密集型企业,特别是小砖窑、小作坊、小汽车装饰修理行、小制衣厂等企业,进一步理顺南昌市劳动用工关系,强化劳动用工管理制度,为法制环境创建工作奠定基础。检查未发现使用童工现象。南昌市劳动监察局被共青团江西省委等14家单位命名为省级"青少年维权岗"荣誉称号。

【开展遵守劳动用工和社会保险法律法规情况检查】 2013年7月1日至8月12日,为维护全市良好的用工秩序,保障广大劳动者,尤其是进城务工的农民工的合法权益,南昌市劳动监察局在全市范围内开展用人单位遵守劳动用工和社会保险法律法规情况专项检查,共检查各类用工单位1765家,督促企业为员工补签劳动合同7652份,为1425名劳动者追回工资及押金71.2万元,其中农民工工资45.3万元。

【开展劳动保障年度审查】 2013年,为全面掌握用人单位劳动用工情况,及时发现和纠正违法行为,切实维护劳动者合法权益,市人社局印发《关于认真做好2013年度劳动保障年度书面审查工作的通知》,在全市范围内开展2013年度劳动保障年度审查工作。全年共检查用人单位5553户,共对3135家用人单位实施劳动保障年度审查。

【处理劳动人事争议案件】 2013年,市人社局通过加大法规宣传力度,强化效能建设,积极发展调解组织和加强裁审衔接,克服案多人少的困难,全市劳动人事争议案件逐步减少,企业依法用人、劳动者合理维权的理念得到加强。全年受理劳动人事争议案件数889件,结案882件,涉及人数1000余人,金额近2000万元,较去年同期受案数939件减少50件,同比下降5.4%。

【加强基层调解法律法规宣传和组织建设】 2013年,市人社局积极参与"春风行动""12333热线""551计划""转、进、强"等一系列活动,安排业务骨干到活动现场宣传仲裁相关法规政策,接待群众和企业单位咨询解答5000余人次,发放劳动人事争议宣传册3000余份。积极推进各县区、企事业单位调解委员会、调解中心建设。全市130个乡镇(街道、管理处)全部建立劳动人事争议调解组织,组建率100%。全市20家企业建立劳动争议调解中心,化解劳动纠纷的能力进一步增强。

【调查企业薪酬】 2013年,根据国家人社部统一部署和江西省人社厅的安排,从2013年8中旬开始,市人社局开展为期三个月的企业薪酬调查工作。全市调查企业任务1002户,占全省任务总数近一半。通过分解任务,成立南昌市企业薪酬调查工作领导小组,组成分片小组,深入企业所在县区蹲点,负责采集、录入本区域内企业薪酬数据。全年共举办10期培训班,对各县区小组的工作人员和1002家企业劳资人员进行系统培训,圆满完成企业薪酬调查任务。

【调查国有企业内外收入和经营者薪酬分配情况】 2013年3月,市人社局根据江西省人社厅、财政厅、审计厅、国资委统一部署,对市国有资产监督管理委员会监管的26家国有及国有控股企业(集团)2009—2011年工资内外收入分配情况和企业经营者薪酬分配情况进行调查摸底。对企业上报的自查报告进行分析整理,归纳总结国有企业工资总额管理和企业经营者年薪发放方面存在的问题,形成南昌市国有企业内外收入分配和企业负责人薪酬分配现状情况报告。

【提高养老保险待遇】 2013年,南昌市连续第九次调整养老保险待遇,调整后全市城镇企业退休人员人均月增加168.09元,基本养老金达到每月1634.14元。全年按时足额为全市41.6万名离退休人员发放基本养老金69.8亿元,其中为市本级23.2万名离退休人员发放养老金48.5亿元。扎实做好对未参保大集体人员、返城未安置知青和手工业联社未参保人员养老生活补助发放工作。至年底,全市累计为1927名城镇大集体困难企业未参保退休职工、3650名手工联社大集体企业未参保退休职工和4007名返城未参保未安置就业知青发放养老生活补助3507.74万元;月人均养老生活补助标准达到305元,同比上年增加7.02%。

【实行五险统一征缴管理】 2013年,南昌市正式启动实施社会保险"五险统一征缴管理",整合社会保险经办资源,优化经办管理模式,改变过去本市社会保险多头管理、多头登记、多头征缴、分散式经办的局面。实行社会保险费统一征缴、公共业务合一经办、参保人员基数统一核定、扩面征缴稽核检查统一开展,实现社会保险业务"一个窗口对外、一张票据征收、一个平台共享",减少社保经办的重复性劳动,减轻参保用人单位和参保人的事务性负担,社会保险办事效率和管理服务水平进一步提升。

【推广网上经办社保业务】 2013年7

月，南昌市在全省率先启动社会保险网上经办平台试点，至年底，全市已有1500多家用人单位与市社保处签订网上经办三方协议，700多家企业申请办理数字认证证书，通过网上经办平台成功办理社保业务累计12423笔。社保网上经办平台"数字化经办、零距离服务"的特点，更加方便企业办事，减轻柜台经办压力，工作效率和服务水平得到进一步提高。

【全面实现养老金直发】 2013年，南昌市社保部门加大推进养老金直发工作力度，至年底全面实现市县（区）两级养老金直发，直发率达到100%。据统计，此举将惠及全市40多万名退休人员，每年可为异地离退休人员节约手续费216万余元。养老金直发，可有效解决由银行"代发"养老金导致的环节多、周期长、基金周转慢等诸多问题，确保24小时内到账。同时，参保人不再需要缴纳异地取款手续费，真正做到养老金"按时足额"发放。

【出台被征地农民养老保险实施办法】 2013年5月，南昌市出台《南昌市被征地农民参加养老保险实施办法》，从根本上解决全市被征地农民的养老保险问题，并确保符合条件的农民在失地后"基本生活水平不下降、长远生计有保障"。至年底，全市被征地农民参加养老保险人数14.26万人，完成民生工程目标任务的509.32%。各县区（开发区、新区）（除进贤县、安义县外）已填表选择参保的被征地农民人数达209750人。其中，选择参加城镇企业职工基本养老保险人数191891人，占已填表总人数的91.5%，124751人已经成功缴费，个人缴费总额178199万元，市财政173791万元政府补贴资金已到位；选择参加城乡居民社会养老保险的人数17859人，占已填表总人数的8.5%。

【推进新老农保制度衔接】 2013年，南昌市根据《江西省人民政府办公厅转发省人力资源和社会保障厅省财政厅关于新农保与老农保制度衔接有关问题指导意见的通知》要求，涉及新、老农保衔接工作的南昌县、新建县、进贤县、安义县、青山湖区、湾里区于2013年9月底前基本完成老农保参保数据清理工作。按照"制度并轨、账户统一、待遇叠加、平衡过渡"的原则，对老农保参保人员的个人账户余额进行核算，并于12月底前基本完成退保、老农保个人账户余额并账等处理工作。

【医疗工伤生育保险民生任务全面完成】 2013年，南昌市城镇基本医疗保险参保人数224.9万人，完成全年目标任务114.3%，其中城镇职工医保参保人数96.7万人、城镇居民医保参保人数128.2万人。城镇基本医疗保险基金收入23.3亿元，完成全年目标任务170.9%，其中城镇职工医保基金收入18.1亿元、城镇居民医保基金收入5.2亿元。工伤保险参保人数87.38万人，完成全年目标任务115.9%；基金收入1.72亿元，完成全年目标任务224.6%。生育保险参保人数45.6万人，完成全年目标任务的106%；基金收入8099万元，完成全年目标任务的175.2%。

被征地农民养老保险金（证）首发仪式举行

【医保异地就医结算范围进一步扩大】 2013年，南昌异地就医即时结算范围逐步扩大到江西省内其他地市，包括吉安、抚州、赣州、景德镇和九江，满足5个设区市参保人员在昌异地安置和到昌转诊转院的医疗需求。九江的参保人可直接持卡到南昌12家三甲定点医院进行就诊看病就医，分别是江西省人民医院、南昌大学第一附属医院、南昌大学第二附属医院、南昌大学第四附属医院、江西省中医学院附属医院、江西省妇幼保健院、江西省肿瘤医院、江西省胸科医院、解放军第九四医院、南昌市第一医院、南昌市中西医结合医院、南昌市第三医院等。

【取消基本医疗特殊病年度审核】 2013年10月，南昌市完成医疗保险信息管理系统的换代升级，实现对特殊病种用药和诊疗范围的计算机动态管理。从2013年11月1日起，取消基本医疗特殊病年度审核手续，极大方便参保人享受相关医保待遇。此举使全市4万多名特殊病患者参保人不需要再到市医保经办机构进行年检，减少来回"奔波之苦"。

【全面启动事业单位等组织参加工伤保险】 2013年7月1日，南昌市正式全面启动事业单位、社会团体等组织参加工伤保险。根据规定，全市除参照公务员法管理的事业单位、社会团体外，其他事业单位、社会团体、民办非企业单位、基金会、律师事务所、会计师事务所等组织，都应为本单位全部职工按时足额缴纳工伤保险费，职工个人不缴纳工伤保险费。单位按规定参加工伤保险的，在办理参保缴费次日起，其工作人员发生工伤的，即可享受工伤保险待遇。至年底，事业单位参保率达到99.7%。

【推进工伤预防试点工作】 2013年，江西省人社厅选择南昌市和赣州市作为工伤预防的先行试点城市。积极推进工伤保险浮动费率文件的出台，为工伤预防工作的试点作基础铺垫。根据工伤预防试点方案和省外的先进做法，结合南昌工作实际，拟定南昌市工伤预防试点实施办法和开展补充工伤保险意见，并积极组织实施，不断总结试点经验，探索符合南昌实际的工伤预防新途径和新方法，逐步创建工伤预防"南昌模式"。

【失业保险征缴调整发放】 2013年，南昌市失业保险基金征缴持续增长。至年底,全市失业保险基金征缴4.27亿元,其中市本级3.62亿元,县区6575.04万元,连续6年超额完成"民生工程"目标任务。失业保险覆盖面逐步扩大。至年底,全市参保单位达9707家,其中市本级参保单位7311家。全市参加失业保险的职工达58.52万人,其中市本级42.81万人、县区15.71万人,完成目标任务数的101.86%。2013年7月1日起,根据江西省人社厅规定上调失业保险金标准,具体调整标准为一类区域提高至750元/月,二类区域提高至710元/月,三类区域提高至670元/月,四类区域提高至630元/月,五类区域提高至590元/月,平均增幅达52.27%,是继2011年后的又一次提高标准,失业金人员7月当月就及时足额享受新标准的失业金。至年底,全市新增失业登记人员4704人,其中市本级2980人、县区1724人。市本级每月失业保险金发放和享受失业保险待遇的人数平均在6100人左右,组织失业人员进行再就业培训4500余人次。全市失业保险待遇累计支出6953.06万元,其中市本级5439.72万元、县区1513.34万元。

【推进失业动态监测】 2013年,市人社局认真总结工作经验,改进监测方法,确保按时保质上报相关数据,并做好汇总分析,不断提高工作质量,为及时采取应对措施和领导决策提供有力支持。至年底,共完成全市19个行业的60家企业职工8.4万人的数据监测报送工作。同时,加强对失业预警指标体系、应急预案和相关措施的研究,加强失业预警机制建设。

【失业保险市级统筹平稳推进】 2013年,南昌市、县两级经办机构认真落实职责,构建责任明确、运行顺畅、高效服务的工作机制,使失业保险市级统筹工作成效提升显著。完善失业保险管理工作制度和基金监管制度,确保失业保险基金的安全运行,提高失业保险基金抵御风险的能力,充分发挥失业保险保生活、促就业、防失业的积极作用,逐步由市级统筹向省级统筹过渡,促进失业保险事业全方位的发展。全年县(区)共上缴市级失业保险调剂金982.33万元,累计上缴市级失业保险调剂金2310.52万元。

【行政审批服务窗口荣获国家表彰】 2013年,市人社局始终紧贴南昌打造核心增长极工作的具体要求,以"清简优"为核心,认真开展以转变工作作风、增强服务意识、提高工作效率、提升服务质量、让企业满意、让群众方便为目标的创建活动,充分发挥服务窗口的服务平台优势和榜样示范作用,卓有成效推进全系统窗口服务标准化建设工作,显著提升审批效率和服务质量。12月19日,市人社局驻市行政服务中心窗口被国家人力资源和社会保障部正式授予"全国人力资源和社会保障系统2011—2013年度优质服务窗口"。

（黄桂林）

人力资源

【概况】 2013年,南昌市人力资源和社会保障局认真组织实施中央和省市重大人才工作计划,不断创新人才政策,加快整合人才项目,努力突破工作常规,人才队伍建设进一步加强,人才和引智工作水平不断提升。积极开展人力资源市场清理整顿,加强人力资源市场规范管理,大力开展职业介绍和人才交流开发等公共就业专项活动,不断提高服务意识和服务水平,在促进就业、推进人力资源市场建设、完善服务功能、改善服务环境和提高服务质量等方面取得显著成效。

【出台高层次人才创新创业激励办法】 2013年9月,南昌市出台《南昌市高层次人才创新创业激励办法》,高层次人才工作在制度创新上取得新突破。该办法的适用对象为到南昌工作或服务,且在全市市域内创新创业的8类高层次、高技能人才。高层次、高技能人才到南昌创新创业,纳入享受"一卡通"优惠待遇范围,享有配偶安置、子女入学、出入国境、医疗保健、在职培养等方面的优惠待遇。11月15日,南昌市发布《南昌市高层次高技能人才引进工作实施办法》。该办法规定,引进的高层次、高技能人才需50周岁以下,两院院士和有特别突出业绩和贡献者,年龄条件可适当放宽,同时须满足从事的主要工作与本人专业专长相关,且近年来在工作岗位上取得突出业绩和成果等条件。此外,申报高层次、高技能人才还须是中国科学院院士、中国工程院院士、国家最高科学技术奖获得者,国家级有突出贡献的中青年专家、国家级学术技术带头人或国家"千人计划""万人计划"入选者等条件之一。引进的高层次、高技能人才,按其在用人单位实际工作时间,将按年度发给经济补贴,发放期限不超过三年。此外,还设立市创新创业激励奖,对在南昌创新创业等方面做出突出贡献的高层次、高技能人才,根据相应政策给予奖励或扶持。

【出台高层次人才疗养活动办法】 2013年6月,南昌市根据《关于进一步加强党管人才工作的意见》和《南昌市高层次人才优惠待遇"一卡通"实施办法》等文件精神,出台《南昌市高层次人才疗养活动办法》,对疗养的对象、安排、经费、推荐办法和组织部门作明确规定。在昌工作的有突出贡献高层次人才(含高技能人才)、享受政府特殊津贴专家、市直接联系人才、及优秀外国专家等每两年可参加一次疗养活动。2013年,分三批组织享受政府津贴和市直联系人才的专家赴江西庐山进行为期21天的休假,参加人数共80余人。组织高技能人才疗养团31人赴庐山西海疗养。组织部分专家赴海南进行考察性休假。全年共开展6次"专家活动日"工作,参加人数近200人次,召开座谈会10次,征集各种建议100多条,报送有关部门参考。

【重点高层次人才引进工作取得实效】 2013年,南昌市完成"双高"人才引进计划的申报工作,全市企业对高层次人才的需求计划为639名。按人才类别看,高级专业技术人才的需求计划为490人,高级经营管理人才的需求计划为149人;按学历和专业层次看,需引进院士1名,国务院特殊津贴专家1名,博士215名,副高以上专业技术人才402名,高级技师4名。对上年度引进的重点高层次人才情况进行全面审核,上年度共引进企业重点高层次人才74人。

【开展"211"企业经营管理人才培训】 2013年,南昌市"211"企业经营管理人才培训工程已列入常态化工作,培养人选由原来的120名增加到260名,即第一层次人选由原来的20名增加到60名,第二层次人选由原来的100名增加到200名。全年在北京大学、山西财大、中山大学、清华大学等高校举办8期专题研修班,培训学员406人次。协助北京大学中国企业家后EMBA特训班在南昌举办红色之旅游学活动,选送50名学员参加培训。

【发布《2013年企业人才需求目录》】 2013年4月,组织有关人员深入五大园区走访,发放企业人才需求调查问卷,调查企业人才需求情况。经过编码录入调查数据、进行定性与定量分析、征求相关部门和企业及专家意见，历时3个多月，编辑发布《2013年企业人才需求目录》。至年底，全市企业人才需求总量为19577人。人才需求仍然集中在三区两园，即高新技术产业开发区企业人才总需求5926人、经济技术开发区企业人才总需求3510人、桑海经济开发区企业人才总需求1225人、小蓝工业园企业人才总需求2956人、民营科技园企业人才总需求2367人。

【举办“南昌人才活动周”活动】 2013年5月25—31日，南昌人才市场举办“才聚洪城”暨第六届“南昌人才活动周”大型人才交流会。本次人才交流会以“建设人才集聚地，打造核心增长极”为主题，陆续开展现场招聘、网络招聘、校企对接、赴外招才引智、卫生系统急需人才专场招聘等系列活动，吸引来自省内外226家企业参会。其中，义乌市组团32家，提供中高层人才需求岗位6300个，共有5000余名求职者入场，1242人与企业达成初步交流意向。

【举办首届昌九一体化人才招聘会】 2013年12月28日，首届昌九一体化人才招聘会在南昌市就业大厦和九江市人力资源市场同步举行。两地招聘会现场组织工业园区和昌九工业走廊100家企业提供1万个岗位进场招聘。同时，两地人力资源市场互相开通远程面试和网上同步招聘，组织10家企业提供400个岗位参加远程面试，并开展就业政策、劳动法规、实名登记、小额贷款、技能培训、职业指导和创业项目推荐服务。

【购买公共服务赴外招聘高层次人才】 2013年12月14日，市人社局与市智通人力资源有限公司合作组织南昌15家重点企业，赴广东智通总部召开跨区域高层次人才专场招聘会，为企业招聘急需的中高端专业技术人才和管理人才。参加此次招聘会的企业分布于汽车及零部件产业、航空产业、光伏与光电产业、生物和新医药产业等重点产业领域，提供年薪10万元左右及以上的岗位103个。这是市人社局与民营人力资源服务机构进行合作，首次通过购买公共服务形式开展人才招聘，旨在充分激发民营人力资源服务机构的活力和创造力，鼓励平等参与市场竞争，营造公平、效率、可持续发展的良好市场环境，促使公共服务机构不断适应市场需求，增强竞争意识。

【赴外招才引智】 2013年5月、9月，市人社局先后两次组织43家重点规模企业，分别赴长春和兰州开展招才引智活动，共引进紧缺急需人才186人，其中本科学历占81%、硕士研究生以上学历占19%，有7家南昌企业与长春、兰州重点高校签订《校企合作协议》，建立长期合作机制。赴外招才引智已逐步成为南昌引进人才的“服务品牌”，不仅可以引进急需人才，宣传南昌企业，而且做到宣传南昌人才政策，提升南昌城市形象。

【开展“职业经理人”培训】 2013年，南昌市在全省率先举办两期职业经理人（人力资源方向和营销管理方向）培训班，共培训学员120人。培训采取集中授课、互动教学、实战沙龙、标杆企业参观（青岛海尔集团和深圳华为集团）等教学形式，以“实战”为导向，“实效”为宗旨，注重提升职业经理人的创新能力、执行能力和解决问题能力，为企业人才提供一个学习、交流和合作的良好平台。

【招聘“洪城特聘专家”】 2013年，依据南昌市经济社会发展重点，筛选出10项对经济社会发展具有重大影响的特聘专家入闱项目。经资格审查、专家评审、南昌市委人才办审核、对候选人进行面谈、南昌市政府审定等程序，确定9名“洪城特聘专家”人选，下拨第一阶段经费共计135万元。8月，为进一步做好“洪城特聘专家”招聘工作，出台《南昌市“洪城特聘专家”招聘工作实施细则》。

【出台农村特殊专长人才创业培养实施办法】 2013年，市人社局会同市委组织部、市财政局，出台《南昌市农村特殊专长人才创业培养“332”工程实施办法》。该办法规定，将以3年为一个培养周期，每年选拔30名左右农村特殊专长人才按1:1比例分为成长型、初创型两个层次进行培养，为成长型人才每名提供10万元，初创型人才每名提供6万元的一次性创业资金资助。至年底，确定30名首批农村特殊专长人才评选并进行考察公示。

【引进国外智力】 2013年，南昌市共执行国外智力引进项目38项（国家级项目9项，市级项目29项），其中国家级重点引智项目2项、一般引智项目7项，市级重点项目7项、一般项目22项。项目执行完毕经审核合格，每个市级引智重点项目可获得每项10万元的配套经费资助，市级引智一般项目可获得每项5万元的配套经费资助。全年共下拨引智项目经费180万元，引进国（境）外技术、管理人才到南昌工作300余人次，解决技术、管理难题近100个。

【实施“洪城计划”】 2013年，为引进一批具有在国内外大型企业、知名高校、科研机构的关键岗位从事研发和管理工作两年以上，带项目、带技术、带资金、带团队的“四带”人才来南昌创业，南昌市人社局会同市委人才办、市科技局发布《关于申报“洪城计划”人才项目的通知》，组织专家对申报的2013年“洪城计划”人才项目进行评审，确定14个人才项目进入面试答辩阶段。人才项目企业注册落户后，由市政府按A、B、C三类分别给予创业启动资金100万元、70万元、50万元。人选项目市政府将给予最高300万元的项目资助、500万元的股权投资。

【举办中外专家、企业家迎春座谈会】 2013年1月17日，“2013年南昌市中外专家、企业家迎春座谈会”在江西泰耐克国际大酒店水晶厅举行。省人社厅副厅长、省外国专家局局长裴菲，市委副书记、政法委书记、市委人才工作领导小组组长郭安，市委常委、组织部部长陈德寿等领导出席座谈会。座谈会上，部分中外专家结合在南昌工作和生活的经历，对南昌经济社会发展建言献策，并表示将立足本岗位、全心投入南昌新一轮经济社会发展热潮，为南昌打造核心增长极做出应有贡献。

【3名外国专家获“庐山友谊奖”】 2013年10月，经江西省政府批准，南昌格特拉克传动系统有限公司、江铃汽车股份有限公司、江西凯马百路佳客车有限公司的3名外国专家喜获2013年度江西省“庐山友谊奖”。“庐山友谊奖”是专门为对江西经济、文化、教育事业建设和发展做出积极贡献的在赣外籍专家而设立的。

【成立“引进海外人才工作站”】 2013年10月，南昌市获批在韩国首尔、美国华盛顿新设2家引进海外人才工作站。至此，南昌已在美国纽约法拉盛、加拿大温哥华、英国伦敦等10个城市分别设立引进海外人才工作站。工作站是依托海外人才服务机构、华侨华人社团和留学生组织等建立起来的，并与市人社局签订合作协议的海外组织机构，成功推荐海外高层次人才在南昌创新创业和入选国家、省市人才计划项目将获得相应奖励。全年下拨工作站工作经费20万元，帮助海外人才工作站开展工作。

【开展首届"洪城杯"职业技能大赛】 2013年6月3日，南昌市首届"洪城杯"职业技能大赛开幕。本次大赛由市人社局、市财政局、市国资委、市总工会、团市委、市妇联联合主办，江西现代职业技术学院承办。大赛历时8天，共有24支代表队452名选手参赛，决出数控车工、数控铣工、工具钳工、汽车修理工、计算机程序设计员、动画绘制员6个竞赛项目各个名次，19名选手脱颖而出荣获不同组别冠军，42名选手获得"江西省技术能手"称号。市委常委、常务副市长张鸿星，省人社厅副厅长刘滇鸣等出席开幕式并视察比赛现场。

【创新五项高技能人才培养制度】 2013年，南昌市先后制定"十大技能之星评选制度""紧缺技师培养制度""高技能人才培养示范基地资金资助制度""大师工作室资金资助制度""优秀高技能人才带薪疗养制度"，为高技能人才的培养打下坚实基础。明确从2013年开始，南昌市每三年评选一届"南昌市十大技能之星"，每届评选10名高技能人才，每人奖励10万元。每年开展培养1000名紧缺技师，加强"市高技能人才培养示范基地""市大师工作室"建设，对获得市级高技能人才培养示范基地的，一次性资助建设资金8万元；对获得省级及以上的高技能人才培养示范基地，按上级下达资金1:1配套。

【成立5家市级高技能人才培养示范基地】 2013年，南昌市政府批准南昌瓷板画研究中心、南昌教育学院、南昌技师学院(筹)、南昌先锋信息与服务外包培训学校、江西赣江技工学校5家单位为第二批"南昌市高技能人才培养示范基地"。被授予市级高技能人才培养示范基地的单位，可获得一次性拨付5万元建设经费，并在实施南昌市"青年高技能人才""紧缺技能人才"等高技能人才培养项目安排和经费支持上享受重点倾斜。

【成立5家市级技能大师工作室】 2013年，南昌市政府批准余正连、周南英豫章赣绣大师工作室、付东南瓷板画大师工作室、邹武瓷板画大师工作室、甘荣刚电焊大师工作室、朱细胜毛笔制作大师工作室等5家技能大师工作室为第二批"南昌市技能大师工作室"。被授予市级技能大师工作室的单位，可获得一次性开办补助经费5万元，主要用于工作室培训用品购置、技术攻关、交流推广、带徒传艺、技能竞赛以及日常工作经费等方面。

【建设高技能人才队伍数据库】 2013年8月，市人社局下发《关于报送我市高技能人才名单的通知》，要求就全市范围内的高级技师、技师以及获得市级以上荣誉的高级工进行报送，建立南昌市高技能人才队伍数据库。

【抓好各项人才项目落实】 2013年，南昌市新增享受"国贴"专家2名，"省贴"专家4名，"市贴"专家19名，省百千万人才5名，为全市188名"521"学术技术带头人核发培养经费282万元。至年底，全市共有"江西省新世纪百千万人才工程"专家41人，享受国务院特殊津贴专家89人、享受省政府特殊津贴专家40人、享受市政府特殊津贴专家144人。

【成立"江西南昌留学人员创业园"】 2013年10月，江西省人社厅正式批复同意南昌市建立"江西南昌留学人员创业园"。留学人员创业园由省人社厅、市人社局、高新区人社局三级共建共管，采取省人社厅指导，市人社局主办，高新区人社局负责运行的工作模式，其建设与管理经费投入由南昌市本级财政与高新区财政按一定比例分摊。省人社厅在政策上对留学人员创业园建设给予一定支持。留学人员创业园内增挂"中国江西留学人员创业园"牌子。至年底，租赁的昌大瑞丰工业园7楼3800平方米办公场所已装修完毕。

【新增6家博士后科研工作站】 2013年9月，国家人力资源和社会保障部、全国博士后管理委员会批准同意南昌市方大特钢科技股份有限公司、江西联创光电科技股份有限公司、江西雄鹰铝业股份有限公司、南昌市建筑工程集团有限公司、江西省晶和照明有限公司、南昌欧菲光科技有限公司等6家单位设立博士后科研工作站，新增数量为历年之最，占全省新增数量的30%，全市博士后科研工作站达18家，占全省总数近1/4。

【创新博士后工作站管理】 2013年8月7日，全市首届博士后工作站联系会议在泰豪科技股份有限公司召开，在全省率先建立博士后工作联系例会制度。修改《南昌市人民政府政府特殊津贴工作办法》，突出业绩和贡献，提高门槛和待遇，与"国贴""省贴"评选时间相衔接，进一步提高工作的时效性和针对性。出台《博士后科研工作资助专项资金管理办法》，进一步规范博士后工作专项资金管理，提高资金使用效益。在南昌注册的企业或市属事业单位经人社部新批准设立的博士后科研工作站，可获一次性科研资助经费50万元，新进站的博士后研究人员，可获一次性科研资助经费10万元，专项资金用于补贴设站单位和博士后研究人员购置开展博士后科研工作的设备、仪器及软件等。2013年，为8名新进站的博士后研究人员核发科研资助经费80万元，择优推荐盛建武等4名博士后研究人员申报江西省博士后研究人员科研项目，获一等资助1人，二等资助2人，三等资助1人，分别获得资助资金8万元、5万元、3万元。

【清理整顿人力资源市场】 2013年3月13日，市人社局、市公安局和市工商局联合对全市各个区域人力资源服务市场进行突击执法检查。此次整顿主要以人力资源市场的职业中介机构、从事职业中介活动的组织和个人、各类招工用人单位为对象，旨在对以职业中介为名，坑骗求职者财物、拐卖妇女或者未成年人等违法犯罪活动的组织、单位或个人进行严厉打击，并对未经许可和登记的"黑中介"，擅自从事职业中介活动的组织或个人，将依法查处和取缔。此次行动共对15家职业中介机构进行了联合执法检查，责令2家超范围经营的职业中介机构进行整改，对2家证照不齐的职业中介机构下达了整改书，现场关门整顿。

【开展人力资源服务机构年度检查】 2013年，市人社局对全市2012年底前核发人力资源服务许可证的人力资源服务机构开展年度检查工作，对存在发布虚假招聘信息、从业人员无执业资质、未参加社会保险登记或未缴纳社会保险等突出问题的，督促其整改到位，2家民营机构因整改不到位被注销。

【开展诚信等级评定活动】 2013年，按照江西省人社厅统一部署，认真开展诚信等级评定活动。市人力资源市场、南昌人才市场、市劳动就业介绍服务中心和市智通人力资源有限公司被省评为省诚信示范或AAA级诚信单位，市人力资源市场作为全省唯一一家参加全国诚信示范窗口单位评选的候选单位。

(黄桂林)

民政事业

【概况】 2013年,市民政局紧扣市委、市政府打造核心增长极总体部署,以提高“三个群体”生活水平、加强民政公共服务设施建设、发挥民政在加强和创新社会管理中的作用为着力点,积极推动全市民政事业创新发展,提前、全面、超额完成各项任务,民政重点工作有序推进,特色工作亮点纷呈,取得较好的成绩。先后荣获全国居民家庭经济状况核对试点工作优秀单位、全国清明节工作优秀单位、全省第十三届文明单位、全省民政工作先进单位、全省民政工作创新奖、全省养老服务体系建设先进单位、全省第二届“福彩杯”民政行业职业技能大赛团体第一名、全市社会管理综合治理目标管理先进单位、全市公共机构节能先进单位、全市信访工作先进单位、全市人口和计划生育工作先进单位、全市消防工作先进单位、全市政务公开和政府信息公开工作先进单位等荣誉称号,为促进全市经济社会又好又快发展发挥积极作用。

(徐　良)

救灾救济

【概况】 2013年,南昌市减灾救灾工作全面贯彻落实中共十八大精神,以邓小平理论、“三个代表”重要思想和科学发展观为指导,坚持救灾和减灾并重的原则,突出工作重点,创新工作理念,扎实推进防灾减灾救灾工作,取得较好的成绩。2013年,全市受灾人口共36.5万人,紧急转移安置人口300人次,农作物累计受灾面积35048公顷(其中绝收面积1546公顷),因灾死亡4人,直接经济损失达1.1亿元。灾情发生后,市、县、乡三级民政部门高度重视,及时赶赴灾区,第一时间查灾核灾报灾,做好灾民的紧急转移安置工作和临时生活保障工作。1月11日零时左右,安义县筲岭水库[小(一)型]紧急溢洪道临时围堰突然垮塌,致使下游湾里区太平镇枫林村下水尾自然村部分村民受灾。市民政局紧急从市本级救灾预备金中下拨救灾款30万元,用于紧急转移安置灾民,解决灾民生活困难问题。及时下拨2012—2013年度中央自然灾害生活补助资金1385万元,督促各县区加快冬春救助资金拨付进度,将救灾资金及时、安全发放到救助对象手中,较好地完成冬春灾民临时生活困难救助工作,切实保障受灾群众的基本生活。及时下拨倒房重建资金,将因灾倒房户纳入农村危房改造予以优先安排、重点支持,有力帮助全市倒房户重建家园、喜迁新居。

【推广政策性农房保险工作】 2013年,市民政局按照“政府引导、市场运作、自主自愿、协同推进”的原则,积极稳妥推进政策性农房保险这一利国利民惠及千家万户的工作,广泛开展形式多样的宣传活动,进一步引导群众的积极性,增强群众的风险意识和市场意识,让更多的群众自愿、积极参保,取得初步的成效。至年底,全市范围内累计承保农房146856户,收取农户自缴保险费146856元。

【开展防灾减灾日活动】 2013年5月12日,以“识别灾害风险,掌握减灾技能”为主题的大型防灾减灾宣传咨询活动在八一广场举行。省、市领导胡幼桃、张鸿星等及省、市减灾委成员单位的领导出席活动。“5·12”防灾减灾日系列活动的开展,营造群众积极参与防灾减灾的良好氛围,取得良好的效果。

【提升基层综合减灾能力】 2013年,南昌市积极创建全国和全省“综合减灾示范社区”,进一步强化社区防灾减灾功能,提高城市抗击灾害的综合能力。青云谱区三家店街道祥和社区居委会、西湖区桃花镇桃花社区、东湖区大院街道省府院内第一社区、红谷滩新区红角洲管理处绿湖豪城社区、青山湖区湖坊镇洪明社区荣获“全国综合减灾示范社区”称号;东湖区彭家桥街道湖滨南路社区、东湖区八一街道大士院北区社区、东湖区公园街道经堂巷社区、东湖区豫章街道上沙窝社区、红谷滩新区凤凰洲管理处碟子湖社区、青山湖区罗家镇江南社区、青山湖区青山路街道满庭春社区、湾里区站前街道站前社区、新建县长埈镇花果山社区荣获“全省综合减灾示范社区”称号。

(徐　良)

双拥优抚

【概况】 2013年,市民政局根据上级工作要求,结合本市实际,解放思想,与时俱进,严格落实优抚政策、认真开展双拥工作,积极为优抚对象解难题、办实事,热情支持国防和军队建设,为推动全市双拥工作深入开展做出较大的贡献。4月,向871名驻昌部队未就业随军家属发放2012年度生活补助356万余元。5月27日,全市双拥工作领导小组2013年第一次(扩大)会议在市政府小礼堂召开,标志着全市新一轮双拥模范城创建工作拉开序幕。

【市领导走访慰问南昌舰】 2013年8月1日,市委常委、南昌警备区政委夏一军,副市长刘家富率领南昌市党政军代表团赴大连慰问海军南昌舰,赠送慰问金30万元。

【解决外地军人乘车问题】 2013年,经市双拥办协调,市公交总公司自8月15日起对外地临时到南昌的现役军人、残疾军人(含因公致残人民警察)实行免费乘坐市内123条公交线路的优待。

【为演习部队提供保障】 2013年9月15日,南京军区“使命行动—2013”演习部队途经南昌,全市积极做好各项支前保障工作。市委副书记、代市长郭安带队向参演官兵进行亲切慰问。此次支前慰问工作动用车辆76台,出动民兵和军供保障人员600余人次,赠送价值46万余元的慰问品。

(徐　良)

安置军休

【概况】 2013年,南昌市认真落实各项安置政策,科学合理地制订安置计划,扎实推进退役士兵免费参加职业技能培训工作,全面落实军休“两个待遇”,确保年度接收安置任务圆满完成。

【开展退役士兵教育培训】 2013年,根据《南昌市退役士兵职业教育和技能培训工作暂行办法》,成立以市民政局牵头、市教育、市财政、市人保和军队有关部门共同参与的培训工作协调领导小组,与省民政学校等10家院校密切配合,进一步完善退役士兵职业教育和技能培训工作机制。至年底,共培训退役士兵394人,推荐就业率达90%以上。

【推进退役士兵安置改革】 2013年,依据《中华人民共和国兵役法》和《退役士兵安置条例》建立符合安排工作条件退役士兵岗位安排工作机制,科学合理地制订安置计划,确保重点对象退役士兵得到妥善安置,确保年度接收安置任务圆满完成。全年共完成城镇退役士兵岗位安置308人,自谋职业715人,自谋职业率达70%。

【完成年度军休干部接收安置任务】 2013年,积极配合有关部队,简化程序,快速、高效地完成年度军休干部接收安置任务。至年底,共接收安置军队退休干部43人,退休士官1人,第五批军队退休退职职工100人,较好地实现军队、地方、军休干部和无军籍职工“三满意”。

(徐 良)

社会事务管理

【概况】 2013年,市民政局切实提高民生保障力度,大力提升民政公共服务能力,积极开展各项社会事务工作,不断提升社会事务管理服务水平。至年底,救助流浪乞讨人员10311人;办理婚姻登记66699对,其中结婚登记53361对,离婚登记13338对;全市火化量12192具;国内收养登记38人。联合市公安、市财政、市人保、市卫生及市城管出台《关于我市城市流浪乞讨人员危重病人、精神病人和传染病人医疗救治工作实施意见》。文件的出台进一步明确全市城市流浪乞讨人员中危重病人、精神病人和传染病人的医疗救治工作。

【清明宣传成效显著】 2013年,各殡葬服务单位积极开展以“文明祭扫、生态殡葬”为主题的“行风建设月”活动。在清明期间,全市悬挂横幅和标语1000余条、张贴通告3500余份、发放宣传材料上万份。自3月28日至4月6日,共开展各类宣传及文明祭扫活动近130多场,涉及街办、社区100余个,有2万余名群众参与。“给天堂的一封信”有奖征文、诗文朗诵会、“传承清明、清明祈福”专场音乐会等文明、环保宣传形式,引起新闻媒体的广泛关注,相继在《江西日报》《南昌日报》等报刊媒体进行多次不同篇幅的正面报道。

【实行全民遗体免费火化】 2013年,按照《南昌市人民政府关于印发南昌市全民遗体免费火化工作实施办法的通知》,为符合文件要求的对象,免除遗体接运费、普通炉火化费、3天以内的遗体冷藏费等。至年底,共为1621人办结遗体免费火化手续,实现应报尽报。

【参加民政行业职能技能大赛】 2013年,市民政局组织队伍参加“江西省第二届‘福彩杯’民政行业职能技能大赛”,在殡仪服务员、遗体火化师两个职位的比赛中分别获一等奖1名、二等奖2名及一等奖、二等奖、三等奖各1名。组织参赛队伍参加省民政厅组织的“江西省首届婚姻登记员颁证大赛”,全市参赛队荣获“团体二等奖”。

【开展“流浪孩子回校园”专项行动】 2013年,为加强流浪未成年人保护性救助管理工作,改善城市市容市貌,维护社会秩序,南昌市转发省民政厅等10家单位《关于在全省范围内开展“流浪孩子回校园”专项行动的通知》,积极有效地推进“流浪孩子回校园”专项行动。至年底,全市共救助流浪未成年人员194人次,实现流浪孩子回校园的目标。

(徐 良)

城乡社区建设

【概况】 2013年,南昌市深入贯彻落实中共十八大和十八届三中全会精神,紧密围绕以民为本、服务民生的工作宗旨和努力把城乡社区建设成为管理有序、服务完善、文明祥和的社会生活共同体的工作目标,加大社区基础设施建设,打造城乡精品社区,深入开展和谐社区建设示范单位创建活动,全面提升城乡社区建设整体水平。全年,从市本级福彩公益金列支90万元,同时力争省级福彩公益金60万元,共打造城乡精品社区示范点40个。

【开展全国和谐社区建设示范单位创建活动】 2013年,市民政局按照省民政厅《转发民政部关于开展第二次全国和谐社区建设示范单位创建活动的通知》,对照《全国和谐社区建设示范单位指标体系》,紧紧围绕不断满足居民群众生活不同需求为目的的社区关爱服务、便民服务,在全市精心组织开展和谐社区建设示范活动。至年底,省民政厅已正式命名东湖区,西湖区朝阳街道、青云谱区三家店街道、红谷滩新区沙井街道,十字街街道莱茵半岛社区、京山街道新村社区、青山路街道潘坊社区、沙井街道世纪中央城社区等共1个城区、3个街道、4个社区为全省和谐社区建设示范单位,并作为全国和谐社区建设示范单位的候选单位报送民政部。

【落实社区办公和服务用房】 2013年,市民政局以社区服务设施建设项目为抓手,采取新建、改扩建、购买、置换等多渠道,社区办公和服务用房得到进一步落实。各城区进一步加大资金投入,按照建立综合服务大厅、开展一站式服务的社区标准化建设要求,全市共有51个社区落实办公和服务用房面积达300平方米以上。

【推进“城中村”社区规范化建设】 2013年,市民政局为适应城镇化加快发展的新形势,将“城中村”社区规范化建设作为统筹城乡发展、构建和谐社会的重要措施来抓,理顺“城中村”社区管理体制、服务机制,推进“城中村”社区管理服务创新,取得初步成效。在西湖区“城中村”拆迁的农民集中安置点,按照“一村一居”增挂社区居委会牌子,实行城市社区规范化管理,社区基础设施建设纳入城市规划,社区环境品位全面提升,稳步推进“村改居”工作,逐步打破城乡二元结构,提升城市基层社会管理水平。

【合理划分社区网格】 2013年,市民政局本着“属地管理、规模适度,街巷定界、无缝覆盖,方便服务、动态调整”的原则,以300户左右一个网格的规模,将纳入全市社区网格化管理工作范围的421个居委会、72个家委会、143个城中村,合理划分为3916个社区网格。同时,深入城区、街、社区开展督查工作,解决划分工作中存在的各类问题。随后,组织区、街两级民政干部及社区(村)干部约1000人,经过近两个月的努力,完成全市社区网格电子示意图的上图工作,基本实现社区网格全覆盖。

(徐 良)

社会组织管理

【概况】 2013年,南昌市社会组织管理工作紧紧围绕加快形成政社分开、权责明确、依法自治的现代社会组织体制的目标,坚持培育发展和规范管理并重的原则,切实加强社会组织创新管理,努力建设与全市经济社会发展需要相适应、门类齐全、层次丰富、结构优化、布局合理、覆盖广泛的社会组织体系,推进全市社会组织健康快速有序发展。全市新登记成立市级社会组织72家,其中社会团体39家、民办非企业单位32家、基金会1家;变更社会团体33家、民办非企业单位30家;注销社会团体2家、民办非企业单位4家。至年底,全市共有社会组织1757家(社会团体614家,民办非企业单位1142家,基金会1家),其中市本级社会组织691家(社会团体327家,民办非企业单位364家)。

【实行社会组织直接登记】 2013年10月31日,市民政局下发《关于对四类社会组织实行直接登记的通知》,鼓励行业协会商会类、社会福利及公益慈善类、科技类、城乡社区服务类社会组织发展,凡申请成立此类社会团体、民办非企业单位实行直接登记，不再需要业务主管单位事先资格认定。至年底，全市已直接登记四类社会组织11家。

【严格社会组织年检】 2013年3月1日开始，对市属社会组织上年度工作情况进行检查。重点检查社会组织在遵纪守法、机构设置、人员变动、财务运作、业务活动等方面的情况，并相应分别给予“年检合格”“年检基本合格”“年检不合格”3种检查结果。全年共办理社团年检277件，民办非企业单位年检269件，其中年检合格534件、年检基本合格11件、年检不合格1件。检查中，针对少数社会组织存在机构涣散、财务基础薄弱、未及时办理变更事项等问题，提出整改意见，帮助社会组织完善运行机制，收到良好效果。

【开展社会组织公益创投工作】 2013年，市民政局对全市社会组织开展公益项目情况进行调查摸底，做好中央财政支持社会组织参与社会服务项目及省民政厅社会组织公益创投项目的申报工作。全市共申报中央财政支持社会组织参与社会服务项目5个、省社会组织公益创投项目20个。经过审核，由青云谱区社工协会申报的“南昌市青云谱区社工协会社区增能坊社会工作服务示范项目”，获得中央财政专项资金35万元支持。南昌市慈善义工协会申报的“关爱残障儿童帮扶试点项目”等6个公益创投项目已获省民政厅立项，争取省社会组织公益创投资金64万元资助。同时，争取市本级福彩公益金50万元，专项用于开展市本级公益创投项目。

【争创全国社会组织建设创新示范区】 2013年，市民政局按照全国社会组织建设创新示范区创建标准，先后召开创建全国社会组织建设创新示范区推进会、南昌市社会组织发展促进会筹备碰头会、市社会组织孵化中心建设协调会，就深入推进创建活动相关工作、筹备成立南昌市社会组织发展促进会、建立完善市社会组织孵化中心进行安排部署，并多次前往各县区就社会组织创新管理开展调研，就社会组织培育发展、等级评估、作用发挥、完善管理体系、参与社会管理等方面工作与部分社会组织代表进行座谈，全面推进争创全国社会组织建设创新示范区工作。

【开展社会组织党组织“规范化建设年”活动】 2013年，市民政局按照“抓重点、带一般，抓市直、带县区，抓典型、带全面”的工作思路，要求各县（区）民政局、市属各社会组织业务主管单位在“规范化建设年”工作中，继续推广“一方隶属、多重管理、全程作用”的党组织组建模式，指导各社会组织成立“兼合式”党组织，注重在没有党员和为建立党组织的社会组织中发展党员，按照“六有”标准，深入开展社会组织党组织“规范化建设年”活动。

（徐　良）

行政区划和边界管理

【概况】 2013年，南昌市行政区划和边界管理工作围绕打造“带动全省经济发展的核心增长极”的总体要求，加强对行政区划工作的调研，稳妥推进边界管理等各项工作。对3条跨市县级行政区域界线和4条市内县级行政区域界线进行联合检查，及时掌握边界地区情况，确保界线、界桩管护工作符合有关要求。全市7条县级行政区域界线联检工作全部已经完成。按省民政厅要求成立行政区划志编纂委员会，下设编纂室。落实编纂人员，参加省民政厅举办的编纂培训班。行政区划志（南昌市部分）已经完成初稿。政区大典编纂工作已完成政区大典市、县、乡级词条的二审修改稿及报送工作（已上报到民政部）。110个乡镇、街办词条，9个县（区）词条、1个市级词条，共计近40万字。认真研究经济快速发展和行政管理体制改革带来的行政区划问题，加强对风景名胜区、农（林）场等单位管理体制的调研，并在此基础上，回复政协委员和人大代表提出的有关行政区划调整、区域变更、风景名胜区管辖范围调整等提案和建议。

【开展行政区划调研】 2013年，为实现省委、省政府提出将南昌市打造成为带动全省发展的核心增长极的发展战略，进一步拓展南昌作为省会城市的城市发展空间，积极为省行政中心搬迁提供配套环境，南昌市认真开展行政区划调整调研，完善行政区划调整设想，为启动全市行政区划调整作准备。同时，对符合条件的国有农垦企业改设乡镇或改设村（居）委会后就近并入乡镇作相应的调研。

【完成乡镇勘界的收尾工作】 2013年，乡镇勘界工作已进入收尾阶段，省边界管理办公室领导和市民政局领导多次实地督查乡镇勘界进度，对有关县（区）在乡镇勘界中遇到的重点难点问题进行协调和指导。至年底，四县五区已基本完成乡镇勘界资料的整理和汇总工作，全市168条乡镇级界线，约1620余千米已基本勘定完毕，每条界线的比邻乡镇（街办）都正式签订界线协议书，并将边界线走向标绘在1:1万比例尺工作地图上。

【开展平安边界创建活动】 2013年，南昌市在与毗邻地市九江、宜春、抚州、上饶市签订平安边界共建协议的基础上，市内、外相邻县区之间都签订平安边界共建协议书。进一步规范勘界资料管理制度，建立健全纠纷应急处理机制、联席会议制度、联谊互访制度、情况通报制度、矛盾纠纷排查制度、协调处理制度等。同时，要求各县（区）着力从边界地区的文化、娱乐、治安等全方位地开展平安边界共建活动，形成“以政策法规为指导，以界线联检、界桩管护为重点，以联席会议制度为平台”的长效管理机制。积极配合相关部门解决边界地区的矛盾纠纷，切实维护边界地区的安定团结和社会稳定。

（徐　良）

老龄工作

【概况】 2013年，南昌市老龄工作紧紧抓住省委、省政府全力支持南昌发展，打造核心增长极的有利时机，认真贯彻落实全省老龄工作会议精神和《江西省老龄事业发展“十二五”规划》，真抓实干，切实履责，统筹推进各项工作，取得较好的工作成绩。全市各县（区）、开发（新）区新建居家养老服务机构70家，重点打造14个省级、13个市级机构建设。市老龄办牵头打造的养老服务信息化平台建设工作在全省居家养老服务经验交流会上做典型发言，并获省民政厅2013年度工作创新奖。全年发放高龄补贴资金9066.3万元，发放人数达8.9万人。经市政府同意，落实驻南昌部队中有军籍、无户籍的80周岁以上老人高龄补贴发放事宜。在经开区、桑海开发区增设老年证办证窗口，实现全市老年证办证点全覆盖，全年办理江西省老年人优待证1.5万本，其中70周岁以上1.04万本。全市20个涉老单位及社会组织荣获首批“市级敬老文明号”称号，其中7个荣获首批“省级敬老文明号”称号、5个荣获首批“全国敬老文明号”称号。

【加强基层老年人协会规范化建设】 2013年，市老龄办圆满完成省级第七批农村老年人协会规范化示范点价值15万元的物资配送工作，并按时完成省级第八批农村老年人协会规范化建设示范点申报工作。继续抓好“以奖代补”工作,对省级第七批农村老年人协会规范化示范点发放“以奖代补”资金5万元。

【开展“敬老月”各项活动】 2013年10月,副市长刘家富带队走访部分百岁老人代表和居家养老服务机构。市老龄办牵头组织对全市123位百岁老人开展走访慰问,并与市慈善义工协会合作,为30户“空巢老人”提供志愿服务,与市委老干部局、市委宣传部联合举办第六届夕阳红书画大赛入选作品展等活动。

【开展老龄宣传调研工作】 2013年,市老龄办以《中华人民共和国老年人权益保障法》宣传为重点,制作学习专刊1期、1幅,印刷宣传册25000册;编印《工作简报》11期,在省部级报刊媒体上发表稿件、信息30条;在地方报刊媒体上发表稿件、信息43条。同时,组织开展老龄热点、难点调研,全市各级老龄办共形成调研文章13篇,其中组织撰写的《南昌市居家养老服务工作调研报告》在全省老龄工作调研中获二等奖。

(徐　良)

社会福利

【概况】 2013年,南昌市社会福利事业紧紧抓住打造核心增长极的有利时机,进一步探索创新机制体制,创新服务管理模式,完善政策保障体系,争取各级资金,推进社会福利重点项目建设,进一步夯实社会福利基础设施,有效保障孤老残幼等弱势群体的基本权益,让他们共享全市改革发展成果。

【推进社会福利基础设施建设】 2013年,南昌市积极争取各级资金,进一步加大对养老福利机构基础设施建设的投资力度。至年底,西湖区社会福利院异地重建项目已投入使用;总投资5亿元的青山湖区社会福利中心项目一期工程已完工,预计2014年投入使用;总投资1.8亿元市老年福利院项目一期基建工程已完成,二期主体工程完工,启动三期工程;南昌市第二福利院(按摩医院)红谷滩分院、南昌市心理康复医院(精神病院)异地新建、南昌市儿童福利大楼、南昌县社会福利院、安义县社会福利中心改扩建和进贤县社会福利院等项目建设有条不紊进行。

【打造“虚拟养老院”服务平台】 2013年,为进一步完善南昌市基本养老服务体系,推进养老服务信息化建设,全市以东湖区信息化养老服务平台为基础,整合各方资源,精心打造为全市老年人提供养老信息、生活需求和安全保障的南昌信息化养老服务中心,将南昌“12343”便民服务热线、平台服务系统、老人专用定位手机融为一体,建设覆盖全市的养老服务信息化平台。与各相关职能部门加强协作,形成合力,将社区卫生、社区护理和康复、老年人法律援助咨询、老年人健康文化娱乐、“110”、“120”紧急救助等各项服务有效整合,把该平台打造成辐射全市、全省最好、全国一流的信息化养老服务中心。至年底,该平台已运行,日均接受咨询电话300余个,月均受理服务需求200余件,及时挽救老年人生命3次,协助家属寻找老人数十次,社会反响良好。

【推进养老事业发展】 2013年,南昌市共有60家养老机构和居家养老服务站(点)得到社会力量兴办养老福利机构和居家养老服务中心(站)资金补助,补助金额达900余万元。此举对全市养老事业发展起到极大的推动作用,得到上级部门和社会各界的高度评价。社会各界反响强烈,参与养老事业热情明显提升,来电和上门咨询政策的络绎不绝。至年底,全市社会力量投资在建(筹建)大型养老福利机构已有5家,预计总投资达10亿—20亿元,新增床位达1万张以上。

【提升孤儿保障水平】 2013年,南昌市城乡福利机构集中抚养孤儿基本生活保障标准提高到每人每月1100元,城市和农村散居孤儿提高到每人每月700元。同时,艾滋病感染儿童的基本生活保障标准将按孤儿基本生活费的标准执行。至年底,共下拨2013年中央、省级孤儿基本生活保障补助资金1200余万元,市、县区统筹配套资金2000多万元,有效保障全市3300余名孤儿的基本生活。

【创新实行弃婴救治“关口前移”制度】 2013年3月,南昌市大胆探索,创新实行弃婴救治“关口前移”制度,在市第三医院试点设立全省首个弃婴观察救治中心。公安机关对所有捡拾的弃婴,一律直接送至市弃婴观察救治中心,第一时间进行救治,不再由福利机构转送医疗机构,所有弃婴均可在中心完成全面体检、传染病筛查、医疗救治、登记和入院接收等全部手续,待确定病情稳定后再转入市社会福利院进行抚育。中心设立以来,共接收150余名病残弃婴,至今无一例非正常死亡事件发生。该做法得到民政部、省政府和省民政厅充分肯定,副省长胡幼桃、民政部福利司儿童福利处处长武福祥等先后到中心调研指导,对中心的做法予以肯定,经验做法在全省、全国推广。

【实施“明天计划”和“重生行动”】 2013年,南昌市深入开展困难家庭中残疾孤儿摸底筛查工作,及时掌握具有手术适应证的残疾孤儿情况并进行申报。至年底,共为58名孤儿完成手术治疗,为98名脑瘫、弱智、自闭、肢残等孤儿完成康复治疗,切实帮助孩子们解除或减轻疾患残疾,为他们走向社会、自力更生打下良好基础。

【提高城镇“三无”困难群众供养标准】 根据市民政局、市财政局《关于认真做好2013年度城镇“三无”特困群众供养标准和孤儿基本生活保障标准提标工作的通知》,市民政局与市财政部门联合出台文件,从2013年1月起,将全市城镇“三无”特困群众(无劳动能力、无生活能力、无法定扶养义务人或抚养义务人无抚养能力)月人均供养标准提高100元,达到月人均供养标准500元。

【加强福利企业管理】 2013年,南昌市加强社会福利企业规范化管理,严把社会福利企业审批关,提高年检效率,为福利企业发展提供优质服务和良好的发展环境,进一步促进全市福利企业的健康发展,为残疾人提供更多的就业岗位,有效保护残疾职工的劳动、工作、康复、教育和生活等各项基本权益。至年底,全市共有福利企业24家,安排残疾职工近600人。

【加强社会福利人才队伍建设】 2013年,南昌市积极组织人员参加民政部、省民政厅组织的专业护理员资格培训,共有20余名养老护理员获得高、中级养老护理员资格认定。在第三届全国民政行业职业技能养老、孤残儿童护理员竞赛中,1名养老护理员荣获一等奖、2名养老护理员荣获三等奖,2名孤残儿童护理员荣获三等奖,市社会福利院在以上两项竞赛中均荣获“优秀组织奖”。在省第二届“福彩杯”全省民政行业职业技能竞赛中,南昌市参加养老护理员技能竞赛的3名护理员囊括技能竞赛一等奖,参加孤残儿童护理员技能竞赛的3名参赛选手荣获一等奖1名,二等奖2名的好成绩,同时6名参赛选手均被授予“江西省技术能手”称号。

(徐　良)

2013 年 10 月 20 日，第三个“南昌慈善日”市民捐款现场

慈善工作

【概况】 2013 年，南昌市各级慈善组织坚持以人为本、服务民生的理念，团结奋斗，开拓创新，推动全市慈善事业的发展，赢得党委政府和社会各方面的好评。加强宣传，进一步增强全民慈善意识，涌现一批爱心机关、爱心团体、爱心企业和爱心人士；拓宽渠道，进一步提升善款募集能力，全年受赠资金和物资 2421.4 万元，总额再创历史新高；扶贫帮困，进一步加大社会救助力度，直接受益困难群众达 7000 余人次；强身健体，进一步延伸基层组织网络，全市 13 个县区（新区、开发区）已全部建立慈善会；弘扬慈善，进一步体现义工服务特色，慈善义工队伍不断壮大；完善管理，努力打造阳光慈善、透明慈善、诚信慈善，进一步提高社会公信力。

【开展第三个“南昌慈善日”活动】 2013 年 8 月 30 日，市委、市政府印发《关于印发〈2013 年“南昌慈善日活动”实施方案〉的通知》。按照该实施方案的要求，南昌慈善总会、市民政局、市直机关工委联合下发关于开展一日捐活动的通知，部署慈善捐赠工作。10 月 20 日，南昌慈善总会在南昌电视台演播大厅举办“南昌慈善日”暨“慈善一日捐”大型活动。活动主题为“激励爱心、创新慈善”。市委副书记、代市长郭安出席活动仪式并讲话，市委、市人大、市政府、市政协领导为“南昌慈善奖”获得单位和个人颁奖。全市爱心团体、爱心企业和社会各界爱心人士踊跃登台举牌捐款，奉献爱心。慈善日活动场面宏大，气氛感人，成为展示洪城大爱的一场“大戏”。本次“慈善一日捐”活动，募集到资金和物资将全部用于“助贫、助老、助孤、助残、助学、助医、送温暖”的“六助一送”活动，募捐信息在媒体公布，接受社会监督。“南昌慈善日”活动的广泛开展，搭建一个激发社会爱心、凝聚各界善举的有效平台，让社会各界和广大群众了解慈善，关心慈善，参与慈善，促进和谐文明南昌建设。

【“南昌慈善奖”评选表彰】 2013 年，在慈善捐赠和项目实施中，涌现许多慈善为怀、彰显责任、事迹感人的爱心机关、爱心团体、爱心企业和爱心人士。为进一步激励慈善，南昌慈善总会组织开展“南昌慈善奖”评选表彰活动。经社会各界推荐，评选办公室审定，对全市慈善活动中涌现出来的 10 名最具慈善爱心个人、40 个最具慈善爱心单位、25 个慈善捐助活动优秀组织单位予以表彰。各大媒体对获奖单位和个人进行宣传报道，其中章金媛、邹德凤、陈鸿棋、万江田、邹为民等人事迹广为传播。

【提升慈善募集能力】 2013 年，南昌慈善总会争取各方重视，加大募捐工作力度，精心筹划“一日捐”工作，广泛募集善款。其中，市直机关干部一日捐善款到账 305 万元。举全市各级慈善组织之力，将应急募捐和日常募捐相结合，将一次性捐赠与实现长期稳定的捐赠相结合，努力拓宽慈善募捐渠道。南昌慈善总会的顾问单位、副会长单位和常务理事单位心系南昌慈善事业，带头捐赠，奉献爱心，社会各界和爱心企业共认捐资金和物资 2000 多万元。

【支援雅安地震灾区】 2013 年 4 月 20 日，四川雅安发生 7.0 级地震，南昌慈善总会迅速在南昌电视台和南昌新闻网等媒体发布支援地震灾区的募捐公告。市、县区机关、各界爱心人士踊跃捐赠善款，奉献爱心。南昌县捐款超百万元，红谷滩新区、新建县、青云谱区等县区分别捐款在 20 万元以上。至 6 月 30 日，总会共接收救灾款 433.8 万元，再现“一方有难，八方支援”的中华传统美德。所有捐款根据省民政厅的要求全部汇到省里指定账户，统一送往灾区。

【加大慈善救助力度】 2013 年，南昌慈善总会加大社会救助力度，直接受益困难群众达 7000 余人次，社会救助迈上新的台阶。至年底，已实施完成的慈善项目 53 个，执行资金 1260.24 万元。开展以“六助”为主要内容的 57 个慈善救助项目，包括“大病关爱”“教育慈善阳光班”“角膜病致盲复明”“关爱孤儿”“慈善助老工程”等，扩大受益人群，受到基层群众特别是弱势群体的欢迎和好评。积极发展壮大慈善超市，将全市慈善超市在原来的基础上，扩建为一个总店和东湖、西湖、青山湖、青云谱、湾里 5 个分店。慈善超市直接从生产厂家采购生活用品上架，再以成本价出售给低保对象，使困难群众享受实惠。

【健全基层组织网络】 2013 年，南昌慈善总会争取各级党委政府重视支持，进一步发展和完善基层慈善组织建设。在南昌慈善总会推动下，各县区积极进行酝酿和运作，取得明显进展。全市 13 个县区（新区、开发区）全部建立慈善会，乡镇、街办慈善分会 78 个，社区、村慈善工作站 618 个，6 个区实现三级慈善组织全覆盖。基层慈善分会和社区（村）慈善工作站，基本上采取与慈善义工站、分站两块牌子一套人马的模式。基层慈善组织延伸和发展，明显提升全市的慈善救助服务能力。

【安放多功能慈善“募捐箱”】 2013 年，南昌慈善总会与华赣传媒公司共同研发多功能慈善募捐箱。多功能慈善募捐箱集慈善宣传、便民服务、募集善款于一体，是南昌文明的形象展示。经各有关部门、单位的配合参与，已在全市大型商场、酒店、银行、机关等部位安放近 100 台。

（钮润荪）

教　育

本栏编辑　喻学辉

概　述

【概况】　2013年，南昌市各级各类学校有2114所，在校学生143.6万人，教育人口占全市人口比例达到24.6%，位列全省之首。学前教育入园率达73.5%，超出省定同期标准4.5%；小学、初中入学率达到100%和99.8%，位列全省之首；高中阶段教育入学率超过90%，率先在全省实现基本普及高中教育目标；高等教育毛入学率达38.1%，位于全省前列。

教育管理

【概况】　2013年，南昌教育工作坚持“解放思想、改革创新、转变方式、科学发展”主旋律，坚持“大投入、大建设、大发展”，“三大统筹”推进教育网点大优化，“五大模式”构建优质教育大格局，“四大抓手”实现教育教学质量大跃进，“四大途径”促进师德师能大提升，“六大载体”营造教育环境大和谐，“三大建设”促进作风行风大转变。各项工作取得突出成效，实现市委、市政府提出的打造核心增长极“一年有势头”的目标。

【统筹推进教育网点大优化】　2013年，市教育局合理布局，统筹推进教育网点大优化。一是实施三年建设行动计划，增加公办学前教育资源总量。市政府出台《关于进一步加快学前教育发展的实施意见》，对学前三年建设行动计划进行四次专项督查并召开会议调度推进。全年行动计划建设投入7119.65万元，其中市本级投入专项资金1000万元，已完成397个建设项目，学前教育网点逐渐完善，“入园难、入园贵”得到缓解。二是实施义务教育网点规划，提高城乡教育网点覆盖率。完成“十二五”期间农村义务教育学校布局规划编制，投入近2亿元，其中市本级投入1.27亿元，启动17所义务教育学校建设工程，校舍建筑面积23.3万平方米。投入6000万元，其中市本级投入2082万元，启动18所义务教育学校新改扩建工程，校舍建筑面积4.6万平方米，进一步扩充义务教育资源。三是实施优质高中工程，策应新城区建设布局优质资源。市一中朝阳校区、湾里一中竣工，市三中、市十九中高中两个年级顺利入驻青山湖区、红谷滩新校区办学。九龙湖示范性高中项目完成前期设计、招标和征地，实验中学高新校区、朝阳中学完成征地、设计。优质高中由中心城区向开发区、新区辐射，为实现教育均衡发展提供新的路径。

【城乡一体化进程不断加快】　2013年，南昌市投入5.8亿元，重建、新建校舍面积30万平方米；投入2357万元，加固校舍面积4.05万平方米；投入1.29亿元，维修改造校舍35万平方米；投入2000万元，扶持10个涉农县区（开发区）推进农村中小学校舍建设工程；投入1.2亿元，推进农村义务教育薄弱学校改造项目，完成教学装备类项目638个。农村中小学办学条件进一步得到改善，18所农村中小学成为2013年社会主义新农村特色示范校。青云谱区获“江西省义务教育均衡发展示范县”光荣称号。

【全面加强教师队伍建设】　2013年，市教育局多措并举加强师德师风建设和教学业务培训，提升教师综合素质。一是加强师德师风建设，挖掘培育先进典型。出台《中小学教师师德考核办法》《中小学师德师风建设评估指导标准》，构建师德师风建设长效机制。编印《感动洪城——记2012年南昌市十大优秀教师》，广泛开展首届“感动洪城”十大教师先进典型学习宣传活动；组织开展“尊师爱生”、寻找身边的“张丽莉”“我的教书育人故事”师德征文等主题活动，倡导崇高师德风范；继续开展第二届“感动洪城十大最美教师”评选和电视颁奖晚会，弘扬优秀教师感人事迹。二

2013年5月31日，南昌市十佳美德少年评选总结会在南昌十九中召开。图为十佳美德少年与出席与会人员合影。

是强化培训科研竞赛，促进教师专业成长。完成3.6万中小学(幼儿园)教师全员远程培训考核验收工作，选派近5000名教师、校(园)长参加“国培计划”和省级培训，安排2000多位教师参加优秀班主任培训、新教师岗前培训、音乐舞蹈骨干教师培训。深入推进“五个十”工程，启动第五批中小学(幼儿园)学科带头人和第四批中职青年“专业能手”评选，加强名师工作建设。举办中小学班主任专业技能竞赛、班主任“育人风采”展示，开展第七届“园丁杯”教学竞赛。增强教师教科研能力，申报省级教科研课题191项，申报市级教科研课题1071项。三是把好教师准入关口，优化教师队伍结构。把好教师资格认定关，认定中小学幼儿园教师资格1.3万人。把好中小学教师招聘选聘关，引进75名部属师范大学应届研究生和896名新教师。至年底，聂水兰、郑垚婷被评为身边“张丽莉”式省级优秀教师，柏宗材获“全省十大美丽乡村教师”荣誉称号，10名教师获得第二届感动洪城十大最美教师荣誉，13名教师成为省第五届优秀班主任，一大批学校和教师受到市级以上表彰，584名中小学幼儿园教师成为市优秀青年骨干教师，150人次教师在省级、国家级教学竞赛中取得佳绩。

【教学质量不断攀升】　2013年，南昌市中考再创佳绩，低分率得到有力控制。高考高分优势继续保持，保送清华、北大学生占全省65.9%，位居全省第一；理科一本上线率提高3.12个百分点，跃居全省第二；文科一本上线率提高1.37个百分点，位列全省第四。中职学生在国家级竞赛中获二等奖2个、三等奖8个，在全省中职技能大赛中获奖项116个，实现省内领先、国赛有突破的目标。南昌市外国语学校学生傅书宁在2013年国际英语演讲比赛中国区选拔赛力压群雄，获得高中组桂冠和“最具潜力奖”，作为中国中学生唯一代表赴英国伦敦参赛。

【教育交流与合作日益加强】　2013年，市教育局参与长江中游城市群教育协作体活动，成功主办长三角教研协作共同体论坛活动，积极筹划昌九一体化等省内教育协作体工作。教育国际合作交流进一步扩大，全年外事往来累计12次300余人，南昌二中中加班、江西师大附中中美班声誉提升，新增市三中国际办学项目，教育国际化进一步推进。

【教育信息化建设成效显著】　2013年，南昌市加大信息化装备投入，共计投入资金2.12亿元，其中市本级投入7550万元，县(区)自筹资金投入1.36亿元。信息化建设持续升级，全市教育城域网出口带宽升级扩容至4G，全市中心小学以上学校互联网接入率达到100%，基本实现宽带网络“校校通”；市属、区属和县属学校“班班通”覆盖率分别达到100%、68%和58%。

【启动全市中小学生电子学籍管理工作】　2013年9月，市教育局举办由全市中小学学籍管理人员参加的“全国中小学生学籍管理系统数据导入和系统使用”培训班，开展全市中小学生信息采集、校验和系统测试等工作。完成全市近40万名中小学生的信息采集、校验和问题学籍处理等工作，做好市本级学籍管理工作。

【强化教育督导工作】　2013年，市教育局对进贤县、青山湖区教育综合督导评估进行市级复查，指导青云谱区做好全省义务教育均衡发展督导评估试评工作，对现代教育技术省级示范校、实施素质教育省级示范校和中小学校体育工作开展专项督导检查，对上年度社会主义新农村(特色)示范校进行复评，保障教育可持续发展。做好全市乡村学校少年宫和城市学校少年宫督查考核评比工作，组织乡村学校少年宫参加考核评比。

【营造和谐教育发展环境】　2013年，市教育局以“和谐教育”为目标，积极构建健康发展环境。一是深入开展“万名干部教师访万家”活动，充分发挥南昌市网上家长学校家校信息平台作用，家校互动构建和谐育人环境。二是依法治校保障教育改革发展。建立市教育局行政调解工作机构，完成教育系统“六五”普法中期督导检查、市“六五”普法中期考评迎检、领导干部和教职工年度法律知识考试等工作，举办中小学校“模拟法庭”、优质法制课竞赛，组织中小学生“法律伴我健康成长”征文活动，积极推进法治南昌建设。三是阳光招生推进教育公开公平。合理划分义务教育学校学区范围，推进中考网上报名、网上阅卷和网上录取工作，实行报名与志愿填报分离，增加“二次补录”环节，落实招生优惠政策，录取工作井然有序。率先在全省开展普通高中学业水平考试机考试点工作。四是平安校园保证系统安全稳定。坚持“每日五分钟提醒”安全常规教育，加强年度检查考评和夜查工作，落实综治工作目标管理和寄宿生安全管理制度，开展校园矛盾纠纷排查、校园周边治安环境整治、消防安全和食品安全督查等活动。受理群众来信来访322件，回复率达100%，办结率达99.4%。

【加强校车安全管理】　2013年1月17日，市教育局会同市公安局、市交通运输局召开全市校车安全管理联席会议，对全市校车安全管理工作进行部署。指导县区制订《校车服务方案》，汇总校车达标信息和基本情况，督促全市各学校加强校车管理，校车安全管理工作取得新成效。截至7月，全市共有获得校车使用许可的校车232辆，取得校车驾驶资格的驾驶员数量120人。

【完成地铁征迁、旧城改造、拆违拆临工作】　2013年，教育部门牵涉地铁征迁、旧城改造、拆违拆临建绿透绿三大专项工作。其中，地铁征迁涉及铁路一中、市二十八中两所学校，教职工住户近200户；旧城改造涉及市二十一中整体搬迁，以及市属学校近百名教师搬迁工作；拆违拆临涉及大部分市属学校，49个点位。面对时间紧、任务重、总量大、牵涉面广，市教育局在规定时间内全面完成教育部门地铁征迁、旧城改造涉及300多位教职工的搬迁工作任务。11月30日，全面完成临建违建点位的拆除任务，面积共9683.1平方米，位列市直各部门第一，受到市“拆违拆临、建绿透绿”指挥部的嘉奖。

【开展全国文明城创建工作】　2013年6—8月，市教育局积极配合市创建办，做好未成年人思想道德建设工作测评体系四个大点(公平教育、乡村学校少年宫、心理健康、学校教育)相关资料的收集与整理，对全市80所乡村学校少年宫和20所城市学校少年宫相关材料进行审核，做好迎接创建全国文明城检查工作。

(熊晓鹏)

学前教育

【概况】　2013年，南昌市共有各级各类幼儿园767所。其中，公办幼儿园157所、民办幼儿园610所；优秀省级示范幼儿园、省级示范幼儿园34所，市一级幼儿园22所。在园(班)幼儿132459人，教职工总数12710人，专任教师7345人。

焕然一新的滕王阁保育院

【推进学前教育三年建设行动计划】 2013年5月7日，市政府召开学前教育三年行动计划交账推进会。市委副书记、市长陈俊卿出席会议并讲话。5月，市政府印发《南昌市关于进一步加快学前教育发展的实施意见》。7月，市教育局印发《关于进一步加强学前教育项目建设管理的几点意见》，对学前三年建设行动计划的各类幼儿园项目建设要求做到严格资金管理、严格项目标准、严格项目验收程序、严格项目管理制度，确保“建成一所，合格一所”。市人大教科文卫委、市政府教育督导室、市教育局对全市学前教育三年建设行动计划实施进展情况开展4次督查。学前建设进度初见成效，全市将新增公办幼儿园427所。

【加强幼儿园评估工作】 2013年2月，市教育局研究修订《南昌市示范幼儿园评估标准》，指导幼儿园工作；印发规范办园行为的通知，加大清理无证幼儿园的力度，规范办园行为。依据《南昌市示范幼儿园评估标准》，组织专家评估组对市外国语幼儿园等7所一级一类幼儿园进行综合评估。12月，组织市公交公司保育院和南昌县第三幼儿园顺利通过省示范幼儿园复评，南昌广电大湖之都幼儿园初评通过，获得省示范幼儿园称号。

【指导3－6岁儿童学习与发展】 2013年2月，市教育局举办全市《3—6岁儿童学习与发展指南》培训班，聘请省幼教专家对《3—6岁儿童学习与发展指南》的科学、健康、艺术、社会活动等领域进行讲解。全市13个县(区)90名幼教行政人员和省、市级示范幼儿园园长及部分民办幼儿园负责人参加培训。

【培养幼儿教师专业基本功】 2013年10月，南昌市首届“启迪杯”幼儿教师专业基本功竞赛活动在市保育院举行。活动选拔8名优秀选手参加省第六届幼儿教师专业基本功竞赛，并取得优异成绩。通过活动，进一步展示全市幼儿园教师扎实的基本功，激发教师们内强素质的积极性，有力地推动全市幼儿教师队伍建设。

(熊晓鹏)

基础教育

【概况】 2013年，南昌市普通高中67所，在校生99010人；初中199所，在校生196122人；小学972所，在校生394882人。其中，城区普通高中35所，在校生47225人；初中53所，在校生75675人；小学91所，144521人。特殊学校8所，在校学生1226人，随班就读学生363人。

【开展义务教育学区化管理改革试点】 2013年7月，市教育局在全省率先开展义务教育阶段学区化管理改革试点工作，出台《南昌市义务教育阶段学区化管理改革试点工作意见》，成立南昌市义务教育学区化管理改革领导小组和专家指导组，提出具体学区化管理改革原则、改革目标任务和改革工作要求。精心选择6所市属优质学校为学区主体校，建成南昌一中与南昌十八中，南昌二中与经开区实验学校，南昌三中与高新区孺子学校、青山湖区京东学校，南昌二十八中与东湖区城北学校，南昌铁路一中与西湖区建新学校和青山湖区湖坊学校，南师附小与青山湖区香溢花城小学6个学区。通过共建，增加优质学位600多个，让更多的市民在家门口享受优质教育资源。10月，市教育局对全市改革试点工作进行总结。

【关爱留守儿童和特殊教育儿童】 2013年，市教育局联合市妇联、团市委、市综治办、市关工委等部门，印发《南昌市关于加强义务教育阶段农村留守儿童关爱和教育工作的实施意见》，对全市留守儿童工作提出工作要求、工作目标以及实施意见，带动全社会都来关爱留守儿童和特教儿童。“六一”儿童节前夕，省委书记强卫等省市领导，分四组走访慰问南昌市阳明学校、站前路小学、铁路第三幼儿园、新建县特殊教育学校教师与孩子们。11月25日，市教育局组织全市特殊学校学生参加由希腊驻上海总领事馆发起，面向上海、南京、南昌、合肥、杭州、济南六城市特殊学校学生的“如果我能飞到我想去的地方”有奖征文活动。全年，共安排6.7万名流动人口随迁子女入学就读义务教育学校。

【启动农村义务教育标准化建设工程】 2013年11月29日，市教育局召开南昌市农村义务教育标准化建设工程工作布置会，启动农村义务教育标准化建设工程。计划利用3年(2013－2015年)时间，投入25432万元(含省级资金19073万元，县级配套资金6359万元)，对全市农村拟长期保留的村小和教学点，加大建设投入力度，实现学校办学条件功能齐备、经济实用和管理的标准化，切实缩小城乡、校际之间的义务教育差距。

【合作办学促进优质资源共建共享】 2013年，南昌师范附属小学教育集团正式揭牌，形成4个校区1个教学点办学格局，品牌优势、规模优势和组合优势得到充分发挥，为市民提供优质学位12724个。

【加快普及高中阶段教育】 2013年，市教育局精心组织高中阶段学校招生工作，录取初中毕业生34249人。大力拓展优质高中教育资源，增加优质高中学位，全市省重点高中录取新生20768人，省重点建设高中录取新生6305人，79%

2013 年 7 月，湾里一中建成并投入使用

的高中新生享受优质高中教育。指导普通高中学校抓好选修课程开设、综合素质评价和综合实践活动，完善符合新课程要求的评价制度和教学管理制度，着力提高学生的学习能力、实践能力和创新能力。启动并推进普通高中多样化特色化办学，探索高中多种办学模式，指导办好一批体艺、传媒、外语、国际班等特色高中，努力为学生提供最适合的教育，拓宽升学成才渠道。推进全市普通高中教育资源优质化，指导南昌十中、南昌十九中迎接全省普通高中评估。

【加强中小学生心理健康教育】 2013 年，市教育局认真贯彻落实《南昌市中小学心理健康教育三年行动计划（2011—2013）》，进一步推动全市中小学校深入开展心理健康教育，促进中小学生健康成长。召开全市中小学校心理健康教育工作座谈会，回顾学校心理健康教育工作，开展经验交流；进行心理健康调查，探讨学校心理健康教育工作新情况、新问题、新举措；与会专家就学校心理健康教育工作建言献策，切实指导学校开展心理健康教育工作。

（熊晓鹏）

职业技术教育

【概况】 2013 年，南昌市共有职业高中（中专）24 所（其中，城市 17 所，县区 7 所；教育部门办 8 所，行业部门办 2 所，社会力量办 14 所），招生 6147 人（其中，城市 5765 人，县区 382 人；教育部门办 3799 人，行业部门办 114 人，社会力量办 2234 人），在校生 19621 人（其中，城市 16960 人，县区 2661 人；教育部门办 12235 人，行业部门办 657 人，社会力量办 6729 人）；普通中专 46 所，毕业生 28988 人，招生 37618 人，在校学生 97143 人。

【继续实施“春蕾助学行动”】 2013 年，“春蕾助学行动”招生人数突破招生计划创历年最高，共招收学生 746 名，比上年增加 20%，招生数连续 6 年保持高位增长。特别是国家出台中等职业学校学费减免和助学金政策，为农村贫困家庭子女就读职业学校提供物质保障。至年底，全市共资助贫困家庭女童 3526 人，共计投入 1023.73 万元。

【推进国家改革发展示范校建设】 2013 年，南昌地区中等职业学校中获批国家中等职业学校改革和发展示范校的有 10 所，占全省 31 所的 32.26%，也是居中部地区六个省会城市示范校数量占全省比例的首位。4 月 15—17 日举办南昌地区首批国家改革发展示范校流动现场交流活动。江西电子信息工程学校、省医药学校和市第一中等专业学校分别就各自学校创建示范学校项目建设交流经验和做法，展示学校的办学特色和办学理念，探讨示范校建设过程中遇到的困难和问题。

【组建职业教育集团】 2013 年，由教育行政部门积极协调，成立由南昌市第一中等专业学校牵头，以专业为纽带，行业协会及相关企业构成的“机械加工”职业教育集团。集团组建坚持“以合作共赢为目标，以品牌专业为纽带，以资源共享为运作模式”，推动学校跨越式发展，加速全市职业教育规模化、集约化发展，为服务地方经济提供高素质技能型人才资源。

【加强市县职业教育合作办学】 2013 年，南昌市第一中等专业学校、南昌汽车机电学校牵头，分别与南昌县职高、新建县职高、青山湖职业学校等县（区）职校对接，在招生、教学、实习等方面进行合作，达成联合办学意向，并就联合办学拟定合作细则，联合招生规模达到 500 人。充分发挥两所国家职业教育改革示范校的辐射引领作用，扶持县级职业教育发展，有利于实现职业教育资源共享，职业学校城乡共建，专业建设合作共赢，人才培养合力共推。市汽车机电学校与市公交皇波萝汽车服务有限公司校企合作基地运行，推动校企深度融合发展。

【各类竞赛继续保持领先优势】 2013 年，市教育局选派 182 名优秀选手参加全省第十届中等职业学校技能竞赛 43 个专业项目竞赛，共获得 116 个奖项。其中一等奖 29 个、二等奖 47 个、三等奖 40 个，竞赛成绩遥遥领先，继续位列全省技能竞赛地市团体总分第一。国家级中等职业技能竞赛取得较好成绩，获得二等奖 2 个、三等奖 8 个。在江西省中等职业学校第五届“文明风采”竞赛 18 个项目的比赛中，南昌市代表队共获得一等奖 22 个、二等奖 42 个、三等奖 52 个，并获团体三等奖。在江西省第二届中等职业学校“创新杯”教师说课大赛中，南昌市中职学校代表队共获 8 个奖项，其中一等奖 3 个、二等奖 2 个、三等奖 3 个。

【开展职业教育下县区宣传】 2013 年 4 月，市教育局组织区域内 14 所国家级、省级重点职业学校、省级示范职业学校及特色职业学校，分成 4 个小分队，深入到 6 个县（区）的 74 所乡镇初中学校，面向近两万名初三毕业生开展职教宣传，下发宣传画册和职教宣传专题光盘 1.2 万份。宣传活动展示职业学校的特色与亮点，架设职业学校与县区乡镇初中学生相互了解的桥梁，提升广大家长师生对职业教育的认可度。

【探索职业教育国际化办学】 2013 年 10 月，市教育局组成南昌市职业教育考察团赴德国考察，对照南昌与派尼地区合作备忘录要求，积极谋求与德国派尼地区职业教育的实质性合作,拟定《南昌与派尼地区职业教育合作交流备忘录》。双方就搭建职业教育长远区域性合作平台、职业教育专家互访、职业教育办学模式尝试和师生互访交流等进行积极的沟通与磋商,为南昌职业教育国际化办学起了一个良好的开端。

(熊晓鹏)

民办教育

【概况】 2013 年,南昌市经教育行政部门审批的各类民办教育机构共 661 所,在校生 14.96 万人。其中,民办幼儿园 610 所,在园儿童 9.27 万人,占全市在园儿童的 69.97%;义务教育学校 33 所,在校生 4.6 万人;普通高中 16 所,在校生 10690 人;职业高中 2 所,在校学生 249 人;非学历培训机构 129 所,年培训 17.46 万人次。

【促进民办学校内涵发展】 2013 年,市教育局组织开展民办普通学历教育学校星级评定,共评定四星级学校 5 所、三星级学校 4 所、二星级学校 19 所。通过以评促建、以评促发展,有力推动民办学校打造教育品牌、提升办学质量和办学效益。

【规范民办学校管理】 2013 年,市教育局开展上年度民办学校办学许可证年检工作,对全市 40 所市直民办学校进行年检,并指导县区教育行政部门对所辖民办教育机构进行年检;开展民办学校招生简章和广告备案工作,进一步规范民办学校招生办学行为;对民办教育学校和民办培训机构新增教师进行资格审查和备案,保障民办教师与公办教师同等权利。贯彻市政府第八轮行政审批制度改革精神,落实下放、委托审批权限,精简办事程序,缩短办结时限。对各县(区)教育行政部门行政审批相关人员进行培训,进一步提高业务能力和服务水平。

【下放部分民办学校管理权限】 2013 年 12 月 22 日,市教育局印发《南昌市教育局关于将市直管义务教育阶段民办学校管理权下放到县(区)的通知》,按照“属地管理”的原则,决定于 2014 年秋季开学之日起将南昌市英华外语学校、南昌象湖学校、南昌宏宇学校、南昌市贤士学校、江西广播电视少儿艺术学校、江西育华学校等 6 所民办学校管理权下放至县(区)进行管理,进一步理顺和优化义务教育阶段民办学校的管理。

(熊晓鹏)

素质教育

【概况】 2013 年,市教育局以新“三好”活动(在家做好孩子,在校做好学生,在社会做好公民)为主题,全面实施素质教育,取得较好成绩。谢钦韬、涂桦同学分别入选央视“寻找最美孝心少年”百名候选人和 20 位候选人,1955 名中学生获得省、市三好学生、优秀学生干部称号。阳光体育活动深入推进,南昌市参加省青少年各类项目锦标赛获团体总分奖 17 个,204 人次在 14 个项目折桂,八一中学啦啦操获得全国一等奖,青山湖区南钢中学排球队冲进全国中学生排球决赛,学生体质合格率达标。艺术教育广泛开展,南昌市获得省级艺术奖励 76 个,获国家级奖励 36 个,市教育局荣获教育部文艺展演优秀组织奖。在全国中小学电脑制作竞赛和机器人竞赛中,南昌市获得全国一等奖 12 人、二等奖 7 人、三等奖 4 人。

【加强未成年人思想道德建设】 2013 年,市教育局制定《关于加强和改进学校德育工作,进一步促进未成年人思想道德建设指导意见》,强化学校德育工作的部署与落实。编写《中小学生文明礼仪素养》教材,组织开展文明礼仪教育系列活动、中华经典诵读系列活动,邀请“五老”作爱国主义报告,开通“校园数字电影院线”,评选“十佳美德少年”,建立健全多渠道、多层次、多形式的学校德育工作机制,形成良好的工作态势。

【深化基础教育课程改革】 2013 年,市教育局共安排 3500 余名教师参加新版义务教育课程标准学科研训活动,组织普通高中优秀校本课程和“我的课改故事”征文评比,广大教师理解掌握教材、灵活运用教材的能力得到增强。组织 150 余次教学视导活动,督促学校落实教学常规,指导学校强化课程管理、加强校本教研和校本课程建设。实施教学目标管理,召开教学质量分析会,集中调研 20 多次,开展教研活动 1450 余次,参与教师 6 万余人次。县区教育行政部门通过片区数字化教育平台、“教学(科研)开放日”、“一对一”帮扶、科研课题培训会、评估会和报告会等,提高薄弱学校教学质量。

【开展“减负万里行”主题活动】 2013 年 4 月 1 日至 5 月 10 日,市教育局在全市开展以“宣传典型经验、规范办学行为、更新教育观念、营造良好氛围”为主题的义务教育阶段学校“减负万里行”活动,组织开展规范义务教育学校办学行为自查工作,加强招生管理,规范入学秩序,引导家长形成“适合孩子的学校就是最好的学校”的正确观念,并通过此次活动,建立完善减负工作长效机制,努力解决义务教育阶段学生负担过重问题。

【丰富中小学生体育艺术活动】 2013 年,市教育局举办第五届中小学生幼儿体育节,组织广播体操、校园集体舞和校园青春健身操等竞赛,开展校园足球活动,督促学校保证每天一小时校园体育活动时间。举办以“中国梦”为主题的原创少儿歌曲童谣与诗歌朗诵大赛、演讲和讲故事比赛和歌咏竞赛,征集优秀童谣,培养中小学生审美能力和人文素养。组织电脑制作、机器人竞赛、综合实践活动、通用技术设计等活动,促进学生动手实践能力和创新精神增强。10 月 25 日,市教育局组织新建县、安义县、湾里区校外活动中心 3 个代表队 18 名选手前往樟树市参加 2013 年全省青少年校外活动中心竞赛活动并取得良好的成绩。安义县、东湖区、西湖区依据实际,创造性地开展“六个一”活动、“体育艺术 2+1”项目和“五个一”工程。

(熊晓鹏)

卫　　生

本栏编辑　喻学辉

概　述

【概况】　2013年，市卫生局全面落实医改任务，突出抓好“疾病防治、体系建设、行业作风”三大工作重点，切实履行为人民健康服务、为经济社会发展服务的卫生工作职责。荣获全省第二轮卫生服务能力建设工程先进单位、全省卫生新闻宣传工作先进单位、江西省农村妇女两癌免费检查先进集体、全省尿毒症免费血透救治工作先进单位、全省“五四”红旗团委、全市社会管理综合治理目标管理先进单位、慈善捐助优秀组织奖等。南昌市获“全国无偿献血先进城市”称号，新建县南矶卫生院陈凡经荣获“最美乡村医生”称号。至2013年底，全市共有各级各类医疗机构2458家，拥有床位1.8万张。全市卫生专业技人员中有执业（助理）医师1.07万人（市本级2919人），注册护士1.24万人（市本级4231人）。农村卫生服务得到改善，参加新型农村合作医疗的人数达252.14万人，参保率由上年的98.21%提高到98.9%。全市婴儿死亡率为4.68‰，5岁以下儿童死亡率为6.93‰，每十万孕产妇死亡人数为12.83人。

基层卫生

【概况】　2013年，南昌市基层卫生重点推进新农合保障水平、城乡基本公共卫生服务、基层医疗卫生机构服务能力，大力开展新农合大病保险、基层医疗机构国家基本药物制度和诊疗路径管理、社区卫生服务运行机制改革试点和乡村卫生组织一体化管理，有效促进全市基层医疗卫生事业的健康、科学发展。

【实施国家基本药物制度】　2013年，南昌市共有93个乡镇卫生院、1165个村卫生室、15个社区卫生服务中心、8个社区卫生服务站实施国家基本药物制度，政策范围内实施覆盖率达100%。实施基本药物制度的基层医疗卫生机构网上采购药品总计为8665.15万元，其中基本药物7824.72万元，基本药物占比达90.3%。通过加强对乡村医生等基层医疗机构、人员的投入补偿，规范基层医疗机构网上采购药品以及药品配送的监督管理，严格对政府举办的基层医疗卫生机构进行绩效考核，进一步巩固基层医疗机构实施国家基本药物制度成果，呈现出基本医疗费用下降、临床用药渐趋合理、药品更加安全有效、社会反响总体良好的局面。

【家庭医生签约服务】　2013年，市卫生局向全市范围推广签约服务工作。基层卫生服务团队通过与城乡居民建立相对稳定的自愿服务关系，形成以“签约服务兑承诺，健康服务到家庭”为特点的全程健康管理服务。各县区从居民的健康需求出发，按照“人群分类、服务分层”的模式，以定期电话和上门随访的方式，全力推进家庭医生签约服务，向城乡居民提供基本公共卫生和基本医疗服务，有力促进基本卫生服务项目工作的落实，并得到老百姓的普遍认可。至年底，全市共有90个乡镇、951个村卫生室开展乡村医生签约服务，覆盖率分别达92.8%和80.1%，签约服务农民176.4万余人，覆盖率达70%；8个街道10所社区卫生服务机构开展家庭医生签约服务，签约服务社区居民4千余户，1.2万余人。通过签约服务，实现三个转变，即服务意识从坐等患者到主动上门的转变，服务方式从治疗为主向预防为主的转变，服务对象从患病人群向普通人群的转变。

【基层卫生服务能力建设项目】　2013年，市卫生局制订《南昌市基层医疗卫生机构公共卫生科（站）标准化建设实施方案》，在南昌县塘南镇新联卫生院等6个基层医疗卫生机构开展业务用房

2013年4月4，东湖区计生协会志愿者在东湖区大院街办广场开展健康知识进社区活动

建设及改造项目,在南昌县幽兰镇渡头卫生院等12个基层医疗卫生机构开展标准化公共卫生站(科)建设,并将用3至5年时间,使基层医疗机构逐步达到人员结构合理、硬件设施完善、岗位职责明确、规章制度健全、内部管理规范、业务运转流畅、服务质量提高的目标,进一步提高全市基层卫生服务能力。

(雷细霞)

公共卫生服务

【概况】 2013年,南昌市共建立居民电子健康档案370.26万份,电子建档率达到72.15%;管理高血压患者22.15万人,管理糖尿病患者5.23万人,老年人保健26.14万人,孕产妇保健3.41万人,儿童保健27.94万人。继续推进国家基本公共卫生服务项目工作,落实人均30元的补助标准,投入1.6亿元为居民免费提供11个大项43个项目的基本公共卫生服务。此外城区居民还可免费享有妇女保健和低保对象、残疾人保健服务内容,扩大受益人群的覆盖面,更好地满足人民群众对基本卫生保障的需求,规范有序地推进公共卫生均等化服务项目的实施。

【开展重大公共卫生服务】 2013年,南昌市对30083名农村孕龄妇女增补叶酸,对30716名农村孕产妇住院分娩进行补助,完成36600名农村妇女宫颈癌的免费检查、4000名农村妇女乳腺癌的免费检查。持续开展预防艾滋病、梅毒、乙肝母婴传播阻断工作,对全市已发现的5300名乙肝表面抗原阳性产妇所生的新生儿、4名艾滋病阳性孕产妇及15名梅毒孕产妇进行系统的阻断干预工作。各县区加大宣传和筛查力度,对孕产妇及婚检对象进行自愿咨询检测,全年提供自愿咨询3.58万人次,提供艾滋病免费检测3.35万人次、梅毒免费检测33791人次、乙肝免费检测33912人次。全市共实施免费婚检27375对,婚检率为57.10%,其中进贤县婚检高达91.87%。联合妇联开展妇女两癌救助,全年共救助154人。

【实施公共场所卫生监督量化分级管理】 2013年,市卫生局对全市已获得卫生许可证的住宿业、美容美发场所、游泳场所、沐浴场所四类公共场所实施量化分级管理。公共场所卫生信誉度由高到低分为A、B、C三级,同时对应三种不同表情。总得分在90分以上的,卫生状况为优秀,卫生信誉度为A级,相对应的表情是“大笑脸”;总得分在70—89分的,卫生状况为良好,卫生信誉度为B级,对应的表情是“微笑脸”;总得分在60—69分的,卫生状况为一般,卫生信誉度为C级,对应的表情是“平脸”。全市2778户公共场所全部实行量化分级,其中住宿场所1050户、美容美发场所1553户、游泳场所34户、沐浴场所141户。评定A级单位17户、B级单位61户、C级单位2700户。

【启动公共卫生应急响应】 2013年4月,南昌市报告5例人感染H7N9禽流感确诊病例。市政府及时启动人感染禽流感Ⅲ级应急响应。市卫生局协调有关省、市医院,采取“集中患者、集中专家、集中资源、集中救治”的原则全力救治患者。经过救治,患者全部康复出院,54名密切接触者也解除医学观察,防控工作取得阶段性成果。12月16日,省卫生厅通报,经中国疾控中心确认,南昌市1例重症肺炎病例标本中检测出H10N8禽流感病毒。南昌市立即启动多部门联防联控工作机制,卫生、农业、工商、林业等部门加强信息沟通,共同研究并实施人间、禽间疫情监测、活禽交易市场消毒与管理等措施。

【开展无偿献血活动】 2013年,为满足日益增长的临床用血需求,市血站积极采取措施,加强招募宣传力度,优化献血环境,延长献血服务时间,走机关、进社区、下乡镇宣传无偿献血,坚持对献血者回访和开展争创优质服务活动等举措,全面提高无偿献血服务水平,不断巩固、壮大无偿献血者队伍,努力提高血液采集量。全市无偿献血2.5万多人,临床用血连续10年保持100%来自愿无偿献血,有效保障全市临床用血的安全和需要。

【国家卫计委督查餐饮具集中消毒】 2013年11月27日,国家卫生计生委综合监督局对南昌市餐饮具集中消毒单位专项整治工作进行督查。督查组在听取汇报、查看资料、检查现场后,对全市开展餐饮具集中消毒单位卫生监督工作给予充分肯定。认为市卫生监督部门在克服许多困难的情况下,加强对餐饮具集中消毒单位的监督管理,监督力度显著提高。特别是在检查市佳洁清洁消毒有限公司现场后,认为该企业生产工艺流程合理,使用的消毒产品符合国家有关规定。同时,对企业管理上存在的薄弱环节,提出针对性建议。

(雷细霞)

疾病控制

【概况】 2013年,南昌市扎实推进全市公共卫生服务体系和能力建设。市、县(区)疾控中心实验室规范化建设全面达标,疾病预防控制机构专业人员培训率达到90%以上,各级疾控机构人员素质得到明显加强,二级以上医疗机构和乡镇卫生院、社区卫生服务机构公共卫生科(预防保健科)设置率达90%以上,基层医疗机构疾控工作管理水平得到有效提升,疾病预防控制绩效考核成绩位居全省前列,卫生服务能力建设工程顺利通过省级考核。深化卫生体制改革,扎实推进公共卫生均等化服务,增强疾病预防控制能力,手足口病、艾滋病、结核病等重大传染病得到有效的控制,甲乙类传染病的发病率保持平稳,免疫规划接种率维持在99%以上,慢性病防控得到进一步加强。青云谱区成功创建“全省卫生应急示范区”。南昌市在全省卫生应急大比武活动中获团体一等奖,选派的两名选手分获疾病控制专业技能操作第一名。

【提高慢性病防治水平】 2013年,市卫生局结合国家项目,开展死因和肿瘤监测、慢性病规范化管理和治疗等各项工作。继续开展无烟环境国际合作项目,启动中国城市成人吸烟调查项目。以创建“慢性病综合防控示范区”为抓手,鼓励社会团体、社区群众广泛参与健康生活方式和慢性病防控活动。注重慢性非传染性疾病防治,东湖区、西湖区巩固“国家慢性病综合防控示范区”成果,新建县、南昌县、湾里区和青云谱区成功创建“全省慢性病综合防治示范区”。

【艾滋病综合防控】 2013年,南昌市坚持预防为主、防治结合、依法防治、科学防治,落实“四免一关怀”政策,艾滋病防治工作综合排名全省第一。至年底,全市新发现的艾滋病病毒感染者和艾滋病人数在全省中最多,占上级下达任务数的121.58%。艾滋病病毒感染者和艾滋病人CD4检测人数全省最多,随访检测比例91.31%,高于85%的目标要求。新增抗病毒治疗艾滋病人281人,占年任务数的171.34%。美沙酮在治人数1108人,占年任务数的158.3%,年保持率80.7%,高于75%的目标要求。

2013 年 12 月 1 日,南昌市开展第 26 个"世界艾滋病日"宣传活动现场

完成自愿咨询检测 8585 人,占年任务数的 122.52%。完成监管场所羁押人员 HIV 抗体筛查 12903 人、暗娼干预 7821 人、男性行为者干预 1833 人、针具交换覆盖注射吸毒者 598 人,高危人群干预工作超额完成任务。

(雷细霞)

卫生行政执法

【概况】 2013 年,市卫生局围绕全面简政放权、进一步深化行政审批制度改革工作这一主线,着力加强卫生法制建设和卫生监督体系建设,积极推进依法行政、卫生监督能力建设、医疗卫生、公共卫生监督执法等重点工作,切实保障人民群众健康权益。

【推进执法装备招标采购工作】 2013 年,南昌市县级卫生监督机构业务用房项目建设取得新的进展,卫生监督执法装备设备招标采购顺利进行。湾里区完成卫生监督业务用房改建工作,青云谱区、南昌县已经开工建设,其他县区正在有序推进;全市 9 个县区启动执法装备招标采购项目资金,南昌县、安义县、东湖区、湾里区已基本完成办公设备、执法装备、执法车辆、快检设备的采购。

【卫生监督协管网络建设】 2013 年,南昌市基层卫生监督协管网络建设进一步完善,构建横向到边、纵向到底,覆盖城乡的协管服务网络。全市共在 128 个乡镇卫生院、社区卫生服务中心聘任卫生监督协管员 322 名,设立卫生信息员 966 名;全年举办 8 期培训班,集中培训协管员、信息员 990 人次,利用网络平台培训 306 人次;建立协管档案 4182 户,开展巡查 4959 次,信息报告 1766 次。

【开展卫生监督执法检查】 2013 年,市卫生局部署开展"H7N9 禽流感防治专项检查""南昌地区学校、幼儿园周边公共卫生单位集中整治活动""医疗卫生、公共卫生专项监督检查""2013 年卫生监督重点监督检查""整顿医疗秩序打击非法行医专项行动"等执法检查活动。全年共查处案件 249 件,罚款金额 35.63 万元;监督检查公共场所 1000 余户次,监督检查覆盖率 100%。在全市范围内始终保持着打击非法行医的高压态势,加大对涉嫌犯罪的无证行医者移送司法机关力度。全年共取缔无证诊所 112 户次;办理行政处罚案件 41 件,罚没款 6.54 万元,没收药械 142 箱(件);移送公安追究刑事责任案件 10 件,10 件全部抄送检察机关。

【受理行政审批事项】 2013 年,市卫生局共受理审批事项 814 件,3722 人次;审批出证率 100%,提前办件率 100%,满意度测评率 100%,许可资料档案归档率达到 100%;许可达到零投诉。卫生局窗口荣获南昌市 2013 年度"最佳文明窗口",4 次荣获全年四个季度"流动红旗窗口",同时在全市行政执法案卷评查中被评为优秀。

【规范卫生许可权限】 2013 年,南昌市明确市县(区)各级卫生行政部门在医疗机构设置审批、执业登记、变更注册、注销登记、校验等审批权限,不断规范行政审批事项的工作流程。特别是根据全市开展的清理整顿市场中介组织服务和收费行为中突出问题的工作要求,对所有行政审批事项的前置条件进行逐一清理和确认,凡法律法规中未要求中介机构出具报告的,一律不设置中介服务事项。

【调整行政审批事项】 2013 年,市卫生局根据"能放全放"的指导思想,将原市第七轮审批事项中的 28 项,精简优化为市第八轮的 22 项。衔接省卫生厅取消 2 项审批事项中部分内容;对现有审批事项中的 4 项进行整合,由 4 项整合为 2 项;暂停 2 项;承接国家卫计委下放项目"外国医疗团队来华短期行医审批"1 项,将"公共场所卫生许可""公共场所改建、扩建项目选址和设计卫生审查及竣工验收""承担预防性健康检查工作单位审批""放射工作人员证核发"4 个审批事项下放县(区),委托开发区(新区)实施。

【提高行政服务效率】 2013 年,市卫生局将 3 个行政许可非一审一核事项调整为一审一核,将 5 个非行政许可非一审一核事项调整为非行政许可一审一核,使卫生行政审批一审一核事项达到 18 项,占比率达 81.82%,超过现有审批事项的 70% 以上。将一审一核事项中 9 项调整为即办件,即办件审批事项数达到本部门现有审批事项的 40% 以上。

【缩短时间精简材料】 2013 年,市卫生局在市第七轮审批制度改革压缩时间 30% 的基础上,市卫生局窗口对现有审批事项承诺时间再压缩办理时间 49 天,占比率(压缩时间前与后之比)达 32.89%,超过(压缩时间后与前之比)10%。对申请材料进行精简,对涉及事后能监管的内容材料予以取消,对类似"卫生行政部门规定的材料"等笼统性材料进行清理,共精简申报材料 27 项,占比率(精简材料前与后之比)达 24.11%,提高审批效率,方便办事群众。

(雷细霞)

医政管理

【概况】 2013 年,南昌市医政工作以深化医药卫生体制改革为核心,以"医改目标任务、卫生能力建设、医院等级评审、重点专项活动"为抓手,落实医疗质量管理,加强临床专科建设,强化医疗服务监管,保障人民群众健康。市直医院开展临床路径管理的专业数共计50个,病种数达221种。开展临床路径管理的病种入组率平均为66.3%,入组完成率平均为81.5%。至年底,完成临床路径管理病例13029人次。

【探索城市公立医院改革】 2013年,市卫生局继续探索城市公立医院改革,市第九医院连续四年做好取消药品加成试点工作,所有药品零差率销售。全年药品让利1135.5万元,药占比为53.76%,稳定在合理水平。

【开展优质护理服务】 2013年,市卫生局继续在全市深入开展优质护理服务工作,并把工作延伸到二级妇幼保健机构,努力为人民群众提供安全、优质、满意的护理服务。各医院开展优质护理的病区数量百分比均达到标准,其中三级医院开展优质护理病房70个,开展率达89%以上;二级医院开展优质护理病房79个,开展率达52%。

【医师多地点执业试点】 2013年,市卫生局在全市范围内结合公立医院对口支援社区工作,规定医师第二执业地点必须注册到基层医疗机构,鼓励公立医院医师注册到社区。全年共有108名符合条件的执业医师办理多点执业,强化社区服务能力。各受援社区卫生服务中心充分利用城市公立医院优势资源,规范社区卫生服务机构各项管理工作,不断提高医疗服务水平。

【改善和优化医疗服务】 2013年,市卫生局在优化服务流程工作方面采取门诊诊室"一专家一护士"、一站式门诊、夜间门诊、用血直报等工作措施,有效解决老百姓"看病难"问题。3月,全市各直三级医院全部开始推行全省规范统一的预约诊疗工作,群众通过拨打"12320"卫生服务热线、医院预约挂号电话、登录"为民健康网"等方式就可以进行免费预约挂号,有效缩短患者就诊等候时间。

【加强医疗质量管理与控制】 制定《南昌市医疗质量专业控制中心管理办法》,完善市级医疗质量专业控制中心体系建设,通过公开竞评的形式,选出院感、药事质量控制中心,调整和成立市医学检验、院感管理、药事管理、病案管理、病理管理、精神疾病、临床用血、康复管理等8个质量控制中心。各质量控制中心都制订医疗质量控制工作计划,加强相关专业质量控制落实、监督和检查工作。共举办各类培训班5期,共培训各类从业人员1000余名,开展质量控制与评估6次。

(雷细霞)

妇幼卫生

【概况】 2013年,南昌市持续实施卫生服务能力建设工程和妇幼安康工程,继续抓好妇幼重大公共卫生项目等工作,全市妇女儿童健康保障水平明显提高。全市孕产妇死亡率为12.83/10万,婴儿死亡率为4.68‰,5岁以下儿童死亡率为6.93‰,住院分娩率为100%,均低于全省平均水平。全市孕产妇系统保健管理率达88.53%,3岁和7岁以下儿童系统保健管理率分别为81.72%、89.25%。全市妇女儿童健康状况得到明显改善,妇幼保健事业得到健康发展。

【人类辅助生殖技术获得试运行许可】 2013年,经省卫生和计划生育委员会批准,南昌市医学科学研究所附属医院正式升级转型为三级生殖专科医院,成为江西省首家三级生殖专科医院。同时,该院体外受精胚胎移植技术获得试运行许可,成为全省第四家获得使用该技术的医院,填补全市空白。

【开展妇幼卫生信息质控工作】 2013年11月18—21日,南昌市妇幼保健所对四个县(区)的妇幼卫生信息工作开展质量控制和督导检查。检查方法采取听汇报、抽现场、看资料等方式,抽取一定数量的乡、镇(街道)社区卫生服务中心和村医,查看相关资料。通过质控工作,完善全市妇幼卫生信息工作,提高妇幼卫生信息统计质量。

【创新举措提升妇幼保健服务水平】 2013年,南昌市妇幼保健所坚持"以病人为中心"的服务宗旨,不断开拓创新,通过新举措为广大妇女儿童提供更加人性化的保健服务方式,从而提升服务质量和工作效率。一是优化孕产妇、儿童、婚前保健服务,做好妇幼保健指导。通过加强对基层督导检查、加大对基层培训力度、每季度召开院、所长例会的工作机制,及时互通信息,解决服务中存在的问题,努力提高管理效率;落实惠民措施,扩展服务范围,推行重大妇幼卫生服务项目,进一步提高全市妇女儿童健康水平。二是做好2013年托幼机构入托体检,保障入托体检秩序。针对儿保科门诊高峰期,制作温馨提示,将预约领健康体检手册的时间及注意事项详细告知,努力为患者及家长提供全程优质温馨服务。另外儿保科抽调业务能力强的业务骨干成立体检小组,下到各个幼儿园体检,将各托幼机构体检分批次完成,缓解体检高峰。三是定期举办免费的"孕妇、育儿学校",加大保健宣传力度。通过开展多种妇幼保健知识讲座及义诊活动,利用网络论坛、QQ群、微信等平台,由妇幼保健专家免费在网络上为广大妇女儿童答疑解惑,提高孕妇、家长的自我保健能力。

(雷细霞)

中医药事业

【概况】 2013年,南昌市中医药系统围绕全市中医药"十二五"规划,落实全年中医药工作要点,立足中医药服务百姓健康,提升服务能力,拓展服务功能,发挥中医药传统特色优势。全市有三级公立中医医疗机构2家,二级公立中医医疗机构5家,民营中医医疗机构3家,中医病床数达到2107张,公立中医医疗机构中共有2531人,中医药人员近1000人。至年底,94%的社区卫生服务中心、94%的乡镇卫生院、74%的社区卫生服务站、70%的村卫生室能够提供中医药服务。

【加强中医药服务能力】 2013年,全市中医医院全年门诊人次98.2万人次,住院病人数4.7万人次,分别较上年增加7.3万人次和0.4万人次,增长8%和9%;门诊中药处方数占每百张门诊处方比例约为47%,增长2%;中医非药物疗法治疗17.7万人次,占门诊治疗人次的20%。基层中医药服务能力提升工程有效推进,完成方案、目标的制定,将其纳入常态化工作开展。南昌市二级以上中医医院均设立"治未病"中心,日均治未病106人次;对65岁及以上老年人、0—36个月儿童开展中医药健康管理。

【中医医疗服务体系提升】 2013年,南昌市2所中医医院通过国家中医药管理局的三级甲等中医医院评审验收,3所中医医院通过省卫生厅的二级甲等中医医院评审验收;农村和社区中医药工作基础进一步夯实,基层卫生机构中医药服务提供比例逐步提高,中医药适宜技术应用更加广泛。6家中医医院共8个专

洪都中医院红谷滩新院

科(专病)入选省级中医重点专科(专病)建设(培育)项目,2个国家级中医临床重点专科(专病)已通过省级考核验收,9名中医师入选第三批江西省名中医。

(雷细霞)

卫生科技教育

【概况】 2013年,南昌市卫生科教工作以医学学科建设为核心,以卫生人员教育培训为重点,努力提升卫生服务能力,为全市卫生事业新发展提供医学科技支撑和卫生技术人才队伍保障。全年完成市本级18个卫生项目的培训,累计培训各级各类卫生人员6405人次,超额完成培训计划任务,有效提升卫生技术人员服务能力。

【推进学科建设】 2013年,南昌市对21个市医学重点学科进行综合评估,召开学科建设推进会,就学科建设存在的问题、发展的方向进行研究、讨论、推进。搭建学科建设平台,对重点学科进行扶持,对新技术、新项目的引进应用进行鼓励,做好引导和服务。2013年,全市新增省医学领先学科建设计划项目1个、新增省市共建学科建设计划项目2个;3个省领先学科建设项目、5个省市共建学科建设项目全面达标并通过省卫生厅验收,分别获得"江西省医学领先学科"和"江西省省市共建医学先进学科"称号。截至2013年底,全市有江西省医学领先学科9个、省市共建学科11个。通过开展学科建设,南昌市市直医疗卫生单位在基础设施改善、人才队伍建设、临床和科研技术水平以及社会和经济效益方面取得了较好的成绩,医学学科整体实力也得到明显提升,促进了医疗卫生单位可持续发展。

【科研成效明显】 2013年,南昌市医疗卫生单位共立项科研课题169项(其中国家自然基金项目4项),获经费支持约300万元,累计发表论文551篇(其中SCI文章10篇、核心刊物106篇);40项科技成果通过鉴定。荣获江西省自然科学奖1项、江西省科技进步奖1项、南昌市科技进步奖10项(其中一等奖1项、二等奖4项、三等奖5项)。

(雷细霞)

卫生行业管理

【概况】 2013年,市卫生局为进一步深化医药卫生体制改革,通过不断加强党组织建设、党风廉政建设和卫生行业作风建设,全面提升卫生系统社会形象,打造学习型党员干部队伍,为促进全市卫生事业又好又快发展提供强有力的思想和组织保证。

【推进廉政文化建设】 2013年,市卫生局组织观看警示教育片《戒鉴II》和《药单背后的秘密》,开展廉政文化精品创作及以廉政诗词书画、手工作品、格言警句谜语等为内容的反腐倡廉作品展评;组织开展"学习贯彻十八大精神深入推进反腐倡廉建设"理论研讨及"坚决反对腐败 建设廉洁政治"理论征文活动。全市6家医疗卫生单位被命名为"南昌市2014—2016年度廉政文化建设示范点"。

【红包专项治理】 2013年,市卫生局扎实推进红包问题专项治理活动,召开全市卫生系统"红包"问题专项治理工作推进会。开展上一堂廉政党课、发一条手机短信、送一封公开信、开设一个宣传专栏、开展一次警示教育、制作一本"口袋书"、签订一份廉政承诺、召开一次廉洁警示会等活动,促进红包专项治理工作深入开展。

【"阳光医药"网上监察】 2013年,市卫生局为加强对药品和医用耗材的监管,促进合理用药,根据省卫生厅《关于下发2013年全省"阳光医药"网上监察系统建设工作实施方案的通知》和《关于印发〈江西省二级以上医院与"阳光医药"网上监察系统对接工作实施方案〉的通知》精神和统一部署,市直8家医院"阳光医药"网上监察系统硬件、软件部署完毕,数据经专线传输至省卫生厅信息中心虚拟平台。通过查看"阳光医药"网上监察系统平台信息,实时督促各家医院对监察平台黄牌情况积极进行整改,县级医院平台建设中。

【加强人才队伍建设】 2013年,市第一医院、市洪都中医院、省皮肤病专科医院新增人员编制数483名;通过公开招聘、选聘、绿色通道多种途径,市直卫生系统共招录引进博士等高层次人才14名,硕士研究生70名,专业技术人员242名;县区公开招聘聘用281人,招录定向本科医学生21名,安置13名定向医学毕业生;组织完成12410人参加2013年全国卫生专业技术资格考试、护士执业资格考试及卫生专业人才评价考试。

(雷细霞)

文　化

本栏编辑　喻学辉

概　述

【概况】　2013年，南昌市公共文化服务体系建设更加完善，专业艺术创作取得新成绩。以周口文化艺术中心、县级“两馆”、乡镇综合文化站为代表的公共文化服务设施向社会免费开放更加充分，持续推进“舞台艺术送农民”和送戏下乡演出活动。群众文化活动丰富多彩，周末公益性剧场演出活动顺利通过文化部全国第一批公共文化服务体系示范项目评审验收。文化志愿者服务工作继续有序推进，荣获由文化部颁发的“全国基层文化志愿者服务活动优秀项目”称号。文化、新闻出版市场监管和“扫黄打非”斗争进一步深化，文化市场秩序保持稳定。市文化市场综合执法支队参加全省案卷评比获一等奖。文化遗产保护与利用工作进一步科学，实现第16个文物安全年。成功举办第四届“中原古韵——中国（淮阳）非物质文化遗产展演”。广电工作亮点纷呈，广播影视管理进一步规范，确保重要保障期安全播出无事故。深入开展查处非法电视台工作，农村电影放映工程和百部千场电影送民工活动顺利进行。文化产业呈现良好发展态势，文化体制改革积极稳妥，产业结构进一步调整，陈楚文化创意产业园建成投用。至年底，全市文艺创作获省级以上奖项19个，其中国家级奖项3个。年末，全市拥有各类专业艺术表演团体3个，公共图书馆10个，文化馆10个，博物馆、纪念馆9个，全国重点文物保护单位9处。

文艺创作

【概况】　2013年，南昌市文化部门努力从文化精品入手，不断增强文化产品供给能力，创作出采茶剧《红轿》和南昌清音《傲雪的红梅》《分爹》等经典剧目，在全国引起很大反响。全市各级国有文艺院团共演出318场，其中公益性演出207场、商业性演出111场，观众人数达到64.88万人；引进各类商业性演出64场，票房收入达到1544.8万元；新中源、大千一号、南昌琴岛之夜等各大民营演出团体逐步做大做强。全市各文艺家协会会员获得国际性奖项10余个，全国性奖项50余个，省级奖项100余个；在《文艺报》《诗刊》《中国作家》《中国摄影》《曲艺》等核心期刊发表作品数十万字；出版文学作品集30余部。

【采茶戏《红轿》首场演出】　2013年9月9日晚，由南昌市青年编剧马永继编剧、南昌市采茶剧院有限公司（南昌市采茶剧团）新近创作排练的大型采茶戏《红轿》在江西艺术节暨第九届玉茗花戏剧节首次亮相。该剧也是南昌市唯一一部参评剧目，并荣获第五届江西省艺术节优秀剧目奖。南昌采茶戏《红轿》由中国戏曲学院著名导演姚志强执导，江西省知名作曲兼指挥王福康负责配器，江西艺术家张怀群担纲舞美设计，江西省著名灯光设计师付达林担任灯光设计，江西师范大学老师姜盛负责编舞。《红轿》跳出传统南昌采茶戏以表现日常生活为主要题材的框架，而是放在抗日战争这个时代大背景下创作戏剧故事。《红轿》的创作抓住时代变迁的特点，在故事内容和情节设置上大胆创新，它不同于传统采茶戏一般都是喜剧的模式，而是赋予故事一个悲壮的格调。同时，在人物形象、戏剧结构、舞台表演等方面都有所创造，以强化剧目的表现力。整个剧目由五幕戏构成，大大扩展故事内容，使整个戏剧故事更显丰富，人物命运更显张力。

【清音《傲雪的红梅》获中部六省曲艺大赛一等奖】　2013年8月16日，中部六省曲艺大赛在江西省艺术中心落下帷幕，由南昌市文化艺术中心、南昌市歌舞剧团联合出品的《傲雪的红梅》荣获本次大赛一等奖。该剧本以远东国际军事法庭的东京审判为历史背景，讲述南昌人梅汝璈代表中国出任中国首席法官，刚直不阿，力陈事实，维护世界和平、捍卫祖国尊严的历史真实故事。本次曲艺大赛由中国曲艺家协会、江西省文联主办，江西省曲协、南昌市文联承办，山西省曲协、河南省曲协、安徽省曲协、湖南省曲协、湖北省曲协共同协办，是中部地区曲艺界交流、展示、切磋、提高的一个有效平台，旨在推动六省曲艺艺术共同发展，鼓励六省曲艺家以自己卓越的艺术才能更好地为中部崛起服务。

【南昌摘三项十艺节“群星奖”】　2013年10月25日，第十届群众艺术节“群星奖”在山东威海揭晓，南昌清音《今日犹闻翰墨香》、戏曲《乡里新曲》和小戏《把城里妹妹娶回家》问鼎中国群众文艺政府最高奖“群星奖”，林燕和王永鸿荣获“群文之星”称号，在获奖节目总数上为全省最多，属历届最好成绩。其中，《乡里新曲》讲述的是南昌城郊的乡村里，过上小康日子的农民追求精神生活的丰富多彩，演唱传统的地方戏曲——南昌采茶戏，成为人们日常文化生活的重要内容。该戏曲围绕评选南昌采茶戏传承人，演绎出一个妙趣横生的故事。《把城里妹妹娶回家》取材于南昌本地，作品剧情以全省打造鄱阳湖生态经济区的大环境为背景，以新建县南矶乡为原型，剧中通过两代人的爱情和婚姻的波折，反映农村的发展变化和农民的精神风貌，讴歌党的农村富民政策。《今日犹闻翰墨香》作品以文南词音乐为主旋律，表现的是王勃书写《滕王阁序》的千古佳话，极富本土特色。

【南昌采茶戏获汤显祖戏剧奖多个奖项】　2013年10月30日，中国首届“汤显祖戏剧奖·小戏小品奖”比赛闭幕晚会在抚州汤显祖大剧院举行，由南昌市采茶剧团有限公司（南昌市采茶剧团）创作演出的《分爹》获得剧目一等奖、

《茶山情歌》获得剧目二等奖，南昌市采茶剧团有限公司演员王瑜、熊亮获得表演一等奖，周勇、王虹获得导演奖。另有5名演员获个人表演二等奖；南昌市戏剧家协会获优秀组织奖。现代采茶小戏《分爹》和《茶山情歌》都是讲述现代农村里发生的故事：《分爹》的故事讲述姜家三个儿女就因为责任不均、分工不平，在赡养老人的问题上相互推脱，而机智幽默的娘舅浅唱深吟，在谈笑间用真情唤醒亲情。《茶山情歌》则讲述的是一茶童从羞于开口，到竭尽全力主动争取赢得茶妹子芳心的故事。汤显祖戏剧奖是由江西省文学艺术界联合会、江西省戏剧家协会设立的戏剧艺术综合性奖项，每两年或两年以上评选一次。

【南昌·琴岛之夜首演成功】 2013年5月31日晚，南昌·琴岛之夜在原江西省艺术剧院精彩上演，省市领导朱虹、曾光辉、姚燕平等与千余名现场观众共同观看演出。第一季节目名为《赣鄱大地、爱传神州》，节目整体时长约为150分钟，内容主要由原创开场秀、欧秀、民歌民舞、语言类节目、大型杂技、声光舞蹈秀等节目形式构成，并特别创意并策划编排“歌舞 + 模仿”形式的新节目——《八月一日》，具有浓郁的江西文化特色。南昌·琴岛之夜由东湖区政府重点引进，江西艺术剧院、湖南琴岛文化娱乐传播有限公司、南昌公用文化传媒投资有限公司共同打造的主题文化演出项目。

【瓷板画荣获中国工艺美术“百花奖”金奖】 2013年4月28日至5月2日，中国工艺美术“百花奖”评选在福建莆田举行。南昌瓷板画研究中心组织15幅瓷板画作品参加本次“百花奖”的评选。经过评选，南昌瓷板画荣获3金2银2铜的好成绩，其中江西省工艺美术大师冯金玲的作品《琴》、特聘教授欧阳蓉的作品《坐观垂钓者》以及中心专职画家谈承勇的作品《成龙》3幅作品摘得金奖。中国工艺美术“百花奖”由中国轻工业联合会、中国工艺美术学会、中国轻工珠宝首饰中心联合举办，是全国工艺美术界最高级别大奖。

【长篇小说《江风烈》】 作者王芸，南昌市文学艺术院副院长兼文学创作研究室主任，专业作家，该书由中国青年出版社出版。小说从1949年7月15日解放长江岸畔的小城——沙石那一天的激战开始，时间跨度60年，以参加解放沙石的16岁小战士苏北放的人生故事为线索，经由一个生命个体、一个家庭的命运沉浮，映现出一座古城解放后的60年变迁。这60年也正好应合中华人民共和国发展的历程，小说在苏北放、柳真如及其三胞胎女儿几位主要人物的命运演进中，又交织着众多小人物的命运故事，纠结着几代人价值观、人生观、婚恋观、世界观，以及情与理、情与欲、情与法的冲突，探触到生活与人性的幽微处。

【散文集《山河扣问》】 作者邓涛，南昌市文艺评论家协会主席，该书由江西美术出版社于6月出版发行。该书共计20万字，为人们展现50余个城市、景点的瑰丽图景，在精巧的构思中饱含空灵之美，闪烁出独特的思想火花。作者借助风景完成对城市、乡村、生命及山水在精神层面的审美，是时代镜头里关于心灵的一个聚焦，激发人们对人生以及历史文化的思考。读者可以由此在厚重磅礴的历史与自然面前，展开一次美妙的心灵之旅。

【散文随笔集《南昌人》】 作者程维，南昌市作家协会副主席，该书由南京大学出版社出版。11月30日，在南昌青苑书店举行以“我在南昌虚度光阴”为主题的新书首发式。程维用极为“接地气”且带有“现场感”地书写南昌历史文化、风土人情、市井生活，南昌人的面目跃然纸上。全书既有对过往历史的叙述，也有对现实问题的思考，同时结合作者的亲身经历，感同身受地描绘被外地人称作“南昌老表”和“南昌鬼子”的南昌人的真性情，剖析“南昌人”性格形成的深层原因，用文字再现一幅真实生动的南昌生活长卷，既洋溢着人文精神，又透露出城市的市井气息，体现了南昌的文化性格。

【故事集《有话这样说》《永远的童话》】 作者吴邦国，南昌市民间文艺家协会副主席，《有话这样说》由广西师范大学出版社出版，《永远的童话》（中国百年百部故事经典之一）由四川人民出版社出版。这两本故事集是吴邦国近年来创作的故事精品选集。作品多角度表达作者的生存智慧、独特体验、深度发现和特殊情感，显示作者独异的风格、奇特的视角和娴熟的语言技巧。作品在注重情节奇巧跌宕的同时，注重其价值取向，具有较强的知识性和哲理性，使读者丰富阅历，启迪智慧，砥砺意志，提高社会适应能力和观察分析能力。

【电影《凤凰情》举行首映式】 南昌市影视家协会协拍的电影《凤凰情》，10月10日在四川南充市举行首映式，10月11日在中央六台播出。该片由峨影集团、西充县投资，市影视家协会作为协拍单位参与该片前期筹备和摄制工作，影片主创由市影视家协会会员组成，副主席张坚为该片导演，副主席黄彪为该片制片主任，陈福林、李勇为灯光师，会员吴健春为制片，都直接参与该片的拍摄。

【诗歌选集《醒着的海水》】 作者刘晓彬，北京团结出版社出版。这是刘晓彬第二次向世界各地华人诗友征集诗歌作品并编选公益性诗集。此次向世界各地华人诗友征集的是关于“我们的钓鱼岛”的诗歌作品，短短的一个月时间里，共收到世界各地广大华人诗友投来的诗歌作品两千余首。这些作品以“钓鱼岛”为主题，宣示中国主权以及维护民族尊严，或是描写钓鱼岛人文历史等。编选此诗集，目的是力图展示世界各地的华人以及诗人的诗词华章，并向世界宣示收复钓鱼岛的意志和信念，为捍卫中国主权和领土领海的完整，维护民族的尊严，发出世界华人的强音。

2013年南昌市文艺作品获国家级奖情况一览表

表36

艺术类别	赛事/展览名称	获奖情况
民间艺术	中国工艺美术“百花奖”（莆田）	何思义的象牙微雕《一百零八将》获银奖
民间艺术	中国工美学会百花奖	顾玉纯的刺绣作品《佛手图》获铜奖

2013年南昌市文艺作品获全国性赛事奖情况一览表

表37

艺术类别	赛事/展览名称	获奖情况
书法	全国第三届草书作品展	李良东获全国奖,罗华华、欧阳荷庚入展
书法	全国第七届楹联书法作品展	李良东、欧阳荷庚入展
书法	全国第二届篆书展	李良东、徐伟平、张建华入展
书法	第二届“翁同龢书法奖”全国书法展	龙友入展
书法	全国首届楷书作品展	欧阳卫红、徐伟平入展
书法	全国第七届篆刻艺术展	胡昂、张建华入展
书法	第二届“平复帖杯”全国书法篆刻大展	欧阳荷庚入展
书法	首届“西狭颂”全国书法大展	欧阳荷庚获全国奖
书法	首届“云峰奖”全国书法大展	丁亮入展
书法	全国首届书法临帖作品展	李良东、欧阳卫红入展
书法	第五届全国妇女书法作品展	欧阳卫红入展
书法	首届“孙过庭奖”全国行草书大展	欧阳荷庚、罗华华入展
书法	全国首届“沈延毅奖”书法篆刻作品展	罗华华、欧阳荷庚入展
书法	全国“王安石奖”书法作品展	胡昂、廖小丹、罗华华、欧阳荷庚、袁长新等入展
书法	全国首届“陶渊明奖”书法作品展	廖小丹、罗华华、欧阳荷庚等入展
书法	“乾元杯”全国书法篆刻作品展	欧阳荷庚入展
书法	纪念毛泽东同志诞辰120周年全国书法展	欧阳荷庚入展
舞蹈	中国文化部文华艺术院校奖第十届“桃李杯”国际标准舞比赛	龚为民选送的舞蹈作品《青花梦》获表演三等奖,龚为民、郭红获优秀编导奖,张驭坤、刘佳佳获专业院校21岁以上组拉丁舞三等奖
舞蹈	中国文联国际标准舞总会第27届全国锦标赛	龚为民、郭红获艺术表演舞优秀编导奖,朱晨伟、魏佳佳获普通高校专业组拉丁舞第一名,蒋凤武、杨竹青获普通高校组拉丁舞第一名,黄梓荣、崔嘉琪获普通高校专业组拉丁舞第四名
摄影	“纯净资溪”全国摄影大赛	张志宏《锦绣田园》获铜奖
摄影	“山水武宁”全国摄影大赛	张志宏《山水武宁》获三等奖
摄影	“红船杯”全国红色旅游摄影大赛	樊建功《龙舟竞技》获三等奖
民间文艺	中国故事节“美丽中国”故事会	吴邦国故事作品《中国最美女人》获创作二等奖
民间文艺	中国工美学会工艺美术博览会	顾玉纯的刺绣作品《领袖·毛泽东》《狗趣图》荣获金奖
民间文艺	中国(北京)第八届文博会	顾玉纯刺绣作品《毛泽东肖像》获工艺美术“金奖”
民间文艺	第九届深圳文博会	万伊泓创作的南昌瓷板画获金奖
民间文艺	中国(开封)首届工艺美术展	何思义的微雕《三国演义》获金奖

2013年南昌市文艺作品获省级奖情况一览表

表38

艺术类别	赛事/展览名称	获奖情况
影视	中共江西省委宣传部、省文联联合主办的江西省优秀文学剧本、长篇小说、歌曲征集评选活动	电视剧本《景德镇》(编剧:萧亮)、《古村·天井》(编剧:张芸),优秀舞台剧、电影、电视剧创意提纲《金媛的梦想》(作者:刘勇)获奖
曲艺	中部六省曲艺大赛	李伟佳作词的南昌清音《傲雪的红梅》获一等奖,相声《富二代》获二等奖

续表 38

艺术类别	赛事/展览名称	获奖情况
戏剧	江西省文联主办的首届“汤显祖戏剧奖·小戏小品奖”大赛	南昌市文联、市戏剧家协会推荐,南昌市采茶剧团创作演出的小戏《分爹》获演出一等奖,小戏《茶山情歌》获演出二等奖;熊亮、王瑜获优秀演员一等奖;周勇、王虹获导演奖;李俊、许晓俊、付亚运、何锦、周天然获优秀演员二等奖;南昌市戏剧家协会获优秀组织奖
戏剧	首届“汤显祖戏剧奖·小戏小品奖”剧本征集评选活动	左建生、蒲金山、余际松编剧的小品《拾希望》获小品类作品奖二等奖(小品类一等奖空缺),吴邦国编剧的小品《签字》、陈国兴编剧的戏剧小品《寻梦》获三等奖,王虹编剧的南昌采茶戏《茶山情歌》获小戏类作品奖二等奖,李斌编剧的小戏曲《王阳明赣江惊变》获三等奖
书法	江西省第九届书法篆刻展	袁长新、罗华华获一等奖,邓懿媛、廖晓丹、欧阳荷庚获三等奖
文学	江西省作协主办的江西省首届“林恩杯”茶言茶语诗歌大赛	万建平的诗歌《一枚茶叶的宗教》获一等奖,蒋为农《壶内春秋》获二等奖
文学	第六届江西省杂文学会征文活动	盛孝源的杂文《生命之火永不熄灭》获三等奖
摄影	江西省第十二届高校摄影艺术展	张志宏作品《生灵》获三等奖
民间艺术	江西省2013年迎新春工艺美术大赛	李敏的刺绣作品《四福图》、黄艳群的刺绣作品《鹤图》获铜奖

(熊 伟 黄 菲)

文艺活动

【概况】 2013年,南昌市文学艺术界联合会(以下简称市文联)按照市文联八届三次全委会工作部署,团结凝聚广大文艺工作者,开展一系列文艺活动,丰富群众精神文化生活。

【举办“新春送祝福、春联送万家”活动】 2013年,市文联、市书法协会举办的“新春送祝福、春联送万家”活动在象山文化广场等地举行。臧定禄、徐新文等10余位书法家现场为市民写春联,免费赠送上千副。

【举行首届南昌文人书画展暨《自在客》首发仪式】 2013年2月19日,“本乎斯文”——首届南昌文人书画展在江西饭店开幕。活动由市文化新闻出版局、市文联、市作家协会、江西美术出版社、南昌文人书画院等单位共同主办。展览汇集百余幅书画精品,其中有陈忠实、张贤亮、蒋子龙、陈世旭等著名作家以及陈政、陈安安、程维、杨建葆等10余位南昌本土名家的书画作品。开幕式上还举行文化刊物《自在客》杂志首发仪式。该杂志以倡导诗意生活为主题,聚合国内众多学者、文艺家的作品。

【谷雨诗会举行】 2013年4月20日,市文联、市作家协会联合主办的“我们的节日——2013年南昌市谷雨诗会”在艾溪湖畔举行。副市长姚燕平出席诗会并颁奖。全市诗歌爱好者共80余人参加诗会。本次诗会以“都市春天·中国梦”为主题,共收到来自北京、江西、广东、四川、陕西等13个省市的150余名作者的诗作300首,最终由专家评选出一等奖2名、二等奖4名、三等奖6名、优秀奖21名。

【首部城市微电影剧本征集暨城市旅游微电影创作大赛启动】 2013年4月25日,以“乐游南昌”为主题的南昌首部城市微电影剧本征集暨城市旅游微电影创作大赛活动正式启动。此次活动是由市旅游局主办,市广播电视台、市电影电视艺术家协会承办。8月16日,经专业评委评审,评选出微电影剧本一等奖1名、二等奖2名、三等奖3名、优秀奖6名;微电影创作一等奖1名、二等奖2名、特别参与奖2名。作家吴邦国创作的《南昌OK,南昌女人OK》获剧本一等奖,江西师范大学选送的《缘来在这里》获创作一等奖。

【举行2013中国江西南昌首届舞蹈艺术节、2013江西南昌第十二届青少年国际标准舞全省公开赛】 2013年5月18—19日,市文联、中国国际标准舞总会江西青少年培训基地主办,市舞蹈家协会、南昌市国际标准舞学会承办的2013中国江西南昌首届舞蹈艺术节、2013江西南昌第十二届青少年国际标准舞全省公开赛在南昌大学科学技术学院体育馆举行。全省近50个代表队2000余名舞蹈新秀参加本次比赛。

【举办书法艺术沙龙】 2013年6—10月,市书法家协会先后举办7届书法艺术沙龙。通过专家讲座、作品交流等形式,书法家与书法爱好者共同研讨书法艺术。市书协艺术沙龙是市书协精心打造的有延续性的主题活动。通过邀请名家讲座、讲评及示范等多种形式,加强会员之间的交流互动,提供正确有利的学习引导,从而大力提升南昌市书法创作整体水平。活动规划每月举行一到两次,逐步深入到各区、县以及学校等单位,深入挖掘可以培养的年轻骨干人才,为南昌市书法创作队伍注入活力,使老、中、青三代书法艺术创作团队均衡发展。

【承办第六届“赣豫皖湘鄂晋”中部六省曲艺大赛】 2013年8月15—16日,中国曲艺家协会、江西省文联主办,江西省曲艺家协会、南昌市文联承办的第六届“赣豫皖湘鄂晋”中部六省曲艺大赛在昌举行。本届曲艺大赛参赛曲目共计24个,涵盖了中部六省13个不同风格的曲种。南昌选送的南昌清音《傲雪的红梅》获一等奖,相声《富二代》获二等奖。16日晚,大赛颁奖仪式在江西艺术中心举行,中国文联党组成员、书记处书记李前光,中国曲协主席姜昆,省委常委、宣传部部长姚亚平,省文联党组书记汪天行,市委常委、宣传部部长曾光辉,副市长姚燕平等出席。相声演员牛群担纲颁奖晚会主持,姜昆、王汝刚等曲艺名家联袂登台,为江西观众带来欢乐。

【主办南昌慈善“爱心杯”楹联征集活动】 2013年8月,南昌慈善总会、南昌市文联、南昌晚报、南昌市楹联家协会联合主办南昌慈善“爱心杯”楹联征集活动。征联以“弘扬慈善美德,推进慈善事业”为主题面向全国征集楹联作品。此次大赛收到来自全国各地(除西藏外)和香港、澳门地区以及加拿大、新西兰等海外华人参赛者千余人来稿共6000余副。经市楹联家协会专家评审,共评出一等奖3名、二等奖6名、三等奖10名、优秀奖100名。

【主办“三十而立—龙友书法作品展”】 2013年11月16日,南昌市文联、南昌市文学艺术院、南昌市书法家协会主办的“三十而立—龙友书法作品展”在北京荣宝斋开幕。本次共展出龙友近作60余件作品,其作品取法以二王一脉帖学经典风格为主线,融宋四家笔法精髓,近取明清诸家而远绍晋唐法书,继承传统而不失当代风貌。中国书法家协会顾问谢云为《龙友书法作品集》题签。中国书法家协会党组副书记、秘书长陈洪武为本次展览题写展标并出席开幕式。中央美术学院教授、博士生导师邱振中,江西省委宣传部副部长龙和南,中国书法家协会理事、中国石油书法家协会执行副主席兼秘书长于恩东等参加开幕式。在京的专家、学者,还有来自全国各地的书法家、书法爱好者,到场嘉宾及观众数百人观看展览。这是有着三百年历史的北京荣宝斋首次为一位未满三十岁的年轻人举办个人展览,龙友也是中华人民共和国成立以来在北京荣宝斋举办个展的江西首位艺术家。

【承办首届“三江笔会”】 2013年11月23—25日,为推动长江流域中三角城市文学事业发展,由南昌市文联主办,南昌市作家协会、南昌市文学艺术院承办首届“三江笔会”(赣江、汉江、湘江)。副市长姚燕平,市政协副主席熊晓武于11月22日晚会见嘉宾。省文联主席刘华、省作协驻会副主席江子等出席笔会启动仪式。本次笔会旨在推动南昌、武汉、长沙三市文学创作繁荣,促进作家学习交流。笔会主题为“三地作家话南昌”。来自武汉市作家协会、长沙市作家协会、南昌市作家协会的30名作家就“城市化进程中的文学书写”进行座谈,交流创作心得,畅谈共同推进文学事业。会后还将结集出版以“三地作家话南昌”为主题的散文集。

【举办南昌市首届书法篆刻作品展】 2013年12月22日—24日,南昌市文联主办,南昌市文学艺术院、南昌市书法家协会承办的南昌市首届书法篆刻作品展在江西省工艺美术馆举行。省文联副主席鄢平原,市人大常委会副主任罗慧芬、李福如,市政协副主席熊晓武,省书协副主席黄四德、张鉴瑞等出席开幕式。本次展览共收到来自全市书法家及书法爱好者投稿200余件,共评出“精品奖”3名、“佳作奖”5名、“优秀奖”20名及入展50名。袁长新、何辉、罗华华作品荣获“精品奖”。展览展出了南昌市书法家的获奖、入展及特邀作品120余幅。本次展览的成功举办,向专业学界展示了南昌市书法家及书法爱好者的整体创作风貌,也弥补了南昌作为一个省会城市尚未主办过综合性书法展览的历史空白。

(黄　菲)

文化活动

【概况】 2013年,南昌市各级文化部门围绕“我们的节日”主题,举办新春庙会、文艺晚会、地方戏演出、摄影书画作品展等各类文化活动50余项,为人民群众提供展现自我、自娱自乐的平台,切实让人民群众在文化活动中享受到文化服务。

【第八届民间艺术团队优秀节目汇演举行】 2013年5月9—10日,第八届南昌市民间艺术团队优秀节目汇演在新中原大剧院举行。此次汇演是南昌市各个县区经过精心选拔后,精选38支艺术团队的40余个优秀节目参演。演出汇集舞蹈、合唱、小品、器乐等各个艺术门类,并且少儿节目首次亮相,更添亮点。参加演出的演员共680余人,分两场演出,演出现场不设门票,广大市民可到现场免费观看。本次汇演由南昌市文化新闻出版局、南昌市群艺馆共同举办。

【“快乐·梦”少儿艺术节优秀节目展演举行】 2013年7月22日,以“快乐·梦”为主题的南昌市少儿艺术节优秀节目巡演在江西艺术职业学院剧场举行,来自全市各地的200余名少年儿童演出10个精品文化节目,其中舞龙表演《龙儿本色》、舞蹈《哆来咪》和《别人家的孩子》受到观众们的热烈欢迎。此次展演旨在展现全市少年儿童幸福成长的美好时光,检阅和展示全市少年儿童素质教育和艺术教育的丰硕成果,选拔优秀节目参加江西省第十届少儿艺术节。

【东湖区开展“和谐社区一家亲”系列活动】 2013年3月20日,东湖区委、区政府在八一公园百花大舞台举行一场专题文艺演出,以喜闻乐见、寓教于乐的形式向市民宣传、普及新颁布的法规,营造人人参与、人人奉献的文化氛围。活动期间,快板舞《南昌越来越好》、相声《小题大做》等精彩节目受到广大市民的热烈欢迎。这是2013年东湖区公共文化品牌活动“和谐社区一家亲”系列活动之“文明篇”的一项活动。

【东湖区开展“弘扬雷锋精神,构建书香校园”活动】 2013年3月4日,东湖区图书馆开展“弘扬雷锋精神构建书香校园”活动,精心挑选千余册有关雷锋精神、励志、教育、科学的优秀书籍进学校,吸引大批中小学学生积极参与。此次活动,东湖区图书馆还特别对留守、流入儿童实施文化帮扶,向他们赠送一些学习用品、书籍、书包等。同时,东湖区图书馆还向学校图书室捐赠百册书刊,扩大学校图书室的藏书量。此次活动还设置一个“书来书往”图书交换活动,同学们从家里拿出闲置的图书,与图书馆或其他同学进行互换,并在换书过程中交流读书心得。据统计,活动共带来可供交换的图书近千册,交换成功的图书有400余册次。此次活动还邀请民间剪纸艺人,义务传授学生磁性剪纸入门技艺。

(熊　伟)

社会文化

【概况】 2013年，南昌市各级文化部门紧紧抓住“送文化”“种文化”“新文化”三个关键点，送戏下乡865场，服务基层群众512万人次，积极推进公共文化服务城乡一体化，为人民群众提供更丰富、更便捷、更优质的公共文化服务，受到人民群众的热烈欢迎。

【公共文化基础设施取得新进展】 2013年，南昌市群艺馆新馆建设接近尾声，南昌瓷板画艺术博物馆建设圆满完成并于2013年12月15日对外开放，市图书馆和南昌杏花楼（南昌美术馆）维修升级改造工程已经开工，西湖区社区市民文化活动基地项目主体工程基本完工，公共文化基础设施服务体系进一步健全。

【基层公共文化基础设施不断完善】 2013年，南昌市各级文化部门对全市139家农家书屋进行出版物更新，在全市建设24个公共电子阅览室，完成第五次公共图书馆评估定级，评出2个一级馆、5个二级馆、2个三级馆。南昌市图书馆、进贤县图书馆被评为国家一级图书馆。

【提供文化服务】 2013年，南昌市各级文化场馆继续推行免费开放政策，各级图书馆、博物馆、纪念馆、文化馆全年免费服务群众537.8万人次，比上年增长36.5%，让人民群众享受到实实在在的文化服务。

【城区公共图书馆实现通借通还】 2013年12月8日，南昌城区公共图书馆通借通还服务启动仪式在江西省图书馆举行。副省长朱虹为首批7家成员馆授牌并宣布通借通还服务正式启动。首批开展通借通还服务的图书馆分别为江西省图书馆、南昌市图书馆及东湖区、西湖区、青云谱区、湾里区、青山湖区图书馆。南昌城区的广大读者在7家成员馆之间实现“一证通行”，在一个成员馆借的图书，可在任何成员馆续借和还书。公共图书馆通借通还服务是基于新技术条件下图书馆整合资源、规范服务、方便读者的一种新的公共文化服务模式。

【“社区文化在线”项目成为首批国家公共文化服务体系示范项目】 2013年11月6日，从上海国家公共文化服务体系示范区（项目）创建工作会议上获悉，南昌市“社区文化在线”等45个项目正式成为全国首批国家公共文化服务体系示范项目，这标志着南昌市以文化惠民为核心内容的公共文化服务体系建设进入新的阶段。经过两年多的创建，以西湖区为代表的“社区文化在线”项目在全面达标的基础上初步形成在全国具有示范意义和推广价值的经验和做法：着力构建“138”工程，即建好“一个平台”，抓好“三大机制”，用好“八大在线”。建好一个平台，即是紧扣创建核心，开发网站软件技术，创建“社区文化在线”网站（www.sqwhzx.cn）。抓好“三大机制”就是抓好投入机制、管理机制和宣传机制。用好“八大在线”。即依托“社区文化在线”项目信息化平台，打造“文化阵地在线”“文化团队在线”“文化活动在线”“文化培训在线”“文化精品在线”“历史文化在线”“数字图书在线”和“文化咨询在线”等八大在线服务，实现全区社区文化工作信息全收录、全公开，立体化、数字化地展现全区社区文化建设成果，让全区居民群众足不出户就能轻松享受全区社区文化的各项服务与便利，达到实现“信息化技术支撑文化建设、普惠化服务造福市民群众”的目标。

【南昌新四军军部旧址陈列馆全景漫游开通】 2013年4月19日，南昌新四军军部旧址陈列馆正式开通南昌新四军军部旧址陈列馆全景漫游，市民足不出户便能实现网上游览景区，清晰真实的画面如同亲临景区。全景漫游源自于720度全景制作原理，五维全景漫游图像是给人以三维立体感觉的实景720度合成图像。此图像有全方位、实景、720度三个特点。全方位：全面地展示双360度球型范围内的所有景致，可通过鼠标拖动，观看场景的各个方向；实景：真实的场景，三维全景是在实景照片基础之上拼合得到的图像，最大限度地保留场景的真实性；720度：将水平360度和垂直360度环视的效果叠加，虽然照片都是平面的，但是通过技术处理之后得到的360度全景，却能给人以三维立体的空间感觉，使观者犹如身在其中，漫游在一个虚拟的世界里。

【“文化餐车”服务异彩纷呈】 2013年9月16日，“和谐社区一家亲”流动舞台车进社区巡演启动仪式在东湖区方志敏广场举行，吸引上千名社区居民驻足观看，农民工街舞《追梦》、川剧变脸《炫·变》、少儿京剧《对花枪》、歌舞《好日子》等节目精彩亮相，让老百姓在家门口零距离感受到音乐、舞蹈、曲艺的无限魅力。东湖区政府在江西率先购置一辆流动舞台车。该流动舞台车长6米、宽8米、深4.5米，总面积达48平方米，车内分为表演区、化妆区、音响调控区，可同时容纳10多个人演出，具备专业的音响、灯光，是一个设备齐全的可移动演出舞台。同时，为确保使用安全，东湖区还专门组建一支专业的流动舞台车搭建队伍，提高舞台搭建的速度和熟练度。该舞台车加上原建于东湖区八一公园的“百花大舞台”，使东湖区形成“一静一动”两大舞台服务市民的生动局面，被老百姓称为“家门口的文化餐车”。

（熊　伟）

文化产业

【概况】 2013年，南昌市文化产业取得长足发展，全市文化产业法人单位1520家，完成主营收入362.89亿元，实现增加值95.6亿元，占全省文化产业增加值比重和全市GDP比重分别达到23.48%和3.19%，与上年比分别提高0.01和0.23个百分点；全市有国家级文化产业示范基地1个、省级文化产业示范基地11个，97家文化企业入选南昌市服务业发展引导资金备选项目库。

【文化产业项目不断发展壮大】 2013年，南昌市各级文化部门全力扶持文化产业项目发展壮大，全力支持中国联通沃动漫基地项目落户南昌，引进南昌琴岛之夜、南昌古玩城等一批文化产业项目。积极推动进贤文港“华夏笔都”园区功能升级。至年底，该园区已有各类文化企业3000余家，总产值达到20亿元。南昌市新华书店销售收入突破2.7亿元，南昌《家庭医生报》发行量突破40万份，江西金太阳教育研究有限公司总产值达13亿元，引领全市文化产业健康快速发展。

【组团参加第九届深圳文博会】 2013年5月17—19日，南昌市组团参加第九届中国（深圳）国际文化产业博览交易会。南昌参加本次文博会的主题是“历史文化名城、中国水都南昌”，共有14个单位参展，展出面积50平方米，重点向国内外宣传南昌瓷板画、江西赣绣等文化产品，重点推介南昌古玩城、金太阳教育集团、红谷创意产业园、699文化创意产业园、791艺术街区等文化企业或文化园区,深受商家欢迎,达成意向交易额近千万元。南昌市选送的50余件参评文化产品取得3金、4银、7铜的好成绩,其中南昌瓷板画研究中心选送的瓷板画《父亲》、江西豫章赣绣坊选送的赣绣《富春山居图》以及江西赣绣周南英工作室选送的访倪云林山水图《墨画》荣获文博会金奖。

【参加第六届海峡两岸(厦门)文化产业博览交易会】 2013年10月25—29日,南昌市文化新闻出版局组团参加第六届海峡两岸(厦门)文化产业博览交易会。本届文化产业博览交易会参展项目13个,投资签约项目12个,总签约额3751万元,其中合同项目6个,合同金额达到1698万元,观展17万人。南昌市文化新闻出版局荣获"第六届海峡两岸(厦门)文化产业博览交易会"优秀组织奖。

【南昌瓷板画艺术品有限公司正式揭牌成立】 2013年5月6日,南昌瓷板画艺术品有限公司揭牌仪式在樟树林文化生活公园举行。该公司是按现代企业制度组建,企业性质为法人独资企业,在授权范围内行使国有资产所有者权利,以瓷板画艺术品销售为主要运作对象,通过市场扩大南昌瓷板画艺术品影响力,促进南昌市文化事业和文化产业的繁荣发展。

(熊　伟)

文化新闻出版市场

【概况】 2013年,南昌市各级文化部门紧盯文化市场监管中的重点与难点,努力谋求文化市场监管新突破,全市共出动执法人员1.2万余人次,检查各类文化经营单位6000余个次,查办案件近300件,查缴非法出版物8万余件,取缔无证照经营摊点100余个,删除互联网有害信息600余条,维护文化市场的安全稳定运行。南昌市县两级财政共投入800余万元,购置各类正版软件1.08万套,其中操作系统软件4200套、办公软件6588套,圆满完成县级以上机关单位软件正版化工作。

【文化市场监管体制不断理顺】 2013年,南昌市文化市场综合执法支队获得市编办正式批复,单位性质为副县级参照公务员管理事业单位;全市各县区文化市场综合执法改革已经到位,标志着文化市场综合执法改革的完美落幕。

【取缔"长运商贸城"非法出版物集散地】 2013年4月10日至5月31日,南昌市"扫黄打非"办联合西湖区"扫黄打非"办通过组织张贴《取缔公告》、集中打击违法违规行为等措施,成功取缔"长运商贸城"非法出版物集散地。这一典型做法得到副省长、省"扫黄打非"工作领导小组第一副组长朱虹的高度评价,并在全省进行推广。

【举办首届文化市场综合执法岗位练兵和技能竞赛】 2013年9月5—6日,南昌市文化新闻出版局举办全市首届文化市场综合执法岗位练兵和技能竞赛,市支队和9个县(区)大队组队参加,东湖区文化市场稽查大队获竞赛团体第一名,新建县文化市场稽查大队、西湖区文化市场稽查大队获竞赛团体第二名和第三名。岗位练兵和技能大赛活动是南昌市文化市场综合执法领域的一项重要工作,3—8月,全市各级文化市场综合执法队伍组织人员集中学习54部涉及文化市场行政执法的法律、法规,对文化产品识别、证据收集、网上办案等实际技能进行专项培训。通过开展岗位练兵活动,有效提升文化市场综合行政执法队伍整体水平。

【执法技能大赛斩获颇丰】 2013年9月27日,江西省文化市场综合执法技能大赛在江西省图书馆举行,南昌市代表队荣获执法技能大赛团体一等奖、执法文书规范与制作比赛一等奖,代表南昌市参赛的选手全部进入全省前十名,充分展示南昌市文化市场综合执法队伍的良好形象和业务素质。在比赛中,全省共有11个代表队近40名选手参加,旨在锻炼队伍、交流经验、提高执法水平。

【开展少儿出版物市场集中整治行动】 2013年9月27日,南昌市"扫黄打非"办组织全市各级"扫黄打非"部门开展少儿出版物市场专项整治行动,重点对印刷复制企业、报刊亭、学校周边和社区周边等销售少儿出版物场所进行清理检查。至年底,全市共出动执法人员1200余人/次,车辆300余车/次,检查经营单位200余次,检查印刷厂200余次,取缔游商地摊及无证经营者100余个,收缴非法出版物500余件,切实净化少儿出版物市场环境。

【查处"4·15曹某某侵犯他人著作权案"】 2013年4月15日,南昌市文化市场综合执法支队接群众举报,对曹某某涉嫌侵犯他人著作权进行全面调查。经调查,涉案人曹某某未经著作人许可,在江西师范大学教育学院内,擅自盗印并向学生公开兜售盗版图书。该行为违反著作权法的有关规定,依法给予涉案人曹某某3.5万元罚款的行政处罚。本案获国家新闻出版广电总局案件查办三等奖,这是南昌市近年来第一次获得版权案件奖项。

【查办"5·21"张某某网络侵权盗版案】 2013年5月21日,南昌市文化市场综合支队接群众举报,组织执法人员对张某某涉嫌网络销售盗版图书行为进行调查。经调查,涉案人张某某利用淘宝网络平台,大肆销售侵权盗版出版物,且数额较大,情节严重,已经涉嫌构成刑事犯罪。为此,南昌市文化市场综合执法支队将此案移交至南昌市公安局直属分局进行处理。

【简政放权工作不断深入】 2013年3月至5月,南昌市文化新闻出版局根据市委、市政府的总体工作部署,全面推动简政放权工作,对现有的行政审批事项进行全面梳理,按照"能放则放、以不放为特例"的要求,共下放行政审批事项8项,取消1项。至年底,南昌市文化新闻出版局共保留文化行政审批事项9项(含省委托1项),其中一审一核事项5项。

【南昌文化产权交易中心挂牌】 2013年4月26日,南昌文化产权交易中心作为南昌唯一的版权登记代办机构被正式授牌,并于当天开设版权登记窗口。该中心逐步拓展版权交易、评估、质押、托管、维权等服务平台,以及在此基础上的投融资业务。新闻出版、影视娱乐、动漫设计、艺术作品等行业领域企业和个人,可以通过南昌文交中心办理信息发布、版权登记、交易等服务。至年底,共办理版权登记43件。

(熊　伟)

文化遗产保护

【概况】 2013年,南昌市文化部门始终坚持"保护文化遗产、传承优秀文化"的工作宗旨,面对新形势、新任务,通过抓发掘、抓普查、抓保护、抓展览、抓非遗等五种手段,不断加强文化遗产保护,弘扬南昌优秀传统文化。7—8月,南昌市委宣传部、南昌市文化新闻出版局联合开展首批传统技艺大师评选工作。经各地申报、专家评审委员会评审、社会公示及复核，最后确定邹武等44人为南昌市第一批传统技艺大师。传统技艺大师掌握非物质文化遗产中的精湛传统技艺，是非物质文化遗产活态传承的宝库。2013年，南昌市相关部门继续配合上级考古部门对新建县墎墩墓进行发掘。至年底，该墓已经完成3号、4号、5号附葬墓及陪葬车马坑挖掘工作，主墓正在挖掘中，已出土珍贵文物数百件。

【“流动展览进校园活动”顺利开展】 2013年3月14日，南昌市文化新闻出版局组织市博物馆开展“市博流动展览走进校园”系列活动。市博物馆的讲解员用生动亲切的语言和独具创意的讲解形式，带领同学们开启一场古今南昌“寻宝之旅”，使学生们在轻松愉快的环境中了解文物知识，感受南昌的悠久历史。为使更多的市民了解家乡历史，市文化新闻出版局组织市博物馆等单位的系列宣教活动陆续走进各中、小学校及社区，将这一文化活动惠及更多市民。

【举办“新四军廉洁思想教育展”】 2013年1月至3月，南昌新四军军部旧址陈列馆举办“新四军廉洁思想教育展”，市直机关单位领导干部及广大市民参观。据统计，共有6.5万余人次参观，社会反响非常好。“新四军廉洁思想教育展”从陈毅、粟裕等新四军将士的事迹中选择提取80个生动故事，分6个篇章进行评述，分别是教育整风篇、制度纪律篇、监督惩处篇、廉洁自律篇、艰苦奋斗篇、军民同心篇六大篇章。该展览对于指导南昌市新时期加强以构建教育、制度、监督并重的惩治和预防腐败体系为重点的党风廉政建设以及进行革命传统教育、爱国主义教育有着积极的现实意义。

【开展“重温雷锋故事”进校园活动】 2013年3月21日，南昌八一起义纪念馆在南师附小红谷滩校区举办“学习雷锋精神，弘扬文明新风，重温雷锋故事”主题教育活动。首先，南师附小举行“联动学校、家庭、社会，护航孩子健康成长”活动启动仪式。随后，南昌八一起义纪念馆讲解员叶祺昀采用讲述雷锋故事、学唱雷锋歌谣、问答互动的形式进行主题宣教，同学们结合自身经历畅所欲言。

【举办庆祝“5·18”国际博物馆日主会场活动】 2013年5月16日，省市庆祝“5·18”国际博物馆日主会场活动在八大山人纪念馆举行。省委常委、宣传部部长姚亚平，市委常委、宣传部长曾光辉等出席“八大山人研究”专家论坛，并参观八大山人作品展。全省各设区市文化（文物）局以及相关博物馆、美术馆的负责人等80余人参加。该活动由江西省文化厅、江西省文物局主办，南昌市文化新闻出版局、八大山人纪念馆、江西美术出版社承办，主要有“八大山人作品展”“八大山人研究”专家论坛、庆祝“5·18”国际博物馆日暨全省博物馆陈展提升经验交流会、《八大山人研究大系》信息发布会、首届“八大山人”全国花鸟画大展信息发布会等一系列活动。本次活动的主题为“博物馆（记忆+创造力）=社会变革〔Museums（memory + creativity）= social change〕”，强调博物馆陈列和保护的丰富遗产，与人类的创造力和活力紧密相连。

【洪州窑青瓷展被评为全国博物馆十大陈列展览精品】 2013年5月18日，南昌县博物馆（洪州窑青瓷博物馆）的“洪州窑青瓷展”入选2012年度全国博物馆十大陈列展览精品。洪州窑是唐代六大青瓷名窑之一，由东汉一直延烧到晚唐五代，在中国陶瓷史上占有重要地位。南昌县博物馆提升改造后的《洪州窑青瓷展》无论是在展览形式、技术手段等方面有一个全新的改良和优化，整个展览通过运用多媒体、硅胶人像、场景复原等多种表现手段，更加形象、全面地展示特色藏品—洪州窑青瓷。6月28日，《人民日报》第12版以“为什么是南昌县博物馆”为题，报道南昌县博物馆近年来所取得的成绩，尤其是对荣获全国“十大陈列展览”予以关注。文章详细介绍南昌县博物馆（洪州窑青瓷博物馆）的基本情况以及主要特色，并且从“人无我有”“以瓷述史”“小钱大作”三个方面详细分析南昌县博物馆取得巨大成功的原因，以此引申出小型博物馆未来的努力方向，“只要有特色、动脑筋，小馆也能办出高品质的大展”。

【梅汝璈故居正式对外开放】 2013年8月28日，梅汝璈故居正式对外开放。梅汝璈故居占地530平方米，建筑面积720平方米，进院式砖木结构建筑。3个天井将8间厢房和3个大厅连接起来，地面铺以地板和红砖。故居分为6个展区，分别是放映厅、起居室、东京审判纪事厅、二战时期中国的抗日战场展示厅、爱国主义教育园地、梅汝璈家族展厅。展示的实物以梅汝璈在东京大审判穿过的法官袍、亲笔修改的判决书、东京大审判所用的工作物件、生平所用物品、工具著作书籍为主。梅汝璈是中国著名法学家，出身于南昌市青云谱区朱姑桥梅村。1946—1948年之间他代表中国出任远东国际军事法庭法官，参与举世闻名的“东京审判”，负责对侵华战争中负有主要责任的日本战争罪犯的审判工作。梅汝璈位于南昌的故居，因年久失修，严重残损，濒临坍塌。2011年，青云谱区政府斥资180余万元启动抢修工作，在故居原址上建立新的梅汝璈纪念馆。

【南昌瓷板画艺术博物馆正式对外开放】 2013年12月15日，南昌瓷板画艺术博物馆正式对外开放，省委常委、市委书记王文涛亲临现场参观。南昌瓷板画艺术博物馆（南昌瓷板画研究中心）成立于2010年10月，地处红角洲卧龙山腹地，东临赣江，西邻梅岭，枕山依水。该馆主楼以外观为青铜器造型的“司母戊鼎”为主楼，配东、西耳房及前部广场，占地面积7.8公顷，建筑面积约8500平方米，是集创作、研究、培训、传承、展示和营销为一体的公益性事业单位。该馆除陈列经典南昌瓷板画作品外，还增加南昌红色题材、本土历史及人文等风格各异的新作。

（熊　伟）

体　育

本栏编辑　喻学辉

概　述

【概况】　2013年，南昌市体育局以承办国际国内重大品牌赛事为重点，积极投身于把南昌打造成为带动全省发展的核心增长极伟大实践中，努力做大做强南昌体育，实现群众体育、竞技体育、体育产业的齐头并进，有力地推动南昌体育的发展和城市形象的提升。全市运动员参加比赛人数0.6万人次，共获得金牌221枚、银牌181枚、铜牌149枚。举办单项比赛26次，举办全民健身活动803次，其中千人以上的活动48次，参加活动的人数总计100余万人。完成全民健身路径工程130个，总投资130万元。发行体育彩票3.63亿元，比上年增加0.65亿元。

全民健身广场舞

群众体育

【概况】　2013年，市体育局围绕落实《全民健身条例》（以下简称条例）、《南昌市全民健身实施计划（2011—2015年）》（以下简称计划），继续推动各级政府履行体育公共服务职责，形成和完善政府主导、部门协同、全社会共同参与的全民健身工作机制。大力开展群众体育工作。全市体育人口达30%，年人均体育经费达12元，国民体质监测合格率达92.3%。市体育局、市体育运动学校、市第二体育学校被国家体育总局授予“2009—2012全国群众体育先进单位”荣誉称号。

【全民健身广场舞普及推广】　2013年，市体育局面向广大市民专门创编具有本土风情特色的全民健身广场舞——《南昌健步如风》，并与省体育局创编的广场舞《江西是个好地方》一同在全市范围进行推广，共举办广场舞培训班120次，培训人数达8000余人次，举办大型展示比赛活动20余次。市辖12个县区（新区、开发区）分别组织开展大奖赛分赛区比赛。8月8日“全民健身日”当天，市政府在八一体育中心举行“南昌市首届全民健身排舞大奖赛总决赛”，充分展示《南昌健步如风》在全市推广的成果。在“舞动赣鄱·健康江西”2013年江西省全民健身广场舞展示大赛中，南昌市代表队以总分第一的成绩获得设区市组一等奖及最佳推广奖；在全国原创广场健身操（舞）作品评比活动中，《南昌健步如风》在全国各地报送的258个作品中脱颖而出，荣获一等奖的殊荣；在全国原创广场健身操（舞）交流展示活动中，南昌市代表队获得特等奖和最佳编排奖。

【全民健身工程加快推进】　2013年，为构建面向大众、覆盖城乡的亲民、便民、利民体育设施服务体系，基本实现“人人享有15分钟体育健身圈”的目标，在农村、社区建设（市县共建）全民健身路径400条，乡镇农民体育健身工程7个、行政村农民体育健身工程141个。至年底，全市共建设全民健身路径1900余条，乡镇农民体育健身工程21个，行政村农民体育健身工程439个，覆盖率达到90%。正式在县区体育行政部门备案登记的全民健身活动站点共计401个。为鼓励先进，宣传典型，不断推动全民健身活动广泛、深入、持久地开展，市体育局对健身活动开展出色的100个全民健身活动优秀站点进行表彰，并进行实物奖励。

【举办首届外来务工人员趣味运动会】　2013年12月19日，市体育局与市人力资源与社会保障局在南昌八一体育场共同举办南昌市首届外来务工人员趣味运动会。全市15个代表队共300余名运动员参加，各队在迎面接力、同“舟”共济、摸石过河、齐心协力4个项目中展开角逐，最终南昌县代表队、进贤代表队获得一等奖。本次运动会是创新全民健身活动形式的一次有益的探索，在全省开创外来务工人员运动会的先河，充分营造关爱、尊重外来务工人员的良好社会环境，展现外来务工人员团结拼搏、健康向上的精神风貌。

【举行第三届迎新万人健步行活动】　2013年12月31日，《南昌健步如风》南昌市第三届迎新万人健步行活动出发仪式在南昌国际展览中心举行。仪式上，为安利（中国）日用品有限公司江西分公司颁发“热心全民健身活动奖”，并对全市首次创编的一套具有南昌风土人情特色的广场健身操（舞）《南昌健步如风》进行集体展示。市委副书记、代市长郭安下达万人健步行出发令，市领导张鸿星、罗慧芬等参加。万人健步行活动在市四套班子领导方阵的带领下，市直机关、市总工会、市政公用集团、市体育局及新建县、东湖区、西湖区、青云谱区、湾里区、青山湖区、红谷滩新区、安利公司江西分公司等方阵近万名干部群众从南昌国际展览中心出发，沿着赣江南大道，排着整齐的队伍，踏着有力的节奏，健步行至南昌国际体育中心主火炬塔。健步行路程全长5千米。

【举行第四届鄱阳湖国际自行车大赛南昌站赛】　2013年11月29日，第四届环鄱阳湖国际自行车大赛最后一站南昌站比赛在艾溪湖畔举行，标志着本届环鄱赛正式落幕。本届大赛于11月23—29日在九江、景德镇、鹰潭、抚州、新余、萍乡、南昌7个城市举行，总赛程为697.7千米。为突出“绿色、环保、低碳、健康”主题，展示江西优美的生态，宣传江西绿色崛起的理念，组委会将本届环鄱赛的口号定为“骑遍神州大地，江西风景独好”。来自20余个国家和地区的20支职业自行车队120余名职业选手在欣赏江西文明生态、绿色风光的过程中，分别争夺领骑衫、赛段冠军等奖项。

【第二届老年人健身体育运动会举行】　2013年10月10日，市体育局、市老年人体育协会共同主办的“南昌市第二届老年人健身体育运动会”开幕式在南昌大学南区科技学院体育馆举行。市政协主席卢晓健、市人大常委会副主任罗慧芬和省老年人体育协会主席张逢雨、副主席罗水保等出席。来自全市各县（区）、市直单位、大专院校的22支代表团及观众3000余人参加开幕式。运动员们将角逐乒乓球、台球、健身球（操）、健身气功、太极拳（剑）、门球、钓鱼等12个大项28个小项的奖项。参加运动会的运动员、裁判员逾千人。开幕式上900人的健身体育展示队伍表演木兰双扇、手杖操、太极双圈、佳木斯快乐舞步健身操等精彩的节目。

【第十四届体育舞蹈锦标赛举办】　2013年4月20日，由市体育总会主办、市体育舞蹈协会承办、南昌县体育舞蹈协会协办的南昌市第十四届体育舞蹈锦标赛暨2013南昌周边省市体育舞蹈邀请赛在洪都体育馆举行。有来自广东深圳和江西宜春、新余、吉安、赣州、抚州、景德镇、上饶、鹰潭、南昌等地市的37支代表队参赛，参赛选手达1200人次。

【举行2013绿滋肴WCBA全明星赛】　2013年1月12日，由国家体育总局篮球运动管理中心、中国篮球协会主办，南昌市人民政府承办，南昌市体育局、西湖区人民政府、南昌市篮球协会协办，江西绿滋肴实业有限公式冠名的2013年绿滋肴WCBA全明星赛在江西省体育馆举行。本次大赛是中国篮球协会在综合本赛季WCBA联赛球员的数据统计和整体表现，以及听取各方意见后评选出36名中国女篮全明星，并组建成南方明星队和北方明星队进行比赛。

【举办“昌南杯”洲际男子篮球4国挑战赛】　2013年5月27—29日，由国家体育总局篮球运动管理中心主办，南昌市人民政府、南昌市篮球协会承办，南昌县教体局协办的2013年“昌南杯”洲际男子篮球四国挑战赛在南昌县体育馆举行。本次挑战赛是南昌县首次举办高水平的国际青年男子篮球比赛，共有来自中国、美国、澳大利亚和立陶宛四国的男子青年队上演巅峰对决，为广大篮球爱好者奉献流畅精彩绝伦的比赛。省体育局局长刘鹰，省篮球协会主席储符平等出席开幕式并观摩比赛。

【举办中国职业男子篮球俱乐部（CBA）季前赛】　2013年10月25—27日，由国家体育总局篮球运动管理中心、中国篮球协会主办，南昌市人民政府承办，南昌市体育局、南昌市篮球协会、南昌国际体育中心协办的“中国体彩杯”2013CBA季前赛南昌站在南昌国际体育中心体育馆举行，来自北京、八一、吉林和青岛4支劲旅进行六场比赛，共计2万余名球迷涌入球馆观战。这是该项国内顶尖篮球赛事再次来到南昌。马布里、王治郅等球星现身参赛，为江西球迷献上一场精彩的体育盛宴。经过激烈的角逐，北京队获得第一名，吉林队获得第二名，八一队获得第三名。

【举办首届“光猪跑”活动】　2013年1月1日，市长跑协会的会员在艾溪湖湿地公园进行首届“光猪跑”活动。参加本次“光猪跑”活动共有50余人，年龄最大70多岁，年龄最小12岁，女跑友有10余人。

【举办各类风筝活动】　2013年2月24日，市风筝协会在红角洲渔舟湾广场举办主题为“全民健身快乐健康，放飞风筝放飞心情”的风筝放飞闹元宵活动。活动共有来自市各区及企业的风筝爱好者100多人参加。4月28日，由西湖区政府主办南昌市风筝协会协办的“放飞中国梦，永远跟党走”庆“五一”主题活动在西湖区行政中心举行。来自南昌市风筝协会110余名会员会同部分全国、省、市劳模及“五一”奖章获得者和千名群众共同放飞承载沉甸甸希望的百米巨龙风筝等。6月6日，由市文明办、市体育局主办，市风筝协会承办的2013年“我们的节日·端午南昌市‘体彩杯’城市社区风筝赛”在红谷滩新区长天广场举行。来自东湖区、西湖区、青云谱区、青山湖区、高新区、红谷滩新区的社区及企业、机关等单位的27支风筝队近300只风筝参加16个项目的比赛。300余名风筝协会会员及爱好者参加。12月14日，“喜玛尔图”杯潍坊风筝万里行活动来到南昌市举行放飞活动，受到市民的热烈欢迎。

【举行首届乒乓球大赛及锦标赛】　2013年4月20至21日，南昌市首届“昌宁杯”乒乓球大赛在南昌育新乒乓球俱乐部举行。比赛设男子单打甲组（45岁以上组）、男子单打乙组（45岁以下组）、女子单打等三个组，来自南昌地区乒乓球爱好者200余人参赛。11月16—17日，由市体育局主办、市乒乓球协会承办、市市政公用集团协办的“2013年南昌市‘市政公用杯’乒乓球锦标赛”在南昌市育新乒乓球俱乐部举行，共有52支队伍近300名运动员参赛。

【中国大城市业余网球团体赛举行】　2013年4月28日至5月1日，第14届“水井坊杯”中国大城市业余网球团体赛在南昌国体中心网球馆举行。红组南昌一队获冠军，杭州广厦队、福建省网协队分别获二、三名。深圳网协·大生队获金组冠军，成都建工队、网球天地分别获亚军和季军。本届赛事由中国网球协会主办，成都市网球协会承办，南昌市网球协会、南昌国际体育中心协办。来自北京、成都、南昌等23支城市代表队，407名运动员报名参赛。本次大赛是水井坊杯赛事首次在南昌举行，是中国业余网球传统品牌赛事，对增进城市间的交流与合作，推动群众性网球运动的普及和发展，促进网球市场的繁荣和昌盛起到积极作用。

【南昌市首届业余网球团体赛举行】　2013年11月16—17日，“梦之蓝杯”首届南昌业余网球团体赛在南昌国际中心网球馆举行。大赛由3场单项比赛组成，分别为男子双打（两名参赛运动员年龄相加满80周岁）、混合双打（女子运动员不限年龄,男子运动员要求年满40周岁)、无差别双打(性别、年龄不限)。省直单位、南昌市及所辖县(区)、在昌各网球俱乐部及网球爱好者均可组队参赛。本次比赛几乎囊括了南昌市所有业余高手,报名参赛球队达24支,运动员超过230人,其中包括20余名厅级领导干部。团体赛采用3场2胜制,每场采用6局决胜制和平分无占先制。比赛分成8个小组,分两阶段进行。第一阶段采用分组单循环赛制,第二阶段采用小组前两名交叉淘汰赛决出最终名次。经过激烈角逐,江西省路通网球俱乐部一队获得第一名,江西省交通网球俱乐部队获得第二名,南昌市阳光网球俱乐部一队获得第三名。

【举行健身气功活动】 2013年10月26日,"全市反邪教警示宣传教育巡展开幕仪式暨2013年全国千村健身气功交流展示系列活动江西南昌大会"在八一广场举行,来自全市各健身气功站点1050名健身气功爱好者参加交流活动。市委副书记欧阳海泉等出席。

【举办全省设区市老年体协主席门球赛】 2013年5月9—10日,由市老年体协承办的2013年全省设区市老年体协主席门球赛在市门球协会门球场举行。省老年体协主席张逢雨和副主席高冬梅、任魁庆,副市长姚燕平、市老年体协主席孔炯等出席开幕式并致辞。来自全省设区市老年体协的13支门球代表队100余人参加比赛。

【举办第五届全民健身运动垂钓精英赛】 2013年5月18日,由市体育局、市体育总会主办,市钓鱼协会承办的南昌市第五届全民健身运动垂钓精英赛在象湖国际垂钓中心举行。来自全市各民间钓鱼俱乐部及市钓鱼协会的120名选手参加本次比赛。

【举办业余羽毛球混合团体赛】 2013年6月22—23日,由市体育总会主办、市羽毛球协会承办的"'中国体育彩票杯'2013年南昌市业余羽毛球混合团体赛"在红谷滩羽毛球馆举行。参赛的22支队伍近200名运动员全部是18岁以上的业余运动员。

【南昌市棋类项目升级升段赛】 2013年6月29—30日,由市体育总会主办的"2013年南昌市棋类项目升级升段赛"在市少年宫成功举办,近700名棋手参加,有310余名棋手成功获得升级升段资格。

【举办秋季"和谐杯"信鸽比赛】 2013年,市信鸽协会新添置鸽车两辆,利用春、秋两季,积极组织信鸽司、训放活动,各项活动开展得有声有色。11月8—10日,由市体育总会主办,市信鸽协会承办的2013年秋季"和谐杯"信鸽比赛圆满结束,参赛鸽近千羽。

【继续开展国民体质监测工作】 2013年,为推动科学健身指导服务向基层延伸,进一步完善全市国民体质监测网络,市体育局继续在各县区开展体质监测工作,2000余人参加体质测试。同时,通过在群众中开展体质测定与健身指导的形式,推行科学健身理念、普及科学健身知识,为群众提供更加科学有效的健身指导,把便利的服务实实在在带给群众,丰富群众文化生活。

【培训审批社会体育指导员】 2013年,为全面实施《社会体育指导员管理办法》,成立南昌市社会体育指导员协会,并努力改革培训方式,扩展培训渠道和培训范围,培训并审批各级社会体育指导员628名。至年底,全市各级社会体育指导员达4800名。同时,进一步加强社会体育指导员在信息管理系统的录入工作。

(燕春华)

竞技体育

【概况】 2013年,市体育局加强运动员选材工作,在市属体校开展集中选材活动。根据各县区组织推荐,共有来自各县(区)近700余名中小学生参加选材测试。经过测试,100余名运动员进入市属体校各项目队进行训练。积极做好年度全省运动员注册确认工作,全年共为17个大项注册确认运动员1672名。强化体传校管理,对35所省级体传校进行重新调整命名。抓好基地建设,成功申报南昌市体校为国家高水平后备人才基地;申报游泳、射击为江西省单项后备人才基地。做好教练员培训工作,举办全市各级训练单位教练员、体育教师业务培训班,邀请江西师大、省体育局的训练专家进行授课,共有来自各级训练单位150多名教练员与老师参加。组织30余名教练员外出参加全国各种培训活动。组织开展教练员论文评选活动,全市各直属训练单位教练员、训练管理干部共60余人参加,共评出一等奖论文3篇、二等奖论文5篇、三等奖论文10篇。加大投入,改善训练条件,提高体校吸引力,首次通过公开招标的方式为各级训练单位补充150万元的训练器材。对各市属训练单位的收费标准进行统一规范,给各级训练单位教练员、运动员配发夏季训练服1278多套,费用达50多万元。市体育运动学校、市第二体育学校荣获"2009—2012年度全国群众体育(青少年体育部分)"先进单位,市体育运动学校被评为国家高水平体育后备人才基地(2013—2016),游泳、射击项目获得全省单项训练基地,安义县荣获全省青少年体育先进集体。

【吴优获全运会江西代表团首枚金牌】 2013年8月31日至9月12日,第十二届全国运动会在辽宁沈阳举行。南昌市共有37名选手获得全运会决赛资格,参加田径、游泳、体操、赛艇、皮划艇、跳水、摔跤、羽毛球、射击等9个大项40个小项的角逐。在9月2日结束的第十二届全运会赛艇比赛中,南昌市运动员吴优与队友高玉兰紧密配合,技压群芳,以7分02秒41的优异成绩获得女子赛艇2000米双人单桨无舵手金牌。这也是全运会开赛后江西代表团获得的首枚金牌。本届全运会,全市共获得1枚金牌、2枚铜牌。

【承办全运会乒乓球预赛】 由国家体育总局乒乓球羽毛球运动管理中心主办,南昌市体育局承办的第十二届全国运动会乒乓球预赛于5月31日至6月7日在南昌国体中心举行。有来自全国各地包括张继科、王皓、丁宁、李晓霞、马龙、许昕、刘诗雯等乒坛国手在内的共31支代表队约330名运动员参加比赛,拼抢全运会乒乓球决赛入场券。此外,为让广大市民和球迷亲身体验全运会实战的精彩,分享冠军级的场馆设施,大会组委于6月7日结束全部比赛后,在比赛现场举行"冠军赛场、球迷分享"主题活动。此次活动共吸引200余名乒乓球爱好者报名参加,并通过分组在14张奥运冠军、世界冠军刚刚使用过的球台上挥拍对抗,尽享乒乓球带来的快乐。体验活动结束后,大会组委会还举行现场抽奖活动,共有11名幸运球迷获得由张继科、王皓、李晓霞等奥运冠军、世界冠军签名的纪念球拍。

【举办全国射击锦标赛】 2013年3月22日,2013年全国重点学校射击锦标赛在南昌湾里射击中心拉开战幕。比赛由国家体育总局射击射箭运动管理中心主办，南昌市体育局承办，江西省射击运动管理中心和南昌湾里射击中心协办，共有20个城市258名教练员和运动员参加。这是南昌湾里射击中心继上年成功承办“亚锦赛”射击项目比赛之后，承办的又一高规格的射击比赛。4月17—25日，由中国射击协会主办、市体育局承办的2013年全国射击冠军赛、锦标赛暨第十二届全运会射击（手枪项目）席位赛在南昌湾里射击中心举行。江西射击队派出12名运动员争夺手枪项目的全运会席位。9月23—27日，由国家体育总局射击射箭运动管理中心主办，南昌市体育局承办的2013年全国青少年射击锦标赛（手枪项目）在南昌湾里射击中心举行。本次赛事是2013年全国青少年最高规格的射击比赛，有来自全国20余个代表队的232名选手参加。江西派出9名运动员参加男子25米手枪速射、女子25米手枪、男子10米气手枪、女子10米气手枪4个项目。其中，南昌籍运动员有7人。

【全国青少年射击训练营开营】 2013年10月30日，由国家体育总局射击射箭运动管理中心主办的2013年射击项目全国青少年训练营在南昌湾里射击中心开营，共有来自18个省市的84名教练、运动员参加。参加训练营的运动员是在全国范围内严格选拔出来的精英，只有获得全国青少年个人前16名或者全运会决赛阶段个人前16名才有推荐资格，年龄在21周岁以下。训练营为期25天，主要有安全知识教育、技术训练、专项测试、专家讲座、科研测试、励志教育、教研活动和总结评定等方面内容。此次全国射击项目青少年训练营（第3届）是第二次在南昌举办。训练营的举办，进一步提高青少年在射击、射箭项目的训练水平，为推动中国射击队、射箭队人才梯队建设、选拔优秀的后备人才，营造良好的训练环境和理念打下坚实的基础。

【第六届中韩青少年体育交流大会成功互访】 2013年7月、11月，第六届中韩青少年体育交流大会分别在韩国济州和南昌举办。南昌市共组织80人的代表团参加体育交流访问。交流项目包括羽毛球、篮球与乒乓球等。运动员主要由市体校、师大附中、南昌二中等学校的学生组成。中韩两国青少年通过互访交流体育技艺，增进两国友谊。

【组队参加华东九城市羽毛球比赛】 2013年3月23—24日，由华东城市体育促进会主办的2013年华东九城市羽毛球比赛在青岛市体育中心举行。共有来自华东8个友好城市的160余名选手参加，南昌市派出19名运动员参加。由市体校输送的八一队运动员黄嘉诚在男子乙组的比赛中夺取金牌。此外，南昌市运动员还分别在男子乙组团体、女子甲组团体及男子乙组单打比赛中获得第三名。

【组队参加全省少儿系列比赛】 2013年，南昌市共组织1109名运动员参加全省17个项目的少儿比赛，共有293人次达优秀标准，309人次达良好标准，达优率26.4%，超出全省平均达优率8%，有155名运动员获全省有关项目比赛第一名。参赛的所有项目均进入全省前三名，其中游泳、乒乓球、羽毛球、武术、摔跤、跆拳道、拳击、射击等8个项目获全省第一名。根据省运会总则的有关规定，2013年省少儿比赛共带入省运会金牌28枚，全年共向省优秀运动队输送运动员14人。

【组队参加省第七届县（市、区）田径运动会】 2013年11月15—19日，南昌市组织四县五区9支代表队参加在婺源举行的江西省第七届县（市、区）运动会。在本届运动会中，南昌县代表队获一等奖，西湖区代表队获二等奖，东湖区、青云谱区、新建县代表队获三等奖。

【举办多项青少年体育竞赛及活动】 2013年，成功举办南昌市游泳系列赛（春季测试赛及冬训测试赛）、南昌市幼儿基本体操比赛、南昌市体传校田径比赛、南昌市体传校乒乓球比赛等全市青少年竞赛，共有来自全市各个学校的1000余名学生参加。4月20—21日、12月21—22日，南昌市游泳系列赛春季及冬季测试赛在市体校游泳馆举行，共有来自市体校、省少儿中心、东湖区、西湖区4个单位的571人次参加比赛。经过激烈争夺，市体校代表队获团体总分第一名，省少儿中心、西湖区分列二、三位。5月25—26日，南昌市幼儿基本体操比赛在青云谱实验学校举行，共有来自42个幼儿园的1767名小朋友参加，报名单位及参加人数创近年来新高。通过比赛，灌输从小训练、热爱运动的理念，为全市体操后备人才培养奠定基础。9月15—16日，南昌市体传校田径比赛在市体育中心田径场举行，共有17个学校的193名运动员参加。经过激烈争夺，青山湖区新世纪小学、进贤县民和一小、西湖区桃花学校分别夺取团体总分前三名。

【运动员文化教育与保障工作得到加强】 2013年，为深入贯彻国发办23号及省政府91号文件精神，进一步加强运动员文化教育工作，先后组织市属训练单位及县区教体局对有关文件进行学习讨论，制定出实施办法草案，并广泛征求市教育局、市财政局、市人保局、市编办等4部门的意见。在此基础上制定《南昌市关于进一步加强运动员文化教育和运动员保障工作的实施办法》，并以市政府名义下发。按照文件精神，市教育局下派到南昌市体育运动学校的分管文化教学的副校长已经到位，各项教育教学设施也正陆续配齐，运动员文化教育工作得到进一步保障。

（燕春华）

体育产业

【概况】 2013年，市体育局努力适应体育产业发展的新形势、新要求，结合体育场馆发展的实际，在满足比赛和训练的前提下，各级体育部门充分利用现有体育场馆，积极探索有市场需求、群众需要的经营项目，通过举办体育比赛、表演活动等，最大限度发挥经济效益，为体育事业发展提供有力保障。以成功举办全运会男女子篮球、乒乓球、射击预选赛为契机，努力做好“后城运”体育场馆运营这篇大文章。

【品牌赛事精彩纷呈】 2013年是第十二届全国运动会举办之年，为切实展示南昌经济社会发展成就，提升南昌市对外知名度及影响力，让广大市民分享城运成果，在家门口欣赏到高水平的体育比赛，全市举办全运会男女子篮球、乒乓球、射击预选赛，中国大城市业余网球团体赛，全国重点学校射击锦标赛，青奥会射击比赛全国选拔赛等10余项国家国际级重大赛事和品牌赛事。通过这些赛事的成功举办，不仅锻炼竞赛团队，还有力地推动南昌体育的发展和城市形象的提升。

【体育彩票销售名列全省前茅】 2013年，市体育局认真贯彻落实《彩票管理条例》和全省体育彩票工作会议精神，积极配合省体彩中心南昌分中心做好体彩发行工作。全年共发行体育彩票3.63亿元，超额完成预期销售任务，本地销量较上年增长22%，体育彩票发行销售量继续保持在全省各设区市领先地位。

（燕春华）

报业·广播电影电视

本栏编辑　喻学辉

概　述

【概况】　2013年，南昌日报社和市广播电影电视部门按照全市强力推进大投入、大建设、大发展战略部署，坚持弘扬社会主义核心价值体系主旋律，不断创新发展合作平台，切实加强行业监管服务，积极组织全市新闻媒体围绕打造核心增长极、重大重点项目建设、创建全国文明卫生城市等市委、市政府中心工作开展新闻宣传，并精心策划“新起点、新目标——深入推进打造核心增长极”“关注重大重点项目、聚焦百日大会战”“啄木鸟在行动”“雅安地震：深入现场大爱无疆”“中国梦·我的梦”等一系列宣传报道，集中展示全市经济社会发展成就和百姓生活方方面面情况，充分发挥新闻媒体“党的喉舌”和“舆论镜鉴”的作用，营造积极向上、团结和谐的主流舆论氛围。

报　业

【概况】　2013年，南昌日报社坚持弘扬主旋律、打好主动仗，践行“三贴近”，落实“走转改”，全力做好做强做精新闻宣传，不断提升媒体传播力和引导力，提振全市干部群众干事创业的精气神，汇聚推动南昌改革发展的强大正能量。南昌日报社旗下《南昌日报》被全国十大著名新闻学院评为2013年中国十大城市党报；《南昌晚报》被评为2013年中国十大城市晚报，同时荣膺“中国地标大报”和“2013年中国最具品牌价值报媒”大奖；《家庭医生报》被评为2013年度全国百强报刊，跻身全国首批“数字出版转型示范单位”。

【为打造核心增长极提供舆论支撑】2013年，南昌日报社围绕市委、市政府的中心工作，突出打造核心增长极这一主题，突出大投入、大建设、大发展这一路径，把更多版面和镜头留给地铁、航空城、九龙湖等重大项目建设，把视角更多地放在教育、医疗、住房等民生领域，策划“新起点、新目标——深入推进打造核心增长极”“森林城乡、花园南昌”“关注重大重点项目、聚焦百日大会战”“聚焦民营经济、助推南昌发展”“深化平安南昌建设”“发展升级、民生提质——积极稳妥推进棚户区改造”“回眸十八大一年来，看南昌打造核心增长极”等有分量的宣传报道，全面准确生动地记录打造核心增长极的宏伟实践，积极为南昌创建全国文明城市鼓劲加油。

【成立55周年之际报纸全新改版】2013年7月1日，南昌日报社迎来成立55华诞，《南昌日报》《南昌晚报》全新改版。《南昌日报》在做强做深做活地方政务新闻的同时，更加关注关怀民生民情民意；在版面设置上更加突出民生新闻的比重，做强做优“党报热线”；在新闻内容上，更加注重言论，树立观点立报、深度立言的形象，提升报纸品位和格调；在新闻视角上，倡导用平民视角，聚焦百姓生活，写群众关心的事，以“小事件”反映“大主题”；在版面编排上，更加注重美观、通透视觉效果，方便读者阅读，全面提高报纸质量。改版后的《南昌晚报》版式清新大气、时尚新锐，视觉效果美观通透、清爽大方，更加贴近国际报刊时尚潮流，更加符合当代读者追求简洁自然的阅读习惯。改版获得市领导、业界人士和读者的一致好评，《南昌晚报》的《读书时间》专栏还获得国家新闻出版广电总局“全民报刊阅读行”优秀栏目，是全省都市类媒体中唯一一个获奖栏目。

【南昌新闻网更名为天圆网】　南昌新闻网由南昌广播电视台平移至南昌日报社后，获得国新办颁发的互联网新闻信息服务许可证，成为全省首个获得一类资质的市级政府门户网站。2013年2月1日，南昌新闻网面向社会公开征集网站新名称及新标识。经过网友投票和专家评审等环节，经工商部门审核，报市委宣传部批准，南昌新闻网于7月13日正式更名为天圆网，新标识为“蓝色球形”。至年底，天圆网办公搬入新办公区，天圆直播室投入使用，新应用开发有序推进，“新浪天圆快报”手机客户端正式上线，“天圆微助手”微信公众号和官方微博等得到有效整合。南昌晚报旗下乐客在线网并入天圆网，形成以“天圆民声”“天圆论坛”“天圆小记者”“天圆人才网”等为一体的综合性新闻门户网站。

【报网融合促进新媒体发展】　2013年6月，南昌日报社成立新媒体工作室，将官方微博的运营作为新闻产出的工具之一，通过报网融合的方式提升自身的影响力和传统纸媒的时效性。《南昌日报》设置《微博民声》专栏，《南昌晚报》开辟《微南昌》专版，南昌日报社官方微博连续两次在全市排名第一。下半年，南昌市政务微博——“南昌发布”纳入报社统一管理，策划推出“南昌梦、我的梦”网络征文、“撑起一片荫凉处，度过南昌酷暑天”、“旧城新颜展丰姿——南昌市首届微摄影大赛”等微博活动，实现问计献策、城市共建、氛围营造的便捷互动。“南昌发布”政务微博相继获得新华网、人民网、新浪网、腾讯网评选的“责任中国”十大政务微博、十大政府宣传部门微博、华东地区十大政务微博、江西十大政务微博等殊荣。

【“啄木鸟行动”打造精品栏目】　2013年，南昌日报社“啄木鸟行动”报道针对市容市貌、交通秩序、市政建设、机关效能等方面的问题进行公开报道，共推出报道410篇，反映各类问题310个，推动188个问题得到解决；《内部参考》共编发25期，其中省委常委、市委书记王文涛批示11期，其他常委批示3期；涉及各类问题21个,其中12个问题得到解决。2013年10月开始,“啄木鸟行动”配合“拆违拆临、建绿透绿”行动,对一些单位瞒报或不报的现象进行曝光,得到市民的广泛好评。根据王文涛提出报社要努力建设“三名工程”(“着力打造一批名栏目、名记者、名编辑”)的要求,南昌日报社加大力度做好“啄木鸟行动”专栏,重点打造“双百双千”工程,即百名人大代表政协委员“啄木鸟”、百名老年记者“啄木鸟”,千名小记者“啄木鸟”、千名市民“啄木鸟”。

【全国首创“有奖售报”模式】 2013年,南昌日报社积极创新发行理念,与南昌慈善义工协会等单位合作,推出“买晚报、献爱心、中大奖”大型公益活动,以每份2元的价格售卖爱心报纸,在全国开创“有奖售报”的先河。活动从2013年10月18日正式启动,至年底共开奖25期,迅速抢占报纸零售市场,实现发行盈利,取得良好的经济效益和社会效益。同时,通过“有奖售报”活动,《南昌晚报》在全省率先开辟高校零售市场,成为唯一进入高校市场的都市类报纸,覆盖80%以上的驻昌高校,在南昌大学、南昌航空大学、江西科技师范大学、江西师范大学等高校形成相对固定的销售模式,报纸零售量比此前增长6倍,位居全省报纸市场零售量之首。

【经营性收入达到1.59亿元】 2013年,南昌日报社通过转变经营方式,拓宽经营渠道,举办江西首届幸福生活嘉年华读者节、青云谱区经济发展研讨会、南昌县全国百强县县域经济发展研讨会、中国西部媒体南昌行、第八届南昌国际汽车展等活动;率先在省内推出平价卖钻石活动,尝试营销分成的模式;与青云谱区等县区开展合作办报,与南昌轨道交通集团合办《地铁报》。在巩固报业产业的同时,实施重大项目带动战略,谋划项目整体布局,加快建设一批牵动性大、影响面广、成长性好、竞争力强的大项目,以大投入、大建设促进大发展。报社全年实现经营性收入1.59亿元,同比增长32.14%。

【媒体品牌价值大幅提升】 2013年4月20日,四川芦山发生7.0级强震,南昌日报社第一时间向灾区派去江西唯一一支报媒报道组,前方记者及时向省内发回灾区人民的声音,向灾区传递江西人民的温暖,扩大媒体的传播力和影响力。5月,报社精心策划、创作和拍摄《智擒鳌拜》《我是晚报小记者》两部微电影,在优酷网、56网等国内大型视频网站上热播,受到众多网友的热捧,点击量突破50万次。10月,报社推出南昌市首届中小学汉字书写大赛,全市80万名在校中小学师生积极参赛,超过370万人通过报纸、网络关注活动,活动得到中国硬笔书法协会的大力支持,在南昌掀起一股汉字书写热潮。同时,报社还举办爱心助考、打工一日看社会、“千愿牵手”助童新闻行动、农民工讨薪维权热线、“圆梦天使、扬帆希望”助学行动等活动,大幅提升知名度和品牌价值。

(邹仕虎　陈　龙)

广播电影电视

【概况】 2013年,南昌市共有广播电视台站7座,广播信号覆盖人口500.8万人,广播人口综合覆盖率达97.59%;电视信号覆盖人口507.57万人,电视人口综合覆盖率98.91%;有线广播电视用户数达912437户,有线广播电视入户率61.27%,其中数字电视用户66.43万户。至年底,广播五套频率共开设栏目52个,共播出节目12760余期;电视五个频道共开设栏目36个,共播出6220期,播出广告4400分钟,播出电视剧320部计7860余集;南昌广电网络楼盘新增有线电视用户5万户,全网有线电视覆盖用户达77.59万户,有线数字电视在网用户51万户。新增高清及付费电视节目8套,共传输数字电视节目170套。双向网覆盖21万户。经中国传媒大会专家委员会评审,南昌广播电视台被评为“金长城传媒奖·2013年中国十大影响力城市电视台”。党委副书记、台长张金洁被评为“金长城传媒奖·2013年中国传媒年度影响力人物”。《每日新闻》栏目荣获省内业界最高政府奖项——江西广播电视创新创优十大品牌栏目。全年,广播电视作品有32件获得江西省优秀广播电视作品奖,有11件获得南昌市优秀广播电视节目奖一等奖。全年,广播电视广告合作领域涉及房地产、汽车、医药医疗美容、教育、通信信息等30余个类别,收入超亿元。

【加强行业监管】 2013年,南昌市开展打击非法卫星地面接收设施专项治理行动。此次专项行动以打击非法生产销售地面接收设施为重点,由市广播电影电视局同市工商局等多家单位联合行动,各县区有关单位全力配合,共打掉非法卫星地面接收设施销售窝点52个,收缴非法卫星地面接收设施617套(件)。“小片网”整治工作稳步推进,全市共取消“小片网”非法前端56个,占原有66个“小片网”的80%。根据全市统一部署,市广播电影电视局进一步规范行政审批行为,完成建立城市社区有线电视系统审批和县级电影放映许可两项行政审批的下放工作,提高行政效能。

【推进产业发展】 2013年,市广播影视行业产业经营创收27.53亿元,在全省排名第一。其中,服务业产值7.995亿元,制造业产值18.738亿元,流通业及其他收入8.261亿元。至年底,全市共有城市数字影院21家,比上年增长75%;银幕数140块,增长72.8%;票房收入1.86亿,增长28%;票房总收入在全省11个地市中稳居第一,占全省收入的48%。有12条院线进入全市电影市场,其中本省院线1条、外省院线11条。2013年,在年初的江西省优秀广播电视作品及论文评奖中,全市共有32件作品获奖,其中5件作品获一等奖。在江西省第二十届新闻奖评比中,全市有11件作品获奖,其中一等奖1件、二等奖2件、三等奖7件。南昌广播电视台策划推出的“全城热播”“全城热舞”等“全城热”系列活动在社会上引起广泛关注与参与,大幅提升该台的品牌形象和知名度,成功实现品牌影响和经济创收的双提升。南昌广播电视台的《拍案惊奇》栏目获得2013年传媒中国年度影响力电视栏目奖。由中国人民解放军总政治部话剧团、湖北电影制片厂、南昌市委宣传部、南昌市广电局、南昌手信文化传媒公司等多家单位联合摄制红色革命历史题材电影《少共国际师》以及同名31集电视连续剧。该影视片是进行青少年革命传统和爱国主义教育的良好教材,填补少共国际师影视题材作品的空白。

【开展电影放映和宣传活动】 2013年,“电影下乡”工作按照市本级“农村行政村一个行政村一个月放映一场电影”7684目标,全年累计放映电影1.99万场。市电影公司以广电校园数字电影院线为平台,前往社区、福利院、乡村学校、工地厂矿、军营、劳教所等地为广大群众及一些特殊群体放映公益电影3656场。市电影公司还与市文明办、南昌晚报、南昌广播电视台等单位联合开展以“中国梦”为主题,每个季度为不同的服务群体开展形式多样、内容丰富的电影宣传服务活动,广受百姓好评,取得良好的社会和经济效益。

【系列报道《2012 南昌传奇》】 2013年,南昌广播电视台一改成就报道“由点到面”的俗套陈述式报道,转变为抓取新闻背后的新闻,以人物命运为明线,讲述一个个真实可信、生动传神的新闻故事,展示2012年发生的招商引资、企业上市、地铁拆迁、啄木鸟在行动等影响南昌的大事件,精心制作《王健林:南下造城》《徐桂芬:上市前夜》《开往春天的地铁》《当红“80后”章金媛》《啄木鸟的爱与痛》《王锡高——千亿追梦》等多期特别节目,引起广大观众的强烈反响和共鸣。其中,《2012南昌传奇》第一期节目《王健林——南下造城》以王健林的投资布局为明线,以南昌的招商理念措施为暗线,远赴北京和东北,实地采访王健林等重点客商,讲述新闻背后的故事:南昌以强烈的发展愿望和高效务实的招商作风,赢得万达集团的投资青睐,改变王健林投资北京的计划,在3个月就决定在南昌投资400亿元兴建文化旅游城项目。

【特别报道《迈向增长极》】 2013年6月3—20日,南昌广播电视台在《每日新闻》节目里连续推出9集特别报道《迈向增长极》,以总结全市打造核心增长极周年成就。特别报道用新闻讲故事,另辟蹊径,别具一格,引人入胜。创作人员摈弃全景展示的传统报道模式,从南昌市产业、城建、民生等不同角度,精心撷取“三座产业新城”“三个超级工程”“三个重大项目”等九大项目,代表一年来南昌打造核心增长极的亮点和重点。第一集《九龙湖新城:国际招标》中的九龙湖进行国际招标的新闻题材,早在2012年底就已经被媒体报道过,但由于城市规划工作的保密性和严谨度,对于“哪些国际规划团队参与九龙湖规划、规划是如何敲定的、九龙湖未来是怎样的”大多人都只是道听途说、语焉不详。只有极少数规划人员与国际规划团队见面,了解个中内情。正是基于这种神秘性,让九龙湖规划这个老故事重新焕发出足够的吸引力。特别报道创作人员兵分几路,与亲身参与九龙湖规划的德国、美国、英国和中国顶级规划师面对面后,一个南昌“借脑”高水平规划九龙湖的故事浮出水面,令人叹服。故事的纪实手段,让特别报道充满真实的张力。第七集《南昌地铁:大动迁》给城市留下一部珍贵的城建档案和市民心态实录。在片中,创作人员刻意淡化采访角色,把摄像机与现场事件逐步融为一体,纪录一个个真实的片段。征迁干部余琴和征迁户郭建勇之间,充满戏剧性的排斥、理解、融合的过程,生动地呈现出南昌跨入地铁时代所必须经历的矛盾和阵痛。轰轰烈烈的地铁市民大动迁正是在这样的背景下进行的,市民为地铁建设让路。那些精打细算的拆迁户,如今也深深地为这座城市而骄傲,让这个城市充满了人情味。《迈向增长极》大量运用了航拍、水下拍摄、摇臂等特种摄影镜头,结合项目3D效果动画演示,直观生动展现出重大项目的未来图景。制作上,以排比画面、两极镜头、动静结合、虚实结合等编辑手法,营造出气势恢宏的效果。

【专题片《南昌棚户区纪实》】 2013年6月起,南昌广播电视台派出4路记者入驻万寿宫和十字街“棚改”一线,克服不利因素,按照纪录片的摄制规律,发挥连续作战的精神,连续20多天与征迁户、征迁干部生活、吃住在一起,真实生动记录“棚改”工作中的人物故事与征迁政策,摄制出《南昌棚户区纪实》专题片。《南昌棚户区纪实》专题片作为市委市政府向省委省政府的汇报资料,在省委书记强卫视察南昌棚改工作时播放,受到省市主要领导的充分肯定。《每日新闻》开设《动迁》专栏,每天拿出1/3以上的版面篇幅,加大“棚改”等中心工作报道量,深度挖掘征迁中的感人故事,充分解读阳光征迁政策,积极宣传征迁的群众工作。12月10日,省委常委、市委书记王文涛在连夜察看万寿宫街区棚改房屋征收工作时,高度表扬《每日新闻》《动迁》专栏。他说:“《每日新闻》每天讲述一个万寿宫或十字街棚改的故事,内容生动感人,我每天都会像看新闻连续剧一样守着看。讲述的这一个个故事看似平凡,其实很不平凡。这正是群众路线教育实践活动在南昌的生动体现!”《每日新闻》对“棚改”“拆违”等中心工作报道赢得空前关注。收视率在全台自办栏目排名跃居第二名,收视最高点一度超过黄金时段电视剧,达到2.493%,名列全台自办栏目最高收视点第一位。

【开展创建全国文明卫生城市宣传报道】 2013年,南昌广播电视台开设《齐心协力共创全国文明城市》《文明创建知多少》《笑脸墙》《文明曝光台》《文明大讨论》《道德模范 身边好人》《我志愿我快乐》《未成年人思想道德建设》《道德领域专项教育治理》《身边的科普》《我们的节日》《谁是最可爱的人》《齐心协力共创全国文明城市》《随手拍》《志愿者在行动》等创建全国文明城市专栏,大力倡导讲文明、讲卫生、爱护环境的良好风气,引导听众朋友创建文明城市的讨论和监督。继续加大对章金媛、邱娥国等先进人物、道德模范和市民中的典型人物、典型事迹的宣传报道,积极发掘和宣传各行各业涌现出来的先进人物、先进事迹,同时录制播出“国学经典诵读,廉政,节水,文明出行”等公益广告。新闻频率还开设《他山之石》专栏,通过与其他城市电台的互动,宣传介绍其他城市在提升市民素质方面的好经验、好做法,为全市创建全国文明城市营造浓郁的氛围。

【开展“啄木鸟”行动】 2013年,南昌广播电视台“啄木鸟”共发稿386条,其中问题稿件221条,解决问题202条,解决率达到90%以上。解决率大为提高,主要是因为市委、市政府加强对《啄木鸟在行动》的管理力度,尤其是市纪委、市委组织部、市委宣传部3家联合酝酿并推出“啄木鸟行动报道问题联动问责机制”。每个问题都要通过电子邮件形式发给相关部门,并限期回复,这一举措对问题的解决起到很好的促进作用。4月,120名人大代表和政协委员加入“啄木鸟行动”中来,参与的形式主要是提供线索,进行点评,加以督促。

【报道雅安地震情况】 2013年4月20日,四川省雅安市芦山县发生里氏7.0级地震,引起全国人民的关注。南昌广播电视台迅速响应,安排新闻频道部署3组记者前往灾区一线现场采访,内容涵盖抗震救灾的方方面面,重点关注全市社会各界的爱心慈善之举,以及蓝天救援队的救援活动等。在短短的10多天时间里,共播发稿件39条。《政法报道》栏目派出3组共6位记者奔赴雅安震区。在震区3天3夜的采访中,他们克服困难,冒着余震带来的生命危险,深入震区一线采访,共发回稿件40多条。播出的内容受到市委宣传部有关领导高度肯定,在观众中也引起强烈的反响。《政法报道》多次打乱正常节目编排,推出临时特别直播节目。“4·20”芦山地震当天起,《政法报道》栏目连续3天推出每天长达近3个小时的特别直播节目,报道震区的救灾情况,关注灾区的南昌人、江西人。新闻频率、南昌广电周报也对雅安地震策划相关报道。

【报道中国梦·我的梦】 2013年,南昌广播电视台全面跟进报道全市各行各业贯彻落实中共十八大和“两会”精神的新思路、新做法。报道从深入改革、经济增长、转型发展、民生热点、环境治理等几个方面发现线索，解析“中国梦”本质内涵，探索“中国梦”实现路径。报道市总工会开展“中国梦·劳动美”主题宣传活动，传递劳模正能量，凝聚力量打造核心增长极。报道南昌结合创建全国文明城市活动，在全市各街道乡镇组织开展“笑脸墙”展示活动，绽放洪城市民的中国梦。同时，通过官方解析、专家解读、民意解析和对个人实现梦想轨迹的描绘，向市民展示“中国梦”的内涵，展示南昌市民、企业、单位对实现梦想的诉求和期盼，展现每个人在“同心共筑中国梦”时的奋斗、苦乐和感悟。交通频率启动“的哥的姐共话中国梦”特别栏目，邀请60名市出租车司机就“中国梦我的梦”这一主题进行阐述，在全天3个时段节目中展示出租车驾驶员的中国梦，从而达到传递正能量的效果。

【外宣工作领跑全省第一】 2013年，南昌广播电视台在中央电视台《新闻联播》发稿51条，其中头条2条，单条12条，上稿量连续10年在全省各设区市排名第一，实现在《新闻联播》发稿“十连冠”的目标。同时，在省卫视《江西新闻联播》发稿672条，头条48条，发稿量创下历史新高，连续第二年在全省各设区市排名第一。在中央人民广播电台《新闻和报纸摘要》《全国新闻联播》等栏目上稿44条，在省广播电台上稿874条，在中央台、省台广播上稿连续保持11年排名全省各设区市第一。《新闻联播》播发的《昌九一体化 加快区域升级发展》、《江西新闻联播》播发的《南昌迎来近十年间最快成长期》《南昌棚改：取信于民 真诚为民》等重点稿件产生良好的宣传效果，多次受到省市领导和观众高度评价。

【重大题材创作成绩斐然】 2013年，南昌广播电视台立足地方文化特色，创新选材角度，创作广播剧《信念》、歌曲《老阿姨》和电视剧《良心》。广播剧《信念》以“八一”南昌起义为历史背景，通过参加起义人物的追述，揭秘在革命力量十分薄弱的艰难岁月中，革命种子如何生根、发芽、开花、结果，运用“绝望与希望，生与死”的矛盾冲突表现手法，从多个角度揭秘历史重大事件，用事实证明在八一南昌起义这一重大事件中，中国共产党人坚强信念的确立，与现在“中国梦”的实现有着深刻关联。歌曲《老阿姨》是一首弘扬时代楷模精神，呼唤社会道德的主旋律歌曲。歌颂的主人公龚全珍老人是开国将军甘祖昌的夫人，1957年随甘祖昌回到江西省莲花县，在乡村教师的平凡岗位上几十年如一日，兢兢业业、教书育人。56年前，跟着丈夫放弃都市优越的生活条件返乡务农从教，艰苦奋斗建设家乡；91岁高龄，她情怀不变、本色不改，用行动诠释一名共产党员的高尚品德，彰显党与人民群众的血肉联系。总书记习近平在北京会见第四届全国道德模范时亲切接见龚全珍老人，亲切地称她为“老阿姨”。电视剧《良心》讲述了一对素昧平生的普通男女，因一起车祸而结怨、结缘，但历经万难依然讲求诚信，用乐观向上的精神消化生活的苦难，最终收获爱情与阖家幸福的故事，全方位展现人们对爱情、亲情、友情以及美好生活的渴望。

【继续优化栏目】 2013年，南昌广播电视台《拍案惊奇》强化选题策划，在内容的多样性上下功夫，节目质量稳中有升，观众影响力不断扩大，收视率排名多数处于前两位，且有7周名列全台第一，并实现“三连冠”。《文明行风热线》增加现场连线、疑难解答等新的内容，节目形式更活跃、内容更真实，更好地反映上线单位文明行风建设情况，真真切切的为老百姓解决一些实际困难，越来越受市民的好评。同时充分发挥3G转播车的作用，在节目中让上线单位领导与市民直接交流，即时解决市民反映的热线问题。《职在必得》作为全省首档求职励志节目，在节目包装、节目环节、主持人等3个重点方面进行分步骤革新。节目包装采用时兴的3D动态化、音效国际化、标识唯美化，全新设计片头、环节、身份版，使节目在品相上得到很大提升；节目环节上摒弃原有的程序化设置，采用更适宜节目呈现的任务制展现，提升节目专业效果和播出效果。《政法频道》栏目《特攻组》板块推出多期非常有影响力的节目，如“追击天亮食品公司售卖病死猪肉黑幕”的稿件，报道青山湖区一家食品公司非法宰杀的病死猪肉大量流入市场，甚至流入到沃尔玛等大型卖场。节目引起广大观众、消费者的强烈关注，省长鹿心社也专门派人打来电话表示关注。还对家乐福、洪客隆、洪城大厦等大卖场销售过期食品等违法行为进行曝光，引起社会广泛关注。“特攻组”已成为《政法报道》栏目的标签和王牌节目内容。《情动八点》自采量逐步增加，节目品牌日益形成，节目基本实现南昌本土化。

【大型活动影响力强】 2013年5月，南昌广播电视台与湖南长沙合作策划实施“全城热播”全国主持人大赛，在江西的南昌、九江、赣州、鹰潭四地拉开赛事的同时，在北京、武汉、苏州、太原、青岛等10个城市举行选拔大赛。通过两个月的赛事，6月底决出全国前10位，邀请著名主持人韩乔生、黄佼佼、李艾和戴军作为导师，进行全方位培训，最终陈亦楠获得冠军。8月，策划实施全城热系列“全城热舞”全省舞蹈大赛，欧阳琪夺得冠军。11月启动“全城热”系列活动之三“全城热诵”。“全城热”系列活动在社会上引起广泛关注，进一步提升南昌广播电视台的对外形象和知名度，取得影响力和经济创收的双提升。同时，举办谁能上春晚春节文艺晚会暨团拜会、2013年十大最美基层工作者颁奖典礼、2013年“感动洪城”十大最美教师颁奖典礼、全国道德模范与身边的好人（南昌片）颁奖典礼、中国（南昌）军事题材电影创作会等大型活动。

【扩展有线网络】 2013年，南昌广播电视台有线网络建设进一步扩展，东到南昌县麻丘镇绿地未来城楼盘，西达新建县流湖乡金燕国际楼盘和望城开发区金麒麟、公元九珑等楼盘，北至新昌发电厂，南抵银三角恒大绿洲、底特律、瓦良格楼盘，用户覆盖南昌市城区及南昌县、新建县部分区域。新建朝阳新城、湾里区分前端机房，扩建东航、城北、高新等分前端，新增小区机房5处。新增管道约107千米，新建主干光缆80千米，完成昌东、下罗、紫金园分前端主干网备份光链路。全年共完成69个新楼盘4.8万户勘查设计出图，91个单位3515户联网勘查设计出图，3078户零散户勘察设计出图。至年底，已累计完成全网21万户双向网络覆盖。3月21日至4月26日，逐步关停南昌有线电视网络模拟信号传输。

【新媒体产业率先起步】 2013年8月，南昌广播电视台在全省率先实质性进军网络电视领域，CUTV（城市联合网络电视台）南昌台正式上线。至年底，上传节目共1.1万条，总节目时长4.8万分钟，点击量位居兄弟台同类网站第一。同时，“掌上南昌”同样在全省率先顺利上线，为市民提供节目点播、资讯等服务。

（张姣婕　曹昱斌）

县（区）概况

本栏编辑　喻学辉

概　述

【概况】 2013年，各县区紧紧围绕市委提出的“高举旗帜、解放思想、聚焦发展、改革开放、民主政治、党的建设”二十四字要求，始终坚持区域聚焦、产业聚焦、政策聚焦、资源聚焦“四个聚焦”，强力推进大投入、大建设、大发展，全面完成各项目标任务，实现打造核心增长极“一年有势头”的阶段性目标。在县区级财政总收入方面，南昌市县区级财政总收入、地方公共财政预算收入增幅分别高于全市平均增幅4.7个和3.0个百分点，县区级收入占全市比重继续稳步提高。财政总收入上，青云谱区首次突破30亿元，青山湖区首次突破40亿元，南昌县更是首次突破70亿元大关，继续排名全省县区第一位。全市9个县区中，超30亿元县区5个，超40亿元县区4个，超50亿元县区2个，超70亿元县区1个。

南昌县

【概况】 南昌县位于江西省中部，赣江、抚河之间。东邻进贤县，南接丰城市，东北濒临鄱阳湖，西和北与新建县隔赣江相望，中西部与南昌市区呈抱合之势。属赣抚平原，地形南高北低。县城莲塘离市中心18千米。西汉高帝五年（前202）始置南昌县。1949年后，隶属南昌专区。1958年9月，划归南昌市辖。1961年7月，划归宜春专区辖。1967年11月，复划归南昌市辖至今。全县农业以种植水稻为主，水产、畜牧次之，素称“鱼米之乡、江南粮仓”。全县土地总面积1683平方千米，其中平原占58.3%，岗地低丘占1.1%，水域占40.6%。2013年，总人口为101.73万人，其中农业人口81.36万人，非农业人口20.37万人。辖9个镇（向塘、莲塘、冈上、武阳、广福、三江、幽兰、塘南），7个乡（八一、富山、东新、黄马、塔城、泾口、南新），1个国家级开发区（南昌小蓝经济开发区），1个省级开发区（向塘开发区），银三角管委会，262个村民委员会、39个居委会。

【经济运行指标完成概况】 2013年，南昌县生产总值达到495亿元，比上年增长12%；财政总收入和地方公共财政预算收入分别达到72.6亿元和45.5亿元，分别增长20.2%和28.7%。社会消费品零售总额完成74亿元，增长15%；城镇在岗职工年平均工资33319元，农民人均年纯收入11340元，分别增长10.7%和13.2%；三次产业比优化为9.2:64.3:26.5。全力推进总投资490亿元的201个重大重点项目建设，53个项目竣工投产，96个项目开工建设。实际利用外资4.8亿美元，增长17.5%；实际利用内资123.8亿元、出口总额10.3亿美元，分别增长23%和10.1%。500万元以上固定资产投资完成497.9亿元，增长23%。在中国社科院评比的中国中小城市综合实力百强县排名中，跃居第60位；在第十三届全国县域经济基本竞争力百强县排名中跃居第67位，连续五年进位赶超。

【社会发展指标完成概况】 2013年，南昌县编制《县城“十二五”近期建设规划》《银三角控制性详细规划》等，城市规划区面积扩大到128平方千米。强力推进房屋征收和土地收储工作，全年拆除房屋115万平方米，收储土地653公顷，超额完成市政府下达的任务。全面修复县城控规区内破损道路，投资近7亿元的金沙大道全线竣工通车，完成澄湖北大道等9条道路改造，实现社区公共照明全覆盖。取消行政审批事项12项，下放95项，单项行政审批事项办理平均时限压缩率达84.6%。全面启动县级公立医院综合改革。投入1000万元启动编制全覆盖的镇村规划，农民建房逐步规范。强力推进蒋巷、幽兰等4个市级特色小镇建设，5个空心村整治（新社区）、159个新农村村点建设和第二批105国道沿线“五化”整治工作，莲塘镇、南新乡被评为“国家级生态乡镇”。继续办优教育、体育，高考成绩创历史新高，11人被清华北大录取；有力推进了新启动的8所农村中心校、18所乡镇中心幼儿园建设，莲塘一小教学楼、莲塘九小等投入使用；全面启动市第16届运动会体育场馆建设，成功承办洲际“四国篮球争霸赛”、举办全县首届运动会等大型赛事。卫生、计生普惠于民，县卫监所业务用房开工建设，成功创建“省级慢性病综合防控示范区”，鄱阳湖西岸片血防工作顺利推进，塘南、泾口达到血吸虫传播控制标准。人口自然增长率为8.5‰，查实“两非”案件16例，完成国家孕前免费健康检查5637对。文化旅游空前繁荣，“洪州窑青瓷展”摘得全国博物馆陈列展最高奖“十大陈列展览精品”，采茶小戏《乡里新曲》问鼎群众文艺政府最高奖“群星奖”。三江前后万古村成功列入第二批中国传统村落名录，凤凰沟风景区被评为国家AAAA级风景区，新增市级乡村旅游点15个，总量达20个，列全市第一。实现“全国科技进步先进县”六连冠。

【社会稳定指标完成概况】 2013年，南昌县深入推进省级食品药品安全示范县建设，食品药品安全形势稳中趋好；及时启动重大突发事件应急机制，成功应对人感染H7N9禽流感、皮蛋加工等事件；率先在全市建立乡镇专职消防队，防范打击“两抢一盗”等侵财型犯罪成效显著；网格化管理全面铺开，社区矫正监管中心全面启动；安全生产形势持续向好；信访工作扎实有效，一批涉及群众切身利益的矛盾和问题得到妥善解决，全县社会和谐稳定。

【民生工程指标完成概况】 2013年，南昌县积极回应“碎片化、多样化”的民生需求，推进总投资超20亿元、总面积超

110万平方米的14个新社区(安置房)建设,完成总工程量近60%。创业就业实现新突破,新增城镇就业1.1万人、农村劳动力转移就业1.4万人,发放小额担保贷款2.1亿元。启动8所乡镇中心学校的改扩建试点,实行县级公立医院药品零差价销售。按照城镇职工标准,一次性投入12亿元(总投入23亿元),率先实现被征地农民养老保险的全覆盖,5.9万名失地农民享受到城镇职工标准的养老保险,同时启动实施村"两委"干部养老保险工作。改善宜居环境,先后完成澄碧湖北苑续建、金沙大道提升改造、澄碧湖周边美化亮化等工程建设,投入1.1亿元实施造林绿化工程和农村清洁工程,县城莲塘被评为"省级园林县城"。

【政治建设指标完成概况】 2013年,南昌县以创建服务型基层党组织为抓手,探索实施村级组织"三联"工作法、非公企业"三领"工程、流动党员驻外党支部等新的党建项目,在全省、全市树立一批党建示范点。健全党内关怀机制,启动村干部养老保险、报酬提升、绩效补贴等工作。加大干部培养锻炼、动态考核和竞争性选拔的工作力度,公开选拔14位科级干部,30位股级干部。深入开展"三联三送三促进"主题实践活动,推动干部下到基层一线接"地气",进一步营造干部清正、政府清廉、政治清明的良好氛围。扎实开展"工作落实年"活动,依托电子政务平台,加强政务公开和政务服务试点工作,在全国100个试点县中排名前列,获得全省唯一的全国政府网站服务创新奖。深入推进"六五"普法,严格执行重大事项公示听证制度,提高依法行政能力。认真听取人大、政协的意见和建议,主动接受法律监督、民主监督,高质量办理人大代表建议58件、政协提案179件。清理"吃空饷"人员264人,清退违规民生资金3300万余元。

【财政收入突破70亿元】 2013年,南昌县财政总收入和地方公共财政预算收入分别跨越70亿元和40亿元大关,达到72.64亿元和45.57亿元,较上年分别增长20%和28.9%,连续4年位居全省县(市、区)第一。南昌县紧紧围绕构建核心增长极重要战略支点的目标,按照"一年有势头、两年有看头、三年有突破"的要求,牢牢把握工业立县之本、工业强县之策,走产业集群化之路,积极开展项目推进年、工业项目百日大会战活动,全力推进总投资490亿元的201个重大重点项目,县域经济综合实力迈上新台阶,在第十三届全国县域经济基本竞争力百强县排名中,位居第67位,连续五年实现进位赶超。

【荣获"中国建筑之乡"称号】 2013年12月30日,"中国建筑之乡"授牌仪式在南昌县会展中心举行。南昌县被中国建筑业协会授予"中国建筑之乡"称号。南昌县历来是江西省的建筑大县和强县。全县共有建筑企业132家,其中一级企业24家,占全省的1/9;共有注册建造师1670人,其中一级建造师645人;相关从业人员近15万人,占全县社会总劳动力的20%以上。2013年,全县建筑业总产值实现580亿元,占全省的约1/5,利税28亿元。建筑业的发展不仅有力地增强了全县的综合实力,还吸纳大批农村剩余劳动力,拓宽农民增收渠道,有力推动城镇化和农村现代化的同步发展。

【西总干渠银三角段截污工程投入使用】 南昌县西总干渠银三角段全长约8千米,是莲塘水厂生活饮用水源一级保护区。该渠银三角段沿线有7个排污口,居民的生活污水及养殖场的牲畜粪便未经处理便排入河中,使水体受到污染。2012年,由县级财政投入284万元启动截污工程进行治理。同时,对总干渠区域内的违法排污企业进行严厉查处,对不符合产业政策、污染严重的企业坚决实行关停并转,并加强对畜禽养殖废弃物的处理与利用工作,推广沼气池建设,积极开展畜禽养殖污染治理试点。2013年7月,县环境监测站对昌南水厂、莲塘水厂两个水源地及出境断面水源水质的监测分析结果显示,水质监测指标均达到国家地表水环境质量Ⅲ类标准,水源水质达标率与水量达标率均为100%。8月,西总干渠银三角段截污工程顺利完工并投入使用,县城莲塘(老城区)15万名居民从此可以喝上放心自来水。

【全省首家县级城投公司成功发行企业债券】 2013年7月,经国家发展改革委核准,南昌县城市建设投资发展有限公司成功发行12亿元企业债券,债券期限为6年,利率为6.5%。这是江西省第一家成功发行企业债券的县级城投公司。通过发行企业债券募集资金,将全部用于县棚户区改造建设工程项目。该项目用地分布于南昌县银三角开发区横岗村和万湖村、向塘镇丁坊村和南店村、莲塘镇的斗门村以及东新乡的大洲村、利用村和东岳村。项目总用地面积约54公顷,主要建设包括用地范围内的棚户区改造工程建设、市政基础设施建设、公共配套设施建设等,总建筑面积约129.1万平方米。其中,住宅建筑面积97.13万平方米,建设住宅1.22万户。

【首届塔城葡萄文化节开幕】 2013年首届南昌·塔城葡萄文化节在塔城乡玉明农庄开幕。在开幕式现场,不仅有美味的葡萄供大家免费品尝,还有免费的文艺节目表演送到农民家门口,活跃群众文化生活。活动期间,推出葡萄采摘、休闲垂钓、乡村歌会等一系列活动。通过文化搭台,休闲农业唱戏,进一步扩大品牌知名度,丰富市民文化生活。塔城乡是全省文化艺术之乡,拥有玉明农庄、磊鑫生态园、鑫茂现代农业园、紫杉农业苗木基地等多家集生态旅游、生态农业、生态食品于一体的农业基地,现代农业休闲游正在兴起。

【开展互学互评系列活动】 2013年7月,南昌县开展半年小结、互学互评系列活动,邀请省市专家组成专家评议组,对全县各乡镇(开发区)上半年的发展情况进行评议打分。7月12—14日,县四套班子领导组织全县各乡镇(开发区)、县委各部门、县直各单位的主要负责人以及专家评议组深入南新、蒋巷、三江、黄马等乡镇开展巡查活动,各乡镇在互评互学中"晒成绩",实地查看找问题,互评互学促提升。巡查活动结束后,在县党校召开评议大会,现场公布评分结果,让得分高的乡镇和得分低的乡镇同时"亮相",表彰先进,鞭策后进,给压力,促活力。评议会上,专家组成员也对南昌县各乡镇的发展情况进行科学的研判和分析,为各乡镇经济社会发展工作提出合理化建议。

【清理"吃空饷"显成效】 2013年4月开始,由南昌县纪委牵头,会同县委组织部、县财政局、县人保局、县编办等五部门联合开展"吃空饷"问题专项清理工作。各单位对照编制实名手册逐一进行对照检查,如实填写自查登记表、自查统计表,并在本单位党务政务公开栏或醒目位置进行不少于5天的公示。对自查中发现"吃空饷"问题的,及时下发《限期返岗通知书》,要求在1个月之内返岗,逾期未返岗的解聘或辞退。至7月,清理"吃空饷"人员共259人(其中县教育、卫生部门142人),处理181人,其中下编115人、辞退7人、返岗55人、执行病假工资4人。同时,全县着手建立长效机制,制定县机关事业单位人事、编制、工资管理制度以及临时聘用人员的规范管理制度,从源头上遏制“吃空饷”问题。

【打造千亿建筑科技产业园】 为推动建筑业加快发展,南昌县制定出台《关于促进建筑业持续发展建设建筑强县的若干意见》《关于打造江西省千亿建筑科技产业园实施方案》,开展招商推介,落实规划用地,编制项目可研和高水准的规划方案,同时受理企业申请。截至2013年6月,南昌县建筑产业园领导小组共接受县内外80余家企业的报名申请。6月9日,江西千亿建筑科技产业园总部基地建设预选地块会议在南昌县召开,标志着打造江西千亿建筑科技产业园建设进入实际性操作阶段。会议当天,共有67家企业及企业联合体参加排序和选地,并有45家企业完成预选。

【举办首届运动会】 2013年6—11月,南昌县举办首届运动会。运动会竞赛项目有2000米健步走、乒乓球、游泳、射击、插秧、抗洪抢险、第九套广播操、太极拳、木兰拳、钓鱼、田径等40多个。竞赛组别分为副县级以上干部组、乡镇及企业组、县直单位及驻县单位组、青少幼年组、老年人组。这是南昌县体育史上规模最大的一次体育盛会,充分展现全县人民在“跻身全国五十强县市,建设现代化综合新城”征程中的良好精神风貌。

【入选国家农业改革与建设试点示范区】 2013年5月,农业部、财政部公示新认定的21个国家农业改革与建设试点示范区,南昌县名列其中,这是江西省唯一入选的县市。农业部、财政部会同国家开发银行、中国农业发展银行、中国储备粮管理总公司,在国家现代农业示范区组织开展农业改革与建设试点申报认定工作。通过专家对申报试点方案进行评审和现场答辩,并以综合得分区域排名为依据,经五部门联合会商,认定全国21个市、县、区为农业改革与建设试点示范区。南昌县入选后,每年将获得建设扶持资金3000余万元。

【乡镇、县直部门“三公”经费实现“零增长”】 2013年5月,南昌县人民政府网站集中发布18个乡镇(开发区)、39个县直部门2012年度“三公”经费决算和2013年度“三公”经费预算情况。从公开的信息来看,各单位因公出差(含出国、出境)、公务车购置及运行、公务接待费均实现“零增长”。2012年11月,南昌县统一电子政务平台建成并正式上线运行,开设“三公”经费预算公示专栏,为群众提供全面的政务公开信息和便捷的公共服务,切实提高政府服务水平,促进服务型政府建设。

【建立干部电子廉政档案】 2013年,南昌县建立领导干部电子廉政档案管理系统,对全县739名科级领导干部廉政情况实行常态化记录和动态化管理。该档案系统主要包括领导干部个人基本信息、个人奖惩、住房、收入、重大事项、廉政谈话、廉政承诺、配偶子女从业等方面的内容。廉政档案由本人签名确认,实行一人一档及文书、电子“双重管理”,并对拟录入廉政电子档案的信息,由管理人员进行核实校对,报有关领导审核后,方可归入电子档案。领导干部电子廉政档案管理系统所反馈的动态监测信息将作为领导干部职务任免、岗位调整、晋职晋级、评先评优和责任追究的重要依据。

【全力防控H7N9禽流感】 2013年4月,南昌县按照“早发现、早报告、早诊断、早治疗”的方针,全面加强H7N9禽流感联防联控,成立人感染H7N9禽流感疫情防控工作领导小组,制订《H7N9禽流感疫情防控方案》《医疗救治方案》《工作督查方案》,对病例监测和报告、病例管理、密切接触者的跟踪和管理、病例救治、专业人员培训、督导检查、问责追究等方面进行具体布置,明确县医院为定点救治医院,预留专门的隔离病区,确保疫情一旦出现能有序应对。同时,全县实行监测防控信息日报告、无异常情况零报告制度,并成立南昌县人感染H7N9禽流感防控专家组和7支疫情处置机动队,对全县医疗单位专业技术人员开展人感染H7N9禽流感病例的发现与报告、流行病学调查、标本采集、实验室检测、病例管理与感染防控、风险沟通等内容的培训,提高防控能力,切实保障群众的生命安全和身体健康。

【维护消费者权益】 2013年,南昌县以“12315”消费投诉平台建设为契机,加强消费权益保护宣传和专项督查,强化维权联动机制,切实维护消费者权益。为营造放心的消费购物环境,每逢重大节日,全县组织执法人员走进农贸市场、食品超市,向广大经营者宣传消费者权益保护知识。对重点行业、领域进行专项检查,切实做到商品安全入关。同时,为方便消费者投诉,积极创新投诉方式,拓宽投诉渠道,广泛开展“12315”进商场、进超市、进企业、进学校和进农村“五进”活动,建立消费维权联络站和投诉站。至年底,全县建立消费维权站(点)267个,初步实现村民投诉不出村、市民维权在家门口,有力地保障消费品质量和消费者的消费安全。

【黄马凤凰沟景区被评为国家AAAA级旅游景区】 2013年2月,黄马凤凰沟景区获得国家AAAA级旅游景区称号,

黄马凤凰沟万亩茶山

这是南昌县境内唯一一个国家AAAA级旅游景区。黄马凤凰沟景区是南昌市的重要旅游景点,曾被评为全国十佳休闲农庄。该景区四季有花,常年有果,赏樱花更是景区的一个亮点。自2008年始,黄马凤凰沟景区不断完善旅游设施,旅游品位日渐提升,游客接待量逐年增长。该景区按照AAAA级旅游景区的标准对景区内的环境进行全面提升,启动"园区、社区、景区"分区建设,打造梅园、海棠园、银杏林、杜鹃林、红枫谷、樱花谷、文化长廊等景观提升工程,景区品位得到很大提高。景区拥有茶叶、蚕桑、绿化苗木、果业等成熟生态产业体系,其中生态茶园140余公顷,标准化高产示范桑园7公顷,生态旅游果园40余公顷,生态景观花卉苗木基地330余公顷,水面70余公顷。景区内山清水秀,绿树成荫,环境幽静,空气清新。

【试行被征地农民养老保险办法】 2013年2月,南昌县召开关于被征地农民社会保障情况的新闻发布会,宣布《南昌县被征地农民养老保险试行办法》《南昌县被征地农民就业援助暂行办法》出台,进一步完善覆盖城乡的社会保障体系。被征地起始时间从1997年1月1日起,参保对象只要具有该县常住户籍即可,无需"农转非"户籍。符合参保条件的农民不分年龄段缴费统一补贴15年。被征地农民可自愿选择参加城镇企业职工基本养老保险和城乡居民养老保险。其中,参加职工养老保险的,养老保险费由政府配套资金和个人缴费资金两部分组成,政府承担60%,个人承担40%;参加城乡农民社会养老保险,除领取养老保险待遇外,县财政还给予适当的生活补助。同时,建立缴费激励机制,个人缴费部分一次性缴清,最高可享受县政府2500元奖励。此外,政府还鼓励被征地农民自主创业。至年底,全县首批符合条件的660名参保对象中,有521人缴纳养老保险费,109人领取养老保险金。

(喻德琪)

新建县

【概况】 新建县位于江西省中部偏北,赣江下游西岸,中国第一大淡水湖——鄱阳湖的南面,呈长条状,南北长约112千米,东西宽约23千米,属江南丘陵滨湖地区。新建县是南昌市市辖县,与南昌城区融为一体。东临赣江,西连西山山脉,北至鄱阳湖,南与丰城市、高安市接壤。全县区域面积2208.58平方千米,辖乡(镇)18个,1个省级经济开发区,276个行政村,户籍总人口为68.68万人。

【经济运行指标完成概况】 2013年,新建县实现地区生产总值272.17亿元,比上年增长12%;财政总收入25.32亿元,增长26%;地方公共财政预算收入19.82亿元,增长30.1%;500万元以上固定资产投资240.08亿元,增长23%;社会消费品零售总额45.91亿元,增长15.2%;实际利用外资2.13亿美元,增长19%;实际利用内资49.39亿元,增长24.7%;进出口总额1.12亿美元,增长12.4%;现汇进资4829万美元,增长28.2%;农民人均年纯收入突破1万元,达到10099元,增长12%;规模以上工业增加值103亿元,增长14.2%;新增规模以上工业企业16家;个私民营经济实现增加值192.17亿元,增长16.2%;农业实现总产值72.42亿元,增长4.5%;粮食播面达到9.5万公顷,粮食总产达到63万吨,实现"十连丰";各类农业产业化经营组织新增230个达到1641个,市级龙头企业新增24家达到101家,省级龙头企业新增4家达到16家;无公害农产品认证企业达到46家,产品达到101个;第三产业全年实现增加值88.88亿元,增长14%;全年接待游客571万人次,实现旅游综合收入13.1亿元,分别增长20.3%和21.4%。全县金融机构各项存款余额262.34亿元,较年初增加59.61亿元;各项贷款余额142.16亿元,较年初增加17.86亿元,存贷比为54.2%。航空运输架次64029次,客流量681万人次,分别增长14.8%和13.2%。

【社会发展指标完成概况】 2013年,新建县各项社会事业统筹发展。科技方面,新增科技型企业6家,改进新工艺11项,开发新产品9项,转化科研成果6项,有2项成果荣获南昌市科技进步三等奖。教育方面,开展"塑造教育品牌、打造教育强县"活动,教育水平进一步提升,中考平均成绩跃居全市第一方阵,高考二本上线1671人,一本上线528人,上线万人比稳居全市各县之首,3人被北京大学、清华大学录取。加强学校基础设施建设,县财政安排校建专项资金5400万元,实施县三中教学楼、宿舍楼,县五中、县三小运动场等一批校建项目,完成危旧校舍改造7.9万平方米。卫生方面,启动县级公立医院综合改革,实现基本药物制度县、乡、村三级全覆盖。开展儿童白血病、先天性心脏病、贫困家庭重性精神病患者免费救治、"光明·微笑"等专项救治活动,H7N9禽流感等传染病防控扎实有效。文体方面,成功举办第十二届谷雨诗会、"全城热舞"等一系列文体活动,送戏下乡280场,送电影下乡4706场。采茶小戏《把城里妹妹娶回家》荣获文化部第16届"群星奖"。邓小平旧居与劳动车间、朱权墓与乐安王墓、紫金城城址与铁河古墓群被列为第七批全国重点文物保护单位,大塘汉代古墓挖掘工作全面展开。人口计生方面,全县共出生9729人,出生率14.3‰,自然增长率8.6‰,出生人口性别比113.5∶100。实施计划生育"四术"5558例,落实免费孕前优生健康检查对象4106对,查处"两非"案件16例,处理违法生育党员干部9人。

【社会稳定指标完成概况】 2013年,新建县认真开展矛盾纠纷排查,化解各类矛盾纠纷1230余起,妥善处置非正常死亡事件75起,群体性事件同比下降23%。深入开展"打黑恶、反盗抢、整治安、创平安"和防范打击"两抢一盗"等系列专项行动,破获各类刑事案件1281起、刑拘555人、逮捕423人,全县刑事案件发案同比下降19.7%,其中盗窃案件下降29.9%,命案破案率100%;查处治安案件2867起、治安拘留1218人,摧毁黄赌毒、传销等违法犯罪团伙60余个,群众安全感进一步提升。深入开展重点工程建设区域专项集中整治,打击处理强买强卖、强揽工程等违法犯罪人员303人。按照"全覆盖、零容忍、严执法、重实效"总要求,全面深入开展安全生产大检查,检查各类生产经营单位1367家,共查出安全隐患1310处,下发整改意见书106份,隐患整改率100%。深入开展消防安全大排查大整治,共整治火灾隐患995处,处罚43家,关停25家,查封10家。扎实开展交通安全、食品药品安全、建筑领域安全、河道采砂安全等整治工作。全年未发生重大安全生产事故、重大交通事故和重大火灾事故。以开展"领导干部大接访活动"为抓手,坚持重心下移、关口前移,创新信访接访形式,抓好信访案件办理,畅通信访反映渠道,着力规范信访秩序,有效维护群众合法权益,促进社会和谐稳定。

【民生工程指标完成概况】 2013年,新建县民生资金总投入17.48亿元,增长24%。全年城镇新增就业6681人,新增转移农村劳动力8507人,零就业家庭就业安置率100%,发放再就业小额贷款9130.5万元。发放养老保险金4.04亿元,受益群众7.9万人。支付住院医保费用5501万元,受益群众9286人次。发放城乡低保金9681万元、医疗救助金2178万元、社会散居孤儿基本生活费416万元、救灾资金365万元、教育助学专项资金121万元。200套公租房、100套廉租房、300套棚改安置房主体工程已全面封顶。750户农村危房改造扎实推进,1940户国有垦区危旧房改造已全面启动。发放廉租住房补贴166万元,受益群众920户。生米水厂、石岗水厂、铁河水厂已建成通水,覆盖人口21万人。

【政治建设指标完成概况】 2013年,新建县民主法制建设进一步加强,认真执行人大及其常委会的决议并定期报告工作,加强与政协协商和沟通,全年共办理人大代表建议71件、政协提案101件,办结率100%。依法行政能力全面提高,"六五"普法深入推进,政府及部门依法行政、依法办事能力进一步增强。政务公开全面实施,全年共公开政府信息4371条,废除过时文件11件。行政审批改革继续深入,出台行政审批否定报批备案、企业"无障碍"服务等一系列行政审批机制。简政放权力度加大,承接省市下放审批事项40项,取消县本级行政审批41项,削减率10.35%。机关效能建设深入开展,全年共查处"不作为、慢作为、乱作为"人员65人。认真督查整改南昌市"啄木鸟行动"涉及新建县的问题,整改率达100%。全面落实"改进工作作风、密切联系群众"八项规定,廉政建设取得显著成效。

【新增千亿斤粮食产能项目获省发改委批复】 2013年11月7日,省发改委批复新建县2013年新增千亿斤粮食产能田间工程建设项目。项目建设地点位于流湖乡、铁河乡,建设规模13.3平方千米。建设资金1000万元,其中中央投资800万元、县级配套200万元,建设资金全部到位,项目在12月开工建设。

【新建县被列为国家现代农业园区建设试点县】 2013年,新建县被列为国家农业综合开发现代农业园区建设试点项目县,为江西省唯一建设项目实施县。项目实施区坐落在105国道和昌九高速公路两旁新建县的乐化镇和溪霞镇,现代农业区总面积为39.3平方千米。园区内包括新建县2013年度园区高标准农田建设项目、新建县2平方千米无公害大棚蔬菜基地扩建提升项目、江西省10万株绿化苗木示范基地扩建项目、江南花卉苗木大市场等14个重点项目。全部项目在2013—2015年实施,项目总投资9亿余元。

【核发全省首个家庭农场营业执照】 2013年4月7日,在新建县行政服务中心工商窗口,华东交通大学经管学院教授邓小云领取"新建县慢哈屯家庭农场"的个人独资企业营业执照,成为江西省首家经工商部门注册登记而成立的家庭农场。4月8日,《人民日报》14版专题报道此事。

【陈凡经获"最美乡村医生"荣誉称号】 2013年1月4日,新建县南矶乡卫生院院长陈凡经赢得中央电视台主办的2012年度"寻找最美乡村医生"大型公益活动"最美乡村医生"的荣誉。陈凡经在北京受到总理李克强等领导的亲切接见和慰问。

【新建县被授予"江西厨师之乡"】 2013年12月27日,新建县顺利通过江西省餐饮烹饪饭店协会的专家组考察认定,被授予"江西厨师之乡"称号。至年底,全县厨师队伍1.3万人,新建籍厨师占南昌市厨师的80%,厨师人才遍布全国各大中型城市。此次授牌,是第一个由江西省餐饮烹饪饭店协会命名的"江西厨师之乡"。

【启动公立医院改革试点】 新建县作为全国第一批300家县级公立医院综合改革试点县,2013年7月1日,新建县人民医院、新建县中医院正式实行药品零差率销售,启动公立医院改革试点。改革后,医院原收入来源中服务收费、药品加成收入和政府补助3个渠道中取消药品加成收入渠道,药品加成收入中20%由省、县两级财政按8:2给予补偿,80%通过调增医疗服务价格和县财政专项补贴给予补偿,破除"以药养医"弊端。在降低药品价格的同时,大型设备检查费也相应下调5%。

【北京大学青少年素质教育与才能培养实验基地落户新建二中】 2013年,北京大学组织专家对该校素质教育实施情况进行实地考察,对新建二中的"和善教育"给予高度评价,同时决定将该校在江西省设立的第一个青少年素质教育与才能培养实验基地落户新建二中。

【走马灯制作技艺入选省非物质文化遗产名录】 2013年,省政府公布江西省第四批省级非物质文化遗产名录,本批次共有118项,新建县走马灯制作技艺名列其中。

【新建公交枢纽站项目正式开工】 2013年10月5日,位于新建县长埈工业园一区的南昌市公共交通总公司新建公交枢纽站项目正式开工建设。该项目占地面积2.06万平方米,项目总投资5000万元,总建筑面积1.6万平方米,预计2014年底竣工。建成后的枢纽站将具有公交车辆停放、始发、调度、办公、换乘、维修、配套商业服务等功能,可实现乡镇客运班线与县、市公交线路零换乘,降低市民出行成本,缓解新建县城区交通压力。

【小微企业"助保贷"工作正式启动】 2013年2月28日,新建县小微企业"助保贷"工作领导小组举行第一次全体会议,安排部署小微企业"助保贷"工作,标志着新建县小微企业"助保贷"工作正式启动。小微企业"助保贷"业务是中国建设银行出台的一项促进小微企业贷款的新政策,在南昌市属首次开展。贷款对象从新建县政府与建设银行新建支行共同设立"小微企业池"产生。"小微企业池"由政府助保金管理机构和建设银行共同认定的优质小微企业组成。单个小微企业"助保贷"贷款额度一般在500万元以内,最高不超过2000万元。"助保贷"贷款期限不超过1年。获得贷款的企业按其在建行获得贷款额度的规定比例自愿缴纳的资金即为助保金。新建县政府已出资1000万元作为风险补偿铺底资金,加大助保金额,缓释"助保贷"业务风险。

【千名干部下基层探索党建举措】 2013年7月24日,新建县"千名干部下基层,三问三送三为民"活动正式启动。新建县2036名县直机关党员干部,按照每人联系5户的要求,共联系1.02万户,结合各自的工作领域和职责,开展以"问所需送服务用心为民、问所困送温暖用情为民、问所盼送政策用智为民"为主要内容的"千名干部下基层,三问三送三为民"活动。党员干部走进基层,倾听民声、收集民意、解决民忧,积极探索服务型党建工作的新路子。活动共为村级组织活动场所建设提供帮扶资金80余万元,为联系村联系集体经济项目76个,举办农业科技培训、农民工技能培训26场次,受训人员1.22万人次,同时为基层和群众送去帮扶资金400余万元,办实事、好事1669件,化解各类矛盾纠纷235起。

【实施乌沙河旧城改造项目】 2013年4月28日,新建县召开乌沙河整治及其周边旧城改造动员暨培训大会,启动"十百千万"工程,即分10个片区、用100天时间、调1000名干部、实施百万平方米征迁。乌沙河整治及周边旧城改造项目涉及长堎镇的礼步村、邹家村、丁家村、肖家村(实验农场)和10个行政企事业单位,有常住户3100余户,常住人口1.37万余人,暂住户1万余户,暂住人口3.6万余人。截至9月,拆旧任务全面完成,共拆迁房屋1623栋、面积103万平方米。

(程小伟 李建钦)

进贤县

【概况】 进贤县位于南昌市东南部60千米,抚河和信江的下游,土地面积1955平方千米。其中,城区面积24.9平方千米,耕地面积5.69万公顷,森林面积4.68万公顷,新增造林绿化面积0.3万公顷,绿化率达26%,县城新增绿化面积8万平方米,绿化率达35.9%。全县户籍人口83.97万人,其中,非农业人口18.54万人。辖9个镇、12个乡、263个村民委员会、28个居民委员会。

【经济运行指标完成概况】 2013年,实现地区生产总值259.16亿元,比上年增长11%;财政总收入15.47亿元,增长18%;公共财政预算收入11.38亿元,增长20%。完成规模以上工业总产值263亿元,增加值62.5亿元,分别增长20.9%和11%;完成工业固定资产投资45.5亿元,增长28%;工业对GDP的贡献率达52%,拉动GDP增长3.4个百分点。医疗器械、文化用品、钢构网架等特色产业实现产值239.6亿元,增长14.4%,占全县规模工业产值的91%,新增规模以上企业18家。推进省级工业园区建设,申报并获批省级小微企业创业园、省级钢结构产业基地。新建园区道路13.25千米,铺设管网39千米,新征土地200公顷,新建110千伏输变电工程1座。工业用电量3.5亿千瓦小时。农业总产值76.21亿元,增长3.3%。农民人均纯收入11210元,增长12%。粮食总产量33.36万吨,增加0.81万吨,实现"十连丰";水产品产量11.85万吨,产值21.8亿元,分别增长2.2%和6.3%,连续多年荣获"全国粮油生产先进县""全国休闲渔业示范县""全国生猪调出大县""江西省农业综合开发先进县"等荣誉。商贸繁荣,成功获批全省电子商务试点县,引进上市公司天虹商场,新增重点服务业企业9家;全县社会消费品零售总额42.95亿元,增长15%。新建商品房面积81.26万平方米,英伦壹品、水榭花都等精品小区相继开盘。金融业推进"财园信贷通"融资工作,各项存款余额188亿元,贷款余额91.88亿元,分别增长12.55%和23.07%。招商引进江联重工、益成实业、海螺水泥等重大项目15个,其中亿元以上项目9个;实际利用外资1.2亿美元,增长15.9%;实际引进内资58.66亿元,增长23.6%;外贸出口1.05亿美元,增长25.28%;现汇进资2810万美元,增长4.66%。

【社会发展指标完成概况】 2013年,扎实搞好科技工作,组织开展以"科普赶大集,科技惠三农"为主题的送科技下乡活动,发送各种农业科技材料5万余份、农业科技书籍2000余册。成功实施《国家粮食丰产科技工程》《板青败毒口服液制剂》《DTPG铺轨机》等,建设36个工农业科技示范企业、4个科技示范村和10户科技示范户。申请专利220件,授权专利91件,申授量进入全省前十。切实抓好教育工作,在全省率先开展校车服务,有100辆国家制式校车在8个乡(镇)试点运行,全程实施卫星监控,接送学生安全、方便。新改建校舍3.87万平方米,工程总投资3967.98万元。精心组织中考、高考,参加中考学生有9108人,高考学生4005人,录取大专院校以上的学生共有3485人,其中录取一本252人、二本512人。积极开展各项体育活动,成功举办羽毛球、篮球、广播体操、全民健身广场舞、"三棋"等比赛。进贤县代表南昌市参加江西省摔跤锦标赛,荣获县(区)金牌总数和团体总分全省第一名。成立进贤县社会体育指导员协会和进贤县自行车体育运动协会。深入推进卫生事业,县中医院住院大楼主体竣工,启动县急救中心建设,完成白内障免费手术892例,免费血透167人。认真做好血防工作,荣获"鄱阳湖区首个血吸虫传播控制达标县"。坚持抓好计生工作,实施免费孕检9384人,查处"两非"案件13例,人口出生率控制在14.2‰以内。注重搞好文化建设,推进县级重点文化工程,进贤县博物馆、进贤县文化广播电视中心综合楼工程已全面完成。进贤县图书馆晋升为国家"一级馆",受到国家文化部通报表彰。全县20个乡(镇)综合文化站建设已全面完成。举办"进贤农村天地美""中国梦——爱国歌曲大家唱"等大型文化活动15次,送戏下乡206场。《进贤新闻》开辟了"今日头条""时政要闻"等板块,发稿2600余条,拍摄《皮祖强舍己救人,英勇献身》《盛中国回家乡》等16期专题节目。

【社会稳定指标完成概况】 2013年,进贤县委、县政府制订"建设和谐平安进贤"的总体安排,以维护人民利益为出发点,创新社会管理,提升公众安全感。全年接待来访1.22万人次,办结1136件,办结率达100%。办理网络舆情267件,处置各类民生服务诉求2333次,回复率92%。收集上报各种矛盾纠纷和不稳定因素405起,及时化解调处401起,调处成功率99%。开展重大建设项目社会风险评估,对可能发生的各种不稳定因素,进行预估做好应对措施,共完成评估14件,确保重大项目正常运行。针对征地拆迁、安置补偿、产权纠纷、交通事故和纠纷等社会矛盾热点问题,开展大化解、大调处活动,排查出矛盾纠纷563起,成功调处550起,调处成功率为97.69%。严厉打击"两抢一盗"、暴力犯罪、黄赌毒等犯罪,破获各类型案件1220起,成功侦破"两抢一盗"等侵财型案件878起,抓获违法犯罪嫌疑人120余名,收缴发还价值100余万元赃款赃物;破获"黄赌毒"案件460起,摧毁赌博团伙6个,收缴毒品1410克,赌博机102台,收缴赌资21.09万元,并从涉"黄赌毒"案件中深挖犯罪,破获刑案22起,刑拘36人,抓获网上逃犯19人。对濒湖14个乡(镇)开展多次专项整治,调处涉湖利益纠纷119起,割除非法定置网具86部,销毁捕鸟网7张,处理涉湖盗窃治安案件52起,抓获并处理违法人员59名,收缴违法渔具网具289张,查处非法捕捞案件7起。对辖区内铁路沿线治安环境进行整治,重点打击拆盗、破坏铁路设施、设备,摆放障碍物,击打列车,破坏护栏网等行为,查处8名涉路案件违法犯罪嫌疑人。成立医患纠纷和道路交通纠纷调处中心,成功调处医患纠纷和道路交通纠纷,其中调处医纠纷27起、调成率100%。

【民生工程指标完成概况】 2013年,坚持惠民生、保稳定、构建和谐社会的工作方针,深入推进民生工程,不断提高保障人民群众生活水平。新增城镇就业5690人,转移农村劳动力9003人,"4050"困难人员就业630人,为企业招工4211人。城镇居民医疗参保5.89万人，职工医疗参保3.69万人，新农合参合率99.86%。在严格执行城乡医疗救助政策时，对8549人次各类困难群众解决医疗救助金1741万元。城镇低保提高到每月400元，人均补差水平达248.8元；农村低保提高到240元，人均补差水平达128.7元；保障城乡低保对象4.02万人，发放低保资金7760.14万元。城镇职工养老保险参保6.01万人，城乡居民社会养老保险参保31.51万人，发放养老金3.35亿元。新建保障性住房1.45万平方米，改造农村危房4.05万平方米。在全市率先创新流浪乞讨救助管理方式，实现由现金救助向实物救助转变，先后开展6次街头救助工作，共救助12名流浪在街头患精神病或危重病乞讨人员。建立居家养老服务点3个、民办老年公寓2个，收养社会老年人100余人。落实1.3万名80周岁以上老年人高龄补贴，发放补贴资金1273万元。

【政治建设指标完成情况】 2013年，进贤县委、县政府带领全县人民，强力推进大投入、大建设、大发展，推动综合实力重返全省第一方阵，经济社会继续保持跨越发展、进位赶超的强劲势头。一是坚持依法行政。自觉接受人大法律监督、政协民主监督、媒体舆论监督和社会全面监督，办理人大代表意见99件，办结率100%，满意率97%，荣获“全国政治先进县”。二是坚持实干理政。提交县人大常委会审议通过《进贤县项目建设推进工作考核暂行办法》等重要文件，坚持对全县重大项目、重点工作进行定期观摩、现场推动，以实干促进县委重大决策和县政府议定事项的全面落实。三是坚持廉洁从政。对权力运行的关键环节，认真落实“一岗双责”和党风廉政建设责任制，强化对重点领域、重大项目的审计监督和行政监察，审核工程项目33个，核减预算6542.9万元。严格落实中共八项规定，非生产性支出较上年缩减22.79%，财政支出管理绩效综合评价进入全国前200名，位列全省第三。建立“一二四五”工作法，即周一县领导开门接访，变“背对背”为“面对面”；周二县级领导下访，变“难见面”为“易见面”；周四乡镇领导下访，变“你上来”为“我下去”；周五领导约访回访，变“你找我”为“我找你”。“一二四五”工作法搭建为民办事的桥梁和纽带，用干部的辛苦指数，提升百姓的幸福指数，得到群众的好评。

【李渡酒荣获国家地球标志保护产品】 2013年1月20日，国家质检总局发布公告，批准李渡酒为国家地理标志保护产品。李渡镇是千年古镇，酒文化源远流长，素有“酒乡”之称。具有800余年的元代烧酒作坊遗址，被誉为“华夏祖窖”，入选2002年中国十大考古新发现，是第六批中国重点文物保护单位。李渡系列酒以“色泽澄清、味香醇厚、香浓馥郁、回味悠长”著称，是“江西省著名商标”。

【设立优秀女孩成才奖】 2013年，进贤县人口计生委加大人口计生奖励扶助力度，让计生“两户”家庭充分感受到党和政府的温暖和关怀，在设立“关爱女孩、阳光助学”制度的基础上，进一步完善“关爱女孩成才”扶助制度，增加农村计划生育家庭“优秀女孩成才奖”项目，对农村不再生育的独女家庭和二女结扎家庭的女孩考上大学给予一次性奖励。录取大学专科院校的给予一次性奖励2000元，录取本科院校的一次性奖励3000元，录取为研究生的一次性奖励5000元。至年底，共有31名农村计生“两户”家庭的品学兼优女孩获得该奖，奖励金额8.1万元。

【钢结构产业定为省钢结构产业基地】 2013年，进贤县钢结构产业经专家评审，正式被省工信委认定为江西省钢结构产业基地。钢结构产业是进贤县七大特色产业之一，近年来在实施“工业强县”发展战略，大力发展钢结构产业，现已在张公镇至县城工业走廊聚集57家钢构网架企业，其中规模以上企业有18家，轻钢生产线61条，重钢生产线16条，从业人员达1.6万人，上年产能占全省同行业的比重达到16.8%。至年底，钢结构产业新增固定资产投资3.2亿元，产能70万吨，实现主营业务收入63亿元。雄宇、雄基、群鹰等一批骨干企业具有国家乙级以上设计资质、先进装备，在全国各地承接很多国家级重点工程。

【南昌国际楹联节在西湖李家召开】 2013年10月26日，中国（南昌）第四届国际楹联暨中国（西湖李家）首届农村楹联文化艺术节在进贤县西湖李家开幕。出席本届楹联文化节的有中国楹联学会和各省、市、自治区的楹联艺术家、学者100余名，欢聚在“中国幸福村”——西湖李家。活动期间，开展各类研讨交流会议，观看参与烧火塔、采茶戏等节目。进贤文化底蕴深厚，文化名人辈出，诗歌书画传统文化繁荣，早在十年前“华夏笔都”文港镇就建成楹联街。这次楹联文化艺术节是首次在农村举办。中国楹联学会会长孟繁锦指出，西湖李家有着浓厚的楹联文化氛围，建有“中国农村楹联馆”和“西湖李家楹联墙”，这在全国均属首创，在西湖李家举办楹联文化节是十分合适的，并希望在这里创作出更多更好弘扬文明道德风尚的作品，进一步传播中华传统文化。

【军山湖大闸蟹蝉联“中国十大名蟹”】 2013年11月2日，第三届中国名蟹大赛在江苏省金坛市举行，进贤县军山湖鱼蟹开发公司选送的军山湖牌清水大闸蟹代表江西省参赛，蝉联“中国十大名蟹”称号。中国名蟹评选是由中国渔业协会主办的，每4年举行一次，旨在推动优质河蟹产业的发展。本次中国名蟹的参赛单位有江苏、江西、北京、上海、安徽、河南、山东、湖南、湖北9个省市的29家养殖企业。军山湖清水大闸蟹作为江西省唯一参赛品牌，以“大规格、高品质”征服评委，蝉联“中国十大名蟹”称号。11月23日，中国·南昌“军山湖杯”第十二届鄱阳湖螃蟹节在绿博会上启动。进贤县一直坚持“大规格、高品质、无公害、可持续”十二字方针，立足生态资源，打造有机品牌，推动河蟹产业发展。军山湖河蟹产业带动3800个农民养殖户，年产量2000吨。

【整治开发利用血防区草洲】 进贤县是鄱阳湖湖区血吸虫病流行较为严重的县区之一，疫区范围牵涉4个乡（镇），人口16万人。疫区有草洲面积5600公顷，从1956年成立血防站起，至今一直坚持开展草洲查螺灭螺，封洲禁牧，切断血吸虫的传染源。2013年，实施“以机代牛”，通过政府补贴的方式，疫区共购进农机4128台，处理疫区内的耕牛1.06万头，并在疫区内发展鹅鸭等水禽，形成一村一品，走向健康致富道路。

【四家企业获部级无公害畜产品认证】 2013年，进贤县飞翔鸽业有限公司、晨曦养猪场、绿荷生态养猪场、青岗种禽场4家企业荣获国家农业部颁发的无公害畜产品认证书。为保障畜产品的质量，打造进贤畜牧业品牌，大力推进都市城郊型畜牧业的发展，成立无公害畜牧产品认证申报工作组，抽调技术骨干深入养殖场开展技术指导，严格监管饲料、兽药等投入，并不断优化生产环境，使畜产品质量不断提升。

【培养高素质大学生村官队伍】 2013

年,进贤县为培养大学生村官,铸造一支拼搏进取、干事创业、作风过硬、素质较高的大学生村官队伍,始终坚持"在一线使用、在一线锻炼、在一线成长"的原则,建立管理、使用、服务"三位一体"的工作机制,实行县委管宏观、乡(镇)管具体、村级管日常的三级共管模式。县委组织部门全面抓好大学生村官的制度完善、待遇保障、教育培训和考核奖惩等工作,为聘用期满、考核合格的大学生村官统一安排编制,解决"出路"问题。

【"民生110"听民忧解民难】 2013年4月10日,进贤县公安局"民生110"服务热线正式开通,并向群众公布3部热线电话,24小时轮流值班,不间断地接听群众来电,并组织精干力量,全力排解群众困难和纠纷。指挥中心下达指令后,全县32个服务平台,必须无条件执行指令迅速地到达现场解决群众反映的问题。至年底,共接到群众诉求3000余件,回复率100%,群众反映"民生110"是老百姓的"及时雨"。

【泉岭生活垃圾焚烧发电厂开工兴建】 2013年7月29日,南昌泉岭生活垃圾焚烧发电厂立体工程项目开工,总投资4.85亿元,是南昌市政府以BOT特许协议方式引入的重大民生项目。设计能力为日焚烧处理生活垃圾1200吨,年处理垃圾量40万吨,装机容量为2.4万千瓦,年发电量2亿千瓦小时。项目设备质量达到国际先进水平,去除二恶英及重金属污染等,排放指标达到欧盟标准,污水通过循环使用,不对外排泄。垃圾来源是进贤县、南昌县、青云谱区、高新区。由南昌市城市管理委员会主管,南昌白玛士绿色能源有限公司负责投资建设和特许经营期内的经营,特许期为27年。

【军山湖将建江豚栖息保护区】 2013年8月21日,军山湖建立江豚迁地保护区签约仪式在进贤县舒展中心举行。协议规定,进贤县将在军山湖划拨2000公顷水面建立江豚栖息保护区。江豚被誉为长江生态的"活化石"和"水中大熊猫",是国家二级保护动物。军山湖拥有2.13万公顷水域面积,也是长江江豚的原栖息地之一,隔堤通闸,与鄱阳湖相连,湖内盛产天然鱼虾,为江豚提供了优质饲料。长江江豚迁地保护区落户军山湖,对提升进贤生态品牌、发展生态旅游发挥重要作用。

(武中立)

安义县

【概况】 安义县位于南昌市西北部,总面积665.49平方千米,其中城区面积20平方千米。耕地面积2.59万公顷,有林面积2.67万公顷,森林覆盖率43.2%。2013年全县总人口29.33万人,其中非农业人口7.44万人,人口自然增长率7.79‰。境内文物有文峰塔,京台古戏台等。全县辖7个镇3个乡1个场,109个村民委员会,11个居民委员会。

【经济运行指标完成情况】 2013年,完成地区生产总值84.3亿元,比上年增长11%;500万元以上固定资产投资66.6亿元,增长23%;规模以上工业增加值23.2亿元,增长12.5%;全年完成财政总收入8.09亿元、增长19.4%,地方公共财政预算收入6.35亿元、增长25.9%。争取国家省市各类项目资金1.6亿元。新引进项目27个、合同资金122亿元,其中超亿元项目11个。安排重大重点项目84个,总投资155亿元,其中在建工业项目39个、竣工投产8个。全县完成工业投资53.9亿元,增长28.3%。

【社会发展指标完成情况】 2013年,安义县投入2000万元,加快推进省级卫生城、园林城、森林城和文明城创建,完成前进路、延雄路等6条重要路段环境集中整治,维修路面2800平方米,更新路灯6500余盏,新增绿地1万平方米。强力开展"路风"专项整治行动,工程车辆遮挡号牌、超速超载、抛洒砂石等交通违法行为得到明显遏制。快速开展"拆违拆临、建绿透绿"专项整治活动,拆除违章建筑1.23万平方米、拆除围墙3481平方米。安义县石鼻镇被列为全省首批百强中心镇和全市特色小镇试点镇。石鼻、长埠、黄洲、新民特色小镇面貌焕然一新,形成徽派、简欧、田园三种风格小城镇。长埠、黄洲、新民、长均被评为省级生态乡(镇)。万埠等4个乡(镇)完成集镇生活污水处理设施建设。投入2.3亿元,完成5个乡(镇)场集镇公路"白改黑",加快推进长埠大桥、东阳客运站、万埠农村公路综合服务站等109个基础设施项目。投入3.5亿元,完成南安公路、昌铜高速等7条线路、5个集镇、154个村庄的第一批通道"五化"综合整治。投入1.5亿元,快速推进90个新农村村点、6个"五位一体"综合示范村、10个精品村、1个村镇联动示范点建设和4个"中心村"(农村新社区)建设。安义县连续7年被评为全省新农村建设先进县。长均乡观察村被列为全国"美丽乡村"创建试点乡村。全年争取科技项目28个,申请专利157件,授权专利132件,居全省前列,连续两年荣获"全国科技进步县"称号。全民健身广泛普及,被授予"全省全民健身广场舞展示活动先进县区",荣获全省第七届县(市)区田径运动会优秀组织奖。投入9500万元,推进教育园区二期建设,完成6所农村初中新一轮达标改造、13所村小标准化建设,实施"一乡(镇)一所公办中心幼儿园"工程。被评为全省十大文化古县。县图书馆晋升为国家二级公共图书馆,安义古村群被评为中国传统村落。全年送戏下乡153场,送电影下乡1776场。加强村卫生室基药制度监管。城乡居民健康档案规范化工作走在全市前列。全面启动全国第三次经济普查和全国首批可移动文物普查工作。深入开展村(居)委会计划生育星级创建活动,成立北京、乌鲁木齐、昆明等10个流动人口驻外计生协会。

【社会稳定指标完成情况】 2013年,社会治安综合治理不断加强。深化平安安义创建,实施社区"网格化"管理,开展防范打击"两抢一盗""黄赌毒"集中整治、"五车"整治等专项行动。投入330万元,升级"天网工程"视频监控探头116个,建成高清交通治安卡口8个。投入1000万元,加强食品药品、生产消防、道路交通、校舍校车等安全工作。连续6年被评为"全省平安县",荣获"全市综治工作先进县""全市信访工作基层基础建设先进县"称号。

【民生工程指标完成情况】 2013年,重点推进十大民生实事,统筹各业,顺应民意,维护稳定,保障民安。公共财政用于教育、医疗卫生、文化、农林水、救济救助、社会保障等民生事业的支出8.47亿元,占公共财政预算总支出的62%。新增城镇就业2901人,发放创业贷款4375万元。养老和医疗保险参保人数创历史新高,启动被征地农民养老保险工作,城镇医保实现"一卡通"结算和"先看病、后交钱"服务模式。新农合财政人均筹资标准提高至340元,参合农民20.3万人,参合率98.47%。免除农村义务教育阶段学杂费1262.6万元。保障性住房开工建设120套,竣工726套,发放租赁补贴202万元;发放农机购置补贴246万元;完成农村危旧房改造368户。

社会救助体系进一步健全,城乡低保标准进一步提高,发放低保资金2600万元;商城危房改造重建、城郊农村自来水入户、城乡电网改造升级工程等重点民生项目快速推进。

【政治建设指标完成情况】 2013年,安义县认真贯彻落实中央“八项规定”,加大监察审计力度,开展财务收支、政府投资和经济责任审计,规范政府投资项目招投标程序,启动全县预选承包商库,招投标秩序明显改观。加强干部培训培养。以学习中共十八大精神为主题,举办5期覆盖全县科级干部的专题培训讲座,培训干部1200余人次。组织36名县级干部参加全市网络教育学习,开通“安义党建网”干部教育专栏,搭建干部群众网上学习平台。举办第七期86名青年干部参加的政治理论培训班,选派58名副科级后备干部到信访维稳、工业园区、商城危改“三个一线”跟班学习。探索科学选人用人机制,树立“实在、实干、实绩”导向,坚持和完善“四看一听一差额”选拔方式,下放初始提名权,实行差额提名制,做到空缺岗位初始提名人选95%以上由基层提出。全年共提拔重用81名干部。遵循“干什么、考什么”的原则,加大竞争性选拔干部力度,一次性拿出8个科级领导职务面向全县开展竞争性选拔,拓展干部来源渠道、优化干部队伍结构。健全完善信访、电话、网络“三位一体”干部监督举报平台,提高立体化干部监督工作水平。严格执行领导干部经济责任审计制度,全年共对28名离任领导干部进行离任审计,对6名领导干部开展任中审计,促使干部廉洁从政。县委出台《关于改进工作作风、密切联系群众的若干规定》《关于进一步规范党政机关公务用车管理暂行规定》《严禁党政机关工作人员工作日饮酒暂行规定》等一系列文件。积极开展作风效能监督活动,全年开展15次暗访,作风效能问责35人,其中科级领导干部4人,对10个单位的主要领导进行告诫谈话。坚决查办违纪违法案件。全年共受理来信来访、电话举报、网络举报245件次,立案51件,比上年增长10%;结案45件,给予党纪政纪处分51人,其中科级领导干部8人。全年共参与“四项告知制度”监督211次,节约资金7300余万元。其中,建设工程项目94次,节约资金7088万元;政府采购94次,节约资金207万元;土地出让14次,增资5万元;产权交易9宗。开展对全县54个重大重点项目推进情况的监督检查,有力地保障全县经济社会发展。开展全县各单位落实党风廉政建设责任制情况大巡查,对5位落实党风廉政建设责任制不力的科级领导干部给予党纪政纪处分。

【省委书记强卫到安义县调研】 2013年6月10日,省委书记强卫到安义县主持召开县乡干部、农民群众座谈会。强卫用谈心方式,面对面虚心听取县乡干部及群众对省委常委会开展党的群众路线教育实践活动的意见和建议。他强调,要坚持开门搞活动、依靠群众搞活动,真心实意、虚怀若谷地到基层倾听百姓意见,对照群众的期盼查问题、找差距、明方向,促进提高为人民服务的能力与水平,推动教育实践活动取得实效。

【市委书记王文涛到安义县慰问群众】 2013年1月17日,省委常委、市委书记王文涛到安义县走访慰问敬老院老人、优抚对象、低保户、老党员等困难群众,代表市委、市政府送上慰问金,向大家致以新春的问候和良好的祝愿。王文涛走进长均乡敬老院的宿舍、食堂,仔细察看老人们的居住环境、过冬衣被、供养标准、伙食搭配,详细了解老人们的日常生活起居情况。王文涛握住老人们的手嘘寒问暖,祝老人们身体健康、晚年幸福。他叮嘱敬老院工作人员和当地干部,要耐心细致地照顾好老人,让每一位老人都能够老有所养、老有所依、老有所乐、幸福生活。王文涛随后走访东阳镇石牛村七房彭家村小组困难党员彭圣贤。在彭圣贤家里,王文涛与他拉起家常,询问老人的身体和一家人的生活工作情况。王文涛说,市委、市政府十分关心基层党员特别是农村老党员的工作生活,你有着近60年的党龄,为村里的发展作出过重要贡献,虽然现在生活有困难,但是相信在各级有关部门的关心帮助下,一定会克服困难、渡过难关,生活也一定会一天天好起来。市委常委、秘书长江晓斌陪同走访。

【举办第二届金花旅游文化节】 2013年3月5日,安义县第二届金花旅游文化节开幕。本金花旅游节以“看金花、赏春景、享农趣、游乡村”为主题,活动为期40天,4月15日结束,主要有八大主题活动,包括亚啤杯金花摄影大赛、坐牛车、独轮车、古道上赏艳丽的油菜花、非遗文化展示展演、趣味农事比赛、民间小戏表演、旅游彩信征集活动等。举办这次金花旅游节活动,旨在以金花旅游节为平台,展示全县秀美乡村建设成果,推动秀美乡村、休闲旅游的发展;以金花为媒,推介全县旅游资源,提升全县旅游知名度,打造全县乡村旅游形象,促进全县旅游事业的发展。

【气凝胶纳米保温材料项目落户安义县】 2013年7月28日,总投资10亿元的气凝胶纳米保温材料重大项目落户安义县签约仪式在广东佛山市三水区金太阳酒店举行。这是落户安义县的重大项目之一。县委常委、副县长刘祈虎与金银河智能装备股份有限公司董事长张启发分别代表双方在合作协议书上签字。银河智能装备股份有限公司是一家专业生产建筑密封胶、工业胶粘剂、有机硅及高分子化合物等产品的国家级高新技术企业,现已成为亚洲地区最大的有机硅及锂电池行业设备制造及服务商。气凝胶是目前已知的最轻固体材料,在航天、军事、通讯、医药、化工、建材等领域有广泛的应用前景,也是迄今为止保温性最好的材料。9月9日,安得利高新材料公司推进调度会在文峰园召开。项目分两期建设,一期项目2015年下半年投产,三年达标,项目达标后,可年产10万立方米气凝胶和5万吨高温胶,主营收入45亿元,税收8000万元以上。会议就安得利高新材料公司重大项目落户相关的用地规划、土地招牌挂、工商注册、征地拆迁进行协调。

【国家水利部水保司验收组对安义县水土保持科技园进行中期评估】 2013年10月31日,由国家水利部水保司司长刘震率领的国家水利部验收组对安义县水土保持科技园进行中期评估。国家水利部验收组一行现场查看科技园建设情况,听取全县关于园区建设情况的汇报。南昌(安义)水土保持科技园位于安义县长埠镇长垅小流域内,园区规划面积61.73公顷,是典型的红壤丘陵岗地,园区内原有水土流失面积32.13公顷。水土保持科技园以水土保持技术为载体,山、水、田、林、路、草统一规划,整个园区建设以“科普教育、科技示范”为重点进行建设,通过因地制宜、完善水土流失综合治理措施,园区已建立坡面径流观测试验示范区等10个示范区,园区水土综合治理程度达到90%,植被覆盖度达到90%,土壤侵蚀量减少85%,坡耕地按照水保技术要求全部得到整治。国家水利部验收组认为,安义水土保持科技示范园区经过7年多的建设,在基础条件、基本功能、扩展功能和管理水平等方面都取得了明显的进步,已具备科技示范、科普教育、生态休闲、生态修复等5大功能示范功能。国家水利部水保司司长刘震希望安义县积极争取上级项目资金和引入社会资金,进一步加大科技园建设力度,要突出科普教育特色,加强与大专院校的合作,以园区为平台,传播生态文明和水土保持新理念、新技术。省水利厅厅长孙晓山,副市长朱志群等陪同。

【全县被征地农民参加养老保险工作启动实施大会召开】 2013年11月19日,安义县被征地农民参加养老保险工作启动实施暨政策培训大会在文峰园召开。会议指出,各乡(镇)、有关部门要加大对被征地农民养老保险政策的宣传力度,使广大群众进一步了解政策、掌握政策、自愿参保、积极缴费。经办人员要准确把握有关政策,做好缴费服务工作。各级要坚持"公开、公平、公正"的原则,真正做到该保的自愿保,不该保的一个不保。各乡镇、各有关部门要一级抓一级,层层抓落实。同时要加强协调配合,通力合作,确保被征地农民养老保险工作顺利开展。

【首届江西(安义)铝型材及门窗展览会开幕】 2013年11月28日,首届江西(安义)铝型材及门窗展览会在新城区龙安广场开幕。铝材及门窗型材是安义工业的名片,安义有12万人在全国各地从事门窗型材加工、销售和生产。本届展览会吸引来自全国各地的180余家铝型材及门窗企业、300余个展位,8000余平方米的展出面积。这是江西省首个专业类特色展览会。展览会不但吸引坚美铝材、兴发铝材、武汉泰源等全国知名企业参展,更是安义铝型材企业的一次集中亮相。展览会的举办,是为了搭建一个平台,进一步提升安义建材产业的知名度和影响力,增强企业间的沟通与合作,找到市场与产业的最佳结合点,促进全县建材企业做大做强。

【考核验收省级生态县创建工作】 2013年12月17日,由省环保厅总工程师石晶率领的省级生态县考核验收组到安义县考核验收省级生态县创建工作。考核验收组分为两个考核组,先后检查万埠集镇、晶安高科、长埠集镇、石鼻集镇、鼎湖莲花村、黄洲翠冠梨基地、从玉菜业、南昌菜园、长均观察村、观察水库、万场新村、柏辉制衣排污设施、县污水处理厂、县垃圾压缩站、龙安广场、八百米景观带等30个生态创建点,对照省级生态县建设考核要求,对生态县建设的3项要求和23项指标进行核查。在文峰园会议室,省级生态县考核验收组听取全县创建省级生态县的工作汇报。省考核组认为,安义县高度重视省级生态县创建工作,创建工作特色鲜明,定位准确,环境面貌有可喜变化。安义县生态县建设的各项基本条件和建设指标基本达到省级生态县考核验收标准。

【"四特东方韵"杯越唱越红歌星大赛决赛落下帷幕】 2013年1月5日,安义县"四特东方韵"杯越唱越红歌星大赛决赛在县文化会堂落下帷幕。本次决赛由县委宣传部、四特酒有限责任公司主办,县文化广电旅游新闻出版局、县和顺祥商行、团县委、县妇联协办。这次歌星大赛决赛的26名选手是在128名选手中脱颖而出的,大赛在歌曲《祖国之恋》中拉开序幕。歌曲《中国人》《红旗飘飘》《我爱你中国》《祖国万岁》等一首首耳熟能详的红歌,博得在场观众的阵阵掌声。来自全县的选手以美声、民俗、通俗等演唱手法一展歌喉。这次大赛,既丰富全县的文化生活,又为发现和培养艺术人才提供广阔的平台。

【企业家战略决策新思维讲座暨服务企业座谈会召开】 2013年,企业家战略决策新思维讲座暨服务企业座谈会召开,县内36家重点企业主要负责人应邀参加座谈。会议主要内容是探索新形势下企业的竞争制胜之道,倾听企业家对全县人力资源和社会保障工作的意见和建议,发挥合力,推动全县就业和社会保障工作更好地服务企业发展。会议邀请江西财经大学经济发展研究院院长、博士生导师曹元坤教授讲授"企业竞争的制胜之道",科学解答企业家在发展过程中遇到的疑惑。会上,各企业家表示将继续严格遵守各项劳动保障法律法规,争做诚信企业,守法经营,合法用工,在更新企业观念、加强企业管理、负担企业责任、提高企业境界等方面多下功夫,做大做强企业规模,提高企业的核心竞争力,为推进安义经济社会快速发展做出贡献。

【安义建材产品暨(上海)招商推介会在沪举行】 2013年4月28日,安义建材产品暨(上海)招商推介会在上海举行。副市长肖玉文、市政府副秘书长吴长金等出席推介会。安义县作为南昌市的特色板块,发展建材产业具有得天独厚的优势,市政府已出台16条扶持政策,全力支持安义建材产业集群发展,为南昌打造核心增长极做出积极贡献。这次推介会,对县域建材产品进行展览演示,举行建材行业发布会,并现场签约项目11个,资金21.5亿元。同时,对龙印谷森林湿地公园、总部经济园、城市商业综合体、10万亩优质水果基地等10余个项目进行推介。为推进建材集群发展,安义县已出台多项扶持政策和措施,力争用2—3年时间,打造成为华东地区最大的新型建材产业基地。至年底,全县已有建材企业124家,产能达54万吨。

(袁晓军)

东湖区

【概况】 东湖区地处南昌市东北部,东以北京西路与洪都大道交会点、洪都北大道、青山湖西岸线、青山北路、青山湖闸与富大有堤交会点为界,南以北京西路、八一广场南端、八一大道、中山路、中山桥、中山西路为界,西、北以赣江南航道中心线为界,面积18.73平方千米。2013年,全区户籍人口45.82万人,其中非农业人口45.04万人;管辖9个街道办事处和1个贤士湖管理处,有6个村民委员会,90个社区居民委员会,17个单位社区。

【经济运行指标完成概况】 2013年,东湖区经济发展再攀新高。实现财政总收入46.4亿元,比上年增长6.2%;地方财政一般预算收入10.1亿元,增长17%;地区生产总值404.13亿元,增长9.6%;完成固定资产投资114.3亿元,增长20.2%;实现社会消费品零售总额266.2亿元,增长10.5%;实际利用外资约1.39亿美元,增长14.9%;实际利用内资约25.62亿元,增长24.2%;对外出口达46176万美元,增长19.4%。

【社会发展指标完成概况】 2013年,东湖区各项社会事业发展取得显著成效。教育工作:全面落实教育改革发展"三个优先"政策,"20分钟优质教育圈"得到新提升,投入资金1.24亿元完成市滨江学校、滕王阁保育院等校园提升改造建设,对市豫章小学等8所学校校园进行改造提升及信息化建设,全区教育教学设施和信息化水平位居江西省前列,成为全省唯一连续两次荣获省政府教育督导评估全省第一名(5年评一次)的县(区)。人口和计划生育工作:人口网格化管理工作有效地服务不同人群,提高计生工作水平。上营坊社区率先推行"以房管人"服务模式,组建"社区流动人口协管员——楼栋计生协管员——楼栋小组长"三级责任链,工作走在全市前列。全区计生工作连续6年获得市综合考核一等奖以及连续5年获得省综合考核一等奖，始终走在全省前列。城市管理工作：坚持把基础设施建设作为改善城区环境的重要举措，滨江规划路网完成投资4000万元，规划一路已投入使用；投入3800万元实施八一桥周边房屋平改坡工程，完成39栋建筑施工；投入5000万元实施二七北路街景改造和33个社区环境综合整治工程；在全市率先完成轨道交通二号线（东湖段）房屋征收总任务的70%；全区清理被挪用停车泊位1800个；稳步推进豫章路打通工程，改善城区道路微循环。在二七北路启动南昌“拆临拆违”专项行动第一拆，成功拆除292间店面约1.2万平方米及育新学校周边沿街违建汽配黄金店面。积极探索城市管理长效机制，在全市率先推广市容环卫作业市场化企业运营作业，形成“政府投资管理、企业运营作业”的管理模式。出台《东湖区城市综合管理工作考核暂行办法》，创新城市管理机制。坚持制度准绳，稳推违章施工专项整治，“四个一律”（一是对不执行基本建设程序非法施工的工程项目，一律停止施工；二是对非法从事建筑施工的有关单位和责任人，一律按规定上限予以处罚，并严格落实监管措施；三是对施工现场达不到安全生产条件，存在较大安全隐患的工程项目，一律停工限期整改，并督促整改到位；四是对履行安全生产主体责任不力造成安全事故的企业，一律依法追究刑事责任。）经验做法得到南昌市全面推广。深入开展“蓝天”行动，不断加大和完善环境监测能力，全面完成节能减排任务。爱国卫生工作：巩固扩大“国家慢性病综合防控示范区”成果，投入170万元率先在全市建设10个慢性病防控健康小屋，并高效完成人感染H7N9禽流感疫情应对处置工作。成功引进注资8000万元的健康服务业项目——中科健康（体检）广场，走在全国前列，全省领先。安全生产工作：经常性开展安全生产大检查、消防安全、应急处置演练等工作，全年未发生重特大安全生产责任事故。文化工作：作为江西省率先购置专业流动舞台车的唯一县（区），利用流动舞台车丰富全区民众业余文化生活；南昌清音作品《今日犹闻翰墨香》获得第十六届全国群星奖，豫章绣作品荣获2013年中国工艺美术百花奖金奖。体育工作：成功承办中国围棋甲级联赛、全国运动会成年男子篮球赛等多项赛事，大力打造城市“15分钟健身圈”。

【社会稳定指标完成概况】　2013年，东湖区社会维稳工作稳健推进。社区管理建设：巩固全国民政工作先进区三连冠成果，积极创建全国和谐社区建设示范城区。全面推进社区网格化管理，充分发挥治安信息员和平安志愿者等群防群治队伍作用，初步实现“网格划分规范、队伍组建顺利、工作开展有序”的良好局面；在上营坊社区成立南昌市首个“人大代表工作室”，在全区9个街道15个社区建立政协委员社区联络站；与省质量技术监督局、省标准化研究所联合编制《江西省地方标准——和谐社区建设指南》，加强社区管理工作。信访工作：深化区领导包案和信访值班暨视频接访工作，化解信访问题215件；积极开展信访积案“大约谈、大调度、大化解”活动，对32件疑难信访积案进行调处化解，使用特殊疑难信访专项资金化解突出信访问题13件。法治工作：加大法制东湖创建力度，创新普法新模式，深入推进“六五”普法工作，成立全市首家农民工法律援助工作站和全市首个县（区）级社区矫正监管中心。综治工作：推行综治工作全覆盖，将东湖区人大常委会机关等67个单位新纳入综治责任体系并签订责任书；积极开展平安创建活动，把防范打击“两抢一盗”作为提升公众安全感的重点；投入300余万元新组建直属机动巡逻大队，提高路面见警率。

【民生工程指标完成概况】　2013年，东湖区强势推进各项民生工程。全年全区民生支出7.18亿元，占地方公共财政支出比例的62.43%，全面落实年初确定的69件民生实事。就业和再就业工作：在全省率先推动家庭服务企业化发展，江西倍邦家庭服务有限公司作为江西省内骨干示范单位被列入2013年江西省服务业发展重点项目并予以扶持；全年实现城镇就业率达94.8%。社会保障工作：在全省率先开展信息化养老服务工作，制订并出台《东湖区被征地农民参加养老保险实施方案》，在全市率先实现失地农民养老保险全覆盖；各类社会保险征缴16.36万人次，共为1.08万名80岁以上高龄老人发放生活补贴1100余万元；坚持医疗保险全覆盖，全区城镇基本医疗保险参保12.41万人，持续推进尿毒症困难患者免费血透治疗和贫困家庭重症精神病患者免费救治工作。城乡社会救助工作：全年累计发放城乡低保金2413万元，物价、医疗救助等救助金、补贴近600万元，城乡医疗救助、临时救助2818人次；新增廉租住房补贴和实物配租2501户，完成14处危房维修解危，零就业家庭安置率100%；在全省率先创建“社工实务创新基地”“民办社工机构孵化园”“公益创投项目孵化中心”的“三位一体”社会工作基地，开展专业社工服务，荣获全省社会救助先进区；在全市率先将居家养老服务和家庭医生责任制、社区卫生服务等相关服务有机结合，开创社区服务新模式。

【政治建设指标完成概况】　2013年，东湖区制定并印发《关于认真学习宣传贯彻党的十八大精神的通知》《东湖区学习宣传贯彻党的十八大精神工作方案》等一系列文件；举办全区领导干部学习贯彻中共十八精神培训班和“学党章、讲党课”活动等多种形式的学习宣传活动；通过加强和改进党委中心组理论学习，组织集中宣讲、举行专题研讨、开展网络宣传等多种方式，推动中共十八大和十八届三中全会精神广泛普及、深入人心。领导班子和干部队伍建设：进一步深化干部人事制度改革，做到“三个坚持”（坚持严格把握拟任干部的条件和资格、坚持和完善干部考核评价制度、坚持干部任免票决制），选人用人公信度进一步提高。年内，区委常委会对113名干部的任免实行无记名票决，所任免的干部全部高票通过；召开区委全委会对3名街道和区委、区政府工作部门党政正职拟任人选进行票决，进一步扩大票决主体范围。基层组织建设：加大对非公有制经济组织和新社会组织组建党组织的支持力度，在区民政局成立区社会组织党工委，在大院街道成立全市首个街道非公经济组织党工委；积极探索流动党员管理新模式，成立全区第一个流动党员党支部——余干县大塘乡东湖区创新党支部；制定下发《关于进一步推动全区机关在职党员联系服务居住地社区开展志愿活动的通知》，全区700余名机关在职党员到居住地社区报到并认领志愿服务岗位。党风廉政建设：严格落实中央“八项规定”，出台《关于改进工作作风、密切联系群众的若干规定》等一系列文件；强化监督检查，制订并下发《东湖区民生资金管理使用情况监督检查工作实施方案》，查处并追缴违规套取的民生资金；坚持源头治腐，深入开展重大工程项目廉政派驻监督工作，出台《东湖区廉政文化建设意见》；研发政务考核监督平台，重点对全区23个经济责任单位的11项经济指标进行实时监控，督促其顺利完成各项任务。文明创建工作：扎实推进文明创建，章金媛获得全国第四届道德模范提名奖，司瑞入选10月“中国好人榜”诚实守信类中国好人;市阳明学校学生涂桦获南昌市"十佳美德少年"称号,并作为全省唯一代表成为中央电视台"寻找最美孝心少年"候选人;建立省妇保、豫章小学等一批富有特色、卓有成效的"道德讲堂",打造洪城社区、豆芽巷社区志愿服务示范站点。依法行政工作:区政府自觉接受区人大法律监督和区政协民主监督,全年共办理人大建议51件,政协提案101件,办结率和满意率均达到100%。

【南昌东湖电子商务协会成立】 2013年4月10日,江西省首家电子商务协会——南昌东湖电子商务协会在南昌滨江宾馆一号楼召开成立大会,标志着南昌市东湖区电子商务行业进入一个崭新的发展阶段。省传播学会会长、省语言学会会长、省委宣传部副巡视员邱尚仁,东湖电子商务协会顾问、大江网创始人、江西日报社高级编辑赵抗援,省科技厅、省商务厅、市工信委、市商贸委、东湖区商务局有关人员以及来自省市新闻媒体记者和参加招商推介会的客商100余人参加活动。南昌东湖电子商务协会是由江西省创谷传媒有限公司等50余家企业发起成立,将以"交流、合作、共赢、发展"的理念,以"服务于企业、服务于政府、服务于社会,全面促进南昌市东湖区信息化及电子商务应用与产业发展"为宗旨,充分发挥政府与企业、企业与企业之间桥梁和纽带作用,围绕制定电子商务行业自律、产业发展规范、整合资源、引导电子商务企业抱团发展、协助政府制定发展电子商务产业的相关政策、培育东湖电子商务示范基地等方面开展工作。

【全市首个"人大代表工作室"在上营坊社区成立】 2013年4月,南昌市首个"人大代表工作室"在东湖区公园街道上营坊社区成立。成立"人大代表工作室"是响应南昌市人大提出"代表行"活动的新举措,是积极探索人大代表履职的新方式。上营坊社区"人大代表活动室"约10平方米,室内桌椅、电脑、代表工作牌及工作台账等用于选民群众和人大代表交流沟通的办公条件一应俱全。"工作室"成立后,区人大及街道人大工委不断完善人大工作室各项工作制度,定期组织人大代表与群众面对面座谈60余人次,听取居民群众关于加强老城区市容环境管理、开展居家养老等问题的反映,并积极与相关部门沟通协调"上营坊路改为单行道"等群众关心的热门问题。"人大代表工作室"使代表们的活动逐渐经常化、制度化、规范化,在服务代表、联系群众、宣传民主法制、参政议政、代表监督、促进经济社会和谐发展等方面起到重要作用,已逐渐成为代表听取民意汇聚民智的"主阵地"。

【全市首个街道非公经济组织联合党委在东湖区成立】 2013年4月28日,"中共东湖区大院街道非公有制组织联合委员会"揭牌仪式在东湖区的财富广场举行,标志着东湖区非公领域党建工作迈出新的步伐。南昌市委基层办、东湖区委有关领导,大院街道党工委负责人、街道辖区相关非公有制组织党支部负责人出席活动。大院街道非公联合党委的建立,是对辖区非公有制党建工作的有益探索,有利于进一步加大辖区非公有制经济组织、社会组织党建工作力度,提升党建工作水平,充分发挥非公党组织在推动经济发展、促进社会和谐中的战斗堡垒作用。在街道非公组织中成立联合党委,是大院街道党工委的大胆探索,也是东湖区开展创先争优和基层组织建设年活动的一项最新成果,对于更好地宣传党的政策、开展党的活动、发挥党员作用、凝聚广大员工、服务全体企业、促进经济发展,必将产生积极的推动作用。

【全省首个非物质文化遗产展示馆开馆】 2013年12月19日,江西非物质文化遗产樟树林展示馆在樟树林文化生活公园举行开馆仪式。副省长朱虹出席并讲话,市委常委、宣传部部长曾光辉等出席开馆仪式。该展示馆是东湖区为挖掘、保护、传承、弘扬以"赣"文化为核心的本土非遗特色项目,与省文化厅合作共同建设的一个全景展示江西非物质文化遗产面貌的互动体验型展示馆,也是全省首家民办非遗展示馆和中部地区首家以体验为主要素材的非遗展示馆,是全省开展非物质文化遗产保护传播工作的重要场所。展示馆分为博览区、体验区、临展区和多功能区4个展区,开设土火青葩区、狗牯脑茶区、黄蜡石雕刻区、吉祥三珍区、宣纸刺绣区、刻本传世区、油纸伞区等7个体验区域,通过展示和体验相结合的方式集中展示江西省100多项非遗项目,实现创意产业与非物质文化遗产传播的融合,充分展示全省丰富而灿烂的民族民间文化和深厚的历史底蕴,打造非遗传承的重要平台。

【"南昌·琴岛之夜"正式营业】 2013年5月31日,"南昌·琴岛之夜"演艺项目的正式营业。"南昌·琴岛之夜"是由江西艺术剧院、湖南琴岛文化娱乐传播有限公司、南昌公用文化传媒投资有限公司共同投资建设的文化演艺项目,位于东湖区八一大道的江西艺术剧院,占地面积7200平方米,总建筑面积1.2万平方米,隶属国家文化部示范推广项目——"琴岛演艺"品牌系列,历时9个月装修改造,总投资8000万元,内设池座一层和楼座一层,共计1200个席位,已成为全市剧场演艺的新坐标、全省文化产业的新名片。该项目策划系列具备浓郁赣鄱文化风情,融合现代化多媒体及声电光技术,充分体现江西人文特色、区域特色,彰显江西文化品牌形象,将带动城区旅游休闲新风尚,极大丰富江西人民的文化娱乐生活。

2013年12月19日,江西省首个非物质文化遗产展示馆在樟树林文化生活公园举行开馆仪式

【第八届漆画展开幕】 2013年6月9日,江西省文学艺术界联合会、江西省美术家协会共同主办的“第八届江西漆画展”在东湖区791艺术街区开幕。副市长姚燕平、东湖区有关领导和省市艺术家共同出席开幕仪式并为活动剪彩。漆画既是艺术品,又是实用装饰品,成为壁饰、屏风和壁画等的表现形式。漆画展收到参赛作品500余件,遴选展出100余件来自中国内地和港、澳、台及国外的优秀漆画作品供广大艺术爱好者欣赏,所有入选获奖作品由791艺术街区出资收藏。这次漆画展为推动江西漆画艺术繁荣发展,促进江西漆画艺术家的创作、展示和交流,推出更多新人、新作提供良好平台。

【中科健康(体检)广场落户东湖】 2013年1月12日,位于东湖区洪都北大道1288号的中科健康(体检)广场正式开业,这是江西省规模最大、设备最先进、专业化程度最高的专业体检和健康管理服务机构,在全国3000余家体检机构中位居前列。该广场以国内外领先水平的中科远程健康服务平台为支撑,并由南昌大学第二附属医院精心提供一线医学临床专家的健康咨询及绿色通道就医等形成一条缜密、高效的远程健康管理链,为广大服务对象提供体检服务和各种后续跟踪服务,设立服务大众的健康小屋,居民可免费自助完成体检并建立健康档案。中科健康(体检)广场投资8000万元引进GE、PHILIPS等国际一流品牌的医学检查检验设备,并率先引进全省第一台TTM(热断层扫描成像系统),云集全省多名知名特聘专家、近40位副主任以上医师,为全省群众提供一流的体检和健康管理服务。

【东湖区开发老年人专用移动手机】 2013年6月19日,东湖区人民政府和南昌市民政局共同主办的向居家老人赠送老年人专用手机仪式在南昌信息化养老服务中心举行。出席赠送仪式的市、区领导向老人代表现场赠送老年人专用手机,中国移动通信集团江西有限公司南昌分公司现场开通老人专用手机。东湖区为进一步强化社会化养老服务工作,率先在全省建立信息化养老服务系统,开发出带有GPS卫星定位和LBS基站定位的老人专用移动手机,为广大老年人提供极大便利,大大提高养老服务的工作水平。

(陈耀武)

西湖区

【概况】 西湖区是南昌市中心城区之一。东起京九铁路线与青山湖区毗邻,南以洪城路东段、抚河路南段、象湖以及南隔堤为界与青云谱区、南昌县接壤,西滨赣江中心线与红谷滩新区交界,北沿中山路、北京西路与东湖区相连。区域面积34.8平方千米,管辖1个镇、1个管理处、10个街道办事处,13个行政村,116个居民委员会,20个家属委员会。全区户籍人口51.9万人,人口出生率为8.56‰,人口自然增长率为4.6‰。

【经济运行指标完成概况】 2013年,西湖区实现地区生产总值406.3亿元,比上年增长9.0%;财政总收入56.1亿元,增长7.7%;地方财政收入11.24亿元,增长14.4%;500万元以上固定资产投资229.4亿元,增长18%;规模以上工业增加值7.07亿元,增长5.8%;实际利用外资1.56亿美元,增长16.43%;实际利用内资31.16亿元,增长22.2%;外贸出口总额5.475亿美元,增长9.8%。全区社会消费品零售总额完成351亿元,绝对值连续13年位居全省各县(市、区)之首。西湖区经济实力继续处于全省、全市第一方阵。

【社会发展指标完成概况】 2013年,西湖区进一步推进优质教育均衡配置,实现松柏巷等4所小学有效整合,全区新生享受优质资源比率达68.4%;投入2095.2万元完成“班班通”建设,实现教育技术全覆盖;投入482万元完成12所学校的维修加固和危房改造工作,投入1620万元大力实施校舍立面粉刷、室内陈旧墙壁刮瓷及教室破损地面维修、增补体育器械、篮球场和排球场建设、操场及运动场修整等工程,改善办学条件;建设西湖区教学资源设计库,开展“区级骨干培训、区域联片互动培训、校本级培训”三级培训机制,共开办专业培训5场,培训教师600余人,促进现代教育技术在课堂教学中的广泛应用;在全国社区教育成果展示活动中荣获二等奖。积极帮助驻区企业申报各类科技计划项目,4家企业被省科技厅认定为高新技术企业,3个科技项目分获南昌市科技进步一、二、三等奖;获国家创新基金立项项目6项、立项资金390万元,获市级创新基金立项项目2项、立项资金50万元,获省级科技项目2项、立项资金8万元,拨付区级科技经费195.63万元;成立西湖区技术市场登记点,完成合同交易额共计502.8万元,技术交易额共455.49万元;积极推进“科技进社区、科普进校园”工作,打造1个市青少年科普教育基地,2个省(市)防震减灾科普教育示范校,1个市级科技型社区,1个市级防震减灾示范社区;广泛开展科学体验、科普讲座、科普展览、应急演练等活动,制作科普宣传图片及展板120块,编印《中小学生防震避震知识读本》和地震科普宣传资料2.5万余份(册)。“社区文化在线”作为首批全国公共文化服务体系示范项目,顺利通过国家文化部验收;区图书馆被评定为国家二级公共图书馆,原创歌曲《永远跟党走》走向国家级舞台;成功举办第12届绳金塔庙会。全区共有8个200米田径场、7个多功能体育俱乐部,其中国家级体育俱乐部1个;完成20条健身路径的安装工作,初步实现西湖区社区和城中村全民健身路径全覆盖;在江西省幼儿基本体操比赛中两支参赛队伍分别以团体第一名和第二名的喜人成绩荣获一等奖,在江西省田径锦标赛上取得1人达优、9人达良的优异成绩,在江西省游泳锦标赛中荣获全省团体总分第三名并获得17人达优秀、26人达良好的优秀战绩,在江西省第七届县(市、区)田径运动会中以团体总分31分的成绩荣获二等奖。人年均基本公共卫生服务经费标准提至30元,免费建立居民健康电子档案35.94万份,免费为2万名0—6周岁独生子女办理“爱心保险”;慢性病综合防控成效显著,成为全省第二个国家级示范区。将人口计生利导机制纳入改善民生重大工作进行部署,严格执行人口计生奖励优惠扶助政策,百分之百落实城乡0—6周岁独生子女爱心保险、独生子女伤残(死亡)特别扶助、农村部分计划生育家庭奖励扶助和阳光助学、残疾家庭独生子女上大学奖励等,落实利导经费达265万元,覆盖人数达12万余人,各项奖扶资金发放率达100%,确保计生家庭切实受惠。创建优良环境服务居民,投入405万元,解决永叔路等5个老城区社区无办公用房问题。

【社会稳定指标完成概况】 2013年,西湖区在全省率先建立矛盾纠纷排查调处预警系统,累计化解矛盾纠纷1089起;推行社区“网格化”管理,划分897个网格,招聘223名网格员,在全市率先建立社区矫正信息平台、率先实施农村社区化管理。在全市首推社区警务平安创建工程,在全市防范打击“两抢一盗”专项活动中综合排名第一,全年刑事发案下降18.1%,重特大案同比下降29.8%,未发生有影响的群体性事件。发生赴京访367人次,其中非正常访登记367人次,赴省去市上访66批1321人次,到区上访697批4233人次。办理区长信箱信访件530件、"12345"政府热线429件,办结率100%,化解疑难信访案件46件,并已全部停访息诉。通过区领导的公开接访,区党政领导、法检两长共接访来访人员270批873人次,其中主要领导接访36批129人次,使一大批信访突出问题得以及时化解,一大批重点人员得以有效稳控。坚持"安全第一、预防为主、综合治理"的方针,全面落实安全生产责任制,切实推进安全生产专项整治。在"两会""国庆、中秋、十八届三中全会、圣诞、元旦"期间,共检查单位企业700余家次,查处隐患330余处。投入近150万元,对1360户4065间直管危旧公房室内老化电线线路进行改造。开展消防安全专项治理12项,共排查检查单位2408家,发现和督促整改火灾隐患或消防违法行为2201起(处),下发法律文书1571份,处罚103家单位,关停27家单位(场所),罚款94.8万元,行政拘留7人。西湖公安分局、西湖街办被市政府评为2013年度消防工作先进单位,区消防大队被省消防安全委员会评为先进单位。

【民生工程指标完成概况】 2013年,西湖区投入2.21亿元实施71项民生工程、10件为民办实事项目。全年新增就业12631人,零就业家庭安置率100%,发放小额贷款3392万元,发放高龄补贴1000多万元,发放低保资金4508.3万元,实现全区城镇基本医疗保险参保17.3万人、基金征缴8326万元,医疗救助累计5589人次667万元。率先在全省引入城市居民家庭经济核对机制,在全市率先成功升级医疗救助同步结算系统,被列入全省城市居民家庭经济核对工作试点区。连续五年实施保障性住房建设,总量达6430套,建筑面积约35万平方米,位居全市第一。

【政治建设指标完成概况】 2013年,西湖区自觉接受人大法律监督与政协民主监督,认真办理人大代表建议73件、政协提案81件,建议提案办结率100%;深入推进"六五"普法,实现社区普法宣传栏全覆盖。主动接受群众与媒体监督,全年政务信息公开2万条;开通"西湖发布厅"政务微博集群,累计发布信息7000条,西湖"粉丝"达20万人,位居全市第一;政府网站连续5届荣获全省评比一等奖,连续5年进入全国县区网站绩效评估百强,是全省唯一获此殊荣的县区。推进第八轮行政审批制度改革,精简行政审批事项65项,精简率达25.19%;全年受理并办结审批项目1.3万件,办结率100%;区行政服务中心26个窗口、144项行政审批事项,全部纳入网上审批和电子监察系统。节约资源交易成本,区公共资源交易中心完成交易项目992宗,进场交易总额1.57亿元,节约预算经费1020万元。减少公务运行支出,全年公务接待经费同比下降70%,会务场次下降28%。建成区廉政文化教育警示基地,设立每年40万元的廉政文化教育基金。在制度上规范管理,深化公务卡结算支付制度改革,全区127个实有资金账户,全部纳入统一运行管理系统;政府采购和政府投资工程项目管理机制进一步完善。

【推进城区建设】 2013年,西湖区完成房屋征迁64.68万平方米,完成房屋征迁总量(列入考核范围)位居全市13个县(区、开发区、新区)第一,完成土地收储116.67公顷,占市下达任务的101%。加快实施市容环境综合整治,投资5500万元改造提升33个社区。积极推进市容机械化操作,全年机械化率达55%;在朝阳新城顺利试行市容作业外包。高效完成"创文保卫""拆违拆临""畅通省城"等各项任务,累计拆除违章建筑和临时建筑54处共4.1万平方米,拆除面积全市第一;洪城商圈、火车站周边等重点难点区域有效整治;取缔"五车"非法营运8127辆次;建成下塘塍上、桃花一村2处停车场。全面完成赣江采砂场的清理任务。大力整治建筑工地扬尘等污染问题,全面完成年度减排任务,西湖、抚河水质达到国家IV类标准。造林绿化8.67公顷,植树70万株,全面完成"绿色干道"工程,新建、改建百力佳园林绿化等一批绿化项目。区福利院正式运营,区社区市民文化活动基地主体建筑完工,朝阳洲消防站室内装修开始扫尾,朝阳新城5条支路全面竣工,绳金塔景区、带子巷等道路改造全面完成,桃苑大街西延工程正式启动。

【开展环境保护和整治】 2013年,西湖区共办理14个项目的环境审批,完成SO2(二氧化硫)减排任务9吨,COD(化学需氧量)减排任务438吨,氨氮减排任务60吨,氮氧化物减排任务1吨。出动车辆100余次,人员500余人次对餐饮业油烟、歌舞厅及基建工地噪声污染情况进行排查整治,共查处各种环境违法案件3起。对排污申报工作进行周密部署,共完成485家排污单位申报工作。排污费征收入库273万元(任务数220万元),完成全年排污费征收任务,排污费实现突破性增长。全面开展创建"市级生态村"的工作,至年底桃花镇一村、五村获批省级生态村称号,桃花镇其余村全部获批市级生态村称号。

【加强创建工作】 2013年,西湖区坚持以网格化、规范化、精细化管理为着力点和突破口,按照"条块结合、以块为主"的作战原则,严格实行"三令"(整改令、告诫令、申饬令)督办,区、街道二级均实施"挂图作战",以"畅通省城"为契机,全力加强创建工作。成立西湖区创建文明城市指挥部,下设3办7组11部。35名县级领导干部挂点帮扶全区12个街道(镇、处),83个区直机关单位挂点帮扶130社区(村),22个省直机关、24个市直单位对"205个亮点工程"实行"点对点"帮扶。全区130个社区(村)分别制作一块提升市民的文明礼仪修养、密切社区人际关系、增强社区整体幸福感的"笑脸墙"。"啄木鸟在行动"全市通报、"三报"专栏涉及西湖区的问题129个,整改率100%;"数字城管"受理案卷12.48万件,整改到位12.37万件,未到整改时限数179件,整改率99.27%,基本实现全区城市综合管理"保二争一"的目标。

【万寿宫街区棚户区改造房屋征迁工程成绩显著】 2013年,西湖区启动万寿宫街区棚户区改造房屋征迁工程,共涉及房屋征迁任务1232户8.05万平方米,是全年全市10个棚改项目中唯一不就地安置、唯一要求实施"拆、改、留"的项目,具有影响广、难度大、要求高的特点,备受社会各界高度关注。省委书记强卫多次视察万寿宫街区棚改工作,省委常委、市委书记王文涛在不到半年的时间里5次到现场视察。该项目自10月29日公布房屋评估价格,到12月10日基本完成房屋征收任务,用时仅42天,实现"快中求好"的目标,确保"三个不发生",即不发生个体极端事件、不发生大规模群体性事件、不发生被媒体炒作有影响的事端。万寿宫街区棚改的顺利完成,将基本改变该区域天热怕发火、下雪怕塌房、雨天怕涨水的"三怕"生活状况,获得社会各界的一致认可,得到省市领导的高度评价。

【项目建设拉动经济发展引擎作用突出】 2013年,西湖区狠抓项目建设,充分发挥项目建设拉动经济发展引擎作用。全年中央、省、市下拨配套资金项目37个,获取资金3亿元;争取中央、市级投资计划项目2个,获取扶持资金120万元。成功推动绿滋肴总部等11个亿元以上项目签约,签约资金达88.5亿元;成功引进朝阳商业休闲广场等一批重大产业项目。大力实施重大项目“扩面提质年”活动,投资总额697.2亿元的142个重大项目建设成效显著。天虹华中区总部等81个项目顺利开工,和诚5S汽车旗舰店等19个项目竣工开业,重大项目开(竣)工率达70.4%。

【西湖区荣获“国家慢性病综合防控示范区”】 2013年,西湖区慢性病防治工作成效显著,获得2012年度“国家慢性病综合防控示范区”称号,成为江西省第二个进入国家级慢性病综合防控示范区行列的县区。通过“示范区”的打造,全区进一步推进慢性病防治工作,实现健身场所和健康教育活动室社区覆盖率达到90%以上,宣传栏社区覆盖率达90%以上。深入开展无烟单位创建工作,积极开展示范单位、示范社区、示范餐厅、示范食堂创建工作,并实施大肠癌早诊早治、中西部儿童口腔窝沟封闭等多个重点项目。

【“社区文化在线”示范项目接受国家文化部评审验收】 2013年,西湖区“社区文化在线”示范项目在中央文化管理干部学院通过国家文化部评审验收。该项目于2011年12月被文化部确定为首批江西省两个公共文化服务体系示范项目之一。经过两年的开发建设,该项目已建成“一个平台”和“八大在线”。“一个平台”,即创建“社区文化在线”网站(www.sqwhzx.cn);“八大在线”是依托“社区文化在线”项目信息化平台,打造“文化阵地在线”“文化团队在线”“文化活动在线”“文化培训在线”“文化精品在线”“历史文化在线”“数字图书在线”“文化咨询在线”八大在线服务,实现全区社区文化工作信息全收录、全公开。

【西湖区荣获“拆违拆临、建绿透绿”拆除面积全市第一】 2013年,西湖区按照“广泛宣传、细致排查、挂图作战、集中办公、一户一档、一户一策、每天调度、每天通报、拆除有序、确保稳定”的工作要求,围绕“属地管理”“谁主管谁负责”“市、区、街道(镇、处)、社区(村)单位带头拆除”“先重点后一般”的原则,稳步推进全区“拆违拆临、建绿透绿”工作。全年共拆除违章建筑和临时建筑54处、4.1万平方米,拆除面积全市第一,进一步改善城市环境、改变城市面貌。

【社区环境综合整治工程完成】 2013年,西湖区实施33个社区环境综合整治工程,于11月底全部完成。该工程按照五化(净化、美化、亮化、绿化、硬化)的工作目标,经过招投标,确定由有国家一级资质的省建工集团,对全区环境综合整治点位统一布局、统一规划、统一施工、统一管理,共涉及房屋184栋9018户居民,受益人口3.73万人,改造总面积33.64万平方米,工程总投资约5500万元。该工程任务还取得“四个全市第一”的好成绩:工作任务数全市第一、工程进度全市第一、市级“以奖代补”经费全市第一、区级资金到位全市第一。

【完善医疗救助即时网络结算平台】 2013年,南昌市新的医疗救助同步结算系统在西湖区正式开通运行,实现医疗救助系统、城镇职工医保系统、居民医保系统、大病医疗保险系统全面联网,标志着西湖区医疗救助服务水平又上一个新台阶。西湖区是江西省第一个研发、使用医疗救助“一站式”即时网络结算平台的单位,在全省率先实现尿毒症免费血透“一站式”服务和“零垫付”,大大缓解困难群众的经济压力。

【完成“班班通”项目建设】 2013年,西湖区完成西湖教育信息中心建设,搭建起西湖教育的信息中心、资源中心、数据中心平台,建立统一的资源目录和元信息规范。全区投入2095.2万元完成“班班通”建设,安装交互智能平板657套,实现文字、图像、动画、视频、声音的集中展示。为全区学校新建、改建26套校园网络系统,通过高速连通国际互联网,普通教学班实现信息技术与学科日常教学的有效整合,促进教师教学方式和学生学习方式的变革,最终促进学生的发展。为教师配备笔记本电脑1600余台,在职教师做到“人手一机”,逐步完善完成对薄弱学校现代教育技术设备的改造。

【恒茂华城、皇冠国际社区被命名为江西省优秀科普示范社区】 2013年,西湖区深入实施社区科普益民计划,进一步发挥辐射带动、示范引领作用,努力推动社区科普工作上台阶、上水平。通过市科协择优推荐,经省科协组织专家评审,恒茂华城、皇冠国际社区被命名为江西省优秀科普示范社区。

【预防青少年违法犯罪工作取得新成效】 2013年,西湖区成为全省第一轮重点青少年服务管理与预防犯罪工作经验推广试点,对辖区内有不良行为青少年、闲散青少年、刑释青少年、服刑人员未成年子女、农村留守儿童(青少年)、流浪乞讨未成年人六类重点青少年群体进行排查并建立资料台账,在每个学校重新选定法制副校长,并首次联合发文任命,实现“一校一警”,做到预防青少年违法犯罪工作区域与对象“两个全覆盖”,重点青少年服务管理与预防犯罪工作顺利通过省级评估。

(朱　君)

青云谱区

【概况】 青云谱区位于南昌市区南部,东与青山湖区罗家镇接壤,南与南昌县为邻,北毗西湖区,西临象湖与西湖区桃花镇隔湖相望,因境内“青云谱道院”(今八大山人纪念馆)得名,有“英雄城南大门”之称。区域面积43.2平方千米,全区常住人口约32.16万人,户籍人口约26.53万人,其中非农业人口24.45万人,辖5个街道办事处(三家店、洪都、徐家坊、京山、岱山)、1个镇(青云谱镇)和1个省级工业园区(昌南工业园),共67个社区居民委员会、12个村民委员会。

【经济运行指标完成概况】 2013年,经济综合实力迈上新台阶。全区主要经济指标增速继续保持“两位”数增长,地区生产总值完成258.56亿元,比上年增长11.1%;规模以上工业增加值完成97.97亿元,增长11.5%;固定资产投资完成142.82亿元,增长22.2%;社会消费品零售总额完成121.55亿元,增长18%;实际利用外资突破1亿美元,完成1.15亿美元,增长17%;实际利用内资完成25.33亿元,增长25%;出口创汇完成5.72亿美元,增长15.6%;特别是财政收入指标再上新台阶,其中财政总收入突破30亿元,完成31.29亿元,增长15.7%,实现两年再上一个台阶的新跨越;地方公共财政预算收入完成8.15亿元,增长25.3%。

【社会发展指标完成概况】 2013年,社会事业坚持“创品牌、显特色、上水平”。教育事业优先发展,全年投入2.6亿元用于教育,均衡发展义务教育,扎实推进城南经适房配套学校、青少年校外活动中心建设,对全区2.5万名义务教育阶段学生免除学杂费、免费提供教科书,荣获"全省义务教育均衡发展示范县(区)"称号。学前教育加快发展,区公办幼儿园和镇公办幼儿园建设启动。坚持特色办学,唱响品牌,全国科技体育传统学校、全国首批规范汉字书写教育、航模科技活动等一批教育特色"冲出全省、走向全国"。全力提升计生服务水平。规范生育秩序,全区人口出生率为7.64‰,人口自然增长率为4.36‰,出生政策符合率92.34%,出生人口性别比为105.34,计生家庭0—6周岁爱心保险落实率为100%,农村独女、二女家庭补充养老保险落实率为100%;精心打造全国首个"计生家庭情感呵护中心",积极推广"全过程、全方位、全覆盖"和"无性别、无障碍、无限期"的计生家庭情感呵护行动。医疗卫生体制改革扎实推进,保障基本药物全覆盖,京山街道社区卫生服务中心荣获"全国示范社区卫生服务中心"称号,徐家坊社区卫生服务中心"国有化、固定化"已获市政府500万元补助。市五医院异地重建项目已开工建设,妇幼保健所项目主体工程已完工。城区宜居环境不断优化。围绕完善功能、提升品位,对全区进行"点、线、面"立体改造提升。在连续3年实施社区环境综合整治的基础上,继续投入3150万元对冶建宿舍区等21个点位进行综合整治,全区老旧生活区环境综合整治基本实现全覆盖。圆满通过全省文明城区复查工作,列全省13个复查城区第一,被评为全省第四届文明城区,城市综合管理考核在全市名列前茅。社区"笑脸墙"展示活动推广到全区62个社区,覆盖率达92.5%。共展示笑脸4400余张,印发笑脸背后故事手册1.2万余册。京山老街排涝整治工程顺利完成,困扰当地百姓多年的内涝问题将得到有效改善。完成南高公路整治、井冈山大道绿化带和昌南四路、昌南五路人行道改造提升工程,完成樱花园二期建设。积极做好主要污染物总量减排工作、污染企业治理工作,国家生态城区创建在全市率先通过国家环保部专家组的技术评估。城市管理水平不断提升。以开展"城市管理年"活动为载体,开展十项专项整治活动。将数字城管网络延伸至社区,形成市、区、街办、社区四级联动的格局。抓好"啄木鸟行动"监督活动,市"啄木鸟"督查问题274个,整改率99.1%,区"啄木鸟"督查问题2836件,整改率97.9%。扎实推进以"五车"、停车场及停车泊位、出店占道经营和学校周边环境整治为主要内容的"畅通省城"专项行动。全力推进"拆违拆临、建绿透绿"专项工作,全区机关、企事业单位带头自拆,至年底累计拆除临建违建点位24处2.19万平方米。不断创新长效管理机制,在全市率先对青云谱镇辖区内21条道路约50万平方米的清扫保洁作业面积进行环卫作业整体服务外包。全区城市管理工作继续在全市领跑。科技投入进一步加大,全年安排科技三项经费1208万元,获国家科技型中小企业技术创新基金项目3项,全市科技重大产业化项目2项。安全形势基本平稳,深入开展"安全生产年"各项活动和安全专项整治,强化事故隐患排查整改,有效地遏制重大安全生产事故发生。全区发生安全生产事故3起,死亡3人,直接经济损失113万元,同比事故起数、死亡人数上升200%,经济损失上升61%,事故死亡人数超出市政府下达的年度控制指标1人;发生道路交通事故9起,死亡6人,直接经济损失6700元,同比,事故起数上升50%,死亡人数上升50%,直接经济损失下降28%;发生消防火灾事故55起,无人员死亡,直接经济损失约84万元,同比事故起数上升3.7%,死亡人数持平,经济损失上升600%。在生产经营、道路交通和消防三大安全领域,没有发生死亡3人以上的较大安全生产事故。

【社会稳定指标完成概况】 2013年,社会治理体现"平安、和谐、稳定"。不断加强和创新社会治理模式,深入开展基层"十创"工作,通过基层创建实现局部平安为整体平安,积小安为大安。针对公众安全感测评老百姓反映的难点热点问题,扎实推进治安防控体系建设。强力开展打击"两抢一盗""黄赌毒"等专项整治行动,集中整治社会治安突出问题。在全市率先举办"两抢一盗"集中整治行动发赃大会,赢得广大群众的高度评价,并作为全市创新社会管理和公安工作现场会观摩点。投入30余万元新建、改建电动车集中停放点29个,有效改善群众反映较多的电动车停车难、防盗难的问题,建立社会治安大防控体系建设和常态化巡逻查控制度,公众安全感得到提升。青云谱公安指挥中心完成整体搬迁,八大山人法治主题广场竣工投入使用。扎实推进网格化管理,网格员上报市社会管理综合信息平台信息量位居全市第一。创办发行每月一期的《青云谱专刊》,在区委、区政府与辖区居民间架起一座便捷的沟通桥梁。坚持用群众工作统揽信访工作,开展社会矛盾大排查大调解活动,充分发挥行政调解作用。积极做好群众来信来访的协调处理,调处、化解信访问题66件。全年共接待群众来信来访695件次、3233人次,共劝返群众赴京访6人次,到市集体访4批35人次,到区集体访476批3058人次,并均及时予以回复和办理。

【民生工程指标完成概况】 2013年,民生工程突出"保底、扩面、提质"。坚持财力向民生倾斜、政策向民生聚焦、服务向民生覆盖,把改善民生作为一切工作的出发点和落脚点,年初确定的7个方面53件民生实事全部完成,全年用于民生工程的支出达6.61亿元,占全区财政总支出的61.6%。农民人均年纯收入10806元,比上年增长11.1%,城镇居民人均年可支配收入26635元,增长13%。就业指数稳步提升。全区城镇就业率达94.5%,其中城镇新增就业10067人,完成全年目标任务的134.2%;新增转移农村劳动力1276人,完成全年目标任务的134.3%;零就业家庭安置率始终保持在100%。发放小额贷款2824万元,完成全年目标任务的108.6%。社会保障水平不断提高。全区城镇职工基本养老保险参保15862人,城乡居民社会养老保险试点参保16190人,被征地农民参加养老保险17654人。全区城镇基本医疗保险参保69273人,其中城镇职工医疗保险参保缴费6857人,城镇居民基本医疗保险参保缴费62416人。新农合参保率在95%以上。0—6岁计划生育家庭爱心保险参保9976人,参保率达100%。城乡低保实现"应保尽保",全年累计为2905户6338人发放低保金2627万元。社会救助、慈善公益行等活动积极开展。"光明·微笑"工程完成40例白内障手术,61例唇腭裂手术,尿毒症免费透析45例,儿童白血病、先天性心脏病"两病"免费救治4例,贫困家庭重性精神病患者免费救治117例。累计为1158人次发放医疗救助、社会扶助款255.7万元。城市最低生活保障标准由原来的每月380元提高到430元;农村最低生活保障标准由原来的每月200元提高到240元。保障性住房建设大力推进。在建公租房1228套,其中已完成主体工程731套。完成朱桥梅村饮用水工程建设,解决1900人的安全用水问题。文体事业进一步繁荣。成功举办第四届校园文化特色展示周、"梅湖之韵"迎新春游园会、2013年全国千村健身气功青云谱区交流展示等一系列群众喜闻乐见的文体节目,群众自发性的文体活动遍布城乡。积极打造文艺精品,“龙腾虎跃”舞龙节目勇夺全国舞龙展演金奖,并荣获十一届中国民间艺术山花奖。坚持文化惠民,免费开放区图书馆,启动南昌城区图书同城通借通还“一卡通”联盟服务。

【政治建设指标完成概况】 2013年,始终坚持把加强党的建设作为推动繁荣生态发展的重要保障,以党的群众路线教育实践活动为切入点,以改革创新为动力,不断加强和改进党建工作,努力营造风清气正的政治生态环境。基层组织更加巩固。积极探索党代表常任制试点工作,徐家坊街道率先在全市成立党代表工作室。新增社区办公用房1200余平方米,彻底解决全区17个社区办公用房不达标的问题。大力推进“民情家访”“阳光驿道”活动,提高基层党组织服务能力。3月,“民情家访”工作作为全省唯一一例联系服务群众经验做法被中央党的群众路线教育实践活动领导小组办公室选编并在全国推广。干部队伍不断加强。进一步完善干部选拔任用制度,崇尚“实在、实干、实际”的用人导向,结合“每月一星”评选机制,注重在“四个一线”培养和选拔干部,全年共调整和交流54名干部,提拔16名科级领导干部,其中通过竞争性选拔的有8名。廉洁自律深入人心。严格落实中央“八项规定”和党风廉政建设责任制,加强反腐倡廉教育,加大违法违纪案件查办力度,加强民生资金监管和机关作风效能建设,严格公务接待和公车管理,制止铺张浪费,营造风清气正的良好环境。民主法治协调推进。主动接受区人大法律监督和区政协民主监督,办理人大代表建议42件和政协委员提案135件,办复率、代表委员满意或基本满意率均达100%。主动公开政府信息4.8万条。依法行政工作水平不断提高。深化“六五”普法和法治城区创建。组建区公共资源交易中心。全年政府采购96批次预算金额1714万元,实际采购金额1611万元,节约率达6%。稳步推进机构改革,完成事业单位分类,扎实推进政企分开、政事分开、企事分开。积极对接上级“简政放权”工作,强力推动行政审批制度改革“全集中、全到位”,2013年共承接市级下放(委托)事项207项。党管武装和民兵预备役工作不断加强,工、青、妇、科、残等人民团体的作用得到进一步发挥,统战、民宗、侨务、对台等各项工作取得新的成绩。

【财政收入首次突破30亿元】 2013年,青云谱区财政总收入突破30亿元大关,达到31.29亿元,比上年增长15.7%,财政总收入在全省100个县(市、区)中排名第十,实现两年再上一个台阶的新跨越。地方财政一般预算收入突破8亿元,达到8.15亿元,比上年增长25.3%,全区主要经济指标均保持“两位数”增长。

【旧改征迁出成绩】 2013年,青云谱区全面启动旧改征迁工作,全年完成房屋征收项目21个,房屋征收面积71.29万平方米,受益群众达3万人,收储征收总面积和总户数创下青云谱区房屋征收量的历史之最,相当于过去5年的总和。其中,九洲高架(青云谱段)仅用10天时间完成95%的征收任务,创造城区征迁中的“青云谱速度”,实现“两个转变”(南昌从轨道交通建设房屋征收向重大工程建设房屋征收的转变和征收工作从市级主导、全市推动向区级主导、全区推动的转变)。象湖东岸17.33公顷旧改项目,10天时间签约354户,完成征收任务的85%;特别是启动并完成南昌市乃至江西省最具代表性的棚户区改造项目——十字街棚改,7天签约2009户,完成征收任务的70.2%,38天就全面完成征收任务。省委书记强卫4个月内先后3次深入十字街棚户区视察调研,省委常委、市委书记王文涛先后9次到区视察调研旧改工作。

【纳入全国老工业基地调整改造规划】 2013年4月2日,国务院正式批复《全国老工业基地调整改造规划(2013—2022年)》,青云谱区在国家重点支持的25个城区老工业区中“榜上有名”,也是江西省唯一列入国家老工业基地改造规划的城区。另外,青云谱区洪都老工业区已获得国家首批老工业区搬迁改造试点资金。

【“民情家访”作为典型经验在全国推广】 2013年3月,“民情家访”工作作为江西省唯一一例联系服务群众经验做法被中央党的群众路线教育实践活动领导小组办公室选编并在全国推广。“民情家访”活动自2007年5月率先在青云谱区开展以来,始终围绕“摸清实情、理顺心情、解决难情、排查隐情”,通过“定点接访、重点约访、主动家访、定期回访”的方式深入基层,直接联系服务群众,及时掌握社情民意,解决热点难点问题,改进领导干部作风,走出一条党群干群连心路。7年来,全区共接待群众1.41万人次,受理各类问题4660件,解决问题4562件,群众反映问题回复率达100%,解决率达97.8%,得到广大群众的拥护和支持。作为该区的亮点工作,“民情家访”活动始终走在全省、全市前列。

【道路清扫保洁全面推向市场化】 2013年4月,南昌市首次以竞标的方式进行道路保洁服务市场化运作。青云谱区作为南昌城市管理市场化试点城区,积极探索和实施差异化、区域化、分类化城市管理,建立街办、市容、执法“三位一体”的城市管理体制,逐步将“市容保洁、市政养护、园林维护”整体推向市场化运作,在推进环卫作业“管干分离”“服务外包”上先行先试,对辖区道路清扫保洁作业市场化运作进行有益的思考和探索。该区实行环卫市场化运作后,一次性将青云谱镇辖区内的21条道路保洁(占全镇清扫保洁总面积60%)面向社会公开招投标。经过轮番“压价”,广州子钰公司以244万元的价格赢得竞标,环卫工人从政府管理转为企业聘请,每人每月工资收入增加300元,区政府一年省下环卫机械购置资金300万元。至年底,承包方广州市子钰永顺环境清洁服务有限公司购置机械化道路清扫、道路冲洗、垃圾清运、环卫果壳箱等设施投入环卫作业,达到市场化运作的低成本、高效率,更安全、更干净的预期。

【非公企业党组织建设大力推进】 2013年,青云谱区大力加强非公企业党建工作,成立由机关干部,街道(镇)业务骨干、社区(村)干部组成的非公企业党建工作指导小组,本着“出现一个,联系一个,成熟一个,组建一个”的原则,根据非公企业实际情况,采取“独立、联合、挂靠”等方式组建非公企业党支部,并选派非公企业党建工作指导员,走进企业之门、楼宇之间,做到非公企业发展到哪里,党的组织就覆盖到哪里。全区397家非公企业中,单独组建党支部102个,建立联合党支部295家,非公企业党组织组建率达到100%。同时,在全区积极打造6个非公党建示范点(每个街道、镇各1个);申报徐坊街道的聚成公司和青云谱镇的九洲通2个市级非公企业党建示范点,以引领全区非公党建工作的开展,实现非公企业中的党组织活动常态化,非公企业中的党员作用最大化。

【王府井百货正式进驻南昌】 2013年12月28日,王府井百货与青云谱区政府、江西浩瀚正盛实业发展集团签订三

2013 年 12 月 28 日,王府井百货入驻南昌项目签约仪式举行

方协议,正式落户青云谱区。该项目进驻后规划打造成为涵盖购物中心、五星级酒店、写字楼、商业街区、酒店式公寓、住宅等多种业态于一身的大型商业综合体项目,将形成一个约 15 万平方米、辐射半径为 3.5 千米的商圈,辐射人口约 210 万人,并吸引高端品牌入驻,填补南昌市高端品牌的空白,预计在 2016 年 10 月营业后,社会消费品零售额预计实现 12 亿元左右,将极大地带动青云谱区乃至南昌市、江西省的商贸服务业发展。

【荣获“全省义务教育均衡发展示范县(区)”称号】 2013 年 2 月,青云谱区被省教育厅评为“全省义务教育均衡发展示范县(区)”。区财政每年安排 700 万元资金,用于校舍改造、设备添置和校园美化,并扩建、撤并一大批学校。投资 6520 万元新建全省最大的九年一贯制学校,积极推进“城乡教师交流结对”活动和“名师、名科、名校”三名工程,构建起全区均衡、优质发展的义务教育新格局。

【“网格化”管理工作取得成效】 2013 年,青云谱区先后投入 260 万研发“网格化管理”数据系统,成功组建一支由 474 名社区工作人员和 2683 名楼栋长、老党员、社区志愿者组成的网格管理员队伍,搭建起“网格化管理”数字信息平台。至年底,社区网格化管理员共填写民情信息 1.6 万条,接到居民诉求 540 件,已办理 537 件,办结率达 99%。

【荣获“全省文明城区”称号】 2013 年,青云谱区积极响应和贯彻省委、省政府的决策部署,把创建全省文明城区工作作为提升执行力的重要体现,文明创建工作取得丰硕的成果。6 月 12 日,在全省精神文明建设工作表彰大会上,青云谱区被省委、省政府授予江西省第三届文明城区荣誉称号。

【城南舞龙队勇夺全国舞龙展演金奖】 2013 年 6 月 28—29 日,代表江西省展演的青云谱区城南舞龙队,在中国(南宁·青秀)舞龙展演暨第十一届中国民间文艺山花奖·民间艺术表演活动中,与来自全国 16 个省、市、自治区的 17 支参赛队伍同场竞技,完美演绎主题为“龙腾鱼跃”的精彩高超的舞龙技艺并获得金奖。

(王　锋)

湾里区

【概况】 湾里区,位于南昌市西北部,东、南邻新建县,西毗安义县,北接永修县,距市中心 18 千米。境内梅岭系国家森林公园、国家级风景名胜区。2013 年,全区总面积 238 平方千米,其中城区面积 23.47 平方千米。森林面积 1.3 万公顷,森林覆盖率 73.7%,园林绿地面积 861 公顷,城区绿化覆盖面积 475 公顷,城区绿化率 49.5%。全区户籍人口 79892 人,辖 4 个镇 2 个街道办事处,12 个社区居委会,35 个村委会,4 个分场,5 个林场。

【经济运行指标完成概况】 2013 年,全区地区生产总值完成 40.11 亿元,比上年增长 11.8%。其中第一产业增加值 2.51 亿元,增长 1%;第二产业增加值 17.42 亿元,增长 10.8%;第三产业增加值 20.18 亿元,增长 14.2%。人均 GDP 达到 61642 元,增加 7675 元,增长 13.8%。财政总收入 8.01 亿元,增长 33.4%;地方公共财政预算收入 4.95 亿元,增长 31.8%;全社会固定资产投资 30.07 亿元,增长 38.8%;500 万元以上固定资产投资 29.3 亿元,完成年计划的 100%,增长 35%;规模以上工业增加值 2.98 亿元,增长 13.5%;社会消费品零售总额 5.32 亿元,增长 16%;实际利用外资 2650 万美元,增长 4.3%;实际利用内资 16.5 亿元,增长 13.7%;实现出口创汇 2074 万美元,增长 38.4%。

【社会发展指标完成概况】 2013 年,全区新引进项目 30 个,其中超亿元项目 5 个、超 10 亿元项目 2 个;全区 86 个重大重点项目中,开工 65 个,开工率达 75.6%,完工 24 个,累计完成投资 25.85 亿元。全面完成农垦企业改制任务,稳步推进磨盘山周边 5 家企业改制;成功与南昌市土地储备中心进行土地收储战略合作,全年共收储土地 14 宗、573.2 公顷,出让土地 15 宗、41.67 公顷,实现土地收益 4.98 亿元,有力保障重大项目建设资金需求。启动长春湖水系、乌沙河水系、乌源港水系整治改造和城区污水处理厂建设工程,建设农村公路 30 条、21.7 千米;全区共拆除违章建筑、临时建筑 20 处,面积 1.1 万平方米,提前 25 天完成市下达的“双拆”任务,拆违拆临、建绿透绿任务在全市率先完成;完成招贤路、幸福路街景立面改造、红湾公路提升改造、昌湾大道路灯亮化工程;实施招贤中路、磨南路、磨北路、长幸一路等城区路网新建和改造工程;城市管理、文明城市创建长效机制进一步建立健全,数字化城市管理二、三级平台全面运行,社区环境综合整治工程基本完成;继续开展“森林城乡、花园南昌”工程建设,全区共完成造林面积 165.33 公顷,其中完成山上造林 132.33 公顷,山下造林 33 公顷;实施镇村联动和通道“五化”综合整治,对旅游公路、天宁西路、兴湾大道沿线进行绿化提升改造;狠抓森林防火工作,新建生物防火林带 60 余千米,连续保持 18 年无重大森林火灾的良好局面,获得“省森林防火平安县”荣誉称号。精心打造梅岭、太平、罗亭三个特色镇及招贤禹港等 5 个“五位一体”综合示范村和 18 个新农村建设村点。全区全年出生人口 926 人,出生率为

11.19‰;死亡人口299人,死亡率为3.61‰;往年出生补报人口654人,人口自然增长率为7.57‰。

【社会稳定指标完成概况】 2013年,全区公众安全指数排名全省第四、全市第一,综治和维稳工作呈现"八无"社会稳定的良好态势,即无严重危害国家安全和政治稳定的问题,无严重危害社会稳定的重大群体性事件,无群众性纠纷械斗,无在市以上有重大影响的群体性非正常上访,无有影响的恶性刑事案件,无命案,无重大公共安全事件,无群死群伤的治安灾害事故。全年共排查各类矛盾纠纷513起,调处511起,调处成功率99.6%。先后开展打击"两抢一盗"、整治"黄赌毒"及"安全生产大检查""校车整治""小餐饮店"等专项行动;加强"城防网"、乡镇网、林政网、单位网、校园网、小区网建设,在全区街面、交通要道等重点部位共各安装35个"全球眼"视频监控探头,免费为居民安装电动车、摩托车防盗跟踪器250个,破获电动车被盗案件4起、破案率100%;进一步推进平安景区建设,新安装标识标牌26块,在6个景区安装7套景区一键通自动报警、求助、咨询系统;进一步加强帮教工作,共接回帮教对象171人,其中刑满释放人员158人,解除劳教人员13人,帮教率、建档率、生活补助发放率、接送经费发放率均达到100%,安置率达95%;进一步加强信访工作,完成中央巡视组交办的15件诉求类信访事项,办结率100%,完成并化解省市联席办交办的29件突出信访事项,化解27件,化解率93.5%,完成区联席办交办的40件信访积案,化解31件,化解率77.5%。

【民生工程指标完成概况】 2013年,全区先后投入资金4.5亿元,实施十大类118件实事改善民生,重点投入在教育、医疗卫生、社会保障、农林水事务、住房保障等民生领域。其中,教育投入约1.36亿元,增长27.6%,湾里一中异地重建、梅岭学校异地重建、区青少年校外活动中心等项目全面竣工并投入使用,投入资金205万元用于学校现代教育技术设备添置,投入资金140万元用于完成义务教育薄弱学校改造设备添置,合理调整城乡学校规划布局,落实农村义务教育"以区为主"管理体制。医疗卫生投入6512万元,增长33.74%,成功创建省级慢性病综合防控示范区,急救网络、卫生监督协管网络实现区、镇、村三级全覆盖,有效应对人感染H7N9禽流感疫情,新农合参保率达98%以上。农林水事务投入8961万元,比上年增长22.33%,完成6个镇、村级农民健身工程、28条健身路径。扎实开展7个扶贫开发重点村的扶贫工作;住房保障支出投入3321万元,增长211.54%,466户拆迁安置户回迁新居。城镇居民基本医疗保险覆盖面达100%,参加城镇职工养老保险人数2.9万人,征缴基金4971万元。城乡居民社会养老保险参保人数为2.61万人,征缴基金117.25万元。城镇职工基本医疗保险人数1.02万人,征缴基金1872万元;城市、农村低保标准每月分别提高50元和40元,医疗救助、临时救助、灾民救助等社会救助功能不断完善,提高环卫工、交通协管员、森林防火队员等一线低收入人群工资待遇。全区农民年人均纯收入8230元,增长13%;全区城镇新增就业人数2900人,发放小额担保贷款1567万元。各项民生支出总额占财政总支出的51%,切实解决了一大批群众最关心、最直接、最现实的利益问题,真正做到"心系群众、财政为民",取得良好的社会效益。

【政治建设指标完成概况】 2013年,全区以服务型党组织创建为契机,深入开展"区属单位进社区(城中村)、机关在职党员进社区(城中村)、志愿服务做奉献"、景区"绝美"行动、创建服务型党组织等活动;继续坚持"四区互动""三级督查""5分问责"的基础上,调整、充实各项目指挥部领导力量,规范、细化"5分问责"制度,树立"实在实干实绩"的用人导向,努力做到"人岗相适",建立科学考核评价领导班子和领导干部机制。进一步加强廉政建设,开展3次"厉行勤俭节约"专项督查,发现问题13个,处理问题13个。进行公车私用、公款吃喝明察暗访25次,发现问题2次,纠正2次,对1人进行廉政诫勉谈话。通过向干部群众发放公开信,定期向全区党员领导干部发送1.5万条廉政短信,制作《湾里区机关工作人员廉政教育手册》与《湾里区机关工作人员效能教育手册》共2万余份,积极营造浓厚的廉政文化氛围。进一步开展机关作风效能监督与处理,共受理效能投诉件19件,办结19件,问责8人,群众满意率达100%。开展明察暗访20余次,共发现30余人违反机关效能建设的相关规定,其中副科级以上领导干部有3人。通过开展党风廉政社会评价工作,现场访问群众共1万余名,组织相关座谈会40余次,为群众解决事关切身利益的问题100余个。深入推进第八轮行政审批体制改革,办结各类审批事项4900余件。政府公开力度进一步加大,主动公开政府信息8000余条。积极开展"六五"普法和法治湾里创建工作。办理人大代表议案、建议75件和政协委员提案100件,满意率和基本满意率达100%。公共资源交易中心完成进场交易项目总数92项,成交金额22.2亿元,节约资金0.54亿元。加强对项目立项、土地出让、工程建设、政府采购、企业改制等重点领域和关键环节的监管;加大政治思想宣传力度,全区在市级以上主要新闻媒体上稿数量共计593篇(条),中央级五大主流媒体共上稿11篇,其中《人民日报》上稿3篇、《光明日报》1篇、《经济日报》3篇、中央电视台《新闻联播》1篇、中央广播电台《新闻与报摘》3篇。

【旅游产业发展壮大】 2013年,全区累计接待游客300.2万人次,同比增长51.1%,实现旅游综合收入9.17亿元,增长53.6%;景区对外吸引力、影响力进一步增强,累计投入1300万元,先后成功举办2013年第二届梅岭赏花节、2013年第二届梅岭纳凉节、2013年第七届梅岭登山节三大旅游节庆品牌活动,三大节庆共26项子活动轮番登场,为广大市民奉上一场场文化旅游盛宴;进一步完善旅游"吃住行游购娱"要素,形成覆盖高端到低端的旅游宾招产业体系,有高、中端度假宾馆10家、特色农家乐300余户,创建市级乡村旅游示范点6个,发展农家乐重点村14个,新增农家乐经营户40余户,休闲农业企业30家,纯餐饮型、纯采摘型、避暑度假型、观赏游览型、体验型、综合型农家乐经营户达260余户,其中营业收入500万元以上的休闲农庄2家。年接待休闲观光人员50万人次,实现经营收入3000万元,安置农村劳动力就业人数达2200余人;扎实推进樱花谷(四季花谷)、琴源山庄、洗药湖二期(梅园)、明清古建筑博览园、梅岭集镇建设等旅游项目建设,三个特色小镇初步形成文化休闲、访古寻幽、农趣体验的特色旅游项目;积极培育休闲度假游、农事体验游、宗教文化游、体育健身游等各类旅游新业态;完成狮子峰国家AAAA级景区创建工作;投入资金42.8万元,对全区道路标识标牌进行完善和改造升级,新设旅游地图宣传牌5块、景区导览图6块、道路指示牌13块。

【旧城改造稳步推进】 2013年,全区第一轮招贤中路旧城改造基本完成,建设项目18个,总投资约27亿元,其中政府投资类项目15项,投资约20亿元。此次改造范围为66.67公顷,拆除房屋

2400户,面积约45万平方米。完成60栋约41万平方米的拆迁还建房及招贤中路、规划一路、规划二路、规划三路、竹山路共5条招贤中路旧城改造安置房路网建设。完成湾里综合大市场、岭秀湖市民公园等项目建设,便民服务中心、行政中心等项目主体工程全部完工。在加快完成招贤中路旧城改造项目的同时,全面启动第二轮旧城改造,实施天宁路以北片区旧城改造项目,基本完成5个行政村、12个自然村和国有土地上11家企事业单位的房屋征收和拆除工作,共征收房屋55.2万平方米,涉及户数2017户,实现"无一户强拆、无一人上访"的和谐征收、快速征收。

【国家级生态区创建有序】 2013年,启动国家级生态区创建工作,制定工作方案,并对照创建国家级生态区的5项基本条件指标和22项创建建设指标,有序推进创建工作。一是抓节能减排,进一步夯实达标基础。采取专项行动,加强重点污染源治理,加大对各镇、罗亭工业园范围内的新、改、扩建企业监管。二是抓基础设施,有力支撑环境优化。推进罗亭工业园污水处理厂和城区污水处理厂建设,加快实施景区集镇生活污水处理,制订梅岭和太平集镇污水处理实施方案。三是抓污染源整治,改善农村环境卫生。完成对影响前湖水系的邓家坪等养猪场5110平方米的拆除工作,组织环境监察人员50余人次对溪霞水库、幸福水库上游湾里辖区内常年母猪存栏30头以上养猪场进行全面调查,并完成招贤镇垅上村、梅岭镇团结村、罗亭镇上坂村农村环境综合治理。四是抓宣传教育,提高生态文明意识。编制《湾里环境质量动态》季刊,定期向社会发布环境质量状况和生态环保工作开展情况;开通短信信息平台,定期向全区干部职工发送生态创建信息。

(邓小豪)

青山湖区

【概况】 青山湖区位于南昌城东,是南昌城的发源地,原为南昌市郊区,2002年6月更名为青山湖区,因辖区风景秀美的"青山湖"而得名。现辖5个镇3个街道1个管理处和1个省级工业园区(湖坊镇、塘山镇、京东镇、罗家镇、扬子洲镇、上海路街道、青山路街道、南钢街道、扬子洲农场管理处、昌东工业园区),75个行政村,83个居委会,26个家委会,区域面积160平方千米,常住人口近60万人,流动人口近30万人。

【经济运行指标完成概况】 2013年,全区完成地区生产总值444.52亿元,比上年增长10.3%;财政总收入40.56亿元,增长4.5%;地方公共财政预算收入12.44亿元,增长9.5%;规模以上工业增加值125.48亿元,增长12.1%;500万元以上固定资产投资435.38亿元,增长12%;社会消费品零售总额93.33亿元,增长17.7%;实际利用外资4.34亿美元,增长13.6%;实际利用内资97.05亿元,增长21.4%;出口总额10.62亿美元,增长9.7%,排全市第二;农民人均纯收入达到12566元,增长12.5%;城镇居民人均可支配收入达到26000元。特别是财政总收入首破40亿元,利用外资首破4亿美元,出口首破10亿美元,经济发展在较高平台上实现新突破。

【社会发展指标完成概况】 2013年,全区各项事业取得显著进展。教育事业:小学入学率为100%,辍学率为0;初中入学率为100%,辍学率为0.09%;初中计划招生2700人,实际招生3281人,完成招生计划121.5%;普高计划招生100人,实际招生129人,完成招生计划129%;职高计划招生300人,实际招生331人,完成招生计划110%;国家财政性教育经费4.31亿元,增长11.84%。人口和计划生育工作:人口出生率为12.72‰,自然增长率为7.22‰,常住人口中独生子女证领证率为27.34%。晚婚率为61.57%,上升4.05个百分点。环境保护工作:空气质量达国家Ⅱ级标准,与上年同期相比空气中可吸入颗粒物浓度略有上升,二氧化硫、二氧化氮浓度基本持平。空气各项指标日均值如下:可吸入颗粒物为0.119毫克/立方米、PM2.5为0.090毫克/立方米、一氧化氮为2.43毫克/立方米、臭氧为0.072毫克/立方米、二氧化硫为0.018毫克/立方米、二氧化氮为0.019毫克/立方米。开展联合执法,关停非法塑料制品加工厂37家,污染排污企业6家,拆除燃煤锅炉12台,将佛塔村18户养猪户废水统一接入昌东工业区截污管网。创建工作:结合全国文明城市测评体系基本指标中9个测评项目,创作并印发20余万份《南昌市青山湖区文明创建百首传唱歌谣》。歌谣涵盖居民日常工作和生活等许多方面的内容,歌颂学雷锋做好事、志愿者理念、实现中国梦等社会正能量,宣传并教育广大居民"创建工作人人参与,社会和谐人人有责,和谐社会人人共享"的思想理念。7、8月份,组织开展以"讲文明,树新风"为主题的中国梦公益展示宣传活动,几十块大型宣传展板在青山湖体育公园展出后,相继在全区10余个公园和公共广场进行巡回展示。大规模、常态化宣传展示"讲文明树新风"公益广告,营造浓厚创建氛围。城市管理工作:共取缔各类占道摊点2.9万起,清除乱吊乱挂6862处,乱堆乱放9273处,拆除不规范店招1167处,处罚店面乱抛266起,处理数字城管问题6.49万个,整改率99.75%;共发现各类违章建设406处,拆除170处,拆除面积1.61万平方米,占全部违章建设的41.9%;查处各类违法案件161起,其中房管类61起,建管类14起,市政类7起、市容类79起;处罚109起违法案件,罚款金额1.05万元。安全生产工作:重点在危险化学品、烟花爆竹、公众聚集场所、道路交通、建筑施工、特种设备等行业领域开展安全生产大检查,共检查生产经营单位892家,查出安全隐患195处,已全部整改到位。重点对水泥、冶金、危化、车用甲醇非法经营等行业领域开展系列专项检查和整治,取得明显成效,取缔非法经营甲醇窝点15个。以"安全生产月"为契机,通过悬挂标语、张贴宣传画、发送短信、发放宣传单等方式,增强群众的安全意识。稳步推进安全生产标准化,在首批10家危化企业中,4家通过实行安全生产标准化。投入30余万元,配备23类50台(套)监管执法专业装备,增强应急救援能力。办理许可事项32件,按期办结率100%。全区安全生产态势总体平稳。科技工作:科技投入2290万元,比上年增加474万元,占地方财政支出的2.32%;组织辖区企业申报市级以上各类科技计划项目28余项,获国家、省、市项目资金支持888万元;全区申报各类专利787件,技术市场交易额达1.2亿元。

【社会稳定指标完成概况】 2013年,青山湖区创新开展"平安十创"活动,突出抓好社区网格化管理,持续开展提升公众安全感"三问一送"大走访活动,公众安全感测评指数全市名列第三。创新建立全区社会治安形势分析与综合治理成效评估研判联席会议制度,集中开展防范打击"两抢一盗"等侵财型犯罪专项行动、"黄赌毒"问题集中整治专项行动,有效净化社会治安环境。在全国"两会"、重大节假日以及中共十八届三中全会等主要时段、重要时期,做到情报先行,全面收集涉稳信息,延伸矛盾调处网络,严格包案责任制,落实"一岗双责”,把矛盾纠纷化解在萌芽状态。全区共排查各类涉稳矛盾 291 起,调处化解矛盾纠纷 158 起,妥善处置各类突发性事件 48 起。推进安全生产和消防排查整治,全区未发生较大及以上等级安全生产事故。继续强化领导值班接访、包案调处等机制,严格村级信访考核,信访形势总体平稳。全年未发生重大群体性信访事件和极端上访事件,与上年同期相比,访量批次下降 20.9%;来访的信访事项中,剔除重复的和无效的投诉,共有 301 个诉求,彻底化解或平息 269 个,化解率达到 89.4%。

【民生工程指标完成概况】 2013 年,青山湖区坚持民生为重,大力兴办民生实事。就业和再就业工作:城镇新增就业 7900 人,安置“4050”困难群体再就业 550 人;新增农村劳动力转移 956 人,其中省内转移人数 850 人;省内工业园区定向培训人数 2500 人,创业培训 500 人;青年职业见习 206 人,共涉及 8 个见习单位;小额贷款累计完成 2681 万元,其中个人创业贷款发放 2081 万元,为 3 家劳动密集型小企业发放 600 万元贴息贷款;收缴失业保险金 329.86 万元。社会保障工作:城镇职工基本养老保险参保人数(含离退休人数)为 1.66 万人,实际缴费人数为 7932 人,基金征缴总额为 8929 万元,补缴收入 1175 万元,全区改制企业欠缴的养老保险费已经全部缴清。新农保参保人数 8.9 万人。城镇职工和居民医疗保险参保 9.38 万人,报销医药费 4433 万元。工伤保险参保人数为 1.31 万人,征缴工伤保险费 167 万元,享受待遇人数为 18 人,支付工伤保险待遇 117 万元;生育保险参保人数为 5577 人,享受待遇人数为 56 人,支付生育保险待遇 74 万元;共 8000 人参加失业保险,收缴失业保险金 329.86 万元。全面启动被征地农民养老保险工作,参保人数达 6.85 万人,已缴费 1.97 万人,共征缴基金 4.24 亿元。科教文卫事业:第七次蝉联全国科技进步先进县区。新招录教师 106 名,其中幼儿园教师 20 名;投入 1.75 亿元,推进 16 个 10.68 万平方米校建项目的改扩建工程,推进 7 所公办幼儿园建设;启动义务教育阶段学区化管理改革试点工作,推动城乡教师交流制度化,顺利完成省教育督导评估检查;全区 46 所义务教育阶段普通中小学全部接收外来人口子女就读,实现新青山湖人子女就读学校网点全覆盖。在全省率先建立完善再生育补助金制度,新农合参合率连续五年全市排名第一。生产生活条件改善工作:艾溪湖绿道工程全线贯通,区星级老年公寓一期装修即将完工。新成立社区 4 个,新增社区办公用房 3800 平方米。强力推进河道综合整治和农村清洁工程,建设新农村点 32 个,完成义坊等 4 个村自来水进村入户工程,升级改造集贸市场 4 个,建成廉租房和公租房 2126 套。全年共办理人大代表建议和政协委员提案 224 件。

【政治建设指标完成概况】 2013 年,青山湖区坚持正确方向,全面推进政治建设深入发展。领导班子建设和干部队伍建设:在实践创新的基础上,总结形成公推竞职、公开选拔、组织任命“三个一批”干部选拔任用新模式,先后面向全区 80 后年轻干部公开选拔科级领导干部 5 名,公开招录公务员 24 名,面向全省选调机关工作人员 19 名,招考事业干部 75 名,先后对 14 名在“四个一线”工作扎实、业绩突出、群众认可的干部提拔重用。对村书记和村级后备干部队伍建设情况进行专项调研,修订《青山湖区村干部管理办法》,村干部选拔任用、教育培训等工作走向制度化。深入开展“双百双千”、民情家访等活动,为民办实事 8000 余件。探索“联系服务群众三三制”“四公开两评定”等典型做法,有效促进基层党建工作全面提升。党风廉政建设和反腐败工作:开展“争做清正干部,争创清廉机关,争树清明之风”主题教育活动,启动“建设廉洁青山湖,提升群众满意度”主题活动,开展发送一封公开信、“百名书记”上廉政党课、村(社区)放映廉政电影和廉政公益广告、悬挂廉政标语、开展廉政大走访等“十个一”工作,共张贴宣传标语 728 幅,播放廉政电影 99 场,印发宣传折页 15 万份。公布“携手共建廉洁青山湖”联系电话,在区政务网、廉政网开通征求意见栏,共收集意见建议 121 条。宣传思想工作:围绕中共十八大精神主题宣讲及“中国梦”“深入贯彻十八届三中全会精神”“文明创建”“全市打造核心增长极一周年”“全市旧城改造专项整治活动”“全市‘拆违拆临、建绿透绿’专项活动”等重点主题进行宣传;全省首家单位与天涯社区建立网络舆情战略合作关系,利用天涯社区在国内网络舆情方面的强大影响力和品牌价值,加强全区在舆情危机管理和正面舆情宣传方面的力度;在大江论坛开辟青山湖区子论坛,成为全省唯一在大江网设立的自主管理的县(区)级互动论坛;3 月正式开通“南昌青山湖”网,共发布新闻信息 1100 余条;继续做好“青山湖发布”政务微博的信息更新工作,全年共发布微博信息 8000 条,总粉丝量达到 1.76 万人,回复网民咨询、投诉共 36 条次。统战工作:区委统战部全面坚持完善多党合作制度,认真落实协商座谈、情况通报、党外人士考察调研等制度,协助区委承办民主协商会、情况通报会等各类会议。为配合市委统战部、市民宗局打造“同心”品牌,率先在全省创建“扬子洲镇民族宗教人士联络服务站”总站。帮助各民主党派深入开展“同心双共建”“坚定信念、服务发展、争做贡献”主题教育活动。继续开展非公有制经济代表人士综合评价工作,积极引导非公有制经济人士为经济社会发展作贡献。武装工作:依托新成立的行业武装部编实配强公务员应急连,并将应急分队建设纳入区应急体系统一管理中。6 月 4 日,军区民兵整组考评验收组对青山湖区民兵应急连进行全建制、全员额集结点试,到点率和人装结合率达 100%。圆满完成直招士官和义务兵的征兵任务,直招士官人数占南昌市征集任务数的 50% 以上,征集义务兵中大学生比例一直处于全省前列。被江西省军区评为军事训练先进单位、新闻报道一等奖和对台宣传工作先进单位。作风效能建设和优化投资环境工作:通过创建效能监督“1+6+X”工作机制,明确区纪工委对归口单位和联系单位机关作风效能的监管职责;开通效能短信平台,编发效能短信,提醒、督促各部门各单位增强自律意识;建立“效能建设重点联系单位”制度,突出工作重点,提高整改成效;开展“擦亮窗口”专项整治等举措,巩固效能建设成效。全年受理投诉共 51 件,比上年减少 58 件,同比下降 53%。下发《关于落实〈2013 年青山湖区优化投资环境工作项目推进安排〉的通知》,制定《青山湖区优化发展环境攻坚战暨服务企业“解三难”活动实施方案》《青山湖区党员干部违反规定干预项目建设问责暂行办法》,有效地维护当地发展环境。法制南昌创建和依法行政工作:对全区行政处罚、行政许可和行政强制案件实行每季度报送一次的制度,共办理行政处罚案件 24 件,行政许可案件 1011 件。对全区 2012 年全年的案卷进行集中评查,通报评查结果,并针对案卷存在的问题督促各部门及时进行整改。严格审查申领行政执法证和行政执法监督证的人员资格,杜绝合同工、临时工、协管员办理执法证件,并组织符合申领条件的人员进行培训考试。至年底,全区各单位持有的有效行政执法证件共 423 本,持有的有效行政执法监督证件 97 本。将所有行政审批事项和公共服务事项原则上全部集中进驻各级行政服务中心受理办理,提高行政审批效率。离退休干部工作:全面落实老干部的政治和生活“两个待遇”,进一步加强老干部的党支部和思想政治“两项建设”,继续深化推动社区“四就近”工作成果。组织全区离退休干部“看势头、增信心”参观考察活动;举办第二届全区老干部趣味运动会;组织50余名老干部参加全市老干部太极拳表演赛,并获得集体三等奖;区老年老大学以966分的全省最高分通过省级示范校的评审,并开办全市首家基层老年学校。

【打响经济发展“四大攻坚战”】 2013年,青山湖区组织参与省市招商会11场,小分队外出招商33批次,共接待来访客商50批次200余人,与中建等央企巨头达成初步战略合作意向。以项目建设“四大攻坚战”(招商提质增效、项目建设加速、征地拆迁突破、发展环境优化)为总抓手,扎实推进60个重大重点项目。中国(江西)针织服装创意产业园项目正抓紧制定概念性规划和土地利用调查摸底等前期工作,恒信德龙、艺之蝶服饰等16个项目签约落户,汇润通国际港、岗下小微企业园等10个项目开工建设,洪大酒店用品、博凯实业等21个项目竣工投产开业。重大引擎项目临江商务区正在同步推进拆迁安置、国企搬迁、土地回购、规划设计和招商引资工作,幸福渠流域起步区的征迁工作进展迅速。强力破解制约经济发展的征地拆迁难题,完成省电视台数字节目制作中心及地铁一、二号线等重点项目拆迁,逐步扫清废旧钢材市场、广州路等拆迁遗留问题。共完成土地收储691公顷,房屋征迁71万平方米,拆除临街违建临建43栋近3.2万平方米,复绿近6000平方米。全面打响发展环境优化攻坚战,对项目建设和企业发展过程中漫天要价、敲诈勒索、强揽工程、阻工闹事等恶劣行径进行打击。开展服务企业“解三难”活动,着力破解项目签约难、推进开工难、落实服务难等问题,有效解决爱购时尚广场、万科城、南昌娃哈哈、江西开心人大药房以及南昌统一等企业反映的问题。

【外贸出口突破10亿美元】 2013年,青山湖区强化提升对外贸企业服务力度,联合省、市商务部门开展一系列政策宣讲、培训活动,先后培训企业60家120余人次,有效提高辖区外贸企业人员的业务素质。同时,积极完善区、镇园、企业三级预警监测机制,及时向企业发布外贸预警信息,通报国际贸易形势以及市场变化,促使企业提前做好应对预案,并通过预警监测网络将企业之间的信息、客户、人才、产品等资源共享,促进出口效益的最大化、最优化。为帮助企业积极开拓海内外市场,全区先后组织60余家企业参加广交会、东盟博览会、中博会等,帮助企业抢订单、争份额,拓展国际市场,提高产品竞争力。至年底,全区外贸出口完成10.6亿美元,首次突破10亿美元大关,连续5年领先全省各县区。

【新兴产业优势凸显】 2013年,青山湖区把电子商务、文化创意等新兴产业作为调结构、转方式的重要抓手予以重点扶持、强力推进。着力打造全省首个电子商务总部基地,引进地宝网、真爱网、百度江西营销体验中心等一批电商企业落户入驻,并与新浪阿里巴巴、中国网库达成投资意向。特别是昌东工业园区已有电商企业近百家,“双十一”期间,园区电商企业订单量达65万单,累计销售额超6000万元。全省首家网上“菜篮子”——南昌菜博士在青山湖区顺利上线运营。文化产业从无到有、从小到大、由弱聚强,初步形成以华安699、大千壹号公馆、省艺术中心为支撑的文化创意产业集聚区。

【拆违拆临掀热潮】 2013年,青山湖区成立“拆违拆临、建绿透绿”工作总指挥部。为确保调查摸底全面彻底,先后3次对辖区内违建临建点进行摸底、排查、核实,并出台“拆违拆临、建绿透绿”专项工作问责办法,开展全方位督查。各相关镇街和村社干部反复上门入户,宣传解释政策,帮助寻找搬迁店面,最大限度赢得涉及利益方的理解支持。全区累计拆除违建临建43处3.2万平方米,拆除面积居全市前列。同时,开展全天候巡查,对违建临建做到发现一处,查处一处,拆除一处,对漏报、瞒报、错误的坚决查处,不断巩固深化工作成果。对拆除后的土地,结合周边建筑、所在区域的具体情况,及时高标准地进行生态、便捷、有特色的建绿或其他美化、亮化,精细化施工,高水平养护,做到拆一片、建一片、管一片,让广大市民分享更多的“深闺幽绿”,真正实现还路与民,还绿于民。至年底,全区完成建绿透绿面积5600平方米,还路面积2421平方米。

【开展“平安十项”创建活动】 2013年3月,在全区深入开展“平安十项创建,构建平安青山湖”活动。按照“以点带面、分步推进、分类指导、注重实效”的创建思路,明确“平安家庭、平安村(社区)、平安出租屋、平安单位、平安企业、平安医院、平安学校、平安市场、平安宾馆和平安交通”即“平安十创”牵头单位,细化创建标准。各镇、街道、园区、管理处将其作为“一把手工程”来抓,因地制宜,加大投入,打造诸如湖坊镇安南社区(平安社区)、扬子洲镇联民村(平安码头)等颇具特色的创建点位。总结推广上海路街道半边街社区“平安三宝”(臂戴红袖章、口吹黄哨子、手提小喇叭)、南钢街道世纪之星小区“邻里守望”等平安创建工作经验。每个村(社区)至少收集20个好人事迹,在全区153个村(社区)打造153面“好人墙”,争做好人好事,蔚然成风。在创建活动过程中,全区共发放平安倡议书22.48万份,张贴宣传海报1.03万张,制作综治长廊58块,设计印制《平安十项创建集锦》250本,在魅力93.4电台平安创建专栏播放稿件140余篇,群众参与平安创建的积极性被充分调动起来,平安创建人人有责,人人参与已经成为共识。初步评选出平安家庭1000户、平安村(社区)30个、平安小区50个、平安楼栋100栋、平安出租屋500户、平安单位30个、平安企业50个、平安医院15个、平安学校20所、平安市场20个、平安宾馆10个、平安交通路段10条,平安创建率达40%。

【群众文化活动蓬勃发展】 2013年,青山湖区本着“突出特色、城乡结合、注重实效”的原则,夯实工作基础,积极创新载体,筑牢农村、社区、民间艺术团体3个文化阵地,努力丰富和满足城乡群众的精神文化需求。组织各类特色群众文艺团队参与省市表演,并开展8期免费开放培训班,学员达1000余人。青山湖区纺园社区彩虹艺术团,御景城社区手牵手艺术团参加南昌市民间艺术团队优秀节目展演荣获一等奖2个。青山湖区作为中国民间艺术(龙舞)之乡,受中国群文学会、常熟市人民政府之邀,由区文化馆组织塘山镇塘山村龙队、湖坊镇进顺村龙队、长春村锣鼓队40余人作为代表江西省的舞龙表演队伍参加中国(常熟)第五届江南民间文化艺术节,表演的民间舞蹈《青山湖区双龙戏珠》节目荣获优秀展演奖、优秀组织奖。区文化馆排练的少儿舞蹈节目《龙娃》荣获全省第十届少儿艺术节金奖。

(王　琳)

社 情 民 意

本栏编辑　喻学辉

百姓言论

【概况】　“南昌发布厅”自2012年3月29日上线以来，截至2013年11月30日，南昌政务微博集群平台粉丝总量突破500万人次，发布总数超过22万条，转评总数超过100万条，发布的信息涵盖时事政策、民生工程、社会关注、便民服务等各个方面。其中，“南昌发布”粉丝数超过65万人次，发布数超过3万条，转评数超过64万条，得到了广大网友的认可和热捧。南昌发布借力“微平台”，释放“政”能量，有效发挥集群平台效应，探索出一条贴近服务民生、科学应对舆情、推进政民互动、规范建管运营的建设之路。一年多来，南昌政务微博已流转解决网民反映问题和诉求1000余件，内容涉及治安、交通、卫生、教育、民政、气象、社保、供水、供电和市容等诸多方面，基本实现“受理一体化、处置快速化、服务优质化”。南昌政务微博及时发布权威信息、回应社会关切、强化舆论引导，在应对突发事件、服务民生等方面发挥了积极作用。南昌政务微博在权威发布上大力强化“第一发布”效应，充分发挥舆论引导的重要作用。同时，不断提高互动性和参与性。至年底，南昌政务微博相继开展“春节民俗知多少”“打造核心增长极”、“南昌梦·我的梦”网络征文及“撑起一片荫凉处——度过南昌酷暑天”“八方游子寄语中秋”“重阳节——关爱老人”等20余次微博活动，实现问计献策、城市共建、氛围营造的便捷互动，弘扬主旋律，传递正能量。

【网民建言选登】　（网民　溪希）由公交专用通道想到的。近日，经过青山路的市民可以看到，最新建成的青山路建有公交专用通道，其他车辆一律不允许走公交专用通道。这一规划，体现了政府发展公共交通强有力的决心，对提升市民生活便捷度，提倡节能环保的公共交通，具有十分重要的意义。在欣喜于政府重视公共交通的同时，我心中潜伏着的一个担忧也冒出水面：南昌还没有救护车专用车道呢，可以试行将救护车车道和公交专用车道纳为一体吗？走在路上，经常可以看到救护车被堵在路上，伴随着刺耳的鸣叫声，常常让作为路人的我也揪心不已，这堵住的不仅仅是汽车，是救援病人的通道呀！一个国家的文明程度一定程度上反映在对人的尊重和爱护上，一个城市的文明程度亦如是。南昌在努力打造全国文明城市过程中，在城市建设中也应该努力做到以人为本。如今，公共交通专用通道的建设正是政府顺应民意，满足民需的切实行动，如果能推广普及公共交通专用通道的建设，并将救护车等公共救援交通也纳入专用通道，南昌市人民的幸福指数将进一步提高，南昌市的文明城市形象将进一步提升。

（网民　左边）征地补偿标准一味提高并不科学。乍一听来，提高农村集体土地征收补偿标准，这是一个巨大的利好，能够很好地维护农民的利益。但是，仔细推敲，有许多值得思考的地方。其一，无上限的补偿会在城市周围出现一个因为征地暴富的“暴富圈”，提高土地流转成本，造成新的不公。边远地区的农民没有办法分享到城乡一体化的改革成果。其二，土地是重要的宏观调控手段和实现社会再分配的介质。土地是城市化、城市现代化建设须臾不可离开的物质载体。政府通过土地收入可以实现公共财政转移支付，提高公共基础设施建设和公共服务水平，从而使整个社会受益。笼统地只是提高征地补偿标准，虽有保护农民土地权益的良好初衷，但也有过于武断之嫌。其三，城市土地的高价来源于其更高的使用价值，而城市土地高价值是大量社会资本集中投入的结果，城市土地升值收益归公、归社会天经地义。而代表社会的，目前只能是公共财政收入。其四，政府补偿得越多，地价越高，开发商成本越高，最后还是普通百姓买单，房价不可能降下去；此外，工业化成本必然提高，进而会搅动整个经济社会。所以说，征地补偿制度修改延期有利于南昌的发展。

（网民　荣哥）用条例来约束，要求勤俭节约。春节期间是腐败的高发期，举行各种联欢会、公车私用、领导干部收受购物卡和参与赌博等现象在节假日期间表现得尤为突出，节日期间正是狠刹腐败之风的最好时机。南昌市草拟《关于改进我市春节期间会议活动安排的16条措施》。措施规定，今年南昌将合并迎春文艺晚会和春节团拜会，并缩减会议规费。而平时就铺张惯了、腐败惯了的官员，即便到节日期间，也不可能完全收敛。遏制地方政府部门的某些不良现象应着重于平时，只有建立完善的制度，并且严格落实执行，促使地方政府部门始终保持良好的工作作风，对违反属于国家规定严格禁止的行为，不姑息不袒护，无论何时何地都应当进行严肃的追究和处理，让官员养成廉政的习惯。这样，即便是逢年过节，不刻意通知，相信某些不良现象也会大有改观，一些干部也不会蠢蠢欲动。

（网民　mario景岩）大力发展社区群众体育，创全国全民健身示范城市。创建全国全民健身示范城市，是进一步传播全民健身理念和提升市民生活品质的重要途径。随着南昌经济社会的发展，健康是摆在越来越多家庭中的头等问题，中老年人的保健和年轻人的体育锻炼之风愈发旺盛。大力发展社区群众体育，在全市范围内大力弘扬全民健身理念，积极开展多种形式的群众性体育健身活动，激发广大市民参与体育的热情，以昂扬向上的精神状态和强健的体魄，积极投身于南昌打造核心增长极的各项建设。此次活动是南昌进一步创建社区体育的良好契机。因此，发展社区群众体育文化活动面临着良好的机遇。但是，从南昌社区群众体育文化活动的现状看，我们要解决的问题和矛盾还比较突出。一、思想认识滞后导致一些基层党组织没有把群众体育文化活动摆上位置；二、资金投入有限导致活动难开展、难普及；三、工作机制不顺畅致使出现社区组织“管不了”“管不好”的问题；四、协调组织不力致使绝大多数社区各自为战，造成了体育文化资源的利用率不高。虽然问题种种，但是社会基层文化体育发展的趋势要求我们必须迎难而上，要坚持不懈地做好社区群众体育事业的工作，只有这样才能更加丰富和提高全民素质，共同来构建我们美好的家园。

（网民　快乐小猪）南昌农村留守儿童问题值得关注。有关调查显示：南昌市目前农村留守儿童超过13万人，这个数据占全市农村儿童总数的27%。众所周知，留守儿童问题的出现更多的是因为家长们为了生活常年外出打工。留守儿童长期与父母分离，不利于其成长，尤其是心身健康会受到一定的影响，许多留守儿童都有很强烈的孤独感。留守儿童在学习、生活、亲情等方面都需要更多的关爱帮扶。因此，呼吁社会各界多多关注南昌农村留守儿童，想方设法为其创造更好的成长环境。

（网民　ll刀）南昌如何创建一流的人文环境。什么是人文环境？人文环境是专指由于人类活动不断演变的社会大环境，是人为因素造成的、社会性的，而非自然形成的。与自然环境相对。现如今资源的高度集中，我们周围的自然环境离得很远，在城市中，我们的环境统称为人文环境。如何才是一流的人文环境？有人说是人文景观，只要城市人文景观建设多，人文环境就好？个人认为，人文环境应该要统一于城市，一个城市局部景观再精美，也难以掩盖整个城市的不和谐。所谓人文环境，首要的就是城市要合理布局，深度挖掘城市中人文景观的辐射力，比如福州路的体育馆虽然老旧，但他服务的人群更多，而生米大桥的国体中心，虽然新鲜，反而在这人文价值方面不如老旧的福州路体育馆。

（网民　快乐小猪）多关注关注“空心村”问题。近些年，随着工业化、城镇化加速推进，大量农村人口流向城市变为“市民”，农村常住人口逐渐减少。与此同时，越来越多的农民在村庄外围交通便利、设施相对完善的地方建房，农村建设用地“外扩内空”的现象日益严重，农村空心化和“空心村”愈演愈烈。南昌市的部分县区也出现了同样的问题。很明显，“空心村”的出现不利于新农村建设的深入推进，而且会导致大量房屋的空置闲置、浪费不少资源。未来空心村问题如何解决，这种模式是否有新的突破，在南昌推进城乡一体化建设进程中值得我们深入思考。

（网民　南昌心情）解决南昌交通问题的“七条建议”。1. 突破传统的“单中心”发展模式，建设以红谷滩中央商务区为核心级的跨江发展格局。准确定位红谷滩新区的功能，完善配套设施建设，逐步承接旧城区商业中心和服务中心功能，使之成为集商业、服务、生活为一体的综合区域，不断吸引人口向新区转移，缓解旧城区交通压力，减少过江频率，从而减轻两桥交通压力。2. 尽快将火车站、汽车站等交通枢纽外迁至城市外围，大型体育馆、展馆等要分散于各个城市区域或校园区，避免过度集中。上述基层设施建设的外迁，不仅可以缓解城市交通压力，而且可以增加城市资源的可利用率，比如土地资源、水资源，还可以减少城市污染，带动城市周边区域的发展，一举多得。3. 城市中心区域禁止建设高层住宅用房。城市中心地段土地资源紧缺，应尽量建设公共服务设施类建筑或大型商业建筑，而不能建设高层商业住宅，可以有效避免人口的再度集中而导致的交通压力。4. 加大对公共交通的扶持力度。不断加大对公交事业的资金和政策扶持力度，加大基础设施建设，进一步拓展BRT（公交快速通道）建设覆盖面，改善乘车环境，增加公交路线覆盖面和营运时间，吸引更多的市民公交出行，从而提高道路使用率，真正做到绿色、低碳、环保。5. 合理使用私家车。合理限制使用私家车，可参照新加坡经验执行“审批准入制”“累进制停车收费”“减税补偿”等方法，适当控制私家车的无序进入，采取分时间、分地域限制和补偿等方法积极引导使用私家车。6. 提升市民素质，倡导文明、低碳出行。采取“宣传—教育—倡导—推广”循序渐进的方法，采用网络、电视、报纸、电台、宣传册等多媒体相结合的方式，加大“文明出行、低碳出行”的宣传力度，奖惩并重，营造出文明健康的城市出行环境，不断提升市民素质。7. 完善相关法律法规，加大执法力度。一方面，完善相关法规，确立城市公共交通在城市交通中的主导地位，规定政府和企业在投资、收益以及运营管理方面的职责和权利、服务水平、竞争和约束机制，使城市公共交通事业上升到政策层面；另一方面，尽快出台南昌市文明出行的管理条例或指导意见，为文明出行、文明执法提供参考依据和执行标准，从制度的层面来规范文明出行，规范执法，并建立第三方评估机构，对实施情况定期进行综合评估，建立健全长效机制。

（网民　mario景岩）“简政放权”要准要狠。政府管得太多、太死就会泯灭市场的活力，影响整个经济社会的发展。南昌在2012年上半年率先在全国启动第七轮行政审批制度改革，进一步精简、压缩审批时间。南昌在全国率先开展了以放为原则、不放为特例的简政放权，对各审批职能部门的行政审批权力逐一清理、核查，原则上一律放开。放开审批权限，是提高政府效率的一个很好举措。但是什么该放、什么不放，确实要考量起来不容易，需要人手准。必须在统筹全市乃至全省整体的基础进行准备的简政放权，不能眉毛胡子一把抓，反而起到了反作用。对于确定好的下放审批权限，不能因为部门利益和个别领导的人情而随意去选择性执行，这就需要市、县区同心同力，狠下心来一门心思谋求发展，只为全市的整体利益服务，不能因为小集体的利益影响了大局。

（网民　洪城刀客）南昌教育改革的核心是什么？教育改革的核心是什么，就是要处理好各种关系。以南昌教育改革为例：一是义务教育管理体制改革，需要处理好市与县的关系，到底谁多承担一点；二是招生入学政策改革，需要处理段内段外，本地人外地人的关系，到底爱谁多一点；三是素质教育改革，需要处理个人预期与国家需求的关系，到底培养什么样的人。

（网民　南昌心情）解决南昌市占道经营的路在何方？要解决占道经营问题，其根本上还是要加强监管，加强经营者的行业自律性，着力从经营者的角度进行控制。其实商家和工商管理部门都已经签有“门前三包”管理条约的，如果监管部门能够及时督促商家做好这些基本要求，也就不存在占道经营的问题。所以我认为我们的监管部门还是有必要加大人力和物力的投入，更要加大执法力度，严厉惩处占道经营行为。当然，在处理占道经营上，我个人认为还是要掌握必要的方法的，不仅要坚持依法行政，杜绝粗暴执法，更要从情、从理、从法的多角度对占道经营者进行处罚教育，而不是简单的以罚代处。比如说，有的地方对各个商家进行定期评估，建立文明档案，定期进行检查评估、定期进行宣传奖励，这些方式方法我们都可以借鉴。另一方面，在有关部门在做好管理工作的前提下，建议我们的媒体要加大宣传，倡导市民文明购物，不要只图一时之便，养成不健康的购物习惯。我觉得我们的新闻媒体要向市民传递这样一个信息，在违规商店购物也是一种不文明行为，这样才能引起广大市民的充分注意，从而为文明经营创造健康的社会大环境。

（网民　荣哥）打击南昌黑车的建

议。如今城区面积不断扩大,新建道路不断增加,黑车势力也在壮大,政府应该清醒认识,要有所作为:一应发展公交事业,增加公交班次,降低收费标准,让老百姓出门后稍等片刻就能坐上公交,不仅缓解交通压力,更加低碳环保!二应严厉打击黑车,动用公安、交通、城管等执法部门,开展一次彻底的专项行动,而后形成长效机制,发现一处打击一处,把查酒驾、贴罚单的精神充分发扬出来,没有整治不好的!

(网民　小心石头)为学生“减负”,从当下做起。孩子是祖国的未来和希望。怎样教育好孩子?把孩子培养成什么样的人?这些问题是每一个家庭都需要认真思考的问题。素质教育已经实施多年,但不少孩子依然感觉学习压力很大。谁也不想输在起跑线上。于是,孩子的教育成了一场消费盛宴,家长们不满足于学校所学,利用业余时间,带着孩子穿梭在城市各处,奔赴各种信誓旦旦能让孩子学习成绩提高的补习班开“小灶”。于是乎,不管是教学成绩好的重点学校还是普通学校,也不管是尖子生还是成绩相对差的学生,参加课外辅导班是非常普遍的现象。家长的劳累,孩子的疲倦,成就了补习班业务的蒸蒸日上。学校也不敢怠慢,体育课、音乐课等副科总是轻易为主课让道,孩子的业余时间被随意占用。鉴于此,无论今天课程表有无主课,书是必须要带的。光有书怎么够?练习册必不可少,各种辅导材料必不可少,厚厚的考试试卷必不可少,字典等学习工具更是必不可少……如此,书包的重量怎能不越来越成了孩子们难以承受的负荷?我称过我儿子的书包,竟有10多斤重,可见孩子的负担有多重。素质教育提了这么多年,可学生的负担却每天都在加重。症结在哪?我认为,孩子应以快乐成长为主,不应该有太多学习压力,健康和快乐是最重要的。在暑假、寒假期间,学校除了书本作业外,应该更多向国外中小学学习,多布置一些社会实践方面的作业,能力的培养比书本知识更有价值。我比较赞同给孩子留更多自主时间,除了每天的课程,平时不让孩子上补习班。我认为,学校不应该给孩子太多学习任务,应该加强素质教育,多注重孩子情商的培养。否则,课程再多,辅导班上得再多,也有可能培养出高分低能的孩子。对学校的教育,对家长的教育,对社会的教育!三个方面都不同程度存在心理扭曲,不能再这样下去,要改变这严峻的现实必须从当下努力。我相信,只要社会、学校、家长共同努力,坚持不懈,经过我们的共同努力,减轻学生学业负担的目标就一定能实现。

(网民　正气东来)南昌大发展中行政区划调整建议。南昌市在全国省会以上城市中行政区域面积过小,是公认的事实。可考虑扩大南昌市的管辖区域,但不可过大。东面有进贤县,不宜再扩大,主要对接昌南组团。东面进贤县城远期可发展成50万人口的中等城市,作为南昌和抚州之间的过渡卫星城市——东大门。南面可划入丰城市对接南昌新主城区——沿江组团。丰城市区远期可发展成80万人口的中等城市,作为吉安和赣州进入南昌的过渡卫星城市——南大门。西面可划入高安市作外围市区对接梅岭组团。高安市区远期可发展成60万人口的中等城市,作为新余、宜春、萍乡进入南昌的过渡卫星城市——西大门。北面可考虑划入永修县,将安义县并入永修县,永修县进入南昌对南昌市做强做大和扩充南昌鄱阳湖区域意义重大,对接乐化组团(昌九组团)。永修县城可发展成50万人口的中等城市,作为九江进入南昌的过渡卫星城市——北大门。瑶湖组团主要对接大鄱阳湖地区,通过跨鄱阳湖高架快速通道和德昌高速有效连接景德镇、鹰潭、上饶三市。远期可考虑建高架快速通道连通鄱阳湖东岸地区,加快鄱阳湖东岸与南昌的对接。南昌主城区和各组团之间通过地铁连接,各组团和对接的县、市(四个卫星城)之间可通过城市轻轨快速连通,四个卫星城和对接的地级市之间远期可发展高铁。南昌市将形成一主(城市)五带(组团)四卫(星城)的格局,城市发展既不会摊大饼,也不会过度集中到主城区。并且主城区、五组团、和四个卫星城都可形成自成体系的功能区域单独发展,也能迅速有效实现功能互补。如此规划南昌作为全鄱阳湖生态经济区的中心和带动全省经济发展核心增长极的作用将愈加显现。调整后南昌市城面积将达到1.3万平方千米,人口750余万人,远期人口可超千万。行政区域扩大有助于南昌迈入大江大湖大发展时代,南昌在全国大城市中的地位将明显提升。

(网民　以云小姐)文明创建,细节决定成败。创建文明城是对一座城市的市民文明素质、道德水准、行为规范的检验。一座城市必须有文明的市民,才能创建出文明的城市。文明创建如果没有广大市民的积极参与和配合,是不可能成功的。人是社会关系的总和。文明不是他人的事情,而是关乎我们每个人,我们的一言一行哪怕再小,汇聚在一起,也成了大事。希望大家从身边做起,从一点一滴的小事做起,不仅要搞好个人卫生、家庭卫生和社区、单位的环境卫生,还要树立大局意识和整体意识,爱护大街小巷的一草一木,爱护城市的公共设施和公共卫生,事事处处规范自己的行为,遵章守纪,文明礼貌。只有我们的家园变美了,我们才会有安居乐业的生活。只要每个人都积极加入到文明创建队伍中来,就一定能把南昌建成美丽、文明的幸福乐园。

(网民　nanchangwxr)南昌公交免费换乘之我见。近日南昌公交总公司称预计10月初开始,南昌将推行乘坐公交车5分钟以上90分钟以内免费换乘政策。全市范围内无人售票路线车辆均可参与免费换乘,占总线路数的92%。纵观全国,南昌公交总公司这次的换乘政策虽然有些姗姗来迟,但总算是落地有声。早几年武汉、重庆等地就已经在试行公交车限定时间内免费换乘。其实南昌公交早就应该走这条路,公共交通是民生工程,不应该以盈利为目的,而应该更多的为如何更好地为广大市民出行服务提供便利。随着南昌城市面积不断增加,一条线路就能到目的地的可能性越来越小,市民不得不面对,多次换乘公交的问题。而多次换乘不仅浪费时间,也消耗更多金钱。慢慢的,市民更愿意选择私家车或电动车出行,而不愿意选择公交。道路资源有限,随着机动车和非机动车不断增多,南昌交通日益拥堵。相信随着公交车免费换乘以及专用道大规模建设等举措出台,我想会有越来越多的市民选择公交出行,而不是选择私家车和电动车,这样能极大改善南昌日益拥堵的交通状况。从目前公布的公交免费换乘方案来看,相关的一些细节还有不完善之处:一.南昌市区是经常堵车的,而免费换乘时间上限为90分钟,这样群众会很容易就错过规定时间内的换乘机会。建议后期根据不同线路的拥堵情况细化调整换乘时间上限。二.此次免费换乘方案只是针对限定时间范围来设定的,为了引导市民合理有序的选择公交车乘车路线,避免造成因为换乘引发的人为乘车拥堵。建议公交免费换乘方案在设定时间限定范围的同时,设置换乘次数上限,以期使得这项利民政策发挥最大的社会效益。

(网民　mjf918)实现教育公平,就要取消中学的重点与非重点的划分。教育的最大不公平,就是把学生、把学校分为三六九等。教育改革是一项长期具有战略意义的事业,南昌教育改革寻求突破,领导者有没有魄力打破禁锢教育向前发展弊端，在全市取消重点中学与非重点中学的划分，对全市中学进行合理的布局，初高中全部取消按分数高低的招生，我想这才叫大刀阔斧，我们不怕改出现的问题，就怕不改带来的矛盾。只有这样，教育方面出现的腐败问题，就没了滋生的土壤，特别是初高中招生出现的问题，就迎刃而解。

（网民　悠然见南昌）也说“啄木鸟”。看到报道说，有位市民写信给王文涛书记，称赞“啄木鸟在行动”成效显著。我当然没有这位老市民热心，不过作为南昌人，对这个实行了将近两年半的“啄木鸟在行动”，也是有些感触的，就也来说一说吧。要说“啄木鸟”在南昌的作用，相信每个南昌人都会有比较深刻的感受。这两年多，“啄木鸟”啄出来的虫子最少过了千条，这些虫子有大有小，应该说基本上都得到了清除。具体的事情我是不能一件件说出来的，但从南昌的变化看得出来。比如城市面貌、机关作风、市场秩序，还有南昌人的文明程度，都有了明显的改观，很多民生工程的推进，也得益于“啄木鸟”。虽然不能说这全是“啄木鸟”的功劳，但通过一件件大大小小的事情的曝光到解决，这些事情解决的本身和效应的扩散绝对是有巨大作用的。确实如那位市民所说，“啄木鸟在行动”已经成了南昌一张“响当当的城市名片”。“啄木鸟在行动”能在南昌发挥巨大的作用，跟王文涛书记的重视分不开，王书记说他自己就是南昌最大的一只“啄木鸟”，这是对“啄木鸟在行动”最好的注解和推动。当然，媒体记者的采访报道和热心市民的积极响应也是功不可没，他们也是活跃在南昌的一只只“啄木鸟”，因为有了这许许多多“啄木鸟”的辛勤劳动，南昌才变得更加美好。如果把南昌比作一座森林，我们当然希望能一直有啄木鸟护林，也希望能有更多的市民加入进来，让呵护这座森林的啄木鸟越来越多；但仅仅有这些还不够，我觉得更重要的，是这座森林的护林员们——相关职能部门，能够积极主动作为，守护好这座森林，使侵害这座森林的害虫越少越好。

（网民　pxfjj）南昌应加强学前教育建设，缓解入园难的问题。“入园难，难于考公务员；入园贵，贵过大学收费。”近年来，孩子上幼儿园已经成了社会热点话题。南昌市的幼儿教育同样面临的入园难的问题。很多家长反映，公办幼儿园非常的难进，每个班都有限额，加上公办幼儿园本身就只有2成的比例，所以要想上公办幼儿园就比考公务员还要难。民办幼儿园发展良莠不齐，好的民办幼儿园收费又非常的贵。一年平均都要过万元，有的甚至达到2万元。所以，很多家长被入园问题困扰。我觉得最有效的办法是加大投入，采取征地新建、利用中小学网点布局调整后的公共资源改扩建、住宅小区配套幼儿园改办成公办幼儿园等做法，加快城市公办幼儿园的建设，此外还需鼓励扶持普惠性幼儿园的创办。

（网民　祈祷者）给红谷滩夜间亮化提个意见。红谷滩的发展真是快啊，原来只是住宅，大家没有关注楼盘的亮化美化问题，因为住宅相对还比较低矮，现在不同了，红谷滩起来了很多的商业写字楼，包括大型的商场，什么喜来登、世贸、绿地等等，感觉一下子把红谷滩的档次提了起来。到了晚上，这些写字楼的灯光闪烁，灯带荡漾，很多人觉得还不错。但是如果大家从八一桥上往红谷滩上看的话，这些亮化还是有很多的问题的。首先是乱，原因是动态的灯带太多了，颜色花花绿绿，给人感觉不上档次。其次是千篇一律，虽然颜色不一样但是风格几乎都是一样的，表面上看着很灿烂，但细看确实没有主题。第三是起点低，有的亮化工程刚弄好就坏了，不严谨，也不知道是不是质量的问题。不知道亮化归哪里管是不是可以征求一下市民和专家的意见呢？

（市史志办年鉴处）

外地人看南昌

南昌的市容市貌正发生着日新月异的变化。人们常说三分建设、七分管理，一个城市如果管理滞后，将会影响它的健康发展、影响百姓的生活。期待政府加大对城市管理方面的投入，尤其对市政环卫方面的投入，让生活在南昌的每个人拥有更加美好的明天！

——深圳玉和田环境事业发展有限公司

南昌是一座历史文化名城，物华天宝，人杰地灵，红色文化享誉全球。近几年来，南昌充分发挥连接长三角和珠三角的纽带效应，保持了较快的经济发展水平，社会各项事业不断进步，人民生活更加幸福安康。作为一名江西游子，看到家乡发生的日新月异、翻天覆地的变化，感到十分兴奋、非常自豪。我相信在市委市政府的正确领导下，南昌一定能够抓住加快发展的战略机遇，进一步深化改革扩大开放，不断增强创新发展的动力和活力，率先实现龙头昂起，成为带动全省发展的核心增长极，领舞江西新时期跨越式发展，为谱写“中国梦”江西篇章多做贡献！身处异乡，根在故里。南昌有我学习、工作的印迹，有着割舍不断的亲情和乡情，我相信未来的南昌一定会更加美好、更加和谐、更加幸福！

——北京江西商会会长 泰康人寿保险股份有限公司总裁兼首席运营官、高级经济师　刘经纶

南昌这座千年古城，人民军队诞生的英雄城，历史辉煌、人文灿烂。上世纪90年代初，笔者在南昌城求学时，这座古城就已乘着改革开放的东风，开始步入加速发展的快车道。20年弹指一挥间，今日的南昌工业发达、交通便利、文化兴盛、物阜民丰，已经成为衔接东南沿海经济区和长江流域经济区，中国中部地区的一座重要枢纽性中心城市。在全面深化改革新时期，期盼南昌大力深化产业升级，实现绿色发展，早日实现全面建成小康社会的奋斗目标，努力成为中部崛起的标杆。

——中央网络安全和信息化领导小组办公室、国家互联网信息办公室　彭健恒

王文涛书记重视人才，强调人才是发展的第一资源，惟有人才资源才是永不枯竭的动力源泉，才是撬动经济要素的有力杠杆”。把南昌打造成带动全省发展的核心增长极，凝聚了南昌人民的智慧与辛勤付出，更有力地带动了南昌的发展，日新月异的发展使南昌已经变成了寸土寸金的投资、休闲、金融的热土。我非常喜欢南昌的秀美，同时更看到了南昌的投资潜力。

——国泰君安董事长　万建华

南昌在加速推进新型工业化的进程中，在壮大自身产业集群、加快工业发展步伐的同时，辐射带动周边地区，起到了核心增长极的作用。目前南昌的发展真是一天一个样，投资环境越来越人性化，良好的政策环境，经济政策上的实际性优惠，为新公司落成、发展提供了保障，为家乡的发展与变化感到无比的骄傲，当家乡需要自己的时候，能为家乡贡献一点力量感到非常欣慰。

——上海西部企业集团董事长　董素铭

（李　娜）

人　　物

本栏编辑　喻学辉

模范人物

第44届南丁格尔奖获得者

邹德凤　女，1956年出生，中共党员，江西省红十字志愿护理服务中心副秘书长、南昌大学第四附属医院医疗服务部主任。2002年，在她的倡导和组织下，昌大四附院志愿服务队成立。服务组成员由最初的几个人，发展为现在4000余人的志愿服务团，仅注册志愿者就达1600余人，爱心团队累计为社会做义工超16万小时，义务服务60余万人次。2003年，"非典"肆虐，她主动向院领导请战，要求到抗击"非典"一线去。她组织志愿者深入社区宣传防治"非典"知识，前往火车站为来往旅客体检、验体温等，圆满地完成了任务。2008年四川汶川地震，她毅然向省红十字会及医院请求，要求去抗震救灾第一线。因年龄超标，她未能获准前往灾区，便带领团队四处筹捐，共筹集善款28万元送往灾区。2009年，一个27岁的男青年感染艾滋病，怕到医院治疗会让别人知道自己的病情，想让医院派人上门抽血、打针。她听了，毅然决定当一回特殊的志愿者。三年当中，在她的精心治疗下，原本一身皮包骨的男青年，健康状态大为好转。一到周末，她就带队进社区，挨家挨户上门服务。12年间，为了看望病患和孤寡老人，邹德凤徒步走过的路程累计达2.5万千米，相当于走完了两段长征路；徒步登上35000层楼，相当于12座珠穆朗玛峰；她累计做义工达1.9万小时，超出红十字志愿者最高奖项"终身志愿者"的标准整整5倍，（"终身志愿者"标准为3000小时），成为江西省数一数二的"超级义工"。为了帮助更多的病患，她瞄准社区医疗服务这个薄弱环节，结合长期的护理实践，费尽心血首创了社区护理模式、社区居家老年护理服务模式、临终关怀模式及化解医患纠纷模式等一系列卓有成效的创新医疗模式，被公认为江西省社区医疗服务的先行者。她完成一项重要课题《抚触在社区临终关怀的研究》。邹德凤为志愿服务献出她所能献出的一切，工作8小时之外的时间几乎全部献给了爱心事业，工资几乎都送给了病人和老人，捐给灾区和生活困难的人。丈夫称她"老宋（送）"，同事干脆叫她"送德凤"。但她依然觉得做得不够。2007年，邹德凤在"遗体捐献登记表"上郑重地签字：死后把遗体献给国家，用于医学研究。随后，她的女儿也作出同样的决定。截至2013年7月，在邹德凤的感召下，她身边的同事、朋友共100余人加入遗体捐献者的行列。

2013年8月26日，第44届南丁格尔奖章获得者邹德凤载誉回到南昌

南昌市2013年全国五一劳动奖章获得者

徐小平　男，1960年，中共党员，南昌市昌北防洪排涝工程管理处处长。1984年进入南昌市水利局工作。近三十年来，他始终保持着朴实无华的本色，兢兢业业地为水利事业默默地奉献着热血、智慧和年华。2010年，担任南昌市昌北防洪排涝工程管理处处长，用不到一年的时间建成前湖电排站、双港电排站、前湖大坝等水利工程视频监测系统，实行防汛排涝自动化控制；研发昌北数字化水利工程管理软件系统，将工程建设管理、泵闸运行管理、办公自动化为一体，实现水利工程设施多画面监控、自动化远程控制、信息采集、数据收集和日常维护巡查、保洁设备更新指令发布、报警和无纸化办公等功能，让平时复杂的工作、一岗必须多人完成的工作，一人就能完成，大大提高了工作效率和水平。2012年，南昌市昌北防洪排涝工程管理处顺利通过"省一级堤防管理单位"和"国家级水利工程管理单位"的考核验收。

吴　勤　女，1956年出生，中共党员，南昌市第二中学校长。她提出"四基地一窗口"办学目标，重振二中雄风。率先垂范，以德服众，迅速凝聚人心，稳定教师队伍。带领新班子和全校师生，求真务实，勤奋敬业，聚精会神为学校谋发展，一心一意为教学办实事。以人为本，和谐创业，在刷新二中形象、提升社会影响、实现近期目标等方面，做了大量工作，很快地打开局面，使学校迅速迈上可持续健康发展的轨道，赢得节节攀升的良好社会声誉。积极推进新课程实验与改革，成功召开全省校本课程开设现场交流会，她主持的课题"校本培训与教师专业化成长"获省级优秀课题奖。她治校有方，心细如发，待学生如子女；极为重视教师为人师表和职业道德对学生的熏陶教育作用，坚决贯彻江西省教育厅制定的《江西省中小学教师职业道德"八不准"》；成立学校青年名师俱乐部，开展青年教师基本功大比武；注重教师的继续教育和在职进修，派出外语教师出国作短期或较长时间的学习进修，鼓励教师在职攻读硕士等高一级学历。全校在职在编教师中，本科学历为93%，达标率超过国家要求。她具有先进的现代教育理念和丰富的学校管理经验，有较高的学术水平和较强的科研能力。

唐　建　男，1975年出生，中共党员，任冶炼车间主任。冶金炼钢是苦、脏、累、险的职业，唐建自分配到公司从事炼钢炉前岗位以来，他在炉台上一干就是21年，7000多个日夜的拼搏。2009年，成立"缩短冶炼周期攻关组"，亲自任组长，与工程技术人员一道，摸索出一套"提高供氧强度，缩短纯供氧时间"的操作工艺，冶炼周期比攻关前降低3分钟，大大提高转炉的产能，2012年完成计划产量的106.52%。参与组织2010年的《降低钢铁料消耗攻关》，通过采取优化炉料结构，做好转炉炉内热平衡，优化造渣制度，走低温工程等措施，2010年降低钢铁料消耗，创造经济效益9551.48万元。

林印孙　男，1964年出生，中共党员，正邦集团有限公司党委书记、董事长、高级工程师。他执掌的正邦集团每年增长率超过30%，2012年总产值突破260亿元，拥有315家子公司(其中深交所上市公司一家)，3.5万名员工，名列中国企业500强(江西仅6家)、中国制造业500强、中国民营企业500强、江西省企业100强(第九位)，是江西省规模最大的民营企业，整体综合实力在中国农业行业名列前茅。企业党群工作成绩突出，2010年被评为南昌市最受欢迎的雇主单位；2011年被中国乡镇企业协会、农业部评为全国创业带动型优秀企业；在2011年全国民营企业招聘周中，被国家人社部、全总、全联评为吸纳就业突出单位；2012年被中组部评为全国创先争优先进基层党组织。有二个班组三次获得江西省、南昌市和赣州市工人先锋号。职工劳资关系和谐，工资正常增长，劳动合同签订率100%，每年均缴纳了工会经费。

2013年9月30日，省市领导王文涛、曾光辉、江晓斌会见第四届全国道德模范家属及提名奖获得者

南昌市2013年江西省五一劳动奖状获得者

易　桦　江西广济医院副主任医师

丁继锋　南昌大众餐饮满意早餐销售有限公司配送员

万　强　江铃汽车股份有限公司模具厂职工

睢　萌　方大特钢科技股份有限公司自动化部主任工程师

龚　东　南昌公共交通总公司五分公司三车队驾驶员

江　崛(女)　南昌市中西医结合医院副主任医师

万海浪　南昌经济技术开发区规划建设局高级工程师

欧阳俊　南昌市建筑科学研究所副所长

付华安　进贤县地方税务局副局长

刘建新　新建县工商行政管理局党组书记、局长

许本立　南昌市东湖区国有土地上房屋征收与补偿办事处主任

李龙萍　江西鑫源房地产开发有限公司开发部经理

周　科　南昌华安汽车北京现代青云谱4S店修理工

赵　勇　南昌市高新区公安分局治安大队大队长

郭　峰　江西省南昌市地方税务局副局长

郑克一　南昌水业集团有限责任公司董事长

2013年南昌市五一劳动奖章获得者

蔡春林、傅德生、万冬生、杨涛、龚小平、王金安、卢国仁、万国林、高云飞、何岸青、毛玉蓉(女)、孙昌平、万本修、唐红(女)、陶　琨(女)、王宜荣、夏乐象、朱红英(女)、邓煜群、祝爱珍(女)、吕小军、王秀珍(女)、涂莉花(女)、刘华平、李小荣、晏洪海、魏俊雄、付传水、蔡剑虹(女)、陈光辉、熊伟群(女)、黄虹、张鲁北、万建兰(女)、高国兰、章小宝、李兆峰、熊　伟、魏勇华、游利民、高招彪、温淑萍(女)、高文生、喻　明、熊会平、章志清、肖　亮、易玉兰(女)、王锋海、周　斌、葛　琼(女)、杜传好、鲍伟、万晓民、龚颖青、熊黎辉、孙圆圆(女)、漆桂华(女)、付健生、邓立虹(女)、付绍燕(女)、何仁义、魏国根、马云南、胡长法、黄小英(女)、李燕玲(女)、龚志平、陈佳羚、张莲波、付　磊、吴　璋、吕　青(女)、刘　忠、刘　涛、付　歆、吴　闽(女)、陈　兴、李欣琛(女)、周清泉、贺　昕、黄顺妹(女)、王立斐、王云龙、何　琳(女)、陈流华、聂丁权、余小春、刘汪楠、毛顺茂、李国勇、饶员良、胡小弟、蔡文彬、舒文峰、曹志宏

(张　伟)

2013年南昌市入选“中国好人榜”名单

蒙邦雷 男，水族，1988年出生，中共党员，南昌市公安消防支队红谷滩大队珠江路中队特勤班班长。2012年被评为“全省优秀共产党员”，同年荣立班集体三等功一次。服役期间，多次受到支队嘉奖。2010年9月，中队官兵正日夜坚守在“中博会”主会场。突然一个电话打来，“蒙邦雷的父亲患肺癌晚期住院。”组织上让他请假回去。他毅然回绝，几天后，家里却传来不幸的消息，他父亲已经去世。2013年1月3日，八一大桥旁一居民楼发生火灾，三楼以上住户全部被困，情势十分危急。蒙邦雷主动请缨，带领战友冲入火场，从一楼到七楼挨家挨户敲门疏散被困群众。说起“红先锋”志愿者服务队，人们第一个想起的就是这个个头不高，却热心肠的农村战士——蒙邦雷。沙井社区的特困户陈大胜今年70多岁，儿子常年卧病在床，妻子患有精神病，全家的日常开支全靠陈大胜做清洁工支撑。蒙邦雷找到陈大胜，希望能尽自己的能力帮助陈大胜一家。每个月，他省吃俭用，从微薄的津贴中抠出钱来资助陈大爷家，每周都准时到陈大爷帮忙做家务。由于陈大爷一家出门不方便，他就在理发店拜师学艺，帮陈大爷一家理发。

黄新生 男，1964年出生，江西省新建县客运公司下岗职工。危急时刻，手托千斤，抬车救人，33年来始终乐于助人，大家都管他叫“帮忙大哥”。他那双手就没停过向周围以及素不相识的人，传递着新建城市最美的热度。2013年5月4日，他骑摩托车从新建县正大学校经过，前面的车辆发生车祸。他赶紧把摩托车停在一旁，一边拨打110，一边以最快的速度用双手全力托着轿车头，嘴里拼命地呼喊救人。这事正好发生在新建县公安消防大队前面，正在执勤和洗车的消防官兵闻讯后，立即冲向出事地点。与死神赛跑，肇事轿车周围立即聚集15双有力的大手，重达2吨多的轿车迅即抬起，消防战士吴维权钻入车底，用双手夹着伤者腋下将其拖出来。

李菊旺 男，货车司机。2013年6月8日晚6时，他在运货途中，经过梅岭脚下一个水库时，看到水库旁边有个小孩坐在手推车里，离水库非常近。当车开过水库几百米后，李菊旺不放心，又将车倒回去，想把那个孩子从水库边上抱回去。可车子刚倒回来，只见水库边上只剩一个手推车，小孩已经不见踪影。他车都没停好，就往水库的方向奔，没有看见孩子的他毫不犹豫纵身一跃，扎进水库搜救孩子。李菊旺连续几次潜下水底，一点点摸索着，几分钟后终于把小男孩拉了上来。小男孩不到2岁，生命迹象很微弱。李菊旺托住小男孩的肚子，一手抱小孩的腿，让小孩吐出水来。李菊旺抱着孩子大声呼救，10分钟后一位种蘑菇的村民经过，李菊旺赶紧叫这位村民拨打120，并大声呼喊孩子的家人。不久小男孩的家人和救护车都到现场，孩子被送去医院抢救。而此刻的李菊旺全身湿透，腿上还有在水下搜救被割破的伤口，默默在岸边拾起那只奔跑途中弄丢的鞋子后就开车回去。李菊旺在生死攸关的关键时刻挺身而出，充分体现了见义勇为的优秀品德，受到当地干群广为称颂。

司　瑞 男，1958年出生，中共党员，2002年转业(自主择业)，在南昌从事个体经营，经营有6家小服装零售店，员工27人。他利用经营服装的优势，主动向需要服装的人群提供服装帮助，向生病的老人、街办环卫工、市场上三轮车搬运工、做零工的民工赠送工装、棉衣等。在汶川大地震中，向灾区捐献3000元；同年，在政协组织的“助残”活动中，向培智学校捐款2000元。每年夏天，都会送些绿豆冰糖等降温防暑品，慰问在基层工作的社区干部。在参加董家窑街办政协组织活动中，他听说社区办公器材不足，立即表示向需要的社区赞助一台复印机。顾客的衣服坏了，不管是不是在司瑞的店里买的，打扣子、织补、绣花等项目，都免费。不管在什么情况下，他都会把诚信和公平放在首位。他坚持低利润定价，获得了大部分顾客的认可。顾客购衣，回去感觉不合适，回到店里，都是随意退换。司瑞们的店员注重诚信，经常帮人代管物品，也出现拾金不昧的好店员。

邹德凤 女，1956年7月出生，中共党员，江西省红十字志愿护理服务中心副秘书长、南昌大学第四附属医院医疗服务部主任。2013年，获得国际红十字会“南丁格尔奖章”。

罗　杰 男，49岁，中共党员，1985年部队复员后加入公安交警队伍，现任江西省南昌市公安交通管理局东湖大队八一桥中队中队长，二级警督。在八一桥上奋斗19年，作为一名普通的交警，他十几年如一日，扎根基层，无私奉献，忠实履行职责；作为一个中队干部，他以身作则，率先垂范，坚持站好每一班岗。一年365天，不论刮风下雨从来没有请过半天假，兢兢业业，甘愿将青春挥洒在为市民安全保驾护航。为确保八一桥面交通有序、安全、畅通，他每天要在八一桥上来回巡逻几十趟，提前上岗、最后一个下班。每天中午中队是没有警力的，他就主动义务加班，下午又接着上班，每天12个多小时超负荷地工作。为快速处理桥面上的交通事故，确保桥面交通迅速畅通，他由开汽车在八一桥上巡逻变为跑步接处交通事故警。2012年，他为“如何优化八一大桥通行效率”的课题提供大量的现实可观的数据。桥上通行车距多少才合理、一个手势可以行驶多少辆车、如何争取时间快速出警等等。他独创的“139”工作法成为缓解八一桥早晚高峰的拥堵问题秘密武器。1999年至今，他主动无偿献血累计7万多毫升。在生活中，他奉献的是血；在工作中，他奉献的却是对人民群众赤诚的心。

（曹兰兰）

青山路街道潘坊社区好人榜

重 要 文 献

本栏编辑 喻学辉

南昌市人民代表大会常务委员会工作报告

——2014年1月10日在南昌市第十四届人民代表大会第四次会议上

南昌市人大常委会主任 蔡社宝

各位代表：

我受市人大常委会委托，向大会报告工作，请予审议。

2013年工作回顾

2013年，市人大常委会在中共南昌市委的正确领导下，深入学习贯彻党的十八大和习近平总书记系列讲话精神，坚持党的领导、人民当家做主、依法治国有机统一，按照市十四届人大三次会议确定的在促进民主法治建设上扎实作为、在服务经济社会发展上主动作为、在推动为民惠民工作上积极作为、在深化代表工作成效上创新作为、在加强人大自身建设上务实作为"五大作为"工作要求，认真履行法定职权，审议通过法规4件，检查2部法规实施情况，听取和审议专项工作报告22项，审议整改落实情况报告14项，作出决议决定16项，开展专题询问1项，组织专项视察5次，开展专题调研17项，备案审查规范性文件70件，督办代表建议253件，任免国家机关工作人员62人次，为南昌打造核心增长极实现"一年有势头"发挥了积极作用。

——法治南昌建设深入推进。根据市委工作部署，先后组织省、市、县(区)三级人大代表和各界人士160多人次，开展了为期半年的"为打造核心增长极营造良好法治环境"专题调研，实地查看23次，召开座谈会19次，收集整理文件资料293份，对影响和制约南昌发展的法治环境问题进行剖析，从科学民主"立法"、政府运行"依法"、司法公正"崇法"、推动全民"守法"、社会管理"靠法"、强化监督"护法"等六方面提出26类、71条具体意见建议。《正法直度，良法善治》调研报告获省人大常委会理论研讨一等奖。调研成果得到市委充分肯定，市委专门下发了《关于进一步加强法治南昌建设的意见》(洪发[2013]15号)，并召开专项工作部署会，分解目标任务，明确责任主体，落实推进措施。

——"鄱湖明珠·中国水都"巡备受关注。支持政府加快编制"水都"建设总体规划，加速推进"十大百亿工程"建设。针对城区"一江"(赣江城区段)、"两库"(幸福水库、溪霞水库)、"六河"(抚河、桃花河、昌南护城河、玉带河、幸福渠、乌沙河)、"十一湖"(东湖、西湖、瑶湖、艾溪湖、青山湖、梅湖、象湖、碟子湖、黄家湖、前湖、白水湖)水源污染、非法排污、侵占水域及其他影响水环境保护的情况，开展了集中调研，梳理出具体问题48个交政府及有关部门研究处理。探索开展常委会首次专题询问，围绕呵护"一城清水"，问得"不含糊"、答得"不遮掩"，并在南昌电视台全程播放，促进了各级政府对水环境保护的高度重视，引起了社会强烈反响。

——"道路交通安全南昌行"成效显现。以"安全意识与守法出行"为年度主题，市县(区)人大联动、人大与政府互动，通过播发公益广告、印发宣传手册等系列措施，在全市营造文明、有序的出行氛围。通过向社会公开征集和配合省人大"畅通省城"监督活动，梳理出意见建议171条，督促政府在基础设施、施工围挡、交通组织等方面，加大投入、建设、整治力度，年内需要办理的148条建议整改完成，交通状况有所改观，出行秩序有所好转。

——"助力打造核心增长极代表行"扎实开展。以创建代表联系群众工作站(室)为抓手，创新启动"代表行"活动。在全市106个乡镇(街道)建立"代表联系群众工作站"，部分村(社区)建立工作室。动员和组织全市各级人大代表围绕"关注民生、促进和谐"年度主题，进社区、进村组、进企业，开展法制宣讲、民情疏导、建言献策等活动，收集意见建议3300余条，做到了"件件有回音、事事有着落"，为民办实事3800余件，进一步增强了代表依法、为民履职的责任感和使命感。

——重大重点项目建设调研视察活动更加务实。组织83名国、省、市人大代表，采取听汇报、看进度、察问题、析原因、议对策的方式，对全市100个重大重点项目建设情况进行了为期3个月的专题调研、集中视察，形成了一个综合报告和三个专题报告。市委常委会听取汇报后，给予了"具有准备充分、调研深入、问题找准、建议可行的鲜明特点"的评价。针对报告中提出的29个方面意见建议，市政府及有关部门及时研究采纳，推动了全市重大重点项目的加快实施，进一步发挥了人大监督为南昌的大发展集聚动能、加力打造核心增长极的重要作用。

一、紧握法治建设，科学民主立法，推动依法治市不断深入

坚持发挥立法的引领和推动作用，促进民主法治建设，为全面打造核心增长极夯实法治根基。注重重点领域立法。适应经济社会发展需求，确定年度立法计划，制定了《南昌市涉及国家安全事项建设项目管理条例》，修改了《南昌市促进发展新型墙体材料条例》和《南昌市流动人口计划生育工作条例》。为规范备案审查工作，制定了《南昌市人民代表大会常

务委员会规范性文件备案审查规定》。注重立法方式完善。建立立法咨询专家库,聘请12名省内知名教授、学者、律师担任立法咨询专家,为立法工作提供了参谋智囊。利用网络便捷优势,面向公众征求意见。发挥代表专业特长,在法规立项、起草和审议过程中充分吸纳代表建议。开展《南昌市蔬菜基地保护条例》立法质量评估,组织社会保险、水资源管理、优化投资环境、专利促进和保护、房屋征收与补偿等立法调研,为制定和完善法规提供参考。注重法律监督质效。检查了《江西省消防条例》《南昌市城市绿化管理规定》实施情况,督促有关部门抓好法规实施,落实消防安全责任,加强城市绿化建管。听取和审议了反贪污贿赂、社区矫正等报告,开展了行政审判工作专题调研,在推进科技强检、提高矫正实效、化解行政争议等方面,提出有见地、有深度、有价值的审议意见,有力地促进了依法行政、公正司法。

二、紧关发展大局,议决大事要事,促进经济社会健康发展

坚持把贯彻落实市委重大决策与做好人大工作结合起来,自觉在大局下定位,主动在大局中作为,为全面打造核心增长极凝聚智慧力量。关注经济运行质量。听取和审议"十二五"规划中期实施、计划和预算执行、审计工作等报告和"一府两院"上半年工作通报,审查批准市级预算调整方案和市本级财政决算,跟踪督促国资委部门预算编制审议意见落实。开展优化发展环境等专题调研,针对存在的8类突出问题提出5方面建议,交有关部门研究处理,推动了全市经济平稳较快持续发展。关注城市建设发展。适应城市改造提升的需要,依法作出了《关于批准南昌市人民政府就棚户区改造一期工程项目建设有关事项的决议》,建议市政府加强对项目投融资金、财务收支、工程质量等进行监督管理,为缓解我市推进棚户区改造难题,发挥了人大在重大事项决定方面的保障作用。关注三产转型升级。听取和审议旅游产业发展、商贸流通业发展等报告,在产业升级、规划布局、基础设施、政策扶持、机制创新等方面,提出了一些针对性的意见建议,督促有关部门更好地务实工作、改进工作、创新工作。

三、紧贴民声民情,丰富监督内容,维护人民群众切身利益

坚持把民意取向作为人大工作最大价值所在,顺应群众期盼,回应群众关切,提高民生福祉,为全面打造核心增长极营造和谐氛围。致力民生事业改善。关注舌尖上的安全,听取和审议了食品药品监管报告,开展了以"关注校园餐桌"为主题的"食品药品安全赣鄱(南昌)行"活动,以"让群众吃上放心肉"为主题的"赣鄱农产品质量安全(南昌)行"活动,督促市政府进一步理顺管理体制、加大监管力度、保障质量安全。以代表集中视察民生工程项目为抓手,听取和审议了住房公积金管理使用报告,对地下停车场使用管理、学前教育"三年行动计划"、保障性住房建设、企业档案等进行督查和调研,有关建议得到市政府的重视和有效落实。致力美丽南昌建设。开展了以"保护蓝天碧水"为主题的"环保赣江(南昌)行"活动和以"推进乡村旅游发展"为主题的"秀美江西(南昌)行"活动。听取和审议了节水型社会建设、机动车排气污染防治、国土资源节约集约利用等报告,专题视察了车用天然气加气站建设,督促市政府有关部门治理了出租车非法改装燃油装置、私自使用甲醇燃料等行为,解决了一批资源浪费、环境污染、安全隐患等实际问题。致力城乡统筹发展。开展新型城镇化、新型农村社区建设专题调研,就空心村治理、城中村改造、中心村建设及农村村镇规划、基础设施、公共服务、社会管理等问题,提出了许多建设性意见,有些意见被市政府推进城乡一体化的相关文件采纳。对农村水环境综合治理工作进行专题调研,在高位推动、统筹规划、整合资源、试点示范、管理体制、投入保障等方面,提出了带有前瞻性和操作性的建议,引起了市委、市政府的高度关注。

四、紧密联系代表,改进服务方式,激励代表主体作用发挥

坚持创新闭会期间代表履职方式,激发代表工作活力,为全面打造核心增长极汇聚民智民力。为代表双联互动提供制度保障。落实常委会组成人员联系基层代表和代表联系选民制度,建立常委会主题活动领导联系点制度,推动开展县乡两级人大代表向选民述职工作。采取集中办班培训和以会代训相结合的方式,培训代表482人次。定期向代表寄送有关刊物,及时通报市情信息,为代表知情知政提供服务。为代表行使权力拓宽履职渠道。坚持闭会期间代表小组定期活动制度,邀请361人次代表列席常委会会议或参加立法、监督等工作,扩大了人大工作的民意基础;组织代表参加"一府两院"有关部门召开的座谈会、听证会、行风评议会;推荐代表担任有关部门特约监督员、"啄木鸟在行动"监督员和参与信访调处等工作,搭建代表依法履职平台。为代表建议督办优化问效机制。继续实行常委会重点督办、常委会领导领衔督办、专委会对口督办、选任联工委全面督办和代表小组个别督办,探索实现代表提建议与人大督办、"一府两院"承办三方的良性互动。市十四届人大三次会议代表建议全部办结,代表满意和基本满意率达100%。同时,还对2012年部分代表建议办理工作进行"回头看",通过听汇报、查资料、搞测评等方式,进一步增强承办单位责任,推动代表建议的高质办理。

五、紧跟时代步伐,着力固本强基,提升人大依法履职水平

坚持以制度抓规范、以作风树形象、以交流促提升,推动常委会及机关自身建设,为全面打造核心增长极提供有力保障。完善制度抓规范。坚持党组中心组学习和"一会一课"制度,建立常委会审议简报、继续学习教育、政务微博管理等18项制度,形成了一整套有规可依、有章可循的制度体系。创优作风树形象。严格执行中央"八项规定"和省市有关要求,制定了改进会议活动安排的10条措施。坚持党的群众路线,组织开展"四风"征求意见和"重实干、转作风、树形象"等活动。大家普遍感到,为民履职的激情更高了,工作推进的节奏更快了,务实勤政的风气更好了。互动交流促提升。加强与"一府两院"的沟通,增进与外地人大的交往,密切与县区人大的联系,进一步形成了运转有序、相互支持、务实创新的新局面。配合全国人大、省人大和澳门全国人大代表来昌调研、检查和视察40批次,在加强联络中拓宽了工作视野,提升了工作水平。此外,市人大常委会机关开展的综治维稳、来信来访、结对帮扶、宣传报道、文明创建、文体活动等工作都取得了新进步、新成效。

各位代表,市人大常委会工作成绩的取得,离不开市委正确领导、"一府两院"支持配合、全体代表共同努力、人民群众大力支持。对此,表示衷心感谢和崇高敬意!

在看到成绩的同时,对比与时俱进的形势,对照法定职责的要求,对应人民群众的期许,常委会工作还存在一些不足,主要是:在立法工作方面,还需彰显地方特色、注重实在管用、提高质量水平;在监督工作方面,还需创新方式方法、突出监督实效、防止形式主义;在代表工作方面,还需增强责任意识、抓实活动载体、激发履职热情;在自身建设方面,还需改善干部结构、丰富综合素养、提升履职能力。对这些问题,我们将认真研究,采取措施,逐步改进。

2014年主要任务

2014年,市人大常委会工作的总体要求是:深入贯彻落实党的十八大和十八届三中全会精神,围绕实现南昌打造核心增长极"两年有看头"的目标,以全面深化改革为动力,以扎实开展党的群众路线教育实践活动为保障，坚定"一个方向"、突出"两大重点"、深化"三项活动"、增强"四种能力"，切实加强和改进立法、监督和代表等工作，不断开辟人大工作新境界。

一、坚定"一个方向"，在制度与时俱进中当好实践者

紧紧围绕党的十八届三中全会提出的"推动人民代表大会制度与时俱进"这一改革方向，积极稳妥推进人大工作科学化、法制化、程序化。让人民意志更好表达。按照市委《关于进一步加强法治南昌建设的意见》要求，对"一府两院"向人代会报告工作，适时采取电子投票方式表决。健全人大讨论、决定重大事项制度，全市各级政府重大决策出台前都应向本级人大报告。让监督工作更具成效。综合运用各种监督形式，积极开展专题询问和专项工作评议。制定《南昌市地方性法规实施情况报告办法》，执法部门要向市人大常委会报告我市法规实施情况。推进加强对政府全口径预算决算审查和监督的机构建设，增强预算编制透明度和执行约束力。让代表履职更有活力。通过健全代表联系群众工作站、建立网络平台等形式，结合开展"民情家访"，密切代表同群众的联系。组织代表参与立法、监督、城区管理工作评比打分等活动，继续做好代表作为第三方参与信访接访工作，督办代表建议落到实处。同时，按照"总结、继承、完善、提高"的总原则，推进基层人大工作完善发展，开展县区、乡镇（街道）人大领导专题培训，指导基层人大开展业务工作、加强自身建设。

二、突出"两大重点"，在服务发展全局中聚合正能量

紧紧围绕"民主法治建设、经济社会发展"两大工作重点，找准人大工作切入点，推动市委决策部署贯彻落实。一方面，推进法治南昌建设稳步向前。着眼于国家治理体系和治理能力现代化，按照市委法治南昌建设工作部署会的要求，切实抓好法规制定，加强人大监督，着力推进我市各个领域的法治化。注重地方立法精细化，通过座谈、听证、评估、公布法规草案，尝试与网民在线交流等形式，扩大公民有序参与立法途径。制定消防、工业节能监察、水资源管理、建筑垃圾管理等法规，修改城市房地产抵押管理条例，废止社会保险条例，组织控烟、法制宣教、国有土地上房屋征收与补偿、低碳生态发展、建筑市场管理、轨道交通建管、养犬管理等立法调研，更好发挥立法对改革发展的引领和推动作用。注重权力运行规范化，加强政府规章和规范性文件备案审查，检查《南昌市科学技术投入条例》和《南昌市工业园区环境保护管理条例》实施情况，听取和审议未成年人案件综合审判工作报告，对民事行政检察工作进行调研，使权力在阳光下运行。另一方面，促进经济社会发展持续向好。围绕我市产业升级、开放招商、城市建管、城乡统筹、民生事业等重点领域和关键环节开展监督工作。积极添力经济发展，组织代表对2014年全市重大重点项目建设情况进行集中调研视察，提出意见建议，督促项目建设，推动发展升级。听取和审议计划和执行、财政预决算、审计工作、工业发展三年攻坚计划实施、加强效能建设、发展都市现代农业、对台经济工作等报告，开展工业企业发展政策及专项资金使用、软件与信息服务业发展等专题调研，强化对经济工作的实效监督。积极回应社会关切，配合省人大开展有关主题活动，改进代表视察民生工程项目的组织方式，重点审查教育、就业、收入、养老、医疗等支出资金到位和使用情况，促使公共财政向民生领域倾斜，让人民生活得更加美好。听取和审议交通运输市场监管工作报告，督促政府有关部门进一步提高服务水平、整顿市场秩序、维护群众权益。

三、深化"三项活动"，在打造监督品牌中做到真给力

紧紧围绕贯穿本届常委会任期的三大主题活动，在问题的针对性、监督的连续性、落实的实效性上下功夫。深入开展"鄱湖明珠·中国水都"巡主题活动。以"河道、湖泊清障整治"为年度主题，集中力量开展"建设秀美乡村、打造中国水都"专题调研，通过试点示范，推动农村水环境保护工作。巩固城市水环境专题询问成果，持续抓好48个城市水环境问题的督办，促进水质水环境的持续改善，提升区域水环境整体水平。深入开展"助力打造核心增长极代表行"活动。以"关爱自然、保护生态"为年度主题，依托代表联系群众工作站（室），组织代表围绕推进区域经济、生态保护、资源管理一体化，促进开发和保护并重、污染防治和生态修复并举，发挥代表助推生态南昌建设的积极作用。深入开展"道路交通安全南昌行"活动。结合省人大"畅通省城"活动整改落实情况专项工作评议，以"严格执法和文明执法"为年度主题，把严格执法和热情服务、严格处罚与说服教育结合起来，全面推进执法规范化建设，督促相关部门整合执法力量、加大监管力度，最大程度缓解城市交通拥堵压力。

四、增强"四种能力"，在践行群众路线中追求高标杆

紧紧围绕开展党的群众路线教育实践活动，聚焦"四风"问题，密切联系群众，进一步提升为民、务实、高效、清廉的人大形象。从严要求，增强自我净化能力。抓好思想理论建设这个根本和党性教育这个核心，自觉培育和践行社会主义核心价值观，严格执行中央八项规定和各项配套制度，坚决克服形式主义、官僚主义、享乐主义、奢靡之风，增强理想信念、宗旨意识和党性修养。锐意进取，增强自我革新能力。加强人大工作理论研讨，推进人民代表大会制度理论和实践创新。加强制度建设，建立常委会审议意见研究处理情况票决制，完善常委会组成人员联系代表、代表联系和服务群众制度，构建充满活力、富有效率的工作制度和运行机制。善于学习，增强自我完善能力。坚持常委会党组中心组学习和常委会"一会一课"制度，重点加强对党的十八届三中全会和习近平总书记系列讲话精神的学习，推行委办学习考察项目化、专题调研课题化，提高观察、分析、处理问题的能力和水平。勇于实践，增强自我提高能力。弘扬立说立行、真抓实干的作风，注重从工作实践中发现规律、从基层创造中汲取智慧、从外地做法中借鉴经验，不断总结升华、运用实践，努力提高人大工作的整体水平。

各位代表，发展恰如春潮涌，奋进正未有穷期。让我们在党的十八届三中全会精神指引下，在中共南昌市委的正确领导下，解放思想，与时俱进，依法履职，砥砺奋进，为全面深化改革、全面打造核心增长极作出新的贡献！

中国人民政治协商会议南昌市第十三届委员会常务委员会工作报告

——在2014年1月8日政协南昌市第十三届委员会第四次会议上

南昌市政协副主席　侯　捷

各位委员,同志们:

我受政协南昌市第十三届委员会常务委员会的委托,向大会报告工作,请予审议。

2013年工作回顾

2013年,常委会在中共南昌市委的领导下,团结和带领广大政协委员,坚持以邓小平理论、"三个代表"重要思想和科学发展观为指导,深入贯彻中共十八大和十八届三中全会精神,紧紧围绕打造核心增长极目标,主动服务发展大局,认真履行政治协商、民主监督、参政议政职能,为南昌加速发展作出了积极贡献。

一、坚持围绕中心,参政议政更有成效

常委会牢牢把握全市工作中心,发挥优势,积极为打造核心增长极献计出力。

调研视察助推重点工作。一是认真做好市委、市政府交办的重大课题调研。为充分发挥非公经济在全市发展中的"生力军"作用,根据市委统一安排,成立由卢晓健主席为组长的非公经济课题组,对我市非公经济发展情况开展了历时三个月的深入调研,先后召开座谈会15个,实地走访各类企业20余家,发放企业调查问卷1000余份,通过媒体广泛征求社会各界意见,赴长沙、南通等地专题考察,在摸清非公经济发展现状的基础上,借鉴外地经验,按照"降门槛、拆篱笆、搭平台、强服务"的思路,提出放宽市场准入、培育创业主体、加大财税金融支持、健全服务体系等16条建议,为我市研究出台《关于加快民营经济发展的政策措施》提供了重要参考。为进一步创新社会管理,根据市政府主要领导要求,我们集中时间和精力,深入城区、街道和社区开展专题调研,多方征求意见,就推进社区网格化管理工作提出7条具体建议。二是围绕全市中心工作广泛开展"大调研"。为进一步夯实协商民主履职基础,以界别为单位开展"大调研"活动,由委员从自己最熟悉的领域、最擅长的专业、最了解的民情入手,挑选产业发展、园区建设、民生工程、社会管理等方面的45个课题,进行深入调研,形成了一批调研成果。如,《关于倡导移风易俗,加强烟花爆竹燃放管理的调研报告》报送市委、市政府后,市政府认真研究,以通告形式对规范市民燃放鞭炮行为作出明确规定;《关于南昌旅游资源开发和利用的对策研究》在有关部门制定建设旅游强市政策时得到重视和采纳。三是积极开展重大工程和重点工作视察。组织住昌省政协委员和市政协委员,对地铁建设、西客站建设、环境保护与生态文明建设等重大工程,以及食品药品安全、广电体制改革等重点工作进行专项视察,主动建言献策。同时,配合省政协就建设和谐秀美乡村等多项课题开展调研视察活动。

南昌之友服务招商引资。目前,南昌之友联谊会已有单位会员10个,个人会员868人,覆盖面不断扩大,成为我市"以情会友、以友聚商、以商合作"的重要平台。我们采取联谊会搭台、部门参与、县区(开发区、新区)唱戏的方式,走出去开展产业推介;组织开展"南昌之友看南昌"活动,请进来参观考察;密切加强与分会、会员联系,主动跟踪服务会员项目等,先后获得项目信息25条,促进7个项目达成投资意向,江西蓝韵科技有限公司等5个项目(36.5亿元)正式落户,智能电网等3个在建项目建设加快。如,"南昌之友(厦门)联谊会成立暨新建县产业推介会"召开后,参会的泉州(国际)机械装备行业工会随即组织一批企业家来昌实地考察,最终实现投资12亿元的泉州汽配产业园项目落户新建县长堎工业园区。

献策牵线助力加速发展。继续深入开展"服务发展献一策,促进项目牵一线"活动,收到市、县(区)两级政协委员建言献策材料100余篇,涉及经济、文化、社会、生态文明等多个方面。同时,我们还围绕中小企业服务机构发展等专题,组织委员与市直有关部门、有关县(区)、开发区(新区)负责人进行座谈,共商对策,形成专项建议报送市委、市政府及有关部门。

二、坚持服务大局,协商民主更显作为

常委会充分发挥人民政协作为协商民主的重要渠道作用,开展形式多样的协商活动,助推科学决策。

围绕重大问题开展专题协商。市政协十三届三次全会期间召开了"解放思想,先行先试"专题协商会,8名委员从推动生物医药产业发展等八个方面提出建议,与党政主要领导和分管领导、各县区、开发区及有关部门负责同志面对面协商。省委常委、市委书记王文涛对委员的发言高度赞赏并逐一点评,市政府主要领导明确要求各部门认真研究落实。一年来,委员多项建议得到转化,市政府制定出台的《关于进一步深化全市投融资体制改革,促进实体经济发展的政策措施》《关于促进企业上市工作的意见》,市工信委研究制定的《食品和生物医药产业发展规划》,高新区设立"电子商务产业园"等,都吸收了委员的建议。根据市委、市政府安排,组织委员对准备列为全市2014年的100个重大重点项目进行了专题协商,市发改委、市工信委等部门领导到会介绍情况并听取意见。

围绕部门工作开展对口协商和界别协商。为进一步推动各部门履行职能,各专委会组织界别委员,先后开展各类协商建言活动13次。如,为促进我市司法公开公正,社会和法制委组织委员赴市中级人民法院开展庭审旁听和评议;《南昌市城市规划管理技术规定》《关于加强南昌市房屋建筑和市政基础设施工程施工邀请招标项目招投标活动监管的通知》等5部法规、文件出台前,相关专委会组织委员与市政府职能部门进行了认真协商,提出了许多修改意见建议。

围绕民生实事开展提案办理协商。为办理好刘彦委员提交的《关于进一步加强我市环境卫生工作的建议》提案,我们先行深入调研、在掌握第一手资料后,邀请各职能部门和县区负责人参加提案办理协商会,市委常委、副市长刘建洋到会听取意见,经过协商促使所反映问题有效解决,在经费保障机制上得以落实。

三、坚持注重实效,民主监督和提案督办更加有力

常委会始终把优化投资环境作为民主监督的重要内容,找

准着力方位，积极开展特邀监督员和重大重点项目跟踪调研活动，加大提案督办力度。

民主监督优环境。一是加强对职能部门的民主监督。进一步扩大特邀监督员选派范围，组建20个特邀监督员小组，分别派到执法和职能部门，采取问卷调查、座谈走访、明察暗访等形式了解部门服务对象意见，先后提出建议47条。如，特邀监督员对市国土局机关科室、地产交易中心服务窗口和下属4个分局进行明察暗访后，及时将发现的办事手续复杂、效率有待提高问题向市国土局反映，提出改进建议，市国土局认真研究后，对工作流程进行优化整合，提高了服务效率。二是加强对重大重点项目建设情况的民主监督。以界别为单位，组织民主监督小组对中小微企业工业园、麦园餐厨垃圾处理厂等10个项目开展一对一的跟踪调研，先后向有关部门反映问题26个，提出建议15条。针对江西慧谷——用友南昌产业园用电难问题，民主监督小组及时向市政府反映并提出建议。市委常委、常务副市长张鸿星高度重视，主持召开专题会议，为其铺设供电专线进行协调并得以落实。三是参与"啄木鸟行动"进行民主监督。推选64名政协委员担任城市"啄木鸟"，重点了解群众对职能部门效能建设、市容环境、交通秩序方面的意见建议。委员反映的许多具体问题，在各级领导的重视和新闻媒体的配合下，均得到较好解决。

提案工作重实效。通过采取多项举措，立案的189件提案不但全部按时办复，而且实现了由一般回复向实质落实转变。领导高度重视提案工作。省委常委、市委书记王文涛，时任市长陈俊卿，代市长郭安，市委常委、常务副市长张鸿星分别对19件提案作出重要批示，市政协领导对这些提案进行督办，推动了这些提案的落实。严把提案审查关。首次制定出台《政协南昌市委员会提案审查立案办法（试行）》，并据此对三次会议以来收到的381件提案进行认真审查，确定立案189件，其他转为委员来信、社情民意信息，有效强化了委员撰写提案的质量意识，为部门办理提案夯实了基础。选择重点提案全年跟踪办理。选择《关于构建跨区域大交通体系，加快南昌打造核心增长极的建议》等2件提案，进行全年跟踪督办，坚持把督办工作贯穿于提案办理落实全过程。针对构建跨区域大交通体系提案，我们多次赴相关职能部门和市公交总公司、江西长运集团进行调研，邀请专家座谈论证。6月，时任市长陈俊卿主持召开专题协商会，听取市政协对提案办理建议的汇报，研究部署提案办理工作，并以会议纪要形式明确落实措施。9月30日，我省首条城际公交——南昌到永修的139路公交正式开通，拉开了我市建设省内城际公交的序幕，对南昌进一步汇聚人气、扩大辐射力具有重要意义。对提案办理情况开展民主评议。在常委会上，对市人保局、市城管委、市公安局、市教育局4个单位办理提案情况进行民主评议。评议结果表明，常委们对被评议单位办理提案的效率和效果给予充分肯定。

四、坚持履职为民，服务群众更切实际

常委会始终把改善民生作为履职的出发点和落脚点，坚持履职为民，积极协助党委、政府做好促进社会和谐工作。

以"群众在心中"为主题开展委员进社区（乡村）活动。各县（区）政协结合实际，积极探索和丰富活动形式，不断取得新成效。委员参与面进一步拓展。去年以来，许多住昌省政协委员也主动参加我市的政协委员进社区活动，与市县（区）政协委员一道，深入基层调查研究了解民情，帮扶困难群众，形成省、市、县（区）三级委员联动参与的良好格局。省政协委员、南昌银行党委书记陈晓明多次参加社区敬老节、社区文明创建活动，还为社区困难群众送去温暖。活动形式进一步丰富。南昌县政协、进贤县政协着力开展"文化、科技、卫生"三进村、老干部老党员论坛等活动；新建县政协依托"刘海平生猪养殖咨询服务室"和"政协委员驻恒盛公司蔬菜水产技术服务站"，为生猪养殖和蔬菜种植户提供免费咨询及技术服务；安义县政协在活动中创造了上门家访、定点接访、重点约访、定期回访"四访"工作法；东湖区政协充分发挥委员优势和特长，组织开展爱心进社区送温暖、文化科技进社区送知识、法律进社区送平安、职责进社区送政策"四进四送"活动；青山湖区政协全面推广"王琴工作室""刘小兵工作室"模式，并把进社区工作延伸到工业园为企业服务，拓展建立委员"企业联络站"。服务大局进一步务实。主动围绕全市重大工程和重点工作，深入一线做好宣传引导、化解矛盾工作，为加速发展凝聚合力、减少阻力。东湖区政协、西湖区政协把委员进社区的工作重点集中在棚户区改造、地铁建设、拆违拆临等中心工作中，进行政策宣传、释疑解惑。湾里区政协以镇、街道政协工作联络组为活动载体，积极参与"四区"建设，深入开展"三百惠民工程"（百名委员为百户居民解决百件实事）。青云谱区政协帮助社区创建老年活动中心，支持委员为中心开办"养老厨房"，帮助中心百余名"空巢老人"解决中午用餐难题。履职意识进一步增强。委员通过进社区、下基层，密切与群众联系，帮助解决实际困难，与老百姓建立了深厚感情，履职为民意识明显增强。一年来，全市共开展委员进社区活动800余次，推动解决实际问题650个。市政协领导经常性深入基层调研走访，为挂点社区、乡村协调解决环境治理、土地整理、公路修筑、小学修建、管道疏通等诸多实际问题，受到当地群众好评。

积极做好社情民意信息工作。一是加强网络建设，形成了以委员和信息员为基础，市政协专委会、界别、县（区）政协为节点的三支工作队伍，广辟信息来源；二是建立保障机制，制定了定期研究和总结、考核评比和奖励、跟踪办理和反馈三项工作机制，促进规范开展；三是提高工作实效，以"紧扣重点、聚焦热点、突出难点、抓住盲点"为标准，向省政协报送社情民意48篇，其中盛建昌委员撰写的《破解中小企业融资瓶颈，服务打造核心增长极》、熊有炳委员的《建议将婚姻登记工作收归县级民政部门统一办理》等信息，由省政协向省委、省政府报送后，分别得到省委书记强卫、副省长胡幼桃等省领导的重要批示；向市委、市政府报送社情民意31期，省委常委、市委书记王文涛，市委常委周关等领导分别在有关信息上作出重要批示，推动了所反映问题的解决。如，许秀柏委员提交的《坚决取缔"洋垃圾"服装一条街》的社情民意，省委常委、市委书记王文涛批示后，市工商、海关、公安等部门迅速联合行动，对丁家巷"洋垃圾"服装一条街进行专项整治予以取缔。

五、坚持强本固基，自身建设更加扎实

常委会坚持把加强自身建设作为做好政协工作的重要保证，内强素质，外树形象，不断夯实基础，激发履职活力。

加强理论和业务学习。认真学习贯彻中共十八大和十八届三中全会精神，深刻理解全面深化改革的重大意义、指导思想、总体目标和工作重点，增强了为全面深化改革而共同奋斗的信心和决心。利用南昌政协大讲堂平台，邀请专家学者围绕经济、政治、文化、人民政协理论建设等课题举办讲座9期，帮助委员开阔视野、增长知识。成立南昌市人民政协理论研究会，加强政协理论研究，在实践中不断总结经验，形成理论指导实践，进一步提升政协工作水平。

加强文史和宣传工作。进一步加强政协文史工作，广泛收集资料素材，采访走访事件亲历、亲见、亲闻者，召开文史研讨座谈会12场，编辑《红星耀中华——213名红军将士采访录》等文史书籍和资料100余万字，图片300多幅，翔实生动记录和展现了南昌的历史人文风貌和改革发展成就。扩大政协工

作社会影响,做好南昌之友、委员进社区等履职活动宣传,各级新闻媒体报道市政协工作370余篇次,其中,国家级26篇次,省级130篇次;南昌政协会刊、网站、手机报、微博平台刊发政协新闻信息等稿件2700多篇次。

加强队伍建设。密切与党派团体的联系,征求党派团体对政协工作的意见,为党派团体参政议政、发表见解创造条件、搭建平台;把界别活动与政协履职有机结合,组织开展形式多样的调研、视察、民主监督活动,提升了界别活动组织化水平;密切联系委员,市政协领导经常走访委员,先后走访委员120余人次,广泛听取意见建议,协调解决委员企业发展中遇到的困难,各专委会充分发挥联系、协调、指导、服务的纽带作用,为政协委员履职提供组织保障。认真贯彻落实中央八项规定和省、市有关规定,深入开展反对"四风"活动,进一步健全机关各项工作制度。市政协书画院和合唱团经常性开展活动,营造了和谐活跃的工作氛围。

一年来,常委会取得的工作成绩,是中共南昌市委正确领导、市人大、市政府大力支持的结果,是社会各界和广大市民积极参与的结果,同时凝聚着全市各级政协组织、政协各参加单位、广大政协委员的心血和汗水。在此,我代表市政协常委会表示崇高的敬意和衷心的感谢!

在看到成绩的同时,我们也应清醒地认识到,协商民主机制还有待进一步健全,建言献策水平还有待进一步提升,委员履职热情还有待进一步加强,机关服务能力还有待进一步提高,等等。对于这些问题,我们将在今后的工作中努力加以改进。

2014年主要工作

2014年,是深入学习贯彻中共十八届三中全会精神、全面深化改革的开局之年,是南昌全面打造核心增长极、实现"两年有看头"的攻坚之年。今年市政协工作总的要求是:高举中国特色社会主义伟大旗帜,深入贯彻落实中共十八届三中全会精神,按照省、市委全会决策部署,围绕全面打造核心增长极的奋斗目标,牢牢把握团结民主两大主题,扎实开展党的群众路线教育实践活动,认真履行政治协商、民主监督、参政议政职能,充分发挥协调关系、汇聚力量、建言献策、服务大局作用,努力为推动政协事业创新发展、为南昌加速发展作出新的贡献。

一、突出贯彻落实三中全会精神,推进协商民主制度化建设

中共十八届三中全会是在我国改革开放进入关键阶段和紧要关头召开的一次十分重要的会议。全会研究部署了全面深化改革的主要任务和重大举措,描绘了我国全面深化改革的宏伟蓝图,对于统一全党全国各族人民思想和意志,进一步解放和发展社会生产力,开拓中国特色社会主义更加广阔的前景,实现中华民族伟大复兴的中国梦,具有重要的里程碑意义。全市各级政协组织和广大政协委员要提高认识,切实把贯彻落实三中全会精神作为当前和今后一个时期的首要政治任务,坚持用三中全会精神统一思想、凝聚共识、指导实践,更好地为推进全面深化改革,全面打造核心增长极献计出力。

三中全会从加强社会主义民主政治制度建设的高度,对推进协商民主广泛多层制度化发展提出了新的要求,进一步强调重视发挥人民政协作为协商民主的重要渠道作用。为此,我们要努力探索,积极搭建更广泛的协商平台。继续加强与各民主党派、工商联和无党派人士以及社会各界的联系,通过支持开展调研视察、办理提案、专题发言、反映社情民意等,为他们参与协商创造条件,不断拓宽社会各界有序政治参与渠道。致力形成多层次的协商格局。针对经济社会发展的重大问题,积极开展立法协商、行政协商、民主协商、参政协商、社会协商;针对涉及群众切身利益的具体问题,发挥县区政协作用,积极开展基层民主协商。进一步建立健全协商制度。规范协商内容,配合市委、市政府制定并实施协商年度工作计划,构建程序合理的协商民主操作机制;增加协商密度,以"季季有重点、月月有协商"为要求,更加活跃有序地组织专题协商、对口协商、界别协商、提案办理协商;建立协商意见建议落实反馈机制,推进协商成果的转化。

二、突出深化改革、加速发展建言献策

常委会将紧紧围绕我市改革的重大部署,积极动员广大委员履职出力,争当改革发展的参与者、实践者、促进者。

1.围绕事关深化改革的重大课题深入调研。按照市委提出的紧扣"一条主线"、坚持"两个导向"、把握"十大关系"的发展新要求,集中全市政协优势力量,对谋划大南昌发展格局、临空经济区建设等重大课题,开展专题调研,提出合理化意见建议;依托各专委会和界别,对加快民营经济发展、行政审批制度改革、投融资体制改革等重大措施的落实情况,进行跟踪调研,积极建言献策。

2.围绕事关加速发展的重点工作献计出力。立足"工业三年强攻计划、服务业三年强攻计划、旧城改造三年强攻计划、新城建设三年强攻计划"四大战略,紧扣"突出产业升级、突出开放招商、突出建管并重、突出城乡统筹、突出民生优先"五个重点,组织委员选准课题,采取调研视察、专题议政、面商恳谈等多种形式,广泛开展履职活动,为党委政府推进工作提供参考。

3.围绕事关经济工作的"生命线"贡献力量。进一步发挥南昌之友联谊会平台作用。注重产业招商,针对我市产业结构,寻找产业链配套中的缺项,确定产业招商重点目标,发挥南昌之友各分会在外地的优势,主动攻关,有的放矢地帮助县(区)、开发区(新区)招商引资;加强项目服务,采取互访方式,进一步做好会员项目对接,跟踪了解项目进展情况,建立项目季度动态台账,助推项目建设;扩大社会影响,继续在条件成熟的城市筹建分会,筹备召开第二次会长(扩大)会议,推动分会间的交流与合作,大力宣传会员参与支持南昌发展的典型事例。

三、突出优化环境、提升政务水平实施民主监督

常委会将继续把优化环境作为民主监督重点,促进政府部门改进工作,助推重大重点项目建设。

1.充分发挥特邀监督员作用。进一步强化特邀监督员工作,坚持"监督就是服务,监督就是支持"理念,采取走访座谈、问卷调查、明察暗访等方式,深入了解所联系部门的工作效率及作风,加强政策落实、服务效能、廉政建设等内容的民主监督。针对收集反映的情况和问题,提出意见建议。

2.继续监督重大重点项目建设情况。组织界别委员跟踪调研部分重大重点项目,实地了解项目在实施全过程中遇到的困难,及时向政府或有关部门反映,提出解决问题的意见建议,促使问题解决。

3.探索开展民主评议。积极探索开展民主监督新路径,选择一至两项党政关心、群众关注的重大工作或重点工程,开展民主评议,提出对策建议,为进一步推进实施发挥作用。

四、突出改善民生、创新社会管理履职出力

常委会将进一步强化民本意识,积极参与创新社会管理,助推和谐南昌建设。

1.深入开展"群众在心中——委员进社区(乡村)"活动。按照党的群众路线教育实践活动部署要求,结合政协实际,以委员进社区(乡村)为载体,组织委员深入开展"四个一"活动,

即:参加一次基层协商民主活动、提出一件切合实际的提案、反映一条有价值的社情民意信息、参加一次扶贫济困或公益活动。

2. 努力提升社情民意工作水平。积极反映群众利益诉求,以"量质并举、以优促效"为原则,抓来源,多渠道收集反映群众呼声和诉求;抓质量,客观准确地反映突出问题、难点问题、热点问题和敏感问题;抓时效,对影响社会和谐稳定的苗头性、倾向性、警示性信息,做到及时反映,为决策争取时间。

3. 着力提升提案工作实效。加强和创新提案工作,不断发挥提案在促进社会管理中的积极作用。注重引导与审查。编制下发《提案调研参考提纲》,为委员撰写提案提供参考;严格审查立案,优化提案质量。加强督促与协商。加大提案督办力度,发挥领导领衔督办示范作用,广泛开展集中督办、分类督办、协同督办;主动与承办单位开展经常性沟通,为落实提案提供帮助与支持。做实跟踪与考评。选择1-2件重点提案进行全年跟踪督办,重点加强提案答复后落实情况的跟踪;继续开展常委会评议提案办理情况,今年计划对市建委、市交通局、市财政局、市卫生局等四个单位的提案办理情况进行民主评议,提高承办单位责任意识。

五、突出党的群众路线教育活动,强化履职保障

开展党的群众路线教育实践活动,是今年党的建设的重要工作。常委会将以教育实践活动为契机,进一步提升服务意识,强化履职保障。

1. 扎实开展党的群众路线教育实践活动。紧紧围绕"照镜子、正衣冠、洗洗澡、治治病"的总要求,以"为民务实清廉"为主要内容,以贯彻落实"八项规定"为切入点,扎实开展党的群众路线教育实践活动,进一步加强作风建设,集中解决"四风"问题,强化服务意识,提升工作效率;进一步树立群众观念,紧紧围绕群众所思所急所需,组织开展履职活动,维护群众切身利益;进一步加强机关制度建设,提高执行力,强化履职保障。

2. 加强理论研究和业务学习。重视发挥人民政协理论研究会作用,认真总结实践经验,形成理论研究成果,不断推动政协事业发展进步。做好理论成果和文史资料的整理编纂工作。建立常委学习制度,适时组织市政协常委集中培训。继续办好南昌政协大讲堂,精心编辑《南昌政协》会刊和手机报,积极为委员加强学习、提高履职水平创造条件。

3. 注重发挥专委会和界别作用。加强专委会建设,健全完善工作机制,创新工作思路,丰富活动内容;制定界别活动年度计划,广泛开展界别调研视察、反映社情民意活动,提升履职实效;注重发挥委员主体作用,健全委员联络机构,加强联系服务,拓展知情议政渠道,搭建履职平台,激发履职活力。

各位委员,同志们!中共十八届三中全会为我们描绘了全面深化改革的宏伟蓝图,中共南昌市委十届八次全体(扩大)会议进一步对全面打造核心增长极作出了新的部署。让我们更加紧密地团结在以习近平同志为总书记的中共中央周围,在中共南昌市委的坚强领导下,解放思想,务实奋进,不断开创政协事业新局面,为全面打造核心增长极而努力奋斗!

南昌市中级人民法院工作报告

——2014年1月10日在南昌市第十四届人民代表大会第四次会议上

南昌市中级人民法院院长　刘邦琰

各位代表:

现在,我代表市中级人民法院向大会报告工作,请予审议,并请列席会议的同志提出意见。

2013年工作回顾

过去一年,在市委的正确领导、市人大及人大常委会的有力监督下,在市政府、市政协和社会各界的大力支持下,全市法院认真贯彻落实党的十八大和十八届三中全会精神,紧紧围绕习近平总书记提出的"努力让人民群众在每一个司法案件中都感受到公平正义"的目标,坚持公正司法,践行司法为民,全面做好审判工作,大力加强自身建设,各方面工作取得新的发展进步。

一年来,我们完成了日益繁重的审判任务。全市法院共受理各类案件38237件,审结37927件(含旧存)。其中,市中院受理10768件,审结10386件(含旧存)。全市法院受理各类诉讼案件同比上升7.64%,市中院受理各类诉讼案件同比上升16.93%。审结了受害群众多达680余万人,涉案金额近38亿元的精彩生活公司唐庆南等人组织领导传销案等一批具有重大社会影响的案件。

一年来,我们改进了司法为民的方式方法。开发审判短信辅助系统,在诉讼各阶段向当事人发送手机短信,告知其承办法官、开庭时间等信息,使当事人足不出户便能获知案件审理的进展情况。开创的"三零"便民举措在全国人大代表集体视察时获高度肯定,并作为典型经验在全省法院院长会议上交流推广。

一年来,我们加快了审判管理的创新步伐。在全省法院率先出台了《关于加强立案、审判与执行工作协调配合的实施办法》,整合审判资源,提高审判效率。围绕保障法官依法独立公正行使审判权,细化审级监督、流程管理和质效考核。《人民法院报》在头版头条对市中院提升审判质效的做法进行了报道。

一年来,我们提升了法院队伍的整体素质。实施了以"大培训、大练兵、大提升"为主要内容的素质提升工程,全市法院40个集体和个人受到省级以上表彰,其中国家级表彰15项。市中院和4个基层法院被评为省级文明单位。

(一)围绕全市中心工作,充分发挥职能作用

忠实履行宪法法律赋予的职责,为助推经济发展、维护社会稳定提供有力的司法保障。

一是致力于营造良好的发展环境。聚焦打造核心增长极,出台依法妥善处理涉及市重点建设项目相关案件的规定,为重点项目建设提供专项司法保障。制定《关于充分发挥审判职能为加快民营经济发展提供司法保障的若干意见》,以18条具体措施服务和保障民营经济发展。加强与辖区企业的对接服务工作,组建"法律诊疗团",积极"送法进企业",开展"法律体

检”等系列活动,全市法院共组织干警1156人次到企业走访。

二是致力于维护公平的市场环境。打击金融诈骗、非法集资、非法经营犯罪行为,审结此类案件141件,保障市场经济健康有序发展。审结民间借贷、金融借款合同案件2836件,保护公平交易,制裁违约欺诈。审结商标、专利、著作权等知识产权案件381件,促进创新型经济发展。审结各类涉外、涉港澳台商事案件22件,平等保护投资者合法权益,促进外向型经济发展。

三是致力于保护优质的生态环境。贯彻服务发展与保护生态双赢的审判理念,依法打击破坏生态环境犯罪,妥善审理环境污染侵权民事案件,审结此类案件17件。依法保障河道采砂专项整治行动,对32名涉案被告人判处七个月至五年零六个月不等的有期徒刑,并处相应罚金,追缴违法所得1000余万元。

(二)围绕维护公平正义,着力强化执法办案

认真抓好执法办案第一要务,尊重和遵循司法规律,确保司法公正、高效、权威。

一是依法打击刑事犯罪。全市法院共受理刑事案件4115件,审结4058件。其中,市中院受理453件,审结429件。审结减刑、假释案件7436件。依法惩处故意杀人、绑架等严重暴力犯罪,审结盗窃、抢劫、诈骗等多发性侵财犯罪案件1470件,切实增强人民群众安全感;审结贪污、贿赂、渎职等职务犯罪案件110件,推动反腐败斗争深入开展;依法严厉打击人民群众深恶痛绝的危害食品药品安全、制售假冒伪劣商品案件20件,如对罗中华、袁正华等私宰生猪、销售病猪案依法从严惩处。认真落实新刑诉法规定,准确把握宽严相济刑事政策,坚持该严则严,当宽则宽,判处五年有期徒刑以上刑罚的罪犯549人,不满五年有期徒刑的2218人,拘役、缓刑、管制的1948人,依法宣告5名被告人无罪。加强对死刑罪犯的人权保障,落实死刑犯临刑前的会见权。

二是依法化解民事纠纷。全市法院共受理民事案件20443件,审结20437件。其中,市中院受理2441件,审结2101件。全市法院依法审结婚姻家庭、继承等案件3920件,保护妇女、未成年人、老人的合法权益。审结拖欠农民工工资、劳动合同纠纷案件777件,道路交通、医疗等人身损害赔偿案件3842件,维护弱势群体切身权益。审结涉房地产纠纷案件609件,保障人民群众居住权益,促进房地产业健康发展。贯彻“调解优先,调判结合”原则,成功调解一批涉及百年老店的股权转让纠纷、公司决议纠纷等关注度高的案件。

三是依法审理行政案件。全市法院共受理行政案件176件,审结198件(含旧存)。其中,市中院受理55件,审结55件。坚持监督与维护并重,切实保护公民、法人和其他组织的合法权益,支持行政机关依法行使职权。妥善审理征地补偿等涉及群体利益案件和不予准许游行示威等新类型案件。推动行政机关负责人出庭应诉工作,定期通报应诉情况,行政机关负责人出庭应诉率同比上升133.3%。

四是依法执行生效裁判。全市法院共受理执行案件5974件,结案5721件,结案标的额42.06亿元。其中,市中院受理295件,结案296件(含旧存),结案标的额18.65亿元。发挥执行联动威慑机制作用,通过媒体曝光、限制高消费、司法拘留等措施,严厉制裁恶意逃债行为。完善了执行告知制度和执行听证制度,开展了人大代表见证执行工作活动,提升执行工作的社会公信度。创新执行方式,成功拍卖“绿典”商标,将拍卖款用于执行,成为江西省首例通过拍卖商标进行执行的案件。

(三)围绕提高审判质效,持续深化机制创新

坚持以改革创新为动力,多管齐下确保公正高效司法。

优化管理促公正。变多头分散的审判管理模式为集中统一的管理模式,成立了专门审判管理机构。严格案件节点管理,完善《关于加强案件审限管理的规定》,加强对立案、庭审、裁判、执行、归档等各个环节的监控,督促在审限内提速。注重信息网络的深度运用,借助审判短信辅助系统,通过手机短信及时向法官预警审限。强化审判态势研判,定期召开工作态势分析会议,及时应对审判工作中出现的新情况、新问题。

强化监督促公正。加大案件评查力度,在定期常规评查的基础上,加大对引发涉诉信访、发回重审、指令再审等重点案件的评查。强化审级监督,严把二审、再审审查关,审结二审案件1829件、再审案件69件。加大内部监督力度,先后组织审务督察7次、司法巡查6次。完善法官业绩评价体系,实行目标管理考核,引导法官更加注重办案质量、效率和效果。

推进公开促公正。务求全过程公开,将公开贯穿于诉讼全程,对庭审过程进行全程录音录像;实施减刑、假释案件公示和公开开庭制度。追求多样化公开,推进裁判文书上网,完善《关于实行裁判文书公开上网的规定》;适应新媒体时代信息传播的变化,开设“南昌法院官方微博”,积极借助各类媒体的力量发布法院工作动态;开展法院开放日活动,全市法院共邀请2015人次参观法院。

(四)围绕司法为民宗旨,不断满足司法需求

完善便民利民措施,切实让群众感受到法院以人为本、司法为民的立场、情感和行动。

一是全心投入司法服务。力求“零障碍”服务,在立案信访窗口落实首问负责、服务承诺、文明接待等制度,拉近与当事人的心理距离;推广“预约开庭”“预立案”,消除诉讼障碍;为残疾人、下岗工人、农民工等困难弱势群体开通诉讼“绿色通道”,全市法院共为困难当事人缓减免交诉讼费415.1万余元,为经济困难的申请执行人发放司法救助款410.6万余元。探索“零距离”服务,变“坐堂办案”为“上门办案”,为部分行动不便的特殊群体开展上门立案、上门调解;创新巡回审判方式,部分基层法院专门成立金融巡回法庭、旅游纠纷巡回法庭,方便群众诉讼,全市法院共开展巡回审判847次。完善“零缝隙”服务,进一步完善了覆盖全市范围的司法协理员、便民联络点、便民服务站、人民法庭四位一体的司法服务网络。

二是全力化解涉诉信访。市中院接待群众来访1350余批次1600余人次,同比分别上升45.2%和80%。在信访化解中,重“防”,加强案件的一审、二审、执行和初信初访工作,切实抓好源头治理;重“疏”,确保每个工作日有院领导带班接访,畅通涉诉信访渠道;重“导”,认真做好法律释明,引导在法治轨道内解决问题;重“帮”,针对信访当事人实际生活困难,积极为其申报司法救助。

三是全面参与综合治理。开展“未成年人保护宣传周”系列活动,加大对留守儿童、农民工子女、服刑人员子女等人群的关怀力度。与有关部门共同推进对刑释解教人员、社区矫正对象等特殊群体的帮教管理,全市法院共开展帮教活动435人次。充分发挥庭审教育作用,注重通过典型案例以案说法,全市法院共邀请3009人次旁听庭审,组织法律宣传和服务活动217场次。针对审判过程中发现的潜在社会矛盾及社会管理问题,及时向有关单位和部门提出司法建议46条。

(五)围绕打造过硬队伍,全面提高综合素质

始终把队伍建设作为重中之重,为做好法院工作提供坚强保证。

一是抓党建带队建。将党建工作贯穿于法院管理和队伍培养的全过程。组织干警深入学习贯彻党的十八大、十八届三中全会精神和习近平总书记系列讲话精神。积极为开展党的

群众路线教育实践活动做好前期准备,有序推动改进司法作风教育活动。健全党建工作机制,形成条块结合、上下联动、整体推进的党建工作新格局。

二是抓业务提素质。开展岗位大练兵,组织计算机录入、优秀法律文书评比等专项业务竞赛;开展业务大培训,全市法院共991人次参加各级各类培训;力争能力大提升,召开"疑难刑事案件专家论证会""复杂案件业务骨干研讨会",出台《学历(学位)教育管理暂行规定》,鼓励法官学习深造。深化干部人事制度改革,推进法官遴选常规化,市中院实行竞岗和实绩并重的方式选拔了6名中层干部。

三是抓作风树形象。坚决执行中央八项规定,采取明查案件、暗访作风等方式,严肃查处作风粗暴、效率低下等影响法院发展、损害群众利益、伤害群众感情的不正之风。开展"四风"和"司法为民公正司法"等专项调研,整改问题22个。丰富载体,利用2个月时间集中开展司法廉洁专题教育活动,筑牢干警拒腐防线。制定《风险岗位廉能管理手册》,全面推进惩治和预防腐败体系建设。加强廉政监督,选聘21名干警为廉政监察员。

四是抓文化振精神。倡导"崇法求真、敢于担当、开拓创新"的南昌法院文化,激发法官的内生动力,营造奋发向上的司法氛围,引领干警争创一流业绩。积极组织开展文体活动,培养干警健康的生活情趣,丰富干警精神家园。大力推进文明单位创建活动,展现法院文明和谐的精神风貌。

五是抓指导强基础。加强对基层法院审判工作的监督指导,通过案例分析、业务培训、工作交流等方式,统一裁判标准,严格审判程序,提高案件质量。高度重视基层法院人才流失严重和案多人少问题,坚持人员力量向基层倾斜,为基层法院充实干警35人。

(六)围绕自觉接受监督,有效提升司法公信

全面强化监督工作,努力提升司法公信。依法接受人大监督。主动向市人大及人大常委会报告重要工作部署、审判职能履行等情况,认真贯彻落实人大决议和决定;认真办理代表建议,按照归口管理、跟踪监督、沟通反馈的程序,全市法院依法办理8件代表建议,并及时向代表反馈了办理情况;扎实做好代表联络工作,共邀请人大代表视察法院、旁听庭审、开展调研465人次。自觉接受各界监督。主动接受政协民主监督,定期向市政协通报法院工作情况,认真办理委员提案。依法接受检察机关诉讼监督,全市法院邀请检察长列席审判委员会64次;认真办理检察院提起抗诉的案件,全市法院共依法支持抗诉案件13件。通过加强法院网站建设、参与法制节目制作等方式,广泛听取民意,主动接受人民群众和社会各界监督。深入推进司法民主。对人民陪审员进行集中培训,从管理、履职、保障等方面加强人民陪审工作,全市法院人民陪审员参加审理案件7670件;积极落实人民陪审员"倍增计划",2013年已增选32名人民陪审员。主动邀请司法监督员走进法院、旁听庭审,听取意见建议。

各位代表,一年来,全市法院工作的发展和进步,是市委正确领导、市人大及人大常委会依法监督的结果,是市政府、市政协和社会各界大力支持的结果,是各位人大代表长期关心的结果。在此,我代表全市法院,表示衷心的感谢并致以崇高的敬意!

在肯定成绩的同时,我们也清醒地认识到,法院工作还存在以下不足和困难:一是少数案件质量不高,个别案件久拖不决;二是个别法官作风不正,司法行为不够文明、不够规范,群众观念淡薄;三是执行工作与人民群众的要求还有一定差距,涉诉信访的压力仍然巨大;四是因职级待遇偏低、工作压力较大,人才流失、法官断层现象突出。上述问题,我们将高度重视,努力加以解决,并恳请各位代表继续给予关心、帮助和支持。

2014年工作安排

2014年是贯彻落实十八届三中全会精神、全面深化改革的开局之年,也是我市全面打造核心增长极承前启后的关键一年,法院发展面临着前所未有的重大机遇和挑战。全市法院将深入贯彻落实党的十八大和十八届二中、三中全会精神,坚持以邓小平理论、"三个代表"重要思想、科学发展观为指导,紧紧围绕"努力让人民群众在每一个司法案件中都感受到公平正义"这个目标,狠抓执法办案,勇于改革创新,全面加强队伍建设,不断提升司法公信力,为南昌全面打造核心增长极作出积极贡献。

一是更加主动地在服务大局上谋作为。充分发挥惩治犯罪、化解矛盾的职能,努力营造让人民群众安居乐业的社会环境。以司法新举措回应全市经济社会发展新要求,依法妥善处理经济结构调整、企业破产、知识产权、环境保护等方面的案件。大力弘扬社会主义法治精神,积极参与法治南昌建设,更加注重通过司法活动对守法守约者的保护。

二是更加扎实地在执法办案上下工夫。完善司法权力运行机制,严格裁判标准、严守法定程序、严抓审判管理,始终坚持以事实为依据、以法律为准绳,确保案件的处理都做到事实清楚、证据确实充分、审判程序合法。建立规范案件庭审、减少文书瑕疵、预防冤假错案、提高审判质量的长效机制,努力使每个案件都经得起法律、历史和人民的检验。

三是更加有效地在司法为民上作文章。找准司法工作与改善民生的结合点,妥善审理婚姻家庭、医疗卫生、教育就业、食品药品安全等涉民生案件。不断改进便民利民的方式方法,畅通群众诉求表达和权利保障渠道,尽最大努力让经济确有困难的群众打得起官司,让有理有据的当事人打得赢官司。开展诉讼服务中心建设,提升诉讼服务的规范化和科技化,改进工作作风,优化诉讼服务。贯彻群众路线,落实"枫桥经验",完善诉讼与非诉讼相衔接的矛盾纠纷解决机制,提高群众对法院工作的满意度。

四是更加坚定地在推进改革上求突破。抓住中央推进新一轮司法改革的重要机遇,在上级法院的统一部署下,严格遵循审判组织的本质属性,优化配置审判资源,完善主审法官、合议庭办案责任制,健全符合司法规律的审判权运行机制。加大科技法庭建设和运用力度,在全市法院全面实现对全程庭审进行同步录音录像。充分运用信息网络技术,全面推进审判流程公开、裁判文书公开、执行信息公开三大阳光司法工程。

五是更加严格地在带好队伍上见实效。坚持"抓党建带队建促审判"总体工作思路,加强理想信念教育和党性教育,始终保持队伍的先进性和纯洁性。根据上级法院部署,以分类改革为基础,不断加强正规化建设;以提升司法能力为核心,不断加强专业化建设;以完善职业保障为重点,不断加强职业化建设。积极开展党的群众路线教育实践活动,切实纠正"四风",增强干警司法为民宗旨意识;开展廉洁司法教育活动,认真落实党风廉政建设责任制,努力建设一支为民务实清廉的法院队伍。

各位代表,面对司法改革的新形势,面对打造核心增长极的新任务,法院使命光荣,责任重大。全市法院将忠实履行宪法和法律赋予的职责,努力维护公平正义,促进经济社会发展,保障人民安居乐业,为推进南昌全面打造核心增长极提供坚强的司法保障,为建设平安南昌、法治南昌作出新的更大贡献。

南昌市人民检察院工作报告

——2014年1月10日在南昌市第十四届人民代表大会第四次会议上

南昌市人民检察院检察长　徐胜平

各位代表:

现在,我代表南昌市人民检察院向大会报告工作,请予审议,并请各位列席会议的同志提出意见。

一、2013年全市检察工作回顾

2013年,全市检察机关在市委和省检察院的坚强领导下,在市人大及其常委会的有力监督和市政府、市政协以及社会各界的大力支持下,紧紧围绕全市发展大局,坚持立足检察职能,积极服务南昌打造核心增长极,服务平安南昌、法治南昌建设,各项检察工作取得了新进展。

(一)坚持融入全局,服务中心,助推南昌加速打造核心增长极

优化经济发展环境。以法律监督为依托,充分发挥捕诉职能,积极参与整顿和规范市场经济秩序,共依法批准逮捕各类破坏市场经济秩序犯罪案件209件290人,起诉380件535人。与市商贸委等单位联合开展"双打"专项行动,依法批准逮捕侵犯知识产权、制售假冒伪劣商品等犯罪案件8件10人,起诉13件18人;依法批准逮捕非法集资、金融诈骗、网络传销等犯罪案件74件79人,起诉195件208人;依法批准逮捕逃税骗税、虚报注册资本、虚假出资、抽逃出资等犯罪案件11件13人,起诉9件14人。

护航企业健康发展。认真贯彻市委、市政府《关于加快民营经济发展的政策措施》,出台了《南昌市检察机关服务民营企业发展的意见》。严厉打击职务侵占、强迫交易等影响企业健康发展的犯罪,共批准逮捕22件27人,起诉26件46人。结合工作实际,深入企业进行法制宣传、犯罪预防宣讲和提供法律咨询服务。两级院领导带头走访企业家,了解企业在运营中遇到的涉法问题,积极协助予以解决。高新区院开辟了助力高新千亿产业园区打造工作的绿色服务通道,经开区院制定了服务"南昌(国家)小微企业产业发展示范园"建设的工作措施。审慎办理涉企案件,依法妥善处理经济发展方式加快转变过程中出现的各类新型案件,对13家涉嫌虚报注册资本、抽逃出资但正常经营、纳税的企业依法从宽处理,最大限度保障企业正常生产经营。

(二)坚持打防结合,标本兼治,努力保障南昌社会平安和谐

依法打击各类刑事犯罪。积极参与平安南昌建设,坚持对重大疑难案件提前介入、快捕快诉等工作机制,共批准逮捕各类刑事犯罪嫌疑人4021人,起诉5069人。严厉打击危害国家安全、公共安全以及人民生命、财产安全等严重刑事犯罪,依法起诉故意杀人、强奸、绑架等严重暴力犯罪嫌疑人128人。始终保持对"两抢一盗""黄赌毒"犯罪打击的高压态势,依法批准逮捕侵财类犯罪案件1303件1613人,起诉1830人,依法批准逮捕"黄赌毒"犯罪案件391件498人,起诉541人。对引起社会广泛关注的吁某故意杀人、非法制造枪支案和彭氏兄弟二人抢劫并杀人沉尸案依法从严从快处理。

认真贯彻宽严相济刑事政策。制定了《南昌市基层检察院死刑案件实体审查指导意见》,提前从严审查死刑案件证据,确保死刑案件质量。对轻微刑事犯罪依法从宽处理,完善轻微刑事案件快速办理机制,以体现司法人文关怀。共作出不批准逮捕决定835人,不起诉559人。开展捕后羁押必要性审查13件15人,发出变更强制措施建议15件15人,被采纳12件14人,采纳率93.3%。坚持"教育、感化、挽救"方针,对涉罪未成年人依法不批准逮捕136人,不捕率37.5%,同比上升76.6%,不起诉93人,不诉率21.7%,同比上升365%。

努力预防和化解社会矛盾。完善"五位一体"信访工作机制,共受理举报、控告、申诉1146件。完善检察长接访、预约接访制度,两级院检察长共接待群众255人(次)。定期开展涉检信访案件风险评估排查,14起重大疑难、存在较大风险隐患的案件均得到妥善处置,全年未发生涉检进京访。开展执法办案风险评估预警工作,注重化解苗头性风险,避免产生累积性矛盾。加强释法说理,努力帮助解决困难,正确引导息诉罢访。市院民行处在办理左某与某物流公司运输合同纠纷申诉案时,经过多次上门走访耐心疏导,最终促成双方达成和解,化解了一起历经7年8审的矛盾纠纷。建立检调对接工作机制,对轻微刑事案件通过刑事和解决定不起诉81人。认真开展刑事被害人救助工作,共救助刑事被害人34人,发放救助金31.9万元。

积极参与和加强社会管理创新。配合有关部门对社会治安重点地区排查整治,促进社会治安防控体系建设。加强社会管理动态和对策研究,共有12篇反映社会管理方面问题的检察信息被中央办公厅、高检院办公厅采用。强化对社区矫正活动的法律监督,推动设立社区矫正人员安置帮教基地,加强监督管理和服务。突出做好未成年人犯罪预防和帮教工作,在全市两级院组织开展维护青少年合法权益的"太阳花"行动。以获得心理咨询师职业资格证书干警为主体,组建提供心理咨询、跟踪帮教等服务的志愿者队伍,加强对涉罪未成年人的心理辅导。

(三)坚持惩防并举,注重预防,着力加强惩治和预防职务犯罪工作

大力查办贪污贿赂犯罪案件。坚持"老虎""苍蝇"一起打,以实际行动落实党中央关于反腐倡廉的各项规定。全年共立案侦查贪污贿赂犯罪案件92件130人,其中大案87件,要案12人(其中厅级干部2人),分别占立案总数的94.6%和9.2%。继续把查办大案要案作为办案重点,查处了原宜春市委常委、袁州区委书记龚某某(副厅级)、南昌市商贸委原主任喻某某(正处级)、江西省公路桥梁工程局原局长邹某某(正处级)受贿案等一批大要案。突出查处窝案串案,共查办窝串案13起51件83人,占立案总人数的63.8%。立查了交通系统21件21人、商贸系统4件8人窝串案。加大办案力度的同时,严格规范侦查行为,认真执行讯问犯罪嫌疑人全程同步录音录像制度,严格落实办案安全各项规定。

着力加强反渎职侵权工作。突出解决渎职侵权犯罪发现

难、查证难、处理难等问题，加大办案力度。共立案查处各类渎职侵权犯罪案件33件60人，同比上升27.7%。以查办大要案、重特大案件为切入点，不断提升反渎职侵权工作影响力和知晓度，共查办大案17件，特大案件5件，要案2人。加强对重点工程建设领域的监督，严肃查办拆迁、城建等重点项目中的渎职犯罪，查办了轨道交通一号线建设过程中4名房管局工作人员渎职案件。因办案成效显著，市院反渎局荣获“全国检察机关严肃查办危害民生民利渎职侵权犯罪专项工作先进集体”称号。

积极开展职务犯罪预防。深入推进预防职务犯罪品牌打造工作，不断创新工作形式，实现了“短片上镜、海报上墙、广告上屏、人员入企、协议共签”。与市纪委等部门联合拍摄了警示教育片《戒鉴Ⅱ》，利用典型案例深入开展警示教育。继续对南昌地铁工程项目、江西中烟技改项目等一批民生和重点工程实施专项预防，与中电投江西电力有限公司等单位签订预防职务犯罪共建协议。西湖区院建成了全省检察系统信息化程度最高的廉政文化教育基地。开展行贿犯罪档案查询13154次，与相关部门共同防控商业贿赂和职务犯罪。

（四）坚持公正执法，理性司法，以更高标准不断提高诉讼监督工作水平

加强立案监督和侦查监督。加强对有案不立、以罚代刑等案件的监督，共办理立案监督案件324件，追捕漏犯359人。建立健全社会危险性证明和双向说理机制，提高逮捕案件质量。深入推进“非法证据排除”品牌打造工作，制定了《南昌市人民检察院非法证据排除规则实施细则》，共排除非法证据33份，发出纠正违法通知书5份，提出检察建议102份，强化了侦查监督，保障了犯罪嫌疑人合法权益。

加强刑事审判监督。加强对简易程序案件审判活动的监督，做到该类案件全部出庭支持公诉。全面加强抗诉工作，制定了《加强抗诉工作的若干意见》。通过检察长列席审委会、提高法律文书的说理性等方式，充分阐明抗诉理由。提出抗诉34件，法院审结24件，改判14件、发回重审2件。

加强刑罚执行和监管活动监督。积极应对刑罚执行和劳教制度变革，共审查刑罚、劳教变更执行案件7855件，发现呈报不当486人次，均已监督纠正。提出检察建议和纠正违法意见594件，均被采纳。统一开展专项检察活动，依法将清理出来的84名余刑3个月以上留所服刑罪犯投送监狱执行刑罚。严肃查办监管人员职务犯罪案件，立案2件2人。

加强民事行政检察工作。认真贯彻修改后民事诉讼法，依法审查处理各类民事行政监督案件401件，息诉和解55件，提请上级院抗诉19件，向法院提出再审检察建议18件，监督民事行政诉讼违法行为和执行活动，提出检察建议212件，支持弱势群体起诉33件。市院民行处办理的徐某某与高某某合伙纠纷抗诉案，被评为“全国民事行政检察优秀案件”。

（五）坚持以人为本，执法为民，维护人民群众合法权益

进一步完善工作机制。结合群众工作新要求和我市检察工作实际，以〔2013〕1号文下发了《南昌市人民检察院关于加强群众工作的实施意见》，制定了32项群众工作的具体举措，并建立完善了督查、报告等制度。将“枫桥经验”贯穿于检察工作中，在全市设立了11个检察室和231个检察工作站或服务联系点，收集群众意见，就地解决问题，化解矛盾纠纷。

进一步密切检民联系。牢固树立群众观念，搭建检民联系平台，不断提升服务群众、化解矛盾和解决诉求的工作水平。开展“践行党的群众路线”集中走访、专题宣传月活动，组织市院机关干部走访人大代表84名，企事业单位人员、社区居民690余人，征求意见建议147件，举办4场专题宣讲活动，发放检察宣传品2000余套，参与活动民众共计4000余人，现场接受举报申诉、法律咨询800余件（次）。各基层院结合实际，广泛组织开展“‘三问一送’大走访”“政法干警下基层”“送法进社区、进企业”等活动。

进一步保障民生民利。坚持把维护好群众切身利益作为检察工作的出发点和落脚点，严厉打击危害民生民利犯罪。突出查办严重损害群众利益的涉农惠民、社会救助等领域职务犯罪案件，共立案49件78人，占同期立案总人数的41.1%。开展危害民生专项立案监督，对危害民生违法犯罪案件进行调查梳理，监督移送此类案件9件9人。开展维护百姓“舌尖上的安全”专项行动，同相关部门一道办理了“毒皮蛋”、“病死猪肉”、假冒“金龙鱼”食用油等涉及食品安全的犯罪案件。对量刑畸轻的朱某某生产销售有毒有害食品案提出抗诉，使被告人被改判实刑。

（六）坚持改进作风，狠抓落实，强化检察队伍建设和基层基础建设

积极开展教育实践活动。重视检察人员的思想政治教育，通过组织开展深化政法干警核心价值观、“学习十八大、践行中国梦”等主题活动，提升干警思想政治素质。与南昌市青年联合会共同主办了“中国梦”法治论坛，激励青年干警积极畅想中国梦、法治梦与检察梦。选树执法为民的先进典型，市院赖蓉蓉同志当选2012年度“江西十大法治人物”，荣获“江西省三八红旗手标兵”荣誉称号，并作为全国检察机关5位“践行党的群众路线”先进人物之一，在最高人民检察院作先进事迹报告。

加强领导班子和队伍建设。在班子建设上，坚持以“六个创建”为指导，着力建设政治坚定、开拓进取、执法为民、团结和谐、清正廉洁的领导班子。市院领导班子被市委评为全市30个优秀领导班子之一。努力发挥干部协管作用，选好配强基层院“一把手”，提任3名优秀的年轻干部到基层院任检察长，选派3名中层干部到基层挂职副检察长，进一步优化基层院班子整体结构。在队伍建设上，开展岗位练兵，举办了全市“十佳公诉人”“侦查监督十佳检察官”评选和“两法”知识竞赛等活动。围绕修改后刑事诉讼法和民事诉讼法的正式实施，加强理论研究，创新开展“春夏秋冬”四季专题检察论坛，共147篇论文在省级以上期刊发表及获奖。注重指导实践，建立“两法”实施情况季度汇报制度，形成综合报告，指导案件办理。队伍专业化水平进一步提高，优秀人才不断涌现。市院周兰香被评为“全国优秀公诉人”，高新区院程云、新建县院熊有福分别被评为“全国侦查监督业务能手”“全国监所检察业务能手”，西湖区院袁海波被评为“首届全国检察机关职务犯罪预防素能比武优胜标兵”。在全省检察机关“两法”知识竞赛活动中，我市代表队荣获第一名。

着力夯实检察工作发展基础。加强基层检察院建设，继续推进培优工程。新建县院、西湖区院、青山湖区院被评为“全国检察宣传先进单位”。新建县院、西湖区院、长埈地区院、经开区院被评为“全省先进基层检察院”。推进案管中心建设，全市两级院均成立了专门案件管理机构，实行案件统一集中管理，规范执法行为，对10起违规处置涉案款物、20起使用法律文书不当、24起未严格履行法律监督职责等问题及时予以纠正。加强检察科技装备和信息化建设，市院首家通过检察专线网络系统分级保护检测，西湖区院组建了省内领先的电子数据实验室，侦查装备和信息化水平迈上了新台阶。

（七）坚持内外结合，加强监督，不断推进检察工作健康发展

自觉接受人大、政协和社会各界监督。向市人大常委会专

题报告反贪工作,重视做好人大代表建议、政协委员提案和人大常委会转交有关事项的办理。积极开展代表、委员联络工作,自2012年以来,累计向代表、委员寄送7期共3500余份《联络专刊》。认真落实人民监督员、特约检察员等制度,顺利完成了第6届特约检察员的聘任。进一步深化检务公开,把握新时期舆情工作特点,利用微博、微信等新兴媒体,传递南昌检察“好声音”,市院“@南昌检察发布”新浪微博“粉丝”人数近3万,发布检察微博2500余条。

严格检察机关内部监督。认真学习贯彻中央政法委和高检院防止和纠正冤假错案的相关规定,严防冤假错案。加强对基层院执法办案和领导班子的监督,建立健全专项检查、同步监督、责任追究等机制,共开展检务督察20次。对125件职务犯罪案件一审判决实行两级院同步审查,纠正下级院不抗诉决定2起。加强党风廉政建设,认真落实中央八项规定,集中开展“四风”整治和“红包”专项治理活动。创新教育形式,开展“家庭助廉”、发送廉政短信、观看警示教育片等活动,以丰富多样的形式加强对干警的警示教育。修订《规章制度汇编》,编撰《内部监督制度汇编》,强化内部管理,探索建立教育自律、制度规范、风险预警、督察考核“四位一体”监督制约体系。

在肯定工作成绩的同时,我们也清醒地认识到,当前的工作还存在一些不足和困难,主要表现为:一是干警执法理念同修改后刑事诉讼法和民事诉讼法的要求还不完全适应,对新规范、新举措的研究应用还不充分;二是在发挥检察职能保障民生民利上同人民群众的新要求和新期待有差距;三是个别检察干警作风不严谨、工作不细致、执法不规范的现象仍然存在;四是基层检察院案多人少的问题依然突出。对此,我们将在今后的工作中认真研究,努力加以解决。

二、2014年全市检察工作安排

各位代表,2014年是党的十八届三中全会后全面深化改革的起始之年,是南昌加速推进打造核心增长极进入新阶段、实现跨越发展的关键之年。全市检察机关将全面贯彻党的十八大及十八届三中全会和省委、市委全会精神,不断强化法律监督,强化自身监督,强化队伍建设,努力把检察工作提高到新水平。

(一)以强烈的使命感,更加有力地服务发展大局。紧紧围绕大局,围绕改革主题,立足检察职能,积极研究与检察工作相关的全局性、战略性和前瞻性问题,及时调整工作重点,不断强化监督效果,提供强力司法保障。对于先行先试和改革中出现的新情况、新问题,及时跟进、认真研究,慎重对待。

(二)以深厚的为民情怀,更加有力地保障民生民利。积极回应人民群众的新期待,严厉打击侵害民生民利的刑事犯罪,严肃查办民生领域的职务犯罪,切实做好新形势下的群众工作,更好地维护人民群众的合法权益。

(三)以创新求实的工作理念,更加有力地维护社会和谐稳定。充分发挥检察职能,创新工作方式方法,维护社会和谐稳定。发挥执法办案在防范与化解社会矛盾、加强和创新社会管理中的基础性作用,加强社会矛盾排查和风险评估,积极参与对重点人群、重点领域的服务管理,最大限度地减少不和谐因素。

(四)以公正高效权威的执法,更加有力地维护公平正义。加强查办和预防职务犯罪工作,收集社情民意,重视网络舆情,提高发现和证实犯罪的能力,重点查办有震动、有影响的贪污贿赂、渎职侵权大要案。全面强化诉讼监督,坚决监督纠正执法不严、司法不公问题,维护司法公正。

(五)以真抓实干的优良作风,更加有力地抓好自身建设。紧密结合检察机关实际和特点,深入开展“践行党的群众路线”教育实践活动。推进队伍专业化和职业化建设,提升队伍素质,优化队伍结构。坚决纠正“四风”,积极探索强化自身监督的新机制和新方法,不断完善并狠抓各项监督措施落实,确保干警作风过硬和清正廉洁。

(六)以更高更严的标准,更加自觉接受广泛监督。全面贯彻党的路线方针政策,自觉接受人大、政协及社会各界监督。不断加强与人大代表、政协委员的日常联系和专项联系,积极争取代表、委员对检察工作的了解、关心和支持,推动检察工作科学发展。

(七)以时不我待的紧迫感,更加有力推进检察工作改革。按照中央及省、市和上级检察机关部署,紧跟改革步伐,做好深化检察工作机制改革的各项工作。在全市检察机关开展“解放思想、改革创新”主题活动,从重点、难点问题入手,以改革创新精神和问题倒逼的紧迫感,主动研究和试行解决问题的举措,促进南昌检察科学发展。

各位代表!站在当前全面深化改革的新起点上,在南昌加速打造核心增长极的新征程中,我们将在市委和省检察院的坚强领导下,在市人大及其常委会的有力监督下,以实在、实干的精神,扎实做好各项检察工作,为我市全面加速打造核心增长极提供更有力的司法保障,做出新的更大贡献!

关于南昌市2013年国民经济和社会发展计划执行情况及2014年国民经济和社会发展计划草案的报告

——2014年1月9日在南昌市第十四届人民代表大会第四次会议上

南昌市发展和改革委员会主任　邓建新

各位代表:

受市人民政府委托,我向大会作关于南昌市2013年国民经济和社会发展计划执行情况及2014年国民经济和社会发展计划草案的书面报告,请予审议,并请各位政协委员和各位列席人员提出意见。

一、2013年国民经济和社会发展计划执行情况

过去的一年,面临复杂多变的国内外环境,在市委的坚强领导下,在市人大、市政协的有力指导下,我市牢牢把握稳中求进的工作总基调,紧紧扣住打造带动全省发展的核心增长极战略,认真贯彻落实中央和省、市一系列稳增长、调结构、促改革的政策措施,在经济下行压力进一步加大的背景下,全市经济社会发展形势总体好于全省平均水平,全市计划执行总体上达到了计划目标。主要体现为五个方面的特点:

(一)经济平稳较快增长,质量效应同步提升。在2013年

初经济下行压力明显增大的情况下，把稳增长放在更加重要的位置，重点围绕帮扶企业实施了一系列有针对性的措施，取得明显成效。全市地区生产总值实现3336.03亿元，增长10.7%（同比，下同），经济总量在全省占比较前一年提高0.1个百分点，打造核心增长极目标稳步推进。财政金融形势平稳有序，全市财政总收入558.02亿元，省口径增长16.8%；地方公共财政预算收入291.91亿元，增长21.6%。全市金融机构存贷款余额分别为6624.57亿元和5464.22亿元，增长15.7%和14.4%。城乡居民收入稳步提升，全市城镇居民年人均可支配收入26151元，增长10.8%；农民年人均纯收入10806元，增长11.1%，分别高于经济增速0.1个和0.4个百分点。自主创新和节能减排成效显著，成立了全市第一家院士工作站－安义县晶安高科院士工作站，新认定高新技术企业67家，实施重大科技项目15项，申请专利6190件，全市技术市场交易额18.5亿元。全面启动“蓝天行动计划”，抓好了小蓝工业园、瑶湖、白水湖污水处理厂等一批生态环保项目，全市万元生产总值能耗下降3.99%，化学需氧量及二氧化硫排放量分别下降4.8%和6.3%，城市绿地覆盖率43.05%。

（二）结构调整持续深入，三次产业协调发展。我市三次产业结构比由2012年的4.9∶56.4∶38.7调整为4.7∶55.5∶39.8，服务业增加值比重进一步提升，产业结构进一步优化。农业基础地位得到巩固。农业生产实现历史性“十连丰”，粮食总产量246.07万吨；农业产业化发展再上新台阶，市级以上农业产业化龙头企业发展到427家，其中省级龙头企业突破100家，达101家，增长31.6%；秀美乡村建设走在全省前列，全市农村面貌明显改观。工业生产平稳运行。在下行压力不断加大的条件下，我市围绕壮大实体经济发展，出台了《关于支持工业和中小微型企业发展的若干政策》《关于支持进贤县医疗器械产业集群发展的若干政策措施》等一系列政策措施，取得显著成效。全年实现规模以上工业增加值1159.48亿元，增长12.9%，高于全省平均水平0.5个百分点，在全省占比较2012年提高0.35个百分点。企业效益稳步增长，规模以上工业企业累计实现主营业务收入4506.83亿元，增长15.8%；实现利税总额461.56亿元，增长16.5%。服务业发展迈上新台阶。商贸业蓬勃发展，社会消费品零售总额完成1270.01亿元，增长13.7%，恒茂梦时代广场、南昌华南城一期、世贸广场等综合体相继开业；全省金融商务区已有90家金融机构入驻，全省金融产业服务园全面展开招商工作；旅游业持续活跃，实现旅游总收入275.95亿元，增长36.6%，接待国内外游客3302.34万人次，增长30.2%；在第九届中国（深圳）国际文化产业博览会上，我市文化产品获得了3金、4银、7铜的好成绩，南昌瓷板画、江西赣绣等南昌特色文化产品受到广泛关注。

（三）重大项目推进有力，发展后劲持续增强。扎实推进100个重大重点项目建设，完成年度投资478.51亿元，带动全社会固定资产投资完成2906.43亿元，增长20.9%。重大基础设施建设方面：南昌西客站已正式运营通车，西客站广场及配套路网工程、轨道交通工程、朝阳大桥等一批拉大城市框架的重点工程按计划顺利推进。产业发展方面：江西五十铃汽车有限公司整车、联创光电LED产业园、九龙湖万达文化旅游产业城、南昌国际博览中心等大体量项目开工建设；江铃30万辆整车、年产8万吨铝合金型材、奥克斯二期等重大项目竣工投产，提升经济发展竞争力。社会事业方面：重点抓好了综合性医院建设、南昌市残疾人康复就业体训中心、陈云纪念园等一批提升城市魅力的项目建设。

（四）改革开放深入推进，发展活力不断释放。重点领域和关键环节改革扎实推进。在全国率先开展第八轮行政审批制度改革；加速推进重大产业投融资平台改革，对市属国有企业进行清产核资；颁布实施《南昌市被征地农民参加养老保险实施办法》，为城市规划区范围内全部符合条件的被征地农民购买养老保险，惠及全市近30万名农民，此举在全国尚属首创；深入推进医疗卫生体制改革，在全国率先实行了医保跨省联网异地结算；积极稳妥地推进县级公立医院改革试点，各县区陆续制定出台了《县级公立医院改革实施方案》的相关配套文件；南昌县、进贤县、东湖区和青山湖区的综合配套改革试点工作稳步推进。进一步加强对外开放合作。积极参与2013赣港经贸合作、中博会、京交会等多项重大招商活动。全市实际利用外资29.64亿美元，增长12.3%；实际利用内资819.76亿元，增长15.3%。省内外区域合作取得新进展，与武汉、长沙、合肥签订了战略合作框架协议，形成了“武汉共识”；昌九一体化取得实质进展，开通省内首条城际公交线路（南昌—永修）；与抚州市政府签署战略合作框架协议；召开了南昌、九江、宜春、抚州四市区域合作决策咨询及首届协商会，四市共同签署《南昌、九江、宜春、抚州四市区域合作框架协议》。出口保持平稳增长，海关出口总额73.11亿美元，增长13.1%。

（五）民生改善成效显著，社会事业全面发展。始终把保障和改善民生放在突出位置，投入专项资金137.5亿元，全面完成年初确定的91件民生工程实事。稳定了就业形势，新增城镇就业人数8.85万人，城镇登记失业率控制在3.6%以内。提高了社会保障标准，城区、四县及桑海开发区、农村低保标准分别提高到430元、400元和240元。新农合筹资水平达到人均340元，新农合参合人数252.14万人，参合率98.9%，达到历史最高水平。省内医保异地就医结算范围扩大到吉安、抚州、赣州、景德镇和九江。保障性住房建设进展顺利，基本建成9123套，发放经济适用住房货币补贴2434.82万元，惠及461户家庭，发放廉租住房租赁补贴3128万元，惠及12268户家庭。社会事业全面发展。对139家农家书屋进行了出版物更新，建成24个公共电子阅览室；免费开放国体中心部分场馆，群众性体育活动蓬勃开展；推进全市20多所中小学校网点建设，南昌市第一中学朝阳新校项目全面竣工，积极开展“名校放大工程”，促进教育优质均衡发展。重点推进了市洪都中医院红谷滩新院、市第三医院朝阳院区、市中西医结合医院综合大楼等一批卫生项目建设。

在经济下行压力不断增大的情况下，我市取得上述成绩实属不易，过去一年的发展成效，是省委、省政府、市委正确领导的结果，是市人大、市政协大力支持和帮助的结果，是全市上下和社会各界密切配合、共同努力的结果。在充分肯定成绩的同时，也必须清醒地认识到：南昌市自主创新能力和企业竞争力还有待进一步提高，经济发展和环境质量的关系有待进一步妥善处理，民生保障有待进一步完善。同时，经济发展的不确定因素仍然较多。对此，要在新的一年采取有效措施积极应对。

二、2014年经济社会发展的主要目标

2014年是贯彻落实十八届三中全会精神，全面深化改革的初始年，是南昌市结构调整和转型升级的关键之年，做好2014年的经济工作，对“打造带动全省发展的核心增长极”目标具有十分重要的意义。

（一）发展环境

从国际看，全球经济将缓慢复苏但仍面临较大不确定性。美国经济复苏迹象趋于明显，但依靠宽松的货币政策和房地产支撑，仍有不确定性风险，日本经济在刺激中开始出现一定增长，但结构性问题难有缓和。欧元区经济有望实现微弱增长，但其经济社会矛盾长期化已成定局。新兴经济体可能温和回升，但增长动能疲弱、结构性矛盾突出，可能成为2014年世界

经济中的重要不稳定因素。在中东北非地区,经济增长受到政治和社会紧张局势的影响,失业问题和生产力增长缓慢仍对经济政策形成挑战。总的来看,2014年将是世界经济整体复苏的一个重要时间窗口,但实体经济复苏的压力非常大,不确定因素也非常多,形势仍然纷繁复杂。

从国内看,经济发展将继续呈现平稳增长态势。一是宏观经济趋稳向好。中央稳增长、调结构、促改革的政策组合拳实施以来,已经取得了明显的效果。新的一年,全国经济工作以"稳中求进、改革创新"为核心,实施积极财政政策以及稳健的货币政策,巩固稳中向好的发展态势,促进经济社会稳定,为全面深化改革创造条件。二是政策效应和改革红利将逐步释放。十八届三中全会推出的一系列改革措施,将极大地激发市场活力,推动我国经济社会快速转型发展,政策效应将在2014年开始逐步显现。

从全市看,我市总体上机遇大于挑战。有利方面,一是我市打造带动全省发展的核心增长极的战略持续深入实施,我市大投入、大建设、大发展继续深入推进,进一步简政放权及省政府赋予我市省级经济社会管理权限的实施,将极大激发市场活力,经济社会发展后劲将进一步提升。二是启动南昌临空经济区(鄱阳湖生态经济先导区)规划建设,将有力吸引临空产业在我市集聚,我市的开放型经济水平将进一步提升,随着昌九战略合作的进一步深化,南昌一小时经济圈的构建,我市将进入一个全面发力崛起的新阶段。存在的挑战,我市作为中部崛起的省会城市,欠发达的地位尚未根本改变,与武汉、长沙、郑州等中部城市相比差距仍然较大,进位赶超发展的任务很重;资金、土地、电力等要素仍然偏紧,发展的压力较大;长期以来支撑经济高速增长的要素条件和外部环境已经发生了变化,企业面临市场萎缩、成本上升和转型升级三大压力。

(二)主要目标

根据国内外环境和我市发展趋势的总体分析,按照"占比提升、位次前移"的要求,综合考虑以下两个方面的情况:一是统筹考虑宏观经济环境以及我市经济社会发展情况。随着国家进一步加大力度调整经济结构以及推动产业转型升级,我市以劳动密集、资源密集为主导的低端产业结构将受到更严峻的挑战,转型升级发展的任务非常繁重,我市经济社会发展速度难以保持以前的高速增长。二是基于赶超进位的考虑。从我们了解的情况来看,由于下行压力普遍较大,中部省会城市和省内兄弟城市纷纷下调了对2014年的经济增长预期,大部分地区2014年的计划增速比照2013年的实际完成数进行安排,武汉和郑州2014年经济增长预期增速都是10%,合肥和长沙分别是11%和12%;全省2014年发展目标为10%左右,各设区市的计划增速普遍为10%—11%。我市具体各项主要经济发展指标2014年目标初步安排如下:

——地区生产总值增长10.5%左右;

——全社会固定资产投资增长21%;

——规模以上工业增加值增长12.5%;

——社会消费品零售总额增长13.7%;

——财政总收入增长13.5%;

——地方公共财政预算收入增长13.5%;

——实际利用外资增长8%;

——海关出口总额增长5%;

——城镇居民年人均可支配收入增长10.5%;

——农民年人均纯收入增长10.5%;

——万元生产总值能耗下降2.5%;

——人口自然增长率控制在7.39‰以内;

——居民消费价格总水平涨幅控制在3.5%左右。

三、2014年经济社会发展的重点任务

为了实现上述发展目标,力争达到更高要求,努力实现打造核心增长极第一阶段的目标,2014年要在"稳中求进"的总基调下,狠抓产业发展、项目建设、改革开放以及民生保障,着力做好以下五个方面的工作。

(一)突出产业攻坚,推动经济协调发展。以产业结构调整和经济转型升级为主线,着力推进产业三年强攻行动计划。一是扎实推进农业产业化。加快优化都市生态农业发展载体,构建新型农业经营体系,促进传统农业向现代农业转型发展,着力提升现代农业发展水平。扎实推进泾口万亩优质水稻、金桥万亩高产茶油等重点现代农业项目和特色产业集群建设。支持鼓励军山湖鱼蟹、国鸿生态蔬菜等知名品牌建设以及农业产业化龙头企业的加快发展。二是切实壮大工业经济。充分利用现有的产业基础,做好"加减"文章,提升存量,引进增量。实施工业发展三年强攻行动计划,通过三年努力,力争实现"86436"目标,即到2016年,规模以上工业企业主营业务收入突破8000亿元,累计完成工业投资超过6000亿元,形成汽车、食品、电子信息、新材料4个千亿产业,3个国家级开发区打造为千亿园区,培育60户龙头企业,形成对经济发展强大的主体支撑。重点实施江西五十铃整车、统一饮料生产基地、中大尺寸触摸屏和纳米银、气凝胶纳米保温材料等一批主导产业项目。三是大力促进现代服务业发展。充分发挥省会城市优势,以重点集聚区、重点项目、龙头企业、服务品牌四大载体为抓手,以构建服务业发展政策支撑体系为重点,大力实施以"5568"为总目标的服务业三年强攻行动计划。通过三年的努力,建设区域性金融中心、区域性物流中心、区域性创意中心、区域性消费中心和区域性营运中心等五个区域性服务中心;商贸、物流、金融、文化和总部经济五大产业营业收入分别达到1000亿元;服务业三年累计投资达到6000亿元;服务业营业收入到2016年达到8000亿元。用活用好我市已出台的一系列促进服务业发展的优惠政策,如促进总部经济发展、旅游业发展、商业特色街及老字号发展的政策等。重点实施南昌国际博览中心、九龙湖万达文化旅游产业城、江西银燕昌西南物流中心、天虹华中区总部大厦等一批大型现代服务业项目。

(二)强化项目带动,夯实经济发展后劲。围绕"大投入、大建设、大发展"要求,充分发挥重大项目带动作用,全力推进一批牵动全局、事关长远的大项目建设,以项目激活投资,促进经济持续健康较快发展。一是确定全市重大重点项目投资计划。2014年围绕南昌市打造核心增长极的需要,安排市级重大重点项目100项,总投资3189.52亿元,年度投资1023.26亿元。包括对经济增长和产业结构优化升级有重要作用的产业项目60项(工业项目40项,服务业项目20项);对完善城市功能、改善投资环境、提高环境质量有带动作用的城市基础设施和城市管理项目各10项;对精神文明和社会发展有重大影响的社会公共事业项目10项;对改善城乡居民生产生活条件和社会和谐有重大促进的民生实事项目10项。组织实施好这些重大项目,将对我市实现经济社会发展目标形成有力支撑。二是抓好重大项目协调推进。围绕促开工、促进度、促投产,加快推进重大项目建设。继续按照"市县(区)两级分级推进,不同问题分类调度、不同责任分开协调"的原则,落实项目责任单位的现场调度、项目主管部门的日常调度和市级层面的定期调度的多层次的问题协调解决机制,确保大项目落得下、建得快、见效早。三是完善重大项目督查考核。建立健全重大项目论证评估机制,坚持以效益定项目、以投入供土地、以产出给政策,提高项目的实效性和拉动力。围绕引进项目、推进项目和服务项目,进一步完善我市打造核心增长极考核以及年度目标责任考核体系，加大对重点项目业主单位、推进单位和服务单位的综合考评力度。

（三）加强城市建设，增强城市承载能力。一是抓好老城区提升改造。继续深入实施"大征迁、大收储"战略，确保完成800万平方米的旧改征迁任务，重点推进东湖区下正街、西湖区南浦路、青云谱区井冈山大道以东等新开工项目和东湖区青山湖西岸、青山湖区临江商务区、幸福渠流域等续建项目的连线成片整体改造。继续推进拆违拆临，在巩固已有成果的基础上，启动第二轮"拆违拆临、建绿透绿"工作。二是加快推进新区建设。不断完善红谷滩新区的服务功能，大力发展金融商务、商贸物流、会展交易和文化创意等新兴服务业，建成生态人居和现代服务业发展示范区。加快推进九龙湖新城建设，完善九龙湖片区的基础设施建设，引导重大功能性社会事业项目落户，进一步完善城市功能。三是加快实施一批城乡基础设施项目。重点抓好城市轨道交通工程、南外环高速公路工程、红谷隧道工程等一批重大交通设施项目，完善城市现代交通体系；抓好城市供水设施、南昌市"拆违拆临还绿建绿"工程、南昌泉岭生活垃圾焚烧发电厂等一批市政建设项目，提升城市宜居品味。

（四）深化改革开放，激活经济内生动力。坚定不移地深化改革扩大开放，增强经济发展的活力和动力。一是关注重点领域，深入推进体制改革。把临空经济区作为改革创新的先行区，参照上海自贸区的体制和做法，结合自身实际，努力探索一套适合南昌市经济社会发展的管理体制。突出抓好经济体制改革、行政体制改革、统筹城乡综合配套改革、社会体制改革以及生态文明体制改革等五大重点领域和关键环节的改革。二是聚焦产业招商，大力推进对外开放。放宽外资进入的门槛，实行非禁即入，凡国家法律法规未明令禁入的投资领域全部向外资开放并实行内外资、内外地企业同等待遇。根据我市产业发展重点，尤其是对目前产业链具有弥补和延伸作用的项目，要有针对性地开展主动招商、上门招商。探索县区之间"飞地经济"发展模式，激发各县区、开发区、新区的招商引资动力。三是强化区域合作，构建共赢发展格局。以发展临空经济区为支点，继续大力推进昌九一体化、昌抚一体化，构建南昌一小时经济圈。争取从省级层面对《南昌临空经济区发展和建设规划》（2013—2025年）进行发布实施，加快组建临空经济区管理机构。启动部分重点区块的建设，尤其加速推进规划区内一些成熟区块的建设，如小微企业园、桑海开发区以及综合商务区、航空物流区建设等。加快研究以综合保税区、用地计划指标单列等为核心的一系列特许政策支持，形成政策叠加效应，加快推进临空经济区规划建设。

（五）保障改善民生，促进社会和谐发展。按照全面建设小康目标，坚持"量力而行、尽力而为"和"百姓点菜、政府买单"的原则，着重围绕就业创业、社会保障、社会救助、医疗保障、社会事业、保障性住房、扶贫开发、改善人民群众生产生活条件等八个方面，继续大力实施一批民生工程建设。大力推进南昌市综合性医院、南昌市第二社会福利院红谷滩分院、南昌市医学科学研究所附属生殖医院等一批提升医疗水平的项目建设；推进南昌市中小学生综合实践基地、南昌市九龙湖示范高中、南昌市高级技工学校新建一期工程等一批提升教育品质的项目建设；推进"小平小道"爱国主义教育基地、南昌市博物馆新馆、滕王阁核心景区改造提升工程等一批文化旅游项目建设；实施南昌市青少年宫、南昌市城区集贸市场升级改造和社区菜店建设、南昌市老年福利院等一批公共服务设施项目建设。

各位代表，完成2014年全市经济社会发展的各项目标，任务艰巨，责任重大。我们要在市委、市政府的坚强领导下，在市人大、市政协的监督帮助下，开拓创新，务实奋进，为实现"带动全省发展的核心增长极"目标而努力奋斗。

以上报告，请予审议。

关于南昌市2013年市级总预算执行情况和2014年市级总预算草案的报告

2014年1月9日在南昌市第十四届人民代表大会第四次会议上

南昌市财政局局长　陈以荻

各位代表：

我受市人民政府委托，向大会报告2013年市级总预算执行情况和2014年市级总预算草案，请予审议，并请市政协各位委员和其他列席同志提出意见。

一、2013年市级总预算执行情况

2013年，全市各级财政部门在市委、市政府的正确领导下，在市人大的监督指导下，深入贯彻落实党的十八大精神，按照打造核心增长极要求，强力推进"大投入、大建设、大发展"，积极稳增长、调结构、惠民生、强管理，全市财政运行情况良好。

全力组织收入，财政增收情况良好。加强县区、征管部门衔接，加强收入监控和调度，确保序时进度；开展调研，出台扶持政策，提出征管建议，积极应对组织收入过程中的问题；加快涉税信息平台建设，强化信息应用，努力挖掘增收潜力。2013年全市财政总收入、地方公共财政预算收入分别增长16.8%、21.6%，分别比全省增幅高1.6、3.5个百分点，均排名全省设区市第4位，比2012年分别提升1位、4位；税收收入占财政总收入比重达90.3%，是全省唯一保持90%以上的设区市；青云谱区财政总收入首次突破30亿元，红谷滩新区、青山湖区首次突破40亿元，高新区首次突破50亿元，南昌县首次突破70亿元，继续排名全省县区第一位。

倾力扶持产业，财源建设持续加强。市级财政新增安排扶持企业发展专项资金2.5亿元，总量达到13.5亿元，提升支持经济发展力度。累计拨付昌工控股10亿元，充实、壮大我市产业投资引导基金，以市场化的风险投资、债权投资等方式支持产业发展；拨付欧菲光科技扶持资金4360万元，双汇食品扶持资金1500万元，联创光电触摸屏改造项目扶持资金3000万元，安义县新型建材产业集群发展扶持资金2000万元，进贤县医疗器械产业集群发展扶持资金2000万元，扶持重点企业、产业发展；兑现打造核心增长极企业税收突出贡献奖2990万元，调动企业积极性，努力为我市税收增长做贡献；兑现县域经济发展二十条政策资金8250万元,增强县区财力,调动县区发展积极性;出台营业税改征增值税过渡期财税扶持政策,对因税制改革而增加税负的企业进行财政扶持,保障企业平稳发展,促进产业结构调整。

强力加快建设,支持力度明显提升。累计拨付29亿元,充实市级融资平台资本金,以平台为依托,加快我市轨道交通、快速路网等重点项目建设;累计拨付建设资金10.1亿元,支持三医院朝阳新院、一中朝阳新校区、老年福利院、康复就业体训中心等重点项目建设,完善社会公共服务设施;争取省财政新增我市地方政府债券额度4亿元,总量达到14亿元,其中11亿元用于我市轨道交通项目,同时争取轨道交通项目世界银行贷款2.5亿美元;争取省地方教育附加返还2.8亿元,支持我市教育事业发展;积极清理财政存量资金,从中筹集15亿元并拨付给平台公司,用于我市棚户区改造;积极运作资产经营公司,将市直行政事业单位资产共计235亿元注入平台,提升平台资产规模和融资能力。

着力改善民生,财政职能充分发挥。优化支出结构,坚持新增财力向困难群众、向农村、向基层和社会事业薄弱环节倾斜,全力保障民生工程和公共财政政策的资金需要。2013年,累计拨付资金96.5亿元,围绕十个方面实施了60项公共财政政策,比去年增加15.8亿元,增长19.6%。在保障省民生工程和公共财政政策实施基础上,实施了社区网格化管理、基层卫生服务机构服务能力建设、高龄老人生活补贴、加快公共交通发展等18项市级公共财政政策。同时,积极筹集资金,累计拨付17.38亿元,推动被征地农民纳入养老保险工作,切实维护其合法权益。

大力推进改革,管理水平不断提高。全面开展市级结余结转资金清理,并将清理出的存量资金用于扶持产业和棚户区改造,激活财政存量资金;制定市级国有资本经营预算编制管理办法和市级国有资本经营收益收取管理办法,规范和加强国有资本管理;对轨道交通2号线和朝阳大桥等市级重点项目实施了全过程跟踪评审,提高评审质量,促进资金节约;全面启动账户资金运行管理系统,开展全市财政资金安全检查,保障资金安全;全面实施政府采购电子化管理,积极推进政府采购的全流程操作电子化、全过程监控网络化;建立地方政府性债务定期监控机制,及时防范债务风险;稳步推进部门预算、决算、“三公”经费等公开工作,不断提高财政运行透明度。

2013年全市财政收支预算的具体执行情况:

(一)市级总预算执行情况

据2013年12月31日快报反映,2013年全市财政总收入完成558.0亿元,按省口径计算增长16.8%。其中:国税部门完成232.1亿元,增长11.4%;地税部门完成238.8亿元,增长22.3%;财政部门完成46.6亿元,增长16.5%;省地税直属分局完成19.5亿元,下降0.6%;海关代征税收完成21.2亿元,下降42.9%。

全市地方公共财政预算收入完成2919096万元,完成市十四届人大三次会议批准预算的105.3%,增长21.6%。主要项目完成情况是:增值税211936万元,增长39.5%;营业税1020353万元,增长17.1%;企业所得税301334万元,增长16.9%,契税279046万元,增长33.0%;非税收入465579万元,增长16.5%。

全市地方公共财政预算支出(包括上级财政专项补助、上年结转等支出)4177733万元,增长20.7%,主要支出项目预算执行情况是:一般公共服务369305万元,增长16.2%;公共安全231829万元,增长19.4%;教育741552万元,增长16.7%;科学技术54166万元,增长22.4%;农林水事务309204万元,增长19.9%,以上科技、教育、支农支出增长均超过全市财政经常性收入增幅,达到法定增长要求;社会保障和就业441565万元,增长16.7%;医疗卫生385624万元,增长24.5%;城乡社区事务675636万元,增长47.6%;资源勘探电力信息等事务289011万元,增长30.2%;住房保障支出114669万元,增长45.8%。

全市基金预算收入完成3086922万元,增长101.5%,其中国有土地使用权出让金收入及计提的专项资金完成3021740万元,增长106.3%;基金预算支出完成2703213万元,增长97.5%,其中:国有土地使用权出让金支出完成2457719万元,增长107.3%。

(二)市本级预算执行情况

2013年市本级地方公共财政预算收入1140757万元,完成市十四届人大三次会议批准预算的105.2%,增长17.0%,主要收入项目完成情况是:增值税45816万元,增长44.1%;营业税430265万元,增长15.1%;企业所得税104583万元,下降1.6%;城建税72863万元,增长17.9%;契税88977万元,增长44.8%;非税收入201054万元,增长9.8%。

2013年市本级地方公共财政预算支出1501223万元,增长27.3%,主要支出项目预算执行情况是:一般公共服务74303万元,增长19.6%;公共安全71895万元,增长4.9%;教育232637万元,增长15.0%;科学技术15094万元,增长17.5%;农林水事务37182万元,增长4.4%,主要是由于2013年中央、省级造林绿化、病险水库除险加固资金改变了以往在市级列支的方式,直接拨付给县区财政,剔除此因素则同口径增长22.9%,以上科技、教育、支农支出均达到法定增长要求;文化体育和传媒20423万元,下降10.8%,主要是由于2013年上级一次性专项资金减少,同时部分专项资金由市级列支改为县区级列支,剔除上述因素同口径增长8.6%;社会保障和就业171717万元,增长21.1%;医疗卫生127892万元,增长16.7%;节能环保12852万元,下降34.0%,主要是由于2012年存在一次性因素以及2013年中央、省、市专项资金向县区倾斜,在县区列支较多,剔除上述因素则同口径增长8.4%;城乡社区事务347605万元,增长89.8%,主要是2013年加大了对棚户区改造的投入,一次性拨付棚改项目资本金15亿元;交通运输156536万元,下降0.2%,剔除2012年度一次性不可比因素,同口径增长16.9%;资源勘探电力信息等事务145907万元,增长88.6%,主要是一次性拨付昌工控股5亿元,作为重点产业投资引导基金;商业服务业等事务支出8261万元,下降27.2%,主要受家电以旧换新补贴政策执行完毕上级补贴大幅减少等因素影响,剔除上述因素,同口径增长2.8%;住房保障支出61247万元,增长6.8%。

2013年市本级基金收入2032959万元,增长99.0%,其中:国有土地使用权出让金收入及计提的专项资金完成1979370万元,增长105.7%。市本级基金支出1577139万元,增长89.2%,其中国有土地使用权出让金支出1446359万元,增长87.7%。

2013年市本级地方公共财政预算收入超额完成了市十四届人大三次会议批准的预算,根据财政部的有关要求并结合我市实际,我们将超收收入转入2014年预算统筹安排使用。

(三)三开发区和红谷滩新区预算执行情况

2013年南昌经济技术开发区地方公共财政预算收入100454万元,同口径增长20.4%;地方公共财政预算支出130162万元,增长3.7%。南昌高新技术开发区地方公共财政预算收入135230万元,增长25.6%;地方公共财政预算支出187146万元,增长7.0%。桑海经济技术开发区地方公共财政预算收入15354万元，增长49.5%；地方公共财政预算支出18165万元，增长52.3%。红谷滩新区地方公共财政预算收入227173万元，增长32.8%；地方公共财政预算支出222178万元，增长12.9%。

2013年三开发区和红谷滩新区基金收入160885万元，增长228.2%；基金支出257505万元，增长292.2%。

根据年终报表测算，2013年市本级和各县区当年均实现了财政收支平衡。具体平衡情况待省财政厅审核我市2013年财政收支决算后，再专题向市人大常委会详细汇报。

上述数据均是12月31日的收支快报数，年度决算编成后还会有些变动，届时再向市人大常委会报告。

2013年，我市财政预算执行情况良好，但我们也清醒地看到财政运行中还存在一些问题：我市财政增收的基础还不牢固，需要更加突出产业发展，增强增收后劲；产业发展、项目建设、民生保障对资金需求不断增加，需要更加突出优化支出结构，集中财力办大事；财政资金使用效益尚需提高，需要更加强化绩效理念，提高资源配置效率。对于这些问题，我们将采取有效措施努力加以解决。

二、2014年市级总预算和市本级预算草案

根据对今年财政经济形势的分析，按照中央、省、市对经济工作的总体部署，2014年财政工作的指导思想是：深入贯彻落实党的十八大、十八届三中全会和中央经济工作会议、全国财政工作会议精神，以扎实开展党的群众路线教育实践活动为保障，以打造核心增长极为目标，以强力实施工业、服务业、旧城改造、新城建设四个三年强攻计划为核心，突出深化改革，突出市场化取向，突出先行先试，坚持支持发展，坚持加快建设，坚持民生优先，全力促进我市经济社会又好又快发展。

根据上述指导思想，依据我市2014年国民经济和社会发展计划，我们编制了2014年市级总预算草案。2014年全市财政总收入比上年增长13.5%。财政支出在可用财力之内合理安排，主要是保工资发放、保法定增长、保重点支出和实施公共财政政策支出需要，其他各项支出按照从紧、节俭的原则妥善安排。

2014年，全市地方公共财政预算收入计划安排331.2亿元，比上年增长13.5%；全市地方公共财政预算支出安排304.4亿元，比上年预算增长15.7%，当年预算收支平衡。需要说明的是，以上是市代编预算，待县区人代会审批同级预算上报市后，再汇编2014年市级总预算，报市人大常委会备案。

（一）市本级收支预算安排情况

2014年市本级地方公共财政预算收入安排129.5亿元，增长13.5%。主要收入项目的安排情况是：税收收入1075800万元，增长14.5%，其中增值税50400万元，营业税501100万元，企业所得税115000万元，个人所得税55600万元，城建税84600万元；非税收入219200万元，增长9%。

按现行省、市、县区财政体制计算，2014年市本级地方公共财政预算收入可用财力为117.1亿元，省财政提前下达项目补助资金9.7亿元，市本级可供安排的财力为126.8亿元，扣除公共财政政策需补助县（区）等支出6.1亿元，2014年市本级支出预算安排为120.7亿元，比上年预算数增长15.8%，其中省财政提前下达项目补助资金9.7亿元。主要支出项目安排情况是：

一般公共服务54557万元，公共安全60690万元，教育194243万元，科学技术22576万元，文化体育与传媒25438万元，社会保障和就业104869万元，医疗卫生124360万元，节能环保8183万元，城乡社区事务83577万元，农林水事务40049万元，交通运输7506万元，采掘电力信息等事务183715万元，商业服务业等事务7661万元，国土资源气象等事务6680万元，住房保障支出35350万元，其他支出246247万元，其中总预备费8000万元。经测算，教育、科技、农林水事务三项支出分别增长14.1%、15.5%、13.2%，均高于财政经常性收入增幅，达到法定增长要求。

2014年市本级基金预算收入安排1457600万元，比上年执行数下降28.3%，其中国有土地使用权出让金收入1331000万元，比上年执行数下降28.6%。根据基金收入预算安排情况和基金使用的有关规定，2014年市本级基金预算支出安排1457600万元，其中国有土地使用权出让金支出1331000万元。

（二）三开发区和红谷滩新区预算安排情况

2014年三开发区和红谷滩新区地方公共财政预算收入安排555801万元，增长16.2%，其中：南昌经济技术开发区116066万元，增长15.5%；南昌高新技术开发区154200万元，增长14.0%；桑海经济技术开发区18585万元，增长21.0%；红谷滩新区266950万元，增长17.5%。

三开发区和红谷滩新区地方公共财政预算支出安排是：南昌经济技术开发区安排134650万元；南昌高新技术开发区支出安排165940万元；桑海经济技术开发区安排16433万元；红谷滩新区安排271430万元，三开发区和红谷滩新区当年预算收支平衡。

2014年三开发区和红谷滩新区基金收入预算安排100250万元。根据基金收入预算安排情况和基金使用的有关规定，2014年三开发区和红谷滩新区基金预算支出安排100090万元。预算收支平衡。

三、锐意进取，扎实工作，确保完成全年预算收支任务

2014年，是全面深化改革之年，是我市党的群众路线教育活动开展之年，全市财政部门将紧紧围绕强力实施工业、服务业、新城建设、旧城改造四个三年强攻计划的要求，振奋精神，开拓进取，努力完成各项财政工作任务。

（一）以强化征管为立足点，确保完成收入任务

加强对县区、征管部门指导，确保各项收入平稳较快增长；深入开展调研，调整和完善企业搬迁转移的税收划转机制，合理协调、分配迁出地和迁入地财政利益，调动县区发展积极性；及时兑现增收奖励政策，调动各级、各方面积极性；主动发挥市级协税护税领导小组作用，及时协调各级、各方面，维护我市财政利益；强化部门协作，开展市、县区联动，发挥涉税信息平台作用，挖掘增收潜力；适时调整和完善营业税改增值税财政扶持政策，促进企业平稳过渡，财政收入平稳增长。

（二）以扶持产业为支撑点，不断促进经济发展

深入贯彻落实工业、服务业三年强攻计划，统筹财力，加大投入，支持产业发展。2014年新增安排3.84亿元，将市级扶持企业发展专项资金扩大到17.34亿元，其中：新增重点产业投资引导资金2亿元，总量达3亿元，充分发挥市场作用，转变财政扶持方式，以市场化的手段引导、激励、支持产业发展；新增支持金融业发展专项资金2100万元，总量达到5500万元，新增资金重点用于兑现各项奖励扶持政策，支持实体经济发展；新增安排航空产业发展资金2000万元，不断拓宽我市对外交流渠道，营造良好经商环境；新增服务业发展专项资金4300万元，总量达1.51亿元，新增资金重点用于促进总部经济发展、集贸市场提升改造、农村现代流通服务体系建设；新增科技发展专项资金2000万元，总量达1.5亿元，继续提升我市企业竞争力。

（三）以加快建设为着力点，持续提升城市功能

积极筹措资金，不断拓宽来源，全力保障新城建设、旧城改造三年强攻计划资金需要。在2013年安排融资平台资本金及

项目回购资金10.5亿元的基础上，2014年新增安排4.5亿元，总量达到15亿元，另动用预算内上年结转资金安排3亿元，市政设施配套费安排1亿元，土地出让收益安排11亿元，共计30亿元，作为市级融资平台的项目资本金，以平台为依托，加快轨道交通、快速路网、棚户区改造、红谷隧道等功能性、全局性重点项目建设；在2012、2013连续两年分别投入7000万元、5000万元用于提高城市管护保障经费标准并将上述经费列入单位部门预算的基础上，2014继续新增4000万元，持续提升城市管护水平，为城市管理市场化运行打下资金保障基础，同时新增城市维护管理专项经费4000万元，总量达到3.4亿元，切实保障城市管理重大重点项目支出。

（四）以改善民生为落脚点，保障社会和谐发展

按照“守住底线，突出重点，完善制度”的原则，优化支出结构，加大民生事业投入，提升财政保障水平，扩大政策覆盖面，重点解决社保、医疗、教育、住房、环保等方面问题，让发展成果惠及人民群众；拓宽资金来源，积极筹措资金，不断加快失地农民纳入养老保险工作；重点加大城乡一体化建设投入，新增特色小城镇建设专项资金5000万元，总量达1亿元，另从土地出让收益和支农专项中安排3亿元，总计达4亿元，用于森林城乡通道绿化、五化整治和特色小城镇建设，不断改善乡镇面貌；强化和主管部门配合，有选择有重点的探索开展向社会力量购买公共服务试点。

（五）以深化改革为切入点，推动财政科学发展

逐步建立和完善市级专项资金项目库，对专项资金实行项目库管理，提高执行效率；建立健全财政绩效评价机构和管理制度体系，逐步开展专项资金绩效评价，提高资金效益；加强对项目和部门预算结余结转资金清理，建立财政存量资金的长效管理机制，激活财政存量资金；建立和完善地方政府债务监控和管理机制，防范债务风险；落实中央厉行节约的各项要求，继续从严控制一般性支出和行政成本；根据中央、省对事权调整部署，适时启动市、县区事权调整，逐步建立财力与事权相匹配的财政体制。

各位代表，新的一年里，我们将在市委、市政府的坚强领导下，自觉接受市人大监督和指导，认真贯彻落实大会各项决议，努力完成全年预算收支任务，为全面建成小康社会作出贡献！

南昌市2013年国民经济和社会发展统计公报

南昌市统计局

2014年3月27日

2013年是全面深入贯彻党的十八大精神的开局之年，是实施“十二五”规划承前启后的关键一年。面对严峻复杂的国内外发展形势，在市委、市政府的坚强领导下，全市上下团结奋进、开拓进取，国民经济保持了平稳较快的良好发展态势，各项社会事业全面进步，人民生活持续改善，全市经济社会发展再上新台阶。

一、综合

据初步核算，全年实现地区生产总值（GDP）3336.03亿元，按可比价格计算，比上年增长10.7%。其中GDP超500亿元县区1个，为南昌县，完成500.06亿元；超400亿元县区3个，为青山湖区、西湖区、东湖区，分别完成444.52亿元、406.30亿元、404.13亿元。全市三次产业结构调整为4.7∶55.5∶39.8。人均生产总值64678元，增长9.7%。在全市生产总值中，非公有制经济实现增加值1931.56亿元，增长11.6%，占全市生产总值的比重由上年的57.3%提高到57.9%。

图1　2008—2013年地区生产总值及其增长速度

全年财政总收入558.02亿元，比上年增长11.6%。其中，地方公共财政预算收入291.91亿元，增长21.6%。从收入完成情况看，完成增值税21.19亿元，增长39.5%；营业税102.04亿元，增长17.2%；企业所得税30.13亿元，增长16.9%。县域财力显著增强，全年财政总收入超10亿元的县区10个，其中南昌县超70亿元，高新开发区、西湖区超50亿元，东湖区、红谷滩新区、青山湖区超40亿元。全年地方公共财政预算支出417.77亿元，比上年增长20.9%。其中，教育支出74.16亿元，增长17.1%；社会保障和就业支出44.16亿元，增长16.9%；城乡社区事务支出67.56亿元，增长47.8%；医疗卫生支出38.56亿元，增长24.3%；农林水事务支出30.92亿元，增长20.1%；科学技术支出5.42亿元，增长20.9%。

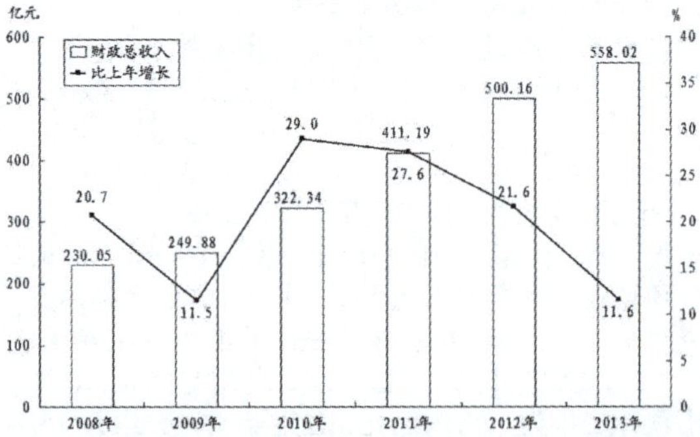

图2　2008—2013年财政总收入及其增长速度

全年居民消费价格总水平（CPI）比上年上涨2.3%。其中，消费品价格上涨2.2%，服务价格上涨2.6%，商品零售价格上涨1.3%。工业生产者出厂价格99.46%，工业生产者购进价格99.60%。

2013年居民消费价格情况

表39

指　标	涨跌幅度(%)
居民消费价格总水平	2.3
#食品	4.6
烟酒及用品	0.3
衣着	3.9
家庭设备用品及服务	0.6
医疗保健及个人用品	0.3
交通和通信	-0.2
娱乐教育文化用品及服务	1.7
居住	1

全市年末社会从业人员326.14万人,比上年末增加10.22万人,增长3.23%。年末在岗职工106.0万人,其中国有单位在岗职工38.13万人。全年城镇新增就业人员8.85万人;安置"4050"等困难群体0.97万人;新增转移农村劳动力4.57万人。全年发放小额担保贷款6.46亿元,直接扶持个人创业41859万元。

二、农业

农业生产:全年完成农林牧渔及服务业现价总产值266.12亿元,比上年增长3.1%。其中,农业产值98.32亿元,增长3.8%;林业产值3.19亿元,增长7%;牧业产值98.36亿元,增长2.1%;渔业产值60.93亿元,增长2.9%;农林牧渔服务业产值5.33亿元,增长9.5%。

农牧产品产量:全年粮食种植面积555.08万亩,比上年下降0.7%;油料种植面积131.50万亩,增长1.2%;棉花种植面积2.88万亩,下降14.7%;蔬菜种植面积61.95万亩,增长6.3%。全年粮食总产量246.07万吨,比上年增长1.0%;油料总产量13.00万吨,增长3.4%;肉类总产量36.66万吨,增长1.8%;生猪出栏数349.80万头,增长2.1%;家禽出笼4859.06万羽,增长1.2%;禽蛋总产量16.66万吨,增长0.1%;牛奶产量5.22万吨,下降9.7%。

渔业:全年水产品总产量37.68万吨,比上年增长2.1%。其中特种水产品产量11万吨,增长2.8%。

林业:全年造林6913公顷,比上年增长2.7%;全市森林覆盖率达到21.96%。

2013年主要农产品产量及其增长速度

表40

产品名称	单位	产量	比上年增长(%)
粮食	万吨	246.07	1
棉花	万吨	0.29	-43
油料	万吨	13	3.4
生猪出栏	万头	349.8	2.1
禽蛋	万吨	16.66	0.1
水产品	万吨	37.68	2.1
蔬菜及食用菌	万吨	123.75	7.6
水果总产量	万吨	12.21	-4.6
茶叶	万吨	0.17	22.6

生产条件:全市已建成中小型水库492座,年末农田有效灌溉面积19.03万公顷;年末农业机械总动力215.5万千瓦。年内完成机耕面积31.66万公顷、机插面积5.27万公顷;机械收获面积27.36万公顷。

农业产业化:市级以上龙头企业发展到427家,比上年增长15.1%。其中国家级12家,占全省总量的30%;省级77家、市级314家,分别比上年新增24家、32家。427家龙头企业实现销售收入1117.58亿元,比上年增长47.6%;农产品市场交易额217.58亿元,增长15.7%;实现利润47.1亿元,增长43.4%;农业产业化从业人员13.68万人,带动农户123.1万户。

三、工业和建筑业

工业生产:全年完成规模以上工业增加值1159.48亿元,比上年增长12.9%。规模以上工业中,国有企业增加值增长14.2%;集体企业增加值增长19.6%;股份制企业增加值增长13.3%;股份合作企业增加值增长18.8%;私营企业增加值增长14.9%。全市35个工业大类中农副食品加工业,计算机、通信和其他电子设备制造业,非金属矿物制品业,化学原料和化学制品制造业,汽车制造业等13个行业增速高于全市平均水平。

图3　2008—2013年规模以上工业增加值及其增长速度

工业经济效益:全年规模以上工业产品销售率为98.2%,比上年下降0.4个百分点;实现利润244.57亿元,增长17.1%;实现利税461.56亿元,增长16.5%。工业经济效益综合指数达到323.7%。

全年规模以上工业实现主营业务收入4506.83亿元,比上年增长15.8%,其中主营业务收入过百亿元的行业达到15个,较上年增加1个,分别是:农副食品加工业(566.95亿元);汽车制造业(554.85亿元);电力、热力生产和供应业(497.31亿元);医药制造业(265.56亿元);电气机械和器材制造业(260.25亿元);计算机、通信和其他电子设备制造业(255.46亿元);纺织服装、服饰业(239.69亿元);非金属矿物制品业(182.59亿元);黑色金属冶炼和压延加工业(164.11亿元);化学原料和化学制品制造业(145.47亿元);有色金属冶炼和压延加工业(141.77 亿元);专用设备制造业(141.72 亿元);金属制品业(141.69 亿元);烟草制品业(139.65 亿元);通用设备制造业(123.46 亿元)。

2013 年主要工业产品产量及其增长速度

表 41

产品名称	单位	绝对量	比上年增长(%)
饲料	万吨	1023.89	22.7
精制食用植物油	吨	157964	101.6
软饮料	万吨	191.05	17.4
卷 烟	亿支	639	6.7
布	万米	8807.6	24.7
农用化肥	万吨	0.24	34.7
化学药品原药	吨	17278	8.4
彩色电视机	万台	18.06	18.2
水泥	万吨	514.85	27.1
商品混凝土	万立方米	1364.37	17.3
生铁	万吨	303.07	2.6
粗钢	万吨	347.54	5.9
钢材	万吨	385.22	5.8
交流电动机	万千瓦	96.86	22.6
汽车	万辆	26.22	20.4
房间空调器	万台	319.87	14.1

工业园区:全市七个省及省以上工业园区累计完成工业增加值 876.43 亿元,同比增长 16.4%;主营业务收入突破“三千亿”大关,达到 3206.38 亿元,同比增长 17.4%;实现利税 345.76 亿元,同比增长 19.6%,税金 163.72 亿元,增长 19.7%。其中,高新技术开发区工业主营业务收入超千亿元,达到 1014.43 亿元,增长 14.3%,是全省各设区市中唯一超千亿元的开发区。

建筑业:全市共有资质以上建筑业企业 479 家,全年完成施工产值 1723.31 亿元,比上年增长 29.5%;施工面积 10994.52 万平方米,增长 32.9%;竣工面积 3998.09 万平方米,增长 21.7%。以建筑业产值计算的全员劳动生产率为 39.22 万元/人,增长 10.6%。

四、固定资产投资

投资总量:全市 500 万元及以上项目共完成投资额 2909.76 亿元,比上年增长 21.6%,其中,工业投资 1246.61 亿元,增长 24.5%;房地产开发投资 406.14 亿元,增长 17.9%。全年全市投资施工项目 7054 个,其中新开工项目 6202 个。

投资结构:全市 500 万元以上固定资产投资中第一产业完成投资 25.59 亿元,比上年下降 1.2%;第二产业完成投资 1285.92 亿元,增长 25.2%;第三产业完成投资 1598.25 亿元,增长 19.2%。三次产业在固定资产投资中所占比重由 2012 年的 1.1:42.9:56 调整为 2013 年的 0.9:44.2:54.9。

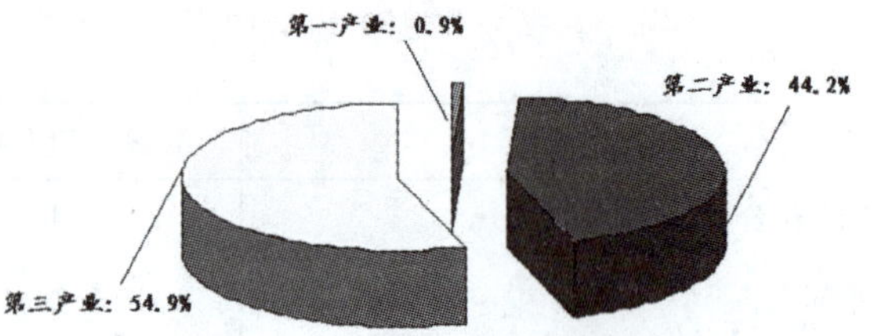

图 4　三次产业投资比例

从投资主体看,全市 500 万元以上固定资产投资中国有经济完成投资 525.23 亿元,比上年增长 14%,占投资比重为 18.1%;非国有经济完成投资 2384.53 亿元,增长 23.4%,占投资比重为 81.9%。其中,民间投资完成 2155.73 亿元,增长 28.2%。

城市建设:朝阳大桥、南昌文化旅游产业城、九洲大道高架快速路、象湖隧道、西客站南北广场工程等重点工程全面开工,轨道交通一号线、天然气利用工程加速推进,梅岭景区旅游公路沿线环境改造完工,艾溪湖以西市政基础设施、西客站地下出租车通道投入使用,九龙湖新城建设迈出坚实步伐。全年全市完成城镇基础设施投资达到 256.07 亿元,比上年增长 10.9%;新开通公交线路 15 条,公交线路已达到 188 条,比上年增加 15 条;城市道路总长度 1647.23 千米,增长 5.8%;城市道路总面积达到 3458.28 万平方米,增长 8.3%;自来水供水管道长度 3862.44 公里,增长 7%。

五、国内贸易

消费品市场:全市实现社会消费品零售总额(法人口径) 1270.01 亿元,比上年增长 13.7%。分地域看,城镇实现零售额 1200.32 亿元,增长 13.7%;农村实现零售额 69.68 亿元,增长 14.3%,城乡消费市场同步发展。分行业看,批发和零售业实现零售额 1132.77 亿元,增长 13.8%;住宿和餐饮业实现零售额 137.24 亿元,增长 13%。

图 5　2008—2013 年社会消费品零售总额及其增长速度

2013 年,在限额以上批发零售业零售额中,食品、饮料、烟酒类零售额增长 22.6%;服装、鞋帽、针纺织品类增长 4.2%;金银珠宝类增长 5.7%;中西药品类增长 23.3%;家具类增长 33.4%;汽车类增长 18.1%;建筑及装潢材料类增长 8.8%。其中,汽车类消费成为最大的消费亮点,实现零售额 248.28 亿元,占限额以上批零住餐零售额比重为 32.1%。

商品交易市场:全市共有各类商品交易市场 153 个,其中,年成交额亿元以上的商品交易市场有 33 个,成交总额 957.21 亿元,比上年增长 22.5%。其中,洪城大市场年交易额 278.39 亿元,增长 7%;南昌(深圳)农产品批发市场年交易额 157.7 亿元,增长 11.8%。

六、对外经济

对外贸易:据海关统计,2013 年南昌地区内企业(含中央、省属公司)实现进出口总额 97.22 亿美元,比上年增长

17.3%。其中,出口总额73.11亿美元,增长13.1%;进口总额24.11亿美元,增长32.3%。在出口产品中,高新技术产品出口11.65亿美元,增长34.1%,机电产品出口31.9亿美元,增长12.9%;一般贸易出口57.96亿美元,增长45%,加工贸易出口13.03亿美元,增长11%。

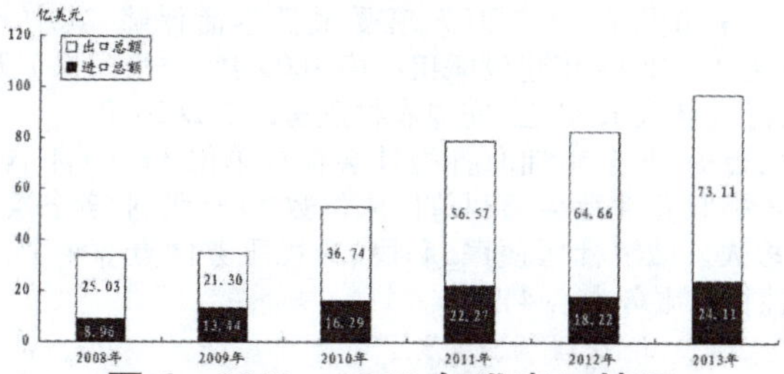

图6　2008—2013年进出口情况

利用外资:全市实际利用外资29.64亿美元,比上年增长12.3%。其中,第二产业9.36亿美元,第三产业19.74亿美元,所占全市份额分别为31.6%和66.6%。2013年,全市批准外商投资企业176家。其中,中外合资企业占13.64%,外商独资企业占85.8%。全年实际利用内资819.76亿元,增长15.3%。实际引进省外单项投资5000万元以上项目资金505.34亿元,增长20.2%。

七、交通、邮电和旅游

交通运输:全市各种运输方式共完成货物运输量10534.06万吨,比上年增长10.6%。其中,民航1.7万吨,增长3.7%;公路9545万吨,增长12.2%;铁路239.26万吨,下降19.4%;水运748.1万吨,增长4.5%。全年民航、铁路、公路完成旅客运输量11757.55万人,比上年增长10.7%。

汽车保有量:年末民用汽车保有量63.1万辆,增长10.7%。年末民用轿车保有量32.7万辆,增长20%,其中私人轿车保有量26.39万辆,增长25.3%。

邮电通信:全市完成邮电业务总量66.02亿元,比上年增长15.1%。其中,邮政业务总量11.54亿元,增长72.4%;电信业务总量54.48亿元,增长7.5%。发送快递4772.76万件,其中国内同城快递801.96万件、国内异地快递3945.45万件、国际及港澳台快递25.35万件,快递业务收入6.56亿元,订销报刊累计数9873.26万份。年末全市固定电话用户127万户,下降8%;移动电话用户629万户,增长1.2%,其中3G移动电话用户169万户,增长64.1%;互联网宽带接入用户数89.15万户,增长7.3%。年末移动电话交换机容量达1489.35万户,新增54.24万户。

旅游:全年共接待国内游客3282.16万人次,比上年增长30.3%;接待入境游客20.18万人次,增长9.4%。实现国内旅游收入271.99亿元,增长36.9%;旅游创汇6389.73万美元,增长20.6%。截至2013年末,全市拥有星级宾馆(饭店)58家;拥有旅行社229家,其中出境组团社28家。

八、金融、证券和保险业

金融业:全市金融机构各项存款余额为6624.57亿元,比年初增长15.7%。其中,单位存款3909.53亿元,增长18.1%;城乡居民储蓄存款2051.16亿元,增长10.7%。金融机构各项贷款余额5464.22亿元,比年初增长14.4%。其中,短期贷款2130.80亿元,增长17.6%;中长期贷款3273.14亿元,增长14.1%。

证券业:全市拥有证券营业部53家,全年证券机构股民资金账户数99.84万户,比上年增长1.8%。全年客户交易结算资金35.60亿元,下降10.6%;A股交易额7400.35亿元,增长12.4%;B股交易额7.44亿元,下降75.1%。

保险业:全市共有保险公司34家。全年实现保费收入77.49亿元,比上年增长19.7%。其中,财产保险25.92亿元,增长20.8%;人寿保险44.61亿元,增长18%。全年赔款及给付28.01亿元,增长39.4%。其中,财产保险14.5亿元,增长11.2%;人寿保险11.25亿元,增长1.1倍。

九、教育和科学技术

教育:全市拥有各级各类学校2114所(不含技工学校),教职工10.18万人,其中专任教师7.53万人。全年招收研究生7036人,在校研究生2.1万人,毕业研究生7203人。全市共有普通高校43所,招生14万人,在校生50.58万人,毕业生14.35万人。中等专业学校46所,招生4.1万人,在校生11.08万人,毕业生3.12万人。普通高中67所,招生3.43万人,在校生9.9万人,毕业生2.99万人。普通初中199所,招生6.61万人,在校生19.62万人,毕业生6.88万人,初中阶段适龄少年入学率99.7%。职业高中12所,招生2329人,在校生6192人,毕业生4275人。小学972所,招生7.43万人,在校生39.49万人,毕业生6.73万人,小学适龄儿童入学率100%。特殊学校8所,特殊教育招生220人,在校生863人,毕业生153人。幼儿园767所,在园幼儿13.25万人。

2013年各类全日制学校基本情况

表42

项　目	学校数(个)	招 生 数(人)	在 校 生(人)	毕 业 生(人)
高等学校	43	140021	505792	143488
中等学校	46	40988	110793	31223
普通中学	266	100326	295132	98760
职业高中	12	2329	6192	4275
小　　学	972	74295	394882	67300
特教学校	8	220	863	153

科技:全市公示新认定高新技术企业67家,累计拥有高新技术企业199家。累计拥有国家级生产力促进中心4家,省级生产力促进中心9家,市级生产力促进中心16家。全年服务园区企业1208家,为社会增加就业12629人,为企业增加销售收入489205万元。获得国家科技进步奖4项,省级自然科学奖17项,技术发明奖3项,科技进步奖55项,市级科技进步奖

50项。2013年,全市专利申请量6190件,专利授权量3380件,分别比上年增长37.1%和12.6%。全年登记技术合同1967项,技术合同成交金额18.5亿元,比上年增长27.6%。全市新增省级产业技术创新联盟1家。获国家重点新产品12项、省级重点新产品156项。

十、文化、卫生和体育

文化:全市文艺创作获省级以上奖项19个,其中国家级奖项3个。年末全市拥有各类专业艺术表演团体3个,公共图书馆10个,文化馆10个,博物馆、纪念馆9个,全国重点文物保护单位9处。年末全市有线电视用户78.53万户,其中数字电视55.76万户。农村直播卫星电视用户790户。

卫生:全市拥有各类医疗卫生机构1901个,其中医院87个;拥有床位3.06万张,其中医院床位2.14万张。拥有各类专业卫生技术人员4.15万人,其中执业(助理)医师1.14万人。农村卫生服务得到改善,参加新型农村合作医疗的人数达252.14万人,参保率由上年的98.21%提高到98.9%。全市婴儿死亡率为4.68‰,5岁以下儿童死亡率为6.93‰,每十万孕产妇死亡人数为12.83人。

体育:2013年,全市运动员参加比赛人数6000人次,共获得金牌221枚,银牌181枚,铜牌149枚。全年举办单项比赛26次,举办全民健身活动803次,其中千人以上的活动48次,参加活动的人数总计100余万人。全年完成全民健身路径工程130个,总投资130万元。全年发行体育彩票3.63亿元,比上年增加6500万元。

十一、人口、人民生活和社会保障

人口:据公安户籍统计,全市年末户籍总人口510.08万人,比上年末净增2.21万人。其中,非农业人口235.96万人,增加1.68万人。根据人口变动情况抽样调查统计,年末常住人口518.42万人,比上年末增长1%。全年出生人口6.7万人,出生率12.98‰;死亡人口3.19万人,死亡率6.19‰;自然增长率6.79‰,比上年下降0.42个千分点。

人民生活:据抽样调查,城镇居民人均可支配收入26151元,比上年增长10.8%。城镇居民人均消费性支出17944元,增长9.1%。城镇居民家庭恩格尔系数为35.2%。年末城镇居民人均住房建筑面积29.18平方米,比上年末增加0.14平方米。农民人均纯收入10806元,增长11.1%。农民人均生活消费支出5682元,增长9.1%。农村居民家庭恩格尔系数为42.9 %。全市城镇化率达到69.83%,较上年提高1.05个百分点。

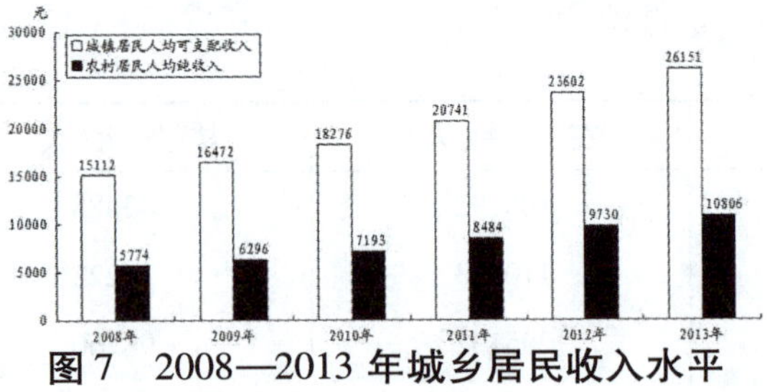

图7　2008—2013年城乡居民收入水平

社会治安:全年共破获各类刑事案件1.6万起,破获经济案件353起,挽回经济损失6004.1万元。

住房公积金:全市(市本级)归集公积金(未含本年利息)33.89亿元,比上年增长21%;发放住房公积金贷款31.35亿元,比上年增长62%;发放户数9323户,比上年增长43%;提取住房公积金18.28亿元,比上年增长37%。

社会保障:全市城镇职工参加基本医疗保险人数96.7万人,比上年增加11.9万人,增长14%;参加失业保险人数58.52万人,比上年减少3.29万人,降低5.3%;城镇参加基本养老保险人数为153.57万人,其中参保职工111.96万人,参保离退休人员41.6万人;企业养老金社会化发放率达到100%。全市共有18.3万人享受最低生活保障,其中,农村11.14万人。2013年建设廉租住房1000套、公租房1.7万套,国有林区、垦区4828套,完成农村危房改造2620套。

社会福利:全市拥有各类社会福利单位35个(不含敬老院),各类收养性社会福利单位床位数5500张,收养各类人员3400多人。城镇社区便民、利民、为民服务网点604个,其中综合性社区服务中心449个。

十二、资源、环境与安全生产

环境质量:全市拥有国家级生态示范县2个,自然保护区9个(含省级),自然保护区面积10.2万公顷;已批准国家级生态乡镇13个。全年空气质量优良天数达222天;空气质量优良率达60.82%。城市生活污水集中处理率93%以上;集中式饮用水源水质达标率达到100%;区域环境噪声均值控制在53.6分贝以下;交通干线噪声均值控制在67.3分贝以下;工业固废综合利用率达到95%以上。

城市园林绿化:全市拥有园林绿地面积10010公顷,绿化覆盖面积10583公顷,公园绿地2959公顷,城市绿化覆盖率达到43.05%,人均公共绿地面积达到12.04平方米。

节能减排:全年淘汰3个落后产能项目。初步核算,全年万元生产总值综合能耗下降3.99%。2013年我市化学需氧量、氨氮、二氧化硫和氮氧化物排放总量分别较上年下降1.5%、2.52%、8%和8%,四项指标均圆满完成江西省下达的减排目标任务,全市环境质量持续改善。2013年,按照空气质量新标准评价,全市空气质量优良率60.82%,综合指数在中部6个省会城市中列第一。饮用水源地水质,赣江、抚河南昌段14个段面水质达标率均为100%,主要地表水体达到功能要求。

安全生产:全市共发生各类生产安全事故2065起,死亡247人,与去年同期相比,事故起数上升14.77%,死亡人数上升2.76%。其中,发生生产经营性事故15起,死亡21人,与去年同期相比,事故起数减少1起,死亡人数增加1人。发生道路交通事故313起,死亡224人(其中生产经营性道路交通事故死亡人数90人),与去年同期相比,事故起数下降0.63%,死亡人数下降0.44%。

说明:

1. 本公报中统计数据为初步统计数,正式数据以《南昌统计年鉴〈2014〉》为准。

2. 规模以上工业是指年主营业务收入2000万元及以上的法人工业企业;固定资产投资为城乡计划总投资500万元及以上项目固定资产(含房地产投资);限额以上企业是指年主营业务收入2000万元及以上的批发业企业、500万元及以上的零售业企业、200万元及以上的住宿和餐饮业企业。

3. 地区生产总值及各产业增加值绝对数按现价计算,增长速度按可比价计算。

4. 社会消费品零售总额2008—2010年为在地口径,2011年起改为法人口径。

5. 邮政业务总量从2013年开始包含快递业务量。

经济社会统计资料

本栏编辑　喻学辉

行政区划

（截至2013年末）

表43　　　　单位：个

地区	街办	居委会	镇	乡	村委会
全　市	30	604	51	29	1158
区	30	449	15	—	251
东湖区	9	90	—	—	6
西湖区	10	116	1	—	13
青云谱区	5	69	1	—	12
湾里区	2	13	4	—	35
青山湖区	3	87	5	—	75
经济开发区	—	16	1	—	26
高新开发区	—	9	2	—	48
红谷滩新区	1	48	1	—	33
桑海开发区	—	1	—	—	3
县	—	155	36	29	907
南昌县	—	56	9	7	263
新建县	—	40	11	7	276
安义县	—	19	7	3	105
进贤县	—	40	9	12	263

地区生产总值

表44

指　标	2013		
	总量（亿元）	构成（%）	比上年增长（%）
地区生产总值（GDP）	3336.03		10.7
第一产业	157.24	4.7	3.1
第二产业	1850.49	55.5	11.9
第三产业	1328.30	39.8	9.8

主要年份国民经济主要指标

表45

指标	单位	2010	2011	2012	2013	2013年比上年增长(%)
年末总人口(户籍)	万人	502.25	504.95	507.87	510.08	0.4
社会从业人员数	万人	292.56	303.64	315.92	326.14	3.2
地区生产总值	亿元	2207.11	2688.87	3000.52	3336.03	10.7
第一产业	亿元	120.56	134.92	147.19	157.24	3.1
第二产业	亿元	1252.04	1579.29	1693.65	1850.49	11.9
第三产业	亿元	834.50	974.66	1159.69	1328.30	9.8
农林牧渔业总产值	亿元	204.66	229.70	249.35	266.12	3.1
规模以上工业增加值	亿元	650.92	761.23	967.26	1159.48	12.9
全社会固定资产投资	亿元	1603.99	1940.86	2403.24	2919.33	21.5
社会消费品零售总额	亿元	764.94	943.11	1116.54	1270.01	13.7
财政总收入	亿元	322.34	411.19	500.16	558.02	11.6
地方公共财政预算收入	亿元	146.47	187.03	240.14	291.91	21.6
财政支出	亿元	232.03	298.8	345.99	417.77	20.9
海关出口总额	亿美元	36.74	56.57	64.66	73.11	13.1
实际利用外资	亿美元	20.18	22.87	26.40	29.64(市口径)	12.3
城镇居人均可支配收入	元	18276	20741	23602	26151	10.8
农民人均纯收入	元	7193	8484	9730	10806	11.1

南昌在全省的位置

表46

指标名称	单位	总量	占全省比重(%)	增速(%)	增速排名
人口(常住)	万人	518.42	—	1.0	—
地区生产总值	亿元	3336.03	23.3	10.7	2
规模以上工业增加值	亿元	1159.48	20.1	12.9	6
500万元以上固定资产投资	亿元	2909.76	23.4	21.6	3
社会消费品零售总额(法人口径)	亿元	1270.01	27.9	13.7	4
地方公共财政预算收入	亿元	291.91	18.0	21.6	4
海关出口总额	亿美元	73.11	26.0	13.1	8
实际利用外资	亿美元	21.17(省口径)	28.0	11.3	10

南昌的人均水平

表 47

指　标	单位	2012	2013
生产总值	元	58715	64678
财政总收入	元	9747	10764
城镇居民可支配收入	元	23602	26151
农民纯收入	元	9730	10806
城镇建筑居住面积	平方米	29.04	29.18
市区公共绿地面积	平方米	12.03	12.04
居民生活用电量	千瓦小时	525	605

全市常住人口基本情况

表 48

指标	单位	2012	2013
年末总人口(常住)	万人	513.16	518.42
男	万人	267.77	270.32
女	万人	245.39	248.10
年平均人口	万人	511.03	515.79
出生人口	万人	6.79	6.70
出生率	‰	13.29	12.98
死亡人口	万人	3.11	3.19
死亡率	‰	6.08	6.19
自然增长人口	万人	3.68	3.50
自然增长率	‰	7.21	6.79

城镇住户基本情况

表 49

指标	单位	2012	2013
平均每户人口	人	2.81	3.00
平均每户人口就业人员	人	1.58	1.68
平均每户就业面	%	56.2	56.0
每一就业者负担人口	人	1.78	1.79
人均家庭总收入	元	25152	27870
#可支配收入	元	23602	26151
人均家庭总支出	元	19550	21739
#消费性支出	元	16450	17944
人均建筑面积	平方米	29.04	29.18
人均期末手存现金	元	1745	1235

城镇住户人均消费支出

表50

指标	金额（元）		构成（%）	
	2012	2013	2012	2013
消费性支出	16450	17944	100．0	100．0
一、食品	5612．3	6178	34．1	34．4
#粮食	458．8	464．7	8．2	7．5
油脂类	203．2	244．2	3．6	4．0
肉禽及制品	1245．3	1359．0	22．2	22．0
二、衣着	1761．2	1950．7	10．7	10．9
三、家庭及设备用品及用服务	1505．4	1650．6	9．2	9．2
#耐用消费品	416．5	694．8	27．7	42．1
四、医疗保健	855．2	904．3	5．2	5．0
五、交通和通讯	2446．3	2585．1	14．9	14．4
六、娱乐、教育、文化服务	1799．4	2014．5	10．9	11．2
七、居住	1731．5	1858．8	10．5	10．4
八、杂项商品和服务	738．7	802．3	4．5	4．5

人均食品消费量

表51　　　　单位:千克

指　标	城　市		农　村	
	2012	2013	2012	2013
粮　食	85.26	92.04	156.19	191.06
蔬菜及菜制品	127.99	145.77	82.73	88.94
植物油	11.98	17.26	10.24	12.10
动物油	—	—	0.49	0.66
肉禽及其制品	46.79	50.94	20.99	25.27
#猪肉	30.18	30.25	12.02	15.39
牛羊肉	2.57	5.47	0.93	1.35
家禽	9.54	11.37	4.23	5.60
其他肉禽及制品	1.73	2.45	3.80	2.89
蛋类及蛋制品	9.83	11.59	5.96	6.05
奶和奶制品	31.16	32.25	5.55	5.55
水产品	18.94	24.82	8.12	9.41
食糖	—	—	0.37	0.41
酒及饮料	6.5	8.3	13.43	17.31
#酒	4.76	8	13.29	17.31
水果	51.19	53.74	12.53	9.51

农村住户基本情况

表 52

指标	单位	2012	2013
平均每户人口	人	4.07	3.98
平均每户人口劳动人员	人	1.40	1.64
人均耕地面积	亩	1.95	1.30
人均山地面积	亩	0.24	0.05
人均总收入	元	14657	16343
人均纯收入	元	9730	10806
户均房屋面积	平方米	198.94	211.9
#砖木结构	平方米	20.28	19.66
钢筋混凝土结构	平方米	170.54	192.24

城市居民消费价格指数

（以上年为 100）

表 53

指　标	2012	2013
居民消费价格总指数	102. 9	102. 3
1. 食品	106. 7	104. 6
#粮食	103. 6	102. 0
油脂	104. 6	98. 1
肉禽及其制品	97. 1	104. 4
蛋	98. 2	105. 4
水产品	113. 8	106. 7
菜	118. 2	108. 7
2. 烟酒及用品	102. 3	100. 3
3. 衣着	98. 3	103. 9
4. 家庭设备用品及维修服务	104. 1	100. 6
5. 医疗保健和个人用品	101. 4	100. 3
医疗保健	101. 0	100. 0
个人用品服务	102. 0	100. 8
6. 交通和通讯	100. 1	99. 8
#交通	102. 5	100. 8
通信	98. 6	99. 1
7. 娱乐教育文化用品及服务	100. 0	101. 7
#文娱类耐用消费品及服务	96. 2	95. 9
教育	100. 7	101. 9
文化娱乐用品	99. 8	95. 3
8. 居住	102. 9	101. 0
#租房	101. 8	103. 4
水电、燃料	102. 4	98. 8

商品零售价格指数

(以上年为100)

表54

指　标	2012	2013
商品零售价格总指数	102. 4	101. 3
1. 食品	106. 7	104. 6
#粮食	103. 4	102. 7
油脂	104. 6	98. 1
肉禽及其制品	97. 5	104. 4
蛋	98. 3	105. 3
水产品	113. 8	106. 6
菜	118. 0	108. 6
2. 饮料、烟酒	103. 3	100. 4
3. 服装、鞋帽	98. 4	103. 5
4. 纺织品	100. 4	105. 8
5. 家用电器及音像器材	98. 4	98. 7
6. 文化办公用品	97. 8	93. 5
7. 日用品	104	99. 7
8. 体育娱乐用品	100. 2	101. 1
9. 交通、通信用品	96. 8	98. 1
#交通运输机械	98. 5	99. 4
通信器材类	94. 1	95. 9
10. 家具	109. 7	96. 3
11. 化妆品	101. 6	101. 0
12. 金银珠宝	100. 8	92. 8
13. 中西药品及医疗保健用品	100. 9	100. 0
中药材及中成药	102. 5	99. 9
西药	100. 0	100. 0
14. 书报杂志及电子出版物	100. 3	100. 3
15. 燃料	102. 6	98. 8
16. 建筑材料及五金电料	101. 9	102. 0

对外签订利用外资协议(合同)

表55

指　标	2012		2013	
	项目(个)	金额(万美元)	项目(个)	金额(万美元)
外商直接投资	164	249575	176	246918
合资企业	16	24865	24	37247
合作企业	—	—	1	-232
独资企业	148	224710	151	209903
外商投资股份制企业	—	—	—	—

农村住户生活消费支出

表56

指标	金额（元）		构成（%）	
	2012	2013	2012	2013
生活消费出	5208. 69	5682	100. 00	100
一、食品	2585. 99	2437	49. 65	42. 89
#食品消费	2282. 38	2248	43. 82	39. 56
食品消费服务	303. 61	188	5. 83	3. 3
二、衣着	306. 76	434. 9	5. 89	7. 65
三、居住	632. 56	716. 7	12. 14	12. 61
四、家庭设备、用品及服务	248. 72	330. 4	4. 78	5. 81
五、医疗保健	458. 75	554. 8	8. 81	9. 76
六、交通和通讯	542. 12	537. 6	10. 41	9. 46
七、文化教育娱乐用品及服务	305. 49	447	5. 87	7. 87
八、其他商品和服务	128. 31	223. 2	2. 46	3. 93

家庭主要消费品每百户拥有量

表57

指标	城市		农村	
	2012	2013	2012	2013
自行车(辆)	—	—	92	85.45
摩托车(辆)	8.41	9.49	48	56.06
电冰箱(台)	103.24	98.12	87	79.39
洗衣机(台)	101.62	97.02	45	46.55
彩色电视机(台)	150.49	139.03	130	129.09
热水器(台)	100	98.76	55	49.70
空调(台)	147.25	140.81	56	60.61
照相机(台)	44.98	45.58	4	4.42
移动电话(部)	200.32	206.86	200	204.24
家用计算机(台)	76	88.01	15	21.82

工业生产者出厂价格指数

(以上年为100)

表58

指　标	2012	2013
工业生产者出厂价格	98.88	99.46
按轻重工业分		
轻工业	100.36	100.48
重工业	98.08	98.91
按生产、生活资料分		
生产资料	98.21	99.30
生活资料	100.38	99.81
按工业行业分		
农副食品加工业	105.15	102.09
饮料制造业	102.74	100.39
烟草制造业	100.63	100.13
纺织业	97.79	102.32
纺织服装、鞋、帽制造业	91.77	98.16
造纸及纸制品业	96.79	96.92
文教体育用品制造业	100.72	100.71
化学原料及化学制品制造业	99.26	100.46
医药制造业	100.47	98.04
橡胶制品业	99.21	98.93
塑料制品业	97.03	99.10
非金属矿物制品业	96.71	99.98
黑色金属冶炼及压延加工业	87.14	93.19
有色金属冶炼及压延加工业	94.92	93.81
通用设备制造业	100.76	100.20
交通运输设备制造业	97.13	99.69
电气机械及器材制造业	97.20	99.05
通信设备、计算机及其他电子设备制造业	98.89	100.72
电力、热力生产和供应业	104.04	99.94
水的生产和供应业	100.00	100.00

工业生产者购进价格指数

（以上年为100）

表59

指　标	2012	2013
工业生产者购进价格指数	97.82	99.60
按九大类分		
燃料、动力类	101.98	98.52
黑色金属材料类	87.78	98.26
有色金属材料和电线类	91.36	90.80
化工原料类	100.07	98.39
木材及纸浆类	96.71	95.87
建筑材料及非金属矿类	101.00	100.06
其他工业原材料及半成品类	100.15	102.52
农副产品类	102.46	98.79
纺织原料类	90.66	101.55
按工业行业分		
农副食品加工业	102.62	103.72
饮料制造业	102.27	99.38
烟草制造业	102.46	105.98
纺织业	90.66	101.55
造纸及纸制品业	95.63	95.05
化学原料及化学制品制造业	99.53	97.85
医药制造业	101.40	105.89
橡胶制品业	103.53	102.05
塑料制品业	101.34	99.63
非金属矿物制品业	95.48	101.07
黑色金属冶炼及压延加工业	93.27	95.91
有色金属冶炼及压延加工业	94.47	92.25
通用设备制造业	97.43	100.36
交通运输设备制造业	93.75	101.30
电气机械及器材制造业	102.52	88.94
通信设备、计算机及其他电子设备制造业	100.34	101.63
电力、热力生产和供应业	102.36	101.41
水的生产和供应业	100.21	100.30

固定资产投资

表 60

指　标	2012	2013	
	绝对数(亿元)	绝对数(亿元)	比上年增长(%)
全社会固定资产投资	2403.24	2919.33	21.5
#500 万元以上固定资产投资	2393.03	2909.76	21.6
#基础设施投资	410.82	481.17	17.1
按经济类型分			
国有	460.54	525.23	14.0
非国有	1932.49	2384.53	23.4
按建设性质分			
#新建及扩建	1123.51	1324.89	17.9
改建和技术改建	1098.82	1342.71	22.2
按产业分			
#工业投资	1001.33	1246.61	24.5
房地产开发投资	344.36	406.14	17.9
农村投资	10.21	9.57	-6.2

实际利用外资和港澳台资

表 61　　单位:万美元

指　标	2012	2013
实际利用外资	263988	296437
一、分三次产业		
一产	2102	5453
二产	72288	93591
三产	189598	197393
二、分区域		
台港澳	208992	239107
日韩东南业	30937	36378
美加	8947	1885
欧洲大洋洲	14886	18079
投资性公司投资	226	988

城市建设

表62

指　标	2012	2013
城市绿化(城区)		
园林绿地面积(公顷)	8746	10010
#公园绿地	2718	2959
人均公共绿地面积(平方米)	12.03	12.04
城区绿化覆盖率(%)	43	43.05
年末公园(含动物园,个)	26	26
公园面积(公顷)	736	736
城市道路		
城市道路总长度(公里)	1556.27	1647.23
城市道路总面积(万平方米)	3192.78	3458.28
公共交通		
营运车辆(辆)	3801	3484
#公共汽车	3801	3484
营运线路长度(公里)	1460.05	1430.45
客运量(亿人次)	5.96	6.04
年末出租汽车(辆)	4753	5153
全市用电量(亿千瓦小时)	136.35	149.41
#工业用电	73.90	78.56
居民生活用电	26.94	31.35
城市供水		
自来水厂(个)	13	14
供水能力(万吨/日)	160.05	165.5
供水总量(亿立方米)	3.94	4.52
#生活用水	1.37	1.42
供水管道长度(公里)	3608.84	3862.44
城市供气		
液化气供应总量(万吨)	7.38	8.14
#家庭用量	6.96	7.76
家庭用气数(万户)	33.57	31.38
用气人口(万人)	120.48	102.99

财政收入和支出

表63 单位:亿元

指　标	2012	2013	2013年比上年增长(%)
财政总收入	500.16	558.02	11.6
地方公共财政预算收入	240.02	291.91	21.6
#税收收入	200.05	245.35	22.6
#增值税	15.19	21.19	39.5
营业税	87.08	102.04	17.2
地方公共财政预算支出	345.51	417.77	20.9
#一般公共服务	31.90	36.93	15.8
教育	63.32	74.16	17.1
科学技术	4.48	5.42	20.9
文化体育与传媒	3.88	4.14	6.8
社会保障和就业	37.77	44.16	16.9
医疗卫生	31.03	38.56	24.3
城乡社区事务	45.71	67.56	47.8
农林水事务	25.74	30.92	20.1

金融机构存贷款余额

表64 单位:亿元

指　标	2012	2013
存款余额	5723.14	6624.57
#单位存款	3310.34	3909.53
财政性存款	343.22	344.66
城乡居民储蓄	1853.57	2051.16
贷款余额	4728.01	5464.22
#短期贷款	1762.21	2130.80
#个人贷款及透支	376.79	537.73
单位普通贷款及透支	1319.96	1467.68
中长期贷款	2869.10	3273.14
#个人贷款	652.97	810.73
单位普通贷款	1690.26	1871.25

农村基本情况

表 65

指　标	2012	2013
乡镇政府(个)	80	80
#镇政府	51	51
村民委员会(个)	1179	1179
村民小组(个)	9706	9695
乡村总户数(万户)	73.29	74.13
乡村从业人员(万人)	148.24	148.13
自来水受益村(个)	419	433
通汽车的村(个)	1179	1179
通电话的村(个)	1179	1179

农林牧渔业总产值

（当年价）

表 66

指　标	绝对数（亿元）		构成（%）	
	2012	2013	2012	2013
农林牧渔业总产值	249. 35	266. 12	100. 0	100. 0
#多种经营产值	192. 68	207. 19	77. 3	77. 9
一、农业产值	93. 01	98. 32	37. 3	36. 9
#粮食作物	56. 67	58. 93	22. 7	22. 1
经济作物	32. 59	35. 43	13. 1	13. 3
其他作物	3. 75	3. 96	1. 5	1. 5
二、林业产值	2. 87	3. 19	1. 2	1. 2
三、牧业产值	93. 81	98. 36	37. 6	37. 0
四、渔业产值	54. 88	60. 93	22. 0	22. 9
五、农林牧渔服务业产值	4. 78	5. 32	1. 9	

农林牧渔业增加值

（2013 年）

表 67　　单位:亿元

指　标	总产值	中间消耗	增加值	增加值率(%)
合　计	266.12	108.89	157.23	59.1
农　业	98.32	36.73	61.59	62.6
林　业	3.19	0.92	2.27	71.1
牧　业	98.36	47.26	51.10	51.9
渔　业	60.93	21.75	39.18	64.3
服务业	5.32	2.23	3.10	58.2

主要农产品产量

表68

指　标	2012	2013	2013年比上年增长(%)
粮食(万吨)	243.65	246.07	1.0
#早稻	103.06	104.10	1.0
晚稻	134.67	135.97	6.3
棉花(吨)	5076	2895	-43
油料(万吨)	12.57	13.00	3.4
蔬菜及食用菌(万吨)	115.05	123.75	7.6
肉类总产量(万吨)	36.03	36.66	1.8
#猪肉	28.30	28.87	2.0
禽肉	6.70	6.76	0.9
禽蛋(万吨)	16.65	16.66	0.1
牛奶(万吨)	5.78	5.22	-9.7
水产品(万吨)	36.90	37.68	2.1
油茶籽(吨)	36159	13740	-62
水果总产量(万吨)	12.80	12.21	-4.6
#园林水果	3.07	3.13	2.1
#柑橘	2.27	2.36	4.2
梨	0.24	0.25	0.6
瓜果类	9.73	9.07	-6.7
茶叶(吨)	1410	1729	22.6

规模以上工业增加值

表69　　单位:亿元

指　标	2013	2013年比上年增长(%)
规模以上工业增加值	1159.48	12.9
#国有	233.60	14.2
集体	1.72	19.6
股份合作	16.76	18.8
股份制	366.49	13.3
外商及港澳台	229.28	10.1
私营企业	225.84	14.9
#轻工业	563.06	9.6
重工业	514.99	16.6
#大中型	733.27	13.0

说明:全市规模以上工业增加值含省电力公司数据,但分细项指标不含

农作物播种面积

表 70

指　标	播种面积（万公顷）		比重（%）	
	2012	2013	2012	2013
农作物总计	54. 90	54. 79	100	100
一、粮食作物	37. 25	37. 01	67. 9	67. 55
#稻谷	35. 51	35. 26	64. 7	64. 35
早稻	16. 27	16. 06	29. 6	29. 31
晚稻	19. 25	19. 20	35. 1	35. 04
一晚	1. 98	2. 09	3. 6	3. 81
二晚	17. 26	17. 11	31. 5	31. 22
小麦	0. 02	0. 02	0. 0	—
杂谷	0. 14	0. 18	0. 3	0. 3
薯类	0. 59	0. 55	1. 1	1. 0
豆类	0. 99	0. 99	1. 8	1. 8
二、经济作物	9. 00	9. 06	16. 4	16. 55
#棉花	0. 23	0. 19	0. 4	0. 3
油料	8. 66	8. 77	15. 8	16. 00
花生	1. 75	1. 73	3. 2	3. 2
油菜籽	6. 28	6. 42	11. 4	11. 7
芝麻	0. 63	0. 62	1. 1	1. 1
甘蔗	0. 10	0. 10	0. 2	0. 2
三、瓜果类	0. 39	0. 37	0. 7	0. 7
四、蔬菜（含菜用瓜）	3. 88	4. 13	7. 1	7. 5
五、其他作物	4. 38	4. 21	8. 0	7. 7

社会消费品零售总额

表 71　　　　单位:亿元

指　标	2012	2013	2013 年比上年增长(%)
社会消费品零售总额	1116.54	1270.01	13.7
一、按消费地共分			
城镇	1051.65	1200.32	13.7
#城区	825.36	978.98	13.3
乡村	64.89	69.68	14.3
二、按行业分			
批发和零售业	995.09	1132.77	13.8
住宿和餐饮业	121.45	137.24	13.0

说明:1. 本表数据为法人全口径

2. 此表 2012 年数为省局 2013 年核定反馈数

林、牧、渔业生产情况

表72

指　标	2012	2013	2013年比上年增长（%）
一、当年造林面积（公顷）	6732	6913	2.7
二、茶园面积（公顷）	1548	1548	持平
三、果园面积（公顷）	6025	6206	3.0
#柑橘园	3903	4132	5.9
梨园	745	765	2.7
四、牧业生产			
羊年末数（只）	20369	20617	1.2
兔年末数（只）	8991	9247	2.8
家禽年末数（万羽）	3361.88	3373.36	0.3
家禽出笼数（万羽）	4802.84	4859.06	1.2
养蜂箱数（箱）	2987	3034	1.6
生猪年末存栏（万头）	213.04	214.42	0.6
生猪出栏数（万头）	342.76	349.80	2.1
大牲畜（牛）年末存栏（万头）	22.89	22.28	-2.7
五、水产养殖面积（万公顷）	5.69	5.69	0.1

主要工业产品产量

表73

指　标	2012	2013
卷烟(亿支)	599.00	639.00
纱(吨)	34322.60	40844.92
布(万米)	7060.60	8807.59
服装(万件)	44044.40	42842.94
水泥(万吨)	405.00	514.85
钢材(万吨)	363.93	385.22
汽车(万辆)	21.77	26.22
交流电动机(万千瓦)	79.02	96.86
房间调节器(万台)	280.31	319.87
发电量(亿千瓦时)	76.87	80.38
饮料酒(万升)	40283.40	43460.91
农用化肥(万吨)	7.38	0.24
生铁(万吨)	295.44	303.07
精制食用植物油(万吨)	7.84	15.80
金属切削机床(台)	1304	1279
化学药品原药(万吨)	1.59	1.73

交通运输

表 74

指　标	2012	2013	2013 年比上年增长(%)
货物运输量(万吨)	9524.19	10534	10.6
民　航	1.64	1.70	3.7
铁　路	296.75	239.26	-19.4
公　路	8510	9545	12.2
水　运	715.8	748.1	4.5
货物周转量(亿吨公里)	376.71	388.72	3.2
民　航	0.188	0.191	1.8
铁　路	104.09	58.87	-43.4
公　路	261.61	315.79	20.7
水　运	10.82	13.87	28.2
旅客运输量(万人)	10624.39	11758	10.7
民　航	220	227.00	3.2
铁　路	1401.39	2372.55	69.3
公　路	9003	9158	1.7
旅客周转量(亿人公里)	126.3	153.7	21.7
民　航	23.58	24.01	1.8
铁　路	28.51	54.49	91.1
公　路	74.21	75.23	1.4

邮电事业

表 75

指　标	2012	2013	2013 年比上年增长(%)
邮电业务总量(亿元)	57.36	66.02	15.1
函件(万件)	2743	2054	-25.1
包裹(万件)	42	41.17	-2.0
快递(万件)		4772.76	
#国内同城快递(万件)		801.96	
国内异地快递(万件)		3945.45	
国际及港澳台快递(万件)		25.35	
快递业务收入(亿元)		6.56	
订销报刊累计数(万份)		9873.26	
固定电话年末用户数(万户)	138	127	-8.0
移动电话(万户)	621	629	1.2
其中:3G 移动电话用户	103	169	64.1
互联网宽带接入用户(万户)	83	89	7.3
移动电话交换机容量(万户)	1435.11	1489.35	3.8

说明:1. 邮政业务总量从 2013 年起包含快递业务量

2. 统计报表方法制度发生变换,快递、快递业务收入和订销报刊累计数无法计算同比增幅

个体贸易、住餐业机构、人员

表76

指　标	户数(万户)		从业人员(万人)	
	2012	2013	2012	2013
合　计	11.83	18.20	28.31	43.46
一、个体批发零售业	10.42	12.43	24.64	26.84
城镇	9.26	9.88	22.48	21.66
农村	1.16	2.55	2.16	5.18
二、个体住宿和餐饮业	1.41	1.14	3.67	3.95
城镇	1.03	1.01	2.96	3.53
农村	0.38	0.13	0.71	0.42

卫生机构基本情况

表77

指　标	2012	2013
一、卫生机构(个)	1883	1901
#医院(不含卫生院)	89	87
二、床位数(万张)	2.34	3.06
#医院	2.02	2.14
三、卫生机构人员(万人)	4.06	4.15
#卫生技术人员	3.20	3.16
#执业医师(助理)	1.11	1.14

各级各类学校数

表78　　单位:所

指　标	2012	2013
普通高等学校	43	43
普通中等专业学校	35	46
普通中学	265	266
职业中学	12	12
小学	981	972
特殊学校	8	8

学校教师数和在校学生数

表79

指　标	专任教师(人)		在校学生(万人)	
	2012	2013	2012	2013
普通高等学校	29536	28894	48.61	50.58
普通中等专业学校	2335	2423	10.63	11.08
普通中学	18327	18565	30.83	29.52
职业中学	370	108	0.71	0.62
小学	17820	17735	41.63	39.49

学校招生数和毕业生数

表 80 单位:人

指 标	招生数		毕业生数	
	2012	2013	2012	2013
高等学校	143620	140021	138868	143488
中等学校	40475	40988	33653	31223
普通中学	105361	100326	99046	98760
职业高中	2263	2329	2485	4275
特教学校	269	220	198	153
小 学	76988	74295	72629	67300

广播、电视、出版基本情况

表 81

指 标	单 位	2012	2013
广播电台	座	2	2
广播覆盖率	%	97.59	97.59
电视台	座	2	2
电视覆盖率	%	98.90	98.91
有线电视用户	万户	79.86	78.53

体育事业基本情况

表 82

指 标	单 位	2012	2013
获得奖牌数	枚	550	551
金牌	枚	215	221
银牌	枚	183	181

社会保险、保障基本情况

表 83

指 标	单 位	2012	2013
失业保险参保人数	万人	61.81	58.52
领取失业保险金人数	万人	2.81	1.31
养老保险参保人数	万人	132.24	153.57
享受养老保险的离退休人数	万人	34.73	41.60
医疗保险参保人数	万人	207.61	224.90
职工工资最低标准(一类城区)	元	870	1230
社会福利院个数	个	33	35
社会福利院床位数	张	5300	5500
年末福利院收养人数	人	3700	3400
城市社区便民、利民、为民服务网点	个	580	604
#综合性社区服务中心	个	425	449

(市统计局提供)

主 题 索 引

说　　明

本索引为综合性主题索引，索引标目按汉语拼音字母顺序排列，同音字按声调顺序排列，同音同声调则按笔画顺序排列。标目后数字为页码，字母 a 为左栏，b 为中栏，c 为右栏。该年鉴的彩页、特载、大事记、重要文献、人物、社情民意、报刊摘登、经济社会统计资料、表格等未标索引。

数字

"1% 工程"首家联通爱心店　258c
"1 +2"考核评价体系　59a
"12358"价格举报网络平台　236a
4G 单兵执法和即摄即传业务　258a
4G 乡镇全覆盖　257c

A

ACT 国际控股大中华总部落户南昌　178c
AK 糖生产项目　175b
艾溪湖绿道开通　179a
艾滋病　328c
"爱粮节粮传承美德"活动　211b
爱心杯　336a
安全管理　134b、292c
安全生产标准化创建　234a
安全生产大检查　232c
安全生产培训　233c
安全生产隐患治理　233b
安全生产月活动　233c
安义铝型材生产基地　172a
安义县社科联概况　277b
安置帮教　132c
傲雪的红梅　332b

B

"百名青年看势头"活动　111a
"百事最强音"——中国好声音校园江西赛　259a
班班通　362b
半导体照明路灯示范　264c
帮扶重点企业　161b
保密普查　58c
保密宣传教育　58b
保密专项督查　58c
保险业概况　251c
保险业监管　251c
保险资金运用　252b
保障地铁建设道路畅通　289b
保障房　144b
保障性住房建设　148b
报网融合　344c
北京大学　352b
贝谷公司　262b
被征地　313a
毕业生　310a
并联审批实施范围扩大　231b
博览会　301b
博微公司　262c
博物馆　339c
博物馆日　339b
不正当竞争行为的查处　230b
部队风气建设　134b

C

C919 大型客机项目　166b
财经管控　136a
财政存量资金清理　223c
财政监督　224b
财政收入　222b
财政预决算信息公开　223c
财政预算绩效管理　223c
财政支出产业发展　222b
财政支出城市建设　222c
财政支出教育事业　223a
财政支出人才政策　223b
财政支农政策　222c
财政资金监管　224a
参政咨询　89a
餐饮服务食品安全保障　234c
餐饮业奢侈菜肴淡出　213a
残疾人保障体系建设　116c

残疾人就业　116b
残疾人康复　116a
残疾人康复就业体训中心　117a、144b
残疾人特惠政策　116b
残疾人文艺汇演　116c
残疾人信访维权　116b
测土配方施肥　151a
“差别化”稽查模式　196a
拆违　369b
产权管理　94a
产业发展　160b、345c
产业投融资平台体系建设　162b
昌北机场旅客吞吐量　284a
昌工安居工程　163a
昌工重大产业项目　162c
昌九两城银行业发展同城化　242c
昌九一体化　315a
昌南大道东西延伸工程　143b
昌南客运站春运包车服务　281b
场站建设　289b
“畅游赣鄱”江西旅游明信片首发　287a
超编专项整治　73c
朝阳大桥　143a
陈凡经　352b
陈云纪念园项目　218c
成才奖　354b
诚信等级　316c
城建档案　299c
城南经济适用房小区　144c
城区水利　304b
城市便捷酒店进驻南昌　212b
城市公共交通概况　287c
城市交通管理概况　289b
城市民族工作交流会　89c
城市设施　299b
城投债　302b
城乡经济协调发展　228a
城乡一体化　51a、322b
城乡医疗救助制度　149b
城镇居民收入　39b
城中村　318c
“吃空饷”　93b、349c
出口　369a
出口加工区发展　196b
出口信用保险　252a
出租汽车合乘运营听证会　279b
除险　304b
处理费　301c
畜产品　155c
畜禽养殖标准化示范场　154c
畜禽养殖登记备案　154c
触摸屏产业　168c
传统村落档案　74c
创建旅游品牌　216a
创建全国文明城市志愿服务　111a
创先争优　139c
创新房屋征迁工作机制　221a
创新基金项目　264a
创新基金项目管理　264a
创新人才和创新团队建设　269a
创业　310c
创业培训　148a
创业园　316b
垂钓　342a
春季禁渔　157a
春节百货商场销售　202b
春节后黄金价格　203a
春节后生猪市场价格　206b
春节期间餐饮市场　212c
春蕾助学　325b
春联　335a
春运现场直播　258c
瓷板画　333a、338a
慈善奖　321b
慈善救助 321c
慈善日　321a
“慈善周”活动　90c
村官　354c
村级设标　97c
“村邮户箱”工程　287a

D

DNA 实验室　127c
打击传销　230c
打造乡村、特色旅游景区(点)　216a
大病报销　145b
大飞机项目　141c
大气环境　37c
大象湖　300a
大象湖景区　143c
大型旅游展会　216c
大闸蟹　354c
大众餐饮　213c
单病种定额付费　145b
单个项目交易额网上交易规模　239b
《当代南昌日史》　70c
档案安全体系建设　75c
档案教育示范基地　75a
档案信息化建设　75c
档案信息资源　75b
档案宣传教育　75b
党风廉政建设　94c
党风廉政建设责任制　56c
党建活动　94b
党史宣传　71b
党史研究　71a
党外代表人士　62b
党外知识分子　62c
党委督查工作　51c
党委信息工作　52a
党政机关办公用房　70a
党组　364c
道德讲堂　72c
道德模范学习宣传　72c
道教协会　90b
道路春运　281a
道路运输概况　280c
稻谷最低保护价　210b
地产评估价机构监督检查　220a
地方税务服务大局　226a
地方性法规项目　91a
地方志　71b
地名保护　97c
地名管理　97b
地名规划　97b
地名命名　97c
地税征管　226b

地下空间开发 140a
第八轮行政审批制度改革 224a、231a
第二次“管办分离” 239c
第二批公交都市创建城市 288a
第二十八届青少年科技创新大赛 117c
第六届沙雕文化艺术节 217b
第六届中国绿色食品博览会 102b
第七届机关运动会 69b
第三届“闹元宵,猜灯谜”有奖竞猜活动 217b
第三届中国辣文化美食节 213a
典型经验 364b
电网投建 291a
电子档案 350b
电子化政府采购管理 223b
电子商务 259c
电子商务产业园 201c
电子协会 359a
电子学籍 323b
电子站牌 289a
电子政务建设 260a
雕塑 298a
动态监测 314a
动物繁殖 301a
动物防疫 155a
动物卫生 155b
都市现代农业生产和休闲基地 159c
督查工作 57c
毒品犯罪 126c
读书教育活动 73a
短租公寓 212b
队伍建设 64a、129b、131b、139b
对台交流 65c
对外交流 96a
对外交流合作 102a
对外贸易运转趋势 192b
对外宣传 61c
多党合作 62a
多地点 330a
多门类专家库整合 239c

E

二产项目现汇进资 199b

F

发行“南昌都市圈国民旅游休闲年票” 216a
法律援助 133a
法治建设 63c
法治南昌 131c
方大特钢公司 172b
方大特钢烧结脱硫项目 173a
防范异常外汇资金流入 242b
防汛抗旱 154b、303b
防汛调研 303c
防灾减灾日 317b
房地产中介市场治理整顿 219c
房屋征收补偿安置概况 220c
房屋征收督查 221a
“访企业、听意见、解难题、促发展”主题活动 287b
纺织服装产业 173b
纺织服装产业品牌建设 173c
“放心粮油工程”项目建设 211b
放映 345c
非法异地营运出租车查处 278c
非公党委 359b
非公经济 105c
非公经济发展 197b
非公有制经济 62b
非国有企业职称评审 92c
非航民品 166b
分期报建制 231b
风险控制 297b
风筝 341b
凤凰沟 350c
凤凰情 333c
佛教文化旅游节 90c
佛教协会 90b
否定报备制 231b
孵化 311a
扶持政策 160c
扶贫助困 112b
扶助中小微企业专项行动 199a
服务旧城 296a
服务粮农“三下乡”活动 210b
福特 96a
辅助生殖 330b
妇女儿童活动中心 112c
妇女儿童维权网络 112b
妇女儿童之家 112c
赴外 315b
副食品经营概况 204a

G

改版 344b
干部队伍建设 94b、51b
干部管理 138a
干部教育培训 59c
干部实绩考核评价机制 94c
赣东大堤风光带景观工程 144a
钢结构 354b
岗位设置 92b
港口企业资质核查 282b
高标准基本农田建设 237c
高标准农田 159b
高标准农田建设 150c
高层次 314b
高端白酒市场 205a
高端酒店入住率 212a
高技能 316a
高校毕业生就业服务月 147c
高校毕业生就业服务月专场援助日 147c
高新技术企业 264b
格特拉克(江西)传动系统有限公司 163c
格特拉克双离合器自动变速器(DCT)项目 163c
个私民营、中小企业概况 197a
各类考试无线电安全保障 271a
耕地保护 237c
耕地地力质量建设 151a
工程建设 292c、293b
工伤预防 313c
工商银行江西省分行营业部 243a
工业经济和商贸三产 162b

工业考核　160c
工业运行　160c
工业主要指标　160b
工作室　316a
工作站　315c、316b
公共机构节能　70a
公共文化　337a
公共资源交易总额　239b
公积金缴存方法调整　224a
公交车 Wi－Fi 网络覆盖　288c
公交车免费换乘　288a
公交车月票取消　288
公交车载沃 3G/Wi－Fi 网络服务　258c
公开招聘　92a
公立医改　330a
公路工程项目　280b
公路养护　280a
公务用车管理　70b
公务员队伍建设　92a
公务员管理　59b
公务员考录　92a
公益创投　319a
公证　133a
供电服务　291b
供电微博　292b
供水服务　293b
供水设施建设　144a
供销部门“三下乡”活动　210a
供销社社属企业改革　210a
供销社重点项目建设　209c
购买服务　315a
孤儿　320b
谷雨诗会　335b
故居　339c
故事集　333b
《关于进一步做好防震减灾工作的意见》　271c
观摩会　302c
管理创新　293c
贯彻《关于推进旅游强省建设的意见》　215b
光猪跑　341b
广场舞　340b
广告法理　302a
规范安全生产经营秩序　233b
规范地税行政执法　226a
规范房屋征收行为　221a
规划编制　295c
规划调整　295c
规章执法检查　91b
硅衬底打造南昌一江两岸　169b
轨道交通　142a
国防动员潜力调查　134c
国际化　325c
国家级科技计划项目　263c
国家级文化和科技融合示范基地　179c
国家农业综合开发项目　159a
国家森林城市　152c
国家司法考试　133a
国家知识产权示范城市创建　270a
国寿南昌分公司　253c
国税征管　225a
国外智力　315b
国有企业经营资产公开拍租　200c
国有资本经营预算　223b
国有资产　94a
国资监管　93b

H

H7N9 禽流感　117b、153c
海关业务改革　196b
海峡两岸　338a
海峡两岸民办大学　65b
行业监管　345b
航空运输概况　284a
“航天科技连你我”科普报告会　117b
航线网络　284a
合作办学　324c、325c
和谐教育　323b
和谐社区　318b、336c
和谐秀美乡村　64b
恒茂梦时代广场开业　203a
恒天动力有限公司 K 系列发动机项目　163c
弘益药业达立通颗粒项目　171b
红包　331c
红谷滩新区概况　184c
红谷滩新区行政服务中心运行　185c
红谷滩新区入选首批国家智慧城市　185b
红桥　332b
“红色之旅铸军魂”活动　136a
红十字基层组织　118b
“红先锋”青年志愿者专业服务队　137a
洪城计划　269a、315c
洪城客运站周边秩序整治　279a
洪城特聘专家　269a
洪城专家　315b
后勤保障　72b、134c、136b
胡庆松　137b
户外广告　299a
“护校行动”　234b
划分社区　318c
华南城试营业　203c
华融证券南昌绿茵路营业部项目开业　186b
华润集团综合体项目签约　179b
华夏银行股份有限公司南昌分行　249c
话剧《追梦》巡演　167b
环境安全　306b
环卫作业　301c
汇仁药业肾宝片建设项目　170b
汇仁药业新厂区建设　171b
会计无纸化考点建设　224a
会展专项资金　102b
活猪储备　206b
火化　318a
货币政策工具运用　241c

J

机车车辆配属　283a
机动车排气　306a
机构编制管理　73c
机构建设　133c
机构设置　74a
机构调整　74a

机关建设 140b
基本药物 327a
基本诊疗路径 145b
基层党建 59c
基层供销社标准化建设 209c
基层减灾 317b
基层建设 129b
基层示范项目 86a
基层卫生 327c
基础管理信息化 237c
基础设施 154b
集群化 293c
集中消毒 328b
计生管理 308a
计生管理服务体系 65a
计生呵护 307c
计生宣传 308a
技能竞赛 338b
技术创新 161a
技术市场管理 264b
技术推广 156c
绩效管理软件获著作权证书 231a
加气站建设 207b
家庭教育工作五年规划 113a
家庭农场 352b
家庭医生 327b
假劣保健食品销毁 235b
价格鉴证和车损评估 236b
价格调节基金使用 235b
价格专项检查 235c
监事会工作 94a
检查 312b
减负万里行 326c
简政 296c
简政放权 231b
建绿透绿 300c
建设“菜篮子”园艺产品项目 151b
建设银行江西省分行营业部 244c
建设用地管理 237c
建设执法 297c
建筑科技 350a
建筑垃圾 298c
建筑之乡 349b
健步行 340c
江风烈 333a
江铃发动机建设项目 164b
江铃集团轻型汽车有限公司成立 165a
江铃汽车集团公司 164a
江铃轻卡发动机国四排放标准升级 165a
江铃通过“国家级企业技术中心”复评 165c
江铃与博世汽车柴油系统公司合作 164c
江铃与福特汽车公司合作 164b
江铃与台湾汽车业合作 165b
江铃整车项目 164b
江铃重型汽车有限公司成立 164c
江铜集团 172a
江西“中国500强”南昌高新区企业 179a
江西安义工业园区概况 190c
江西服装学院 174c
江西高氏油茶产业生态科技园基地项目 175b
江西洪达与深圳蓝韵合作项目 171a
江西凯马百路佳客车有限公司 163c
江西旅台相亲故乡行 65a
江西桑海经济技术开发区概况 186b
《江西省残疾人保障条例》 116c
江西省第四届粮食行业职业技能竞赛 211c
江西省电子商务示范基地 202a
江西省光电产业基地 182b
江西省金融产业中心授牌 179a
江西省进贤县经济开发区概况 190a
《江西省民用运输机场管理办法》 284b
江西省农村信用社联合社南昌管理部 248b
江西十大法治人物 137a
江西首届纺织服装创意产业链总裁班 174b
江西五十铃汽车(发动机)有限公司成立 165a、189c
江西新华文化城开业 185c
江西新建长埮工业园概况 189a
江西长运集团公司整体划归市国资委管理 281a
江西中烟南昌卷烟厂 176a
江中集团《企业知识产权管理规范》验收 171a
江中药业股份有限公司植物有效成分提取 170c
“讲文明树新风”系列主题活动 73a
交流合作 323a
交通管理服务平台 290a
交通秩序整治 289c
交易中心 338c
教师队伍 322c
教学改革 72a
教学质量 323a
教育督导 323b
教育改革 324b
教育集团 325b
教育网点 322a
阶梯水价改革 235a
街道标准地名图 97c
街景 302a
节能 297a
节能减排 156c
节能与新能源汽车示范 264b
节日粮油市场供应 211b
节水 304a
巾帼志愿服务活动 111c
金花 356b
金牌大姐 308b
金融IC卡 240b
金融产业发展 240b
金融监管 240b
金融体制改革效 227b
金融业概况 240a
金融政策支持本地经济发展 242c
“金融知识进万家”活动 243a
锦标赛 341a
进出口规模 193a
进出口货物管理概况 195b
进出口商品交易会 193b
进贤县高新工业园区 190b

进贤县社科联概况 277a
经济犯罪 126c
经济预警分析 228b
经济责任审计 238c
经开区汽车产业主营业务收入 163b
经开区与新建县签订合作开发协议 187c
经营权 292a
晶能光电 LED 通过 LM80 测试 169b
晶能光电项目 169a
精神文明建设 70b
精神文明宣传教育 73b
景区广场 299c
警示教育基地建设 234a
竞赛 325c
敬老院等级评定 149b
九江银行南昌分行 248c
九景衢铁路和武九客专开工 283b
九州大街下穿象湖隧道工程 143a
旧城改造 366c
旧改 364b
旧机动车交易市场 284c
就业服务 310b
就业援助 147b
“就业援助月” 147b
菊花展 301b
卷烟品牌培育 208c
卷烟销售 208c
《决策参考》 66c
决策研究 66a
军人乘车 317c
军山湖 355a
“军山湖杯”第十二届鄱阳湖螃蟹节 206a
军山湖大闸蟹 205b
军事斗争 134b
军休干部 318a
军营文化建设 135c
军转安置 92c
均衡 365a

K

开发区资金安全审计 239a
开放型经济概况 192a
开放招商 94a
抗洪抢险 135a
科技成果与奖励 266b、266c
科技创新政策 263b
科技工作会议 263b
科技合作 265c
科技活动周 265a
科技交流 265c
科技入园 264c
科技示范社区 265a
科技体制改革 228a
科技统计工作 264b
科技下乡 265b
科技项目管理 263b
科技园 304b
科普培训 156c
科普日 305a
科普社区 362b
科普示范创建 117c
科普宣传 117b
科学仪器设备资源共享 269c
科研示范基地建设 269b
科研所 301a
可再生能源 297a
客户服务 293a
课程改革 326b
课题调研 66b
课题研究 72a
快递服务机动车辆 287b
快递市场 287b
快递网点电子化监管系统 287c
快递营业场所标准化建设 287b

L

LED 百变路灯新品 179b
LED 产业 168b
LED 产业政策出台 169a
LTE 一阶段网络建设 257c
蓝天行动 298b、305c
劳动监察 312a
劳教 133b
老干部工作会 66c
老干部学习活动阵地 68a
老工业基地 364b
老旧船舶被拆解 282a
老龄调研 320a
老年福利院 144c
老年教育 68a
老年人 341a
老年人手机 360a
老年人协会 319c
乐温高速瑶北互通立交工程 278c
雷锋 339a
李渡酒 354b
立法评估 79a
立法调研 79a
立法协商 106c
联创光电 142b
联创光电 LED 产品通过 CQC 认证 169b
廉洁南昌 51c
廉洁思想 339a
“练将练官”活动 135a
良品铺子休闲食品门店 206a
粮食经营体制 150b
粮食流通专项检查 211a
粮食生产 64a
粮食应急供应管理 210c
粮油高产创建项目 150c
两大省级产业集群 168a
“两规划”监测指标体系 112c
两化深度融合 259b
“两抢一盗” 127a
两网化 312a
猎鹰(L15)高级教练机 166b
林业产值 154b
林政执法 153c
林中森 65a
临时救助 149c
留守儿童 113a、324c
流动展览 339a
流浪孩子 318b
“六防”工作 64c
龙头岗综合码头一期工程 282a

龙友书法　336a
芦山地震　118a
庐山友谊奖　315c
路网等级提升　280a
路中式专用道　289a
旅游节庆品牌　217a
旅游区域合作　217a
旅游商品研发　217a
旅游市场营销　217c
旅游事业　366c
旅游推介　216c
旅游项目建设　215b
旅游业政策扶持　215a
旅游资源开发和利用　106a
铝型材　357a
律师事务工作　133a
绿化　300a、300c
绿化管理　301a
“绿篱”专项行动　196a
绿色通道制　231b

M

MO 源项目　169c
麻丘镇安置房二期开工　179c
慢性病　328c、362a
贸易投资便利化　242a
梅里亚南昌鸡用弱毒疫苗项目　171a
门球　342a
免费救治　145c
民办学校　326a
民兵组织整顿　135b
民防工程　140b
民防审计整改　140a
民防宣传教育　140b
民间艺术团　336b
民生　307b
民生 110　355a
民生工程建设　63a
民生价费管理　236a
民生资金专项审计　238c
民生资助资金管理　147a
民事纠纷　130b
民营、外商投资企业进出口　193a
民主监督　107a
民族成分　90a
民族团结进步创建活动　89b
民族宗教关系　62b
民族宗教界理论学习　90a
名镇名村　296b、297c
牟玉昌　138a
募捐箱　321c

N

纳税服务　226b
纳税服务功能　225a
纳税服务渠道　225a
纳税评估　225a
男子篮球　341b
南昌八一精神研究会概况　275b
南昌保税物流中心进出口总额　285b
南昌昌东工业区概况　188a
南昌车务段　283c
南昌车站　283c
南昌传奇　346a
南昌瓷板画艺术博物馆开馆　186b
《南昌大事记》　71a
《南昌大事图记》　71a
南昌地区(国家)大学科技园筹建　265c
南昌二中昌北校区揭牌　182b
南昌防震减灾学会成立　271b
南昌港客运站候船厅被拆除　281c
南昌高校与江西快行线食品物流有限公司签约　285b
南昌高新技术产业开发区概况　177a
南昌高新区新材料产业　172a
南昌国家高新技术产业集群标准化示范基地　179a
南昌航空工业城建设　166b
南昌华盛奥特莱斯项目招商推介会　203b
南昌舰　317c
南昌教育学院社科联概况　277c
南昌经济技术开发区概况　180a
《“南昌老字号”认定管理办法》(试行)　200b
《南昌年鉴》　70c
南昌农商银行　249b
南昌气象现代化建设合作协议　272b
南昌人　333b
南昌入选全国性综合交通枢纽　278b
南昌三中进驻南昌高新区　179b
南昌少儿国际象棋推广活动嘉年华活动　217c
南昌师专社科联概况　277c
南昌实验中学高新校区　179c
《南昌市 2013—2020 年商业网点规划》　200a
南昌市财政学会概况　273a
南昌市餐饮(烹饪)行业协会新春联席会　212c
南昌市档案学会概况　273c
南昌市儿童工作者协会概况　274b
南昌市法官协会概况　276c
南昌市翻译工作者协会概况　273c
南昌市工商行政管理学会概况　274a
南昌市广播电视学会概况　275a
南昌市红色文化促进会概况　275c
南昌市会计学会概况　274c
南昌市火灾事故调查专业委员会　137a
南昌市教育学会概况　276a
南昌市律师协会概况　274a
南昌市民办教育协会概况　274a
南昌市人杰地灵文化促进会概况　276c
南昌市入选全国二级物流园区布局城市　285b
南昌市审计学会概况　275a
南昌市诗词学会概况　276b
南昌市首批江西省重点商贸物流园区及企业　285a
《“南昌市特色商业街”认定管理办法》(试行)　200c
南昌市统计学会概况　273b
南昌市统战理论研究会概况　275b
南昌市图书馆学会概况　276b
南昌市心理学会概况　274b
《南昌市学校民族工作细则》　90a

南昌市邮政行业培训中心成立　287a
南昌市职业技术教育学会概况　276a
南昌首个城市候机楼　284b
《南昌文艺》　113b
南昌县社科联概况　276c
南昌银行　247b
南昌拥军协会概况　274b
南昌豫章书院研究会概况　274c
南昌长运6种售票方式　281b
南昌之友联谊会　104b
南昌至新余班线启用天然气客车　281a
南昌至永修公交线路开通　288b
南昌中小微企业工业园概况　187b
南昌综合客运枢纽站工程　281a
年检　316c
年轻干部培养选拔　59b
年审　312b
宁波长隆国泰南昌服装产业基地项目　174b
农产品质量安全监测　157c
农产品质量安全监管　158a
农产品质量安全专项整治　158a
农村党员群众实用技术培训　117c
农村改革　64c
农村合作经济组织　209c
农村教育　324c
农村经济多元化发展　229b
农村科技特派员创业服务　265a
农村人才　315b
农村生态　305a
农村土地整治　237c
农村用地管理　237c
农发行江西省分行营业部　245b
农房保险　317b
农房设计图　297b
农行省分行营业部　243b
农机安全　158c
农机购置补贴　158c
农民工综合服务体系　148a
农民合作社　159c
农民收入　39c、64a
农业产业化　64a
农业产业化龙头企业　159c
农业防灾减灾　151c
农业机械化　158c
农业园区　352a
农资供应　210a

O

欧菲光　169c

P

排位　309b
培训　311a
培训演练基地建设　234a
棚户区　361c
批而未供土地处置　238a
品牌蛋糕店　214b
品牌价值　345a
品牌赛事　343c
乒乓球　341c
平安边界　319c
平安产险江西分公司　254b
平安人寿江西分公司　254c
平安十项　369b
平价商店建设　236a
平台服务功能善　239c
“鄱湖明珠？中国水都”　64c
鄱湖云计算中心　262c
鄱阳湖　305b
鄱阳湖现代科技示范基地　269c
葡萄节　349c
普通包裹短信通知领取服务开通　286c
普通公路收费取消　280b

Q

期货市场发展　251c
漆画展　360a
企业改制上市　250c
企业及行业系统档案　74c
企业上市　240c
企业债券　349b
气功　342a
气凝胶　356c
气象服务向乡村户延伸　272a
气象为农服务合作协议　272b
气象信息媒体发布机制　272a
弃婴　320b
汽车产业链招商　164a
千亩生态酿酒园　175a
“千人计划”　128a
千亿斤　352a
强农惠农富农政策　150b
侨法宣传　96c
侵财型犯罪　63c
侵权案　338b
琴岛　333a
禽类产品销售　205b
禽流感　350b
青瓷　339b
青年工作　111a
青年交流交友活动　111a
青山湖区纺织服装行业商会成立　174c
青少年　343a
青少年科技教育基地　265a
青少年违法　362c
青英创业挑战赛　110c
清明　318a
清欠工资　297c
清真饮食　89c
区域合作　228c
区域性股权市场建设　251b
曲艺　336a
趣味运动会　340c
全国“特别关注消防员”　137b
全国城市一卡通互联互通　288c
全国搜救犬比武竞赛　138b
全国文明城市创建　73a
全国中小学爱粮节粮教育社会实践基地　211b
全景漫游　337b
全民创业　197b
全民健身　340c
《全民科学素质行动计划纲要》　117b
全民普法教育　132a
全市旅游工作会议　215a

全运会　342c
泉岭　355a
“泉州汽配园”项目签约　190a
群星奖　332c
群众工作　129b
群众文化　369c

R

燃气安全　300a
人保财险南昌市分公司　253b
人才　296c
人才队伍建设　59b、72a
人才基地　316a
人才培训　314c
人才统计　92c
人才项目　316b
人才周　315a
人大代表工作室　359a
人民公园　300b
人事考试　93a
融资担保　198a
软件信息服务产业　261b
软件信息服务产业扶持政策　261b
软件信息服务产业集聚发展　261b
软件信息服务产业载体建设　261c
软件信息服务产业招商引资　261b
润田饮料生产基地项目　175a

S

三方网上同步结算平台　149b
“三公经费”审计　239a
三乱　302a
“三绿工程”示范项目　201a
“三农”保险　252a
“三品一标”　158a
三条特色商业街　202a
三网融合　259c
三无　320c
“三献”　118c
三鑫公司新产品、新技术研发　171b
“三型”党组织建设　68c
“三支一扶”　93b
桑海“服务特区”打造　187a
桑海现代仓储设施项目建设　211c
桑海中学与金太阳教育集团“助学合作”　187b
“森林城乡、花园南昌”　64c、152b
森林防火　153c
“森林十创”工程　153a
砂石运输联合整治　280b
山河扣问　333b
商标品牌建设　230a
商品房开发监管　219b
商品房开发建设概况　219a
商品房开发政策调控　219a
商品房开发治理整顿　219b
上饶银行南昌分行　249a
上市公司发展　251a
上市公司再融资　250b
少儿艺术　336c
少先队南昌市第二次代表大会　110c
畲族特色村寨　90a
社会保障　223a
社会保障体系　252a
社会保障体制　227c
社会福利　320a
社会公益事业　97a
社会管理　63b、105c、128c
社会事业　227b
社会治安防控　126b
社会组织　318c
社科大讲堂　115b
社科普及　115c
社科知识竞赛　115c
社情民意　108a
社区矫正　132c
社区网格化管理　258b
社区文化　337a
社区文化在线　362a
社区用房　318b
社区整治　362b
射击　342c
涉税信息平台建设　224a
涉诉信访　131a
身份证登记　127c
深化改革　228c
“神秘夏令营、欢乐沙漠游”活动　217c
审批窗口　314a
审批暂停报告制　231c
升级升段　342a
生活必需品市场　204c
生态环境　130b
生态区　367a
生态县　357a
生效裁判　130c
生育保险　313b
生猪屠宰场监控　206b
生猪屠宰企业开放日活动　206c
声环境　38a
省级科技计划项目　263c
省级科技协同创新体　264c
省内企业融资方式　251b
“圣诞节”百货商场销售　202c
“十百千万”行动　109a
“十一”百货商场销售　202c
石油制品管理　208a
石油制品升级　207b
食品安全监管　232b
食品安全网　229c
食品药品安全整治　234c
食品药品监管体制改革　73c
食品药品检测　235a
食品药品示范区创建　235a
食品药品信息化建设　235b
示范城市创建　234a
示范区　319a、350a
示范校　325b
世界芦笋大会　151c
世茂广场开业　203b
市场化　301c、364c
市场环境　130b
市场监管　230a
市场开发　292b
市场主体创业　229a
市级工程技术中心与重点实验室组建　269b
市级科技计划项目下达　264a

市级科技重大项目　263c
市级粮油储备　210c
市级统筹　314a
市民手语大赛　116c
市民中心大楼　144c
市校合作　265b
事业单位　313c
事业单位登记管理　74a
事业单位法人治理结构试点　74b
事业单位改革　73c
事业单位绩效工资　93a
试点城市　304a
首家“红领巾”校园气象站　272c
首家“苹果卓越”店开业　259a
首家博士后工作站　182c
首届江西省地方特色商品博览会　186a
书法　335c
书香校园　336c
数据库　316b
“数字安监”系统推广　233c
“数字华南城”战略合作协议　256c
数字南昌　296b
“数字南昌”(六期)综合指挥调度平台建设　260c
数字一体化手术室产业项目　170b
双“和谐”创建　90c
双胞胎集团　175c
水产健康养殖示范场　156c
水产品批发价格　205a
水产品质量安全　157a
水产市场高档海鲜销量　205a
水果超市发展　205c
水环境　38a、306b
水利服务　304a
水路交通综合检查站下移　279b
水路运输概况　281c
水路运输及水路运输服务企业经营资质核查　282b
水土保持　356c
税收法制建设　224c
税收风险管理机制　224c
税收政策　224b
税收执法监督措施　224c
税务稽查　225a
税制改革　224b
说理式执法文书　91b
司法服务　130c
司法鉴定　133b
思创公司　262a
思想政治建设　59a、134a
四大攻坚战　369a
“四技服务”　117a
饲料生产　154c
诉讼监督　129a
酸雨污染　38a
遂行任务　136b

T

台湾少数民族参访团　65b
太保寿险南昌中心支公司　254a
泰纳水果连锁超市登陆南昌　205c
汤显祖　332c
“唐风‘诵’韵古阁情”系列主题活动　217b
特色教育集邮巡展　286b
特色职业培训　148b
特殊病　313c
特种设备安全运行　232b
滕王阁景区标准化成果　218c
滕王阁景区扩建项目二期工程建设　218b
滕王阁陶瓷艺术馆开馆　218c
题材创作　347a
体育彩票　343c
体育活动　326c
体育指导员　342b
体质监测　342b
“天翼助学、千人信息化体验”活动　257b
“天翼助学”活动　257b
天圆网　344b
田径　343b
调解　312b
调整　313c
铁路污染物排放量　283a
铁路运输概况　282b
“同心？促发展”　62b
“同心双共建”　62a
童工　312a
统计参谋作用　236b
统计基层基础建设　236c
统计调查　236c
统一饮料新生产基地项目　175c
投融资代建战略合作框架协议签约　190a
投融资体制改革　223b、240b
突发公共事件　85b
图书馆　337a
土地供应　238a
土地市场交易　238a
土地违法行为查处　237c
推动“畅通省城”活动　289b
推介会　357b
推进省会城市集客一体化运营　259a
退役士兵　317c
拓展中小企业服务项目　199a

W

外部监督　129c
外汇管理　242a
外汇资金专项检查　242b
外商投资企业联合年检　199c
外资企业及港澳台资企业概况　199b
完善功能　296a
万达嘉华酒店项目开业　186a
王府井　364c
王进士　65b
网格化　308a、365a
网格员　311c
网络办公系统　135a
网络犯罪　127a
网球　341c
网上社保　312c
网上审批和电子监察系统　231c
网站管理　260b
旺旺集团　65b
“危仓老库”维修　211a

危险品运输应急救援预案演练　208a
微电影　335b
违法建设　298c
委员进社区(乡村)活动　107c
卫生城　346b
卫生监督　328a
卫生网络　329a
卫生应急响应　328b
卫生执法　329b
未成年人　326b
温圳新型工业园区　190b
文博会　337c
文港文化用品产业园　142a
文化餐车　337b
文化产业　337c
文化服务　337a
文化监管　338a
“文明餐桌”行动　214a
文明城区　365a
文明城市创建　69a
我的梦　346c
“我的中国梦”一页邮集创意比赛　286b
“我的中国梦”主题教育实践活动　110c
“我们的节日”活动　61b
“我们的节日”主题文化活动　72c
乌沙河　353a
污水管理　294c
无公害　354c
无害化　301c
无线电波秩序维护　270c
无线电台站规范化管理　270c
无障碍环境建设　116c
吴优　342c
“五四”表彰大会　110c
“五一”零售企业销售　202b
舞龙队　365b
物联网产业发展　261a
物流团购平台　285a
物流中心建设概况　285a
物业服务管理　70b
物业管理法规　220c
物业管理规范年活动　220b
物业管理调查研究　220b
物业管理形势分析会　220b
雾霾天气　306a

X

西客站广场及配套路网工程　143b
西山万寿宫庙会　136c
西延线　302c
西总干渠　349b
希腊天然制品公司落户南昌高新区　175c
县(区)科技创新平台建设　269c
县级气象服务机构综合改革　272c
现代快递物流产业园　285c
现代农业蔬菜项目　151b
现代农业综合开发示范园项目　159b
现金分红监管　251a
线网优化　289a
献血　328b
乡村渡口　279a
乡村学校少年宫　73a
乡村医生补助　146a
乡镇党代会　60a
乡镇生态　305a
香港艺之蝶昌东服装产业园项目签约　174b
向莆铁路开通　283b
向莆铁路南昌西客站开通　185c
向塘铁路公路枢纽型物流基地　142c
项目管理和建设　228b
项目建设　362a
项目信息公开和诚信体系建设　260c
消防安全大排查大整治活动　138a
消防警务室　138a
消防少年军校　138a
消防疏散实战演练　137c
消防协会消防产品行业专业委员会　137b
消费维权　230b
消费者物价指数(CPI)　235c
小餐饮店整治　234c
小额担保贷款　147c
小蓝经济技术开发区科学技术协会成立　184b
小蓝经济开发区产业推介会　184c
小蓝经济开发区概况　183a
小蓝汽车产业主营业务收入　163b
小篮汽车零部件产业园项目　163b
小平小道　144b
小微企业创业孵化基地　187c
校车　323c
校企合作　311b
校园宽带系统自动派单　257a
协商民主制度课题调研　62c
心理健康　325a
新材料产业　171c
新建三大功能齐备集贸市场　201a
新建县社科联概况　277a
新老农保　313b
新媒体　347c
新农合　145a
“新三板”挂牌　241a
“新三板”扩容　251b
“新三板”申报试点　250c
新世代全顺 MCA 车型下线　165a
“新网工程”建设　209b
新型企业科协组织　117a
新兴产业　369b
新兴市场出口　193b
新一轮征管改革　226c
新增两家天虹商场　203a
薪酬　312b
行政案件　130b
行政审批　133b
行政审批制度改革　238a
行政体制改革　227a
行政调解　91a
行政执法案卷　91a
信贷调控　241c
信贷投放总量　242c
信访积案　95a
信访维稳　87c
信鸽　342b
信息安全管控　260b

信息化　309b、323a
信息调研　87a
刑事犯罪　126b、128b、130b
醒着的海水　333c
雄鹰铝业二期工程建设　172b
“秀美南昌·聚焦滕王阁”大学生随手拍活动　217c
虚假违法广告监控　235a
虚拟养老院　320a
宣传调研　60a、65c
宣传推介　86c
选人用人机制　59b
学报　72a
学科建设　331a
“学雷锋”活动　127c
学前教育　324a
学术研讨　115b
学习型机关建设　108a
血防工程　145c
血防区　354c

Y

雅安　346c
严控新型风险和外部风险传染　242c
沿江中南大道快速路　143a
扬尘　298b
阳光医药　331c
养老　312c
养老事业　320b
药具　308b
药品和医疗器械监管　235a
药品加成　145c
野生动植物保护　154a
业绩考核　93c
叶日铭　283b
一级干线光缆首次多点割接　257a
一级公路建设　279c
一江两岸景观灯工程　218b
一网五点　311b
医疗器械产业园　190c
医疗器械用品项目(一期)　170b
医疗体制改革　227c
医疗网络　362b
医疗质量　330a
医药药品零售连锁　208b
医药药品批发营销　208b
医院建设　146a
依法行政　299a
依法行政专题研讨班　91b
义务教育　146b
艺术节　335c
异地就医　313c
银发产业　106a
银行业改革　241b
银企对接安义铝型材基地　172b
银企合作　198b
引资　297c
饮水安全　304b
婴幼儿营养米粉及功能奶粉改扩建工程　175b
迎检　298a
“迎中秋、庆国庆,小蓝好声音”海选活动　184b
“营改增”工作　226c
“营改增”试点工作　223b
楹联节　354b
应急避难场所建设　86a
应急机动指挥车建设　135a
应急救援队伍建设　85c
应急救援基地建设　234a
应急信息平台　85c
应急预案　85c
应急预案体系完善　234a
应急值守　85b
应急综合演练　85c
永久基本农田划定　237c
用地指标　237b
邮政概况　285c
友城合作　96b
有害生物防治　153c
有奖售报　345a
幼儿教师　324b
幼儿园　324a
于建华　138a
渔业项目　156a
舆论支撑　344b
羽毛球　342a
预算执行审计　238b
元旦日用品市场　202a
园区产业　198a
园区经济　197c
院士工作站　117a
悦达·奥特莱斯小镇奠基瑶湖新城　179b
越唱越红　357b
运动员　343c

Z

再生稻生产技术　150c
早稻集中育秧　150b
增长级　306b
增值税征收管理　224c
增殖放流　157b
展会　102a
展示馆　359b
占道　299a
战略决策　357b
樟树林餐饮美食街　214c
招聘周　310c
招商银行南昌分行　246a
招商引资　65b、86b、97a
赵汉民　169a
争议　312b
征兵工作　135c
征缴　312c
征税监管　195c
整顿市场　316c
证券经营机构发展　251b
证券业概况　250b
证券业监管概况　250c
政府公开信息查阅中心　75c
政府规章项目　91a
政府性债务审计　238b
政务微博　61a
支付方式改革　145b
支援灾区　321c
知识产权富民强县示范县建设　270b

知识产权申请与授权　270a
知识产权质押融资项目　270b
执法规范化建设　127b
执法装备　329a
直发　313a
职称资格考试　92c
职务犯罪　128c
职业技能　316a
职业经理人　315b
职在必得　311c
植物园　300b
志愿服务　73b、111a、118c
制度建设　93c
质控　330b
治安防控体系建设　63c
治安重点整治　63c
智慧城市建设　258a
"智慧南昌·天翼看交通"应用软件　256a
智能交通掌上公共平台　257c
"智能绿色出行"活动启动　185c
中等职业教育资助　146b
中高档餐饮　213b
中国(江西)针织服装创意产业园　173c、188c
中国(南昌)军事题材电影创作会　61a
中国公路客运第一股——江西长运　281b
《中国共产党南昌历史》　70c
中国光大银行南昌分行　247a
中国进出口银行江西省分行　245c
中国经济生活大调查信卡　287a
"中国梦"主题宣传教育活动　60b
中国民生银行南昌分行　246b
中国南昌国际马戏艺术节开幕　186a
中国女子篮球协会　137a
中国银行江西省分行营业部　244a
中航集团神舟软件落户南昌高新区　178c
中江国际信托股份有限公司　255b
中节能低碳环保科技园　142a
中科体检　360a
中秋国庆双节奶制品　205c
中小企业成长工程　198c
中小企业区域集优债发行　241a
中小企业综合服务平台　198c
中小商贸流通企业服务平台　200c
中小微企业工业园　142a
中小微企业公共服务体系　198c
中心政务微博开通　231c
中医　330c
种子市场管理　158b
仲裁案件　133c
重大公共卫生　328a
重大行政执法决定　91b
重大天气过程预报　272a
重大项目　161a
重大重点投资项目审计　238c
重大重点项目　94b
重点 BT 项目跟踪审计　239a
重点行业专项整治　232c
重点建设项目档案　74c
重点企业　93c
重点提案　105b
重生行动　320c
周转房建设试点　146a
主要出口商品　193a
助保贷　352c
住房保障政策　148c
住房补贴补发　223c
住房公积金保障　221c
住房公积金服务举措创新　221c
住房公积金概况　221b
住房公积金管理　221c
住房公积金缴存职工合法权益维护221b
专干师　309c
专利申请　270a
专题片　346b
专业技术管理　92c
"转、进、强"活动　147b
篆刻　336b
"啄木鸟行动"　60c、107b、344c
资本运作　294a
资源综合利用　161c
紫峰商业广场　142c
自行车　341a
自身建设　60b、74b、108c
自在客　335a
自助餐　214a
"自助盒饭"快餐　214a
宗教基础信息采集　90c
宗教事务　90b
综合保税区申报　188a
综合档案馆基础建设　75a
综合能耗　283a
综合年鉴　71c
综合配套改革试点　228a
综合性医院　144b
综合性应急救援力量建设　138c
综合治理　131a
综治维稳　230c
综治信访维稳　94b
走马灯　352b
租赁市场管理　220a
组织建设　115b、136b
最低生活保障　149a
"最美基层文化工作者"评选　113c
作风建设　56c、111c
座谈会　309c、315c